Die Bonus-Seite

Ihr Vorteil als Käufer dieses Buches

Auf der Bonus-Webseite zu diesem Buch finden Sie zusätzliche Informationen und Services. Dazu gehört auch ein kostenloser **Testzugang** zur Online-Fassung Ihres Buches. Und der besondere Vorteil: Wenn Sie Ihr **Online-Buch** auch weiterhin nutzen wollen, erhalten Sie den vollen Zugang zum **Vorzugspreis**.

So nutzen Sie Ihren Vorteil

Halten Sie den unten abgedruckten Zugangscode bereit und gehen Sie auf **www.sap-press.de**. Dort finden Sie den Kasten **Die Bonus-Seite für Buchkäufer**. Klicken Sie auf **Zur Bonus-Seite/ Buch registrieren**, und geben Sie Ihren **Zugangscode** ein. Schon stehen Ihnen die Bonus-Angebote zur Verfügung.

Ihr persönlicher Zugangscode:

Warehouse Management mit SAP® ERP

SAP® PRESS

SAP PRESS ist eine gemeinschaftliche Initiative von SAP und Galileo Press. Ziel ist es, Anwendern qualifiziertes SAP-Wissen zur Verfügung zu stellen. SAP PRESS vereint das fachliche Know-how der SAP und die verlegerische Kompetenz von Galileo Press. Die Bücher bieten Expertenwissen zu technischen wie auch zu betriebswirtschaftlichen SAP-Themen.

Lange, Bauer, Persich, Dalm, Sanchez
Warehouse Management mit SAP EWM
2. Auflage, 1013 S., geb.
ISBN 978-3-8362-2211-2

Doller, Hildebrandt, Richter, Stockrahm
Chargenverwaltung mit SAP
2013, 599 S., geb.
ISBN 978-3-8362-2109-2

Yvonne Lorenz
Qualitätsmanagement mit SAP
2013, 700 S., geb.
ISBN 978-3-8362-2035-4

Gulyássy, Vithayathil
Kapazitätsplanung mit SAP
2014, 640 S., geb.
ISBN 978-3-8362-1975-4

Aktuelle Angaben zum gesamten SAP PRESS-Programm finden Sie unter *www.sap-press.de*.

André Käber

Warehouse Management mit SAP® ERP

Bonn • Boston

Liebe Leserin, lieber Leser,

vielen Dank, dass Sie sich für ein Buch von SAP PRESS entschieden haben.

Wer am Wochenende schon einmal vor einem leeren Vorratsschrank stand, kann sich leicht vorstellen, mit welchen Herausforderungen große Unternehmen in der Lagerverwaltung zu kämpfen haben. Um die Supply Chain in Gang zu halten, müssen die Bestände Tausender Artikel sowohl peinlich genau überwacht als auch in Windeseile für die Auslieferung bereitgestellt werden.

In diesem Buch erfahren Sie, wie Sie Ihr Lager mit dem SAP-System effizient verwalten können. André Käber macht Sie mit den zentralen betriebswirtschaftlichen Grundlagen und Prozessen der Lagerverwaltung vertraut und zeigt Ihnen, wie Sie die Funktionen und Customizing-Möglichkeiten des SAP-Systems optimal einsetzen. Sowohl allgemeine Themen wie Ein- und Auslagerungsstrategien als auch spezielle Anforderungen wie Mindesthaltbarkeit und Gefahrstoffabwicklung werden ausführlich behandelt. Unabhängig von Ihrer Branche erhalten Sie so alle nötigen Informationen, um Ihre Lagerkosten zu minimieren.

Wir freuen uns stets über Lob, aber auch über kritische Anmerkungen, die uns helfen, unsere Bücher zu verbessern. Am Ende dieses Buches finden Sie daher eine Postkarte, mit der Sie uns Ihre Meinung mitteilen können. Als Dankeschön verlosen wir unter den Einsendern regelmäßig Gutscheine für SAP PRESS-Bücher.

Ihr Martin Angenendt
Lektorat SAP PRESS

Galileo Press
Rheinwerkallee 4
53227 Bonn

martin.angenendt@galileo-press.de
www.sap-press.de

Auf einen Blick

1	Einleitung	15
2	Betriebswirtschaftliche Grundlagen der Lagerhaltung	19
3	Organisationsstrukturelemente in WM und SAP LES	47
4	Stammdaten und Bestandsverwaltung in WM	83
5	Elemente der Prozesssteuerung in WM	113
6	Wareneingangsprozesse und Einlagerungsstrategien in WM	157
7	Auslagerungssteuerung in WM	211
8	Produktionsversorgungsstrategien in WM	239
9	Warenbewegungen und operative Lagerprozesse in WM	281
10	Lieferabwicklung in WM	357
11	Weitere Grundfunktionen in WM	387
12	WM-Komponenten zur Lagerprozess- und Materialflussoptimierung	495
13	SAP Extended Warehouse Management (EWM)	619
A	Literaturverzeichnis	659
B	Glossar	661
C	Der Autor	673

Der Name Galileo Press geht auf den italienischen Mathematiker und Philosophen Galileo Galilei (1564–1642) zurück. Er gilt als Gründungsfigur der neuzeitlichen Wissenschaft und wurde berühmt als Verfechter des modernen, heliozentrischen Weltbilds. Legendär ist sein Ausspruch *Eppur si muove* (Und sie bewegt sich doch). Das Emblem von Galileo Press ist der Jupiter, umkreist von den vier Galileischen Monden. Galilei entdeckte die nach ihm benannten Monde 1610.

Lektorat Martin Angenendt, Eva Tripp
Korrektorat Osseline Fenner, Troisdorf
Herstellung Melanie Zinsler
Einbandgestaltung Sabine Reibeholz
Titelbild Shutterstock: 114028738 © SARIN KUNTHONGs
Typografie und Layout Vera Brauner
Satz Typographie & Computer, Krefeld
Druck und Bindung Wilco, Amersfoort

Gerne stehen wir Ihnen mit Rat und Tat zur Seite:
martin.angenendt@galileo-press.de bei Fragen und Anmerkungen zum Inhalt des Buches
service@galileo-press.de für versandkostenfreie Bestellungen und Reklamationen
thomas.losch@galileo-press.de für Rezensionsexemplare

Bibliografische Information der Deutschen Nationalbibliothek
Die Deutsche Nationalbibliothek verzeichnet diese Publikation in der Deutschen Nationalbibliografie; detaillierte bibliografische Daten sind im Internet über *http://dnb.d-nb.de* abrufbar.

ISBN   978-3-8362-2293-8

© Galileo Press, Bonn 2014
3., aktualisierte Auflage 2014

Das vorliegende Werk ist in all seinen Teilen urheberrechtlich geschützt. Alle Rechte vorbehalten, insbesondere das Recht der Übersetzung, des Vortrags, der Reproduktion, der Vervielfältigung auf fotomechanischen oder anderen Wegen und der Speicherung in elektronischen Medien. Ungeachtet der Sorgfalt, die auf die Erstellung von Text, Abbildungen und Programmen verwendet wurde, können weder Verlag noch Autor, Herausgeber oder Übersetzer für mögliche Fehler und deren Folgen eine juristische Verantwortung oder irgendeine Haftung übernehmen.

Die in diesem Werk wiedergegebenen Gebrauchsnamen, Handelsnamen, Warenbezeichnungen usw. können auch ohne besondere Kennzeichnung Marken sein und als solche den gesetzlichen Bestimmungen unterliegen.
Sämtliche in diesem Werk abgedruckten Bildschirmabzüge unterliegen dem Urheberrecht © der SAP AG, Dietmar-Hopp-Allee 16, D-69190 Walldorf.

SAP, das SAP-Logo, ABAP, BAPI, Duet, mySAP.com, mySAP, SAP ArchiveLink, SAP EarlyWatch, SAP NetWeaver, SAP Business ByDesign, SAP BusinessObjects, SAP BusinessObjects Rapid Mart, SAP BusinessObjects Desktop Intelligence, SAP BusinessObjects Explorer, SAP Rapid Marts, SAP BusinessObjects Watchlist Security, SAP BusinessObjects Web Intelligence, SAP Crystal Reports, SAP GoingLive, SAP HANA, SAP MaxAttention, SAP MaxDB, SAP PartnerEdge, SAP R/2, SAP R/3, SAP R/3 Enterprise, SAP Strategic Enterprise Management (SAP SEM), SAP StreamWork, SAP Sybase Adaptive Server Enterprise (SAP Sybase ASE), SAP Sybase IQ, SAP xApps, SAPPHIRE NOW, und Xcelsius sind Marken oder eingetragene Marken der SAP AG, Walldorf.

Inhalt

1 Einleitung 15

2 Betriebswirtschaftliche Grundlagen der Lagerhaltung 19

2.1 Bedeutung der Lagerlogistik 19
2.2 Einfluss aktueller Markttrends auf die Lagerlogistik 20
2.3 Lagerkosten 21
2.4 Funktionen der Lagerhaltung 23
2.5 Kosteneffekte der Lagerhaltung 26
    2.5.1 Lagerhaltungskosten 27
    2.5.2 Beschaffungskosten 27
    2.5.3 Fehlmengenkosten 28
2.6 Lagerprozess 29
2.7 Lagerarten 30
2.8 Lagerverwaltung 31
    2.8.1 Zentrale vs. dezentrale Lagerhaltung 31
    2.8.2 Lagerplatzverwaltung 35
    2.8.3 Mengenverwaltung (Bestandsführung) 37
    2.8.4 Ein- und Auslagerungsstrategien 38
2.9 Inventur 39
2.10 Funktionen von Lagerverwaltungssystemen 40
    2.10.1 Wareneingangsprozess 41
    2.10.2 Warenausgangsprozess 42
    2.10.3 Kommissionierung 42
    2.10.4 Verpackungsprozess 44
    2.10.5 Versandprozess 44

3 Organisationsstrukturelemente in WM und SAP LES 47

3.1 Übergreifende Organisationsstruktur von WM und LES 48
3.2 LES mit und ohne WM 50
    3.2.1 LES ohne WM 50
    3.2.2 LES ohne WM – Sonderform »Lean-WM« 51
    3.2.3 LES mit WM 52
3.3 Organisationseinheiten 53
    3.3.1 Werk 53
    3.3.2 Lagerort 54
    3.3.3 Lagernummer 55
    3.3.4 Lagertyp 63

	3.3.5	Lagerbereich	73
	3.3.6	Kommissionierbereich	75
	3.3.7	Tore	77
	3.3.8	Bereitstellzonen	79
	3.3.9	Versandstellen	79
	3.3.10	Transportdispositionsstelle	80

4 Stammdaten und Bestandsverwaltung in WM ... 83

4.1	Lagerplatzstammdaten		83
	4.1.1	Organisationsebenen im Lager	83
	4.1.2	Lagerplatz	84
	4.1.3	Quant	86
4.2	Materialstammdaten		88
	4.2.1	Grunddaten	89
	4.2.2	Lagerortspezifische Registerkarten	91
	4.2.3	Lagernummernspezifische Registerkarten	94
	4.2.4	Lagertypspezifische Registerkarten	97
4.3	Gefahrstoffstammdaten		99
	4.3.1	Gefahrstoffverwaltung	99
	4.3.2	Gefahrstoffstammsätze	99
4.4	Chargenstammdaten		101
4.5	Mindesthaltbarkeitsdatum/Verfallsdatum		102
4.6	Bestandsverwaltung		103
	4.6.1	Mengenmäßige Führung der Materialbestände	104
	4.6.2	Bestandsarten in WM	104
	4.6.3	Wertmäßige Führung der Materialbestände	105
	4.6.4	Bestandsqualifikation	105
4.7	Lagerung unterschiedlicher Mengeneinheiten in WM		107
4.8	Lagereinheitenverwaltung in WM		109

5 Elemente der Prozesssteuerung in WM ... 113

5.1	Bewegungsarten		113
	5.1.1	Bewegungsarten in der Bestandsführung	113
	5.1.2	WM-Bewegungsarten	119
5.2	Transportbedarfe		127
5.3	Umbuchungsanweisungen		130
5.4	Transportaufträge – zentrale Belege in WM		132
	5.4.1	Direkte Transportauftragserstellung	135
	5.4.2	Automatische Transportauftragserstellung	137
	5.4.3	Transportauftragsdifferenzen	139

5.5	Bewegungssonderkennzeichen	142
	5.5.1 Gesonderte Bewegungsarten- und Lagertypfindung	142
	5.5.2 Direkte Einlagerung ohne Zwischenlagerung	146
5.6	Lagerortsteuerung	147
	5.6.1 Wareneingangslagerort mit automatischer Bestandsumbuchung	148
	5.6.2 Lagerortreferenz	152

6 Wareneingangsprozesse und Einlagerungsstrategien in WM ... 157

6.1	Wareneingangsprozesse in SAP ERP	158
	6.1.1 Wareneingang mit Bezug (ohne Anlieferung)	158
	6.1.2 Wareneingang mit Anlieferbezug	173
6.2	Steuerung der Einlagerung	180
	6.2.1 Lagertypfindung	180
	6.2.2 Lagerbereichsfindung	182
	6.2.3 Lagerplatzfindung	183
6.3	Einlagerungsstrategien von WM	184
	6.3.1 Blocklager (B)	184
	6.3.2 Festplatz (F)	194
	6.3.3 Nähe Kommissionierfestplatz (K)	195
	6.3.4 Freilager (C)	198
	6.3.5 Zulagerung (I)	199
	6.3.6 Nächster Leerplatz (L)	199
	6.3.7 Paletten (P)	199
6.4	Weitere Bestandteile des Einlagerungsprozesses	203
	6.4.1 Lagereinheitenprüfung	203
	6.4.2 Arten der Kapazitätsprüfung	204
	6.4.3 Quereinlagerung	206

7 Auslagerungssteuerung in WM ... 211

7.1	Auslagerungssteuerung	211
	7.1.1 Allgemeiner Prozessablauf	212
	7.1.2 Lagertypfindung	213
	7.1.3 Auslagerungsrelevante Einstellungen im Materialstamm	215
7.2	Auslagerungsstrategien	216
	7.2.1 First-in, First-out (FIFO) (F)	217
	7.2.2 Strenges FIFO über alle Lagertypen (***)	218
	7.2.3 Last-in, First-out (LIFO) (L)	219

		7.2.4	Anbruchsverwaltung (A)	219
		7.2.5	Groß-/Kleinmengen (M)	220
		7.2.6	Praxisbeispiel zur Strategie »Groß-/Kleinmengen«	221
		7.2.7	Mindesthaltbarkeitsdatum (H)	226
		7.2.8	Festlagerplatz (P)	227
	7.3	Weitere Steuerungskriterien der Auslagerung		227
		7.3.1	Vollentnahmepflicht und Rücklagerung	227
		7.3.2	Transportauftrags-Split	228
		7.3.3	Wegeoptimierung bei der Auslagerung (Sortierung der Auslagerungspositionen)	233

8 Produktionsversorgungsstrategien in WM ... 239

	8.1	Betriebswirtschaftliche Grundlagen		239
	8.2	Grundlagen der Fertigungsarten und der Materialbereitstellung in SAP ERP		240
		8.2.1	Verfahren der Materialbereitstellung in der auftragsgebundenen Fertigung mithilfe eines Fertigungsauftrags	241
		8.2.2	Verfahren der Materialbereitstellung in der auftragsgebundenen Fertigung mithilfe eines Prozessauftrags	242
		8.2.3	Verfahren der Materialbereitstellung in der perioden- und mengenorientierten Serienfertigung	243
	8.3	Produktionsversorgung ohne WM-Bereitstellung		244
		8.3.1	Fertigungsauftragsbezogene Produktionsversorgung aus einem Zentrallager	244
		8.3.2	Materialbereitstellung anhand einer zweistufigen manuellen Umlagerung	246
	8.4	Produktionsversorgung mit WM-Bereitstellung		247
		8.4.1	Produktionsversorgungsbereiche, Regelkreise und Produktionslagerplätze	249
		8.4.2	Materialbereitstellungskennzeichen	251
		8.4.3	Materialbereitstellungsprozess mit WM	254
		8.4.4	System- und Customizing-Voraussetzungen	263
	8.5	Kanban-Bereitstellung		266
		8.5.1	Betriebswirtschaftliche Grundlagen	267
		8.5.2	Prozess der Kanban-Bereitstellung im SAP ERP-System	271
		8.5.3	Produktionsversorgungsbereiche und Regelkreise im Kanban-System	272
		8.5.4	Nachschubstrategien mit dem Kanban-System	274

9 Warenbewegungen und operative Lagerprozesse in WM — 281

- 9.1 Grundlagen von Umlagerungen in SAP ERP 281
- 9.2 Lagerinterne Umlagerungen 283
  - 9.2.1 Umlagerung zwischen Lagerplätzen 283
  - 9.2.2 Umlagerung von Teilmengen eines Quants 288
- 9.3 Umlagerungen zwischen Lagerorten 294
  - 9.3.1 Umlagerung Lagerort an Lagerort mit Start in der Bestandsführung – Einschrittverfahren 294
  - 9.3.2 Umlagerung Lagerort an Lagerort mit Start in der Bestandsführung – Zweischrittverfahren 301
  - 9.3.3 Umlagerung mit Umlagerungsbestellung zwischen verschiedenen Lagerorten eines Werkes 304
- 9.4 Umbuchungen 326
  - 9.4.1 Umbuchungen in der Bestandsführung 326
  - 9.4.2 Umbuchungen in der Lagerverwaltung 329
- 9.5 Sperren von Lagerplätzen, Lagereinheiten und Lagerbeständen 335
  - 9.5.1 Sperren von Lagerplätzen 335
  - 9.5.2 Sperren von Lagereinheiten 338
- 9.6 Nachschubprozesse in WM 340
  - 9.6.1 Prozessablauf und Customizing 340
  - 9.6.2 Beispiel zum Nachschub für Fixplätze 351

10 Lieferabwicklung in WM — 357

- 10.1 Gesamtprozess der Auslagerung zum Kundenauftrag 357
  - 10.1.1 Kundenauftrag 359
  - 10.1.2 Lieferbearbeitung 360
  - 10.1.3 Transportauftragsbearbeitung in WM 363
  - 10.1.4 Verpacken 365
  - 10.1.5 Transportbearbeitung 366
- 10.2 Lieferbezogene Kommissionierung (Einzelauftragsbearbeitung) 367
  - 10.2.1 Manuelle Transportauftragserstellung 367
  - 10.2.2 Automatische Transportauftragserstellung zur Auslieferung 369
  - 10.2.3 Pick & Pack-Szenario 372
- 10.3 Sammelgangsbearbeitung von Lieferungen 373
  - 10.3.1 Grundlagen der Sammelgangsbearbeitung von Lieferungen 373

		10.3.2	Liefergruppierung und Transportauftragserstellung im Sammelgang	374
		10.3.3	Kommissionierwellenmonitor	378
	10.4	Lieferübergreifender Transportauftrag		379
		10.4.1	Gruppierung der Auslieferungen und TA-Erstellung	380
		10.4.2	Sortierprofile und Wegeoptimierung	381
		10.4.3	Verzögerte Lieferfortschreibung	382
	10.5	Zweistufige Kommissionierung		382

11 Weitere Grundfunktionen in WM 387

	11.1	Handling Unit Management		387
		11.1.1	Handling Unit Management in SAP ERP	388
		11.1.2	Handling Unit Management in WM	397
		11.1.3	Systembeispiel zum Handling Unit Management in Umlagerungsprozessen	404
	11.2	Chargenverwaltung in WM		413
		11.2.1	Betriebswirtschaftliche Grundlagen	413
		11.2.2	Grundlagen der Chargenverwaltung in SAP ERP	414
		11.2.3	Chargenfindung in WM	416
	11.3	Gefahrstoffverwaltung in WM		420
		11.3.1	Betriebswirtschaftliche Grundlagen	420
		11.3.2	Grundlagen der Gefahrstoffverwaltung in WM	424
		11.3.3	Stammdaten der Gefahrstoffverwaltung	426
		11.3.4	Gefahrstoffstammsatz	429
		11.3.5	Customizing	432
		11.3.6	Operative Gefahrstoff-Reports in WM	436
		11.3.7	Systembeispiel zur Gefahrstoffverwaltung in WM	439
	11.4	Inventurabwicklung in WM		444
		11.4.1	Betriebswirtschaftliche Grundlagen	445
		11.4.2	Inventurverfahren in WM	448
		11.4.3	Inventurprozess in WM	450
		11.4.4	Inventurabschluss/Reorganisation	453
		11.4.5	Customizing	454
		11.4.6	Systembeispiel zur permanenten Inventur	458
	11.5	Operatives Lagercontrolling in WM		464
		11.5.1	Betriebswirtschaftliche Grundlagen	465
		11.5.2	Lagerspiegel	466
		11.5.3	Lagerbestandslisten	468
		11.5.4	Transportauftragslisten	471
		11.5.5	Lagerleitstand	474
		11.5.6	Reports zur Lagerauslastung	480

11.5.7 MHD-Report 481
11.6 Leistungsdatenberechnung in WM 482
     11.6.1 Grundlagen 483
     11.6.2 Customizing 486
     11.6.3 Systembeispiel: Lastberechnung bei der
            Einlagerung 492

12 WM-Komponenten zur Lagerprozess- und Materialflussoptimierung ... 495

12.1 Mobile Datenerfassung mit SAP Radio Frequency 495
     12.1.1 Betriebswirtschaftliche Grundlagen 495
     12.1.2 Integration mit SAP ERP 497
     12.1.3 Unterstützte Lagerprozesse 499
     12.1.4 Radio-Frequency: Funktionsweise und
            Konfiguration 517
     12.1.5 Vorgehensweise zur Implementierung 531
12.2 Dezentrale Lagerverwaltung mit WM 535
     12.2.1 Grundlagen des dezentralen WM-Systems 535
     12.2.2 Prozesse im dezentralen WM-System 540
     12.2.3 Vergleich zentrales vs. dezentrales Warehouse-
            Management-System 543
12.3 Prozessoptimierung mit dem Task & Resource Management
      System (TRM) 545
     12.3.1 Grundlagen von TRM 546
     12.3.2 Lagerstruktur mit TRM 553
     12.3.3 Systembeispiel zum Auslagerungsprozess mit TRM 556
12.4 Yard Management 560
     12.4.1 Grundlagen des Yard Managements 561
     12.4.2 Funktionalitäten und Prozesse im Yard
            Management 565
12.5 Cross-Docking 583
     12.5.1 Grundlagen des Cross-Dockings 583
     12.5.2 Cross-Docking-Verfahren 590
12.6 Prozessoptimierung in Supply-Chain-Execution-Prozessen
      durch RFID und Event Management 592
     12.6.1 Historische Entwicklung von RFID 594
     12.6.2 RFID-Technologie 595
     12.6.3 Vorteile, Visionen und Herausforderungen
            der RFID-Technologie 599
12.7 SAP Auto-ID Infrastructure 605

Inhalt

  12.7.1 Systemarchitektur von RFID und SAP Auto-ID Infrastructure 605
  12.7.2 Funktionen von SAP Auto-ID Infrastructure 607
  12.7.3 Kernintegrationsbereiche (Human Integration, Device Integration und Backend-Systemintegration) ... 608
  12.7.4 Servicebereiche von SAP Auto-ID Infrastructure (Core Services) 609
  12.7.5 Unterstützte Prozesse in SAP LES 610
  12.7.6 Zusammenfassung 617

13 SAP Extended Warehouse Management (EWM) 619

 13.1 Lagermodellierung 620
 13.2 Prozesse in EWM 623
  13.2.1 Lieferabwicklung 623
  13.2.2 Eingangsprozesse 626
  13.2.3 Lagerinterne Prozesse 630
  13.2.4 Inventur 632
  13.2.5 Ausgangsprozesse 634
  13.2.6 Ein- und Auslagerungsstrategien 640
  13.2.7 Übergreifende Prozesse 644
 13.3 Radio-Frequency-Framework 651
 13.4 Integration mit SAP Transportation Management (TM) 652
 13.5 Zusammenfassung 656

Anhang 657

A Literaturverzeichnis 659
B Glossar 661
C Der Autor 673

Index 675

Die Logistik ist ein wichtiger Wettbewerbsfaktor, denn nur was man zum Kunden ausliefern kann, kann man auch verkaufen. Dieses Buch beschäftigt sich mit einem wichtigen Teilbereich der Logistik, der Lagerhaltung. Es zeigt den optimalen Verlauf von Lagerprozessen mit der SAP-ERP-Komponente »Warehouse Management« (WM). In der Einleitung lesen Sie, für wen dieses Buch geeignet ist, und Sie erhalten einen Überblick über die einzelnen Kapitel.

1 Einleitung

Vorratshaltung begegnet uns in allen Bereichen des Wirtschaftskreislaufs. Industrieunternehmen halten zum einen Vorräte an beschafften Gütern zur Versorgung von Produktionsprozessen und zum anderen Distributionsläger, aus denen der Markt versorgt wird. Auch innerhalb von Produktionsprozessen werden Güter zwischengelagert. Zur Versorgung des Handels übernehmen Logistikunternehmen Lagerprozesse innerhalb des Distributionswegs. Im Bereich des Groß- und Einzelhandels spielt die Vorratshaltung in Beschaffungs- bzw. Distributionslägern eine zentrale Rolle.

Auch aus dem privaten Haushalt ist die Bevorratung nicht wegzudenken, denn unzureichende Bestände (z. B. ein leerer Kühlschrank) führen zu unerwünschten Versorgungsengpässen. Über die Recyclingdienstleister, die durch Sammeln, Lagern und Verwerten Produkte vom Markt zurücknehmen und einer weiteren Nutzung zuführen, schließt sich der Kreis.

Die Lagerhaltung ist somit ein Bereich, der innerhalb der Logistik einen zentralen Stellenwert einnimmt. In allen Bereichen der Supply Chain werden Vorräte benötigt, und die Möglichkeiten zur Kosteneinsparung und Effizienzsteigerung sind enorm. Die Anforderungen an eine effektive Lagerlogistik sind daher kontinuierlich gestiegen. Gerade deshalb sind *Lagerverwaltungssysteme* in der Supply Chain wichtige Elemente zur Unterstützung des Warenflusses zwischen Erzeuger und Abnehmer. Heutige Lagersysteme müssen einer Vielzahl von Zeit-, Kosten- und Qualitätsanforderungen gerecht werden. Dank der Fortschritte in der Rechner- und Steuerungstechnik sind Steuerungs- und Verwaltungssysteme verfügbar, sogenannte *Warehouse-Manage-*

ment-Systeme (WM-Systeme), die einen reibungslosen Betrieb im Hinblick auf die zahlreichen Anforderungen überhaupt erst möglich machen.

Allerdings sind diese Systeme zu einem Komplexitätsgrad gereift, der die Benutzer gelegentlich überfordert. Hauptsächlich soll das Warehouse Management aber doch das Ziel verfolgen, ein Lager- und Distributionssystem optimal zu führen, bei gleichzeitig möglichst einfach gestalteter Benutzerführung. Dennoch ist die Erschließung neuer Märkte nur durch ausgereifte Logistikleistungen möglich, gleichzeitig verlangen die Kunden Schnelligkeit, Qualität und Kostenminimierung in der Supply Chain. Die anfallenden Tätigkeiten und Aufgaben, die innerhalb der Warenvorhaltung und -verteilung anfallen, sind nur dann zu erfüllen, wenn ein auf die jeweiligen Anforderungen individuell abgestimmtes System konzipiert wird.

SAP ERP stellt mit *Warehouse Management* (WM) ein Lagerverwaltungssystem bereit, das alle Anforderungen der modernen Lagerverwaltung abdeckt und Sie bei Ihrer Lagerlogistik optimal unterstützen kann. In diesem Buch werden speziell die Prozesse in der Lagerverwaltung näher erläutert.

An wen richtet sich dieses Buch?
Das Buch richtet sich an Logistiker, Lagerleiter und Produktionsleiter, da all diese Personenkreise Bestände verwalten und verantworten müssen. Aber auch für Vertriebsleiter oder Einkaufsleiter ist das Buch interessant, weil es Aspekte aufdeckt, die täglich auf die Arbeit im Vertrieb (Servicegrad-Sicherstellung) oder im Einkauf (Lagerkosten im Verhältnis zu Bestellkosten) Auswirkungen haben. Das Buch zeigt auch SAP- und Unternehmensberatern auf, wie die Lagerprozesse im SAP-System eingestellt und optimal konfiguriert werden können.

Wie ist dieses Buch aufgebaut?
Kapitel 2, »Betriebswirtschaftliche Grundlagen der Lagerhaltung«, stellt Ihnen die zentralen Fragestellungen der Lagerlogistik vor. Sie lernen hier die aktuellen Trends kennen, die auf die Lagerhaltung einwirken, und erhalten eine Einführung in Kosten und Nutzen der Lagerhaltung.

In den beiden folgenden Kapiteln lernen Sie, wie Sie Organisationsstruktur und Stammdaten festlegen. **Kapitel 3**, »Organisationsstrukturelemente in WM und SAP LES«, zeigt, welche Möglichkeiten es gibt, Lagerstrukturen im SAP-System abzubilden. In den Stammdaten definieren Sie wiederum, wie Ihre Prozesse ablaufen sollen. In **Kapitel 4**, »Stammdaten und Bestandsverwaltung in WM«, werden zunächst die Grundlagen der Bestandsverwaltung, die Lagerplatzstammdaten, also auch die Materialstammdaten, erläutert. Anschließend werden die Stammdaten für Gefahrgut und Chargenverwaltung beschrieben. Schließlich wird auf die unterschiedlichen Aspekte der Bestandsverwaltung und der Lagereinheitenverwaltung eingegangen.

Bewegungsarten, Transportbedarfe, Transportaufträge etc. steuern die Prozesse im Lager. In **Kapitel 5**, »Elemente der Prozesssteuerung in WM«, erhalten Sie ausführliche Informationen über diese Elemente und ihr Customizing. Im Wareneingang werden Waren von Lieferanten oder innerhalb eines Unternehmens angenommen, erfasst und weitergeleitet. Diese Themen werden in **Kapitel 6**, »Wareneingangsprozesse und Einlagerungsstrategien in WM«, behandelt. Wenn Waren wieder entnommen, kommissioniert und bereitgestellt werden, spricht man von Auslagerungsprozessen. Diese sind Thema von **Kapitel 7**, »Auslagerungssteuerung in WM«.

Produktionsversorgungsstrategien sorgen für den reibungslosen Fluss der Waren in die Produktion. In **Kapitel 8**, »Produktionsversorgungsstrategien in WM«, lernen Sie die wichtigsten Strategien inklusive Kanban kennen. **Kapitel 9**, »Warenbewegungen und operative Lagerprozesse in WM«, befasst sich schließlich mit dem Tagesgeschäft innerhalb eines jeden Lagers. Die Auslieferung von Aufträgen ist ein Kernprozess im Unternehmen, in den die unterschiedlichsten Abteilungen eingebunden sind. Die damit verbundenen Themen werden in **Kapitel 10**, »Lieferabwicklung in WM«, behandelt.

Kapitel 11, »Weitere Grundfunktionen in WM«, umfasst wichtige Lagerprozesse von Handling Unit Management über Chargen- und Gefahrstoffverwaltung bis hin zu Inventur und Lagercontrolling. **Kapitel 12**, »WM-Komponenten zur Lagerprozess- und Materialflussoptimierung«, stellt Ihnen schließlich diverse Optimierungsmöglichkeiten vor.

In **Kapitel 13**, »SAP Extended Warehouse Management (EWM)«, wurde auf das Release 9.0 aktualisiert und gibt Ihnen einen Einführung in die Lagerverwaltungslösung von SAP. Im **Anhang** finden Sie schließlich ein Glossar mit den wichtigsten Begriffen und ein Literaturverzeichnis mit weiterführender Literatur.

Im Downloadangebot zu diesem Buch (*www.sap-press.de*) erhalten Sie darüber hinaus eine Übersicht über wichtige Transaktionscodes und Customizing-Tabellen.

André Käber

In allen Gliedern der Logistikkette müssen Materialien und Bestände vorrätig sein. Somit nimmt die Lagerlogistik einen entscheidenden Stellenwert innerhalb des Warenflusses ein und birgt großes Potenzial für eine Prozessoptimierung und Kostenreduzierung. In diesem Kapitel lernen Sie die Bedeutung und die betriebswirtschaftlichen Zusammenhänge der Lagerhaltung kennen.

2 Betriebswirtschaftliche Grundlagen der Lagerhaltung

In diesem Kapitel steht zunächst die Bedeutung der Lagerlogistik innerhalb der Supply Chain im Mittelpunkt des Interesses. Die Frage, was überhaupt unter Lagerlogistik zu verstehen ist, soll zuerst beantwortet werden. Anschließend werden die aktuellen Markttrends im Bereich der Lagerlogistik beleuchtet, bevor das komplexe Umfeld der Lagerkosten thematisiert wird. Hier steht die Frage nach Kosten und Nutzen der Lagerverwaltung im Vordergrund. Im weiteren Verlauf soll es dann um folgende Fragen gehen: Welche Lagerprozesse und Lagertypen gibt es? Was ist die optimale Lagerorganisation? Welche Besonderheiten in der Lagerverwaltung gilt es, zu beachten? Dabei sollen die betriebswirtschaftlichen Grundlagen im Zusammenhang mit der Lagerverwaltung dargestellt werden.

2.1 Bedeutung der Lagerlogistik

Dieser Abschnitt stellt Ihnen die wichtigsten Begriffe der Lagerlogistik vor und erklärt Ihnen die Bedeutung der Lagerlogistik im betriebswirtschaftlichen Kontext.

Die *Logistik* umfasst die Gestaltung und Ausführung der betrieblichen Prozesse, die sich auf Transport, Nachschub, Lagerung und Umschlag von Gütern beziehen. Sie dient dazu, Zeit und Raum optimal zu überbrücken. Ziel der Logistik ist es, diese Vorgänge so zu koordinieren und zu organisieren, dass die Güter in gewünschter Art und Beschaffenheit zum richtigen Zeitpunkt am richtigen Ort für den Kunden bereitstehen – bei möglichst niedrigen Kosten.

Der Begriff *Lager* bezeichnet die für die Vorratshaltung und -bereitstellung bestimmten Räumlichkeiten und umfasst oftmals auch die Warenbestände selbst. Häufig wird der Bereich *Lagerwirtschaft* der Beschaffung oder dem Absatz zugeordnet. Aufgrund seiner Bedeutung für eine optimale Kundenbedienung wird heute vielfach dafür plädiert, ihn als einen eigenständigen Teilbereich des Logistikkomplexes zu betrachten. Das *Lagern* wird definiert als das Aufbewahren und Bereithalten der Bestände einer Anzahl von Artikeln. Die VDI-Richtlinie 2411 definiert das Lagern als geplantes Liegen des Arbeitsgegenstands im Materialfluss.

Die volkswirtschaftliche Bedeutung des Handels liegt in seiner Mittlerfunktion zwischen Produktion und Konsumtion. So werden die räumliche und zeitliche Überbrückung von Herstellung und Verbrauch und darüber hinaus ein qualitativer und quantitativer Ausgleich der angebotenen Waren ermöglicht. Die Lagerhaltung bewegt sich daher in einem Spannungsfeld von Produktion, Einkauf, Distribution und Absatz. Sie schließt somit durch den räumlichen und zeitlichen Ausgleich die Lücken zwischen Herstellungs- und Absatzort sowie Herstellungs- und Kaufzeitpunkt. Bei schwankenden Preisen sorgt sie für einen Preisausgleich. Daneben kann die Lagerhaltung auch spekulativen Zwecken dienen, indem zu erwartende Ereignisse am Markt vorweggenommen oder sogar beeinflusst werden. So kann durch die Verknappung des Angebots eventuell der Preis erhöht werden: Die Waren werden so lange im Lager zurückgehalten, bis der Preis gestiegen ist. Bei erwarteten Kostensteigerungen wird hingegen umgekehrt verfahren.

Interessanterweise korreliert der Konjunkturverlauf mit den Lagerbeständen, sie stellen somit einen volkswirtschaftlichen Indikator für seine Beurteilung dar. Der konjunkturelle Aufschwung ist durch zunehmende Kapazitätsauslastung und abnehmende Arbeitslosigkeit gekennzeichnet. Mit der steigenden Nachfrage besteht auch ein höherer Materialbedarf, durch den sich die Lieferzeiten verlängern. Das führt zwangsläufig zu einer Erhöhung der Lagerbestände, die zumindest zu Beginn des Aufschwungs noch mit niedrigen Zinsen fremdfinanziert werden können. Die Vorratswirtschaft verhält sich also prozyklisch, um die betriebswirtschaftlichen Ziele zu erreichen.

2.2 Einfluss aktueller Markttrends auf die Lagerlogistik

Aktuelle Trends wie hoher Kostendruck, kürzere Innovationszyklen, höhere Kundenerwartungen und die Globalisierung der Märkte stellen die Unternehmen vor große Herausforderungen und beeinflussen die Unternehmenslogistik. Dies betrifft in besonderem Maß Branchen mit einer hohen Differenzierung, wie z. B. die Konsumgüterindustrie, den Handel, die chemische Industrie und die Papierindustrie sowie den Maschinenbau. Um konkurrenzfähig zu bleiben, müssen Unternehmen ihr Leistungsangebot weiter verbessern, indem sie Herstellkosten, Produktqualität, Kundenorientierung und die Qualität der logistischen Leistung optimieren. Kunden stellen höhere Anforderungen an die Zuverlässigkeit, Schnelligkeit und Flexibilität der Lieferungen. Die folgenden Trends spielen eine besondere Rolle für die wachsende Bedeutung der Lagerlogistik:

- weltweite Beschaffungslogistik
- Zulieferer aus Billiglohnländern
- Single Sourcing
- bestandsorientierte Vorfertigung
- auftragsbezogene Endfertigung
- Einbindung externer Dienstleister
- kleinere Liefermengen
- E-Commerce

2.3 Lagerkosten

In diesem Abschnitt werden einige Beispiele vorgestellt, die zeigen, welche Bedeutung den Lagerkosten innerhalb von Unternehmen zukommt. Um die wertmäßige Bedeutung der Vorräte zu beziffern, ist in Tabelle 2.1 der Anteil des Vorrats- und Sachanlagevermögens an der Bilanzsumme deutscher Unternehmen nach Wirtschaftsbereichen gegliedert angegeben.

Wirtschaftsbereich	Vorratsvermögen	Sachanlagevermögen
Baugewerbe	15,6 %	13,6 %
Einzelhandel	43,0 %	23,4 %
Großhandel	26,6 %	14,8 %
Verarbeitendes Gewerbe	19,4 %	24,6 %

Tabelle 2.1 Anteil von Vorräten und Sachanlagevermögen an der Bilanzsumme deutscher Unternehmen nach Wirtschaftsbereichen (1994) (Quelle: Statistisches Bundesamt)

Insbesondere beim Handel übersteigt der Wert des Vorratsvermögens deutlich den der Sachanlagen. Die leicht rückläufige Tendenz dieses Anteils liegt mithin in der Verbesserung des Bestandsmanagements.

Je nach Industriezweig erreichen die Vorräte an Rohstoffen, Halbfabrikaten und Fertigerzeugnissen in Bezug auf die Bilanzsumme zwischen 12,2 % (chemische Industrie) und 32,2 % (Maschinenbau). Dabei machen die Logistikkosten ca. 25 % des Bestandswertes aus (siehe Tabelle 2.2).

Kostenart	Kostenwert in % vom Bestandswert
Zinsen für Bestände	6 %
Verderben von Schwund	2 %
Bestandsverwaltung	1 %
Ein- und Auslagerung	1 %
Versicherung	2 %
Abschreibung auf Lagerplatz und -einrichtung	10 %
Kalkulatorische Zinsen auf Lagerplatz und -einrichtung	3 %
Summe	25 %

Tabelle 2.2 Jährliche Logistikkosten in Prozent vom Bestandswert (Quelle: Wannenwetsch 2005)

Gerade Halbfabrikate binden zum größten Teil das Kapital im Lager. Es gibt einen signifikanten Zusammenhang zwischen Durchlaufzeit und Kapitalbindung (siehe Abbildung 2.1).

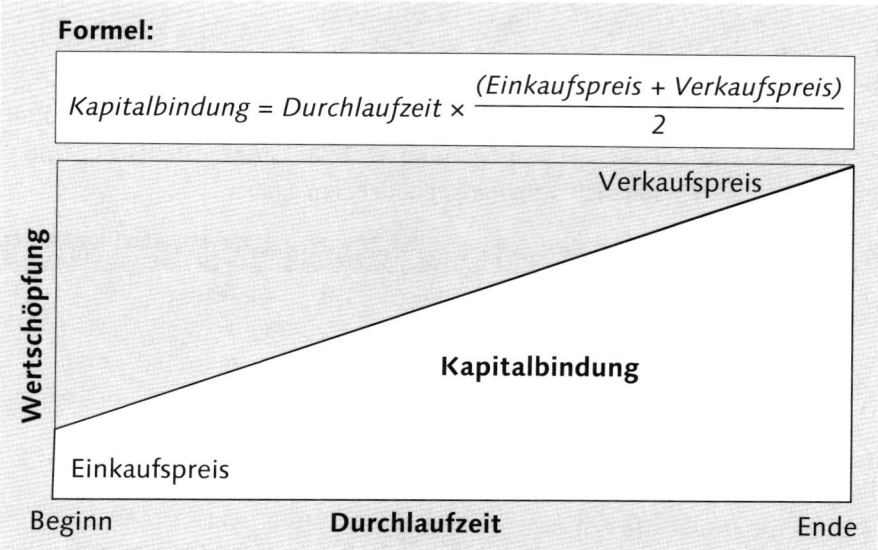

Abbildung 2.1 Zusammenhang zwischen Durchlaufzeit und Kapitalbindung

Je länger die Durchlaufzeit ist, desto höher ist auch die Kapitalbindung des betroffenen Materials. In der Bestandsoptimierung, d. h. im Vermeiden bzw. Reduzieren von Beständen, geht es eben auch um die Reduzierung der Durchlaufzeit – und die kann auch durch eine effiziente Lagerverwaltung reduziert werden.

2.4 Funktionen der Lagerhaltung

Das Lagermanagement ist ein wichtiger Bestandteil aller Bereiche innerhalb der Lieferkette. Insbesondere spielt es eine wesentliche Rolle in den drei folgenden zentralen wertschöpfenden Bereichen eines Unternehmens:

- **Beschaffungslogistik**
  Die Beschaffungslogistik steht am Beginn des Materialflusses und beschäftigt sich mit der Beschaffung von Roh-, Hilfs- und Betriebsstoffen sowie sonstigen Ressourcen, die vom Unternehmen benötigt werden. In der Regel erfolgt in der Beschaffungslogistik eine Lagerhaltung der eingekauften Materialien bis zur Weiterverarbeitung oder dem Weiterverkauf.

- **Produktionslogistik**
  Anschließend an die Beschaffungslogistik werden die beschafften Materialien in der Produktion veredelt. Hier werden also mit Maschinen- und Personaleinsatz die Rohstoffe zu Halbfabrikaten und Endprodukten verarbeitet. Während der Herstellung ist es oft notwendig, Halbfabrikate oder Produkte, an denen gearbeitet wird, im Produktionsverlauf zwischenzulagern.

- **Distributionslogistik**
  In der Distributionslogistik beginnt der Informationsfluss im Vertriebs- und Absatzbereich. Hier gehen die Kundenbestellungen ein, und hier endet auch der Materialfluss mit der Auslieferung der Produkte an den Kunden. Bevor die Endprodukte an die Kunden ausgeliefert werden, werden sie oft in Distributionszentren gelagert, um mehrere verschiedene Artikel, die der Kunde in einem Vorgang bestellt hat, auch gemeinsam auszuliefern oder um die Transportkosten durch Routen- und Ladeträgeroptimierungen zu senken.

Über das Lagern im engeren Sinn hinaus (siehe Abschnitt 2.1, »Bedeutung der Lagerlogistik«) gibt es folgende kürzere *Verweilzeiten*:

- **Puffern**
  Das Puffern dient zur Überbrückung von (stochastischen) Produktions- und Zulieferstörungen.

- **Stauen**
  Eine systematische Stauung von Gütern wird z. B. zur Auftrags- oder Gebindezusammenfassung eingesetzt.

Die Hauptaufgaben der Lagerhaltung sind folgende:

- **Ausgleichsfunktion**
  Das Hauptziel bzw. die Hauptaufgabe der Lagerhaltung ist die zeitliche Synchronisation von ankommenden und abgehenden Güterströmen. Damit werden Läger immer dort eingesetzt, wo zwischen verschiedenen Bereichen ein unterschiedliches Quellen- und Senkenverhalten besteht, das unter wirtschaftlichen Gesichtspunkten weder technisch noch zeitlich synchronisierbar ist.

- **Sicherungsfunktion**
  Neben dieser Ausgleichsfunktion in mengenmäßiger und zeitlicher Hinsicht hat die Lagerhaltung die Aufgabe der mengenmäßigen und zeitlichen Überbrückung bei Störungen in der Supply Chain. Dies bezeichnet man als Sicherungsfunktion, weshalb man auch oft von Sicherheitsbestand spricht. Hierbei sind Informationen wie der Bedarfszeitpunkt oder der Mengenbedarf zweitrangig. Mithilfe des Lagerbestands soll eine reibungslose Produktion (Serienfertigung) gesichert werden.

- **Spekulationsfunktion**
  In Zeiten steigender Beschaffungspreise oder erwarteter Beschaffungsengpässe kann die Lagerhaltung neben der Ausgleichs- und Sicherungsfunktion auch spekulative Gründe haben. Die zu beschaffende Menge orientiert sich in diesem Fall nicht am Bedarf, sondern an Finanzkennzahlen und Lagerkapazitäten. Lagerbestände werden »gehortet«, um finanzielle Belastungen abzufangen.

- **Kostensenkungsfunktion**
  Durch die Bündelung von Beschaffungslosen können erhebliche Einsparpotenziale (z. B. Senkung der Produktionsstückkosten, Erzielen von Mengenrabatten, Senkung der bestellfixen Kosten) erzielt werden. Die höhere Kapitalbindung wird in diesem Fall zugunsten niedriger Beschaffungskosten in Kauf genommen.

- **Substitutionsfunktion**
  Werden Materialien auf einer niedrigeren Wertschöpfungsstufe gelagert, können Fertigwarenbestände durch Halbfertigwarenbestände substituiert

werden. Dies führt zu einer niedrigeren Kapitalbindung, weil die Fertigwarenbestände zumeist teurer sind als die Halbfertigwarenbestände.

- **Veredelungsfunktion**
  Die gelagerten Waren werden durch das Lagern veredelt. Dies ist z. B. bei Käse oder Wein der Fall.

- **Sortimentsfunktion**
  Das Lager dient lediglich der Sortierung der Waren gemäß ihrem späteren Gebrauch oder ihrer späteren Verwendung. Zum Beispiel ist im Kommissionierbereich eine solche Bereitstellungsaufgabe anzutreffen.

- **Flexibilisierungsfunktion**
  Die Einlagerung eines Produkts vor dem nächsten Diversifizierungsschritt ermöglicht eine flexiblere Variantenbildung.

- **Akquisitionsfunktion**
  Das Lager wird in diesem Fall bewusst über das normale Niveau ausgedehnt, um den Abnehmern zusätzliche Kaufanreize zu vermitteln.

Allerdings ist zu bedenken, dass hohe Lagerbestände auch hohe Kapitalbindungs- und Lagerkosten verursachen und die Verschleierung störanfälliger Prozesse und mangelnder Produktionskapazitäten etc. begünstigen können. Damit ist klar, dass es *Gründe gegen Lagerbestände* gibt. Dazu zählen:

- Investitionsbedarf für die Lagereinrichtung
- laufende Aufwendungen für die Bewirtschaftung des Lagers (Personal, Geräte, Energie)
- Kapitalbindung im Vorratsvermögen
- Risiko von Verderb/Veralterung von Lagergütern (z. B. bei verderblichen Waren; wirtschaftliche Veralterung z. B. bei Computerprozessoren; Schwund)
- Verdeckung von Mängeln in Planung und Organisation in der Logistik (vorhandene Planungs- und Koordinationsprobleme werden nicht sichtbar)
- fehlender Wertschöpfungsbeitrag

Lagerhaltung bedeutet daher auch gleichzeitig eine Verschwendung von Ressourcen.

2.5 Kosteneffekte der Lagerhaltung

Ein wichtiges Ziel der Lagerlogistik ist es, die *Lagerkosten* zu minimieren. Dieses Ziel ist selbstverständlich nur zu erreichen, wenn bekannt ist, in welcher Höhe und an welchen Stellen des Lagers die Kosten entstehen. Lagerkosten bestehen aus einem fixen Anteil, der aus der Bereitstellung der Lagerkapazitäten resultiert, und aus einem variablen Anteil, der sich aus der Ausübung der Lagertätigkeiten ergibt. Als Kosten des Lagers entstehen:

- Kosten der Lagerungsvorgänge (Ein- und Auslagerung)
- Kosten der Lagerhilfsmittel
- Kosten der Lagerverwaltung und Lagerdisposition
- Kosten der Kapitalbindung
- Kosten des Lagerschwunds

Bei den Lagerkosten handelt es sich um *Sach- und Personalkosten*, die im Einzelnen Folgendes umfassen:

- Personalkosten
- Gebäudekosten
- Abschreibungen
- Zinsen
- Instandhaltungs- und Wartungskosten
- Heizungs- und Beleuchtungskosten
- Energiekosten
- Versicherungskosten
- Kosten des Schwunds
- diverse Umlagekosten

Häufig wird versucht, die Lagerhaltungskosten mithilfe eines Kostensatzes zu errechnen; dabei wird zwischen den Kosten der gesamten Lagerhaltung und den Zinskosten unterschieden. Die Lagerhaltungskosten und die weiteren daraus abgeleiteten Kosteneffekte sollen in den drei folgenden Abschnitten kurz dargelegt werden. Es ist ein übergeordnetes Ziel, Lagerbestände in der logistischen Kette so weit wie möglich zu vermeiden, um Kosten zu senken. Dazu sind ein bestmöglicher Aufbau und eine optimale Organisation der Läger notwendig.

2.5.1 Lagerhaltungskosten

Der erste der drei für die Lagerhaltung relevanten Kostenfaktoren sind die *Lagerhaltungskosten*. Hier gilt es, zwischen den Einzelkosten, also den variablen Kosten, und den Gemeinkosten, d. h. den Fixkosten, zu unterscheiden.

Die *Einzelkosten* der Lagerhaltung setzen sich aus mehreren Komponenten zusammen: Kapitalbindungskosten, Versicherungskosten sowie Kosten durch Alterung, Beschädigung oder Verlust. Die *Kapitalbindungskosten* als wichtigster Bestandteil sind grundsätzlich Opportunitätskosten, die entstehen, wenn Kapital, das anderswo in der Organisation verwendet werden könnte, im Bestand des Lagers gebunden ist. Anders betrachtet, handelt es sich um entgangene Gewinne, die realisierbar gewesen wären, wenn das im Lagerbestand gebundene Kapital für die beste alternative Anlagemöglichkeit verwendet worden wäre. Eine weitere Form der Einzelkosten sind *Versicherungskosten*, denn der Lagerbestand sollte versichert sein. Darüber hinaus entstehen *Kosten in Form von Alterung, Beschädigung* oder bei *Verlust* der Ware. In vielen Bereichen fallen diese nicht weiter ins Gewicht, aber wenn man z. B. die Situation eines PC-Händlers betrachtet, dann stellt man fest, dass die Alterungskosten schon nach einer Periode von einem halben Jahr substanziell sind. Die Einzelkosten der Lagerhaltung sind mengen-, wert- und/oder zeitabhängig.

Auch die *Gemeinkosten* umfassen verschiedene Bestandteile. Hier sind zuerst die *Kosten des Lagerraums* zu nennen. Diese beinhalten die Miete für das Objekt oder die Abschreibung, die fällig ist, wenn das Gebäude im Besitz der Organisation ist. Darüber hinaus fallen *Kosten für die Betriebsbereitstellung* an, wie z. B. für Energie. Der zweite Komplex sind die *Handlingkosten*, die in der Regel aus den Personalkosten des Lagerpersonals und den Aufwendungen bestehen, die für die Bereitstellung der Lagergeräte betrieben werden müssen. Die Gemeinkosten der Lagerhaltung sind mengen- und/oder zeitabhängig. Die Gemeinkosten können eine gewisse Variabilität aufweisen.

2.5.2 Beschaffungskosten

Beschaffungskosten sind die Kosten, die während des Beschaffungsvorgangs anfallen. Auch hier wird zwischen Einzel- und Gemeinkosten unterschieden.

Die *Einzelkosten* bestehen aus den administrativen *Beschaffungsvorgangskosten*, also den Aufwendungen, die für jeden einzelnen Teil des Loses erbracht werden müssen. Ein weiterer Posten sind die *Produktionskosten* pro Stück im Fall des Produzenten oder anderenfalls die Einkaufskosten. Nach Aufgabe der

Bestellung fallen Transportkosten an, diese treten nicht nur bei externer Beschaffung auf, sondern auch, wenn es sich um organisationsinterne Transporte handelt. Der letzte Bestandteil der Einzelkosten betrifft die *Qualitätskontrolle* der eingegangenen Waren. Diese Kosten sind teils mengenabhängig, teils fix, d. h., sie fallen pro Vorgang an.

Die *Gemeinkosten* bestehen aus den Kosten pro Beschaffungsvorgang und den Transportkosten. Auch hier gilt, dass sie teils mengenabhängig und teils fix sind. Die Schätzung der fixen Beschaffungskosten ist alles andere als trivial, und auch bei den Beschaffungskosten sind die Gemeinkosten unter Umständen variabel.

2.5.3 Fehlmengenkosten

Der dritte Kostentyp sind die *Fehlmengenkosten*. Fehlmengenkosten sind Kosten, die dadurch entstehen, dass Material nicht zur Verfügung steht, also fehlt. Zum Beispiel kann ein Kundenauftrag nicht ausgeliefert werden, weil ein Material fehlt. Dann entstehen Fehlmengenkosten z. B. in Form von entgangenem Umsatz. Wie schon bei den beiden zuvor genannten Kostenkomponenten wird hier zwischen zwei Arten unterschieden. In diesem Zusammenhang sind es direkte und indirekte Fehlmengenkosten.

Als erste *direkte Kosten* sind *Konventionalstrafen* zu nennen, die bei Nichteinhaltung von Verträgen aufgrund von fehlendem Bestand an den Vertragspartner gezahlt werden müssen. Falls diese nicht fixiert sind, kann es sein, dass bei verspäteter Lieferung Preisabschläge gewährt werden müssen. In einigen Fällen ist es möglich, die Bestellung durch Eillieferungen oder Bestellungen doch noch zeitgerecht durchzuführen. Diese sind im Normalfall teurer als der übliche Weg, der entstehende Mehraufwand muss ebenfalls den Fehlmengenkosten zugerechnet werden. Ein letzter Posten ist der *Deckungsbeitragsverlust* bei Kundenabwanderung, also der entgangene Profit in dem Fall, in dem der Abnehmer das Gut über einen Konkurrenten bezieht. Die direkten Fehlmengenkosten sind zeit- und/oder mengenabhängig.

Die *indirekten Kosten* setzen sich aus Absatzeinbußen durch *Goodwillverluste* und dem reduzierten Ergebnis bei *Produktionsausfall* zusammen. Ersteres bedeutet, dass eine Organisation, die häufiger nicht in der Lage ist, die Nachfrage zu befriedigen, ihren eigenen Ruf schädigt. Das kann dazu führen, dass sich Kunden nachhaltig abwenden.

In der Praxis ist es schwierig, die indirekten Fehlmengenkosten genau zu beziffern. Den einmaligen Umsatzverlust kann man zwar noch ermitteln, aber ob der Kunde beim nächsten Bedarf gleich woanders bestellt, kann nicht unbedingt überprüft und damit gemessen werden. Somit müssen die indirekten Kosten in der Regel geschätzt werden.

2.6 Lagerprozess

Der Lagerleiter muss den optimalen und reibungslosen Materialfluss in und aus dem Lager heraus gewährleisten. Der dazu notwendige Leistungserstellungsprozess im Lager erfolgt in mehreren Stufen, die den Informations- und Materialfluss steuern. Tabelle 2.3 zeigt die einzelnen Schritte eines integrierten Lagerprozesses und deren Beteiligte.

Nr.	Prozessschritt	Beteiligte Abteilung/Stelle
1	Planung der Bestände	Disposition
2	Bestellung der Materialien	Einkauf
3	Ankunft der Lieferung	Einkauf
4	Überprüfung des Liefertermins, Menge, Art anhand der Bestellung	Wareneingang
5	Überprüfung anhand der Frachtpapiere, Lieferschein als Papier oder per EDI	Wareneingang
6	Freigabe der Entladung, Auspacken	Wareneingang
7	gegebenenfalls Einlagerung der Materialien in den Qualitätsprüfbestand	Wareneingang
8	Entsorgung des Verpackungsmaterials	Wareneingang
9	Überprüfung des Materials auf Beschädigungen hin durch Messen, Wiegen, Zählen, Sichtkontrolle	Wareneingang
10	Qualitätsprüfung per Stichproben und Mängelrüge bei Fehlern	Qualitätsprüfung, Einkauf
11	Freigabe der Materialien	Qualitätsprüfung
12	Einlagerung der Materialien in den frei verfügbaren Bestand	Qualitätsprüfung, Wareneingang
13	Weitergabe der Teile an Produktion, Lager, Entwicklung	innerbetrieblicher Transport
14	Auslagerung der Materialien an Verbraucher	Warenausgang

Tabelle 2.3 Innerbetrieblicher Lagerprozess

Die *Disposition* plant auf Basis der Bedarfsvorhersage (Bruttoplanung) aus dem Vertrieb die Materialbedarfe unter Verwendung der Stücklistenauflösung und gleicht diese mit den vorhandenen Beständen ab (Nettoplanung). Anschließend wandelt der *Einkauf* die Bestellanforderungen, die aus der Nettoplanung entstanden sind, in Bestellungen um, ordnet die jeweiligen Lieferanten zu und verschickt diese an die Lieferanten. Nachdem der Lieferant die Ware nun angeliefert hat, kommen die Lieferungen zunächst im *Einkauf* an. Dort muss die Lieferung mit den Angaben auf der Bestellung verglichen werden. Dies wird im *Wareneingang* anhand des Lieferscheins oder der Frachtpapiere abgeglichen. Anschließend erfolgt im Wareneingang die Freigabe zur Entladung der Ware. Ist eine gesonderte *Qualitätsprüfung* erforderlich, muss die Ware vor der Prüfung zunächst in den Qualitätsprüfbestand eingelagert werden. Dort wird sie dann nach erfolgter Prüfung wieder freigegeben. Nach dem Entladen wird das Verpackungsmaterial entsorgt, die Ware wird auf Mängel hin überprüft. Dabei findet eine Sichtkontrolle statt, gegebenenfalls wird die Ware gezählt, gewogen oder gemessen. Nach der Sichtkontrolle, gegebenenfalls der Stichprobe oder ausführlichen Qualitätsprüfung, wird die Ware freigegeben und in den frei verwendbaren Bestand eingebucht. Damit steht sie nun allen anderen Unternehmensbereichen zur freien Verfügung. Die Ware wird dann an die Produktion, den Vertrieb oder andere Bereiche weitergeleitet.

2.7 Lagerarten

Ein Lager besteht aus verschiedenen Lagerarten:

- **Eingangslager**
  Das Eingangslager nimmt die beschafften Roh-, Hilfs- und Betriebsstoffe auf und hält sie zur Abgabe an den Produktionsprozess bereit.

- **Bereitstellungs- und Handlager**
  Sogenannte *Bereitstellungs- und Handläger* sind bestimmten Arbeitsplätzen zugeordnet, an denen sich kleinere Mengen lagern lassen. Die Materialien sind in diesen Lägern so sortiert, wie sie am betreffenden Arbeitsplatz benötigt werden, z. B. in der Fließfertigung.

- **Zwischenlager**
  Innerhalb des Herstellungsprozesses können Zwischenläger notwendig sein, um Materialien (z. B. Halbfabrikate) zwischen den einzelnen Fertigungsstufen zu lagern. Dies kann erforderlich sein, wenn der Fertigungsprozess der einzelnen Fertigungsstufen nicht synchron verläuft oder wenn

zur Absicherung einer durchgängigen Produktion Sicherheitsbestände gehalten werden, um den Produktionsprozess nicht unterbrechen zu müssen.

- **Produktivlager**
  Die Lagerhaltung kann auch Bestandteil des Fertigungsprozesses sein, wenn z. B. Bestände zur Trocknung (z. B. Holz) oder zur Gärung und Reifung (z. B. Wein) gelagert werden müssen, bevor sie weiterverarbeitet bzw. abgesetzt werden können. Läger dieser Art werden als Produktivläger bezeichnet.

- **Ausgangslager**
  Ausgangsläger stehen am Ende des Fertigungsprozesses. Sie nehmen aus der Produktion die Endprodukte auf, solange Verkauf und Auslieferung noch nicht erfolgt sind.

2.8 Lagerverwaltung

Die *Lagerverwaltung* ist der Mittelpunkt des Lagermanagements. Sie hat einerseits alle verfügbaren Lagerplätze zu überwachen und deren Nutzung zu optimieren (Lagerplatzverwaltung). Andererseits müssen die Bestände (Mengenverwaltung) sowie die dazugehörigen Ein- und Ausbuchungen gesteuert und festgehalten werden. Darüber hinaus gibt es noch einige weitere Funktionen zur Kontrolle bestimmter Lageraktivitäten. Die folgenden Abschnitte stellen Ihnen verschiedene Möglichkeiten der Lagerverwaltung vor.

2.8.1 Zentrale vs. dezentrale Lagerhaltung

Die Lagerhaltung kann zentral oder dezentral organisiert sein. Es sind auch Mischformen möglich. In der zentralen Lagerverwaltung wird ein Material nur an einem zentralen Standort (Lagerort) gelagert. In der dezentralen Lagerverwaltung können es auch mehrere Lagerorte sein. In einem Lagernetzwerk kann es mehrere Lagertypen geben, die im Folgenden dargestellt werden.

Das *Werkslager*, auch Fertigwarenlager oder Produktionslager genannt, ist räumlich bei der Produktionsstätte angesiedelt. Im Werkslager werden die produzierten Endprodukte zum kurzfristigen Mengenausgleich aufgenommen. Es enthält nur die Produkte, die auch vor Ort, eben in dieser Produktionsstätte, hergestellt werden.

Das *Zentrallager* stellt die dem Werkslager nachgeordnete Lagerstufe dar. Seine Anzahl ist aufgrund des hohen Investitionsbedarfs meist sehr begrenzt.

Es enthält die jeweils gesamte Sortimentsbreite eines Unternehmens. Seine Funktion besteht darin, bei Existenz nachgeordneter Lagerstufen für ein Nachfüllen der Bestände zu sorgen. Bei einer zentralisierten Distributionsstruktur werden in Zentrallägern die Waren in den jeweils vom Kunden bestellten Mengen und Sorten zur Auslieferung bereitgestellt.

Regionalläger haben die Aufgabe, innerhalb einer bestimmten Absatzregion, die meist aus mehreren Verkaufsgebieten besteht, einen Puffer zu Produktion und Absatzmarkt zu schaffen und durch eine Bestandshaltung vor- und nachgelagerte Lagerstufen zu entlasten. In Regionallägern werden nur Teile des Sortiments gehalten.

Auslieferungsläger stehen auf der untersten Stufe in der Lagerhierarchie. Sie sind dezentral im gesamten Verkaufsgebiet zumeist in der Nähe der Kunden angesiedelt. Ihre Aufgabe besteht in einer Vereinzelung der Mengen in die von den Kunden georderten Einheiten und deren Bereitstellung zur Kundenbelieferung bzw. zur Selbstabholung durch die Kunden. Auslieferungsläger sind einem bestimmten Verkaufsbezirk und den darin angesiedelten Kunden direkt zugeordnet. Sie enthalten nicht zwingend das gesamte Sortiment, sondern in der Regel – regional unterschiedlich – die jeweils absatzstärksten Produkte.

Abbildung 2.2 zeigt unterschiedliche Lagertypen und deren Verwendung bzw. Aufgabe.

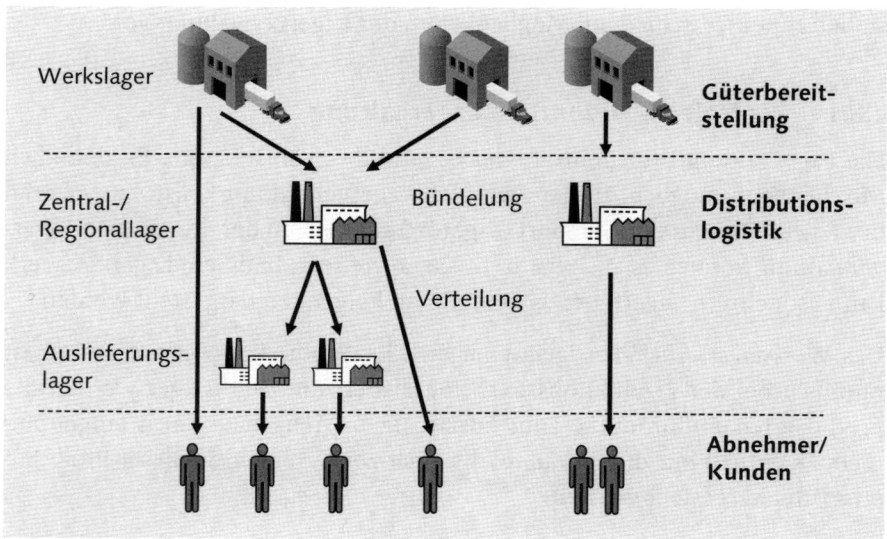

Abbildung 2.2 Lagertypen und ihre Lagerstufen

Die Entscheidung hinsichtlich einer zentralen oder dezentralen Lagerung wird vor allem von folgenden Faktoren beeinflusst:

- Höhe der Kapitalbindung
- betriebliche Lagerpolitik (Größe des Lagers, Standort, Kommissionierung)
- Sortimentsstruktur
- Kosten der Warenauslieferung und -bereitstellung

Zentrale Läger werden hauptsächlich zur Bevorratung für die Belieferung von Filialen, Niederlassungen, Großkunden und Regionallägern eingerichtet. Alle Aufgaben der Lagerwirtschaft werden von einer einzelnen Organisationseinheit wahrgenommen.

Dezentrale Läger werden überwiegend zur Bevorratung für die Belieferung von Kunden im Regionalbereich unterhalten. Die Aufgaben der Lagerwirtschaft werden von mehreren Organisationseinheiten parallel erledigt.

Welche Anzahl von Lagerstufen ist aber nun am günstigsten? Ob eine einstufige oder mehrstufige Distribution eingerichtet werden sollte, hängt von den Bestimmungsfaktoren des Absatzmarkts ab. Entscheidungskriterien sind u. a.:

- die angestrebte Lieferbereitschaft
- die Produktionsstandorte
- die Struktur des Absatzgebiets
- die Nachfrageentwicklung
- die Verkehrslage
- die Transportkosten zwischen den Lägern
- die Auslieferungskosten an den Kunden
- das Sortiment
- die Lagerkosten
- die Höhe der Bestände
- die Bestellmengen und -häufigkeiten aufseiten der Kunden

Die folgenden Thesen beeinflussen die Entscheidung für eine zentrale oder eine dezentrale Lagerhaltung:

- Jede Lagerstufe, die eingerichtet wird, erhöht die fixen Kosten und die Kapitalbindungskosten des Unternehmens.
- Die Lagerkosten entwickeln sich mit zunehmenden Lagerstufen überproportional.

- Durch eine dezentralisierte Lagerung ist ein relativ hoher Personaleinsatz erforderlich. Der Organisations- und Koordinationsaufwand ist relativ groß.
- Bei einer geringen Kundenanzahl und großen Bestellmengen sind die Kosten einer zentralisierten Lagerhaltung in der Regel niedriger als die einer dezentralisierten.
- Eine zentralisierte Lagerhaltung erlaubt einen konzentrierten Einsatz von Personal und Technik, ermöglicht eher Rationalisierungs- und Automatisierungsmaßnahmen sowie eine Standardisierung von Abläufen, als dies bei einer Dezentralisierung der Lagerhaltung der Fall ist.
- Bei einer großen Kundenanzahl mit kleinen Bestellmengen kann eine Dezentralisierung durch Einschaltung weiterer Lagerstufen kostengünstiger sein. Hohe Kosten, die durch eine hohe Transportfrequenz bei einem geringen Transportvolumen und großen Entfernungen entstehen, können durch die Einrichtung von Auslieferungslägern vermieden werden.
- Bei einer Just-in-time-Belieferung, bei der kurzfristig kleinere Mengen abgerufen werden, kann die Einrichtung von Auslieferungslägern in der Nähe des Abnehmers auch unter Kostenaspekten günstig sein.
- Zentralläger können, wenn sie nicht innovativ betrieben und ständig in jeder Hinsicht überprüft werden, zu Schwerfälligkeit führen.

Zentrale Lagerhaltung bedeutet die räumliche Zusammenfassung aller Lagerhaltungsfunktionen und aller Lagergüter unter einheitlicher Leitung. Da vom, zum und im Lager auch energie- und zeitaufwendige Transportvorgänge ablaufen, ist der räumliche Aspekt häufig ausschlaggebend bei der Entscheidung über den Zentralisierungsgrad. Beide Aspekte, Räumlichkeit und einheitliche Leitung, müssen jedoch im Zusammenhang gesehen werden, da eine räumliche Dezentralisierung die Ausübung der (zentralen) Leitungskompetenz behindern kann.

Für eine Zentralisierung der Lagerhaltung sprechen folgende Vorteile:

- Erleichterung von Warenannahme, -pflege, -erhaltung
- schnellere Bestandsermittlung und -prüfung
- geringere Kapitalbindung
- bessere Auslastung der sachlichen Hilfsmittel
- Entlastung der Bedarfsträger

Dagegen sprechen vor allem folgende Nachteile:

- lange Transportwege
- lange Bereitstellungszeiten
- Gefahr der Bürokratisierung

Generell ist ein Trend zum Abbau der Lagerbestände festzustellen, womit einige der Argumente für die Zentralisierung an Gewicht verlieren. Im Übrigen können die Nachteile dezentraler Lagerung (insbesondere die erschwerte Bestandsüberwachung) durch leistungsfähige Datenverarbeitung kompensiert werden. Für die interne Gliederung von Zentrallägern gibt es mehrere Alternativen. Meist dominieren Objektgesichtspunkte, d. h. Art der Lagergüter, ihre Beschaffenheit (Aggregatzustand, Empfindlichkeit) und Umschlagshäufigkeit. Auch die Gliederung nach Teilfunktionen der Lagerhaltung ist verbreitet (z. B. Warenannahme, Lagerung, Kommissionierung, Disposition und Abrechnung sowie Leergutverwaltung).

2.8.2 Lagerplatzverwaltung

Es gibt folgende Arten der *Lagerplatzverwaltung*, die für ein Lager (z. B. in einem Hochregallager) in Betracht kommen:

- feste Lagerplatzanordnung
- chaotische Lagerführung
- teilchaotische Lagerorganisation
- Lagerorganisation nach Lagerzonen oder mit Querverteilung

Im Folgenden werden diese vier Arten genauer beschrieben.

Feste Lagerplatzanordnung

Jeder Artikel hat im Lager einen *festen Lagerplatz*, d. h., dass Artikel A immer an derselben Stelle zu finden ist, z. B. auf Lagerplatz Nr. 12. Diese Art der Lagerhaltung ist am unzweckmäßigsten, da die Lagerplätze auf diese Weise unvollständig und uneinheitlich ausgenutzt werden. Folglich ist eine Optimierung nur sehr schwer zu realisieren. Der große Vorteil allerdings besteht darin, dass durch die feste Anordnung der Artikel die Kommissionierplätze bekannt sind. Die Lagermitarbeiter wissen aus Erfahrung, wo ein Material liegt, und müssen nicht lange danach suchen. Und da sich die Lagerplätze nie ändern, kann man bei einer manuellen Nutzung des Lagers von einer Zeitoptimierung sprechen, da man sofort den Lagerplatz weiß, sobald der Artikel genannt wird.

Chaotische Lagerführung

Bei der *chaotischen Lagerführung* ist im Unterschied zur festen Lagerplatzvergabe keine Ortsgebundenheit der Artikel an den Lagerplatz vorhanden. Das Prinzip besteht darin, den ankommenden Artikel an den nächsten freien Lagerplatz zu befördern. Befindet sich zwischen zwei vollen Lagerplätzen ein leerer, wird der Artikel dort eingelagert. Dies hat eine Kostenersparnis und Zeitersparnis zur Folge, da der Artikel meist vorn im Lager angelegt wird. Daraus folgen kürzere Beförderungszeiten sowie eine bessere Lagerausnutzung. Der Nachteil dieser Lagernutzung ist ganz klar die Unübersichtlichkeit. Niemand kann bei größeren Lägern auf Anhieb sagen, in welchem Fach sich welcher Artikel befindet, da sich dies ständig ändert. Die Festlegung des Lagerorts und Lagerplatzes geschieht bei manueller Steuerung beim Eingang der Ware durch den Lageristen.

Teilchaotische Lagerorganisation

Die *teilchaotische Lagerorganisation* stellt eine Mischform der beiden bereits erwähnten Lagerstrategien dar. Jedes Lagerfach erhält eine eindeutige Nummerierung, sodass jedes Fach klar zuweisbar ist. Die Artikel werden in eine Hierarchieebene eingeführt, d. h., ein Artikel, der häufig verwendet wird (häufig ein- und ausgelagert wird und deshalb kurze Lagerungszeiten hat), ist in der Hierarchieebene weit oben. Andere Artikel, die sehr selten verwendet werden, sind in der Hierarchie weit unten. Jeder Artikel wird klassifiziert und erhält eine entsprechende Wertigkeit. Ähnlich wird mit den Lagerfächern verfahren. So weist man z. B. den Fächern 1 bis 4 die Wertigkeit 1 zu. Daraus folgt, dass nur Artikel in den Fächern 1 bis 4 eingelagert werden können, die dieselbe Wertigkeit 1 haben. Die Einlagerung in den einzelnen Fächern 1 bis 4 erfolgt nun wieder chaotisch; eingelagert wird in das nächste leere Fach. Die Vorteile der teilchaotischen Lagerorganisation liegen klar auf der Hand: Die freien Plätze können in begrenztem Maß optimal genutzt werden. Das Auffinden der Artikel gelingt ohne großen organisatorischen Aufwand, auch wenn der Computer abgeschaltet ist. Voraussetzungen für die Funktion sind ein geschlossenes Lager und ein funktionierendes Beleg- und Meldewesen. Das Meldewesen ist beim chaotischen Lager noch viel größer, um die erforderliche Transparenz, wo etwas eingelagert ist, zu gewährleisten. Im teilchaotischen Lager bleiben nur Teilbereiche übrig, die im Vergleich zur Größe des Gesamtlagers relativ klein sind.

Lagerorganisation nach Lagerzonen

Bei der sogenannten *Zonung* werden die Lagerplätze nach der Umschlagshäufigkeit gewählt. Waren mit einer hohen Umschlagshäufigkeit kommen in die Nähe des Warenausgangsbereichs, um die Weglänge und die Fahrstrecken zu minimieren. Waren mit einer sehr niedrigen Umschlagshäufigkeit werden oft nach hinten in das Lager eingelagert, da hier der Zugriff erfahrungsgemäß nur sehr selten erfolgt und daher in diesem Fall längere Wege in Kauf genommen werden können.

Lagerorganisation mit Querverteilung

Bei der *Querverteilung* wird der Lagerbestand eines Artikels bewusst auf mehrere Lagerplätze und Lagergassen verteilt. Bei der Querverteilung liegen diese Lagerplätze nicht im selben Gang oder in derselben Gasse. Die Querverteilung wird eingesetzt, wenn man z. B. bei Schnelldrehern mit einer hohen Umschlagshäufigkeit parallel Zugriffe ermöglichen will oder die Verfügbarkeit des Artikels bei Ausfall eines Regalförderzeugs (z. B. bei Hochregallägern) sicherstellen will.

Lagerorganisation in der Praxis

In der Praxis werden häufig Mischformen angewandt, d. h. feste und wahlfreie Lagermethoden. Beispielsweise wird jedem Lagergut ein fester Lagerplatz zugeordnet, dessen Volumen einer Entnahmemenge für einen bestimmten Zeitraum entspricht. Die Lagermengen, die über diesen Entnahmemengen liegen, werden auf variablen Lagerplätzen gelagert. Von dort aus wird der jeweilige Stammplatz in entsprechenden Zeitabständen bzw. nach Bedarf aufgefüllt.

2.8.3 Mengenverwaltung (Bestandsführung)

Im Rahmen der *Bestandsführung* werden alle Warenbewegungen der einzelnen Materialien (Einlagerung, Auslagerung, Umlagerung) systematisch registriert und in einem Lagerverwaltungssystem erfasst. So ist jederzeit eine Aussage darüber möglich, welche Menge eines bestimmten Materials sich im Lager befindet. Die Lagerplatzverwaltung gibt dann Auskunft darüber, wo sich diese Mengen im Lager befinden. Um die Versorgung der Produktion oder der Kundenbestellungen zu gewährleisten, wird oft mit Bestandsgrenzen (Min.-/Max.-Bestände, Reichweiten, Sicherheitsbestände etc.) gearbeitet. Die Bestandsmenge lässt sich grundsätzlich in unterschiedliche Bestandsarten unterteilen (siehe Tabelle 2.4).

Bestandsart	Bedeutung
Physischer Bestand	im Lager physisch vorhandener Bestand
Buchbestand	im Lagersystem vorhandener Bestand
Verfügbarer Bestand	Lagerbestand minus gesperrte oder reservierte Mengen = disponibler Bestand
Reservierter Bestand	Bestand, der für einen Kundenauftrag oder einen Fertigungsauftrag schon zugeordnet ist. Für diesen Bestand gibt es eine Reservierung. Er ist nicht mehr für andere Aufträge verfügbar.
Gesperrter Bestand	Bestand, der mit einem Sperrkennzeichen versehen ist
Fehlmenge	offene (ausstehende) Eingangslieferungen, für die bereits eine Bestellung vorliegt
Qualitätsbestand	Bestand, der sich noch in der Qualitätsprüfung befindet

Tabelle 2.4 Bestandsarten

2.8.4 Ein- und Auslagerungsstrategien

Die Disposition sowie die Ein- und Auslagerung der Materialien in einem Lager erfordern die Berücksichtigung bestimmter Zielvorgaben und werden deshalb nach bestimmten Ein- und Auslagerungsstrategien durchgeführt (siehe Tabelle 2.5).

Strategie	Erklärung	Ziel
FIFO (First-in, First-out)	Auslagerung der zuerst eingelagerten Ladeeinheiten	Vermeidung von Überalterung und Verfall einzelner Ladeeinheiten
LIFO (Last-in, First-out)	Auslagerung der zuletzt eingelagerten Ladeeinheiten	Vermeidung von Umlagerungen bei bestimmten Lagertechniken (Blocklagerung)
Mengenanpassung	Auslagerung von vollen und angebrochenen Ladeeinheiten entsprechend der Auftragsmenge	Erhöhung der Umschlagsleistung durch Minimierung der Rücklagerungen
Anbruchsmengenbevorzugung	generelle Priorisierung von angebrochenen Ladeeinheiten	verbesserte Nutzung der Lagerkapazitäten

Tabelle 2.5 Ein- und Auslagerungsstrategien (Quelle: ten Hompel, Schmidt 2010)

Strategie	Erklärung	Ziel
Kürzester Fahrweg	Auslagerung der Ladeeinheit eines Artikels mit dem kürzesten Anschlussweg	Erhöhung der Umschlagsleistung durch Minimierung der Fahrwege
Gassenwechselminimierung	Sortierung der Auslagerungsreihenfolge nach einzelnen Lagergassen	Minimierung der Umsetzvorgänge bei kurvengängigen Regalbediengeräten oder Verschieberegalen
Tourenbezogen	Planung der Reihenfolge der Auslagerungen entsprechend der Tourenplanung eines nachgeschalteten Verkehrsmittels	Reduktion der Rangier- und Umladearbeiten
Terminiert	Planung des Zeitpunkts der Auslagerungen entsprechend dem voraussichtlichen Bedarfszeitpunkt	Reduktion der Rangier- und Umladearbeiten
Vorholung	Umlagerung der in Kürze auszulagernden Einheiten in die Nähe des Übergabepunkts	Verkürzung der Reaktionszeit durch Erhöhung der Umschlagsleistung zum Bedarfszeitpunkt

Tabelle 2.5 Ein- und Auslagerungsstrategien (Quelle: ten Hompel, Schmidt 2010) (Forts.)

2.9 Inventur

Nach § 240 HGB ist jeder Kaufmann zum Abschluss eines jeden Geschäftsjahrs verpflichtet, ein *Inventar* aufzustellen. Dies geschieht durch eine *Inventur*. Bei der Inventur werden Vermögen und Schulden durch die körperliche Bestandsaufnahme mengen- und wertmäßig erfasst und mit den Buchbeständen abgeglichen. Die Grundsätze einer Inventur sind die vollständige, korrekte und wirtschaftliche Erfassung des Inventars nach Wesentlichkeit, Klarheit und Nachprüfbarkeit. Die Inventur erfordert einen erheblichen Arbeitsaufwand, weil insbesondere die Bestände gezählt, gemessen, gewogen und bewertet werden müssen. Die folgenden Inventurverfahren sind in Deutschland zugelassen:

- **Stichtagsinventur**
  Körperliche Bestandsaufnahme maximal zehn Tage vor bzw. nach dem Bilanzstichtag. In der Regel erfolgt diese klassische Form der Inventur an ei-

nem Tag, an dem die Geschäftstätigkeit ruht und keine Warenbewegungen stattfinden.

▶ **Permanente Inventur**
Körperliche Bestandsaufnahme zu einem beliebigen Zeitpunkt im Geschäftsjahr sowie Fortschreibung der Bestände zum Bilanzstichtag. Dieses Verfahren ist nur bei ordnungsgemäßer Lagerbuchführung erlaubt. Die körperliche Bestandsaufnahme wird hierbei über das Jahr verteilt. Es ist sinnvoll, die permanente Inventur in Zeiten durchzuführen, in denen die Betriebstätigkeit eingeschränkt ist (z. B. während der Sommerpause) oder wenn die Bestandsmengen besonders gering sind (z. B. nach einer Saison).

▶ **Verlegte Inventur**
Körperliche Bestandsaufnahme drei Monate vor bzw. zwei Monate nach dem Bilanzstichtag. Fortschreibung bzw. Rückrechnung auf den Abschlusstag nur wert- und nicht mengenmäßig nach den Grundsätzen ordnungsgemäßer Buchführung (GoB).

▶ **Inventur durch Stichproben**
Nur möglich bei geringen Schwankungen des Lagerwerts und des Lagerbestands in Bezug auf die einzelnen Materialgruppen. Auch hier muss ein EDV-basiertes Lagerverwaltungssystem eingesetzt und die GoB erfüllt sein. Dies ist sicher das Verfahren mit dem geringsten Aufwand, da hier keine Gesamtaufnahme durchgeführt wird. Die körperlich aufgenommenen Stichproben werden mithilfe mathematisch-statistischer Verfahren ausgewertet.

Neben der Verpflichtung, nach § 240 HGB eine Inventur aufzustellen, profitiert ein Unternehmen von den Daten, die durch die Inventur ermittelt werden können. Dazu gehören neben der Ermittlung von Schwund, Verderb, Diebstahl etc. auch Kennzahlen wie Umschlagshäufigkeit, durchschnittlicher Lagerbestand etc.

2.10 Funktionen von Lagerverwaltungssystemen

Um eine effektive Lagerverwaltung zu gewährleisten, sichern sich Unternehmen häufig die Unterstützung durch sogenannte *Lagerverwaltungssysteme* oder auch *Warehouse-Management-Systeme* (WM-Systeme). Mithilfe der folgenden Funktionen können die wesentlichen Lagerprozesse in einem Lagerverwaltungssystem abgebildet werden.

2.10.1 Wareneingangsprozess

Der *Wareneingangsprozess* beinhaltet eine Reihe von Teilprozessen von der Ankündigung der Waren bis hin zum tatsächlichen Wareneingang und seiner Verbuchung.

Avisierung von Wareneingang und Liefertermin

Auf Basis der vom Einkauf bestellten Materialien kündigen die Lieferanten die Lieferung an. In diesem Beleg, dem Lieferavis, übermittelt der Lieferant den Liefertermin und die Mengen der zu liefernden Materialien. Dadurch können einerseits schon frühzeitig Lieferverzögerungen oder Fehlmengen festgestellt werden. Andererseits können durch eine darauf basierende Transportplanung Wartezeiten der Transportmittel (z. B. Lkws) an den Entladerampen vermieden werden. Auch die Einsatzplanung der Lagermitarbeiter und die Reservierung von notwendigen Lagerpufferzonen können besser geplant werden.

Warenannahme

Basierend auf dem Lieferschein bzw. Lieferavis, wird die Anlieferung mit den auf der Bestellung ausgewiesenen Materialien und Mengen verglichen. Bei Übereinstimmung kann die Ware daraufhin ausgeladen und in entsprechenden Wareneingangszonen für die Wareneingangsprüfung bereitgestellt werden.

Wareneingangsprüfung

Nun erfolgt die physische Überprüfung der eingetroffenen Ware. Dazu gehört die Überprüfung der Art und Menge, die von den Lageristen durchgeführt werden kann. In speziellen Fällen muss zusätzlich auch noch die Qualität der Waren geprüft werden. Diese Beschaffenheitsprüfung erfolgt in der Regel durch die Mitarbeiter der Qualitätsprüfung. Dazu wird die Ware in den Qualitätsprüfbestand eingebucht. Die Wareneingangsprüfung reicht von einer Stichprobenprüfung bis zu vollständigen 100 %-Prüfungen.

Wareneingang

Waren, die Mängel aufweisen, werden in einen Sperrbestand gebucht und auf speziellen Lagerplätzen eingelagert. Waren, die keine Mängel aufweisen, werden je nach Lagerverwaltungssystem entweder manuell einem Lagerplatz oder per automatischer Lagerplatzzuordnung einem Lagerplatz zugeordnet und vom Lageristen jeweils vor Ort eingelagert. Die Eingangsbuchung im Bestand erfolgt bei diesem Vorgang ebenfalls auf Basis der Bestellung oder der Lieferpapiere.

2.10.2 Warenausgangsprozess

Bevor es zu einem *Warenausgang* kommt, muss eine Anforderung vorliegen. Diese Anforderung kann aufgrund eines Kundenauftrags (bei Endprodukten) oder eines Fertigungsauftrags (z. B. bei Rohmaterialien) vorliegen. In diesen Fällen existiert zumeist eine Reservierung für ein bestimmtes Material. Diese Reservierung oder Materialanforderung muss vom Lager auf deren Erfüllbarkeit hin geprüft werden, d. h., es muss kontrolliert werden, ob die tatsächliche physische Lagermenge dieses Materials groß genug ist, um den Bedarf zum geforderten Zeitpunkt zu erfüllen. Die Durchführung der Auslagerung erfolgt ebenso wie die Einlagerung auf Basis verschiedener Auslagerungsstrategien (LIFO, FIFO etc.). Nach der physischen Auslagerung erfolgen die Freigabe des Lagerplatzes, die Bestandsfortschreibung mit der Verminderung des Lagerbestands um die ausgelagerte Menge und die Löschung entsprechender Reservierungen. Für eine kontinuierliche Materialflussverfolgung sollte der Bestand nicht einfach ausgebucht werden, sondern gleich an den nachfolgenden Empfänger (z. B. einen Produktionslagerplatz) oder auf ein Transportmittel verbucht werden.

2.10.3 Kommissionierung

In der Kommissionierung werden die Waren, die der Empfänger (Kunde oder interner Empfänger, wie z. B. die Produktion) angefordert hat, empfängerspezifisch zu einer Kommission zusammengestellt. Damit ist also die Kommissionszusammenstellung, d. h. die Entnahme von Teilmengen einzelner Waren und deren Zusammenführung und Bereitstellung für die Versendung, für einen Kunden- oder Fertigungsauftrag gemeint.

Die Kommissionierung ist meistens sehr personal- und zeitintensiv, da hier im Allgemeinen große Lagermengen physisch bewegt werden müssen. Deshalb kommen in der Kommissionierung heute alle erdenklichen förder- und lagertechnischen Systeme zum Einsatz. Bei der Kommissionierung werden die statische und dynamische Bereitstellung/Entnahme sowie die zentrale und dezentrale Bereitstellung/Entnahme der Waren unterschieden. Tabelle 2.6 zeigt die unterschiedlichen Bereitstellungsarten, Tabelle 2.7 die unterschiedlichen Entnahmearten.

Daraus wird auch deutlich, dass die Effizienz in der Kommissionierung von Parametern wie Greifzeit und Wegzeit abhängt. In der klassischen Kommissionierung wird in der Regel mit der sogenannten *Pickliste* gearbeitet. Auf dieser Liste stehen alle notwendigen Entnahmeinformationen, z. B. Materialnummer, Materialbezeichnung, Menge sowie Lagerplatz. Mithilfe dieser Liste kann der Kommissionierer den Kommissioniervorgang durchführen und abschließen.

Bereitstellungsarten	Statisch	Dynamisch
Dezentral	*Fachbodenregale*: Die Bereitstellung erfolgt in einem Fachbodenregal, der Kommissionierer bewegt sich entlang der Regalfront. Dieser Ablauf wird als Mann-zur-Ware verstanden.	*Regalfront an AKL*: Die Bereitstellungseinheiten befinden sich z. B. in einem automatischen Kleinteilelager (AKL). Die Kommissionierung erfolgt an der bodenebenen Regalebene, und zwar seitlich des AKLs. Die Bereitstellungseinheiten werden in unterster Regalhöhe dynamisch bereitgestellt.
Zentral	*Kommissioniernest*: Es wird eine Regalanordnung geschaffen (zumeist u-förmige Anordnung), in deren Mitte der Kommissionierer steht, der somit alle Artikel in Reichweite hat.	*Hochregallagervorzone*: Die Bereitstellungseinheiten befinden sich in einem automatischen Hochregal oder Kleinteilelager und müssen zur Entnahme an einen zentralen Übergabepunkt befördert werden. Diese Art der Kommissionierung wird als Ware-zum-Mann verstanden.

Tabelle 2.6 Bereitstellungsarten in der Kommissionierung (Quelle: ten Hompel, Schmidt 2010)

Entnahmearten	Statisch	Dynamisch
Dezentral	*Pick-to-Box*: Der Kommissionierer legt die Einheiten in einem mitgeführten Behälter (Kommissionierwanne) ab. Dabei bewegt er sich mit dem Behälter zwischen den Entnahmestellen.	*Pick-to-Belt*: Der Kommissionierer legt die Entnahmeeinheiten direkt nach der Entnahme auf einem parallel zur Regalfront angeordneten, zumeist angetriebenen Förderband ab. Anschließend bewegt er sich zum nächsten Entnahmeort.

Tabelle 2.7 Entnahmearten in der Kommissionierung (Quelle: ten Hompel, Schmidt 2010)

Entnahmearten	Statisch	Dynamisch
Zentral	*Ware-zum-Mann/Kommissionierung-U*: Die an der Entnahmestelle entnommenen Einheiten werden an eine bereitgestellte Sammeleinheit (Palette oder Behälter) abgegeben und gegebenenfalls dort gestapelt.	*Ware-zum-Mann/Paternosterregal mit Rollenbahn*: Die dem Paternosterregal entnommenen Einheiten werden an einen davor installierten Bandförderer abgegeben. Der Kommissionierer legt keine Wege zurück.

Tabelle 2.7 Entnahmearten in der Kommissionierung (Quelle: ten Hompel, Schmidt 2010) (Forts.)

2.10.4 Verpackungsprozess

Die kommissionierten Waren werden in der *Verpackung* zusammengeführt, auf Vollständigkeit hin geprüft, für den anschließenden Transport verpackt und anschließend an den Versand weitergeleitet. Die Verpackung in Transport-/Versandeinheiten erfolgt meist auf Basis der vorhandenen Kundenaufträge. Das heißt, die verschiedenen kommissionierten Teilmengen werden zu einer Verpackungseinheit zusammengefasst. Um auch die Versandkosten zu optimieren, müssen die Sendungen u. a. volumenorientiert bzw. gewichtsorientiert zusammengefasst werden. Am Ende des Verpackungsprozesses wird in der Regel der Warenausgang gebucht.

2.10.5 Versandprozess

Der *Versand* hat die Aufgabe, die verpackten Waren kostenoptimal an den Kunden auszuliefern. Dazu werden die Verpackungseinheiten zu Versandeinheiten entsprechend den Kundenaufträgen zusammengestellt, und die Verladung der Waren in die jeweiligen Transportmittel wird initiiert.

Als Erstes müssen im Vorfeld die jeweiligen *Transportdienstleister* ausgewählt oder die eigenen Transportmittel entsprechend geplant und bereitgestellt werden. Hinzu kommt, dass die Versandeinheiten nach Volumen und Gewicht optimal zusammengestellt werden müssen, weil Spediteure oftmals in diesen Einheiten abrechnen. Dies gilt insbesondere bei der Zusammenarbeit mit externen Transportdienstleistern.

Auch die Lieferfrequenz und die kosten- und zeitoptimale *Transportroute* müssen entsprechend vorgeplant werden. Das Beladen der Transportmittel muss in vielen Fällen optimiert werden, da man z. B. den Lkw nicht bei jedem

Kunden erneut komplett entladen will, um das hinterste Päckchen ausliefern zu können.

Zur Verladung sind abschließend *Transport-* bzw. *Versandpapiere* zu erstellen. Damit wird der Auftragsabschluss quittiert und die Rückmeldung an die Auftragsabwicklung angestoßen.

Jedes Lager ist einzigartig. Deshalb ist die richtige Organisationsstruktur ein Schlüsselfaktor für nachhaltig effiziente Lagerprozesse. Dass es unterschiedlichste Möglichkeiten gibt, Lagerkomplexe in SAP abzubilden, zeigt Ihnen dieses Kapitel.

3 Organisationsstrukturelemente in WM und SAP LES

Mithilfe von *Organisationseinheiten* wird die Aufbauorganisation eines Unternehmens und seiner Lagerkomplexe im SAP-ERP-System beschrieben. Die Analyse der bestehenden physischen und organisatorischen Strukturen und die Übertragung dieser Strukturen in das SAP-ERP-System gehören zu den wichtigsten Aufgaben im Rahmen eines Implementierungsprojekts.

Die Praxis hat gezeigt, dass gerade im Bereich Warehouse Management (WM) dieser Aufgabe eine noch stärkere Bedeutung zukommt, da die Lagerstrukturen einen wesentlichen Einfluss auf seine operative Effizienz haben. Fehler, die bei der Konzeption der Organisationsstrukturen gemacht werden, können später nur mit sehr hohem Aufwand korrigiert werden. Darüber hinaus müssen während der Definition der Organisationseinheiten integrative Gesichtspunkte funktionsübergreifend betrachtet werden. Hier bedarf es einer engen Abstimmung zwischen verschiedenen Unternehmensbereichen, wie dem Finanz- und Rechnungswesen, dem Einkauf, der Bestandsführung innerhalb der Materialwirtschaft (Lagerabwicklung), der Produktion sowie dem Kundenservice. Bereits bei der Definition der Organisationseinheiten wird deutlich, dass diese Teilbereiche nicht isoliert voneinander betrachtet werden können. Dies gilt für LES ebenso wie für WM.

In diesem Kapitel werden die wichtigsten Organisationsstrukturelemente des *Warehouse-Management-Systems* von SAP (Warehouse Management, WM) und des *SAP Logistics Execution Systems* (LES) vorgestellt und in die Organisationsstruktur von SAP ERP insgesamt eingeordnet.

3.1 Übergreifende Organisationsstruktur von WM und LES

LES fasst verschiedene Teilbereiche zur Unterstützung der ausführenden (= exekutiven) Logistik in SAP ERP zusammen: Neben WM sind das die Transportdisposition und -durchführung sowie die Versandabwicklung. Weitere Schnittstellen bestehen zur Materialwirtschaft, zur Produktion und zum Vertrieb. Für das WM-System werden eigene Organisationseinheiten definiert, die an die bereits bestehenden übergeordneten SAP-Organisationseinheiten angebunden werden (siehe Abbildung 3.1).

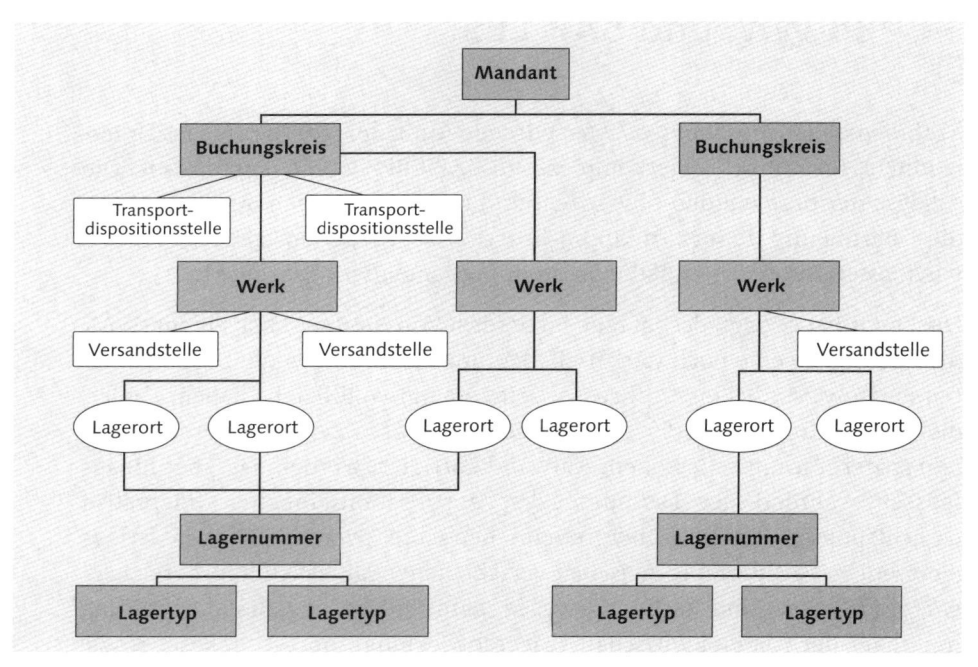

Abbildung 3.1 Einordnung der LES- und WM-Organisationsstruktur in das SAP-Gesamtsystem

Neben den klassischen SAP-Organisationseinheiten wie *Buchungskreis*, *Werk* und *Lagerort* werden in LES und WM folgende weitere Organisationseinheiten verwendet, die die spezifischen exekutiven Logistikprozesse unterstützen:

- Transportdispositionsstellen
- Versandstellen
- Organisationsstrukturelemente der Lagerverwaltung

Übergreifende Organisationsstruktur von WM und LES | **3.1**

Zu den Kernelementen der Lagerverwaltung zählen:

- Lagernummern
- Lagertypen
- Lagerbereiche/Kommissionierbereiche
- Lagerplätze
- Lagereinheiten
- Quants

> **Quants**
>
> Unter *Quants* versteht man eine bestimmte Menge von Materialien mit gleichen Merkmalen auf einem Lagerplatz.

> **Lagereinheiten und Quants sind nur temporär im System vorhanden**
>
> Lagereinheiten und Quants können nur indirekt als Organisationseinheiten der Lagerverwaltung angesehen werden, da sie nur *temporär* systemtechnisch vorhanden sind. Der zeitlich begrenzte Faktor ist dadurch gekennzeichnet, dass Quants und Lagereinheiten bei Verbrauchsbuchungen (= Lagerabgängen) aufgelöst werden.

Abbildung 3.2 zeigt eine hierarchische Darstellung der Organisationsstrukturen in WM.

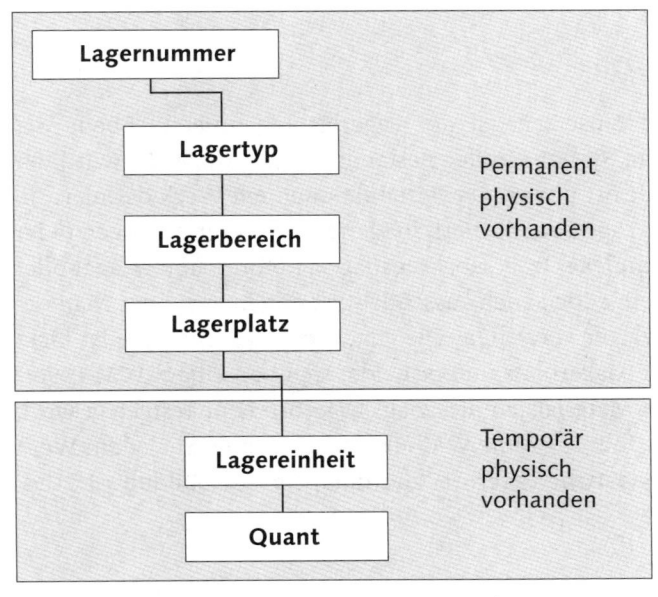

Abbildung 3.2 Organisationseinheiten innerhalb des WM-Systems

Zudem können im WM-System Tore und Bereitstellzonen definiert werden, die im Yard-Management-Prozess sowie in der Radio-Frequency-Funktionalität von besonderer Bedeutung sind (siehe Abschnitt 12.3, »Prozessoptimierung mit dem Task & Resource Management System (TRM)«). Tore und Bereitstellzonen unterstützen die exekutiven Logistikprozesse bei der Steuerung des innerbetrieblichen Materialflusses sowie bei der Umschlagslogistik im Bereich Torplanung und -belegung im Yard Management.

3.2 LES mit und ohne WM

WM ist eine Teilkomponente von LES. Das bedeutet, dass die Ausführung der Logistik mithilfe von WM abgewickelt werden kann. Dabei sind zwei Fälle zu unterscheiden. Möchten Sie Ihre Bestände auf Lagerplatzebene abbilden, also unterhalb eines Lagerorts, müssen Sie LES mit WM nutzen. In diesem Fall ist es möglich, jeden einzelnen Lagerplatz dezidiert abzubilden. LES kann jedoch auch auf Lagerortebene verwaltet werden, sodass Sie nicht die Information haben, wo genau am Lagerort der Bestand liegt. In diesem Fall wird LES ohne WM betrieben. Die Steuerung ist dann zwar weniger genau, allerdings ist der Aufwand zur Abbildung der Geschäftsprozesse im SAP-System auch weniger groß. Im Folgenden erfahren Sie, wie Sie die Organisationsstrukturen ohne und mit Einsatz von WM abbilden. Darüber hinaus lernen Sie Lean-WM kennen.

3.2.1 LES ohne WM

Wenn Sie WM nicht einsetzen, ist der Lagerort die unterste Ebene der Bestandsverwaltung im System. In der Bestandsführung (MM-IM) wird der Lagerort als Aufenthaltsort physischer Bestände in einem Werk definiert. In diesem Fall bilden die Lagerorte die verschiedenen Lagereinrichtungen (oder -typen) eines Lagerkomplexes (z. B. Hochregallager, Kommissionierlager oder Blocklager). Sie können jedoch auch ausschließlich den Bestand der Materialien in einem Fixplatzlager verwalten. Die chaotische Lagerhaltung ist nicht möglich. Ein solcher Fixlagerplatz unterscheidet sich von einem WM-Lagerplatz darin, dass er im Materialstammsatz auf Lagerortebene festgelegt wird. Wenn Sie die Bestandsführung ohne WM einsetzen, können Sie jedem Werk einen oder mehrere physische Lagerorte zuordnen (siehe Abbildung 3.3).

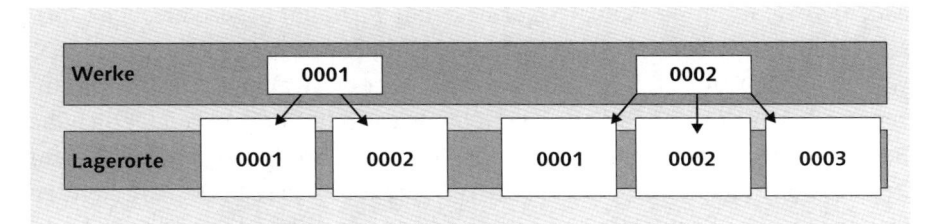

Abbildung 3.3 LES ohne WM

In diesem Beispiel sind zwei Werken jeweils Lagerorte zugeordnet. Das erste Werk hat zwei Lagerorte: den Lagerort 0001 (z. B. Hochregallager) und den Lagerort 0002 (z. B. Blocklager). Das zweite Werk hat drei Lagerorte: den Lagerort 0001 (z. B. Hochregallager), den Lagerort 0002 (z. B. Blocklager) und den Lagerort 0003 (z. B. Kommissionierlager). Die Bestandsführung liefert in diesem Fall in Form von Summenwerten Informationen über die Bestandsmengen auf Lagerortebene. Neben einer Lagerstruktur ohne WM haben Sie in Fixplatzlägern auch die Möglichkeit, Lagerprozesse über Lean-WM abzuwickeln. Dabei können Sie die Vorteile der Transportauftragsabwicklung nutzen, ohne Bestandsmengen auf Lagerplatzebene führen zu müssen.

3.2.2 LES ohne WM – Sonderform »Lean-WM«

Wenn Sie WM einsetzen, verwalten Sie Warenbewegungen und Bestandsveränderungen im Lager auf Lagerplatzebene. Wenn Sie demgegenüber Lean-WM einsetzen, findet die Bestandsführung ausschließlich auf Lagerortebene statt. Das System schreibt die Bestandsdaten nicht mithilfe von Quants auf Lagerplatzebene fort. Sie nutzen Lean-WM ausschließlich für die Bearbeitung von Wareneingängen und Warenausgängen. Dabei bearbeiten Sie die Lagerbewegungen in Lean-WM grundsätzlich genauso wie im WM-System: Sie arbeiten ausgangsseitig mit Lieferungen und erstellen Transportaufträge zu diesen Lieferungen. Diese Transportaufträge dienen Ihnen als Kommissionierlisten.

Sie sollten erwägen, Lean-WM einzusetzen, wenn Sie auch in einem Lager, das Sie nicht mit WM verwalten, Lieferungen mithilfe von Transportaufträgen kommissionieren möchten. Der Einsatz von Transportaufträgen in Lean-WM bietet Ihnen die folgenden Vorteile: Sie können erstens Transportaufträge jederzeit nachdrucken. Darüber hinaus können Sie Transportaufträge splitten und so die Arbeitslast im Lager besser auf Ihre Mitarbeiter verteilen. Drittens können Sie Solldaten und Bearbeiter von Transportaufträgen an die *SAP-ERP-HCM-Anwendungskomponente* (SAP ERP Human Capital Management) als Grundlage für eine Leistungslohnberechnung weitergeben.

Möchten Sie in Ihrem Fixplatzlager Bestände nicht auf Lagerplatzebene fortschreiben, bietet Ihnen Lean-WM die Möglichkeit, die Vorteile der Lagerverwaltung über Transportaufträge analog zur Lagerverwaltung mit WM zu nutzen. Da Lean-WM keine Lagerplatzbestände fortschreibt, können Sie sich die Bestandsmengen ausschließlich in der Bestandsführung (IM) und nicht mit der Bestandsübersichtsfunktion von WM anzeigen lassen. Deshalb können Sie auch eventuell auftretende Bestandsdifferenzen im Lager nicht in Lean-WM, sondern nur in der Bestandsführung (MM-IM) bearbeiten. Eine chaotische Lagerplatzhaltung ist mit Lean-WM nicht möglich.

3.2.3 LES mit WM

Bei der Einführung von WM in einem Werk definieren Sie die einzelnen Läger (Hochregalläger, Blockläger, Kommissionierläger etc.) als Lagertypen innerhalb eines Lagerkomplexes und fassen sie unter einer Lagernummer zusammen. In der Regel ist es überflüssig, mehrere Lagerorte für ein Werk zu definieren, da Sie die WM-Lagernummer einem Lagerort aus der Bestandsführung (IM) zuordnen. Es ist dann sinnvoll, weitere Lagerorte für ein Werk zu definieren, wenn andere Läger (Lagertypen) in einem Werk existieren, die nicht mit WM, sondern z. B. mit Lean-WM verwaltet werden, oder wenn die Bestände in WM verwaltet werden sollen, bei denen auf der Bestandsführungsebene eine Unterscheidung nach Lagerorten notwendig ist. In WM werden für jeden Lagertyp Lagerplätze definiert. Damit verwaltet WM Bestandsinformationen über alle Materialien im Lager auf Lagerplatzebene. Zusätzlich werden die Bestandsmengen des Materials in der Bestandsführung (MM-IM) auch auf Lagerortebene verwaltet. Um die Informationen auf Lagerortebene mit den Informationen aus dem Lagerplatz zu verknüpfen, ordnen Sie dem Lagerort eine Lagernummer in WM zu (siehe Abbildung 3.4).

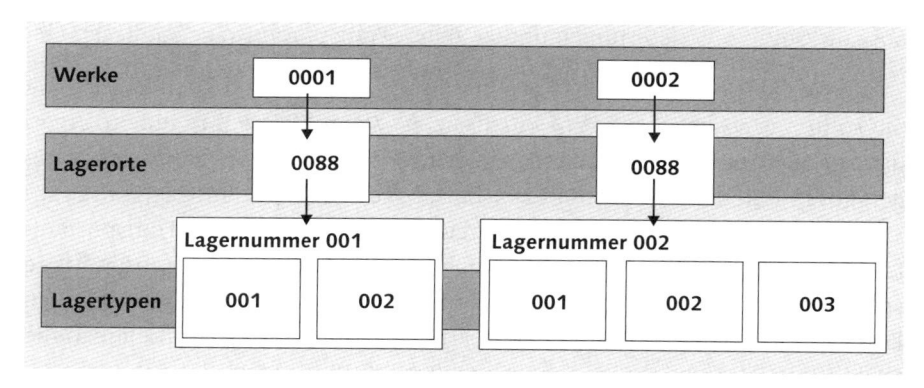

Abbildung 3.4 LES mit WM

Abbildung 3.4 zeigt zwei Werke, die jeweils einen Lagerort mit WM verwalten: Dem Lagerort 0088 im ersten Werk ist Lagernummer 001 zugeordnet. Im Lagerkomplex 001 gibt es zwei Lagertypen. Dem Lagerort 0088 im zweiten Werk ist Lagernummer 002 zugeordnet. Im Lagerkomplex 002 gibt es drei Lagertypen.

Sie können auch Bestände für mehrere Werke in ein und demselben Lager gleichzeitig verwalten. In diesem Fall wird für diese Werke den Lagerorten dieselbe Lagernummer zugeordnet (siehe Abbildung 3.5).

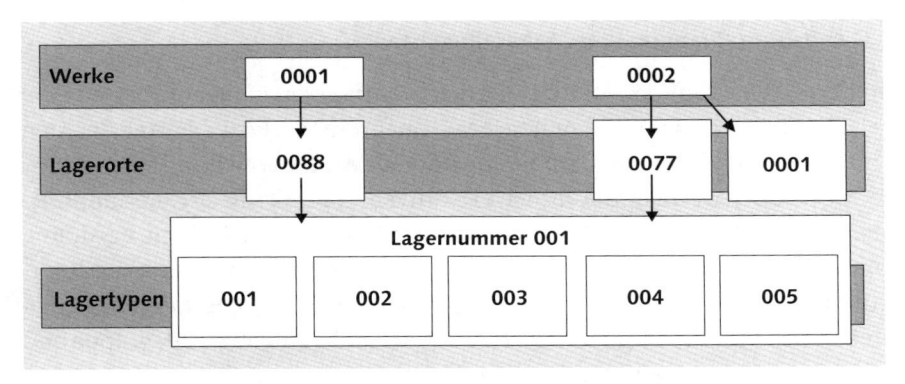

Werke	0001		0002	
Lagerorte	0088		0077	0001
	Lagernummer 001			
Lagertypen	001	002	003	004	005

Abbildung 3.5 LES mit WM – Verwaltung mehrerer Werksbestände mit einem Lager

Es ist grundsätzlich einfacher, innerhalb einer Lagernummer nur Bestände eines Lagerorts ein und desselben Werkes zu verwalten. Sie können aber auch innerhalb einer Lagernummer mehrere Lagerorte eines oder mehrerer Werke verwalten.

3.3 Organisationseinheiten

In diesem Abschnitt lesen Sie, welche Organisationseinheiten in LES genutzt werden können und wie diese miteinander verbunden sind. Mithilfe der Organisationseinheiten bilden Sie die physische Struktur Ihres Lagers in SAP ab. Die Organisationseinheiten bilden somit auch die Grundlage für die Abbildung sowohl Ihres Lagers als auch Ihrer Lagerprozesse mit LES.

3.3.1 Werk

Werke gehören primär nicht zu den Organisationsstrukturelementen von LES und WM. Da sie jedoch verschiedene Prozesse in LES beeinflussen, lernen Sie an dieser Stelle die wesentlichen Steuermerkmale in aller Kürze kennen.

Mithilfe von Werken werden im SAP-ERP-System Distributions- und Produktionsstandorte eines Unternehmens abgebildet. Auf Werksebene erfolgt u. a. die

- mengenmäßige Bestandsführung von Materialbeständen
- wertmäßige Bestandsführung von Materialbeständen (Bestandsbewertung)
- Inventur der Bestände
- Produktionssteuerung
- Disposition (Planung von Materialbedarfen)

Im SAP-System kann ein Werk nur einem *Buchungskreis* zugeordnet werden (1:1). Einem Buchungskreis können jedoch mehrere Werke zugeordnet werden (1:n). Einem Werk können darüber hinaus mehrere *Lagerorte* und *Versandstellen* zugeordnet werden, die in der exekutiven Logistik als Organisationselemente genutzt werden (1:n). Durch die Möglichkeit der Mehrfachzuordnung können sowohl die Versandstellenfindung als auch die Kommissionierlagerortfindung flexibler gestaltet werden. In beiden Fällen fungiert der Werksparameter neben anderen Steuerfeldern wie Versandbedingung, Ladegruppe und Lagerbedingung als weiterer Determinierungsparameter.

3.3.2 Lagerort

Neben dem Werk bildet der *Lagerort* das zentrale Element der Bestandsführung im SAP-System. Dabei stellt der Lagerort eine weitere Unterteilung eines Werkes dar, die der mengenmäßigen Bestandsführung dient.

Einem Werk können n verschiedene Lagerorte zugewiesen werden. Um die Lagerverwaltung nutzen zu können, muss jedoch mindestens ein Lagerort einem Werk zugeordnet sein. Wenn Sie die SAP-Lagerverwaltung nutzen möchten, kann es jedoch weiterhin prozesstechnisch sinnvoll sein, mehrere Lagerorte pro Werk zu definieren und diese entweder innerhalb einer Lagernummer oder nur mit der Bestandsführung zu verwalten. Um eine mengenmäßige Trennung von Beständen auf der Bestandsführungsebene zu erreichen, werden in der Praxis häufig mehrere Lagerorte pro Werk definiert. Ein Beispiel hierfür ist die Materialverfügbarkeit, die z. B. nur Bestandsmengen spezifischer Lagerorte beachten soll.

In WM ist es möglich, Bestandsmengen unterschiedlicher Lagerorte innerhalb einer *Lagernummer* zu führen. Durch das Ablegen von Informationen über Wert und Lagerort im *Quant* stellt das System eine eindeutige Identifizierung der Bestandsmengen in einem Lagerkomplex sicher. Bestände unterschiedlicher Lagerorte können somit innerhalb eines Lagertyps, ja sogar auf demselben Lagerplatz, geführt werden. Möchten Sie die unterschiedlichen Lagerortbestände jedoch auch physisch separieren, können Sie die Lagertypfindung mithilfe der Lagerortreferenz beeinflussen. Um diese Funktionalität nutzen zu können, müssen Sie für jeden Lagerort im Customizing eine separate Lagerortreferenz definieren.

3.3.3 Lagernummer

Bestände können in SAP ERP auf verschiedenen Ebenen verwaltet werden. Ist nur die klassische Bestandsführung im Einsatz, werden die Bestände eines Lagerkomplexes auf der Ebene des Lagerorts verwaltet. Eine Bereichsunterteilung eines Lagerkomplexes wird durch den Einsatz verschiedener Lagerorte erreicht. Wenn die Komplexität eines Lagerkomplexes es jedoch erfordert, die SAP-Lagerverwaltung zu aktivieren, ändert sich die Art der Bestandsverwaltung grundlegend. Mithilfe der *Lagernummer* wird ein physischer Lagerkomplex abgebildet, bei dem es sich um ein Distributionszentrum, ein Produktionswerk oder auch nur um eine einzelne Lagerhalle handeln kann. Die Lagernummer bildet somit die übergeordnete Organisationseinheit der SAP-Lagerverwaltung in SAP ERP, unter der alle räumlichen Lagerverhältnisse wie Blocklagerbereiche, Nachschubbereiche oder Kommissionierbereiche abgebildet werden. Zur eigentlichen Darstellung der Lagerstruktur eines Lagerkomplexes werden innerhalb der Lagernummer weitere Organisationsstrukturelemente definiert. Zu diesen Strukturelementen gehören in hierarchischer Reihenfolge Lagertypen, Lagerbereiche/Kommissionierbereiche sowie Lagerplätze.

Lagertypen im WM-System stellen die eigentlichen physischen und strukturellen Gegebenheiten eines Lagers dar. Hierbei handelt es sich z. B. um Blocklagerbereiche, Regallagerbereiche oder Kommissionierbereiche. Darüber hinaus können Lagertypen auch Bereiche darstellen, die physisch im selben Lagerbereich angesiedelt sind, die jedoch unterschiedliche Anforderungen in der lagertechnischen Verwaltung mit sich bringen. In der Praxis ist dies häufig bei Kommissionierlägern mit vertikaler Nachschubintegration anzutreffen. Kommissionierplätze und Nachschubplätze befinden sich in diesem Fall in derselben Regalzeile, sind jedoch aus lagerverwaltungstechnischen Gründen unterschiedlichen Lagertypen zugeordnet. Zur weiteren Untergliederung der Lagertypen können Lagerbereiche und Kommissionierbereiche herangezogen werden. Somit verliert der Lagerort durch den Einsatz der SAP-Lagerverwaltung seine physische, strukturelle Aufgabe und wird vielmehr zu einer virtuellen Größe, die weiterhin die Bestände innerhalb einer Lagernummer mengenmäßig verwaltet.

Im Rahmen einer SAP-ERP-Implementierung für einen Produktions- oder Distributionsstandort gilt es, im Vorfeld zu klären, ob das WM-System aktiviert werden soll oder ob die Bestandsverwaltung nur mengenmäßig mithilfe von verschiedenen Lagerorten realisiert wird. Die finale Entscheidung für oder gegen eine Warehouse-Management-Implementierung hat somit einen wesentlichen Einfluss auf die systemtechnische Organisationsstruktur.

Aus Sicht der Lagerverwaltung ist es ausreichend, wenn nur ein Lagerort WM-technisch verwaltet wird. Wie Sie in Abbildung 3.6 sehen, muss mindestens ein Lagerort eines Werkes einer Lagernummer zugeordnet werden. Mit diesem Tabelleneintrag werden die SAP-Lagerverwaltung für das Werk 5000 sowie die Lagerorte 5000 und 5100 aktiviert. Die Aktivierung erfolgt im Customizing über IMG • UNTERNEHMENSSTRUKTUR • ZUORDNUNG • LOGISTICS EXECUTION • LAGERNUMMER ZU WERK/LAGERORT ZUORDNEN.

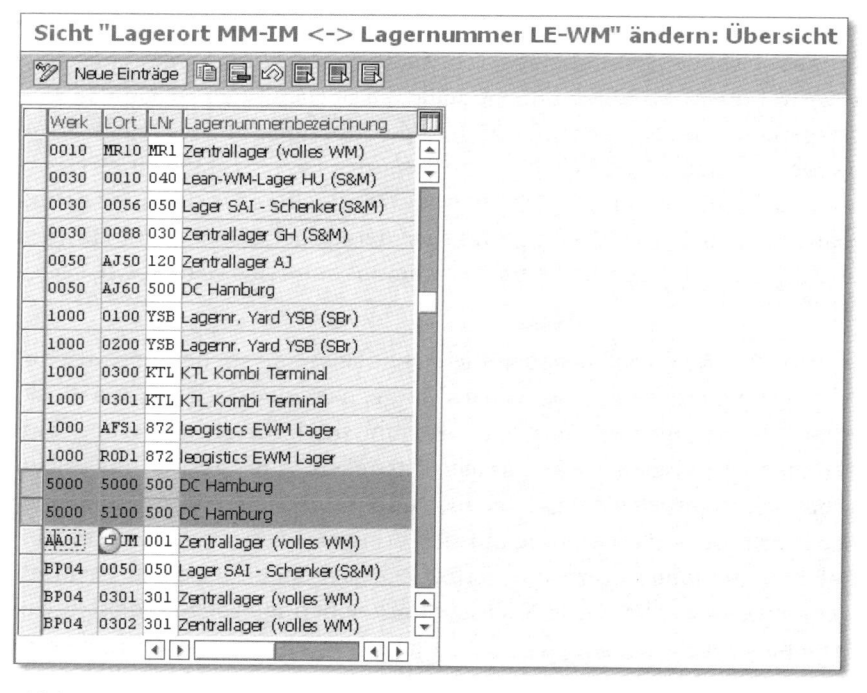

Abbildung 3.6 Aktivierung der Lagerverwaltung durch Zuordnung einer Werk-Lagerort-Kombination zu einer Lagernummer

In diesem Szenario sind zwei Lagerorte aufgrund der Bestandstrennung zwischen Wareneingangsbeständen und verfügbaren Lagerbeständen einer Lagernummer zugeordnet. Darüber hinaus kann es in der Bestandsführung, im Vertrieb oder in der Produktion weitere Gründe dafür geben, dass mehrere Lagerorte genutzt werden sollen. Typische Beispiele hierfür sind die Verwaltung von Sonderbeständen oder auch die Verwaltung von Kanban-Beständen in einem vom Produktionslagerort separierten Lagerort. Wichtig ist dabei zu erwähnen, dass nicht alle existierenden Lagerorte eines Werkes an die Lagerverwaltung angebunden werden müssen. Für einen Lagerort für Verbrauchsmaterial, wie z. B. Packmittel, an dem die verschiedenen Packmittel nur mengenmäßig auf einem Platz geführt werden, ist es in vielen Fällen operativ effektiver, diesen Lagerort nur mithilfe der Bestandsführung zu verwalten.

Eine weitere Form der Zuordnung von Werk und Lagerort zur Lagernummer ist häufig bei Logistikdienstleistern anzutreffen, die die Bestände von mehreren Kunden innerhalb einer Lagernummer verwalten. Hier handelt es sich um den in der Praxis häufig verwendeten Begriff des *Multi-Client Warehouse*. Das heißt, dass einer Lagernummer mehrere Werk-Lagerort-Kombinationen zugeordnet werden können, jedoch kann eine Werk-Lagerort-Kombination nicht mehreren Lagernummern zugeordnet werden. Zur Veranschaulichung sollen die folgenden Beispiele dienen, die in der Praxis häufig vorkommende Werk-Lagerort-Lagernummer-Konstellationen darstellen.

Integration eines Lagerorts

In Beispiel 1 werden die Bestände von Werk 5000 in drei unterschiedlichen Lagerorten (Lagerort 5000 Zentrallager, 5100 Packmaterialien und 5200 Produktionslagerort) verwaltet. Aufgrund der Komplexität und der Teilevielfalt im Zentrallager wird der Lagerort 5000 mit einer Lagernummer 500 verknüpft und ist somit WM-verwaltet, wie in Abbildung 3.7 zu sehen ist. Diese Kombination kommt sehr häufig bei Maschinenbauunternehmen vor, bei denen die Fertigung aus einem zentralen Lager fertigungsauftrags- bzw. vorgangsbezogen versorgt wird. Die Fertigung selbst erfolgt in einem rein von der Bestandsführung verwalteten Lagerort. Die Anzahl der Lagerorte ist in der Praxis häufig von der Anzahl der Fertigungsbereiche bzw. Fertigungsinseln abhängig.

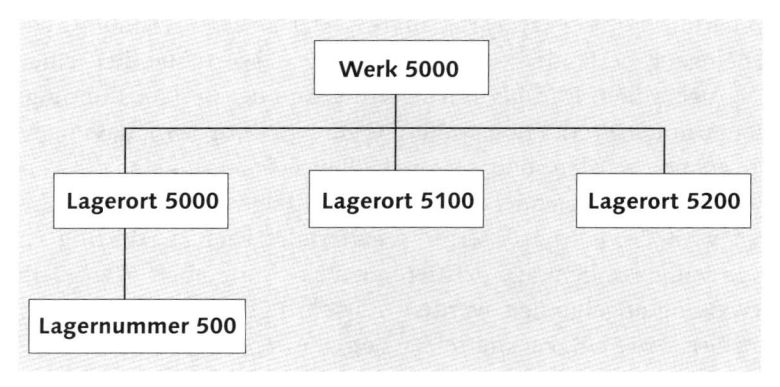

Abbildung 3.7 Beispiel 1 – Integration eines Lagerorts in das WM-System

Integration mehrerer Lagerorte mit verschiedenen Lagernummern

In Beispiel 2 werden die Bestände des Werkes 5000 ebenfalls in drei Lagerorten (Lagerort 5000 Wareneingang, 5100 Zentrallager und 5200 Produktionslager) verwaltet, wie in Abbildung 3.8 zu sehen ist. Die Lagerorte 5000 und 5100 sind mit der Lagernummer 500 verknüpft, und der Lagerort 5200 ist mit der Lagernummer 520 verbunden. Dies ist ebenfalls ein typisches Szenario aus der Maschinenbau- oder Automobilzulieferindustrie. Produktionslager sowie Zentrallager sind in diesem Fall häufig physisch voneinander getrennt. Produktion und Materialbereitstellung zur Fertigung erfolgen im Lagerort 5200, Lagernummer 520. Der Versand der Fertigware erfolgt aus dem Zentrallager, Lagerort 5100, Lagernummer 500. Nach dem Fertigungsprozess werden die Waren jedoch nicht sofort eingelagert. Sie stehen dem Versand somit physisch nicht direkt zur Verfügung.

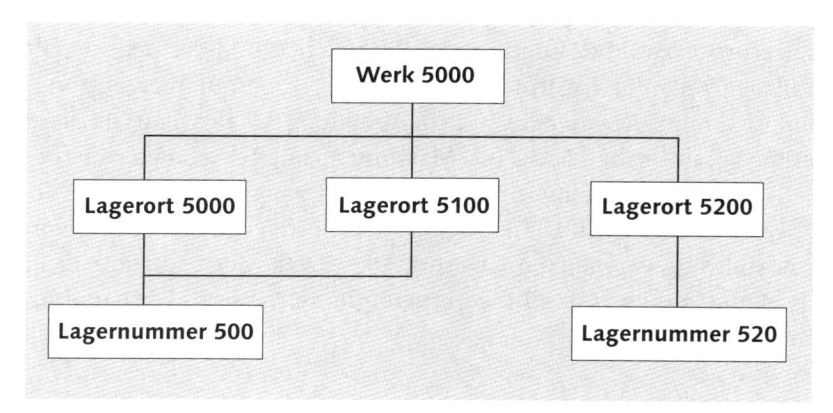

Abbildung 3.8 Beispiel 2 – Verwaltung mehrerer Lagerorte eines Unternehmens mit verschiedenen Lagernummern

Um auch eine systemtechnische Nichtverfügbarkeit zu erreichen, werden die Bestände zunächst auf den Wareneingangslagerort 5000 gebucht, der von der Verfügbarkeitsprüfung bei der Liefererstellung ausgeschlossen ist. Nach der Transportauftragsquittierung und der damit verbundenen Einlagerung wird automatisch eine Lagerortumbuchung an Lagerort 5100 ausgelöst, mit der die Fertigerzeugnisse dem Versand zur Verfügung gestellt werden.

Integration verschiedener Lagerorte mit einer Lagernummer

In Beispiel 3 werden in der Lagernummer 500 die physischen Bestände von drei unterschiedlichen Werken und den dazugehörenden Lagerorten verwaltet (Werk 5000/Lagerort 5000, Werk 6000/Lagerort 6000 sowie Werk 7000/Lagerort 7000). In der Praxis findet man diesen Fall häufig bei Unternehmen, bei denen ein zentrales Lager die Distributions- und Versorgungsaufgaben mehrerer Werke an einem Standort übernimmt. Hier spricht man von sogenannten *Warenverteilzentren*. Der Vorteil dieser Lager- und Prozessorganisation liegt in der Bündelung aller Materialflüsse an einem zentralen Ort. Alle Wareneingänge, Warenausgänge sowie die Qualitätsabwicklung werden von einer zentralen Stelle koordiniert. Das Warenverteilzentrum übernimmt darüber hinaus weitere Zusatzleistungen wie Verpacken und Zusammenstellen von Komponenten (Kitting), Etikettieren von Materialien, Druck von Betriebsanleitungen, Reinigen von Behältern sowie bedarfsspezifisches Umpacken (z. B. von Paletten in KLTs). Häufig werden auch dispositive Aufgaben im Warenverteilzentrum realisiert. Zu diesen Aufgaben zählen u. a. die Disposition von B- und C-Teilen sowie die Planung von Kanban- und Lieferantensonderbeständen.

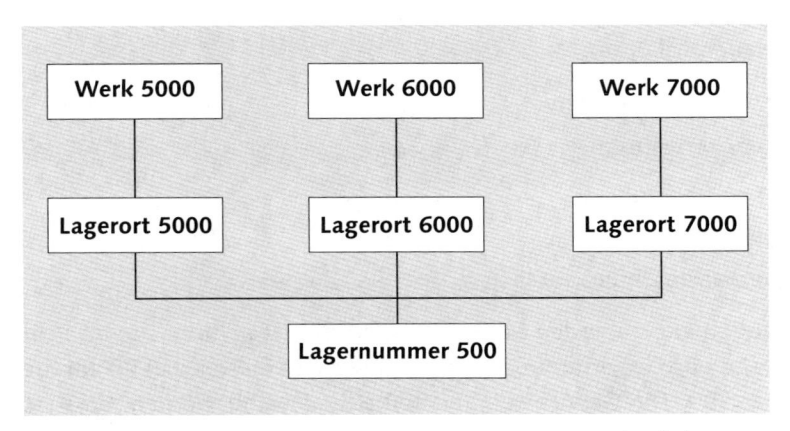

Abbildung 3.9 Beispiel 3 – Verwaltung von Beständen unterschiedlicher Unternehmen sowie unterschiedlicher Werke und Lagerorte innerhalb einer Lagernummer

Steuermechanismen

In der Konfiguration des SAP-ERP-Systems können unterschiedlichste Einstellungen auf Basis der Lagernummer vorgenommen werden, die sich auf alle Bereiche eines Lagers auswirken und eine allgemeine Gültigkeit für alle Prozesse bedeuten (z. B. Mengen- und Gewichtseinheiten). Darüber hinaus existieren andere Parameter, die nur für bestimmte Prozesse und Funktionalitäten relevant sind (z. B. Sammelgangeinstellungen). In Abbildung 3.10 sehen Sie verschiedene *Steuerparameter* in WM, die anhand der Lagernummer festgelegt werden.

Abbildung 3.10 Direkte Steuerparameter der Lagernummer

Die Steuerparameter können in fünf Teilbereiche gegliedert werden. Zu diesen Teilbereichen gehören:

- Gewichte/Mengeneinheiten
- Steuerdaten/Verwaltung
- Sperrlogik
- Sammelgang
- Meldungen/Nachrichten

Alle Gewichte im Lager werden in der Gewichtseinheit geführt, die im Feld GEWICHTSEINHEIT pro Lagernummer festgelegt wird. In diesem Fall KG für die Lagernummer 500. Die Gewichtseinheit sollte so gewählt werden, dass sie Ihre unternehmensinternen Anforderungen und Ansprüche erfüllt. Materialien müssen nicht in derselben Gewichtseinheit der Lagernummer geführt werden. Besonders leichte Materialien können z. B. in Gramm geführt werden. Bei allen Materialbewegungen wird das Materialgewicht in die Gewichtseinheit der Lagernummer umgerechnet. Die Gewichtseinheit hat ebenfalls Einfluss auf die Kapazitätsprüfung nach Gewichten. Diese erfolgt auf der Grundlage der Lagernummerngewichtseinheit.

> **Anpassung der Gewichtseinheit während des Betriebs**
>
> SAP empfiehlt, die Gewichtseinheit während des laufenden Betriebs nicht zu ändern, da die Gewichtsinformationen z. B. auf Lagerplatzebene gespeichert werden. Sollte eine Anpassung doch unumgänglich sein, können die Daten mit dem Report RLS10200 angepasst bzw. korrigiert werden.

Mit dem Feld VOLUMENEINHEIT verhält es sich ähnlich wie mit dem Feld GEWICHTSEINHEIT. Alle Volumen innerhalb einer Lagernummer werden in der Volumeneinheit geführt, z. B. M3 für die Lagernummer 500, die im Customizing der jeweiligen Lagernummer festgelegt wird. Auch hier kann es Abweichungen zwischen der Volumeneinheit eines Materials und der Volumeneinheit der Lagernummer geben. Die Volumeneinheit wird bei Materialbewegungen in die Volumeneinheit der Lagernummer umgerechnet.

Materialien können in Abhängigkeit von ihrer Verwendung im SAP-System in verschiedenen Mengeneinheiten geführt werden. Zum besseren Verständnis soll das folgende Beispiel dienen:

Für ein Material sind im Materialstamm die folgenden Einträge gepflegt:

- Basismengeneinheit: ST
- Bestellmengeneinheit: ST
- WM-Mengeneinheit: KAR
- Einstellung in der Lagernummer M: WM-Mengeneinheit auch bei anderer Mengeneinheit im Referenzbeleg

Das heißt, dass das System in der SAP-Lagerverwaltung bei Aufträgen oder Bestellungen, die mit der Mengeneinheit ST angelegt werden, die Bestellmenge oder Verkaufsmenge grundsätzlich in KAR umrechnet.

In den Systemeigenschaften der Lagernummer können zwei Vorschlagsmengeneinheiten definiert werden. Unter der Vorschlagsmengeneinheit ist die Mengeneinheit zu verstehen, die systemseitig selektiert wird, wenn bei einer Buchung nur Materialnummer und Menge eingegeben werden. Ist die erste Vorschlagsmengeneinheit für das betreffende Material nicht gepflegt, wird die zweite Vorschlagsmengeneinheit ausgewählt. Ist auch diese nicht gepflegt, wird die Basismengeneinheit verwendet. Zur Ausprägung der Vorschlagsmengeneinheit stehen verschiedene Parameter zur Auswahl, die in Abbildung 3.11 aufgezeigt sind.

> **Vorschlagsmengeneinheiten 1 und 2 sind keine Pflichtfelder**
>
> Die Vorschlagsmengeneinheiten 1 und 2 stellen keine Pflichtfelder innerhalb der Konfiguration der Lagernummern dar. Es ist möglich, die Verwendung der Mengeneinheiten nur materialabhängig zu steuern. In diesem Fall wird kein Eintrag innerhalb der Lagernummer benötigt.

1. Vorschlag	Kurzbeschreibung
A	Ausgabemengeneinheit
B	Bestellmengeneinheit
K	Basismengeneinheit wenn keine andere MEH vorgegeben
L	WM-Mengeneinheit
M	WM-Mengeneinheit auch bei anderer MEH im Referenzbeleg
N	Basismengeneinheit auch bei anderer MEH im Referenzbeleg

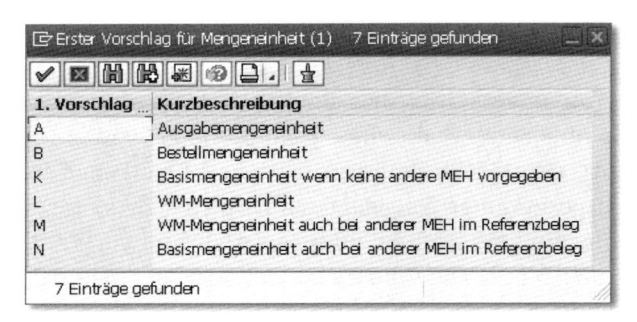

Abbildung 3.11 Vorschlagsmengeneinheiten je Lagernummer

Unter Verwendung der Funktionalität LEISTUNGSDATENABWICKLUNG wird im WM-System die zu erwartende Zeit berechnet, die für eine Lagerbewegung benötigt wird. In der Lagernummer wird im Feld ZEITEINHEIT/LEISTUNGSDATEN festgelegt, in welcher Zeiteinheit die Sollzeit der Leistungsdaten errechnet wird.

Materialbestände können im WM-System mithilfe von Lagereinheiten verwaltet werden. Zunächst muss pro Lagernummer definiert werden, ob diese Funktionalität grundsätzlich eingesetzt werden darf. Dazu muss das Feld LAGEREINHEITENVERWALTUNG AKTIV markiert sein.

Daran anschließend muss für jeden Lagertyp innerhalb der Lagernummer separat entschieden werden, ob die Lagereinheitenverwaltung aktiviert werden soll. Die Aktivierung der Lagereinheitenverwaltung pro Lagertyp erfolgt im IMG über LOGISTICS EXECUTION • LAGERVERWALTUNG • STAMMDATEN • LAGERTYPEN.

Die Sperrlogik in der SAP-Lagerverwaltung bestimmt, ob mehrere Benutzer zur gleichen Zeit das gleiche Material vom gleichen Platz auslagern dürfen. SAP empfiehlt, für die Sperrlogik die Einstellung B zu wählen, bei der mehrere Anwender zur gleichen Zeit auf den gleichen Plätzen arbeiten können.

Darüber hinaus ist die Sperrlogik B obligatorisch, wenn für die ausgewählte Lagernummer das Handling Unit Management aktiviert werden soll.

Diese Lagernummereinstellungen spezifizieren, wie das System reagieren soll, wenn Daten zur Kapazitätsprüfung, zu Chargeninformationen und zu den Leistungsdaten fehlen. Das System kann bei fehlenden Daten eine Warnmeldung, eine Fehlermeldung oder auch gar keine Meldung ausgeben.

Neben den aufgezeigten Steuermechanismen übernimmt die Lagernummer weitere integrative Steuerungsfunktionen im Bereich der Produktionsplanung und -steuerung (PP), der Anbindung von externen Systemen wie Materialflussrechnern sowie im Bereich des Qualitätsmanagements.

Im Bereich STAMMDATEN werden im Materialstamm lagernummernspezifische Daten wie Einlagerungs- und Auslagerungstypkennzeichen, Lagerbereichskennzeichen sowie Daten zu Lagermengeneinheiten festgelegt.

Darüber hinaus können Sie auf Lagernummernebenen steuern, wie Inventurdifferenzen in der Lagerverwaltung behandelt werden sollen (Definition der Bewegungsarten für positive und negative Inventurdifferenzen), und definieren, welche Nummernkreise für Transportaufträge, Transportbedarfe etc. in Ihrem Lagerkomplex genutzt werden sollen.

3.3.4 Lagertyp

Mithilfe von *Lagertypen* werden innerhalb eines Lagerkomplexes logische und physische Lagerbereiche zu einer Einheit zusammengefasst. Dabei reflektieren Lagertypen innerhalb eines Lagerkomplexes verschiedene Lagerzonen, Lagerbereiche oder Lagereinrichtungen, die aufgrund verschiedener Eigenschaften eine Einheit bilden. Die Struktur der Lagertypen kann dabei, abhängig von der physischen Lagerstruktur und den verwaltungstechnischen Anforderungen, verschiedene Ausprägungen annehmen. In der folgenden Abbildung eines Distributionszentrums werden verschiedene Ausprägungen von Lagertypen dargestellt, wie sie häufig in der Praxis vorzufinden sind. Um Ihnen einen ganzheitlichen, integrativen Einblick in die Funktionalitäten der SAP-Lagerverwaltung zu ermöglichen und die einzelnen Teilbereiche der SAP-Lagerverwaltung eingehend zu beschreiben, wird uns der exemplarische Aufbau in verschiedenen Abschnitten und Kapiteln immer wieder begegnen.

Innerhalb einer Lagernummer können hierarchisch verschiedene Arten von Lagertypen verwaltet werden (siehe Abbildung 3.12). Zu den *physischen Lagertypen* in SAP zählen u. a.:

3 | Organisationsstrukturelemente in WM und SAP LES

- Fixplatzlager (Lagertyp 100)
- Regallager (Lagertyp 110)
- Blocklager (Lagertyp 130)
- Freilager (Lagertyp Paletten)
- Durchlauf- und Einfahrregallager (Lagertypen 120 und 140)

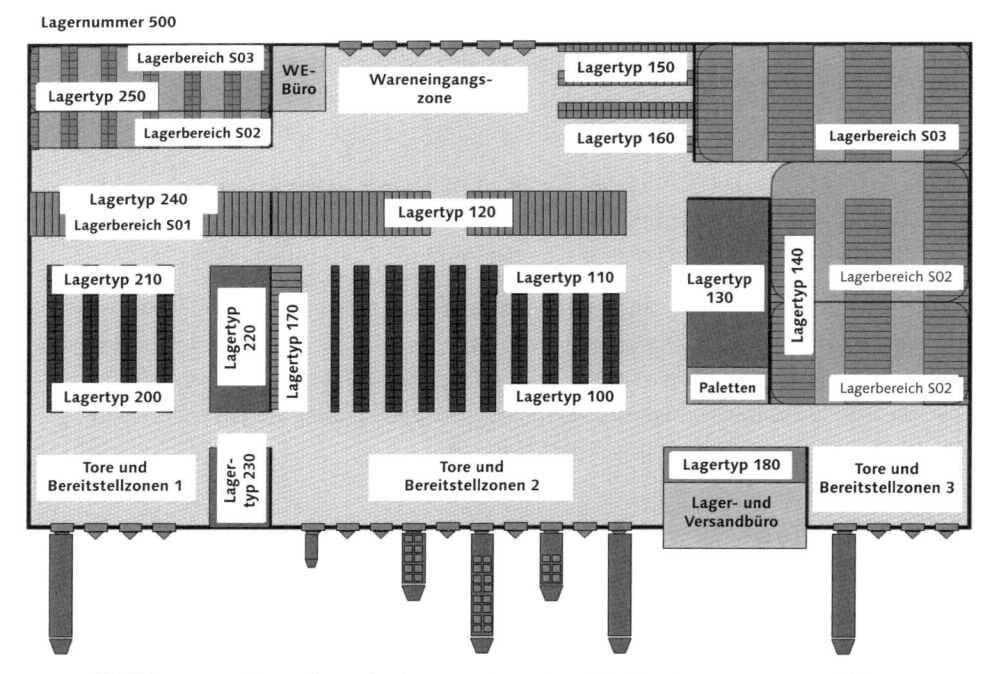

Abbildung 3.12 Darstellung der Lagerstruktur eines Distributionszentrums mithilfe von WM

Neben den physischen Lagertypen, die klassische Lagerungs- und Bereitstellungsaufgaben übernehmen, können weitere physische Lagertypen definiert werden, die zur Unterstützung verschiedener Lagerprozesse und nicht zur finalen Lagerung von Materialien benötigt werden. Zu diesen Lagertypen gehören:

- I-Punkt-Lagertyp (I = Integrationspunkt)
- K-Punkt-Lagertyp (K = Kommissionierpunkt)
- Zwischenlagertyp für die zweistufige Kommissionierung

Eine Sonderform der Lagertypen im WM-System bilden die *Schnittstellenlagertypen*, die in der Regel direkt an ihrem Schlüssel (mit 9 beginnend) zu erkennen sind. Die Schnittstellenlagertypen werden von der SAP-Bestandsführung und der Lagerverwaltung gemeinsam genutzt und bilden somit eine Art Verbindung oder Brücke zwischen Bestandsführung und Lagerverwaltung. Bevor auf die Eigenschaften und Verwendung der Schnittstellenlagertypen eingegangen wird, sollen Ihnen noch einige typische Beispiele für Schnittstellenlagertypen aufgezeigt werden. Typische Beispiele für Schnittstellenlagertypen sind:

- Wareneingangszone (SAP-Standardauslieferung Lagertyp 902)
- Warenausgangszone Lieferungen (SAP-Standardauslieferung Lagertyp 916)
- Warenausgangszone Kostenstelle (SAP-Standardauslieferung Lagertyp 911)
- Umbuchungszone (SAP-Standardauslieferung Lagertyp 922)
- Differenzenlagertyp (SAP-Standardauslieferung Lagertyp 999)

Bei der Implementierung eines neuen Lagerkomplexes können die Schnittstellenlagertypen sehr einfach kopiert werden, da sie in den meisten Fällen die Grundanforderungen eines jeden Unternehmens abdecken. Der Konfigurations- und Testaufwand lässt sich somit weiter reduzieren.

Schnittstellenlagertypen bilden die Brücke zwischen der SAP-Bestandsführung und der Lagerverwaltung. Wareneingänge zur Bestellung und Warenausgänge zum Fertigungsauftrag werden zunächst in der Bestandsführung gebucht und erst im Anschluss daran in der Lagerverwaltung. Beispielsweise wird bei der Wareneingangsbuchung zur Bestellung der einzulagernde Bestand auf dem Wareneingangsschnittstellenlagertyp festgehalten. Dabei entsteht ein Quant in der Lagerverwaltung. Anschließend wird der Schnittstellenbestand durch die Transportauftragserstellung und -quittierung auf einen physischen Lagertyp sowie einen physischen Lagerplatz gebucht. Das Finden des Schnittstellenlagertyps erfolgt über eine sogenannte *Bewegungsart* in der Lagerverwaltung. Die Grundlagen der Bestandsverwaltung sowie die allgemeinen Steuerungselemente der SAP-Lagerverwaltung werden Ihnen in Kapitel 5, »Elemente der Prozesssteuerung in WM«, und Kapitel 6, »Wareneingangsprozesse und Einlagerungsstrategien in WM«, noch ausführlich erläutert.

Steuermechanismen

Die Steuerungsparameter eines Lagertyps haben wesentlichen Einfluss auf die lagerinternen Prozesse wie Umlagerungen, Inventur und Drucksteuerung sowie auf den innerbetrieblichen Materialfluss innerhalb eines Lagerkomplexes. Beispielsweise kann auf Lagertypebene entschieden werden, ob mit einer Vollentnahme gearbeitet werden soll, d. h., dass volle Paletten zunächst komplett entnommen und zu einem K-Punkt bewegt werden. Daran anschließend findet am K-Punkt die Kommissionierung statt, und die Anbruchpalette kann entweder zurückgelagert oder, wenn im Lagertyp vorgesehen, in einen neuen Lagertyp verbracht werden. Wie Sie anhand dieses Beispiels erkennen können, kann die Ausprägung innerhalb des Lagertyps den physischen Materialfluss entscheidend beeinflussen. Die Kombinationen der Steuerungskennzeichen innerhalb eines Lagertyps sind sehr vielfältig und werden im Wesentlichen von der physischen Lagerstruktur sowie den zu implementierenden Prozessen beeinflusst. Eine Vielzahl der Kennzeichen im Lagertyp kann nicht miteinander kombiniert werden, was auf prozesstechnische Konstellationen zurückzuführen ist (z. B. Einlagerungsstrategie: Zulagerung, sonst nächster freier Platz (Strategie I) ohne Aktivierung der Zulagerung X).

Die Konfiguration und das Einstellen der Steuerparameter der Lagertypen erfolgen im IMG über LOGISTICS EXECUTION • LAGERVERWALTUNG • STAMMDATEN • LAGERTYPEN DEFINIEREN.

Die Steuermechanismen können in drei Hauptbereiche (Allgemeine Steuerparameter, EINLAGERUNGSSTEUERUNG und AUSLAGERUNGSSTEUERUNG) gegliedert werden. Als Beispiel soll ein Lagertyp dienen, der die Steuermechanismen eines Fixplatzlagertyps (Lagertyp 100 in Lagernummer 500) aufzeigt (siehe Abbildung 3.13).

Allgemeine Steuerparameter

Zunächst muss für einen Lagertyp entschieden werden, ob die Lagereinheitenverwaltung für diesen Bereich genutzt werden soll. Die Aktivierung der Lagereinheitenverwaltung geschieht durch Markierung des Feldes LE-VERWALTUNG AKTIV. Das heißt, dass alle Warenbewegungen innerhalb dieses Lagertyps mit Angabe einer Lagereinheitennummer (LE) erfolgen müssen. Im vorliegenden Beispiel wurde die Lagereinheitenverwaltung nicht aktiviert.

Im WM-System ist es möglich, Lagertypen als Integrationspunkte bzw. Kommissionierpunkte zu definieren (I- und K-Punkte). Diese Funktionalität wird häufig in LE-verwalteten Lägern bzw. in Automatiklägern genutzt, bei denen der lagerinterne Materialfluss in einzelne Schritte gegliedert ist, die teilweise oder vollständig automatisiert ausgeführt werden. Dies ist z. B. auf unterschiedliche Förderzeuge zurückzuführen. Um diese Funktionalitäten zu verwenden, müssen die Felder LAGERTYP IST I-PUNKT bzw. LAGERTYP IST K-PUNKT markiert werden. Darüber hinaus müssen spezifische I- und K-Punkt-Lagertypen definiert und zugeordnet werden.

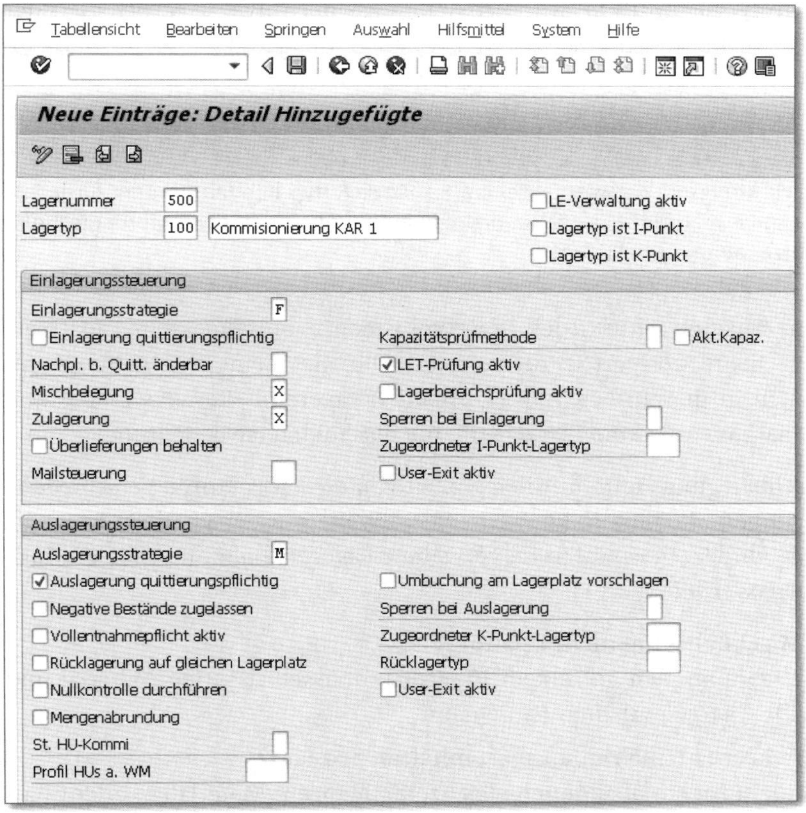

Abbildung 3.13 Steuerparameter von Lagertypen in SAP ERP

Einlagerungssteuerung

Innerhalb der Einlagerungssteuerung eines Lagertyps werden alle Parameter fixiert, die die Einlagerung innerhalb dieses Lagertyps beeinflussen. Die EINLAGERUNGSSTRATEGIE steuert, anhand welcher Kriterien Lagerplätze für die Einlagerung gefunden werden. In der SAP-Lagerverwaltung werden verschiedene Einlagerungsstrategien bereits im Standard ausgeliefert (siehe Abschnitt 6.3, »Einlagerungsstrategien von WM«).

Das Feld EINLAGERUNG QUITTIERUNGSPFLICHTIG entscheidet darüber, ob Einlagerungen (Einlagerungstransportaufträge) in diesem Lagertyp quittiert werden müssen. Die Quittierung kann an einem normalen Terminalarbeitsplatz sowie mithilfe von Radio-Frequency-Geräten erfolgen.

Bei der Einlagerung von Materialien wird im Einlagerungstransportauftrag der Nachlagerplatz für jedes einzulagernde Material vorgeschlagen. Abhängig vom Lagertyp, kann es erforderlich sein, dass der finale Lagerplatz bei der Transportauftragsquittierung geändert werden soll. Dies kann durch den Eintrag NACHPL. B. QUITT. ÄNDERBAR erreicht werden.

> **Nachplatzänderung muss nicht aktiviert werden**
>
> Da es sich in diesem Beispiel um einen Fixplatzlagertyp handelt, in dem für jedes Material ein Fixplatz im Materialstamm definiert wurde, ist es nicht erforderlich, die Nachplatzänderung zu aktivieren.

Das Feld MISCHBELEGUNG des Lagertyps steuert, ob auf einem Lagerplatz mehrere Quants gelagert werden dürfen. Die allgemeine Verwaltung Ihrer Materialien in diesem Lagertyp (z. B. aktive Lagereinheitenverwaltung und aktive Chargenverwaltung) ist dabei von entscheidender Bedeutung.

Die Mischbelegung kann in Abhängigkeit von diesen Faktoren verschiedene Ausprägungen annehmen. Für nicht LE-verwaltete Lagertypen sind nur die Einträge 1 und 5 relevant. Für LE-verwaltete Lagertypen können alle Einträge ausgeprägt werden.

- **__ – Mischbelegung nicht erlaubt**
  Alle Lagereinheiten auf einem Lagerplatz müssen dasselbe Material und dieselbe Charge enthalten (ein Quant).

- **A – Mehrere artikelreine Lagereinheiten pro Platz**
  Auf einem Lagerplatz können gleichzeitig mehrere Materialien oder Chargen eines Materials liegen. Die einzelnen *Lagereinheiten* müssen jedoch dasselbe Material und/oder dieselbe Chargennummer enthalten.

- **B – Mehrere Chargen pro Platz und Palette**
  Auf einem Platz darf nur ein Material liegen. Erfordert dieses Material jedoch eine Chargennummer, dürfen mehrere Chargen dieses Materials auf dem Platz gelagert werden. Jede Lagereinheit kann ebenfalls mehrere Chargen des Materials enthalten.

- **C – Mehrere Chargen pro Platz**
  Auf einem Lagerplatz darf nur ein Material liegen. Erfordert dieses Material jedoch eine Chargennummer, dürfen mehrere Chargen dieses Materials auf dem Platz gelagert werden. Es ist nicht zulässig, unterschiedliche Chargen auf einer Lagereinheit zu lagern.

- **X – Mischbelegung ohne Einschränkungen**
  Sowohl auf dem Platz als auch auf den einzelnen Lagereinheiten dürfen mehrere Materialien und Chargen gelagert werden.

Das Kennzeichen ZULAGERUNG steuert, ob Materialien bei Einlagerung oder Umlagerung bzw. Nachschub auf einem Lagerplatz zugelagert werden dürfen. Dieses Kennzeichen muss in engem Zusammenhang mit dem Mischbeleg betrachtet werden. Erlauben Sie z. B. in einem Kommissionierlager keine Mischbelegung und versuchen, das gleiche Material mit unterschiedlichen Chargen auf einem Fixplatz zuzulagern, wird dies vom System nicht akzeptiert. In diesem Fall müssen Sie das Kennzeichen X setzen. Durch den Festplatz im Materialstamm wird in der Regel sichergestellt, dass nur das Festplatzmaterial auf diesem Platz gelagert werden darf.

Die KAPAZITÄTSPRÜFMETHODE im Lagertyp legt fest, wie die Kapazität eines Lagerplatzes innerhalb des Lagertyps berechnet wird. In einer Vielzahl von Szenarien ist es nicht erforderlich, die Kapazitätsprüfung zu nutzen, da aufgrund der Konstellation aus Einlagerungsstrategie sowie Zulagerung und Mischbelegung eine direkte Kapazitätsbeschränkung stattfindet.

Beispiel: Kommissionierlager ohne LE-Verwaltung

- Einlagerungsstrategie: F – Fixplatz
- Mischbelegung: X – Mischbelegung ohne Einschränkungen
- Zulagerung: X – Zulagerung erlaubt

Im Materialstamm wird pro Fixplatz die maximale Lagermenge definiert. Somit wird die Kapazität des Lagerplatzes direkt über den Materialstamm begrenzt.

Es kann vorkommen, dass Sie einem Fixplatz im Materialstamm zwei Materialien gleichzeitig zuordnen. Dies kann aus prozesstechnischen Gründen gewollt sein. Beachten Sie hierbei jedoch, dass die Gesamtkapazität im Materialstamm sich aus beiden Materialien zusammensetzt.

- Lagerplatzkapazität: vier Paletten
- Material 1 – maximale Lagerplatzmenge: zwei Paletten
- Material 2 – maximale Lagerplatzmenge: zwei Paletten

Beispiel: LE-verwaltetes Durchlaufregallager

- Einlagerungsstrategie: B – Blocklager
- Mischbelegung: __ – Mischbelegung nicht erlaubt
- Zulagerung: X – Zulagerung erlaubt

In den Steuerdaten der Blocklagersteuerung müssen in den Einstellungen der Blockstrukturen die Anzahl der Säulen und die Stapelhöhe definiert werden. Dadurch ergibt sich bei einer Anzahl von vier Säulen und einer Stapelhöhe von 1 eine maximale Platzkapazität von vier Paletten (Lagereinheiten). Darüber hinaus kann über den Lagereinheitentyp gesteuert werden, ob bestimmte Lagereinheitentypen, z. B. Paletten, mit einer Höhe von über 1,50 m auf diesem Lagerplatz eingelagert werden dürfen.

In vielen Lägern können aufgrund der Bauweise und der Struktur von Lagerplätzen und Lagerregalen nur bestimmte Palettentypen (Lagereinheitentypen – LET) auf bestimmten Platztypen gelagert werden. Auf einem Lagerplatz, auf dem nur Europaletten gelagert werden dürfen, kann mithilfe einer aktiven LET-Prüfung sichergestellt werden, dass nur Lagereinheitentypen eingelagert werden dürfen, die für den ausgewählten Lagertyp zulässig sind.

Möchten Sie verschiedene Lagerbereiche zur Einlagerung in Ihrem Lagertyp nutzen und sollen die entsprechenden Lagerbereiche automatisch anhand des Materials bestimmt werden, muss im Lagertyp die Lagerbereichsprüfung aktiviert werden. Darüber hinaus müssen Sie im Customizing der Lagerbereichsfindung die entsprechenden Determinierungseinträge pflegen.

Auslagerungssteuerung

Nachdem Sie nun die Parameter der Einlagerungssteuerung der SAP-Lagertypen kennengelernt haben, lernen Sie im Folgenden die wesentlichen Steuerparameter der Auslagerung kennen, die im Customizing der Lagertypdefinition festgelegt werden.

Während des Auslagerungsprozesses ermittelt das System zunächst einen Lagertyp, aus dem die Auslagerung stattfinden soll. In einem zweiten Schritt wird dann anhand der *Auslagerungsstrategie* die Lagerplatzfindung angestoßen, bei der ein optimaler Lagerplatz zur Auslagerung bestimmt wird. In der SAP-Lagerverwaltung ist bereits eine Vielzahl von Auslagerungsstrategien vordefiniert, die sich an den Grundanforderungen eines jeden Lagerkomplexes orientieren. Zu diesen Auslagerungsstrategien zählen:

- FIFO: First-in, First-out (F)
- LIFO: Last-in, First-out (L)
- strenges FIFO (***)
- Mindesthaltbarkeitsdatum pro Lagertyp (H)
- Anbruch (A)
- Groß-/Kleinmengen (M)
- Festplatz (P)

Die Auswahl der richtigen Auslagerungsstrategie für einen Lagertyp hängt von den physischen und bestandsverwaltungstechnischen Umständen Ihres Lagers ab. Um Ihnen die unterschiedlichen Möglichkeiten der SAP-Auslagerungsstrategien aufzuzeigen, wird in Kapitel 8, »Produktionsversorgungsstrategien in WM«, detailliert auf die einzelnen Standardstrategien eingegangen.

Sollten die Standardstrategien jedoch nicht Ihren Anforderungen genügen, können Sie mithilfe von SAP-Erweiterungen eigene Strategien entwickeln und für einen bestimmten Lagertyp aktivieren. Zur Lagertypfindung können die SAP-Erweiterungen MWMTO004 und MWMTO013 genutzt werden.

Parallel zum Einlagerungsprozess in einen Lagertyp kann auch im Auslagerungsprozess pro Lagertyp entschieden werden, ob Lagerbewegungen quittierungspflichtig sind. Dies wird anhand des Kennzeichens AUSLAGERUNG QUITTIERUNGSPFLICHTIG gesteuert.

Durch die Integration zur Bestandsführung über Schnittstellenlagertypen und die damit verbundenen Bestandsbuchungen ist es notwendig, in Schnittstellenlagertypen *negative Bestände* zuzulassen. Das bedeutet, dass auf diesen Lagertypen *negative Quants* entstehen. Ein typisches Beispiel hierfür ist die Warenausgangsbuchung zum Fertigungsauftrag, bei der die Bestandsmengen zunächst in der Bestandsführung reduziert werden. Um die Bestände in der Bestandsführung und in der Lagerverwaltung auszugleichen, entsteht auf einem Schnittstellenlagertyp ein negatives Quant, das die Anfordermenge des Fertigungsauftrags darstellt. Aus Sicht der Materialwirtschaft werden ein *Materialbeleg* und ein *Transportbedarf* in der Lagerverwaltung erzeugt. Um den negativen Bestand auf dem Schnittstellenlagertyp auszugleichen, muss in der Lagerverwaltung ein *Transportauftrag* zum Transportbedarf angelegt und im Anschluss an die physische Entnahme quittiert werden. Durch die Quittierung des Transportauftrags wird der negative Bestand ausgeglichen. Bei einer Quittierung mit Differenz (Mindermenge) muss eine Korrekturbuchung in der Bestandsführung erfolgen bzw. wird empfohlen, die Buchung zu stornieren und zunächst eine Inventurbuchung durchzuführen, da die physischen Lagerbestände und Buchbestände in diesem Fall abweichend sind. Die Inventurbuchung ermöglicht einen Abgleich der Bestandsmengen.

In Lägern, in denen aufgrund der Lagerperipherie oder aufgrund der Prozessorganisation immer komplette Lagereinheiten (Paletten) ausgelagert werden, wird empfohlen, die Vollentnahmepflicht pro Lagertyp zu aktivieren, indem Sie das Kennzeichen VOLLENTNAHMEPFLICHT AKTIV aktivieren. Beispielhaft hierfür ist, dass eine komplette Palette zu einem Kommissionierpunkt bewegt wird, an dem die Kommissionierung stattfindet. Entnahmeschritt und Kommissionierschritt werden von unterschiedlichen Ressourcen ausgeführt.

Die Steuerung der Vollentnahmepflicht eines Lagertyps muss in einem engen Zusammenhang mit dem Kennzeichen RÜCKLAGERUNG AUF GLEICHEN LAGERPLATZ betrachtet werden. Durch die Aktivierung des Kennzeichens RÜCKLAGERUNG AUF GLEICHEN LAGERPLATZ können Restmengen einer kommissionierten Palette wieder auf den Lagerplatz bewegt werden, von dem sie zuvor entnommen wurden. Dadurch entstehen Anbruchpaletten in Ihrem Lagertyp. Der Einsatz dieses Kennzeichens ist gerade in Einheitenlägern kritisch zu betrachten und projektspezifisch zu evaluieren.

Weitere wichtige Steuerparameter innerhalb des Lagertyps sind die Einstellungen zum zugeordneten Kommissionierpunkt des Lagertyps und zum Rücklagertyp, die nicht isoliert von den zuvor beschriebenen Parametern betrachtet werden können. Bei einer aktivierten Vollentnahme werden die nicht kommissionierten Teilmengen einer Palette auf den Kommissionierpunkt umgebucht. Im Anschluss daran erfolgt die Rücklagerung bzw. Weiterbewegung der Restmengen vom Kommissionierpunkt. Bei der Aktivierung des Rücklagertyps können Restmengen in den hier definierten Lagertyp eingelagert werden.

Eine genaue Übersicht über die aktuelle Bestandssituation in Ihrem Lager ist von entscheidender Bedeutung für einen gleichbleibend hohen Service-Level. Wie kann die SAP-Lagerverwaltung Sie dabei unterstützen? Eine wesentliche Komponente ist die direkte Erfassung aller Materialbewegungen in Ihrem Lager. Darüber hinaus können Sie verschiedene Inventurverfahren auch unterjährig nutzen, um die genaue Bestandssituation zu überprüfen. Eine weitere Methode, die eine frequentiertere Prüfung der Bestandssituation ermöglicht, ist die Nutzung der Nullkontrolle, die lagertypabhängig aktiviert werden kann. Die Nullkontrolle steuert, dass für einen Lagertyp, der durch eine Entnahme »leer« wird, eine Nullkontrolle durchgeführt werden soll. Prozesstechnisch wird der Lagerarbeiter bei der Quittierung der Auslagerungstransportaufträge zusätzlich durch das SAP-System aufgefordert, den Leerzustand des Lagerplatzes zu bestätigen. Die Nullkontrolle sollte vor allem in Lagertypen aktiviert werden, in denen häufig Teilmengen kommissioniert werden.

Neben diesen Parametern werden weitere wichtige Steuermechanismen auf der Grundlage des Lagertyps im WM-System ausgeprägt. Zu diesen Steuermechanismen zählen:

- Drucksteuerung
- Steuerung der Inventurarten
- Queue-Steuerung im Bereich Radio Frequency (Aktivitäten und Bereiche)

3.3.5 Lagerbereich

Hierarchisch gesehen, bildet ein *Lagerbereich* eine physische oder logische Untereinheit eines Lagertyps. Innerhalb eines Lagertyps werden Lagerplätze mit ähnlichen Eigenschaften zu Lagerbereichen zusammengefasst. Auch wenn eine Unterteilung eines Lagertyps in Lagerbereiche aus lagertechnischen Gesichtspunkten nicht notwendig ist, muss jedoch mindestens ein Lagerbereich je Lagertyp definiert werden. Darüber hinaus werden Lagerbereiche nur bei Einlagerungsprozessen berücksichtigt.

Die Definition von Lagerbereichen ist sehr häufig von den in den Lagertyp einzulagernden Materialien abhängig. Die klassische Definition von Lagerbereichen ist die Unterteilung eines Lagertyps nach *ABC-Kriterien* (siehe Abbildung 3.14). Das heißt, häufig drehende Artikel werden im vorderen Lagerbereich, weniger häufig drehende Artikel im mittleren Lagerbereich und langsam drehende Artikel im hinteren Lagerbereich eingelagert. Auf diese Weise können längere Wegzeiten im Lager vermieden werden.

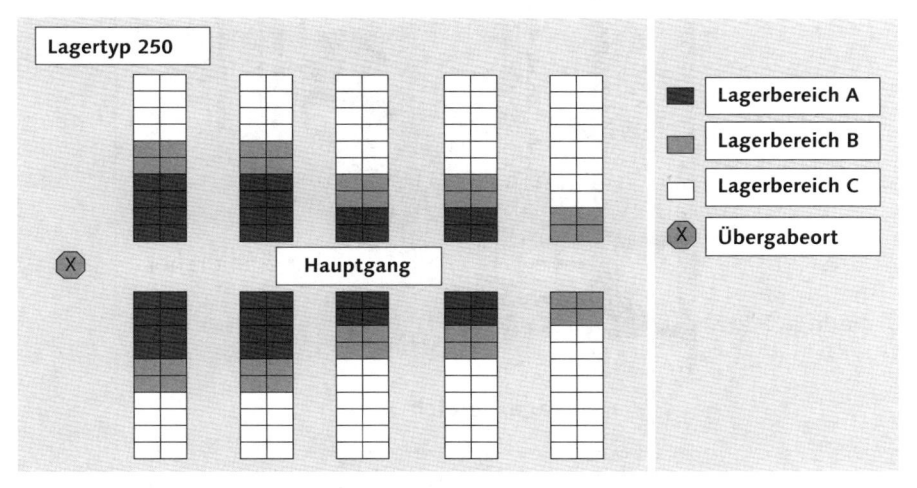

Abbildung 3.14 Klassische Aufteilung von Lagerbereichen nach ABC-Kriterien

Neben dem klassischen *ABC-Ansatz* lassen sich in der Logistikliteratur auch neuere Ansätze zur Lagerbereichsdefinition finden, die ebenfalls mithilfe der SAP-Lagerbereichsverwaltung abgebildet werden können.

Lagerbereiche können z. B. nach *Auftragsstruktur* und *-häufigkeit* definiert werden. Das heißt, dass Artikel, die häufig zusammen bestellt werden, auch gemeinsam gelagert werden, um so die Kommissionierweglänge signifikant zu verkürzen. Um diese Form der Lagerbereichsverwaltung nutzen zu können, muss im Vorfeld einer SAP-Implementierung oder bei Änderung der Bereichsaufteilung eine Analyse der Auftrags- bzw. Lieferstruktur erfolgen. In dieser Analyse wird untersucht, wie häufig Artikel zusammen kommissioniert werden, um potenzielle Artikelpaare und -kombinationen zu identifizieren. Zu den Werkzeugen dieser Analyse gehören das Erstellen einer Ähnlichkeitsmatrix sowie eine Cluster-Analyse zur Ermittlung und Gruppierung von Cluster-Paaren.

Hochregalläger bestehen häufig aus zahlreichen unterschiedlich großen Lagerplätzen. Meist sind die niedrigen Plätze größer als die hohen, da sie für besonders große und schwere Teile reserviert sind. Ein Hochregallager ist oft in zwei Lagerbereiche unterteilt: Der vordere Bereich wird für Schnelldreher, der hintere für Materialien mit geringerer Umschlagshäufigkeit (Langsamdreher) genutzt (siehe Abbildung 3.15).

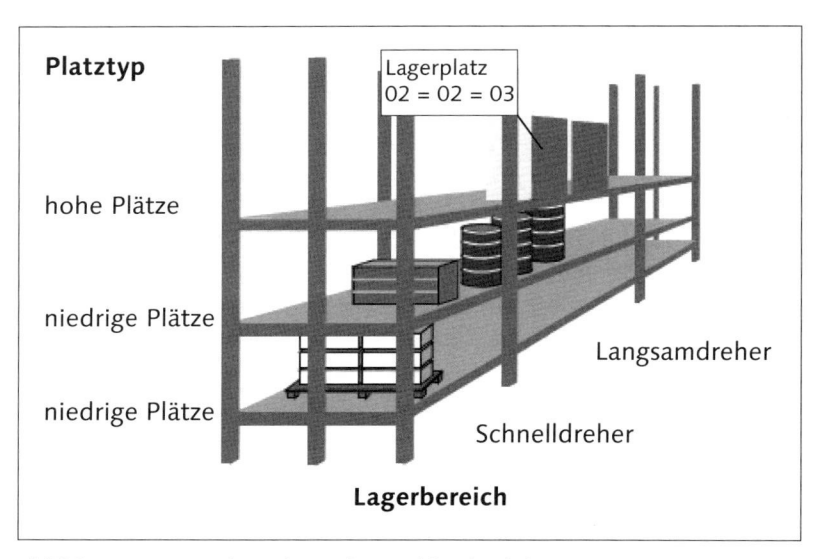

Abbildung 3.15 Lagerbereiche nach Umschlagshäufigkeit

Steuermechanismen

Im Gegensatz zum Lagertyp können innerhalb eines Lagerbereichs keine speziellen Steuerungskriterien oder Steuermechanismen hinterlegt werden. In SAP ERP werden Lagerbereiche im IMG über LOGISTICS EXECUTION • LAGERVERWALTUNG • STAMMDATEN • LAGERBEREICHE DEFINIEREN angelegt.

3.3.6 Kommissionierbereich

Bei der *Kommissionierung* (Zusammenstellung) von Aufträgen wird in der klassischen Logistik zwischen zwei Ablauforganisationen unterschieden: zum einen der auftragsorientierten und zum anderen der artikelorientierten Kommissionierung. Bei großen Kommissionieraufträgen, unterschiedlicher Artikelstruktur und großen Kommissionierlägern ist es in der Praxis häufig erforderlich, die Auftragsliste nach bestimmten Bereichen aufzuteilen. Dies kann im WM-System durch *Kommissionierbereiche* realisiert werden.

Als Kommissionierbereiche werden in der SAP-Lagerverwaltung Lagerbereiche bzw. Lagerflächen innerhalb eines Lagertyps bezeichnet, die Lagerplätze unter dem Gesichtspunkt der Auslagerung zusammenfassen. Kommissionierbereiche bilden das Gegenstück zu den Lagerbereichen, die Lagerplätze unter Einlagerungsgesichtspunkten zusammenfassen.

Eine Auftragsaufteilung nach Kommissionierbereichen ermöglicht es, Aufträge parallel oder seriell mithilfe mehrerer Kommissionierer abzuarbeiten. Beim *parallelen* Kommissionieren werden die Teilaufträge gleichzeitig entweder auftrags- oder artikelorientiert bearbeitet. Beim *seriellen* Kommissionieren werden die Teilaufträge nacheinander entweder auftrags- oder artikelorientiert bearbeitet. Abbildung 3.16 und Abbildung 3.17 zeigen jeweils die parallele bzw. die serielle Kommissionierung.

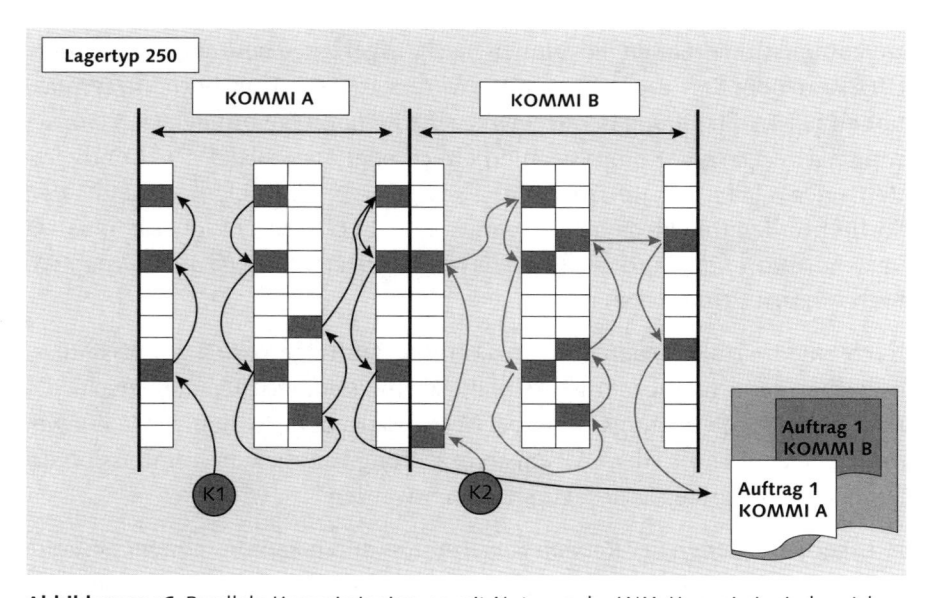

Abbildung 3.16 Parallele Kommissionierung mit Nutzung der WM-Kommissionierbereiche

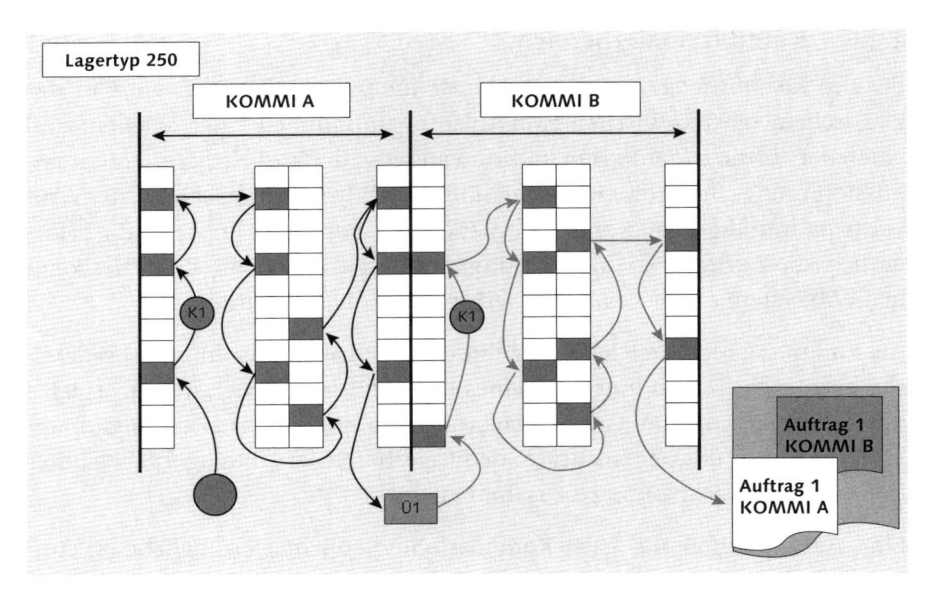

Abbildung 3.17 Serielle Kommissionierung mit Nutzung der WM-Kommissionierbereiche

Steuermechanismen

Zur Aufteilung großer Aufträge mit einer Vielzahl von Kommissionierpositionen kann pro Lagertyp festgelegt werden, ob ein Split nach Kommissionierbereichen gewünscht ist. Dazu muss im Vorfeld sichergestellt sein, dass die zu kommissionierenden Positionen nach Lagerbereichen sortiert werden. Dies kann über Sortierprofile erreicht werden, die die Transportauftragspositionen bei TA-Erstellung in die gewünschte Reihenfolge bringen (z. B. Sortierung nach Lagertyp, Kommissionierbereich oder Lagerplatz). Die Konfiguration des Transportauftrags-Splits sowie die Einstellungen zu den Sortierprofilen finden Sie im Customizing über LOGISTICS EXECUTION • LAGERVERWALTUNG • VORGÄNGE • TRANSPORTE • ABWICKLUNG LEISTUNGSDATEN/TA-SPLIT • PROFILE DEFINIEREN.

Nach einem erfolgreichen Split der Transportaufträge nach Kommissionierbereichen kann es erforderlich sein, die Kommissionierlisten auf verschiedenen Druckern je Kommissionierbereich auszugeben. In den Einstellungen der DRUCKSTEUERUNG der SAP-Lagerverwaltung kann jedem Kommissionierbereich ein separater Drucker zugewiesen werden.

In Lägern, bei denen der *Kommissionierprozess* durch Radio-Frequency-Geräte unterstützt wird, d. h. keine Papier-Kommissionierlisten gedruckt werden, kann eine automatische TA-Zuordnung je Kommissionier-Queue erfolgen.

Unter einer Queue versteht man einen dedizierten Arbeitsbereich in der SAP-Lagerverwaltung, in der TAs mit bestimmten Eigenschaften zur Abarbeitung zusammengefasst werden. Jeder Queue können n verschiedene Lagermitarbeiter zugeordnet werden. Je Kommissionierbereich kann eine eigene Queue definiert werden:

Kommissionierbereich A   Queue A   Kommissionierer 1 + 2
Kommissionierbereich B   Queue B   Kommissionierer 3 + 4
Kommissionierbereich C   Queue C   Kommissionierer 5

Die Kommissionierung kann somit parallel oder seriell erfolgen. Auf die Radio-Frequency-Funktionalität wird aufgrund der Aktualität, der Komplexität sowie der Vielfalt der unterstützten Prozesse in einem separaten Kapitel (siehe Kapitel 12, »WM-Komponenten zur Lagerprozess- und Materialflussoptimierung«) detailliert eingegangen.

3.3.7 Tore

Betriebswirtschaftlich bildet der Wareneingangsprozess die Schnittstelle eines Unternehmens zum Beschaffungsmarkt und der Warenausgangsprozess die Schnittstelle zum Absatzmarkt. *Tore* nehmen in diesem Warenumschlagsprozess eine entscheidende Stellung im WM-System ein. Das Umschlagen der Waren über Tore bedeutet in der Logistik den Wechsel von einem Verkehrsmittel auf ein innerbetriebliches Transportmittel bzw. von diesem auf ein Verkehrsmittel. Durch diesen Wechsel entstehen Zeitverzögerungen innerhalb der Supply Chain. Daher gilt es, im Rahmen der *Umschlagslogistik* den Wechsel der Ladungsträger optimal, dispositiv und operativ zu unterstützen. Dies kann mithilfe von Toren im WM-System erfolgen.

Steuermechanismen

Tore dienen im Wesentlichen der Steuerung und Optimierung des innerbetrieblichen Materialflusses. Im Lieferbeleg kann festgelegt werden, über welches Tor der Versand stattfinden soll. Diese Informationen werden dann in den Transportauftragsbeleg übernommen und können entweder, bei der papiergestützten Kommissionierung, auf dem Kommissionierbeleg mit angedruckt werden oder, bei der RF-Kommissionierung, auf dem RF-Gerät angezeigt werden. Dem Kommissionierer wird somit angezeigt, wohin die Waren bewegt werden sollen. Die Lkws fahren dann die Tore eines Lagers an, um dort Ware zu entladen bzw. zu laden. Die Tore befinden sich in räumlicher Nähe zu den zugehörigen Bereitstellzonen (siehe Abbildung 3.18).

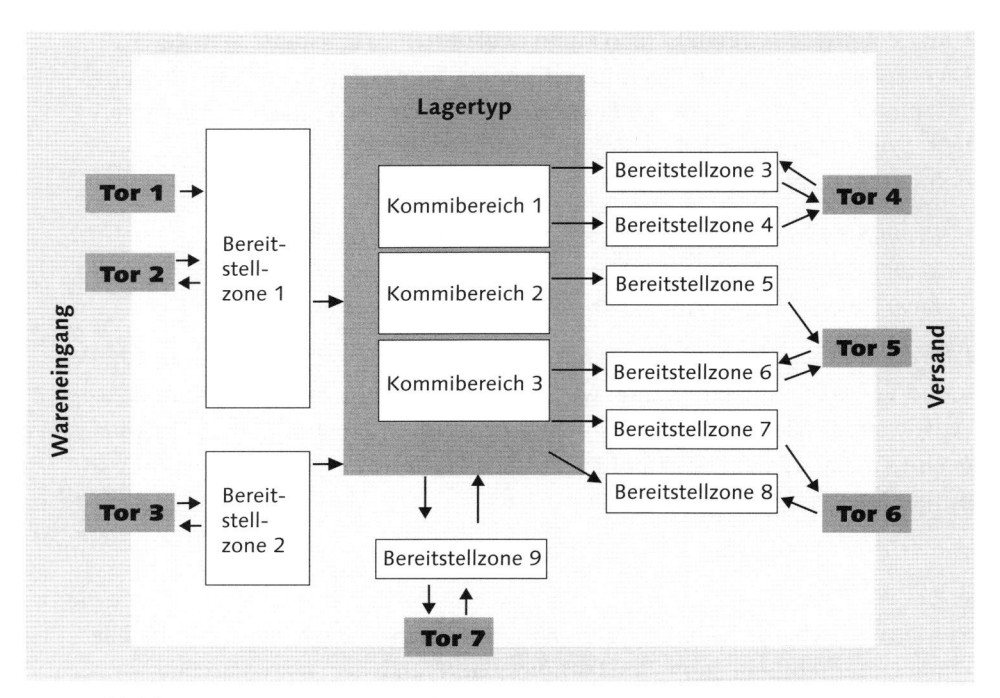

Abbildung 3.18 Tore und Bereitstellzonen

Um die Einlagerungs- und Auslagerungsvorgänge in Ihrem Lager zu optimieren, können Sie Tore und Bereitstellzonen innerhalb einer Lagernummer definieren. Sie können die Tore den Bereitstellzonen auch als Wareneingangs- und Versandstellen zuweisen.

Im Rahmen der Radio-Frequency-Funktionalität können Queue-Zuordnung und -definition in Abhängigkeit von den zugeordneten Toren erfolgen. Für jedes Tor eines Lagerkomplexes kann somit eine separate RF-Queue definiert werden.

Bei großen Lagerkomplexen mit einer Vielzahl von Toren und einer Vielzahl von Umschlagsprozessen ist es häufig notwendig, eine genaue Planung der Torbelegung durchzuführen. Dies kann mit der *Yard-Management-Funktionalität* erreicht werden. Yard Management ermöglicht es, eine genaue Planung der vorhandenen Tore eines Lagers durchzuführen. Eingehende und ausgehende Transporte bzw. Lieferungen können sekundengenau je Tor disponiert werden.

3.3.8 Bereitstellzonen

In der SAP-Lagerverwaltung kann die Organisationseinheit *Bereitstellzonen* nicht isoliert von der Organisationseinheit *Tor* betrachtet werden. Bereitstellzonen steuern ähnliche Aktivitäten wie die zuvor bereits beschriebenen Tore. Durch den Einsatz dieser Organisationseinheit wird der innerbetriebliche Materialfluss weiter detailliert und verfeinert. Unter logistischen Gesichtspunkten dienen Bereitstellzonen der Zwischenlagerung von kommissionierten und bereitgestellten bzw. angelieferten Artikeln bis zum Zeitpunkt der Verladung bzw. der Einlagerung in einen finalen Lagerplatz.

Steuermechanismen

Wie zuvor bei den Toren beschrieben, können auch Bereitstellzonen Lieferbelegen automatisch (abhängig vom Kunden oder per User-Exit) oder manuell zugeordnet werden. Diese Informationen werden wiederum in den Transportauftragsbeleg übernommen und können zur Kommissionierung herangezogen werden.

Einem Tor können in SAP mehrere Bereitstellzonen zugeordnet werden. Platzbestände in Bereitstellzonen sind nicht transparent, da es sich bei dieser Organisationseinheit um keinen SAP-Lagertyp handelt. Jedoch kann über den SAP-Liefermonitor und den Yard-Monitor nachvollzogen werden, welche Bestandsmengen sich in welcher Bereitstellzone befinden. In der Yard-Management-Funktionalität können Sie die detaillierte Belegung Ihrer Bereitstellzonen planen. Weitere Informationen dazu erhalten Sie in Abschnitt 13.3, »Radio-Frequency-Framework«.

3.3.9 Versandstellen

Die Planung und Erstellung von Lieferbelegen an Kunden oder andere Geschäftspartner wird über *Versandstellen* realisiert. Versandstellen sind logische bzw. auch physische Orte, an denen die Versandaktivitäten (Kommissionierung, Versanddisposition, Verpacken, Laden und Transport) eines oder mehrerer Werke stattfinden. Einem Werk können mehrere Versandstellen (z. B. Expressversand, Bahnversand sowie Normalversand) zugeordnet werden. Versandstellen wiederum können werksübergreifend definiert werden, was besonders dann zu empfehlen ist, wenn die Werke räumlich nahe beieinanderliegen, z. B. ein Produktionswerk, das physisch direkt mit einem Distributionscenter verbunden ist.

Jeder Lieferbeleg wird genau von einer Versandstelle aus bearbeitet. Wenn z. B. im Kundenauftrag für zwei Materialien jeweils eine unterschiedliche Versandstelle determiniert wird, führt dies aufgrund der Eindeutigkeit der Versandstelle im Lieferbeleg zu einem Liefer-Split.

Eine Vielzahl von Prozessen und Systemaktivitäten in der Versandabwicklung bzw. in versandnahen Bereichen wird direkt durch die Versandstelle beeinflusst. Zu diesen Aktivitäten zählen:

- **Versandterminierung**
  Unter der Versandterminierung wird die zeitliche Planung der Versandaktivitäten unter Beachtung verschiedener Dispositionszeiten verstanden. Innerhalb der Versandstelle können Arbeitszeiten, Ladezeiten und Richtzeiten definiert werden. Die Nutzung von Arbeitszeiten ermöglicht es, eine minutengenaue Terminierung der Versandaktivitäten zu erreichen.

- **Kommissionierlagerortfindung**
  Im Zusammenspiel zwischen Werk und Raumbedingung steuert die Versandstelle die Kommissionierlagerortfindung im Lieferbeleg.

- **Routenfindung**
  Über eine Route wird festgelegt, auf welchem Weg mit welchem Transportmittel über welche Zwischenstationen (Verkehrsknotenpunkte) die Waren den Kunden erreichen sollen. Darüber hinaus können in der Route Ladezeiten, Richtzeiten sowie fixe Daten zu einem Spediteur hinterlegt werden. Im Rahmen der Routenfindung ermittelt das System in Abhängigkeit von der Abgangszone der Versandstelle, der Transportgruppe, der Versandbedingung und der Empfangszone eine bestimmte Route. Während der Liefererstellung werden neben diesen Kriterien auch gewichtsabhängige Parameter (Gewichtsgruppen) zur Routenfindung herangezogen. Jeder Versandstelle kann eine spezifische Transportzone (Abgangszone) zugeordnet werden.

3.3.10 Transportdispositionsstelle

Die *Transportdispositionsstelle* dient der Transportdisposition und -abfertigung in SAP Logistics Execution System. Dabei wird die Transportdispositionsstelle nicht direkt einem anderen physischen Organisationselement wie Versandstelle, Werk oder Lagerort zugeordnet, sondern kann übergreifend genutzt werden. Beispielsweise kann eine Transportdispositionsstelle die Transportabfertigung für mehrere Werke übernehmen. Diese Vorgehensweise ist häufig bei Unternehmen anzutreffen, bei denen organisatorisch eine zentralisierte Transportdisposition und -abfertigung zum Tragen kommt. Bei einer dezentralen Transportabwicklung kann es von Vorteil sein, jedem physischen Standort eine Transportdispositionsstelle zuzuordnen. Dies ist dann ratsam, wenn z. B. jedes Distributionszentrum oder jedes Produktionswerk eine eigene Transportplanung und -abwicklung durchführt. Die Transportdispositionsstelle kann somit als Gruppe von Mitarbeitern eines Unternehmens verstanden werden, die für die Abwicklung und Planung von spezifischen Transporten eines Unternehmens verantwortlich ist.

Wie zuvor bereits erwähnt, ist die Transportdispositionsstelle keinem physischen Organisationselement zugeordnet. Sollte sich ein Unternehmen jedoch dafür entscheiden, neben der Transportplanung und -ausführung auch die Frachtkostenabwicklung in LES zu nutzen, muss die Transportdispositionsstelle einem Buchungskreis zugeordnet werden, für den Transportkosten ermittelt werden sollen.

Steuermechanismen

Sowohl Planung als auch Ausführung von physischen Transporten werden in LES über *Transportbelege* abgebildet. Systemseitig bilden diese die Basis für die Erstellung von Transportdokumenten (z. B. Frachtbriefen), Transportnachrichten (z. B. IFCSUM oder IFTMIN) sowie von Frachtkostenbelegen. Darüber hinaus werden im Transportbeleg Informationen zu Transportterminen, Abschnitten, Transportdienstleistern sowie Ausschreibungsinformationen festgehalten. Jedem Transportbeleg muss eine Transportdispositionsstelle zugeordnet werden, da sonst Folgeaktivitäten wie die Frachtkostenermittlung und -abrechnung nicht ausgeführt werden können. Die Zuordnung der Transportdispositionsstelle muss bei der manuellen Transporterstellung (Transaktion VT01N) direkt beim Einstieg erfolgen. Bei der automatischen Transporterstellung (Transaktion VT04) kann die Zuordnung über die Variante DATEN UND OPTIONEN automatisch erfolgen.

Neben der Relevanz für den Transportbeleg ist die Transportdispositionsstelle ein elementares Steuerungskriterium für die Frachtkostenberechnung, -abrechnung und den Einkauf von Frachtdienstleistungen. In der Frachtkostenberechnung dient die Transportdispositionsstelle zur Ermittlung von Tarifzonen. Unter TARIFZONEN wird die Zusammenfassung von Postleitzahlenbereichen oder Gebieten eines Landes verstanden, die zur Frachtberechnung herangezogen werden.

Eine weitere Steuerungsfunktion nimmt die Transportdispositionsstelle im Rahmen der Zuordnung der Einkaufsdaten für Transportdienstleistungen ein.

Im Customizing muss die Zuordnung der Einkaufsorganisation, der Einkäufergruppe und des Werkes zu der jeweiligen Transportdispositionsstelle und Frachtkostenart vorgenommen werden. Mithilfe dieser Einstellungen werden während der Frachtkostenabrechnung eine Dienstleistungsbestellung und ein Leistungserfassungsblatt für die Transportdienstleistung erstellt. Diese Belege dienen als Grundlage der Rechnungsprüfung oder eines automatischen Gutschriftenverfahrens (ERS).

In diesem Kapitel lernen Sie die relevanten Stammdaten von WM kennen und erfahren mehr über die Bestandsverwaltung. So können Sie die optimalen Grundlagen für eine effiziente Lagerverwaltung schaffen.

4 Stammdaten und Bestandsverwaltung in WM

Zunächst werden in diesem Kapitel die Grundlagen der Bestandsverwaltung, die Lagerplatzstammdaten – also auch die Materialstammdaten –, erläutert. In den Stammdaten definieren Sie, wie Ihre Prozesse, bezogen auf die Lagerplätze und auf Ihre Materialien, ablaufen sollen. Anschließend werden noch die Stammdaten für Gefahrgut und Chargenverwaltung beschrieben. Dann wird auf die unterschiedlichen Aspekte der Bestandsverwaltung und der Lagereinheitenverwaltung eingegangen. Die Abbildung der Anforderungen, mehrere Mengeneinheiten pro Material zu verwalten und Mindesthaltbarkeiten zu berücksichtigen, wird ebenfalls erläutert.

4.1 Lagerplatzstammdaten

In den folgenden Abschnitten lernen Sie die *Lagerplatzstammdaten* kennen, zu denen Lagerplätze und Quants gehören.

4.1.1 Organisationsebenen im Lager

In WM kann zwischen zwei unterschiedlichen *Organisationsebenen* unterschieden werden:

▸ **Lagernummernebene**
Auf der Lagernummernebene werden alle für das gesamte Lager gültigen Kennzeichen und Felder eingegeben.

▸ **Lagertypebene**
Auf der Lagertypebene befinden sich alle Kennzeichen, die nur für einen bestimmten Lagertyp gelten, also nicht für das gesamte Lager. So kann z. B. einem Material ein bestimmter Lagertyp (wie Festplatzlager) oder eine Ma-

nipulationsmenge zugeordnet werden, die nur den Lagertyp und nicht das gesamte Lager betrifft.

4.1.2 Lagerplatz

Lagerplätze bezeichnen in WM eine Reihe von Lagerfächern, aus denen in der Regel ein Lagertyp besteht. Der Lagerplatz ist die kleinste Raumeinheit, die in einem Lager zur Verfügung steht. Der Lagerplatz bezeichnet demnach die genaue Stelle im Lager, an der eine Ware liegt bzw. gelagert werden kann. Da der Standort des Lagerplatzes häufig von einem Koordinatensystem abgeleitet wird, bezeichnet man einen Lagerplatz auch als Koordinate. Die Koordinate 01-02-03 könnte z. B. ein Lagerplatz in Gang 01, an Säule 02, auf Ebene 03 sein. Jeden einzelnen Lagerplatz ordnen Sie einer bestimmten Lagernummer, einem Lagertyp und einem Lagerbereich zu.

Sie können u. a. die folgenden zusätzlichen Eigenschaften für einen Lagerplatz festlegen:

- maximales Gewicht
- Gesamtkapazität
- Brandabschnitt
- Lagerplatztyp (z. B. für kleine oder große Paletten)

Bei einigen Einlagerungsstrategien spielt der Lagerplatztyp eine wichtige Rolle bei der Optimierung der automatischen Suche nach einem Lagerplatz im Zusammenhang mit dem Palettentyp. Sie können die Einlagerungsstrategie z. B. so definieren, dass große Industriepaletten in speziellen großen Plätzen und kleinere Paletten in kleinen Plätzen eingelagert werden. Mit Ausnahme einiger alphanumerischer Zeichen, die für die Einlagerungsstrategie P (nach Palette oder Lagereinheitentyp) verwendet werden, können Sie beliebige Buchstaben- und Zahlenkombinationen für Lagerplatzkoordinaten verwenden. Das System wählt bei der Einlagerung von Waren Koordinaten nach Sortierkriterien in aufsteigender Reihenfolge aus und vergibt den nächsten verfügbaren Lagerplatz nach der Koordinatenstruktur, die Sie für das Einrichten von Lagerplätzen festlegen.

Das Feld SCHABLONE gibt die numerischen und nicht numerischen Zeichen an, aus denen die Platzkoordinaten erzeugt werden (siehe Abbildung 4.1):

- N steht für einen variablen numerischen Wert.
- C steht für eine unveränderliche Konstante.
- A steht für aufsteigende alphabetische Werte.

Zwei alphabetische Variablen (zwei A) können nicht nebeneinander eingegeben werden. Als weitere Felder müssen gepflegt werden:

- **Struktur**

  Das Feld STRUKTUR dient zur Zusammenfassung der numerischen Zeichen (N-Werte der Schablone) zu einzelnen Variablenabschnitten. Diese Abschnitte werden systemintern gezählt. Sie müssen die numerischen Zeichen auf genau denselben Positionen wie die alphabetischen Zeichen in der Schablone eingeben.

- **Startwert**

  Dieses Datenfeld gibt den Lagerplatz an, der als erster einer Reihe von Lagerplätzen angelegt werden soll.

- **Endwert**

  Dieses Datenfeld gibt den Lagerplatz an, der als letzter einer Reihe von Lagerplätzen angelegt werden soll.

- **Inkrement**

  In diesem Datenfeld legen Sie das Inkrement für die einzelnen Variablen (N oder A) in der Schablone fest.

Möchten Sie eine Gruppe von Lagerplätzen mit ähnlichen Eigenschaften anlegen, definieren Sie wie folgt eine Schablone mit der Koordinatenstruktur. Um die folgenden Lagerplätze (Koordinaten) anzulegen, tragen Sie im Abschnitt für die Platzdefinition im Erstellungsbild die in Tabelle 4.1 aufgeführten Daten ein.

01-1-01-01, 01-1-02-01, 01-1-03-01, 01-1-04-01 ...
01-2-01-01, 01-2-02-01, 01-2-03-01, 01-2-04-01 ...

Platzdefinition	Eingabe									
Schablone	C	C	C	N	C	N	N	C	C	C
Struktur				A		B	B			
Startwert	0	1	–	1	–	0	1	–	0	1
Endwert	0	1	–	2	–	2	0	–	0	1
Inkrement				1			1			

Tabelle 4.1 Definition der Lagerplatzkoordinatenstruktur

Möchten Sie Lagerplätze massenweise anlegen, kann dies mit der SAP-Transaktion LS10 oder über LOGISTIK • LOGISTICS EXECUTION • STAMMDATEN • LAGER • LAGERPLATZ • ANLEGEN • MASCHINELL erfolgen (siehe Abbildung 4.1).

Abbildung 4.1 Lagerplätze massenweise anlegen

Über den Button PLÄTZE ANLEGEN haben Sie die Möglichkeit, die Lagerplätze direkt online mithilfe der Batch-Input-Technik anzulegen.

> **Batch-Input-Technik**
>
> Datenübernahmetechnik, die es ermöglicht, Datenmengen automatisiert an die Dynpros von Transaktionen und damit an einen SAP NetWeaver Application Server ABAP (AS ABAP) zu übergeben. Der Batch-Input wird über eine Batch-Input-Mappe gesteuert.

4.1.3 Quant

In WM wird der Bestand in sogenannten *Quants* verwaltet, wobei ein Quant die kleinste ansprechbare Mengeneinheit eines bestimmten Materials innerhalb von SAP ERP darstellt (siehe auch Abschnitt 3.1, »Übergreifende Organisationsstruktur von WM und LES«). Liegt z. B. eine Menge des gleichen Materials mit zwei unterschiedlichen Chargennummern auf einem Lagerplatz, befinden sich zwei Quants darauf.

Beim Einlagern eines Materials auf einem leeren Lagerplatz in WM erzeugt das System automatisch ein Quant auf diesem Lagerplatz und vergibt dafür eine Quantnummer. Diese dient allein zur eindeutigen Identifizierung der Materialmengen. Das Quant wird automatisch vom System gelöscht, wenn die Materialmenge ausgelagert wird. Die Menge eines Quants kann also ausschließlich durch Bewegung entstehen und aufgelöst werden.

Die Daten der im Quant zusammengefassten Materialien werden im Quantsatz verwaltet. Dazu gehören u. a.:

- Quantkennung
- Werk
- Materialnummer
- Chargennummer
- Bestandsqualifikation
- Sonderbestandskennzeichen und -nummer

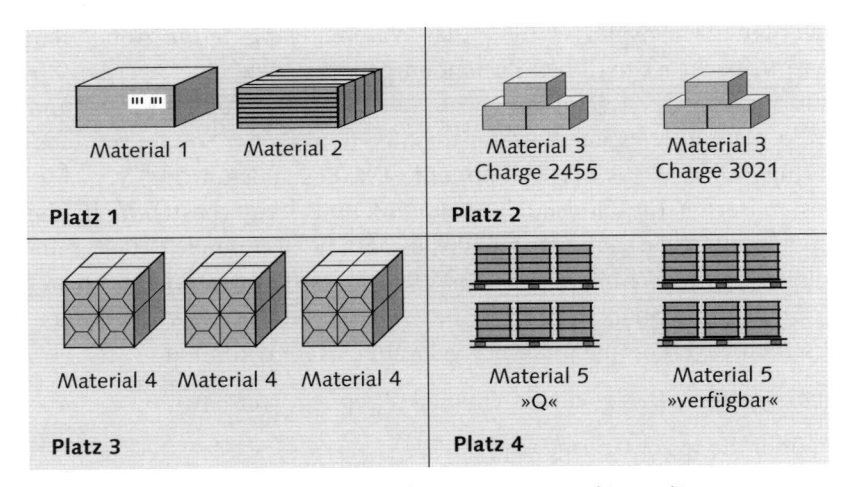

Abbildung 4.2 Beispiel für die Verwendung von Quants auf Lagerplätzen

Abbildung 4.2 verdeutlicht, wie Quants auf Lagerplätzen verwendet werden:

- **Lagerplatz 1**
  Hier sind zwei Quants gelagert. Sowohl für Material 1 als auch für Material 2 besteht jeweils ein Quant.
- **Lagerplatz 2**
  Auf diesem Lagerplatz liegt zweimal das gleiche Material (Material 3), allerdings mit jeweils unterschiedlicher Chargennummer. Deshalb wird in zwei Quants unterschieden.
- **Lagerplatz 3**
  Hier wird nur ein Quant von Material 4 gelagert, da, wie zu Beginn des vorliegenden Abschnitts definiert, ein Quant eine bestimmte Menge von

Materialien mit gleichen Merkmalen ist, also weder unterschiedliche Chargennummern noch Bestandsqualifikationen besitzt.

▶ **Lagerplatz 4**
Hier lagern zwei Quants von Material 5. Das erste Quant hat die Bestandsqualifikation Q und ist Qualitätsprüfbestand. Das zweite Quant hat die Bestandsqualifikation VERFÜGBAR und wurde somit aus der Qualitätsprüfung freigegeben.

Zweifelsohne kann durch Zulagerung eines Materials zum vorhandenen Bestand die Menge des Materials in einem Quant erhöht werden. Hierbei findet eine Verschmelzung der Quantmerkmale statt. Dies bedeutet, dass die Quantinformationen des zugelagerten Bestands verloren gehen und durch die Quantmerkmale des bereits auf dem Lagerplatz gelagerten Bestands ersetzt werden. Als Beispiel wäre hier das Wareneingangsdatum zu nennen. Besondere Vorsicht ist bei FIFO-Beständen geboten, denn hier werden die Quantinformationen erst gelöscht, sobald der Lagerplatz völlig leer geräumt ist. Da WM nicht über eigene Bestandsqualifikationen oder Sonderbestandsarten verfügt, können aus der Komponente IM (Bestandsführung) verschiedene Bestandsarten (Bestandsqualifikationen) und Sonderbestände an die Lagerverwaltung übermittelt werden, die als bestandstrennende Kriterien im Quant dienen. Zusätzlich muss auch das Werk als bestandstrennendes Kriterium im Quant vorhanden sein, da die Bestände verschiedener Werke innerhalb derselben Lagerkomplexnummer verwaltet werden können.

Es gibt noch weitere Daten, die im Quantsatz gepflegt werden:

▶ Daten über die letzte Umlagerung
▶ Daten über die letzte Inventur
▶ Bestandsmengen
▶ Sperrkennzeichen

4.2 Materialstammdaten

Der *Materialstamm* enthält Informationen über sämtliche Materialien, die ein Unternehmen beschafft, fertigt, lagert oder verkauft. Er ist die zentrale Quelle eines Unternehmens zum Abruf materialspezifischer Daten. Diese Daten werden in den einzelnen Materialstammsätzen gespeichert. Der Materialstamm wird von allen Komponenten des SAP-Logistiksystems genutzt. Im SAP-Logistiksystem werden somit auch die für die Lagerhaltung notwendigen Materialstammdaten hinterlegt.

Da mehrere Abteilungen eines Unternehmens mit einem Material arbeiten und jede Abteilung unterschiedliche Informationen zu dem Material verwendet, sind die Daten in einem Materialstammsatz nach Fachbereichen gegliedert (siehe Abbildung 4.3).

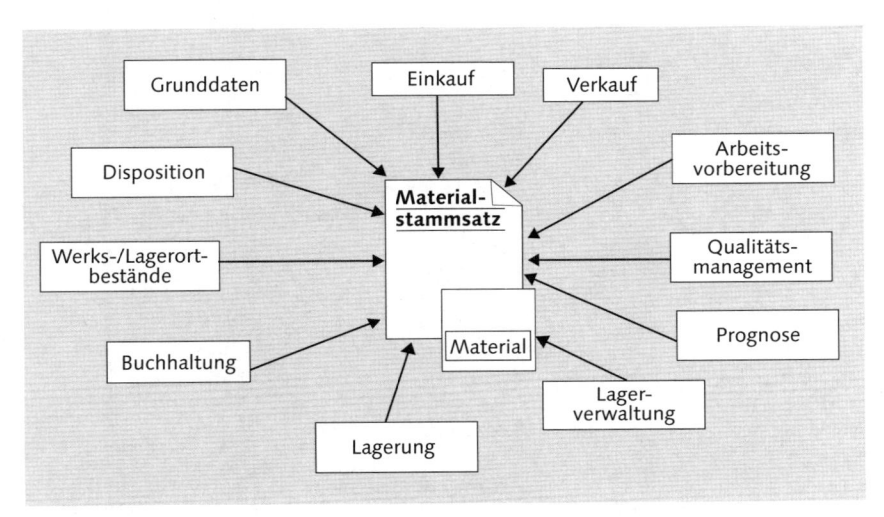

Abbildung 4.3 Materialstammsichten im SAP-Logistiksystem

Mithilfe von Registerkarten können Materialstammsätze angezeigt und verwaltet werden.

> **Registerkarten**
> Eine Registerkarte (auch Reiter, Sicht oder Tab-Strip) ist eine bestimmte Sicht auf Felder und Informationen des jeweiligen Objekts, hier des Materialstamms.

Die für WM relevanten Sichten sind hauptsächlich die Grunddatensicht sowie die Sichten LAGERUNG und LAGERVERWALTUNG. Diese drei Sichten lernen Sie im Folgenden ausführlicher kennen.

4.2.1 Grunddaten

Zunächst sind die Grunddaten im Materialstamm zu pflegen (siehe Abbildung 4.4).

In den Grunddaten ist eine Reihe von Informationen zu hinterlegen, die das Material definieren und einen eher allgemeinen Charakter haben, wie z. B. der Materialkurztext, die Basismengeneinheit und die Abmessungsangaben des Materials.

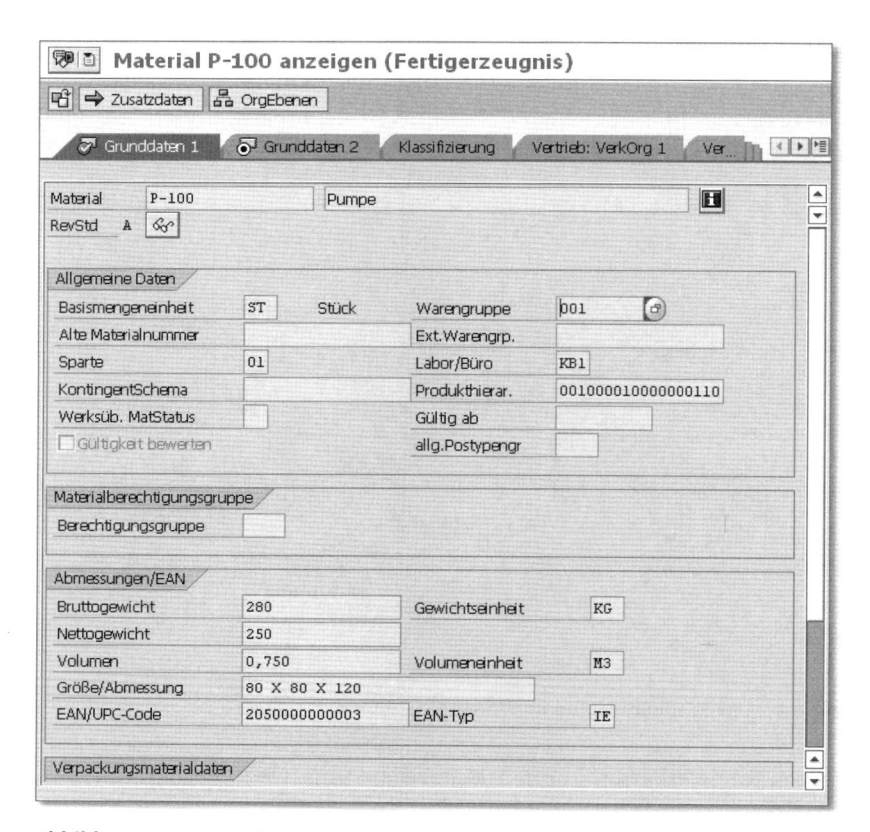

Abbildung 4.4 Materialstamm – Registerkarte »Grunddaten 1«

Die BASISMENGENEINHEIT ist die Mengeneinheit, in der die Bestände des Materials geführt werden. Sie ist also für alle logistischen Prozesse relevant. Das System rechnet alle Mengen in die Basismengeneinheit um, die Sie in anderen Mengeneinheiten (Alternativmengeneinheiten) erfassen. Im Abschnitt ABMESSUNGEN/EAN können Sie die Werte eingeben, wie z. B. BRUTTOGEWICHT, die später vom System zur Kapazitätsprüfung des Lagerplatzes im Rahmen der Lagerverwaltung verwendet werden. Gewichts- und Volumeneinheiten dienen der Umrechnung z. B. in Transportprozessen. Beachten Sie hierbei, dass das Volumen in Abhängigkeit von der Alternativmengeneinheit berechnet wird. So kann z. B. ein Karton mit zehn Flaschen ein anderes Volumen aufweisen als das zehnfache Volumen einer Flasche. Wurde das Volumen der Alternativmengeneinheit im Materialstammsatz nicht definiert, wird das Volumen der Basismengeneinheit zur Berechnung zugrunde gelegt.

4.2.2 Lagerortspezifische Registerkarten

Darüber hinaus sind für das Material lagerortspezifische Registerkarten zu pflegen. Der Lagerort ist die Nummer des Lagerorts, an dem das Material gelagert wird. Innerhalb eines Werkes kann es einen oder mehrere Lagerorte geben. Als lagerortspezifische Registerkarten sind hier zunächst die allgemeinen Werksdaten zur Lagerung zu pflegen (siehe Abbildung 4.5).

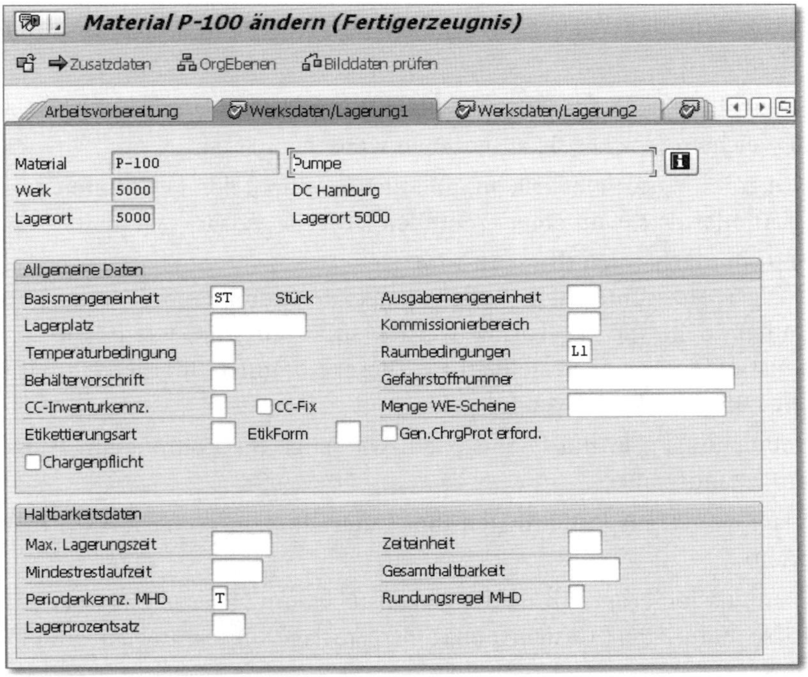

Abbildung 4.5 Materialstamm – Registerkarte »Werksdaten/Lagerung 1«

Um auf diese Registerkarte zu gelangen, sind dem Material die Organisationsdaten zuzuordnen. In diesem Fall sind für das Material sowohl das Werk als auch der Lagerort anzugeben, damit das System weiß, für welchen Lagerort die Daten Gültigkeit haben sollen. Im Folgenden erfhren Sie mehr über die wichtigsten Daten:

- **Lagerplatz**
  Kennung des Lagerplatzes, die angibt, wo das Material an einem Lagerort gelagert wird. Dieser Lagerplatz ist nur von Bedeutung, wenn Sie das SAP-Lagerverwaltungssystem nicht im Einsatz haben. Er wird dann auf Warenbegleitscheinen ausgedruckt. Ist WM aktiv, hat dieser Wert nur rein informativen Charakter.

▶ **Behältervorschrift**
Schlüssel der Vorschrift, die festlegt, in welcher Art von Behälter das Material gelagert und versendet werden muss

▶ **Etikettierungsart**
Dieser Schlüssel wird in der Bestandsführung zum Drucken von Materialbeleginformationen auf Etiketten verwendet. Mit der Etikettierungsart und -form können Sie festlegen,

- welche Etiketten bei welchem Vorgang (Warenbewegung) gedruckt werden,
- wie viele Etiketten gedruckt werden,
- auf welchem Drucker sie ausgegeben werden.

Die Etikettierungsart gibt z. B. an, ob Etiketten durch den Lieferanten vorgedruckt oder ob sie auf einem zentralen Drucker gedruckt werden.

▶ **Kommissionierbereich für Lean-WM**
Fasst Lagerplätze unter dem Gesichtspunkt der Kommissionierstrategien zusammen; d. h., die Lagerplätze werden so angeordnet, wie es für den Kommissioniervorgang vorteilhaft ist. Dieser Kommissionierbereich wird für folgende Zwecke verwendet:

- Grobplanung, z. B. um festzustellen, wie lange die Kommissionierung des Bestands dauert
- Anlage von Transportaufträgen (bei Unternehmen, die Lean-WM einsetzen)

Der Kommissionierbereich ist das Gegenstück zum Lagerbereich, der Lagerplätze unter dem Gesichtspunkt der Auslagerungsstrategien zusammenfasst.

▶ **Gefahrstoffnummer**
Nummer, die das Material als Gefahrstoff oder Gefahrgut identifiziert und ihm Gefahrstoff- bzw. Gefahrgutdaten zuordnet. Die Gefahrstoffnummer weist darauf hin, dass der Umgang mit dem Material oder sein Transport gefährlich ist und daher besondere Vorkehrungen im Lager oder Versand erforderlich macht. Zu einer Gefahrstoffnummer können Sie separat regionalspezifische Gefahrstoff- bzw. Gefahrgutdaten erfassen.

▶ **Max. Lagerungszeit**
Längste erlaubte Lagerungszeit für das Material. Der hier angezeigte Wert dient lediglich zu Informationszwecken und hat keine funktionale Bedeutung; insbesondere besteht keine funktionale Verbindung zwischen diesem und den folgenden Feldern:

- Mindestrestlaufzeit
- Gesamthaltbarkeit
- Lagerprozentsatz

Anschließend muss noch die Registerkarte WERKSDATEN/LAGERUNG2 gepflegt werden (siehe Abbildung 4.6).

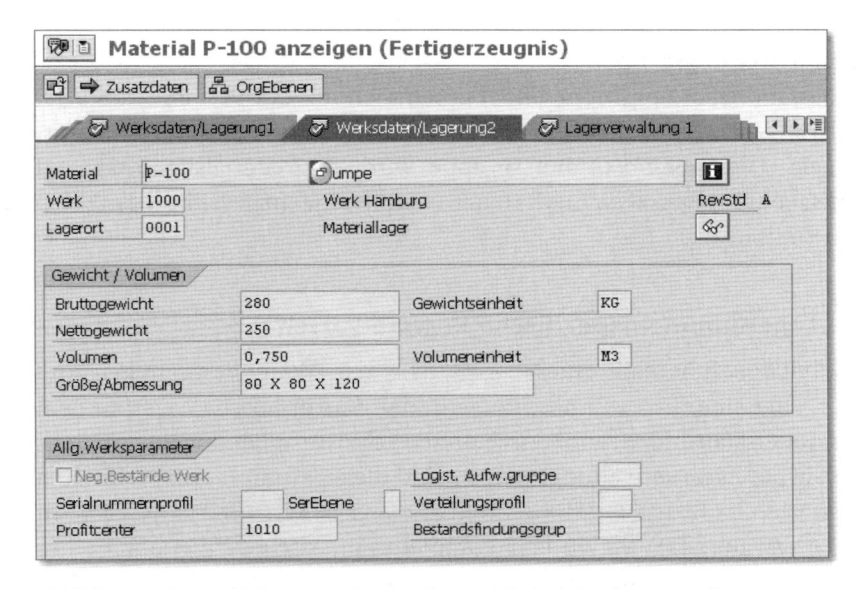

Abbildung 4.6 Materialstamm – Registerkarte »Werksdaten/Lagerung 2«

Auf dieser Sicht sind folgende lagerortspezifische Daten zu pflegen:

- **Verteilungsprofil des Materials im Werk**
  Steuerungsprofil für den Prozess der Warenverteilung. In diesem Prozess wird bereits bei der Beschaffung eindeutig festgelegt, auf welche Abnehmer die Materialien verteilt werden sollen. Die Verteilung der Materialien auf die einzelnen Abnehmer innerhalb des Werkes kann z. B. mit den Bearbeitungsverfahren Cross-Docking und Flow-Through erfolgen.

> **Cross-Docking**
> Methode zur Warenbearbeitung. Die im Lager eingegangene Ware wird versendet, ohne dass zuvor eine Einlagerung stattgefunden hat. Cross-Docking kann in einem oder zwei Schritten ausgeführt werden: Ein Schritt – die Ware wird direkt vom Wareneingang zum Warenausgang bewegt. Zwei Schritte – die Ware wird zunächst zu einem für Cross-Docking vorgesehenen Lagertyp bewegt.

> **Flow-Through**
> Verfahren zur Warenbearbeitung in einem Verteilzentrum. Die Ware wird nach dem Wareneingang in eine Umpackzone transportiert und dort umgepackt. Anschließend wird sie zum Warenausgang gebracht. Zwischen Wareneingang und Warenausgang findet keine Einlagerung statt. Der Vorgang des Umpackens unterscheidet dieses Verfahren vom Cross-Docking.

- **Bestandsfindungsgruppe**
  Die Bestandsfindungsgruppe bildet zusammen mit der Bestandsfindungsregel auf Werksebene den eindeutigen Schlüssel für die Bestandsfindungsstrategie. Die Bestandsfindungsgruppe wird im Materialstammsatz auf Werksebene eingetragen und steuert damit eine materialbezogene Bestandsfindung.

4.2.3 Lagernummernspezifische Registerkarten

Alle Aktivitäten innerhalb eines Lagers, wie z. B. Warenbewegungen und Inventur, sind einer Lagernummer zugeordnet. Das physische Lager, in dem die Aktivitäten stattfinden, wird durch diesen Schlüssel eindeutig identifiziert. Nutzen Sie das Lagerverwaltungssystem, sind die lagernummernspezifischen Registerkarten LAGERVERWALTUNG 1 und LAGERVERWALTUNG 2 zu pflegen. In der Lagerverwaltung (WM) wird ein komplettes physisches Lager unter einer Lagernummer zusammengefasst. Mit dieser können mehrere Lagereinrichtungen verwaltet werden, die gemeinsam den kompletten Lagerkomplex bilden. Lagerverwaltungsdaten werden auf Lagernummernebene und gegebenenfalls zusätzlich auf Lagertypebene (d. h. ein oder mehrere Lagerplätze) sowie auf Werksebene verwaltet. Für Materialien mit Lagerverwaltungsdaten müssen Sie daher im Dialogfenster ORGANISATIONSEBENEN zumindest eine Lagernummer angeben. Ihre Eingaben in diesem Dialogfenster bestimmen, welche Daten anschließend im Datenbild LAGERVERWALTUNG angezeigt werden. Zunächst werden auf der Registerkarte LAGERVERWALTUNG 1 Daten gepflegt (siehe Abbildung 4.7). Wählen Sie dazu im SAP-Menü LOGISTIK • LOGISTICS EXECUTION • STAMMDATEN • MATERIAL • ÄNDERN • SOFORT.

Im Folgenden werden die wichtigsten Felder näher erläutert:

- **Lagertypkennzeichen Auslagerung/Einlagerung**
  Kennzeichen, das steuert, dass das System bei einer Auslagerung (AUSLAGERTYPKENNZ) bzw. bei einer Einlagerung (EINLAGERTYPKENNZ) das Material bevorzugt aus bestimmten Lagertypen entnimmt bzw. einlagert. Es ist möglich, bis zu zehn Lagertypen in hierarchischer Ordnung vorzudefinieren.

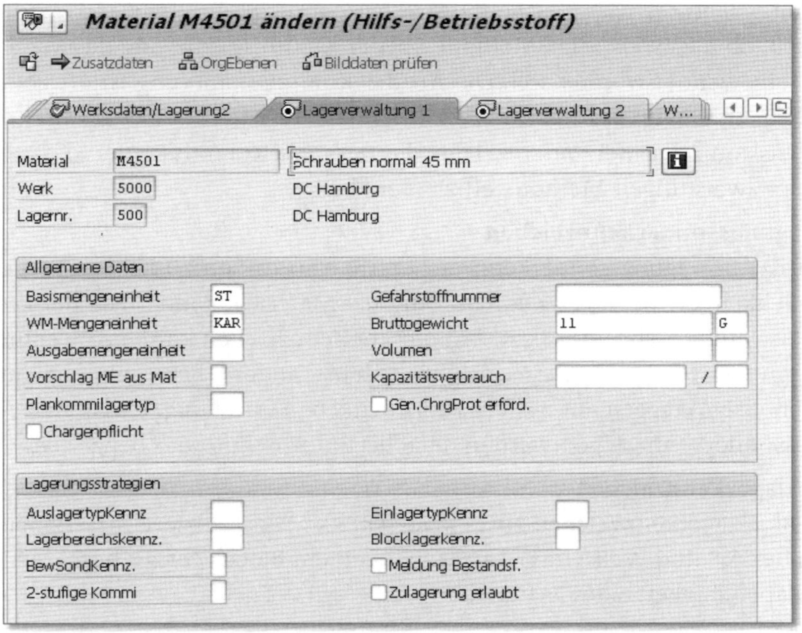

Materialstammdaten | **4.2**

Abbildung 4.7 Materialstamm – Registerkarte »Lagerverwaltung 1«

- **WM-Mengeneinheit**
  Mengeneinheit, die von der Lagerverwaltung für das Material verwendet wird. Pflegen Sie das Feld nur, wenn Sie eine von der Basismengeneinheit oder den alternativen Mengeneinheiten abweichende Mengeneinheit verwenden möchten. Für die Bestandsführung rechnet das System die in LVS- (Lagerverwaltungssystem)-Mengeneinheiten erfassten Mengen in die Basismengeneinheit um.

- **Kapazitätsverbrauch**
  Über diesen neutralen Kapazitätsverbrauch eines Materials kann innerhalb der Lagerverwaltung eine Kapazitätsprüfung erfolgen (auf Lagertypebene einzuschalten).

- **Lagerbereichskennzeichen**
  Kennzeichen, das steuert, dass das System bei einer Einlagerung das Material bevorzugt einem bestimmten Lagerbereich zuordnet. Es ist möglich, mehrere Lagerbereiche in hierarchischer Ordnung in einer Tabelle zu hinterlegen.

- **Materialrelevanz für zweistufige Kommissionierung**
  Ist in WM 2-STUFIGE KOMMISSIONIERUNG FÜR DIE LAGERNUMMER aktiviert und materialabhängig definiert (im entsprechenden Feld in der Lagerver-

waltungssicht des Materialstammsatzes), steuert der Schlüssel 2-STUFIGE KOMMI, ob die zweistufige Methode bei der Kommissionierung des Materials angewendet werden soll. Die Art der Kommissionierung ist oft vom Material abhängig. Bestimmte Materialien lassen sich nur einzeln (direkt) kommissionieren. Bei anderen läuft der gesamte Kommissioniervorgang mit der zweistufigen Methode effizienter ab.

▶ **Bewegungssonderkennzeichen**
Über das Bewegungssonderkennzeichen (BEWSONDKENNZ.) haben Sie die Möglichkeit, die Bewegung von bestimmten Materialien innerhalb der Lagerverwaltung zu beeinflussen. Mit diesem Kennzeichen können Sie einer Bewegungsart aus der Bestandsführung eine andere Bewegungsart im Warehouse-Management-System zuordnen. Die Einstellungen zum Bewegungssonderkennzeichen werden detailliert in Abschnitt 5.5 behandelt.

▶ **Blocklagerkennzeichen**
Das Blocklagerkennzeichen (BLOCKLAGERKENNZ.) klassifiziert Materialien nach der Art und Weise ihrer Lagerung in einem Blocklager. Es beschreibt die Stapelfähigkeit eines Materials.

▶ **Palettierungsdaten**
Die Palettierungsdaten dienen in Verbindung mit dem Lagereinheitstyp dazu, beim Einlagern eines Materials einen Systemvorschlag zu machen, wie die einzulagernde Menge auf Ladehilfsmittel umzupacken ist. Beachten Sie, dass sich die Daten der Ladehilfsmittel auf der Registerkarte LAGERVERWALTUNG 2 befinden (siehe Abbildung 4.8), jedoch zu den lagernummernspezifischen Daten gehören (Tabelle MLGN).

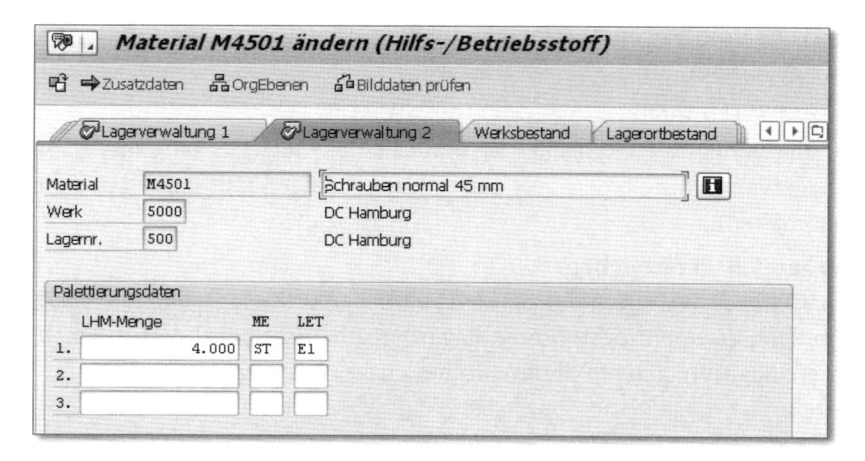

Abbildung 4.8 Palettierungsdaten, Registerkarte »Lagerverwaltung 2« – lagernummernspezifische Daten

> **Beispiel zu Palettierungsdaten**
>
> Einzulagern: 100 KA (Kartons)
> Materialstammsatz: LHM-Menge 1 = 25 KA LET E1
> Systemvorschlag: 4 Europaletten (E1) zu je 25 Kartons bilden

4.2.4 Lagertypspezifische Registerkarten

Der Lagertyp ist eine Unterteilung eines komplexen physischen Lagers. Lagertypen unterscheiden sich voneinander durch ihre Lagertechnik, ihre Organisationsform oder ihre Funktion. Ein Lager kann aus folgenden Lagertypen bestehen:

- Wareneingangszone
- Kommissionierbereich
- Hochregallager
- Blocklager
- Freilager
- Warenausgangszone

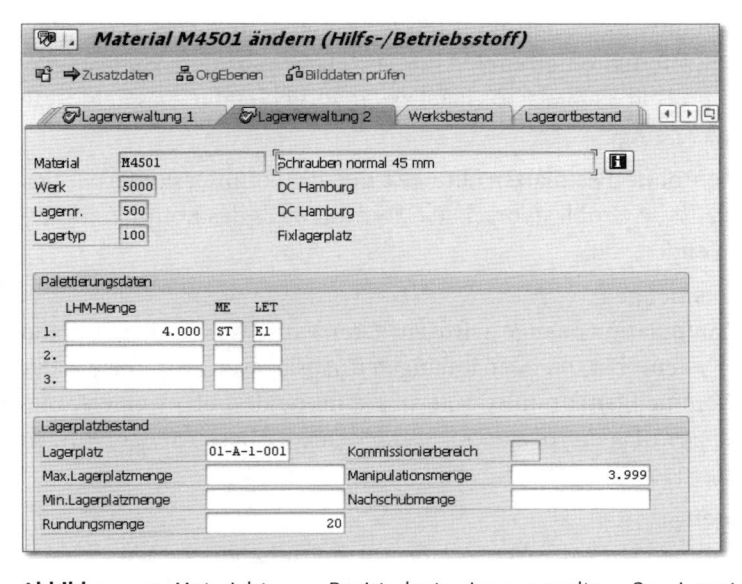

Abbildung 4.9 Materialstamm, Registerkarte »Lagerverwaltung 2« – Lagertypsicht

Auf der Registerkarte LAGERVERWALTUNG 2 definieren Sie neben den Palettierungsdaten eines Materials auch weitere lagertypspezifische Daten, die je nach Lagertyp unterschiedlich ausgeprägt sein können (siehe Abbildung 4.9).

Beachten Sie dabei, dass Sie in der Selektion den entsprechenden Lagertyp auswählen. Zu den lagertypspezifischen Daten des Materialstamms gehören:

- **Lagerplatz**
  Im Feld LAGERPLATZ können Sie für einen Festplatzlagertyp einen materialspezifischen Festplatz definieren.

- **Max. Lagerplatzmenge**
  Unter der maximalen Lagerplatzmenge wird die Menge verstanden, die auf diesem Lagerplatz höchstens gelagert werden darf. Wenn Sie ein automatisches Nachschubverfahren nutzen, kann der Platzbestand bis zur maximalen Menge aufgefüllt werden.

- **Min. Lagerplatzmenge**
  Die minimale Lagerplatzmenge definiert die Platzmenge, bei deren Unterschreitung ein Nachschubvorschlag generiert werden kann.

- **Rundungsmenge**
  Bei der mengenabhängigen Kommissionierstrategie (Groß-/Kleinmengen) wird die angeforderte Menge auf die Rundungsmenge abgerundet, wenn Materialien aus diesem Lagertyp kommissioniert werden.

- **Kommissionierbereich**
  Für Lagertypen mit Festplatzstruktur (Einlagerungsstrategie *Festplatz*) wird der operative Kommissionierbereich des Festplatzes aus dem Lagerspiegel ermittelt und im Feld KOMMISSIONIERBEREICH vorgeblendet. Das Feld ist in diesem Fall nicht eingabebereit.

- Für Lagertypen ohne Festplatzstruktur ist der Plankommissionierbereich einzugeben, falls die Groblastvorschau Daten auf Basis des Kommissionierbereichs verwenden soll.

- **Manipulationsmenge**
  Unter der Manipulationsmenge wird ein Grenzwert verstanden, anhand dessen das System bei mengenabhängiger Auslagerungsstrategie oder Groß- und Kleinmengenkommissionierung entscheidet, ob es eine Auslagerung aus diesem Lagertyp vorschlägt oder nicht. Diese Menge wird in der Basismengeneinheit geführt.

- **Nachschubmenge**
  Die Nachschubmenge ist die Menge, die bei Auffüllung des Materials auf dem Lagerplatz dieses Lagertyps nachgeschoben werden soll. Auch diese Menge wird in der Basismengeneinheit geführt.

4.3 Gefahrstoffstammdaten

Die Lagerverwaltung in WM ist so konzipiert, dass Sie die Handhabung und Lagerung von Gefahrstoffen auf Basis von Merkmalen verwalten können, die im *Gefahrstoffstammsatz* hinterlegt sind. Im Folgenden lernen Sie die Stammdaten ausführlich kennen.

4.3.1 Gefahrstoffverwaltung

Viele Materialien, die als Gefahrstoffe eingestuft sind, können zusammen mit anderen Materialien eingelagert werden. Einige jedoch erfordern eine Sonderbehandlung und müssen in eigens für sie eingerichteten Lagerzonen gelagert werden. Solche Materialien können sein:

- explosionsgefährliche Stoffe
- brennbare Flüssigkeiten
- giftige Stoffe
- ätzende Flüssigkeiten
- radioaktive Stoffe

Bevor Sie WM zur Verwaltung von Gefahrstoffen einsetzen können, müssen Sie mehrere Gefahrstoffmerkmale in den WM-Einstellungstabellen pflegen. Dazu zählen:

- Gefahrenvermerke
- Anweisungen zur Handhabung
- Aggregatzustände
- Regionalkennzeichen
- Lagerklassen

Anschließend müssen Sie die Tabellen pflegen, über die gesteuert wird, wie das System die Einlagerung der Gefahrstoffe in die gewünschten Lagertypen handhabt. Wie Sie den Gefahrstoffstammsatz pflegen und was Sie dabei beachten müssen, wird im Folgenden erläutert.

4.3.2 Gefahrstoffstammsätze

Um ein Material in Ihrem Lager als Gefahrstoff auszuweisen, müssen Sie zuerst einen Gefahrstoffstammsatz anlegen und ihn dann dem Materialstammsatz des betreffenden Materials zuordnen. Dazu müssen Sie die

Gefahrstoffnummer im Feld GEFAHRSTOFFNUMMER der Lagerverwaltungssicht eingeben. Wenn Sie das getan haben und die Gefahrstoffprüfungen aktiviert sind, werden die im Gefahrstoffstammsatz definierten Merkmale bei der Lagertyp- und Lagerbereichsfindung berücksichtigt.

Angaben zu den Gefahren der Handhabung und Lagerung von Materialien sind in der Regel für bestimmte Materialklassen identisch, z. B. für verschiedene Arten von Chemikalien. Auch die Eigenschaften der Gefahrstoffe können identisch sein. Da die allgemeinen Informationen über die Materialklasse in einem einzelnen Gefahrstoffstammsatz gespeichert werden, können Sie diesen für alle Materialien mit gleichen Eigenschaften oder Ausprägungen verwenden.

Die Lagerverwaltung (WM) bietet mehrere Funktionen zum Anzeigen, Verwenden und Pflegen von Informationen über Gefahrstoffe. Folgendes einfache Verfahren steht zur Verfügung: Um einen Stammsatz anzulegen, wählen Sie im SAP-Menü LOGISTIK • LOGISTICS EXECUTION • STAMMDATEN • MATERIAL • GEFAHRSTOFF • ANLEGEN. Geben Sie eine Stoffnummer (oder einen Bezeichner) und ein Regionalkennzeichen ein, um den Gefahrstoff zu identifizieren, und bestätigen Sie dies mit der ⏎-Taste. Sie gelangen dann zu dem in Abbildung 4.10 dargestellten Bildschirm.

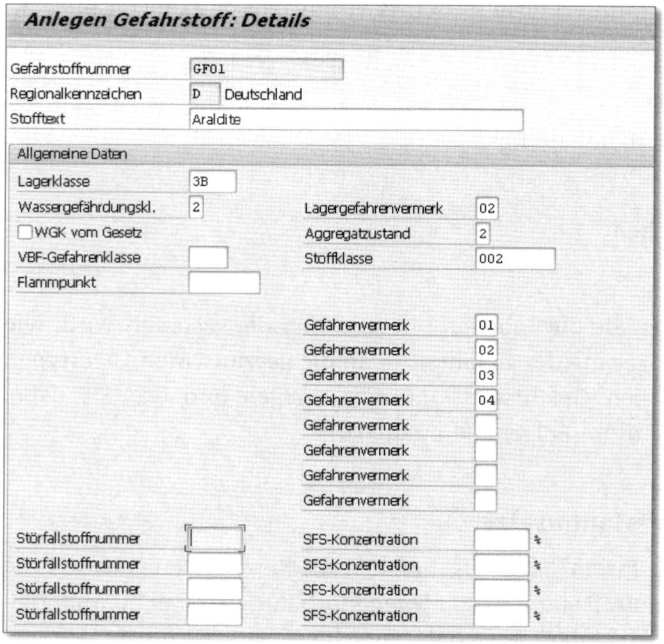

Abbildung 4.10 Gefahrstoffstammsatz

Sie müssen mindestens eine Beschreibung des Gefahrstoffs eingeben. Alle anderen Felder sind Kannfelder. Um Ihre Eingaben zu sichern, klicken Sie in der Menüleiste auf den Button GEFAHRSTOFF SICHERN.

4.4 Chargenstammdaten

Eine *Charge* ist eine Menge oder Teilmenge eines bestimmten Materials bzw. Produkts, die nach einheitlicher Rezeptur oder einheitlichem Arbeitsplan produziert wurde und eine homogene, nicht reproduzierbare Einheit mit eindeutigen Spezifikationen darstellt. Eine Charge bezeichnet damit also ein Produkt, das in seinen spezifischen Eigenschaften einmalig ist. Die Eigenschaften des Produkts, die durch die Charge definiert werden, können im nächsten Herstellungsprozess nicht reproduziert werden.

In verschiedenen Branchen, vor allem in der Prozessindustrie, ist es erforderlich, durchgängig durch die logistische Mengen- und Wertekette mit homogenen Teilmengen eines Materials bzw. Produkts zu arbeiten.

Hierfür kann es u. a. folgende Gründe geben:

- gesetzliche Anforderungen, wie z. B. Richtlinien der GMP (Good Manufacturing Practice) oder Gefahrstoffverordnungen
- Mängelverfolgung, Rückrufaktionen, Regresspflicht
- Notwendigkeit einer differenzierten mengen- und wertmäßigen Bestandsführung z. B. durch heterogene Ausbeute-/Ergebnisqualitäten bzw. ungleiche Inhaltsstoffe in der Produktion
- Verwendbarkeitsunterscheidungen und deren Überwachung bei der Disposition im Vertrieb und in der Produktion
- produktions-/verfahrenstechnische Anforderungen, wie z. B. Materialmengenabrechnungen auf Basis von unterschiedlichen Chargenspezifikationen

Die Chargenverwaltung ist in allen Anwendungen des SAP-Systems integriert und unterstützt die Verwaltung und Bearbeitung von Chargen in allen Geschäftsprozessen eines Unternehmens.

Um in verschiedenen Werken viele Chargen verwalten zu können, müssen die Chargen eindeutig identifizierbar sein. Im SAP-System erfolgt das über die Chargennummer. Ob die Chargennummer für ein Material, ein Werk oder werksübergreifend eindeutig ist, legen Sie über die Chargenebene fest.

Sie können nur Chargen und Chargenstammsätze zu einem Material anlegen, wenn das Material als chargenpflichtig gekennzeichnet ist. Dazu müssen Sie im Materialstammsatz das Kennzeichen CHARGENPFLICHT setzen.

Über LOGISTIK • ZENTRALE FUNKTIONEN • CHARGENVERWALTUNG • CHARGE • ANLEGEN können Sie einen Chargenstammsatz manuell erstellen. Das System legt im Hintergrund automatisch einen Chargenstammsatz bei den folgenden Vorgängen an:

- beim ersten Wareneingang zu einer Charge
- bei der Eröffnung eines Prozess- oder Fertigungsauftrags
- beim Verwendungsentscheid im Qualitätsmanagement
- bei einer wiederkehrenden Prüfung
- bei Umbuchungen, z. B. wenn ein Teil einer Charge vom Rest getrennt werden soll
- beim Anlegen einer Bestellung

In WM kann bei der Transportauftragserstellung für Auslagerungen eine Chargenfindung durchgeführt werden, wenn die Chargenverwaltung genutzt wird. Die Chargenfindung wird im Lagerverwaltungssystem (WM) eingesetzt, wenn die Optimierung des Lagers Vorrang vor anderen Faktoren (z. B. Spezifikationen des Kunden) hat oder wenn die Kriterien, nach denen Chargen gefunden werden sollen, allgemeiner Natur (z. B. bestimmtes Mindesthaltbarkeitsdatum oder Chargenzustand) sind.

4.5 Mindesthaltbarkeitsdatum/Verfallsdatum

Das *Mindesthaltbarkeitsdatum* (MHD) wird vorwiegend in der pharmazeutischen Industrie und in der Nahrungsmittelindustrie verwendet. In der chemischen Industrie wird als Synonym das Verfallsdatum verwendet. Chargen zu Materialien, die nach einer bestimmten Zeit nicht mehr verwendet bzw. verkauft werden dürfen, werden in der Regel mit einem Mindesthaltbarkeitsdatum versehen. Diese Funktion errechnet das MHD aus der Gesamthaltbarkeit und dem Herstelldatum bei folgenden Vorgängen:

- beim Wareneingang (WE)
- bei automatischen Warenbewegungen

Abbildung 4.11 zeigt, wo MHD, Gesamtlaufzeit und Herstelldatum eingegeben und gespeichert werden.

Materialstammsatz	Chargenstammsatz		WE-Beleg*
Gesamthaltbarkeit	MHD	Vorschlagswerte →	MHD
Mindestrestlaufzeit	Herstelldatum	←	Herstelldatum

* Chargenpflichtige Materialien: MHD bzw. Herstelldatum zu einer Charge muss in allen Positionen gleich sein.

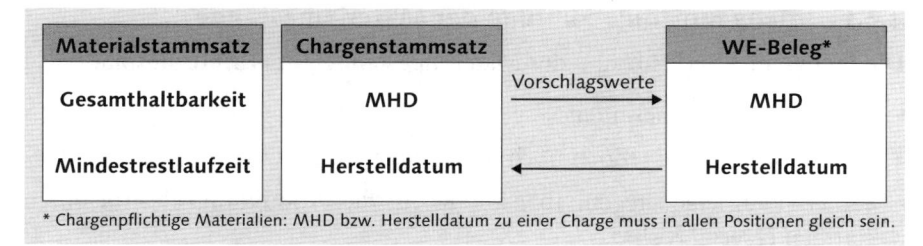

Abbildung 4.11 Mindesthaltbarkeitsdatum

Ist im Materialstammsatz die Gesamthaltbarkeit eingegeben, errechnet das System das MHD wie folgt:

MHD = Gesamthaltbarkeit + Herstelldatum aus WE-Beleg

Ist keine Gesamthaltbarkeit angegeben, geben Sie im WE-Beleg das MHD manuell ein. Ist im Materialstammsatz die Mindestrestlaufzeit angegeben, errechnet das System die Restlaufzeit vom Tag des Wareneingangs bis zum MHD. Damit die Charge akzeptiert wird, muss die Restlaufzeit größer sein als die Mindestrestlaufzeit.

Das MHD für Lagerbestand wird bei Eingang der Waren bestimmt. Es wird im Quant fortgeschrieben, wo es angesehen und bei Bedarf geändert werden kann. Die Daten für das MHD werden in der Lagerungssicht des Materialstammsatzes eingegeben. Dazu zählen:

- maximal mögliche Lagerungszeit eines Materials
- Mindestanzahl von Tagen, die ein Material noch haltbar sein muss, damit es vom System verarbeitet wird
- Prozentsatz der Gesamthaltbarkeit, der noch vorhanden sein muss, wenn die Waren an eine andere Vertriebszentrale geschickt werden sollen
- Zeiteinheit für das MHD (z. B. Tage, Wochen oder Jahre)
- Gesamthaltbarkeit der Waren – vom Herstell- bis zum Mindesthaltbarkeitsdatum

4.6 Bestandsverwaltung

Die Bestandsführung bildet die physischen Bestände durch die Erfassung aller bestandsverändernden Vorgänge und der daraus resultierenden Bestandsfortschreibungen in Echtzeit ab. Sie haben jederzeit einen Überblick über die aktuelle Bestandssituation eines Materials.

4.6.1 Mengenmäßige Führung der Materialbestände

Die mengenmäßige Führung der Materialbestände gilt z. B. für Bestände,

- die sich im Lager befinden,
- die bereits bestellt, jedoch noch nicht eingetroffen sind,
- die zwar im Lager liegen, aber bereits für die Produktion oder für einen Kunden reserviert sind,
- die sich in der Qualitätsprüfung befinden.

Soll für ein Material eine weitere Unterteilung nach Losen erfolgen, kann pro Los eine Charge geführt werden, die einzeln im Bestand verwaltet wird.

4.6.2 Bestandsarten in WM

Zu den normalen Beständen eines Materials existieren auch sogenannte *Sonderbestände*. Diese werden wegen ihrer Eigentumsverhältnisse oder des Ortes, an dem sie sich befinden, getrennt voneinander verwaltet. Solche Sonderbestände könnten z. B. firmeneigene Bestände sein, die beim Lieferanten bzw. Kunden gelagert werden. Umgekehrt könnten dies auch Bestände des Lieferanten sein, die im eigenen Unternehmen lagern. Die Identifikation von Beständen des Lieferanten bzw. Kunden und die Zuordnung der Warenbewegungen zu diesen Beständen sind die Ziele von Sonderbeständen.

Für die systeminterne Verwaltung wird jeder Sonderbestandsart ein Sonderbestandskennzeichen zugewiesen. Die bei Warenbewegungen in der Bestandsführung definierten Sonderbestandsmerkmale fließen mit in die Bestandsabwicklung von WM ein.

Folgende Sonderbestände können mit WM verwaltet werden:

- **Kundenauftragsbestand (E)**
  Dieser wird in WM mit dem Sonderbestandskennzeichen E und einer Sonderbestandsnummer verwaltet. Diese Nummer setzt sich aus einer zehnstelligen Kundenauftragsnummer und einer sechsstelligen Kundenauftragsposition zusammen.

- **Konsignationsbestand (K)**
  Dieser wird in WM mit dem Sonderbestandskennzeichen K und einer Sonderbestandsnummer verwaltet, die identisch mit der Lieferantennummer ist. Beim Konsignationsbestand handelt es sich um Waren, die vom Lieferanten zur Verfügung gestellt und beim Besteller gelagert werden. Der Lieferant bleibt so lange Eigentümer, bis der Bestand dem Lager entnommen

und weiterverarbeitet oder in den firmeneigenen Bestand übernommen wird.

- **Mehrwerttransportverpackung von Lieferanten (M)**
  Diese werden in WM mit dem Sonderbestandskennzeichen M und einer Sonderbestandsnummer verwaltet. Das sind z. B. Behälter oder Paletten, die zum Transport von Waren zwischen Lieferanten und Kunden benötigt werden. Da es sich dabei um Eigentum des Lieferanten handelt, werden sie nicht in den kundeneigenen bewerteten Bestand überführt.

- **Projektbestand (Q)**
  Dieser wird in WM mit dem Sonderbestandskennzeichen Q und einer Sonderbestandsnummer verwaltet. Hierbei handelt es sich um Material, das zur Ausführung eines Projekts im Bestand liegt. Bei solchen Projektbeständen überprüft das System, ob ein entsprechender Stammsatz vorhanden ist.

4.6.3 Wertmäßige Führung der Materialbestände

Die Bestände werden nicht nur mengenmäßig, sondern auch wertmäßig geführt. Bei jeder Warenbewegung schreibt das System automatisch folgende Daten fort:

- Mengen- und Wertfortschreibung für die Bestandsführung
- Kontierung für die Kostenrechnung
- Sachkonten für die Finanzbuchhaltung über eine automatische Kontenfindung

Die Organisationsebene, auf der die Materialbestände wertmäßig geführt werden, ist der Bewertungskreis. Dieser kann einem Werk oder einem Buchungskreis entsprechen.

In der Bestandsführung wird grundsätzlich auf Werks- und Lagerortebene gearbeitet. Wenn Sie eine Warenbewegung erfassen, müssen Sie folglich nur das Werk und den Lagerort der Ware eingeben. Der Buchungskreis wird aus dem Werk über den Bewertungskreis abgeleitet.

4.6.4 Bestandsqualifikation

In der Lagerverwaltung sind nicht nur die Menge eines Bestands auf einem bestimmten Lagerplatz von Bedeutung, sondern auch sein Status und seine Verfügbarkeit. Bestand im Lager wird in WM wie folgt qualifiziert:

- **Verfügbarer Bestand**
Frei verwendbarer Bestand, der sich physisch im Lager befindet, bewertet ist und keinen Verwendungsbeschränkungen unterliegt. Sie können alle Lagerbewegungen für diesen Bestand durchführen, inklusive Umlagerung, Einlagerung und Kommissionierung.

- **Qualitätsprüfbestand**
Dieser Bestand trägt die Bestandsqualifikation Q, die angibt, dass sich der Bestand in der Qualitätsprüfung befindet. Qualitätsprüfbestand ist bewertet, zählt jedoch nicht als frei verwendbarer Bestand.

  Die Qualitätsmanagementprüfdaten in der Qualitätsmanagementsicht des Materialstamms bestimmen, ob ein Teil des Bestands beim Eingang in das Lager als Qualitätsprüfbestand ausgewiesen werden soll. Nachdem dieser Bestand geprüft ist und eine Entscheidung über seine Verwendung getroffen wurde, nehmen Sie eine Umbuchung in der Bestandsführung und dann in der Lagerverwaltung vor, um die Qualifikation Q zu löschen und den Bestand in verfügbaren Bestand umzubuchen.

- **Sperrbestand**
In der Bestandsführung (IM) können Waren als Sperrbestand ausgewiesen werden. Diese Materialien bilden den firmeneigenen Bestand, der nicht verwendet werden soll. Bestand kann aus den verschiedensten Gründen gesperrt werden, z. B. weil er beschädigt wurde. Dieser Bestand wird in der Lagerverwaltung mit der Bestandsqualifikation S angezeigt und wie Qualitätsprüfbestand bearbeitet.

  Sowohl in IM als auch in WM gibt es Bewegungsarten für die Umbuchung von Sperrbestand in Qualitätsprüfbestand und umgekehrt (Bewegungsarten 349 und 350 im IM-Standard mit Bezug auf 309 in WM).

- **Retourensperrbestand**
Waren, die ein Kunde zurückgibt, werden im System zunächst in den Retourensperrbestand mit Bestandsqualifikation R gebucht. Dieser Bestand ist nicht bewertet und auch nicht frei verwendbar. Es ist möglich, diesen Bestand im Lager zu lagern. Sie müssen eine Umbuchung vornehmen, um ihn wieder in den verfügbaren Bestand zu überführen.

- **Status des Bestands im Lager**
Wenn Waren im Lager ankommen, werden sie in der Regel in der Wareneingangszone (WE-Zone) in der Nähe der Wareneingangsstelle angenommen. Später werden sie auf Basis eines Transportauftrags in einen anderen Bereich im Lager transportiert, z. B. ein Hochregallager oder Reservelager. In einigen Fällen werden Waren direkt in Festlagerplätze in einem Kom-

missionierbereich in der Nähe der Warenausgangszone oder der Versandstelle umgelagert.

Wurden Aufträge für den Transport von Waren zwischen den einzelnen Lagertypen angelegt, aber noch nicht abgewickelt, sind zwei Verfügbarkeitsstatus für den noch nicht transportierten Bestand abrufbar. Bei der Anzeige von Lagerauswertungen werden diese Waren unter den folgenden drei Abschnitten aufgelistet:

- **Menge oder Gesamtbestand**
  Dieser Spaltenbezeichner erscheint in der Regel am Anfang vieler Bestandsanzeigelisten. Er gibt die Gesamtmenge der im Lager gelagerten Materialquants ohne die Mengen für geplante Einlagerungen und Kommissionierungen an. Bei der Anzeige von Materialien auf einem Lagerplatz wird auch die Gesamtmenge auf jedem Lagerplatz angezeigt.

- **Einzulagern**
  Dieser Spaltenbezeichner erscheint in einigen Bestandslisten. Das System hat einen Transportauftrag für diesen Bestand erstellt, um ihn von einem Lagerplatz in einen anderen umzulagern. Der Bestand wurde für die Einlagerung (Lagerung) im Lager markiert.

- **Auszulagern**
  Dieser Spaltenbezeichner erscheint ebenfalls in einigen Bestandslisten. Es wurde ein Transportauftrag erstellt, um diesen Bestand im Lager aus einem Lagerplatz auszulagern. In den meisten Fällen wird dieser Bestand an einen Lagerplatz in der Warenausgangszone transportiert.

4.7 Lagerung unterschiedlicher Mengeneinheiten in WM

In der Komponente *Materialwirtschaft* (MM) können für jedes Material verschiedene Mengeneinheiten definiert werden. Natürlich können diese von der Lagerverwaltung verarbeitet werden. Dabei bildet die Basismengeneinheit die Grundlage für die Bestandsführung und Bewertung (siehe Abbildung 4.12).

Eine Basismengeneinheit kann z. B. Kilogramm sein. Dagegen dienen Alternativmengeneinheiten zur Identifizierung von Verpackungen oder Behältern für kleinere Mengeneinheiten wie Kartons, Schachteln, Fässer etc. Ein Material, das z. B. in Kilogramm (Basismengeneinheit) geführt wird, wird im Lager in Säcken gelagert und in Gitterboxen transportiert. Der Sack ist hierbei die Alternativmengeneinheit (1 Sack = 10 kg). In der Lagerverwaltungssicht des

Materialstamms ist es dann möglich, festzulegen, wie viele Säcke oder Kilogramm eine Gitterbox enthält (1 Gitterbox = 5 Säcke oder 50 kg).

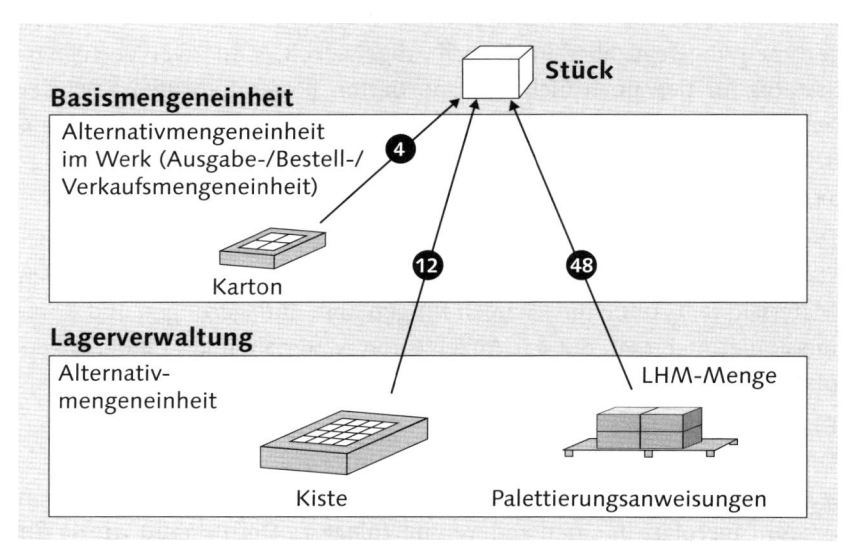

Abbildung 4.12 Alternative Mengeneinheiten

Es gibt folgende Mengeneinheiten in WM:

- **Basismengeneinheit**
  Lagermaterialmengen (Quants) werden in der Basismengeneinheit (z. B. Stück) geführt. Für Berechnungen von Alternativmengeneinheiten werden diese immer in die Basismengeneinheit umgerechnet.
- **Lagermengeneinheit**
  identisch mit der Basismengeneinheit
- **WM-Mengeneinheit (Alternativmengeneinheit)**
  Kann in der Lagerverwaltungssicht des Materialstammsatzes definiert werden.
- **Ausgabemengeneinheit (Alternativmengeneinheit)**
  Wird in der Regel in der Bestandsführung für Wareneingangs- und Warenausgangsbuchungen verwendet.
- **Andere Alternativmengeneinheiten**
  Alternativmengeneinheiten dienen auch zur Identifizierung von Verpackungen oder Behältern für kleinere Mengeneinheiten wie Kartons, Schachteln, Fässer etc.

Die Verwendung verschiedener Mengeneinheiten kann außerordentlich nützlich für die Buchhaltung, Lagerung und Verpackung sein. So wäre es zweckmäßig, ein bestimmtes Material (z. B. Schrauben) kisten- oder schachtelweise anstatt stückweise zu kaufen, zu verpacken und zu verkaufen. Da MM allerdings Basismengeneinheiten für Berechnungen verwendet, müssen in WM Umrechnungsfaktoren für alle Alternativmengeneinheiten definiert sein. Ist die Basismengeneinheit z. B. STÜCK und die Alternativmengeneinheit SCHACHTEL, muss in einem speziellen Fenster angegeben werden, wie viel Stück eine Schachtel beinhaltet. Transportaufträge können in beliebigen Mengeneinheiten quittiert werden, die für das Material zulässig sind. Danach erfolgt eine automatische Umrechnung und Abspeicherung in der Alternativmengeneinheit der Transportauftragsposition.

4.8 Lagereinheitenverwaltung in WM

Die *Lagereinheitenverwaltung* (LE-Verwaltung) in WM bietet Ihnen die Möglichkeit, durch den Einsatz von Lagereinheiten die Lagerkapazität zu optimieren und den Materialfluss zu steuern. Eine Lagereinheit ist eine logische Zusammenfassung einer oder mehrerer Materialmengen wie Paletten oder Behälter, die innerhalb eines Lagers als zusammengehörige Einheit verwaltet werden können. Es gibt homogene Lagereinheiten (mit nur einer Materialposition) und inhomogene Lagereinheiten (mit zwei oder mehr Materialpositionen). Allen Lagereinheiten wird, unabhängig davon, ob die Materialien auf Standardpaletten, in Gitterboxen oder in sonstigen Behältern gelagert sind, eine Kennung zugeordnet, die im System als Lagereinheitennummer gepflegt wird. Mithilfe dieser Nummer können Sie jederzeit feststellen, wo sich eine Lagereinheit im Lagerkomplex befindet, welche Materialmenge darin gelagert wird und welche Vorgänge für die Lagereinheit abgewickelt wurden oder geplant sind.

Ist die LE-Verwaltung für einen Lagertyp nicht aktiviert, werden alle Materialbestände als separate Quants auf Lagerplatzebene geführt. Mit der LE-Verwaltung wird Bestand auf Paletten- oder Lagereinheitenebene verwaltet. Auf einem einzelnen Lagerplatz können sich eine oder mehrere Lagereinheiten befinden. Außerdem kann jede Lagereinheit aus einem oder mehreren Quants bestehen (siehe Abbildung 4.13).

Die Lagereinheitenverwaltung wird in der Regel aus folgenden Gründen im Lager aktiviert:

- Inhomogene Paletten (mit mehr als einem Material) können als Einheit innerhalb des Lagers bewegt werden.
- Materialien können mit intern oder extern vergebenen Lagereinheitennummern identifiziert und verwaltet werden.
- WM kann mit Gabelstaplerleitsystemen über eine Schnittstelle kommunizieren, ohne dass Materialdaten im externen System gepflegt werden müssen.

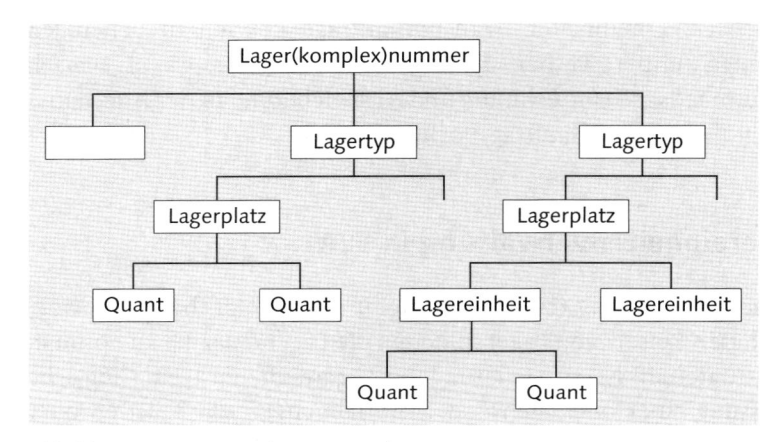

Abbildung 4.13 Lagereinheitenverwaltung

Mithilfe der Lagereinheitenverwaltung können Sie

- homogene und inhomogene Lagereinheiten bilden
- Einlagerungen über einen Identifikationspunkt (I-Punkt) vornehmen
- Transportaufträge erstellen und Lagereinheitenbewegungen quittieren
- komplette Lagereinheiten intern umlagern
- Bestand zu bestehenden Lagereinheiten zulagern
- den Inhalt von Lagereinheiten anzeigen
- Begleitscheine zu einer Lagereinheit drucken
- Warenausgänge planen, z. B. um Material auf Nachschublagerplätzen in der Produktion bereitzustellen

Sämtliche Funktionen der LE-Verwaltung sind vollständig in WM integriert.

In Ihrem System entscheiden Sie auf Lagertypebene, ob innerhalb eines bestimmten Lagertyps Lagereinheiten verwaltet werden oder nicht. Aktivieren Sie die Lagereinheitenverwaltung nur für physische Lagertypen. Schnittstellenlagertypen können nicht LE-verwaltet sein. Um die Lagertypsteuerung einzustellen, gehen Sie im Einführungsleitfaden (IMG) für die Lagerverwaltung über LAGEREINHEITEN • STAMMDATEN • LAGERTYPSTEUERUNG DEFINIEREN. Abbildung 4.14 zeigt ein Beispiel für die Einstellung der LE-Verwaltung in einem Lagerkomplex.

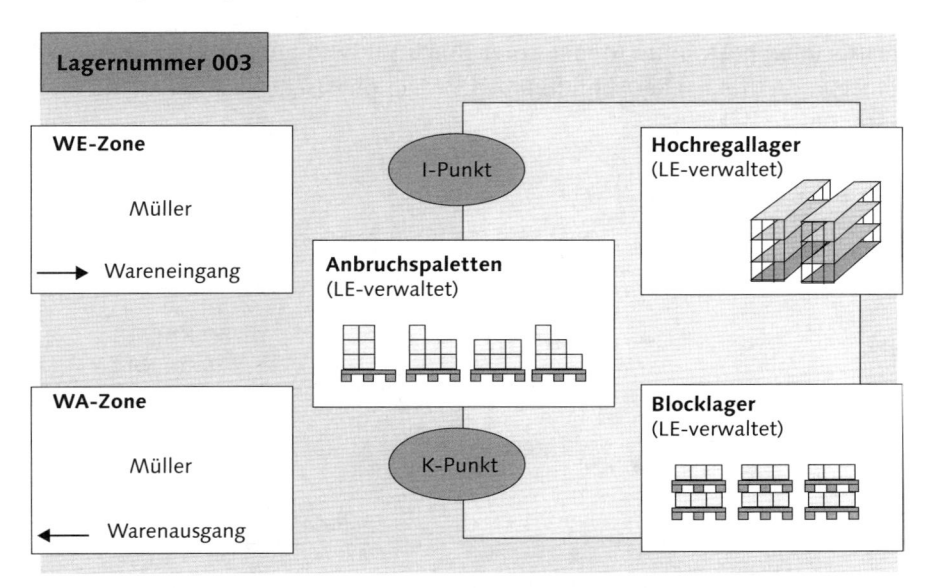

Abbildung 4.14 Beispiel für die Einstellung der LE-Verwaltung in einem Lagerkomplex

Bei aktiver LE-Verwaltung werden Wareneingänge praktisch genauso bearbeitet wie normale Wareneingänge in WM, wenn keine LE-Verwaltung aktiviert ist. Der einzige Unterschied bei LE-verwalteten Lagertypen besteht darin, dass auf den entsprechenden Bildschirmbildern die Lagereinheitennummer eingeblendet wird.

Systemseitig besteht eine Lagereinheit aus einem Kopf und mindestens einem Materialdatensatz (Quantdatensatz).

Der *Kopf* beinhaltet Daten, die für die gesamte Lagereinheit gültig sind:

- Lagereinheitennummer
- Lagereinheitentyp (LET) der Lagereinheit
- Lagerplatz, auf dem sich die Lagereinheit momentan befindet
- Status, der aktuelle Informationen über die Lagereinheit liefert

Informationen über den Bestand in einer Lagereinheit bietet der *Materialdatensatz*. Bei der Lagereinheitenverwaltung können diese Informationen auf Lagereinheitenebene verwaltet werden.

Abbildung 4.15 und Abbildung 4.16 zeigen, wie Lagerplätze mit bzw. ohne Lagereinheitenverwaltung in WM verwaltet werden. In diesen Beispielen werden Lagerplätze betrachtet, auf denen 200 Kartons rote Buntstifte und 50 Kartons blaue Buntstifte lagern. Die Bestände sind dabei auf zwei Paletten verteilt. Ohne LE-Verwaltung gibt es auf dem Lagerplatz insgesamt zwei Quants (eine bestimmte Menge roter Buntstifte und eine bestimmte Menge blauer Buntstifte, siehe Abbildung 4.15). Die physischen Paletten sind dem System nicht bekannt.

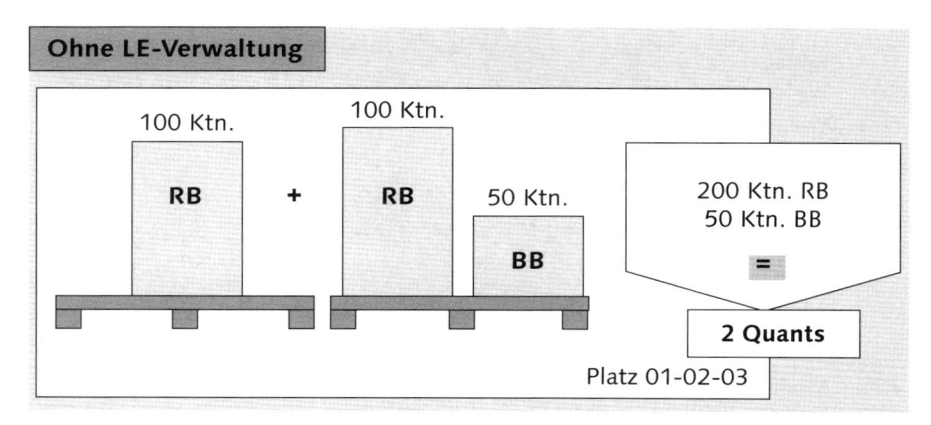

Abbildung 4.15 Ohne Lagereinheitenverwaltung

Mit LE-Verwaltung gibt es auf dem Lagerplatz drei Quants – ein Quant auf der ersten Palette und zwei Quants auf der zweiten Palette (siehe Abbildung 4.16). Die physischen Paletten sind dem System über ihre Lagereinheitennummer bekannt.

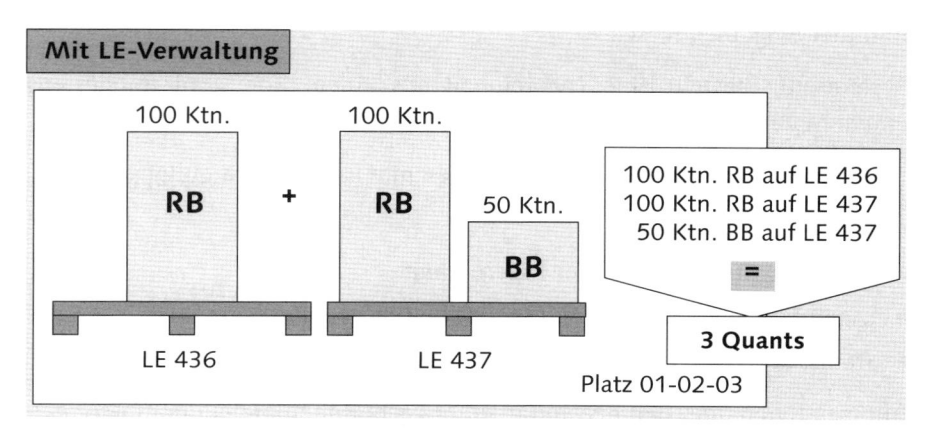

Abbildung 4.16 Mit Lagereinheitenverwaltung

Bewegungsarten, Transportbedarfe, Transportaufträge und vieles mehr steuern die Prozesse im Lager. In diesem Kapitel lernen Sie diese Elemente und ihr Customizing ausführlich kennen.

5 Elemente der Prozesssteuerung in WM

Kein Lager gleicht dem anderen. Trotz branchen- und unternehmensspezifischer Gemeinsamkeiten, die z. B. auf Kunden- oder Materialanforderungen zurückzuführen sind, ist jedes für sich einzigartig und stellt unterschiedliche Anforderungen an die operative Prozessausführung und strategische Prozessgestaltung.

Lagerprozesse werden in WM über Elemente gesteuert, die die Eigenschaften eines Prozesses bestimmen. Zu diesen Elementen zählen Bewegungsarten in WM und in der Bestandsführung, Transportbedarfe und Transportaufträge sowie Umbuchungsanweisungen. Diese und weitere Möglichkeiten zur Prozessautomatisierung, -steuerung und -optimierung lernen Sie im Folgenden kennen.

5.1 Bewegungsarten

Die unternehmensinternen und -übergreifenden Materialflüsse können in der Praxis sehr komplex und vielschichtig sein. Dabei muss ein Unternehmen eine Vielzahl von Bewegungen kontrollieren, effizient steuern und mit den richtigen Informationen ausführen. *Bewegungsarten* spielen dabei eine zentrale Rolle zur Steuerung von Materialbewegungen und Umbuchungsvorgängen im SAP-ERP-System. Systemtechnisch können in SAP ERP im Wesentlichen zwei Formen von Bewegungsarten unterschieden werden: Bewegungsarten in der Bestandsführung und Bewegungsarten in WM. Letztere werden nur bei einem aktiven WM-System genutzt.

5.1.1 Bewegungsarten in der Bestandsführung

In der Bestandsführung sind Bewegungsarten das zentrale Instrument zur Steuerung von Wareneingangs-, Warenausgangs- sowie Umlagerungs- und Umbuchungsvorgängen. Jede Materialbewegung und Umbuchung erfordert daher die Angabe eines dreistelligen Schlüssels zur Kennzeichnung der Bewegungsart, die die jeweilige Bewegung steuert. So bezeichnet z. B. im Standard-ERP-System der Schlüssel 101 die Bewegungsart Wareneingang, wahlweise zu einer Bestellung oder zu einem Werksauftrag.

Das System unterscheidet Wareneingangsbuchungen zur Bestellung von solchen zu Werksaufträgen anhand sogenannter *Bewegungskennzeichen*. Zum Beispiel steht das Bewegungskennzeichen B für eine Warenbewegung zur Bestellung. Das Bewegungskennzeichen F dagegen für eine Warenbewegung zum (Werks-)Auftrag. Das zum Vorgang passende Bewegungskennzeichen ermittelt das System anhand des Transaktionscodes der für die Buchung verwendeten Transaktion.

Die Bewegungsart gibt nicht nur die Richtung der Warenbewegung vor, sondern entscheidet auch über die Fortschreibung der Bestands- und Verbrauchskonten sowie den Bildaufbau der jeweils erlaubten Transaktionen zur Bewegungsbuchung. Grundlegende Einstellungen zur Chargen- und zur Mindesthaltbarkeitsdatenverwaltung werden ebenfalls auf Bewegungsartebene vorgenommen. Abbildung 5.1 zeigt alle Steuerungsmöglichkeiten der Bestandsführungsbewegungsarten.

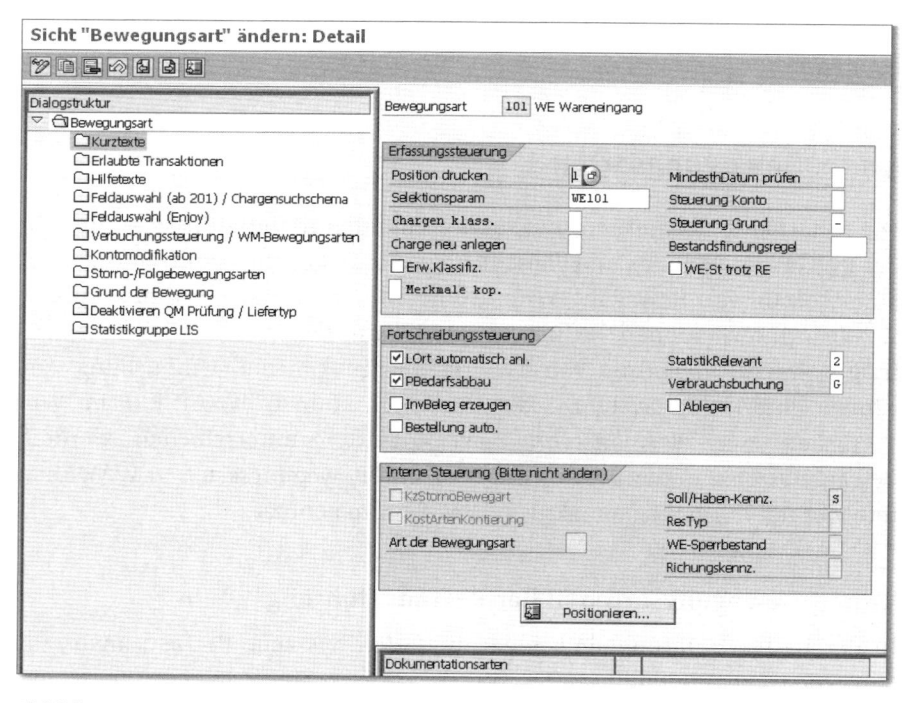

Abbildung 5.1 Bestandsführungsbewegungsart 101 anzeigen (Sicht »Bewegungsart«)

Wie Sie am Beispiel der Bestandsführungsbewegungsart 101 sehen, befinden sich die unterschiedlichen Steuerungsparameter in unterschiedlichen Sichten des Bewegungsarten-Customizings (siehe Dialogstruktur im linken Teil der Abbildung). Tabelle 5.1 gibt Ihnen einen Überblick über alle Konfigurationssichten sowie die darin enthaltenen Konfigurationsparameter.

Sicht der Bewegungsart	Einstellungen für ...
Bewegungsart	▶ Erfassungssteuerung ▶ Drucksteuerung, Mindesthaltbarkeitsdatum erfassen und prüfen, Chargenklassifizierung und -anlage ▶ Fortschreibungssteuerung ▶ Lagerort automatisch anlegen ▶ Bedarfsabbau bei Warenbewegungen ▶ Statistikrelevanz ▶ Inventurbeleg erzeugen
Kurztexte	Bewegungsartentext (Beschreibung der Bewegung)
Erlaubte Transaktionen	Transaktionen, in denen die Bewegungsart verwendet werden darf
Hilfetexte	erweiterter Text in Abhängigkeit von der Transaktion und dem Sonderbestandskennzeichen
Feldauswahl (ab 201)/ Chargensuchschema	▶ Feldauswahlsteuerung ▶ Chargensuchschema
Feldauswahl (Enjoy)	limitierte Feldauswahl für Enjoy-Transaktionen
Verbuchungssteuerung/ WM-Bewegungsarten	▶ Erfassungssteuerung ▶ Verfügbarkeitsprüfung, Fehlteilabwicklung ▶ Fortschreibungssteuerung ▶ WM-Referenzbewegungsart, LIFO/FIFO-relevant
Kontomodifikation	▶ Kontierung prüfen ▶ Kontomodifikationskonstante
Storno-/Folgebewegungsarten	▶ Folgebewegungsart (Storno, Umbuchung oder Rücklieferung) ▶ Art der Buchung
Grund der Bewegung	Bezeichnung des Bewegungsgrunds
Deaktivieren QM-Prüfung/Liefertyp	Bewegungsart für QM-Prüfabwicklung nicht aktiv
Statistikgruppe LIS	Fortschreibungssteuerung LIS

Tabelle 5.1 Customizing-Sichten der Bewegungsarten in der Bestandsführung

Die für die Integration mit WM wichtigsten Konfigurationsparameter sind in den Sichten Bewegungsart und Verbuchungssteuerung/WM-Bewegungsarten abgelegt.

Sicht »Bewegungsart«

Die Parameter der Sicht Bewegungsart pflegen Sie im Wesentlichen in zwei Teilbereichen: in der Erfassungssteuerung und in der Fortschreibungssteuerung (siehe Bestandsführungsbewegungsart 101 anzeigen (Sicht »Bewegungsart«)).

Im Bereich Erfassungsteuerung werden u. a. die folgenden Parameter festgelegt:

- **Position drucken**
  Dieser Parameter steuert, ob eine Materialbelegposition mit einer bestimmten Bewegungsart gedruckt werden kann. Darüber hinaus kann ausgewählt werden, welche Art von Warenbegleitschein (z. B. WE/WA-Beleg, Rücklieferschein) gedruckt wird.

- **Chargen klass.**
  Hier erlauben Sie die Möglichkeit der Chargenklassifizierung bei einer Warenbewegung.

- **Charge neu anlegen**
  Chargenanlagekennzeichen

- **MindesthDatum prüfen**
  Prüfung des Mindesthaltbarkeitsdatums

- **Steuerung Grund**
  Dieses Kennzeichen regelt den Grund der Bewegung (Eingaberelevanz).

- **Bestandsfindungsregel**

In der Fortschreibungssteuerung werden folgende Parameter festgelegt:

- **LOrt automatisch anl.**
  Dieses Kennzeichen steuert, ob die Lagerortsichten eines Materials im Materialstamm automatisch mit der Warenbewegung angelegt werden.

- **PBedarfsabbau**
  Gibt an, ob das System bei der Erfassung einer Warenbewegung prüfen soll, ob zur Materialbelegposition ein Bedarf abzubauen ist.

- **InvBeleg erzeugen**
  Dieses Kennzeichen steuert, ob mit einer Warenbewegung ein Inventurbeleg erzeugt werden soll. In SAP ERP wird das automatische Erzeugen von

Inventurbelegen bei den Bewegungsarten (z. B. 711 und 712) verwendet, die das Ausbuchen von Inventurdifferenzen aus WM steuern.

- **Bestellung auto.**
  Bestellung automatisch bei einer Warenbewegung erzeugen
- **StatistikRelevant**
  Statistikrelevanz (Fortschreibung im Bestandscontrolling)
- **Verbrauchsbuchung**

Verbuchungssteuerung/WM-Bewegungsarten

Die Customizing-Sicht von VERBUCHUNGSSTEUERUNG/WM-BEWEGUNGSARTEN der Bestandsführungsbewegungsart ist ebenfalls in die zwei Teilbereiche ERFASSUNGSSTEUERUNG und FORTSCHREIBUNGSSTEUERUNG gegliedert (siehe Abbildung 5.2).

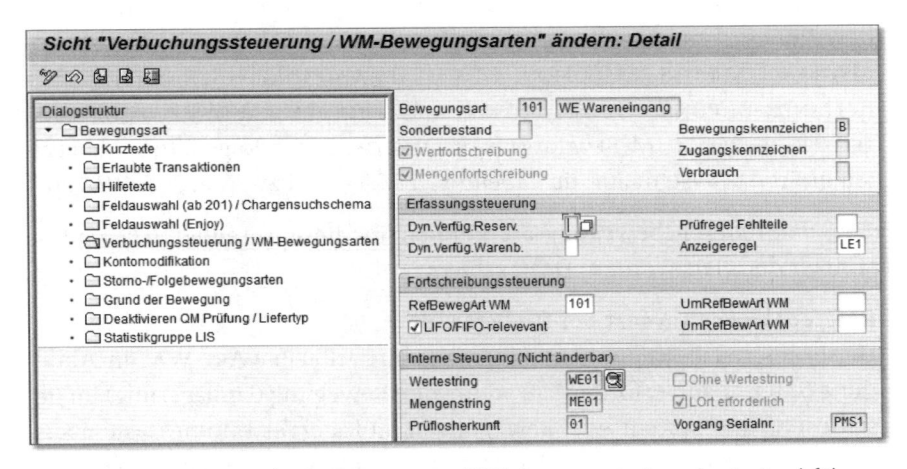

Abbildung 5.2 Sicht »Verbuchungssteuerung/WM-Bewegungsarten« der Bestandsführungsbewegungsart

Wie Sie in Abbildung 5.2 sehen können, werden im Teilbereich ERFASSUNGSSTEUERUNG die folgenden Parameter definiert:

- **Dyn.Verfüg.Reserv.**
  Regel der dynamischen Verfügbarkeitsprüfung für Reservierungen
- **Dyn.Verfüg.Warenb.**
  Regel der dynamischen Verfügbarkeitsprüfung für Warenbewegungen
- **Prüfregel Fehlteile**
  Dieses Kennzeichen hat zwei Verwendungen in SAP ERP. Zum einen legt es fest, wie die Fehlteilprüfung in der Bestandsführung durchgeführt wird.

Zum anderen definiert es zusammen mit der Prüfgruppe die verschiedenen Dispositionselemente, aus denen sich diese Kennzahl in der flexiblen Planung zusammensetzt.

- **Anzeigeregel (bei Warenbewegungen)**
  Dieser Paramater steuert die Auswahl der Bestandsfelder, die bei Bewegung in der Verfügbarkeitsanzeige einbezogen werden und in der Werksbestandssicht angezeigt werden.

Im zweiten Teilbereich dieser Konfigurationssicht, der FORTSCHREIBUNGSSTEUERUNG, nehmen Sie die wesentliche Einstellung zur Verknüpfung der Bestandsführungsbewegungsart mit der WM-Bewegungsart vor:

- **RefBewegArt WM**
  Die Verknüpfung basiert auf der sogenannten *Referenzbewegungsart*, die als Schnittstelle zwischen den Bewegungsarten der Bestandsführung und WM fungiert. Die Zuordnung der Referenzbewegungsart zur Bestandsführungsbewegungsart kann an dieser Stelle oder im Customizing von WM über LOGISTIK • LOGISTICS EXECUTION • LAGERVERWALTUNG • SCHNITTSTELLEN • BESTANDSFÜHRUNG • BEWEGUNGSARTEN DEFINIEREN • WM-BEWEGUNGSARTENREFERENZEN ZU IM-BEWEGUNGSARTEN ZUORDNEN erfolgen. In beiden Fällen greift das System auf die Tabelle V_156SC_VC bzw. V_156S_WM zu.

Neben der Referenzbewegungsart können in diesem Teilbereich weitere Parameter definiert werden. Dazu zählen:

- **Referenzbewegungsart bei Umlagerung in WM**
  Diese Referenzbewegungsart (oberes Feld UMREFBEWART WM in Abbildung 5.2) ist dann erforderlich, wenn eine Bewegung (Umlagerung) im Bestandsführungssystem zwei Bewegungen im Lagerverwaltungssystem auslöst (Auslagerung aus einem Lagertyp und Einlagerung in einen anderen).

- **Referenzbewegungsart für Umbuchung in WM**
  Diese Referenzbewegungsart (unteres Feld UMREFBEWART WM) ist dann erforderlich, wenn eine Bewegung im Bestandsführungssystem (z. B. Freigabe aus der Qualitätsprüfung oder Übernahme von Konsignationsmaterial in den eigenen Bestand) eine Bestandsumbuchung im Lagerverwaltungssystem auslöst.

- **LIFO/FIFO-relevant**
  Dieses Kennzeichen steuert, ob die Bewegungsart für die LIFO- und die FIFO-Bewertung relevant ist.

5.1.2 WM-Bewegungsarten

In WM werden Bewegungsarten benötigt, die die Materialbewegungen und Umbuchungen in WM steuern. Insbesondere entscheiden sie über den jeweils zu nutzenden Schnittstellenlagertyp sowie die organisatorische Schnittstelle zwischen Bestandsführung und Lagerverwaltung. Im Customizing werden die Bewegungsarten der Bestandsführung nach Bedarf mit Bewegungsarten der Lagerverwaltung verknüpft, um eine prozesstechnische Anbindung der Lagerverwaltung an die Bestandsführung sicherzustellen. Dies geschieht, wie in Abschnitt 5.1.1, »Bewegungsarten in der Bestandsführung«, dargestellt, mithilfe der sogenannten *Referenzbewegungsarten*.

Wird z. B. ein Wareneingang zur Bestellung oder zum Werksauftrag mit Bestandsführungsbewegungsart 101 in einen WM-verwalteten Lagerort gebucht, ermittelt das System zunächst die entsprechende Referenzbewegungsart und anschließend die zugeordnete WM-Bewegungsart. Je nach Ausprägung der Customizing-Einstellungen der WM-Bewegungsart erzeugt das System Bestände im Schnittstellenlagertyp Wareneingangszone (siehe Abbildung 5.3).

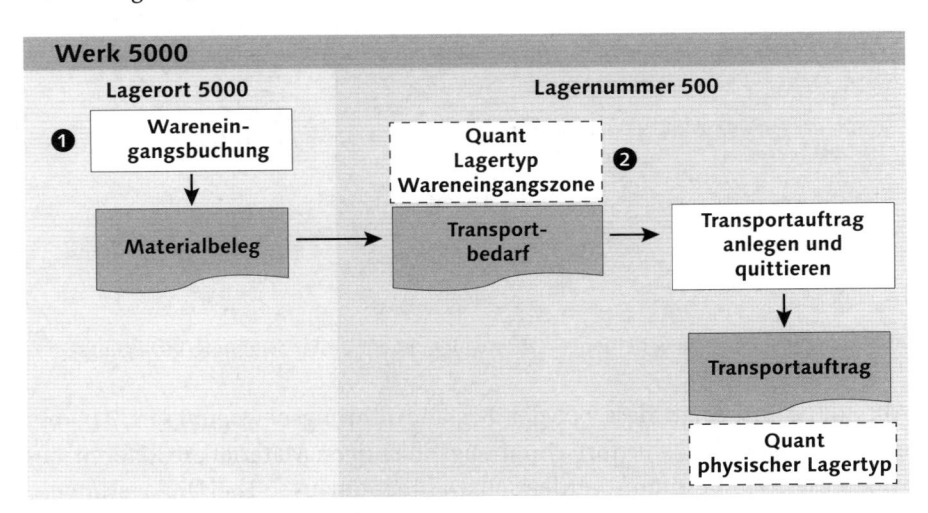

Abbildung 5.3 Wareneingangssteuerung

Die Verknüpfung zwischen Bestandsführungsbewegungsart, Referenzbewegungsart und WM-Bewegungsart erfolgt im Customizing und kann schematisch dargestellt werden, wie in Abbildung 5.4 gezeigt.

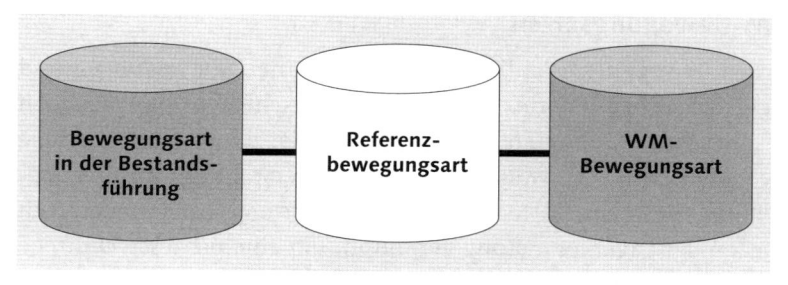

Abbildung 5.4 Verknüpfung der Bewegungsarten

Im Vergleich zur Bewegungsart in der Bestandsführung oder der WM-Bewegungsart erfüllt die Referenzbewegungsart selbst keine steuernde Funktion. Klassifizierende Steuerparameter müssen somit nicht separat ausgeprägt werden. Die Verknüpfung der Bestandsführungsbewegungsart mit der Referenzbewegungsart erfolgt im Customizing über LOGISTIK • LOGISTICS EXECUTION • LAGERVERWALTUNG • SCHNITTSTELLEN • BESTANDSFÜHRUNG • BEWEGUNGSARTEN DEFINIEREN • WM-BEWEGUNGSARTENREFERENZEN ZU IM-BEWEGUNGSARTEN ZUORDNEN (siehe Abbildung 5.5).

Abbildung 5.5 Zuordnung der Referenzbewegungsart zur Bestandsführungsbewegungsart

Abbildung 5.5 zeigt, dass bei der Bestandsführungsbewegungsart 311 bei einem mengen- und wertfortschreibungspflichtigen Material die Referenzbewegungsart 311 bestimmt werden soll. Darüber hinaus soll bei Umlagerungen, die zwei Bewegungen in WM erfordern, die Referenzbewegungsart 312 und bei Umbuchungen die Referenzbewegungsart 309 herangezogen werden.

Wenn nicht einer Bestandsführungsbewegungsart genau eine WM-Bewegungsart entspricht, kann die Referenzbewegungsart dazu verwendet werden, um entweder verschiedene Bewegungsarten der Bestandsführung zu einer einzigen WM-Bewegungsart zusammenzufassen oder einer Bestandsführungsbewegungsart mehrere Bewegungsarten in WM zuzuordnen.

Möchten Sie eine Bewegungsart der Bestandsführung nicht an die Lagerverwaltung anbinden, wird dieser die Referenzbewegungsart 999 zugeordnet. Buchungen mit dieser Bewegungsart bleiben dann ohne Folgen für das WM-System, auch wenn der betroffene Lagerort WM-verwaltet ist. Ein Beispiel hierfür ist WE TRANS ZUR ANLAGE (Bestandsführungsbewegungsart 101, Verbrauchskennzeichen A (siehe Abbildung 5.6)).

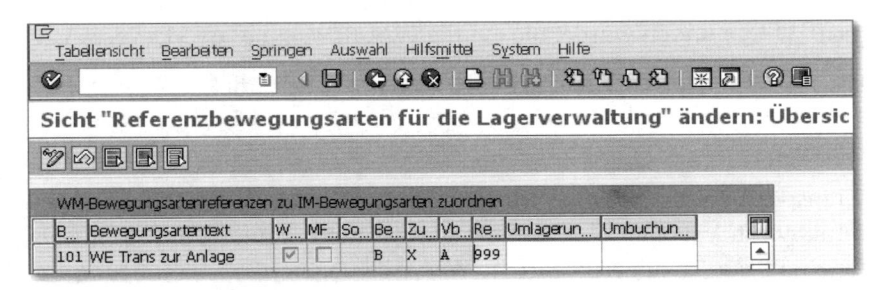

Abbildung 5.6 Referenzbewegungsart ohne Einfluss auf WM-Prozesse

Die Zuordnung von Bestandsführungsbewegungsart und Referenzbewegungsart einerseits und die Fortsetzung in WM über die Verknüpfung von Referenzbewegungsart und WM-Bewegungsart andererseits erfolgt in zwei getrennten Tabellen (V_156S_WM und T321).

Die Verknüpfung der Referenzbewegungsart und der WM-Bewegungsart erfolgt über die Tabelle T321, im Customizing über LOGISTIK • LOGISTICS EXECUTION • LAGERVERWALTUNG • SCHNITTSTELLEN • BESTANDSFÜHRUNG • BEWEGUNGSARTEN DEFINIEREN • LE-WM-SCHNITTSTELLE ZUR BESTANDSFÜHRUNG (siehe Abbildung 5.7).

Abbildung 5.7 Zuordnung der WM-Bewegungsart zur Referenzbewegungsart

In Abbildung 5.7 sehen Sie, dass der Referenzbewegungsart 311 in der generischen Lagernummer (***) die WM-Bewegungsart 311 zugeordnet wurde. Möchten Sie diesen Eintrag in exakt dieser Ausprägung auch in Ihrem Lager nutzen, sind keine weiteren Einstellungen notwendig. Der Eintrag muss nicht explizit pro Lagernummer ausgeprägt werden. Das bedeutet, dass bei einer Umlagerung von einem WM-verwalteten Lagerort an einen nicht WM-verwalteten Lagerort mit der Bestandsführungsbewegungsart 311 die Referenzbewegungsart 311 gefunden würde, die auf die WM-Bewegungsart 311 verweist.

Neben der Bewegungsartenzuordnung nehmen Sie in dieser Tabelle auch Einstellungen zur Erstellung von *Transportbedarfen* und *Umbuchungsanweisungen* vor.

Die Transportbedarfserstellung wird durch ein X in der Spalte TRANSPORTBEDARFE aktiviert. Mit einer Materialbewegung in der Bestandsführung entsteht somit direkt ein Transportbedarf in WM, sozusagen als Ankündigung der Warenbewegung. Umbuchungsanweisungen entstehen dann, wenn das Kennzeichen in der Spalte UMBUCHUNGSANWEISUNG JE BEWEGUNGSARTENKOMBINATION gesetzt wird.

Jede Buchung in der Bestandsführung, die einen WM-verwalteten Lagerort betrifft, erzeugt mindestens ein Quant in einem Schnittstellenlagertyp der angebundenen Lagernummer. Die Schnittstellenlagertypen entsprechen in der Praxis häufig physischen oder logischen Bereichen innerhalb eines Lagers, in denen die Waren nur eine kurze Zeit zwischengelagert werden. Typische Beispiele für Schnittstellenlagertypen sind Wareneingangs- und Warenausgangszonen oder auch virtuelle Bereiche, die z. B. für Umbuchungen und Umlagerungen genutzt werden.

Schnittstellenlagertypen müssen im engen Kontext mit den WM-Bewegungsarten betrachtet werden, da diese jeweils darüber entscheiden, welcher Schnittstellenlagertyp durch eine Bestandsführungsbuchung angesprochen wird. In Abbildung 5.8 sehen Sie die WM-Bewegungsart 101, die neben anderen Steuerparametern die Parameter der Schnittstellenlagertypfindung enthält. Das Customizing der WM-Bewegungsarten erreichen Sie über LOGISTIK • LOGISTICS EXECUTION • LAGERVERWALTUNG • VORGÄNGE • TRANSPORTE • BEWEGUNGSARTEN DEFINIEREN.

Ist einer WM-Bewegungsart also ein Schnittstellenlagertyp zugeordnet, wird er bei jeder Bestandsführungsbuchung angesteuert, die eine Bestandsführungsbewegungsart nutzt, die über eine Referenzbewegungsart mit dieser WM-Bewegungsart verknüpft ist. Im Beispiel der Bewegungsart 101 bestimmt das System im SAP-Standard den Schnittstellenlagertyp 902 (Tabelle T333).

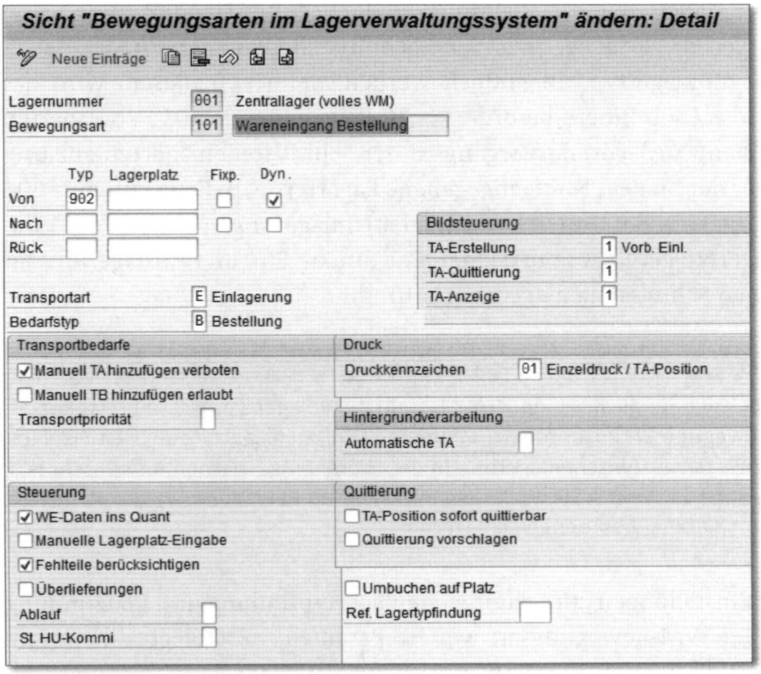

Abbildung 5.8 WM-Bewegungsart 101 ändern

Darüber hinaus entscheidet die WM-Bewegungsart auch, wie die Lagerplatzfindung im Schnittstellenlagertyp erfolgen soll. Sie haben die Möglichkeit, in Schnittstellenlagertypen dauerhaft Lagerplätze anzulegen. In vielen Fällen wird jedoch mit den sogenannten *dynamischen Lagerplätzen* gearbeitet. Diese Lagerplätze werden vom System mit der Vorgangsbuchung erzeugt und existieren nur für die Dauer des jeweiligen Vorgangs. Die Lagerplatzkoordinate wird zur Identifizierung des Vorgangs in der Regel auf der Basis einer Belegnummer gebildet. Zum Aufbau der Lagerplatzkoordinate nutzt das System den *Bedarfstyp* der Bewegungsart, der die Ursache der Warenbewegung benennt. Bei einem Wareneingang z. B. wäre dies die Nummer der Bestellung (Bedarfstyp B) oder des Fertigungsauftrags (Bedarfstyp F).

Möchten Sie einen festen Lagerplatz dauerhaft im Schnittstellenlagertyp nutzen (WE-PLATZ in der Wareneingangszone), tragen Sie diesen als Koordinate bzw. Bezeichnung direkt in das dafür vorgesehene Feld der gewünschten Bewegungsart ein. Sollen dagegen die Schnittstellenlagerplätze vorgangsbezogen erzeugt werden, setzen Sie in der Bewegungsart das Kennzeichen Dyn. (dynamischer Lagerplatz, wie in Abbildung 5.8 zu sehen).

Beachten Sie dabei stets die Richtung der Bewegung: Handelt es sich um einen Einlagerungsvorgang, muss der Schnittstellenlagertyp in die Bewegungsart als Vonlagertyp eingetragen werden, denn von diesem wird das Material in das Lagerinnere befördert (z. B. Bewegungsart 101, Vonlagertyp 902). Bei einem Auslagerungsvorgang ist der Schnittstellenlagertyp entsprechend immer der im Feld NACH angegebene Lagertyp (z. B. Bewegungsart 601 nach Lagertyp 916). Bei Umbuchungen oder Umlagerungen müssen der Von- und Nachlagertyp gepflegt sein, da hier eine direkte Ein- und Auslagerung auf dem logischen Schnittstellenlagertyp stattfindet.

Fixplatzlager

In WM ist es auch möglich, einen Nicht-Schnittstellenlagertyp, z. B. ein Fixplatzlager, einer Bewegungsart zuzuordnen, wenn eine Direkteinlagerung auf den Fixplatz eines Materials (ohne Zwischenlagerung in der Wareneingangszone) erwünscht ist. In solchen Fällen aktivieren Sie in der entsprechenden Bewegungsart das Kennzeichen FIXP. (Fixplatz) neben dem Nachlagertyp.

Neben den Einstellungen zur Schnittstellenlagertypfindung und Platzfindung werden in der WM-Bewegungsart weitere Parameter festgelegt, die nun im Detail vorgestellt werden. Die Sicht WM-BEWEGUNGSART ist in folgende Teilbereiche gegliedert:

- allgemeine Steuerparameter
- Transportbedarfe
- Steuerung
- Bildsteuerung
- Druck
- Hintergrundverarbeitung
- Quittierung

Im Folgenden werden Sie diese Teilbereiche detailliert im Einzelnen kennenlernen.

Allgemeine Steuerparameter

In den allgemeinen Steuerparametern der Bewegungsart legen Sie die Transportart, den Bedarfstyp, die Parameter zur Umbuchung am Platz sowie die Referenz zur Lagertypfindung fest.

Die TRANSPORTART legt fest, um welche Art der Warenbewegung es sich in WM handelt. Sie kann z. B. im Bereich Radio Frequency (RF) zur Queue-Findung herangezogen werden.

Unter dem BEDARFSTYP in WM wird der Verursacher einer Warenbewegung verstanden. Hierbei kann es sich z. B. um eine Bestellung, einen Fertigungsauftrag oder eine Lieferung handeln.

Sollen Materialbestände bei einer Umbuchung nicht physisch bewegt werden, sondern am ursprünglichen Lagerplatz verbleiben, können Sie dies mit dem Kennzeichen UMBUCHEN AUF PLATZ beeinflussen.

> **Umbuchen am Platz**
>
> Bei aktiver QM-Prüfung und aktivem Handling Unit Management können Sie dieses Kennzeichen aktivieren, um eine direkte Quantumbuchung mit dem Verwendungsentscheid zu erreichen. Lieferungen werden in diesem Fall nicht angelegt.

Mit dem Kennzeichen REF. LAGERTYPFINDUNG kann die Bewegungsart direkten Einfluss auf die Lagertypfindung nehmen. In den Steuertabellen der Lagertypfindung können Sie das Kennzeichen hinterlegen und somit beeinflussen, dass z. B. Materialentnahmen für bestimmte Bewegungsarten nur aus bestimmten Lagertypen erfolgen.

Transportbedarfe

Das Kennzeichen MANUELL TA HINZUFÜGEN VERBOTEN bedeutet, dass Transportaufträge dieser Bewegungsart nicht manuell, sondern nur unter Bezugnahme auf andere Belege, wie z. B. Transportbedarfe, erzeugt werden dürfen.

Mit dem Kennzeichen MANUELL TB HINZUFÜGEN ERLAUBT steuern Sie, ob Transportbedarfe für diese Bewegungsart manuell erzeugt werden dürfen.

Möchten Sie die Arbeitslast in Ihrem Lager anhand von Bewegungsartenprioritäten steuern, können Sie jeder Bewegungsart eine Grundpriorität zuordnen. So können Sie z. B. anhand der TRANSPORTPRIORITÄT die Transportauftragserstellung für Transportbedarfe steuern.

Steuerung

Das Kennzeichen WE-DATEN INS QUANT bewirkt, dass die Wareneingangsdaten (Wareneingangsdatum und -nummer) vom System neu gesetzt und in das Lagerquant übernommen werden. Diese Einstellung ist vornehmlich für Wareneingangsbewegungsarten relevant.

Möchten Sie bei bestimmten Lagerbewegungen den Lagerplatz immer manuell erfassen, müssen Sie das Kennzeichen MANUELLE LAGERPLATZ-EINGABE in der Bewegungsart setzen.

Mit dem Kennzeichen FEHLTEILE BERÜCKSICHTIGEN steuert das System die WM-Fehlteilprüfung bei der Einlagerung. Beachten Sie, dass dieses Kennzeichen bei einer aktiven Cross-Docking-Abwicklung nicht gesetzt sein darf.

Über das Kennzeichen ÜBERLIEFERUNGEN können Sie Quantvollentnahmen und Überlieferungen erzeugen, selbst wenn in dem Lagertyp, aus dem ausgelagert wird, keine Vollentnahmepflicht besteht.

Das Kennzeichen ST. HU-KOMMI legt in Abhängigkeit von der WM-Bewegungsart fest, wie sich das System bei der Quittierung einer Vollentnahme einer homogenen Lagereinheit (Handling Unit) verhalten soll. Das Kennzeichen steuert nur dann das Systemverhalten bei der Quittierung, wenn im Customizing für den Lagertyp, aus dem die Auslagerung erfolgt, eine entsprechende Einstellung vorgenommen wurde.

Bildsteuerung

In der BILDSTEUERUNG legen Sie fest, welche Bilder (Screens) bei der TA-ERSTELLUNG, TA-QUITTIERUNG und TA-ANZEIGE dargestellt werden sollen.

Druck

Im Teilbereich DRUCK kann jeder Bewegungsart ein DRUCKKENNZEICHEN zugeordnet werden. Das Druckkennzeichen steuert u. a., welche Formulare und Etiketten ausgedruckt werden sollen, und bildet die direkte Verbindung zum Spool-Kennzeichen, das die Anzahl und den Zeitpunkt des Ausdrucks bestimmt.

Hintergrundverarbeitung

Möchten Sie eine Warenbewegung für eine spezielle Bewegungsart automatisch ausführen, kann dies mit dem Kennzeichen AUTOMATISCHE TA (automatische TA-Erstellung) erfolgen.

Die Feldinformation wird aus der WM-Bewegungsart in den Transportbedarf bzw. in die Umbuchungsanweisung übernommen und steuert, ob zu einem Transportbedarf bzw. einer Umbuchungsanweisung automatisch im Hintergrund ein Transportauftrag generiert werden soll. Die Erstellung der Transportaufträge erfolgt über einen eingeplanten Job des Reports RLAUTA10 (für Transportbedarfe) bzw. RLAUTA11 (für Umbuchungsanweisungen).

Quittierung

Möchten Sie, dass Transportaufträge direkt bei ihrer Erstellung quittiert werden dürfen bzw. die Quittierung direkt vorgeschlagen werden soll, können Sie dies mit den Parametern der Quittierung erreichen (TA-POSITIONEN SOFORT QUITTIERBAR und QUITTIERUNG VORSCHLAGEN).

5.2 Transportbedarfe

Bezogen auf den Status, können Warenbewegungen in WM in geplante, momentan ausgeführte und bereits ausgeführte Bewegungen unterschieden werden. Dabei reflektieren *Transportbedarfe* (TB) die zu erwartenden, geplanten Warenbewegungen in WM. Der Transportbedarf enthält noch keine Informationen, aus welchem Lagertyp und -platz (Auslagerung) ausgelagert oder in welchen Lagertyp und -platz (Einlagerung) eingelagert werden soll. Diese Informationen werden erst im Transportauftrag ermittelt.

Transportbedarfe können in WM auf mehrere Arten entstehen, in der Regel aber aufgrund von Buchungen in der Bestandsführung: Wie Sie im vorangegangenen Abschnitt gesehen haben, kann die Transportbedarfserstellung anhand der Zuordnung der WM-Bewegungsart zur Referenzbewegungsart gesteuert werden. Darüber hinaus können Transportbedarfe in WM wie folgt entstehen:

- manuell über Warenbewegungen, die direkt in WM angestoßen werden
- über Materialnachschub für Produktionslagerplätze in den Produktionsversorgungsbereichen mithilfe der Produktionsplanung (PP)

Ein Transportbedarf besteht aus einem Transportbedarfskopf mit allgemeinen Informationen und aus einer oder mehreren Transportbedarfspositionen mit den Materialinformationen (siehe Abbildung 5.9).

Abbildung 5.9 zeigt die allgemeine Positionsliste des Transportbedarfs. Um in die Kopfdaten des Transportbedarfs zu verzweigen, klicken Sie auf den Button 🔳 (KOPF).

In den Kopfdaten des Transportbedarfs werden die allgemeinen, positionsübergreifenden Daten des Transportbedarfs festgehalten. Hierzu zählen vor allem die BEWEGUNGSDATEN wie Bewegungsart, Bedarfsnummer der Bewegung

(Bestellnummer oder Fertigungsauftrag) sowie der Von- bzw. Nachlagertyp und -platz der Bewegung. Im Teilbereich WEITERE DATEN werden Informationen zur Gesamtpositionsanzahl, zum Gesamtgewicht und zum betroffenen Bestandsführungsdokument (Materialbeleg) abgelegt. Darüber finden Sie hier auch den Status des Transportbedarfs, der signalisiert, ob ein TB noch bearbeitet werden muss oder bereits erledigt wurde (siehe Abbildung 5.10).

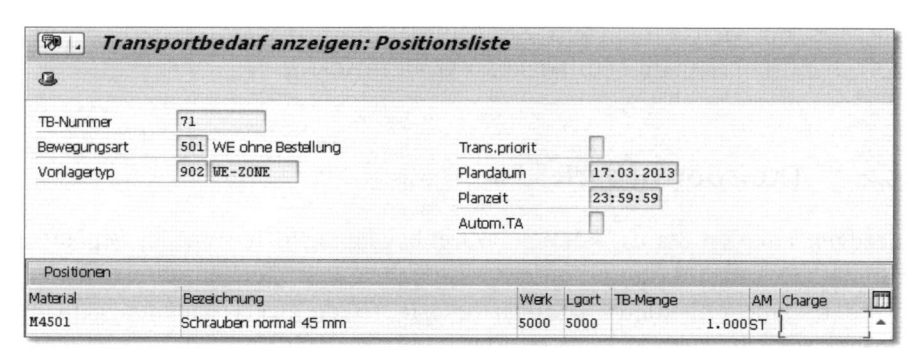

Abbildung 5.9 Transportbedarf anzeigen (Positionsliste)

Abbildung 5.10 Kopfdaten des Transportbedarfs

Die Positionsdaten des Transportbedarfs (siehe Abbildung 5.11) enthalten alle material- und mengenspezifischen Informationen der geplanten Warenbewegung.

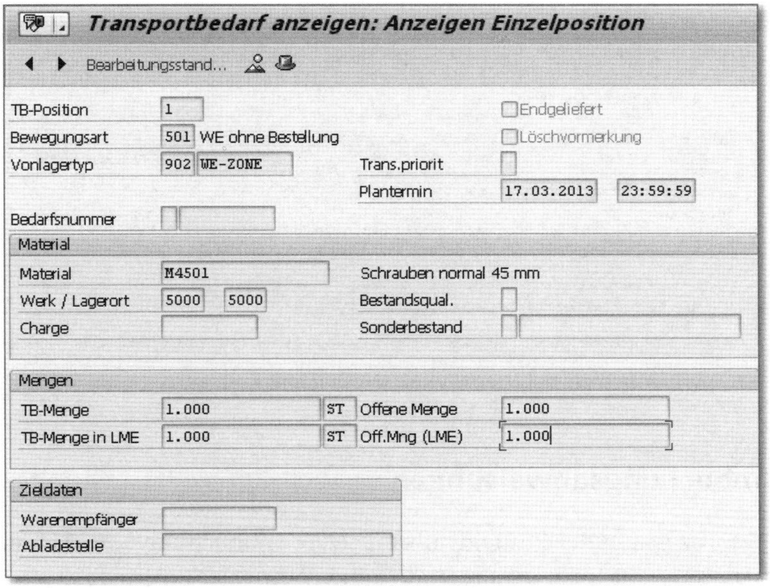

Transportbedarfe | 5.2

Abbildung 5.11 Positionsdaten des Transportbedarfs

Die Transportbedarfsposition enthält das geplante Material sowie die geplante Materialmenge. Die offene Menge (im Beispiel 1000) signalisiert, dass noch kein Transportauftrag zum Transportbedarf angelegt wurde.

Die manuelle Umsetzung von Transportbedarfen in Transportaufträge erfolgt in der Praxis häufig in organisatorisch getrennten Funktionsbereichen. Die Produktion fordert mit einer Umlagerung Materialien aus dem Zentrallager an, oder die Wareneingangsbuchung erfolgt entkoppelt von der Einlagerung. In beiden Szenarien entstehen Transportbedarfe, die dem Lager den Bedarf einer Warenbewegung signalisieren.

Zur effektiven Abwicklung der Umsetzung der Transportbedarfe und zur Auswertung offener oder nur teilbearbeiteter Transportbedarfe werden in WM verschiedene Reports zur Verfügung gestellt. Zur Umsetzung von offenen Transportbedarfen in Transportaufträge können Sie die Transaktion LB10 (Transportbedarf anzeigen: Liste zum Lagertyp) nutzen. Alternativ können Sie Transportbedarfe auch materialbezogen, mit der Transaktion LB11 (Transportbedarf anzeigen: Liste zum Material), in Transportaufträge umsetzen. Möchten Sie einen Gesamtüberblick über alle Transportbedarfe auf Positionsebene erlangen, können Sie hierfür die Transaktion LX09 (Transportbedarfe mit bearbeiteten Mengen in Prozenten) verwenden (siehe Abbildung 5.12).

```
Transportbedarfe mit bearbeiteten Mengen in Prozenten
 ◄ ◄ ► ►  🔍 ▽  🖨 ▽  📋 📋 Auswählen   📋 Sichern    Σ  ▽ 📋  ℹ

Transportbedarfe mit bearbeiteten Mengen in Prozenten

| LNr   TB-Nummer BWA Pr T Typ Lagerplatz MatBeleg    B BedarfsNr  Erstelldat Pos
| Pos Material           Werk LOrt Charge     B S Sonderbestandsnummer                TB-Menge  TA-Menge AME Stand %

500 0000000061 101     E 902 4500000012 5000000058 B 4500000012 13.03.2013
0001 M905              5000 5000                                                    2         2 ML  100,00

500 0000000062 101     E 902 4500000012 5000000059 B 4500000012 13.03.2013
0001 M905              5000 5000                                                    2         2 ML  100,00

500 0000000063 101     E 902 4500000012 5000000060 B 4500000012 13.03.2013
0001 M905              5000 5000                                                    1         1 ML  100,00
```

Abbildung 5.12 Transportbedarfe mit bearbeiteten Mengen in Prozenten

5.3 Umbuchungsanweisungen

Umbuchungsprozesse in der Bestandsführung (z. B. Umbuchung von Q an F, Bewegungsart 321), die sich auf Bestände eines WM-verwalteten Lagerorts beziehen, führen in WM zu einer *Umbuchungsanweisung*. In WM übernimmt dieser Beleg eine ähnliche Funktion wie der Transportbedarf, da dieser die geplante Umbuchungsaktivität widerspiegelt und als Grundlage der Transportauftragserstellung dient.

Die Umbuchungsanweisung enthält alle für die weitere Prozessabwicklung in WM erforderlichen Daten wie Materialnummern und -mengen sowie insbesondere die durch die Umbuchung bestandsführungsseitig bewirkten Änderungen. Ausgangs- und Zielinformationen werden daher in der Umbuchungsanweisung einander gegenübergestellt. Außerdem hält das System in diesem Beleg die WM-Bewegungsart, die den Prozessablauf steuert, sowie den Umbuchungslagertyp und -lagerplatz fest (siehe Abbildung 5.13).

Abbildung 5.13 zeigt eine Umbuchungsanweisung zu einer Umbuchung aus dem Q-Bestand an den freien Lagerbestand mit der Bewegungsart 321 (Bestandsführung und WM). Im Schnittstellenlagertyp 922 auf dem Schnittstellenlagerplatz TR-Zone erzeugt das System im Zuge der Umbuchung ein negatives Quant für die abgebende Materialmenge bzw. die geänderte Materialmenge in ihrem Zustand vor der Umbuchung (Q-Bestand). Zugleich erzeugt es ein positives Quant für die empfangende Materialmenge bzw. die geänderte Materialmenge in ihrem Zustand nach der Umbuchung (freier Bestand). Das negative Quant ist eine Konstruktion, die das System nutzt, um abzubilden, dass die Bestandsführung eine Änderung verbucht hat, die in WM noch nicht nachvollzogen wurde.

```
┌─────────────────────────────────────────────────────────────────┐
│ Umbuchungsanweisung anlegen: Positionsbild                      │
│                                                                 │
│ Lagernummer       500              WE-Nummer                    │
│ Umbuchungstext    Umbuchungsanweisung Qualitätsbestand          │
│ ┌Umbuchungssteuerung────────────┐ ┌Umbuchungsplatz───────────┐  │
│ │ Bewegungsart      321         │ │ Lagertyp       922       │  │
│ │ Transp.priorität              │ │ Lagerplatz     TR-ZONE   │  │
│ │ Autom.TA                      │ │                          │  │
│ └───────────────────────────────┘ └──────────────────────────┘  │
│ ┌Umzubuchender Bestand──────────────────────────────────────┐   │
│                    Von Material              An Material        │
│ Material           P-100                     P-100              │
│ Werk               5000                      5000               │
│ Lagerort           5000                      5000               │
│ Bestandsqual.      Q                         *                  │
│ Charge                                       *                  │
│ Sonderbestand                                *                  │
│                                                                 │
│ Umbuchungsmenge    5              0,000                         │
│ Offene Menge       0,000                                        │
└─────────────────────────────────────────────────────────────────┘
```

Abbildung 5.13 Umbuchungsanweisung anzeigen (Positionsdaten)

Die anschließende Transportauftragserstellung erfolgt mit Bezug zur Umbuchungsanweisung. Mit der Transportauftragserstellung werden die Lagerplätze angegeben, auf denen sich die umzubuchenden Materialbestände befinden. Der Status der Transportauftragserstellung und Quittierung wird in der Umbuchungsanweisung festgehalten und kann über den Button BEARBEITUNGSSTAND... angezeigt werden.

Die Umbuchung von Materialbeständen muss nicht notwendigerweise mit einer physischen Materialbewegung verbunden sein. Möchten Sie eine Umbuchung am Lagerplatz erreichen, können Sie dies entweder in der WM-Bewegungsart oder direkt in den Customizing-Einstellungen des entsprechenden Lagertyps festlegen.

Umbuchungsanweisungen

Die Erstellung von Umbuchungsanweisungen in WM erfolgt wie die Transportbedarfserstellung über die Verknüpfung der Referenzbewegungsart und der WM-Bewegungsart (Tabelle T321) im Customizing über LOGISTIK • LOGISTICS EXECUTION • LAGERVERWALTUNG • SCHNITTSTELLEN • BESTANDSFÜHRUNG • BEWEGUNGSARTEN DEFINIEREN • LE-WM-SCHNITTSTELLE ZUR BESTANDSFÜHRUNG. Zur Erstellung einer Umbuchungsanweisung zur WM-Bewegungsart muss das Kennzeichen UMBUCHUNGSANWEISUNG (T321_UBFKZ) markiert sein.

5.4 Transportaufträge – zentrale Belege in WM

Transportaufträge sind die zentralen Belege in WM. Jede Materialbewegung im Lager erfordert einen Transportauftrag. Dabei ist nicht entscheidend, ob es sich um eine reale Bewegung (wie bei Ein-, Aus- und Umlagerungen) oder um eine »logische« Bewegung (wie bei Umbuchungen) handelt.

Transportaufträge können als Einzelbelege manuell angelegt werden. Im betrieblichen Alltag müssen jedoch in der Regel zahlreiche Belege in kurzer Zeit verarbeitet werden. Daher sind Möglichkeiten der Prozessautomatisierung für die Praxis von großer Bedeutung. In WM wird dabei aufgrund des Vorgängerbelegs zwischen verschiedenen Arten und Formen der Transportauftragserstellung unterschieden (siehe Abbildung 5.14).

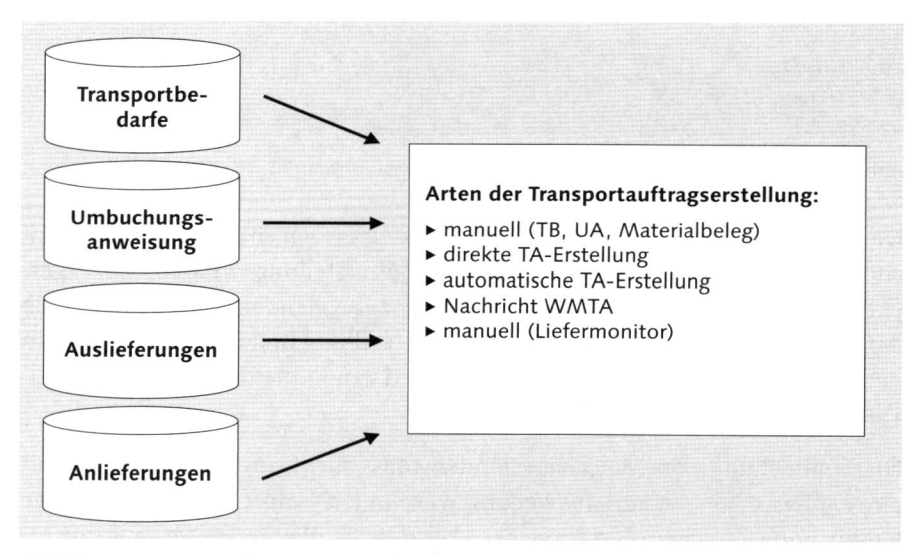

Arten der Transportauftragserstellung:
- manuell (TB, UA, Materialbeleg)
- direkte TA-Erstellung
- automatische TA-Erstellung
- Nachricht WMTA
- manuell (Liefermonitor)

Eingangsbelege: Transportbedarfe, Umbuchungsanweisung, Auslieferungen, Anlieferungen

Abbildung 5.14 Arten der Transportauftragserstellung

Bei einer Wareneingangsbewegung, ob zu einer Bestellung oder zu einer Anlieferung, ist stets der empfangende Lagerort anzugeben. In WM muss jedoch aufgrund des buchungstechnischen Ablaufs zwischen zwei unterschiedlichen Vorgehensweisen differenziert werden.

Zum einen werden die Transportauftragserstellung für Warenbewegungen betrachtet, die buchungstechnisch bereits in der Bestandsführung abgeschlossen sind und in WM nachgezogen werden müssen (z. B. WE zur Bestellung, WA zum Fertigungsauftrag). Die Transportauftragserstellung erfolgt in diesem Szenario mit Bezug zu einem Transportbedarf oder bei einer Umbu-

5.4 Transportaufträge – zentrale Belege in WM

chung zu einer Umbuchungsanweisung. Zur Automatisierung der Transportauftragserstellung stehen hier die Verfahren der direkten und automatischen Transportauftragserstellung zur Verfügung.

Zum anderen werden in WM Materialbewegungen betrachtet, die mit Bezug zu Lieferbelegen (An- und Auslieferung) ausgeführt werden. Die Transportauftragserstellung erfolgt in diesem Fall mit Bezug zur Lieferung. Um Transportaufträge automatisiert zu erstellen, können hier Funktionen der Nachrichtenfindung (Nachricht WMTA) oder der Liefermonitor genutzt werden. Aufgrund der engen Verknüpfung mit der Lieferabwicklung werden diese Arten der Transportauftragserstellung in Kapitel 10, »Lieferabwicklung in WM«, gesondert betrachtet.

Gemeinsam haben beide Abläufe, dass beim Anlegen des Transportauftrags, buchungstechnisch gesehen, ein- bzw. auslagerungsrelevante Einstellungen auf Stammdaten- und Customizing-Ebene verarbeitet werden, um final die entsprechenden Lagertypen, -bereiche und -plätze zu ermitteln.

Transportaufträge bestehen wie Transportbedarfe aus einem Kopf- und einem Positionssegment. Nach dem Einstieg in die Transportauftragsanzeige gelangen Sie zunächst in die allgemeine Positionsliste des Transportauftrags (siehe Abbildung 5.15).

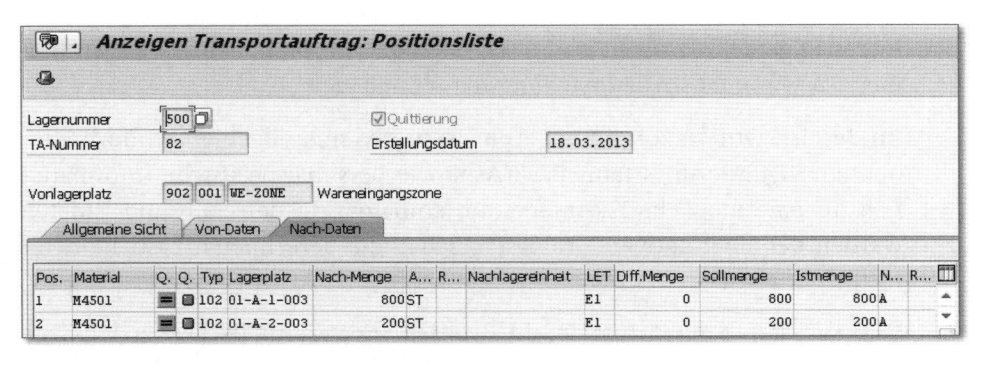

Abbildung 5.15 Transportauftrag anzeigen (Positionsliste)

In der Positionsliste sehen Sie die Registerkarten ALLGEMEINE SICHT, VON-DATEN und NACH-DATEN. Auch hier verzweigen Sie mit dem Button (KOPF) in die Kopfdaten des Belegs.

Die Kopfinformationen des Transportauftrags sind in die Bereiche Allgemeine Daten, QUITTIERUNG, SOLL- UND ISTDATEN, REFERENZDATEN und SONSTIGE DATEN unterteilt (siehe Abbildung 5.16).

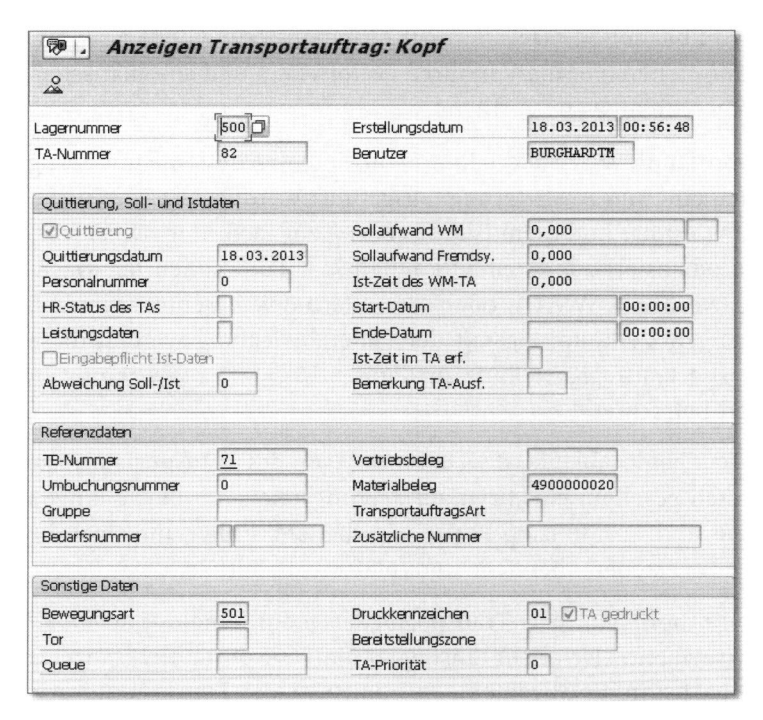

Abbildung 5.16 Transportauftragskopf anzeigen

In den allgemeinen Daten sind übergreifende Informationen wie Lagernummer, TA-Nummer sowie Erstellungsdatum und -zeit abgelegt.

Im Bereich QUITTIERUNG, SOLL- UND ISTDATEN sind allgemeine Informationen zum Quittierungsstatus des TAs sowie personalspezifische Informationen für eine mögliche HR-Integration enthalten. In den Soll- und Istdaten werden bei einer aktiven Groblastvorschau die berechneten Lastparameter fortgeschrieben.

Wie aus dem Namen hervorgeht, werden im Bereich REFERENZDATEN die referenzierenden Belege des Transportauftrags abgelegt. Hierbei kann es sich um Transportbedarfe, Lieferungen, Bestellungen, Materialbelege etc. handeln.

Im Bereich SONSTIGE DATEN des Transportauftragskopfs finden Sie Informationen zur Bewegungsart, zum Druckstatus des TAs und zur TA-Priorität.

Darüber hinaus werden Informationen zu Verlade- oder Entladetoren sowie zu den entsprechenden Bereitstellzonen fortgeschrieben. Sollten Sie die RF-Funktionalität in WM nutzen, wird auch die dem Transportauftrag automatisch zugeordnete Queue im Transportauftragskopf festgehalten. Dies bewirkt u. a., dass die RF-Queue als Splitkriterium bei der TA-Erstellung agiert.

Analog zu den TA-übergreifenden Parametern des Transportauftragskopfs sind in den Positionsdaten des Transportauftrags die Materialmengen sowie die mengen-, lagertyp- und platzspezifischen Informationen abgelegt (siehe Abbildung 5.17).

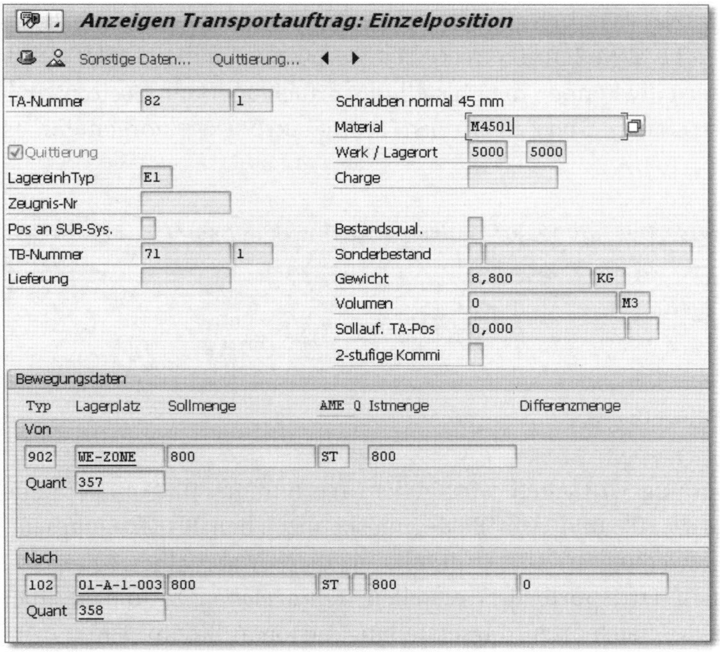

Abbildung 5.17 Transportauftragsposition anzeigen

In den Positionsdaten des Transportauftrags werden die material-, mengen- und bewegungsrelevanten Informationen der Materialbewegung festgehalten. In den sonstigen Daten (Button SONSTIGE DATEN...) der TA-Position erhalten Sie weitere inventur- und wareneingangsspezifische Informationen.

5.4.1 Direkte Transportauftragserstellung

Möchten Sie den administrativen Aufwand der Transportauftragserstellung im Lager minimieren und somit den Arbeitsvorbereitungsprozess optimieren, können Sie den Prozess so einrichten, dass Transportaufträge direkt mit der Buchung in der Bestandsführung erzeugt werden. Im Zuge einer Wareneingangsbewegung würde somit nicht nur ein Transportbedarf, sondern zusätzlich auch ein Transportauftrag als Folgebeleg erstellt werden. Dieses Verfahren empfiehlt sich immer dann, wenn die unverzügliche Weiterbearbeitung eines Vorgangs im Lager erforderlich ist. Ein typischer Prozess hierfür ist der Wareneingang von extern oder intern beschafften Materialien ohne manuellen Eingriff in Lagertyp und Platzfindung.

Die Entscheidung für die direkte Transportauftragserstellung treffen Sie für eine WM-Bewegungsart im Customizing über LOGISTIK • LOGISTICS EXECUTION • LAGERVERWALTUNG • SCHNITTSTELLEN • BESTANDSFÜHRUNG • BEWEGUNGSARTEN DEFINIEREN • LE-WM-SCHNITTSTELLE ZUR BESTANDSFÜHRUNG (siehe Abbildung 5.18). Alternativ können die Einstellungen auch über den Customizing-Punkt SCHNITTSTELLEN • DIREKTE TA-ERSTELLUNG AKTIVIEREN vorgenommen werden.

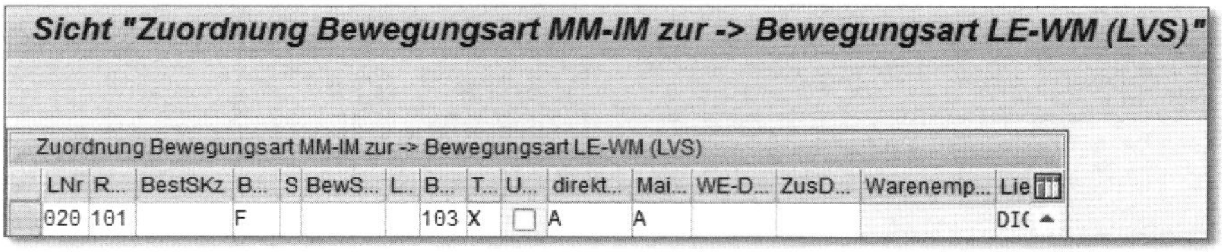

Sicht "Zuordnung Bewegungsart MM-IM zur -> Bewegungsart LE-WM (LVS)"												
Zuordnung Bewegungsart MM-IM zur -> Bewegungsart LE-WM (LVS)												
LNr	R...	BestSKz	B...	S	BewS...	L...	B...	T...	U...	direkt...	Mai...	WE-D...	ZusD...	Warenemp...	Lie
020	101		F					103	X	A	A				DI(

Abbildung 5.18 Customizing der direkten TA-Erstellung

Wie Sie in Abbildung 5.18 sehen, wird in der Lagernummer 020 mit der Referenzbewegungsart 101 und dem Bewegungskennzeichen F (Fertigungsauftrag) die WM-Bewegungsart 103 ermittelt. Für diese Materialbewegung soll das System einen Transportbedarf erstellen (Kennzeichen X) und darüber hinaus die direkte Transportauftragserstellung anstoßen (Kennzeichen A im Feld DIREKTE TA-ERSTELLUNG). Abbildung 5.19 veranschaulicht den prozesstechnischen Ablauf der direkten TA-Erstellung.

Aufgrund fehlender Stammdaten oder einer begrenzten Lagerkapazität (keine freien Lagerplätze) kann es vorkommen, dass die direkte Transportauftragserstellung nicht erfolgreich abgeschlossen werden kann. In diesem Fall können Sie zusätzlich mit der Mail-Funktionalität (Feld MAIL) eine automatische Fehlermeldung zur Nacharbeit erstellen.

Das Kennzeichen MAIL müssen Sie vorab im Customizing von WM über LOGISTIK • LOGISTICS EXECUTION • LAGERVERWALTUNG • SCHNITTSTELLEN • DIREKTE TA-ERSTELLUNG AKTIVIEREN definieren (siehe Abbildung 5.20).

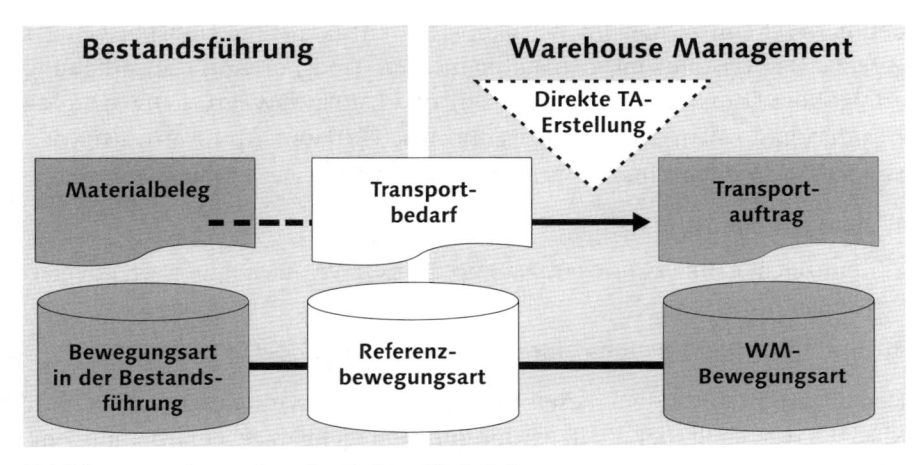

Abbildung 5.19 Prozessfluss der direkten TA-Erstellung

Abbildung 5.20 Mail-Steuerung der direkten TA-Erstellung

In der Mail-Steuerung entscheiden Sie, ob der Empfänger der Nachricht der jeweilige Belegnutzer oder ein festgelegter Benutzer ist. Würde die direkte Transportauftragserstellung zur Materialbewegung fehlschlagen, würde entweder der Benutzer, der die Buchung ausgeführt hat, oder ein entsprechend festgelegter Benutzer die Fehlermeldung erhalten.

5.4.2 Automatische Transportauftragserstellung

Die automatische Transportauftragserstellung nutzen Sie, wenn Transportaufträge automatisch, jedoch nicht direkt mit der Bestandsführungsbuchung erzeugt werden sollen. Ein Beispiel hierfür ist die periodische Erstellung von Transportaufträgen, um Arbeitswellen im Lager abzuwickeln. Darüber hinaus findet die automatische Transportauftragserstellung auch bei der lagerinternen Nachschubabwicklung Verwendung, um Nachschubbedarfe in Transportaufträge umzuwandeln.

Bei der automatischen Transportbedarfserstellung wird nach einer Bewegungsbuchung in der Bestandsführung oder in WM zunächst nur ein zuvor definiertes Kennzeichen im Belegkopf des entstandenen Transportbedarfs gesetzt. Das Customizing der automatischen Transportauftragsbearbeitung erfolgt über LOGISTIK • LOGISTICS EXECUTION • LAGERVERWALTUNG • VORGÄNGE • TRANSPORTE • AUTOM. TA-ERSTELLUNG FÜR TB/UMBUCHUNGSANWEISUNGEN EINRICHTEN und wird in drei wesentlichen Schritten ausgeführt:

1. automatische TA-Erstellung – Steuerung
2. Kennzeichen BEWEGUNGSARTEN ZUORDNEN (WM-Bewegungsart pflegen) setzen
3. Hintergrundverarbeitung einrichten (Batch-Job RLAUTA10)

Der Transportauftrag zu diesem Transportbedarf wird durch den Report RLAUTA10 erstellt, der als Batch-Job für die regelmäßige Verarbeitung eingeplant werden kann. Das Anlegen der Transportaufträge kann so an die Arbeitsrhythmen im Lager angepasst werden. Falls erforderlich, findet der Sammelgang zu betriebsärmeren Zeiten statt, um die Arbeitslast des Systems zu minimieren. Der Gesamtprozess der automatischen TA-Erstellung ist schematisch in Abbildung 5.21 dargestellt.

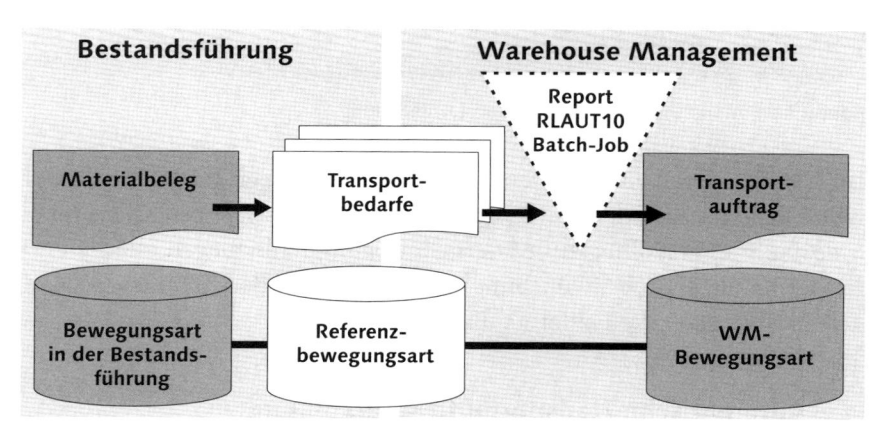

Abbildung 5.21 Prozessfluss der automatischen Transportauftragserstellung

Sie entscheiden für jede WM-Bewegungsart, ob eine automatische Transportauftragserstellung möglich sein soll, indem Sie ein entsprechendes Kennzeichen in den Stammdaten der Bewegungsart setzen (siehe Abbildung 5.8). Wie bei der direkten Transportauftragserstellung können Sie auch bei der automatischen Transportauftragsverarbeitung eine Mail-Steuerung für den Fehlerfall einstellen.

Möchten Sie Transportbedarfe vorziehen oder generell manuell Transportaufträge anlegen, ist dies jederzeit möglich, da das Kennzeichen für die automatische Transportauftragserstellung nicht verhindert, dass eine manuelle Belegverarbeitung stattfindet.

5.4.3 Transportauftragsdifferenzen

Unter *Transportauftragsdifferenzen* werden Fehlmengen verstanden, die während einer Ein-, Aus- oder Umlagerung erkannt werden und somit zu einer Abweichung im Transportauftrag führen, da die im Transportauftrag vorgesehene Menge nicht vollständig quittiert werden kann.

> **Gründe für Transportauftragsdifferenzen**
>
> Paletten können während der Auslagerung beschädigt werden; Materialien können aufgrund falscher Stapelung im Blocklager zerbrechen; Ware kann gestohlen werden oder beim Einlagern verloren gehen. In einem Lager kann es die unterschiedlichsten Gründe geben, die zu einer Differenz führen können.

Um die korrekte Menge im Lager zu erfassen und den Prozess ohne Unterbrechung fortzuführen, ist es in solchen Fällen sinnvoll, dem System die bei der Warenbewegung aufgetretene bzw. festgestellte Differenz beim Quittieren des Transportauftrags mitzuteilen.

Stellt der Bearbeiter während der Ein- oder Auslagerung eine Differenz fest, hält er die Fehlmenge beim Quittieren im Transportauftrag fest. Mithilfe eines *Differenzenkennzeichens* steuert er die weitere Behandlung dieser Differenz im Lager und in der Bestandsführung. Differenzmengen, die auf Fehler im Lager zurückzuführen sind, werden in der Regel in einen eigenen Schnittstellenlagertyp eingelagert. In einem SAP-ERP-Standardsystem ist für diesen Zweck der Lagertyp 999 vorgesehen. Abschließend muss die Fehlmenge noch vom Lagerort abgebucht werden, damit auch die Bestandsführung korrekte Zahlen aufweist.

> **Differenzen**
>
> Beachten Sie, dass in den verschiedenen Lagerprozessen unterschiedliche administrative Schritte auszuführen sind, wenn bei der TA-Quittierung eine Differenz festgestellt wird.

In Tabelle 5.2 werden wesentliche Hauptprozesse im Lager sowie die notwendigen buchungstechnischen und administrativen Aktivitäten dargestellt, die ausgeführt werden müssen, wenn im Prozessfluss eine Differenz festgestellt wird.

Nr.	Prozess	Grund für Differenz	Notwendige Aktivitäten
1.1	WE zur Bestellung IM-Bew. 101 → Bestand in MM/IM vorhanden → Einlagerung in WM	Kartons einer Palette wurden nach der WE-Buchung im Lager beschädigt.	1. Transportauftrag quittieren mit Differenz (Differenzenkennzeichen »_«) → automat. Umbuchung der Differenz auf Schnittstellenlagertyp 999 2. Ausbuchen der Differenz (Transaktion LI21) → Bestandsabgleich in MM/IM
1.2	WE zur Bestellung IM-Bew. 101 → Bestand in MM/IM vorhanden → Einlagerung in WM	Nach der WE-Buchung wurde festgestellt, dass eine Fehlmenge vom Lieferanten vorliegt.	1. Transportauftrag quittieren mit Differenz (Differenzenkennzeichen 1) → Rücklagerung der Differenzmenge auf WE-Schnittstellenlagertyp 902 2. Teilstorno der WE-Buchung zum Abgleich der Bestandsmenge in der Bestandsführung
2	Lagerinterne Umlagerung Lagerplatz an Lagerplatz WM-Bew. 999	Kartons einer Palette wurden bei der Auslagerung beschädigt.	1. Transportauftrag quittieren mit Differenz (Differenzenkennzeichen »_«) → automat. Umbuchung der Differenz auf Schnittstellenlagertyp 999 2. Ausbuchen der Differenz (Transaktion LI21) → Bestandsabgleich in MM/IM
3.1	WA zum Fertigungsauftrag mit MM/IM-Bewegungsart 261 R Bestand in MM/IM bereits reduziert → Auslagerung in WM	Fehlmenge wurde in WM festgestellt (Schwund). Material ist noch auf einem weiteren Platz vorhanden.	1. Transportauftrag quittieren mit Differenz (Differenzenkennzeichen »_«) → automat. Umbuchung der Differenz auf Schnittstellenlagertyp 999 2. Ausbuchen der Differenz (Transaktion LI21) 3. neuen Transportauftrag mit anderem Lagerplatz anlegen 4. Transportauftrag quittieren
3.2	WA zum Fertigungsauftrag mit MM/IM-Bewegungsart 261 R Bestand in MM/IM bereits reduziert → Auslagerung in WM	Fehlmenge wurde in WM festgestellt (Schwund). Material ist nicht mehr im Lager vorhanden (kein Restbestand).	1. Transportauftrag quittieren mit Differenz (Differenzenkennzeichen »_«) → automat. Umbuchung der Differenz auf Schnittstellenlagertyp 999 2. Materialbelegposition stornieren 3. Differenz ausbuchen (Transaktion LI21) 4. neue Materialbelegposition mit der verfügbaren Menge anlegen

Tabelle 5.2 Differenzenabwicklung in Lagerprozessen

5.4 Transportaufträge – zentrale Belege in WM

Nr.	Prozess	Grund für Differenz	Notwendige Aktivitäten
4.1	WA zur Auslieferung Bewegungsart 601 → Transportauftrag quittieren	Fehlmenge wurde in WM festgestellt (Schwund). Material ist noch auf einem weiteren Platz vorhanden.	1. Transportauftrag quittieren mit Differenz (Differenzenkennzeichen »_«) → automat. Umbuchung der Differenz auf Schnittstellenlagertyp 999 2. Ausbuchen der Differenz (Transaktion LI21) 3. neuen Transportauftrag mit anderem Lagerplatz anlegen 4. Transportauftrag quittieren
4.2	WA zur Auslieferung Bewegungsart 601 → Transportauftrag quittieren	Fehlmenge wurde in WM festgestellt (Schwund). Material ist nicht mehr im Lager vorhanden (kein Restbestand).	1. Transportauftrag quittieren mit Differenz (Differenzenkennzeichen »_«) → automat. Umbuchung der Differenz auf Schnittstellenlagertyp 999 2. Ausbuchen der Differenz (Transaktion LI21) 3. entweder Liefermenge anpassen (→ Teillieferung) → negativer Einfluss auf den Mengenservice-Level 4. oder warten, bis wieder Bestand im Lager vorhanden ist → negativer Einfluss auf die Gesamtdurchlaufzeit → negativer Einfluss auf den Gesamtservice-Level und die Durchlaufzeit, da keine termingerechte Belieferung erfolgt

Tabelle 5.2 Differenzenabwicklung in Lagerprozessen (Forts.)

Die Definition der Differenzeneinstellungen erfolgt im Customizing von WM über LOGISTIK • LOGISTICS EXECUTION • LAGERVERWALTUNG • VORGÄNGE • QUITTIERUNG • DEFINITION DIFFERENZENKENNZEICHEN (siehe Abbildung 5.22).

Sicht "Differenzenkennzeichen" ändern: Übersicht

LNr	DiffKz	Bezeichnung	Typ	Diff.Platz	TA	Von...	TB anpassen	Ab...
700		Bestandsdifferenz	999		✓	☐		
700	1	Diebstahl	999	LOST&FOUND	☐	☐		
700	2	Vonlagerplatz			☐	✓		

Abbildung 5.22 Differenzenkennzeichen definieren

In Abhängigkeit vom Differenzenkennzeichen können die Differenzen in unterschiedliche Schnittstellenlagertypen und auf Plätze sowie auf den Vonplatz des Transportauftrags gebucht werden, von dem dann im weiteren Prozessverlauf das Ausbuchen der Differenzen mit der Transaktion LI21 stattfindet.

Beachten Sie, dass die Transportauftragsquittierung aktiviert sein muss, um Transportauftragsdifferenzen zu erfassen. Bei einer automatischen Transportauftragsquittierung kann nicht nachträglich eingegriffen werden.

5.5 Bewegungssonderkennzeichen

Nicht in allen Fällen sollen die prozesssteuernden Einstellungen in WM für die Gesamtheit aller Materialien gelten. Das *Bewegungssonderkennzeichen* ist ein Instrument, mit dem Sie die Auswirkungen bestimmter Einstellungen sowie den Materialfluss bestimmter Materialien und Prozesse gezielt steuern können.

Grundsätzlich dient das Bewegungssonderkennzeichen dazu, ausgewählte Materialien beim Ein-, Aus- oder Umlagern anders zu behandeln als die große Masse. Anders bedeutet in diesem Zusammenhang, dass die Materialbewegung des betroffenen Materials aufgrund des Bewegungssonderkennzeichens gezielt in eine konträre Richtung gesteuert wird.

Darüber hinaus kann das Bewegungssonderkennzeichen auch materialunabhängig genutzt werden, um gezielt bei einzelnen Bestandsführungsbuchungen den weiteren Prozessverlauf im Lager individuell zu steuern. Bei dieser Sonderbehandlung könnte es sich z. B. um eine direkte Transportauftragserstellung oder um die Einlagerung in einen bestimmten Lagertyp handeln.

Zwei Anwendungsbereiche, in denen Sie das Bewegungssonderkennzeichen effizient zur Materialflusssteuerung einsetzen können, sind zum einen die gesonderte Bewegungsarten- und Lagertypfindung und zum anderen die Einlagerung ohne Zwischenlagerung in der Wareneingangszone.

5.5.1 Gesonderte Bewegungsarten- und Lagertypfindung

Zur Demonstration der Wirkungsweise des Bewegungssonderkennzeichens betrachten wir den Prozess WARENEINGANG ZUR BESTELLUNG des Materials KF1002 – einmal ohne und einmal mit Verwendung eines Bewegungssonderkennzeichens. Abbildung 5.23 zeigt zunächst den Wareneingangsprozess ohne Verwendung des Bewegungssonderkennzeichens.

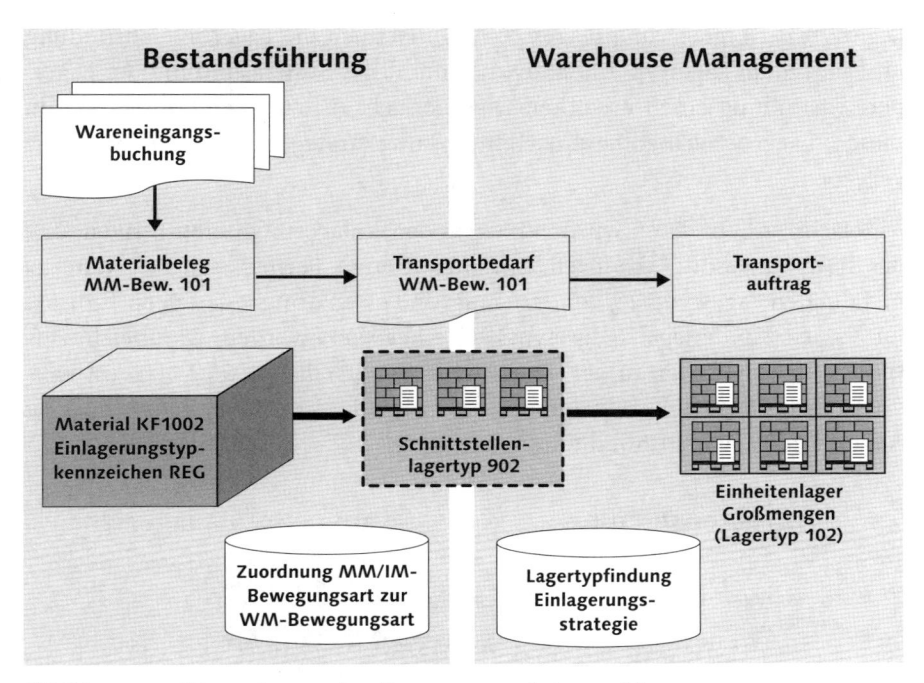

Abbildung 5.23 Wareneingang ohne Bewegungssonderkennzeichen

Die Wareneingangsbuchung erfolgt in unserem Beispiel mit der Bestandsführungsbewegungsart 101 mit der Transaktion MIGO. Da die Wareneingangsbuchung auf einen WM-verwalteten Lagerort verweist, prüft das System in den Einstellungen der Zuordnung der MM/IM-Bewegungsarten zu den WM-Bewegungsarten, welche WM-Bewegungsart zur Ausführung der Materialbewegung herangezogen werden soll. In den Customizing-Einstellungen verweist die Bestandsführungsbewegungsart 101 auf die Referenzbewegungsart 101 und ermittelt somit die WM-Bewegungsart 101. Dieselbe Customizing-Tabelle steuert auch die Transportbedarfsrelevanz für die Folgebearbeitung in WM.

Die WM-Bewegungsart 101 verweist in den Stammdaten der Bewegungsart auf den Schnittstellenlagertyp 902 – WE-Zone. Nach Ermittlung der relevanten Daten wird daraufhin mit Referenz zum Materialbeleg ein Transportbedarf in WM angelegt. Der Transportbedarf dient als planerisches Element zur Einlagerung in WM.

Soll das als Wareneingang gebuchte Material KF1002 nun eingelagert werden, wird in WM ein Transportauftrag benötigt. Mit der Erstellung des Transportauftrags ermittelt das System anhand des Einlagerungstypkennzeichens REG aus dem Materialstamm des Materials KF1002 den entsprechenden

5 | Elemente der Prozesssteuerung in WM

Lagertyp zur Einlagerung (Lagertyp 120). Ist auch die Lagerbereichsfindung im ermittelten Lagertyp 120 aktiv, bestimmt das System mithilfe der Lagerbereichsfindung einen erlaubten Lagerbereich. Abschließend wird dann in diesem Lagerbereich anhand der Einlagerungsstrategie der finale Lagerplatz vergeben.

Als Nächstes betrachten wir den Prozess der Einlagerung unter Verwendung des Bewegungssonderkennzeichens. In unserem Beispiel soll das Material nicht in den Lagertyp 120, sondern aufgrund eines dringenden Bedarfs direkt im Kommissionierlager (Lagertyp 100) eingelagert werden. Darüber hinaus sollen die Materialien in der alternativen Bereitstellzone 930 platziert werden, um eine schnelle Einlagerung zu ermöglichen. Der systemtechnische Ablauf erfolgt, wie in Abbildung 5.24 gezeigt.

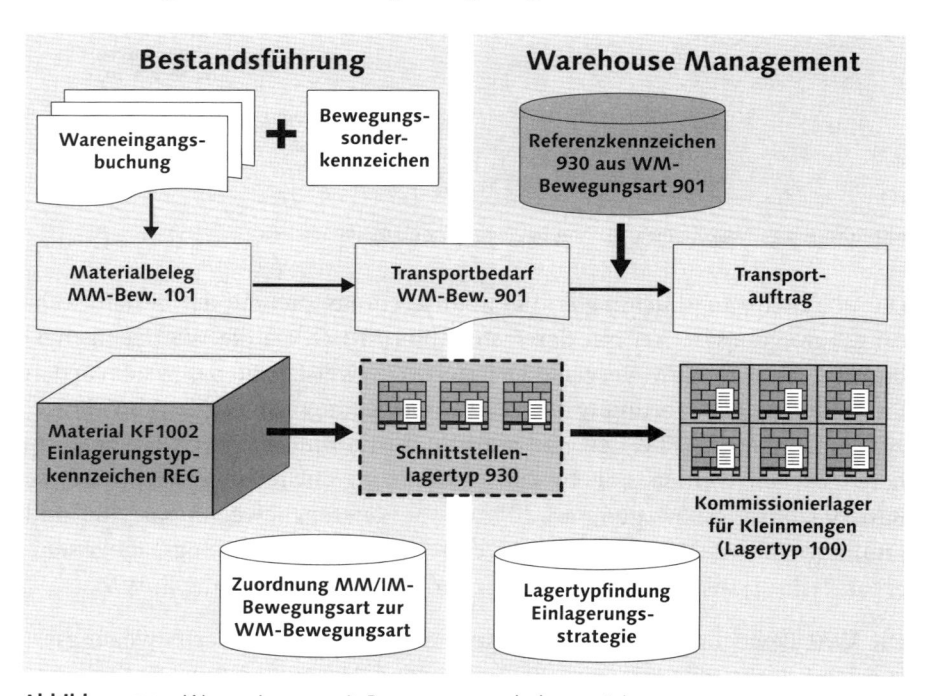

Abbildung 5.24 Wareneingang mit Bewegungssonderkennzeichen

Im Gegensatz zum vorher beschriebenen Prozessablauf setzen wir direkt beim Erfassen der Wareneingangsinformationen in der Transaktion MIGO das Bewegungssonderkennzeichen in den WM-Daten der Einlagerungsposition. Alle anderen Einlagerungs- bzw. Materialstammparameter entsprechen den in der vorangegangenen Ablaufdarstellung verwendeten Parametern (siehe Abbildung 5.25).

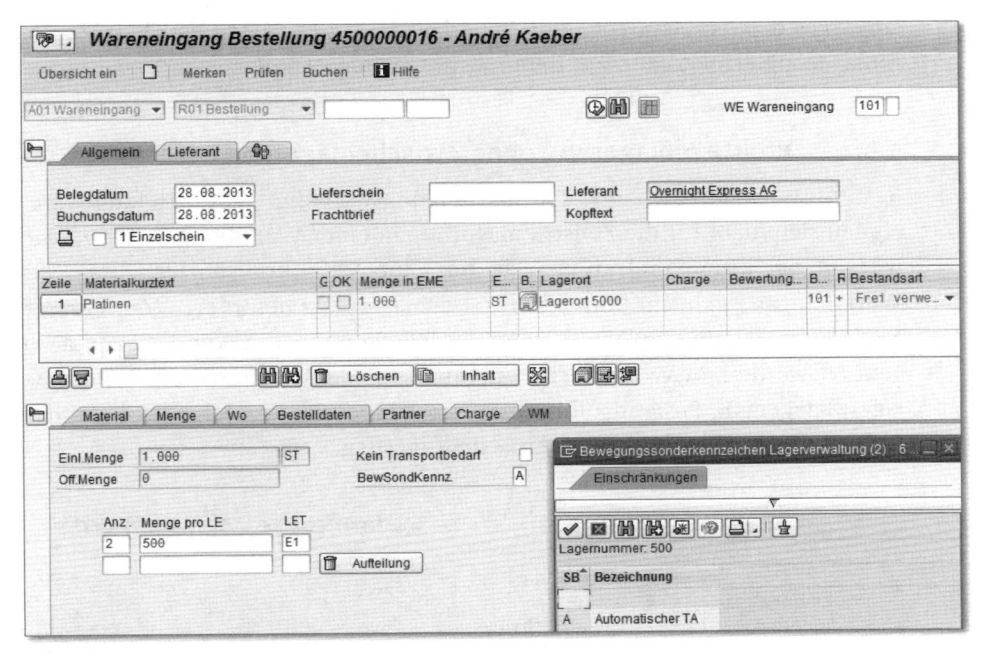

Abbildung 5.25 Bewegungssonderkennzeichen setzen (Transaktion MIGO)

Die Wareneingangsbuchung erfolgt mit der Bewegungsart 101 und bewirkt die direkte Anlage eines Materialbelegs in der Bestandsführung. Das System ermittelt zur Bestandsführungsbewegungsart 101 die Referenzbewegungsart 101 und findet nun in der Zuordnung der WM-Bewegungsart zur Referenzbewegungsart einen Eintrag für das Bewegungssonderkennzeichen A, das auf die WM-Bewegungsart 901 – WE Fremd Kommi. Lager – verweist. Die Transportbedarfserstellung soll analog zum vorherigen Szenario erfolgen.

Die WM-Bewegungsart 901 verweist in den Stammdaten der Bewegungsart auf den Schnittstellenlagertyp 930. Der Schnittstellenlagertyp, die WM-Bewegungsart 901 und weitere einlagerungsrelevante Informationen werden automatisch in den Transportbedarf übernommen.

In der Bewegungsart 930 wurde ebenfalls festgelegt, dass Einlagerungen mit dieser Bewegungsart immer in den Lagertyp 100 erfolgen sollen. Realisiert wird dies mit dem Kennzeichen REFERENZ LAGERTYPFINDUNG in der Bewegungsart (930), das bei der Transportauftragserstellung herangezogen wird. In der Lagertypfindung sucht das System mit dem Einlagerungstypkennzeichen REG und dem Referenzlagertypkennzeichen 930 einen entsprechenden Lagertyp. Das System findet aufgrund dieser Einstellungen das Kommissionierlager 100 und sucht aufgrund der Einlagerungsstrategie *Fixplatz des*

Lagertyps den Fixplatz aus dem Materialstamm des Materials KF1002. Die Einlagerung erfolgt dann auf dem entsprechenden Fixplatz.

5.5.2 Direkte Einlagerung ohne Zwischenlagerung

Bestimmte Materialien mit spezifischen Eigenschaften, z. B. Tiefkühlware, eignen sich nicht für die Zwischenlagerung in einer Wareneingangszone. Sie werden bei ihrem Eintreffen (z. B. mit einem Kühltransporter) direkt als Wareneingang gebucht und an ihren Nachlagerplatz befördert. Wenn dieser Nachlagerplatz ein Fixplatz ist, kann das Bewegungssonderkennzeichen dazu genutzt werden, WM für solche Vorgänge zu »deaktivieren«, ohne auf eine lagerplatzgenaue Bestandsführung zu verzichten. Prozesstechnisch kann der Ablauf wie in Abbildung 5.26 dargestellt werden.

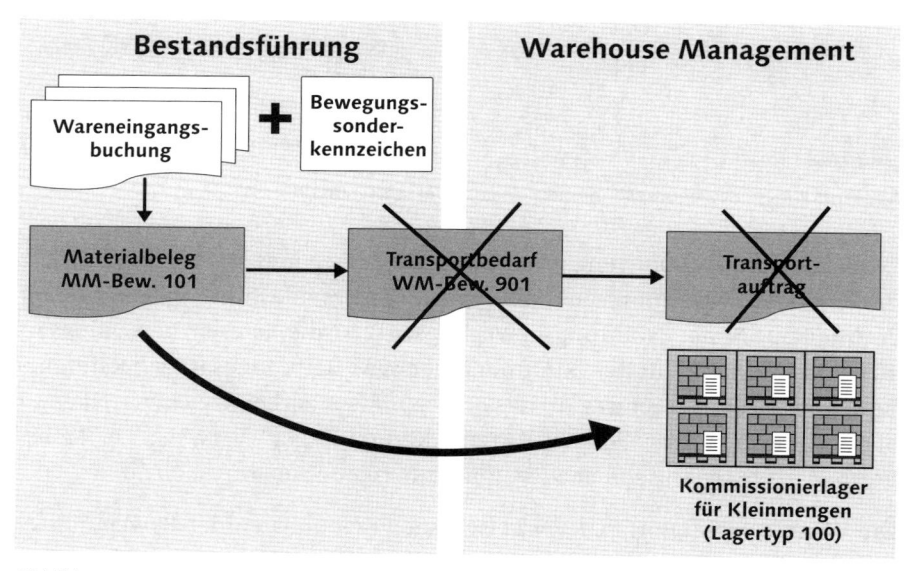

Abbildung 5.26 Direkte Einlagerung mit Bewegungssonderkennzeichen

Die Wareneingangsbuchung in der Bestandsführung bewirkt hier – anders als im Regelfall – nicht das Anlegen eines Transportbedarfs. Ein Transportauftrag für die Einlagerung ist ebenso wenig erforderlich, weil das System Nachlagertyp und -platz unmittelbar der Lagerverwaltungsbewegungsart bzw. dem Materialstamm entnimmt. Obwohl das Material nicht mit den üblichen Mitteln der Lagerverwaltung eingelagert wurde, ist der Platzbestand lagerverwaltet. Die Auslagerung könnte also wieder regelmäßig ablaufen.

Customizing

Die wesentlichen Customizing-Schritte zur Verwendung des Bewegungssonderkennzeichens sind in Tabelle 5.3 zusammengefasst.

Nr.	Customizing-Aktivität/-Hinweis	Customizing-Pfad
1.	Bewegungssonderkennzeichen definieren	LOGISTICS EXECUTION • LAGERVERWALTUNG • STAMMDATEN • MATERIAL • BEWEGUNGSSONDERKENNZEICHEN DEFINIEREN
2.	Zuordnung der Bewegungsart MM/IM zur WM-Bewegungsart	LOGISTICS EXECUTION • LAGERVERWALTUNG • SCHNITTSTELLEN • BESTANDSFÜHRUNG • BEWEGUNGSARTEN DEFINIEREN • LE-WM-SCHNITTSTELLE ZUR BESTANDSFÜHRUNG
3.1	▶ Gilt nur für Fixplatzlager. ▶ Customizing der WM-Bewegungsart ▶ Setzen Sie das Kennzeichen FIXP. (Fixplatz) anstelle des Kennzeichens DYN. (dynamischer Lagerplatz). Auf diese Weise ist sichergestellt, dass das System immer den Fixplatz des Materials laut Materialstamm ansteuert.	LOGISTICS EXECUTION • LAGERVERWALTUNG • VORGÄNGE • TRANSPORTE • BEWEGUNGSARTEN DEFINIEREN
3.2	▶ Gilt nur für Fixplatzlager. ▶ Deaktivieren Sie die Transportbedarfserstellung für die jeweilige Bewegungsart/Vorgangskombination.	LOGISTICS EXECUTION • LAGERVERWALTUNG • SCHNITTSTELLEN • BESTANDSFÜHRUNG • BEWEGUNGSARTEN DEFINIEREN • LE-WM-SCHNITTSTELLE ZUR BESTANDSFÜHRUNG

Tabelle 5.3 Customizing des Bewegungssonderkennzeichens

5.6 Lagerortsteuerung

Die Art der Lagerung und die bestandstechnische Verwaltung von Materialien können aufgrund der Teilevielfalt, der Geschäftsprozesse (Produktion oder Distribution) und Besitzverhältnisse sehr unterschiedlich ausgeprägt sein. Typische Praxisbeispiele hierfür sind die Trennung von Produktions-, Lager- und Versandbeständen, die Abbildung unterschiedlicher Besitzverhältnisse in einem Lager sowie die Verwaltung der Wareneingangsbestände in einem separaten Lagerort, um eine Verfügbarkeit für Versand und Produktion erst zum Zeitpunkt der Einlagerung zu erreichen.

Diese Prozess- bzw. Funktionsanforderungen können in WM mithilfe unterschiedlicher Lagerorte im Funktionsumfang der *Lagerortsteuerung* abgebildet werden. Ziel der Lagerortsteuerung ist es entweder, Lagerort-an-Lagerort-Umbuchungen, die in Wareneingangs- oder Warenausgangsprozessen erforderlich werden, situationsabhängig zu steuern oder Bestände bestimmter Lagerorte bei der Einlagerung in bestimmte Lagertypen zu lenken bzw. aus bestimmten Lagertypen zu kommissionieren. In diesem Abschnitt werden Sie zwei Möglichkeiten der Lagerortsteuerung sowie deren Customizing-Einstellungen detailliert kennenlernen, die Ihnen in der Praxis helfen, mehrere Lagerorte in einer Lagernummer abzubilden sowie die reale Bestandssituation in WM und in der Bestandsführung noch enger miteinander zu verbinden.

5.6.1 Wareneingangslagerort mit automatischer Bestandsumbuchung

Die Lagerortsteuerung kann dazu verwendet werden, einzulagernde Materialzugänge so lange als Bestand eines eigenen Lagerorts (Wareneingangslagerort) auszuweisen, bis die Einlagerung in WM mit der Quittierung des Transportauftrags abgeschlossen ist. Dieser Prozess erweist sich insbesondere bei Wareneingängen zur Bestellung, Fertigungsaufträgen und sonstigen Vorgängen als vorteilhaft, da so auch diejenigen, die keinen Zugang zu den Bestandsübersichten des WM-Systems haben, stets erkennen können, auf welche Bestände sie jeweils aktuell zugreifen können. Hintergrund ist die Tatsache, dass die Lagerortbestände nach der Wareneingangsbuchung bereits als verfügbarer Bestand für Produktion und Versand ausgewiesen werden, obwohl sich der Bestand noch physisch in der Wareneingangszone befinden kann. Dies kann im Lager dazu führen, dass die Auslagerungstransportaufträge zur Lieferung nicht angelegt werden können, da sich der Bestand noch nicht auf dem endgültigen Lagerplatz befindet. Abbildung 5.27 verdeutlicht den Prozessablauf des Wareneingangs unter Nutzung eines separaten Wareneingangslagerorts sowie mit aktiver Nutzung der Lagerortsteuerung.

Wie hier veranschaulicht wird, werden alle Wareneingänge zunächst zentral mit Bezug zum Wareneingangslagerort WE00 erfasst. Dieser Lagerort dient nur der Wareneingangsbuchung und signalisiert, wenn Bestände am Lagerort vorhanden sind, dass die entsprechende Einlagerungsquittierung der Transportaufträge noch nicht stattgefunden hat.

Der Lagerort 5000 bildet den Hauptlagerort, an dem in WM alle eingelagerten Bestände verwaltet werden und von dem im Regelfall kommissioniert wird. Der Lagerort 5000 wurde im Customizing von WM als STANDARDLAGERORT gekennzeichnet.

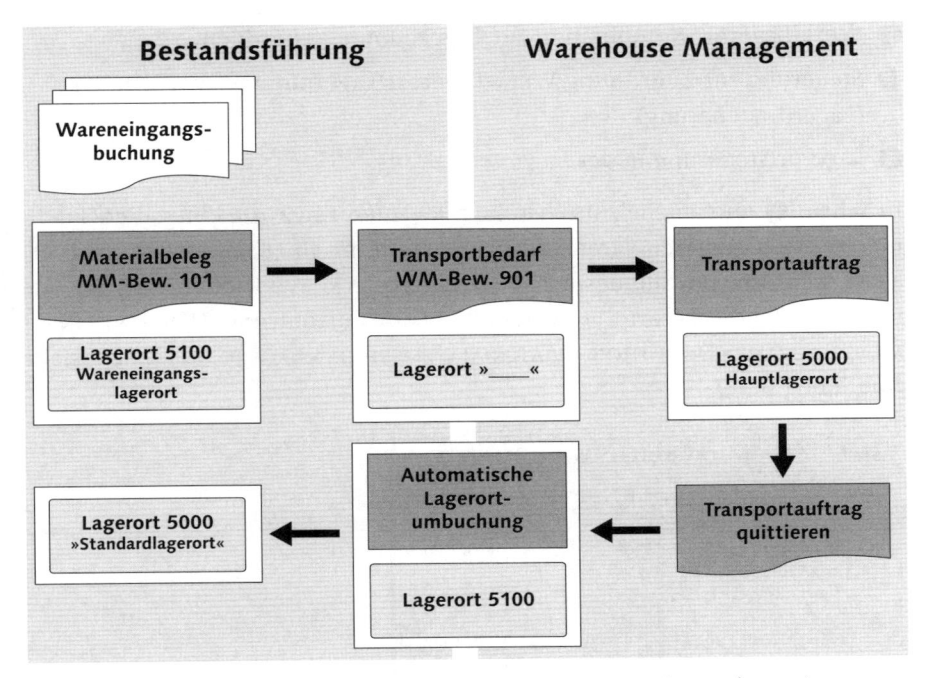

Abbildung 5.27 Ablauf des Wareneingangs mit separatem Wareneingangslagerort

Für den Wareneingangslagerort 5100 wurde festgelegt, dass er nicht in den Transportbedarf übernommen wird, der als Folge der Wareneingangsbuchung entsteht, denn der einzulagernde Bestand soll nach Abschluss der Einlagerung nicht dem Lagerort 5100, sondern dem Lagerort 5000 zugeordnet sein. Bei der Transportauftragserstellung zur Einlagerung füllt das System daher das (im Transportbedarf leere) Belegfeld LAGERORT mit dem Schlüssel des Standardlagerorts 5000. Die Umbuchung von Lagerort 5100 an den Hauptlagerort 5000 erfolgt entweder mit der Quittierung des Transportauftrags oder in einem separaten Schritt nach Abschluss der Einlagerung.

Ein wesentlicher bestandspolitischer Vorteil besteht darin, dass bis zum vollständigen Abschluss des Einlagerungsprozesses (TA-Quittierung) der einzulagernde Bestand je nach Konfiguration der Verfügbarkeitsprüfung entweder überhaupt nicht oder eindeutig als aktuell nicht auslagerbarer Bestand sichtbar ist.

Um diesen Prozess nutzen zu können, müssen Sie verschiedene Einstellungen im Customizing vornehmen. Im Wesentlichen besteht das Customizing aus den folgenden vier Aktivitäten:

① Lagerorte eines Werks definieren

② Werk-Lagerort-Kombination zur Lagernummer zuordnen

③ Steuerung zur Zuordnung Werk/Lagerort/Lagernummer vornehmen (Lagerortsteuerung)

④ Lagerortsteuerung in der Lagerverwaltung

In Schritt ① müssen Sie zunächst die relevanten Lagerorte eines Werks definieren. Möchten Sie Wareneingangsbestände in einem separaten Lagerort ausweisen, müssen mindestens zwei Lagerorte je Werk definiert sein. Die Definition der Lagerorte je Werk erfolgt im Customizing über UNTERNEHMENSSTRUKTUR • DEFINITION • MATERIALWIRTSCHAFT • LAGERORT PFLEGEN (siehe Abbildung 5.28).

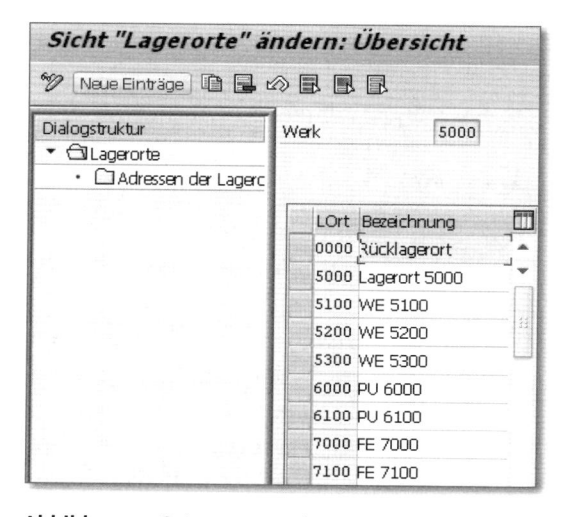

Abbildung 5.28 Lagerorte anlegen

Alle Wareneingänge sollen am zentralen Wareneingangslagerort 5100 erfasst werden. Die Materialien im Lager werden am Lagerort 5000 verwaltet.

In Schritt ② erfolgt die Zuordnung der Lagerorte 5100 und 5000 zur Lagernummer 500. Navigieren Sie hierfür im Customizing zu UNTERNEHMENSSTRUKTUR • ZUORDNUNG • LOGISTICS EXECUTION • LAGERNUMMER ZU WERK/LAGERORT ZUORDNEN (siehe Abbildung 5.29).

Abbildung 5.29 Lagernummer zu Werk/Lagerort zuordnen

In Schritt ❸ werden nun die ersten lagerortsteuerungsspezifischen Einstellungen vorgenommen. Um die Einstellungen vorzunehmen, wählen Sie im Customizing LOGISTICS EXECUTION • LAGERVERWALTUNG • SCHNITTSTELLEN • BESTANDSFÜHRUNG • LAGERORTSTEUERUNG. Zunächst wählen wir den Unterpunkt STEUERUNG ZUR ZUORDNUNG »WERK/LAGERORT – LAGERNUMMER« (siehe Abbildung 5.30).

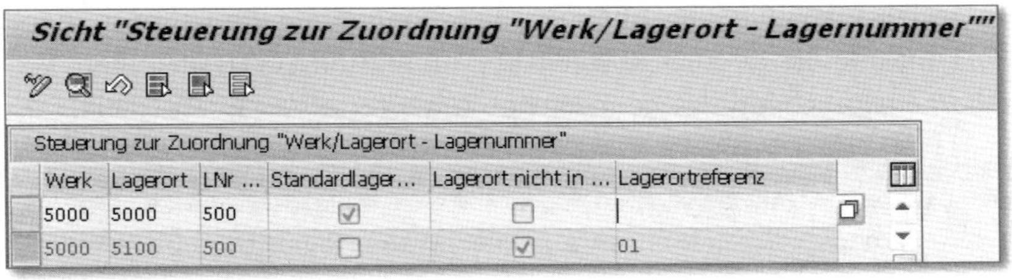

Abbildung 5.30 Steuerung zur Zuordnung »Werk/Lagerort – Lagernummer«

Wir kennzeichnen den Hauptlagerort 5000 als Standardlagerort, dem die physischen Lagerbestände im Lagerkomplex zugeordnet sind. Den Wareneingangslagerort 5100 kennzeichnen wir im Umkehrschluss als einen Lagerort, der nicht in den Transportbedarf übernommen wird. Die Wareneingangsbuchung erfolgt somit immer auf den Wareneingangslagerort 5100, der jedoch nicht im Transportbedarf erscheint.

Um die automatische Umbuchung vom Wareneingangslagerort an den Hauptlagerort zu aktivieren, muss nun noch in Schritt ❹ die Umbuchungssteuerung aktiviert werden. Diesen Customizing-Punkt erreichen Sie über LOGISTICS EXECUTION • LAGERVERWALTUNG • SCHNITTSTELLEN • BESTANDSFÜHRUNG • LAGERORTSTEUERUNG über den Unterpunkt LAGERORTSTEUERUNG IN DER LAGERVERWALTUNG (siehe Abbildung 5.31).

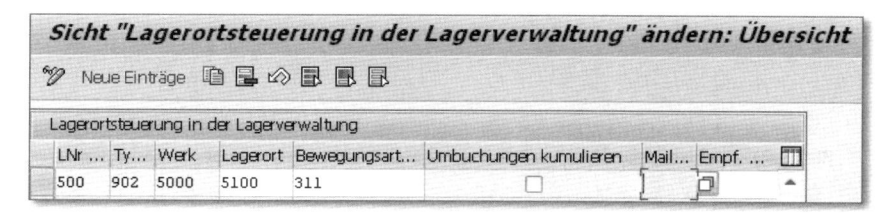

Abbildung 5.31 Automatische Umbuchung definieren (Lagerort an Lagerort)

Wie Sie hier sehen können, müssen Sie für eine Kombination aus Lagernummer, Wareneingangszone 902 – WE zur Bestellung – und Werk den entsprechenden Wareneingangslagerort und die Bewegungsart zur Umbuchung zwischen den Lagerorten definieren. Dieser Eintrag bewirkt, dass direkt mit der Transportauftragsquittierung die Umbuchung vom Lagerort 5100 an den Lagerort 5000 erfolgt.

Sollen die Umbuchungen nicht direkt mit der Transportauftragsquittierung, sondern gezielt manuell angestoßen werden, können Sie die Umbuchungen kumuliert mithilfe des Reports RLLQ0100 (Transaktion LQ01) anstoßen. Setzen Sie dementsprechend das Kennzeichen UMBUCHUNGEN KUMULIEREN.

> **Wareneingangslagerort**
>
> Möchten Sie grundsätzlich mit einem separaten Wareneingangslagerort arbeiten, empfiehlt es sich, allen Materialien den entsprechenden Wareneingangslagerort als Fremdbeschaffungslagerort in den Materialstammdaten (Registerkarte DISPOSITION 2) zuzuordnen.

5.6.2 Lagerortreferenz

Sollen Bestände in Abhängigkeit vom Lagerort in WM in einen bestimmten Lagertyp ein- bzw. ausgelagert werden, kann dies mit der Lagerortreferenz erreicht werden. Die Lagerortreferenz bietet somit die Möglichkeit, die Lagertypfindung in Abhängigkeit vom Lagerort zu steuern. Sehen wir uns hierfür ein Beispiel an (siehe Abbildung 5.32).

In diesem Szenario soll die Lagerortsteuerung dazu genutzt werden, Bestände unterschiedlicher Kunden in einem Mehr-Mandanten-Lager in der Bestandsführung und in WM separat auszuweisen. Darüber hinaus sollen die Bestände der jeweiligen Kunden im Lager physisch separiert und somit in verschiedenen Lagertypen ein- und ausgelagert werden.

5.6 Lagerortsteuerung

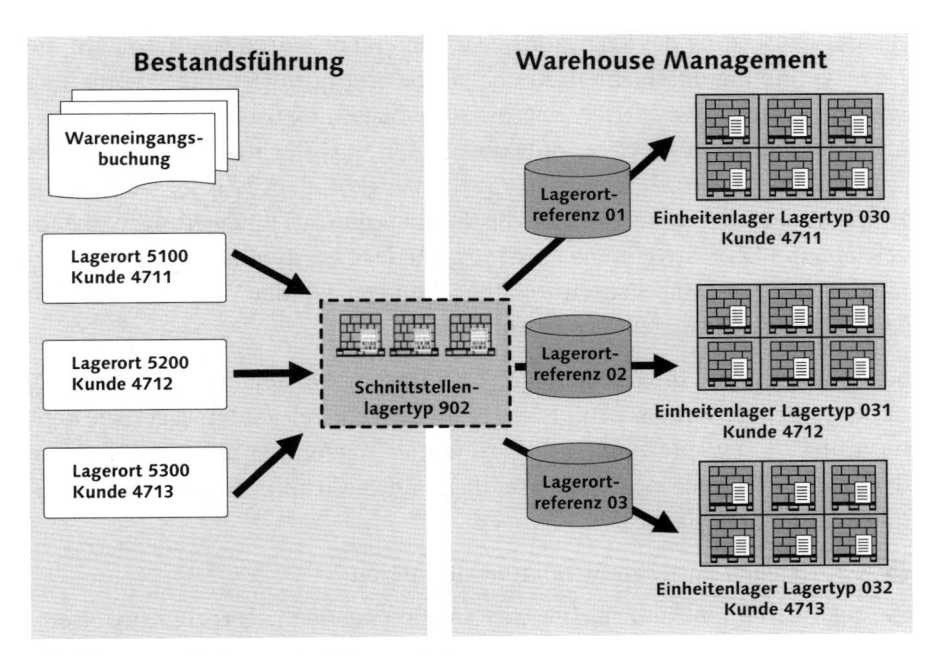

Abbildung 5.32 Einlagerung mit Lagerortreferenz

Wie in Abbildung 5.33 zu sehen ist, werden die Bestände in der Bestandsführung je Kunde in verschiedenen Lagerorten geführt. Mit der Wareneingangsbuchung in der Bestandsführung wird ein Materialbeleg angelegt, und es erhöht sich der jeweilige Lagerortbestand um die im Wareneingang gebuchte Menge. In der Lagerverwaltung entsteht ein Transportbedarf zur Einlagerung, der den Einlagerungsbedarf anzeigt. Der entsprechende Lagerort wird mit in den Transportbedarf übernommen (siehe Abbildung 5.33).

Abbildung 5.33 Transportbedarf anzeigen (verschiedene Lagerorte)

Bei der Umsetzung des Transportbedarfs in einen Transportauftrag wird die Lagertypfindung durchlaufen. Anders als bei der normalen Lagertypfindung wird in diesem Fall auch der Lagerort zur Einlagerung bzw. Auslagerung herangezogen. Zudem wird geprüft, ob für den entsprechenden Lagerort des Quants eine Lagerortreferenz im Customizing gepflegt wurde. Ist dies der Fall, überprüft das System, ob für die Kombination aus Einlagerungstypkennzeichen und Lagerortreferenz ein Eintrag in der Lagertypfindungstabelle vorhanden ist. Mit dem Sichern der Einstellungen werden ein oder mehrere Transportaufträge erstellt (siehe Abbildung 5.34).

Sehen wir uns nun die notwendigen Customizing-Einstellungen zur Nutzung der Lagerortreferenz an. Grundsätzlich müssen alle relevanten Lagerorte definiert und der entsprechenden Lagernummer zugeordnet sein. Zur Nutzung der Lagerortreferenz sind im Wesentlichen drei Customizing-Schritte auszuführen. Hierzu zählen:

❶ Kennzeichen der Lagerortreferenz definieren

❷ Lagerortreferenzkennzeichen den entsprechenden Lagerorten zuweisen

❸ Lagertypfindung in den Lagerungsstrategien aktivieren

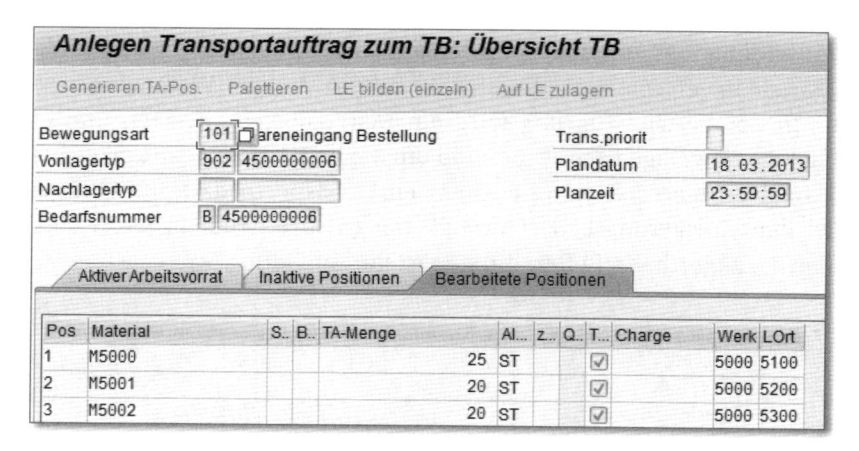

Abbildung 5.34 Transportauftrag anzeigen (Lagerortreferenzsteuerung)

In Schritt ❶ definieren Sie das Lagerortreferenzkennzeichen im Customizing über LOGISTICS EXECUTION • LAGERVERWALTUNG • SCHNITTSTELLEN • BESTANDSFÜHRUNG • LAGERORTSTEUERUNG und dort über den Eintrag LAGERORTREFERENZ (siehe Abbildung 5.35).

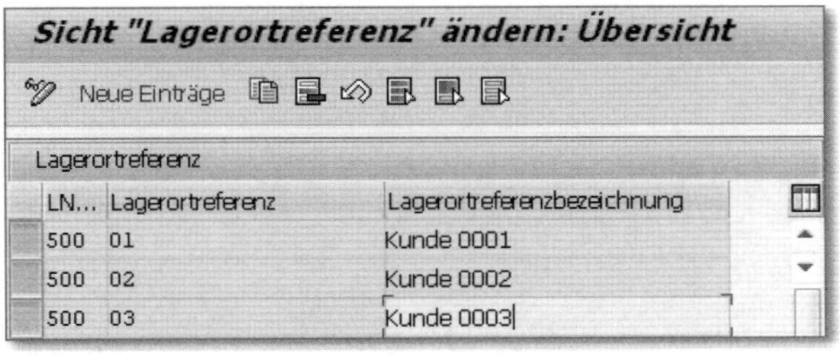

Abbildung 5.35 Lagerortreferenzkennzeichen definieren

Nachdem Sie das Lagerortreferenzkennzeichen definiert haben, erfolgt in Schritt ❷ die Zuordnung des Referenzkennzeichens zum entsprechenden Lagerort. Die Zuordnung nehmen Sie ebenfalls über LOGISTICS EXECUTION • LAGERVERWALTUNG • SCHNITTSTELLEN • BESTANDSFÜHRUNG • LAGERORTSTEUERUNG vor, jedoch selektieren Sie nun den Unterpunkt STEUERUNG ZUR ZUORDNUNG »WERK/LAGERORT – LAGERNUMMER« (siehe Abbildung 5.36).

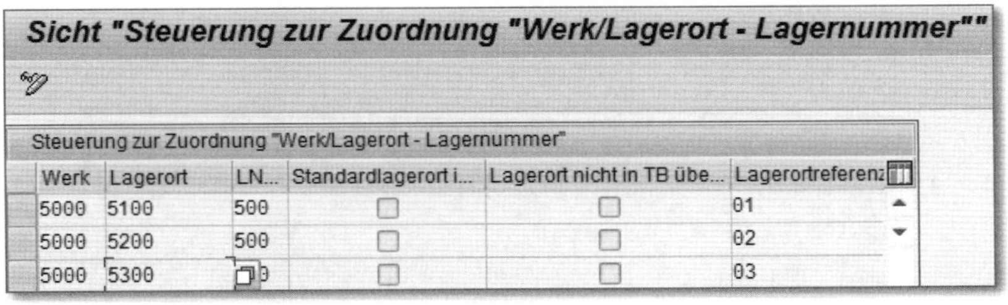

Abbildung 5.36 Steuerung zur Zuordnung »Werk/Lagerort – Lagernummer«

Zur Pflege der entsprechenden Einträge müssen Sie in die Detaildaten verzweigen. Mit dieser Einstellung referenziert das jeweilige Lagerortreferenzkennzeichen immer auf den entsprechenden Lagerort.

Abschließend nehmen Sie in Schritt ❸ die Einstellungen zur Lagertypfindung mit Lagerortreferenz vor. Die Einstellungen werden im Customizing über LOGISTICS EXECUTION • LAGERVERWALTUNG • STRATEGIEN • LAGERTYPFINDUNG AKTIVIEREN im Unterpunkt LAGERTYPSUCHREIHENFOLGE BESTIMMEN festgelegt (siehe Abbildung 5.37).

Hier können Sie erkennen, dass in Abhängigkeit von der Lagerortreferenz (01–03) jeweils unterschiedliche Lagertypen (030–032) für Ein- und Auslagerungen (Vorgang A und E) ermittelt werden.

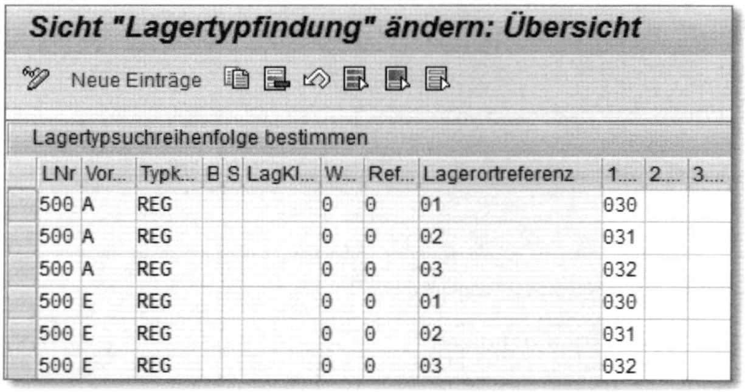

Sicht "Lagertypfindung" ändern: Übersicht

Neue Einträge

Lagertypsuchreihenfolge bestimmen

LNr	Vor...	Typk...	B	S	LagKl...	W...	Ref...	Lagerortreferenz	1....	2....	3....
500	A	REG				0	0	01	030		
500	A	REG				0	0	02	031		
500	A	REG				0	0	03	032		
500	E	REG				0	0	01	030		
500	E	REG				0	0	02	031		
500	E	REG				0	0	03	032		

Abbildung 5.37 Lagertypfindung mit Lagerortreferenz

Im Wareneingang werden Waren angenommen, erfasst und weitergeleitet. Häufig ist dieser Bereich aber eine Schwachstelle im Unternehmen. Wie Sie diesen zentralen Bereich im Unternehmen optimieren können, erfahren Sie in diesem Kapitel.

6 Wareneingangsprozesse und Einlagerungsstrategien in WM

Wareneingangs- und Wareneinlagerungsprozesse fassen alle Aktivitäten zusammen, die sich mit der Vereinnahmung, Kontrolle, Identifikation und finalen Einlagerung angelieferter Waren in einem Lager beschäftigen. Hierbei kann es sich sowohl um Wareneingänge von externen Lieferanten (z. B. zur Bestellung) als auch um interne Wareneingänge (z. B. zum Fertigungsauftrag) handeln, die unter dem Begriff *geplante Wareneingänge* zusammengefasst werden. Unter *sonstigen Wareneingängen* werden alle Wareneingänge verstanden, die ohne Belegreferenz erstellt werden. Häufig stellt der Wareneingang mit seinen Prüfungen und Aktivitäten einen Engpass in den logistischen Prozessen dar. Dies äußert sich vor allem in unzureichenden Anlieferinformationen, zu langen Liegezeiten der Materialien in der Wareneingangszone sowie Mengen- und Qualitätsproblemen der angelieferten Materialien. Dazu kommt, dass die systemseitige Verbuchung der Informationen häufig zu viel Zeit in Anspruch nimmt.

In diesem Kapitel werden Sie die verschiedenen Möglichkeiten der Wareneingangsabwicklung kennenlernen und erfahren, wie Sie mit SAP ERP und speziell WM Ihre Eingangsprozesse optimieren und straffen können. Darüber hinaus werden Ihnen die Einlagerungsprozess und die unterschiedlichen Einlagerungsstrategien in WM vorgestellt sowie weitere Optimierungspotenziale aufgezeigt, wie z. B. die Quereinlagerung.

6 | Wareneingangsprozesse und Einlagerungsstrategien in WM

6.1 Wareneingangsprozesse in SAP ERP

Grundsätzlich können Wareneingänge im SAP-ERP-System unterschiedlich erfasst und gebucht werden, was zu weitreichenden Konsequenzen im Prozessdesign und im buchungstechnischen Ablauf führen kann. Zunächst werden lernen Sie die Wareneingangsszenarien kennen, die ohne Bezug zu einer Anlieferung (Lieferavis) ausgeführt werden. Dies ist häufig bei Unternehmen der Fall, bei denen der Lieferant die technischen Voraussetzungen, um Anlieferinformationen zu avisieren, nicht erfüllen kann oder aufgrund der Prozesse eine Anliefererstellung nicht sinnvoll erscheint.

6.1.1 Wareneingang mit Bezug (ohne Anlieferung)

Unter einem *Wareneingang mit Bezug* wird eine geplante Warenbewegung mit Referenz zu einem Ursprungsbeleg verstanden. Einen Zugang vorzuplanen heißt in diesem Kontext, vor der eigentlichen Wareneingangsbuchung bestimmte Informationen zu hinterlegen, die für den Wareneingang von Bedeutung sind. Diese Informationen werden z. B. in einer Bestellung oder in einem Fertigungsauftrag hinterlegt. Zu diesen Informationen zählen:

- Für welches Material wird ein Zugang erwartet?
- Wann wird der Zugang erwartet (Liefertermin)?
- Welche Menge wird erwartet?
- Wer liefert die Materialien (externer oder interner Lieferant)?
- Wo soll der Zugang erfolgen (Werk, Lagerort, Lagernummer)?

Das Ziel der Vorplanung ist einerseits, den Wareneingangsprozess zu erleichtern und zu beschleunigen und andererseits die Arbeit in der Wareneingangszone besser zu organisieren, um z. B. Ressourcen oder Bestandsengpässe zu vermeiden. Darüber hinaus hat die Disposition mithilfe der Vorplanung die Möglichkeit, die Bestände bestellter oder selbst gefertigter Materialien zu überwachen und eine optimale Bestandspolitik zu etablieren. Abbildung 6.1 zeigt den vollständigen Ablauf des Wareneingangs von der Wareneingangsbuchung bis zur Transportauftragsquittierung in WM.

Der Ablauf des Wareneingangs beginnt immer in der Bestandsführung. Das heißt, der Bestand wird zunächst in der Bestandsführung erhöht und muss dann in WM nachgezogen werden.

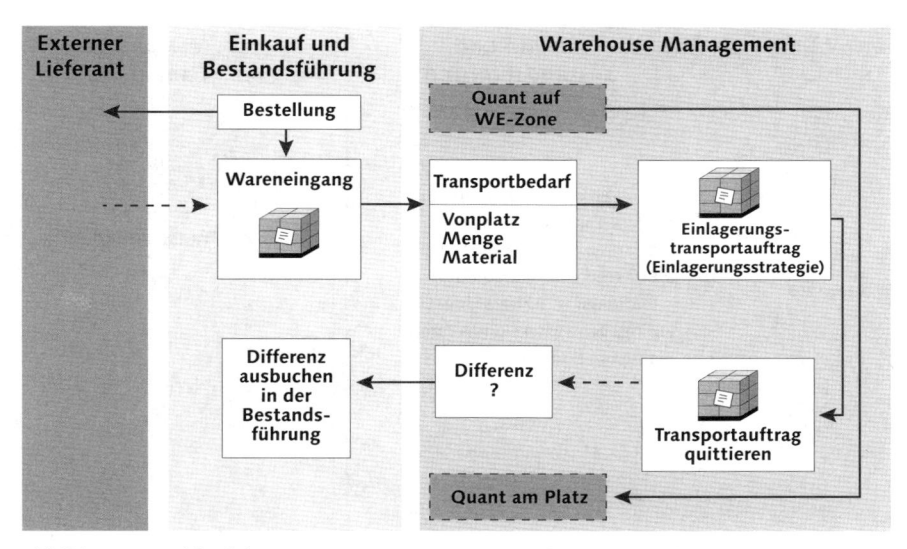

Abbildung 6.1 Ablauf des Wareneingangs zu einer geplanten Warenbewegung

Wareneingang zur Bestellung

Nach dem physischen Entladen, dem Transport der Ware in die Wareneingangszone und einer ersten physischen Sichtkontrolle wird der buchungstechnische *Wareneingang zur Bestellung* mit der Bestandsführungsbewegungsart 101 unter Verwendung der Transaktion MIGO gebucht. Für einen Wareneingang in das Lager können Sie über die Bestandsart entscheiden, wie der Zugang gebucht werden soll:

- in den frei verwendbaren Bestand
- in den Qualitätsprüfbestand
- in den gesperrten Bestand

Abbildung 6.2 zeigt den buchungstechnischen Gesamtprozess der Wareneingangsbuchung zur Bestellung.

Mit der Eingabe der Bestellnummer übernimmt das System die Bestelldaten wie Material, Bestellmenge, Werk und Lagerort in die Warenverarbeitung. Sollten Sie den Lagerort in der Bestellung noch nicht vergeben haben, können Sie diesen während der Wareneingangserfassung ändern bzw. die Zugangsmenge auf verschiedene Lagerorte aufteilen. Sollte es sich um chargenpflichtige Materialien handeln, werden Sie dazu aufgefordert, die chargenspezifischen Informationen wie Herstelldatum bzw. Chargennummer zu erfassen. Beachten Sie, dass die Chargennummer und das Verfallsdatum automatisch ermittelt werden können.

Abbildung 6.2 Wareneingang zur Bestellung (Transaktion MIGO)

Markieren Sie die von Ihnen geprüften Positionen, und sichern Sie Ihre Eingaben. Das System erstellt mit der Wareneingangsbuchung in der Bestandsführung:

- einen Materialbeleg in der Bestandsführung
- einen Buchhaltungsbeleg
- einen Transportbedarf in WM
- ein Quant auf der WE-Zone in WM

Bei Bedarf kann ein Wareneingangsschein zur Weiterverarbeitung im Lager erstellt werden, der die eingehenden Waren eindeutig identifiziert.

In der Transaktion MIGO können weitere optionale Daten während der Wareneingangsbuchung erfasst werden (siehe Abbildung 6.3), die Ihnen helfen, den Wareneingang auch im Nachhinein eindeutig zu identifizieren und eine gemeinsame Informationsbasis mit Lieferanten und Spediteuren zu schaffen, die diese Informationen in ihre Lieferpapiere übertragen haben.

Zu diesen Daten zählen:

- Lieferschein (Feld zur Erfassung der Lieferscheinnummer des Lieferanten)
- Frachtbrief (Textfeld zur Eingabe der Frachtbriefnummer oder der Spediteursnummer)
- Lieferscheinmenge

Die genannten Felder können als Pflichtfelder im Customizing definiert werden und müssen dann bei der Wareneingangsbuchung erfasst werden.

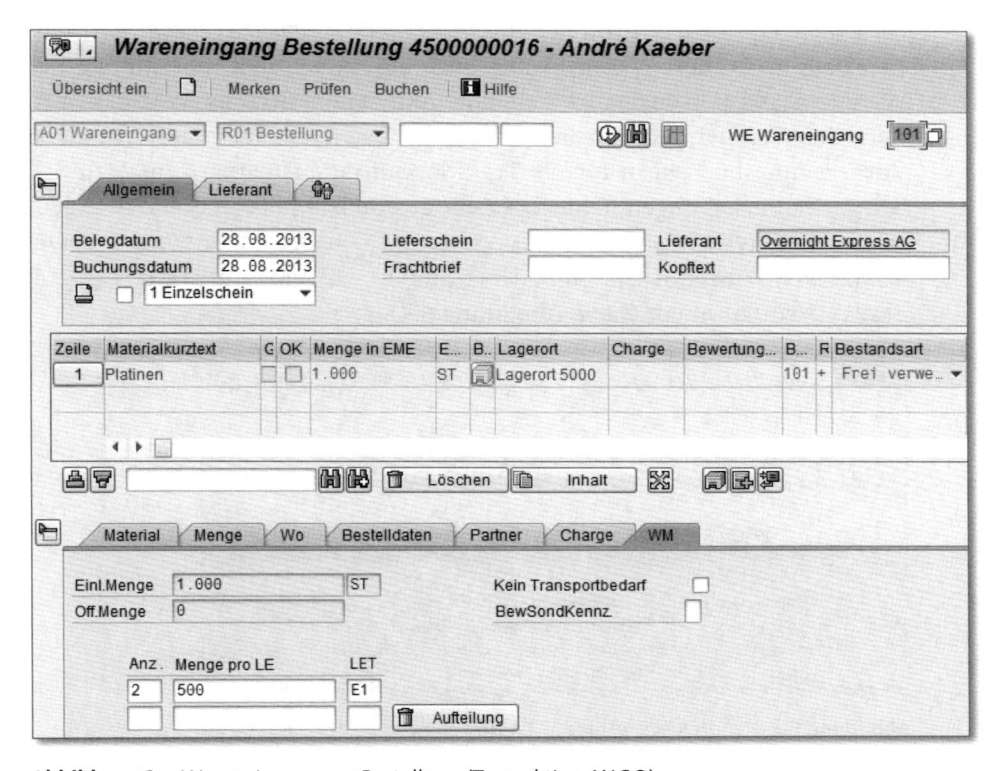

Abbildung 6.3 Wareneingang zur Bestellung (Transaktion MIGO)

Vorbereitung der Einlagerung in WM

In Abhängigkeit von den operativen Prozessen gibt es drei Möglichkeiten, die Weiterverarbeitung in WM nach der erfolgten Wareneingangsbuchung anzustoßen.

Die erste Option ist die *direkte Erstellung eines Transportauftrags* nach der Wareneingangsbuchung. Das System legt aufgrund der Einstellungen im Customizing automatisch einen Transportauftrag zur Einlagerung an. Hierbei haben Sie keine weitere Möglichkeit, die Transportauftragserstellung zu beeinflussen. Möchten Sie nach der Transportauftragserstellung einen anderen Lagertyp vorgeben, müssen Sie zunächst den Transportauftrag stornieren. Möchten Sie einen anderen Lagerplatz vorgeben, kann dies bei der Transportauftragsquittierung erfolgen, wenn dies im Customizing vorgesehen ist. Die Zuordnung der ausgedruckten Transportaufträge bzw. die Etikettierung der Lagereinheiten müssen somit vom Wareneingangspersonal sichergestellt werden, um eine direkte Einlagerung zu ermöglichen.

Die zweite Option ist der direkte *Absprung in die manuelle Transportauftragserstellung* nach der Wareneingangsbuchung. Auch hier übernimmt das Wareneingangspersonal vorbereitende Aktivitäten für das WM-Personal. Nach der Wareneingangsbuchung navigiert das System automatisch in einen Vorbereitungsbildschirm für die Transportauftragserstellung zum Materialbeleg. Die Einstellungen nehmen Sie im Customizing über LOGISTICS EXECUTION • LAGERVERWALTUNG • SCHNITTSTELLEN • BESTANDSFÜHRUNG • BEWEGUNGSARTEN DEFINIEREN im Unterpunkt LE-WM-SCHNITTSTELLE ZUR BESTANDSFÜHRUNG vor (siehe Abbildung 6.4).

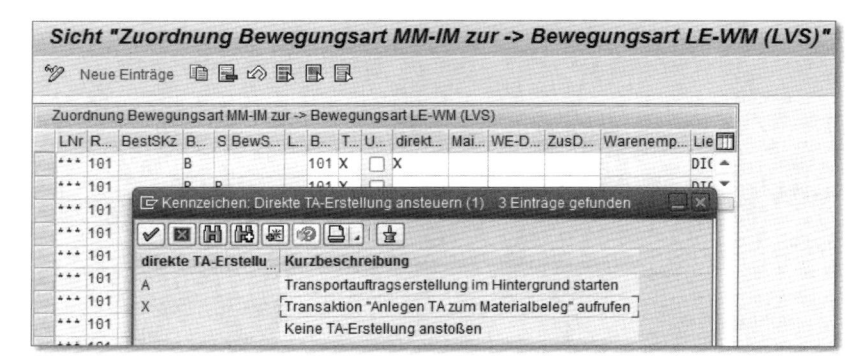

Abbildung 6.4 Kennzeichen »Anlegen TA zum Materialbeleg« aufrufen

Anders als bei der direkten TA-Erstellung verwenden Sie hier das Kennzeichen X in der Spalte zur direkten TA-Erstellung.

Die *manuelle Bearbeitung in WM* stellt die dritte Option zur Weiterverarbeitung dar. In diesem Prozess besteht eine klare organisatorische Trennung zwischen Wareneingang und Lager. Das Wareneingangspersonal legt den Wareneingangsschein als referenzierendes Objekt den einzulagernden Waren bei. In WM werden dann anhand des Materialbelegs oder anhand der Transportbedarfsliste die entsprechenden Transportaufträge sowie weitere Papiere wie Einlagerungstransportauftrag oder Lagereinheitenetikett bzw. Palettenschein erstellt.

Wareneingang in den WE-Sperrbestand

Abbildung 6.5 zeigt den Gesamtprozess der Wareneingangsabwicklung im WE-Sperrbestand.

Wareneingangsprozesse in SAP ERP | 6.1

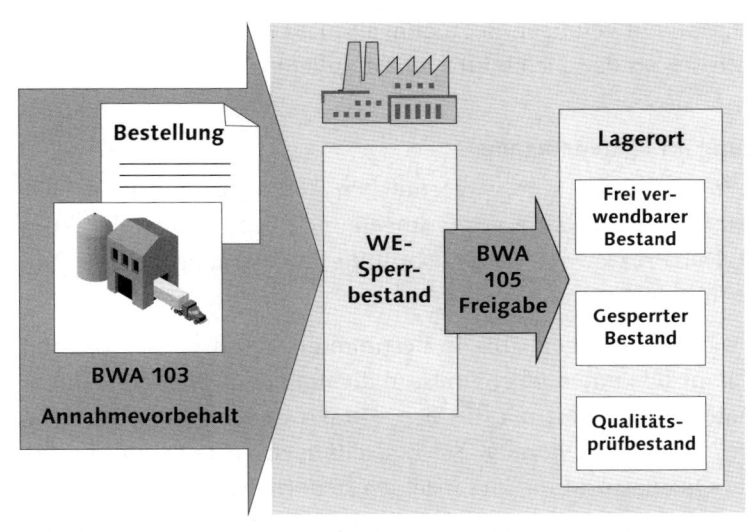

Abbildung 6.5 Wareneingangsabwicklung im WE-Sperrbestand

Der beim Wareneingang erzeugte Materialbeleg dient lediglich als Protokoll für den Erhalt der Ware. Da der WE-Sperrbestand nicht bewertet ist, wird beim Wareneingang kein Buchhaltungsbeleg erzeugt. Der bewertete Bestand wird durch einen Zugang in den WE-Sperrbestand nicht verändert. Außerdem ist zu beachten, dass der WE-Sperrbestand zwar in der Bestellentwicklung fortgeschrieben wird, dass die offene Bestellmenge dadurch aber nicht vermindert wird (siehe Abbildung 6.6).

Abbildung 6.6 Bestellung anzeigen (Bestellentwicklung WE-Sperrbestand)

Erst bei der Freigabe des Materials mit der Bestandsführungsbewegungsart 105 erfolgen die Bewertung und die Fortschreibung des Bestands. Werden die für die Freigabe notwendigen Bedingungen nicht erfüllt, ist es möglich, die Ware stattdessen an den Lieferanten zurückzuliefern.

Qualitätsprüfung im Wareneingang

Die *Qualitätsprüfung* leistet einen wesentlichen Beitrag zur Erfüllung der unternehmensinternen Qualitätsanforderungen und der zunehmenden Kundenansprüche. Der Prozess der Qualitätsprüfung im Wareneingang ist Teil des Qualitätsmanagements in SAP ERP.

Möchten Sie Materialien regelmäßig in bestimmten logistischen Prozessen einer Qualitätskontrolle unterziehen, müssen die notwendigen Stammdateneinträge im Materialstammsatz um die Sicht QUALITÄTSMANAGEMENT erweitert werden. In dieser Sicht können Sie Einstellungen vornehmen, die die Abwicklung der Qualitätsprüfung im Einzelnen steuern. Für WM ist auch die Prüfart von wesentlicher Bedeutung, die darüber entscheidet, in welchem Teilprozess die Qualitätskontrolle erfolgen soll. Beispiele für die im SAP-ERP-Standard vorkonfigurierten, auch für WM relevanten Prüfarten sind:

- Prüfung bei Wareneingang zur Bestellung (Prüfart 01)
- Endprüfung bei Wareneingang aus der Produktion (Prüfart 04)
- Prüfung bei sonstigem Wareneingang (Prüfart 05)

In den Detaileinstellungen zur Prüfart im Materialstammsatz legen Sie außerdem fest, ob die zu prüfenden Materialmengen automatisch in den Qualitätsprüfbestand umgebucht werden. Da die Bestandsart eines der Quantmerkmale ist, hat diese Einstellung unmittelbare Auswirkungen auf WM. Die Qualitätsprüfbestände werden in den Bestandsübersichten der Lagernummer stets separat ausgewiesen. Das Umbuchen der geprüften Materialmengen in den frei verwendbaren Bestand auf der Grundlage eines Verwendungsentscheids muss in WM mithilfe eines Transportauftrags vollzogen werden. Der Transportauftrag bezieht sich in diesem Fall auf eine Umbuchungsanweisung, die anhand des Materialbelegs in WM erstellt wurde. Abbildung 6.7 zeigt den prozesstechnischen Ablauf des Wareneingangs mit einer aktiven Qualitätsprüfung.

Weitere Parameter für WM, die die Prozesse beeinflussen, sind die Einstellungen zur Stichprobennahme/Stichprobenermittlung im Qualitätsmanagement. Das Qualitätsmanagement entscheidet in den Detaileinstellungen zur Prüfart für jedes Material, ob die gesamte Menge oder nur eine Teilmenge, also eine Stichprobe, zu prüfen ist. Um festzulegen, in welchem Umfang Stichproben entnommen werden sollen, kann entweder im Materialstammsatz ein Prüfprozentsatz oder ein Stichprobenverfahren zugeordnet werden, das vorab als Stammdatum des Qualitätsmanagements angelegt wurde.

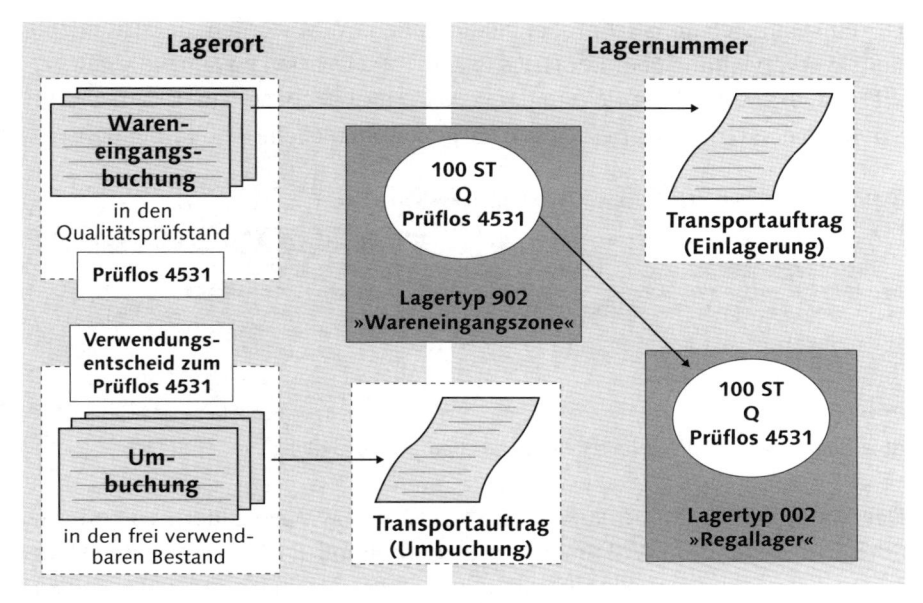

Abbildung 6.7 Wareneingangsprozess mit Qualitätsmanagement

Die eigentliche Prüfungsabwicklung erfolgt über Prüflose, die das System gemäß den Prüfeinstellungen im Materialstamm im Zuge der Bestandsführungsbuchungen anlegt. Betrifft eine Bestandsführungsbuchung eine Kombination aus Werk und Lagerort, die im Customizing einer Lagernummer zugeordnet wurde, schreibt das System die Nummern der Prüflose in die Datensätze der Quants, die es im über die Bewegungsart angesteuerten Schnittstellenlagertyp gebildet hat. Die Prüflose ihrerseits enthalten die Lagerungsdaten der jeweils enthaltenen Materialmengen, also Lagernummer, Lagertyp und Lagerplatz.

Stichprobenbehandlung in WM

Abhängig vom Geschäftsprozess, können Stichproben auf unterschiedliche Art und Weise behandelt werden. Im WM-Customizing wird zwischen den folgenden vier Arten der Stichprobenbehandlung unterschieden:

- Zwischenlagerung der Stichproben auf einem separaten Prüfplatz
- Verbleiben der Stichproben in der Wareneingangszone
- Einlagerung der Stichproben und der Restmengen
- Übergehen von Transportbedarfspositionen, die zu einem Prüflos gehören

6 | Wareneingangsprozesse und Einlagerungsstrategien in WM

Die Einstellungen der Stichprobenbehandlung in WM werden im Customizing der Lagerverwaltung über LOGISTICS EXECUTION • LAGERVERWALTUNG • SCHNITTSTELLEN • BESTANDSFÜHRUNG • QUALITÄTSMANAGEMENT DEFINIEREN, UNTERPUNKT STICHPROBENSTEUERUNG DEFINIEREN vorgenommen (siehe Abbildung 6.8).

WM/QM-Schnittstelle: Stichprobenbehandlung								Stichprobenv.	Kurzbeschreibung
LNr	QM-Steuerung	QM-Steuerung-Bezeichnung	Typ	Prüfplatz	Stichp..	H/D..	Aufrunden	1	Umlagern auf Stichprobenplatz
500	QI	Stichprobe zum Prüfplatz	917	QUALITAET	1	H		2	bleibt in WE-Zone
								3	Einlagern
								4	Übergehen

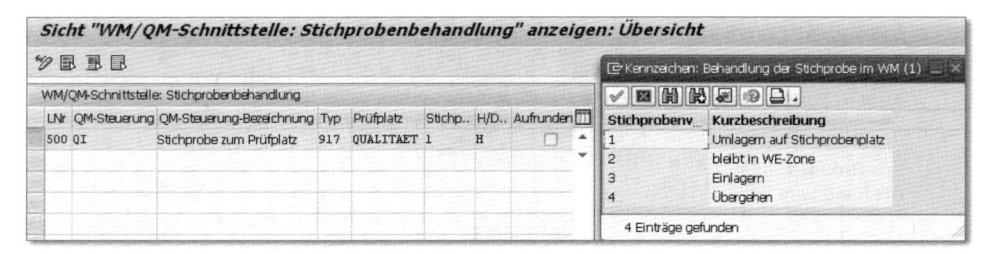

Abbildung 6.8 WM/QM-Schnittstelle zur Stichprobenbehandlung

Das Kennzeichen BEHANDLUNG DER STICHPROBE IM WM steuert, wie mit der Stichprobenmenge in WM umgegangen werden soll. Diese Einstellungen können während der manuellen TA-Erstellung überschrieben werden. Im Folgenden erhalten Sie detaillierte Informationen über die einzelnen Optionen.

Zwischenlagerung der Stichproben auf einem separaten Prüfplatz (Option 1)

Soll die Stichprobenmenge eines Prüfloses zum Prüfen in einen bestimmten Lagertyp und an einem Lagerplatz eingelagert werden, können Sie den im SAP-ERP-Standardsystem ausgelieferten Schnittstellenlagertyp 917 verwenden und in diesem einen Lagerplatz für Stichproben anlegen. Wenn Sie sich im Customizing für Option 1 entschieden haben, bildet das System eine eigene Transportauftragsposition für die Stichprobenmenge zur Zwischenlagerung in Lagertyp 917 und lagert die Restmenge nach den Vorgaben der Lagertypfindung ein (siehe Abbildung 6.9).

Nach dem Ausführen des Verwendungsentscheids im Qualitätsmanagement erfolgt die Bestandsumbuchung vom Qualitätsprüfbestand in den freien Lagerbestand oder in den Sperrbestand. Die Umbuchung hat wiederum einen Transportauftrag zur Folge, mit dem die Buchung in WM nachgezogen wird.

Verbleiben der Stichproben in der Wareneingangszone (Option 2)

Soll die Qualitätsprüfung direkt beim Wareneingang erfolgen, können Sie Option 2 nutzen. Die Stichprobenmenge verbleibt für Prüfmaßnahmen in der Wareneingangszone (Schnittstellenlagertyp 902), und nur die Restmenge wird eingelagert (siehe Abbildung 6.10).

6.1 Wareneingangsprozesse in SAP ERP

Anlegen TA zum TB 0000000027 0001: Vorbereitung Einlagern

Material	M1050		Spezialguss		
Werk / Lagerort	5000	5000	Bewegungsart	101	Wareneingang Bestellung
Bestandsqual.	Q		Vonlagerplatz	902	4500000009
Sonderbestand			WE-Datum	22.02.2013	

Palettierung

LE	Menge pro LE	LET	Typ	Ber
X	1	504		
X		504		

Mengen

Einzulag. Menge	10	ST
Offene Menge	0	
Summe TA-Pos	10	

Positionen

Pos	Sollmenge Nach	LET	Typ	Ber	Nachlagerplatz	Nachlagereinheit	T	Charge
1	4	504	917	0	QUALITAET		✓	
2	1	504	102	A	01-A-1-004		✓	
3	1	504	102	A	01-A-3-004		✓	
4	1	504	102	A	01-A-1-004		✓	
5	1	504	102	A	01-A-3-001		✓	
6	1	504	102	A	01-A-3-004		✓	
7	1	504	102	A	01-A-2-001		✓	

Abbildung 6.9 Transportauftragserstellung mit Stichprobenmenge

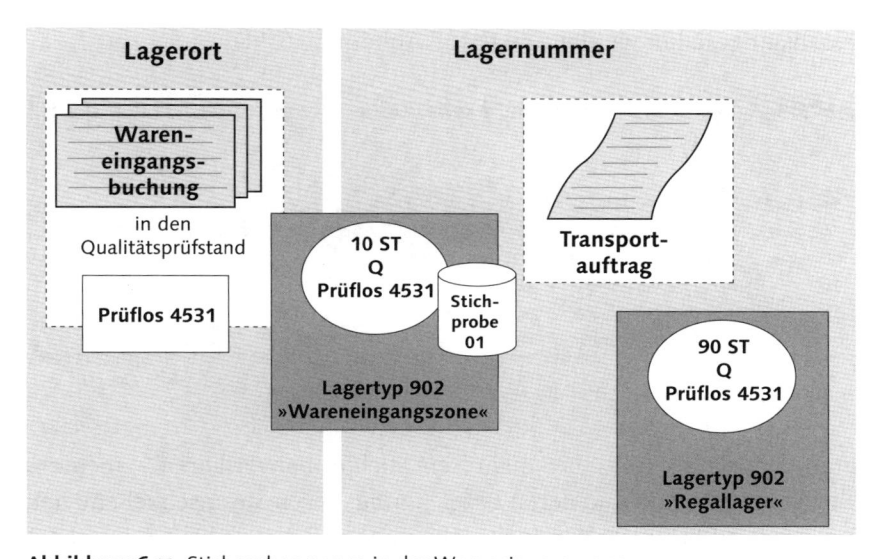

Abbildung 6.10 Stichprobenmenge in der Wareneingangszone

Einlagerung der Stichproben und der Restmengen (Option 3)

Soll die gesamte Wareneingangsmenge eingelagert werden und die Prüfung am Lagerplatz erfolgen, können Sie für diesen Prozess Option 3 der Stichprobenbehandlung wählen.

Übergehen von Transportbedarfspositionen, die zu einem Prüflos gehören (Option 4)

Wenn Sie sich für Option 4 entscheiden, wird die gesamte Transportbedarfsposition übersprungen, die Teil eines Prüfloses ist. Anders als bei Option 2 verbleibt also nicht nur die Stichprobenmenge, sondern die gesamte Menge der Transportbedarfsposition in der Wareneingangsschnittstelle (Lagertyp 902).

Customizing der Schnittstelle WM/QM

Die Einstellungen der Schnittstelle von WM zu QM nehmen Sie im Customizing über Logistics Execution • Lagerverwaltung • Schnittstellen • Bestandsführung • Qualitätsmanagement definieren vor. Im Wesentlichen müssen Sie hier zwei Customizing-Aktivitäten ausführen. Zum einen definieren Sie die allgemeinen Einstellungen zur Stichprobensteuerung in Ihrer Lagernummer, zum anderen erweitern Sie die Lagertypsteuerung mit dem entsprechenden QM-Steuerkennzeichen.

In der Stichprobensteuerung legen Sie zunächst fest, welche Arten der Stichprobensteuerung in Ihrer Lagernummer zulässig sind und wie der allgemeine Prozessablauf gestaltet werden soll (siehe Abbildung 6.11).

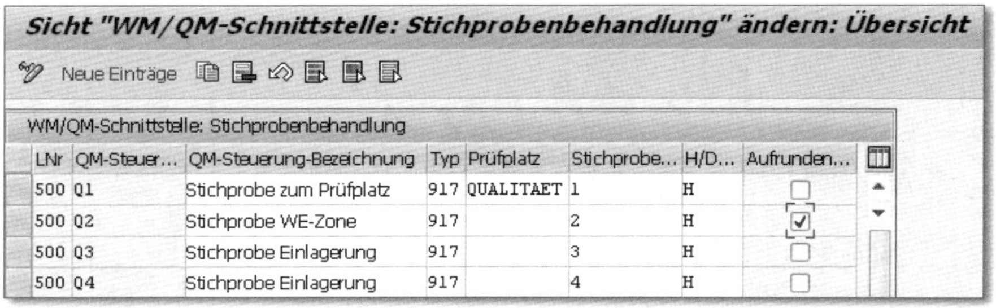
Sicht "WM/QM-Schnittstelle: Stichprobenbehandlung" ändern: Übersicht

Neue Einträge

WM/QM-Schnittstelle: Stichprobenbehandlung

LNr	QM-Steuer...	QM-Steuerung-Bezeichnung	Typ	Prüfplatz	Stichprobe...	H/D...	Aufrunden...
500	Q1	Stichprobe zum Prüfplatz	917	QUALITAET	1	H	☐
500	Q2	Stichprobe WE-Zone	917		2	H	☑
500	Q3	Stichprobe Einlagerung	917		3	H	☐
500	Q4	Stichprobe Einlagerung	917		4	H	☐

Abbildung 6.11 WM/QM-Schnittstelle zur Stichprobenbehandlung

Bestimmen Sie ein oder – bei mehreren Stichprobenverfahren – mehrere QM-Steuerkennzeichen und deren Bezeichnung. Legen Sie anschließend den Prüflagertyp und Prüfplatz der Stichprobenmenge fest (nur bei Stichprobensteuerung 1). Bei allen weiteren Optionen ist dieser Schritt nicht erforderlich. Darüber hinaus können Sie definieren, ob bei der Transportauftragserstellung immer ein Dialogfenster zur Stichprobensteuerung (Hell-/Dunkelablauf) erscheinen soll und ob die Stichprobenmenge auf ganze Lagereinheitenmengen aufgerundet werden soll, um Anbruchsmengen zu vermeiden.

Im zweiten Customizing-Schritt erfolgt die Zuordnung des QM-Steuerkennzeichens zur Lagertypfindung (siehe Abbildung 6.12). Mit diesem Kennzeichen können Sie die Stichprobensteuerung flexibel prozessbezogen ausprägen.

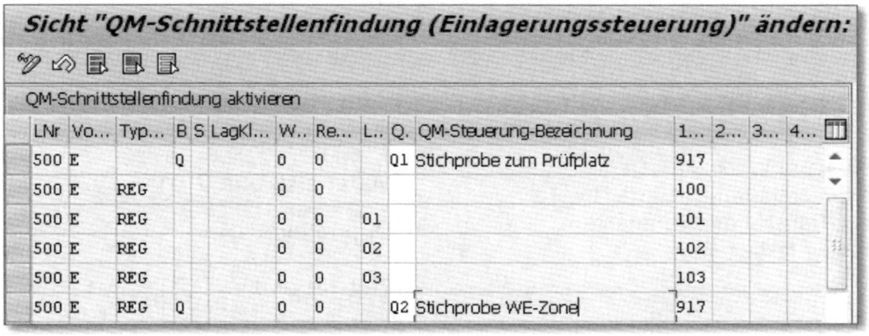
Sicht "QM-Schnittstellenfindung (Einlagerungssteuerung)" ändern:

QM-Schnittstellenfindung aktivieren

LNr	Vo...	Typ...	B	S	LagKl...	W..	Re...	L..	Q.	QM-Steuerung-Bezeichnung	1...	2...	3...	4...
500	E		Q			0	0		Q1	Stichprobe zum Prüfplatz	917			
500	E	REG				0	0				100			
500	E	REG				0	0	01			101			
500	E	REG				0	0	02			102			
500	E	REG				0	0	03			103			
500	E	REG	Q			0	0		Q2	Stichprobe WE-Zone	917			

Abbildung 6.12 QM-Schnittstellenfindung (Einlagerungssteuerung)

Aufgrund dieser Einstellungen können Sie z. B. die Stichprobensteuerung eines Fremdwareneingangs, eines internen Wareneingangs aus der Produktion oder eines ungeplanten Wareneingangs unterschiedlich ausprägen.

Fehlteilabwicklung im Wareneingangsprozess/Fehlteilmanagement

Unter einem *Fehlteil* wird ein Materialbestand verstanden, der zum Zeitpunkt des Wareneingangs im Lager bereits einem Bedarf zugeteilt ist oder in WM an einem speziellen Lagerplatz benötigt wird. Dies bedeutet, dass ein aktueller Bedarf (Produktions- oder Kundenbedarf oder eine sonstige Reservierung) nicht aus dem vorhandenen Bestand gedeckt werden könnte. Fehlteile müssen im Wareneingang oder während der Einlagerung gesondert behandelt werden, da sie gezielt an die bedarfsverursachende Stelle im Lager bewegt werden sollen.

Grundsätzlich kann im SAP-ERP-System zwischen zwei verschiedenen Arten der Fehlteilabwicklung unterschieden werden. Die Fehlteilabwicklung in der Bestandsführung prüft die Fehlteilrelevanz aufgrund der aktuellen Verfügbarkeitssituation im Lager. Im Gegensatz dazu wird die Fehlteilrelevanz in WM nur geprüft, wenn ein Eintrag in der Fehlteiltabelle (T310) gepflegt wurde.

Fehlteilabwicklung in der Bestandsführung

Damit Sie im Fall einer Bedarfsunterdeckung beim Erfassen eines Wareneingangs automatisch über Fehlteile informiert werden, müssen Sie folgende Einstellungen im Customizing der Bestandsführung vornehmen:

- die Fehlteilprüfung für das Werk aktivieren
- eine Prüfregel der Transaktion zuordnen
- eine Prüfgruppe für die Verfügbarkeitsprüfung im Materialstammsatz (Dispositionsdaten) pflegen

Abbildung 6.13 zeigt die erforderlichen Customizing-Einstellungen.

Customizing: Fehlteilprüfung
- Fehlteilprüfung im Werk aktivieren
- Prüfregel definieren und Details festlegen
- Prüfregel der Transaktion zuordnen
- Mail-Empfänger festlegen

Nachrichtenfindung für Nachrichtenart MLFH (Fehlteilmeldung) einstellen

+

Anwendung

Materialstamm S-01

Dispositionsdaten

Prüfgruppe der Verfügbarkeitsprüfung: 01

Fehlteilsituation

WE-Erfasser erhält Warenmeldung über WE zu Fehlteil

Disponent erhält Fehlteilmeldung per Mail

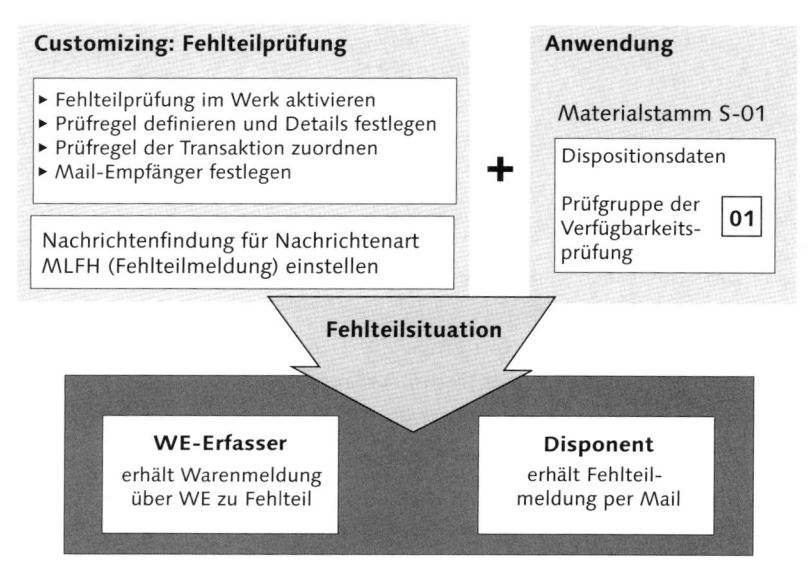

Abbildung 6.13 Customizing der Fehlteilabwicklung in der Bestandsführung

Die Fehlteilprüfung baut auf der dynamischen Verfügbarkeitsprüfung auf, d. h., auch hier wird mit Prüfgruppe, Prüfregel und der Steuerung zur Verfügbarkeitsprüfung gearbeitet. Im Einzelnen sind folgende Einstellungen im Customizing der Bestandsführung und Inventur unter WARENEINGANG FEHLTEILPRÜFUNG EINSTELLEN vorzunehmen:

- **Aktivierung der Fehlteilprüfung pro Werk**
- **Definition einer Prüfregel**
- **Festlegung der Details zur Steuerung der Verfügbarkeitsprüfung**
  Um die Fehlteilprüfung nutzen zu können, müssen Sie einen Prüfhorizont für die Fehlteilprüfung in den Steuerdaten der Verfügbarkeitsprüfung anlegen. Der Prüfhorizont gibt an, wie viele Tage in die Zukunft geprüft wird, ob für das Material Fehlmengen bestehen. Innerhalb des Prüfhorizonts wird aus der Bestandsführung eine Nachricht verschickt, die den Disponenten darüber informiert, dass ein Wareneingang für ein Fehlteil stattgefunden hat.

- **Zuordnung der Prüfregel**
  Auf Transaktionsebene verwendet die Fehlteilprüfung die gleichen Prüfregeln wie die Verfügbarkeitsprüfung. Sie haben aber die Möglichkeit, auf Bewegungsartenebene abweichende Prüfregeln zu pflegen. Die Prüfregel der Bewegungsart hat Vorrang vor der Prüfregel der Transaktion. Allerdings ist ein Eintrag für die Bewegungsart ohne Eintrag für die Transaktion wirkungslos.

- **Festlegung des Mail-Empfängers (Nachrichtenbenutzer)**
  Das System sendet dem für das Material zuständigen Disponenten die Fehlteilmeldung. Damit dies möglich ist, muss dem Disponenten ein Benutzer zugeordnet werden.

- **Festlegung des Fehlteildisponenten**
  Ist dem zuständigen Materialdisponenten kein Benutzer zugeordnet, wird die Nachricht an den für das Werk zuständigen zentralen Fehlteildisponenten gesendet. Dieser wird pro Werk festgelegt. Zusätzlich zu diesen Einstellungen können Sie pro Werk festlegen, ob die Fehlteilnachricht verdichtet oder unverdichtet ausgegeben wird. Bei unverdichteten Fehlteilnachrichten wird pro Fehlteilmaterial eine eigene E-Mail mit maximal fünf Dispositionselementen versendet. Bei der verdichteten Fehlteilnachricht wird pro Materialbeleg und Werk eine Liste der Fehlteilmaterialien ohne Angabe von Dispositionselementen erzeugt.

Fehlteilabwicklung in WM

Unter einem *Fehlteil in WM* wird der Bestand eines bestimmten Materials oder einer Material-Chargen-Kombination verstanden, der an einem manuell vorgegebenen Lagerplatz benötigt wird, sich jedoch nicht im Lager befindet. Mit der Einlagerung, explizit mit dem Einlagerungstransportauftrag, soll dieser Fehlbestand direkt auf den entsprechenden vorher definierten Lagerplatz gesteuert werden.

Um die Fehlteilabwicklung in WM nutzen zu können, muss im Customizing der WM-Bewegungsart der Einlagerung (z.B. Wareneingang zur Bestellung WM-Bewegungsart 101) das Kennzeichen FEHLTEILE BERÜCKSICHTIGEN aktiviert sein.

Haben Sie ein Fehlteil identifiziert oder möchten einen Materialzugang gezielt auf einen Lagerplatz in einem bestimmten Lagertyp steuern, müssen Sie zunächst die Fehlteilliste pflegen. Navigieren Sie hierfür im Menü über LOGISTIK • LOGISTICS EXECUTION • WARENAUSGANGSPROZESS • WARENAUSGANG zu sonstigen Vorgängen • Kommissionierung zur Transaktion LT51 (Fehlteile pflegen). Klicken Sie dann auf den Button , und erfassen Sie die benötigten Fehlteilinformationen (siehe Abbildung 6.14).

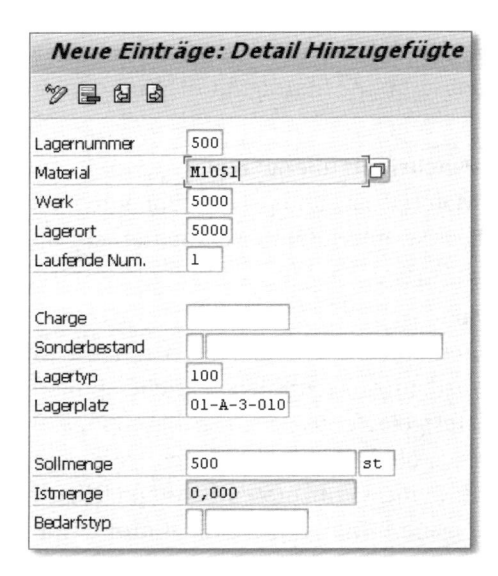

Neue Einträge: Detail Hinzugefügte

Lagernummer	500	
Material	M1051	
Werk	5000	
Lagerort	5000	
Laufende Num.	1	
Charge		
Sonderbestand		
Lagertyp	100	
Lagerplatz	01-A-3-010	
Sollmenge	500	st
Istmenge	0,000	
Bedarfstyp		

Abbildung 6.14 Fehlteilliste pflegen

In diesem Beispiel wird das Material M1051 im Werk 5000 für den Lagerort 5000 sowie für den Lagertyp 100 und den Lagerplatz 01-A-3-010 als Fehlteil ausgewiesen. Mit der nächsten Einlagerung sollen 500 St des Materials gezielt auf diesen Lagerplatz gesteuert werden. Nachdem Sie die Eingaben gesichert haben, werden die Einträge in einer Gesamtliste dargestellt, in der Sie auch die Istmenge der bereits eingelagerten Fehlteilmenge überwachen können.

Die Fehlteilrelevanz bestimmt das System bei der Erstellung des Einlagerungstransportauftrags für eine Materialposition. Da die Transportauftragserstellung im Hell-/Dunkelablauf prozessiert werden kann, werden Sie auch im Dunkelablauf darauf hingewiesen, dass es sich bei einem einzulagernden Material um ein Fehlteil handelt. Im Hellablauf werden Sie mit einer Meldung auf die Fehlteilrelevanz hingewiesen (siehe Abbildung 6.15).

Über den Button Fehlteile wird anschließend ein Zusatzfeld aufgerufen, in dem Sie die einzulagernde Fehlteilmenge spezifizieren und die Menge aus der Fehlteilliste definieren können. Das System erzeugt somit eine separate Fehlteilposition.

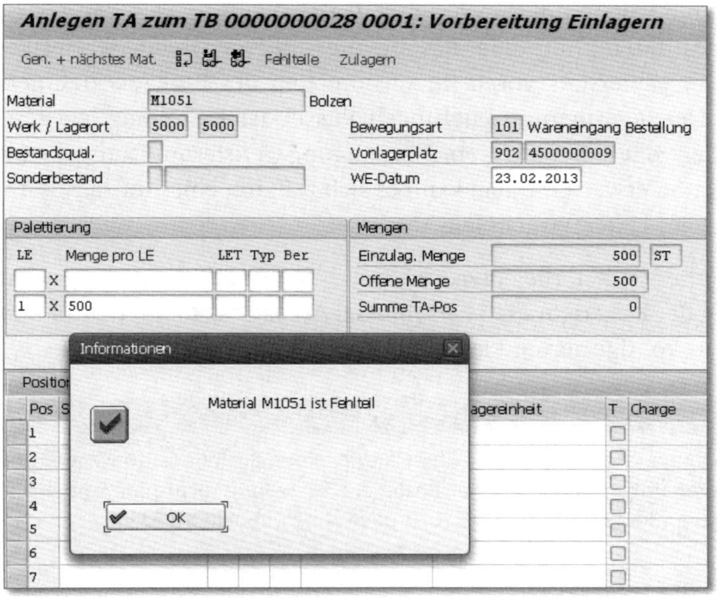

Abbildung 6.15 Fehlteilmeldung während der Transportauftragserstellung

6.1.2 Wareneingang mit Anlieferbezug

Alternativ zum Wareneingang mit Bezug (ohne Anlieferung) können Sie den Wareneingangsprozess auch mit Bezug zur *Anlieferung* buchen. Dieser unterscheidet sich jedoch grundlegend von der reinen bestellbezogenen Abwicklung. Grundlage dieses Prozesses ist ein *Anlieferbeleg*, der entweder automatisch oder manuell auf der Basis eines *Lieferavises* vom Lieferanten angelegt werden kann. Das Lieferavis bietet den elementaren Vorteil, dass das empfangende Unternehmen im Vorfeld über die zu erwartenden Materialien, Mengen, Chargen, den Lieferzeitpunkt sowie eventuell vorhandene SSCC-Nummern (HU-Nummern) informiert wird.

Darüber hinaus ist die Anlieferung elementare Grundlage weiterer Prozesse im SAP-ERP-System. Zu diesen Prozessen zählen:

- Basis der Eingangstransporterstellung und Frachtkostenabrechnung
- Planungsgrundlage der Torbelegung im Yard Management
- Grundlage des Einlagerungstransportauftrags
- Grundlage zur Nutzung von Handling Unit Management in WM

Zentrales Bezugselement der Anlieferung bleibt weiterhin die Bestellung, da bereits in der Bestellung entschieden wird, ob ein Anlieferbeleg erstellt werden kann. Soll mit Anlieferungen gearbeitet werden, muss dies in der Bestellung je Bestellposition mithilfe eines Bestätigungssteuerungsschlüssels festgelegt werden, der seinerseits vorab im Customizing des Einkaufs definiert werden muss. Der Bestätigungssteuerungsschlüssel der Bestellung legt fest, dass der Besteller vom Lieferanten eine Bestätigung (Avisierung) zur gekennzeichneten Position erwartet. Dabei kann es sich z. B. um eine Auftragsbestätigung oder um ein Lieferavis handeln.

Zur Ermittlung des Anlieferbelegtyps während der Anliefererstellung wird im Customizing der Bestätigungssteuerschlüssel ANLIEFERUNG mit der für den Anlieferbeleg vorkonfigurierten Lieferart EL verknüpft.

> **Bestätigungssteuerschlüssel**
>
> Wird der Bestätigungssteuerschlüssel ANLIEFERUNG einer Bestellposition zugeordnet, ist eine Wareneingangsbuchung mit Bezug zur Bestellung nicht mehr möglich. Der Wareneingang muss nun mit Bezug zur Anlieferung gebucht werden.

In WM werden die Folgeaktivitäten wie Transportauftragserstellung zur Einlagerung auch mit Bezug zum Anlieferbeleg initiiert. Die Einlagerung wird dementsprechend vor der Wareneingangsbuchung in der Bestandsführung ausgeführt, die den Wareneingangsprozess abschließt.

Gesamtprozess der Wareneingangsabwicklung zur Anlieferung

Abbildung 6.16 zeigt den Gesamtprozess der Wareneingangsabwicklung zur Anlieferung.

Die Anliefererstellung kann automatisch oder wie erwähnt manuell mit Bezug zur Anlieferung erfolgen. In unternehmensübergreifenden Szenarien, wie z. B. einer Umlagerungsbestellung mit Auslieferung zwischen zwei Werken, kann die Anlieferung direkt über die Nachrichtenfindung der Auslieferung (Nachricht SPED) angestoßen werden. Darüber hinaus ist es auch möglich, die Anlieferung mithilfe des Arbeitsvorrats für Anlieferungen anzulegen (Transaktion VL34).

Zur Einlagerung der angelieferten Ware wird in WM ein Transportauftrag benötigt, der sich auf die Anlieferung bezieht und wesentliche Daten zur Weiterverarbeitung aus dem Anlieferbeleg übernimmt. Die Transportauftragsanlage kann wiederum automatisch oder manuell über den Anliefermonitor oder mit direktem Belegbezug geschehen. Mit dem Anlegen des Transportauftrags ermittelt das System auf der Basis der Materialstammdaten und Customizing-Einstellungen die entsprechenden Nachlagertypen, -bereiche und -plätze für die Einlagerung. Die Wareneingangsbuchung in der Bestandsführung, ebenfalls mit Bezug zur Anlieferung, schließt diesen Prozess ab.

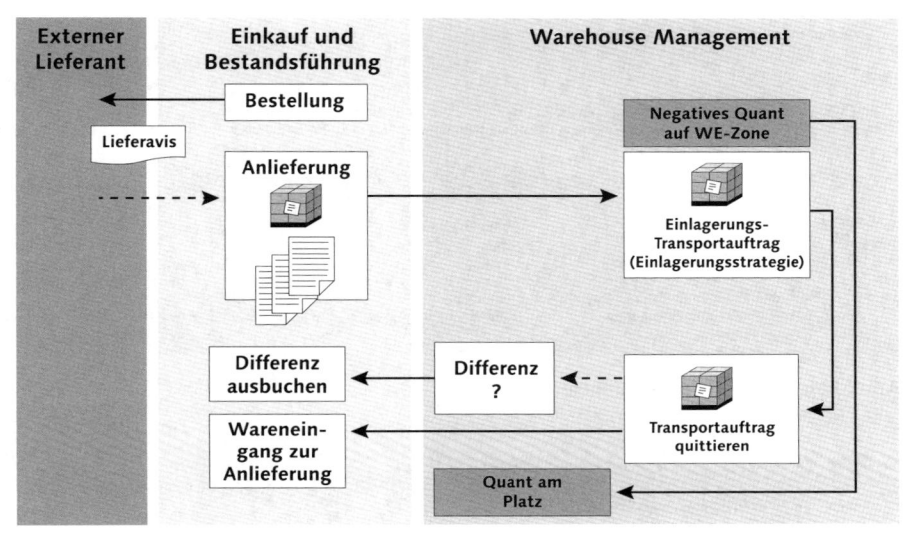

Abbildung 6.16 Wareneingang zur Anlieferung

> **Anlieferung**
>
> Die Wareneingangsbuchung zur Anlieferung kann auch palettenweise erfolgen, das bedeutet, dass mehrere Teilwareneingänge zur Anlieferung möglich sind. Eine schnellere Materialverfügbarkeit ist somit gewährleistet.

Der Lagerort der Einlagerung kann, wie bei dem klassischen Wareneingang zur Bestellung, je nach Wareneingangsposition differenzieren. In der Anlieferung wird der Lagerort je Position entweder aus dem Bestellbeleg übernommen oder aus Customizing-Einstellungen je Lieferposition ermittelt. Die Ermittlung erfolgt über das Werk und die Raumbedingung des Materials aus dem Materialstamm.

Sind Werk und Lagerort im Customizing mit einer Lagernummer verbunden, wird diese Lagernummer in der Anlieferung angezeigt (siehe Abbildung 6.17).

Die WM-Relevanz wird mit einem Gesamteinlagerungs- und einem Transportauftragsstatus ausgewiesen, an denen der WM-PROZESSFORTSCHRITT erkennbar ist. Ob eine Belegposition relevant für die Einlagerung ist, entscheidet das System anhand des Lieferpositionstyps. Im Standard handelt es sich um den POSITIONSTYP ELN, der im Customizing als einlagerungsrelevant gekennzeichnet ist. Außerdem ist ihm die Bestandsführungsbewegungsart

101 (Wareneingang) zugeordnet. Das System entnimmt also dem Lieferpositionstyp diese Bewegungsart (siehe Abbildung 6.18).

Abbildung 6.17 Anlieferung anlegen

Abbildung 6.18 Lieferpositionstyp »ELN« (Anlieferung)

Mithilfe der Customizing-Tabellen der Referenzbewegungsart in der Bestandsführung zur WM-Bewegungsart ermittelt das System anschließend die für den Einlagerungsvorgang in WM entscheidende WM-Bewegungsart. Das Anlegen eines Transportauftrags zur Anlieferung bewirkt zugleich die Verbuchung mindestens eines negativen Quants im Schnittstellenlagertyp 902 (Wareneingangszone).

Das negative Quant ist ein Konstrukt, das sicherstellt, dass zu jedem Zeitpunkt des Prozesses die Bestände in WM und die Bestandsführung in der Summe gleich sind. Da die Einlagerung in WM vor dem Zugang in der Bestandsführung gebucht wird, weist der Bestand in WM auf einem Lagerplatz bereits einen um die Wareneingangsmenge erhöhten Bestand aus. Vom Gesamtbestand in WM wird die negative Menge jedoch abgezogen, sodass der Gesamtbestand in WM und der in der Bestandsführung identisch sind.

Nach abgeschlossener Einlagerung (Gesamtstatus der Anlieferung) erfolgt die Wareneingangsbuchung in den Lagerortbestand. Das negative Quant im Schnittstellenlagertyp wird somit aufgelöst und durch die Bestandserhöhung ausgebucht. Mit der Wareneingangsbuchung sind die Bestände auch laut der dynamischen Verfügbarkeitsprüfung verfügbar.

> **Differenzen**
> Bestandsabweichungen, die bei der Einlagerung auftreten oder festgestellt werden, sind beim Quittieren des Transportauftrags als Differenzen auszuweisen. Die Fehlmenge wird dadurch in den im Customizing zugeordneten Schnittstellenlagertyp gebucht. Die Einlagerungsmenge kann als Liefermenge in den Anlieferbeleg übernommen werden. In der Regel sollten Sie jedoch zunächst prüfen, warum die Differenzen aufgetreten sind.

Teilwareneingang zur Anlieferung

Wie bereits erwähnt, können Sie auch mit Teilwareneingängen zur Anlieferung arbeiten, wenn es die Bestandssituation in Ihrem Lager erfordert, dass Materialien immer direkt mit der Einlagerung für die Verfügbarkeitsprüfung nach ATP-Logik zur Verfügung stehen sollen. Definieren Sie hierfür zunächst im Customizing über LOGISTICS EXECUTION • LAGERVERWALTUNG • SCHNITTSTELLEN • VERSAND • VERSANDSTEUERUNG DEFINIEREN die Versandsteuerung auf Bewegungsartenebene für die WM-Bewegungsart 101 (siehe Abbildung 6.19).

Pflegen Sie für die WM-Bewegungsart 101 im Feld WM-MENGE ÜBERNEHMEN eine 4. Dies bedeutet, dass die WM-Menge nicht als Liefermenge übernommen wird und der Wareneingang direkt mit der TA-Quittierung erfolgt. Im

Belegfluss der Anlieferung können die einzelnen Wareneingänge überwacht werden (siehe Abbildung 6.20).

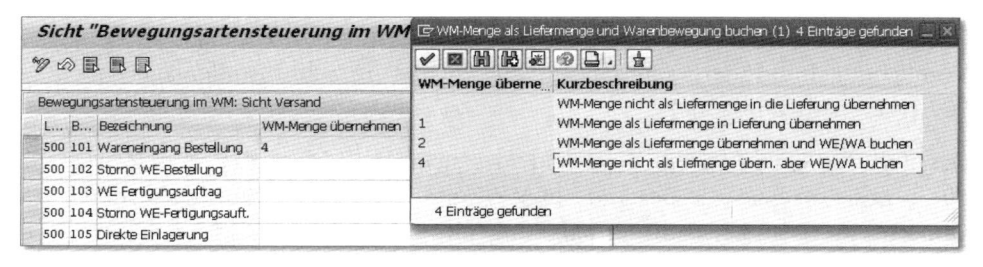

Abbildung 6.19 Customizing des Teilwareneingangs zur Anlieferung

Abbildung 6.20 Belegfluss der Anlieferung

Hier wurden zwei der vier Transportaufträge (12 und 15) der Anlieferung direkt im Wareneingang gebucht. Die Warenbewegung in der Bestandsführung wird anhand der Materialbelege 5000000032 und 5000000033 dokumentiert.

Wareneingang automatisch buchen

Möchten Sie den Wareneingang zur Anlieferung automatisch mit der Quittierung der letzten Transportauftragsposition buchen, wählen Sie den Eintrag WM-MENGE ALS LIEFERMENGE ÜBERNEHMEN UND WE/WA BUCHEN.

Rücklagerung von quittierten Transportaufträgen

Möchten Sie die Einlagerung zur Anlieferung noch vor der ausgeführten Wareneingangsbuchung rückgängig machen, haben Sie die Möglichkeit, die quittierten Transportaufträge mithilfe der Funktionalität RÜCKLAGERN ZUR LIEFERUNG auf den Vonplatz der Einlagerung rückzulagern bzw. auf einen anderen

Lagerplatz umzulagern. Die Buchung erfolgt mit der Transaktion LT0G (Rücklagern zur Lieferung). Wählen Sie zunächst in den Selektionsdaten der Transaktion die TA-Positionssicht aus, damit die einzelnen Transportaufträge/Positionen der Lieferung angezeigt werden. Navigieren Sie anschließend in den Folgebildschirm, und markieren Sie dort die umzulagernden bzw. rückzulagernden Transportauftragspositionen (siehe Abbildung 6.21).

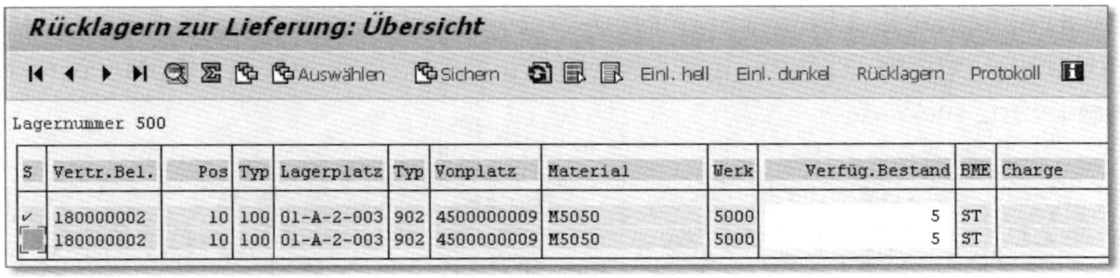

S	Vertr.Bel.	Pos	Typ	Lagerplatz	Typ	Vonplatz	Material	Werk	Verfüg.Bestand	BME	Charge
✓	180000002	10	100	01-A-2-003	902	4500000009	M5050	5000	5	ST	
	180000002	10	100	01-A-2-003	902	4500000009	M5050	5000	5	ST	

Abbildung 6.21 Rücklagern zur Anlieferung

Zum Rücklagern der TA-Positionen klicken Sie auf den Button RÜCKLAGERN. Die Umlagerung auf einen alternativen Lagerplatz erfolgt mit dem Button EINL. HELL.

Storno des Wareneingangs zur Anlieferung

Wareneingänge zur Anlieferung können auf Basis des Materialbelegs wieder storniert werden. Dies gilt sowohl für Teilwareneingänge als auch vollständige Wareneingänge. Um eine Wareneingangsbuchung zur Anlieferung zu stornieren, rufen Sie zunächst die Transaktion VL09 (Warenbewegung stornieren) auf, erfassen die ursprüngliche Anliefernummer und navigieren anschließend in den Folgebildschirm der Transaktion. Möchten Sie sich zunächst die stornierbaren Materialbelege zur Anlieferung anzeigen lassen, markieren Sie den zu stornierenden Anlieferbeleg und klicken dann auf den Button MATERIALBELEGE… (siehe Abbildung 6.22).

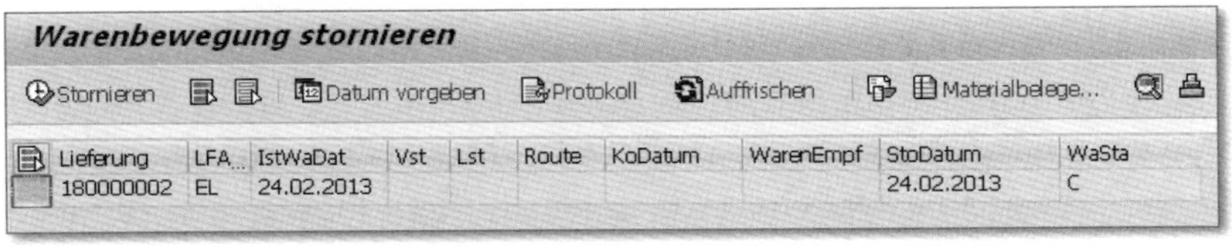

Lieferung	LFA...	IstWaDat	Vst	Lst	Route	KoDatum	WarenEmpf	StoDatum	WaSta
180000002	EL	24.02.2013						24.02.2013	C

Abbildung 6.22 Warenbewegung stornieren (zur Anlieferung)

Führen Sie abschließend den Wareneingangsstorno mit dem Button STORNIEREN aus.

6.2 Steuerung der Einlagerung

Nachdem Sie die Wareneingangsvorgänge in SAP ERP und deren Integration in WM kennengelernt haben, erfahren Sie nun mehr über die Einlagerungssteuerung in WM, die sich als nächster logischer Schritt an die Wareneingangsbuchung in der Bestandsführung anschließt. Sollten Sie mit dem Wareneingang zur Anlieferung arbeiten, ist die Einlagerungssteuerung der Wareneingangsbuchung vorgelagert. Der generelle Prozessverlauf in WM ist jedoch identisch. Abbildung 6.23 verdeutlicht den Prozess der Einlagerungssteuerung in WM.

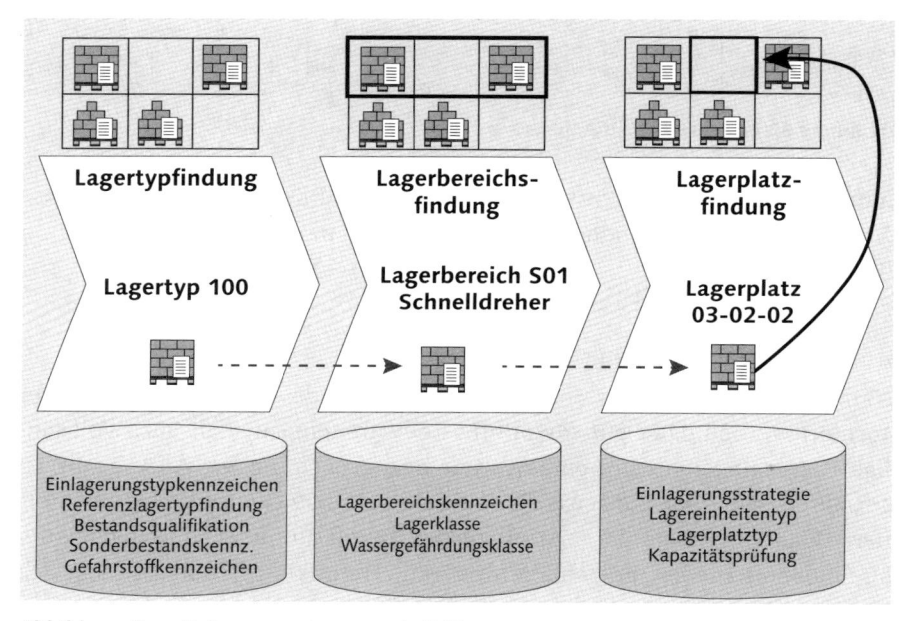

Abbildung 6.23 Einlagerungssteuerung in WM

6.2.1 Lagertypfindung

Im ersten Schritt versucht das System, anhand des Einlagerungstypkennzeichens aus dem Materialstamm (LAGERVERWALTUNGSSICHT 1) einen geeigneten Lagertyp zur Einlagerung des entsprechenden Materials zu finden. Definieren Sie die Einlagerungstypkennzeichen gemäß Ihren logistischen Anforderungen. Zum Beispiel können Sie verschiedene Einlagerungstypkennzeichen für Kühlware und normal temperierte Ware anlegen, damit jeweils ein Lagertyp mit den entsprechenden Charakteristika ermittelt wird. Ein weiteres Beispiel ist die Trennung zwischen Kleinteilen und Palettenware, die in unterschiedlichen Lagertypen verwaltet werden können.

Damit die Lagertypfindung erfolgreich verläuft, müssen Sie im Customizing der Lagerverwaltung die Tabelle der Lagertypsuchreihenfolge (T334T) mit entsprechenden Einträgen füllen (siehe Abbildung 6.24).

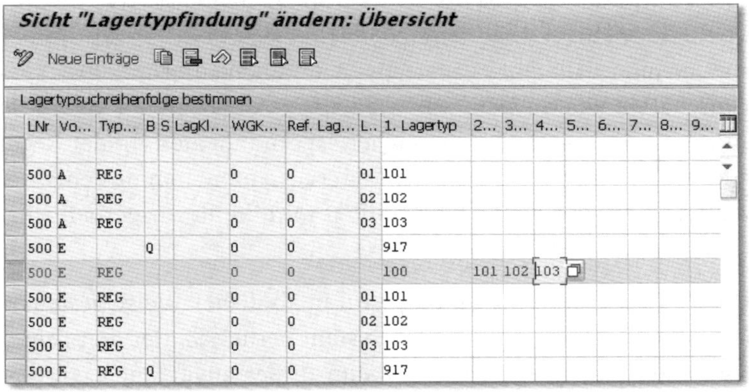
Sicht "Lagertypfindung" ändern: Übersicht

Neue Einträge

Lagertypsuchreihenfolge bestimmen

LNr	Vo...	Typ...	B	S	LagKl...	WGK...	Ref. Lag...	L..	1. Lagertyp	2...	3...	4...	5...	6...	7...	8...	9...
500	A	REG				0	0	01	101								
500	A	REG				0	0	02	102								
500	A	REG				0	0	03	103								
500	E		Q			0	0		917								
500	E	REG				0	0		100	101	102	103					
500	E	REG				0	0	01	101								
500	E	REG				0	0	02	102								
500	E	REG				0	0	03	103								
500	E	REG	Q			0	0		917								

Abbildung 6.24 Lagertypfindung (Customizing)

Neben dem Lagertypkennzeichen wird die Lagertypfindung von weiteren Parametern bestimmt (siehe Abbildung 6.24). Zu diesen Parametern zählen:

- Bestandsqualifikation
- Sonderbestandskennzeichen
- Daten der Gefahrstoffverwaltung (Lagerklasse, Wassergefährdungsklasse)
- Referenzlagertypfindung (aus der WM-Bewegungsart)
- Lagerortreferenz

Die Lagertypen, die das System bei der Einlagerung berücksichtigen soll, bringen Sie in der Tabelle aus Abbildung 6.24 in eine entsprechende Suchreihenfolge. Die Suche nach geeigneten Lagerplätzen beginnt immer im ersten Lagertyp dieser Reihenfolge. Scheitert sie, versucht das System, im zweiten Lagertyp Lagerplätze zu ermitteln. Ist auch dieser Versuch vergeblich, wird der dritte Lagertyp der Reihenfolge geprüft. Hat das System die gesamte Reihe erfolglos abgearbeitet, kann der Transportauftrag nicht angelegt werden, es sei denn, ein in der Suchreihenfolge nicht enthaltener, aber geeigneter Lagertyp wird im Transportauftrag von Hand zugeordnet.

Die korrekte Konfiguration der Lagertypfindung ist eine der Kernaufgaben in einem WM-Implementierungsprojekt, da durch die Reihenfolge der Lagertypen in der Lagertypfindung der Materialfluss in einem Lager wesentlich beeinflusst wird.

6.2.2 Lagerbereichsfindung

Jedem Lagertyp muss mindestens ein generischer Lagerbereich zugeordnet sein. Möchten Sie jedoch mit mehreren Lagerbereichen für die Einlagerung arbeiten, müssen Sie diese zunächst für den entsprechenden Lagertyp im Customizing einrichten. Mehrere Lagerbereiche bieten sich in der Praxis immer dann an, wenn Sie innerhalb eines Lagertyps Materialien aufgrund ihrer spezifischen Eigenschaften wie Gewicht oder Gängigkeit klassifizieren und diese auch dementsprechend in separaten Bereichen lagern möchten. In der Regel erfolgt diese Klassifizierung bereits in den Materialstammdaten des entsprechenden Materials (LAGERVERWALTUNGSSICHT 1) mithilfe des Lagerbereichskennzeichens.

Der Teilprozess der Lagerbereichsfindung wird in ähnlicher Weise gesteuert wie der Prozess der Lagertypfindung. Das System berücksichtigt den Lagerbereich bei der Einlagerung jedoch nur, wenn dieser zuvor auf Lagertypebene aktiviert wurde. Die Aktivierung der Lagerbereichsfindung erfolgt im Customizing des Lagertyps über LOGISTICS EXECUTION • LAGERVERWALTUNG • STAMMDATEN • LAGERTYP DEFINIEREN (siehe Abbildung 6.25).

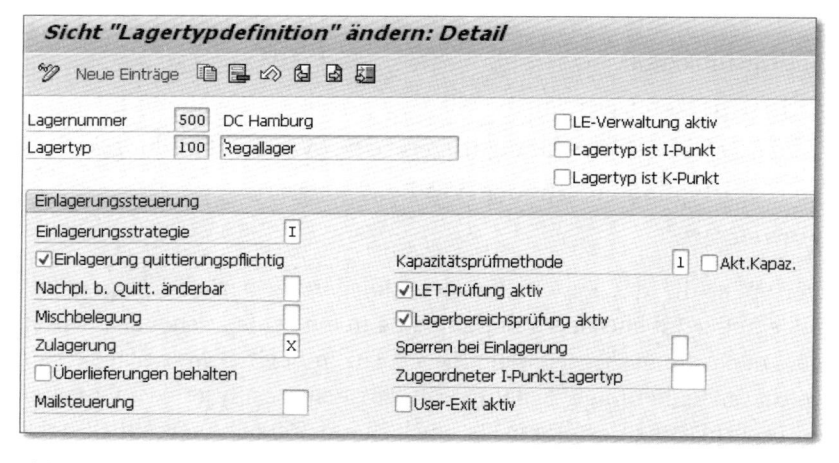

Abbildung 6.25 Lagerbereichsprüfung aktivieren

Die Aktivierung des Kennzeichens der Lagerbereichsfindung für den betroffenen Lagertyp erfordert es, dass im WM-Customizing die Einträge zur Lagerbereichsfindung ausgeprägt werden. Auch für die Lagerbereichsfindung gibt es eine spezifische Findungstabelle (T334B). Wie bei der Konfiguration der Lagertypfindung werden in dieser Tabelle alle zu berücksichtigenden Lagerbereiche in eine Suchreihenfolge gebracht. Das System versucht daher zunächst, im ersten Lagerbereich der Reihenfolge geeignete Lagerplätze zu finden. Ist die Suche erfolglos, wird der nächste Lagerbereich geprüft (siehe Abbildung 6.26).

LNr	Typ	BerKz	LagKl	WGF	1...	2...	3...	4...	5...	6...	7...	8...	9...
500	100	L01		0	L01								
500	100	N01		0	N01	L01							
500	100	S01		0	S01	N01							

Abbildung 6.26 Lagerbereichsfindung

Wie Sie in Abbildung 6.26 sehen, sucht das System im Lagertyp 100 für ein langsam drehendes Material (BerKz L01) nur Lagerplätze im Lagerbereich L01 (Langsamdreher) des Lagertyps. Im Gegensatz dazu versucht das System, für ein schnell drehendes Material (BerKz S01) zunächst eine Einlagerungsmöglichkeit im Lagerbereich S01 zu finden. Sollte keine Einlagerungsmöglichkeit bestehen, sucht das System im zweiten Eintrag der Tabelle (Lagerbereich N01) nach einem passenden Lagerplatz. In den Stammdaten des Lagerplatzes muss der entsprechende Lagerbereich dem Lagerplatz zugeordnet sein. Dies geschieht über die Lagerplatzanlage. Insgesamt haben Sie bis zu 30 Möglichkeiten, um einen entsprechenden Lagerbereich je Lagertyp zu finden.

Kann das System im gesamten Lagertyp keinen passenden Lagerbereich bestimmen, sucht das System laut Lagertypfindung im nächsten Lagertyp. Wenn das System insgesamt keinen Lagerbereich bestimmen konnte, müssen Sie die Einlagerung manuell vornehmen und gegebenenfalls die Stammdateneinstellungen Ihrer Materialien überprüfen.

6.2.3 Lagerplatzfindung

Nachdem das System einen entsprechenden Lagertyp und Lagerbereich bestimmt hat, fehlt nun noch der finale Lagerplatz der Einlagerung. Die Lagerplatzfindung wird im Wesentlichen durch die Einlagerungsstrategie bestimmt, die im Customizing des Lagertyps festgelegt wird. Weiteren Einfluss auf die finale Platzfindung haben der Ladungsträger des Materials (Lagereinheitentyp) sowie die Einstellungen und Parameter der Kapazitätsprüfung, die optional je Lagertyp aktiviert werden können.

Durch die Aktivierung dieser Parameter haben Sie die Möglichkeit, die physischen Charakteristika des einzulagernden Materials wie Palettentyp, Gewicht, Volumen oder allgemeinen Kapazitätsverbrauch mit in die Einlagerungssteuerung einzubeziehen.

6.3 Einlagerungsstrategien von WM

In einem SAP-ERP-Standardsystem wird eine Reihe von vorkonfigurierten Einlagerungsstrategien ausgeliefert, die in den Customizing-Einstellungen des Lagertyps einfach zugeordnet werden können. Zu diesen Standardeinlagerungsstrategien gehören:

- Blocklager (B)
- Festplatz (F)
- Nähe Kommissionierfestplatz (K)
- Freilager (C)
- Zulagerung (I)
- nächster Leerplatz (L)
- Paletten (P)
- manuelle Einlagerung und dynamische Einlagerungsstrategien der Quantnummer und der Referenznummer (Q und R)

Darüber hinaus haben Sie die Möglichkeit, mit der SAP-Erweiterung MWMTO003 Ihre eigenen Einlagerungsstrategien zu definieren.

Wie bereits erwähnt, erfolgt das Customizing der Einlagerungsstrategie direkt in den Stammdaten des entsprechenden Lagertyps oder im Customizing über LOGISTICS EXECUTION • LAGERVERWALTUNG • STRATEGIEN • EINLAGERUNGSSTRATEGIEN. Für einige Strategien, wie z. B. *Blocklager* sowie *Nähe Kommissionierfestplatz*, müssen die Einstellungen hier vorgenommen werden, da diese Strategien weitere Einstellungen benötigen.

6.3.1 Blocklager (B)

Die *Boden- oder Blocklagerung* bildet die einfachste Form der Lagerung. Die Lagergüter werden dabei mit oder ohne Lagerhilfsmittel am Boden gelagert. In der Praxis eignet sich diese Form der Lagerung besonders für schwere und sperrige Güter. Typisch ist der Einsatz der Bodenlagerung auch in der Getränkeindustrie.

In WM werden Block- und Zeilenläger mit der Einlagerungsstrategie *Blocklager (B)* verwaltet, die sowohl für LE- als auch für nicht LE-verwaltete Lagertypen angewendet werden kann. Im Gegensatz zum nicht LE-verwalteten Blocklager, in dem die Bestände eines Lagerplatzes als ein Quant geführt werden, wird der Bestand in einem LE-verwalteten Blocklager auf Lagereinheitenebene geführt. In einem Blocklager passen gemäß den Customizing-Einstellungen mehrere Lagereinheiten auf einen einzelnen Lagerplatz.

Für den Einsatz eines LE-verwalteten Blocklagers sprechen verschiedene Gründe. Zum einen ist es möglich, das Wareneingangsdatum auf Lagereinheitenebene zu verwalten. Die Lagereinheiteninformationen bleiben als bestandstrennendes und identifizierendes Element erhalten und müssen erst bei der Auslagerungsquittierung verifiziert werden. Darüber hinaus können Sie Lagereinheiten aus dem Blocklager auslagern, die Materialien enthalten, die zu mehr als einer Charge gehören.

Bevor wir zu den LE-spezifischen Blocklagereinstellungen kommen, sehen wir uns nun zunächst die allgemeinen Einstellungen der Blocklagerung an. Abbildung 6.27 zeigt uns einen Ausschnitt aus einem typischen Blocklager, wie es in WM abgebildet werden kann.

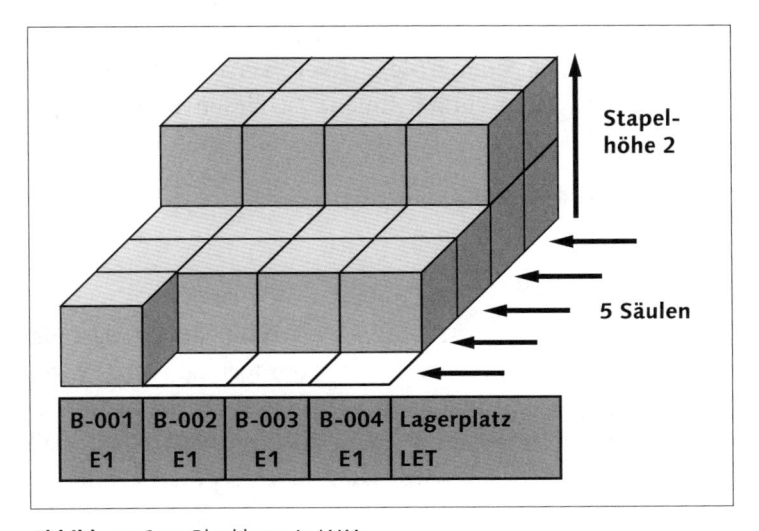

Abbildung 6.27 Blocklager in WM

Im ersten Schritt müssen Sie im Customizing über LOGISTICS EXECUTION • LAGERVERWALTUNG • STRATEGIEN • EINLAGERUNGSSTRATEGIEN • STRATEGIE BLOCKLAGER DEFINIEREN die Blocklagerstrategie für die entsprechenden Blockläger (Lagertypen) aktivieren.

Im zweiten Schritt müssen Sie die Einstellungen der Lagertypsteuerung der Blockläger in den Einstellungen der Blocklagerstrategie vornehmen (siehe Abbildung 6.28).

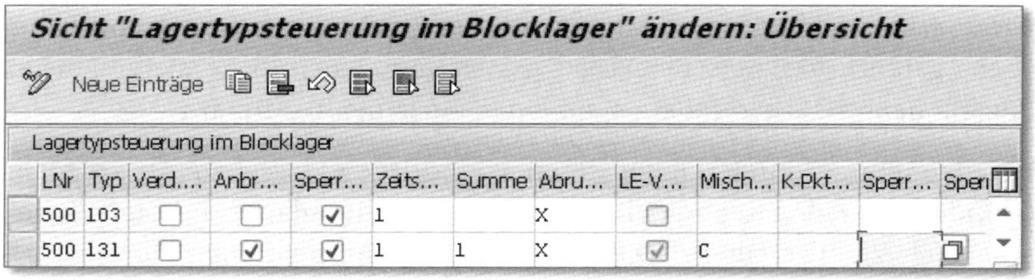

LNr	Typ	Verd....	Anbr...	Sperr...	Zeits...	Summe	Abru...	LE-V...	Misch...	K-Pkt...	Sperr...	Sperr
500	103	☐	☐	☑	1		X	☐				
500	131	☐	☑	☑	1	1	X	☑	C			

Abbildung 6.28 Lagertypsteuerung im Blocklager

Beim Lagertyp 103 handelt es sich um ein nicht LE-verwaltetes Blocklager – im Gegensatz zum Lagertyp 131, bei dem die LE-Verwaltung aktiviert wurde.

Einstellungen im nicht LE-verwalteten Blocklager (Lagertyp 103

Im nicht LE-verwalteten Blocklager müssen keine Pflichtfelder zur Steuerung definiert werden. Es muss lediglich ein generischer Customizing-Eintrag vorhanden sein. Um jedoch die Prozesse auch in einem nicht LE-verwalteten Blocklager zu optimieren, haben Sie die Möglichkeit, verschiedene Einstellungen in der Blocklagersteuerung vorzunehmen. Zu diesen Einstellungen zählen:

- Sperren nach der ersten Auslagerung
- Zeitschranke
- Abrunden auf ganze Lagereinheiten

Das Kennzeichen Sperren nach der ersten Auslagerung bedeutet, dass ein Block (Lagerplatz) automatisch für weitere Einlagerungen gesperrt wird, nachdem die erste Auslagerung stattgefunden hat. Dieses Kennzeichen verhindert, dass bestimmte Lagereinheiten zu lange im Lager verweilen, weil immer wieder neue Ware eingelagert wird. Diese Sperre erlischt automatisch, wenn die letzte Lagereinheit aus dem Block ausgelagert (aus der Zeile entnommen) wurde.

Da in einem nicht LE-verwalteten Blocklager die erste Einlagerung einer Palette in einer Zeile das Wareneingangsdatum aller nachfolgenden Paletten bestimmt, ist es sinnvoll, nach einer gewissen Anzahl von Tagen nach der ers-

6.3 Einlagerungsstrategien von WM

ten Einlagerung den Lagerplatz für weitere Einlagerungen zu sperren. Nutzen Sie hierfür das Kennzeichen ZEITSCHRANKE in den Blocklagereinstellungen.

In einem Blocklager sollen in der Regel keine Anbruchspaletten verwaltet werden. Anbrüche sollen aus einem entsprechenden Anbruchslager kommissioniert werden. Setzen Sie hierfür das Kennzeichen ABRUNDEN in der Blocklagersteuerung. Tabelle 6.1 soll die unterschiedlichen Möglichkeiten des Systemverhaltens verdeutlichen.

Anfordermenge	Customizing-Einstellung	Ergebnis
Auslagerung über 5,5 Paletten	»____« blank Anbruch erlaubt	Entnahme von 5,5 Paletten und 0,5 Paletten Anbruch
Auslagerung über 5,5 Paletten	X Anbruch erlaubt	Entnahme von 5 Paletten. Ist in den vorgelagerten Lagertypen kein Bestand, kann die halbe Palette in einer zweiten Position ebenfalls aus dem Blocklager entnommen werden. Die Ausprägung dient vor allem dem Vermeiden von Anbrüchen und funktioniert bei Anbruchsverbot nur, wenn Vollentnahme eingestellt ist.
Auslagerung über 5,5 Paletten	Y Anbruch erlaubt	Entnahme einer Palette. Für die restlichen 4,5 Paletten wird erneut über die Lagertypfindung ein passender Bestand ermittelt. Es wird wieder das Blocklager gefunden und wieder eine Palette in einer zweiten Position entnommen. Mit der restlichen halben Palette wird verfahren, wie unter X beschrieben. Die Ausprägung dient dem Vermeiden von Anbrüchen und der Erzeugung einzelner TA-Positionen pro Palette bei der Auslagerung.

Tabelle 6.1 Kennzeichen »Abrunden in der Blocklagersteuerung«

Zusätzliche Einstellungen im LE-verwalteten Blocklager (Lagertyp 131)

Neben den bereits vorgestellten Parametern, die uneingeschränkt auch für das LE-verwaltete Blocklager gelten, müssen Sie in einem LE-verwalteten Blocklager weitere Steuerparameter definieren. Arbeiten Sie mit der Lagereinheitenverwaltung, aber ohne Kommissionierpunkte, verlangt das System die Aktivierung der Anbruchsverwaltung im Blocklager. Das heißt, dass pro Lagerplatz eine Anbruchsmenge verwaltet werden darf.

Wenn in einem Blocklager die LE-Verwaltung aktiviert wurde, müssen Summeninformationen (Summenquant) vom System verwaltet werden, aufgrund derer dann Auslagerungen vorgenommen werden, da das System keine konkreten LE-Nummern bei der TA-Erstellung bestimmen kann. Aufgrund dieser Tatsache muss ein Eintrag im Feld SUMME gepflegt sein. Die genaue Ebene, auf der innerhalb eines Blocklagers Summeninformationen geführt werden, wird durch das Feld SUMME und das Feld MISCHBELEGUNG in den Stammdaten des Lagertyps festgelegt.

Steuerbar ist, ob Chargen in der Summeninformation gehalten werden können oder nicht. In der AUSPRÄGUNG 1 (chargenneutral) erfolgen Auslagerungen bis zur Quittierung des Transportauftrags chargenneutral, und bei Einlagerungen wird nach Lagerplätzen gesucht, auf denen sich das betreffende Material, aber nicht notwendigerweise auch dieselbe Charge befindet.

In der AUSPRÄGUNG 2 (chargenspezifisch) erfolgen Auslagerungen mit Vorgabe der Charge, und bei Einlagerungen wird nach Plätzen gesucht, die die betreffende Charge enthalten.

Nachdem Sie nun die Einstellungen der Blocklagersteuerung vorgenommen haben, erfolgt im nächsten Schritt die Definition der Blocklagerkennzeichen (siehe Abbildung 6.29).

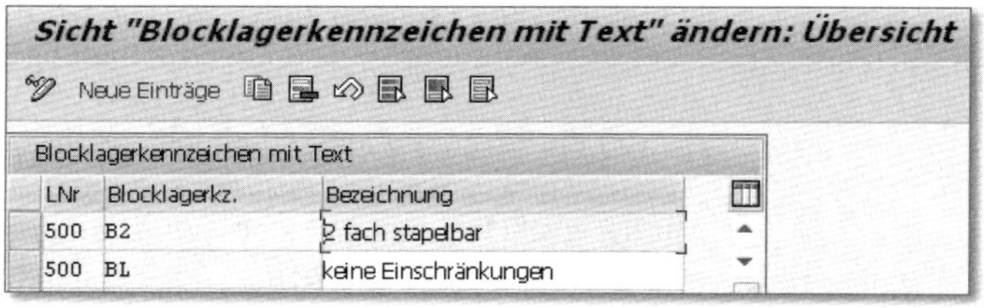

Abbildung 6.29 Blocklagerkennzeichen

Die Blocklagerkennzeichen sind frei definierbar und können als Stapelbarkeitsfaktor für bestimmte Materialien definiert werden (z. B. Stapelhöhe von bis zu drei Lagereinheiten). Die Zuordnung erfolgt im Materialstamm in der Sicht LAGERVERWALTUNG 1.

Um die Kapazität und den Aufbau des Blocklagers vorzugeben, definieren wir nun abschließend die allgemeine Blockstruktur im Blocklager (siehe Abbildung 6.30).

In Abhängigkeit von den Lagereinheitentypen und dem Blocklagerkennzeichen kann je Lagerplatztyp die Blockstruktur bestimmt werden. Das System errechnet auf der Grundlage der Säulenanzahl und der Stapelhöhe die maximale Anzahl der Lagereinheiten je Block (Lagerplatz). Die Anzahl der erlaubten Lagereinheiten kann mithilfe des Blocklagerkennzeichens beeinflusst werden.

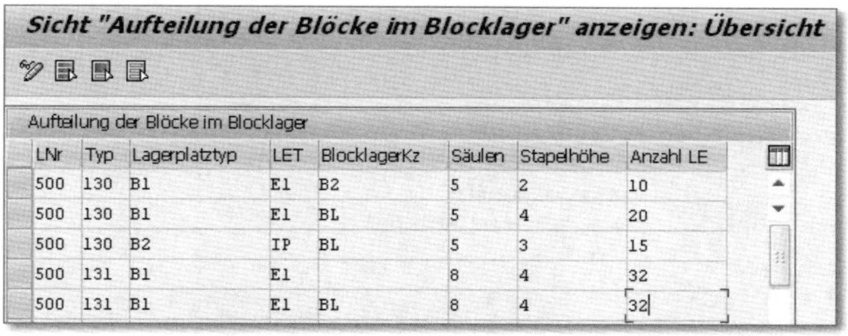
Sicht "Aufteilung der Blöcke im Blocklager" anzeigen: Übersicht

Aufteilung der Blöcke im Blocklager

LNr	Typ	Lagerplatztyp	LET	BlocklagerKz	Säulen	Stapelhöhe	Anzahl LE
500	130	B1	E1	B2	5	2	10
500	130	B1	E1	BL	5	4	20
500	130	B2	IP	BL	5	3	15
500	131	B1	E1		8	4	32
500	131	B1	E1	BL	8	4	32

Abbildung 6.30 Aufbau der Blockstruktur im Blocklager

Systembeispiel zur Auslagerung im LE-verwalteten Blocklager ohne Anbruchsverwaltung

In diesem Beispiel lernen Sie die Funktionalität der Anbruchsvermeidung in einem LE-verwalteten Blocklager anhand eines Auslagerungsprozesses via Kommissionierpunkt kennen. Ziel ist es, Ihnen eine Facette des LE-verwalteten Blocklagers aufzuzeigen, in dem keine Restmengen, also Mengen kleiner als eine volle Lagereinheit, in einem Blocklager verwaltet werden können. Dieses Beispiel finden wir sehr häufig in der Praxis vor.

Die Restmengen, die bei der Kommissionierung in einem Blocklager entstehen können, sollen automatisch in einen Zwischenlagerbereich gebracht werden, den sogenannten *Kommissionierpunkt*, da eine direkte Rücklagerung in einen alternativen Lagertyp nicht gewünscht ist. Im Anschluss an die Auslagerung können die Lagereinheiten vom Kommissionierpunkt frei weiterbewegt werden.

In diesem Beispiel soll die Auslagerung aus dem LE-verwalteten Lagertyp 131 der Lagernummer 500 erfolgen. Daher muss im Customizing über LOGISTICS EXECUTION • LAGERVERWALTUNG • STAMMDATEN • STRATEGIEN • LAGERTYP DEFINIEREN für den Lagertyp 131 die Vollentnahmepflicht aktiviert sowie der Lagertyp 800 als K-Punkt-Lagertyp zugeordnet werden. Der Lagertyp 800 muss vor der Zuordnung als K-Punkt-Lagertyp im selben Pfad mit dem Kennzeichen LAGERTYP IST K-PUNKT angelegt worden sein. Abbildung 6.31 und Abbildung 6.32 beschreiben die lagertypspezifischen Einstellungen der Lagertypen 131 und 800.

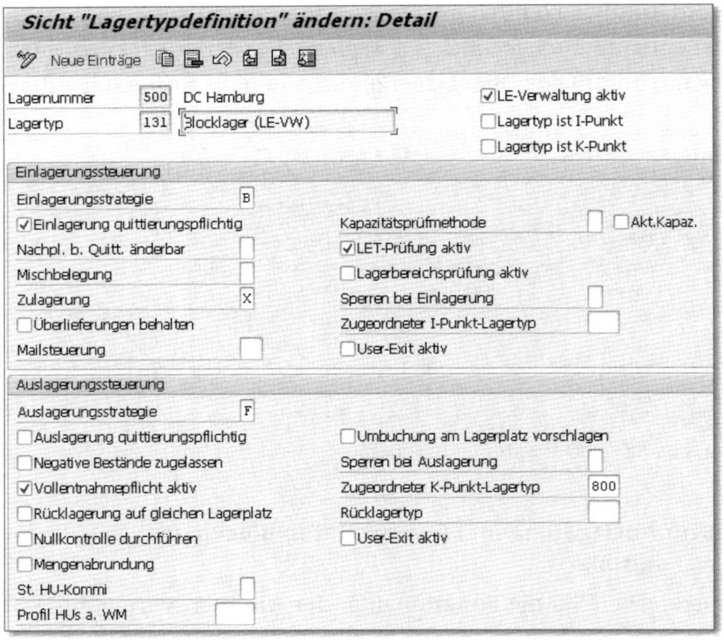

6 | Wareneingangsprozesse und Einlagerungsstrategien in WM

Abbildung 6.31 Lagertypspezifische Einstellungen des Lagertyps 131

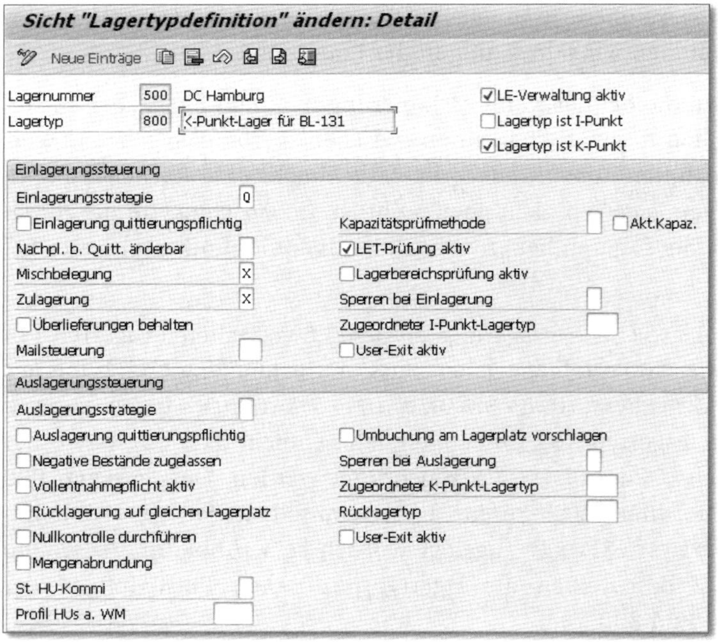

Abbildung 6.32 Lagertypspezifische Einstellungen des Lagertyps 800

Neben den Einstellungen in den jeweiligen Lagertypen muss auch die Einlagerungsstrategie *Blocklager* für den Lagertyp 131 entsprechend ausgeprägt sein (siehe Abbildung 6.33).

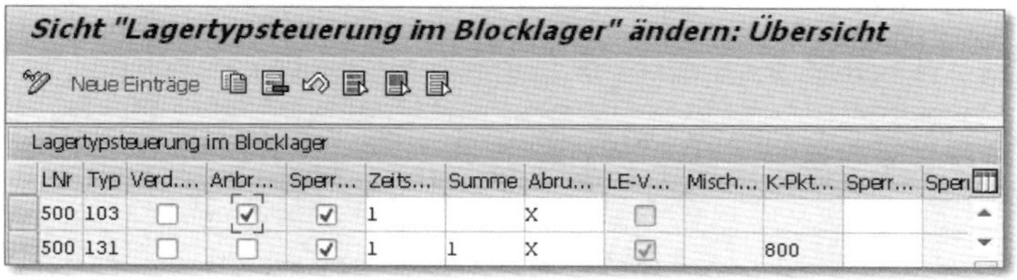

Sicht "Lagertypsteuerung im Blocklager" ändern: Übersicht											
Lagertypsteuerung im Blocklager											
LNr	Typ	Verd...	Anbr...	Sperr...	Zeits...	Summe	Abru...	LE-V...	Misch...	K-Pkt...	Sperr... Spen
500	103	☐	☑	☑	1		X	☐			
500	131	☐	☐	☑	1	1	X	☑		800	

Abbildung 6.33 Einlagerungsstrategie »Blocklager« für den Lagertyp 131

Wie Sie in Abbildung 6.33 erkennen können, sind im Lagertyp 131 keine Anbruchsmengen erlaubt. Darüber hinaus sind die Lagereinheitenverwaltung und die K-Punkt-Steuerung aus dem Customizing des Lagertyps ersichtlich.

In unserem Beispiel sollen 30 Stück des Materials NF2020 aus dem LE-verwalteten Blocklagertyp 131 entnommen werden. Dies entspricht einer Menge von 1,5 Paletten des Materials, wodurch ein Anbruch im Lagertyp 131 entstehen würde. Die Anbruchsmenge soll jedoch automatisch auf den K-Punkt 800 gebucht werden, wobei die bestehende Lagereinheitennummer erhalten bleiben soll. Im Folgenden werden wir vier Prozessschritte durchlaufen:

❶ Anzeige der auszulagernden Lagereinheiten

❷ Transportauftrag anlegen

❸ Transportauftrag quittieren

❹ Bestandsübersicht K-Punkt

Sehen wir uns zunächst die möglichen auszulagernden Bestände der Lagereinheiten des Materials NF2020 im Lagertyp 131 an (Schritt ❶). Navigieren Sie hierfür im Menü über LOGISTIK • LOGISTICS EXECUTION • LAGERINTERNE PROZESSE • PLÄTZE UND BESTÄNDE • PLATZBESTÄNDE PRO MATERIAL zur Transaktion LS24. Wählen Sie dann die Lagernummer 500 sowie das Material NF2020 und den Lagerort 5000. Wie Sie in Abbildung 6.34 erkennen können, werden alle verfügbaren Lagereinheiten des Materials angezeigt. In unserem Beispiel soll die Kommissionierung vom Lagerplatz B-001 erfolgen.

Eines der Hauptmerkmale eines LE-verwalteten Blocklagers besteht darin, dass das System den genauen Standort der Lagereinheit auf einem Platz nicht erfasst.

```
Bestände zum Material
  ◄◄ ◄ ► ►◄  🔍 🖨 ▽ 🔻 Σ 🗒 🗒 Auswählen

Lagernummer        500   DC Hamburg I
Material           NF2020 Gehäuse Block 100
Werk               5000

Bestände zum Material

Typ Lagerplatz  BQ SB ES AS   Gesamtbestand MEH WE-Datum  Lagereinheit
LOrt Charge     NF IA EA AA   Einzulag. Bestand  Auszulag. Bestand Zeugnis-Nr

131 B-001                         20        ST  02.03.2013 000000002000000003
5000 0000000004                    0                        0
131 B-001                         20        ST  02.03.2013 000000002000000004
5000 0000000004                    0                        0
131 B-001                         20        ST  02.03.2013 000000002000000005
5000 0000000004                    0                        0
131 B-001                         20        ST  02.03.2013 000000002000000006
5000 0000000004                    0                        0
131 B-001                         20        ST  02.03.2013 000000002000000007
5000 0000000004                    0                        0
131 B-001                         20        ST  02.03.2013 000000002000000008
5000 0000000004                    0                        0
131 B-001                         20        ST  02.03.2013 000000002000000009
5000 0000000004                    0                        0
```

Abbildung 6.34 Anzeige der auszulagernden Lagereinheiten

Aus diesem Grund ist dem System nicht bekannt, welche Lagereinheiten sich wo innerhalb eines Blocks (Lagerplatzes) befinden und somit für die Auslagerung zugänglich sind. In WM ist also die einzelne Koordinate einer Lagereinheit nicht bekannt und kann daher bei der Transportauftragserstellung auch nicht mit angegeben werden. Die Transportauftragserstellung erfolgt somit ohne Angabe der Lagereinheiteninformation.

Für die Transportauftragserstellung (Schritt ❷) navigieren Sie im Menü über LOGISTIK • LOGISTICS EXECUTION • WARENAUSGANGSPROZESS • KOMMISSIONIERUNG • TRANSPORTAUFTRAG ANLEGEN zur Transaktion LT03 und erfassen die Lagernummer 500 sowie die entsprechende Liefernummer, in unserem Beispiel 80000011. Die Auslagerung soll im Dunkelablauf erfolgen, das bedeutet, dass das System die entsprechenden Lagerplätze automatisch anhand der Lagertypfindung und Auslagerungsstrategie ermittelt. Abbildung 6.35 zeigt, dass für die Anfordermenge von 30 Stück zwei TA-Vorschlagspositionen vom Lagertyp 131 erzeugt wurden. Die entsprechenden Vonlagereinheiten konnten aufgrund der LE-Blocklagersteuerung nicht ermittelt werden.

Mit dem Sichern der Einstellungen hat das System den Transportauftrag 134 erstellt. In Schritt ❸ quittieren wir nun den entsprechenden Transportauftrag mit der Transaktion LT12, die Sie im Menü über LOGISTIK • LOGISTICS EXECUTION • WARENAUSGANGSPROZESS • KOMMISSIONIERUNG • TRANSPORTAUFTRAG QUITTIEREN • EINZELBELEG erreichen.

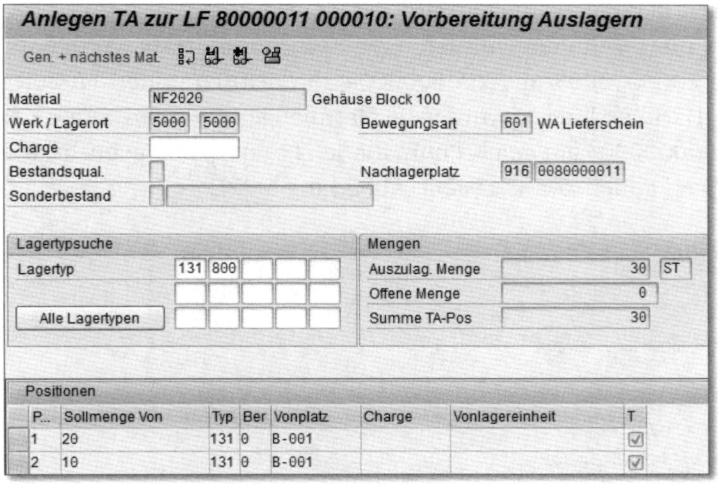

6.3 | Einlagerungsstrategien von WM

```
Anlegen TA zur LF 80000011 000010: Vorbereitung Auslagern
```

Material	NF2020	Gehäuse Block 100	
Werk / Lagerort	5000 5000	Bewegungsart	601 WA Lieferschein
Charge			
Bestandsqual.		Nachlagerplatz	916 0080000011
Sonderbestand			

Lagertypsuche

Lagertyp	131 800			
Alle Lagertypen				

Mengen

Auszulag. Menge	30 ST
Offene Menge	0
Summe TA-Pos	30

Positionen

P...	Sollmenge Von	Typ	Ber	Vonplatz	Charge	Vonlagereinheit	T
1	20	131	0	B-001			✓
2	10	131	0	B-001			✓

Abbildung 6.35 Anlegen des Transportauftrags

Wir erfassen die TA-Nummer 134, bestätigen die Eingaben und gelangen somit zum Übersichtsbildschirm aller TA-Positionen des Transportauftrags. Zur Quittierung klicken wir nun den Button INTERN QUITTIEREN an und verzweigen somit automatisch in einen Folgebildschirm zur Erfassung der Lagereinheiten zur Auslagerung. In der Praxis müssen somit bei der Auslagerung die ausgelagerten Lagereinheiten auf der Kommissionierliste festgehalten oder direkt mithilfe von RF oder RFID quittiert werden. In unserem Beispiel erfassen wir die Lagereinheit 2000000003 für die Position 1 des Transportauftrags sowie die Lagereinheit 2000000004 für die Position 2 des Transportauftrags. Wie in Abbildung 6.36 dargestellt, verbleibt eine Restmenge der Lagereinheit, die aufgrund der Customizing-Einstellungen jedoch nicht im Lagertyp 131 gelagert werden kann.

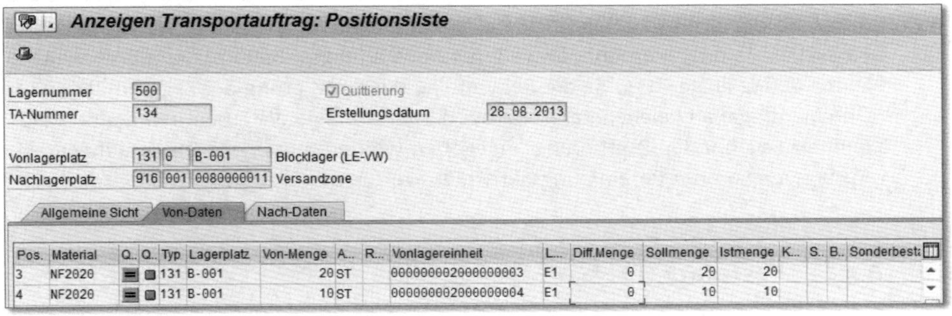

```
Anzeigen Transportauftrag: Positionsliste
```

Lagernummer	500	☑ Quittierung	
TA-Nummer	134	Erstellungsdatum	28.08.2013
Vonlagerplatz	131 0 B-001	Blocklager (LE-VW)	
Nachlagerplatz	916 001 0080000011	Versandzone	

Pos.	Material	Q..	Q.	Typ	Lagerplatz	Von-Menge	A...	R...	Vonlagereinheit	L...	Diff.Menge	Sollmenge	Istmenge	K..	S..	B..	Sonderbest.
3	NF2020			131	B-001	20	ST		000000002000000003	E1	0	20	20				
4	NF2020			131	B-001	10	ST		000000002000000004	E1	0	10	10				

Abbildung 6.36 Transportauftrag anzeigen

Mit dem Sichern der Einstellungen wird der Transportauftrag mit der TA-Nummer 47 quittiert. Mit dem Quittieren des Transportauftrags wurden die Lagereinheiten 2000000003 und 2000000004 automatisch in den TA-Beleg übernommen. Darüber hinaus wurde die Restmenge von zehn Stück der Lagereinheit 2000000004 auf den K-Punkt für den Lagertyp 800 gebucht, wie Sie in Schritt ❹ erkennen können (siehe Abbildung 6.37).

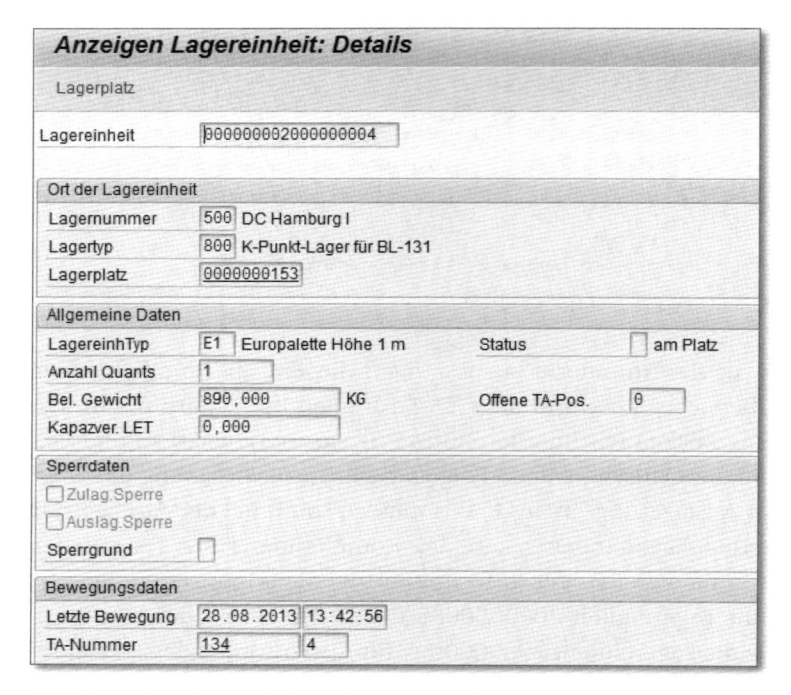

Abbildung 6.37 Bestandsübersicht zum K-Punkt

> **Blocklagerstrategie**
>
> Aufgrund der Eigenschaften der Blocklagerstrategie kann diese nicht nur für reine Blockläger genutzt werden. Ein weiteres Anwendungsgebiet können LE-verwaltete Durchlaufregalläger sein, da die Reihenfolge der Einlagerung der Lagereinheiten im Durchlaufregal abweichen kann. Da bei dieser Strategie die zu entnehmende Lagereinheit erst bei der Quittierung angegeben werden muss, können so aufwendige Auslagerungs- oder Bereinigungsaktivitäten vermieden werden.

6.3.2 Festplatz (F)

In der *Festplatzverwaltung* wird jedem Artikel ein fester Lagerplatz zugeordnet. Dies hat den Vorteil, dass die Platzorganisation sehr einfach gestaltet werden kann. In der Praxis wird die Festplatzverwaltung häufig bei einem großen Sortiment mit kleinen Stückzahlen pro Artikel und geringem Volumen angewendet. Darüber hinaus finden wir die Festplatzverwaltung auch in den typischen Kommissionierlägern oder Ersatzteillägern, die gezielt in zeitlichen Abständen mit Nachschub aus einem Einheitenlager versorgt werden. In der Regel werden hier auch kleinere Mengen (z. B. Entnahmemenge kleiner als eine Palette je Artikel) entnommen.

In WM nutzen Sie hierfür die Strategie *Festplatz*, die den einzulagernden Bestand gezielt auf den Festplatz des Materials steuert. Wie Sie in Abbildung 6.38 sehen, müssen Sie den Festplatz des entsprechenden Materials im Materialstamm (LAGERVERWALTUNGSSICHT 2) auf Lagertypebene pflegen. Pro Lagertyp kann einem Material jeweils nur ein Festplatz zugeordnet werden.

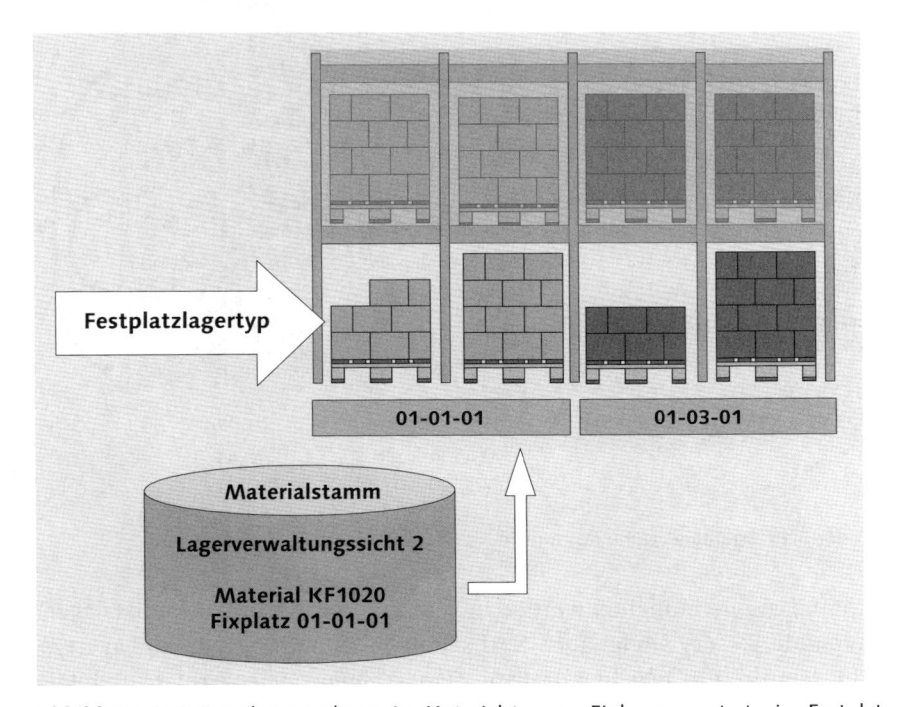

Abbildung 6.38 Festplatzzuordnung im Materialstamm – Einlagerungsstrategie »Festplatz«

6.3.3 Nähe Kommissionierfestplatz (K)

Eine sinnvolle Kombination mit der Strategie *Festplatz* bietet die Einlagerungsstrategie *Nähe Kommissionierfestplatz*. Wie der Name schon verrät, soll der einzulagernde Materialbestand auf einen Lagerplatz in der Nähe des Kommissionierfestplatzes eingelagert werden. In der Praxis finden wir diese

6 | Wareneingangsprozesse und Einlagerungsstrategien in WM

Prozessform häufig in Lagerkomplexen mit einem oder mehreren Kommissionierbereichen sowie integrierten Einheitenlägern (Reservelägern). Die Einheitenläger können entweder vertikal oder horizontal integriert sein.

Bei einer *vertikalen Integration* werden die Reserveeinheiten in der Regel in den oberen Regalreihen des Lagers untergebracht, während die Kommissioniereinheiten in den unteren Ebenen gelagert werden. Bei einer *horizontalen Integration* werden die Kommissionierbestände und Reservebestände abwechselnd in verschiedenen Regalzeilen untergebracht. Abbildung 6.39 zeigt uns ein Kommissionier- und Einheitenlager mit vertikaler Integration.

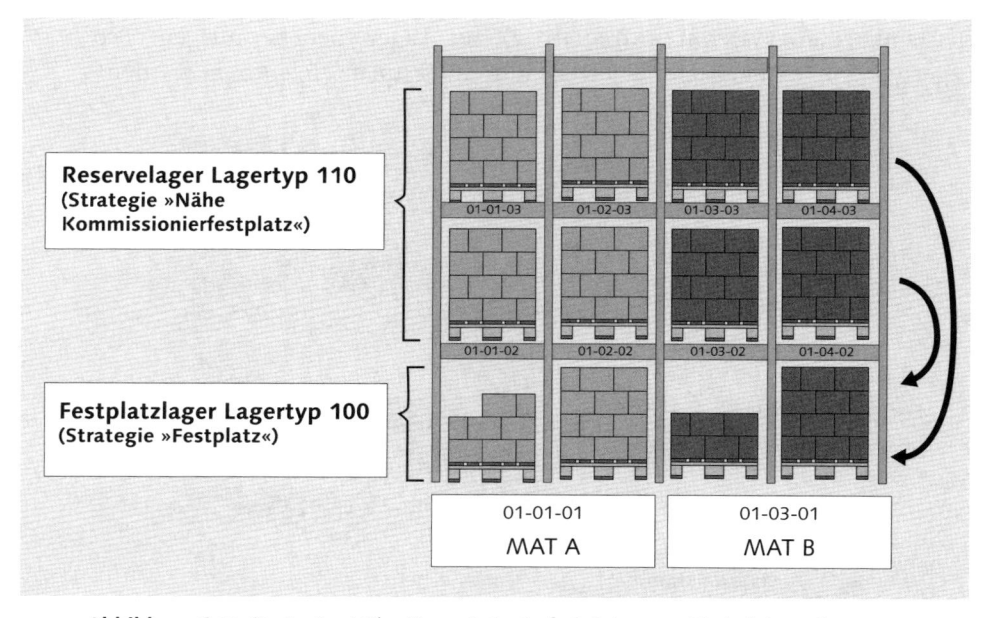

Abbildung 6.39 Strategie »Nähe Kommissionierfestplatz« – vertikale Integration

Die Kommissioniereinheiten werden in WM im Lagertyp 300 (Festplatzlager) verwaltet, die Reserve- oder auch Nachschubeinheiten hingegen im Lagertyp 111, in dem die Einlagerungsstrategie *Nähe Kommissionierfestplatz* aktiviert wurde.

Um die Strategie *Nähe Kommissionierfestplatz* nutzen zu können, müssen Sie zunächst verschiedene Einstellungen im Customizing der Einlagerungsstrategie vornehmen. Navigieren Sie hierfür im Customizing zu LOGISTICS EXECUTION • LAGERVERWALTUNG • STRATEGIEN • EINLAGERUNGSSTRATEGIEN • STRATEGIE NÄHE KOMMISSIONIERFESTPLATZ DEFINIEREN.

Führen Sie dann in chronologischer Reihenfolge die folgenden Customizing-Schritte aus:

1. **Einlagerungsstrategie aktivieren**
   Aktivieren Sie im ersten Schritt die Einlagerungsstrategie *Nähe Kommissionierfestplatz* für Ihren Lagertyp.

2. **Lagertypsteuerung festlegen**
   Nun aktivieren Sie die eigentliche Lagertypsteuerung, indem Sie den Lagertyp 111 mit dem Lagertyp 300 verknüpfen und somit die direkte Beziehung zwischen beiden Lagertypen herstellen (siehe Abbildung 6.40). Definieren Sie anschließend die Struktur der Lagerplatznummer bezüglich der Regal-, Säulen- und Ebenenaufteilung. Beachten Sie, dass Sie nur numerische Lagerplatzkoordinaten verwenden können. Sollen auch Materialien ohne Festplatzzuordnung im Materialstamm im Reservelager eingelagert werden dürfen, markieren Sie das Feld FREMDES MATERIAL. Mit der Einstellung ANZAHL RESERVEPLÄTZE haben Sie die Möglichkeit, die Anzahl der Reserveplätze im Reservelager zu beschränken bzw. im Feld ANZ. RES-PL fest vorzugeben.

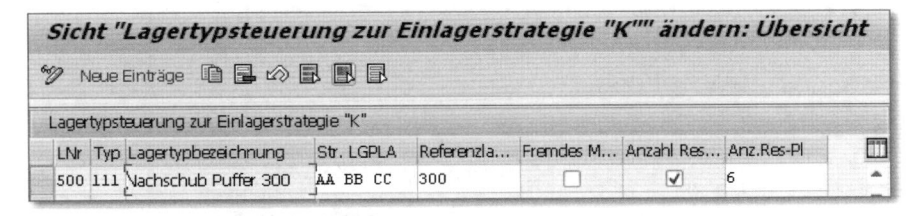

Abbildung 6.40 Lagertypsteuerung – »Nähe Kommissionierfestplatz«

3. **Suchbreite pro Ebene definieren**
   Zur Optimierung der Einlagerung kann die Suchbreite eingeschränkt werden, d. h., dass der Reserveplatz nicht beliebig weit vom Festplatz entfernt sein darf. Wenn aufgrund der Suchbreite keine Reserveplätze zur Verfügung stehen, kann die Ware gemäß der Lagertypsteuerung in einen anderen Lagertyp eingelagert werden.

   Die Suchbreite wird in Abhängigkeit von der Lagernummer, dem Lagertyp und der Ebene eingestellt, d. h., pro Ebene wird eine erlaubte Suchbreite bezüglich des Säulenabstands definiert (siehe Abbildung 6.41).

   Suchbreite 1 steht jeweils auf den Ebenen 1 und 2, da sich auf der Ebene 0 der Kommissionierfestplatz befindet. Bei der Einlagerung würde das System somit jeweils in der Säule mit dem Kommissionierfestplatz und jeweils eine Säule vor und hinter dem Kommissionierfestplatz einen Lagerplatz zur Einlagerung suchen. Wenn diese Lagerplätze belegt sind, sucht das System einen anderen verfügbaren Lagerplatz laut Lagertypsuchreihenfolge.

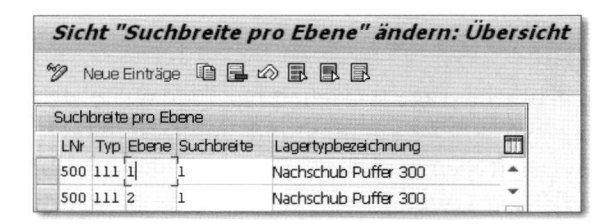

Abbildung 6.41 Suchbreite pro Ebene

4. **Lagerplätze generieren**

    Abschließend müssen Sie noch die Lagerplätze im Reservelager erstellen (siehe Abbildung 6.42).

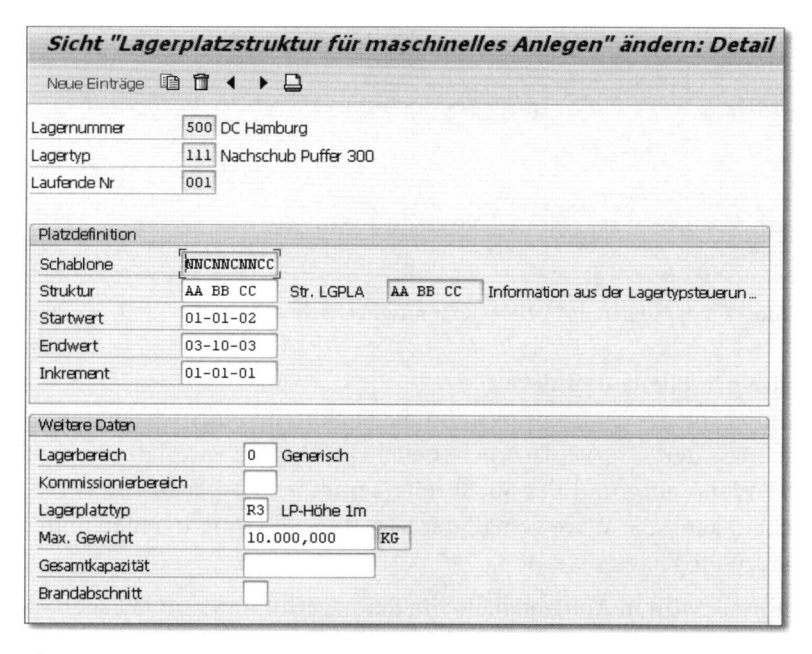

Abbildung 6.42 Lagerplätze im Reservelager anlegen

6.3.4 Freilager (C)

Die Strategie *Freilager* ist für Lagertypen vorgesehen, in denen je Lagerbereich nur ein Lagerplatz benötigt wird (Hofgelände oder Auffanglagertyp für fehlerhafte Buchungen). Möchten Sie auf diesem Lagerplatz unterschiedliche Materialien lagern, muss die Mischbelegung im Customizing erlaubt sein, in einem SAP-ERP-Standardsystem entsprechend voreingestelltem Lagertyp unter der Lagernummer 001 mit dem Lagertypschlüssel 003.

6.3.5 Zulagerung (I)

Bei Platzmangel in einem Lagertyp können Sie die Strategie *Zulagerung* nutzen. Das System soll nur Lagerplätze auswählen, auf denen das einzulagernde Material bereits liegt. Die Zulagerung wird also gezielt herbeigeführt. Sie müssen dazu im Bereich der Einlagerungssteuerung des betroffenen Lagertyps die ZULAGERUNG entweder generell oder materialabhängig erlauben. Außerdem müssen Sie eine KAPAZITÄTSPRÜFUNG aktivieren. Wenn Sie sich für die materialabhängige Zulagerung entscheiden, müssen Sie die Materialstammsätze aller Materialien, die Sie zulagern lassen möchten, in der Sicht LAGERVERWALTUNG 1 entsprechend kennzeichnen.

6.3.6 Nächster Leerplatz (L)

Bei der insbesondere für Hochregal- und Regalläger geeigneten Strategie *Nächster Leerplatz* schlägt das System den nächsten leeren Lagerplatz gemäß Leerplatzindex für die Einlagerung vor. Dieser Leerplatzindex wird vom System beim Anlegen der Lagerplätze gebildet und bei jedem Ein- bzw. Auslagerungsvorgang aktualisiert. Da das System für jede einzulagernde Lagereinheit automatisch einen neuen Leerplatz sucht, ist im Lagertyp keine Kapazitätsprüfung erforderlich.

6.3.7 Paletten (P)

Die Einlagerungsstrategie *Paletten* berücksichtigt die Anforderung, dass Lagerplätze in Regallägern häufig so ausgelegt sind, dass ein Lagerplatz in Abhängigkeit von der Palettengröße eine unterschiedliche Anzahl von Paletten aufnehmen kann. Das System kann unterschiedliche Lagereinheitentypen (z. B. Europaletten) verarbeiten und diese einem Regalabschnitt zuordnen. Grafisch kann die Grundidee dieser Einlagerungsstrategie wie in Abbildung 6.43 dargestellt werden.

Die erste Einlagerung auf einem Lagerplatz bestimmt, welcher Lagereinheitentyp für die folgenden Einlagerungen auf diesem Platz infrage kommt und wie viele Lagereinheiten noch eingelagert werden können.

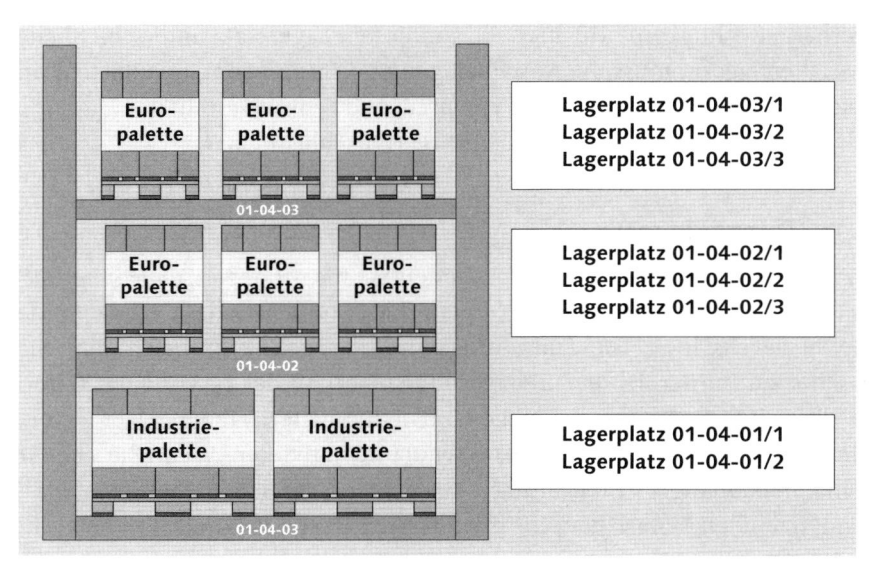

Abbildung 6.43 Einlagerungsstrategie »Paletten«

> **Palettenstrategie**
> Es ist jedoch möglich, die Kombination zu umgehen, wie Sie im folgenden Abschnitt »Sonderbehandlung der Strategie ›Paletten‹« sehen werden.

Aktivieren Sie zunächst im Customizing die Strategie *Paletten* für Ihren betroffenen Lagertyp. Definieren Sie daraufhin die Lagerplatzaufteilung je Lagertyp, in der Sie festlegen, wie viele und welche Segmente ein Lagerplatz bei maximaler Befüllung haben kann. Wenn der Lagerplatz z. B. die Grundkoordinate A-01-01 hat und Sie die Segmentzeichen 1 bis 5 definiert haben (Buchstaben sind auch möglich), bildet das System bei der ersten Einlagerung einen Unterabschnitt A-01-01/1. Der vierte und letzte Unterabschnitt hat die Koordinate A-01-01/5 (siehe Abbildung 6.44).

Abbildung 6.44 Aufteilung der Lagerplätze (Strategie P)

Im letzten Customizing-Schritt ordnen Sie diese Raster den gewünschten Kombinationen von Lagerplatztypen und Lagereinheitentypen zu. Wenn also z. B. Lagerplätze des Platztyps R1 bis zu vier Ladungsträger des Lagereinheitentyps GB aufnehmen können, ordnen Sie dieser Kombination ein Raster zu, das die Bildung von bis zu vier Platzsegmenten erlaubt (siehe Abbildung 6.45).

Sicht "Platzaufteilung zu Lagerplatztyp und LET" ändern: Übersicht

LNr	Lagertyp	Lagerplatztyp	LET	Platzaufteilung	Max. Anzahl Quants
500	100	R1	504	A	5
500	100	R1	GB	B	4
500	100	R1	IP	D	2
500	100	R2	504	D	2

Abbildung 6.45 Platzaufteilung zu Lagerplatztyp und Lagereinheitentyp

Sonderbehandlung der Strategie »Paletten«

Wie bereits zuvor erwähnt, ist es möglich, die starre Zuordnungskombination zu umgehen. Die Anforderung resultiert daraus, dass verschiedene Ladungsträger auf einem Lagerplatz gelagert werden, jedoch eine genaue Kapazitätsprüfung der Zulagerkapazität angestrebt wird. Grafisch kann diese Anforderung wie in Abbildung 6.46 dargestellt werden.

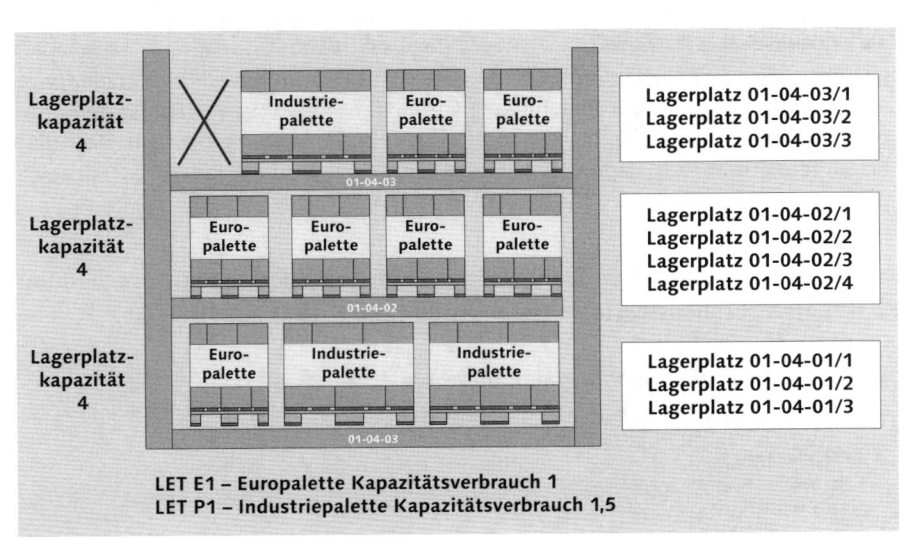

Abbildung 6.46 Alternative Konfiguration der Strategie »Paletten«

Voraussetzung hierfür ist, dass Sie mit der Kapazitätsprüfung nach LET arbeiten und bestimmte Einstellungen im Lagertyp, in dem die Palettenstrategie aktiv ist, und im Customizing vornehmen. Passen Sie zunächst die Einstellungen des entsprechenden Lagertyps an (siehe Abbildung 6.47).

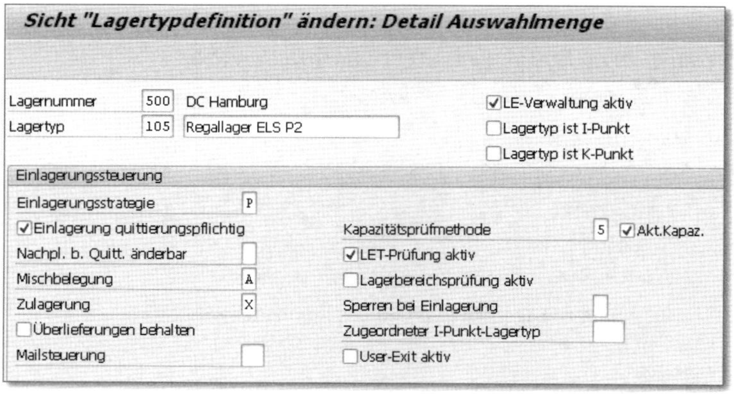

Abbildung 6.47 Definition des Lagertyps »Palettenlager«

Wie Sie in Abbildung 6.47 sehen, wurden im Lagertyp die Kapazitätsprüfmethode 5 (Prüfung gemäß Kennzahl LET) und die aktive Kapazitätsprüfung aktiviert. Darüber hinaus ist die allgemeine ZULAGERUNG erlaubt (Kennzeichen X).

Kapazitätsprüfung

Bei der aktiven Kapazitätsprüfung ist die Kapazitätsprüfung in die Platzfindung integriert. Der Prozess der Platzfindung kann daher nicht mit der Fehlermeldung bezüglich nicht ausreichender Kapazität enden. Zu bedenken ist jedoch, dass die Platzfindung unter Umständen wesentlich länger dauert, weil jeder Platz einzeln untersucht wird.

Im zweiten Schritt ordnen Sie den Lagereinheitentypen die entsprechenden Kapazitätsverbrauchswerte zu (siehe Abbildung 6.48).

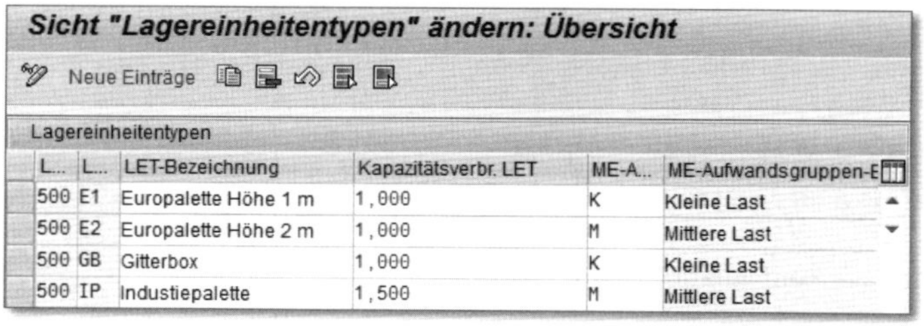
Sicht "Lagereinheitentypen" ändern: Übersicht

Neue Einträge

Lagereinheitentypen

L...	L...	LET-Bezeichnung	Kapazitätsverbr. LET	ME-A...	ME-Aufwandsgruppen-E
500	E1	Europalette Höhe 1 m	1,000	K	Kleine Last
500	E2	Europalette Höhe 2 m	1,000	M	Mittlere Last
500	GB	Gitterbox	1,000	K	Kleine Last
500	IP	Industiepalette	1,500	M	Mittlere Last

Abbildung 6.48 Lagereinheitentyp definieren

Ändern Sie im nächsten Schritt die Customizing-Einstellungen der Platzaufteilung der Strategie *Paletten* ab (siehe Abbildung 6.49).

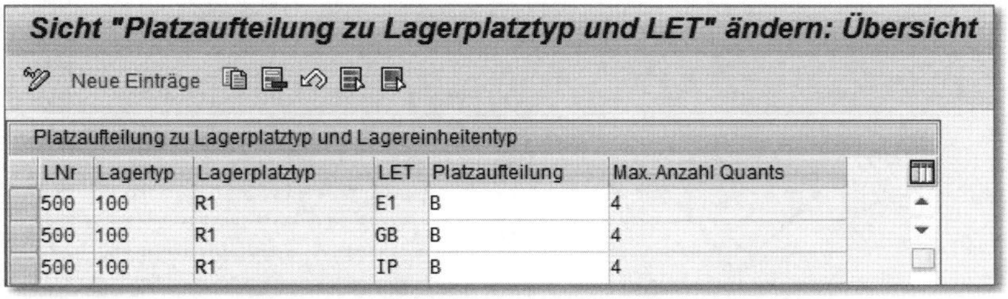
Sicht "Platzaufteilung zu Lagerplatztyp und LET" ändern: Übersicht

Neue Einträge

Platzaufteilung zu Lagerplatztyp und Lagereinheitentyp

LNr	Lagertyp	Lagerplatztyp	LET	Platzaufteilung	Max. Anzahl Quants
500	100	R1	E1	B	4
500	100	R1	GB	B	4
500	100	R1	IP	B	4

Abbildung 6.49 Platzaufteilung zu Lagerplatztyp und Lagereinheitentyp

Abschließend müssen Sie noch die Kapazitäten der Lagerplätze in Ihrem Palettenlager pflegen. Da die Zulagerung aufgrund der Kapazitätsprüfung gesteuert wird, ist dieser Schritt zwingend erforderlich.

6.4 Weitere Bestandteile des Einlagerungsprozesses

Neben der Einlagerungsstrategie kann die Einlagerung in WM durch weitere Bestandteile wie Kapazitätsprüfungen oder den Lagereinheitentyp eines Materials beeinflusst werden. Diese Bestandteile lernen Sie im Folgenden kennen.

6.4.1 Lagereinheitenprüfung

Ein weiteres optionales Element der Einlagerungssteuerung ist die Lagereinheitenprüfung. Wenn Sie sicherstellen möchten, dass das System bei jeder Einlagerung prüft, ob die vorgesehenen Ladungsträger für die im Lagertyp vorhandenen Lagerplätze geeignet sind, ist es sinnvoll, die Lagereinheitentypprüfung in allen Lagertypen mit unterschiedlicher Platzstruktur zu aktivieren (siehe Abbildung 6.50).

Die Lagereinheitentypprüfung besteht aus zwei Prozessschritten:

Im ersten Schritt prüft das System, ob der Lagereinheitentyp (LET), der aufgrund der Palettierungsdaten im Materialstamm oder aufgrund manueller Eingaben verwendet wird, im Lagertyp zugelassen ist. Ist diese Prüfung nicht erfolgreich, versucht das System, im nächsten Lagertyp der Lagertypsuchreihenfolge eine Einlagerung durchzuführen.

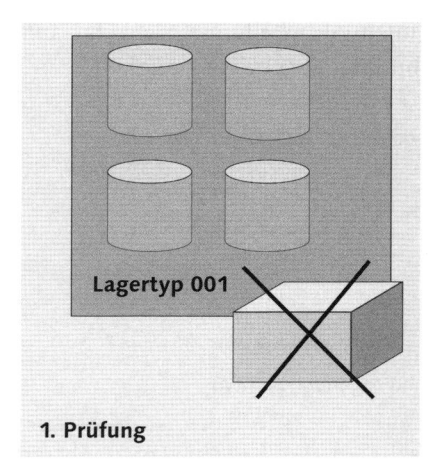

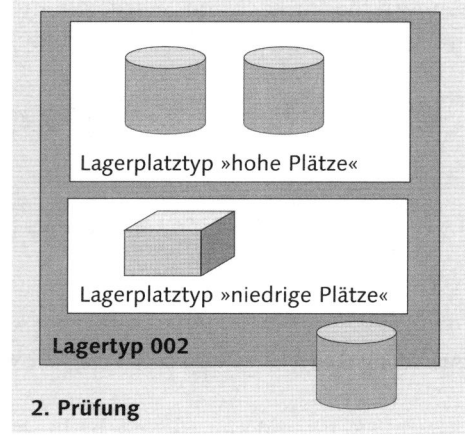

Abbildung 6.50 Lagereinheitenprüfung

Ist der Lagereinheitentyp im Lagertyp grundsätzlich erlaubt, sucht das System im zweiten Schritt gemäß der im Lagertyp geltenden Einlagerungsstrategie nach Lagerplätzen. Das System beschränkt sich bei dieser Suche jedoch auf Plätze der für den Lagereinheitentyp zugelassenen Lagerplatztypen. Ist kein geeigneter Platz vorhanden, scheitert die Einlagerung in diesen Lagertyp. Die Nutzung der Lagereinheitentypprüfung setzt also voraus, dass Sie den Lagerplätzen aller betroffenen Lagertypen Lagerplatztypen zuordnen.

6.4.2 Arten der Kapazitätsprüfung

In WM können Sie unabhängig von der Lagereinheitentypprüfung in jedem Lagertyp eine Kapazitätsprüfung bei der Lagerplatzfindung durchführen. Das System ermittelt einen Lagerplatz gemäß der im Lagertyp geltenden Einlagerungsstrategie und prüft anschließend die Lagerplatzkapazität. Reicht diese für eine Einlagerung oder Zulagerung nicht aus, erhält der Bearbeiter beim Anlegen des Transportauftrags eine Fehlermeldung. Wenn Sie möchten, dass das System im Lagertyp so lange weitersucht, bis es einen Lagerplatz mit ausreichender Kapazität gefunden hat, können Sie zusätzlich das Kennzeichen AKTIVE KAPAZITÄTSPRÜFUNG setzen. Diese aktive Prüfung kann jedoch unter Umständen die Bearbeitungsdauer des Transportauftrags deutlich verlängern.

Im WM-Standard sind folgende Kapazitätsprüfmethoden vorkonfiguriert und können im jeweiligen Lagertyp aktiviert werden:

❶ Prüfung aufgrund des Höchstgewichts je Lagerplatz
❷ Prüfung aufgrund des ersten Palettierungsvorschlags

❸ Prüfung aufgrund der Höchstmenge (Basismengeneinheit) pro Lagerplatz
❹ Prüfung aufgrund der Kennzahl des Materials
❺ Prüfung aufgrund der Kennzahl des Lagereinheitentyps
❻ Prüfung aufgrund der Kennzahlen des Materials und des Lagereinheitentyps

Pro Lagertyp können Sie nur eine Kapazitätsprüfmethode zuordnen. Einige Einlagerungsstrategien haben eine inhärente Kapazitätsprüfung. Die Strategie *Nächster Leerplatz* stellt sicher, dass für jede Lagereinheit ein leerer Platz gesucht wird. Sind Mischbelegung und Zulagerung im Lagertyp verboten und Palettierungsdaten in den Materialstammsätzen hinterlegt, ist eine Kapazitätsprüfung bei dieser Strategie in der Regel nicht erforderlich.

Kapazitätsprüfmethoden im Detail

Bei der Kapazitätsprüfung aufgrund des zulässigen Höchstgewichts des Lagerplatzes prüft das System sowohl die entsprechende Angabe im Lagerplatzstammsatz als auch das Gesamtbruttogewicht des einzulagernden Materials laut Materialstammsatz. Um diese Prüfmethode nutzen zu können, müssen Sie also die Gewichtsangaben sowohl in den Lagerplatz- als auch in den Materialstammsätzen hinterlegen. Auf Lagerplatzebene werden der Kapazitätsverbrauch und die aktuelle Restkapazität fortgeschrieben und ausgewiesen.

Wenn Sie einem Lagertyp die Prüfung aufgrund des ersten Palettierungsvorschlags im Materialstamm zuordnen, erlaubt das System in diesem Lagertyp je Lagerplatz nur eine Lagereinheit gemäß erstem Palettierungsvorschlag.

Die Prüfung aufgrund der Höchstmenge pro Lagerplatz setzt voraus, dass die lagertypspezifischen Felder LAGERPLATZ und MAX. LAGERPLATZMENGE in der Sicht LAGERVERWALTUNG 2 mit allen relevanten Materialstammsätzen gefüllt wurden. Diese Prüfmethode eignet sich daher besonders für Fixplatzlagertypen. Die Mengeneinheit der Höchstmenge ist immer die Basismengeneinheit des Materials.

Die Kapazitätsprüfmethoden ❹ bis ❻ haben gemeinsam, dass sie mit neutralen, d. h. einheitenlosen Kennzahlen arbeiten (siehe Abbildung 6.51). Die Kapazität des Lagerplatzes wird im Lagerstammplatzstammsatz immer mit einer solchen Kennzahl angegeben. Bei der Prüfung aufgrund der KENNZAHL DES MATERIALS muss außerdem allen einzulagernden Materialien auf Stammdatenebene ein Kapazitätsverbrauch in Form einer Kennzahl zugeordnet werden. Bezugsgröße ist entweder die Basismengeneinheit oder eine Alternativmengeneinheit. Die Verbrauchskennzahl wird in der Sicht LAGERVERWALTUNG 1 eingetragen.

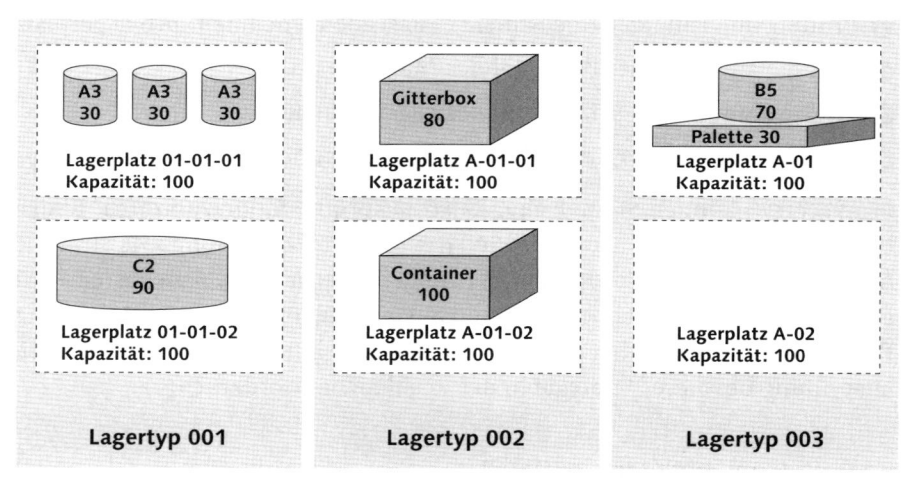

Abbildung 6.51 Kapazitätsprüfungen mit neutraler Kennzahl

Werden die Materialien in einem Lagertyp oder Ihrem Lager vorwiegend mithilfe von Lagereinheiten (Paletten, KLTs, Gitterboxen) bewegt, ist die Prüfung aufgrund der Kennzahl des Lagereinheitentyps eine sinnvolle Alternative. Die Nutzung dieser Prüfmethode setzt jedoch voraus, dass die Lagereinheitenverwaltung im Lagertyp aktiviert wurde. Wenn Sie diese Prüfmethode nutzen möchten, müssen Sie beim Anlegen der Lagereinheitentypen im Customizing der Lagerverwaltung diesen auch Kennzahlen für den Kapazitätsverbrauch zuordnen.

Mit der Kapazitätsprüfmethode 6 ist es möglich, die beiden zuvor beschriebenen Prüfmethoden in Form einer eigenen Prüfmethode zu kombinieren (Prüfung aufgrund der Kennzahlen des Materials und des Lagereinheitentyps). Das System prüft also nicht nur den Kapazitätsverbrauch des Materials, sondern zusätzlich auch den des Lagereinheitentyps und errechnet die insgesamt benötigte Kapazität pro Lagereinheit. Diese Methode, die sich besonders für Paletten eignet, funktioniert ebenfalls nur in Verbindung mit der Lagereinheitenverwaltung.

6.4.3 Quereinlagerung

Bei der Einlagerung auf einem leeren Lagerplatz nutzt das System einen Lagerplatzindex, der auf Basis der vollständigen Lagerplatzkoordinate gebildet und durch eine Einlagerung bzw. Auslagerung aktualisiert wird.

Entspricht der Koordinatenaufbau einer Struktur-Gang-/Regal-Säule-Ebene, wie sie für Regalläger oder Palettenläger typisch ist, wird das System zunächst alle Ebenen einer Säule von unten nach oben und die Säulen regalweise von vorn nach hinten befüllen. Dieses Verfahren kann gewünscht sein, kann jedoch auch zu einer einseitigen Auslastung des Lagers führen. Einzelne Regale sind (weitgehend) gefüllt, andere dagegen (weitgehend) leer (siehe Abbildung 6.52). Darüber hinaus lässt sich mit der Quereinlagerung eine Wegeoptimierung im Lager erreichen, da zunächst die vorderen Lagerplätze im Lager angefahren werden. Die hinteren Lagerplätze werden sukzessive auf der Grundlage des Lagerplatzkennzeichens gefüllt.

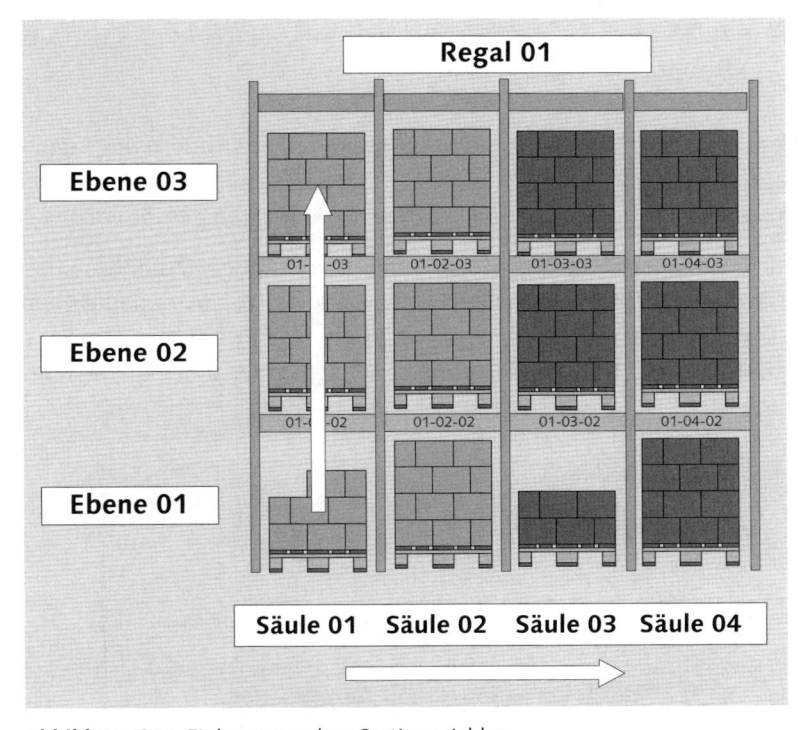

Abbildung 6.52 Einlagerung ohne Sortiervariablen

Mithilfe von *Sortiervariablen*, die im Customizing zu einem Lagertyp definiert werden, kann eine Quereinlagerung, also eine Einlagerung quer zur Regal- bzw. Gangrichtung, erreicht werden, um auf diese Weise ein Gleichgewicht in der Materialverteilung über Regale und Gassen hinweg zu erreichen.

Je nach Anforderung und Prozessgestaltung der Sortiervariablen werden bestimmte Teile der Gesamtkoordinate bei der Erstellung des Leerplatzindexes nicht berücksichtigt. Das vorkonfigurierte Beispiel sieht bei einer insgesamt achtstelligen Koordinatenstruktur vor, dass der Index nur auf der Basis von Ebenen und Säulen gebildet wird, wobei der Ebenenanteil an die erste Stelle rückt. Die Einstellungen der Quereinlagerung definieren Sie im Customizing der Lagerverwaltung über LOGISTICS EXECUTION • LAGERVERWALTUNG • STRATEGIEN • SORTIERUNG DER EINLAGERUNG DEFINIEREN (QUEREINLAGERUNG) (siehe Abbildung 6.53).

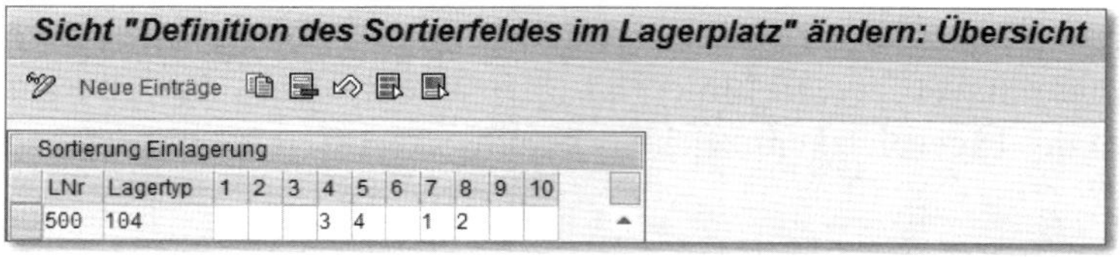

Abbildung 6.53 Sortierfeld definieren (Quereinlagerung)

Diese Sortierung hat zur Folge, dass mit dem Anlegen oder Ändern des Lagerplatzstammsatzes ein spezielles Sortierfeld (Sortierfeld EINLAGERUNG) im Lagerplatzstammsatz mit den entsprechenden Sortierwerten gefüllt wird.

Sehen wir uns die Lagerplatzpflege und die damit verbundene Änderung des Sortierfelds im Lagerplatzstammsatz an. Die Pflege kann im Customizing über denselben Menüpfad unter LAGERPLÄTZE MASSENWEISE ÄNDERN oder direkt mit der Transaktion LS11 (Lagerplätze massenweise ändern) erfolgen (siehe Abbildung 6.54).

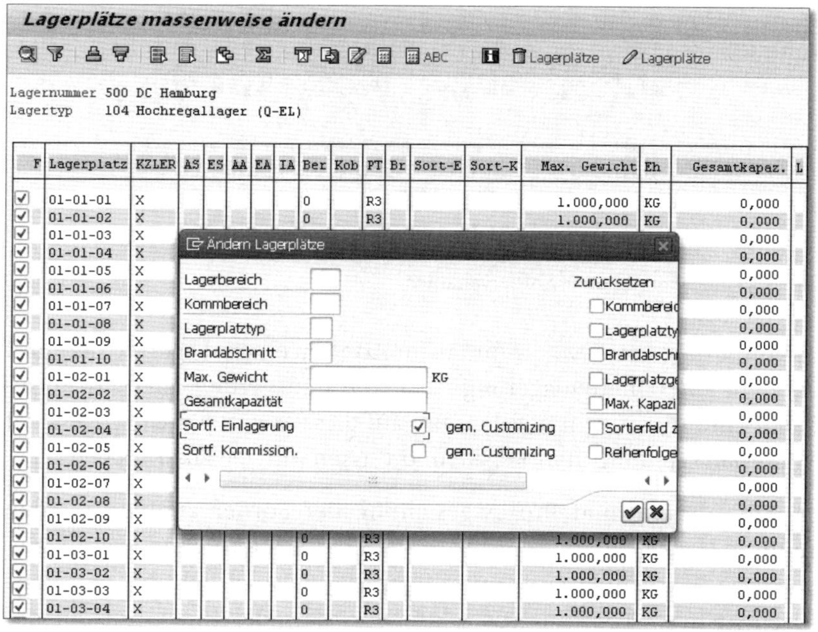

Abbildung 6.54 Lagerplätze massenweise ändern

Markieren Sie zunächst alle zu ändernden Lagerplätze. Klicken Sie dann auf den Button Lagerplätze, und markieren Sie das Feld Sortf. Einlagerung. Sichern Sie Ihre Eingabe, und lassen Sie sich anschließend die Ergebnisse der Lagerplatzänderung anzeigen (siehe Abbildung 6.55).

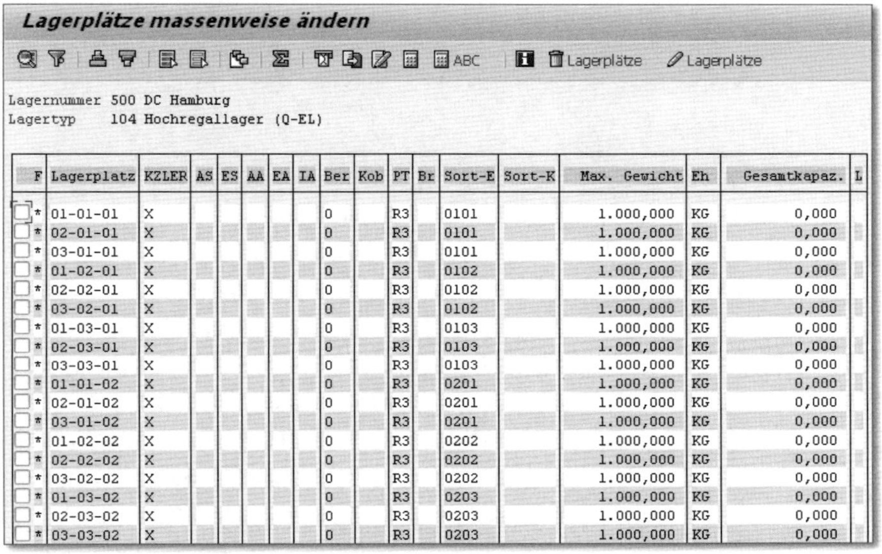

F	Lagerplatz	KZLER	AS	ES	AA	EA	IA	Ber	Kob	PT	Br	Sort-E	Sort-K	Max. Gewicht	Eh	Gesamtkapaz.	L
*	01-01-01	X						0		R3		0101		1.000,000	KG	0,000	
*	02-01-01	X						0		R3		0101		1.000,000	KG	0,000	
*	03-01-01	X						0		R3		0101		1.000,000	KG	0,000	
*	01-02-01	X						0		R3		0102		1.000,000	KG	0,000	
*	02-02-01	X						0		R3		0102		1.000,000	KG	0,000	
*	03-02-01	X						0		R3		0102		1.000,000	KG	0,000	
*	01-03-01	X						0		R3		0103		1.000,000	KG	0,000	
*	02-03-01	X						0		R3		0103		1.000,000	KG	0,000	
*	03-03-01	X						0		R3		0103		1.000,000	KG	0,000	
*	01-01-02	X						0		R3		0201		1.000,000	KG	0,000	
*	02-01-02	X						0		R3		0201		1.000,000	KG	0,000	
*	03-01-02	X						0		R3		0201		1.000,000	KG	0,000	
*	01-02-02	X						0		R3		0202		1.000,000	KG	0,000	
*	02-02-02	X						0		R3		0202		1.000,000	KG	0,000	
*	03-02-02	X						0		R3		0202		1.000,000	KG	0,000	
*	01-03-02	X						0		R3		0203		1.000,000	KG	0,000	
*	02-03-02	X						0		R3		0203		1.000,000	KG	0,000	
*	03-03-02	X						0		R3		0203		1.000,000	KG	0,000	

Abbildung 6.55 Anzeige der Lagerplätze nach der Sortierfeldänderung

Die Verwendung der Sortiervariablen hat zur Folge, dass das System beim Einlagern zunächst die erste Ebene in der jeweils ersten Säule über alle Regale hinweg füllt (Lagerplätze 01-01-01 bis 03-01-01). Anschließend werden die zweiten Säulen aller Regale ebenfalls auf der ersten Ebene gefüllt. Ist die erste Ebene vollständig belegt, verfährt das System mit der zweiten Ebene genauso. Auf diese Weise wird das gesamte Lager von unten nach oben und von vorn nach hinten quer zur Gangrichtung befüllt.

Optimal ausgerichtete Auslagerungsprozesse verbessern den Service-Level und steigern die Produktivität Ihrer Lagerprozesse. In diesem Kapitel erfahren Sie, mit welchen Strategien und Prozessen WM Sie bei der Auslagerung unterstützt.

7 Auslagerungssteuerung in WM

Auslagerungsprozesse fassen alle Aktivitäten zusammen, die sich mit der physischen und systemtechnischen Entnahme, Kommissionierung und Bereitstellung von Waren im Lager beschäftigen. Eine der Hauptaufgaben der Auslagerungssteuerung besteht darin, die angeforderten Materialmengen in der richtigen Menge zur richtigen Zeit in der richtigen Qualität kostenoptimal bereitzustellen.

Der Auslagerungsprozess kann in WM auf unterschiedliche Art und Weise angestoßen werden. Zum einen ist es möglich, Warenausgänge zunächst in der Bestandsführung zu buchen und im Anschluss daran die entsprechenden Auslagerungen in WM nachzuziehen (z. B. den Warenausgang auf die Kostenstelle oder zum Fertigungsauftrag). Zum anderen kann die Auslagerung mit Bezug zu einer Auslieferung erfolgen. In diesem Fall erfolgt die Auslagerung vor der Warenausgangsbuchung in der Bestandsführung. In diesem Kapitel lernen Sie den allgemeinen Prozess der Auslagerungssteuerung in WM kennen und erfahren, welche SAP-Standardauslagerungsstrategien zur Verfügung stehen, um Ihre Auslagerungsprozesse optimal zu gestalten.

7.1 Auslagerungssteuerung

In diesem Abschnitt wird zunächst der allgemeine Prozessablauf einer Auslagerung in WM vorgestellt. Maßgebliche Elemente der Steuerung sind die Lagertypfindung und deren Einflussparameter, die detailliert besprochen werden.

7.1.1 Allgemeiner Prozessablauf

Unabhängig vom Ursprungsbeleg der Auslagerung (Auslieferung oder Materialbeleg), laufen bestimmte Prozessschritte bei jedem Auslagerungsvorgang in der gleichen Art und Weise ab. Zu diesen Vorgängen gehören u. a. die *Lagertypfindung* und die *Lagerplatzfindung*, die im Wesentlichen durch die *Auslagerungsstrategie* des Lagertyps bestimmt werden. Das Ergebnis der Typ- und Platzfindung ist über eine Reihe von Kennzeichen steuerbar, die im Materialstamm des auszulagernden Materials hinterlegt werden können. Ist darüber hinaus die Chargenverwaltung im Einsatz, beeinflusst auch die Chargenfindung die Auslagerung.

Unabhängig von der Art und Weise der Findungsvorgänge und der verwendeten Kennzeichen, nutzt das System für jeden Auslagerungsvorgang einen Transportauftrag, der die Ergebnisse der Auslagerung dokumentiert. Abbildung 7.1 zeigt den allgemeinen Ablauf der Auslagerung. Der Entnahmetransportauftrag zur Auslagerung kann grundsätzlich mit Bezug zum Transportbedarf und zur Auslieferung erstellt werden. Die Findungsvorgänge können dabei identisch sein, da ähnliche oder gleiche Anforderungen erfüllt werden müssen.

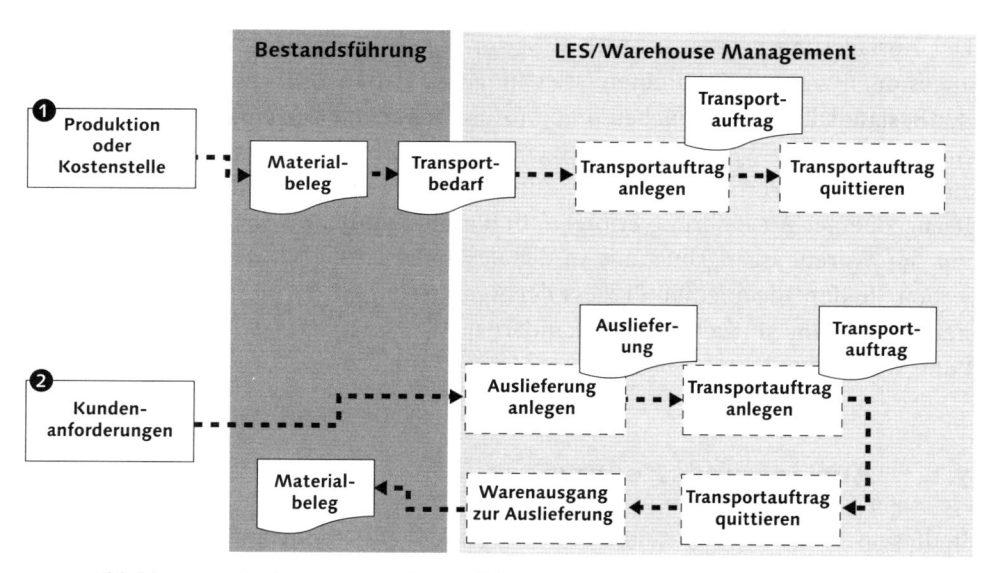

Abbildung 7.1 Auslagerungsvorgänge mit Transportauftrag

Der Prozess der Auslagerungssteuerung durchläuft bei der Transportauftragserstellung chronologisch u. a. folgende Teilschritte:

1. Lagertypfindung
2. Kommissionierbereichsfindung
3. Lagerplatzfindung (Auslagerungsstrategien)
4. Transportauftrags-Split
5. Auslagerungsreihenfolgeoptimierung

Die einzelnen Prozessschritte werden in den folgenden Abschnitten im Detail vorgestellt.

7.1.2 Lagertypfindung

Der Prozessschritt der Lagertypfindung in WM beginnt mit der Suche nach einem geeigneten *Vonlagertyp* (Entnahmelagertyp). Wie für die Einlagerungssteuerung müssen Sie auch für die Auslagerungssteuerung im WM-Customizing über LOGISTICS EXECUTIONS • LAGERVERWALTUNG • STRATEGIEN • LAGERTYPFINDUNG AKTIVIEREN die Tabelle der LAGERTYPFINDUNG (T334T) mit entsprechenden Einträgen füllen (siehe Abbildung 7.2).

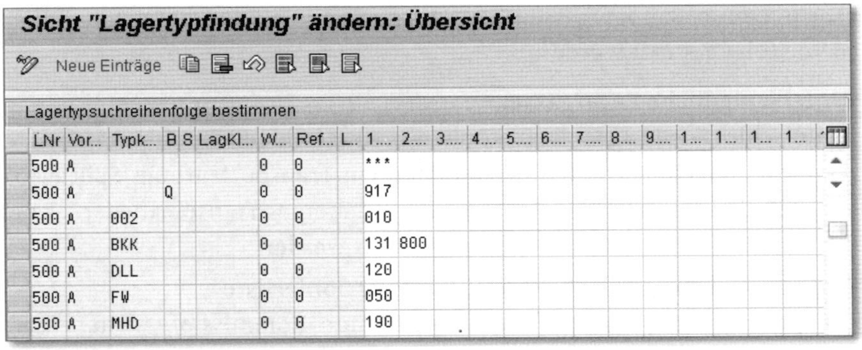

LNr	Vor...	Typk.	B	S	LagKl...	W...	Ref...	L...	1...	2...	3...	4...	5...	6...	7...	8...	9...	1...	1...	1...
500	A					0	0		***											
500	A		Q			0	0		917											
500	A	002				0	0		010											
500	A	BKK				0	0		131	800										
500	A	DLL				0	0		120											
500	A	FW				0	0		050											
500	A	MHD				0	0		190											

Abbildung 7.2 Lagertypfindung der Auslagerung

In der Praxis können Sie mit oder ohne Auslagerungstypkennzeichen arbeiten. Möchten Sie Ihre Materialien jedoch in Bezug auf den innerbetrieblichen Materialfluss unterschiedlich steuern, empfiehlt es sich, mit mehreren Auslagerungstypkennzeichen zu arbeiten. Ein klassisches Beispiel hierfür ist die Lagerung von Materialien unterschiedlicher Temperaturanforderungen. Die Auslagerung von zu kühlenden Materialien soll z. B. immer aus dem Lagertyp 190 (Typkennzeichen MHD) erfolgen, die von normal temperierten Materialien aus dem Lagertyp 131 oder 800 (Typkennzeichen BKK). Die Zuordnung des Auslagerungstypkennzeichens erfolgt im Materialstamm in der LAGERVERWALTUNGSSICHT 1.

Wie Sie in Abbildung 7.2 sehen, erfolgt die Suche nach geeigneten Platzbeständen immer im ersten Lagertyp dieser Reihenfolge. Scheitert sie, versucht das System, im zweiten Lagertyp Platzbestände zu ermitteln. Hat das System die gesamte Reihe erfolglos abgearbeitet, kann der Transportauftrag nicht angelegt werden, es sei denn, ein in der Suchreihenfolge nicht enthaltener Lagertyp, in dem sich das zu kommissionierende Material befindet, wird im Transportauftrag von Hand zugeordnet.

Neben dem Lagertypkennzeichen wird die Lagertypfindung von weiteren Parametern bestimmt. Zu diesen Parametern zählen:

- Bestandsqualifikation
- Sonderbestandskennzeichen
- Daten der Gefahrstoffverwaltung (Lagerklasse, Wassergefährdungsklasse)
- Referenz Lagertypfindung (aus der WM-Bewegungsart)
- Lagerortreferenz

Um die Auslagerungsprozesse Ihres Lagers zu optimieren, können Sie *Kommissionierbereiche* definieren und diese einzelnen Lagerplätzen oder Lagerplatzgruppen (z. B. Lagergassen) zuordnen. Kommissionierbereiche können u. a. wie folgt genutzt werden:

- **Unterschiedliche Lagergassen**
  Unterschiedliche Lagergassen können in unterschiedliche Kommissionierbereiche aufgeteilt werden, nach denen ein Transportauftrags-Split erfolgen soll. Die Gesamtlast einer Lieferung oder eines Transportbedarfs kann somit auf mehrere Lagerressourcen verteilt werden.

- **Transportauftragsübergreifende Kommissionierliste**
  Es wird eine transportauftragsübergreifende Kommissionierliste ausgedruckt, in der die auszulagernden Materialmengen nach Kommissionierbereichen sortiert sind.

- **Druckseparierung**
  Der Ausdruck der Kommissionierpapiere soll für jeden Kommissionierbereich erfolgen.

Der letzte Schritt des Auslagerungsprozesses ist stets die Lagerplatzfindung. Der Lagertyp, der in der Lagertypfindung ermittelt wurde, gibt dabei die Strategie für die Suche nach Platzbeständen für die Auslagerung vor. In einem SAP-ERP-Standardsystem finden Sie eine Reihe vorkonfigurierter Auslagerungsstrategien (z. B. FIFO oder LIFO), aus denen Sie pro Lagertyp eine Strategie auswählen können. Darüber hinaus besteht auch hier die Möglichkeit, über einen User-Exit eine eigene Auslagerungsstrategie zu definieren.

7.1.3 Auslagerungsrelevante Einstellungen im Materialstamm

Zusätzlich zu den notwendigen Einstellungen im Customizing können Auslagerungsprozesse materialspezifisch durch verschiedene Einstellungen/Kennzeichen im Materialstamm beeinflusst werden. Die notwendigen Einstellungen nehmen Sie in LAGERVERWALTUNGSSICHT 1 und 2 des Materialstamms vor. Zu den Kennzeichen der materialspezifischen Auslagerungssteuerung gehören:

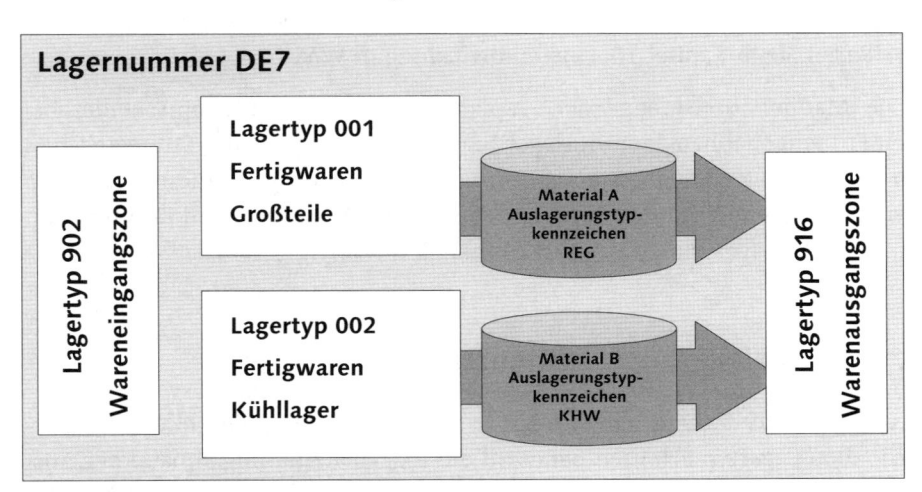

- Auslagerungstypkennzeichen (LAGERVERWALTUNGSSICHT 1)
- Bewegungssonderkennzeichen (LAGERVERWALTUNGSSICHT 1)
- Kennzeichen der zweistufigen Kommissionierung (LAGERVERWALTUNGSSICHT 1)
- Manipulationsmenge (LAGERVERWALTUNGSSICHT 2)

Haben Sie das Auslagerungstypkennzeichen für ein Material gepflegt, sucht das System anhand der in Abbildung 7.2 dargestellten Customizing-Tabelle nach geeigneten Lagertypen in der dort festgelegten Reihenfolge. Das Auslagerungstypkennzeichen wird wie die Tabelle zur Lagertypsuchreihenfolge im Customizing der Lagerverwaltung definiert. Eine typische, in der Praxis häufig vorkommende Konstellation zur Verwendung des Auslagerungstypkennzeichens finden Sie in Abbildung 7.3.

Abbildung 7.3 Auslagerungstypkennzeichen

Sie sehen, dass Material A mit dem Auslagerungstypkennzeichen REG aus dem Lagertyp 001 und das Material B mit dem Auslagerungstypkennzeichen KHW aus dem Lagertyp 002 ausgelagert wird. In der Tabelle der Lagertypfindung ist für jedes Auslagerungstypkennzeichen ein Eintrag vorhanden, der die automatische Lagertypfindung steuert. In der Praxis kann die Aufteilung aus unterschiedlichen Gründen erwünscht sein. Typisch ist die Unterscheidung des Auslagerungstypkennzeichens nach verschiedenen Material- bzw. Lagereigenschaften, wie z. B. Artikelgröße, Behältergröße (Kisten und Palettenteile), Temperatur bzw. Stoffeigenschaften (Kühl-, Flüssigware).

Das Bewegungssonderkennzeichen (siehe ausführlich in Kapitel 5, »Elemente der Prozesssteuerung in WM«) kann dazu verwendet werden, eine bestimmte Sonderbehandlung für ausgewählte Materialien zu ermöglichen. Dabei kann es sich z. B. um die direkte Transportauftragserstellung oder um die Auslagerung aus einem bestimmten (Schnittstellen-)Lagertyp handeln.

Ein weiteres Steuerkennzeichen der Auslagerung ist das Kennzeichen der zweistufigen Kommissionierung in der LAGERVERWALTUNGSSICHT 1. Mithilfe dieses Kennzeichens wird ein Material für die zweistufige Kommissionierung vorgesehen, bei der in einem ersten Schritt ein einziger Transportauftrag zu einer Gruppe von Auslieferungen oder Transportbedarfen angelegt wird. Mit dem sogenannten *Entnahmetransportauftrag* wird die Gesamtmenge aller angeforderten Materialien kumulativ kommissioniert. Im zweiten Schritt werden einzelne Transportaufträge für die Aufteilung der Entnahmemengen auf die in der Gruppe enthaltenen Auslieferungen oder Transportbedarfe erzeugt. Mehr über die Abwicklung der zweistufigen Kommissionierung erfahren Sie in Kapitel 10, »Lieferabwicklung in WM«.

Die Manipulationsmenge der LAGERVERWALTUNGSSICHT 2 entscheidet bei einer mengenabhängigen Auslagerungsstrategie bzw. bei der Strategie *Groß- und Kleinmengenkommissionierung*, ob eine Auslagerung aus diesem Lagertyp vorgeschlagen wird oder nicht. Somit kann die Auslagerung in Kombination mit der Auslagerungsstrategie auch mengenabhängig gesteuert werden.

7.2 Auslagerungsstrategien

Nachdem das System anhand der Lagertypsuchreihenfolge einen entsprechenden Lagertyp ermittelt hat, wird die Lagerplatzfindung anhand der Auslagerungsstrategie des ermittelten Lagertyps angestoßen. In einem SAP-ERP-Standardsystem werden zahlreiche Auslagerungsstrategien bereits im Standard ausgeliefert. Zu diesen Strategien zählen:

- First-in, First-out (FIFO) (F)
- strenges FIFO über alle Lagertypen (***)

- Last-in, First-out (LIFO) (L)
- Anbruchsverwaltung (A)
- Groß-/Kleinmengen (M)
- Mindesthaltbarkeitsdatum (H)
- Festlagerplatz (P)

Die Einstellungen der Auslagerungsstrategien nehmen Sie im Customizing der Lagerverwaltung über LOGISTICS EXECUTION • LAGERVERWALTUNG • STRATEGIEN • AUSLAGERUNGSSTRATEGIEN vor.

> **Eigene Auslagerungsstrategie**
>
> Sollten Sie mit einer eigenen Auslagerungsstrategie arbeiten wollen, können Sie hierfür die SAP-Erweiterungen MWMTO004 und MWMTO013 nutzen.

7.2.1 First-in, First-out (FIFO) (F)

Das Ziel der Strategie *First-in, First-out* (FIFO) ist es, den zuerst eingelagerten Bestand eines Materials auch zuerst wieder auszulagern. Dadurch soll eine Überalterung oder ein Verfall der Artikel vermieden werden. In vielen Industriebereichen wird das FIFO-Prinzip grundsätzlich gefordert.

In WM schlägt das System immer das älteste im Lagertyp vorhandene Quant des zu kommissionierenden Materials zur Auslagerung vor. Ausschlaggebend für die Ermittlung der jeweils ältesten Platzbestände ist das Wareneingangsdatum, das im Datensatz eines jeden Quants abgelegt wird. Sie können im Customizing der Lagerverwaltung prozessbezogen festlegen, ob bei der Wareneingangsbuchung anstelle des Erfassungsdatums das Belegdatum oder das Buchungsdatum des Materialbelegs als Wareneingangsdatum im Quantdatensatz fortgeschrieben wird.

Möchten Sie in bestimmten Prozessen Belegdatum oder Buchungsdatum als Wareneingangsdatum im Quantdatensatz festhalten, wählen Sie im Customizing LOGISTICS EXECUTION • LAGERVERWALTUNG • SCHNITTSTELLEN • BESTANDSFÜHRUNG • BEWEGUNGSARTEN DEFINIEREN und anschließend LE-WM-SCHNITTSTELLE ZU BESTANDSFÜHRUNG. In der Tabelle zur Verknüpfung der Bestandsführungs- und Lagerverwaltungsbewegungsarten finden Sie eine Spalte WE-DATUM. Dieser Spalte können Sie entweder Kennzeichen 1 (BELEGDATUM) oder Kennzeichen 2 (BUCHUNGSDATUM) zuordnen. Bleibt das Feld leer, setzt das System das Erfassungsdatum der Wareneingangsbuchung (Tagesdatum) als Wareneingangsdatum.

> **Quantverschmelzung**
>
> Beachten Sie, dass Sie im Zusammenhang mit der Strategie FIFO auch über die Zulagerung im entsprechenden Lagertyp nachdenken sollten, da durch eine Zulagerung eine Quantverschmelzung stattfindet und somit das FIFO-Prinzip systemseitig nicht mehr sichergestellt werden kann. Eine Möglichkeit wäre, für jede neue Zulagerung einen neuen Lagerplatz zu vergeben, was aber zu einer negativen Ausnutzung der Lagerkapazität führen kann. Ein besserer Ansatz wäre die Verwendung von Lagereinheiten, da durch die Lagereinheit eine eindeutige Differenzierung der Bestände und die damit verbundene Sicherstellung des FIFO-Prinzips erreicht werden kann.

Das FIFO-Prinzip kann grundsätzlich in fast allen Lagerformen genutzt werden. Ein typisches Anwendungsgebiet sind Regalläger oder auch Durchlaufregalläger. In Durchlaufregalen wird der FIFO-Ansatz aufgrund der natürlichen Konstellation bereits erzwungen.

7.2.2 Strenges FIFO über alle Lagertypen (***)

Die Strategie *strenges FIFO über alle Lagertypen* bildet eine Sonderform der zuvor beschriebenen Strategie FIFO, da hier das FIFO-Prinzip über alle Lagertypen hinweg angewendet werden kann. Werden die Materialbestände in mehr als einem Lagertyp gelagert und soll immer das älteste Quant der gesamten Lagernummer ausgelagert werden, empfiehlt sich die Nutzung dieser Strategie. Sie aktivieren diese Strategie, indem Sie einen Eintrag in der Tabelle der Lagertypfindung vornehmen, der anstelle einer Suchreihenfolge von Lagertypen ein Kennzeichen für die übergreifende Suche (***) enthält. Sie setzen das Kennzeichen *** also im Feld des ersten Lagertyps der Suchreihenfolge (siehe Tabelle 7.1).

LNr.	Vorgang	Typk.	B	S	LagKl...	WGK	Ref...	L...	1. Lagertyp
120	A								***

Tabelle 7.1 Lagertypsuchreihenfolge »Strenges FIFO«

Es ist jedoch auch möglich, dem System in der Suchreihenfolge zunächst einen Lagertyp vorzugeben, dessen Bestände geprüft werden sollen, bevor in allen übrigen Lagertypen nach dem insgesamt ältesten Bestand gesucht wird.

Bestimmte Lagertypen sollten jedoch im Customizing von der Strategie des strengen FIFOs ausgeschlossen werden, da es sonst zu falschen Auslagerungsvorschlägen kommen kann. Zu diesen Lagertypen zählen insbesondere:

- Warenausgangsschnittstellenlagertyp
- Differenzenschnittstellenlagertyp
- Schnittstelle zur Bestandsaufnahme
- Schnittstellen für Umbuchungen und Umlagerungen

Sollten Sie in Ihrem Lager Materialien verwalten, die mit einem Mindesthaltbarkeitsdatum geführt werden, und Sie möchten die Strategie des strengen FIFOs mit der Mindesthaltbarkeitsverwaltung einsetzen, aktivieren Sie die MHD-Verwaltung zur entsprechenden Lagernummer im Customizing der Strategie des strengen FIFOs (siehe Abbildung 7.4).

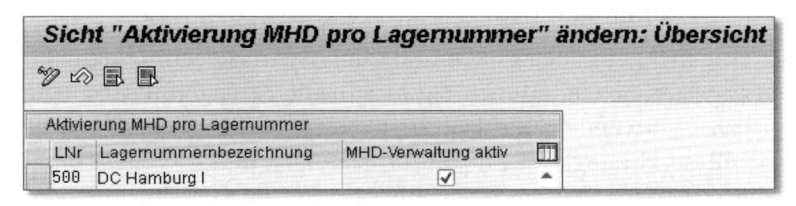

Abbildung 7.4 Aktivierung des MHDs pro Lagernummer

Durch die Aktivierung wird bei MHD-verwalteten Materialien das älteste Quant über das Mindesthaltbarkeitsdatum und nicht über das Wareneingangsdatum gesucht.

7.2.3 Last-in, First-out (LIFO) (L)

Die Strategie *Last-in, First-out* (LIFO) besagt, dass der zuletzt eingelagerte Materialbestand als Erstes zur Auslagerung vorgeschlagen wird, wie es zwangsläufig bei Einschubregalen oder bei der Blocklagerung der Fall ist. Zielsetzung dieser Strategie ist die Vermeidung von Umlagerungen bei bestimmten Lagertechniken.

7.2.4 Anbruchsverwaltung (A)

Mit der Auslagerungsstrategie *Anbruchsverwaltung* können Sie das FIFO-Prinzip zugunsten einer Optimierung im Entnahmeprozess durchbrechen. Die Anzahl der angebrochenen Lagereinheiten (Anbruchspaletten) wird in diesen Lagertypen so gering wie möglich gehalten. Diese Strategie bedingt, dass in allen Materialstammsätzen der betroffenen Materialien die Palettierungsdaten gepflegt sind.

7 | Auslagerungssteuerung in WM

Ist die zu entnehmende Menge größer oder gleich der Standardpalettierung des Materials, schlägt das System, wenn möglich, eine vollständige Lagereinheit zur Auslagerung vor und versucht, die Restmenge von einem Anbruch zu entnehmen, also einer Lagereinheit mit einer Menge, die geringer ist als die der Standardlagereinheit. Ist die Anfordermenge kleiner als die der Standardpalettierung, greift das System auf einen Anbruch zu. Ist keine Anbruchslagereinheit mehr vorhanden, wird eine Standardlagereinheit angebrochen. Im umgekehrten Fall wird die Anfordermenge aus Anbrüchen zusammengestellt. Die Ermittlung der Standardlagereinheiten erfolgt nach dem FIFO-Prinzip.

7.2.5 Groß-/Kleinmengen (M)

Möchten Sie eine mengengesteuerte Optimierung der Auslagerungsaktivitäten in Ihrem Lager erreichen, können Sie hierfür die Auslagerungsstrategie *Groß-/Kleinmengen* verwenden, die lagertypübergreifend angewendet werden kann. Ziel dieser Strategie ist es, Anbruchsmengen im Lager zu vermeiden sowie die Materialentnahme mengenbasiert zu entkoppeln. Ein typisches Beispiel aus der Lagerpraxis ist die Trennung von Bereichen zur Teilmengenkommissionierung (z. B. Stück oder Karton) und Bereichen, aus denen komplette/vollständige Lagereinheiten (z. B. Paletten) entnommen werden sollen (siehe Abbildung 7.5).

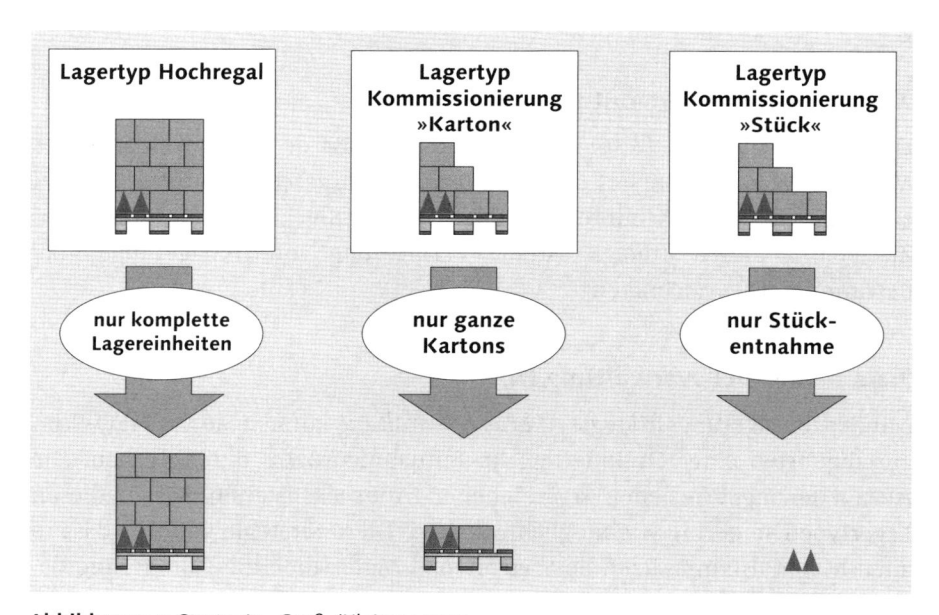

Abbildung 7.5 Strategie »Groß-/Kleinmengen«

Um die Strategie *Groß-/Kleinmengen* sinnvoll nutzen zu können, bedarf es mindestens einer Kombination von zwei Lagertypen. Der erste Lagertyp ist der Kleinmengenlagertyp, aus dem ein Material nur bis zu einer bestimmten Menge, der sogenannten *Manipulationsmenge*, entnommen wird. Der zweite Lagertyp, der Großmengenlagertyp, wird für alle Auslagerungen genutzt, die über die Manipulationsmenge des Materials hinausgehen. Die Nutzung dieser Strategie setzt also zugleich voraus, dass in die Stammsätze aller aus dem Kleinmengenlagertyp zu kommissionierenden Materialien eine Manipulationsmenge eingetragen wurde. Sie finden das Feld MANIPULATIONSMENGE in der Sicht LAGERVERWALTUNG 2 auf der Lagertypebene.

Mithilfe der Strategie *Groß-/Kleinmengen* lässt sich somit eine sogenannte *kaskadierende Auslagerung* herbeiführen. Dabei wird das gleiche Material je nach Anfordermenge z. B. stückweise aus dem Fixplatzlager, kartonweise aus dem Regallager und palettenweise aus dem Hochregallager ausgelagert. Die *Manipulationsmenge* des Materials gibt jeweils die maximale Entnahmemenge pro Lagertyp vor. Eine (ebenfalls im Materialstammsatz einzutragende) *Rundungsmenge* begrenzt die Entnahme aus einem Lagertyp nach unten. Die Rundungsmenge ist zugleich Mindestentnahmemenge und Divisor. Es wird also nach Möglichkeit immer das Vielfache der Rundungsmenge ausgelagert.

7.2.6 Praxisbeispiel zur Strategie »Groß-/Kleinmengen«

Zum besseren Verständnis der Auslagerungsstrategie *Groß-/Kleinmengen* und der Eigenschaften der kaskadierenden Auslagerung sehen wir uns nun an einem Beispiel den allgemeinen Prozessablauf, das Customizing und die entsprechenden Stammdatenausprägungen an.

Wir beziehen uns dafür auf die in Abbildung 7.5 dargestellte Ausgangssituation. Dabei gelten im Lager folgende Voraussetzungen:

- Die Auslagerung kompletter/vollständiger Lagereinheiten erfolgt aus dem Hochregallager (Lagertyp 001).
- Die Auslagerung ganzer Kartons erfolgt aus dem Kommissionierlager der Kartonkommissionierung (Lagertyp 300).
- Die Auslagerung von Mengen kleiner als ein Karton erfolgt aus dem Stückkommissionierlager (Lagertyp 310).

Anbrüche ganzer Paletten und Kartons werden somit vermieden.

Die Strategie *Groß-/Kleinmengen* bedingt eine bestimmte Abhängigkeit der einzelnen Lagertypen (siehe Abschnitt 7.2.5). Definieren Sie im ersten Schritt die entsprechenden Einstellungen in den Lagertypen 300, 310 und 001. In den Kommissionierlagertypen 300 und 310 müssen Sie im Customizing der Lagerverwaltung über LOGISTICS EXECUTION • LAGERVERWALTUNG • STAMMDATEN • STRATEGIEN • AUSLAGERUNGSSTRATEGIEN • STRATEGIE GROSS-/KLEINMENGEN DEFINIEREN die Auslagerungsstrategie *Groß-/Kleinmengen* (M) aktivieren (siehe Abbildung 7.6).

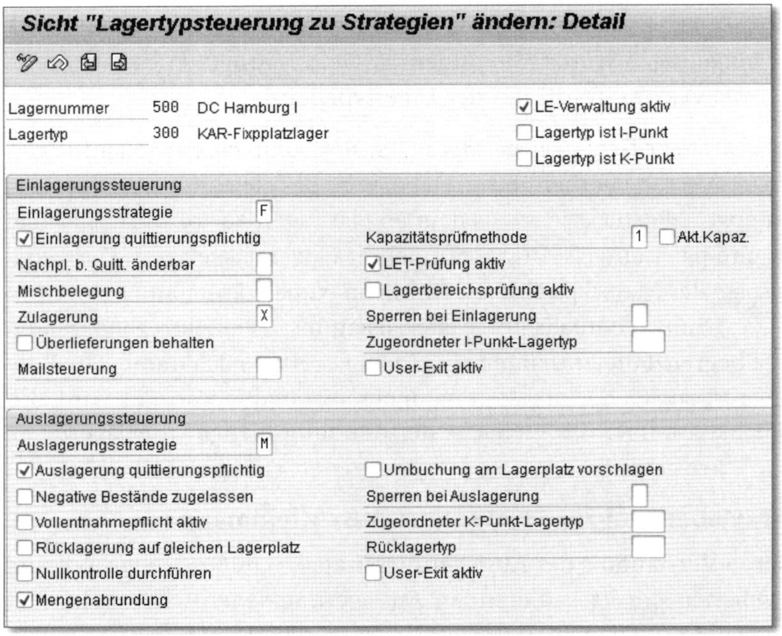

Abbildung 7.6 Auslagerungsstrategie »Groß-/Kleinmengen«

Darüber hinaus müssen Sie auch das Kennzeichen MENGENABRUNDUNG setzen, damit die Anfordermengen entsprechend den Einstellungen der Rundungsmenge im Materialstammsatz abgerundet werden. In den Einstellungen des Hochregallagers müssen die Strategie *Groß-/Kleinmengen* und die Mengenrundung nicht aktiviert werden.

Im nächsten Customizing-Schritt müssen Sie die Suchreihenfolge der Lagertypfindung über LOGISTICS EXECUTION • LAGERVERWALTUNG • STAMMDATEN • STRATEGIEN • LAGERTYPFINDUNG DEFINIEREN festlegen (siehe Abbildung 7.7).

Stellen Sie die Lagertypen so ein, dass zunächst im Lagertyp mit der Stückentnahme gesucht werden soll, im Anschluss daran im Lagertyp mit der Kartonentnahme und als Letztes im Hochregallager.

Abbildung 7.7 Lagertypfindung definieren

Nachdem Sie die Einstellungen im Customizing vorgenommen haben, müssen Sie die Einstellungen in den Materialstammdaten Ihrer Materialien in der LAGERVERWALTUNGSSICHT 2 überprüfen.

Materialstammeinstellungen Lagerverwaltungssicht 2 für den Lagertyp 310 (Stückentnahme)

Für den ersten Lagertyp in der Lagertypsuchfolge, den Lagertyp 310 (Entnahme in Stück), geben Sie die Anzahl Stück pro Karton (20) minus 1 als Manipulationsmenge ein (20 – 1 = 19). Die Rundungsmenge müssen Sie nicht pflegen, da in diesem Fall keine Rundung erforderlich ist. Bei Anfordermengen, die größer oder gleich der Menge eines Kartons sind, überspringt das System diesen Lagertyp (siehe Abbildung 7.8).

Abbildung 7.8 Einstellungen im Materialstamm »Lagerverwaltungssicht 2« (Lagertyp »Stückentnahme«)

Materialstammeinstellungen Lagerverwaltungssicht 2 für den Lagertyp 300 (Kartonentnahme)

Für den zweiten Lagertyp in der Lagertypsuchfolge, den Lagertyp 300 (Entnahme kompletter Kartons), geben Sie die Palettenmenge (4.000 Stück) minus 1 als Manipulationsmenge im Materialstamm ein (4.000 − 1 = 3.999). Die Rundungsmenge entspricht der Kartonmenge (20 Stück). Bei Anfordermengen, die größer oder gleich der Menge einer Palette sind, überspringt das System diesen Lagertyp. Das System erzeugt nur Transportauftragspositionen für komplette Kartons. Zur Kommissionierung der Restmenge (einzelne Stücke) steigt das System von vorn in die Lagertypsuchfolge ein. Die noch fehlenden Stücke werden aus dem ersten Lagertyp entnommen (siehe Abbildung 7.9).

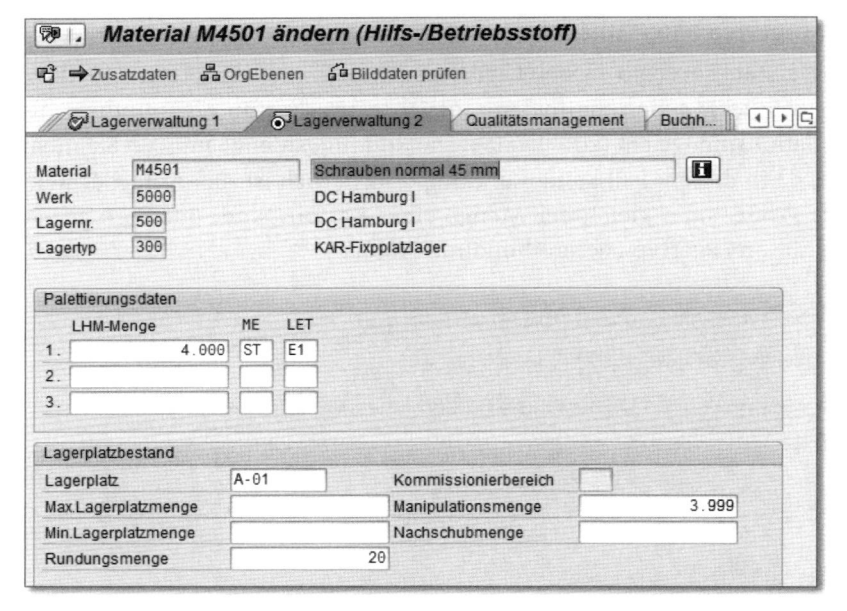

Abbildung 7.9 Einstellungen im Materialstamm »Lagerverwaltungssicht 2« (Lagertyp »Kartonentnahme«)

Materialstammeinstellungen Lagerverwaltungssicht 2 für den Lagertyp 001 (vollständige Lagereinheiten)

Für den dritten Lagertyp in der Suchreihenfolge (Entnahme kompletter Paletten) müssen Sie keine Manipulationsmenge im Materialstamm eingeben. Die Rundungsmenge entspricht der Palettenmenge (4.000 Stück). Das System erzeugt nur Transportauftragspositionen für volle Paletten. Zur Kommissionierung der Restmenge steigt das System von vorn in die Lagertypsuchfolge ein. Das noch fehlende Material wird aus dem ersten oder zweiten Lagertyp entnommen.

Wenn wir nun einen Auslagerungstransportauftrag über zwei Paletten, zwölf Kartons und 13 Stück erstellen, was einer Auslagerungsmenge von 8.253 Stück entspricht, schlägt das System aufgrund der eingestellten Strategien und Stammdatenparameter folgende Lagertypen und Plätze zur Auslagerung vor (siehe Abbildung 7.10).

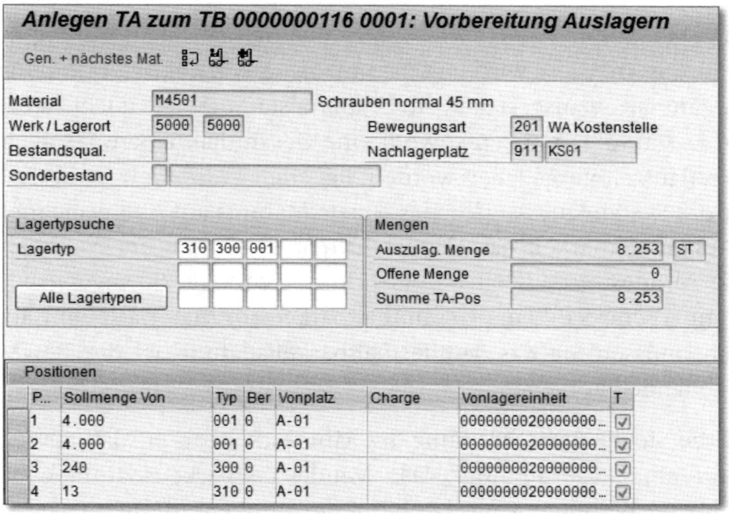

Abbildung 7.10 Beispiel für Entnahme »Groß-/Kleinmengenkommissionierung«

Das System sucht zunächst im Lagertyp 310 und erkennt dort anhand der Strategie M, dass die Manipulationsmenge des Materials relevant ist. Die Manipulationsmenge beträgt 19, und somit erfolgt keine Entnahme aus diesem Lagertyp. Das System sucht im zweiten Lagertyp 300 der Suchreihenfolge und ermittelt ebenfalls die Strategie M und prüft also auch die Manipulationsmenge. Die Manipulationsmenge beträgt 3.999, ist somit kleiner als eine vollständige Palette und führt dazu, dass das System im nächsten Lagertyp der Suchreihenfolge, dem Lagertyp 001, nach einem Lagerplatz sucht. Die Auslagerung erfolgt hier nach dem FIFO-Prinzip, und das System findet einen Lagerplatz. Somit werden zunächst alle vollständigen Lagereinheiten entnommen.

Mit den verbleibenden Positionen geht das System in einer ähnlichen Art und Weise vor. Durch die Rundungsmenge wird immer auf volle Einheiten gerundet (Palette oder Karton). Die Restmenge, die nach dem Runden auf Karton übrig bleibt, wird somit aus dem Lagertyp 310 entnommen.

7.2.7 Mindesthaltbarkeitsdatum (H)

Sollen in Ihrem Lager zunächst die Materialien mit dem frühesten Verfallsdatum zur Auslagerung vorgeschlagen werden, um auf diese Weise mögliche Verschrottungen und damit verbundene Bestandsverluste zu minimieren, können Sie in WM die Auslagerungsstrategie *Mindesthaltbarkeitsdatum* nutzen. Diese Strategie ist eine Variante der Strategie FIFO, die anstelle des Wareneingangsdatums des Quants das Mindesthaltbarkeitsdatum des Quants zur Auslagerung heranzieht.

Mit dieser Strategie knüpft WM an die Mindesthaltbarkeitsdatenprüfung in der Bestandsführung an. Diese wird im Customizing je Werk aktiviert und für einzelne Bewegungsarten ausgestaltet. Auf Materialstammebene (Sicht ALLG. WERKSDATEN/LAGERUNG 1) müssen sowohl eine Gesamthaltbarkeit als auch eine Mindestrestlaufzeit vorgegeben werden. Bei einer Warenbewegungsbuchung fordert das System zur Angabe des Herstelldatums auf und errechnet anhand der Gesamthaltbarkeit das Mindesthaltbarkeitsdatum der Materialmenge. Ist die Mindestrestlaufzeit unterschritten, wird die Bewegungsbuchung abgelehnt. Wenn Sie keine Gesamthaltbarkeit im Materialstammsatz abgelegt haben, müssen Sie das Mindesthaltbarkeitsdatum bei der Bewegungsbuchung manuell vorgeben.

In WM aktivieren Sie die Fortschreibung des Mindesthaltbarkeitsdatums auf Quantebene für eine Lagernummer. Das Mindesthaltbarkeitsdatum wird dann zusätzlich zum Wareneingangsdatum im Quantdatensatz ausgewiesen. Wählen Sie dazu im Customizing der Lagerverwaltung LOGISTICS EXECUTION • LAGERVERWALTUNG • STRATEGIEN • AUSLAGERUNGSSTRATEGIEN • STRATEGIE MINDESTHALTBARKEITSDATUM DEFINIEREN (siehe Abbildung 7.11).

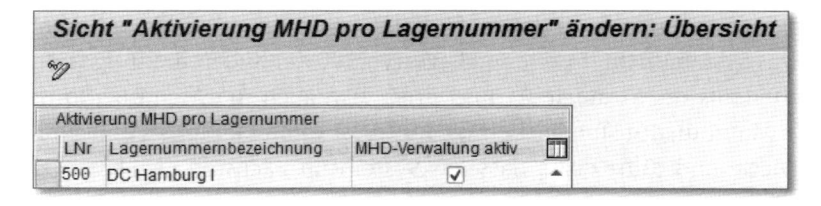

Sicht "Aktivierung MHD pro Lagernummer" ändern: Übersicht

Aktivierung MHD pro Lagernummer		
LNr	Lagernummernbezeichnung	MHD-Verwaltung aktiv
500	DC Hamburg I	✓

Abbildung 7.11 Aktivierung des MHDs pro Lagernummer

Beachten Sie, dass die Strategie *Mindesthaltbarkeitsdatum* jedoch nur auf Lagertypebene greift. Das bedeutet, wenn das gleiche Material in zwei unterschiedlichen Lagertypen gelagert wird, kann es vorkommen, dass eine jüngere Charge aus dem zuerst bestimmten Lagertyp ausgelagert wird. Um dieses Systemverhalten zu vermeiden, ist es Empfehlenswert, entweder mit der *Chargenfindung* oder mit der Auslagerungsstrategie *strenges FIFO über alle Lagertypen* mit Beachtung des Mindesthaltbarkeitsdatums zu arbeiten.

7.2.8 Festlagerplatz (P)

Bei der Strategie *Festlagerplatz* versucht das System, das Material von seinem Fixplatz gemäß Materialstammsatz (LAGERVERWALTUNGSSICHT 2) auszulagern. Den gleichen Effekt erzielen Sie jedoch auch mit der Auslagerungsstrategie FIFO in einem Festplatzlagertyp und einem Eintrag für den Festplatzlagertyp in der Tabelle der Lagertypfindung.

7.3 Weitere Steuerungskriterien der Auslagerung

Neben der Auslagerungsstrategie und der Lagertypsuchreihenfolge bestimmen weitere Funktionen, wie z. B. die Vollentnahmepflicht und der Transportauftrags-Split, den Ablauf des Auslagerungsprozesses in WM.

7.3.1 Vollentnahmepflicht und Rücklagerung

Aufgrund der technischen Ausstattung oder Arbeitsteilung im Lager kann es notwendig sein, dass unabhängig von der jeweiligen Auslagerungsmenge stets der gesamte Platzbestand ausgelagert werden muss. Hierbei spricht man in der Praxis von der sogenannten *Vollentnahme*. Dabei werden die vollständig entnommenen Paletten an einen Übergabepunkt (z. B. Kommissionierpunkt) gebracht, an dem die Entnahme stattfindet. Eventuelle Restmengen können entweder rückgelagert oder in einen neuen Lagertyp z. B. für Anbruchsmengen eingelagert werden. Abbildung 7.12 zeigt die Vollentnahme mit Rücklagerung.

Im Lagertyp 001 wurde die Vollentnahmepflicht aktiviert. Dies kann in WM für jeden Lagertyp separat definiert werden. Zusätzlich müssen Sie in diesem Zusammenhang entscheiden, wie mit möglichen Restmengen umgegangen werden soll. Systemseitig stehen folgende Möglichkeiten zur Auswahl:

- Rücklagerung an den Entnahmeplatz
- Einlagerung in einen anderen Lagertyp
- Verbleib am Nachlagerplatz

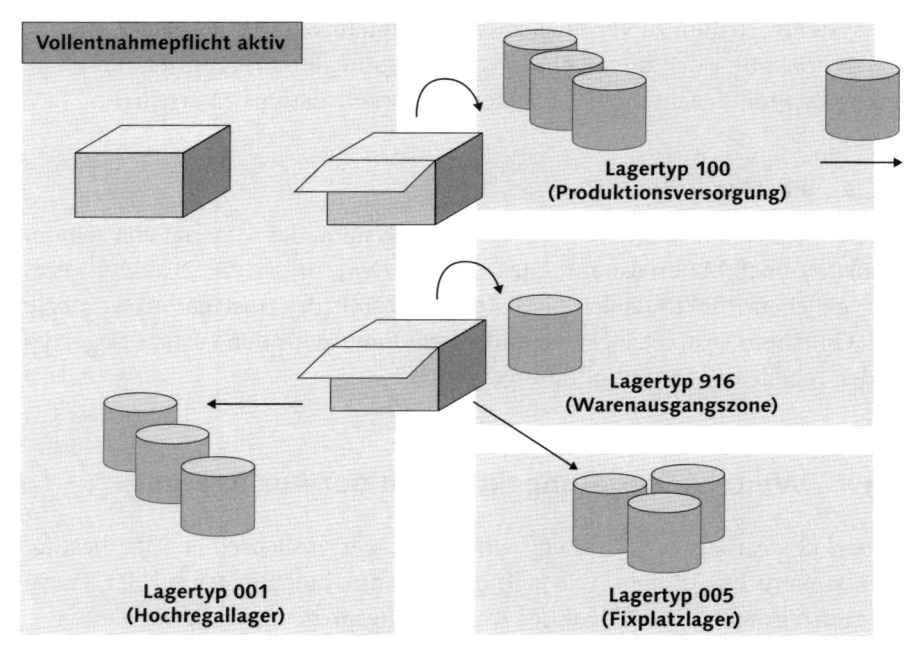

Abbildung 7.12 Vollentnahmepflicht mit Rücklagerung

Wenn Sie die Vollentnahmepflicht im Lagertyp aktiviert haben, lagert das System stets das ganze Quant bzw. bei einer aktiven LE-Verwaltung immer die komplette Lagereinheit aus. Wird nur eine Teilmenge benötigt, kann das System die Restmenge im selben Transportauftrag auf den Entnahmeplatz zurücklagern. Sollen jedoch in diesem Lagertyp keine Anbrüche auftreten, empfiehlt es sich, die Restmengen in einen anderen Lagertyp einzulagern. Dazu geben Sie im Stammsatz des Lagertyps mit Vollentnahmepflicht den Schlüssel des Lagertyps für die Einlagerung von Restmengen an. In diesem Lagertyp wird dann ein Lagerplatz gemäß der dort festgelegten Einlagerungsstrategie gesucht. In bestimmten Fällen, z. B. bei der Produktionsversorgung aus dem Lager, kann es auch sinnvoll sein, die Restmenge am Nachlagerplatz zu belassen. Wurde also aufgrund einer Anforderung aus der Produktion für einen oder mehrere Fertigungsaufträge das ganze Quant bzw. die vollständige Lagereinheit auf einem Lagerplatz im Lagertyp für die Produktionsversorgung abgelegt, kann eine etwaige Restmenge für spätere Aufträge dort verbleiben.

7.3.2 Transportauftrags-Split

Um die Auslagerungsprozesse im Lager weiter zu optimieren, ist es oft sinnvoll, große Arbeitspakete (Transportaufträge mit einer Vielzahl von Positionen und involvierten Lagertypen und Plätzen) in kleinere Arbeitspakete aufzuteilen. Diese Arbeitspakete können dann von mehreren Personen im Lager ausgeführt und parallel bearbeitet werden, was zu einer Optimierung der Auftragsdurchlaufzeit führt. Wichtig ist dabei Folgendes:

- den Arbeitsaufwand gleichmäßig auf die Lagerarbeiter zu verteilen
- die Bestandsbewegungen im Lager nach bestimmten Kriterien zu differenzieren
- optimale Split-Kriterien zu wählen
- die Zusammenführung der Waren aus mehreren möglichen Bereichen zu organisieren

Der *Transportauftrag* (TA) stellt ein Arbeitspaket in WM dar und bestimmt den für eine Auslagerung oder auch für eine Einlagerung (Einlagerungstransportaufträge können ebenfalls gesplittet werden) zu bewältigenden Istaufwand. Es kann daher sinnvoll sein, einen einzelnen sehr umfangreichen Transportauftrag in mehrere kleinere Transportaufträge zu splitten. Beim *Transportauftrags-Split* entstehen aus einem großen Arbeitspaket mehrere kleine Arbeitspakete. Dabei erfolgt systemseitig eine Aufteilung der TA-Positionen auf einen oder mehrere Transportaufträge. Der Transportauftrags-Split bedeutet jedoch nicht, dass das System einzelne Positionen eines TAs in kleinere TA-Positionen aufteilt.

In WM kann zwischen dem sogenannten *Zwangs-Split* und dem *dynamischen Split* eines Transportauftrags unterschieden werden.

Unter einem Zwangs-Split wird der Split eines Transportauftrags nach bestimmten Kriterien verstanden, die nicht explizit als Split-Kriterien vorgegeben werden. Das System führt einen Zwangs-Split immer nach den folgenden Zwangs-Split-Kriterien durch:

- **Solldatenerfassung erforderlich**
  Der TA-Split trennt zunächst die TA-Positionen, für die eine Solldatenerfassung erforderlich ist, von den TA-Positionen, für die die Solldatenerfassung nicht erforderlich ist.

- **Pro Split-Profil**
  Sobald sich TA-Positionen in dem Split-Profil unterscheiden, dem sie zugeordnet sind, erfolgt ein TA-Split nach dem Kriterium Split-Profil.

- **Pro Leistungsdatenprofil**
  Sobald sich TA-Positionen in dem Leistungsdatenprofil unterscheiden, dem sie zugeordnet sind, erfolgt ein TA-Split nach dem Kriterium Leistungsdatenprofil.

- **Pro Bereitstellzone**
  Der TA-Split trennt die TA-Positionen entsprechend der Bereitstellzone, der sie jeweils zugeordnet sind.

- **Nach Mischpaletten**
  Der TA-Split trennt zunächst die TA-Positionen, die Mischpaletten beinhalten, von den TA-Positionen, die keine Mischpaletten enthalten. Außerdem erzeugt der TA-Split für alle TA-Positionen mit Mischpaletten eine weitere Trennung gemäß der Lagereinheit, die bewegt werden soll.

- **Nach Radio-Frequency-Queue**
  Der TA-Split trennt die TA-Positionen gemäß der Queue, der diese TA-Positionen jeweils zugeordnet sind (z. B. Kommissionierung Fixplatz oder Kommissionierung Kartonware).

- **Nach Handling-Unit-Positionen**
  Der TA-Split trennt die TA-Positionen mit Handling Units (HU) von den TA-Positionen, die keine HUs enthalten.

- **Getrennte Quittierung von Entnahmeschritt und Transportschritt erforderlich**
  Der TA-Split trennt die TA-Positionen mit getrennter Quittierung von den TA-Positionen, für die keine getrennte Quittierung vorgesehen ist.

Neben dem Zwangs-Split besteht in WM die Option, den dynamischen Split zu nutzen. Der dynamische Split erlaubt den Split nach folgenden Kriterien:

- **Split nach Transportauftragsposition**
  Anhand dieses Split-Kriteriums erzeugen Sie pro Transportauftragsposition einen neuen TA. Dabei entstehen TAs mit einer Position. Sie können diesen Split z. B. bei der Einlagerung verwenden, um pro Palette einen eigenen Transportauftrag anzulegen. Die Einlagerung könnte somit von mehreren Lagerarbeitern parallel mit Radio-Frequency-Unterstützung ausgeführt werden.

- **Split nach Kommissionierbereichen**
  In diesem Split-Szenario teilen Sie die zu kommissionierenden Positionen nach den unterschiedlichen Kommissionierbereichen Ihres Lagers auf.

- **Split nach Sollzeiten im TA**
  Sie legen z. B. fest, wie lange die Kommissionierung eines Transportauftrags dauern darf.

- **Split nach Umfang (Gewicht oder Volumen)**
  In diesem Split-Profil legen Sie im Customizing das Gesamtgewicht oder das Volumen fest, das ein Transportauftrag umfassen darf. Wenn dieses

überschritten wird, erfolgt ein Split. Beachten Sie, dass das Volumen in Abhängigkeit von der Alternativmengeneinheit berechnet wird. Wurde das Volumen der Alternativmengeneinheit im Materialstammsatz nicht definiert, wird das Volumen der Basismengeneinheit zur Berechnung zugrunde gelegt.

Customizing

Je nach gewünschtem Split-Verhalten müssen Sie im Customizing unterschiedliche Einstellungen vornehmen, die im Customizing der Lagerverwaltung über LOGISTICS EXECUTION • LAGERVERWALTUNG • VORGÄNGE • TRANSPORTE • ABWICKLUNG LEISTUNGSDATEN/TA-SPLIT ausgewählt werden.

Definieren Sie im ersten Schritt unter PROFIL FÜR SORTIERUNG IN DER TA-VERARBEITUNG (siehe Abbildung 7.13).

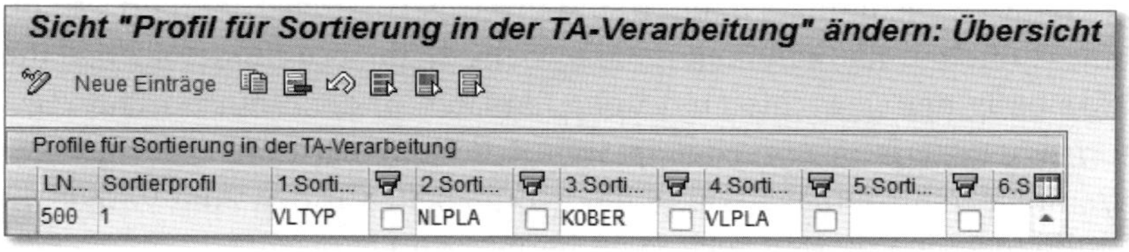
Sicht "Profil für Sortierung in der TA-Verarbeitung" ändern: Übersicht

Neue Einträge

Profile für Sortierung in der TA-Verarbeitung

LN...	Sortierprofil	1.Sorti...		2.Sorti...		3.Sorti...		4.Sorti...		5.Sorti...		6.S
500	1	VLTYP	☐	NLPLA	☐	KOBER	☐	VLPLA	☐		☐	

Abbildung 7.13 Sortierprofil definieren

Das Sortierprofil beeinflusst die Sortierung der Positionen während der Transportauftragserstellung. Im Beispiel in Abbildung 7.13 erfolgt die Sortierung zunächst nach dem Vonlagertyp, dann nach dem Nachlagerplatz, dem Kommissionierbereich und abschließend nach dem Vonlagerplatz. Die Sortierung kann bis zu 15 Felder umfassen sowie ab- und aufsteigend erfolgen.

Im zweiten Schritt nehmen Sie die eigentlichen Einstellungen der Split-Steuerung vor, und zwar unter PROFIL FÜR TRANSPORTAUFTRAGS-SPLIT (siehe Abbildung 7.14).

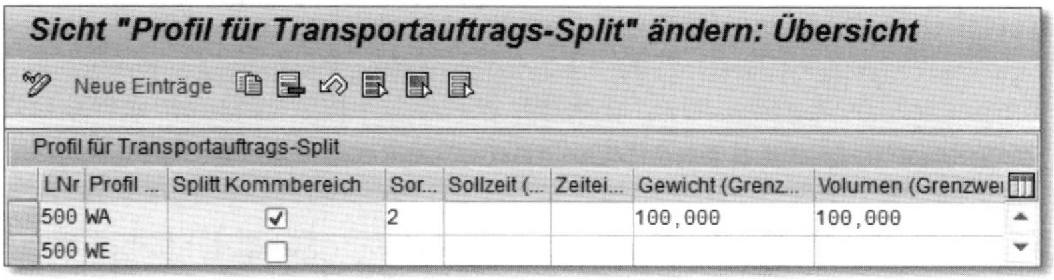
Sicht "Profil für Transportauftrags-Split" ändern: Übersicht

Neue Einträge

Profil für Transportauftrags-Split

LNr	Profil ...	Splitt Kommbereich	Sor...	Sollzeit (...	Zeitei...	Gewicht (Grenz...	Volumen (Grenzwe
500	WA	☑	2			100,000	100,000
500	WE	☐					

Abbildung 7.14 Profil für Transportauftrags-Split ändern

Pro Lagernummer können mehrere Split-Profile für den Transportauftrags-Split definiert werden (z. B. Split-Profile für Einlagerung und Auslagerung). In den Einstellungen des Transportauftrags-Splits können Sie folgende Split-Einstellungen vornehmen:

- nach Kommissionierbereich
- nach Sollzeit
- nach Gewicht
- nach Volumen

Die Profilnummer ist ein Attribut in der Leistungsdatentabelle und wird im nächsten Customizing-Schritt pro Lagernummer, Bewegungsart, Vonlagertyp und Nachlagertyp definiert. Für Sollzeit, Gewicht und Volumen können Grenzwerte abgelegt werden, die eine Obergrenze darstellen, ab der der Split greifen soll. Zur Sollzeit muss dann auch eine Zeiteinheit definiert sein. Die Einheiten für Gewicht und Volumen sind pro Lagernummer definiert. Wenn Sie keine Einheiten für Volumen und Gewicht definieren, findet auch keine Fortschreibung der Gewichts- und Volumendaten in den Transportauftragspositionen statt. Das entsprechende Split-Kriterium wird nicht berücksichtigt. Wenn Sie keine Grenzwerte in der Profiltabelle für den Split vorgeben, werden diese Split-Kriterien auch nicht berücksichtigt.

Für den Split nach Kommissionierbereich gibt es ein eigenes Kennzeichen, das pro Profil gesetzt werden kann. Für die Sortierung der einzelnen Transportaufträge wird die zuvor definierte Sortierprofilnummer dem Split-Profil zugeordnet.

Möchten Sie einen Transportauftrags-Split für jede einzelne Transportauftragsposition erreichen, setzen Sie in den Einstellungen zum PROFIL FÜR LEISTUNGSDATEN das Kennzeichen SPLIT EINZEL-TA (siehe Abbildung 7.15).

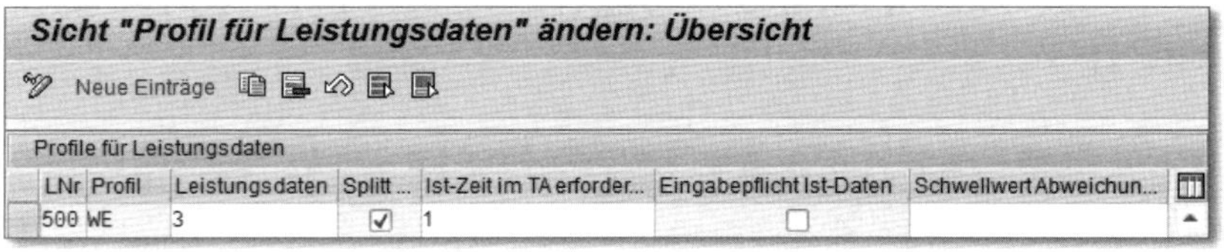

Abbildung 7.15 Profil für Leistungsdaten (TA-Split nach Position)

Nachdem Sie die Split-Profile definiert haben, müssen Sie abschließend die Profile den entsprechenden Lagerbewegungen zuordnen, um den Split zu aktivieren und prozessbezogen zu steuern. Die Einstellungen nehmen Sie im

Customizing der Lagerverwaltung über STEUERUNG DER LEISTUNGSDATENABWICKLUNG/TA-SPLIT FESTLEGEN im Unterpunkt STEUERUNG LEISTUNGSDATEN vor (siehe Abbildung 7.16).

LNr	BW...	Vonlagertyp	Nachlagertyp	Profil Leistungsdaten	Profil TA-Split
500	101	902	***	WE	
500	201	300	***		WA
500	201	310	***		WA
500	601	001	***	WE	
500	601	300	***		WA
500	601	310	***		WA

Abbildung 7.16 TA-Split aktivieren (Steuerung der Leistungsdaten)

Wie Sie in Abbildung 7.16 sehen, können Sie den Transportauftrags-Split flexibel nach Lagernummer, Bewegungsart, Vonlagertyp und Nachlagertyp steuern.

7.3.3 Wegeoptimierung bei der Auslagerung (Sortierung der Auslagerungspositionen)

Für die Auslagerungssteuerung ist es wichtig, dass bereits bei der Erstellung des Transportauftrags sowie beim Druck der Kommissionierlisten eine gezielte Sortierung der Transportauftragspositionen möglich ist. Darüber hinaus können unterschiedliche Kommissionierstrategien sowie die Anordnung der Lagerphysik bedingen, dass die Transportauftragspositionen innerhalb eines Transportauftrags unterschiedlich angeordnet werden müssen. Grundsätzlich geht es jedoch darum, die Auslagerungspositionen in eine wege- und zeitoptimale Reihenfolge zu bringen. Abbildung 7.17 zeigt Ihnen zwei Praxisbeispiele zur Optimierung des Kommissionierprozesses mithilfe unterschiedlicher Bewegungsstrategien im Lager.

Die Reihenfolge der Platzansteuerung trägt wesentlich zur Optimierung der Auslagerungsprozesse bei. In WM kann die Entnahmereihenfolge mithilfe des Sortierfelds der Kommissionierung bestimmt werden, das in den Lagerplatzstammdaten eines jeden Lagerplatzes festgehalten wird. Das Sortierfeld kann wie folgt angepasst werden:

- manuell (Lagerplatz ändern mithilfe der SAP-Transaktion LS02N)
- mithilfe eines CATTs
- Index im Customizing mit anschließender Massenänderung der Lagerplätze

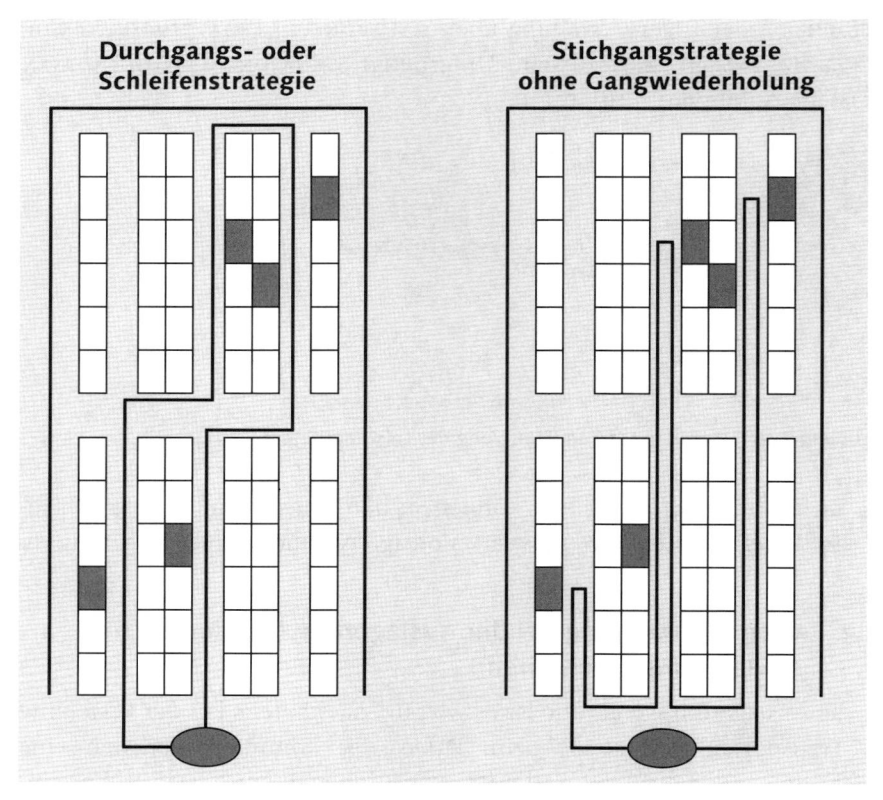

Abbildung 7.17 Bewegungsstrategien zur Auslagerung

Möchten Sie eine individuelle Befüllung der Sortierfelder vornehmen, ist es Empfehlenswert, die Anpassung des Sortierfelds mithilfe eines CATTs (*Computer Aided Test Tool*) durchzuführen. Das CATT hat den Vorteil, dass Sie die Sortierfelder zunächst in Microsoft Excel individuell anpassen können. Im Anschluss daran erfolgt dann die automatische Anpassung der Lagerplätze mithilfe des CATTs.

Sollten Sie die Lagerplätze mithilfe des Indexes anpassen wollen, können Sie pro Lagernummer und Lagertyp einen eigenen Index definieren, der festlegt, an welcher Position die Lagerplatzkoordinaten in das Sortierfeld übernommen werden. Hierzu können Sie jeder Lagerplatzkoordinate eine Positionsnummer zuordnen. Diese Positionsnummern müssen eindeutig vergeben werden, und es sind nur die Werte von 1 bis 6 erlaubt.

Um die Sortiervariable der Auslagerung (Kommissionierung) optimal zu nutzen, sollte die aufsteigende Folge des Sortierfelds der Lagerplätze die gleiche Reihenfolge darstellen, in der der Kommissionierer die Lagerplätze kommissioniert. Um dies zu gewährleisten, muss dieses Feld gemäß der geometrischen Lage der Lagerplätze im Lager gepflegt sein.

Ohne Sortiervariable

Sehen wir uns die Verwendung des Sortierfelds am Beispiel des Lagertyps 112 – Fixplatzlager – in der Lagernummer 500 an. In diesem Lagertyp sind die Lagerplätze nach dem Prinzip G = Gang, R = Regal, S = Säule, E = Ebene aufgebaut, was zur folgenden Koordinatenstruktur führt:

- GG-R-SS-EE oder exemplarisch
- Lagerplatz 01-1-01-01

Hieraus ergibt sich für die Lagerplätze folgende Struktur (siehe Tabelle 7.2).

Lager-nummer	Lagertyp	Lager-bereich	Lagerplatz	Sortiervariable (Auslagerung)	Reihenfolge
500	112	001	01-1-01-01	–	1
500	112	001	01-1-02-01	–	2
500	112	001	…	–	3
500	112	001	01-1-20-01	–	20
500	112	001	01-2-01-01	–	21
500	112	001	01-2-02-01	–	22
500	112	001	01-2-03-01	–	23

Tabelle 7.2 Entnahmereihenfolge ohne Sortiervariable

Ohne Sortiervariable würde das System die einzelnen Positionen nach dem Lagerplatzindex sortieren. Dies hätte in diesem Beispiel die Auswirkung, dass im Gang 01 zunächst die Entnahme im Regal 1 und erst daran anschließend im Regal 2 stattfinden würde. Dadurch ist mit längeren Wegzeiten zu rechnen, da z. B. eine Entnahme aus dem Lagerplatz 01-2-19-01 nicht auf die Entnahme aus dem Lagerplatz 01-1-19-01 folgen würde, obwohl sich beide Lagerplätze in einer Gasse und direkt gegenüberliegend befinden.

Mit Sortiervariable

Durch den Einsatz der Sortiervariablen können die Lagerplätze in einer anderen Reihenfolge sortiert werden. Sie lagern z. B. im Gang 01 immer wechselseitig aus der Säule 1 und 2 aus, um die Weglänge und somit die Entnahmezeiten zu minimieren. Hieraus ergibt sich für die Entnahme folgende Struktur (siehe Tabelle 7.3).

7 | Auslagerungssteuerung in WM

Lager-nummer	Lagertyp	Lager-bereich	Lagerplatz	Sortiervariable (Auslagerung)	Reihenfolge
500	112	001	01-1-01-01	0101	1
500	112	001	01-2-01-01	0101	2
500	112	001	01-1-02-01	0102	3
500	112	001	01-2-02-01	0102	4
500	112	001	01-1-03-01	0103	5
500	112	001	01-2-03-01	0103	6
500	112	001	01-1-04-01	0104	7

Tabelle 7.3 Entnahmereihenfolge mit Sortiervariable

Die Entnahme erfolgt somit wechselseitig aus beiden Regalen der Gasse 01.

Customizing

Sehen wir uns nun die notwendigen Customizing-Einstellungen an. Das Customizing nehmen Sie über LOGISTICS EXECUTION • LAGERVERWALTUNG • STRATEGIEN • SORTIERUNG AUSLAGERUNG DEFINIEREN (KOMMISSIONIERUNG) vor.

Das Sortierfeld wird folgendermaßen gebildet: Die Lagerplatzkoordinaten 1 und 2 (Gang des Lagerplatzes) haben mit der Positionsnummer 1 und 2 die höchste Priorität. Die Koordinaten 6 und 7 haben mit der Positionsnummer 3 und 4 die nächsthöhere Priorität (Säule des Lagerplatzes). Die Koordinaten 9 und 10 haben mit der Positionsnummer 5 und 6 die niedrigste Priorität (Ebene des Lagerplatzes). Abbildung 7.18 zeigt das Customizing der Lagerplatzindexwerte.

Abbildung 7.18 Index für Sortiervariable erstellen

Nachdem Sie den Indexwert definiert haben, müssen Sie die Lagerplätze entsprechend abändern, indem die Indexwerte im Lagerplatzstamm gefüllt werden. In WM wird hierfür im Standard die Transaktion LS11 (Lagerplätze massenweise ändern) bereitgestellt. Die Transaktion kann über das SAP-Menü oder den zuvor genannten Customizing-Pfad der Sortiersteuerung im Unterpunkt LAGERPLÄTZE MASSENWEISE ÄNDERN aufgerufen werden. Mit dem Ändern der Lagerplätze wird das Sortierfeld der Auslagerung in den entsprechenden Lagerplatzstammsätzen angepasst (siehe Abbildung 7.19).

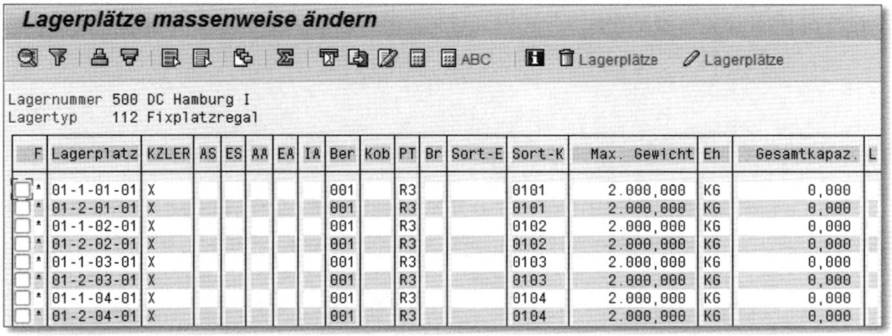

F	Lagerplatz	KZLER	AS	ES	AA	EA	IA	Ber	Kob	PT	Br	Sort-E	Sort-K	Max. Gewicht	Eh	Gesamtkapaz.	L
*	01-1-01-01	X						001		R3			0101	2.000,000	KG	0,000	
*	01-2-01-01	X						001		R3			0101	2.000,000	KG	0,000	
*	01-1-02-01	X						001		R3			0102	2.000,000	KG	0,000	
*	01-2-02-01	X						001		R3			0102	2.000,000	KG	0,000	
*	01-1-03-01	X						001		R3			0103	2.000,000	KG	0,000	
*	01-2-03-01	X						001		R3			0103	2.000,000	KG	0,000	
*	01-1-04-01	X						001		R3			0104	2.000,000	KG	0,000	
*	01-2-04-01	X						001		R3			0104	2.000,000	KG	0,000	

Abbildung 7.19 Lagerplätze massenweise ändern

Nachdem Sie die Lagerplatzstammdaten geändert haben, müssen Sie noch die Sortiersteuerung der Transportaufträge definieren und sicherstellen, dass das Sortierfeld des Lagerplatzes (REIHF) im Sortierprofil enthalten ist (siehe Abbildung 7.20).

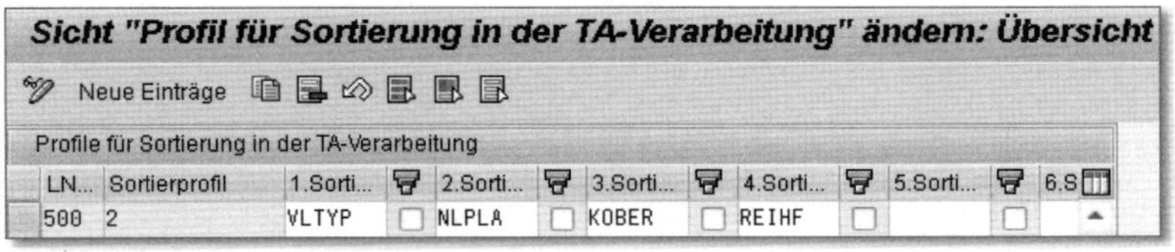

LN...	Sortierprofil	1.Sorti...		2.Sorti...		3.Sorti...		4.Sorti...		5.Sorti...		6.S
500	2	VLTYP	☐	NLPLA	☐	KOBER	☐	REIHF	☐		☐	

Abbildung 7.20 Sortierprofil definieren

Ordnen Sie dann das erstellte Sortierprofil 2 einem TA-Split-Profil (WA) zu, und aktivieren Sie die Sortiereinstellungen, indem Sie das TA-Split-Profil den entsprechenden Materialflüssen zuordnen (siehe Abbildung 7.21).

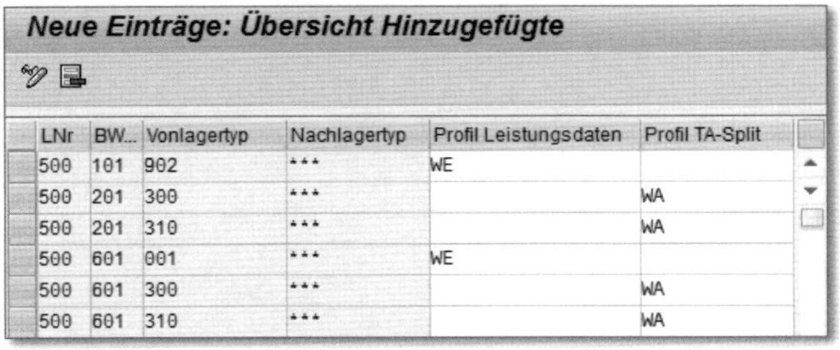

LNr	BW...	Vonlagertyp	Nachlagertyp	Profil Leistungsdaten	Profil TA-Split
500	101	902	***	WE	
500	201	300	***		WA
500	201	310	***		WA
500	601	001	***	WE	
500	601	300	***		WA
500	601	310	***		WA

Abbildung 7.21 Steuerung der Leistungsdaten

Abbildung 7.21 zeigt, dass den Warenausgangsbewegungen zur Bewegungsart 201 und 601 das TA-Split-Profil WA zugeordnet wurde, das zu einer Wegeoptimierung nach den zuvor definierten Parametern führt. Die Transportauftragspositionen werden somit in der Reihenfolge des Sortierfelds des Lagerplatzstamms sortiert.

Mit Produktionsversorgungsstrategien können Sie für den reibungslosen Fluss der Waren in die Produktion sorgen sowie Ausfälle und Kosten vermeiden. In diesem Kapitel lernen Sie die wichtigsten Strategien inklusive Kanban kennen.

8 Produktionsversorgungsstrategien in WM

Um eine stabile und effiziente Produktionsversorgung auf der einen Seite und eine direkte und schnelle Produktionsentsorgung auf der anderen Seite zu gewährleisten, müssen die Materialflüsse im Lager optimal mit den jeweiligen Produktionsprozessen abgestimmt sein. Gelingt die Produktionsversorgung nicht, kann es aufgrund reduzierter Pufferbestände zu Produktionsstillständen und Ausfällen kommen. Die Versorgung der Produktion mit den entsprechenden Einsatzgütern kann in SAP ERP unter dem Begriff *Produktionsversorgungsstrategien* zusammengefasst werden.

In diesem Kapitel lernen Sie die Grundlagen der Produktionsversorgung und Materialbereitstellung in SAP ERP im Allgemeinen und in WM im Speziellen kennen. Nach der betriebswirtschaftlichen Einordnung der Produktionslogistik in die betriebliche Wertschöpfungskette erfahren Sie mehr über die Grundlagen der Fertigungsarten und deren spezifische Materialbereitstellungsverfahren. Daran anschließend lesen Sie, wie die einzelnen Materialbereitstellungsstrategien in WM eingesetzt werden können und welche Schritte im Customizing notwendig sind, um die WM-Bereitstellung zu nutzen. Abschließend lernen Sie die Einsatzmöglichkeiten der Kanban-Abwicklung in SAP ERP kennen.

8.1 Betriebswirtschaftliche Grundlagen

Die Hauptaufgabe der Produktionsversorgung besteht darin, einen effizienten kosten- und prozessoptimalen Materialfluss aus einem Lager in die Produktion (Fertigung) zu ermöglichen. Sie gilt somit indirekt als Teilbereich der *Produktionslogistik*.

Zwischen der Beschaffungslogistik und der Distributionslogistik bildet die Produktionslogistik das Bindeglied der logistischen Aktivitäten innerhalb eines Unternehmens. Ihre Aufgabe ist die art- und mengenmäßige, räumlich und zeitlich abgestimmte Versorgung der Produktion mit den benötigten Einsatzgütern sowie deren Entsorgung nach dem Produktionsprozess. Die Produktionslogistik plant, steuert und kontrolliert somit alle betrieblichen Güterbestände und -bewegungen innerhalb und, bei standortübergreifender Fertigung, zwischen den einzelnen Produktionsstätten.

Die Komplexität der Produktionslogistik ist durch die Verkürzung der Produktlebenszyklen bei steigender Variantenvielfalt sowie durch die Reduzierung der Fertigungsdurchlaufzeiten gestiegen. Weitere Veränderungen sind die räumliche und zeitliche Verteiltheit der Produktion sowie die zunehmende Prozessorientierung und Modularisierung.

8.2 Grundlagen der Fertigungsarten und der Materialbereitstellung in SAP ERP

Je nach Herstellungsverfahren, Produktkomplexität, Stabilität der Produktion sowie weiteren Kriterien werden von Unternehmen unterschiedliche Anforderungen an die Fertigungssteuerung gestellt. Die unterschiedlichen Verfahren der Produktion werden im SAP-System als *Fertigungsarten* bezeichnet. Zu den Hauptfertigungsarten zählen:

- auftragsgebundene Fertigung mithilfe eines Fertigungsauftrags
- auftragsgebundene Fertigung mithilfe eines Prozessauftrags
- perioden- und mengenorientierte Serienfertigung – nicht auftragsgebunden
- Nachschubsteuerung mithilfe von Umlagerung, Fremdbeschaffung, Eigenfertigung über selbststeuernde Regelkreise (Kanban) (siehe Abschnitt 8.5, »Kanban-Bereitstellung«).

Unterschiedliche Fertigungsarten erfordern jeweils eine andere Materialbereitstellung der Komponenten. Im Folgenden werden nun die möglichen Bereitstellungsformen je Fertigungsart aufgezeigt. Detaillierte Informationen zum Verfahren der WM-Bereitstellung erhalten Sie in Abschnitt 8.4, »Produktionsversorgung mit WM-Bereitstellung«.

8.2.1 Verfahren der Materialbereitstellung in der auftragsgebundenen Fertigung mithilfe eines Fertigungsauftrags

Die *Materialentnahme für Fertigungsaufträge* kann mithilfe von Materialentnahmescheinen, Materialbereitstellungslisten und Kommissionierlisten realisiert werden (siehe Abbildung 8.1).

MM-IM-Lagerverwaltung *Bestandsführung*	▸ Materialentnahmeschein ▸ Materialbereitstellungsliste ▸ Kommissionierliste ▸ Retrograde Entnahme
Kanban-Steuerung	▸ Liste der zu bewegenden Kanbans
LE-WM-Lagerplatzverwaltung *Lagerverwaltungssystem*	▸ Liste der Transportbedarfe ▸ Transportaufträge
Kommissionierteile	▸ Fertigungsauftrag erzeugt Transportbedarf
Kistenteile	▸ Behälter wird gerufen
Abrufteile	▸ Material wird gerufen

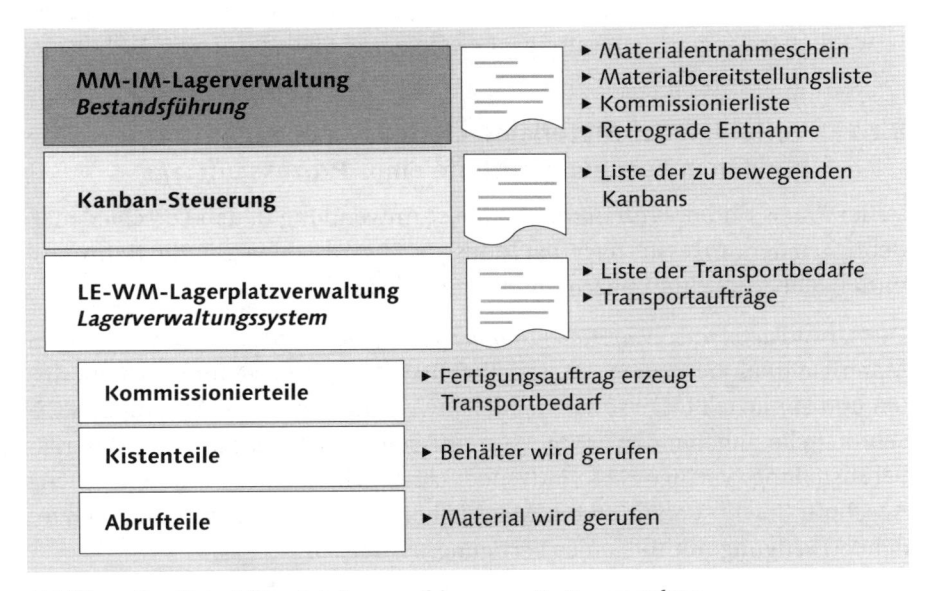

Abbildung 8.1 Materialbereitstellungsverfahren zum Fertigungsauftrag

Zur Steuerung der Materialbereitstellung verfügt SAP über unterschiedliche Verfahren. Zu diesen Verfahren zählen:

- Bestandsverwaltung bzw. Lagerverwaltung mit der Komponente MM-IM (Bestandsführung)
- Nachschubsteuerung mit der Komponente Kanban
- Lagerplatzverwaltung und Produktionsversorgung mit WM

Darüber hinaus bietet Ihnen die Bereitstellung von WM weitere Möglichkeiten der Produktionsversorgung. Zu diesen Möglichkeiten zählen:

- **Bereitstellung für Kommissionierteile**
  Kommissionierteile werden dem Fertigungsauftrag direkt in Höhe der Bedarfsmenge bereitgestellt. Die Bereitstellung dieser Teile für den Fertigungsauftrag kann auf einem physischen Lagerplatz oder auf dem dynamischen Lagerplatz (Fertigungsauftrag) erfolgen. Beispiele sind wertintensive Großteile wie Wellen, Gehäuse etc.

- **Bereitstellung für Kistenteile**
  Kistenteile werden manuell angefordert, wenn eine Kiste fast leer ist. Beispiele sind Kleinteile in Behältern wie Schrauben, Nägel etc.
- **Bereitstellung für Abrufteile**
  Abrufteile werden manuell angefordert. Dabei wird die benötigte Menge berechnet, ausgehend von den Sollmengen der Komponenten der ausgewählten freigegebenen Aufträge. Beispiele sind Plattenmaterial, Farben etc.

8.2.2 Verfahren der Materialbereitstellung in der auftragsgebundenen Fertigung mithilfe eines Prozessauftrags

In der Praxis finden *Prozessaufträge* meist Anwendung in den verschiedenen Bereichen der prozessfertigenden Industrie. Hierzu zählen z. B. die Nahrungsmittel-, chemische und pharmazeutische Industrie.

Die Grundlagen der *Materialentnahme für Prozessaufträge* können sowohl Materialentnahmescheine, Materialbereitstellungslisten, Kommissionierlisten und ähnliche Belege sowie Herstellanweisungen als auch über die PI-PCS-Schnittstelle angebundene Wiegesysteme sein. Zur Steuerung der Materialbereitstellung verfügt SAP ERP über unterschiedliche Verfahren (siehe Abschnitt 8.2.1, »Verfahren der Materialbereitstellung in der auftragsgebundenen Fertigung mithilfe eines Fertigungsauftrags«).

Auch bei der Bereitstellung zum Prozessauftrag unterstützt WM die folgenden Produktionsversorgungsmöglichkeiten:

- **Kommissionierteile werden dem Prozessauftrag direkt in Höhe der Bedarfsmenge bereitgestellt.**
  Die Bereitstellung dieser Teile für den Prozessauftrag kann auf einem physischen Lagerplatz oder auf dem dynamischen Lagerplatz (Prozessauftrag) erfolgen. Bei dieser Art der Bereitstellung können Sie Transportbedarfe automatisch bei Auftragsfreigabe sowie manuell erstellen.
- **Kistenteile werden manuell angefordert, wenn ein Behälter fast leer ist.**
- **Abrufteile werden manuell angefordert.**
  Dabei wird die benötigte Menge berechnet, ausgehend von den Sollmengen der Komponenten der ausgewählten freigegebenen Aufträge. Bei diesem Vorgang wird die Bestandssituation in der Produktion und den Nachschublagertypen mit berücksichtigt.

8.2.3 Verfahren der Materialbereitstellung in der perioden- und mengenorientierten Serienfertigung

Die *Serienfertigung* wird vorwiegend bei hoher Produktstabilität und hoher Wiederholrate der zu fertigenden Produkte verwendet. Typische Beispiele hierfür finden sich in der Elektronik-, Konsumgüter- und Automobilzulieferindustrie, in denen große Serien produziert werden. Häufig muss hier der Materialfluss so gesteuert werden, dass ein kontinuierlicher Materialfluss an die Fertigungslinien sichergestellt wird. Die Produktion erfolgt in der Regel ohne Referenz zu einem Fertigungsauftrag.

Wie Sie in Abbildung 8.2 sehen, können auch hier die klassischen Bereitstellungsvarianten (Kanban, Materialbestände am Produktionslagerort und WM-Bereitstellung) angewendet werden.

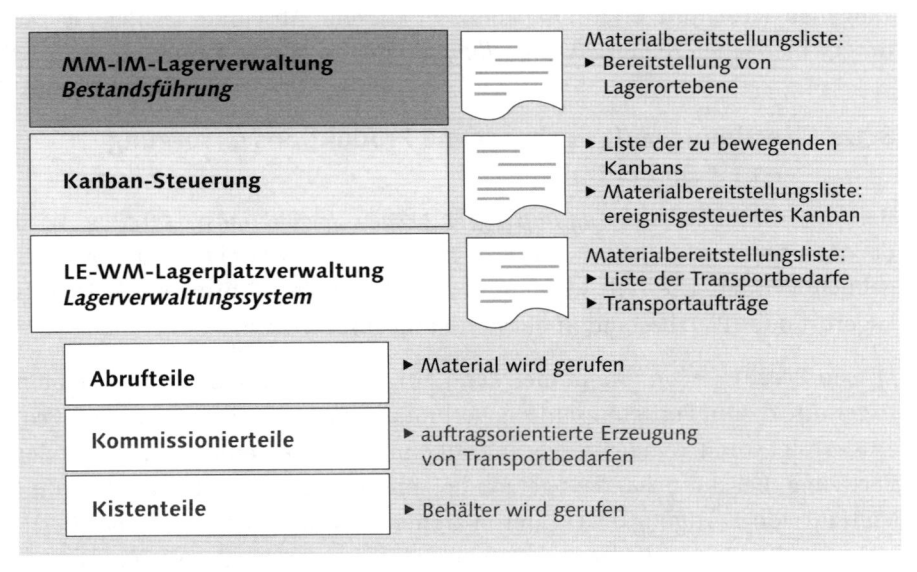

Verfahren	Ergebnis
MM-IM-Lagerverwaltung *Bestandsführung*	Materialbereitstellungsliste: ▸ Bereitstellung von Lagerortebene
Kanban-Steuerung	▸ Liste der zu bewegenden Kanbans ▸ Materialbereitstellungsliste: ereignisgesteuertes Kanban
LE-WM-Lagerplatzverwaltung *Lagerverwaltungssystem*	Materialbereitstellungsliste: ▸ Liste der Transportbedarfe ▸ Transportaufträge
Abrufteile	▸ Material wird gerufen
Kommissionierteile	▸ auftragsorientierte Erzeugung von Transportbedarfen
Kistenteile	▸ Behälter wird gerufen

Abbildung 8.2 Materialbereitstellungsverfahren bei der Serienfertigung

Beachten Sie jedoch, dass die WM-Bereitstellung in diesem Szenario nur eingeschränkt genutzt werden kann, da bei der nicht auftragsorientierten Serienfertigung in WM die Verwendung von auftragsbezogenen Kommissionierteilen und Kistenteilen nicht unterstützt wird. Verwenden Sie in diesem Fall die *Bereitstellung für Abrufteile*. Abrufteile werden manuell angefordert. Dabei wird die benötigte Menge berechnet, ausgehend von den Sollmengen der Komponenten der ausgewählten freigegebenen Aufträge. Sowohl eine Kommissionierteile- als auch eine Kistenteileabwicklung kommen nur dann infrage, wenn typische Funktionalitäten der Serienfertigung (z. B. das Planungstableau) unter Verwendung von Fertigungsaufträgen genutzt werden.

Die Materialbereitstellung mithilfe des Kanban-Verfahrens wird in Abschnitt 8.5 ausführlich vorgestellt.

8.3 Produktionsversorgung ohne WM-Bereitstellung

Der Ablauf der Produktionsversorgung in SAP ERP und die damit verbundenen Materialbereitstellungsprozesse werden im Wesentlichen durch die Produktionsversorgungsstrategie bestimmt. Diese kann aufgrund der Fertigungsorganisation, des Teilspektrums, der Wertigkeit der Produkte sowie der Produkteigenschaften sehr unterschiedlich sein, wie Sie bereits im vorangegangenen Abschnitt erfahren haben. In diesem Abschnitt lernen Sie die unterschiedlichen *Materialbereitstellungsverfahren* in WM kennen.

8.3.1 Fertigungsauftragsbezogene Produktionsversorgung aus einem Zentrallager

Bei der direkten *fertigungsauftragsbezogenen Produktionsversorgung* wird davon ausgegangen, dass die Teile bestandstechnisch direkt auf den Auftrag gebucht werden. Die Teile werden somit nicht bestandsführungstechnisch als Lagerort oder Platzbestand in der Fertigung ausgewiesen.

Diesen Prozess setzen Sie immer dann ein, wenn Komponenten aus einem Lager direkt zum Fertigungsauftrag verbraucht werden sollen. In diesem Prozess erfolgt somit keine Umlagerung auf eine spezielle Bereitstellfläche in der Fertigung. Beachten Sie, dass gerade bei einer verteilten Fertigung mit einer Vielzahl von Fertigungsinseln der Warenempfänger (entspricht einer Fertigungsinsel) bei der Warenausgangsbuchung erfasst wird, da es sonst zu Problemen in der Bereitstellung kommen kann. Beispielsweise könnten Sie hier den Einsatz des Bewegungssonderkennzeichens und unterschiedlicher Schnittstellenlagertypen prüfen.

Die Bereitstellung von Komponenten für einen Fertigungsauftrag aus einem WM-/nicht WM-verwalteten Lagerort wird in LES als *sonstiger Warenausgang* abgebildet. Wenn Sie die WM-PP-Schnittstelle nicht nutzen, erzeugt die Warenausgangsbuchung zum Fertigungsauftrag am WM-verwalteten Lagerort einen Transportbedarf in einem Schnittstellenlagertyp *Warenausgangszone*. Mit einem Transportauftrag werden die durch die Warenausgangsbuchung angeforderten Komponenten ausgelagert und entsprechend bereitgestellt. Die

8.3 Produktionsversorgung ohne WM-Bereitstellung

Quittierung des Transportauftrags schließt in der Regel den Bereitstellungsprozess ab. Am nicht WM-verwalteten Lagerort werden die Teile direkt mit der Warenausgangsbuchung zum Fertigungsauftrag verbraucht. Abbildung 8.3 stellt diesen Prozess dar.

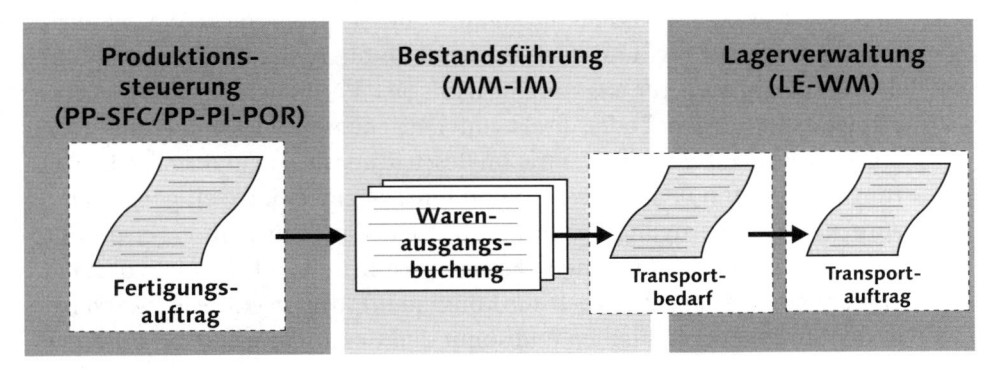

Abbildung 8.3 Materialbereitstellung zum Fertigungsauftrag

Für die Warenausgangsbuchung zum Fertigungsauftrag können Sie unterschiedliche Transaktionen nutzen. Zu diesen Transaktionen gehören:

- MIGO – Warenausgang zum Fertigungsauftrag
- CO27 – Kommissionieren
- MB1A – Warenausgang erfassen

Die Warenausgangsbuchung erfolgt in der Bestandsführung mit der Bewegungsart 261 und führt im SAP-Standard in WM zur WM-Bewegungsart 261.

> **Differenzenmanagement**
>
> Wenn Sie bei der Kommissionierung im Lager Differenzen feststellen, sollten Sie beachten, dass die Warenausgangsbuchung in der Bestandsführung bereits erfolgt ist. Quittieren Sie in diesem Fall den Transportauftrag mit Differenz, und prüfen Sie, ob das Material auf einem anderen Lagerplatz vorhanden ist. Ist dies der Fall, legen Sie einen zweiten Transportauftrag zum Transportbedarf an. Sollten Sie keinen weiteren Bestand in WM vorrätig haben, stornieren Sie zunächst die fehlerhafte Materialbelegposition. Somit erhöht sich der Bestand in der Bestandsführung und in WM. Buchen Sie dann die Differenzen in WM und in der Bestandsführung aus, wodurch sich die Bestandssituation in WM und in der Bestandsführung ändert. Nachdem Sie die Bestände ausgebucht haben, können Sie erneut den Warenausgang zum Fertigungsauftrag mit der reduzierten Menge buchen.

8.3.2 Materialbereitstellung anhand einer zweistufigen manuellen Umlagerung

Eine weitere Form der Produktionsversorgung ohne WM-Bereitstellung ist die zweistufige Umlagerung in die Produktion. In diesem Szenario wird davon ausgegangen, dass die Produktion an separaten, nicht WM-verwalteten Lagerorten erfolgt und der Nachschub in die Produktion manuell durch den Fertigungssteuerer angestoßen wird. Der Verbrauch der Komponenten erfolgt dann retrograd oder direkt zum Fertigungsauftrag. In diesem Prozess wird der Bestand zunächst zentral im Beschaffungslager geführt. Die Umlagerung erfolgt dann bedarfsbezogen und führt zu einem kurzzeitigen Bestandsaufbau an den Fertigungslagerorten. Bereitstellung aus dem Lager und Produktionsentnahme für einen Fertigungsauftrag sind somit vollständig entkoppelt. Dies hat aber auch zur Konsequenz, dass eventuelle Restmengen in der Produktion verbleiben und somit den Gesamtlagerbestand erhöhen.

Buchungstechnisch erfasst der Fertigungssteuerer eine Umlagerung aus dem zentralen Lager mit der Bestandsführungsbewegungsart 313, mit der er die Waren aus dem Lager anfordert und am WM-Lagerort einen Transportbedarf herbeiführt. Der Transportbedarf kann dann in einen Transportauftrag umgewandelt werden, mit dem die Entnahme aus dem Lager gesteuert wird. Mit dem Quittieren des Transportauftrags wird der Bestand im SAP-Standard auf den Schnittstellenlagertyp 921 gebucht. Wichtig ist, dass auf den Begleitpapieren die Materialbelegnummer der Anforderung festgehalten wird, damit die empfangende Stelle in der Produktion eine Referenz zur Anforderung herstellen kann.

Nachdem die kommissionierten Mengen die Produktion erreicht haben, wird der Wareneingang in der Bestandsführung mit der Bestandsführungsbewegungsart 315 mithilfe der Transaktion MBSU (Materialbeleg einlagern) gebucht. Die Buchung führt zu einer direkten Bestandserhöhung im Produktionslagerort.

Bei dieser Form der Produktionsversorgung wird in der Praxis auch häufig vom *manuellen Kanban* gesprochen, da in der Regel volle Behälter aus dem Lager in die Produktion bewegt werden. Stellen Sie Ihre Fertigung daher darauf ein, dass Behältergrößen und somit Anfordermengen der jeweiligen Materialien bekannt sind. Dies trägt zu einer deutlichen Optimierung der lagerinternen Materialflüsse bei.

8.4 Produktionsversorgung mit WM-Bereitstellung

Im Gegensatz zur direkten Bereitstellung zum Fertigungsauftrag führt die Nutzung der WM-PP-Schnittstelle zu einer grundlegenden Änderung des buchungstechnischen Bereitstellungsprozesses. Wie in Abschnitt 8.2, »Grundlagen der Fertigungsarten und der Materialbereitstellung in SAP ERP«, gezeigt wurde, kann diese Form der Materialbereitstellung bzw. Produktionsversorgung für verschiedene Fertigungsarten in gleicher oder ähnlicher Form eingesetzt werden.

Der Transportbedarf wird bei dieser Bereitstellungsform nicht durch eine Warenausgangs- oder sonstige Bestandsführungsbuchung, sondern durch eine Anforderung mithilfe spezieller Transaktionen entweder in einem separaten Schritt oder direkt aus dem Fertigungsauftrag heraus erzeugt (siehe Schritt ❶ in Abbildung 8.4). Mithilfe des Transportauftrags werden die auf diese Weise angeforderten Komponenten nicht in eine Warenausgangszone, sondern in einen eigenen Schnittstellenlagertyp für die Produktionsversorgung umgelagert (Schritt ❷). Die Warenausgangsbuchung, die mit der Rückmeldung des Fertigungsauftrags automatisch gebucht werden kann, führt zum Verbrauch der umgelagerten Komponenten im Lagertyp der Produktionsversorgung und schließt somit den eigentlichen Bereitstellungsprozess ab (Schritt ❸). Die Bestände des Schnittstellenlagertyps werden durch diese Bestandsführungsbuchung direkt ausgebucht. Weitere Transportbedarfe und -aufträge sind somit nicht notwendig. Abbildung 8.4 zeigt den Ablauf der Produktionsversorgung mit aktiver WM-PP-Schnittstelle unter Einsatz eines speziellen Schnittstellenlagertyps zur Produktionsversorgung.

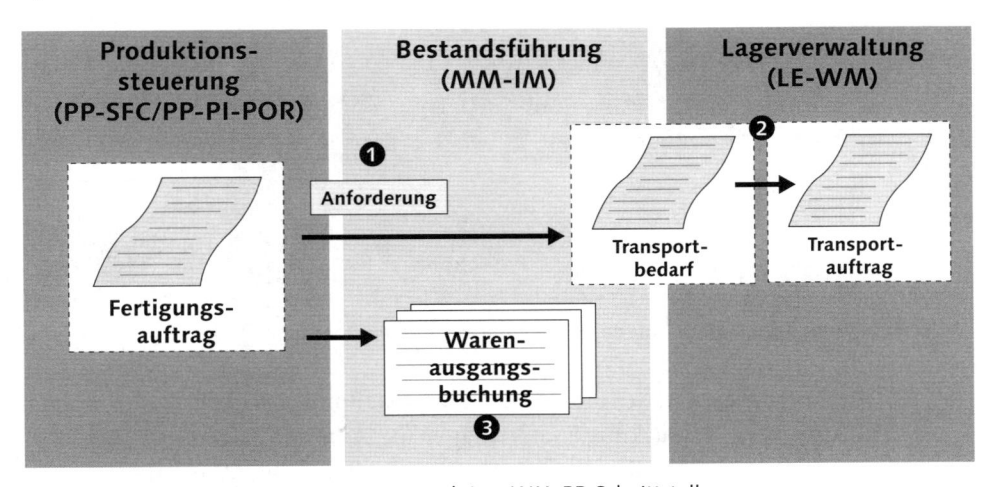

Abbildung 8.4 Produktionsversorgung mit aktiver WM-PP-Schnittstelle

8 | Produktionsversorgungsstrategien in WM

Im Gegensatz zur direkten Bereitstellung zum Fertigungsauftrag bietet diese Bereitstellungsform die Möglichkeit, die Entnahme der Komponenten auch *retrograd*, d. h. nach Abschluss des Produktionsprozesses, in Verbindung mit der Rückmeldung zum Fertigungsauftrag zu buchen. Die Art und der genaue Ort der Bereitstellung können über *Produktionsversorgungsbereiche* und *Regelkreise* feingesteuert werden. Auf diese Weise können Sie einzelne Komponenten auftragsbezogen, andere auftragsübergreifend und wieder andere auftragsunabhängig bereitstellen. Die auftragsbezogene Bereitstellung kann direkt aus dem Fertigungsauftrag heraus angefordert werden. Bei Mengen- oder Terminänderungen im Fertigungsauftrag kann das System den Transportbedarf automatisch anpassen oder neu anlegen.

Organisatorisch hat diese Art der Materialbereitstellung zur Folge, dass die Produktion und Bereitstellplätze als physische oder dynamische Lagerplätze in WM abgebildet werden. Ein Lager mit Produktion und Produktionsversorgungsbereichen kann schematisch wie in Abbildung 8.5 abgebildet werden.

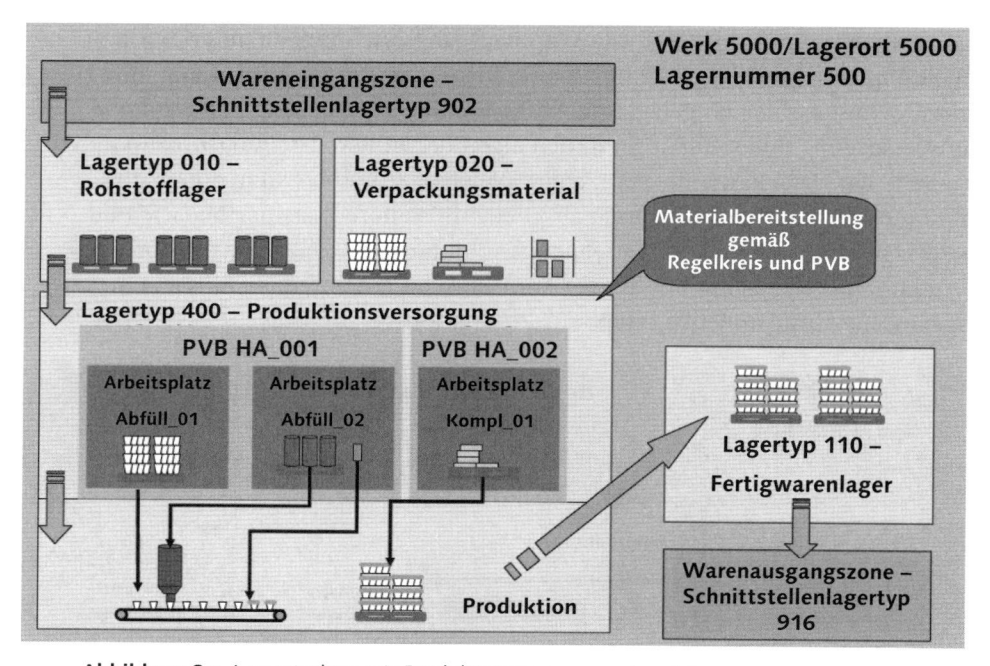

Abbildung 8.5 Lagerstruktur mit Produktionsversorgungsbereichen

In diesem Beispiel wird die Materialbereitstellung aus dem Rohstofflager (010) und dem Verpackungsmateriallager (020) in den Lagertyp 400 – Produktionsversorgung – durchgeführt. Zur Steuerung des Materialflusses für die Produktion wurden die Produktionsversorgungsbereiche HA_001 und

HA_002 definiert. Diese wiederum sind dem Arbeitsplatz (PP) im Arbeitsplatzstamm zugeordnet. Der Arbeitsplatz wird zur Produktionsabwicklung in PP herangezogen. Darüber hinaus wurden die Produktionsversorgungsbereiche den entsprechenden Materialien im Regelkreis zugeordnet, und im Regelkreis erfolgt die Zuordnung des Lagertyps 400 sowie des Produktionslagerplatzes.

> **Produktionslagerplatz**
> Unter dem Produktionslagerplatz wird ein dynamischer oder physisch vorhandener Lagerplatz in WM verstanden.

8.4.1 Produktionsversorgungsbereiche, Regelkreise und Produktionslagerplätze

Die Aktivierung der Schnittstelle zwischen der Produktionsplanung und -steuerung (PP) und WM bedingt, dass mindestens ein *Produktionsversorgungsbereich* (PVB) und mindestens ein *Regelkreis* für die Materialbereitstellung als Stammdaten der Lagerverwaltung angelegt werden.

Produktionsversorgungsbereiche

Produktionsversorgungsbereiche (PVB) in WM dienen dem Materialnachschub und befinden sich direkt in der Produktion. Ein Produktionsversorgungsbereich fasst Arbeitsplätze in der Nähe von Produktionslagerplätzen auf der Grundlage der Materialbereitstellungsarten zusammen. Ein PVB wird auf Lagerortebene definiert und entweder dem Arbeitsplatz in den Arbeitsplatzstammdaten oder einem Material in den Materialstammdaten (Registerkarte DISPOSITION 2) zugeordnet. Um Produktionsversorgungsbereiche in WM anzulegen, wählen Sie LOGISTIK • LOGISTICS EXECUTION • STAMMDATEN • LAGER • PRODUKTIONSVERSORGUNG • PRODUKTIONSVERSORGUNGSBEREICH • ANLEGEN/ÄNDERN (Transaktion PK05, siehe Abbildung 8.6).

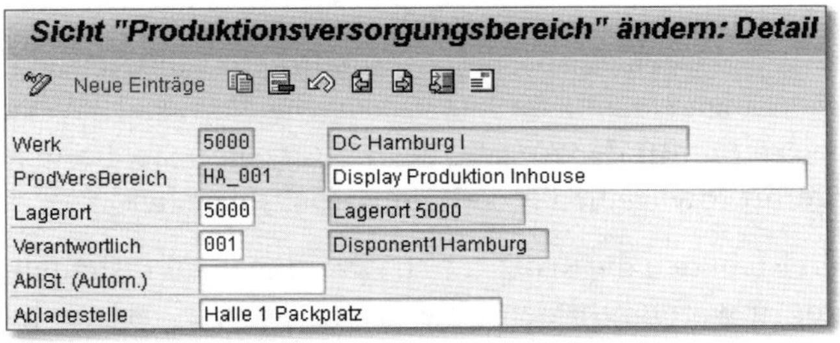

Abbildung 8.6 Produktionsversorgungsbereich anlegen/ändern

Neben den Pflichtfeldern WERK, PRODVERSBEREICH (Produktionsversorgungsbereich) und LAGERORT können Sie weitere Informationsfelder definieren, die Sie bei der Prozesssteuerung als Informationsfelder nutzen können (z. B. VERANTWORTLICH, also den verantwortlichen Disponenten für den PVB, und ABLADESTELLE).

Bei der Entscheidung, wie viele Produktionsversorgungsbereiche benötigt werden, müssen Sie insbesondere die räumliche Verteilung der Arbeitsplätze berücksichtigen, die Sie aus dem Lager versorgen möchten. Die Bereitstellung selbst erfolgt jedoch nicht im Produktionsversorgungsbereich, sondern in einem eigens für diese Zwecke angelegten Lagertyp entweder auf vordefinierten oder – bei auftragsbezogener Bereitstellung – auf dynamischen Lagerplätzen. Der Produktionsversorgungsbereich kann allerdings über den Regelkreis die Findung des Bereitstellungslagertyps beeinflussen.

Regelkreise

In einem Regelkreis legen Sie fest, wie die Materialbereitstellung der Komponenten aus dem Lager gesteuert werden soll. Die Art der Bereitstellung wird durch das dem Regelkreis zugeordnete Bereitstellungskennzeichen vorgegeben. Folgende Bereitstellungskennzeichen stehen in einem SAP-ERP-Standardsystem zur Auswahl (siehe Abschnitt 8.4.2, »Materialbereitstellungskennzeichen«):

- Kommissionierteile – Kennzeichen 1
- Kistenteile – Kennzeichen 2
- Abrufteile – Kennzeichen 3
- manuelle Bereitstellung – Kennzeichen 4

Um einen Regelkreis anzulegen, wählen Sie im SAP-Menü LOGISTIK • LOGISTICS EXECUTION • STAMMDATEN • LAGER • PRODUKTIONSVERSORGUNG • REGELKREIS PRODUKTIONSVERSORGUNG • ANLEGEN (Transaktion LPK1, siehe Abbildung 8.7).

Die Regelkreisstammdaten bestehen aus drei wesentlichen Teilbereichen. Hierzu zählen die allgemeinen Daten zum REGELKREIS wie MATERIAL, WERK und PVB (PRODVERSBEREICH). Mit der Angabe des PVBs stellen Sie die Verbindung zu einem Lagerort sowie einen Produktionsarbeitsplatz her.

Einen weiteren Teilbereich bilden die REGELKREISDATEN, die in der Kistenteilabwicklung herangezogen werden. In den Daten zum NACHLAGERPLATZ legen Sie die Zielinformationen (LAGERNUMMER, LAGERTYP, LAGERPLATZ) der Materialbereitstellung sowie die Art der Materialbereitstellung über das Bereitstellungskennzeichen (BEREITSTKZ) fest.

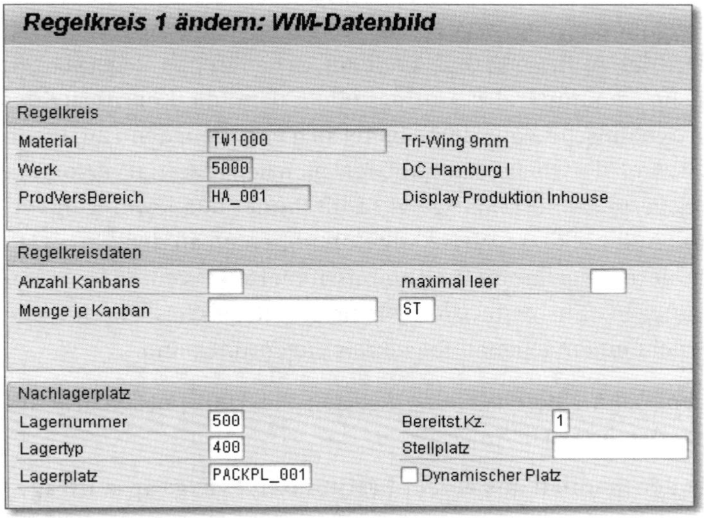

```
Regelkreis 1 ändern: WM-Datenbild

Regelkreis
Material              TW1000           Tri-Wing 9mm
Werk                  5000             DC Hamburg I
ProdVersBereich       HA_001           Display Produktion Inhouse

Regelkreisdaten
Anzahl Kanbans                         maximal leer
Menge je Kanban                        ST

Nachlagerplatz
Lagernummer           500              Bereitst.Kz.       1
Lagertyp              400              Stellplatz
Lagerplatz            PACKPL_001       ☐ Dynamischer Platz
```

Abbildung 8.7 Regelkreis anlegen

Regelkreise können alternativ auch ohne Materialzuordnung definiert werden. Der generische Eintrag gilt dann für alle Materialien im Produktionsversorgungsbereich, für die kein Regelkreis definiert wurde.

Produktionslagerplätze

Produktionslagerplätze, die für die Materialbereitstellung genutzt werden, werden vom System mithilfe des Regelkreises ermittelt. Der Lagerplatz kann wie folgt definiert werden:

- als physischer Lagerplatz
- als dynamischer Lagerplatz (nur für Kommissionierteile)

Um die benötigten physischen Produktionslagerplätze anzulegen, wählen Sie im WM-Menüpfad STAMMDATEN • LAGERPLATZ • ANLEGEN aus.

8.4.2 Materialbereitstellungskennzeichen

Die Art der Materialbereitstellung in WM wird durch das dem Regelkreis zugeordnete Bereitstellungskennzeichen vorgegeben und gesteuert.

Kommissionierteile – Kennzeichen 1

Ein Kommissionierteil ist ein Material, das Sie mit Bezug zu einem Fertigungs- oder Prozessauftrag bereitstellen. Das System fordert für solche Komponenten genau die im Fertigungsauftrag vorgesehene Menge an. Kommissionierteile können Sie wegen des Auftragsbezugs auch auf dynamischen Lagerplätzen bereitstellen. Die Belegnummer des Auftrags bildet dann die Koordinate des Lagerplatzes. Die dynamische Koordinate bietet sich vor allem dann an, wenn Sie mit einem PVB zwei PP-Arbeitsplätze mit dem gleichen Material versorgen. Die dynamische Lagerplatzkoordinate zeigt somit immer den jeweiligen Fertigungsauftrag und hilft auf diese Weise, die Komponenten an den korrekten Arbeitsplatz zu steuern. Regelkreise für Kommissionierteile können Sie materialunabhängig anlegen. Ein materialunabhängiger Regelkreis gilt für alle Materialien, die nicht einem eigenen Regelkreis zugeordnet sind.

Bei dieser Art der Materialbereitstellung können Sie Transportbedarfe auf zwei verschiedene Arten erstellen:

- **Automatisch oder manuell aus einem bestimmten Fertigungsauftrag**
  Sie können das System entweder so einrichten, dass dies automatisch bei der Freigabe des Fertigungsauftrags erfolgt. Oder Sie können für jede Komponente manuell Transportbedarfe erstellen, nachdem der Fertigungsauftrag freigegeben wurde. Auf diese Art erstellte Transportbedarfe beziehen sich immer auf die Anfordermengen im Fertigungsauftrag und auf die Fertigungstermine.

- **Manuell mithilfe einer separaten Transaktion**
  Sowohl in PP als auch in WM können Sie mit einer separaten Transaktion Transportbedarfe für Teile erstellen, die in unterschiedlichen Mengen und zu verschiedenen Zeiten für einen bestimmten Fertigungsauftrag benötigt werden. Die Bedarfsnummer im Transportbedarf entspricht der Auftragsnummer.

Kistenteile – Kennzeichen 2

Kistenteile werden immer auftragsunabhängig in gleichbleibender Menge bereitgestellt. Im Regelkreis für ein Material, das Sie als Kistenteil bereitstellen möchten, legen Sie daher auch die Anzahl der im Normalfall auszulagernden Behälter und die jeweils enthaltene Menge fest. Die Kistenteilbereitstellung orientiert sich an der Kanban-Abwicklung (PP-Kanban): Die Produktion fordert also bei Bedarf gefüllte Behälter aus dem Lager an. Eine weitergehende Steuerung, wie Sie Ihnen in der Kanban-Lösung zur Verfügung steht, ist mit den Regelkreisdaten jedoch nicht verbunden.

Abrufteile – Kennzeichen 3

Abrufteile werden ebenfalls auftragsunabhängig angefordert. Jedoch legt hier der anfordernde Mitarbeiter in der Produktion die bereitzustellende Menge fest. Diese Entscheidungsfindung wird durch folgende Informationen unterstützt:

- Bedarfsmenge gemäß der freigegebenen Aufträge
- Bestand auf dem Produktionslagerplatz und einzulagernde Menge (nicht quittierte Transportaufträge)
- offene Transportbedarfe für den Produktionslagerplatz
- Lagerbestand in den Nachschublagertypen

Außerdem können Sie sich Informationen über die Standardpalettenmenge sowie die Bestände in Qualitätsprüfung anzeigen lassen. Auf der Grundlage dieser Informationen ermitteln Sie die Anfordermenge manuell. Die gelesenen Daten umfassen in Abhängigkeit von den Selektionskriterien:

- alle Regelkreise, die Abrufteile definieren
- alle Reservierungen (Komponenten aus den Fertigungsaufträgen)
- Lagerplatzbestände auf den Produktionslagerplätzen
- offene Transportbedarfe mit dem Produktionslagerplatz als Nachlagerplatz
- alle Quants der Materialien zur Bestimmung der Nachschubmenge

Neben der Musseingabe von Werk und Produktionsversorgungsbereich können Sie die Selektion durch Angabe von Material, Bedarfstermin und/oder Auftragsnummer weiter einschränken. Der Transportbedarf führt den Produktionsversorgungsbereich als Bedarfsnummer. Dynamische Koordinaten werden nicht unterstützt.

Abrufteile werden manuell auf der Grundlage der Bedarfe in Fertigungsaufträgen, den Beständen in Versorgungsbereichen in der Produktion und den verfügbaren Mengen in Nachschublagertypen geplant. Produktionsarbeiter können sich eine Übersicht aller freigegebenen Bestellungen anzeigen lassen und ihre Bedarfe für einen bestimmten Zeitraum schätzen. Zur Ermittlung der anzufordernden Menge können sie sich die Bestandszahlen für die Produktionslagerplätze und WM-Lagertypen anzeigen lassen, aus denen die Nachschubmengen entnommen werden.

Manuelle Bereitstellung – Kennzeichen 4

Bei der manuellen Bereitstellung muss der Transportauftrag ohne Transportbedarf angelegt werden. Dies entspricht der Umlagerung *Lagertyp an Lagertyp* mit der Transaktion LT10 oder LT01. Mit der Transaktion LT10 können Sie die gesamte Quantmenge in den Produktionsversorgungsbereich umlagern. Teilmengen werden mit der Transaktion LT01 umgelagert. Die Verbrauchsbuchung reduziert dann den Bestand des im Regelkreis vorgegebenen Produktionslagertyps.

8.4.3 Materialbereitstellungsprozess mit WM

Da die Materialbereitstellung nur einen Teilschritt im gesamten Fertigungsprozess darstellt, sollen der Gesamtablauf der Fertigung sowie der unterschiedlichen Materialbereitstellungsszenarien an einem vollständigen Beispiel aufgezeigt werden.

In unserem Beispiel soll in einem Fertigungsprozess ein Display DISPLAY_A aus verschiedenen Lagerkomponenten (Komponenten der Stufe 2) gefertigt werden. Das Display besteht aus mehreren Komponenten, die im Lagertyp 002 – Regallager – vorgehalten werden. Die Komponentenstückliste und die Bereitstellungsstrategien der Komponenten sind in Tabelle 8.1 zusammengefasst.

Stufe	Materialnummer	Anzahl	Eigenschaft	Bereitstellungsstrategie
1	DISPLAY_A	1 Stück	Fertigprodukt	–
2	D0001	1 Stück	Komponente	Kistenteil
2	TW1000	50 Stück	Komponente	Kommissionierteil
2	TW1010	40 Stück	Komponente	Kommissionierteil
2	TW1015	50 Stück	Komponente	Kommissionierteil
2	LABEL_001	5 Stück	Komponente	Kistenteil
2	FOLIE_001	5 Stück	Komponente	manuelle Bereitstellung

Tabelle 8.1 Komponentenstückliste und die Bereitstellungsstrategien der Komponenten

Die Bereitstellung aus dem Lager erfolgt in den Lagertyp 300 – Produktion Displays. In den Regelkreisen der Komponenten sind dementsprechend der Lagertyp 400 sowie der Produktionslagerplatz PACKPL_001 gepflegt. Darüber hinaus ist allen Regelkreisen der Produktionsversorgungsbereich HA_001 zugeordnet, der auch dem Arbeitsplatz (PP) D_PACK zugeordnet wurde. Der Verbrauch der Komponenten erfolgt in unserem Szenario retrograd mit der

Wareneingangsbuchung für das DISPLAY_A. Im Einzelnen werden in diesem Beispiel die folgenden Prozessschritte durchlaufen:

❶ Fertigungsauftrag anlegen und freigeben

❷ Materialbereitstellung für Kommissionierteile, Kistenteile und manuelle Bereitstellung durchführen

❸ Transportaufträge anlegen

❹ Transportaufträge quittieren

❺ Fertigungsauftrag rückmelden und Materialbewegungen buchen

❻ Wareneingang DISPLAY_A

In Schritt ❶ werden wir nun einen Fertigungsauftrag für das Material DISPLAY_A über zehn Stück anlegen. Der Auftrag wird mit der Fertigungsauftragsart PP01 des SAP-Standards im Werk 5000 erfasst. In der Komponentenübersicht des Fertigungsauftrags erkennen wir die benötigten Komponenten und deren Anfordermenge. Darüber hinaus zeigt das Kennzeichen RG, dass die Komponenten retrograd gebucht werden sollen (siehe Abbildung 8.8).

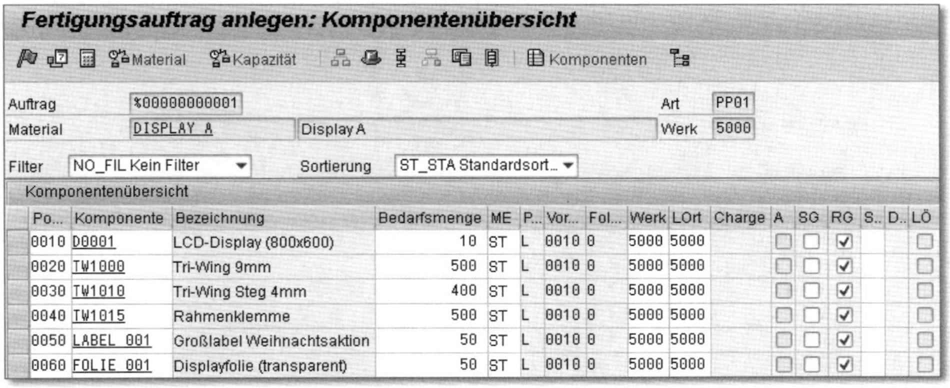

Po...	Komponente	Bezeichnung	Bedarfsmenge	ME	P...	Vor...	Fol.	Werk	LOrt	Charge	A	SG	RG	S...	D...	LÖ
0010	D0001	LCD-Display (800x600)	10	ST	L	0010	0	5000	5000		☐	☐	☑		☐	
0020	TW1000	Tri-Wing 9mm	500	ST	L	0010	0	5000	5000		☐	☐	☑		☐	
0030	TW1010	Tri-Wing Steg 4mm	400	ST	L	0010	0	5000	5000		☐	☐	☑		☐	
0040	TW1015	Rahmenklemme	500	ST	L	0010	0	5000	5000		☐	☐	☑		☐	
0050	LABEL_001	Großlabel Weihnachtsaktion	50	ST	L	0010	0	5000	5000		☐	☐	☑		☐	
0060	FOLIE_001	Displayfolie (transparent)	50	ST	L	0010	0	5000	5000		☐	☐	☑		☐	

Abbildung 8.8 Fertigungsauftrag anlegen – Komponentenübersicht

Alle Komponenten sind in diesem Szenario dem ersten Arbeitsgang des Auftrags zugeordnet. Mit dem Sichern der Einstellungen wird der Fertigungsauftrag angelegt (Fertigungsauftragsnummer 1000003). Die Bereitstellung kann zu diesem Zeitpunkt noch nicht erfolgen, da der Auftrag noch nicht freigegeben wurde.

Wenn Sie einen Fertigungsauftrag freigeben, ermittelt das System die Art der Materialbereitstellung und stellt fest, auf welche Produktionslagerplätze die Komponenten transportiert werden müssen. Wenn Sie die automatische

Bereitstellung aktiviert haben, erstellt das System automatisch Transportbedarfe oder Transportaufträge in WM.

Um den Fertigungsauftrag freizugeben, gehen Sie wie folgt vor: Wählen Sie zunächst im SAP-Menü LOGISTIK • PRODUKTION • FERTIGUNGSSTEUERUNG • AUFTRAG • ÄNDERN. Geben Sie dann die Nummer des Fertigungsauftrags ein, und drücken Sie die ⏎-Taste. Wählen Sie AUFTRAG • FUNKTIONEN • FREIGEBEN. Nachdem der Fertigungsauftrag freigegeben wurde, können Sie die Bereitstellung entweder direkt aus dem Fertigungsauftrag, über FUNKTIONEN • WM-BEREITSTELLUNG • DURCHFÜHREN, oder über eine separate Bereitstellungstransaktion anfordern.

In Schritt ❷ fordern Sie nun zunächst die Bereitstellung der Kommissionierteile des Auftrags an. Wählen Sie hierfür im SAP-Menü LOGISTIK • LOGISTICS EXECUTION • WARENAUSGANGSPROZESS • WARENAUSGANG ZU SONSTIGEN VORGÄNGEN • PRODUKTIONSVERSORGUNG VORBEREITEN • ZUM AUFTRAG (Transaktion LP10). Sie gelangen in die Vorbereitungsdaten der WM-Bereitstellung (siehe Abbildung 8.9).

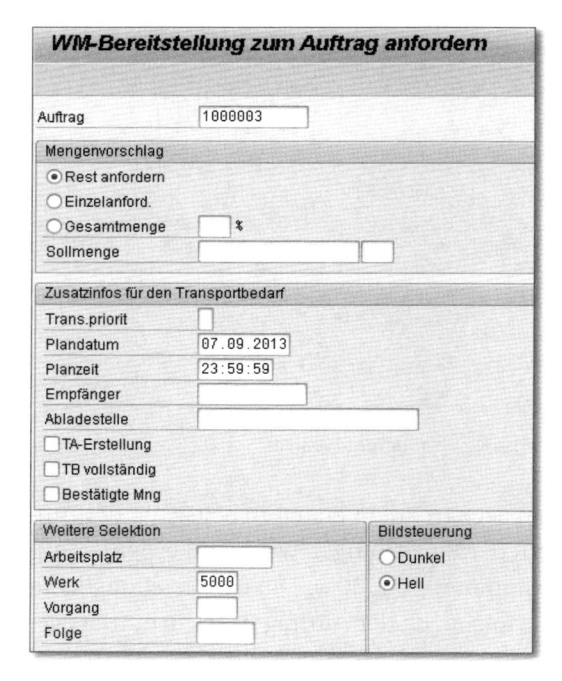

Abbildung 8.9 WM-Bereitstellung zum Auftrag anfordern

Da die Bereitstellung fertigungsauftragsbezogen erfolgt, erfassen Sie zunächst die Auftragsnummer. Im Bereich MENGENVORSCHLAG können Sie die Anfordermenge des Fertigungsauftrags anpassen, wenn Sie z. B. anfangs nur Teilmengen anfordern möchten. Dies ist vor allem bei großen Fertigungslosen und einer begrenzten Lagerkapazität im Produktionsversorgungslagertyp zu empfehlen (z. B. bei Einzelanforderung oder Prozent der Gesamtmenge).

Im Bereich ZUSATZINFOS FÜR DEN TRANSPORTBEDARF können Sie weitere Parameter vorgeben, die in den Transportbedarf übernommen werden bzw. die Transportbedarfserstellung beeinflussen. Ein Parameter ist die Transportbedarfspriorität, anhand derer in WM die Transportauftragserstellung priorisiert werden kann. Ein weiterer Parameter ist das Kennzeichen TA-ERSTELLUNG, das eine direkte Transportauftragserstellung mit der WM-Bereitstellung ermöglicht.

Führen Sie dann die WM-Bereitstellung durch, indem Sie den Button WM-BEREITSTELLUNG anklicken. Das System verzweigt somit in einen Folgebildschirm zur Detailanzeige der Bereitstellkomponenten (siehe Abbildung 8.10).

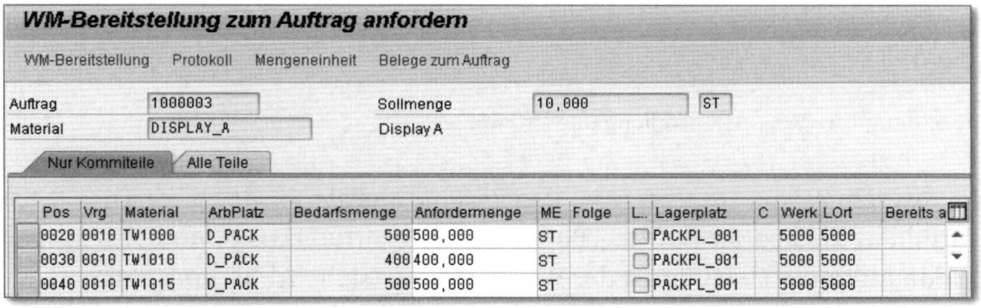
WM-Bereitstellung zum Auftrag anfordern
WM-Bereitstellung
Protokoll
Mengeneinheit
Belege zum Auftrag
Auftrag
1000003
Sollmenge
10,000
ST
Material
DISPLAY_A
Display A
Nur Kommiteile
Alle Teile
Pos | Vrg | Material | ArbPlatz | Bedarfsmenge | Anfordermenge | ME | Folge | L.. | Lagerplatz | C | Werk | LOrt | Bereits a
0020 | 0010 | TW1000 | D_PACK | 500 | 500,000 | ST | | | PACKPL_001 | | 5000 | 5000 |
0030 | 0010 | TW1010 | D_PACK | 400 | 400,000 | ST | | | PACKPL_001 | | 5000 | 5000 |
0040 | 0010 | TW1015 | D_PACK | 500 | 500,000 | ST | | | PACKPL_001 | | 5000 | 5000 |

Abbildung 8.10 WM-Bereitstellung zum Auftrag anfordern – Registerkarte »Nur Kommiteile«

In diesem Bildschirm werden nur die Kommissionierteile des Auftrags angezeigt, die mit dieser WM-Bereitstellungsvariante angefordert werden. Die Anfordermenge der Komponenten kann in dieser Übersicht für jede einzelne Bereitstellposition angepasst werden (Spalte ANFORDERMENGE). Möchten Sie sich zu Informationszwecken alle Komponenten des Auftrags anzeigen lassen, wählen Sie die Registerkarte ALLE TEILE. Um die Bereitstellung der Kommissionierteile nun final anzufordern, klicken Sie auf den Button WM-BEREITSTELLUNG. Sie erhalten daraufhin die Nachricht, dass die WM-Bereitstellung erfolgreich durchgeführt wurde. Sichern Sie Ihre Einstellungen, wodurch die Anforderung in WM als Transportbedarf dokumentiert wird.

Zum Abschluss des zweiten Prozessschritts fordern Sie die Bereitstellung der Kistenteile an. Diese Bereitstellungsform erfolgt auftragsneutral und orientiert sich nur an der im Regelkreis festgelegten Behältermenge und der physisch

8 | Produktionsversorgungsstrategien in WM

vorhandenen Menge in der Produktion. Die Bereitstellung wird manuell ausgelöst, wenn eine bestimmte Menge (z. B. Behältermenge) unterschritten wurde. Wählen Sie hierfür LOGISTIK • LOGISTICS EXECUTION • WARENAUSGANGSPROZESS • WARENAUSGANG ZU SONSTIGEN VORGÄNGEN • PRODUKTIONSVERSORGUNG VORBEREITEN • ZUM KISTENTEIL (Transaktion LP11, siehe Abbildung 8.11).

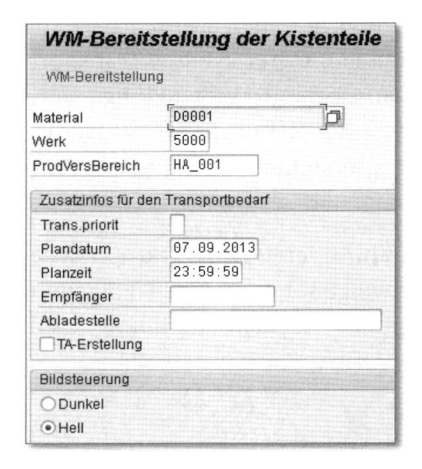

Abbildung 8.11 WM-Bereitstellung der Kistenteile

In unserem Beispiel möchten wir den Bestand an Paletten des Materials D0001 auffüllen. Klicken Sie auf den Button WM-BEREITSTELLUNG, und verzweigen Sie damit in die Detaildaten der Bereitstellung (siehe Abbildung 8.12).

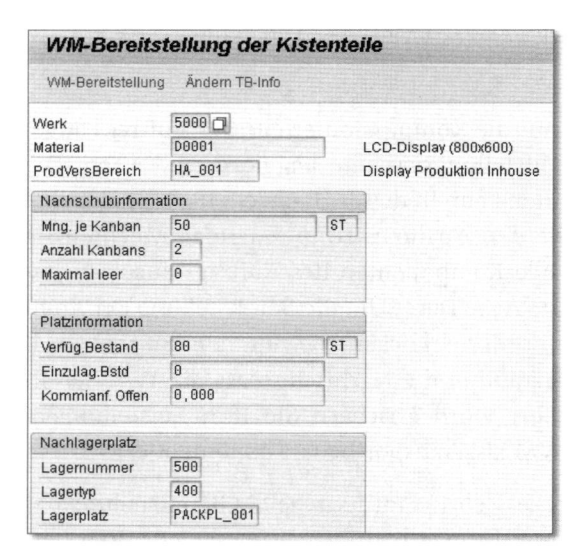

Abbildung 8.12 WM-Bereitstellung der Kistenteile – Detaildaten

Klicken Sie hier erneut auf den Button WM-BEREITSTELLUNG, wodurch sich die Kommissionier-Anfordermenge (Feld KOMMIANF. OFFEN) auf 50 Stück ändert. Das bedeutet, dass 50 Stück des Materials D0001 aus dem Lager angefordert werden. Die Menge wurde im Regelkreis des Materials D0001als Kanban-Menge (Nachschubmenge) definiert. Sichern Sie Ihre Einstellungen, und erstellen Sie somit einen weiteren Transportbedarf zur Bereitstellung.

Nachdem Sie die benötigten Mengen im Lager angefordert haben, erfolgt in Schritt ❸ in WM die Umsetzung der Transportbedarfe in Transportaufträge. Wie bereits erwähnt, kann dieser Schritt vollständig automatisiert werden. In unserem Beispiel zeigen wir Ihnen für ein besseres Prozessverständnis die manuelle Vorgehensweise. Die Transportauftragserstellung für Transportbedarfe können Sie mithilfe der Transaktion LB10 (Transportbedarfsliste) ausführen. Wählen Sie dafür den Menüpfad LOGISTIK • LOGISTICS EXECUTION • WARENAUSGANGSPROZESS • WARENAUSGANG ZU SONSTIGEN VORGÄNGEN • KOMMISSIONIERUNG • TRANSPORTAUFTRAG ANLEGEN (siehe Abbildung 8.13).

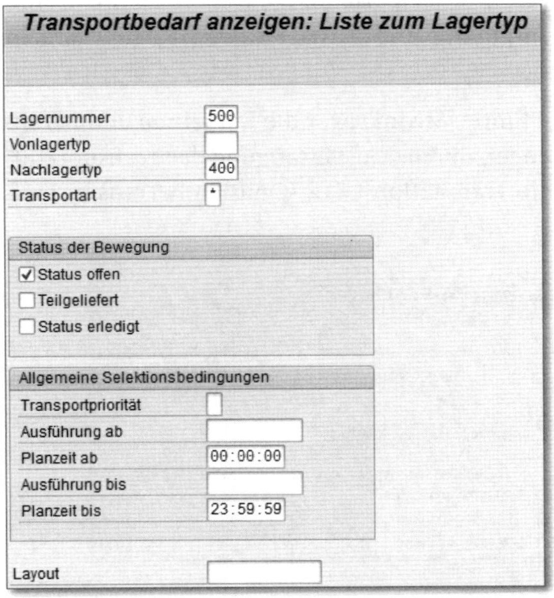

Abbildung 8.13 Transportbedarf anzeigen – Einstiegsbild

Da wir nur die Transportbedarfe für den Lagertyp *Produktion Displays* bearbeiten möchten, erfassen wir als Nachlagertyp den Lagertyp 400. Bestätigen Sie die Eingaben mit der ⏎-Taste, und verzweigen Sie somit in den Detailbildschirm der Transportbedarfe (siehe Abbildung 8.14).

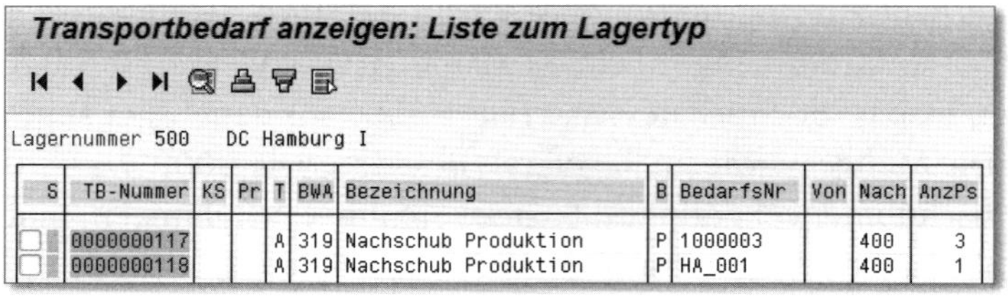

8 | Produktionsversorgungsstrategien in WM

Transportbedarf anzeigen: Liste zum Lagertyp

Lagernummer 500   DC Hamburg I

S	TB-Nummer	KS	Pr	T	BWA	Bezeichnung	B	BedarfsNr	Von	Nach	AnzPs
	0000000117			A	319	Nachschub Produktion	P	1000003		400	3
	0000000118			A	319	Nachschub Produktion	P	HA_001		400	1

Abbildung 8.14 Transportbedarf anzeigen

Aufgrund unserer Bereitstellungsanforderungen wurden zwei Transportbedarfe mit insgesamt vier Positionen erstellt (TB 117 und 118). Die Bedarfsnummern der Belege unterscheiden sich jedoch, da der Transportbedarf 117 mit Bezug zum Fertigungsauftrag und der Transportbedarf 118 auftragsunabhängig angelegt wurden. Die Bedarfsnummer des Transportbedarfs 118 entspricht somit dem Produktionsversorgungsbereich HA_001.

Um die Transportaufträge zu erstellen, markieren Sie beide Belege und klicken auf den Button TA DUNKEL. Die Transportaufträge werden somit im Hintergrund anhand der Lagertypfindung und Auslagerungsstrategien erstellt (Transportaufträge 139 und 140).

Mithilfe der Transportaufträge führen Sie im Lager die Entnahme und Bereitstellung der angeforderten Mengen durch. Zur Bestätigung der Transportaufträge (Schritt ❹) wählen Sie die Transaktion LT12 (Quittieren Transportauftrag, siehe Abbildung 8.15).

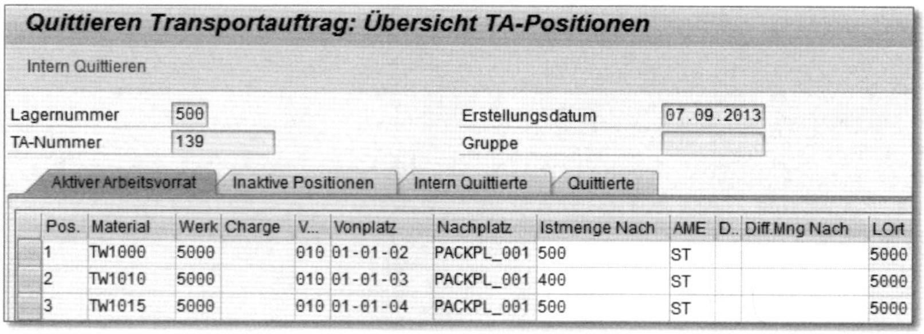

Quittieren Transportauftrag: Übersicht TA-Positionen

Intern Quittieren

Lagernummer 500   Erstellungsdatum 07.09.2013
TA-Nummer   139   Gruppe

Aktiver Arbeitsvorrat | Inaktive Positionen | Intern Quittierte | Quittierte

Pos.	Material	Werk	Charge	V...	Vonplatz	Nachplatz	Istmenge Nach	AME	D..	Diff.Mng Nach	LOrt
1	TW1000	5000		010	01-01-02	PACKPL_001	500	ST			5000
2	TW1010	5000		010	01-01-03	PACKPL_001	400	ST			5000
3	TW1015	5000		010	01-01-04	PACKPL_001	500	ST			5000

Abbildung 8.15 Transportaufträge quittieren

Mit der Quittierung der Transportaufträge ist die angeforderte Menge in der Produktion verfügbar und wird in WM als Bestand des Produktionslagerplatzes PACKPL_001 im Lagertyp 400 ausgewiesen (siehe Abbildung 8.16).

Nachdem alle Komponenten bereitgestellt wurden, kann die eigentliche Fertigung des Displays beginnen.

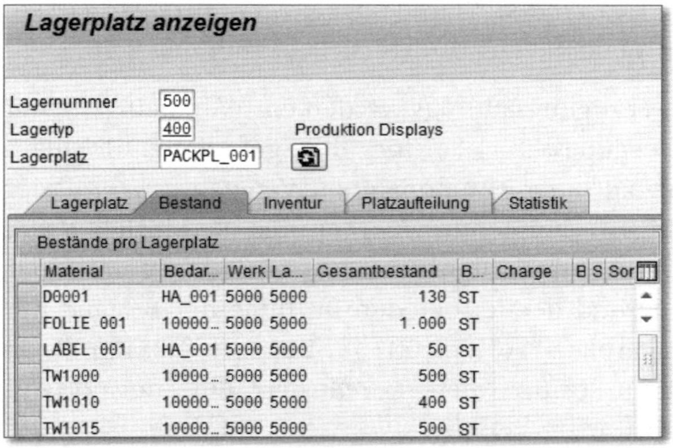

8.4 | Produktionsversorgung mit WM-Bereitstellung

Abbildung 8.16 Lagerplatz PACKPL_001 anzeigen

Nach Abschluss der Fertigung wird der Fertigungsauftrag zurückgemeldet. Die Rückmeldung (Schritt ❺) nehmen Sie mit der Transaktion CO15 zum Auftrag vor. In der Praxis bestehen Aufträge jedoch häufig aus einer Vielzahl von Vorgängen, bei denen jeder Vorgang separat rückgemeldet werden kann. Um den Auftrag rückzumelden, wählen Sie im SAP-Menü LOGISTIK • PRODUKTION • FERTIGUNGSSTEUERUNG • RÜCKMELDUNG ZUM AUFTRAG (Transaktion CO15). Erfassen Sie die Auftragsnummer und im Anschluss daran die zurückzumeldende Gutmenge (10 Stück) (siehe Abbildung 8.17).

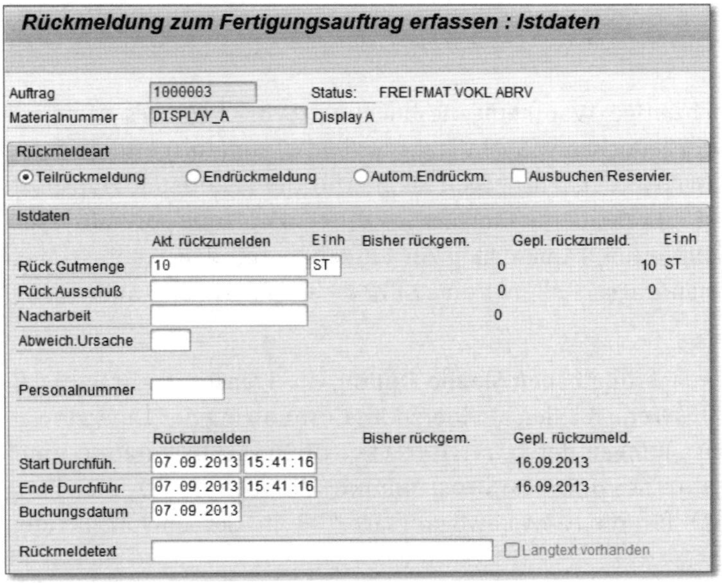

Abbildung 8.17 Rückmeldung zum Fertigungsauftrag erfassen

261

Möchten Sie sich die zu erwartenden Warenbewegungen anzeigen lassen, klicken Sie auf den Button WARENBEWEGUNGEN (siehe Abbildung 8.18).

Mit der Rückmeldung des Fertigungsauftrags werden ein Wareneingang mit der Bestandsführungsbewegungsart 101 für die gefertigten Displays (DISPLAY_A) und der Verbrauch der Komponenten (Warenausgang) mit der Bestandsführungsbewegungsart 261 gebucht. Sichern Sie die Einstellungen, um die Warenbewegungen zum Fertigungsauftrag zu buchen. Mit der Warenbewegung wird aufgrund der retrograden Buchung der Bestand der Komponenten auf dem Lagerplatz PACKPL_001 im Lagertyp 400 um die in Abbildung 8.18 dargestellten Positionsmengen reduziert. Ein Transportauftrag wird in diesem Fall nicht mehr benötigt.

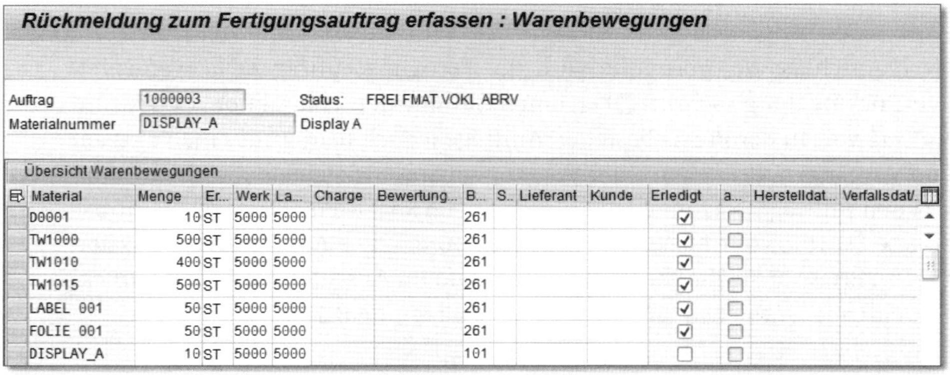

Rückmeldung zum Fertigungsauftrag erfassen : Warenbewegungen

Auftrag: 1000003 Status: FREI FMAT VOKL ABRV
Materialnummer: DISPLAY_A Display A

Übersicht Warenbewegungen

Material	Menge	Er...	Werk	La...	Charge	Bewertung...	B...	S.	Lieferant	Kunde	Erledigt	a...	Herstelldat...	Verfallsdat/...
D0001	10	ST	5000	5000			261				✓	☐		
TW1000	500	ST	5000	5000			261				✓	☐		
TW1010	400	ST	5000	5000			261				✓	☐		
TW1015	500	ST	5000	5000			261				✓	☐		
LABEL 001	50	ST	5000	5000			261				✓	☐		
FOLIE 001	50	ST	5000	5000			261				✓	☐		
DISPLAY_A	10	ST	5000	5000			101				☐	☐		

Abbildung 8.18 Warenbewegungen zum Fertigungsauftrag

Durch die gleichzeitige Wareneingangsbuchung (Schritt ❻) des Materials DISPLAY_A wurde jedoch in WM ein Transportbedarf zur Einlagerung mit der WM-Bewegungsart 103 erstellt. Legen Sie hierfür die benötigten Transportaufträge an, und führen Sie die Einlagerung durch. Die Transportauftragserstellung und -quittierung kann analog zur Entnahme mit den Transaktionen LB10 (Transportauftragserstellung) und LT12 (Transportauftragsquittierung) erfolgen.

Auch bei der Einlagerung haben Sie die Option, die Transportauftragserstellung zu automatisieren. Wählen Sie hierzu im Customizing der Lagerverwaltung in den Einstellungen der SCHNITTSTELLEN ZUR BESTANDSFÜHRUNG unter LE-WM-SCHNITTSTELLE ZUR BESTANDSFÜHRUNG die direkte TA-Erstellung (Kennzeichen A) für die WM-Bewegungsart 103 in der entsprechenden Lagernummer.

8.4.4 System- und Customizing-Voraussetzungen

Bevor Sie die WM-Bereitstellung nutzen können, müssen Sie zunächst verschiedene Einstellungen im Customizing und in den Stammdaten der Produktionsversorgung vornehmen. Abbildung 8.19 zeigt die benötigten Einstellungen, die anschließend im Detail vorgestellt werden.

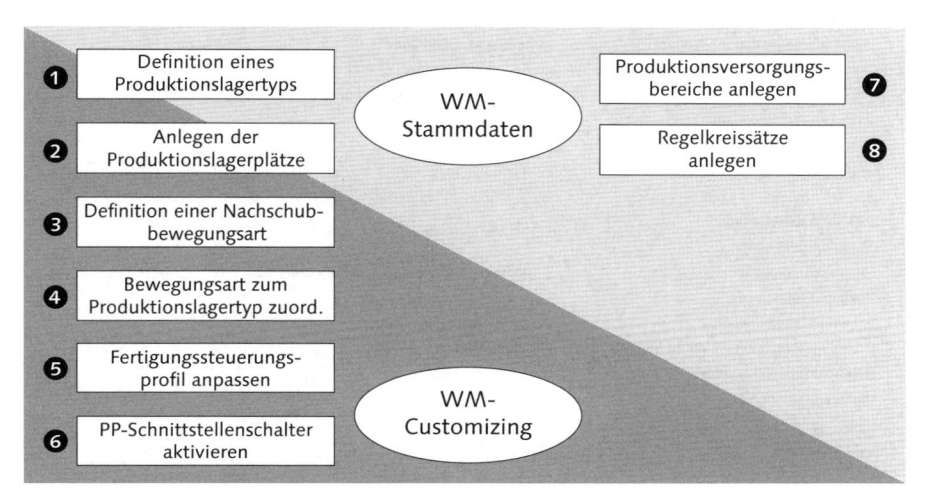

Abbildung 8.19 System- und Customizing-Einstellungen für die WM-Bereitstellung

Definieren Sie hier in Schritt ❶ (siehe Abbildung 8.19) den Produktionslagertyp, in dem die bereitgestellten Materialien gelagert werden sollen. In einem Standardsystem wird hierfür der Lagertyp 100 – Produktionsversorgung – ausgeliefert. Um den Produktionslagertyp für Ihre Lagernummer anzulegen, kopieren Sie den Lagertyp 100 und vergeben entsprechend Ihren Anforderungen einen neuen Lagertypschlüssel sowie die entsprechende Typbezeichnung. Um die Einstellungen vorzunehmen, wählen Sie im Customizing LOGISTICS EXECUTION • LAGERVERWALTUNG • STAMMDATEN • LAGERTYP DEFINIEREN (siehe Abbildung 8.20). In unserem Beispiel wurde der Lagertyp 100 kopiert und somit der neue Lagertyp 400 – Produktion Displays – angelegt.

Bevor Sie die Produktionslagerplätze anlegen können, müssen Sie für Ihren Produktionslagertyp mindestens einen Lagerbereich anlegen. Die Einstellungen nehmen Sie unter LOGISTICS EXECUTION • LAGERVERWALTUNG • STAMMDATEN • LAGERBEREICHE DEFINIEREN vor.

Um die benötigten physischen Produktionslagerplätze anzulegen (siehe Schritt ❷ in Abbildung 8.19), wählen Sie den Menüpfad LOGISTIK • LOGISTICS EXECUTION • STAMMDATEN • LAGER • LAGERPLATZ • ANLEGEN.

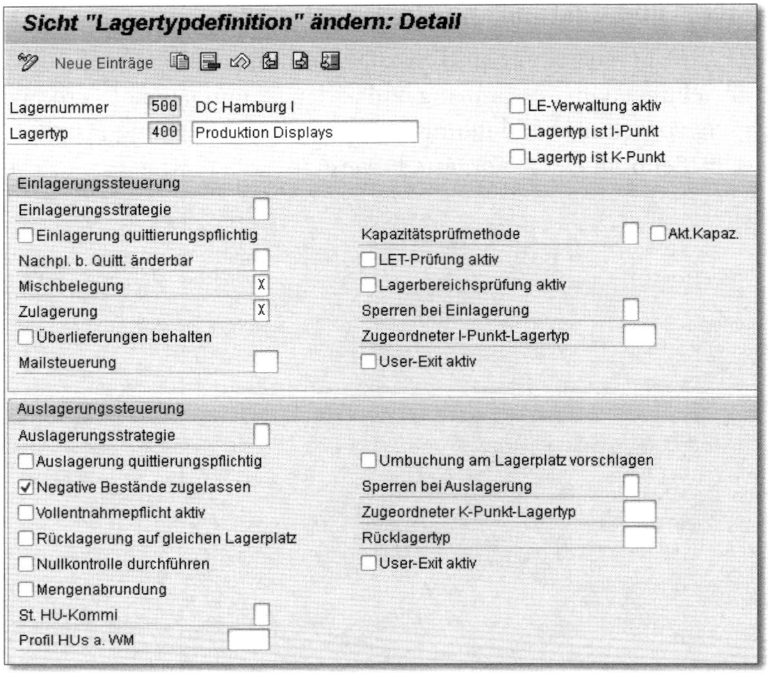

Abbildung 8.20 Produktionslagertyp definieren

Definieren Sie nun die WM-Bewegungsart (Nachschubbewegungsart) für die Materialbereitstellung (Schritt ❸). Im Standardsystem ist die WM-Bewegungsart 319 bereits für diesen Zweck eingerichtet. Kopieren Sie die WM-Bewegungsart 319 für Ihre Lagernummer im Customizing unter LOGISTICS EXECUTION • LAGERVERWALTUNG • VORGÄNGE • TRANSPORTE • BEWEGUNGSARTEN DEFINIEREN.

Um die Nachschubbewegungsart zuzuordnen (Schritt ❹), wählen Sie im Einführungsleitfaden (IMG) von WM den Customizing-Punkt SCHNITTSTELLEN • PRODUKTION mit dem Unterpunkt NACHSCHUB-BEWEGUNGSART ZUORDNEN (siehe Abbildung 8.21).

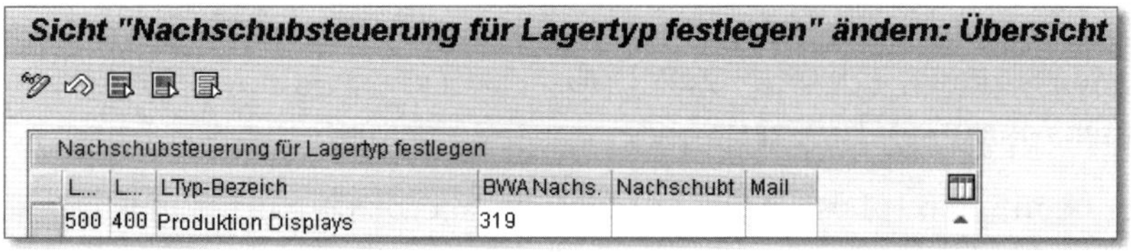

Abbildung 8.21 Nachschubbewegungsart zuordnen

Sollen Transportbedarfe oder Transportaufträge automatisch mit der Freigabe des Fertigungsauftrags angelegt werden, müssen Sie die notwendigen Einstellungen im Fertigungssteuerungsprofil vornehmen (Schritt ❺). Rufen Sie zunächst im Einführungsleitfaden (IMG) von WM den Customizing-Punkt SCHNITTSTELLEN • PRODUKTION auf, und wählen Sie dann den Unterpunkt FERTIGUNGSSICHT PP. Im SAP-Standard wird das Standardprofil 000001 ausgeliefert (siehe Abbildung 8.22).

Abbildung 8.22 Fertigungssteuerungsprofil – WM-Steuerung

Mithilfe der Einstellungen der WM-Anforderung steuern Sie das Bereitstellungsverhalten von WM bei der Auftragsfreigabe:

- **Kennzeichen X**
  Mit der Auftragsfreigabe werden automatisch Transportbedarfe angelegt. Eine separate Anforderung der Kommissionierteile ist nicht erforderlich. Die Transportbedarfe müssen lediglich in Transportaufträge umgesetzt werden.

- **Kennzeichen 1**
  Neben den Transportbedarfen werden auch die benötigten Transportaufträge automatisch mit der Auftragsfreigabe angelegt.

Bei der automatischen WM-Bereitstellung müssen Sie sicherstellen, dass die vom System erzeugten Transportbedarfe alle Komponenten enthalten, die hierfür relevant sind. Mit dem Kennzeichen TRANSPORTBEDARF VOLLSTÄNDIG können Sie die Erstellung unvollständiger Transportaufträge verhindern. Das System erstellt nur dann Transportbedarfe, wenn diese alle relevanten Komponenten enthalten. Außerdem wird eine Meldung im Protokoll eingetragen, die auf diesen Fehler verweist. Im Fertigungssteuerungsprofil können Sie einstellen, dass der Wareneingang automatisch mit der Rückmeldung des Fertigungsauftrags erfolgen soll (automatischer Wareneingang).

Aktivieren Sie in Schritt ❻ im selben Customizing-Pfad im Unterpunkt LAGERVERWALTUNGSSICHT • LAGERNUMMER die WM-PP-Schnittstelle (siehe Abbildung 8.23). Mit dem Kennzeichen PP-SCHNITTSTELLE AKTIV wird die Schnittstelle zur Produktionsversorgung (PP) aktiviert. Nur so ist es möglich, die Produktionsversorgung der verschiedenen Bereitstellungsarten mit der zugehörigen Transaktion durchzuführen.

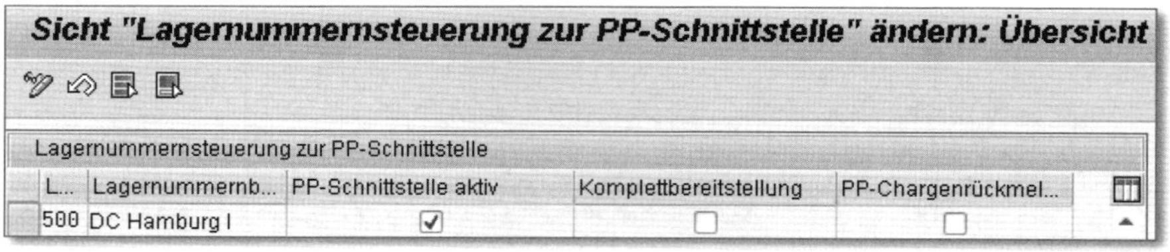

Abbildung 8.23 WM-PP-Schnittstelle aktivieren

> **Mengenreduktion**
> Bei der Erstellung von Transportaufträgen zu Transportbedarfen für Fertigungsaufträge mit einzelnen Materialien, die einem Regelkreis als *Kommissionierteil mit Festplatz* zugeordnet sind, findet grundsätzlich eine Mengenreduktion statt.
> Der Nachlagerplatz in der Produktion wird auf frei verwendbaren Bestand überprüft, um unnötige Transporte aus dem Lager zu vermeiden. Möchten Sie diese Mengenreduktion für einzelne Produktionslagertypen unterbinden, können Sie hierfür das Kennzeichen MENGENREDUKTION DEAKTIVIEREN verwenden.

In Schritt ❼ müssen Sie Produktionsversorgungsbereiche anlegen und anschließend in Schritt ❽ Regelkreise definieren. Die notwendigen Stammdateneinstellungen zu Produktionsversorgungsbereichen und Regelkreisen haben Sie bereits in Abschnitt 8.4.1, »Produktionsversorgungsbereiche, Regelkreise und Produktionslagerplätze«, im Detail kennengelernt.

8.5 Kanban-Bereitstellung

Kanban (japanisch »Karte« oder »Zettel«) bezeichnet ein Verfahren der Produktionsablaufsteuerung nach dem Pull-Prinzip (auch Holprinzip oder Zurufprinzip genannt) und orientiert sich ausschließlich am Bedarf einer verbrauchenden Stelle im Fertigungsablauf. Entwickelt und eingesetzt wurde das Kanban-Verfahren zuerst bei einem japanischen Automobilhersteller.

8.5.1 Betriebswirtschaftliche Grundlagen

Ziel von Kanban ist es, den produktionswirtschaftlichen Zielsetzungen der Bestandsminimierung bei möglichst hoher Termintreue und Flexibilität gerecht zu werden.

Das Kanban-System bietet im Vergleich mit einem klassischen, zentral gesteuerten Produktionsplanungs- und Steuerungssystem (PPS) einige Vorteile. In PPS-Systemen wird der gesamte Produktionsbedarf an einer zentralen Stelle bis ins kleinste Detail vorausgeplant, und die einzelnen Produktionsstellen haben kaum die Möglichkeit, die Produktion zu beeinflussen. Ein primäres Ziel dieser Systeme ist dabei, eine hohe Kapazitätsauslastung der Produktionsmittel zu erreichen. Das wiederum führt zu großen Losgrößen und langen Durchlaufzeiten. Hinzu kommt, dass durch die Trennung von Planung und Durchführung die Ergebnisse der PPS-Entscheidungen oft nicht mit den betrieblichen Realitäten bzw. mit den Kundenanforderungen übereinstimmen und es somit zu Fehlplanungen kommt.

Diese Tatsache macht diese Systeme unflexibel und im Falle von kurzfristigen Schwankungen und Änderungen der zu produzierenden Teile auch träge, da diese Änderungen weitreichende Folgen und einen hohen Koordinationsaufwand mit sich bringen. Dies führt dazu, dass bei zentral geplanten Systemen eine hohe Vorratshaltung nötig ist, um die mangelnde Flexibilität zu kompensieren, was wiederum hohe Lagerhaltungskosten verursacht.

Das Kanban-Verfahren bietet im Gegensatz hierzu aufgrund seiner flexiblen Steuerung ein hohes Anpassungspotenzial bei kurzfristigen Änderungen des Bedarfs, da mit der Reduzierung des Bestands eines benötigten Artikels der Auftrag zur Nachproduktion zeitnah ausgelöst wird. Die Informationsweiterleitung erfolgt hier stets aktuell und somit angepasst an die momentane Bedarfssituation vom Verbraucher zum Produzenten oder zum Lieferanten. Dadurch lassen sich hohe Lagerbestände drastisch reduzieren, und der Liefergrad wird deutlich erhöht.

Kanban stellt eine Möglichkeit für Unternehmen dar, die teilweise sehr aufwendige und verschachtelte Produktionssteuerung in selbstständige *Regelkreise* umzuwandeln, wodurch der Steuerungsaufwand deutlich reduziert und die Transparenz der Prozesszusammenhänge erhöht wird. Im Vorfeld jedoch sind eben diese Prozesse und das Erzeugnisspektrum genau auf die Eignung für Kanban zu prüfen. Wenn diese erfüllt ist, ist Kanban besonders für Unternehmen mit relativ geringer Variantenvielfalt und relativ konstantem Verbrauch interessant, bei denen Lagerkosten ein großer Kostentreiber sind.

Voraussetzungen für Kanban

Für das Funktionieren von Kanban in einem Unternehmen muss unter Umständen eine Vielzahl von Veränderungen und organisatorischen Anpassungen vorgenommen werden. Zu diesen Voraussetzungen zählen:

- **Harmonisierung und Standardisierung des Produktionsprogramms**
  Ein stetiger Teileverbrauch minimiert die Fluktuation in der Fertigung und führt zu einem stabileren Produktionsprozess. Durch die Einführung von Teilestandardisierungsmaßnahmen und Teilefamilienbildung soll ein stetiger Teileverbrauch und somit auch eine stetige Fertigung erreicht werden

- **Materialflussorientierte Werkstattorganisation**
  Eine weitere Voraussetzung zur Implementierung eines Kanban-Systems ist eine ablauforientierte Betriebsmittelgestaltung und -anordnung. Um die Ablauforientierung zu erreichen, ist eine dem Fließprinzip angenäherte Layoutplanung und Harmonisierung der einzelnen Kapazitätseinheiten erforderlich.

- **Qualitätssicherung**
  Da keine Puffer- oder Reserveteile eingeplant sind, spielt die Qualitätssicherung eine erhebliche Rolle in einem Kanban-System. Die Weitergabe von fehlerhaften Teilen muss unbedingt vermieden werden.

- **Verkleinerung der Losgrößen**
  Um eine Just-in-time-Produktion zu erreichen und eine Senkung der Lagerbestände zu erzielen, muss von der herkömmlichen Optimierung der Losgrößen Abstand genommen werden. Ziel hingegen muss die Vermeidung von Überproduktion sein, um eine bedarfsgemäße Produktion zu realisieren. Rüstkosten sind hierbei eher zu vernachlässigen.

- **Geglättete Produktion**
  Da sich die Kanban-Systematik über mehrere Produktionsstufen erstreckt, sind die Vermeidung großer Schwankungen und die genaue Planung der Produktion auf der letzten Stufe äußerst wichtig. Jede unvorhergesehene Schwankung würde sich auf die vorgelagerten Stufen übertragen und zu Belastungen führen, was wiederum Pufferbestände oder Pufferkapazitäten nach sich ziehen und somit Verschwendung darstellen würde.

- **Verkürzung und Vereinheitlichung der Transportzyklen**
  Die Reduzierung von Lagerbeständen erfordert einen erhöhten Transportaufwand. Damit die Produktion durch ausbleibende Vorprodukte nicht ins Stocken gerät, ist sicherzustellen, dass der Materialtransport von der vorgelagerten zur nachfolgenden Stelle stets nach dem logistischen Prinzip erfolgt.

- **Einführung von Standardbehältern**
  Behälter stellen u. a. den beschädigungsfreien Transport der Produkte sicher und geben über Anzahl und Art des Inhalts Aufschluss. Bei der Wahl des Behälters ist auf die Bedürfnisse des nachfolgenden Prozesses zu achten, und es ist eine möglichst kleine Behältergröße zu wählen.

Funktionsweise des Kanban-Systems

In einem Kanban-System wird der gesamte Materialfluss über die sogenannten *Kanban-Behälter* organisiert, die sich in der Fertigung vor Ort an den Arbeitsplätzen befinden. Diese beinhalten jeweils die für einen bestimmten Zeitraum notwendigen Materialmengen, die die Werker an ihrem Arbeitsplatz benötigen. Sobald ein Behälter durch den Verbraucher geleert wird, wird bei Kanban-Abwicklung der Materialnachschub angestoßen. Quelle des angeforderten Materials kann eine andere Fertigungseinheit, ein externer Lieferant oder auch ein Lager sein. Bis zum Eintreffen des gefüllten Behälters kann sich der Verbraucher aus weiteren Behältern bedienen (siehe Abbildung 8.24).

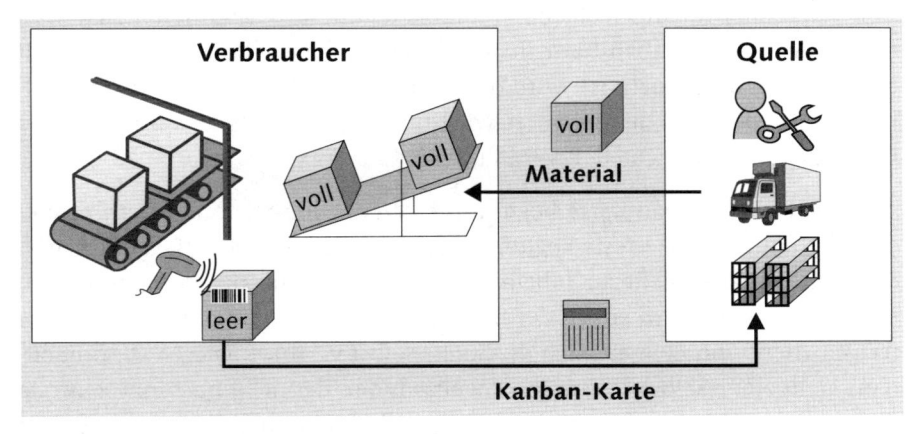

Abbildung 8.24 Das Grundprinzip von Kanban

Ziel ist es, dass die Produktion den Fertigungsprozess selbst steuert und der manuelle Buchungsaufwand für den Werker möglichst weitgehend reduziert wird. Effekte dieser Selbststeuerung sowie der zeitnah am tatsächlichen Verbrauch erzeugten Nachschubelemente sind die Reduktion der Bestände sowie die Verkürzung der Durchlaufzeit. Der Nachschub wird erst dann angestoßen, wenn das Material wirklich benötigt wird.

Die Kanban-Abwicklung ermöglicht auch, dass die Materialien an der Stelle in der Fertigung bereitgestellt werden, wo sie gebraucht werden. Sie stehen dort in kleinen Materialpuffern immer zur Verfügung. Die Bereitstellung der Materialien muss daher nicht geplant werden. Stattdessen wird verbrauchtes Material sofort mit Kanban wiederbeschafft.

Grundsätzlich holt beim Kanban-System der nachfolgende Prozess (Senke) die von ihm benötigten Materialien beim Pufferlager des vorgelagerten Prozesses (Quelle) zur richtigen Zeit und in der notwendigen Menge ab. Das Kanban-System orientiert sich daher am Produktionsplan der letzten Fertigungsstufe und liefert der vorgelagerten Produktionseinheit bei Unterschreitung eines vorher definierten Mindestbestands (Meldebestand) die Information zur Produktion des benötigten Nachschubs, der bei Fertigstellung von der Quelle im Pufferlager bereitgestellt wird. Diese Information wird im klassischen Kanban-System durch die Kanban-Karten übermittelt, die mit den gefüllten Transportbehältern von der vorgelagerten Stelle bei der Senke ankommen. Die Karte beschreibt, welches Material in welcher Menge wohin geliefert werden soll; häufig werden auch die Behälter selbst als Kanban bezeichnet.

Verantwortlich für die rechtzeitige Bereitstellung des benötigten Materials nach Eingang der Kanban-Karte im Regelkreis ist die Quelle. Sobald der Inhalt des Behälters verbraucht ist, wird die Kanban-Karte in eine Kanban-Sammelbox gelegt, die periodisch geleert wird und deren Inhalt entsprechend der Beschreibung an die Quellen verteilt wird.

Mit Erhalt der Kanban-Karte beginnt die erzeugende Stelle mit der Produktion der auf der Karte festgelegten Art und Menge des Materials und lagert diese in Kanban-Behältern. Sobald der Kanban-Behälter mit der geforderten Menge gefüllt ist, wird er mit der Kanban-Karte in das Pufferlager der Quelle transportiert, von dem aus sich die Senke selbst versorgt. Dieser Zusammenhang stellt einen selbststeuernden Regelkreis dar, der nicht über eine zentrale Planungsinstanz gesteuert wird, sondern sich den aktuellen Anforderungen an das Material über die Kanban-Karten anpasst. Oft wird dieses System auch mit einem Supermarkt verglichen, bei dem sich die Kunden (Senken) selbst bedienen und das Personal (Quellen) für ausreichende Bestände in den Regalen (Pufferlager) sorgt. Erreicht die verbrauchende Stelle wieder den Meldebestand, wird der Prozess erneut angestoßen. Grundsätzlich kann zwischen dem *Zweikartensystem*, das mit Produktions- und Transport-Kanbans arbeitet, und dem *Einkartensystem* unterschieden werden.

Während das Zweikartensystem vorwiegend in der innerbetrieblichen Produktion Anwendung findet, wird die Einkartensystematik aufgrund der einfacheren Handhabung häufig für die Steuerung in Zusammenarbeit mit externen Zulieferern eingesetzt.

Damit eine ausreichende Anzahl von Kanban-Karten im System vorhanden ist, ermittelt ein Kanban-Koordinator im Vorfeld die benötigte Zahl der Karten und passt diese gegebenenfalls geänderten Umständen an. Grundsätzlich gilt für die Anzahl der Kanban-Karten im System die Regel, dass ausreichend Material zirkulieren muss, um die im Wiederbeschaffungszeitraum auftretenden Bedarfsmengen zu decken.

8.5.2 Prozess der Kanban-Bereitstellung im SAP ERP-System

Nutzen Sie Kanban mit Unterstützung des SAP ERP-Systems, können Sie die Übermittlung der Wiederbeschaffungsdaten automatisieren, d. h., dass ein Scannen des Barcodes auf der Kanban-Karte genügt, um alle zur Beschaffung notwendigen Daten zu übermitteln sowie beim Erhalt der Materialien den Wareneingang im Produktionslager zu buchen.

Im ERP-Standard wird das Formular PSFC_Kanban ausgeliefert, das einen Barcode beinhaltet und als Standard-Kanban-Karte genutzt werden kann (siehe Abbildung 8.25). Das Einlesen des Barcodes mit einem handelsüblichen Barcode-Lesegerät genügt, um alle zur Beschaffung notwendigen Daten zu übermitteln sowie bei Erhalt der Materialien den Wareneingang zu buchen. Für das Einlesen von Kanban-Barcodes steht die Transaktion PKBC-Barcode im SAP-ERP-System zur Verfügung.

Die Karte zeigt:
- was produziert wird
- wie viel produziert wird
- wo produziert wird
- wie produziert wird
- wohin geliefert wird
- wie transportiert wird
- ...

Material: 000815
Menge: 100 St.
Hersteller: 007
Verbraucher: 088
Standort: Regal A014
Säule 3
Fach 4
Behälter: Gitterbox

Abbildung 8.25 Kanban-Karte

8.5.3 Produktionsversorgungsbereiche und Regelkreise im Kanban-System

Im folgenden erfahren Sie mehr über die Produktionsversorgungsbereiche und die Regelkreise im Kanban-System.

Produktionsversorgungsbereiche

Die Organisationsstruktur der Fertigung ist ein wichtiges Kriterium bei der Einführung eines Kanban-Systems. Material wird bei der Kanban-Abwicklung in bestimmten Bereichen, den bereits vorgestellten Produktionsversorgungsbereichen (PVB), direkt in der Produktion zur Verfügung gestellt. Aus diesem Produktionsversorgungsbereich bedienen sich dabei eine oder mehrere Arbeitsplätze. Die Produktionsversorgungsbereiche puffern damit die notwendigen Materialien z. B. in Regalen oder markierten Flächen auf dem Boden (siehe Abbildung 8.26).

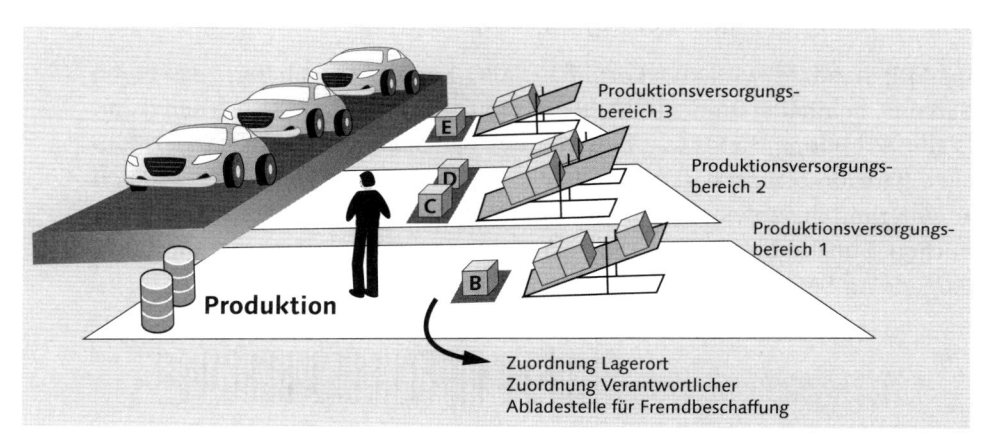

Abbildung 8.26 Produktionsversorgungsbereiche in Kanban

Der Produktionsversorgungsbereich ist ein Datenobjekt, mit dem der Materialfluss für Kanban organisiert wird, er ist aber kein Bestandsführungsobjekt. Von daher müssen die Produktionsversorgungsbereiche Lagerorten zugeordnet werden. Die Bestandsführung (z. B. beim Buchen eines Wareneingangs relevant) findet daher weiterhin an dem Lagerort statt, dem der Produktionsversorgungsbereich zugeordnet ist.

Als weitere wichtige organisatorische Voraussetzung wird pro Produktionsversorgungsbereich ein Verantwortlicher hinterlegt. Wird ein Verantwortlicher einem Produktionsversorgungsbereich zugeordnet, ist damit die Person definiert, die als Verbraucher für die Weiterverarbeitung der Materialien und für die Überwachung der Bestände im Produktionsversorgungsbereich zuständig ist. Wird im Rahmen der Eigenfertigung ein Verantwortlicher im Regelkreis eingegeben, ist damit die Person definiert, die als Quelle für den Nachschub zuständig ist, d. h. für die Bereitstellung der Materialien und gegebenenfalls den Transport zum Verbraucher. Verantwortliche werden als Disponenten im Einführungsleitfaden (IMG) der Bedarfsplanung definiert und dem Produktionsversorgungsbereich zugeordnet.

Regelkreise im Kanban-System

Die Beziehung zwischen Verbraucher und Quelle wird auch im Kanban-Szenario mithilfe von Regelkreisen abgebildet. Jedoch unterscheidet sich der Kanban-Regelkreis aufgrund der erweiterten Funktionalität grundsätzlich von denen der WM-Bereitstellung. Abbildung 8.27 zeigt einen Kanban-Regelkreis in SAP ERP.

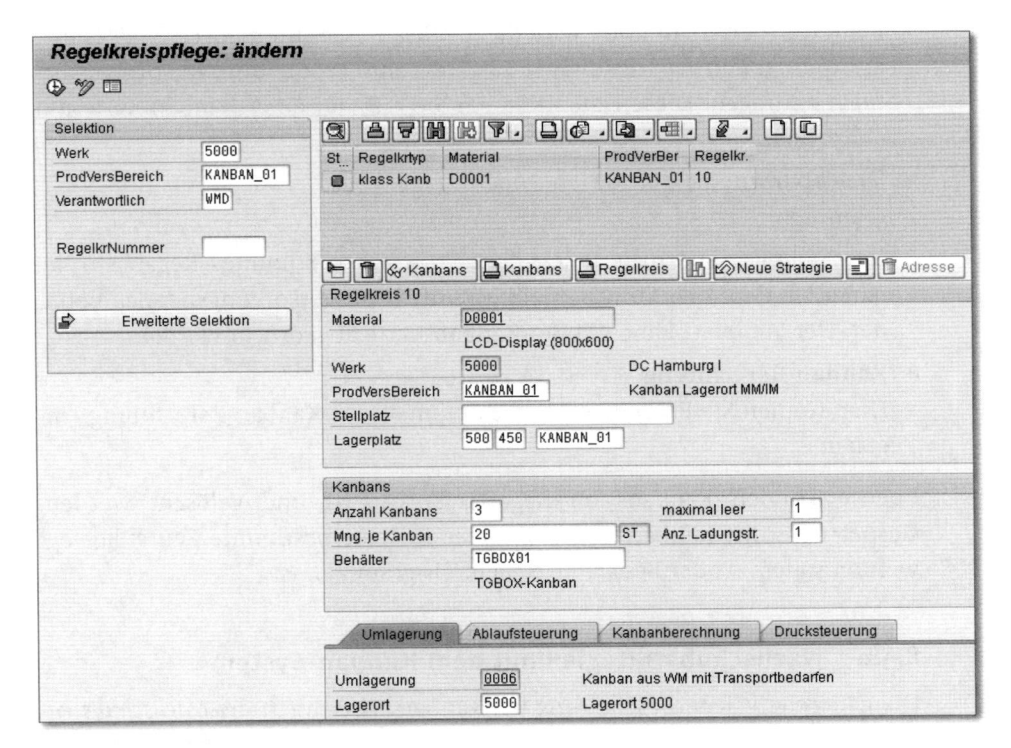

Abbildung 8.27 Regelkreis im PP-Kanban

Im Kanban-Regelkreis werden alle spezifischen Nachschubdaten für ein Material festgehalten. Hierzu zählen:

- **Produktionsversorgungsbereich (ProdVersBereich)**
  Hier können Sie den Verbraucher angeben.
- **Nachschubstrategie**
  Dies ist z. B. der Nachschub über Bestellung bei Fremdbeschaffung oder Kanban aus WM mit Transportbedarfen.
- **Quelle**
  Lieferant bzw. abgebendes Werk bei Fremdbeschaffung, Verantwortlicher bei Eigenfertigung, Lagerort bei Umlagerung
- **Anzahl Kanbans**
  Anzahl der umlaufenden Kanban-Behälter zwischen Verbraucher und Quelle
- **Menge**
  Menge pro Behälter (Menge je Kanban)
- **Anlieferadresse**
  Beim Aufruf der Funktion wird die Werksadresse automatisch eingepflegt. Sie können nun z. B. detaillierte Angaben zum Produktionsversorgungsbereich eintragen. Diese Daten können Sie z. B. auf einer Kanban-Karte mit abdrucken.
- **Druckparameter** (für Kartendruck)
- **Stellplatz**
  Der Stellplatz spezifiziert den Platz (z. B. ein bestimmtes Regalfach) genauer, an dem sich Ihr Material im Produktionsversorgungsbereich befindet. Der Stellplatz kann auf der Kanban-Karte abgedruckt werden.
- **Kanban-Berechnung**
  Hier können Sie Parameter für die automatische Kanban-Berechnung eingeben.

Ebenso können Kanbans im Regelkreis gesperrt und gelöscht werden. Gesperrt werden Kanbans z. B., wenn sie für eine bestimmte Zeit stillgelegt werden sollen, da der Bedarf im Regelkreis gesunken ist.

8.5.4 Nachschubstrategien mit dem Kanban-System

Die generelle Wiederbeschaffung bei Kanban wird durch die *Nachschubstrategien* geregelt. Die Nachschubstrategien legen fest, in welcher Weise die Behältermengen gefertigt oder wiederbeschafft werden, d. h., welches Nachschubelement vom System erzeugt wird. Die Nachschubstrategie ist Teil des Regelkreises und muss zuvor im Customizing für Ihr Werk definiert werden. Im Standard kann grundsätzlich zwischen dem Nachschub aus Eigenfertigung, Fremdbeschaffung und Umlagerung unterschieden werden. Für die Integration mit WM ist jedoch nur die Nachschubstrategie *Umlagerung* von Interesse. Bei dieser Strategie erfolgt der Kanban-Nachschub in der Regel von einem WM-verwalteten Lagerort an einen Kanban-Lagerort mit reiner MM/IM-Bestandsführung (siehe Abbildung 8.28).

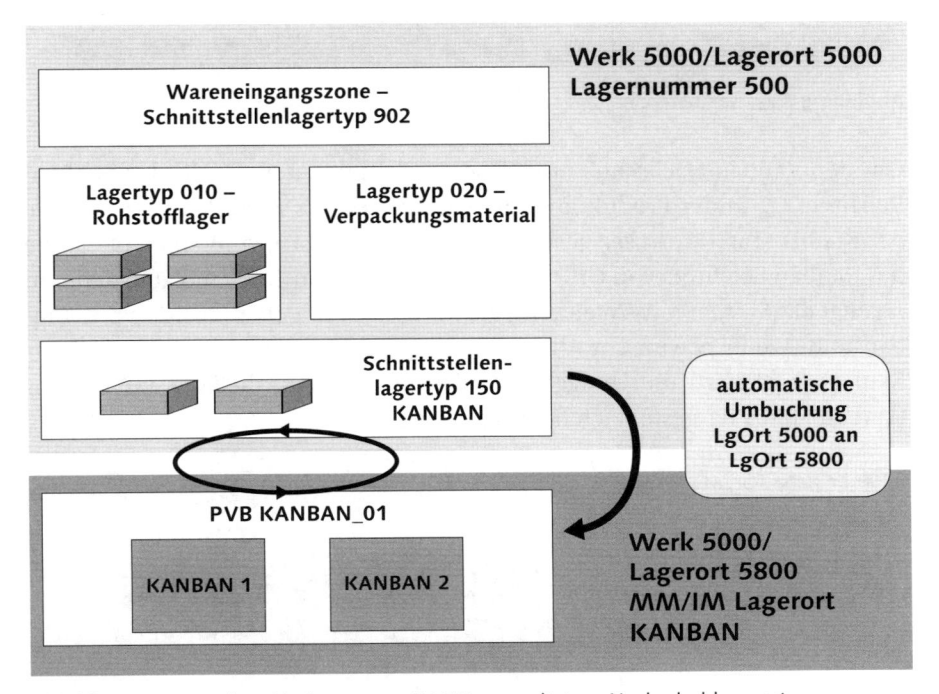

Abbildung 8.28 Kanban-Umlagerung mit WM-verwaltetem Nachschublagerort

Die Lagerung der vollen Behälter und der Nachschub erfolgen vom WM-verwalteten Quelllagerort 5000 aus. Der Produktionslagerort 5800, an dem die Kanban-Materialien verbraucht werden, ist systemtechnisch nur MM/IM-verwaltet. In diesem Szenario wird in WM das Kanban-Material auf einen Schnittstellenlagerplatz im Lagertyp 150 gebracht und von dort aus über den Kanban-Regelkreis in den Produktionsversorgungsbereich umgelagert.

Prozess der Kanban-Nachschubabwicklung mit WM

Um die Kanban-Behältersteuerung und -abwicklung zu überwachen, können Sie in SAP ERP die Kanban-Tafel (Transaktion PK13N) nutzen. Mit der Kanban-Tafel erhalten Sie einen Überblick über alle PVBs zu einem bestimmten Verantwortlichen (Disponenten) oder zu einem bestimmten Lagerort. Die

Anzeige der Kanban-Tafel kann dabei frei nach Ihren Anforderungen definiert werden (siehe Abbildung 8.29).

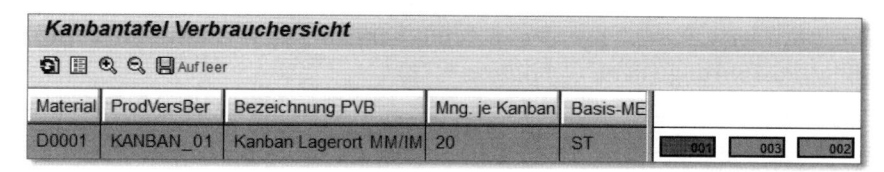

Abbildung 8.29 Kanban-Tafel

Um den Kanban-Nachschub auszulösen, wird im ersten Schritt der Kanban-Behälter 001 in der Produktion durch Scannen eines Barcodes oder mithilfe der Kanban-Tafel AUF LEER gesetzt. Dadurch ändert sich zum einen die Farbe des Kanban Behälters von Grün auf Rot in der Kanban Tafel und zum anderen erzeugt das System in WM einen Transportbedarf mit einer Position pro Kanban und, wenn gewünscht, direkt einen Transportauftrag in WM. Auf der Kanban-Tafel wird die Umlageranforderung (Transportbedarf) anhand des Kanban-Status dargestellt (siehe Abbildung 8.30).

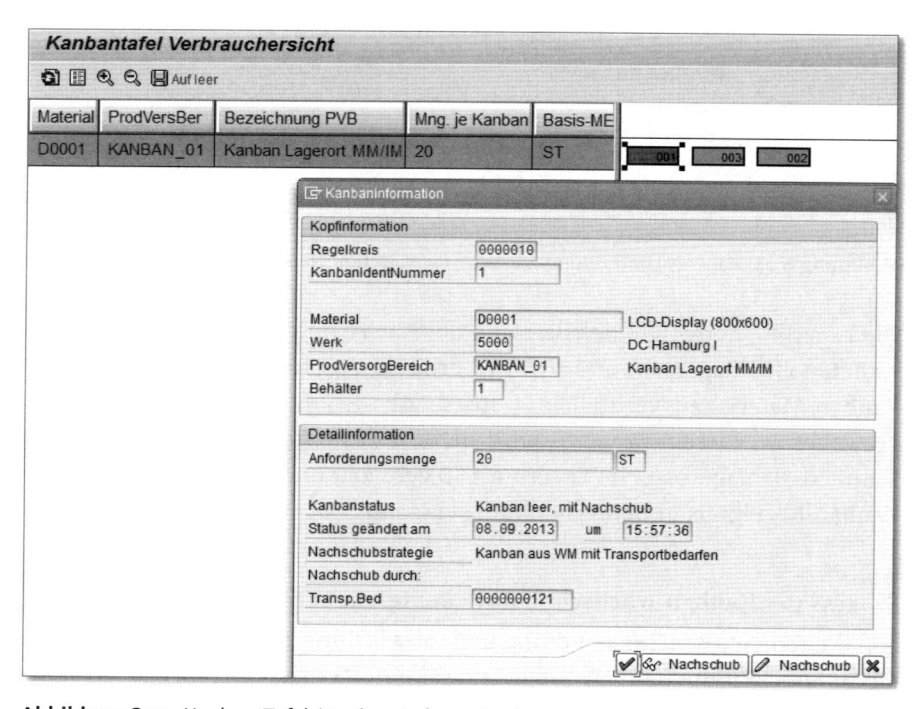

Abbildung 8.30 Kanban-Tafel (Kanban-Information)

In den Kanban-Informationen sehen Sie, dass der KANBANSTATUS auf KANBAN LEER, MIT NACHSCHUB gesetzt und der TRANSP.BED mit 121 angelegt wurde. Im nächsten Schritt wird das Material vom WM-Lagerort über die Kanban-Schnittstelle in den im PVB angegebenen Regelkreis umgelagert.

Die Quittierung des Transportauftrags kann entweder in WM oder automatisch über den Statuswechsel des Kanban-Behälters erfolgen. Wenn Sie z. B. auf der Kanban-Tafel den Status auf VOLL setzen, wird der Transportauftrag im Hintergrund quittiert. Da sich die Bestände an zwei unterschiedlichen Lagerorten befinden, wird darüber hinaus mit der Statusänderung automatisch die Umlagerung vom WM-Lagerort an den Kanban-Lagerort (MM/IM) angestoßen.

Beachten Sie, dass die Bestandsreduzierung nicht durch die Kanban-Statusänderung beeinflusst wird. Die Bestände müssen über die entsprechenden Fertigungsaufträge abgebaut werden.

Systemvoraussetzungen
Damit Sie die Kanban-Abwicklung nutzen können, müssen verschiedene Systemvoraussetzungen im Customizing und in den Stammdaten erfüllt sein. Definieren Sie daher die entsprechenden Einträge, wie im Folgenden erläutert.

Im Customizing der Organisationsstrukturen müssen Sie im ersten Schritt sowohl einen WM-relevanten als auch einen Kanban-Lagerort anlegen.

Sie müssen im zweiten Schritt eine Nachschubstrategie im Customizing über PRODUKTION • KANBAN • NACHSCHUBSTRATEGIEN • UMLAGERUNGSSTRATEGIEN FESTLEGEN mit der Steuerungsart 6 für diese Art der Umlagerung angelegt haben (im Standard wird die Strategie 0006 ausgeliefert). Falls Sie in der Kanban-Anwendung direkt einen Transportauftrag erstellen möchten, müssen Sie das Kennzeichen DIREKTETA-ERST. (direkte TA-Erstellung) in der Nachschubstrategie gepflegt haben. Gegebenenfalls ist es erforderlich, in der Nachschubstrategie das Differenzenkennzeichen zu pflegen (DIFF. KENNZ. TA). Falls die Istmenge beim Quittieren nicht mit der Kanban-Menge übereinstimmt, wird über diesen Wert bestimmt, wohin die Differenz gebucht wird (siehe Abbildung 8.31).

Legen Sie im dritten Schritt im Customizing der Lagerverwaltung unter STAMMDATEN einen Lagertyp und einen Lagerbereich und im WM-Menü einen Lagerplatz an (im Standard wird Lagertyp 150 ausgeliefert).

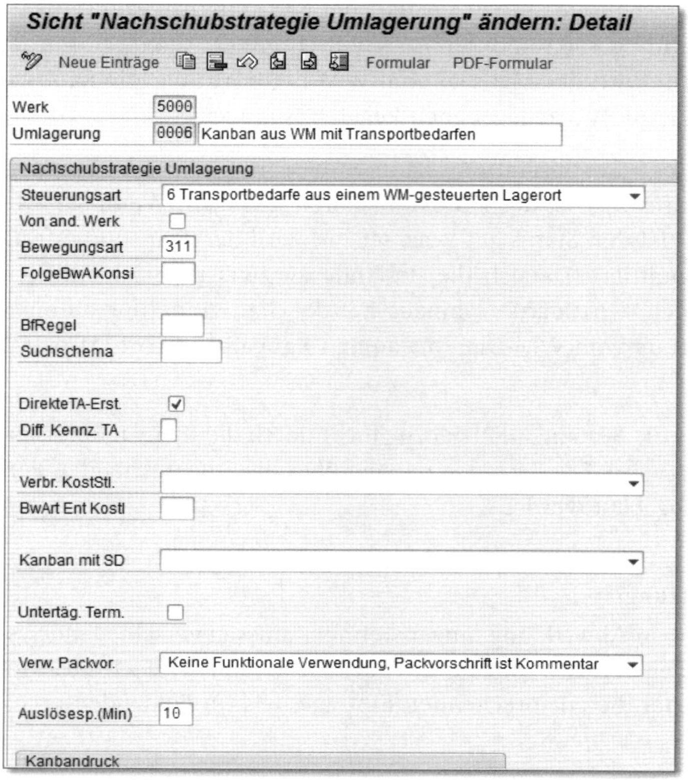

Abbildung 8.31 Nachschubstrategie für die Umlagerung

Ordnen Sie im vierten Schritt im WM-Customizing über LOGISTICS EXECUTION • LAGERVERWALTUNG • SCHNITTSTELLEN • PRODUKTION DEFINIEREN • KANBAN DEFINIEREN unter BWA-ZUORDNUNG ZUR KANBANVERSORGUNG die Bewegungsart 350 dem Lagertyp 450 zu (siehe Abbildung 8.32). Mit dieser Bewegungsart werden die Kanban-Teile auf den Schnittstellenlagerplatz umgelagert.

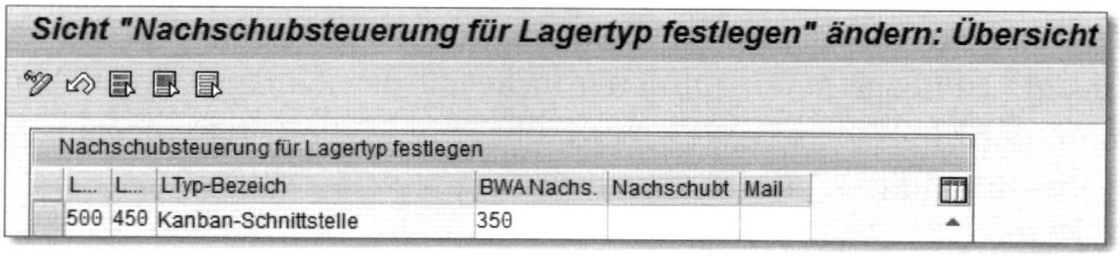

Abbildung 8.32 Nachschubsteuerung mit Kanban

Außerdem müssen Sie im fünften Schritt unter LAGERORTSTEUERUNG IN DER LAGERVERWALTUNG den WM-Lagertyp (Schnittstelle) dem Kanban-Lagerort zuordnen und zusätzlich die Bewegungsart für die Umbuchung vom WM-Lagerort zum Kanban-Lagerort (Standard 311) festlegen (siehe Abbildung 8.33). So wird die automatische Lagerort-an-Lagerort-Umlagerung ausgelöst. Es ist Empfehlenswert, auch die Mail-Steuerung einzurichten, um im Fall einer fehlerhaften Umlagerung eine Nachricht zu erhalten.

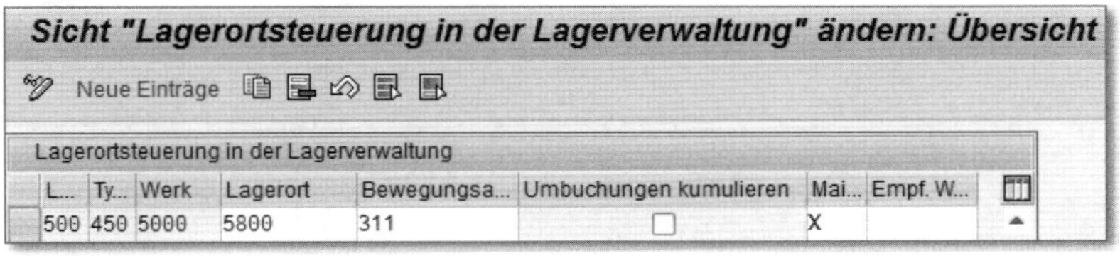

Abbildung 8.33 Lagerortsteuerung mit Kanban (Umlagerung Lagerort)

Darüber hinaus muss im sechsten Schritt im Materialstamm des Kanban-Materials die Lagerortsicht des Kanban- und WM-Lagerorts gepflegt sein. Auch ein Regelkreis zu Ihrem Material muss angelegt sein, der die genannte Nachschubstrategie 0006, den WM-Lagerort, die Lagernummer, den Lagertyp und den Lagerplatz aus WM als Schnittstelle zum Kanban enthält.

Wie Sie in diesem Kapitel erfahren haben, können Materialflüsse zur Produktionsversorgung in WM aufgrund der fertigungsspezifischen Anforderungen unterschiedlich gestaltet werden. Neben den klassischen Verfahren der Produktionsversorgung werden in WM unterschiedlichste Kanban-Verfahren unterstützt, die es Ihnen ermöglichen, selbststeuernde Fertigungsprozesse zu implementieren.

Warenbewegungen gehören zum operativen Tagesgeschäft eines jeden Lagers. Ausführung und Komplexität können dabei jedoch in Abhängigkeit von den Geschäftsprozessen sehr stark differieren. Wie Sie Ihre Warenbewegungen und Ihre operativen Lagerprozesse in WM effizient organisieren können, erfahren Sie in diesem Kapitel.

9 Warenbewegungen und operative Lagerprozesse in WM

In diesem Kapitel lernen Sie den Prozessfluss sowie die Konfiguration unterschiedlicher Warenbewegungen und operativer Prozesse wie Umlagerungen, Umbuchungen und Nachschub kennen. Ziel ist es, Ihnen die Vor- und Nachteile der jeweiligen Prozesse zu erläutern und Sie somit aktiv bei der Auswahl des für Sie passenden lagerinternen Prozesses zu unterstützen. Verschiedene praxisnahe Beispiele werden Sie dabei unterstützen.

9.1 Grundlagen von Umlagerungen in SAP ERP

Umlagerungen sind immer dann erforderlich, wenn Sie aufgrund Ihrer Unternehmensstruktur oder interner Prozesse Materialmengen zwischen verschiedenen physischen Lokationen transferieren müssen. Eine Umlagerung in SAP ERP ist somit immer mit einer physischen Warenbewegung verbunden. SAP ERP unterstützt mehrstufige Umlagerungsverfahren für folgende Umlagerungsformen:

- lagerinterne Umlagerung
- Lagerort an Lagerort
- Werk an Werk

WM unterstützt aufgrund flexibler Organisationsstrukturen unterschiedlichste Umlagerungsprozesse (siehe Abbildung 9.1). Die Umlagerungsform hängt von der Unternehmensstruktur bzw. der Organisationsstruktur im SAP-System ab. Bei den Prozessvarianten ❶ und ❷ handelt es sich um lagerinterne Umlagerungen zwischen verschiedenen Lagerplätzen innerhalb einer Lagernummer, eines Lagertyps oder auch zwischen verschiedenen Lagertypen. Die Prozessvarianten ❸ bis ❺ können Sie immer dann verwenden, wenn Sie Bestände zwischen verschiedenen Lagerorten innerhalb eines Werkes umlagern möchten.

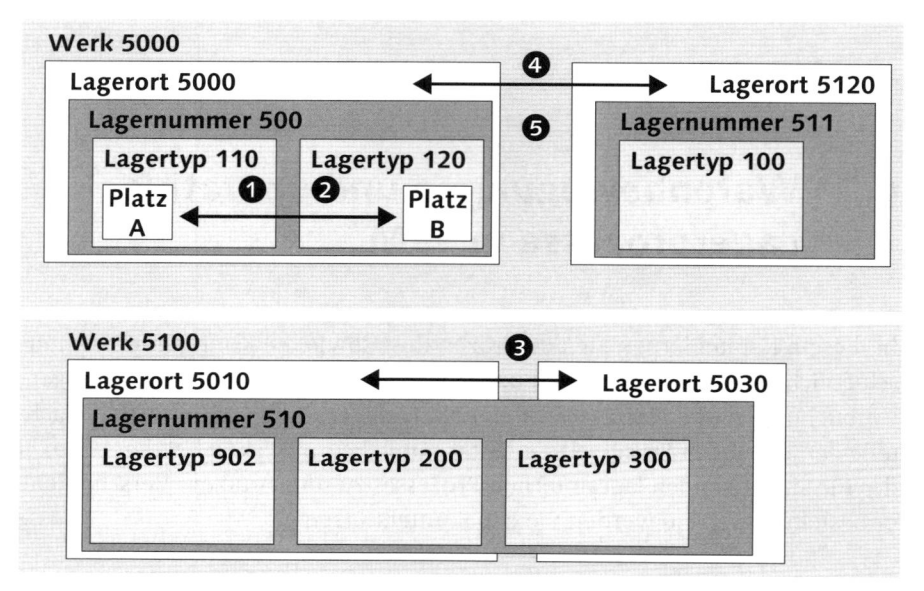

Abbildung 9.1 Umlagerungsformen in SAP ERP

Auf *Umlagerungsverfahren* zwischen verschiedenen SAP-Werken (z. B. Umlagerungen zwischen Werk 5000 und Werk 5100) wird in diesem Buch nicht explizit eingegangen, da diese Funktionalität nur einen indirekten Einfluss auf WM-spezifische Prozesse hat. Der Vollständigkeit halber zeigen zeigt der folgende Exkurs kurz, welche Möglichkeiten Sie zur *werksübergreifenden Umlagerung* in SAP ERP haben.

Exkurs: Werk-an-Werk-Umlagerungen

Umlagerungen zwischen verschiedenen Werken werden in der SAP-Bestandsführung aus der Planung heraus angestoßen und unterscheiden sich aus buchungstechnischer Sicht nicht wesentlich von den Umlagerungen zwischen verschiedenen Lagerorten eines Werkes. Aus dispositiver und buchhalterischer Sicht müssen Umlagerungen zwischen verschiedenen Werken klar von Umlagerungen Lagerort an Lagerort abgegrenzt werden. Werksumlagerungen werden von der Disposition berücksichtigt, da die Disposition auf Werksebene disponiert.

Wenn bei einer Umlagerung zwischen verschiedenen Werken beide Werke unterschiedlichen Bewertungskreisen zugeordnet sind, erstellt das System neben dem Materialbeleg auch einen Buchhaltungsbeleg zur Umlagerung. Die Umlagerung wird mit dem Bewertungspreis des Materials im abgebenden Werk bewertet. Im SAP-ERP-System stehen Ihnen die folgenden Umlagerungsverfahren der Werksumlagerung zur Verfügung:

- Einschrittverfahren
- Zweischrittverfahren
- Umlagerungsbestellung ohne Lieferbeleg
- Umlagerungsbestellung mit Lieferbeleg

Im Folgenden werden Ihnen verschiedene Umlagerungsverfahren innerhalb einer Lagernummer sowie lagernummernübergreifend vorgestellt.

9.2 Lagerinterne Umlagerungen

Lagerinterne Umlagerungen können zwischen verschiedenen Lagerplätzen eines Lagertyps oder verschiedenen Lagertypen erfolgen. Dabei können sowohl Teilmengen als auch vollständige Platz- oder Lagereinheitenmengen umgelagert werden.

9.2.1 Umlagerung zwischen Lagerplätzen

Prozessvariante ❶ in Abbildung 9.1 beschreibt die Umlagerung von Beständen zwischen *verschiedenen Lagerplätzen* innerhalb einer Lagernummer und innerhalb eines Lagerorts. Da sich hierbei der Gesamtbestand innerhalb der Lagernummer und des Lagerorts nicht ändert, ist die Bestandsführung nicht in diesen Prozess involviert. In der Praxis nutzen Sie diesen Prozess, um Platzbestände bzw. komplette Lagereinheiten von einem Lagerplatz auf einen anderen, innerhalb eines Lagertyps bzw. auch lagertypübergreifend umzulagern.

Organisationsstruktur

Als Beispiel dient uns das Distributionszentrum Hamburg mit der Werksnummer 5000, dem Lagerort 5000 und der Lagernummer 500. Die Umlagerung soll zwischen dem Lagerplatz A0102 in Lagertyp 120 und dem Lagerplatz 02-1-02-01 in Lagertyp 110 erfolgen. Hierbei handelt es sich um zwei lagereinheitenverwaltete (LE-verwaltete) Lagertypen. Abbildung 9.2 zeigt die Organisationsstruktur für dieses Beispielunternehmen.

9 | Warenbewegungen und operative Lagerprozesse in WM

```
Werk 5000
Lagernummer 500

┌─────────────────┐                    ┌─────────────────┐
│ Lagertyp 120    │  WM-Bewegungsart   │ Lagertyp 110    │
│ Lagerplatz      │       999          │ Lagerplatz      │
│ A0102           │    »gesamte LE«    │ 02-1-02-01      │
│ Bestand 320 St  │ ────────────────►  │ Bestand 320 St  │
└─────────────────┘                    └─────────────────┘
```

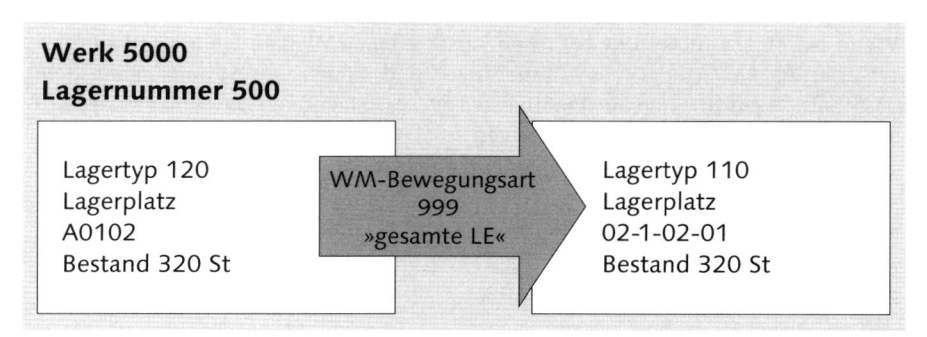

Abbildung 9.2 Organisationsstruktur für die Umlagerung zwischen Lagerplätzen

Prozessbeschreibung

Der Umlagerungsprozess beginnt mit der Selektion von LAGERNUMMER, LAGERTYP sowie MATERIALNUMMER zur Umlagerung (siehe Schritt ❶ in Abbildung 9.3). Die Eingabe der Materialnummer ist in diesem Prozess nicht zwingend erforderlich, beachten Sie jedoch, dass bei Nichtauswahl der Materialnummer alle Platzbestände bzw. Quants oder Lagereinheiten innerhalb des ausgewählten Lagertyps selektiert werden. In diesem Fall müssen Sie das umzulagernde Material aus der Bestandsliste auswählen.

```
         WM
┌──────────────────────┐
│ ❶ Umlagerungstransport-│
│    auftrag anlegen    │
└──────────┬───────────┘
           ▼
┌──────────────────────┐
│   Transportauftrag   │
└──────────┬───────────┘
           ▼
┌──────────────────────┐
│ ❷ Umlagerungstransport-│
│    auftrag quittieren │
└──────────────────────┘
```

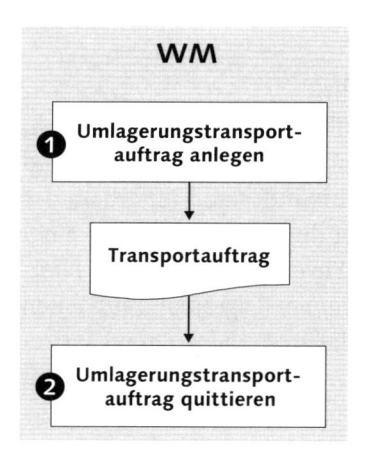

Abbildung 9.3 Lagerinterne Umlagerung (Umlagerung zwischen Lagerplätzen) in WM

Optional können Sie entscheiden, ob die Anzeige der umzulagernden Materialbestände auf Lagerplatz-, Lagereinheiten- oder Quantebene erfolgen soll. Wenn Sie z. B. einzelne Lagereinheiten umlagern möchten, empfiehlt es sich, die Anzeigeoption für Lagereinheiten auszuwählen. Danach selektieren Sie den umzulagernden Bestand und erfassen die Zieldaten der Umlagerung

(NACHLAGERTYP und NACHLAGERPLATZ). Der Prozessschritt endet mit der Erstellung eines Transportauftrags (siehe Abbildung 9.3).

Aus materialflusstechnischen Gründen müssen nun innerhalb des Prozesses die Auslagerung aus dem ersten Lagerplatz, der physische Transport zum Nachlagerplatz und die abschließende Einlagerung erfolgen.

Abschließend müssen Sie die Umlagerung anhand des Transportauftrags quittieren (Schritt ❷). Die Transportauftragsquittierung kann direkt bei der Einlagerung in den Nachlagerplatz mithilfe von SAP Radio Frequency (RF) oder indirekt im Anschluss an den physischen Prozess mithilfe einer SAP-GUI-Transaktion erfolgen.

Systembeispiel zur lagerinternen Umlagerung

Im Systembeispiel wird nun die komplette lagerinterne Umlagerung am Beispiel unseres Materials KF1010 durchlaufen. In Schritt ❶ erfassen wir die lagerinterne Umlagerung für unser Material KF1010 mithilfe der Transaktion LT10. Um die Transaktion aufzurufen, navigieren Sie über LOGISTIK • LOGISTICS EXECUTION • LAGERINTERNE PROZESSE • UMLAGERUNG • TRANSPORTAUFTRAG ANLEGEN LT10 – AUS BESTANDSLISTE (siehe Abbildung 9.4).

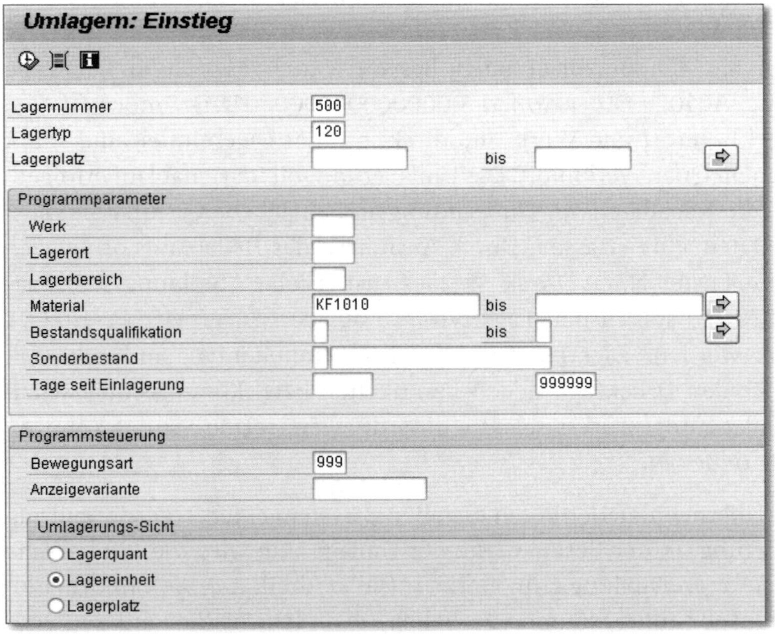

Abbildung 9.4 Einstieg in die Umlagerung (Transaktion LT10)

Die Umlagerung erfolgt für das Material KF1010 aus dem LE-verwalteten Lagertyp 120 mit der WM-Bewegungsart 999. Da nur eine Lagereinheit von KF1010 umgelagert werden soll, haben wir im Bereich UMLAGERUNGS-SICHT den Radiobutton LAGEREINHEIT markiert. Dies bewirkt, dass einzelne Lagereinheiten von Material KF1010 ausgewählt werden können (siehe Abbildung 9.5).

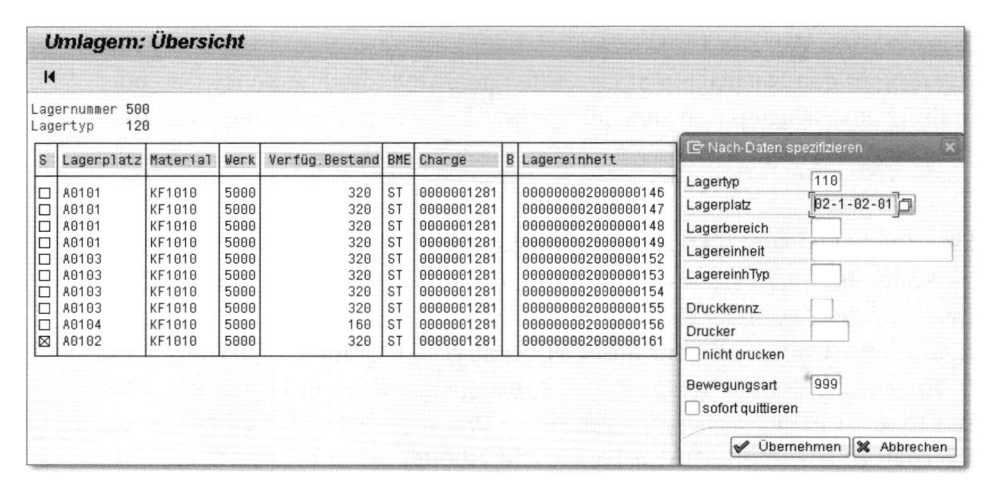

Abbildung 9.5 Lagereinheitenselektion zur Umlagerung des Materials KF1010

Selektieren Sie den umzulagernden Bestand durch Markieren der Zeile (LAGERPLATZ A0102, LAGEREINHEIT 000000002000000161). Informationen wie Charge, Lagerort und Werk sind direkt mit der Lagereinheit und somit direkt mit dem Quant verknüpft. Die Umlagerung soll im Hellablauf erfolgen. Das heißt, die Nachdaten der Umlagerung sind eingabebereit, und Sie müssen diese Daten aktiv erfassen. Durch Ausführen des Hellablaufs öffnet sich das Pop-up-Fenster NACH-DATEN SPEZIFIZIEREN (siehe Abbildung 9.5). Das Material KF1010 soll in den Lagertyp 110 auf den Lagerplatz 02-1-02-01 umgelagert werden. Lagerbereich oder Lagereinheitentyp sind optional. Möchten Sie den Druck von neuen LE-Etiketten bzw. Kommissionierscheinen im Umlagerungsprozess selektiv unterdrücken, setzen Sie das Kennzeichen NICHT DRUCKEN.

Durch das Übernehmen der Daten erstellt das System einen Transportauftrag zur Umlagerung. In der Bestandsliste der Umlagerung wird die erfolgreiche Transportauftragserstellung grün markiert (siehe Abbildung 9.6). Informationen zur Transportauftragsnummer erhalten Sie, indem Sie die Funktion PROTOKOLL ANZEIGEN aufrufen (Transportauftragsnummer 91).

9.2 Lagerinterne Umlagerungen

Umlagern: Übersicht								
Lagernummer 500								
Lagertyp 120								
S	Lagerplatz	Material	Werk	Verfüg.Bestand	BME	Charge	B	Lagereinheit
☐	A0101	KF1010	5000	320	ST	0000001281		000000002000000146
☐	A0101	KF1010	5000	320	ST	0000001281		000000002000000147
☐	A0101	KF1010	5000	320	ST	0000001281		000000002000000148
☐	A0101	KF1010	5000	320	ST	0000001281		000000002000000149
☐	A0103	KF1010	5000	320	ST	0000001281		000000002000000152
☐	A0103	KF1010	5000	320	ST	0000001281		000000002000000153
☐	A0103	KF1010	5000	320	ST	0000001281		000000002000000154
☐	A0103	KF1010	5000	320	ST	0000001281		000000002000000155
☐	A0104	KF1010	5000	160	ST	0000001281		000000002000000156
✓	A0102	KF1010	5000	320	ST	0000001281		000000002000000161

Abbildung 9.6 Erfolgreiche Transportauftragserstellung

In Schritt ❷ quittieren wir den Umlagerungstransportauftrag mithilfe von SAP RF. Dafür müssen Sie an einem mobilen Terminal angemeldet sein. Der Umlagerungstransportauftrag wurde aufgrund der Bewegungsdaten des Transportauftrags (Transportart X der Bewegungsart 999 sowie Von- und Nachdatenselektion ***) der Queue-Umlagerung UMLAG_LAG zugeordnet. Zunächst werden Ihnen die Vondaten und daran anschließend die Nachdaten der Umlagerung auf dem mobilen Terminal angezeigt (siehe Abbildung 9.7). Durch Bestätigen der Entnahme und Einlagerung am Nachplatz erfolgt die TA-Quittierung.

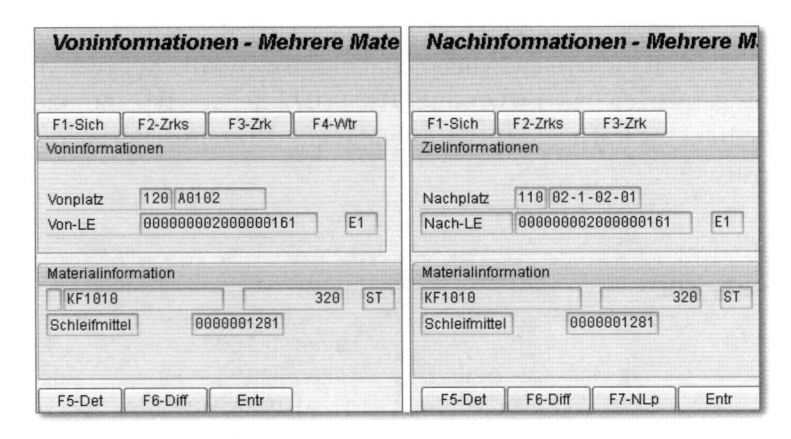

Voninfomationen - Mehrere Mate	Nachinfomationen - Mehrere M.
F1-Sich F2-Zrks F3-Zrk F4-Wtr	F1-Sich F2-Zrks F3-Zrk
Voninformationen	**Zielinformationen**
Vonplatz 120 A0102	Nachplatz 110 02-1-02-01
Von-LE 000000002000000161 E1	Nach-LE 000000002000000161 E1
Materialinformation	**Materialinformation**
KF1010 320 ST	KF1010 320 ST
Schleifmittel 0000001281	Schleifmittel 0000001281
F5-Det F6-Diff Entr	F5-Det F6-Diff F7-NLp Entr

Abbildung 9.7 TA-Quittierung per RF – Von- und Nachdaten

Wir schließen unser Beispiel mit der Anzeige des quittierten Transportauftrags 142 ab (optionaler Schritt ❸). Dazu lassen wir uns in Abbildung 9.8 den Transportauftrag 142 zum Material anzeigen (Transaktionscode LT24). Der Transportauftrag hat den Status QUITTIERT, OHNE DIFFERENZ.

9 | Warenbewegungen und operative Lagerprozesse in WM

```
Transportaufträge: Liste zum Material
⏮ ◀ ▶ ⏭ 🔍 🖨 ▽ ▽ Σ 📋 📋Auswählen  📋Sichern  🔄 A 🔽 📋 📝

Lagernummer    500 DC Hamburg I

TA-Nummer  Pos. Material              B S Typ Vonplatz        Sollmenge Von  AME Q QS Vonlagereinheit
SUB Werk Charge      Erst.dat             Typ Nachplatz       Sollmenge Nach     Qu
                                          Typ Rückplatz       Sollmenge Rück

0000000142 0001 KF1010                    120 A0102               320  ST  1 ▣ 000000002000000161
    5000 0000001281 12.09.2013            110 02-1-02-01          320          ▫
                                                                    0
```

Abbildung 9.8 Anzeige des Transportauftrags zur Umlagerung

9.2.2 Umlagerung von Teilmengen eines Quants

Sollen *Teilmengen eines Lagerquants* (Prozessvariante ❷ aus Abbildung 9.1) innerhalb einer Lagernummer bewegt werden, kann dies nur mit der Transaktion LT01 (Transportauftrag anlegen ohne Vorlage) geschehen. Mögliche Gründe für die Umlagerung einer Teilmenge sind z. B. das Auffüllen eines Kommissionierplatzes mit einer restriktiven Kapazität oder die Aufteilung einer homogenen Lagereinheit auf mehrere kleinere Lagereinheiten (Umpalettierung bzw. Abpalettierung).

Organisationsstruktur

Ausgangsbasis ist das bekannte Distributionszentrum Hamburg (siehe Abschnitt 9.2.1, »Umlagerung zwischen Lagerplätzen«). Die Umlagerung erfolgt für das Material KF1010 zwischen dem Lagerplatz A0101 in Lagertyp 120 und den Lagerplätzen 01-01-01/A und 01-01-01/B in Lagertyp 160 und dem Lagertyp 100, Lagerplatz A-01-01. Abbildung 9.9 veranschaulicht die Organisationsstruktur.

Werk 5000
Lagernummer 500

| Lagertyp 110
Lagerplatz
A0101
120 St | WM-Bewegungsart
999
Umlagerung
2 × 40 St C1
1 × 40 St E1 | Lagertyp 160
Lagerplatz
01-01-01/A 40 St
01-01-01/B 40 St

Lagertyp 100
Lagerplatz
A0101 40 St |

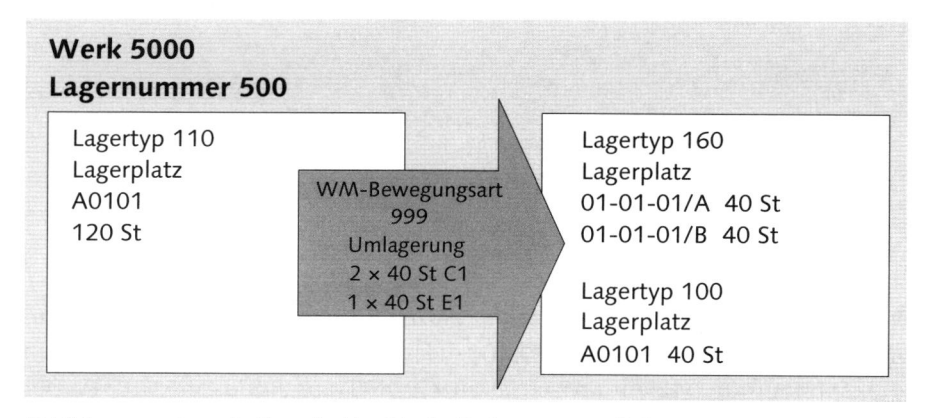

Abbildung 9.9 Organisationsstruktur für die Umlagerung von Teilmengen eines Quants

Prozessbeschreibung

Der Umlagerungsprozess von Teilmengen eines Lagerplatzes kann betriebswirtschaftlich unterschiedlich bedingt sein. In unserem Fall basiert der Umlagerungsprozess auf einer Kundenanforderung, bei der verschiedene Kunden nur Chep-Paletten (LET C1) in ihrem Lager akzeptieren. In unserem Beispielunternehmen sollen hingegen die Materialien auf Europaletten (LET E1 80 × 120 cm) gelagert werden. Da eine Umpalettierung während des Verpackungsprozesses nicht erwünscht ist, soll schon während der Kundenbelieferung eine Umlagerung (Umpalettierung) erfolgen. Die umpalettierten Mengen sollen im Lagertyp 160 gelagert werden, der speziell für Chep-Paletten vorgesehen ist.

Der Bestand eines Lagerplatzes soll in einem Schritt auf zwei unterschiedliche Nachlagerplätze sowie zwei kleinere Ladungsträger (Chep-Palette 60 × 80 cm) umgebucht werden. Die Lieferungen an die entsprechenden Kunden werden dann aus diesem Lagertyp bedient.

Wie bei der Umlagerung aus der Bestandsliste müssen Sie auch bei diesem Umlagerungsprozess zunächst spezifizieren, innerhalb welcher Lagernummer umgelagert werden soll und welche WM-Bewegungsart hierfür genutzt wird. Im SAP-Standard können Sie auch für diese Umlagerung die WM-Bewegungsart 999 nutzen.

Da in diesem Prozess nur jeweils ein Material umgelagert werden kann, ist es erforderlich, zunächst das entsprechende Material, die umzulagernde Menge und das Werk in der Positionsdatenübersicht zu spezifizieren.

Nachdem Sie die allgemeinen Umlagerungsparameter spezifiziert haben, können Sie in die Vorbereitungsdaten der Umlagerung verzweigen. Nach der Eingabe der Palettierungsdaten und des Nachlagertyps verzweigt das System in die Positionsdetaildaten. In den Positionsdetaildaten ist es erforderlich, den Vonlagertyp und -platz sowie den Nachlagertyp und -platz der Umlagerung zu erfassen. Durch das Sichern der Eingaben wird ein Umlagerungstransportauftrag sowie bei LE-verwalteten Lagertypen ein neues LE-Etikett erstellt. Im Lager erfolgen zunächst die Auslagerung aus dem Vonlagerplatz, die physische Umlagerung auf die entsprechenden Ladungsträger, eine eventuelle Neuetikettierung und abschließend die Einlagerung auf den Nachlagerplatz. Buchungstechnisch endet der Prozess mit der Quittierung des Transportauftrags. Im Folgenden werden diese Schritte an einem Systembeispiel erläutert.

Systembeispiel zur Teilmengenumlagerung in WM

Das Systembeispiel zur lagerinternen Umlagerung von Teilmengen basiert auf den folgenden Prozessschritten:

1. Anzeige der WM-Bestandsübersicht (WM-Bestand zum Material)
2. Umlagerung durchführen
3. Transportauftrag zur Umlagerung quittieren
4. Anzeige der Bestandsübersicht (WM-Bestand zum Material)

Beginnen wir also, indem wir uns in Schritt ❶ den WM-Gesamtbestand für das Material KF1010 in der Lagernummer anzeigen lassen. Starten Sie hierfür die Transaktion LS26 (Bestandsübersicht, siehe Abbildung 9.10).

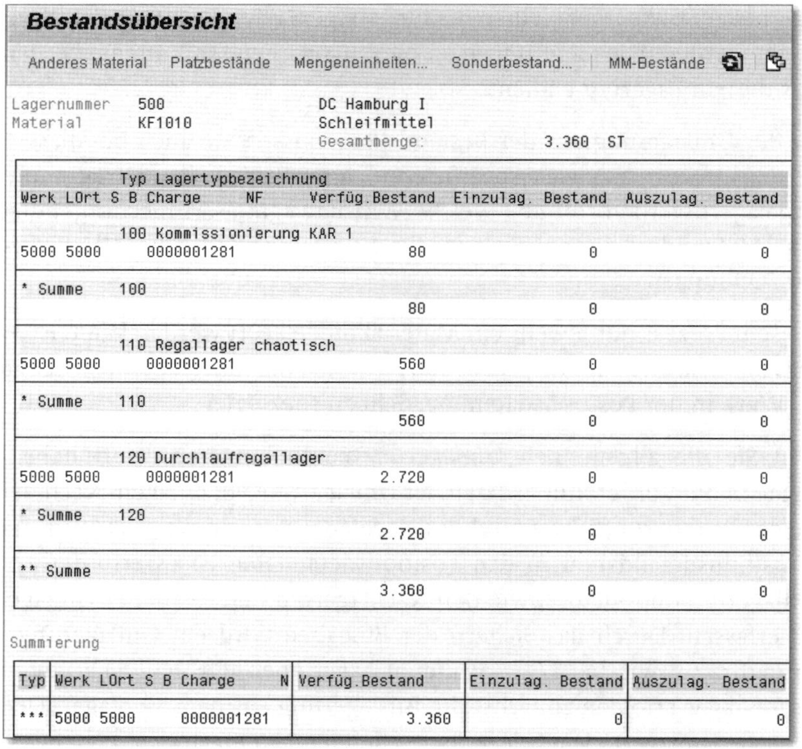
Bestandsübersicht
Anderes Material
Platzbestände
Mengeneinheiten...
Sonderbestand...
MM-Bestände
Lagernummer 500 DC Hamburg I
Material KF1010 Schleifmittel
Gesamtmenge: 3.360 ST
Typ Lagertypbezeichnung
Werk LOrt S B Charge NF Verfüg.Bestand Einzulag. Bestand Auszulag. Bestand
100 Kommissionierung KAR 1
5000 5000 0000001281 80 0 0
* Summe 100
80 0 0
110 Regallager chaotisch
5000 5000 0000001281 560 0 0
* Summe 110
560 0 0
120 Durchlaufregallager
5000 5000 0000001281 2.720 0 0
* Summe 120
2.720 0 0
** Summe
3.360 0 0
Summierung
Typ Werk LOrt S B Charge N Verfüg.Bestand Einzulag. Bestand Auszulag. Bestand
*** 5000 5000 0000001281 3.360 0 0

Abbildung 9.10 Bestandsübersicht in WM

Material KF1010 hat einen Gesamtbestand von 3.360 Stück, der sich auf die Lagertypen 100 (80 Stück) und 110 (560 Stück) sowie 120 (2.720 Stück) verteilt. Aus diesem Bestand sollen nun 120 Stück (ST) in einem Schritt auf verschiedene Lagerplätze umgelagert werden. Dazu ist eine Lagerplatz-an-Lagerplatz-Umlagerung ohne Vorlage unter Verwendung der Transaktion LT01 zu erfassen (Schritt ❷). Sie rufen den Transaktionscode LT01 über LOGISTIK • LOGISTICS EXECUTION • LAGERINTERNE PROZESSE • UMLAGERUNG • TRANSPORTAUFTRAG ANLEGEN • LT01 OHNE VORLAGE auf. Nach Aufruf des Transaktionscodes erfassen Sie die POSITIONSDATEN für das Material KF1010 (siehe Abbildung 9.11).

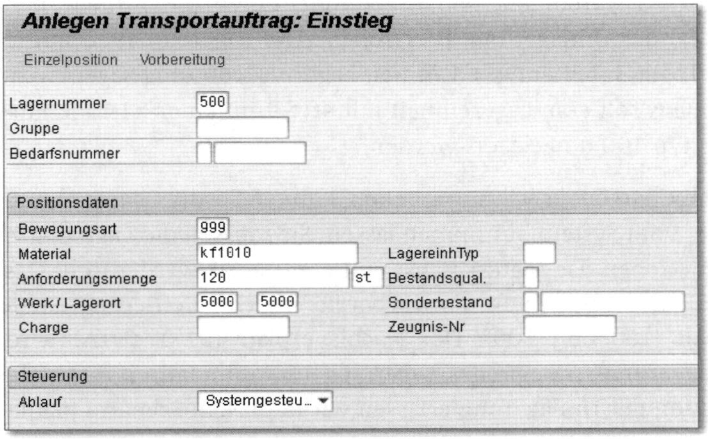

Abbildung 9.11 Anlegen des Transportauftrags zur Umlagerung

Daraufhin gelangen Sie über den Button VORBEREITUNG in die Vorbereitungsdaten der Umlagerung (siehe Abbildung 9.12).

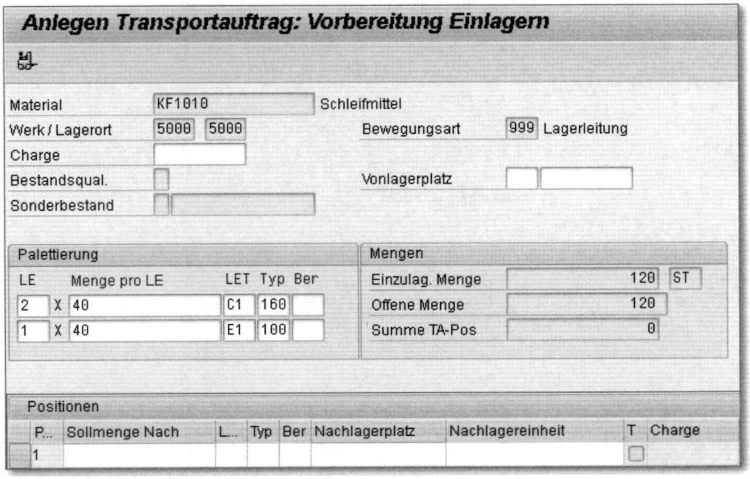

Abbildung 9.12 Vorbereitung der Umlagerung

> **Palettierung**
>
> Die Vorbereitungsdaten der Palettierung im Umlagerungsprozess können Sie nur dann eingeben, wenn Sie in der Umlagerungsbewegungsart im Bereich BILDSTEUERUNG für die TA-ERSTELLUNG die Einstellung 1 – VORB. EINLAGERN – gewählt haben.

Pflegen Sie zunächst im Bereich PALETTIERUNG die Anzahl der Lagereinheiten (LE), die Menge je Lagereinheit, den Lagereinheitentyp (LET) sowie den Nachlagertyp (TYP) der Umlagerung. Hier sollen zwei Lagereinheiten mit je 40 ST und dem Lagereinheitentyp C1 in den Lagertyp 160 umgelagert werden. Darüber hinaus soll eine Lagereinheit mit 40 ST auf einer E1-Lagereinheit in den Lagertyp 100 umgelagert werden.

Sollten Sie mit der Chargenverwaltung arbeiten, können Sie die Charge manuell vorgeben oder vom System bestimmen lassen. Sie müssen die Lagerplätze spezifizieren, von denen das Material aus- und eingelagert werden soll. Das System schlägt die Lagertypen vor, die wir bereits in den Palettierungsdaten spezifiziert haben (160 und 100). Der Nachlagerplatz (01-01-01/A) wird anhand der Einlagerungsstrategie des Lagertyps 160 automatisch ermittelt. Die Voninformation der Umlagerung erfassen wir in diesem Szenario manuell, da wir vorgeben möchten, von welchem Lagerplatz ausgelagert werden soll (siehe Abbildung 9.13). Da wir in den Vorbereitungsdaten der Umlagerung drei LEs angegeben haben, erstellt das System final drei TA-Positionen.

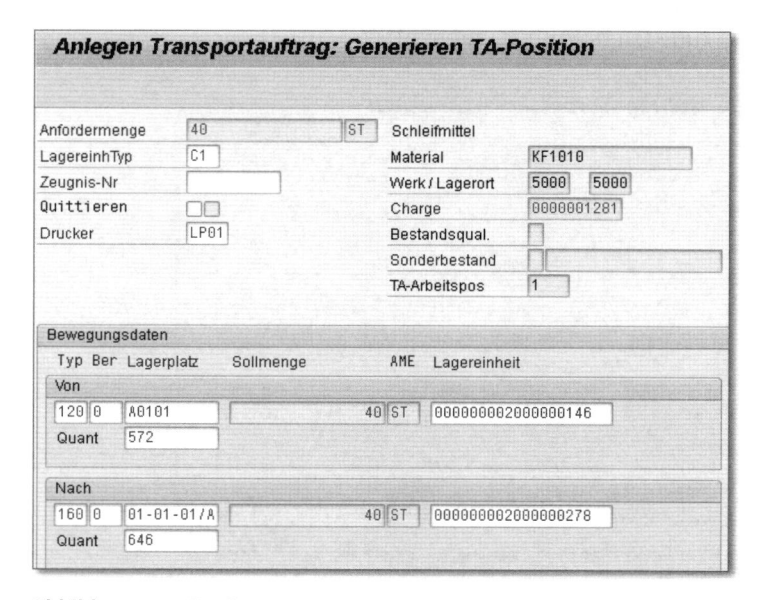

Abbildung 9.13 TA-Position generieren

Nachdem Sie die Transaktion gesichert haben, erstellt das System einen Transportauftrag für die Umlagerung und druckt automatisch neue LE-Etiketten für die Lagereinheiten 000000002000000278 und 000000002000000279. Transportbedarfe werden bei dieser lagerinternen Umlagerung nicht benötigt. Für die dritte Position des Transportauftrags wurde keine LEs erstellt, da der Lagertyp 100 nicht LE-verwaltet wird. Abbildung 9.14 zeigt das LE-Etikett für die Lagereinheit 000000002000000279.

```
Lagernummer          500
Lagereinheit         000000002000000279

Von                  120                  Durchlaufregallager
                     0                    Gesamtbereich
                     A0101                000000002000000146

Nach                 160                  CEP-Palettenlager
                     0                    Gesamtbereich
                     01-01-01/B           000000002000000279
```

Abbildung 9.14 Lagereinheitenetiketten

Neben den LE-Etiketten wird auch der Transportauftrag zur Umlagerung in Papierform ausgedruckt. Im physischen Umlagerungsprozess entnimmt der Lagerarbeiter zunächst eine Vollpalette vom Vonlagerplatz und bewegt die Paletten in eine Umpackzone. Nun erfolgt das Umpacken von der kompletten Lagereinheit E1 auf die Nachlagereinheit C1. Nach dem physischen Umpacken erfolgt die Einlagerung auf dem Nachlagerplatz.

In Schritt ❸ quittieren wir den Transportauftrag zur Umlagerung. Die Umlagerung erfolgt mit der Transaktion LT12 (Transportauftrag quittieren) über LOGISTIK • LOGISTICS EXECUTION • LAGERINTERNE PROZESSE • UMLAGERUNG • TRANSPORTAUFTRAG QUITTIEREN. Nachdem Sie die Transaktion gesichert haben, ist die Umlagerung buchungstechnisch abgeschlossen. Die neue Bestandssituation stellt sich folgendermaßen dar:

- Der Bestand im Lagertyp 100 hat sich um 40 ST erhöht.
- Der Bestand im Lagertyp 110 hat sich um 120 ST verringert.
- Der Bestand im Lagertyp 160 hat sich um 80 ST erhöht.

Schritt ❹ besteht aus der Anzeige der aktualisierten Bestandsübersicht.

9.3 Umlagerungen zwischen Lagerorten

Umlagerungen zwischen Lagerorten innerhalb eines Werkes sind erforderlich, wenn Sie Materialbestände innerhalb eines Werkes an verschiedenen Lagerorten verwalten und Warenbewegungen zwischen diesen Lagerorten stattfinden. Die einfache Umlagerung ohne Versandbelege kann im Ein- oder Zweischrittverfahren erfolgen. Der Umlagerungsprozess wird dabei immer in der Bestandsführung angestoßen. Diese und weitere Möglichkeiten der Umlagerung zwischen verschiedenen Lagerorten lernen Sie im Folgenden kennen.

9.3.1 Umlagerung Lagerort an Lagerort mit Start in der Bestandsführung – Einschrittverfahren

Die Prozessvariante ❸ in Abbildung 9.1 (*Umlagerung Lagerort an Lagerort mit Start in der Bestandsführung im Einschrittverfahren*) ist immer dann zu empfehlen, wenn Lagerorte eines Werkes physisch sehr dicht zusammenliegen oder mehrere Lagerorte innerhalb einer Lagernummer verwaltet werden. In letzterem Fall dienen die Lagerorte der bestandsführungstechnischen Trennung der Materialbestände. Es werden weder Transitzeiten für die physische Umlagerung noch der Empfang am Nachlagerplatz bestätigt. Vielmehr kommt es darauf an, die Bestände effizient und schnell zwischen verschiedenen Lagerorten umzubuchen.

Organisationsstruktur

Die Bestände des Produktionsstandorts Hamburg (Werk 5100) werden an zwei unterschiedlichen Lagerorten innerhalb einer Lagernummer verwaltet. Der Lagerort 5010 dient als Produktions- und Zwischenlager für Rohstoffe und Halbfabrikate und ist der Lagernummer 510 zugeordnet. In einem separaten Teil des Lagers werden Fertigprodukte und Halbfabrikate gelagert, die für den Versand vorgesehen sind. Neben der physischen wird auch eine bestandsführungstechnische Trennung durch den Einsatz verschiedener Lagerorte erreicht. Materialien, die dem Versand zur Verfügung stehen, werden am Lagerort 5030 innerhalb der Lagernummer 510 geführt. Abbildung 9.15 zeigt die Organisationsstruktur.

Prozessbeschreibung

Der Prozess der Umlagerung beginnt mit der Auswahl der Bewegungsart für die Einschrittumlagerung von Materialbestandsmengen zwischen Lagerorten eines Werkes. Wir sprechen in diesem Prozess von einer *Umlagerung*, weil

Materialien neben der logischen Umbuchung auch *physisch* bewegt werden. Im ersten Schritt muss spezifiziert werden, von wo Materialien ausgelagert werden sollen. Daher ist es erforderlich, das abgebende Werk und den abgebenden Lagerort zu erfassen. Im zweiten Schritt muss daraufhin definiert werden, was wohin und in welcher Stückzahl umgelagert werden soll. Systemtechnisch ist es notwendig, die Daten zum Nachlagerort der Umlagerung sowie zur Materialnummer und zur umzulagernden Stückzahl anzugeben.

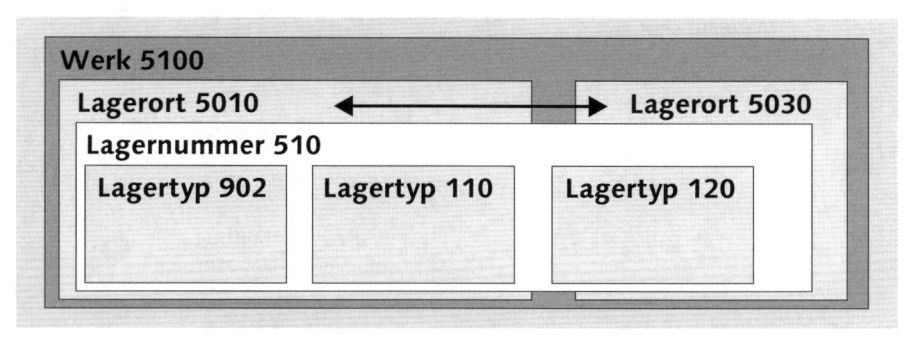

Abbildung 9.15 Organisationsstruktur der Umlagerung Lagerort an Lagerort im Einschrittverfahren

Wie Abbildung 9.16 zeigt, wird aufgrund der Umlagerung in der Bestandsführung ein Materialbeleg erzeugt, der zwei Positionen enthält: eine für den Abgang vom abgebenden Lagerort und eine weitere für den Zugang am empfangenden Lagerort. In der Bestandsführung sind zu diesem Zeitpunkt die Materialbestände bereits umgebucht. Durch die Zuordnung unterschiedlicher Lagernummern zu abgebendem und empfangendem Lagerort werden direkt mit der Erstellung des Materialbelegs Transportbedarfe für die entsprechenden Lagernummern angelegt.

In WM wird aufgrund des Materialbelegs eine Umbuchungsanweisung erstellt (siehe Schritt ❶ in Abbildung 9.16). Mit Bezug zur Umbuchungsanweisung erfolgt in Schritt ❷ die Erstellung eines *Umlagerungstransportauftrags* mit zwei Positionen. Auslagerung und Einlagerung werden über denselben Transportauftrag ausgeführt. Buchungstechnisch erfolgt die Umlagerung über einen WM-Schnittstellenlagertyp. Bei der Erstellung des Transportauftrags können Sie entscheiden, ob die Bestandsmengen auf dem Vonlagerplatz verbleiben sollen (Kennzeichen Umbuchung am Platz) oder ob Sie das Material auf einem neuen Lagerplatz einlagern möchten.

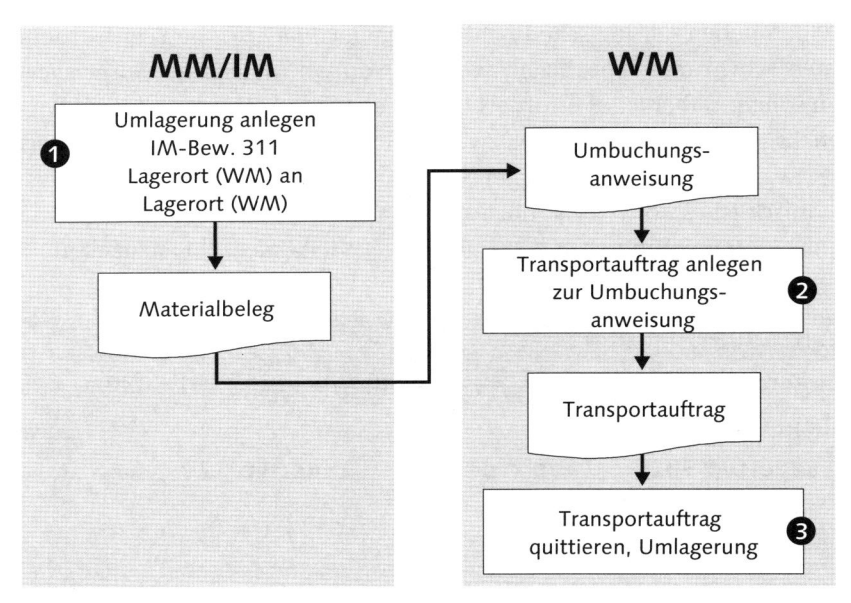

Abbildung 9.16 Umlagerung Lagerort an Lagerort im Einschrittverfahren

Physisch werden die Materialmengen an einen Übergabepunkt verbracht und somit dem empfangenen Lagerort bereitgestellt. Abgeschlossen wird der Umlagerungsprozess durch die Quittierung der Einlagerung (Schritt ❸).

Systembeispiel zur Einschritt-Lagerortumlagerung

In unserem Systembeispiel demonstrieren wir das Szenario Umlagerung Lagerort an Lagerort mit Start in der Bestandsführung im Einschrittverfahren. Bei dieser Umlagerungsform lernen Sie die folgenden Prozessschritte kennen:

❶ Anzeigen der Bestandsübersicht in der Bestandsführung und in WM

❷ Anlegen der Umlagerung Lagerort an Lagerort

❸ Anzeigen Umbuchungsanweisung

❹ Anlegen des Transportauftrags zur Umbuchungsanweisung

❺ Transportauftrag quittieren

❻ Anzeigen der Bestandsübersicht (Bestandsführung) und WM

Unser Beispielmaterial KF1020 hat einen Anfangsbestand von 5.000 Stück im Werk 5100 (Produktionsstandort Hamburg) am Lagerort 5010 (Hublager). Abbildung 9.17 zeigt die Bestandsübersicht in der Bestandsführung (Transaktion MMBE) für das Material KF1020 (Schritt ❶).

9.3 Umlagerungen zwischen Lagerorten

```
Bestandsübersicht: Grundliste

Selektion
Material            KF1020        Platinen
Materialart         FERT          Fertigerzeugnis
Mengeneinheit       ST            Basismengeneinheit    ST

Bestandsübersicht

Detailanzeige
Mandant / Buchungskreis / Werk / Lagerort / Charge / Sonderbestand   Frei verwendbar
▼ Gesamt                                                              24.800,000
  ▼ 0001 LEOGISTICS GmbH                                              24.800,000
    ▼ 5100 DC Hamburg II                                              24.800,000
      ▼ 5010 HuB-Lager                                                 5.000,000
        • 0000000001                                                   5.000,000
```

Abbildung 9.17 Bestandsübersicht in der Bestandsführung

Um direkt von der Bestandsübersicht in der Bestandsführung in die Bestandsübersicht der Lagerverwaltung zu wechseln, navigieren Sie zum Menüpunkt UMFELD • LVS-BESTÄNDE. Danach verzweigt das System direkt in die WM-Bestandsübersicht (siehe Abbildung 9.18).

```
Bestandsübersicht
Anderes Material   Platzbestände   Mengeneinheiten...   Sonderbestand...   MM-Bestände

Lagernummer   510              DC Hamburg II
Material      KF1020           Platinen
                               Gesamtmenge:    22.800 ST

              Typ Lagertypbezeichnung
Werk LOrt S B Charge        NF  Verfüg.Bestand  Einzulag. Bestand  Auszulag. Bestand

              100 Kommissionierung KAR 1
5100 5110     0000000001          9.800              0                  0

* Summe  100
                                  9.800              0                  0

              110 Regallager chaotisch
5100 5010     0000000001          5.000              0                  0
5100 5030     0000000001          5.000              0                  0
5100 5110     0000000001          3.000              0                  0

* Summe  110
                                 13.000              0                  0

** Summe
                                 22.800              0                  0

Summierung

Typ  Werk LOrt S B Charge      N  Verfüg.Bestand  Einzulag. Bestand  Auszulag. Bestand
***  5100 5010    0000000001       5.000              0                  0
***  5100 5030    0000000001       5.000              0                  0
***  5100 5110    0000000001      12.800              0                  0
```

Abbildung 9.18 Bestandsübersicht in WM

Aus diesem Bestand sollen 2.500 Stück an den Versandlagerort 5030 umgelagert werden (Schritt ❷). Der Prozess startet in der Bestandsführung (siehe Abbildung 9.19). Sie erfassen eine Umlagerung mit der IM-Bewegungsart 311 mit der Transaktion MB1B – alternativ verwenden Sie die Transaktion MIGO.

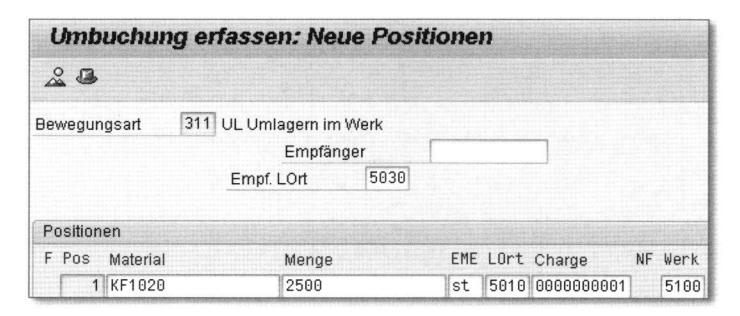

Abbildung 9.19 Umlagerung in der Bestandsführung erfassen

Geben Sie das WERK und den VON-LAGERORT ein, von dem das Material ausgelagert werden soll, und erfassen Sie den NACH-LAGERORT der Umlagerung, das umzulagernde MATERIAL und die MENGE. Bei chargenpflichtigen Materialien muss darüber hinaus auch die umzulagernde Charge spezifiziert werden. Mit Erfassung der Umlagerung erstellt das System einen Materialbeleg in der Bestandsführung, eine Umbuchungsanweisung in WM und zwei Quants auf dem logischen Schnittstellenlagertyp 922 (siehe Abbildung 9.20).

Abbildung 9.20 Quantanzeige Lagertyp 922 (Transaktion LX03)

In der Umlagerung verweist die Bestandsführungsbewegungsart 311 dabei auf die Referenzbewegungsart 309 für Umbuchungen und führt somit zur WM-Bewegungsart 309, bei der eine Umbuchungsanweisung statt eines Transportbedarfs erstellt werden soll. Diese Einstellungen nehmen Sie im

Customizing-Pfad über LOGISTIK • LOGISTICS EXECUTION • LAGERVERWALTUNG • SCHNITTSTELLEN • BESTANDSFÜHRUNG • BEWEGUNGSARTEN DEFINIEREN vor.

Die Umbuchungsanweisung (Schritt ❸) enthält alle umbuchungsrelevanten Daten wie Bewegungsart, Schnittstellenlagertyp und Lagerplatz sowie Informationen zum umzubuchenden Bestand (siehe Abbildung 9.21).

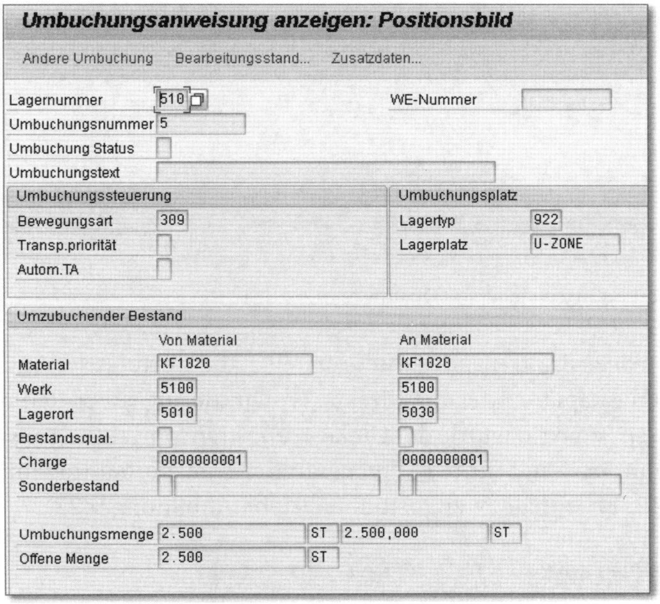

Abbildung 9.21 Anzeige der Umbuchungsanweisung

In Schritt ❹ erstellen wir mit Referenz zur Umbuchungsanweisung einen Umlagerungstransportauftrag. Die Bestandsmengen sollen mit der logischen Lagerort-an-Lagerort-Buchung direkt in den Lagertyp 120 umgelagert werden. Für die Transportauftragserstellung nutzen wir die WM-Transaktion LU04 (Umbuchungsanweisungen anzeigen, siehe Abbildung 9.22).

Wir selektieren 2500 ST aus dem Lagertyp 110 und Lagerplatz 01-1-01-02 als umzulagernde Menge. Möchten Sie die Bestände am Platz umbuchen, markieren Sie das Feld U... (= Umbuchung am Platz) in der jeweiligen Umbuchungszeile. In unserem Szenario sollen die Bestände nicht auf dem Lagerplatz verbleiben, sondern in den Lagertyp 100 umgelagert werden. Um den Umlagerungsprozess im Hellablauf durchzuführen, klicken Sie auf den Button (UMLAGERUNG IM HELLABLAUF). Sie verzweigen somit in die DETAILDATEN DER UMLAGERUNG, in denen Sie die Nachdaten der Umlagerung eingeben können.

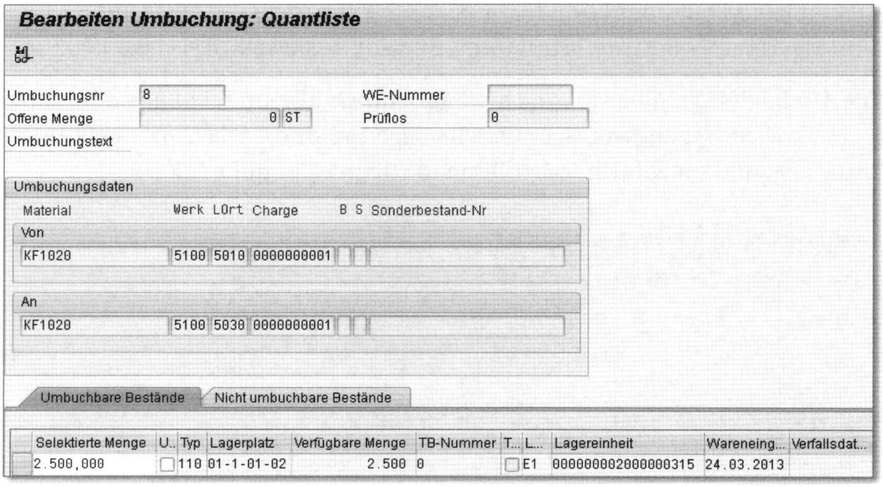

Abbildung 9.22 Transportauftragserstellung – Quantliste

Nachdem Sie den Umlagerungstransportauftrag erstellt haben, erfolgt der Ausdruck der Umlagerungspapiere oder die direkte TA-Quittierung über Radio Frequency. In unserem Szenario wurde der Umlagerungstransportauftrag ausgedruckt, und wir quittieren in Schritt ❺ den gesamten Transportauftrag mit der Transaktion LT12. Er enthält zwei Positionen (siehe Abbildung 9.23).

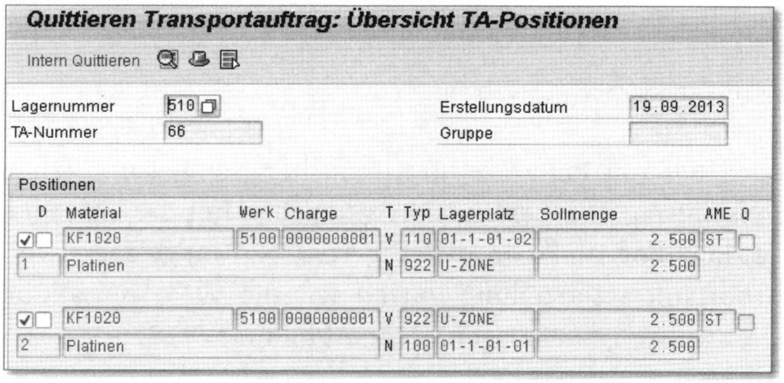

Abbildung 9.23 Transportauftrag quittieren

Nach erfolgter Umlagerung lassen Sie uns nun abschließend in Schritt ❻ die Bestände in der Bestandsführung und in der Lagerverwaltung erneut kontrollieren. Die Bestandssituation in der Bestandsführung stellt sich wie folgt dar:

- Der Bestand am Lagerort 5030 hat sich um 2.500 Stück erhöht.
- Der Bestand am Lagerort 5010 hat sich um 2.500 Stück verringert.

- Der Bestand im Lagertyp 100 hat sich um 2.500 Stück erhöht.
- Der Bestand im Lagertyp 110 hat sich um 2.500 Stück verringert.

> **Sonderformen der Einschrittumlagerung**
>
> Einschrittumlagerungen zwischen Lagerorten im SAP-ERP-System können Sie nicht nur aus dem frei verwendbaren Lagerbestand erfassen. Es ist bei einer Lagerortumlagerung auch möglich, Bestände zwischen verschiedenen Bestandsarten umzubuchen. Im SAP-Standard werden die folgenden Umlagerungen mit gleichzeitiger Umbuchung der Bestandsart unterstützt (siehe Abbildung 9.24).

Werk 5000

Lagerort 5000 / Lagernummer 500 → Lagerort 5120 / Lagernummer 511

- Frei verwendbarer Bestand → Frei verwendbarer Bestand (IM-Bew. 311)
- IM-Bew. 321
- Qualitätsprüfbestand → Qualitätsprüfbestand (IM-Bew. 323)
- IM-Bew. 349
- Gesperrter Bestand → Gesperrter Bestand (IM-Bew. 325)

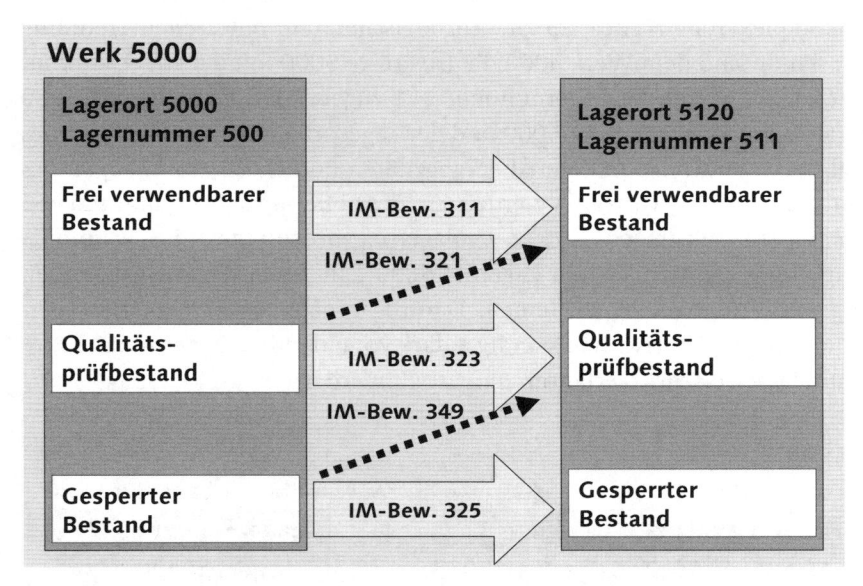

Abbildung 9.24 Sonderformen der Umlagerung »Lagerort an Lagerort« im Einschrittverfahren

9.3.2 Umlagerung Lagerort an Lagerort mit Start in der Bestandsführung – Zweischrittverfahren

Umlagerungen zwischen verschiedenen Lagerorten eines Werkes im Zweischrittverfahren (siehe Prozessvariante ❹ in Abbildung 9.1) bieten sich immer dann an, wenn zwischen den Lagerorten (in der Regel separate Lagerkomplexe) eine physische Distanz besteht, jedoch keine Lieferpapiere benötigt werden. Unter Lieferpapieren verstehen wir in diesem Fall Dokumente, die aus einem SAP-Liefer- oder Transportbeleg heraus erstellt werden. Darüber hinaus sollte die Umlagerung im Zweischrittverfahren auch dann genutzt werden, wenn zwischen der Auslagerung am abgebenden Lagerort und der Vereinnahmung am empfangenden Lagerort eine längere Zeitspanne liegt.

Durch die Vereinnahmung am Empfangsort wird sichergestellt, dass nur Bestände als systemtechnisch verfügbar gelten, die auch physisch das Lager erreicht haben.

Beispiel für eine Umlagerung im Zweischrittverfahren

Als Organisationsstruktur haben wir in diesem Beispiel das Distributionszentrum Hamburg (Werk 5000) ausgewählt. Physisch gehören zum Distributionszentrum Hamburg zwei Lagerkomplexe, die unabhängig voneinander betrieben werden und räumlich getrennt sind. Die Distanz zwischen beiden Lagerkomplexen beträgt ca. 25 km. Zur logischen und physischen Trennung der Bestände sind dem Werk 5000 die Lagerorte 5000 mit der Lagernummer 500 sowie 5120 mit der Lagernummer 511 zugeordnet. Der Lagerort 5000 dient als Hauptlager im Werk 5000 und der Lagerort 5120 als Außenlager des Distributionszentrums, in dem Überkapazitäten und Nachschubmengen des Hauptlagerorts 5000 verwaltet werden (siehe Abbildung 9.25). Aufgrund von Zeitverzögerungen im physischen Umlagerungsprozess der Einschrittumlagerung von Lagerort 5120 an Lagerort 5000 kam es in der Vergangenheit häufig zu Verfügbarkeitsproblemen. Darüber hinaus arbeiten beide Lagerkomplexe organisatorisch vollständig autark voneinander. Daher soll der Prozess auf das Zweischrittverfahren umgestellt werden.

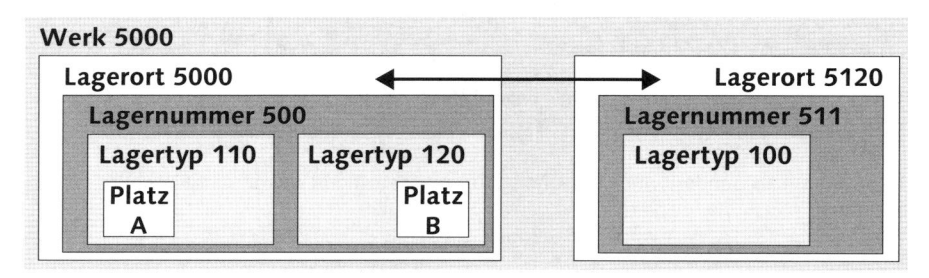

Abbildung 9.25 Organisationsstruktur der Umlagerung Lagerort an Lagerort im Zweischrittverfahren

Prozessbeschreibung

Die zentrale Disposition und Verteilung der Bestände wird durch das Lagerpersonal des Hauptlagerorts 5000 realisiert. Umlagerungen aus dem zentralen Außenlager (Lagerort 5120) werden dabei manuell durch die Lagerdisposition angestoßen. Die Umlagerung bzw. der Nachschub vom Lagerort 5120 erfolgt somit nach dem Pull-Prinzip, bei dem die Bestände bedarfsabhängig umgelagert werden.

Umlagerungen zwischen Lagerorten | **9.3**

Wir werden uns nun im Detail mit den folgenden Prozessschritten beschäftigen (siehe Abbildung 9.26):

❶ Umlagerung erfassen

❷ Auslagerungstransportauftrag anlegen

❸ Auslagerungstransportauftrag quittieren

❹ Wareneingang buchen

❺ Einlagerungstransportauftrag anlegen

❻ Einlagerungstransportauftrag quittieren

MM/IM

❶ Umlagerung anlegen
IM-Bew. 313
Lagerort an Lagerort

Materialbeleg

❷ WE zum Materialbeleg
IM-Bew. 315

Materialbeleg

WM

Transportbedarf
WM-Bew. 311

❸ Auslagerungstransportauftrag anlegen zum TB

Transportauftrag

❹ Auslagerungstransportauftrag quittieren

Transportbedarf
WM-Bew. 312

❺ Einlagerungstransportauftrag anlegen zum TB

Transportauftrag

❻ Einlagerungstransportauftrag quittieren

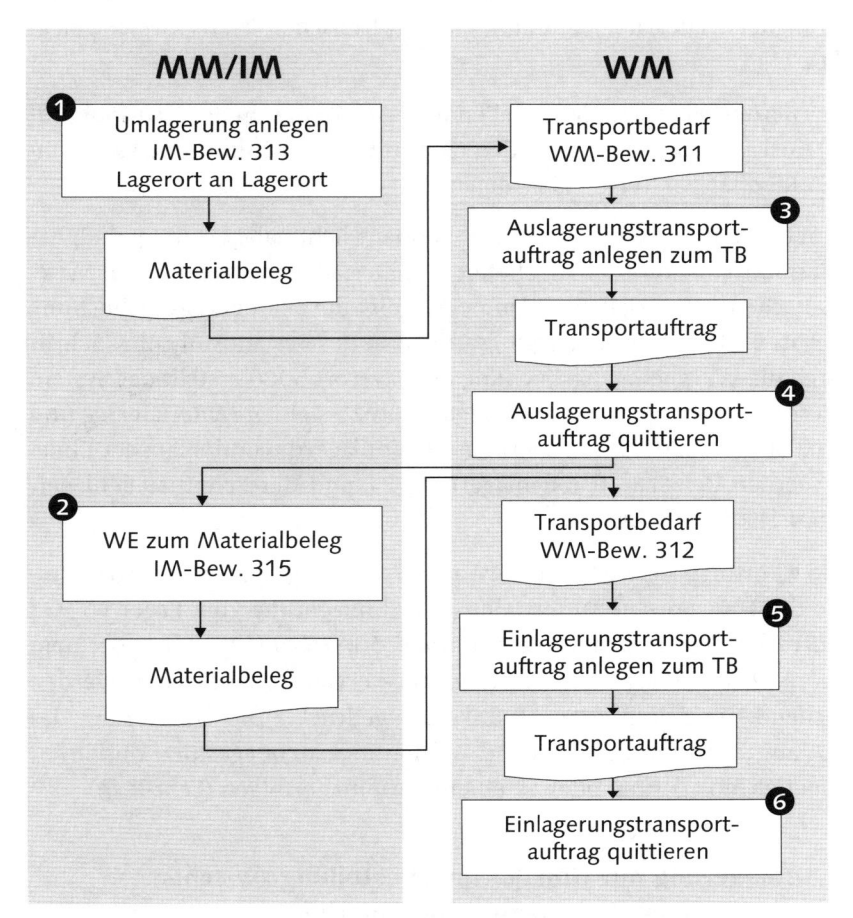

Abbildung 9.26 Prozesskette der Umlagerung Lagerort an Lagerort im Zweischrittverfahren

In Schritt ❶ wird von der Lagerdisposition am Lagerort 5000 eine Umlagerung in der Bestandsführung mit der Bewegungsart 313 mit dem abgebenden

Lagerort 5120 erfasst. Aufgrund der Umlagerung legt das System im Hintergrund einen Materialbeleg und einen Transportbedarf zur Auslagerung in der Lagernummer 511 an. Durch den Transportbedarf erkennt das Lagerpersonal in der Lagernummer 511, dass Materialien für den Lagerort 5000 bereitgestellt werden müssen. Der erstellte Transportbedarf wird in Schritt ❷ in einen Transportauftrag umgewandelt, der die physische Auslagerung und Bereitstellung der angeforderten Materialien bewirkt. Als Nachlagertyp der Auslagerung wird der dynamische Schnittstellenlagertyp 921 sowie der Lagerplatz TRANSFER vorgeschlagen. Um die Referenz zur Anforderung im Wareneingang des Lagerorts 5000 zu ermöglichen, sollte ein Materialbegleitschein mit der Materialbelegnummer dem physischen Transport beigelegt werden.

Nach der Bereitstellung der Materialien im Lager kann nun der Transportauftrag zur Auslagerung quittiert werden (Schritt ❸). Die Quittierung kann mithilfe von RF oder per Terminal erfolgen.

Nachdem die Materialien den Lagerort 5000 erreicht haben, erfolgt die physische Bestandskontrolle der angelieferten Materialien. Mit Bezug zum Materialbegleitschein (Materialbelegnummer) erfolgt die Wareneingangsbuchung am Lagerort 5000 mit der Bewegungsart 315 in der Bestandsführung (Schritt ❹). Durch die Wareneingangsbuchung am Lagerort 5000 erstellt das System im Hintergrund analog zum Warenausgangsprozess einen Materialbeleg und einen Transportbedarf zur Einlagerung. Als Vonlagertyp und -platz der Einlagerung werden der Schnittstellenlagertyp 921 und der Schnittstellenlagerplatz TRANSFER vorgeschlagen.

In Schritt ❺ erfolgt basierend auf der Lagertypfindung und der Einlagerungsstrategie die Transportauftragserstellung zur Einlagerung vom Lagertyp 921 in einen realen Lagertyp der Lagernummer 500. Handelt es sich bei dem Nachlagertyp der Einlagerung um einen LE-verwalteten Lagertyp, werden entsprechend der Palettierung LE-Etiketten gedruckt. Die Quittierung des Transportauftrags kann abschließend wiederum, barcodegestützt durch RF, direkt bei der Einlagerung oder an einem Terminal erfolgen (Schritt ❻).

9.3.3 Umlagerung mit Umlagerungsbestellung zwischen verschiedenen Lagerorten eines Werkes

Die Umlagerung mit Umlagerungsbestellung zwischen verschiedenen Lagerorten eines Werkes (Prozessvariante ❺ in Abbildung 9.1) bildet neben den in den vorangegangenen Abschnitten vorgestellten Umlagerungsformen eine weitere Möglichkeit, Bestände zwischen zwei Lagerorten umzulagern. Gegenüber der Umlagerung im Einschritt- oder Zweischrittverfahren bietet die Umlagerung mit Umlagerungsbestellung folgende Vorteile:

- Erstellung von Auslieferungen mit Bezug zur Umlagerungsbestellung und Nutzung damit verbundener Funktionalitäten wie Lieferscheindruck, Terminierung und ATP
- Nutzung der LES-Transportfunktionalität aufgrund der erstellten Auslieferungen möglich (Frachtkostenberechnung, Transportnachrichten etc.)
- Avisierung der ankommenden Waren am Empfangslagerort über Transitbestände
- Möglichkeit der Automatisierung der Umlagerungsprozesse durch den Einsatz von Dispositionsbereichen in der Planung

Organisationsstruktur

Auch in diesem Szenario greifen wir auf das Distributionszentrum Hamburg (Werk 5100) zurück. Zu diesem Distributionszentrum gehören zwei Lagerkomplexe, die unabhängig voneinander betrieben werden und räumlich getrennt sind. Zur logischen und physischen Trennung der Bestände sind dem Werk 5100 die Lagerorte 5110 mit der Lagernummer 510 sowie 5120 mit der Lagernummer 511 zugeordnet. Der Lagerort 5110 dient als Hauptlager im Werk 5100 und der Lagerort 5120 als Außenlager des Distributionszentrums, in dem Überkapazitäten und Nachschubmengen des Hauptlagerorts 5110 verwaltet werden (siehe Abbildung 9.27). Zur Optimierung des unternehmensinternen Materialflusses soll der bisherige zweistufige Umlagerungsprozess auf das Verfahren der Umlagerung mit Umlagerungsbestellung zwischen Lagerorten umgestellt werden. Mit der Umstellung auf den Prozess der Umlagerungsbestellung sollen folgende Ziele erreicht werden:

- Nutzung eines einheitlichen Lieferscheins auf Basis der SAP-Lieferung
- Erstellung von Transportpapieren für Umlagerungen zwischen Lagerorten sowie direkte Abrechnung
- einheitliches Reporting auf der Grundlage des Liefer- und Transportbelegs (Umlagerungsmengen, Transportkosten, Distributions- und Beschaffungskosten)
- erhöhte Bestandstransparenz im Umlagerungsprozess

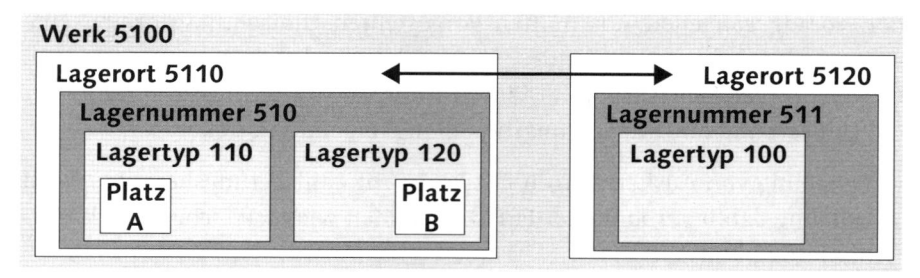

9 | Warenbewegungen und operative Lagerprozesse in WM

Abbildung 9.27 Organisationsstruktur des Werkes 5100

Prozessbeschreibung

Abbildung 9.28 zeigt die Hauptprozessschritte, die im Umlagerungsprozess mit Umlagerungsbestellung zwischen Lagerorten eines Werkes durchlaufen werden.

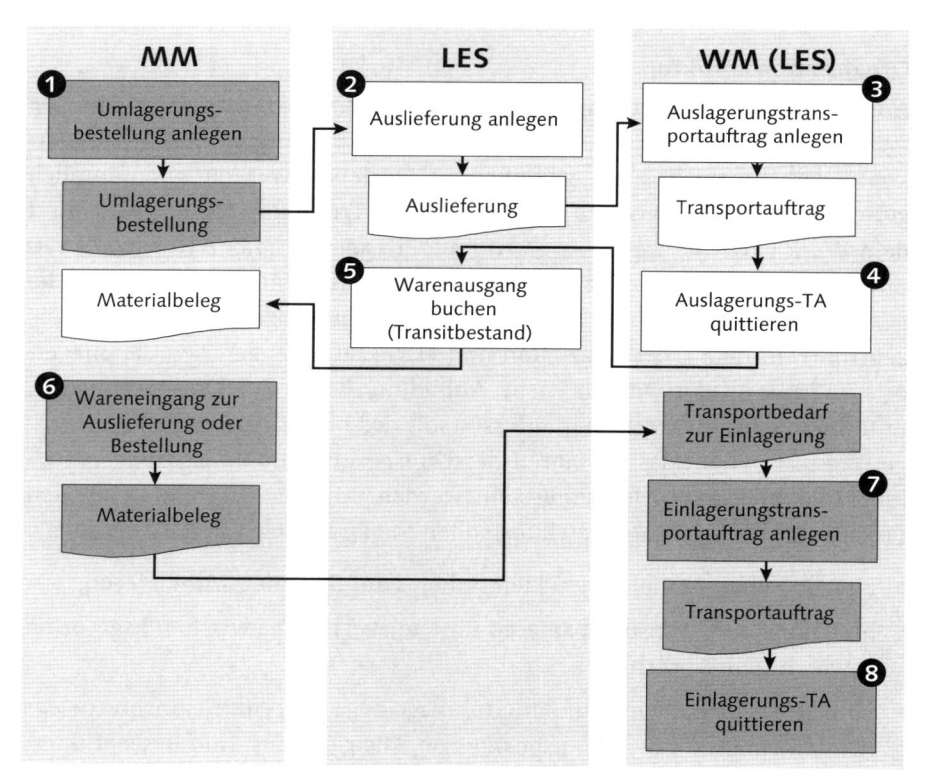

Abbildung 9.28 Hauptprozessschritte Umlagerungsbestellung zwischen Lagerorten eines Werkes

Systemtechnisch beginnt der Umlagerungsprozess mit dem Erfassen einer Umlagerungsbestellung in der Materialwirtschaft bzw. dem Einkauf (Schritt ❶) am empfangenden Lagerort. In der Praxis wird dieser Schritt jedoch häufig vom Lagerpersonal bzw. der Disposition ausgeführt. Beachten Sie deshalb, dass die entsprechenden Personen in der Disposition bzw. im Lager über entsprechende Berechtigungen zum Anlegen von Bestellungen verfügen müssen. Da es sich bei der Umlagerungsbestellung um eine Umlagerung innerhalb eines Werkes handelt, sind Lieferwerk und empfangendes Werk identisch. In den Positionsdaten der Umlagerungsbestellung müssen neben Materialien, Mengen und Lieferterminen auch der *empfangende* und *abgebende Lagerort* spezifiziert werden.

> **Umlagerbestellung**
>
> Arbeiten Sie in Ihrem Unternehmen generell mit Bestellanforderungen (BANF), ist es auch möglich, die Bestellung mit Referenz zu einer Umlagerungsbestellanforderung anzulegen.

Unter Verwendung des *empfangenden Lagerorts* bestimmt das System aufgrund von Customizing-Einstellungen in der Materialwirtschaft einen Warenempfänger. Dafür muss im Customizing der Kombination aus Werk und Lagerort ein entsprechender Debitorenstamm zugeordnet sein. Im Debitorenstamm ist es erforderlich, eine entsprechende Versandbedingung zu pflegen, die Einfluss auf die Versandstellenfindung am abgebenden Lagerort hat. Zudem muss in den allgemeinen Daten des Debitorenstamms eine Transportzone gepflegt sein, die bei der Routenfindung als empfangende Transportzone interpretiert wird.

Um den Versand vom abgebenden Lagerort ausführen zu können, muss der Lieferbeleg eine Versandstelle enthalten, die bereits bei der Umlagerungsbestellung bestimmt wird. Die Versandstellenfindung kann mithilfe des Werkes (SAP-Standard für Auslieferungen) oder lagerortabhängig (SAP-Standard für Umlagerungen Lagerort an Lagerort mit Umlagerungsbestellung) erfolgen. Für jede Lieferart müssen Sie im Customizing festlegen, welche Art der Versandstellenfindung genutzt werden soll. Auf Basis der gewählten Methode zur Versandstellenfindung muss dann die werks- oder lagerortabhängige Versandstellenfindung im Customizing aktiviert werden. Für die Routenfindung in der Lieferung muss in der Versandstelle des abgebenden Lagerorts eine entsprechende Transportzone definiert sein, die als abgebende Transportzone interpretiert wird.

> **Umlagerbestellung zwischen Lagerorten**
>
> Wenn Sie in Ihrem Unternehmen Umlagerungsbestellungen zwischen mehr als zwei Lagerorten ausführen, ist es Empfehlenswert, die lagerortabhängige Versandstellenfindung zu nutzen.

Mit Bezug zur Umlagerungsbestellung kann nun in Schritt ❷ in LES eine Umlagerungsbestellung mit der Lieferart NL angelegt werden. Die Liefererstellung erfolgt in der Regel mithilfe eines Batch-Jobs, der in bestimmten Zeitabständen lieferrelevante Umlagerungsbestellungen selektiert und in Lieferungen umwandelt. Bei der Liefererstellung übernimmt das System die zuvor ermittelten Versanddaten aus der Umlagerungsbestellung. Hierbei handelt es sich um die folgenden Parameter:

- Versandstelle
- Warenempfänger
- Route
- Versandbedingung
- Ladegruppe aus dem Materialstamm der jeweiligen Materialposition

Darüber hinaus prüft das System, ob auf Positionsebene der Umlagerungsbestellung die zuvor genannten Versandparameter abweichen. Sollten abweichende Parameter festgestellt werden, führt das System automatisch einen *Liefer-Split* durch, um die Split-Positionen unterschiedlich zu behandeln und zu beliefern. Damit werden eventuelle Inkonsistenzen in der physischen Distribution vermieden. Möchten Sie die Lieferungen jedoch zusammen transportieren, kann im LES-Transport eine erneute Konsolidierung erreicht werden.

Durch Übernahme des abgebenden Lagerorts aus der Umlagerungsbestellung wird die Integration in WM erreicht. Um die WM-Funktionalität nutzen zu können, muss im Customizing der Werk-Lagerort-Kombination eine entsprechende Lagernummer zugeordnet sein. Die Lagernummer sowie der Status der WM-Aktivitäten werden in den Kommissionierdaten der Lieferung angezeigt.

Anschließend (Schritt ❸) erfolgt dann die Transportauftragserstellung mit Bezug zur Auslieferung. In der Bestandsführung sind die Bestände zum jetzigen Zeitpunkt noch sichtbar, jedoch für die Umlagerungsbestellung bzw. Lieferung reserviert. Das Anlegen der Transportaufträge kann im Warehouse-Management-System auf verschiedene Art und Weise geschehen. Das SAP-Warehouse-Management-System unterstützt folgende Arten der Transportauftragserstellung zu Lieferbelegen:

- automatische Transportauftragserstellung unter Verwendung der Nachricht WMTA
- Transportauftragserstellung mithilfe des Liefermonitors im Hell- oder Dunkelablauf für einzelne oder mehrere Lieferbelege
- manuelle Transportauftragserstellung mit Bezug zur Lieferung (Hell- oder Dunkelablauf) sowie zur Gruppe

Mit der Erstellung des Transportauftrags im Warehouse-Management-System erfolgt bei der beleggestützten Kommissionierung der Ausdruck der Kommissionierpapiere. Bei einer RF-gestützten Kommissionierung werden die erstellten Transportaufträge automatisch einer Queue zugeordnet.

Im Anschluss an den Kommissionierprozess erfolgt in Schritt ❹ die Transportauftragsquittierung. Transportaufträge können im Warehouse-Management-System unterschiedlich quittiert werden. Durch die Transportauftragsquittierung werden die kommissionierten Chargen (bei aktiver Chargenverwaltung), wenn in der Lieferung nicht bereits angegeben, in den Lieferbeleg übernommen. Darüber hinaus kann im WM-Customizing festgelegt werden, ob *Kommissioniermengen als Liefermengen in den Lieferbeleg* übernommen werden sollen und ob eine *automatische Warenausgangsbuchung* erfolgen soll.

Kommissioniermenge

Beachten Sie, dass es durch die automatische Übernahme der Kommissioniermenge als Liefermenge zu Unterlieferungen kommen kann, obwohl noch Lagerbestand vorhanden ist. Dieses Systemverhalten kann auftreten, wenn Sie einen Transportauftrag mit Differenz quittieren und die automatische Übernahme der Kommissioniermenge als Liefermenge eingestellt haben. Sie sollten diese Einstellung nur vornehmen, wenn Sie Ihre Materialien auf Fixplätzen verwalten bzw. jedes Material nur auf einem Lagerplatz gelagert wird.

Nach der vollständigen Transportauftragsquittierung können der *Lieferscheindruck* und die *Warenausgangsbuchung* (Schritt ❺) erfolgen. Durch die Warenausgangsbuchung werden die umzulagernden Materialien mit IM-Bewegungsart 641 (Umlagerung an Transitbestand) in den Transitbestand gebucht. Anhand des Transitbestands wird dem empfangenden Lagerort signalisiert, dass die Materialien bereits den abgebenden Lagerort verlassen haben und sich auf dem Weg zur Abladestelle befinden.

Nachdem die Materialien den empfangenden Lagerort erreicht haben, erfolgen hier die physische Bestandskontrolle und die Wareneingangsbuchung zur Umlagerungsbestellung bzw. zur Auslieferung anhand des Lieferscheins

(Schritt ❻). Erfolgt die Wareneingangsbuchung mit Bezug zur Auslieferung, werden die in der Auslieferung erfassten Chargen sowie Transportauftragspositionen in den Wareneingangsbeleg übernommen. Im Gegensatz dazu müssen bei der Wareneingangsbuchung mit Referenz zur Umlagerungsbestellung die Palettierung und die Chargenerfassung manuell vorgenommen werden. Über die Wareneingangsbuchung werden die Bestellentwicklung der Umlagerungsbestellung fortgeschrieben sowie ein Materialbeleg und Transportbedarf angelegt.

Mit Referenz zum Materialbeleg bzw. zum Transportbedarf erfolgt im nächsten Schritt die Transportauftragserstellung zur Einlagerung (Schritt ❼). Anhand der Lagertypsuchreihenfolge, der Lagerbereichsfindung, des Lagereinheitentyps sowie der Einlagerungsstrategie bestimmt das System die Einlagerungsplätze der jeweiligen Materialpositionen. Durch das Sichern des Transportauftrags kann im Hintergrund die Erstellung der Einlagerungsbelege sowie bei aktiver LE-Verwaltung der Druck neuer LE-Etiketten erfolgen.

Abgeschlossen wird der Umlagerungsprozess mit der Transportauftragsquittierung (Schritt ❽). Die Quittierung kann wiederum mit RF oder papierbelegbezogen an einem Terminal erfolgen.

Systembeispiel zur Umlagerung mit Umlagerungsbestellung

In unserem Systembeispiel werden wir jetzt die komplette Umlagerungsbestellung Lagerort an Lagerort am Beispiel des Materials KF1026 – Kaffee »Cappuccino« – durchlaufen. Die Umlagerung erfolgt zwischen den Lagerorten 5110 und 5120 im Werk 5100. Dabei agiert der Lagerort 5120 als Nachschublagerort für den Hauptlagerort 5110. Aufgrund der Bestandssituation des Materials KF1026 am Lagerort 5110 fordert der zuständige Disponent einen Nachschub des Materials vom Lagerort 5120 an. Im Einzelnen gehen wir die folgende Prozessschritte durch:

❶ Anzeigen der aktuellen Bestandssituation im Werk 5100 für das Material KF1026
❷ Erfassen der Umlagerungsbestellung für das Material KF1026
❸ Anzeige der Bedarfs-/Bestandsliste für unser Material
❹ Erstellen der Lieferung
❺ Transportauftragserstellung zur Auslieferung mithilfe des Liefermonitors
❻ Transportauftragsquittierung
❼ Warenausgangsbuchung

Umlagerungen zwischen Lagerorten | 9.3

❽ Anzeige Transitbestand
❾ Buchen des Wareneingangs am Lagerort 5110
❿ Transportauftragserstellung zur Einlagerung
⓫ Quittieren der Einlagerung
⓬ Erneute Anzeige der Bestandsübersicht

In Schritt ❶ lassen wir uns die Ausgangssituation für unser Material KF1026 in der Bestandsübersicht der Bestandsführung anzeigen. In der Bestandsübersicht sehen wir, dass unser Material neben den Lagerorten 5110 und 5120 auch in einem zweiten Außenlager, dem Lagerort 5130, verwaltet wird (siehe Abbildung 9.29). Der Gesamtbestand beträgt 24.000 Stück Kartons, verteilt auf Lagerort 5110 mit 1.800 Stück, Lagerort 5120 mit 10.200 Stück und Lagerort 5130 mit 12.000 Stück.

Bestandsübersicht: Grundliste

Selektion			
Material	KF1026	Elektrodentitanplatte	
Materialart	FERT	Fertigerzeugnis	
Mengeneinheit	ST	Basismengeneinheit	ST

Bestandsübersicht

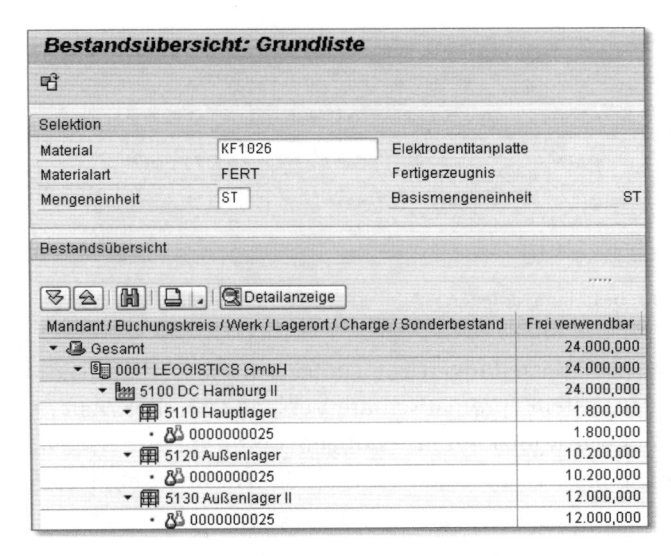

Mandant / Buchungskreis / Werk / Lagerort / Charge / Sonderbestand	Frei verwendbar
▼ Gesamt	24.000,000
▼ 0001 LEOGISTICS GmbH	24.000,000
▼ 5100 DC Hamburg II	24.000,000
▼ 5110 Hauptlager	1.800,000
· 0000000025	1.800,000
▼ 5120 Außenlager	10.200,000
· 0000000025	10.200,000
▼ 5130 Außenlager II	12.000,000
· 0000000025	12.000,000

Abbildung 9.29 Bestandsübersicht zum Material

Da die Umlagerung ungeplant erfolgen soll, also nicht über einen Bedarfsplanungslauf (MRP-Lauf), erfassen wir nun in Schritt ❷ direkt die Umlagerungsbestellung für unser Material. Rufen Sie hierfür die Transaktion ME21N auf, und wählen Sie die Bestellart UB für Umlagerungsbestellung aus. Durch die Selektion der Bestellart UB werden Sie dazu aufgefordert, ein Lieferwerk zu erfassen. In unserem Szenario erfolgt die Umlagerung im Werk 5100, demzufolge entspricht das Lieferwerk ebenfalls dem Werk 5100. In den Positionsdaten der Umlagerungsbestellung erfassen wir nun unser umzulagerndes Material KF1026 und die umzulagernde Menge von 600 Stück. In den Positionsdaten erfassen wir nun auch das empfangende Werk 5100, den empfangenden Lagerort 5110 sowie den abgebenden Lagerort 5120 der Umlagerungsbestellung (siehe Abbildung 9.30).

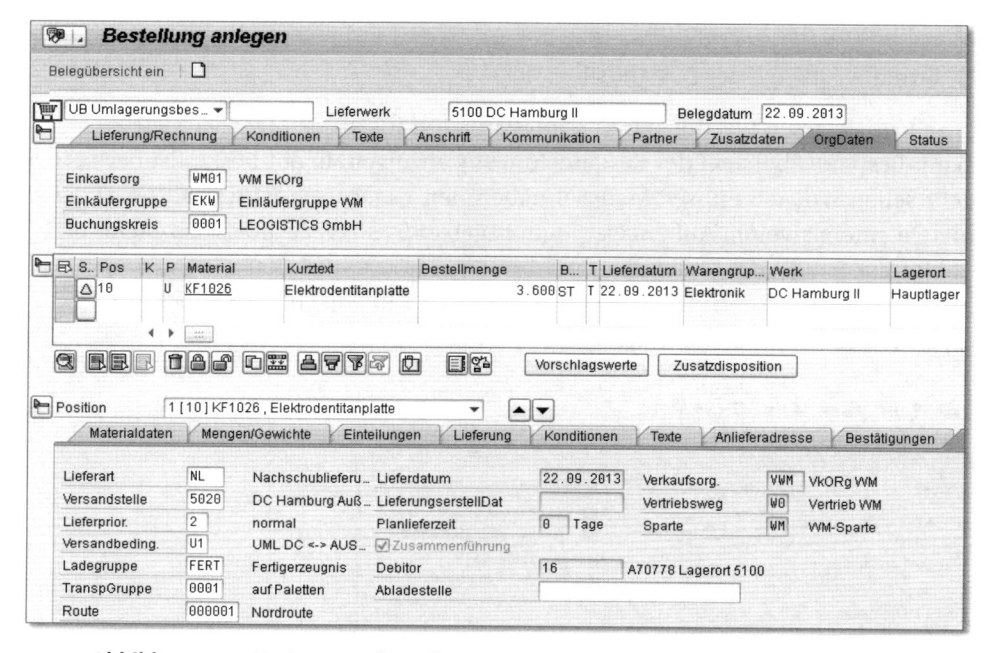

Abbildung 9.30 Umlagerungsbestellung anlegen

Da wir im Customizing die Einstellungen zur Umlagerungsbestellung aktiviert haben, ermittelt das System automatisch die Versanddaten der Materialposition. Aufgrund der Customizing-Einstellungen bestimmt das System die folgenden Versandparameter, die zur Erstellung der Auslieferung benötigt werden:

- LIEFERART NL steuert die gesamte Lieferung in Bezug auf Nummernvergabe, Partnerfindung, Texte, Auftragsbezug sowie Anstoß einer neuen Routenfindung.

- VERSANDSTELLE 5020 wird aus den Customizing-Einstellungen der Versandstellenfindung bestimmt. Sie wird in die Kopfdaten der Lieferung übernommen und bildet die wichtigste Organisationseinheit des Versands im SAP-ERP-System. Sie beeinflusst die Versandterminierung sowie die Routen- und Kommissionierlagerortfindung.

- LIEFERPRIOR. 2 ermittelt das System aus dem Debitorenstamm (WE A70778 DC Hamburg) des empfangenden Lagerorts 5110.

- Versandbedi. U1 wird ebenfalls aus dem Debitorenstamm des Lagerorts 5110 (WE A70778) ermittelt.
- Die Ladegruppe FERT der Position wird aus den Materialstammdaten unseres Materials KF1026 ermittelt. Sie hat Einfluss auf die Versandstellenfindung im SAP-ERP-System.
- Die TranspGruppe 0001 wird ebenfalls aus den Materialstammdaten ermittelt. Sie wird bei der Routenfindung im SAP-ERP-System herangezogen.
- Die Route 000001 wird automatisch aufgrund der Routenfindungslogik ermittelt. Die Routenfindung erfolgt anhand der abgebenden und empfangenden Transportzone, der Transportgruppe, der Versandbedingung sowie der Gewichtsgruppe (optional).

Nachdem wir die Einstellungen gesichert haben, erstellt das System die Umlagerungsbestellung.

In der Bedarfs-/Bestandsliste für unser Material KF1026 sehen wir nach der Anlage der Umlagerungsbestellung einen Bestellabruf für die Umlagerungsmenge am Lagerort 5120 und eine Bestelleinteilung am Lagerort 5110 (siehe Schritt ❸ in Abbildung 9.31).

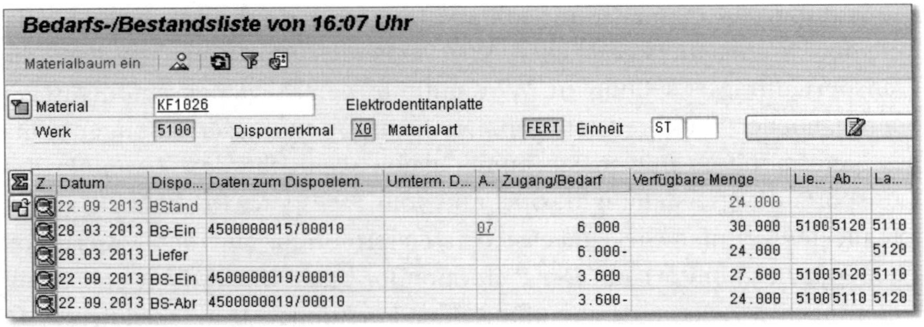

Z..	Datum	Dispo...	Daten zum Dispoelem.	Umterm. D...	A..	Zugang/Bedarf	Verfügbare Menge	Lie...	Ab...	La...
	22.09.2013	BStand					24.000			
	28.03.2013	BS-Ein	4500000015/00010		07	6.000	30.000	5100	5120	5110
	28.03.2013	Liefer				6.000-	24.000			5120
	22.09.2013	BS-Ein	4500000019/00010			3.600	27.600	5100	5120	5110
	22.09.2013	BS-Abr	4500000019/00010			3.600-	24.000	5100	5110	5120

Abbildung 9.31 Bedarfs-/Bestandsliste für Material KF1026

Um den Versand und die Kommissionierung ausführen zu können, erfolgt nun in Schritt ❹ die Auslieferungserstellung mit Referenz zur Umlagerungsbestellung. Starten Sie hierfür die Transaktion VL10I (Versandfällige Kundenauftrags- und Bestelleinteilungen), und selektieren Sie alle lieferrelevanten Einteilungen für die Versandstelle 5020 im Zeitraum vom 22.09.2013 bis zum 26.09.2013. Führen Sie Ihre Selektion aus, indem Sie den Button (Ausführen) anklicken. Die Selektionsdaten werden Ihnen in einem Folgebildschirm angezeigt. Markieren Sie in diesem Bild die Zeile mit der erstellen Umlagerungsbestellung, und aktivieren Sie die Liefererstellung durch Ausführen der Liefererstellung im Hintergrund. Indem Sie den Button ▣ (LIEFE-RUNGEN EIN-/AUSBLENDEN) anklicken, wird Ihnen nach erfolgreicher Liefererstellung die Liefernummer 80000013 angezeigt (siehe Abbildung 9.32).

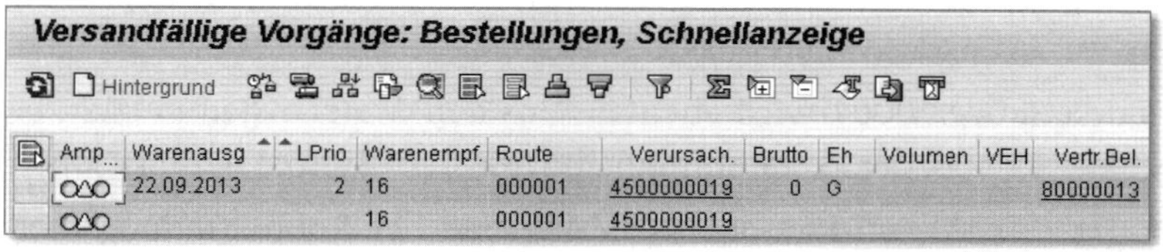

Abbildung 9.32 Liefererstellung im Hintergrund

Bei der Liefererstellung prüft und übernimmt das System alle versandrelevanten Daten in den Auslieferbeleg. Durch die Zuordnung des Kommissionierlagerorts (entspricht dem abgebenden Lagerort der Umlagerungsbestellung) erfolgt die Verknüpfung mit dem Warehouse-Management-System (Lagernummer 511). Der Status der Transportauftragserstellung und Transportauftragsquittierung wird in der Lieferung über die Felder GESSTATKOMMISS. sowie GES. STATUS WM reflektiert. Im Lieferbeleg werden diese Informationen auf der Registerkarte KOMMISSIONIERUNG angezeigt.

Die Transportauftragserstellung soll nun im nächsten Schritt (Schritt ❺) mithilfe des *Liefermonitors* geschehen. Wie Sie bereits erfahren haben, kann die Transportauftragserstellung in WM mithilfe verschiedener automatischer oder manueller Verfahren erfolgen. Die Transportauftragserstellung mithilfe des Liefermonitors nutzen Sie immer dann, wenn Sie den Zeitpunkt der Transportauftragserstellung flexibel und vom Tagesgeschäft abhängig gestalten möchten. Rufen Sie zunächst den Liefermonitor mit der Transaktion VL06O (Liefermonitor) auf. Der Liefermonitor bietet Ihnen die Möglichkeit, Lieferungen jeweils nach auszuführender Funktionalität zu selektieren. In unserem Prozess möchten wir nun die Kommissionierung veranlassen und somit in WM Transportaufträge anlegen. Klicken Sie daher auf den Button KOMMISSIONIERUNG, und verzweigen Sie dadurch in den Folgebildschirm zur Auswahl von Auslieferungen zur Kommissionierung (siehe Abbildung 9.33).

In den Organisationsdaten des Auswahlbildschirms erfassen wir nun unsere VERSANDSTELLE/ANNAHMESTELLE 5020, und daran anschließend selektieren wir für das KOMMISSIONIERDATUM ein Zeitintervall vom 22.09.2013 bis zum 26.09.2013. Abschließend führen wir die Transaktion aus. Nach erfolgreicher Selektion von Auslieferungen verzweigen wir erneut in einen Folgebildschirm, in dem alle zu kommissionierenden Lieferungen angezeigt werden. In unserem Beispiel hat das System im ausgewählten Zeitintervall für die Ver-

Umlagerungen zwischen Lagerorten | **9.3**

sandstelle 5020 nur die Auslieferung 80000013 zur Kommissionierung gefunden. Wie aus Abbildung 9.34 ersichtlich ist, stehen verschiedene Möglichkeiten zur Transportauftragserstellung zur Verfügung (TA DUNKEL, TA HELL sowie TA ZUR GRUPPE). Wir haben uns für die Transportauftragserstellung im Dunkelablauf entschieden, da wir nicht aktiv in die Lagerplatzfindung eingreifen möchten.

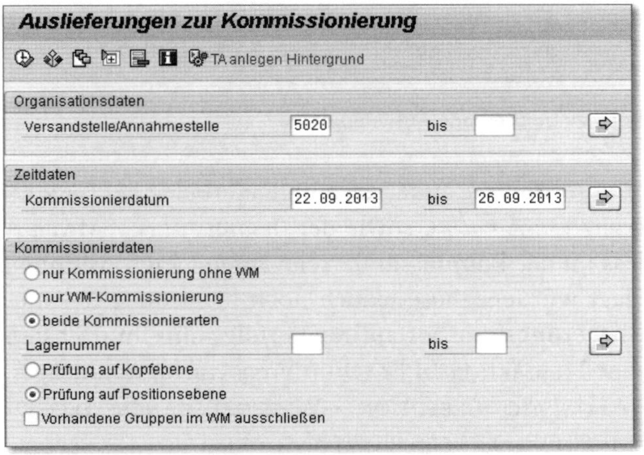

Abbildung 9.33 Liefermonitor – Auslieferung zur Kommissionierung

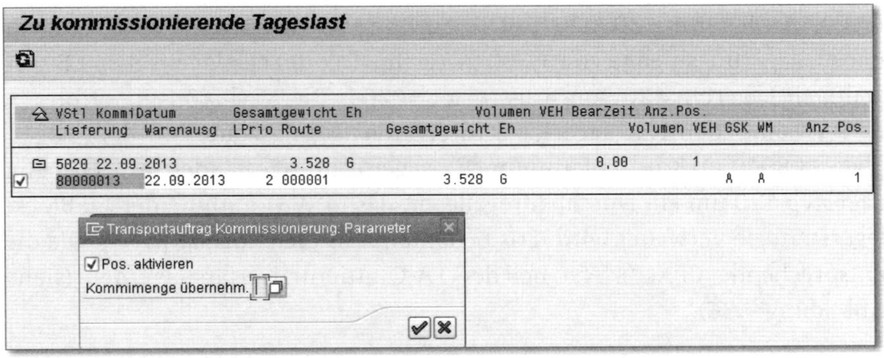

Abbildung 9.34 TA-Erstellung im Dunkelablauf

Markieren Sie zunächst die Zeile mit Lieferung 80000013, und klicken Sie im Anschluss auf den Button TA DUNKEL. Dies bewirkt, dass sich ein Pop-up-Fenster mit weiteren Transportauftrags- und Kommissionierparametern öffnet. Wenn Sie anschließend die ⏎-Taste drücken, werden die Transportaufträge zur Auslieferung erstellt. In unserem Szenario werden mehrere Transportaufträge erstellt, da wir im Customizing spezifiziert haben, dass für jede

TA-Position ein eigener Transportauftrag angelegt werden soll. Wie aus Abbildung 9.35 ersichtlich ist, wurden die Transportaufträge (KommAuftr.) 38 bis 40 erstellt.

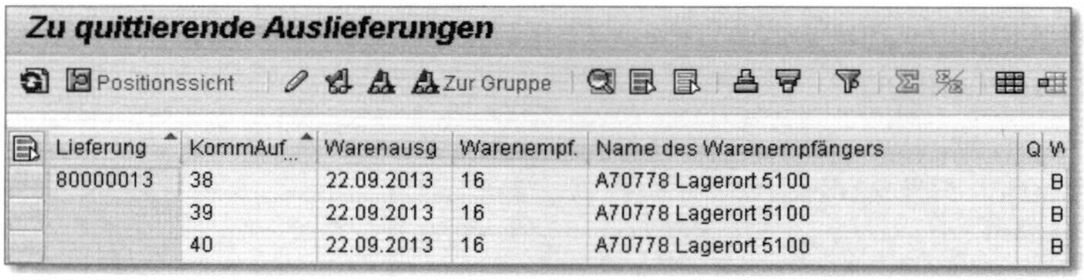

Lieferung	KommAuf	Warenausg	Warenempf.	Name des Warenempfängers	Q	W
80000013	38	22.09.2013	16	A70778 Lagerort 5100		B
	39	22.09.2013	16	A70778 Lagerort 5100		B
	40	22.09.2013	16	A70778 Lagerort 5100		B

Abbildung 9.35 Liefermonitor – zu quittierende Auslieferungen

Durch die Transportauftragserstellung ändert sich im Lieferbeleg der *Gesamtstatus der Kommissionierung von A nach C* sowie der *Gesamtstatus WM von A nach B*. Das bedeutet, dass für alle kommissionierrelevanten Lieferpositionen Transportaufträge angelegt wurden, diese jedoch noch nicht quittiert sind. Die Quittierung der Auslagerungstransportaufträge erfolgt nun im nächsten Schritt (Schritt ❻) mit der Transaktion LT12 (Quittieren Transportaufträge), die Sie über LOGISTIK • LOGISTICS EXECUTION • WARENAUSGANGSPROZESS • WARENAUSGANG ZU SONSTIGEN VORGÄNGEN • KOMMISSIONIERUNG • TRANSPORTAUFTRAG QUITTIEREN • EINZELBELEG • IN EINEM SCHRITT aufrufen.

In der Lagernummer 511 quittieren wir zunächst den Transportauftrag 38 für unsere Auslieferung 80000013. Die Auslagerung des Materials KF1026 mit der Auslagerungsmenge von 1.200 ST (= eine Palette) erfolgt aus dem LE-verwalteten Lagertyp 120 vom Lagerplatz A0204. Die Nachlagerung erfolgt in den dynamischen Nachlagertyp 916 (Warenausgangszone) mit dem Lagerplatz 0080000013 (= Liefernummer). Lagertechnisch handelt es sich beim Lagertyp 120 um ein Durchlaufregallager, das in WM mithilfe der LE-Blocklagerstrategie verwaltet wird. Das bedeutet, dass die LAGEREINHEIT sowie die entsprechende CHARGE erst bei der TA-Quittierung erfasst werden (siehe Abbildung 9.36).

Mit der Eingabe der Lagereinheitennummer 000000002000000247 übernimmt das System automatisch die Charge 0000000025 des Materials KF1026 in den Transportauftragsbeleg. Durch das Sichern der Einstellungen wird der Transportauftrag 38 quittiert. Darüber hinaus werden mit der TA-Quittierung Informationen wie Kommissioniermenge und Charge in den Lieferbeleg übernommen. Schritt ❻ muss für alle Transportaufträge (bis zur TA-Nummer 40) erneut ausgeführt werden, um die restlichen Transportaufträge vollständig zu quittieren.

9.3 | Umlagerungen zwischen Lagerorten

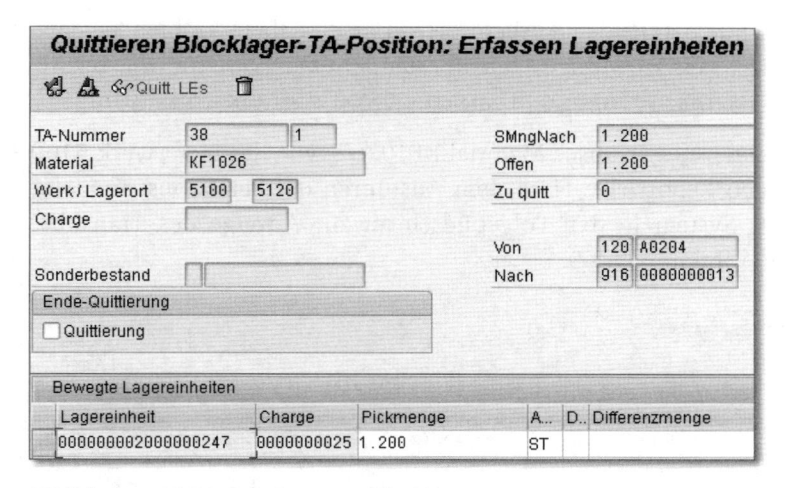

Abbildung 9.36 TA-Quittierung im Blocklager

Aufgrund der Quittierung des letzten Transportauftrags ändert sich der Gesamtstatus WM unserer Lieferung 80000013 von B nach C. Dadurch wird signalisiert, dass die Kommissionieraktivitäten in WM abgeschlossen sind und die Folgeaktivitäten wie Lieferscheindruck, Verpacken, Laden und Warenausgangsbuchung angestoßen werden können.

> **Lieferscheinerstellung**
>
> In der Praxis wird nach der vollständigen Transportauftragsquittierung bzw. mit der Warenausgangsbuchung die Lieferscheinerstellung mithilfe der Nachrichtenfindung angestoßen. Über Bedingungen kann dabei die Relevanz einer Liefernachricht von bestimmten Ereignissen abhängig gemacht werden. Eine in der Praxis häufig verwendete Bedingung prüft den Gesamtstatus WM der Lieferung und stößt somit den Lieferscheindruck an.

Im nächsten Schritt (Schritt ❼) erfolgt die Warenausgangsbuchung zum Lieferbeleg 80000013 unter der Verwendung der Transaktion VL02N (Nachschublieferung ändern). Durch die Warenausgangsbuchung hat sich die Bestandssituation am Lagerort 5120 (Nachschublagerort) verändert. Die Bestände am Lagerort wurden um 3.600 Kartons reduziert und mit der Bewegungsart 641 in den Transitbestand gebucht.

In Schritt ❽ lassen wir uns nun die Transitbestände für unser Werk 5100 und unser Material KF1026 anzeigen. Die Anzeige der Transitbestände ermöglicht es dem empfangenden Lagerort oder Werk, seine Wareneingangsaktivitäten zu planen, da der empfangenden Lokation signalisiert wird, dass die umzulagernden Bestände bereits den Auslieferort verlassen haben. Wählen Sie dazu die Transaktion MB5T (Anzeige Transitbestände) über LOGISTIK • MATERIALWIRTSCHAFT • BESTANDSFÜHRUNG • UMFELD • BESTAND • TRANSITBESTAND.

Zunächst selektieren wir unser Material KF1026 sowie das Lieferwerk 5100 und führen den Report aus. Nach dem Ausführen der Selektionsparameter verzweigt das System in den Folgebildschirm zur Anzeige des Transitbestands (siehe Abbildung 9.37).

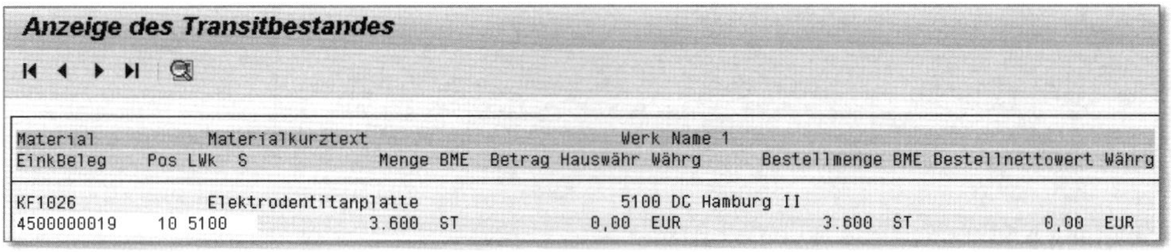

```
Anzeige des Transitbestandes
|◄  ◄  ►  ►|  ⊘

Material           Materialkurztext                          Werk Name 1
EinkBeleg    Pos LWk  S           Menge BME    Betrag Hauswähr Währg      Bestellmenge BME Bestellnettowert Währg

KF1026             Elektrodentitanplatte                    5100 DC Hamburg II
4500000019    10 5100             3.600 ST       0,00    EUR           3.600 ST              0,00 EUR
```

Abbildung 9.37 Anzeige des Transitbestands Material KF1026

Nach dem Transport der Waren vom Lagerort 5120 zum Lagerort 5110 und dem Entladen am Lagerort 5110 erfolgt die physische Kontrolle der Waren. Die umgelagerten Materialbestände werden auf Transportschäden hin überprüft und zur Einlagerung bereitgestellt.

In Schritt ❾ unseres Umlagerungsszenarios erfolgt unter Verwendung der Transaktion MIGO die Wareneingangsbuchung am Lagerort 5110. Grundlage des Einlagerungsprozesses ist dabei der erstellte Lieferschein (Liefernummer 80000013) am abgebenden Lagerort 5120. Selektieren Sie in Transaktion MIGO zunächst den Prozess A01 – WARENEINGANG und den Unterprozess R05 – AUSLIEFERUNG. Durch die Auswahl des Wareneingansprozesses zur Auslieferung wird der Bildaufbau der Transaktion MIGO beeinflusst. Anschließend erfassen Sie vom Lieferschein der angelieferten Waren die Auslieferungsnummer 80000013 (siehe Abbildung 9.38). Das System übernimmt automatisch die Auslieferdaten der Auslieferung in den Wareneingangsbeleg. Im Unterschied zur Wareneingangsbearbeitung zur Bestellung werden die Positionsdaten der Auslieferung als Positionsdaten des Wareneingangsbelegs vorgeschlagen. Informationen wie Herstelldaten, Verfallsdaten und Chargen müssen nicht mehr separat erfasst werden.

Der Wareneingang am Lagerort 5110 erfolgt mit der IM-Bewegungsart 101 in den freien Lagerbestand. In der Bestandsführung wird aufgrund der Wareneingangsbuchung ein Materialbeleg und in WM ein Transportbedarf zur Einlagerung erstellt. Beide Belege enthalten die Gesamtmenge des

Wareneingangs (3.600 Stück). Der Gesamtbestand in der Bestandsführung wurde zu diesem Zeitpunkt bereits erhöht, jedoch befinden sich die einzulagernden Materialien noch in der Wareneingangszone 902 der Lagernummer 510 am Lagerort 5110.

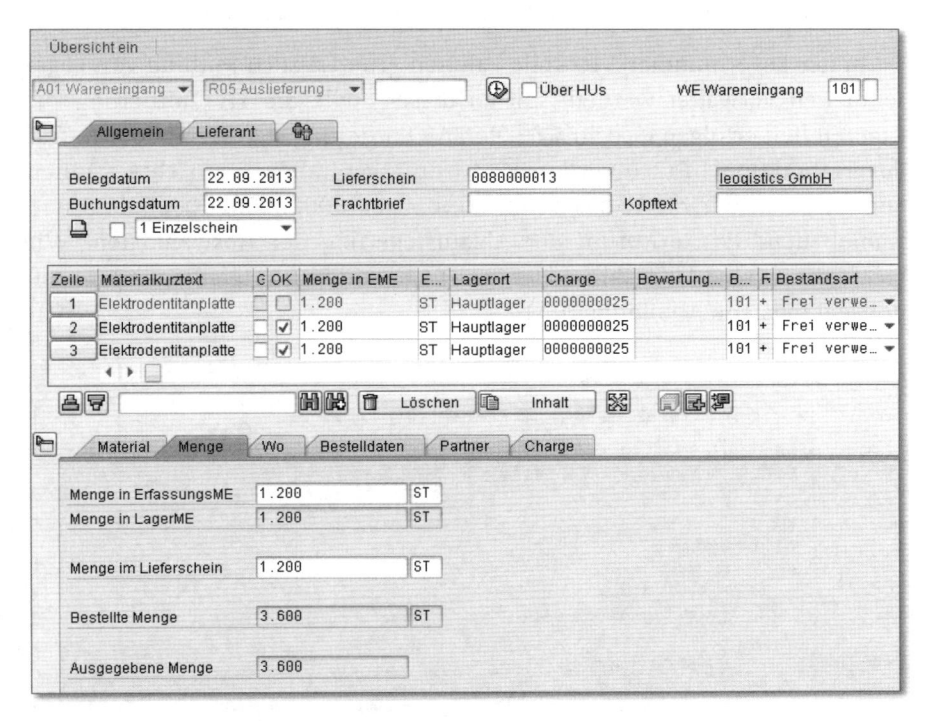

Abbildung 9.38 Wareneingang zur Auslieferung

Die Einlagerung des Materials wird durch die Transportauftragserstellung angestoßen (Schritt ❿). Für die Transportauftragserstellung zur Einlagerung haben wir erneut verschiedene Möglichkeiten. In unserem Szenario erstellen wir die Einlagerungstransportaufträge direkt mit *Bezug zum Transportbedarf aus der Transportbedarfsliste heraus im Dunkelablauf*. Rufen Sie die Transaktion LB10 (Transportbedarfsliste) auf, und selektieren Sie alle Transportbedarfe mit Vonlagertyp 902 in der Lagernummer 510. Durch die Bestätigung der Selektion gelangen wir in die eigentliche Transportbedarfsliste. Wir selektieren den *Transportbedarf* mit der Bedarfsnummer 4500000019, die unserer ursprünglichen Umlagerungsbestellnummer entspricht, und klicken auf den Button TA DUNKEL. In WM werden anhand der Lagertypfindung, der Lagerbereichsfindung, des Lagereinheitentyps, der Kapazitätsprüfung und der Einlagerungsstrategie die Nachlagerplätze der Einlagerung bestimmt. Der

Split der TA-Positionen führt auch bei der Einlagerung dazu, dass für jede Einlagerungsposition (jede Palette) ein eigener Transportauftrag angelegt wird. Auf den TA-Druck gehen wir in diesem Szenario nicht explizit ein. Wir gehen davon aus, dass der Transportauftragsdruck ebenfalls mit dem LE-Etikettendruck bei der Transportauftragserstellung angestoßen wurde.

Da in der Lagernummer 510 volle Paletten grundsätzlich mithilfe von Lagereinheiten verwaltet werden, soll an dieser Stelle die TA-Quittierung zur Lagereinheit erfolgen (Schritt ⓫). Die TA-Quittierung startet mit dem Aufruf der Transaktion LT13 (Quittieren TA zur Lagereinheit). Zunächst scannen oder erfassen wir die LAGEREINHEITENNUMMER 000000002000000320 und wählen den HELLABLAUF in der Ablaufsteuerung der Auswahldaten. Wir bestätigen unsere Auswahl mit der ⏎-Taste und verzweigen in die TA-Positionsdaten (siehe Abbildung 9.39).

Abbildung 9.39 Quittieren der TA zur Lagereinheit – Positionsdaten

Die Lagertyp-, Lagerbereichs- und Lagerplatzfindung hat ergeben, dass das Material KF1026 in den Lagertyp 110 im Lagerbereich 0 und auf dem Lagerplatz 01-1-01-02 eingelagert werden soll. Beachten Sie, dass das Material bei der Ausführung dieses Vorgangs in der Regel bereits eingelagert ist. Sollte es aus lagertechnischen Gesichtspunkten (Platz blockiert oder beschädigt) nicht möglich gewesen sein, das Material auf den Lagerplatz 01-1-01-02 einzulagern, kann der korrekte Lagerplatz bei der TA-Quittierung angegeben werden. Dieser Schritt muss für alle weiteren Transportaufträge wiederholt werden.

Abschließend lassen wir uns in Schritt ⓬ erneut die BESTANDSÜBERSICHT für das Material KF1026 im Werk 5100 anzeigen (siehe Abbildung 9.40).

Prozessbeschreibung

Der Umlagerungsprozess von Teilmengen eines Lagerplatzes kann betriebswirtschaftlich unterschiedlich bedingt sein. In unserem Fall basiert der Umlagerungsprozess auf einer Kundenanforderung, bei der verschiedene Kunden nur Chep-Paletten (LET C1) in ihrem Lager akzeptieren. In unserem Beispielunternehmen sollen hingegen die Materialien auf Europaletten (LET E1 80 × 120 cm) gelagert werden. Da eine Umpalettierung während des Verpackungsprozesses nicht erwünscht ist, soll schon während der Kundenbelieferung eine Umlagerung (Umpalettierung) erfolgen. Die umpalettierten Mengen sollen im Lagertyp 160 gelagert werden, der speziell für Chep-Paletten vorgesehen ist.

Der Bestand eines Lagerplatzes soll in einem Schritt auf zwei unterschiedliche Nachlagerplätze sowie zwei kleinere Ladungsträger (Chep-Palette 60 × 80 cm) umgebucht werden. Die Lieferungen an die entsprechenden Kunden werden dann aus diesem Lagertyp bedient.

Wie bei der Umlagerung aus der Bestandsliste müssen Sie auch bei diesem Umlagerungsprozess zunächst spezifizieren, innerhalb welcher Lagernummer umgelagert werden soll und welche WM-Bewegungsart hierfür genutzt wird. Im SAP-Standard können Sie auch für diese Umlagerung die WM-Bewegungsart 999 nutzen.

Da in diesem Prozess nur jeweils ein Material umgelagert werden kann, ist es erforderlich, zunächst das entsprechende Material, die umzulagernde Menge und das Werk in der Positionsdatenübersicht zu spezifizieren.

Nachdem Sie die allgemeinen Umlagerungsparameter spezifiziert haben, können Sie in die Vorbereitungsdaten der Umlagerung verzweigen. Nach der Eingabe der Palettierungsdaten und des Nachlagertyps verzweigt das System in die Positionsdetaildaten. In den Positionsdetaildaten ist es erforderlich, den Vonlagertyp und -platz sowie den Nachlagertyp und -platz der Umlagerung zu erfassen. Durch das Sichern der Eingaben wird ein Umlagerungstransportauftrag sowie bei LE-verwalteten Lagertypen ein neues LE-Etikett erstellt. Im Lager erfolgen zunächst die Auslagerung aus dem Vonlagerplatz, die physische Umlagerung auf die entsprechenden Ladungsträger, eine eventuelle Neuetikettierung und abschließend die Einlagerung auf den Nachlagerplatz. Buchungstechnisch endet der Prozess mit der Quittierung des Transportauftrags. Im Folgenden werden diese Schritte an einem Systembeispiel erläutert.

Systembeispiel zur Teilmengenumlagerung in WM

Das Systembeispiel zur lagerinternen Umlagerung von Teilmengen basiert auf den folgenden Prozessschritten:

❶ Anzeige der WM-Bestandsübersicht (WM-Bestand zum Material)

❷ Umlagerung durchführen

❸ Transportauftrag zur Umlagerung quittieren

❹ Anzeige der Bestandsübersicht (WM-Bestand zum Material)

Beginnen wir also, indem wir uns in Schritt ❶ den WM-Gesamtbestand für das Material KF1010 in der Lagernummer anzeigen lassen. Starten Sie hierfür die Transaktion LS26 (Bestandsübersicht, siehe Abbildung 9.10).

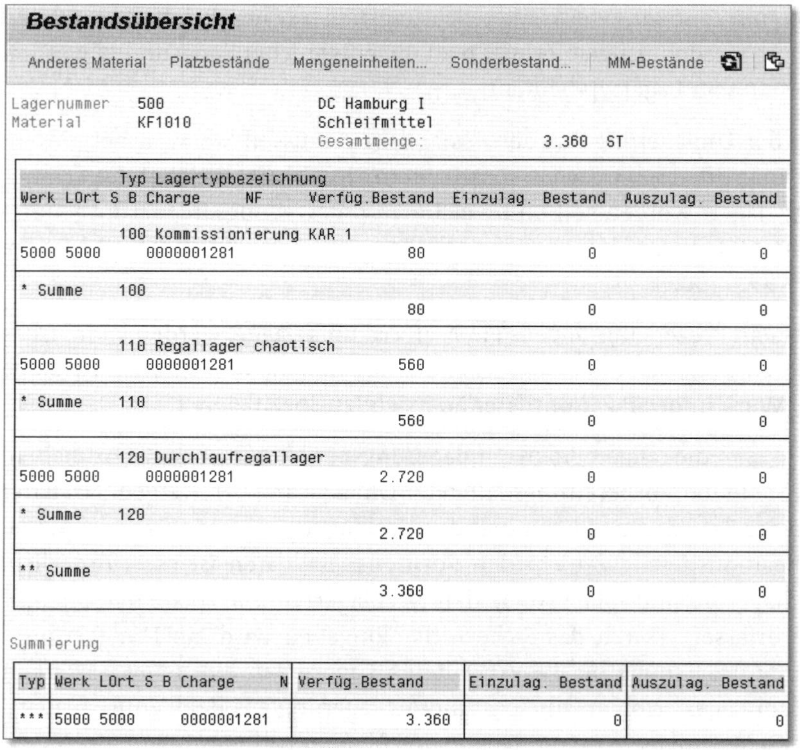

Bestandsübersicht

Lagernummer	500	DC Hamburg I			
Material	KF1010	Schleifmittel			
		Gesamtmenge:	3.360 ST		

Typ	Lagertypbezeichnung					
Werk LOrt S B Charge	NF	Verfüg.Bestand	Einzulag. Bestand	Auszulag. Bestand		
	100 Kommissionierung KAR 1					
5000 5000	0000001281	80	0	0		
* Summe 100		80	0	0		
	110 Regallager chaotisch					
5000 5000	0000001281	560	0	0		
* Summe 110		560	0	0		
	120 Durchlaufregallager					
5000 5000	0000001281	2.720	0	0		
* Summe 120		2.720	0	0		
** Summe		3.360	0	0		

Summierung

Typ	Werk LOrt S B Charge	N	Verfüg.Bestand	Einzulag. Bestand	Auszulag. Bestand
***	5000 5000 0000001281		3.360	0	0

Abbildung 9.10 Bestandsübersicht in WM

Material KF1010 hat einen Gesamtbestand von 3.360 Stück, der sich auf die Lagertypen 100 (80 Stück) und 110 (560 Stück) sowie 120 (2.720 Stück) verteilt. Aus diesem Bestand sollen nun 120 Stück (ST) in einem Schritt auf verschiedene Lagerplätze umgelagert werden. Dazu ist eine Lagerplatz-an-Lager-

9.2 Lagerinterne Umlagerungen

platz-Umlagerung ohne Vorlage unter Verwendung der Transaktion LT01 zu erfassen (Schritt ❷). Sie rufen den Transaktionscode LT01 über LOGISTIK • LOGISTICS EXECUTION • LAGERINTERNE PROZESSE • UMLAGERUNG • TRANSPORTAUFTRAG ANLEGEN • LT01 OHNE VORLAGE auf. Nach Aufruf des Transaktionscodes erfassen Sie die POSITIONSDATEN für das Material KF1010 (siehe Abbildung 9.11).

Abbildung 9.11 Anlegen des Transportauftrags zur Umlagerung

Daraufhin gelangen Sie über den Button VORBEREITUNG in die Vorbereitungsdaten der Umlagerung (siehe Abbildung 9.12).

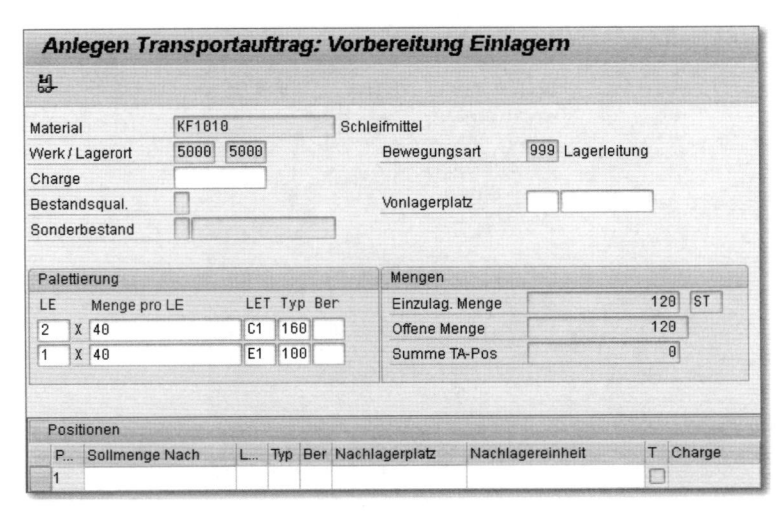

Abbildung 9.12 Vorbereitung der Umlagerung

9 Warenbewegungen und operative Lagerprozesse in WM

> **Palettierung**
>
> Die Vorbereitungsdaten der Palettierung im Umlagerungsprozess können Sie nur dann eingeben, wenn Sie in der Umlagerungsbewegungsart im Bereich BILDSTEUERUNG für die TA-ERSTELLUNG die Einstellung 1 – VORB. EINLAGERN – gewählt haben.

Pflegen Sie zunächst im Bereich PALETTIERUNG die Anzahl der Lagereinheiten (LE), die Menge je Lagereinheit, den Lagereinheitentyp (LET) sowie den Nachlagertyp (TYP) der Umlagerung. Hier sollen zwei Lagereinheiten mit je 40 ST und dem Lagereinheitentyp C1 in den Lagertyp 160 umgelagert werden. Darüber hinaus soll eine Lagereinheit mit 40 ST auf einer E1-Lagereinheit in den Lagertyp 100 umgelagert werden.

Sollten Sie mit der Chargenverwaltung arbeiten, können Sie die Charge manuell vorgeben oder vom System bestimmen lassen. Sie müssen die Lagerplätze spezifizieren, von denen das Material aus- und eingelagert werden soll. Das System schlägt die Lagertypen vor, die wir bereits in den Palettierungsdaten spezifiziert haben (160 und 100). Der Nachlagerplatz (01-01-01/A) wird anhand der Einlagerungsstrategie des Lagertyps 160 automatisch ermittelt. Die Voninformation der Umlagerung erfassen wir in diesem Szenario manuell, da wir vorgeben möchten, von welchem Lagerplatz ausgelagert werden soll (siehe Abbildung 9.13). Da wir in den Vorbereitungsdaten der Umlagerung drei LEs angegeben haben, erstellt das System final drei TA-Positionen.

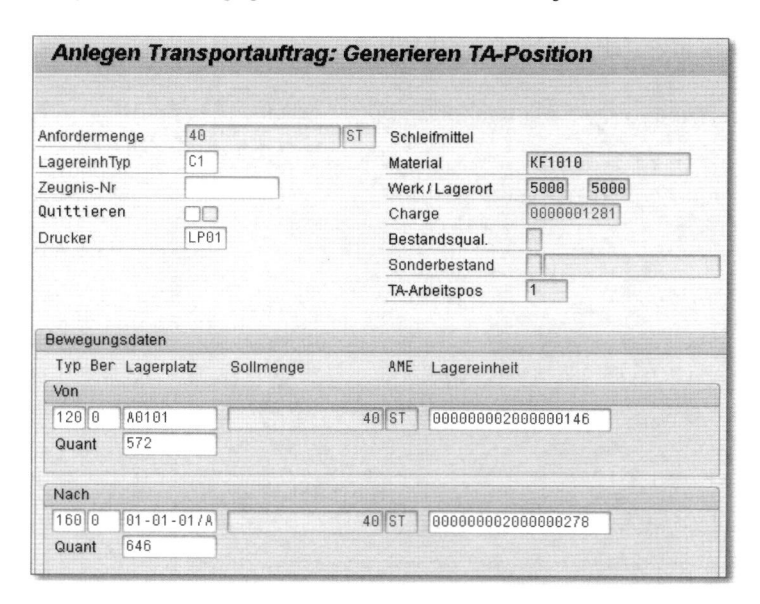

Abbildung 9.13 TA-Position generieren

Nachdem Sie die Transaktion gesichert haben, erstellt das System einen Transportauftrag für die Umlagerung und druckt automatisch neue LE-Etiketten für die Lagereinheiten 000000002000000278 und 000000002000000279. Transportbedarfe werden bei dieser lagerinternen Umlagerung nicht benötigt. Für die dritte Position des Transportauftrags wurde keine LEs erstellt, da der Lagertyp 100 nicht LE-verwaltet wird. Abbildung 9.14 zeigt das LE-Etikett für die Lagereinheit 000000002000000279.

```
Lagernummer            500
Lagereinheit           000000002000000279

Von                    120                Durchlaufregallager
                       0                  Gesamtbereich
                       A0101              000000002000000146

Nach                   160                CEP-Palettenlager
                       0                  Gesamtbereich
                       01-01-01/B         000000002000000279
```

Abbildung 9.14 Lagereinheitenetiketten

Neben den LE-Etiketten wird auch der Transportauftrag zur Umlagerung in Papierform ausgedruckt. Im physischen Umlagerungsprozess entnimmt der Lagerarbeiter zunächst eine Vollpalette vom Vonlagerplatz und bewegt die Paletten in eine Umpackzone. Nun erfolgt das Umpacken von der kompletten Lagereinheit E1 auf die Nachlagereinheit C1. Nach dem physischen Umpacken erfolgt die Einlagerung auf dem Nachlagerplatz.

In Schritt ❸ quittieren wir den Transportauftrag zur Umlagerung. Die Umlagerung erfolgt mit der Transaktion LT12 (Transportauftrag quittieren) über LOGISTIK • LOGISTICS EXECUTION • LAGERINTERNE PROZESSE • UMLAGERUNG • TRANSPORTAUFTRAG QUITTIEREN. Nachdem Sie die Transaktion gesichert haben, ist die Umlagerung buchungstechnisch abgeschlossen. Die neue Bestandssituation stellt sich folgendermaßen dar:

- Der Bestand im Lagertyp 100 hat sich um 40 ST erhöht.
- Der Bestand im Lagertyp 110 hat sich um 120 ST verringert.
- Der Bestand im Lagertyp 160 hat sich um 80 ST erhöht.

Schritt ❹ besteht aus der Anzeige der aktualisierten Bestandsübersicht.

9.3 Umlagerungen zwischen Lagerorten

Umlagerungen zwischen Lagerorten innerhalb eines Werkes sind erforderlich, wenn Sie Materialbestände innerhalb eines Werkes an verschiedenen Lagerorten verwalten und Warenbewegungen zwischen diesen Lagerorten stattfinden. Die einfache Umlagerung ohne Versandbelege kann im Ein- oder Zweischrittverfahren erfolgen. Der Umlagerungsprozess wird dabei immer in der Bestandsführung angestoßen. Diese und weitere Möglichkeiten der Umlagerung zwischen verschiedenen Lagerorten lernen Sie im Folgenden kennen.

9.3.1 Umlagerung Lagerort an Lagerort mit Start in der Bestandsführung – Einschrittverfahren

Die Prozessvariante ❸ in Abbildung 9.1 (*Umlagerung Lagerort an Lagerort mit Start in der Bestandsführung im Einschrittverfahren*) ist immer dann zu empfehlen, wenn Lagerorte eines Werkes physisch sehr dicht zusammenliegen oder mehrere Lagerorte innerhalb einer Lagernummer verwaltet werden. In letzterem Fall dienen die Lagerorte der bestandsführungstechnischen Trennung der Materialbestände. Es werden weder Transitzeiten für die physische Umlagerung noch der Empfang am Nachlagerplatz bestätigt. Vielmehr kommt es darauf an, die Bestände effizient und schnell zwischen verschiedenen Lagerorten umzubuchen.

Organisationsstruktur

Die Bestände des Produktionsstandorts Hamburg (Werk 5100) werden an zwei unterschiedlichen Lagerorten innerhalb einer Lagernummer verwaltet. Der Lagerort 5010 dient als Produktions- und Zwischenlager für Rohstoffe und Halbfabrikate und ist der Lagernummer 510 zugeordnet. In einem separaten Teil des Lagers werden Fertigprodukte und Halbfabrikate gelagert, die für den Versand vorgesehen sind. Neben der physischen wird auch eine bestandsführungstechnische Trennung durch den Einsatz verschiedener Lagerorte erreicht. Materialien, die dem Versand zur Verfügung stehen, werden am Lagerort 5030 innerhalb der Lagernummer 510 geführt. Abbildung 9.15 zeigt die Organisationsstruktur.

Prozessbeschreibung

Der Prozess der Umlagerung beginnt mit der Auswahl der Bewegungsart für die Einschrittumlagerung von Materialbestandsmengen zwischen Lagerorten eines Werkes. Wir sprechen in diesem Prozess von einer *Umlagerung*, weil

Materialien neben der logischen Umbuchung auch *physisch* bewegt werden. Im ersten Schritt muss spezifiziert werden, von wo Materialien ausgelagert werden sollen. Daher ist es erforderlich, das abgebende Werk und den abgebenden Lagerort zu erfassen. Im zweiten Schritt muss daraufhin definiert werden, was wohin und in welcher Stückzahl umgelagert werden soll. Systemtechnisch ist es notwendig, die Daten zum Nachlagerort der Umlagerung sowie zur Materialnummer und zur umzulagernden Stückzahl anzugeben.

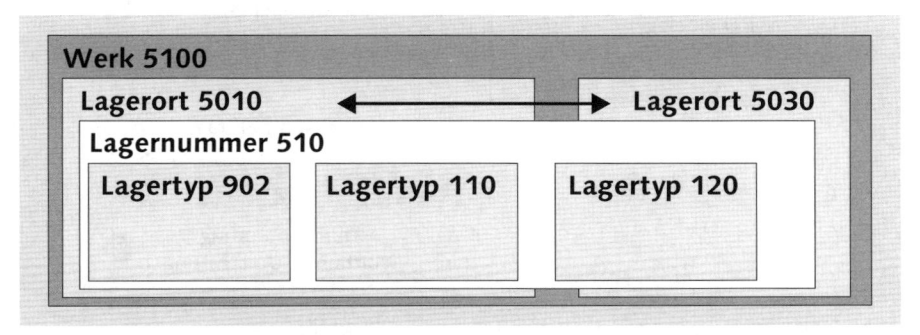

```
Werk 5100
  Lagerort 5010   ◄─────────►   Lagerort 5030
  Lagernummer 510
    Lagertyp 902   Lagertyp 110   Lagertyp 120
```

Abbildung 9.15 Organisationsstruktur der Umlagerung Lagerort an Lagerort im Einschrittverfahren

Wie Abbildung 9.16 zeigt, wird aufgrund der Umlagerung in der Bestandsführung ein Materialbeleg erzeugt, der zwei Positionen enthält: eine für den Abgang vom abgebenden Lagerort und eine weitere für den Zugang am empfangenden Lagerort. In der Bestandsführung sind zu diesem Zeitpunkt die Materialbestände bereits umgebucht. Durch die Zuordnung unterschiedlicher Lagernummern zu abgebendem und empfangendem Lagerort werden direkt mit der Erstellung des Materialbelegs Transportbedarfe für die entsprechenden Lagernummern angelegt.

In WM wird aufgrund des Materialbelegs eine Umbuchungsanweisung erstellt (siehe Schritt ❶ in Abbildung 9.16). Mit Bezug zur Umbuchungsanweisung erfolgt in Schritt ❷ die Erstellung eines *Umlagerungstransportauftrags* mit zwei Positionen. Auslagerung und Einlagerung werden über denselben Transportauftrag ausgeführt. Buchungstechnisch erfolgt die Umlagerung über einen WM-Schnittstellenlagertyp. Bei der Erstellung des Transportauftrags können Sie entscheiden, ob die Bestandsmengen auf dem Vonlagerplatz verbleiben sollen (Kennzeichen Umbuchung am Platz) oder ob Sie das Material auf einem neuen Lagerplatz einlagern möchten.

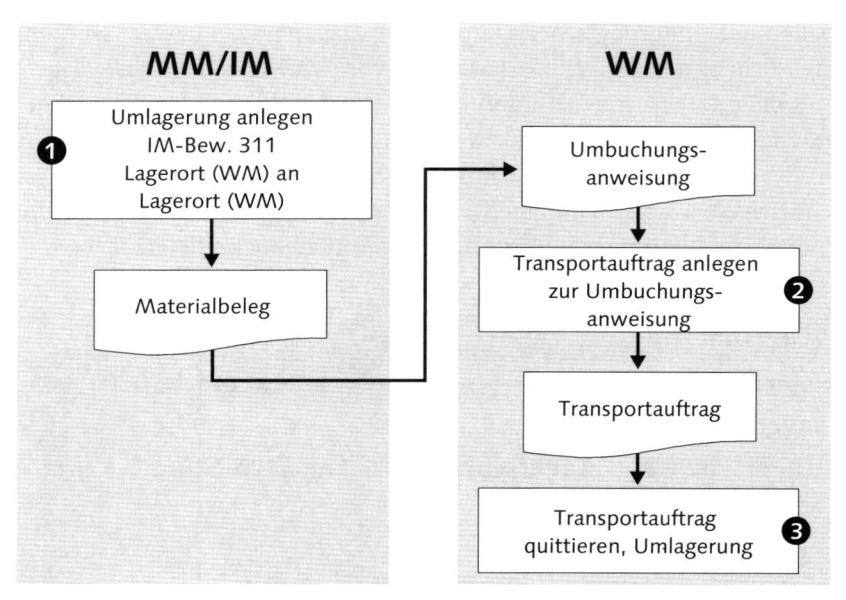

Abbildung 9.16 Umlagerung Lagerort an Lagerort im Einschrittverfahren

Physisch werden die Materialmengen an einen Übergabepunkt verbracht und somit dem empfangenen Lagerort bereitgestellt. Abgeschlossen wird der Umlagerungsprozess durch die Quittierung der Einlagerung (Schritt ❸).

Systembeispiel zur Einschritt-Lagerortumlagerung

In unserem Systembeispiel demonstrieren wir das Szenario Umlagerung Lagerort an Lagerort mit Start in der Bestandsführung im Einschrittverfahren. Bei dieser Umlagerungsform lernen Sie die folgenden Prozessschritte kennen:

❶ Anzeigen der Bestandsübersicht in der Bestandsführung und in WM

❷ Anlegen der Umlagerung Lagerort an Lagerort

❸ Anzeigen Umbuchungsanweisung

❹ Anlegen des Transportauftrags zur Umbuchungsanweisung

❺ Transportauftrag quittieren

❻ Anzeigen der Bestandsübersicht (Bestandsführung) und WM

Unser Beispielmaterial KF1020 hat einen Anfangsbestand von 5.000 Stück im Werk 5100 (Produktionsstandort Hamburg) am Lagerort 5010 (Hublager). Abbildung 9.17 zeigt die Bestandsübersicht in der Bestandsführung (Transaktion MMBE) für das Material KF1020 (Schritt ❶).

9.3 Umlagerungen zwischen Lagerorten

Bestandsübersicht: Grundliste

Selektion
Material	KF1020	Platinen	
Materialart	FERT	Fertigerzeugnis	
Mengeneinheit	ST	Basismengeneinheit	ST

Bestandsübersicht

Mandant / Buchungskreis / Werk / Lagerort / Charge / Sonderbestand	Frei verwendbar
▼ 💰 Gesamt	24.800,000
▼ 🏢 0001 LEOGISTICS GmbH	24.800,000
▼ 🏭 5100 DC Hamburg II	24.800,000
▼ 🏠 5010 HuB-Lager	5.000,000
• 👥 0000000001	5.000,000

Abbildung 9.17 Bestandsübersicht in der Bestandsführung

Um direkt von der Bestandsübersicht in der Bestandsführung in die Bestandsübersicht der Lagerverwaltung zu wechseln, navigieren Sie zum Menüpunkt UMFELD • LVS-BESTÄNDE. Danach verzweigt das System direkt in die WM-Bestandsübersicht (siehe Abbildung 9.18).

Bestandsübersicht

Anderes Material   Platzbestände   Mengeneinheiten...   Sonderbestand...   MM-Bestände

```
Lagernummer  510              DC Hamburg II
Material     KF1020           Platinen
                              Gesamtmenge:         22.800  ST

           Typ Lagertypbezeichnung
Werk LOrt  S B Charge        NF    Verfüg.Bestand  Einzulag. Bestand  Auszulag. Bestand

           100 Kommissionierung KAR 1
5100 5110      0000000001           9.800                  0                 0

* Summe    100
                                    9.800                  0                 0

           110 Regallager chaotisch
5100 5010      0000000001           5.000                  0                 0
5100 5030      0000000001           5.000                  0                 0
5100 5110      0000000001           3.000                  0                 0

* Summe    110
                                   13.000                  0                 0

** Summe
                                   22.800                  0                 0


Summierung

Typ Werk LOrt S B Charge      N  Verfüg.Bestand  Einzulag. Bestand  Auszulag. Bestand
*** 5100 5010   0000000001            5.000                  0                 0
*** 5100 5030   0000000001            5.000                  0                 0
*** 5100 5110   0000000001           12.800                  0                 0
```

Abbildung 9.18 Bestandsübersicht in WM

Aus diesem Bestand sollen 2.500 Stück an den Versandlagerort 5030 umgelagert werden (Schritt ❷). Der Prozess startet in der Bestandsführung (siehe Abbildung 9.19). Sie erfassen eine Umlagerung mit der IM-Bewegungsart 311 mit der Transaktion MB1B – alternativ verwenden Sie die Transaktion MIGO.

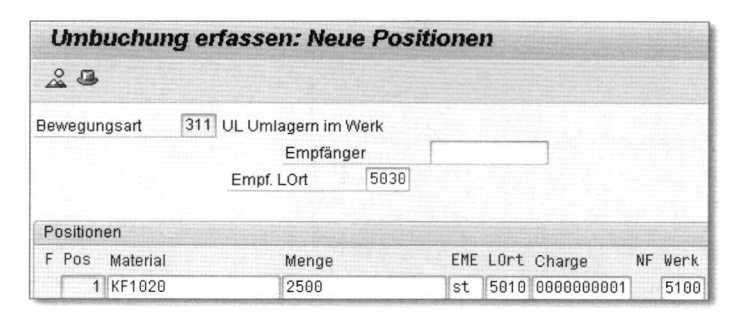

Abbildung 9.19 Umlagerung in der Bestandsführung erfassen

Geben Sie das WERK und den VON-LAGERORT ein, von dem das Material ausgelagert werden soll, und erfassen Sie den NACH-LAGERORT der Umlagerung, das umzulagernde MATERIAL und die MENGE. Bei chargenpflichtigen Materialien muss darüber hinaus auch die umzulagernde Charge spezifiziert werden. Mit Erfassung der Umlagerung erstellt das System einen Materialbeleg in der Bestandsführung, eine Umbuchungsanweisung in WM und zwei Quants auf dem logischen Schnittstellenlagertyp 922 (siehe Abbildung 9.20).

Abbildung 9.20 Quantanzeige Lagertyp 922 (Transaktion LX03)

In der Umlagerung verweist die Bestandsführungsbewegungsart 311 dabei auf die Referenzbewegungsart 309 für Umbuchungen und führt somit zur WM-Bewegungsart 309, bei der eine Umbuchungsanweisung statt eines Transportbedarfs erstellt werden soll. Diese Einstellungen nehmen Sie im

9.3 Umlagerungen zwischen Lagerorten

Customizing-Pfad über LOGISTIK • LOGISTICS EXECUTION • LAGERVERWALTUNG • SCHNITTSTELLEN • BESTANDSFÜHRUNG • BEWEGUNGSARTEN DEFINIEREN vor.

Die Umbuchungsanweisung (Schritt ❸) enthält alle umbuchungsrelevanten Daten wie Bewegungsart, Schnittstellenlagertyp und Lagerplatz sowie Informationen zum umzubuchenden Bestand (siehe Abbildung 9.21).

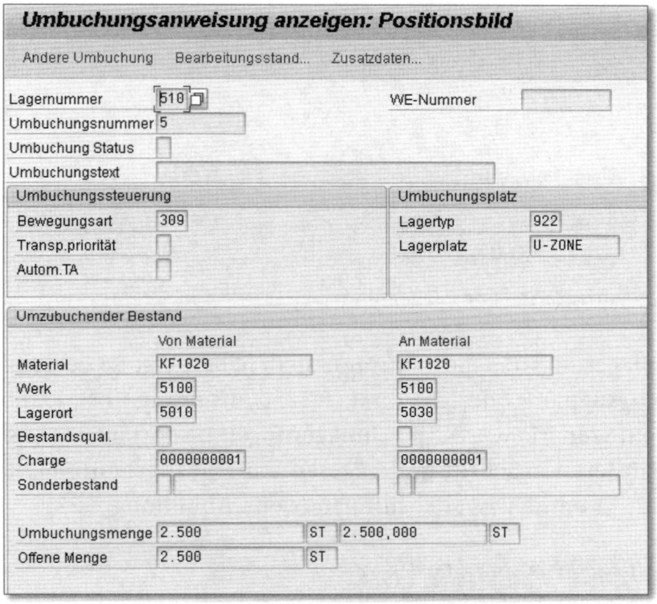

Abbildung 9.21 Anzeige der Umbuchungsanweisung

In Schritt ❹ erstellen wir mit Referenz zur Umbuchungsanweisung einen Umlagerungstransportauftrag. Die Bestandsmengen sollen mit der logischen Lagerort-an-Lagerort-Buchung direkt in den Lagertyp 120 umgelagert werden. Für die Transportauftragserstellung nutzen wir die WM-Transaktion LU04 (Umbuchungsanweisungen anzeigen, siehe Abbildung 9.22).

Wir selektieren 2500 ST aus dem Lagertyp 110 und Lagerplatz 01-1-01-02 als umzulagernde Menge. Möchten Sie die Bestände am Platz umbuchen, markieren Sie das Feld U... (= Umbuchung am Platz) in der jeweiligen Umbuchungszeile. In unserem Szenario sollen die Bestände nicht auf dem Lagerplatz verbleiben, sondern in den Lagertyp 100 umgelagert werden. Um den Umlagerungsprozess im Hellablauf durchzuführen, klicken Sie auf den Button (UMLAGERUNG IM HELLABLAUF). Sie verzweigen somit in die DETAILDATEN DER UMLAGERUNG, in denen Sie die Nachdaten der Umlagerung eingeben können.

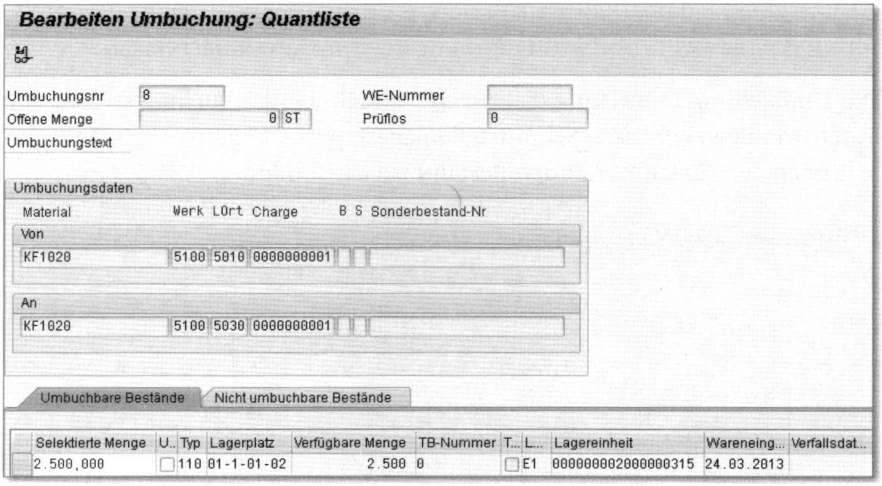

9 | Warenbewegungen und operative Lagerprozesse in WM

Abbildung 9.22 Transportauftragserstellung – Quantliste

Nachdem Sie den Umlagerungstransportauftrag erstellt haben, erfolgt der Ausdruck der Umlagerungspapiere oder die direkte TA-Quittierung über Radio Frequency. In unserem Szenario wurde der Umlagerungstransportauftrag ausgedruckt, und wir quittieren in Schritt ❺ den gesamten Transportauftrag mit der Transaktion LT12. Er enthält zwei Positionen (siehe Abbildung 9.23).

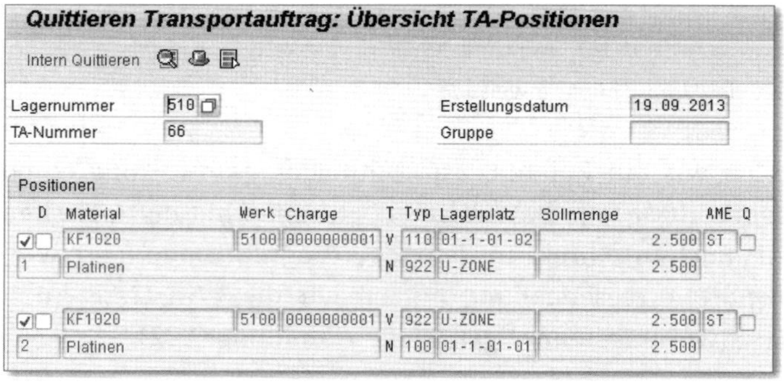

Abbildung 9.23 Transportauftrag quittieren

Nach erfolgter Umlagerung lassen Sie uns nun abschließend in Schritt ❻ die Bestände in der Bestandsführung und in der Lagerverwaltung erneut kontrollieren. Die Bestandssituation in der Bestandsführung stellt sich wie folgt dar:

- Der Bestand am Lagerort 5030 hat sich um 2.500 Stück erhöht.
- Der Bestand am Lagerort 5010 hat sich um 2.500 Stück verringert.

- Der Bestand im Lagertyp 100 hat sich um 2.500 Stück erhöht.
- Der Bestand im Lagertyp 110 hat sich um 2.500 Stück verringert.

> **Sonderformen der Einschrittumlagerung**
>
> Einschrittumlagerungen zwischen Lagerorten im SAP-ERP-System können Sie nicht nur aus dem frei verwendbaren Lagerbestand erfassen. Es ist bei einer Lagerortumlagerung auch möglich, Bestände zwischen verschiedenen Bestandsarten umzubuchen. Im SAP-Standard werden die folgenden Umlagerungen mit gleichzeitiger Umbuchung der Bestandsart unterstützt (siehe Abbildung 9.24).

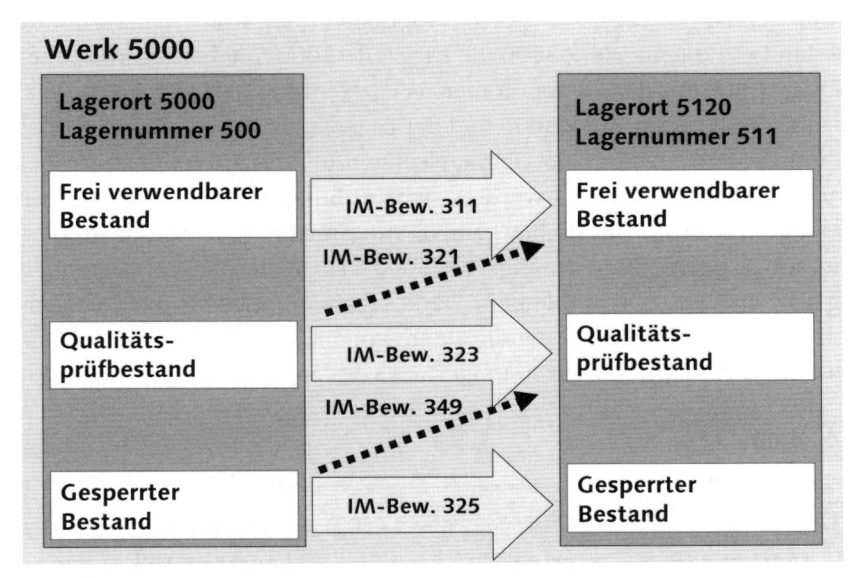

Werk 5000

Lagerort 5000 / Lagernummer 500		Lagerort 5120 / Lagernummer 511
Frei verwendbarer Bestand	IM-Bew. 311 → / IM-Bew. 321 ⇠	Frei verwendbarer Bestand
Qualitätsprüfbestand	IM-Bew. 323 → / IM-Bew. 349 ⇠	Qualitätsprüfbestand
Gesperrter Bestand	IM-Bew. 325 →	Gesperrter Bestand

Abbildung 9.24 Sonderformen der Umlagerung »Lagerort an Lagerort« im Einschrittverfahren

9.3.2 Umlagerung Lagerort an Lagerort mit Start in der Bestandsführung – Zweischrittverfahren

Umlagerungen zwischen verschiedenen Lagerorten eines Werkes im Zweischrittverfahren (siehe Prozessvariante ❹ in Abbildung 9.1) bieten sich immer dann an, wenn zwischen den Lagerorten (in der Regel separate Lagerkomplexe) eine physische Distanz besteht, jedoch keine Lieferpapiere benötigt werden. Unter Lieferpapieren verstehen wir in diesem Fall Dokumente, die aus einem SAP-Liefer- oder Transportbeleg heraus erstellt werden. Darüber hinaus sollte die Umlagerung im Zweischrittverfahren auch dann genutzt werden, wenn zwischen der Auslagerung am abgebenden Lagerort und der Vereinnahmung am empfangenden Lagerort eine längere Zeitspanne liegt.

Durch die Vereinnahmung am Empfangsort wird sichergestellt, dass nur Bestände als systemtechnisch verfügbar gelten, die auch physisch das Lager erreicht haben.

Beispiel für eine Umlagerung im Zweischrittverfahren

Als Organisationsstruktur haben wir in diesem Beispiel das Distributionszentrum Hamburg (Werk 5000) ausgewählt. Physisch gehören zum Distributionszentrum Hamburg zwei Lagerkomplexe, die unabhängig voneinander betrieben werden und räumlich getrennt sind. Die Distanz zwischen beiden Lagerkomplexen beträgt ca. 25 km. Zur logischen und physischen Trennung der Bestände sind dem Werk 5000 die Lagerorte 5000 mit der Lagernummer 500 sowie 5120 mit der Lagernummer 511 zugeordnet. Der Lagerort 5000 dient als Hauptlager im Werk 5000 und der Lagerort 5120 als Außenlager des Distributionszentrums, in dem Überkapazitäten und Nachschubmengen des Hauptlagerorts 5000 verwaltet werden (siehe Abbildung 9.25). Aufgrund von Zeitverzögerungen im physischen Umlagerungsprozess der Einschrittumlagerung von Lagerort 5120 an Lagerort 5000 kam es in der Vergangenheit häufig zu Verfügbarkeitsproblemen. Darüber hinaus arbeiten beide Lagerkomplexe organisatorisch vollständig autark voneinander. Daher soll der Prozess auf das Zweischrittverfahren umgestellt werden.

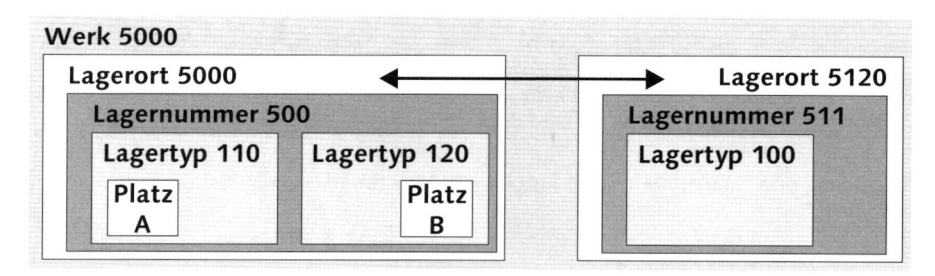

Abbildung 9.25 Organisationsstruktur der Umlagerung Lagerort an Lagerort im Zweischrittverfahren

Prozessbeschreibung

Die zentrale Disposition und Verteilung der Bestände wird durch das Lagerpersonal des Hauptlagerorts 5000 realisiert. Umlagerungen aus dem zentralen Außenlager (Lagerort 5120) werden dabei manuell durch die Lagerdisposition angestoßen. Die Umlagerung bzw. der Nachschub vom Lagerort 5120 erfolgt somit nach dem Pull-Prinzip, bei dem die Bestände bedarfsabhängig umgelagert werden.

9.3 Umlagerungen zwischen Lagerorten

Wir werden uns nun im Detail mit den folgenden Prozessschritten beschäftigen (siehe Abbildung 9.26):

❶ Umlagerung erfassen
❷ Auslagerungstransportauftrag anlegen
❸ Auslagerungstransportauftrag quittieren
❹ Wareneingang buchen
❺ Einlagerungstransportauftrag anlegen
❻ Einlagerungstransportauftrag quittieren

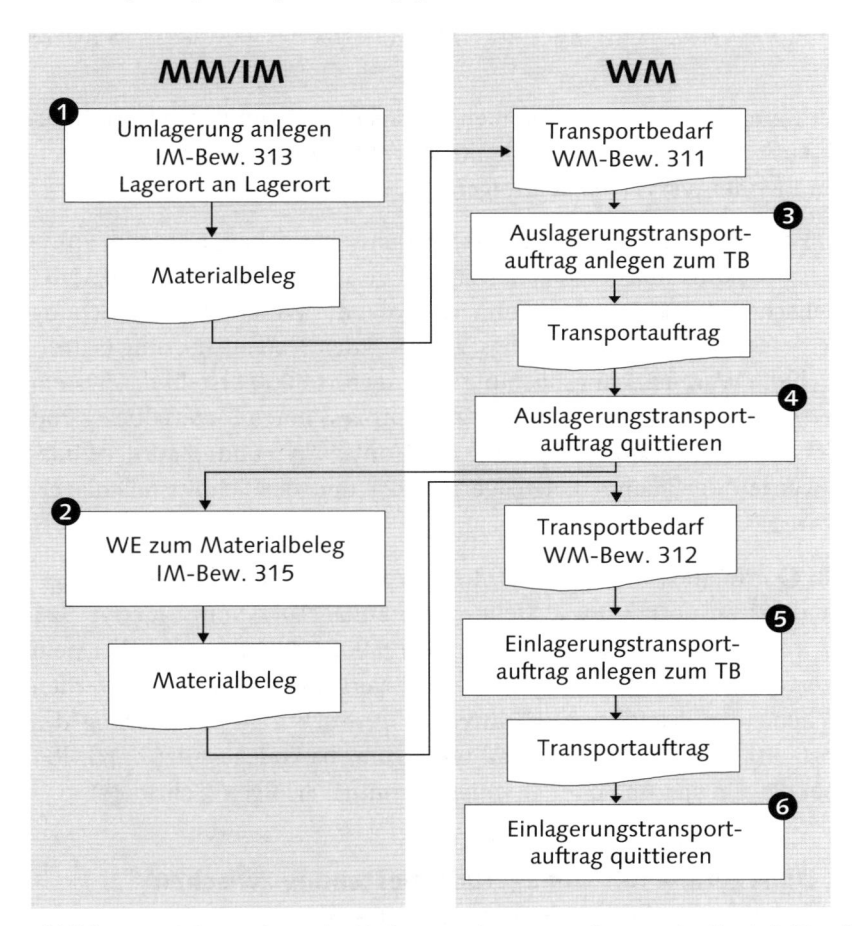

Abbildung 9.26 Prozesskette der Umlagerung Lagerort an Lagerort im Zweischrittverfahren

In Schritt ❶ wird von der Lagerdisposition am Lagerort 5000 eine Umlagerung in der Bestandsführung mit der Bewegungsart 313 mit dem abgebenden

Lagerort 5120 erfasst. Aufgrund der Umlagerung legt das System im Hintergrund einen Materialbeleg und einen Transportbedarf zur Auslagerung in der Lagernummer 511 an. Durch den Transportbedarf erkennt das Lagerpersonal in der Lagernummer 511, dass Materialien für den Lagerort 5000 bereitgestellt werden müssen. Der erstellte Transportbedarf wird in Schritt ❷ in einen Transportauftrag umgewandelt, der die physische Auslagerung und Bereitstellung der angeforderten Materialien bewirkt. Als Nachlagertyp der Auslagerung wird der dynamische Schnittstellenlagertyp 921 sowie der Lagerplatz TRANSFER vorgeschlagen. Um die Referenz zur Anforderung im Wareneingang des Lagerorts 5000 zu ermöglichen, sollte ein Materialbegleitschein mit der Materialbelegnummer dem physischen Transport beigelegt werden.

Nach der Bereitstellung der Materialien im Lager kann nun der Transportauftrag zur Auslagerung quittiert werden (Schritt ❸). Die Quittierung kann mithilfe von RF oder per Terminal erfolgen.

Nachdem die Materialien den Lagerort 5000 erreicht haben, erfolgt die physische Bestandskontrolle der angelieferten Materialien. Mit Bezug zum Materialbegleitschein (Materialbelegnummer) erfolgt die Wareneingangsbuchung am Lagerort 5000 mit der Bewegungsart 315 in der Bestandsführung (Schritt ❹). Durch die Wareneingangsbuchung am Lagerort 5000 erstellt das System im Hintergrund analog zum Warenausgangsprozess einen Materialbeleg und einen Transportbedarf zur Einlagerung. Als Vonlagertyp und -platz der Einlagerung werden der Schnittstellenlagertyp 921 und der Schnittstellenlagerplatz TRANSFER vorgeschlagen.

In Schritt ❺ erfolgt basierend auf der Lagertypfindung und der Einlagerungsstrategie die Transportauftragserstellung zur Einlagerung vom Lagertyp 921 in einen realen Lagertyp der Lagernummer 500. Handelt es sich bei dem Nachlagertyp der Einlagerung um einen LE-verwalteten Lagertyp, werden entsprechend der Palettierung LE-Etiketten gedruckt. Die Quittierung des Transportauftrags kann abschließend wiederum, barcodegestützt durch RF, direkt bei der Einlagerung oder an einem Terminal erfolgen (Schritt ❻).

9.3.3 Umlagerung mit Umlagerungsbestellung zwischen verschiedenen Lagerorten eines Werkes

Die Umlagerung mit Umlagerungsbestellung zwischen verschiedenen Lagerorten eines Werkes (Prozessvariante ❺ in Abbildung 9.1) bildet neben den in den vorangegangenen Abschnitten vorgestellten Umlagerungsformen eine weitere Möglichkeit, Bestände zwischen zwei Lagerorten umzulagern. Gegenüber der Umlagerung im Einschritt- oder Zweischrittverfahren bietet die Umlagerung mit Umlagerungsbestellung folgende Vorteile:

- Erstellung von Auslieferungen mit Bezug zur Umlagerungsbestellung und Nutzung damit verbundener Funktionalitäten wie Lieferscheindruck, Terminierung und ATP
- Nutzung der LES-Transportfunktionalität aufgrund der erstellten Auslieferungen möglich (Frachtkostenberechnung, Transportnachrichten etc.)
- Avisierung der ankommenden Waren am Empfangslagerort über Transitbestände
- Möglichkeit der Automatisierung der Umlagerungsprozesse durch den Einsatz von Dispositionsbereichen in der Planung

Organisationsstruktur

Auch in diesem Szenario greifen wir auf das Distributionszentrum Hamburg (Werk 5100) zurück. Zu diesem Distributionszentrum gehören zwei Lagerkomplexe, die unabhängig voneinander betrieben werden und räumlich getrennt sind. Zur logischen und physischen Trennung der Bestände sind dem Werk 5100 die Lagerorte 5110 mit der Lagernummer 510 sowie 5120 mit der Lagernummer 511 zugeordnet. Der Lagerort 5110 dient als Hauptlager im Werk 5100 und der Lagerort 5120 als Außenlager des Distributionszentrums, in dem Überkapazitäten und Nachschubmengen des Hauptlagerorts 5110 verwaltet werden (siehe Abbildung 9.27). Zur Optimierung des unternehmensinternen Materialflusses soll der bisherige zweistufige Umlagerungsprozess auf das Verfahren der Umlagerung mit Umlagerungsbestellung zwischen Lagerorten umgestellt werden. Mit der Umstellung auf den Prozess der Umlagerungsbestellung sollen folgende Ziele erreicht werden:

- Nutzung eines einheitlichen Lieferscheins auf Basis der SAP-Lieferung
- Erstellung von Transportpapieren für Umlagerungen zwischen Lagerorten sowie direkte Abrechnung
- einheitliches Reporting auf der Grundlage des Liefer- und Transportbelegs (Umlagerungsmengen, Transportkosten, Distributions- und Beschaffungskosten)
- erhöhte Bestandstransparenz im Umlagerungsprozess

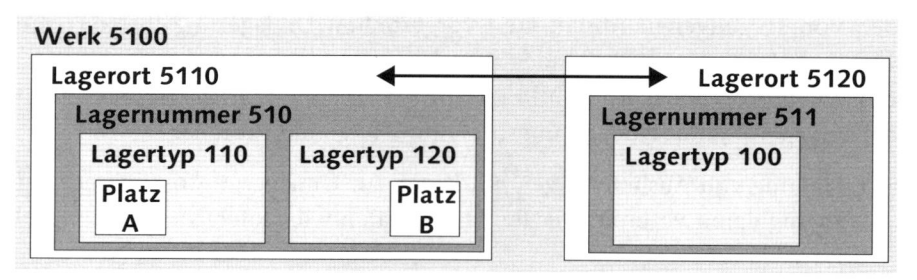

9 | Warenbewegungen und operative Lagerprozesse in WM

Abbildung 9.27 Organisationsstruktur des Werkes 5100

Prozessbeschreibung

Abbildung 9.28 zeigt die Hauptprozessschritte, die im Umlagerungsprozess mit Umlagerungsbestellung zwischen Lagerorten eines Werkes durchlaufen werden.

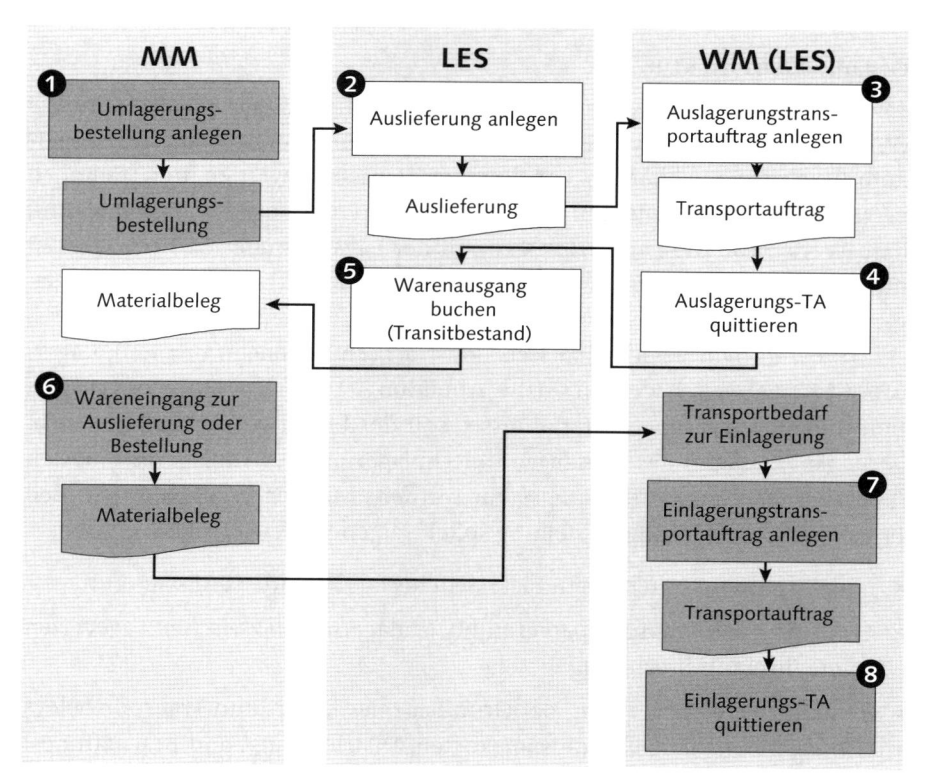

Abbildung 9.28 Hauptprozessschritte Umlagerungsbestellung zwischen Lagerorten eines Werkes

Systemtechnisch beginnt der Umlagerungsprozess mit dem Erfassen einer Umlagerungsbestellung in der Materialwirtschaft bzw. dem Einkauf (Schritt ❶) am empfangenden Lagerort. In der Praxis wird dieser Schritt jedoch häufig vom Lagerpersonal bzw. der Disposition ausgeführt. Beachten Sie deshalb, dass die entsprechenden Personen in der Disposition bzw. im Lager über entsprechende Berechtigungen zum Anlegen von Bestellungen verfügen müssen. Da es sich bei der Umlagerungsbestellung um eine Umlagerung innerhalb eines Werkes handelt, sind Lieferwerk und empfangendes Werk identisch. In den Positionsdaten der Umlagerungsbestellung müssen neben Materialien, Mengen und Lieferterminen auch der *empfangende* und *abgebende Lagerort* spezifiziert werden.

> **Umlagerbestellung**
>
> Arbeiten Sie in Ihrem Unternehmen generell mit Bestellanforderungen (BANF), ist es auch möglich, die Bestellung mit Referenz zu einer Umlagerungsbestellanforderung anzulegen.

Unter Verwendung des *empfangenden Lagerorts* bestimmt das System aufgrund von Customizing-Einstellungen in der Materialwirtschaft einen Warenempfänger. Dafür muss im Customizing der Kombination aus Werk und Lagerort ein entsprechender Debitorenstamm zugeordnet sein. Im Debitorenstamm ist es erforderlich, eine entsprechende Versandbedingung zu pflegen, die Einfluss auf die Versandstellenfindung am abgebenden Lagerort hat. Zudem muss in den allgemeinen Daten des Debitorenstamms eine Transportzone gepflegt sein, die bei der Routenfindung als empfangende Transportzone interpretiert wird.

Um den Versand vom abgebenden Lagerort ausführen zu können, muss der Lieferbeleg eine Versandstelle enthalten, die bereits bei der Umlagerungsbestellung bestimmt wird. Die Versandstellenfindung kann mithilfe des Werkes (SAP-Standard für Auslieferungen) oder lagerortabhängig (SAP-Standard für Umlagerungen Lagerort an Lagerort mit Umlagerungsbestellung) erfolgen. Für jede Lieferart müssen Sie im Customizing festlegen, welche Art der Versandstellenfindung genutzt werden soll. Auf Basis der gewählten Methode zur Versandstellenfindung muss dann die werks- oder lagerortabhängige Versandstellenfindung im Customizing aktiviert werden. Für die Routenfindung in der Lieferung muss in der Versandstelle des abgebenden Lagerorts eine entsprechende Transportzone definiert sein, die als abgebende Transportzone interpretiert wird.

> **Umlagerbestellung zwischen Lagerorten**
>
> Wenn Sie in Ihrem Unternehmen Umlagerungsbestellungen zwischen mehr als zwei Lagerorten ausführen, ist es Empfehlenswert, die lagerortabhängige Versandstellenfindung zu nutzen.

Mit Bezug zur Umlagerungsbestellung kann nun in Schritt ❷ in LES eine Umlagerungsbestellung mit der Lieferart NL angelegt werden. Die Liefererstellung erfolgt in der Regel mithilfe eines Batch-Jobs, der in bestimmten Zeitabständen lieferrelevante Umlagerungsbestellungen selektiert und in Lieferungen umwandelt. Bei der Liefererstellung übernimmt das System die zuvor ermittelten Versanddaten aus der Umlagerungsbestellung. Hierbei handelt es sich um die folgenden Parameter:

- Versandstelle
- Warenempfänger
- Route
- Versandbedingung
- Ladegruppe aus dem Materialstamm der jeweiligen Materialposition

Darüber hinaus prüft das System, ob auf Positionsebene der Umlagerungsbestellung die zuvor genannten Versandparameter abweichen. Sollten abweichende Parameter festgestellt werden, führt das System automatisch einen *Liefer-Split* durch, um die Split-Positionen unterschiedlich zu behandeln und zu beliefern. Damit werden eventuelle Inkonsistenzen in der physischen Distribution vermieden. Möchten Sie die Lieferungen jedoch zusammen transportieren, kann im LES-Transport eine erneute Konsolidierung erreicht werden.

Durch Übernahme des abgebenden Lagerorts aus der Umlagerungsbestellung wird die Integration in WM erreicht. Um die WM-Funktionalität nutzen zu können, muss im Customizing der Werk-Lagerort-Kombination eine entsprechende Lagernummer zugeordnet sein. Die Lagernummer sowie der Status der WM-Aktivitäten werden in den Kommissionierdaten der Lieferung angezeigt.

Anschließend (Schritt ❸) erfolgt dann die Transportauftragserstellung mit Bezug zur Auslieferung. In der Bestandsführung sind die Bestände zum jetzigen Zeitpunkt noch sichtbar, jedoch für die Umlagerungsbestellung bzw. Lieferung reserviert. Das Anlegen der Transportaufträge kann im Warehouse-Management-System auf verschiedene Art und Weise geschehen. Das SAP-Warehouse-Management-System unterstützt folgende Arten der Transportauftragserstellung zu Lieferbelegen:

- automatische Transportauftragserstellung unter Verwendung der Nachricht WMTA
- Transportauftragserstellung mithilfe des Liefermonitors im Hell- oder Dunkelablauf für einzelne oder mehrere Lieferbelege
- manuelle Transportauftragserstellung mit Bezug zur Lieferung (Hell- oder Dunkelablauf) sowie zur Gruppe

Mit der Erstellung des Transportauftrags im Warehouse-Management-System erfolgt bei der beleggestützten Kommissionierung der Ausdruck der Kommissionierpapiere. Bei einer RF-gestützten Kommissionierung werden die erstellten Transportaufträge automatisch einer Queue zugeordnet.

Im Anschluss an den Kommissionierprozess erfolgt in Schritt ❹ die Transportauftragsquittierung. Transportaufträge können im Warehouse-Management-System unterschiedlich quittiert werden. Durch die Transportauftragsquittierung werden die kommissionierten Chargen (bei aktiver Chargenverwaltung), wenn in der Lieferung nicht bereits angegeben, in den Lieferbeleg übernommen. Darüber hinaus kann im WM-Customizing festgelegt werden, ob *Kommissioniermengen als Liefermengen in den Lieferbeleg* übernommen werden sollen und ob eine *automatische Warenausgangsbuchung* erfolgen soll.

> **Kommissioniermenge**
>
> Beachten Sie, dass es durch die automatische Übernahme der Kommissioniermenge als Liefermenge zu Unterlieferungen kommen kann, obwohl noch Lagerbestand vorhanden ist. Dieses Systemverhalten kann auftreten, wenn Sie einen Transportauftrag mit Differenz quittieren und die automatische Übernahme der Kommissioniermenge als Liefermenge eingestellt haben. Sie sollten diese Einstellung nur vornehmen, wenn Sie Ihre Materialien auf Fixplätzen verwalten bzw. jedes Material nur auf einem Lagerplatz gelagert wird.

Nach der vollständigen Transportauftragsquittierung können der *Lieferscheindruck* und die *Warenausgangsbuchung* (Schritt ❺) erfolgen. Durch die Warenausgangsbuchung werden die umzulagernden Materialien mit IM-Bewegungsart 641 (Umlagerung an Transitbestand) in den Transitbestand gebucht. Anhand des Transitbestands wird dem empfangenden Lagerort signalisiert, dass die Materialien bereits den abgebenden Lagerort verlassen haben und sich auf dem Weg zur Abladestelle befinden.

Nachdem die Materialien den empfangenden Lagerort erreicht haben, erfolgen hier die physische Bestandskontrolle und die Wareneingangsbuchung zur Umlagerungsbestellung bzw. zur Auslieferung anhand des Lieferscheins

(Schritt ❻). Erfolgt die Wareneingangsbuchung mit Bezug zur Auslieferung, werden die in der Auslieferung erfassten Chargen sowie Transportauftragspositionen in den Wareneingangsbeleg übernommen. Im Gegensatz dazu müssen bei der Wareneingangsbuchung mit Referenz zur Umlagerungsbestellung die Palettierung und die Chargenerfassung manuell vorgenommen werden. Über die Wareneingangsbuchung werden die Bestellentwicklung der Umlagerungsbestellung fortgeschrieben sowie ein Materialbeleg und Transportbedarf angelegt.

Mit Referenz zum Materialbeleg bzw. zum Transportbedarf erfolgt im nächsten Schritt die Transportauftragserstellung zur Einlagerung (Schritt ❼). Anhand der Lagertypsuchreihenfolge, der Lagerbereichsfindung, des Lagereinheitentyps sowie der Einlagerungsstrategie bestimmt das System die Einlagerungsplätze der jeweiligen Materialpositionen. Durch das Sichern des Transportauftrags kann im Hintergrund die Erstellung der Einlagerungsbelege sowie bei aktiver LE-Verwaltung der Druck neuer LE-Etiketten erfolgen.

Abgeschlossen wird der Umlagerungsprozess mit der Transportauftragsquittierung (Schritt ❽). Die Quittierung kann wiederum mit RF oder papierbelegbezogen an einem Terminal erfolgen.

Systembeispiel zur Umlagerung mit Umlagerungsbestellung

In unserem Systembeispiel werden wir jetzt die komplette Umlagerungsbestellung Lagerort an Lagerort am Beispiel des Materials KF1026 – Kaffee »Cappuccino« – durchlaufen. Die Umlagerung erfolgt zwischen den Lagerorten 5110 und 5120 im Werk 5100. Dabei agiert der Lagerort 5120 als Nachschublagerort für den Hauptlagerort 5110. Aufgrund der Bestandssituation des Materials KF1026 am Lagerort 5110 fordert der zuständige Disponent einen Nachschub des Materials vom Lagerort 5120 an. Im Einzelnen gehen wir die folgende Prozessschritte durch:

❶ Anzeigen der aktuellen Bestandssituation im Werk 5100 für das Material KF1026

❷ Erfassen der Umlagerungsbestellung für das Material KF1026

❸ Anzeige der Bedarfs-/Bestandsliste für unser Material

❹ Erstellen der Lieferung

❺ Transportauftragserstellung zur Auslieferung mithilfe des Liefermonitors

❻ Transportauftragsquittierung

❼ Warenausgangsbuchung

❽ Anzeige Transitbestand
❾ Buchen des Wareneingangs am Lagerort 5110
❿ Transportauftragserstellung zur Einlagerung
⓫ Quittieren der Einlagerung
⓬ Erneute Anzeige der Bestandsübersicht

In Schritt ❶ lassen wir uns die Ausgangssituation für unser Material KF1026 in der Bestandsübersicht der Bestandsführung anzeigen. In der Bestandsübersicht sehen wir, dass unser Material neben den Lagerorten 5110 und 5120 auch in einem zweiten Außenlager, dem Lagerort 5130, verwaltet wird (siehe Abbildung 9.29). Der Gesamtbestand beträgt 24.000 Stück Kartons, verteilt auf Lagerort 5110 mit 1.800 Stück, Lagerort 5120 mit 10.200 Stück und Lagerort 5130 mit 12.000 Stück.

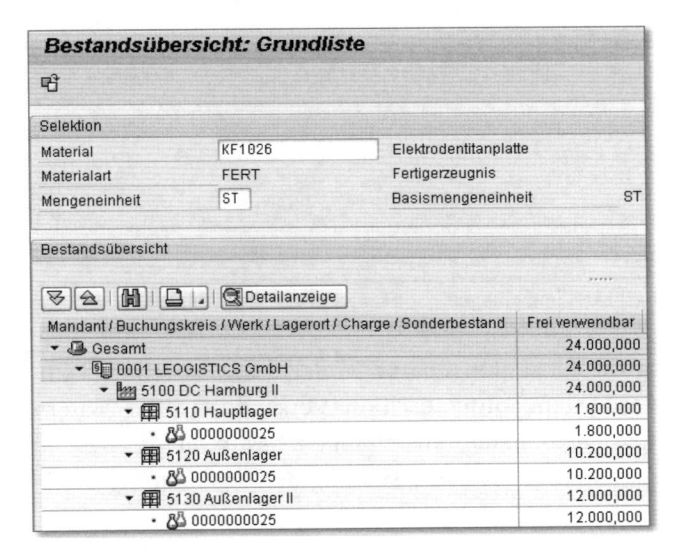

Abbildung 9.29 Bestandsübersicht zum Material

Da die Umlagerung ungeplant erfolgen soll, also nicht über einen Bedarfsplanungslauf (MRP-Lauf), erfassen wir nun in Schritt ❷ direkt die Umlagerungsbestellung für unser Material. Rufen Sie hierfür die Transaktion ME21N auf, und wählen Sie die Bestellart UB für Umlagerungsbestellung aus. Durch die Selektion der Bestellart UB werden Sie dazu aufgefordert, ein Lieferwerk zu erfassen. In unserem Szenario erfolgt die Umlagerung im Werk 5100, demzufolge entspricht das Lieferwerk ebenfalls dem Werk 5100. In den Positionsdaten der Umlagerungsbestellung erfassen wir nun unser umzulagerndes Material KF1026 und die umzulagernde Menge von 600 Stück. In den Positionsdaten erfassen wir nun auch das empfangende Werk 5100, den empfangenden Lagerort 5110 sowie den abgebenden Lagerort 5120 der Umlagerungsbestellung (siehe Abbildung 9.30).

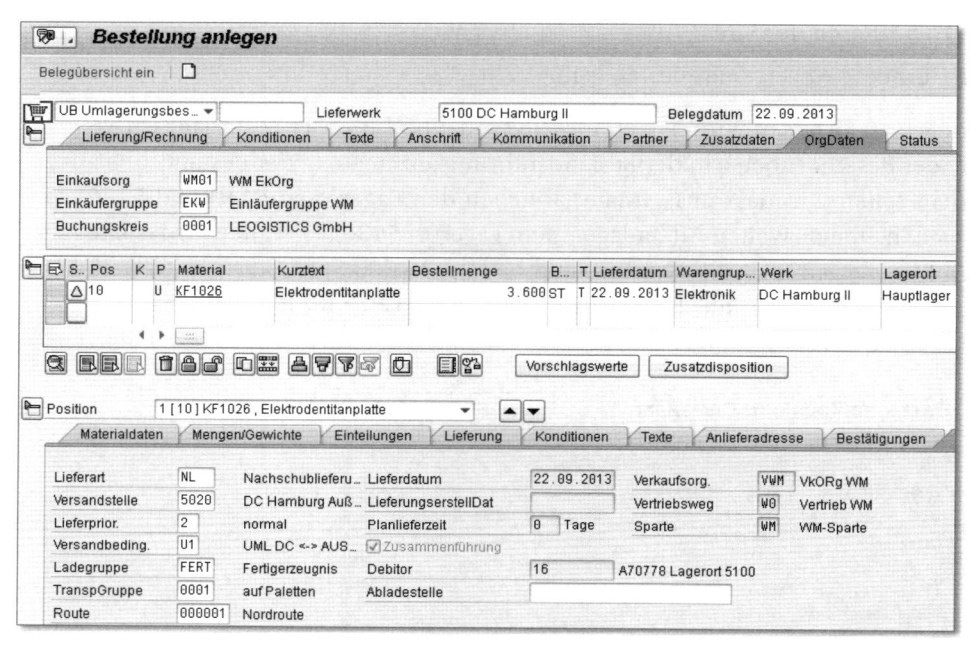

Abbildung 9.30 Umlagerungsbestellung anlegen

Da wir im Customizing die Einstellungen zur Umlagerungsbestellung aktiviert haben, ermittelt das System automatisch die Versanddaten der Materialposition. Aufgrund der Customizing-Einstellungen bestimmt das System die folgenden Versandparameter, die zur Erstellung der Auslieferung benötigt werden:

- LIEFERART NL steuert die gesamte Lieferung in Bezug auf Nummernvergabe, Partnerfindung, Texte, Auftragsbezug sowie Anstoß einer neuen Routenfindung.

- VERSANDSTELLE 5020 wird aus den Customizing-Einstellungen der Versandstellenfindung bestimmt. Sie wird in die Kopfdaten der Lieferung übernommen und bildet die wichtigste Organisationseinheit des Versands im SAP-ERP-System. Sie beeinflusst die Versandterminierung sowie die Routen- und Kommissionierlagerortfindung.

- LIEFERPRIOR. 2 ermittelt das System aus dem Debitorenstamm (WE A70778 DC Hamburg) des empfangenden Lagerorts 5110.

- VERSANDBEDI. U1 wird ebenfalls aus dem Debitorenstamm des Lagerorts 5110 (WE A70778) ermittelt.
- Die LADEGRUPPE FERT der Position wird aus den Materialstammdaten unseres Materials KF1026 ermittelt. Sie hat Einfluss auf die Versandstellenfindung im SAP-ERP-System.
- Die TRANSPGRUPPE 0001 wird ebenfalls aus den Materialstammdaten ermittelt. Sie wird bei der Routenfindung im SAP-ERP-System herangezogen.
- Die ROUTE 000001 wird automatisch aufgrund der Routenfindungslogik ermittelt. Die Routenfindung erfolgt anhand der abgebenden und empfangenden Transportzone, der Transportgruppe, der Versandbedingung sowie der Gewichtsgruppe (optional).

Nachdem wir die Einstellungen gesichert haben, erstellt das System die Umlagerungsbestellung.

In der Bedarfs-/Bestandsliste für unser Material KF1026 sehen wir nach der Anlage der Umlagerungsbestellung einen Bestellabruf für die Umlagerungsmenge am Lagerort 5120 und eine Bestelleinteilung am Lagerort 5110 (siehe Schritt ❸ in Abbildung 9.31).

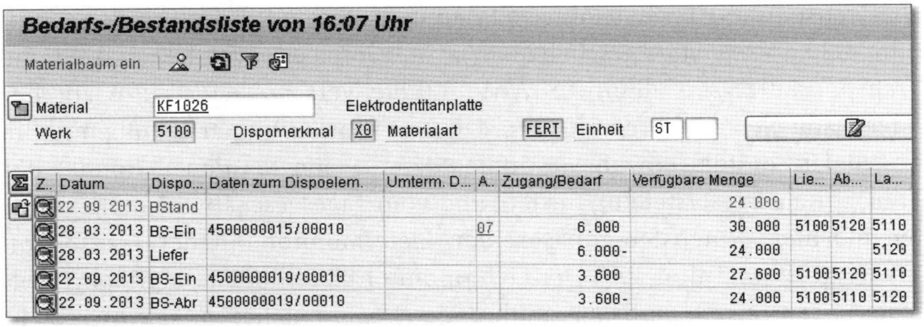

Abbildung 9.31 Bedarfs-/Bestandsliste für Material KF1026

Um den Versand und die Kommissionierung ausführen zu können, erfolgt nun in Schritt ❹ die Auslieferungserstellung mit Referenz zur Umlagerungsbestellung. Starten Sie hierfür die Transaktion VL10I (Versandfällige Kundenauftrags- und Bestelleinteilungen), und selektieren Sie alle lieferrelevanten Einteilungen für die Versandstelle 5020 im Zeitraum vom 22.09.2013 bis zum 26.09.2013. Führen Sie Ihre Selektion aus, indem Sie den Button (Ausführen) anklicken. Die Selektionsdaten werden Ihnen in einem Folgebildschirm angezeigt. Markieren Sie in diesem Bild die Zeile mit der erstellen Umlagerungsbestellung, und aktivieren Sie die Liefererstellung durch Ausführen der Liefererstellung im Hintergrund. Indem Sie den Button ▦ (Lieferungen ein-/ausblenden) anklicken, wird Ihnen nach erfolgreicher Liefererstellung die Liefernummer 80000013 angezeigt (siehe Abbildung 9.32).

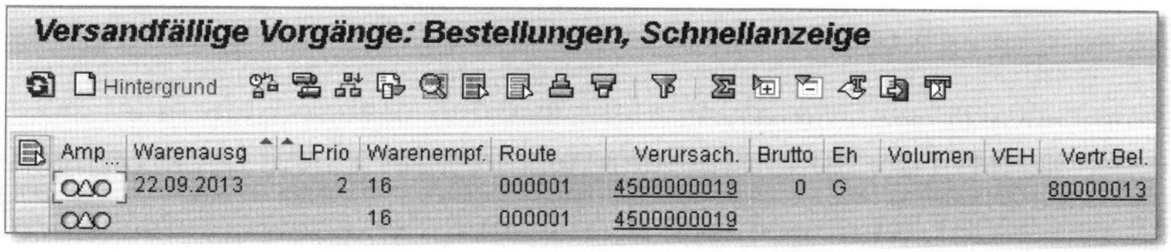

Abbildung 9.32 Liefererstellung im Hintergrund

Bei der Liefererstellung prüft und übernimmt das System alle versandrelevanten Daten in den Auslieferbeleg. Durch die Zuordnung des Kommissionierlagerorts (entspricht dem abgebenden Lagerort der Umlagerungsbestellung) erfolgt die Verknüpfung mit dem Warehouse-Management-System (Lagernummer 511). Der Status der Transportauftragserstellung und Transportauftragsquittierung wird in der Lieferung über die Felder GesStatKommiss. sowie Ges. Status WM reflektiert. Im Lieferbeleg werden diese Informationen auf der Registerkarte Kommissionierung angezeigt.

Die Transportauftragserstellung soll nun im nächsten Schritt (Schritt ❺) mithilfe des *Liefermonitors* geschehen. Wie Sie bereits erfahren haben, kann die Transportauftragserstellung in WM mithilfe verschiedener automatischer oder manueller Verfahren erfolgen. Die Transportauftragserstellung mithilfe des Liefermonitors nutzen Sie immer dann, wenn Sie den Zeitpunkt der Transportauftragserstellung flexibel und vom Tagesgeschäft abhängig gestalten möchten. Rufen Sie zunächst den Liefermonitor mit der Transaktion VL06O (Liefermonitor) auf. Der Liefermonitor bietet Ihnen die Möglichkeit, Lieferungen jeweils nach auszuführender Funktionalität zu selektieren. In unserem Prozess möchten wir nun die Kommissionierung veranlassen und somit in WM Transportaufträge anlegen. Klicken Sie daher auf den Button Kommissionierung, und verzweigen Sie dadurch in den Folgebildschirm zur Auswahl von Auslieferungen zur Kommissionierung (siehe Abbildung 9.33).

In den Organisationsdaten des Auswahlbildschirms erfassen wir nun unsere Versandstelle/Annahmestelle 5020, und daran anschließend selektieren wir für das Kommissionierdatum ein Zeitintervall vom 22.09.2013 bis zum 26.09.2013. Abschließend führen wir die Transaktion aus. Nach erfolgreicher Selektion von Auslieferungen verzweigen wir erneut in einen Folgebildschirm, in dem alle zu kommissionierenden Lieferungen angezeigt werden. In unserem Beispiel hat das System im ausgewählten Zeitintervall für die Versandstelle 5020 nur die Auslieferung 80000013 zur Kommissionierung gefunden. Wie aus Abbildung 9.34 ersichtlich ist, stehen verschiedene Möglichkeiten zur Transportauftragserstellung zur Verfügung (TA DUNKEL, TA HELL sowie TA ZUR GRUPPE). Wir haben uns für die Transportauftragserstellung im Dunkelablauf entschieden, da wir nicht aktiv in die Lagerplatzfindung eingreifen möchten.

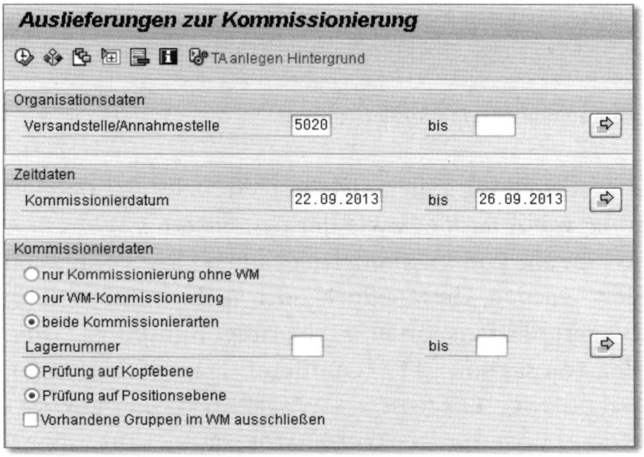

Abbildung 9.33 Liefermonitor – Auslieferung zur Kommissionierung

Abbildung 9.34 TA-Erstellung im Dunkelablauf

Markieren Sie zunächst die Zeile mit Lieferung 80000013, und klicken Sie im Anschluss auf den Button TA DUNKEL. Dies bewirkt, dass sich ein Pop-up-Fenster mit weiteren Transportauftrags- und Kommissionierparametern öffnet. Wenn Sie anschließend die ⏎-Taste drücken, werden die Transportaufträge zur Auslieferung erstellt. In unserem Szenario werden mehrere Transportaufträge erstellt, da wir im Customizing spezifiziert haben, dass für jede

TA-Position ein eigener Transportauftrag angelegt werden soll. Wie aus Abbildung 9.35 ersichtlich ist, wurden die Transportaufträge (KOMMAUFTR.) 38 bis 40 erstellt.

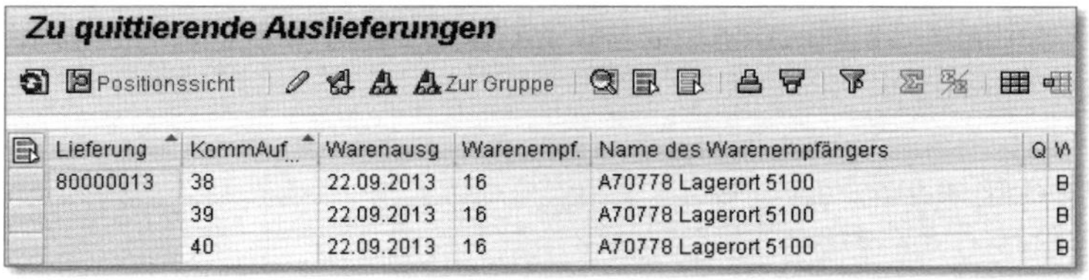

Lieferung	KommAuf	Warenausg	Warenempf.	Name des Warenempfängers	Q	W
80000013	38	22.09.2013	16	A70778 Lagerort 5100		B
	39	22.09.2013	16	A70778 Lagerort 5100		B
	40	22.09.2013	16	A70778 Lagerort 5100		B

Abbildung 9.35 Liefermonitor – zu quittierende Auslieferungen

Durch die Transportauftragserstellung ändert sich im Lieferbeleg der *Gesamtstatus der Kommissionierung von A nach C* sowie der *Gesamtstatus WM von A nach B*. Das bedeutet, dass für alle kommissionierrelevanten Lieferpositionen Transportaufträge angelegt wurden, diese jedoch noch nicht quittiert sind. Die Quittierung der Auslagerungstransportaufträge erfolgt nun im nächsten Schritt (Schritt ❻) mit der Transaktion LT12 (Quittieren Transportaufträge), die Sie über LOGISTIK • LOGISTICS EXECUTION • WARENAUSGANGSPROZESS • WARENAUSGANG ZU SONSTIGEN VORGÄNGEN • KOMMISSIONIERUNG • TRANSPORTAUFTRAG QUITTIEREN • EINZELBELEG • IN EINEM SCHRITT aufrufen.

In der Lagernummer 511 quittieren wir zunächst den Transportauftrag 38 für unsere Auslieferung 80000013. Die Auslagerung des Materials KF1026 mit der Auslagerungsmenge von 1.200 ST (= eine Palette) erfolgt aus dem LE-verwalteten Lagertyp 120 vom Lagerplatz A0204. Die Nachlagerung erfolgt in den dynamischen Nachlagertyp 916 (Warenausgangszone) mit dem Lagerplatz 0080000013 (= Liefernummer). Lagertechnisch handelt es sich beim Lagertyp 120 um ein Durchlaufregallager, das in WM mithilfe der LE-Blocklagerstrategie verwaltet wird. Das bedeutet, dass die LAGEREINHEIT sowie die entsprechende CHARGE erst bei der TA-Quittierung erfasst werden (siehe Abbildung 9.36).

Mit der Eingabe der Lagereinheitennummer 000000002000000247 übernimmt das System automatisch die Charge 0000000025 des Materials KF1026 in den Transportauftragsbeleg. Durch das Sichern der Einstellungen wird der Transportauftrag 38 quittiert. Darüber hinaus werden mit der TA-Quittierung Informationen wie Kommissioniermenge und Charge in den Lieferbeleg übernommen. Schritt ❻ muss für alle Transportaufträge (bis zur TA-Nummer 40) erneut ausgeführt werden, um die restlichen Transportaufträge vollständig zu quittieren.

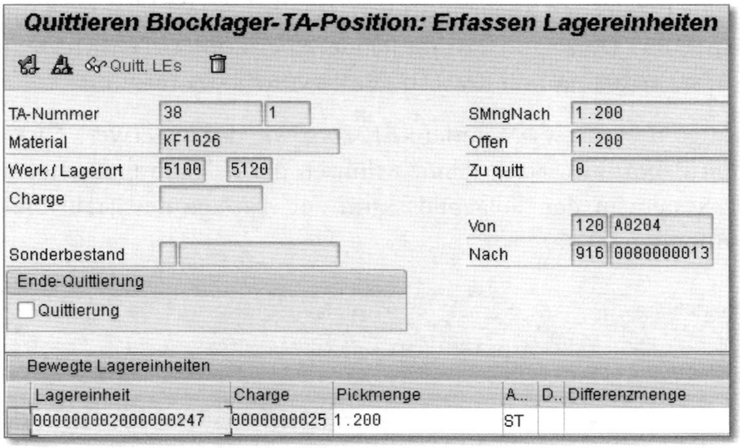

Quittieren Blocklager-TA-Position: Erfassen Lagereinheiten					
TA-Nummer	38	1	SMngNach	1.200	
Material	KF1026		Offen	1.200	
Werk / Lagerort	5100	5120	Zu quitt	0	
Charge					
			Von	120	A0204
Sonderbestand			Nach	916	0080000013
Ende-Quittierung					
☐ Quittierung					

Bewegte Lagereinheiten					
Lagereinheit	Charge	Pickmenge	A...	D..	Differenzmenge
000000002000000247	0000000025	1.200	ST		

Abbildung 9.36 TA-Quittierung im Blocklager

Aufgrund der Quittierung des letzten Transportauftrags ändert sich der Gesamtstatus WM unserer Lieferung 80000013 von B nach C. Dadurch wird signalisiert, dass die Kommissionieraktivitäten in WM abgeschlossen sind und die Folgeaktivitäten wie Lieferscheindruck, Verpacken, Laden und Warenausgangsbuchung angestoßen werden können.

Lieferscheinerstellung

In der Praxis wird nach der vollständigen Transportauftragsquittierung bzw. mit der Warenausgangsbuchung die Lieferscheinerstellung mithilfe der Nachrichtenfindung angestoßen. Über Bedingungen kann dabei die Relevanz einer Liefernachricht von bestimmten Ereignissen abhängig gemacht werden. Eine in der Praxis häufig verwendete Bedingung prüft den Gesamtstatus WM der Lieferung und stößt somit den Lieferscheindruck an.

Im nächsten Schritt (Schritt ❼) erfolgt die Warenausgangsbuchung zum Lieferbeleg 80000013 unter der Verwendung der Transaktion VL02N (Nachschublieferung ändern). Durch die Warenausgangsbuchung hat sich die Bestandssituation am Lagerort 5120 (Nachschublagerort) verändert. Die Bestände am Lagerort wurden um 3.600 Kartons reduziert und mit der Bewegungsart 641 in den Transitbestand gebucht.

In Schritt ❽ lassen wir uns nun die Transitbestände für unser Werk 5100 und unser Material KF1026 anzeigen. Die Anzeige der Transitbestände ermöglicht es dem empfangenden Lagerort oder Werk, seine Wareneingangsaktivitäten zu planen, da der empfangenden Lokation signalisiert wird, dass die umzulagernden Bestände bereits den Auslieferort verlassen haben. Wählen Sie dazu die Transaktion MB5T (Anzeige Transitbestände) über LOGISTIK • MATERIALWIRTSCHAFT • BESTANDSFÜHRUNG • UMFELD • BESTAND • TRANSITBESTAND.

Zunächst selektieren wir unser Material KF1026 sowie das Lieferwerk 5100 und führen den Report aus. Nach dem Ausführen der Selektionsparameter verzweigt das System in den Folgebildschirm zur Anzeige des Transitbestands (siehe Abbildung 9.37).

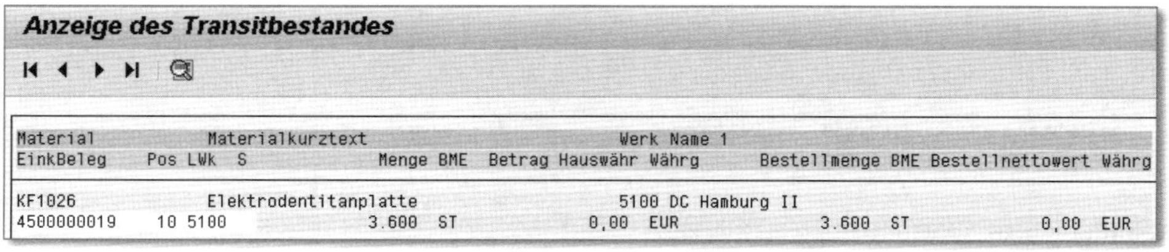

Abbildung 9.37 Anzeige des Transitbestands Material KF1026

Nach dem Transport der Waren vom Lagerort 5120 zum Lagerort 5110 und dem Entladen am Lagerort 5110 erfolgt die physische Kontrolle der Waren. Die umgelagerten Materialbestände werden auf Transportschäden hin überprüft und zur Einlagerung bereitgestellt.

In Schritt ❾ unseres Umlagerungsszenarios erfolgt unter Verwendung der Transaktion MIGO die Wareneingangsbuchung am Lagerort 5110. Grundlage des Einlagerungsprozesses ist dabei der erstellte Lieferschein (Liefernummer 80000013) am abgebenden Lagerort 5120. Selektieren Sie in Transaktion MIGO zunächst den Prozess A01 – WARENEINGANG und den Unterprozess R05 – AUSLIEFERUNG. Durch die Auswahl des Wareneingansprozesses zur Auslieferung wird der Bildaufbau der Transaktion MIGO beeinflusst. Anschließend erfassen Sie vom Lieferschein der angelieferten Waren die Auslieferungsnummer 80000013 (siehe Abbildung 9.38). Das System übernimmt automatisch die Ausliefererdaten der Auslieferung in den Wareneingangsbeleg. Im Unterschied zur Wareneingangsbearbeitung zur Bestellung werden die Positionsdaten der Auslieferung als Positionsdaten des Wareneingangsbelegs vorgeschlagen. Informationen wie Herstelldaten, Verfallsdaten und Chargen müssen nicht mehr separat erfasst werden.

Der Wareneingang am Lagerort 5110 erfolgt mit der IM-Bewegungsart 101 in den freien Lagerbestand. In der Bestandsführung wird aufgrund der Wareneingangsbuchung ein Materialbeleg und in WM ein Transportbedarf zur Einlagerung erstellt. Beide Belege enthalten die Gesamtmenge des

Wareneingangs (3.600 Stück). Der Gesamtbestand in der Bestandsführung wurde zu diesem Zeitpunkt bereits erhöht, jedoch befinden sich die einzulagernden Materialien noch in der Wareneingangszone 902 der Lagernummer 510 am Lagerort 5110.

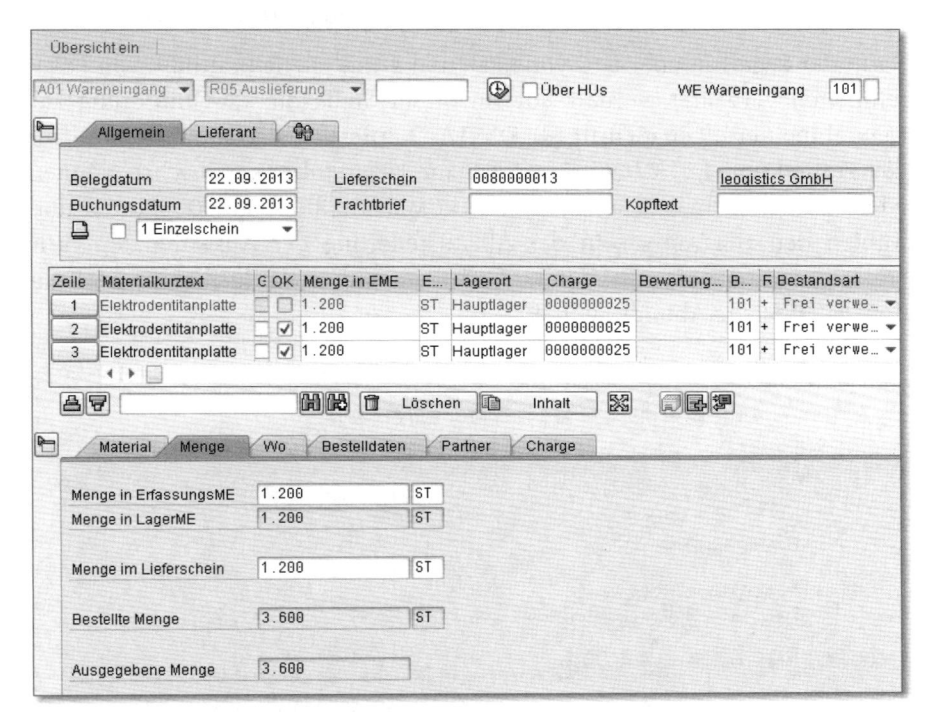

Abbildung 9.38 Wareneingang zur Auslieferung

Die Einlagerung des Materials wird durch die Transportauftragserstellung angestoßen (Schritt ❿). Für die Transportauftragserstellung zur Einlagerung haben wir erneut verschiedene Möglichkeiten. In unserem Szenario erstellen wir die Einlagerungstransportaufträge direkt mit *Bezug zum Transportbedarf aus der Transportbedarfsliste heraus im Dunkelablauf*. Rufen Sie die Transaktion LB10 (Transportbedarfsliste) auf, und selektieren Sie alle Transportbedarfe mit Vonlagertyp 902 in der Lagernummer 510. Durch die Bestätigung der Selektion gelangen wir in die eigentliche Transportbedarfsliste. Wir selektieren den *Transportbedarf* mit der Bedarfsnummer 4500000019, die unserer ursprünglichen Umlagerungsbestellnummer entspricht, und klicken auf den Button TA DUNKEL. In WM werden anhand der Lagertypfindung, der Lagerbereichsfindung, des Lagereinheitentyps, der Kapazitätsprüfung und der Einlagerungsstrategie die Nachlagerplätze der Einlagerung bestimmt. Der

Split der TA-Positionen führt auch bei der Einlagerung dazu, dass für jede Einlagerungsposition (jede Palette) ein eigener Transportauftrag angelegt wird. Auf den TA-Druck gehen wir in diesem Szenario nicht explizit ein. Wir gehen davon aus, dass der Transportauftragsdruck ebenfalls mit dem LE-Etikettendruck bei der Transportauftragserstellung angestoßen wurde.

Da in der Lagernummer 510 volle Paletten grundsätzlich mithilfe von Lagereinheiten verwaltet werden, soll an dieser Stelle die TA-Quittierung zur Lagereinheit erfolgen (Schritt ⓫). Die TA-Quittierung startet mit dem Aufruf der Transaktion LT13 (Quittieren TA zur Lagereinheit). Zunächst scannen oder erfassen wir die LAGEREINHEITENNUMMER 000000002000000320 und wählen den HELLABLAUF in der Ablaufsteuerung der Auswahldaten. Wir bestätigen unsere Auswahl mit der ⏎-Taste und verzweigen in die TA-Positionsdaten (siehe Abbildung 9.39).

Abbildung 9.39 Quittieren der TA zur Lagereinheit – Positionsdaten

Die Lagertyp-, Lagerbereichs- und Lagerplatzfindung hat ergeben, dass das Material KF1026 in den Lagertyp 110 im Lagerbereich 0 und auf dem Lagerplatz 01-1-01-02 eingelagert werden soll. Beachten Sie, dass das Material bei der Ausführung dieses Vorgangs in der Regel bereits eingelagert ist. Sollte es aus lagertechnischen Gesichtspunkten (Platz blockiert oder beschädigt) nicht möglich gewesen sein, das Material auf den Lagerplatz 01-1-01-02 einzulagern, kann der korrekte Lagerplatz bei der TA-Quittierung angegeben werden. Dieser Schritt muss für alle weiteren Transportaufträge wiederholt werden.

Abschließend lassen wir uns in Schritt ⓬ erneut die BESTANDSÜBERSICHT für das Material KF1026 im Werk 5100 anzeigen (siehe Abbildung 9.40).

9.6 Nachschubprozesse in WM

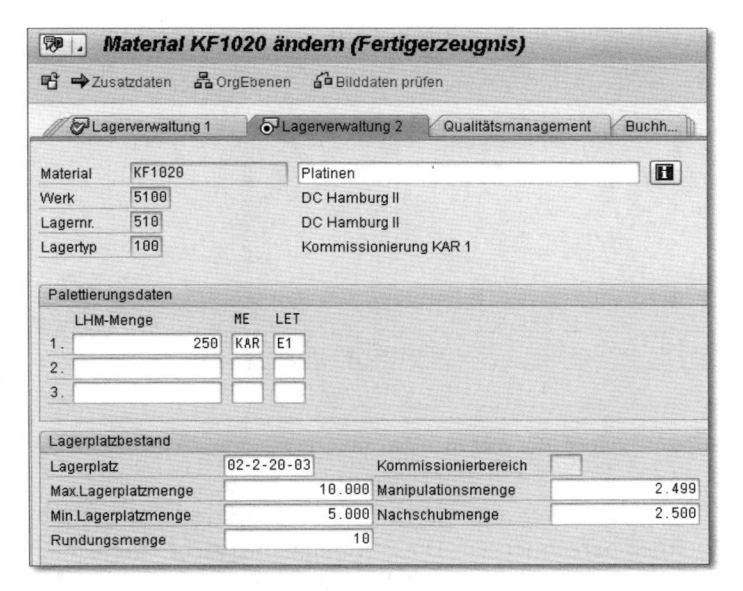

Abbildung 9.80 Materialstamm anzeigen – »Lagerverwaltung 2«

Abbildung 9.81 Selektion des Nachschubs für Fixplätze

Hier selektieren wir als Auswahlparameter das Werk 5100, die Lagernummer 510 sowie unser Material KF1020, um die Selektion nur speziell auf unser

Material zu beziehen. Nach dem Ausführen werden uns die Ergebnisse der Selektion angezeigt (siehe Abbildung 9.82).

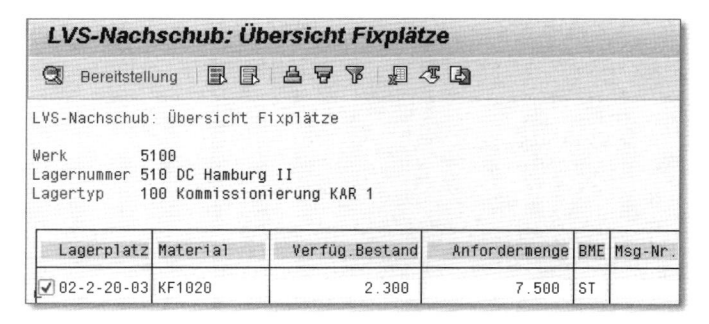

Abbildung 9.82 LVS-Nachschubbedarfe anlegen

Hier sehen wir, dass das System eine anzufordernde Menge (Nachschubmenge) von 7.500 Stück berechnet hat. Diese Menge entspricht einem Vielfachen der Nachschubmenge von 2.500 Stück. Zusammen mit der verfügbaren Lagerplatzmenge würde der Gesamtbestand nach erfolgtem Nachschub 9.800 Stück betragen. Um den Nachschub anzufordern und somit einen Transportbedarf zu erstellen, klicken wir auf den Button BEREITSTELLUNG und sichern unsere Eingaben.

In Schritt ❸ werden wir nun den zuvor erstellten Transportbedarf in mehrere Transportaufträge umwandeln, um auch den physischen Nachschub anzustoßen. Wir erwarten, dass das System mehrere Transportaufträge erstellt, da je LE-Nummer ein eigener Transportauftrag benötigt wird. Die Transportauftragserstellung soll aus der Transportbedarfsliste (Transaktion LB10) im Dunkelablauf erfolgen (siehe Abbildung 9.83).

Abbildung 9.83 Transportbedarfsliste

Wir markieren die Zeile mit dem Nachschubtransportbedarf 25 und klicken auf TA DUNKEL. Im Hintergrund erstellt das System drei Transportaufträge

(Transportauftrag 85 bis 87) zur Umlagerung aus dem Lagertyp 110. Die Lagertypfindung erfolgt auch in diesem Fall analog zu der in Abschnitt 9.6.1, »Prozessablauf und Customizing«, vorgestellten Vorgehensweise.

Um den Nachschubprozess abzuschließen, müssen die drei Umlagerungstransportaufträge noch quittiert werden (Schritt ❹). Die Quittierung erfolgt mithilfe der Transaktion LT12 (Transportauftrag quittieren). Wir selektieren die TA-Nummer 87 sowie die Lagernummer 510, verzweigen in die Detaildaten der TA-Quittierung und quittieren den Transportauftrag (siehe Abbildung 9.84)

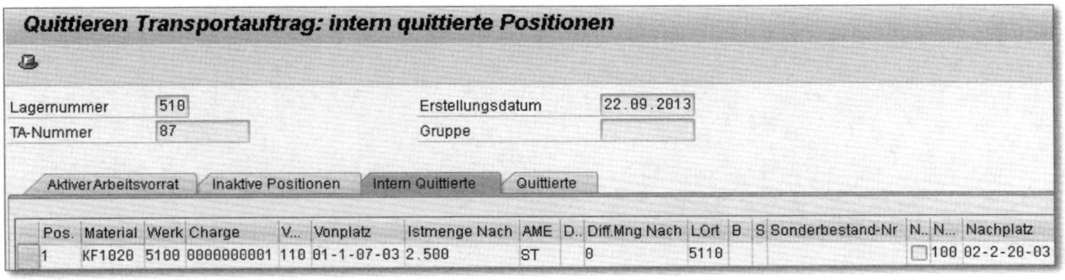

Abbildung 9.84 Nachschubtransportauftrag quittieren

Analog dazu quittieren wir alle weiteren Transportaufträge und schließen somit den Nachschubprozess ab.

Nachschubprozesse in WM helfen, den innerlogistischen Materialfluss zu optimieren und zu beschleunigen. Darüber hinaus stellen sie sicher, dass der richtige Bestand in der richtigen Menge zur richtigen Zeit am Entnahmeplatz vorhanden ist. Dabei unterstützt die WM-Nachschubabwicklung den Nachschub von Fixplätzen und chaotischen Lagerplätzen sowie die Möglichkeit der direkten Nachschubabwicklung, wenn ein Lagerplatz während der TA-Quittierung geräumt wird. Alle Nachschubprozesse lassen sich vollständig mit Jobs automatisieren. Dabei werden sowohl die Nachschubplanung (RLLNACH*) als auch die Nachschubtransportauftragserstellung (RLAUTA10) unterstützt.

Integrierte Versand-, Verpackungs- und Transportprozesse bilden die essenzielle Grundlage für eine effektive Distributionslogistik. Dieses Kapitel zeigt Ihnen, wie Prozessketten in der Distributionslogistik mithilfe von WM und LES integrativ gestaltet werden können.

10 Lieferabwicklung in WM

Die Belieferung von Kundenaufträgen stellt einen der wichtigsten Prozesse in einem Unternehmen dar, der unterschiedliche Bereiche wie die Materialwirtschaft, die Planung, das Finanz- und Rechnungswesen und vor allem das Lager und seine angeschlossenen Funktionen wie Versand und Transport elementar beeinflusst. In diesem Kapitel lernen Sie die unterschiedlichen Möglichkeiten der Liefer- und Versandabwicklung in WM und LES kennen. Ziel ist es, Ihnen einen ganzheitlichen Einblick in die verschiedenen Kommissioniermethoden und deren Anwendbarkeit in WM zu ermöglichen.

10.1 Gesamtprozess der Auslagerung zum Kundenauftrag

Im Folgenden lernen Sie zunächst den Gesamtprozess der Auslagerung zum Kundenauftrag kennen. Um eine ganzheitliche Optimierung Ihrer Liefer- und Versandprozesse zu ermöglichen, müssen Sie bereits im Kundenauftrag prozesssteuernde Parameter wie Versandbedingung, Versandstelle, Route sowie Lieferwerk definieren. Diese Informationen können automatisch aus den Stammdaten des Debitoren- und Materialstamms übernommen bzw. aus den Parametern beider Stammsätze ermittelt werden. Abbildung 10.1 zeigt den Standardprozess von der Auslagerung bis zum Kundenauftrag mit Fokus auf die Liefer- und Versandabwicklung. Auf die Darstellung zusätzlicher Teilprozesse des Vertriebs, wie z. B. Anfragen, Angebote und Faktura, verzichten wir an dieser Stelle bewusst. Stattdessen konzentrieren wir uns auf die einzelnen Schritte im Hauptprozess, da diese wesentlichen Einfluss auf die Prozesssteuerung haben.

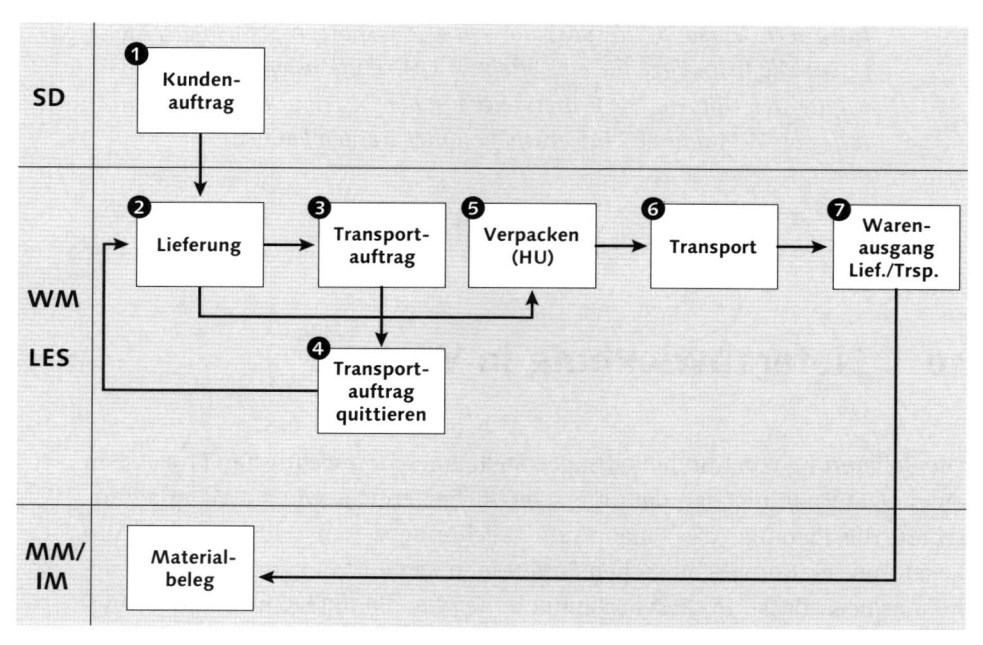

Abbildung 10.1 Prozessüberblick – von der Auslagerung bis zum Kundenauftrag

Am Anfang des Warenausgangsprozesses mit Auslieferungen steht ein Kundenauftrag (siehe Schritt ❶ in Abbildung 10.1), der im Bereich Kundenservice/Vertrieb angelegt wird. Die Auslieferung (Schritt ❷), die im Zentrum dieses Prozesses steht, wird mit Auftragsbezug automatisch oder manuell angelegt. Die anschließende Auslagerung der auszuliefernden Ware nutzt den Transportauftrag (Schritt ❸), der sich seinerseits auf die Auslieferung bezieht. Der Abschluss des Kommissioniervorgangs wird dem System durch das Quittieren des Transportauftrags (Schritt ❹) gemeldet, der mit einer direkten Warenausgangsbuchung (Schritt ❼) zur Auslieferung kombiniert werden kann, wodurch eine direkte Bestandsänderung in der Bestandsführung bewirkt wird. Nach der Kommissionierung wird die Ware in der Regel in einem separaten Arbeitsgang verpackt (Schritt ❺) Der Transportprozess steht hier klassischerweise hinter der Kommissionierung (Schritt ❻). Dieser kann jedoch auch bereits vor der Transportauftragserstellung in WM initiiert werden, um z. B. eine transportbezogene Kommissionierung zu ermöglichen.

Im Folgenden lernen Sie die einzelnen der genannten Prozessschritte im Detail kennen.

10.1.1 Kundenauftrag

Der Warenausgangsprozess mit Auslieferungen beginnt mit der Anlage eines Kundenauftrags/Terminauftrags in der Vertriebsabteilung. Der Kundenauftrag kann entweder manuell mit oder ohne Bezug zu einem Vorgängerbeleg mithilfe von EDI (*Electronic Data Interchange*) oder eines CRM-Systems angelegt werden. Ein wesentlicher Parameter des Kundenauftrags ist neben der Auftragsart der Debitor. Anhand der Stammdaten des Debitorenstammsatzes kann der Liefer- und Versandprozess in SAP ERP wesentlich beeinflusst werden.

Ein Parameter des Debitorenstamms ist die *Versandbedingung*, die, wenn nicht in der Kundenauftragsart fest hinterlegt, aus dem Debitorenstammsatz in die Kopfinformationen des Kundenauftrags übernommen wird. Ein weiterer wichtiger Übernahmeparameter ist das *Werk*, aus dem die Ware ausgeliefert werden soll. Das Werk kann entweder aus dem Debitorenstamm oder alternativ aus dem Kunden-Materialinfosatz übernommen werden. Zusammen mit der Versandbedingung und der Ladegruppe aus dem Materialstamm ermittelt das System für jede Kundenauftragsposition die entsprechende *Versandstelle*. Da die Versandstelle als Split-Kriterium für die Liefererstellung definiert ist, kann es aufgrund unterschiedlicher Versandstellen im Kundenauftrag zu einem Liefer-Split kommen.

Weitere elementare Funktionen der Kundenauftragsabwicklung sind die dynamische Verfügbarkeitsprüfung und die Versandterminierung, mit deren Hilfe das System die allgemeine Bestandssituation in einem Werk prüft und realistische Liefertermine bestimmt.

Als Parameter der *Versandterminierung* können neben den Daten der Versandstelle auch Zeiten aus der *Route* herangezogen werden, die im Kundenauftrag automatisch ermittelt werden kann. Die Routenfindung im Auftrag wird über folgende Parameter gesteuert:

- Transportzone aus der Versandstelle (Abgangszone)
- Versandbedingung
- Transportgruppe aus dem Materialstamm der Kundenauftragsposition
- Transportzone aus dem Kundenstamm (Empfangszone)

Routen haben einen wesentlichen Einfluss auf die Prozesssteuerung im Versand und in der Transportabwicklung. Anhand der Route werden nicht nur Terminierungszeiten wie *Transitzeit* oder *Dispositionsvorlaufzeiten* definiert, sondern auch Parameter, die in der Transportabwicklung genutzt werden. Um Lieferungen für die LES-Transportabwicklung nutzen zu können, müssen Sie die entsprechende Route als transportrelevant (Parameter TRANSP. RELEvant) kennzeichnen. Darüber hinaus können Sie für jede Route einen festen Spediteur und die Entfernung hinterlegen (siehe Abbildung 10.2).

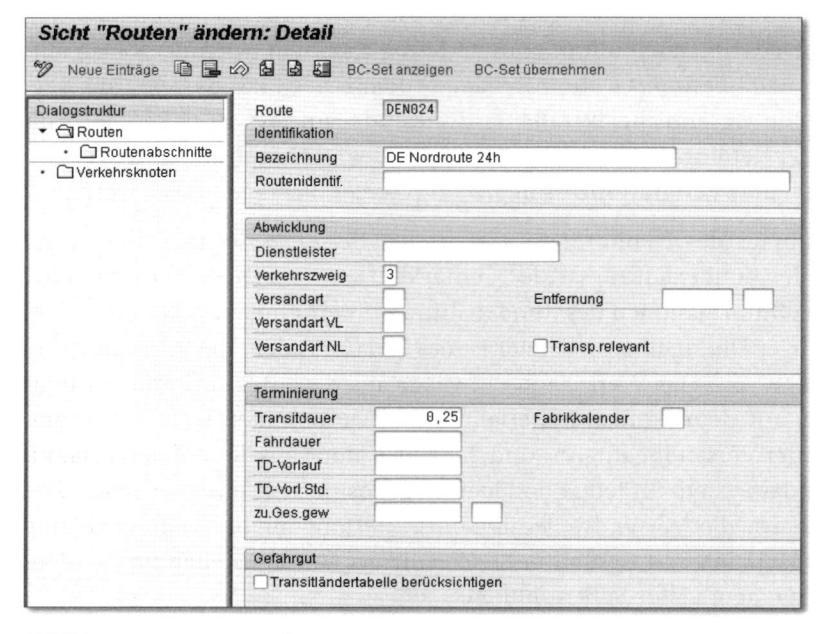

Abbildung 10.2 Routen ändern

Auch die Route fungiert als Split-Kriterium für die Liefererstellung in SAP ERP.

> **Split-Parameter des Kundenauftrags**
> Alle relevanten Split-Parameter des Kundenauftrags sind in SAP-Hinweis 546668 – FAQ: Liefer-Split beim Erzeugen von Lieferungen – ausführlich beschrieben.

10.1.2 Lieferbearbeitung

Die Versandabwicklung erfolgt in SAP ERP über Lieferbelege, die mit Bezug zum Kundenauftrag angelegt werden. SAP ERP bietet folgende Möglichkeiten, um Aufträge zu einem Lieferbeleg zusammenzufassen:

- **Komplettlieferung**
  Ein Auftrag wird durch genau eine Lieferung beliefert.
- **Teillieferung**
  Ein Auftrag wird durch mehrere Lieferungen beliefert.
- **Auftragszusammenführung**
  Mehrere Aufträge werden durch einen Lieferbeleg beliefert.

Die Integration mit WM erfolgt im Lieferbeleg über den Kommissionierlagerort, der auf Lieferpositionsebene ermittelt wird. Die Kommissionierlagerortfindung kann im SAP-ERP-System auf drei Wegen erfolgen:

- manuelles Erfassen im Kundenauftrag durch den Anwender und automatisches Kopieren in den Lieferbeleg bei Liefererstellung
- manuelle Erfassung im Lieferbeleg
- automatische Kommissionierlagerortfindung aufgrund von Customizing-Einstellungen

Für die automatische Kommissionierlagerortfindung können im Customizing wiederum unterschiedliche Regeln hinterlegt werden. Sollten die Standardfindungsparameter nicht ausreichen, können Sie die Kommissionierlagerortfindung auch mithilfe eines User-Exits beeinflussen. Im SAP-Standard werden die folgenden Parameter zur Kommissionierlagerortfindung herangezogen:

- **Versandstelle**
  Die Versandstelle wird bereits im Kundenauftrag ermittelt und in den Lieferbeleg übergeben. Die Versandstelle fungiert als Split-Kriterium bei der Liefererstellung und wird im Auftrag automatisch mithilfe der Ladegruppe aus dem Materialstamm der Versandbedingung und dem Werk ermittelt. Die Versandstelle ist ein Mussfeld im Kundenauftrag.

- **Werk**
  Das Werk wird im Kundenauftrag als Lieferwerk automatisch aus dem Material- bzw. Kundenstamm ermittelt und in den Lieferbeleg übergeben. Darüber hinaus kann das Werk aus dem Kunden-Materialinfosatz ermittelt werden. Das Werk ist ein Pflichtfeld im Kundenauftrag.

- **Raumbedingung**
  Die Raumbedingung wird im Materialstamm auf der Registerkarte ALLGEMEINE WERKSDATEN/LAGERUNG 1 hinterlegt und kann Materialien aufgrund ihrer Lageranforderungen charakterisieren. Eine Unterscheidung nach verschiedenen Raumbedingungen ist z. B. zwischen Normaltemperatur Ware und zu kühlender Ware denkbar. Das zu kommissionierende Material hat somit einen direkten Einfluss auf die Findung des entsprechenden Lagerorts.

Abbildung 10.3 zeigt das Customizing der automatischen Kommissionierlagerortfindung in der Lieferung.

Abbildung 10.3 Customizing der Kommissionierlagerortfindung

Die Lagerortfindung muss nicht zwangsläufig materialbezogen erfolgen, sondern kann sich auf Versandstelle und Auslieferwerk beschränken, wenn keine Raumbedingung im Materialstamm und in der Tabelle der Kommissionierlagerortfindung gepflegt ist.

> **Nutzung der automatischen Kommissionierlagerortfindung**
>
> In der Praxis werden gleiche Materialbestände (gleiche Materialnummer, gleiche Charge etc.) innerhalb einer Werksnummer häufig an verschiedenen physischen Orten (Pufferläger oder Overflow Warehouses) vorgehalten. Dieses Szenario ist oft in der Nahrungsmittelindustrie vorzufinden – z. B. bei der Produktion von Materialien mit saisonal stark schwankenden Bedarfen wie die erhöhte Produktion und der hohe Lagerbedarf von Wasser und Eiscreme im Sommer. In bestimmten Perioden wird hier mehr produziert, als physische Lagerkapazitäten zur Verfügung stehen. Aus diesem Grund werden zusätzliche Läger angemietet, die in die SAP-Organisationsstruktur integriert werden müssen. Dies sollte anhand von Lagerorten oder Lagertypen geschehen.

Im Zusammenhang mit der Kommissionierlagerortfindung prüft das System, ob der ermittelte Lagerort im Customizing einer Lagernummer zugeordnet wurde. Findet das System einen entsprechenden Eintrag, muss zur Auslagerung der Belegposition ein Transportauftrag angelegt werden.

Neben der Lagernummer werden in der Auslieferung zwei Status angezeigt:

- Gesamtstatus der Kommissionierung
- Gesamtstatus des Transportauftrags

Vergibt das System für die Lieferposition einen Transportauftragsgesamtstatus, ist dieser relevant für die Kommissionierung in der Lagerverwaltung. Fehlt der Status, ist zu prüfen, ob für die betroffene Position der gewünschte Kommissionierlagerort ermittelt wurde. Ist das nicht der Fall, wurde möglicherweise der Lieferpositionstyp nicht als kommissionierrelevant gekennzeichnet oder die automatische Lagerortermittlung für diesen Positionstyp nicht aktiviert.

Die Lagernummer kann im Customizing je Lieferart als SPLITKRITERIUM bei der Liefererstellung definiert werden, was in der Konsequenz immer zu »lagernummerreinen« Lieferungen führt.

Auch in der Liefererstellung haben Sie die Möglichkeit, eine Routenfindung mit dem erweiterten Parameter GEWICHTSGRUPPE durchzuführen. Die Gewichtsgruppe ermöglicht Ihnen eine detaillierte Sichtweise auf Ihr Distributionskonzept, da z. B. direkt oder indirekt Transportentscheidungen vom Gewicht der jeweiligen Lieferung abhängen können. Die Gewichtsgruppe wird aufgrund des Gesamtgewichts der Lieferung ermittelt. Die vom System ermittelte Route können Sie in der Lieferung manuell überschreiben. Möchten Sie die Transportfunktionalität in LES nutzen, achten Sie darauf, dass die Lieferroute als transportrelevant gekennzeichnet sein muss, da die Lieferung sonst in der Transportplanung nicht disponiert werden kann. Neben der Transportrelevanz der Route müssen auch die Lieferart und der Lieferpositionstyp als transportrelevant gekennzeichnet sein.

10.1.3 Transportauftragsbearbeitung in WM

Um die Entnahme bzw. Kommissionierung zur Lieferung in WM auszuführen, werden mit Bezug zum Auslieferbeleg Transportaufträge angelegt. Mit der Transportauftragserstellung beeinflussen Sie auch die Art und Weise der Kommissioniertechnik, die im Wesentlichen von der Kommissionierorganisation in Ihrem Lager bestimmt wird. WM unterstützt verschiedene Kommissioniertechniken, die in den folgenden Abschnitten kurz vorgestellt werden. Zu diesen Methoden zählen:

- **Einzelauftragsbearbeitung**
  Diese erfolgt einstufig mit je einem Kommissionierer oder parallel mit mehreren Kommissionierern.

- **Sammelbearbeitung mehrerer Aufträge**
  Diese erfolgt über Kommissioniergruppen (Kommissionierwellen). Einzeltransportaufträge werden in einer Gruppe zusammengefasst.

- **Lieferübergreifender Transportauftrag**
  Dies ist die Zusammenfassung mehrerer Lieferungen zu einem Transportauftrag.

- **Zweistufige Kommissionierung**
  Sie beinhaltet die konsolidierte, mengenbasierte Entnahme über einen Transportauftrag und die lieferspezifische Aufteilung in einem zweiten Transportauftrag.

Die hier aufgeführten Kommissioniertechniken lassen sich noch weiter unterteilen, da innerhalb dieser Techniken Untervarianten definiert werden können. Typisches Beispiel hierfür ist die Einzelauftragsbearbeitung, die z. B. auch als Pick & Pack-Szenario ausgeführt werden kann. Beim Pick & Pack erfolgt die Kommissionierung in der Regel direkt in einen Versandbehälter.

Technisch haben Sie in WM verschiedene Möglichkeiten, um den Prozess der Transportauftragserstellung zu steuern. Hierzu zählen:

- manuell mit Bezug zur Auslieferung (Hell- oder Dunkelablauf)
- Auslieferungsmonitor (hell oder im Hintergrund)
- geplant im Batch-Job
- automatisch mithilfe der Nachricht WMTA (automatischer Transportauftrag) bei der Liefererstellung

Die Art der Transportauftragserstellung sollte in direktem Zusammenhang mit der Kommissioniertechnik betrachtet werden. Beispielsweise bedingt die auftragsübergreifende Kommissionierung (Kommissionierwellen oder lieferübergreifender TA) eine manuelle Transportauftragserstellung mithilfe des Liefermonitors, da Lieferungen, die zusammen kommissioniert werden sollen, zunächst manuell in einer Liefergruppe zusammengefasst werden müssen, bevor der Transportauftrag zur Gruppe angelegt wird. Einzelaufträge können hingegen direkt mit der Liefererstellung mithilfe der Nachricht WMTA angelegt werden, die als Lieferkondition angelegt werden muss.

Unabhängig von der Kommissioniertechnik oder der Anlagemethode, ermittelt das System beim Anlegen des Transportauftrags zur Auslieferung für jede Lieferposition zunächst einen Entnahmelagertyp. Die Suche nach auslagerbaren Beständen erfolgt dann nach der in diesem Lagertyp geltenden Auslagerungsstrategie; das Ergebnis kann jedoch manuell beeinflusst bzw. geändert werden. Beim Quittieren des Transportauftrags besteht die Möglichkeit, dem System Differenzen mitzuteilen, die bei der Materialentnahme aufgetreten sind oder festgestellt wurden. Fehlmengen oder Gewinne werden in einen Schnittstellenlagertyp für Differenzen – im Standard Lagertyp 999 – umgelagert. Die Korrektur der Lagerortbestände erfolgt in einem separaten Schritt. Wichtig ist, vor der Warenausgangsbuchung zur Auslieferung die Liefermenge der kommissionierten Menge anzupassen. Diese Anpassung können Sie entweder von Hand vornehmen oder vom System in Verbindung mit dem Quittierschritt durchführen lassen.

Die Quittierung der Transportaufträge kann mithilfe von Radio Frequency (RF) oder an einem Terminal mit Bezug zu einer klassischen Pick-Liste erfolgen. Die Möglichkeiten der RF-gestützten Kommissionierung lernen Sie in Abschnitt 12.1, »Mobile Datenerfassung mit SAP Radio Frequency«, detailliert kennen.

10.1.4 Verpacken

Dem Kommissionierprozess schließt sich der Verpackungsprozess zur Auslieferung an. Im Verpackungsprozess werden die einzelnen Materialmengen auf die entsprechenden Versandhilfsmittel aufgeteilt. Systemseitig werden die verpackten Mengen zusammen mit dem Verpackungsmaterial als Handling Units (HU) abgebildet. Der Verpackungsprozess kann mithilfe von Packvorschriften und der Funktion des automatischen Verpackens automatisiert werden. Arbeiten Sie mit einem HU-verwalteten Lagerort, werden die Verpackungsinformationen bereits mit dem Transportauftrag in den Lieferbeleg übernommen. Sollen Materialien lieferübergreifend verpackt werden, können Sie dies mit der Verpackungsfunktionalität im Transport abbilden.

Neben dem Verpacken in der Lieferung können Sie auch den *SAP-Packtisch* nutzen, um den systemtechnischen Verpackungsaufwand signifikant zu reduzieren. Der Packtisch wird über die Transaktion HUPAST aufgerufen (siehe Abbildung 10.4).

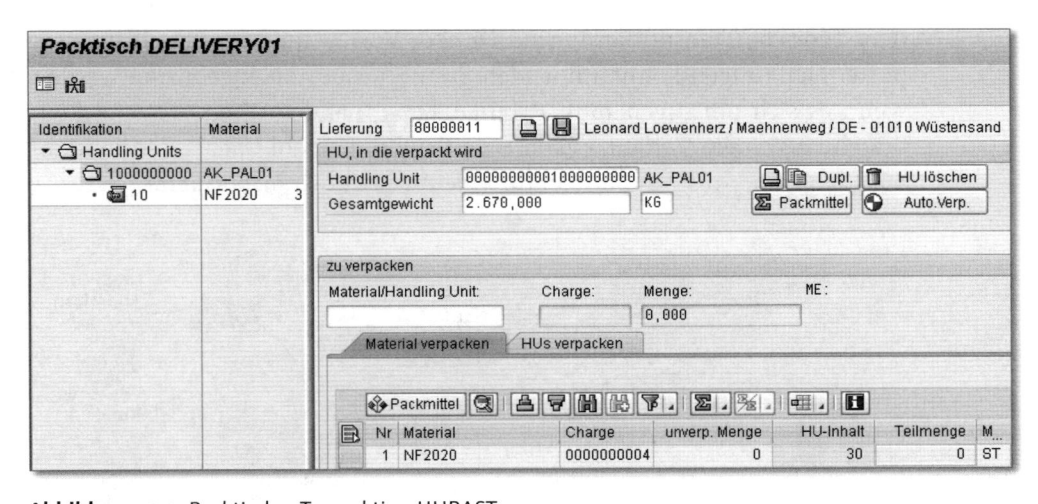

Abbildung 10.4 Packtisch – Transaktion HUPAST

Das eigentliche Verpacken kann für jede Position jeweils in vier einfachen Schritten erfolgen:

1. Lieferung eingeben
2. Verpackungsmaterial eingeben, wodurch die HU automatisch angelegt wird
3. Position eingeben, wodurch das entsprechende zu verpackende Material bestimmt wird
4. zu verpackende Menge eingeben

Darüber hinaus können Sie die Prozesssicherheit durch den Einsatz von Scannern noch weiter optimieren. Neben der reinen Verpackungsfunktionalität haben Sie die Möglichkeit, Lieferscheine und Etiketten direkt aus der Packtischfunktionalität heraus zu drucken. Darüber hinaus kann eine elektronische Waage angebunden werden, um die Gewichtsinformationen z. B. mit auf ein Etikett zu bringen.

10.1.5 Transportbearbeitung

Lieferungen werden im Rahmen der Transportdisposition in Transporten zusammengefasst, wenn eine Lieferung als transportrelevant gekennzeichnet ist und die Lieferung noch keinem weiteren Transport zugeordnet wurde. Transporte werden in LES über frei definierbare *Transportarten* abgebildet, die unterschiedliche Ausprägungen aufgrund ihrer Verwendung haben können. Typische Transportarten sind Direkt-, Vor-, Haupt- und Nachlauftransporte. Lieferungen können nur mehreren Transporten zugeordnet werden, wenn es sich um sogenannte *Transportketten* handelt. Eine Transportkette besteht aus einem Vorlauf, einem Hauptlauf und einem Nachlauf. Abbildung 10.5 zeigt ein typisches Beispiel für eine physische Transportkette.

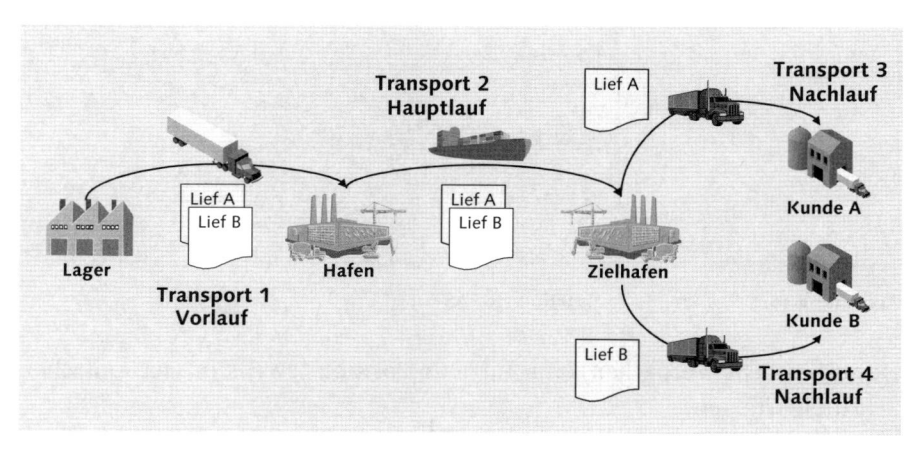

Abbildung 10.5 Transportkette in LES

Transporte können an einen Dienstleister übergeben oder auch kollaborativ mit einem Dienstleister geplant werden. Die Integration erfolgt häufig mit spezifischen transportbezogenen Nachrichten (z. B. IFCSUM oder IFTMIN), die dem Spediteur die Transportdaten avisieren. Im Transportbeleg können verschiedene Status abgebildet werden, die direkt mit den Lageraktivitäten vernetzt werden können. Als Beispiel können hier sowohl der Ladebeginn- als auch der Ladeendestatus genannt werden, die beide automatisch durch den RF-gestützten Ladevorgang im Transport festgehalten werden können.

> **Transport**
>
> In LES können Sie Transporte bereits vor der physischen Kommissionierung anlegen. Transporte können somit als Gruppierungsinformation in der Sammelbearbeitung herangezogen werden. Wichtig ist, dass organisatorisch eine tiefe Integration zwischen der Transportplanung und -disposition auf der einen Seite und dem Lagerdisponenten auf der anderen Seite besteht.

10.2 Lieferbezogene Kommissionierung (Einzelauftragsbearbeitung)

In diesem Abschnitt lernen Sie die Möglichkeiten der lieferbezogenen Kommissionierung zu Einzelaufträgen kennen.

10.2.1 Manuelle Transportauftragserstellung

Bei der lieferbezogenen Kommissionierung wird davon ausgegangen, dass ein oder mehrere Kommissionierer an einem Auftrag arbeiten. Arbeitet ein Kommissionierer vollständig allein an einem Auftrag, wird in der Logistikpraxis von einem *einstufigen, sequenziellen Kommissionierverfahren* gesprochen. Arbeiten mehrere Kommissionierer parallel in mehreren Kommissionierzonen an einem Auftrag, wird von einem *zweistufigen, parallelen Kommissionierverfahren* gesprochen. Sollten Sie sich für das zweistufige, parallele Verfahren entscheiden, ist es Empfehlenswert, Ihr Kommissionierlager in SAP-Kommissionierbereiche aufzuteilen, Sortierprofile anzulegen und den Transportauftrags-Split zu implementieren. Details zum Transportauftrags-Split finden Sie in Abschnitt 7.3.2.

Die manuelle Transportauftragserstellung kann in beiden Verfahren entweder direkt mit Bezug zur Liefernummer oder mithilfe des Auslieferungsmonitors erfolgen.

Da die Zeitpunkte der Liefererstellung und der Transportauftragsausführung häufig zeitlich nicht direkt zusammenfallen und da zudem organisatorisch beide Aktivitäten sehr häufig von unterschiedlichen Personen ausgeführt werden, ist es ratsam, den Auslieferungsmonitor zur manuellen Transportauftragserstellung zu nutzen. Ein großer Vorteil des Auslieferungsmonitors sind seine vielfältigen Selektionsoptionen, mit denen Sie gezielt auf ganz bestimmte Auslieferungen zugreifen können. Um den Auslieferungsmonitor aufzurufen, wählen Sie den Menüpfad LOGISTIK • LOGISTICS EXECUTION • WARENAUSGANGSPROZESS • WARENAUSGANG ZUR AUSLIEFERUNG • KOMMISSIONIERUNG • TRANSPORTAUFTRAG ANLEGEN ÜBER AUSLIEFERUNGSMONITOR (Transaktion VL06P). Zunächst gelangen Sie in den Selektionsbildschirm des Monitors, in dem Sie Ihre Selektionsparameter wie Kommissionierstatus der Lieferung, Versandstelle, Kommissionierdatum etc. erfassen können (siehe Abbildung 10.6).

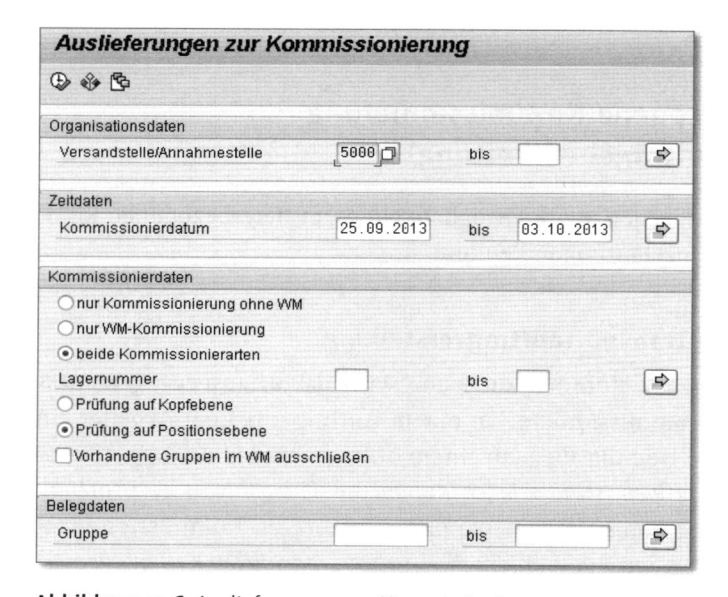

Abbildung 10.6 Auslieferungen zur Kommissionierung

Mit dem Ausführen der Selektion gelangen Sie in den eigentlichen Planungsbildschirm des Auslieferungsmonitors (siehe Abbildung 10.7).

Sie haben die Möglichkeit, sich entweder die Informationen der zu kommissionierenden Lieferungen auf Kopf- oder auf Positionsebene (Registerkarte POSITIONEN) anzeigen zu lassen. In den Positionsdaten erhalten Sie Informationen zu den enthaltenen Materialien, deren Mengen und weiteren Eigenschaften wie Gewicht und Volumen. Wie in Abbildung 10.7 zu sehen ist, kann die TA-Erstellung entweder im Dunkelablauf (Button TA DUNKEL) oder im Hellablauf (Button TA HELL) erfolgen. Da wir zunächst die Auslagerung auf Einzelbelegebene betrachten, hat der Button TA ZUR GRUPPE in diesem Fall keine Bedeutung.

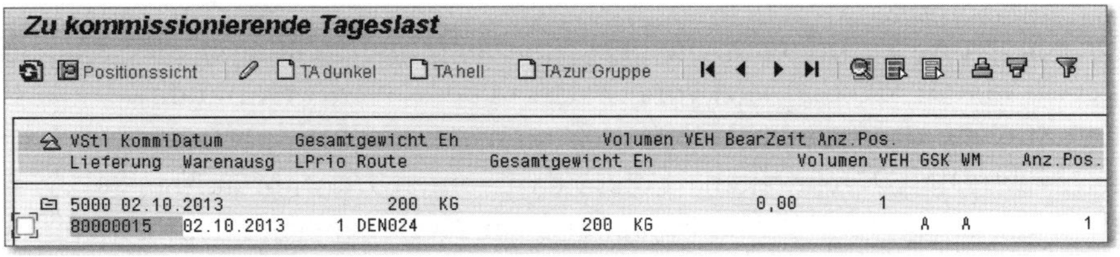

```
Zu kommissionierende Tageslast
   Positionssicht    TA dunkel   TA hell   TA zur Gruppe

   VStl KommiDatum    Gesamtgewicht Eh         Volumen VEH BearZeit Anz.Pos.
   Lieferung  Warenausg LPrio Route      Gesamtgewicht Eh       Volumen VEH GSK WM   Anz.Pos.
   5000 02.10.2013              200 KG                0,00       1
   80000015  02.10.2013  1 DEN024        200 KG                          A   A         1
```

Abbildung 10.7 Zu kommissionierende Tageslast

Die Variante der TA-Erstellung im Dunkelablauf bedingt, dass Sie in die Lagertyp- und Platzfindung nicht mehr eingreifen können. Im Hellablauf hingegen haben Sie die Möglichkeit, die Ergebnisse der Platzfindung aktiv zu steuern. Unsere Empfehlung ist, in Abhängigkeit von der Machbarkeit innerhalb Ihres Unternehmens, den TA-Erstellungsprozess so weit wie möglich zu automatisieren.

Um den Dunkel- oder Hellablauf durchzuführen, selektieren Sie die zu kommissionierenden Lieferungen und führen dann die Transportauftragserstellung durch. Im Dunkelablauf öffnet sich zunächst ein Pop-up-Fenster, in dem Sie die Einstellungen zur Übernahme der *Kommissioniermenge als Liefermenge* abändern können. Im Regelfall können Sie dieses Pop-up-Fenster ignorieren. Die Ergebnisse der Transportauftragserstellung werden Ihnen direkt im Liefermonitor angezeigt. Mit der Transportauftragserstellung kann bei einem nicht RF-unterstützten Lager eine Pick-Liste gedruckt werden, die nach der physischen Kommissionierung am Terminal quittiert wird. Mit RF erfolgt die Quittierung direkt am mobilen Terminal.

Grundsätzlich können die Informationsanzeige und die Aufbereitung des Monitors anhand Ihrer Vorstellungen und Anforderungen frei konfiguriert werden.

10.2.2 Automatische Transportauftragserstellung zur Auslieferung

Die automatische Erstellung von Transportaufträgen bietet sich immer dann an, wenn keine manuellen Eingriffe in der Lagertyp- oder Platzfindung vorgenommen oder die Transportaufträge in bestimmten Kommissioniergruppen zusammengefasst werden sollen.

> **Automatische Transportauftragserstellung für Eilaufträge**
>
> Ein Beispiel aus der Praxis ist die Verwendung der automatischen Transportauftragserstellung für Eilaufträge. In diesem Fall wird häufig direkt aus dem Auftrag automatisch eine Lieferung und aus der Lieferung direkt ein Transportauftrag angelegt.

Die Steuerung der automatischen Transportauftragserstellung erfolgt mit dem Report RLAUTA20 und setzt voraus, dass in der Nachrichtenfindung der Auslieferung die Nachrichtenart WMTA (Automatischer Transportauftrag) ermittelt wird. Diese Nachrichtenart dient dazu, einen Transportauftrag zur Auslieferung anzulegen. Die Einstellungen zur Nachrichtenart nehmen Sie im Customizing des Versands über LOGISTICS EXECUTION • VERSAND • GRUNDLAGEN NACHRICHTENSTEUERUNG • NACHRICHTENFINDUNG • NACHRICHTENFINDUNG FÜR AUSLIEFERUNGEN • NACHRICHTENARTEN DEFINIEREN vor (siehe Abbildung 10.8).

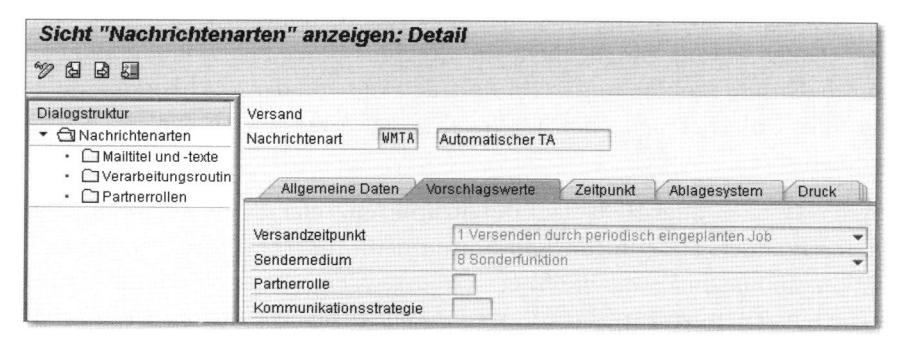

Abbildung 10.8 Nachrichtenart WMTA

Findungssätze für die Nachrichtenart WMTA definieren Sie mit dem Sendemedium 8 SONDERFUNKTION und einem spezifischen Versandzeitpunkt, der jedoch im Konditionssatz flexibel übersteuert werden kann. Im Teilbereich VERARBEITUNGSROUTINEN erfolgt anschließend die Zuordnung des Reports RLAUTA20 (siehe Abbildung 10.9).

Das Programm RLAUTA20 wird aus der Nachrichtensteuerung heraus aufgerufen (Programm RSNAST00). Den Versandzeitpunkt der Nachricht können Sie, wie erwähnt, über einen Konditionssatz beeinflussen. Um die Nachricht WMTA zu aktivieren, müssen Sie einen entsprechenden Konditionssatz anlegen. Konditionssätze für Lieferungen pflegen Sie im SAP-Menü über LOGISTIK • LOGISTICS EXECUTION • STAMMDATEN • NACHRICHTEN • VERSAND • AUSLIEFERUNGEN • ANLEGEN (Transaktion VV21). Geben Sie zunächst die Nachricht WMTA ein, und wählen Sie dann die jeweilige Schlüsselkombination aus, die notwendig ist, um die Nachricht zu finden (siehe Abbildung 10.10).

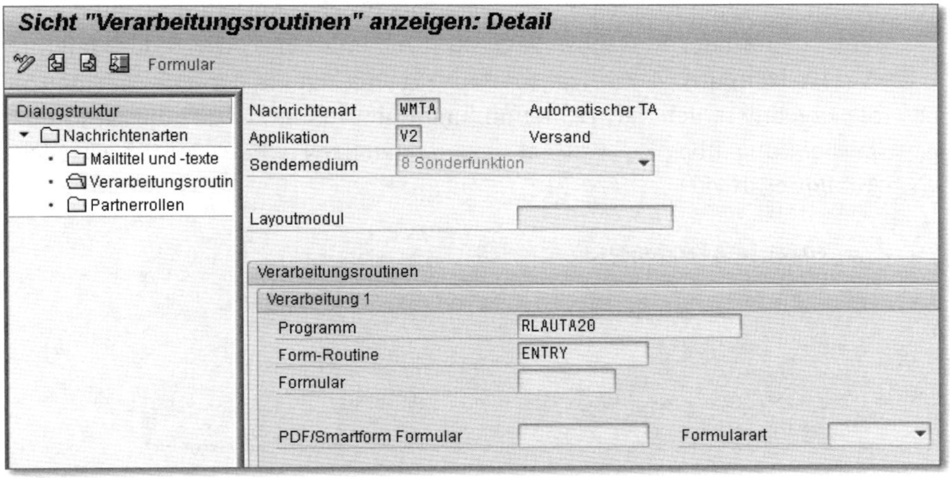

10.2 Lieferbezogene Kommissionierung (Einzelauftragsbearbeitung)

Abbildung 10.9 Verarbeitungsroutinen WMTA

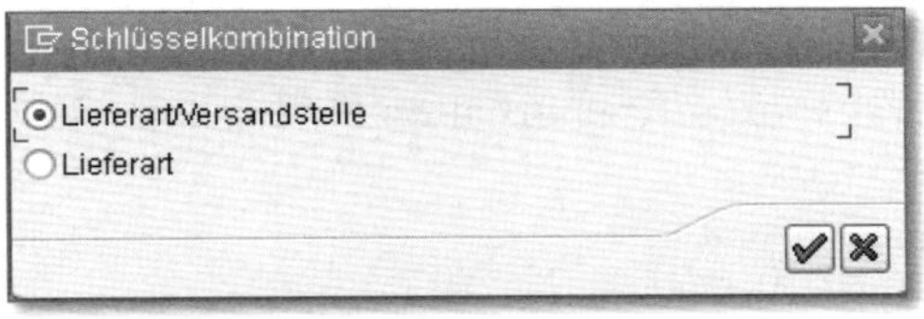

Abbildung 10.10 Schlüsselkombination für den Nachrichtenkonditionssatz WMTA

In diesem Fall entscheiden wir uns für die Kombination aus Lieferart und Versandstelle und bestätigen die Eingaben. Die möglichen Kombinationen und Erweiterungen der Merkmalskombinationen können Sie im Customizing der Nachrichtenfindung einstellen.

Erfassen Sie anschließend die entsprechende Lieferart und die Versandstellen, für die die Nachricht WMTA gefunden werden soll und somit die automatische Transportauftragserstellung angestoßen wird (siehe Abbildung 10.11).

Abbildung 10.11 Konditionssätze WMTA anlegen

Die eingestellten Parameter bewirken, dass für eine Auslieferung mit der Lieferart LF und der Versandstelle 5000 direkt mit dem Sichern der Lieferung (Versandzeitpunkt 4) ein Transportauftrag angelegt werden soll. Möchten Sie die Ergebnisse der Nachrichtenfindung überprüfen, können Sie dies in der Auslieferung über ZUSÄTZE • LIEFERNACHRICHTEN • KOPF ausführen (siehe Abbildung 10.12).

Abbildung 10.12 Nachricht WMTA in der Auslieferung anzeigen

Die grüne Ampel in Abbildung 10.12 zeigt, dass die Nachricht erfolgreich verarbeitet und somit automatisch ein Transportauftrag zur Lieferung angelegt wurde. Die Detaildaten zum Transportauftrag erhalten Sie im Belegfluss der Auslieferung.

10.2.3 Pick & Pack-Szenario

Vor allem in der Kleinmengenkommissionierung oder der Stückkommissionierung wird nicht selten die entnommene Ware direkt in den Versandbehälter kommissioniert und verpackt. Für solche Prozesse hält WM die Funktion *Pick & Pack* bereit. Das Packmittel wird unmittelbar vor dem Quittieren des Auslagerungstransportauftrags in einer eigenen Transaktion vorgegeben, um einen leeren Versandbehälter anzulegen (Transaktion LH01). Der Quittierschritt selbst verknüpft die kommissionierten Mengen der Transportauftragspositionen mit diesem Behälter, erzeugt so ein Packstück und ordnet dieses der Auslieferung zu.

Wenn Sie diese Funktion in Ihrer Lagernummer nutzen möchten, wählen Sie im Customizing der Lagerverwaltung LOGISTICS EXECUTION • LAGERVERWALTUNG • SCHNITTSTELLEN • VERSAND • VERSANDSTEUERUNG DEFINIEREN. Wählen Sie anschließend die Tabelle VERSANDSTEUERUNG PRO LAGERNUMMER aus. In dieser Tabelle finden Sie eine Spalte PICK&PACK. Aktivieren Sie die Funktion für Ihre Lagernummer (siehe Abbildung 10.13).

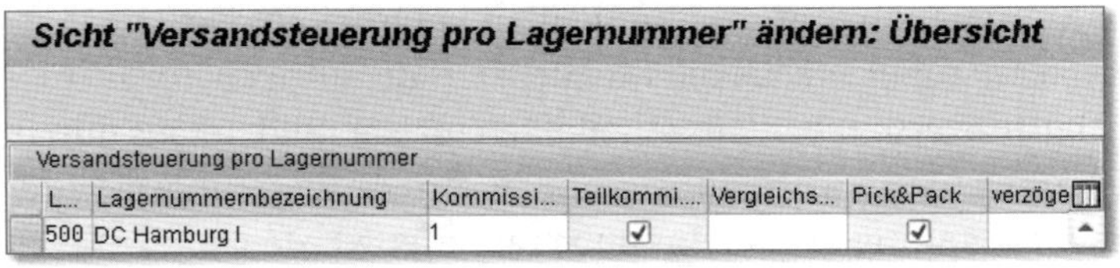

Sicht "Versandsteuerung pro Lagernummer" ändern: Übersicht						
Versandsteuerung pro Lagernummer						
L...	Lagernummernbezeichnung	Kommissi...	Teilkommi...	Vergleichs...	Pick&Pack	verzöge
500	DC Hamburg I	1	✓		✓	

Abbildung 10.13 Versandsteuerung pro Lagernummer

Die Einstellung bewirkt, dass dem Transportauftrag eine Pick-HU zugeordnet werden kann, aber nicht muss.

In der Tabelle STEUERUNG ZUR AUTOMATISCHEN PICK-HU-ERSTELLUNG DEFINIEREN haben Sie seit SAP R/3 4.6C die Möglichkeit, die Materialnummer eines Packmittels für das automatische Anlegen der Kommissionierbehälter je Lagertyp und Bewegungsart vorzugeben. Der Pick & Pack-Prozess wird in Abschnitt 11.1, »Handling Unit Management«, detailliert beschrieben.

10.3 Sammelgangsbearbeitung von Lieferungen

Eine weitere häufig verbreitete Kommissioniertechnik ist die Bearbeitung von Auftragsserien im *Sammelgang*, also die Zusammenfassung von mehreren Aufträgen zu einer Gruppe, die dann von einem oder mehreren Kommissionierern abgearbeitet wird. In diesem Abschnitt lernen Sie die Grundlagen und das allgemeine Verfahren der Sammelgangsbearbeitung von Lieferungen in WM kennen.

10.3.1 Grundlagen der Sammelgangsbearbeitung von Lieferungen

Die Sammelgangsbearbeitung bietet gegenüber der Einzelkommissionierung folgende Vorteile:

- Bündelung von Lagerbewegungen gleichen Charakters (z. B. anhand derselben Route oder Transportnummer)
- bessere Planung der Lagerbewegungen
- Optimierung von Lagerbewegungen
- Gesamtüberwachung der Auslagerungen
- schnellere Erstellung von Transportaufträgen

Mithilfe des *Auslieferungsmonitors* können Auslieferungen nach unterschiedlichen Kriterien zu Gruppen zusammengefasst werden, um sie bei der anschließenden Kommissionierung gesammelt zu verarbeiten. Der Auslieferungsmonitor bietet darüber hinaus die Möglichkeit, die übrigen Teilschritte des Warenausgangsprozesses ebenfalls aus einem einzigen Bild heraus durchzuführen. Auch ohne Gruppenbildung können im Auslieferungsmonitor immer mehrere Auslieferungen gemeinsam verarbeitet werden.

Eine wichtige Voraussetzung zur Nutzung dieser Methode ist, dass im Customizing der Lagerverwaltung über STAMMDATEN • STEUERUNGSPARAMETER ZUR LAGERNUMMER DEFINIEREN die Teilbearbeitung für Sammelgänge aktiviert wurde. Dadurch wird sichergestellt, dass das System im Sammelgang Transportbedarfe oder Lieferungen nur zum Teil bearbeitet. In diesem Fall erstellen Sie nur für eine Teilmenge der ursprünglichen Position im Referenzbeleg einen Transportauftrag, falls die TA-Erstellung für die komplette Position nicht möglich sein sollte.

Sammelgang
Generell wird bei der Sammelgangsbearbeitung je Lieferung mindestens ein Transportauftrag erstellt. In einer RF-gestützten Kommissionierung kann eine Wegeoptimierung somit nur innerhalb des Transportauftrags erreicht werden. Wenn Sie jedoch mit Kommissionierlisten (Pick-Listen) arbeiten, kann die Entnahmereihenfolge der Gruppe über ein Sortierprofil im Customizing wegeoptimiert sortiert werden.

10.3.2 Liefergruppierung und Transportauftragserstellung im Sammelgang

Das zentrale Element in der Sammelgangsverarbeitung ist die *Gruppe*, die mithilfe des Auslieferungsmonitors angelegt wird. Grundsätzlich haben Sie für die Transportauftragserstellung zwei Möglichkeiten:

- Sie wählen Auslieferungen aus einer Anzeigeliste aus, ordnen sie einer Gruppe zu und erstellen direkt die Transportaufträge.
- Sie wählen Auslieferungen aus einer Anzeigeliste aus, ordnen sie einer Gruppe zu und erstellen die Transportaufträge zu einem späteren Zeitpunkt in einer separaten Transaktion.

Der grundlegende Ablauf ist jedoch in beiden Möglichkeiten weitestgehend identisch.

Im ersten Schritt wählen Sie über den Auslieferungsmonitor die Auslieferungen aus, die Sie in einer Gruppe zusammenfassen möchten. Wie Sie in Abbildung 10.14 sehen, sollen in diesem Szenario alle Lieferungen mit der Route

DENO24 für ein bestimmtes Kommissionierdatum in einer Gruppe zusammengefasst werden.

Nachdem die Selektion ausgeführt wurde, navigiert das System in den Arbeitsbildschirm des Auslieferungsmonitors und zeigt die entsprechenden Auslieferungen bzw. Lieferpositionen als zu kommissionierende Arbeitslast an. Möchten Sie, dass die Lieferpositionssicht direkt nach der Selektion erscheint, markieren Sie den Parameter LIEFERPOSITIONEN ANZEIGEN (siehe Abbildung 10.14).

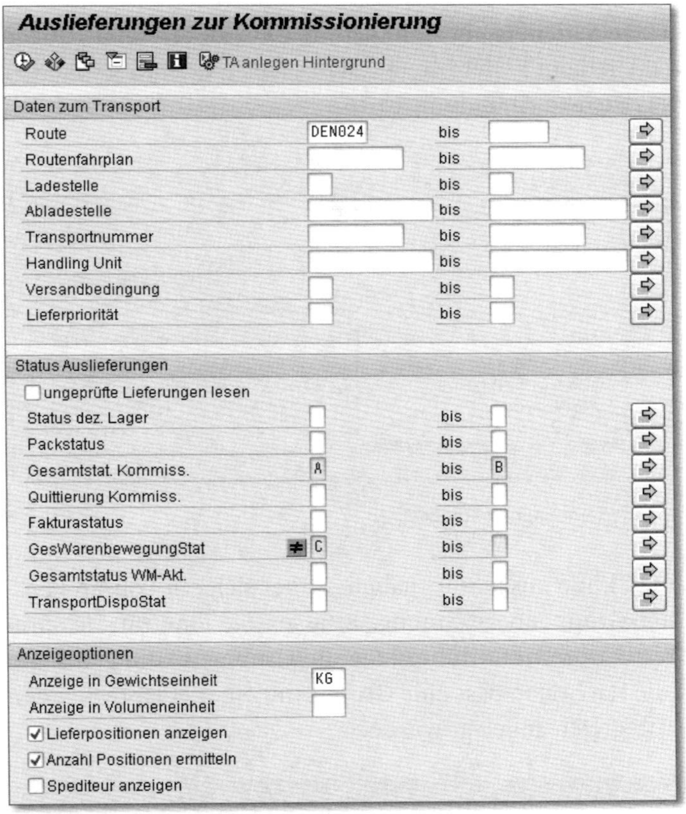

Abbildung 10.14 Auslieferungsmonitor

Abbildung 10.15 zeigt, dass insgesamt drei Lieferungen (80000015 – 80000017) mit einem Gesamtgewicht von 400 kg und insgesamt 3 Positionen für die Route DENO24 selektiert wurden. Diese Lieferungen sollen in einer Gruppe zusammengefasst werden, da sie in einem gemeinsamen Transport zum Kunden transportiert werden sollen.

Abbildung 10.15 Zu kommissionierende Tageslast der Route DENO24

Um die Gruppe für den Sammelgang zu bilden, markieren Sie zunächst alle Lieferungen und wählen dann in der Menüleiste FOLGEFUNKTIONEN • GRUPPE • KOMMISSIONIERWELLE (siehe Abbildung 10.16).

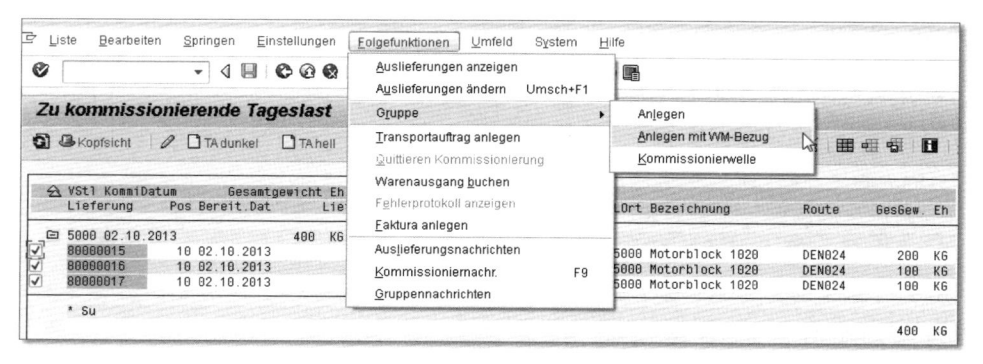

Abbildung 10.16 Gruppe für Sammelgang anlegen

Nachdem Sie diese Funktion ausgeführt haben, öffnet sich ein Pop-up-Fenster zur Eingabe einer Gruppenbezeichnung. Erfassen Sie eine für Sie sprechende GRUPPENBEZEICHNUNG, und führen Sie die Gruppenbildung aus. Sie erhalten daraufhin die Nachricht, dass eine Gruppe mit einer entsprechenden Gruppennummer erfolgreich angelegt wurde.

> **Änderung einer Gruppe**
>
> Möchten Sie die Gruppe erweitern oder löschen, haben Sie die Möglichkeit, mit den im Folgenden beschriebenen Transaktionen aus dem SAP-Menü die jeweiligen Aktionen auszuführen.

Um eine Gruppe zu erweitern, wählen Sie die Transaktion VG02 (Gruppe ändern). Um eine Gruppe zu löschen, wählen Sie die Transaktion VASK (Gruppe löschen).

10.3 Sammelgangsbearbeitung von Lieferungen

Im nächsten Schritt soll nun die Transportauftragserstellung zur Gruppe erfolgen. Wählen Sie im Liefermonitor die Funktion TA ZUR GRUPPE, wodurch das System automatisch in die Transaktion LT42 (Transportauftrag im Sammelgang) verzweigt (siehe Abbildung 10.17).

Die Transportauftragserstellung zur Gruppe 1 soll im Dunkelablauf erfolgen. Der Dunkelablauf ist auch die von uns empfohlene Abwicklungsmethode.

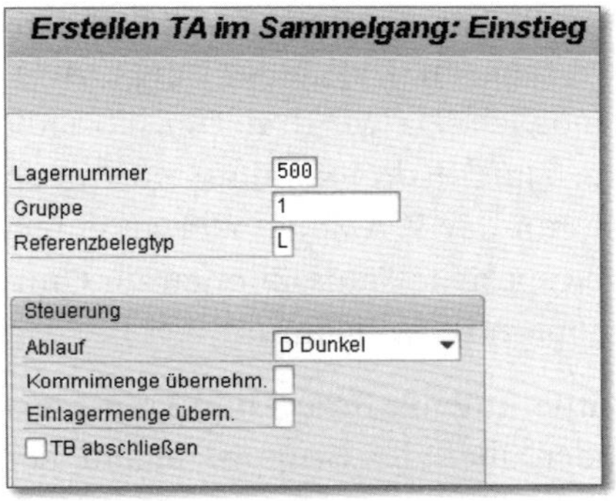

Erstellen TA im Sammelgang: Einstieg

Lagernummer	500
Gruppe	1
Referenzbelegtyp	L

Steuerung

Ablauf	D Dunkel
Kommimenge übernehm.	
Einlagermenge übern.	
☐ TB abschließen	

Abbildung 10.17 Erstellen eines Transportauftrags im Sammelgang

Konnte das System während der Hintergrundverarbeitung keinen Transportauftrag für eine Lieferung erstellen, können Sie die Transportauftragsbearbeitung für ausgewählte Referenzbelege später im Vordergrund durchführen. Über den Button SAMMELGANG STARTEN wird die Transportauftragserstellung angestoßen. Die Ergebnisse werden Ihnen automatisch direkt nach der Erstellung in einem separaten Bildschirm angezeigt (siehe Abbildung 10.18).

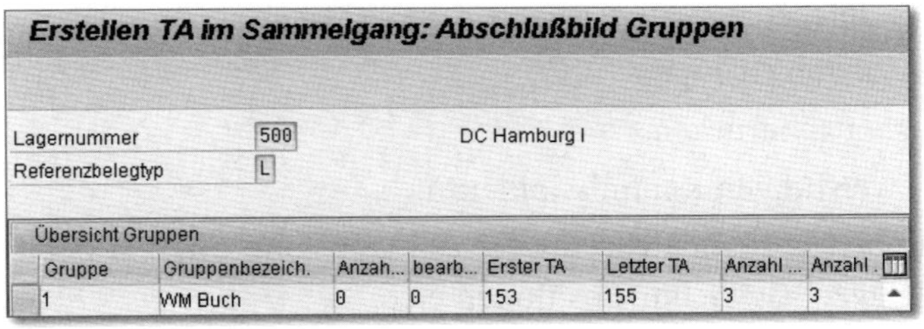

Erstellen TA im Sammelgang: Abschlußbild Gruppen

| Lagernummer | 500 | DC Hamburg I |
| Referenzbelegtyp | L | |

Übersicht Gruppen

Gruppe	Gruppenbezeich.	Anzah...	bearb...	Erster TA	Letzter TA	Anzahl ...	Anzahl ...
1	WM Buch	0	0	153	155	3	3

Abbildung 10.18 Ergebnisse der TA-Erstellung im Sammelgang

Hier sehen Sie, dass insgesamt drei Transportaufträge mit 3 Positionen mit den Transportauftragsnummern 153 bis 155 zur Gruppe 1 angelegt wurden. Im Teilbereich DETAILINFO erhalten Sie detaillierte Informationen zu den involvierten Lieferungen, deren Positionen und den dazugehörenden Transportaufträgen. Markieren Sie die Gruppe, und wählen Sie die Funktion SAM-

MELGANG FREIGEBEN UND DRUCKEN, woraufhin die Kommissionierpapiere erstellt werden.

> **Drucksteuerung Sammelgang**
> Beachten Sie, dass die Druckparameter des Sammelgangs im Customizing der Lagerverwaltung definiert sind.

Nachdem Sie den Sammelgang freigegeben haben, kann die Kommissionierung in WM anhand der Transportaufträge erfolgen. Die Quittierung ist wiederum mit RF oder an einem Terminal möglich. Da wir drei Transportaufträge erstellt haben, ist es denkbar, dass auch mit RF drei Kommissionierer an den Auslieferungen arbeiten, die die Ware in der WA-Zone oder an einem Packplatz konsolidieren. In RF stehen Ihnen spezielle Transaktionen zur Quittierung von Transportaufträgen einer Gruppe zur Verfügung.

Wenn Sie ohne RF arbeiten, kann die Quittierung mit Bezug zum Transportauftrag, zur Transportauftragsposition oder über die Gruppe anhand der Quittierung im Sammelgang erfolgen. Rufen Sie hierfür im SAP-Menü die Transaktion LT25N (Quittierung Sammelverarbeitung) auf.

10.3.3 Kommissionierwellenmonitor

Zur Überwachung der Kommissionieraktivitäten einer Gruppe oder des allgemeinen Kommissionierfortschritts können Sie in WM den Kommissionierwellenmonitor nutzen. Neben der Überwachung der Kommissionieraktivitäten unterstützt Sie der Monitor funktionsübergreifend bei folgenden Aufgaben:

- Transportaufträge anlegen
- Freigabe und Druck von Gruppen
- Kommissionierliste nachdrucken
- Funktionen der zweistufigen Kommissionierung
- Analyse der Gruppen bezüglich Anzahl der erfolgten und offenen Greifvorgänge, der Mengen, Gewichte, Positionen etc.
- Druck von Lieferscheinen und Ladepapieren
- Warenausgang buchen
- Absprung in die Transportdisposition (Liste oder Sammelgang)
- Faktura anstoßen

Aufgerufen wird der Kommissionierwellenmonitor im SAP-Menü unter LOGISTIK • LOGISTICS EXECUTION • WARENAUSGANGSPROZESS • WARENAUSGANG

ZUR AUSLIEFERUNG • KOMMISSIONIERUNG • KOMMISSIONIERWELLEN VL37 – MONITOR. Selektieren Sie die anzuzeigenden Parameter, und verzweigen Sie in den Übersichtsbildschirm (siehe Abbildung 10.19).

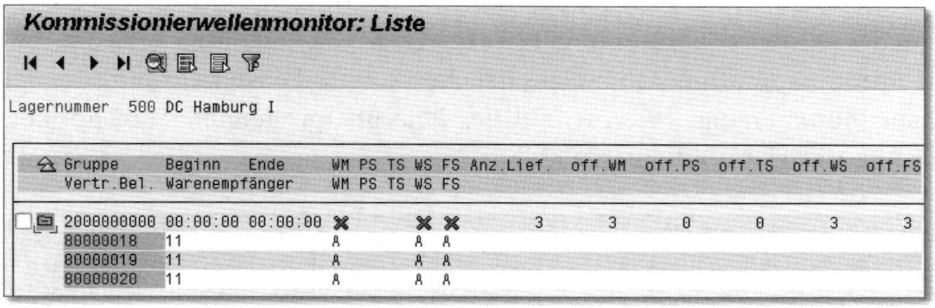

Abbildung 10.19 Kommissionierwellenmonitor

Im Kommissionierwellenmonitor können Sie den Status jeder Lieferung der Gruppe verfolgen. Im Einzelnen werden folgende Status dargestellt:

- Status in WM (WM)
- Status des Verpackungsvorgangs (PS)
- Status der Transportdisposition (TS)
- Warenbewegungsstatus (WS)
- Fakturastatus (FS)

Mit der Funktion KOMM. FORTSCHRITT haben Sie die Möglichkeit, die Gruppe anhand verschiedener Parameter wie Menge, Transportauftragspositionen, Greifeinheiten etc. hinsichtlich des Bearbeitungszustands zu überprüfen.

10.4 Lieferübergreifender Transportauftrag

Bis inklusive SAP R/3 4.6C war es nur im Rahmen der zweistufigen Kommissionierung möglich, einen einzigen Transportauftrag zu einer Gruppe von Auslieferungen anzulegen. Jedoch muss bei der zweistufigen Kommissionierung ein zweiter Transportauftrag zur Aufteilung erstellt werden, was in vielen Kommissionierszenarien unnötig ist, da ein Kommissionierer gleichzeitig Aufträge für mehrere Kunden kommissioniert und schon während der Kommissionierung entsprechend sortiert. Mithilfe des *lieferübergreifenden Transportauftrags* haben Sie die Möglichkeit, in einem Transportauftrag alle Lieferpositionen zusammenzufassen und entsprechend wegeoptimiert zu sortieren.

10.4.1 Gruppierung der Auslieferungen und TA-Erstellung

Analog zur zweistufigen Kommissionierung oder zur Sammelgangsbearbeitung erfolgt die Gruppierung der Auslieferungen über den Auslieferungsmonitor. Markieren Sie die zu gruppierenden Lieferungen, und wählen Sie im Menü des Auslieferungsmonitors FOLGEFUNKTIONEN • GRUPPE • ANLEGEN MIT WM-BEZUG, woraufhin sich ein zusätzliches Pop-up-Fenster zur Eingabe der Gruppennummer und zur Auswahl des lieferübergreifenden Transportauftrags öffnet (siehe Abbildung 10.20).

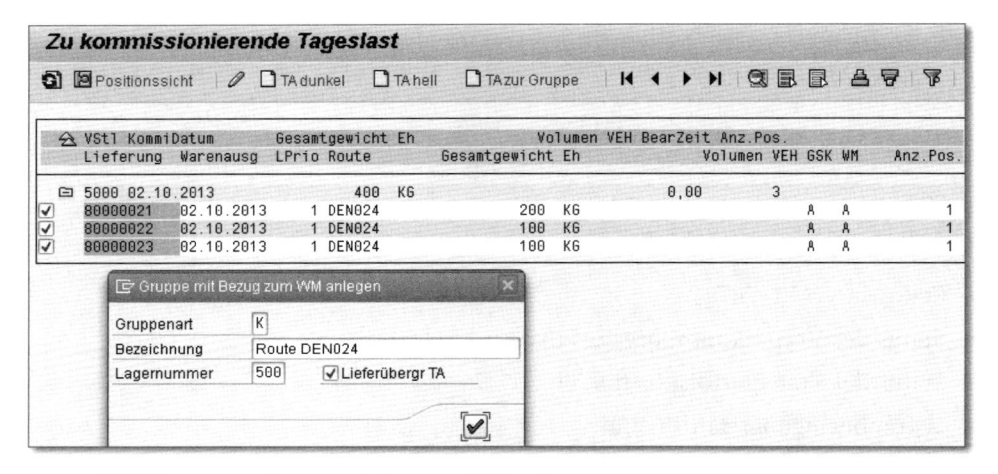

Abbildung 10.20 Gruppe mit Bezug zu WM anlegen

Markieren Sie das Feld LIEFERÜBERGR TA, und führen Sie die Gruppenbildung zum lieferübergreifenden Transportauftrag aus. Diesem Schritt schließt sich die Transportauftragserstellung an. Die Transportauftragserstellung zur Gruppe erfolgt mit der Transaktion LT0S (Anlegen lieferübergreifender Transportauftrag). Sie können die Transaktion entweder über die Funktion TA ZUR GRUPPE direkt aus dem Auslieferungsmonitor oder über das SAP-Menü aufrufen. Wenn Sie die TA-Erstellung im Hellablauf ausführen, werden nach der Eingabe der Gruppennummer alle Lieferpositionen der Lieferungen in der Erfassungsreihenfolge der Lieferbelege angezeigt (siehe Abbildung 10.21).

Generieren Sie anschließend die Transportauftragspositionen, indem Sie die Funktion GENERIEREN TA-POS. ausführen. Sichern Sie Ihre Einstellungen, und erstellen Sie somit den Transportauftrag (siehe Abbildung 10.22).

Lieferübergreifender Transportauftrag | 10.4

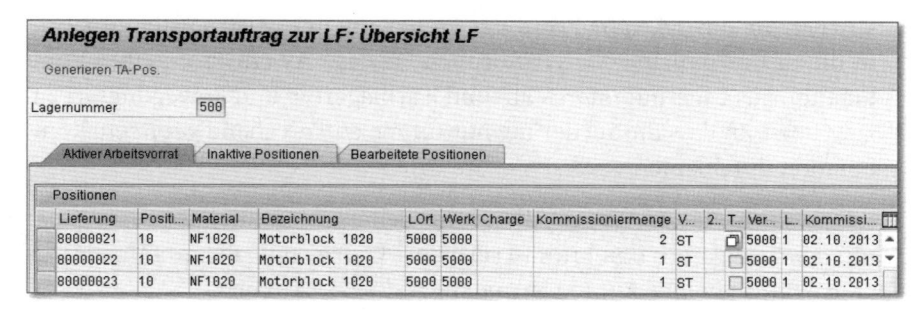

Abbildung 10.21 Anlegen eines Transportauftrags

Abbildung 10.22 Sortierung der Transportauftragspositionen im TA

Die Transportauftragspositionen wurden wegeoptimiert nach dem entsprechenden Lagerplatz sortiert.

10.4.2 Sortierprofile und Wegeoptimierung

Um eine Sortierung der Positionen im Transportauftrag zu erreichen, müssen im System drei wesentliche Customizing-Schritte vorgenommen werden:

1. **Definieren Sie ein Sortierprofil zum TA-Split.**
   In diesem Teilbereich müssen Sie die Felder auswählen, in deren Reihenfolge die Transportauftragspositionen sortiert werden sollen. Dies können in einem einfachen Szenario nur zwei Felder sein, wie z. B. Vonlagertyp und -platz.

2. **Definieren Sie ein Profil für den Transportauftrags-Split, und ordnen Sie das Sortierprofil zu.**
   Auch wenn Sie ohne TA-Split arbeiten, muss dem Split-Profil ein Sortierprofil zugeordnet werden, da das Split-Profil zur Leistungsdatenzuordnung benötigt wird.

3. **Ordnen Sie das TA-Split-Profil der Steuerung der Leistungsdaten zu.**
In dieser Customizing-Aktivität ordnen Sie das TA-Split-Profil einer Kombination aus Lagernummer, Von- und Nachlagertyp und Bewegungsart zu. Dies bewirkt, dass die Sortierung nur für die entsprechend gepflegte Kombination durchlaufen wird.

Die Einstellungen zur Wegeoptimierung nehmen Sie im Customizing der Lagerverwaltung über LOGISTICS EXECUTION • LAGERVERWALTUNG • VORGÄNGE • TRANSPORTE • ABWICKLUNG LEISTUNGSDATEN/TA-SPLIT vor.

10.4.3 Verzögerte Lieferfortschreibung

Der Prozess des lieferübergreifenden Transportauftrags bedingt, dass Sie die *verzögerte Lieferfortschreibung* im Customizing aktivieren. Die verzögerte Fortschreibung der Auslagerungsdaten in der Auslieferung bei der Transportauftragsquittierung wurde eingerichtet, um Probleme mit Systemsperren während des Aktualisierungsvorgangs zu reduzieren und die allgemeine Systemleistung zu verbessern. Bisher aktualisierte das System diese Daten stets unmittelbar nach der Quittierung einer Transportauftragsposition in der Auslieferung. In SAP ERP können Sie zwischen verschiedenen Aktualisierungszeitpunkten wählen:

- jeweils Aktualisierung der Auslieferung nach Quittieren einer Transportauftragsposition (bisherige Funktion)
- kumulierte Aktualisierung der Auslieferung nach Quittieren der letzten Position des Transportauftrags
- Aktualisierung der Auslieferung nach Quittieren des letzten Transportauftrags der Auslieferung

Sie können die gewünschten Einstellungen zur Auslieferfortschreibung im Customizing der Lagerverwaltung über LOGISTICS EXECUTION • SCHNITTSTELLEN • VERSAND • VERSANDSTEUERUNG DEFINIEREN in der Tabelle VERSANDSTEUERUNG PRO LAGERNUMMER vornehmen.

10.5 Zweistufige Kommissionierung

Die Kommissioniermethode der *zweistufigen Kommissionierung* teilt den Auslagerungsvorgang in zwei Schritte ein: in einen Entnahme- und einen Aufteilungsschritt. Betriebswirtschaftlich findet man diesen Prozess vor allem in Lägern mit einer begrenzten Artikelanzahl, bei denen die Artikel häufig wiederkehrend ausgeliefert werden. Typische Anwendungsbeispiele sind ein Produktlaunch oder die Werbeaktion für ein neues Produkt, das gleichzeitig an eine Vielzahl von Kunden versendet werden soll.

Bei diesem Prozess wird zunächst die gesamte Menge eines Materials für eine Gruppe von Auslieferungen entnommen und in einem eigens dafür eingerichteten Lagertyp zwischengelagert. Anschließend erfolgen die Aufteilung der Materialmenge auf die einzelnen Auslieferungen und der Transport in die Warenausgangszone. Abbildung 10.23 zeigt den Prozess der zweistufigen Kommissionierung.

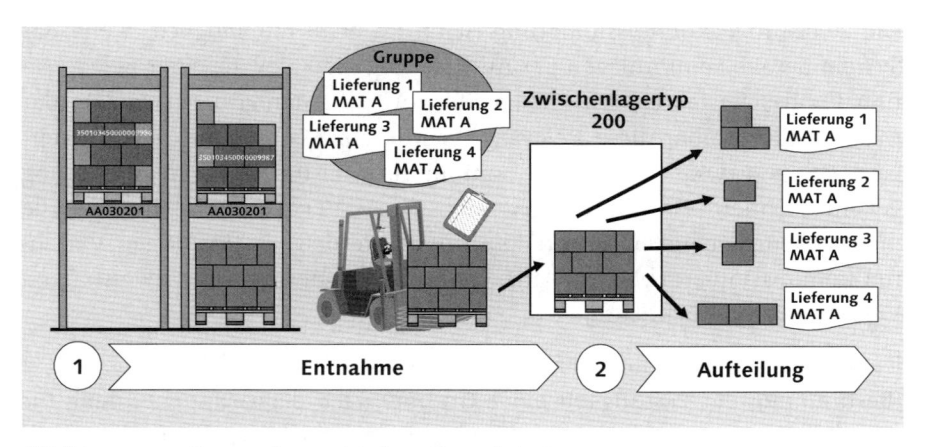

Abbildung 10.23 Prozess der zweistufigen Kommissionierung

Möchten Sie das Verfahren der zweistufigen Kommissionierung nutzen, können Sie bereits auf Voreinstellungen in SAP ERP zurückgreifen. In einem Standardsystem existieren bereits der Zwischenlagertyp 200 für die Zwischenlagerung der im Entnahmeschritt kommissionierten Materialmengen sowie die Bewegungsart 850 (Entnahme zweistufige Kommissionierung) zur Steuerung der Entnahme.

Der Lagertyp 200 ist der Bewegungsart 850 als Nachlagertyp zugeordnet. Die Lagerplatzfindung in diesem Lagertyp erfolgt dynamisch, wodurch das System bei der Einlagerung in den Lagertyp 200 dynamische Lagerplätze vorgangsbezogen generiert. Nach Abschluss des Vorgangs werden diese dynamischen Lagerplätze wieder gelöscht. Im Gegensatz zu einstufigen Ein- und Auslagerungsprozessen wird das Anlegen eines dynamischen Lagerplatzes jedoch nicht von einem Bedarfstyp, sondern durch die spezielle Lagerplatzfindungsstrategie R (Dynamische Koordinate Referenznummer) gesteuert. Die Strategie R, die dem Lagertyp 200 zugeordnet wird, stellt sicher, dass bei der Einlagerung die Nummer der Ausliefergruppe als Lagerplatzkoordinate gesetzt wird. Die Zugehörigkeit der kommissionierten Gesamtmenge zu einer bestimmten Gruppe von Auslieferungen ist auf diese Weise in der Lagerverwaltung stets erkennbar. Voraussetzung für die Nutzung der zweistufigen Kommissionierung ist also wiederum die Zusammenfassung von Auslieferungen zu Gruppen mithilfe des Auslieferungsmonitors.

Im Auslieferungsmonitor markieren Sie alle Auslieferungen, die Sie zu einer Gruppe zusammenfassen möchten, und wählen im Menü der Transaktion FOLGEFUNKTIONEN • GRUPPE • ANLEGEN MIT WM-BEZUG.

Die zweistufige Kommissionierung ist im Regelfall nur möglich, wenn das System bereits beim Anlegen der Auslieferung die Relevanz einer Belegposition für das Verfahren erkannt hat. Im SAP-ERP-Standard entscheidet der Materialstamm über diese Relevanz. Wurde ein Material auf der Registerkarte LAGERVERWALTUNG 1 als relevant für die zweistufige Kommissionierung gekennzeichnet, wird die Belegposition in das Verfahren einbezogen. Alle nicht gekennzeichneten Materialpositionen werden im einstufigen Verfahren kommissioniert, bleiben daher beim Entnahmeschritt des zweistufigen Verfahrens unberücksichtigt.

Die Relevanz eines Materials kann jedoch in einer eigenen Transaktion LT72 (Bestimmung der 2-Stufigkeit einer Gruppe) nach der Gruppenbildung für den Einzelvorgang neu bestimmt bzw. auch deaktiviert werden (siehe Abbildung 10.24).

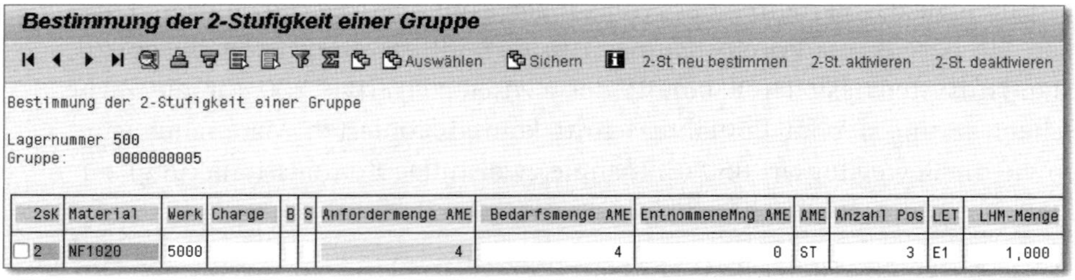

Abbildung 10.24 Bestimmung der 2-Stufigkeit einer Gruppe

Im nächsten Schritt erfolgt die Transportauftragserstellung für die Entnahme der kumulierten Materialmengen. Legen Sie den Transportauftrag mit der Transaktion LT0E (über Entnahme 2-stufige Kommissionierung) an. Die Transportauftragserstellung kann wiederum im Hell- oder Dunkelablauf erfolgen. Als Nachlagerplatz der Entnahme werden der Lagertyp 200 sowie die dynamische Gruppennummer der Kommissioniergruppe ermittelt (siehe Abbildung 10.25).

Abbildung 10.25 Entnahmetransportauftrag anzeigen – zweistufige Kommissionierung

Mit dem Quittieren der Entnahme stehen die Waren sowohl physisch als auch systemtechnisch für die Weiterverarbeitung bereit. Im nächsten Schritt muss systemseitig die Aufteilung der Entnahmemengen auf die entsprechenden Lieferungen erfolgen. Dabei unterstützt Sie die *Analysefunktion* der zweistufigen Kommissionierung. Um die Analysefunktion für die zweistufige Kommissionierung aufzurufen, wählen Sie im SAP-Menü LOGISTIK • LOGISTICS EXECUTION • INFOSYSTEM • LAGER • SAMMELVERARBEITUNG • ANALYSE 2-STUFIGKEIT (siehe Abbildung 10.26).

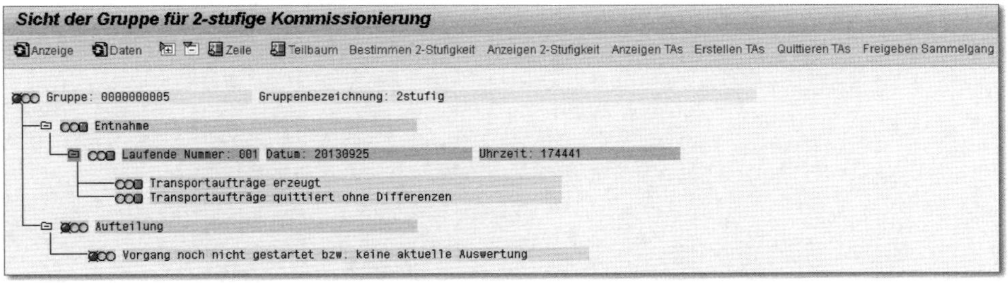

Abbildung 10.26 Sicht der Gruppe für 2-stufige Kommissionierung

Hier sehen Sie, dass die Entnahme der Gruppe 5 bereits vollständig abgeschlossen wurde. Die Aufteilung wurde jedoch noch nicht gestartet. Um die Transportaufträge zur Aufteilung anzulegen, wählen Sie die Funktion ERSTELLEN TAs. Das System erstellt die entsprechenden Transportaufträge mit der gleichen Logik wie in der Sammelgangsbearbeitung zur Gruppe. Das heißt, dass ebenfalls eine Gruppenfreigabe erfolgen muss, die wiederum direkt aus der TA-Erstellung heraus erfolgen kann. Nachdem die Transportaufträge zur Aufteilung angelegt und freigegeben wurden, wird im Analysebildschirm der aktuelle Status angezeigt (siehe Abbildung 10.27).

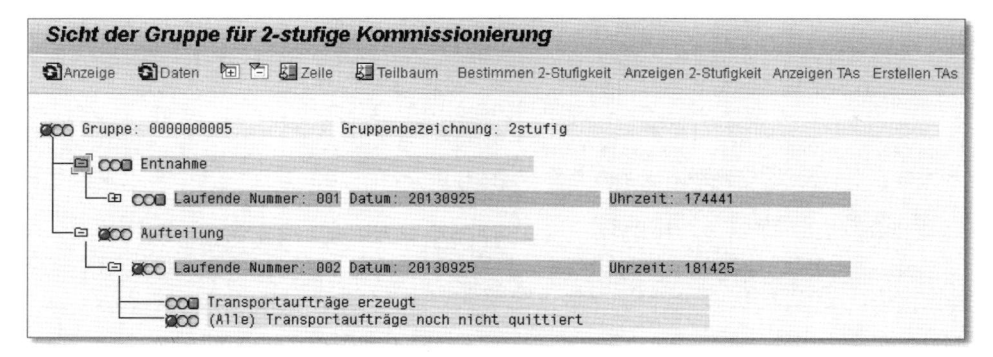

Abbildung 10.27 Sicht der Gruppe für 2-stufige Kommissionierung nach der TA-Erstellung und Freigabe

Nach Abschluss der Aufteilung werden die entsprechenden Transportaufträge quittiert. Die Einstellungen zur zweistufigen Kommissionierung für Auslieferungen finden Sie im Customizing der Lagerverwaltung über LOGISTICS EXECUTION • LAGERVERWALTUNG • SCHNITTSTELLEN • VERSAND • 2-STUFIGE KOMMISSIONIERUNG.

Leistungsfähigkeit und Qualität eines Lagerverwaltungssystems zeigen sich auch in der Behandlung von Sonderanforderungen wie Chargenführung, Gefahrstoffverwaltung und Verpackungsmanagement. Wie WM die Anforderungen bereits im Standard abdeckt, zeigen wir Ihnen in diesem Kapitel.

11 Weitere Grundfunktionen in WM

Aufgrund des Produktspektrums und der zu verwaltenden Materialien werden an viele Läger häufig zusätzliche Anforderungen gestellt. Diese äußern sich z. B. in der Verwaltung von Gefahrstoffen oder chargengeführten Materialien. Darüber hinaus kann es Anforderungen geben, verpackte Materialbestände zu lagern und zu verwalten. In diesem Kapitel werden die Funktionen, mit denen Sie diese spezifischen Anforderungen abdecken können, und die verschiedenen Inventur- und Reporting-Möglichkeiten in WM vorgestellt.

11.1 Handling Unit Management

Innerhalb der heutigen adaptiven Logistiksysteme ist es unerlässlich, Objekte eindeutig identifizieren zu können, um die logistischen Abläufe kontrollieren und steuern zu können. Veränderungen wie Kostendruck, steigendes Transportvolumen und stärkere Vernetzung bewirken, dass sich auch die innerbetrieblichen und unternehmensübergreifenden Materialflüsse wandeln. Daher werden Materialbewegungen zunehmend packstückbezogen und nicht mehr materialbezogen abgewickelt und Informationen wie Materialnummer, Charge und Menge werden unterhalb einer eindeutigen Packstücknummer verwaltet.

In SAP ERP werden solche Packstücke als *Handling Units* (HU) bezeichnet. Eine HU ist eine logistische Einheit aus Material und Verpackung, die prozessübergreifend anhand einer eindeutigen Nummer identifiziert werden kann. HUs werden mithilfe des *SAP Handling Unit Managements* (HUM) verwaltet. Ziel ist es, Ihnen in diesem Abschnitt die Grundfunktionen von HUM im Allgemeinen und die WM-spezifischen HU-Funktionalitäten im Besonderen vorzustellen.

11.1.1 Handling Unit Management in SAP ERP

HUs können mehrstufig (hierarchisch) aufgebaut sein und aus mehreren Verpackungsmaterialien (Karton, Palette, Container etc.) bestehen (siehe Abbildung 11.1).

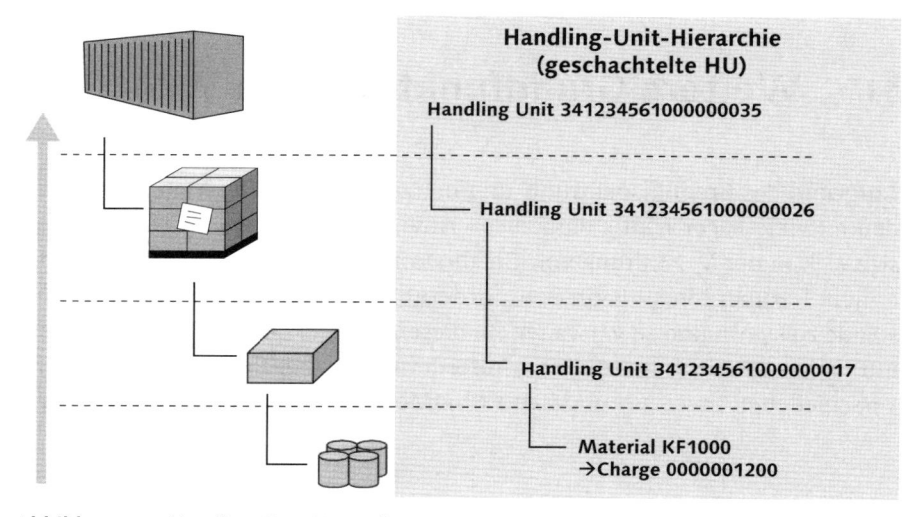

Abbildung 11.1 Handling-Unit-Hierarchie

Abbildung 11.1 zeigt eine typische HU-Schachtelung. Das Material KF1000 mit der Charge 0000001200 wurde im Produktionsprozess in einen Karton verpackt. Dadurch ist die HU 341234561000000017 entstanden. Durch die Palettierung der Kartons wurde eine weitere HU auf Palettenebene erzeugt (HU 341234561000000026). Viele Unternehmen erstellen erst auf der Palettenebene die erste HU, da einzelne Kartons gar nicht oder nur selten versendet werden. Im Transport wiederum wird dann der Container ebenfalls als HU abgebildet (HU 341234561000000035).

Die Eindeutigkeit der HU kann innerhalb eines Mandanten oder systemübergreifend eingestellt werden. Von besonderer Bedeutung ist die systemübergreifende Eindeutigkeit, wenn HUs innerhalb der logistischen Kette zwischen verschiedenen Partnern oder Lokationen bewegt werden. In systemübergreifenden Materialflüssen erfolgt die Identifikation der HU mithilfe des *Serial Shipping Container Codes* (SSCC), der im deutschen Sprachraum auch unter dem Namen *Nummer der Versandeinheit* (NVE) bekannt ist und eine HU eindeutig innerhalb eines Jahres identifizieren kann.

Das Handling Unit Management (HUM) bietet eine prozessweit einsetzbare sowie strukturübergreifende Packstückverwaltung. Dies gilt sowohl unternehmensintern als auch -übergreifend. Innerhalb eines Unternehmens finden wir HUM in den folgenden Teilprozessen und Funktionsbereichen:

- interne und externe Beschaffung (Einkauf (MM) und Produktionsplanung (PP))
- Warehouse Management (WM)
- Bestandsführung (MM/IM)
- Distribution und Transport (LES)
- Qualitätsmanagement (QM)

In unternehmensübergreifenden Prozessen finden wir Handing Units in folgenden Bereichen:

- Avisierung vom Lieferanten (Anlieferung)
- Ausliefernachrichten an den Kunden (EDI Dispatch Advice)
- Transportnachrichten (EDI/EANCOM-Transportavisierung an Logistikdienstleister)

Abbildung 11.2 gibt einen detaillierten Überblick über die Prozessintegration von HUM in der logistischen Kette.

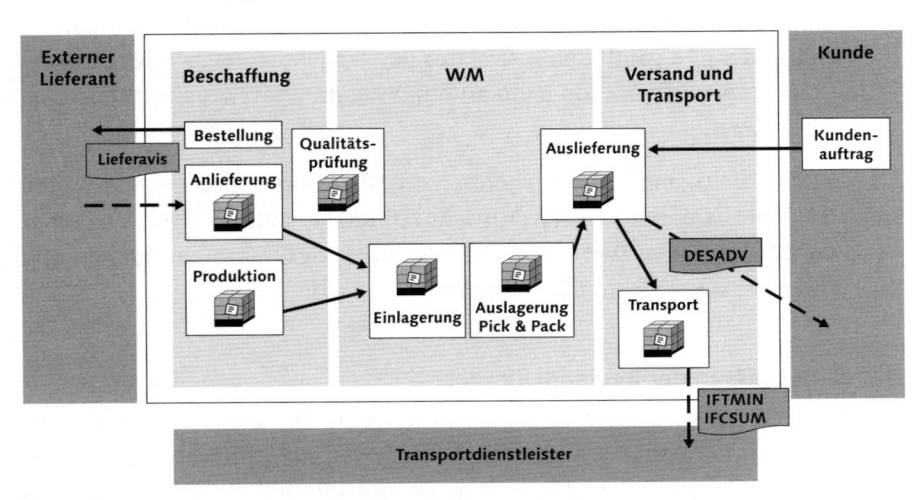

Abbildung 11.2 Prozessintegration des Handling Unit Managements (unternehmensintern und -übergreifend)

Fremdbeschaffte Materialien können in der Anlieferung verpackt werden, wenn der externe Lieferant kein elektronisches Lieferavis versenden kann. Im Fall eines elektronischen Lieferavises können die SSCC-Informationen des Lieferanten als HU-Informationen in das eigene System übernommen werden.

Eigengefertigtes Material wird in der Produktion verpackt. Die Materialbereitstellung kann ebenfalls mit HUs erfolgen. Bei qualitätsprüfpflichtigen Materialien kann eine Qualitätsprüfung auf HU-Ebene erfolgen. Der Verwendungsentscheid und die damit verbundene Umbuchung sind ebenfalls auf HU-Ebene möglich.

Die Einlagerung der HUs in WM erfolgt mit Transportaufträgen. Die HU wird in WM mit einer Lagereinheit verknüpft, woraufhin die HU-Nummer als LE-Nummer in WM geführt wird.

Auf der Versandseite werden mit Bezug zum Kundenauftrag Auslieferungen angelegt. Die Kommissionierung zur Auslieferung erfolgt ebenfalls mit Transportaufträgen. Komplette HUs (volle Palette) können direkt mit der TA-Quittierung in die Lieferung übernommen werden. Teilmengen einer Palette können mit dem sogenannten *Pick & Pack-Szenario* kommissioniert werden. Die Entnahmemengen werden einer neuen Pick-HU zugeordnet, da die ursprüngliche HU im Lager erhalten bleibt.

In der Transportplanung werden die Auslieferungen und die darin enthaltenen HUs einem Transport zugeordnet. Sollen die HUs physisch verladen werden, kann die Ladekontrolle die Plan-HUs des Transports mit den gescannten HUs abgleichen und somit den Ladestatus des Transports nach vollständigem Laden setzen. Als Folgeaktion kann automatisch die Warenausgangsbuchung angestoßen werden.

Mit der Warenausgangsbuchung können die HU-Informationen dem Kunden als SSCC innerhalb einer Liefernachricht (DESADV) avisiert werden. Dieser kann wiederum seinen Wareneingang gegen die SSCC-Nummer buchen und diese direkt in sein System übernehmen.

Handling Units in der Bestandsführung

Mit dem SAP-R/3-Release 4.6C wurde es möglich, HUM in den logistischen Querschnittsfunktionalitäten zu nutzen. Im Gegensatz zum Versandelement, das bis dahin Verpackungsinformationen abgebildet hat, ist die HU auch ein Element der Bestandsführung. Aus diesem Grund werden HUs in einem separaten Lagerort bestandsgeführt. Dieser Lagerort muss im Customizing als

Handling-Unit-pflichtig (HU-pflichtig) gekennzeichnet sein. Aufgrund der HU-Pflicht können nur verpackte Materialbestände ein- und ausgelagert werden. Jedem HU-pflichtigen Lagerort muss ein nicht HU-pflichtiger *Partnerlagerort* zugeordnet sein, da Ein- und Auspackvorgänge immer über eine Lagerort-an-Lagerort-Umbuchung erfolgen müssen. Abbildung 11.3 verdeutlicht den Zusammenhang zwischen HU-pflichtigem Lagerort und Partnerlagerort.

Werk DE50

Lagerort HU10 (nicht HU-verwaltet): Material A, Material B, Material C

Lagerort HU00 HU-verwaltet (Partnerlagerort): HU 4710

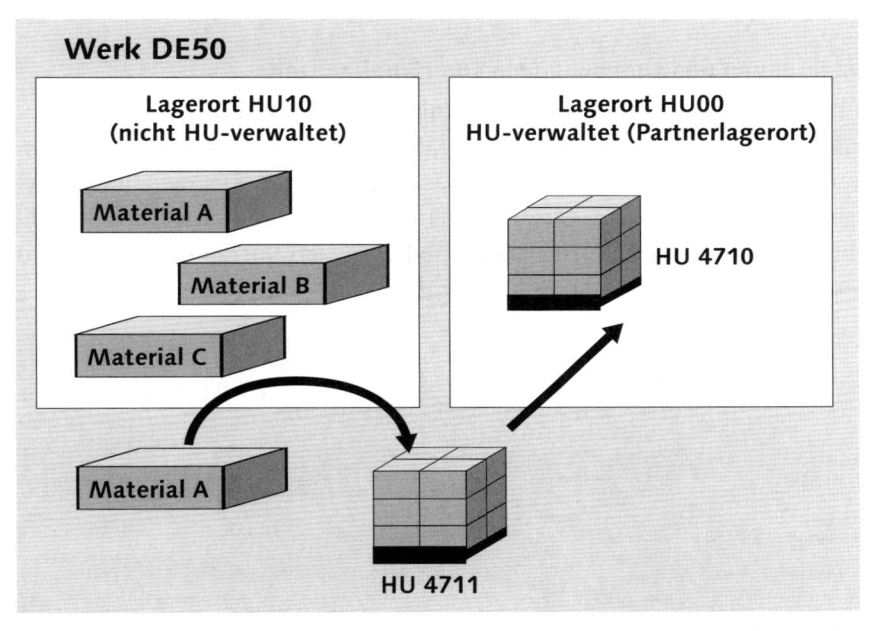

Material A → HU 4711

Abbildung 11.3 Umbuchungsvorgänge zwischen HU-pflichtigem Lagerort und Partnerlagerort (Ein- und Auspacken)

Unverpacktes Material wird durch einen Verpackungsvorgang von dem nicht HU-verwalteten Lagerort HU10 an den HU-verwalteten Lagerort HU00 umgebucht. Wenn Materialmengen oder Teilmengen ausgepackt werden sollen, findet eine Umbuchung vom HU-pflichtigen Lagerort HU00 an den Partnerlagerort HU10 statt. Somit muss bei allen Bestandsführungsbuchungen die HU-Information mit angegeben werden.

Die Einstellungen der HU-Pflicht und der Partnerlagerortsteuerung nehmen Sie im Customizing unter LOGISTIK • LOGISTIK ALLGEMEIN • HANDLING UNIT MANAGEMENT • GRUNDLAGEN • MATERIALWIRTSCHAFT • BESTANDSFÜHRUNG • HU-PFLICHT FÜR LAGERORTE UND VORSCHLAGSWERTE FÜR LIEFERUNGEN vor (siehe Abbildung 11.4). Hier sehen Sie die Kombination aus HU-pflichtigem Lagerort HU00 und dessen Partnerlagerort HU10, bei dem keine HU-Pflicht besteht.

11 Weitere Grundfunktionen in WM

Abbildung 11.4 HU-Pflicht für Lagerorte definieren

Umlagerungen und Umbuchungen von Handling Units

Direkte Umlagerungen und Umbuchungen von HUs können mithilfe des *Handling Unit Monitors* (Transaktion HUMO), der Funktion WARENBEWEGUNGEN VON HANDLING UNITS BUCHEN (Transaktion VLMOVE) sowie über Lieferungen ausgeführt werden. Über den Handling Unit Monitor werden sowohl Umbuchungen als auch Umlagerungen zwischen verschiedenen Werken und Lagerorten unterstützt (siehe Abbildung 11.5).

Abbildung 11.5 HU-Umbuchungen und Umlagerungen mit dem Handling Unit Monitor

Weitere Bewegungsarten zur Umbuchung und Umlagerung aus dem Handling Unit Monitor heraus erreichen Sie über BEARBEITEN • HU UMBUCHEN • WEITERE BUCHUNGEN.

Eine zweite Möglichkeit, HUs umzubuchen und umzulagern, bietet die Funktion WARENBEWEGUNGEN VON HANDLING UNITS BUCHEN (Transaktion VLMOVE). Mit dieser Transaktion erfolgen Warenbewegungen direkt mit HU- oder Materialbezug (siehe Abbildung 11.6). Das System erstellt aufgrund der Buchung entweder einen Materialbeleg oder eine Lieferung. Gleichzeitig können unterschiedliche Prozesse gebucht werden, da die Warenbewegungsbuchung als letzter Prozessschritt ausgeführt wird. Beispielsweise können Sie zur gleichen Zeit eine HU verschrotten und eine andere von einem Lagerort an einen anderen umlagern.

Abbildung 11.6 Warenbewegungen zu Handling Units und Materialien buchen

Die Bewegungsartenauswahl im Feld VORGANG der Transaktion VLMOVE kann im SAP-ERP-Standard nicht erweitert werden. Dies trifft analog auch auf die Bewegungsartenauswahl der Transaktion HUMO zu.

> **VLMOVE mit WM**
>
> Beachten Sie, dass die Angabe der HU in der Transaktion VLMOVE nicht möglich ist, wenn es sich hierbei um einen WM-verwalteten Lagerort handelt, da die HU im Transportauftrag bestimmt wird. In diesem Szenario erfassen Sie die Warenbewegungen mit Bezug zum Material.

Eine dritte Möglichkeit zur Umbuchung und Umlagerung von HUs ist die klassische Umbuchung und Umlagerung mithilfe der Bestandsführungstransaktionen MB1B, MB1A, MB1C oder auch MIGO. In diesem Fall muss der betroffene Lagerort bzw. bei Umlagerungen einer der betroffenen Lagerorte HUM-verwaltet sein. Das Sichern der Buchungsdaten hat die Erstellung einer Lieferung zur Folge. Die HU wird der Lieferung über den WM-Transportauftrag mit dem Quittieren des Transportauftrags oder manuell direkt in der Lieferung zugeordnet.

Verpacken

Die *Verpackungsfunktionalität* ist ein Grundelement von HUM und steht Ihnen in verschiedenen Bereichen (LES, MM, PP-PI), Prozessen und Transaktionen des SAP-Systems zur Verfügung. Um sie nutzen zu können, müssen zuvor die notwendigen Einstellungen im Bereich STAMMDATEN UND CUSTOMIZING vorgenommen werden (siehe Abbildung 11.7).

Systemeinstellungen zur Nutzung der Verpackungsfunktionalität

Customizing
- Materialgruppe Packmittel definieren
- Packmittelarten definieren
- Erlaubte Materialgruppen Packmittel je Packmittelart
- Nummernkreise definieren

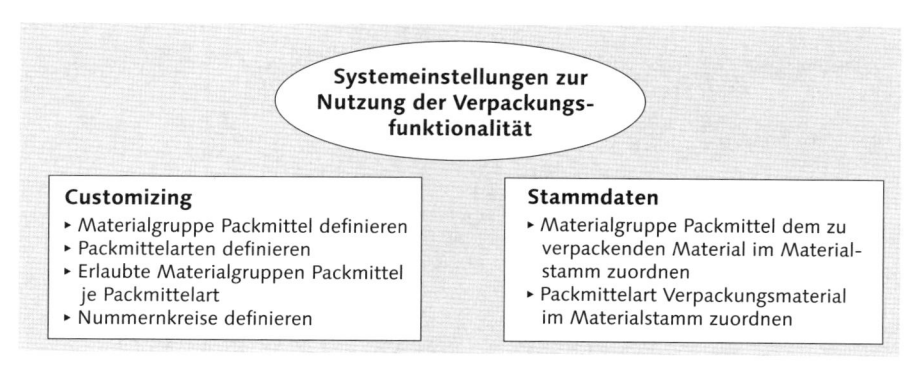

Stammdaten
- Materialgruppe Packmittel dem zu verpackenden Material im Materialstamm zuordnen
- Packmittelart Verpackungsmaterial im Materialstamm zuordnen

Abbildung 11.7 Einstellungen der Verpackungsfunktionalität

Im Customizing sind folgende Einstellungen vorzunehmen:

- **Materialgruppe Packmittel**
  Sie dient dazu, Materialien zu gruppieren, die ähnlich oder gleich verpackt werden, und wird den zu verpackenden Materialien im Materialstamm auf den Registerkarten GRUNDDATEN 1 oder VERTRIEB/ALLG. WERKSDATEN zugeordnet (MARA-MAGRV).

- **Packmittelart**
  Diese dient dazu, Verpackungsmaterialien (Kartons, Paletten, Container) mit gleichen Eigenschaften zu gruppieren. Sie wird im Materialstamm auf der Registerkarte VERTRIEB/ALLG. WERKSDATEN zugeordnet (MARA-VHART). Verpackungsmaterial wird im SAP-Standard mit der Materialart VERP angelegt, die durch die Feldsteuerung die Eingabe der Packmittelart erlaubt. Das Customizing der Packmittelart umfasst wichtige prozesssteuernde Parameter (siehe Abbildung 11.8). Neben den Parametern der Nachrichtenfindung wird anhand der Packmittelart auch festgelegt, um welchen Packmitteltyp es sich handelt und wie die Nummernvergabe der Packstücke erfolgen soll. Haben Sie sich für die Nummernvergabe nach SSCC18-Logik entschieden, müssen weitere Einstellungen im Customizing der externen Identifikation von HUM vorgenommen werden.

▶ **Erlaubte Packmittel festlegen**
Hier steuern Sie, welche Materialien in welche Packmittel verpackt werden dürfen.

> **HUs im Versand**
>
> Möchten Sie die Verpackungsfunktionalität nur im Versand zur Erstellung von Versandetiketten und SSCC-Nummern nutzen, ist es nicht erforderlich, HUM auch in WM zu aktivieren.

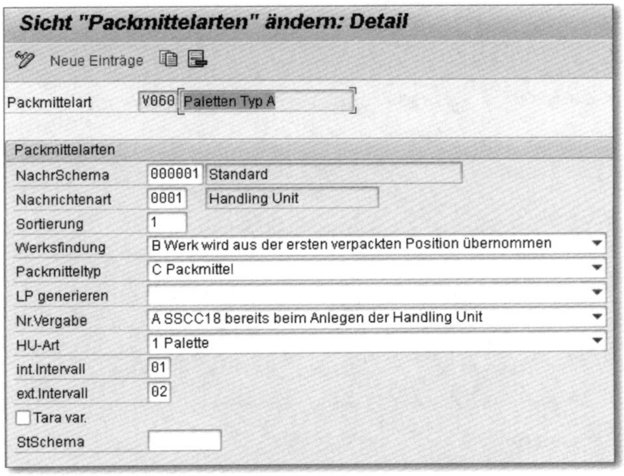

Abbildung 11.8 Packmittelart (Customizing)

Verpackungsdialog

Materialien oder HUs können in SAP ERP manuell in der Lieferung bzw. auf dem Packtisch oder automatisch mithilfe von Packvorschriften und den entsprechenden Findungssätzen verpackt werden.

Das *manuelle Verpacken* in der Lieferung bietet verschiedene Optionen, die den Verpackungsprozess beschleunigen und vereinfachen können und die Sie über Buttons aufrufen können (siehe Abbildung 11.9). Zu diesen Optionen zählen:

▶ **Verpacken** (Button)
Nur Mengen im Feld TEILMENGE oder Packmitteltoleranzen werden verpackt.

▶ **Neue HU pro Teilmenge des Materials** (Button PRO TEILMENGE)
Pro Teilmenge wird eine neue HU bis zum Erreichen der Gesamtmenge erstellt, die Teilmenge dient als Divisor.

- **Neue HU pro Anzahl HU** (Button PRO HU)
  Bewirkt, dass ein zusätzliches Pop-up-Fenster zur Detaillierung der Packdaten erscheint.

- **Neue HU, falls voll** (Button FALLS VOLL)
  Ist die Gesamtkapazität einer HU erreicht, schlägt das System eine neue HU vor (Füllen bis zur Kapazitätsgrenze).

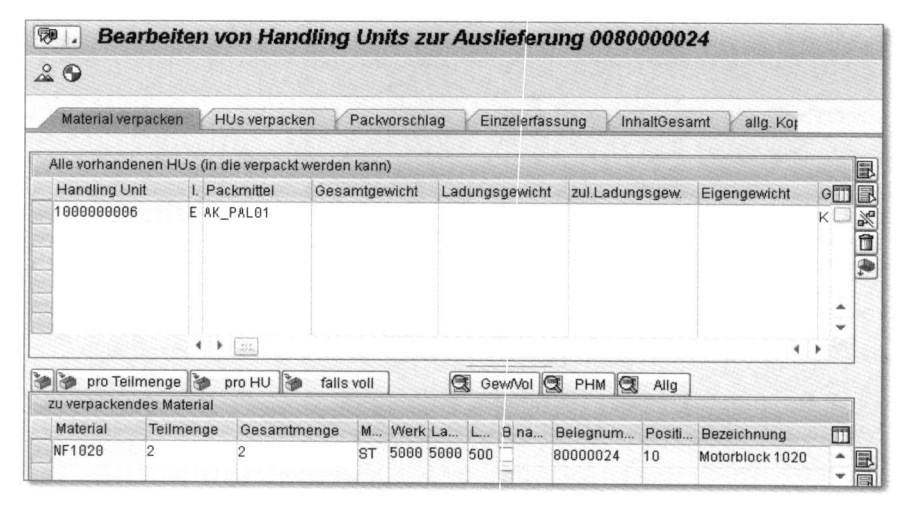

Abbildung 11.9 Verpacken in der Lieferung

Neben den Verpackungsoptionen werden Ihnen weitere Bearbeitungsfunktionen zur Verfügung gestellt. Dazu zählen:

- *Auspacken*: Einzelne Positionen oder Mengen werden entnommen.
- *Leeren*: Inhalt der HU wird ausgepackt.
- *Löschen*: Gesamte HU wird gelöscht.
- *Zuordnung löschen*: Der Belegbezug der HU wird gelöscht.

Möchten Sie HUs auf oder in anderen HUs verpacken, müssen Sie auf die Registerkarte HUS VERPACKEN verzweigen. Hier stehen Ihnen die gleichen Funktionalitäten und Optionen zur Verfügung, wie zuvor beschrieben.

Arbeiten Sie mit *Packvorschriften und Packvorschlägen*, können Sie sich auf der Registerkarte PACKVORSCHLAG Detailinformationen zur Packvorschriftenauflösung und -findung anzeigen lassen. Darüber hinaus stehen Ihnen weitere Registerkarten zur Verfügung, die den HU-INHALT und weitere ALLGEMEINE HU-DATEN beschreiben.

11.1.2 Handling Unit Management in WM

Der Einsatz des Handling Unit Managements (HUM) in WM hat elementaren Einfluss auf die Gestaltung, Abwicklung und Ausführung der operativen Prozesse in einem Lager. Zum einen bedingt HUM in WM, dass alle Lagerbestände als verpackte Bestände geführt werden, und zum anderen, dass Warenbewegungen nur mit Angabe einer HU-Nummer ausgeführt werden können.

Wird HUM in Verbindung mit WM genutzt, muss in allen Lagertypen, in denen HUs ein- und ausgelagert werden sollen, die Lagereinheitenverwaltung aktiviert sein (ausgenommen Schnittstellenlagertypen). Die Aktivierung erfolgt im WM-Customizing in den Stammdaten des Lagertyps (Tabelle T331). Die Aktivierung der LE-Verwaltung ist notwendig, da die HU in WM zu einer *Lagereinheit* wird, die mit der gleichen Identifikationsnummer eindeutig identifiziert wird. Beide, HU und Lagereinheit, enthalten jedoch aufgrund ihrer Verwendung unterschiedliche Informationen (siehe Abbildung 11.10).

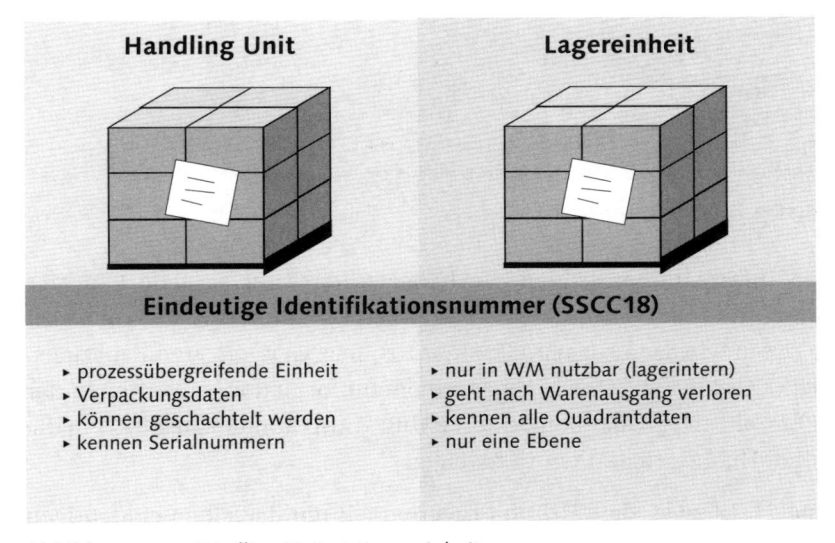

Handling Unit	Lagereinheit
Eindeutige Identifikationsnummer (SSCC18)	
▸ prozessübergreifende Einheit ▸ Verpackungsdaten ▸ können geschachtelt werden ▸ kennen Serialnummern	▸ nur in WM nutzbar (lagerintern) ▸ geht nach Warenausgang verloren ▸ kennen alle Quadrantdaten ▸ nur eine Ebene

Abbildung 11.10 Handling Unit vs. Lagereinheit

Lagereinheiten enthalten alle WM-spezifischen Informationen, nicht aber verpackungsspezifische Informationen wie Verpackungsmaterial, Dimensionen, zulässige Zulagerungsgewichte und -volumina etc. Lagereinheiteninformationen können in WM direkt aus den Bestandsübersichten oder den Transportauftragslisten abgerufen werden. Durch den Einsatz von HUM können Sie sich jedoch die als Lagereinheit eingelagerten HU-Informationen anzeigen lassen. Abbildung 11.11 zeigt zunächst die Informationen einer Lagereinheit in WM.

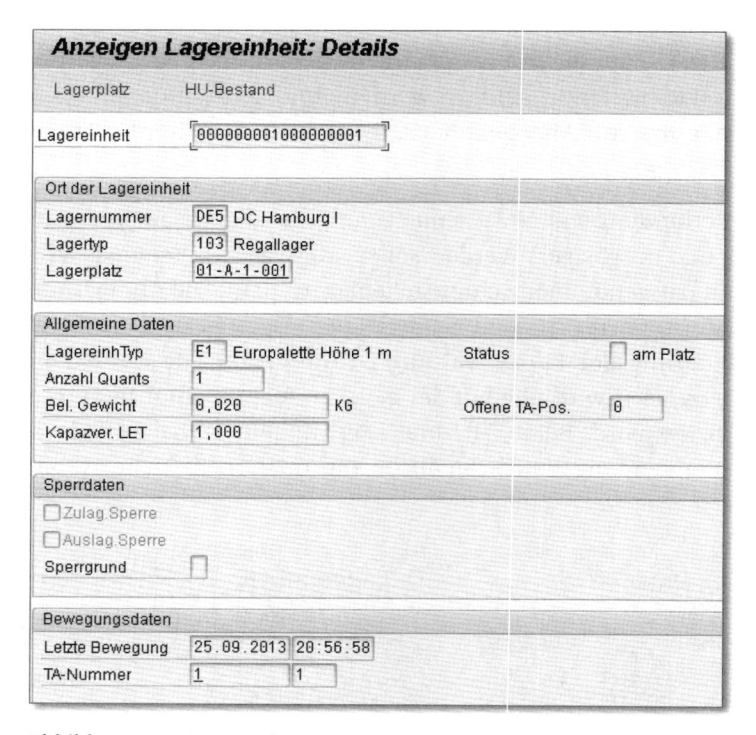

```
Anzeigen Lagereinheit: Details
  Lagerplatz        HU-Bestand

  Lagereinheit      000000001000000001

  Ort der Lagereinheit
  Lagernummer       DE5  DC Hamburg I
  Lagertyp          103  Regallager
  Lagerplatz        01-A-1-001

  Allgemeine Daten
  LagereinhTyp      E1   Europalette Höhe 1 m    Status        ☐ am Platz
  Anzahl Quants     1
  Bel. Gewicht      0,020            KG          Offene TA-Pos.   0
  Kapazver. LET     1,000

  Sperrdaten
  ☐ Zulag.Sperre
  ☐ Auslag.Sperre
  Sperrgrund        ☐

  Bewegungsdaten
  Letzte Bewegung   25.09.2013  20:56:58
  TA-Nummer         1           1
```

Abbildung 11.11 Lagereinheit anzeigen

Zu diesen Informationen zählen die LAGEREINHEIT, der aktuelle ORT DER LAGEREINHEIT im Lager (LAGERNUMMER, LAGERTYP und LAGERPLATZ) sowie allgemeine Daten wie der LAGEREINHTYP, STATUS, BEL. GEWICHT und Kapazitätsverbrauch (KAPAZVER. LET). Die Lagereinheiteninformationen werden in der Tabelle LEIN abgelegt. Über den Button HU-BESTAND können Sie direkt in die verknüpften HU-Informationen verzweigen.

Abbildung 11.12 zeigt, dass HU und Lagereinheit mit derselben eindeutigen Identifikationsnummer verwaltet werden (1000000001). Ein wesentliches Unterscheidungsmerkmal zur Lagereinheit sind jedoch die Verpackungsinformationen, die im Feld PACKMITTEL und in der HU-Hierarchie auf der linken Bildschirmseite (AK_PAL01) zu erkennen sind. Darüber hinaus enthält die HU Detailinformationen zu Gewicht und Volumen der verpackten Einheit, Statusinformationen, detaillierte Packmittelinformationen sowie Informationen zum Inhalt und zur Historie. Die Historie der HU ist wiederum ein Unterscheidungsmerkmal zur Lagereinheit, da hier der vollständige organisationseinheitenübergreifende Belegfluss festgehalten wird. Die HU-Historie enthält alle prozessierten Belege mit der entsprechenden HU-Zuordnung (An- und Auslieferungen, Umlagerung, Materialbelege etc.).

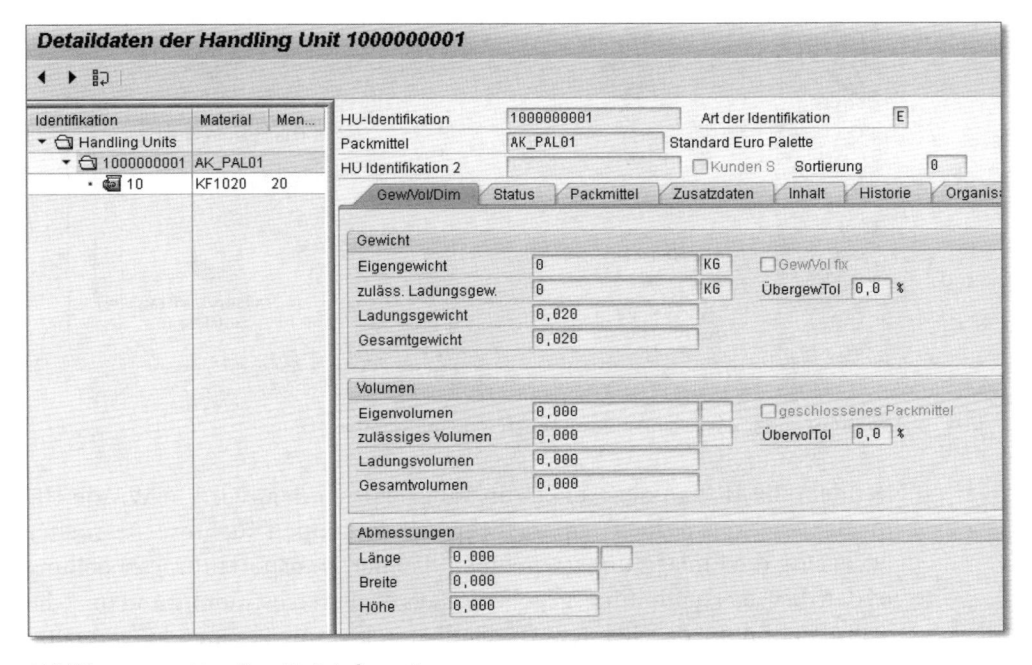

Abbildung 11.12 Handling-Unit-Informationen

Wareneingangsprozess mit Handling Units (externe Beschaffung)

Wareneingänge an HU-verwalteten Lagerorten können nur mithilfe von Anlieferungen gebucht werden. Sind die technischen Voraussetzungen erfüllt, kann der externe oder interne Lieferant (Produktionswerk) die Verpackungsinformationen in Form eines Lieferavises ankündigen, aus dem sie direkt übernommen werden können. Sollte keine elektronische Avisierung erfolgen, muss mit Bezug zur Bestellung eine Anlieferung angelegt und die HU dementsprechend der Anlieferung zugeordnet werden. Unter der Zuordnung verstehen wir in diesem Fall das automatische oder manuelle Verpacken in der Anlieferung. Das automatische Verpacken bietet sich an, wenn die angelieferten Waren noch nicht oder nicht adäquat etikettiert wurden.

Abbildung 11.13 veranschaulicht den Gesamtprozessfluss des Wareneingangs und der Einlagerung mit HUs.

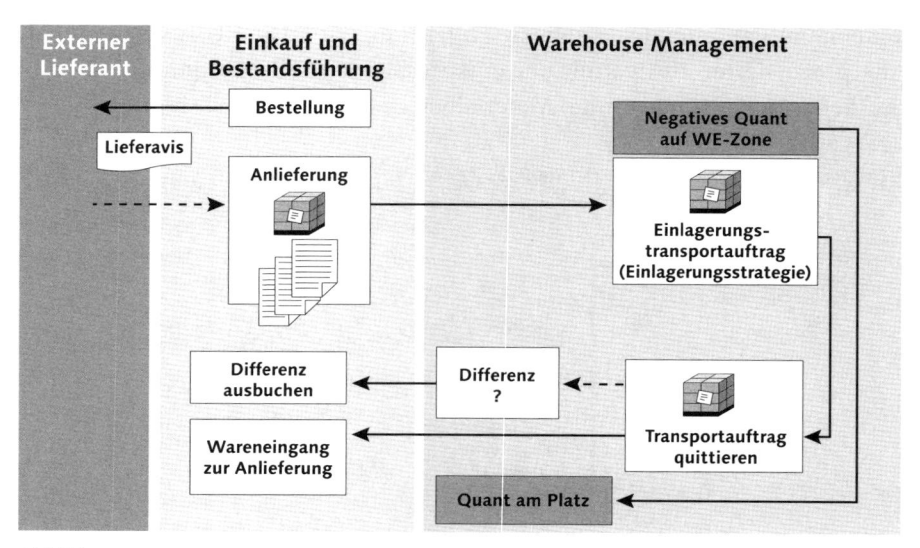

Abbildung 11.13 Wareneingang zur Anlieferung mit Handling Units

Nachdem die HUs in der Anlieferung angelegt wurden, wird in WM je HU ein eigener Transportauftrag angelegt. Somit können mehrere Bearbeiter gleichzeitig die Einlagerung vornehmen. Bei der Transportauftragserstellung werden die Lagertypfindung, gegebenenfalls die Bereichsfindung und final die Lagerplatzfindung durchlaufen. Durch die Einlagerung in einen LE-verwalteten Lagertyp entstehen aus den HUs der Anlieferung Lagereinheiten mit der Identifikationsnummer der HU. Bei aktivierter Quittierungspflicht im Nachlagertyp muss der entsprechende Transportauftrag nach der physischen Einlagerung quittiert werden. Dabei können Mengendifferenzen auftreten, die zunächst bereinigt werden müssen, bevor die Wareneingangsbuchung erfolgt.

Auslieferungsprozess mit Handling Units und WM

Auslieferungsprozesse sind immer dann notwendig, wenn Materialien oder HUs physisch an eine nachgelagerte Stelle in der Supply Chain geliefert werden sollen. Abbildung 11.14 gibt einen Überblick über den Auslieferungsprozess aus einem WM-verwalteten HU-Lagerort.

Der prozessauslösende Lieferbeleg bildet die Grundlage für die nachfolgenden WM-Aktivitäten. In WM werden auf Basis der Lieferungen Auslagerungstransportaufträge angelegt, die die Grundlage des Kommissionierprozesses bilden. Das Erstellen der Transportaufträge kann manuell aus dem Liefermonitor, direkt zur Lieferung oder auch automatisch über die Nachricht WMTA erfolgen.

Handling Unit Management | 11.1

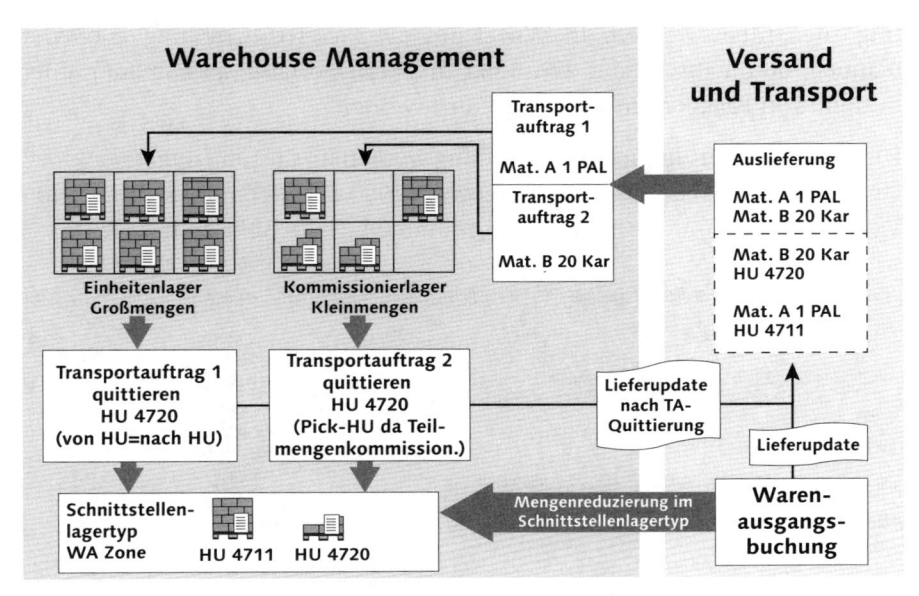

Abbildung 11.14 Auslieferungsprozess mit Handling Units und WM

Um die Material- und Mengenflüsse im Lager zu optimieren, erfolgt in der Praxis häufig eine Unterteilung der Lagertypen anhand ihrer Entnahmemenge. Kleinmengen (Kartonmengen) werden aus einem *Kommissionierlager* entnommen, Großmengen hingegen aus einem *Einheitenlager*, aus dem nur komplette Lagereinheiten/HUs ausgelagert werden. Um diese Aufteilung zu erreichen, müssen Sie zum einen die entsprechende Ausprägung der Auslagerungsstrategien und der Materialstammeinstellungen vornehmen und zum anderen im Customizing von WM *Split-Kriterien* definieren, die zu einem Transportauftrags-Split führen.

In diesem Beispiel erfolgt der Transportauftrags-Split anhand des Lagertyps und der Transportauftragspositionen, da im Einheitenlager je Transportauftragsposition (komplette Lagereinheit/HU) ein eigener Transportauftrag angelegt werden soll, um die Materialflüsse unabhängig voneinander zu steuern. Im Einheitenlager werden in der Regel die entnommenen HUs durch die TA-Quittierung in den Lieferbeleg übernommen und als Versand-HUs in den Verpackungsdaten der Lieferung abgelegt.

Kommissionierlagertypen hingegen sind dadurch charakterisiert, dass hier Teilmengen einer Lager-HU (einzelne Kartons oder Stücke) entnommen werden und direkt in ein Versandelement, auf eine Palette oder in einen Kommissionierbehälter (Pick-HU) verpackt werden. Die *Pick-HU* muss vor der Transportauftragsquittierung erstellt und dem entsprechenden Transportauftrag zugeordnet werden. In WM kann die Pick-HU-Erstellung entweder manuell, automatisch zum Zeitpunkt der Transportauftragserstellung oder mithilfe von Packvorschriften ausgeführt werden.

Die Einstellungen zur Pick-HU-Erstellung werden im Customizing über Logistik • Logistics Execution • Lagerverwaltung • Schnittstellen • Versand • Versandsteuerung definieren vorgenommen (siehe Abbildung 11.15).

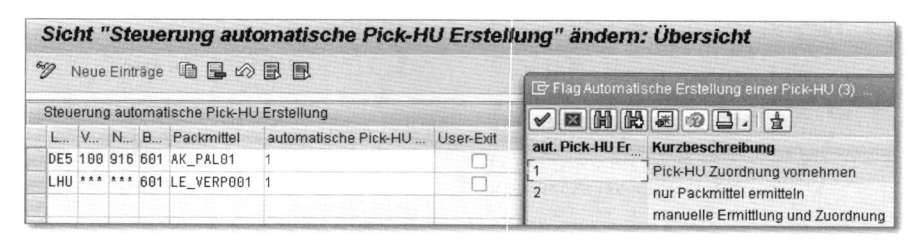

Abbildung 11.15 Einstellungen zur automatischen Pick-HU-Erstellung

Die Art und Weise der Pick-HU-Zuordnung steht in direktem Zusammenhang mit den vorhandenen Kommissionierprozessen und den lagerinternen Abläufen. Die automatische Pick-HU-Zuordnung kann z. B. dann genutzt werden, wenn Sie mit automatischen Kommissioniersystemen arbeiten, die HU-Nummer direkt am Kommissionierkarton angebracht wird und auf einer Förderstrecke zu den jeweiligen Entnahmeplätzen befördert wird. Die manuelle Zuordnung mithilfe einer Terminaltransaktion oder auch mit RF findet man hingegen vor allem in manuellen Lägern mit der klassischen »Mann-zur-Ware«-Kommissioniertechnik.

Die Zuordnung der Pick-HU zum Transportauftrag erfolgt mit der Transaktion LH01 (siehe Abbildung 11.16). Hier wurde die Pick-HU 1000000014 der TA-Nummer 7 der Auslieferung 80000028 zugeordnet. Sollten Sie mehrere Pick-HUs für einen Transportauftrag benötigen, haben Sie die Möglichkeit, beliebig viele Pick-HUs zu erstellen.

Abbildung 11.16 Manuelle Zuordnung der Pick-HU

Mit dem Einsatz von RF kann der Pick & Pack-Prozess elementar optimiert und gestrafft werden. Hier machen Sie sich die Eigenschaften der *freien HUs* in WM zunutze, die im Vorfeld der Kommissionierung auf Tages-, Wochen- oder Monatsbasis erzeugt und als Etiketten oder Banderole ausgedruckt werden. Jedem Kommissionierer werden freie HUs zugeordnet. Um die Kommissionierung auszuführen, wird im ersten Schritt eine freie HU von der Banderole gescannt, womit die Pick-HU-Zuordnung zum ersten verfügbaren Transportauftrag der Queue erfolgt. Mit dem Quittieren der Entnahme werden die Pick-HU-Informationen in den Lieferbeleg übernommen. Die Anlage der freien HUs erfolgt mit der SAP-Transaktion HU02 (siehe Abbildung 11.17). In diesem Beispiel wurden fünf freie HUs (1000000008 bis 1000000012) erstellt. Diese HUs können als Pick-HUs im Kommissionierprozess eingesetzt werden.

Abbildung 11.17 Freie Handling Units anlegen

Der eigentliche Kommissionierprozess startet mit dem Aufruf der RF-Transaktion LM45 (Pick & Pack) auf dem mobilen RF-Terminal. Sie scannen eine der erstellten freien Pick-HUs und verzweigen mit einem Klick auf den Button F4-WTR in die Entnahmedaten der ersten Auslagerungsposition. Durch das Scannen der Pick-HU wurde die HU automatisch dem ersten Transportauftrag Ihrer Queue zugeordnet (siehe Abbildung 11.18).

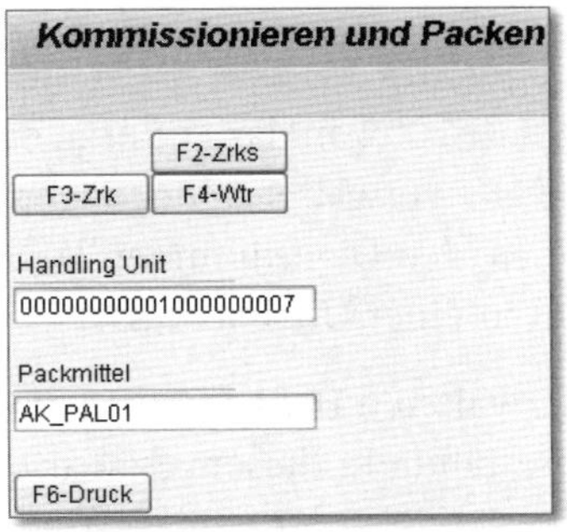

Abbildung 11.18 Kommissionieren und Packen mit RF (Pick-HU)

Nachdem Sie die vollständige Entnahme ausgeführt haben, wird der Transportauftrag quittiert und die Pick-HU in die Lieferung als Versandelement übernommen (siehe Abbildung 11.19).

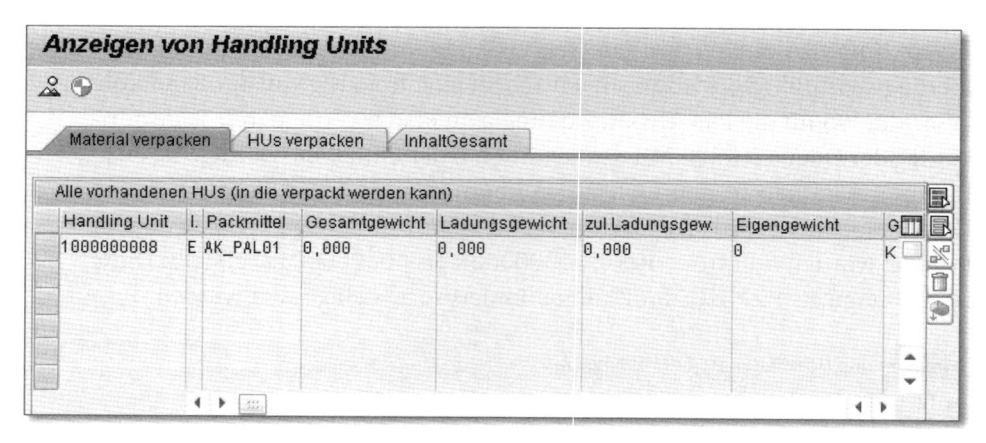

Abbildung 11.19 Verpackungsdaten der Lieferung

Die zuvor von uns angelegte und dann dem Transportauftrag per RF zugeordnete Pick-HU wurde automatisch mit der TA-Quittierung in den Lieferbeleg übernommen. Das Material ist somit verpackt und kann an den Kunden ausgeliefert werden.

11.1.3 Systembeispiel zum Handling Unit Management in Umlagerungsprozessen

In diesem Abschnitt stellen wir die Funktionalität von HUM an einem integrativen Prozessbeispiel dar. Ziel ist es, Ihnen die Facetten von HUM in den Bereichen *Kommissionierung*, *Lieferung* und *Versand* sowie *Wareneingang* aufzuzeigen. Darüber hinaus stellen wir Ihnen den Standard-Workflow WS12300004 vor, der zur Prozessautomation im Bereich HUM beiträgt.

Aufgrund von Kapazitätsproblemen im Hauptlager des Werkes DE50 im Lagerort HU00 soll eine Umlagerung des Materials KF1002 an das Pufferlager (Lagerort HU20) stattfinden. Beide Lagerorte sind HU-verwaltet. Jedoch werden nur Bestände des Lagerorts HU00 in WM in der Lagernummer DE5 geführt. Abbildung 11.20 stellt den Prozessablauf in einer Übersicht dar.

Da es sich beim Lagerort HU00 um einen WM-verwalteten HU-Lagerort handelt, erfolgt die Selektion der umzubuchenden Bestände in diesem Szenario materialbezogen (Schritt ❶). Sie erfassen die Bewegungsart der Umlagerung, die Materialmenge des umzulagernden Materials, das abgebende Werk und den abgebenden Lagerort sowie das empfangende Werk und den empfangenden Lagerort. Soll eine spezielle Charge umgebucht werden, kann diese optional erfasst werden, da anderenfalls die Charge über die Chargensuchstrategie in WM ermittelt wird. Mit dem Sichern der Umbuchungsparameter erzeugt das System einen Auslieferbeleg, zu dem im zweiten Schritt ein Transportauftrag angelegt werden kann (Schritt ❷).

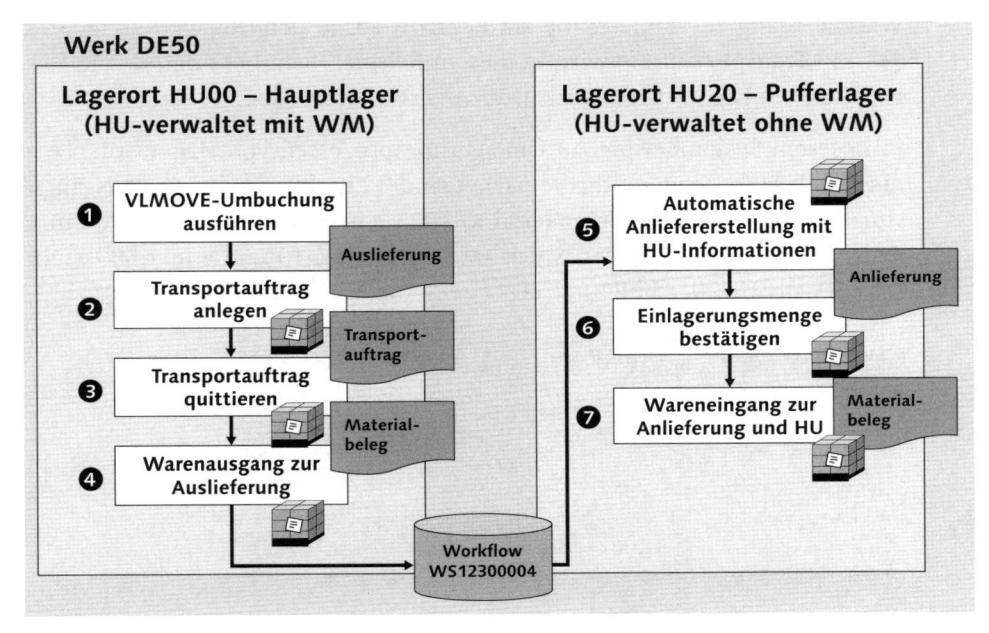

Abbildung 11.20 Prozess zur Umlagerung mit Handling Units

Mit der Transportauftragserstellung ermittelt das System die auszulagernde HU. Ausgenommen von dieser Logik sind Lagertypen, die mit der Einlagerungsstrategie *Blocklager* verwaltet werden. In diesem Fall wird die HU erst mit der Quittierung des Transportauftrags zugeordnet.

Nach der physischen Entnahme der HU schließt sich im dritten Prozessschritt die Quittierung des Transportauftrags an (Schritt ❸). Mit der Quittierung des Transportauftrags wird die HU in den Lieferbeleg übernommen und in den Verpackungsdaten der Lieferung abgelegt. Die Lieferung wurde somit automatisch verpackt.

Mit der Warenausgangsbuchung zur Auslieferung werden unterschiedliche Folgeaktivitäten im System ausgelöst (Schritt ❹). Zum einen wird in der Bestandsführung ein Materialbeleg erzeugt, der den buchungstechnischen

Abgang der Materialien vom Lagerort HU00 dokumentiert. Zum anderen wird der *Workflow* WS12300004 gestartet, der direkt mit der Warenausgangsbuchung eine Anlieferung am Lagerort HU20 anlegt (Schritt ❺). Mit der Anliefererstellung werden u. a. die Materialinformationen, Mengen- und Chargeninformationen sowie die HU-Informationen aus der Auslieferung in die Anlieferung übernommen.

Nach Eingabe der Einlagerungsmenge (Schritt ❻) kann abschließend der Wareneingang zur Anlieferung am Lagerort HU20 gebucht werden (Schritt ❼). Ein Transportauftrag wird in diesem Beispiel nicht benötigt, da die HU-Bestände am Lagerort HU20 nicht WM-verwaltet werden.

In unserem Systembeispiel zu Umlagerungsprozessen von HUs werden wir die gerade aufgezeigten Schritte nacheinander durchlaufen. In der Ausgangssituation hat unser Beispielmaterial KF1002 einen Bestand von 7.500 Stück am Lagerort HU00, von 250 Stück am Lagerort HU10 und von 1.500 Stück am Lagerort HU20. Abbildung 11.21 zeigt die MM-Bestandsübersicht.

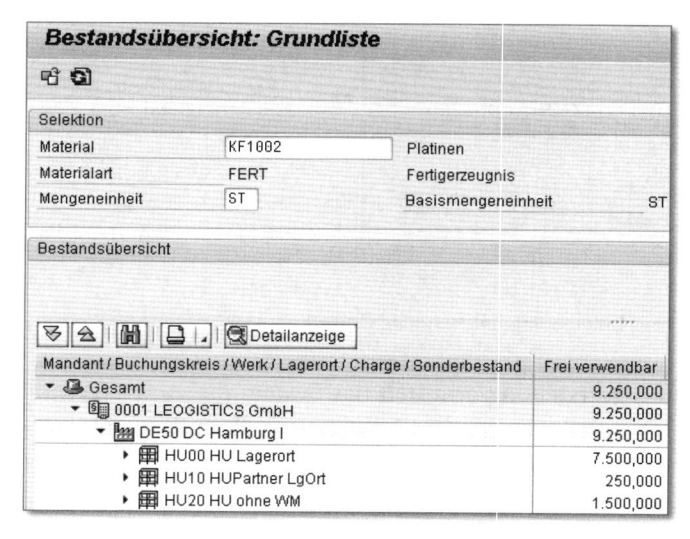

Abbildung 11.21 Bestandsübersicht Material KF1002, Werk DE50, Lagerorte HU00, HU10, HU20

Da es sich bei den Lagerorten HU00 und HU20 um HU-verwaltete Lagerorte handelt, sehen wir uns auch die HU-Bestände an. Die HU-Bestandsübersicht erreichen Sie über UMFELD HANDLING UNIT (siehe Abbildung 11.22).

Aus diesem Bestand sollen aufgrund des Platzmangels am Hauptlagerort HU00 5.000 Stück an den Pufferlagerort HU20 in einem zweistufigen Umlagerungsprozess umgelagert werden. Dazu ist eine Umlagerung mit der Transaktion VLMOVE und der Bewegungsart 313 zu erfassen (siehe Abbildung 11.23).

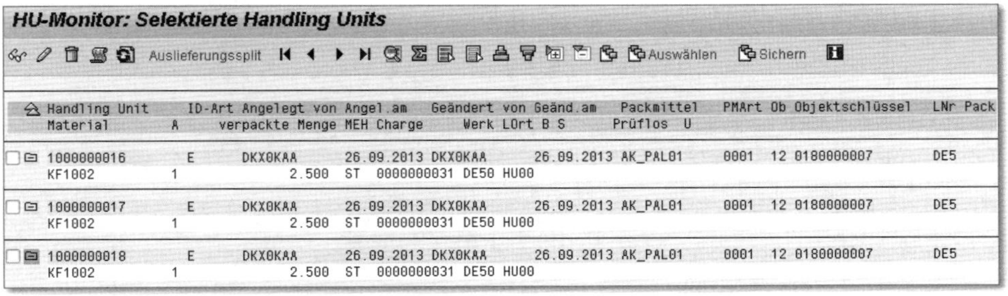

Abbildung 11.22 Handling-Unit-Bestände

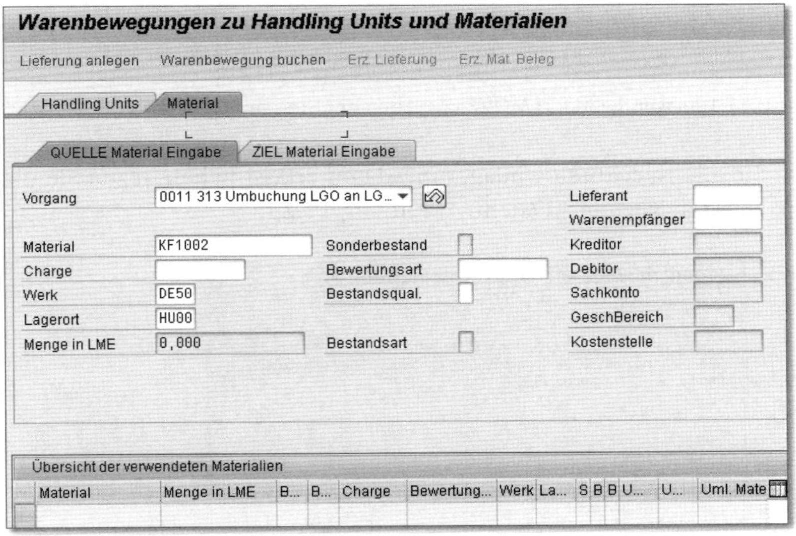

Abbildung 11.23 Umlagerung mit VLMOVE (Quelldaten der Umlagerung)

Wir erfassen zunächst die Quelldaten der Umlagerung. Hierzu zählen das umzulagernde Material KF1002, das abgebende Werk DE50 sowie der abgebende Lagerort HU00. Anschließend erfassen wir auf der Registerkarte ZIEL MATERIAL EINGABE die Umlagerungsmenge von 5.000 Stück sowie das empfangende Werk DE50 und den empfangenden Lagerort HU20 (siehe Abbildung 11.24).

Abbildung 11.24 Umlagerung mit VLMOVE (Zieldaten der Umlagerung)

Nachdem Sie alle relevanten Umlagerungsdaten erfasst haben, legen Sie die Lieferung zur Umlagerung an (siehe Abbildung 11.25).

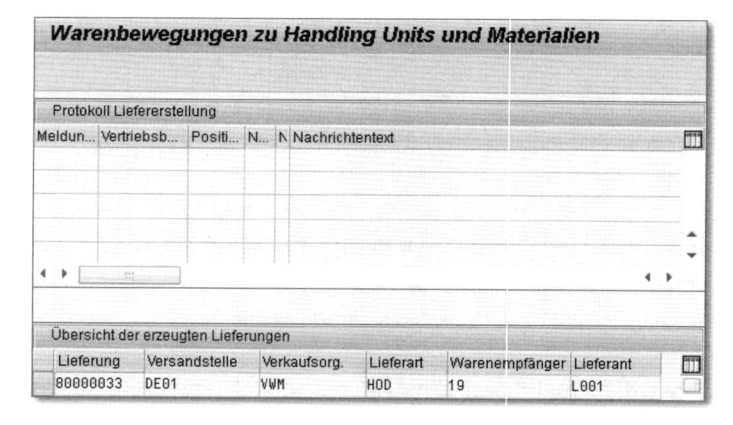

Abbildung 11.25 Liefererstellung zur Umlagerung

Hier sehen Sie, dass die Lieferung 80000033 mit der Versandstelle DE01 angelegt wurde. Das System ermittelt aufgrund der Customizing-Einstellungen die Lieferart HOD, den Positionstyp HODN sowie den Warenempfänger 19. Die Bewegungsart 313 der Auslieferung wird aus den Vorgaben von VLMOVE übernommen.

Mit Referenz zur Auslieferung erstellen wir nun im nächsten Schritt den Transportauftrag zur Auslieferung. Über den Transportauftrag werden an einem HU-verwalteten Lagerort die HUs der Lieferung zugeordnet. Die Transportauftragserstellung kann im Hell- oder Dunkelablauf erfolgen. Wir haben uns in unserem Beispiel für den Hellablauf entschieden, um die Ergebnisse der Lagerplatzfindung zu überprüfen.

Die Transportauftragserstellung erfolgt mit der WM-Bewegungsart 311 über die Umlagerungsschnittstelle 921 UML-ZONE (Schnittstellenlagertyp/-platz). Abbildung 11.26 zeigt die zu erstellenden Transportauftragspositionen nach der automatischen Lagertyp- und -platzfindung.

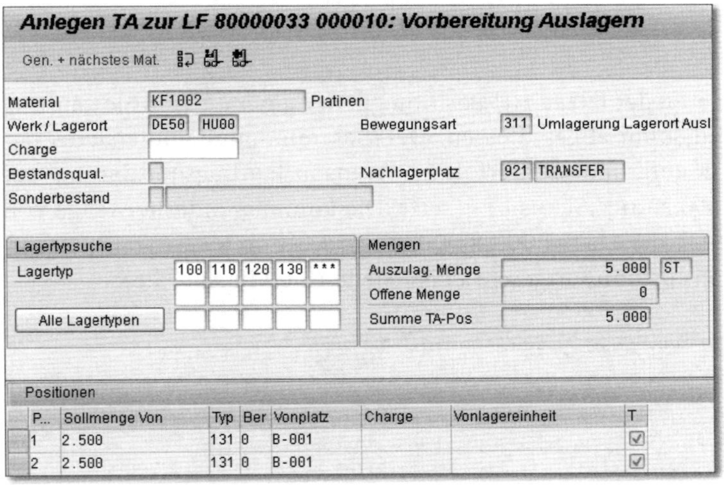

Abbildung 11.26 Transportauftragserstellung

Da der Lagertyp 131 mit der Strategie *Blocklager* verwaltet wird, werden die HUs und Chargen erst bei der TA-Quittierung angegeben. Daher bleiben die Felder CHARGE und LAGEREINHEIT (entspricht der HU) bei der Transportauftragserstellung leer. Bei allen nicht blocklagerverwalteten Lagertypen werden Charge und HU bereits bei der Transportauftragserstellung bestimmt.

Wir sichern unsere Einstellungen und wechseln in die TA-Quittierung. Bei dieser Art der Abwicklung empfehlen wir Ihnen den unbedingten Einsatz der Radio-Frequency-Lösung von SAP oder im Minimalfall den Einsatz von tastaturverbundenen Scannern. Physisch werden die HUs aus den vorgegebenen Plätzen (B-001) ausgelagert und direkt mit RF oder an einem Terminal quittiert. Die Terminalquittierung erfolgt mit der Transaktion LT12 (siehe Abbildung 11.27).

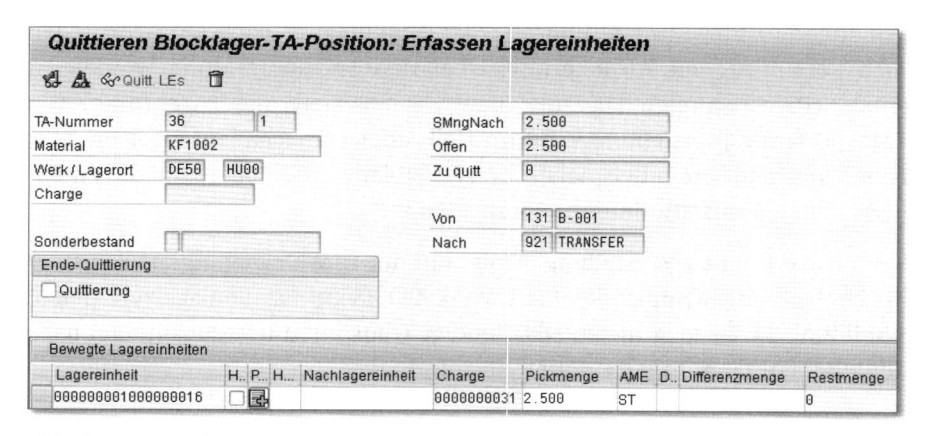

Abbildung 11.27 Blocklager-TA-Positionen quittieren

Mit dem Quittieren der letzen HU-Position gilt der gesamte Transportauftrag als quittiert und somit abgeschlossen. Der Gesamtkommissionierstatus der Lieferung wird aufgrund der erfolgten Transportauftragsquittierung auf VOLLSTÄNDIG BEARBEITET (Status C) gesetzt. Die kommissionierte Menge von 5.000 Stück sowie die Charge 0000000031 werden durch den Transportauftrag in der Lieferposition fortgeschrieben (siehe Abbildung 11.28).

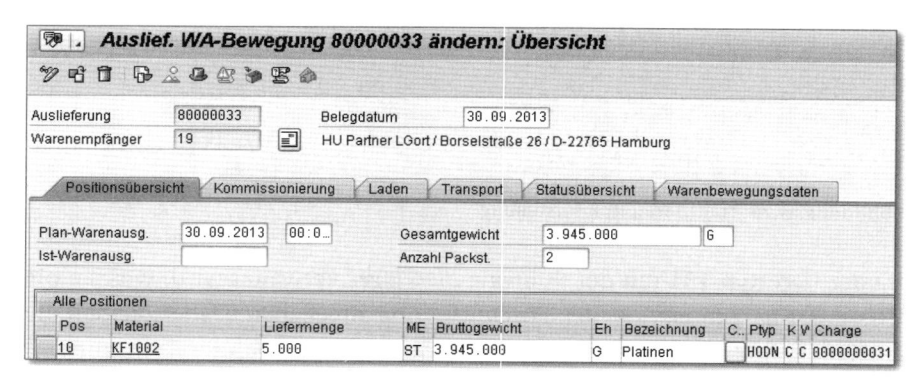

Abbildung 11.28 Lieferfortschreibung durch Transportauftragsquittierung

Neben den material- und mengenbezogenen Informationen werden mit dem Quittieren des TAs die HUs des Transportauftrags in die Verpackungsdaten der Lieferung übernommen. Ein zusätzliches Verpacken ist somit nicht erforderlich. Darüber hinaus bleiben die Packstückinformationen (LE-Informationen) aus WM prozessübergreifend vorhanden (siehe Abbildung 11.29).

Abbildung 11.29 Handling Units in der Lieferung

Abschließend buchen wir den Warenausgang zur Auslieferung und erstellen somit einen Materialbeleg in der Bestandsführung mit der Bewegungsart 312. In WM werden durch die Warenausgangsbuchung die Schnittstellenbestände auf dem Lagertyp 921 reduziert.

Der Standard-Workflow WS12300004 (Anlieferung aus Auslieferung) ermöglicht es, dass direkt mit der Warenausgangsbuchung zur Auslieferung eine Anlieferung am empfangenden Lagerort HU20 angelegt wird. Die Ergebnisse des Workflows können Sie sich am Arbeitsplatz (SAP-Transaktion SBWP) anzeigen lassen. Abbildung 11.30 zeigt die Ergebnisse des Workflows.

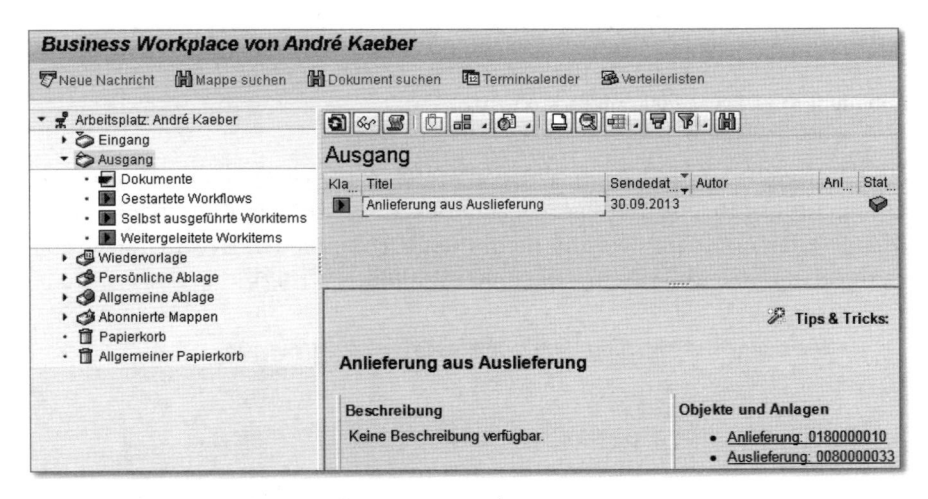

Abbildung 11.30 Workflow-Ergebnisse anzeigen lassen

Wie Sie hier sehen, wurde die Anlieferung 180000010 automatisch mithilfe des Workflows angelegt. Lieferart der Anlieferung ist HID (Anlieferung HU-Bewegung) mit dem Positionstyp HIDN. Beachten Sie, dass im Partnerschema der Auslieferung ein Lieferant vorgesehen werden muss, der der Auslieferung zugeordnet sein muss, um die Anlieferung prozessieren zu können.

> **Workflow »Anlieferung aus Auslieferung«**
>
> Details zu Einstellungen und Voraussetzungen des Workflows WS12300004 finden Sie in SAP-Hinweis 340238. Darüber hinaus kann der Workflow auch in Umlagerungsszenarien mit Umlagerungsbestellung und Lieferung genutzt werden, wenn die entsprechende Folgelieferart der Auslieferart definiert wird. Für die Umlagerung von HUs zwischen verschiedenen Werken unter Verwendung einer Umlagerungsbestellung empfehlen wir Ihnen, die Versandnachricht SPED zu verwenden, die ebenfalls aus einer Auslieferung eine Anlieferung im empfangenden Werk anlegt.

Abbildung 11.31 zeigt die Informationen der Anlieferung.

Abbildung 11.31 Einlagerung am Lagerort HU20

Da der Lagerort HU20 nicht WM-verwaltet wird, ist es nicht erforderlich, Einlagerungstransportaufträge zu generieren. Bevor wir die einzulagernde Menge erfassen, sehen wir uns zuvor die übernommenen HUs in den Verpackungsdaten der Anlieferung an (siehe Abbildung 11.32).

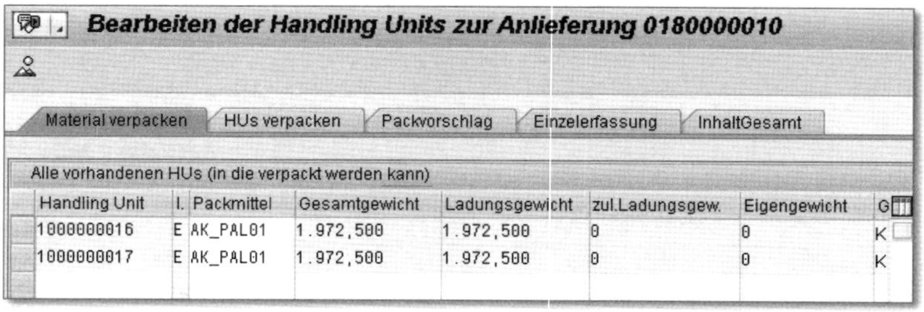

Abbildung 11.32 Handling-Unit-Informationen in der Anlieferung

Die identischen HU-Informationen wurden aus der Auslieferung in die Anlieferung übernommen. Die Materialbestände sind verpackt und können somit eingelagert und im Wareneingang gebucht werden. Wir erfassen die Einlagerungsmenge von 5.000 Stück und buchen den Wareneingang, womit ein Materialbeleg mit der Bewegungsart 315 in der Bestandsführung als Lagerortzugang verbucht wird.

Lassen Sie uns abschließend noch den Belegfluss der Lieferung anzeigen, der alle relevanten Informationen der Eingangsbearbeitung der Anlieferung zusammenfasst (siehe Abbildung 11.33).

Abbildung 11.33 Belegfluss der Anlieferung

11.2 Chargenverwaltung in WM

Unter einer *Charge* wird eine Teilmenge eines Materials verstanden, die getrennt von anderen Teilmengen des gleichen Materials in einem bestimmten Produktionsprozess gefertigt wurde und separat im Bestand geführt wird. Chargen sind auch dadurch charakterisiert, dass es sich hierbei um nicht reproduzierbare, homogene Einheiten mit eindeutigen Eigenschaften handelt. In den nächsten Abschnitten stellen wir Ihnen die betriebswirtschaftlichen sowie WM-spezifischen Grundlagen der Chargenverwaltung und -findung in SAP ERP vor.

11.2.1 Betriebswirtschaftliche Grundlagen

Die Verwendung von Chargen ist vor allem in der *Prozessindustrie*, also der pharmazeutischen, chemischen sowie der Nahrungsmittelindustrie, von großer Bedeutung. Anders als in der diskreten Fertigungsindustrie sind in der Prozessindustrie die einzelnen Produktionsansätze nach Chargen zu trennen, weil sich die Produktqualität mit jedem neuen Prozessauftrag ändern kann.

Gründe dafür können Rohstoffe anderer Herkunft oder unterschiedliche Produktionslinien sein.

Nahrungsmittelhersteller haben besondere gesetzliche Anforderungen zu erfüllen, die den Einsatz von Chargen erfordern. Am 28.01.2002 wurde von der EU die Verordnung EU 178/2002 zur Lebensmittelsicherheit erlassen. Lebensmittelhersteller sowie ihre Partner in der Lieferkette müssen weitreichende Anforderungen erfüllen: Alle Aspekte der Lebensmittelherstellungskette werden als Kontinuum betrachtet, von der Primär- und Futtermittelproduktion bis hin zum Verkauf bzw. zur Abgabe der Lebensmittel an den Verbraucher. Die Rückverfolgbarkeit über alle Stufen ist das Ziel dieser Verordnung.

Daher fordert der Gesetzgeber von den Unternehmen, Systeme und Verfahren einzurichten, um die Behörden schnell mit den notwendigen Informationen zu versorgen. Die dazu notwendige eindeutige Kennzeichnung der Waren kann mit der Hilfe von Chargennummern erfolgen.

11.2.2 Grundlagen der Chargenverwaltung in SAP ERP

Die *Chargenverwaltung* in SAP ERP wird auf Mandantenebene aktiviert. Möchten Sie ein Material als chargenpflichtig kennzeichnen und es somit auch bestandsmäßig führen, müssen Sie die Chargenpflicht im Materialstammsatz (Sicht EINKAUF, ARBEITSVORBEREITUNG oder WERKSDATEN/LAGERUNG) des entsprechenden Materials definieren. Die chargenspezifischen Charakteristika, die eine Charge als nicht reproduzierbar kennzeichnen, werden im sogenannten *Chargenstammsatz* abgelegt, der durch eine alphanumerische Chargennummer eindeutig identifiziert wird. Die Eindeutigkeit der Chargennummer kann auf verschiedenen Ebenen festgelegt werden:

- in Verbindung mit Werk und Material
- in Verbindung mit der Materialnummer
- auf Mandantenebene

Der Chargenstammsatz kann manuell in der Stammdatenpflege oder automatisch vom System, z. B. bei der ersten Wareneingangsbuchung, im Hintergrund angelegt werden. Im Chargenstammsatz sind vielfältige Merkmale und Charakteristika enthalten, die eine Charge eindeutig identifizieren. Abbildung 11.34 zeigt Ihnen einen exemplarischen Chargenstammsatz des Materials KF1002 Platinen.

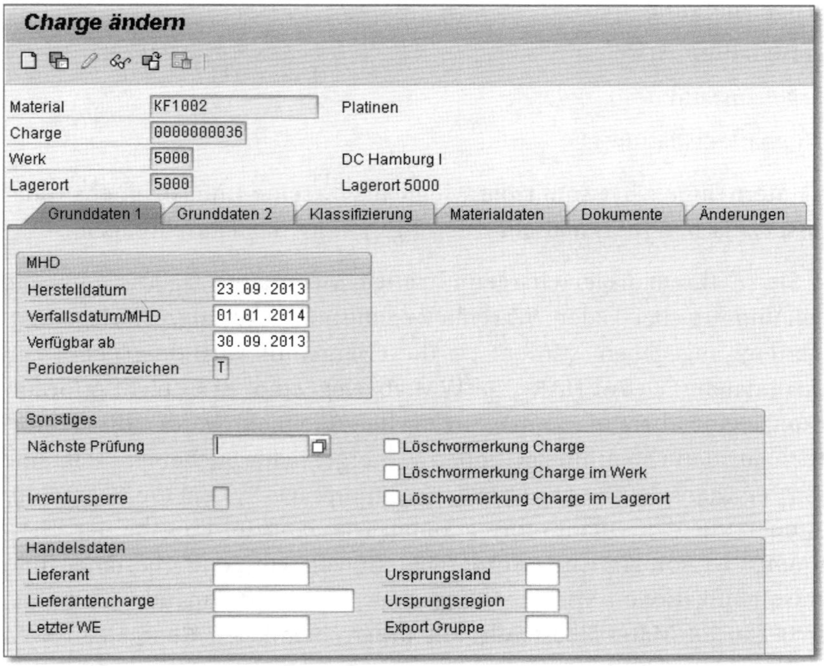

11.2 Chargenverwaltung in WM

Charge ändern			
Material	KF1002	Platinen	
Charge	0000000036		
Werk	5000	DC Hamburg I	
Lagerort	5000	Lagerort 5000	

Grunddaten 1 / Grunddaten 2 / Klassifizierung / Materialdaten / Dokumente / Änderungen

MHD
Herstelldatum	23.09.2013
Verfallsdatum/MHD	01.01.2014
Verfügbar ab	30.09.2013
Periodenkennzeichen	T

Sonstiges
Nächste Prüfung ☐ Löschvormerkung Charge
 ☐ Löschvormerkung Charge im Werk
Inventursperre ☐ Löschvormerkung Charge im Lagerort

Handelsdaten
Lieferant		Ursprungsland	
Lieferantencharge		Ursprungsregion	
Letzter WE		Export Gruppe	

Abbildung 11.34 Chargenstammsatz anzeigen

Neben dem HERSTELLDATUM und dem VERFALLSDATUM/MHD, das automatisch aus der Gesamthaltbarkeitszeit errechnet wird, finden wir auch Informationen zum CHARGENZUSTAND, sofern die Chargenzustandsverwaltung aktiviert wurde. Möchten Sie z. B. reglementieren, dass eine bestimmte Charge nicht mehr an den Kunden ausgeliefert werden darf, kann dies über den Chargenzustand erfolgen. In WM besteht darüber hinaus die Möglichkeit, dass trotz aktiver Chargenzustandsverwaltung die Auslagerung für bestimmte Prozesse (z. B. Nacharbeit in der Produktion) erlaubt sein soll. Nehmen Sie hierfür die notwendigen Einstellungen im WM-Customizing der Chargenverwaltung auf WM-Bewegungsartenebene vor.

Neben den zuvor erwähnten Informationen sind auch spezifische Merkmale der *Chargenklassifizierung* im Chargenstammsatz enthalten. Die prozessübergreifende Funktionalität der *Klassifizierung* ermöglicht die Zuordnung der Materialien zu einer bestimmten Chargenklasse. Im Anschluss daran kann jede Charge dieses Materials über die *Merkmale* dieser Klasse bewertet werden. Unter Merkmalen werden Eigenschaften oder Spezifikationen einer Charge verstanden, die diese zu einer nicht exakt reproduzierbaren Materialmenge machen. Typische Standardmerkmale der Chargenklasse sind:

- Löschvormerkung
- Verfallsdatum/MHD
- Chargenzustand
- Verfügbarkeitsdatum

Jedes Unternehmen hat somit die Möglichkeit, seine unternehmens- oder prozessspezifischen Merkmalsanforderungen individuell auszuprägen.

Wenn Sie in Ihrem Lager chargenpflichtige Materialien lagern, muss die Chargennummer bei jeder Warenbewegung (Einlagerung, Auslagerung, Umlagerung) angegeben werden. Da die Chargeninformationen jedoch in den Quantdaten (LQUA-CHARG) in WM abgelegt sind, ist es nicht erforderlich, explizit eine Chargennummer einzugeben. Vielmehr werden diese Informationen aus den Quantinformationen weitergereicht. Buchen Sie z. B. eine Umlagerung Lagerplatz an Lagerplatz, übernimmt das System die Chargeninformationen aus den Quantinformationen. Die explizite Eingabe der Chargennummer ist somit nicht erforderlich. Genau wie Sonderbestände und Bestandsqualifikationen wirken Chargen als bestandstrennende Elemente, wodurch gleiche Materialbestände mit unterschiedlichen Chargen in WM und in der Bestandsführung separat ausgewiesen werden.

11.2.3 Chargenfindung in WM

Sollen in der logistischen Abwicklung nur bestimmte Chargen oder Chargen mit spezifischen Merkmalen gefunden werden, wird in SAP ERP auf die Funktionalität der Chargenfindung zurückgegriffen, die wir Ihnen in diesem Abschnitt näher beschreiben werden.

Die Chargenfindung bedient sich dabei der Konditionstechnik im SAP-ERP-System, die in ähnlicher Form auch an zahlreichen anderen Stellen genutzt wird. Hierbei handelt es sich um keine reine WM-Funktionalität, da die Chargenfindung auch in anderen Prozessen und Funktionsbereichen genutzt wird. Zu diesen Prozessen/Funktionsbereichen zählen:

- Produktionsbereich (Nutzung der Chargenfindung zur Findung von passenden Einsatzkomponenten)
- Kundenauftrag und Lieferung (Bestimmung einer dem Kundenwunsch entsprechenden Charge, z. B. Restlaufzeit > 60 Tage)
- Bestandsführung (Bestimmung einer passenden Charge für Umlagerungen)
- Warehouse Management (Chargenfindung z. B. nach LIFO- oder FIFO-Prinzip über alle Lagertypen und für spezifische Bewegungsarten)

Das Prinzip der Chargenfindung ist in allen Anwendungsbereichen identisch und kann beschrieben werden, wie in Abbildung 11.35 gezeigt.

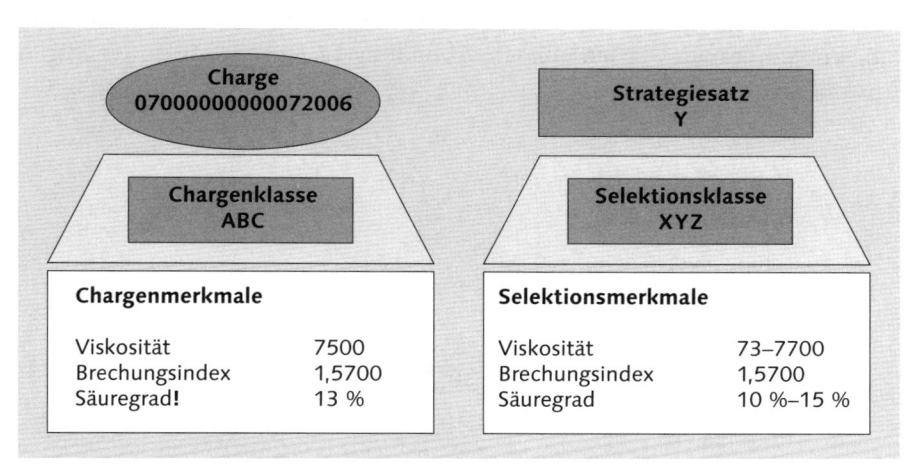

Charge 07000000000072006		Strategiesatz Y	
Chargenklasse ABC		Selektionsklasse XYZ	
Chargenmerkmale		**Selektionsmerkmale**	
Viskosität	7500	Viskosität	73–7700
Brechungsindex	1,5700	Brechungsindex	1,5700
Säuregrad!	13 %	Säuregrad	10 %–15 %

Abbildung 11.35 Grundprinzip der Chargenfindung

Hier sehen wir, dass in der Chargenfindung zwischen Chargenmerkmalen und Selektionsmerkmalen unterschieden werden kann. Die Chargenmerkmale entstammen, wie bereits erwähnt, dem Chargenstammsatz und charakterisieren die entsprechende Charge. Die Selektionsmerkmale werden im Strategiesatz festgelegt. In den Strategiesätzen sind die Selektionsmerkmale festgelegt, nach denen das System in den entsprechenden Vorgängen sucht. Gibt es unterschiedliche Anforderungen, müssen entsprechend viele Sätze angelegt werden. Soll zu einem Vorgang eine passende Charge gefunden werden, greift das System auf den geltenden Strategiesatz zurück. Dessen Merkmalswerte werden vorgeschlagen und können für den aktuellen Vorgang noch verändert werden. Das System sucht nur Chargen, die die geforderten Merkmalswertanforderungen erfüllen.

Die Chargenfindung in WM kann nur dann genutzt werden, wenn in den entsprechenden Vorgängerbelegen, also im Fertigungs- oder Kundenauftrag bzw. in der Auslieferung, noch keine Charge ermittelt oder manuell vorgegeben wurde. Sollte aufgrund spezifischer Kunden- oder Produktionsanforderungen die Charge bereits in den Vorgängerbelegen von WM vorgegeben sein, wird die Chargenfindung in WM nicht explizit durchlaufen. Das System sucht beim Anlegen eines Transportauftrags lediglich nach Lagerplätzen mit Quants der entsprechenden Charge. Die Auslagerungsstrategie des Lagertyps greift erst im zweiten Schritt und hat somit nur noch eine untergeordnete Priorität.

Customizing

Sollen die auszulagernden Chargen in WM bestimmt werden, greift die WM-Chargenfindung, für die zunächst verschiedene Einstellungen im Customizing vorgenommen werden müssen. Abbildung 11.36 zeigt die notwendigen Customizing-Einstellungen.

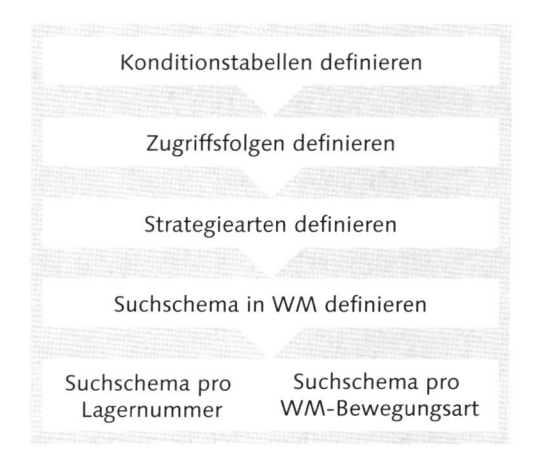

Abbildung 11.36 Customizing-Einstellungen der WM-Chargenfindung

Beachten Sie: Die Customizing-Einstellungen der WM-Chargenfindung finden Sie nicht über LOGISTICS EXECUTION, sondern im IMG-Pfad über LOGISTIK • LOGISTIK ALLGEMEIN • CHARGENVERWALTUNG • CHARGENFINDUNG UND CHARGENPRÜFUNG.

Im ersten Schritt sind die von Ihnen benötigten *Konditionstabellen* zu erstellen, die jeweils eine Zusammenstellung der für die spätere Chargensuche relevanten Felder (z. B. Lagernummer, Bewegungsart, Lagertyp und Warenempfänger) enthalten. Die erstellten oder vorhandenen Konditionstabellen ordnen Sie einer oder mehreren Zugriffsfolgen zu (zweiter Schritt). In der Regel wird die Konditionstabelle mit den meisten Feldern an die erste und diejenige mit der geringsten Anzahl an Feldern an die letzte Stelle gesetzt. Das System sucht somit bei der Chargensuchstrategie zunächst Werte, die spezielle Anforderungen erfüllen. Sollte das System im ersten Zugriff keinen Konditionssatz finden, wird der in der Reihenfolge zweite Eintrag verwendet, um einen Konditionssatz zu finden. Diese Prozedur wird so lange wiederholt, bis das System einen Konditionssatz findet oder die Suche erfolglos nach dem letzten Zugriff abbricht.

Die Zugriffsfolgen werden im dritten Customizing-Schritt den *Strategiearten* zugeordnet. Auf der Basis dieser Strategiearten (z. B. SAP-Standard WM01 oder WM02) legen Sie später die Chargensuchstrategien als Stammdaten an (Konditionssätze zur Chargenfindung in WM). Jeder Strategieart kann eine Selektionsklasse der Klassenart Charge zugeordnet werden. Diese Klasse bestimmt beim Anlegen der Konditionssätze, welche Merkmale jeweils spezifiziert werden können. Wird der Strategieart keine Selektionsklasse zugeordnet, kann beim Anlegen des Konditionssatzes eine beliebige Klasse der Klassenart Charge verwendet werden.

Die Strategiearten werden in ein *Chargensuchschema* aufgenommen und in die von Ihnen gewünschte Reihenfolge gebracht (vierter Schritt). Um die Chargenfindung aus Customizing-Gesichtspunkten abzuschließen, muss das Chargensuchschema der Lagernummer oder einer WM-Bewegungsart zugeordnet werden (fünfter Schritt). Die Zuordnung zur WM-Bewegungsart ermöglicht eine höhere Flexibilität in der Chargensuche, da Sie prozessabhängig verschiedene Suchschemata verwenden können.

Stammdaten

Als Nächstes müssen Sie in den Stammdaten einen oder mehrere *Konditionssätze* zur Chargenfindung anlegen. Hier bedienen Sie sich der angelegten Strategiearten, für die Sie die entsprechenden Konditionssätze erfassen. Abbildung 11.37 zeigt den Gesamtprozess der Chargenfindung.

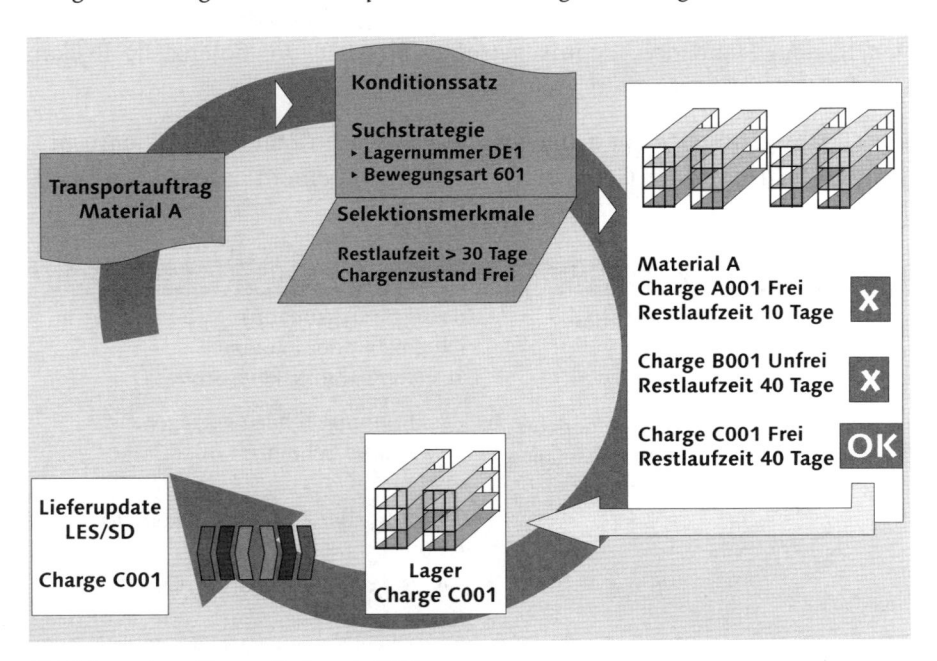

Abbildung 11.37 Chargenfindung in WM

11.3 Gefahrstoffverwaltung in WM

Im Handwerk, in der Industrie und im Handel besteht die Notwendigkeit, auch Stoffe, die giftig, brennbar, ätzend, explosiv oder umweltgefährdend sind, zu produzieren und zu lagern, was für Mensch und Natur Gefahren darstellen kann. Besonders im Lager, wo *Gefahrstoffe* (Erzeugnisse oder Abfälle) in konzentrierter Form vorkommen können, gilt es einerseits, gesetzliche Reglementierung und Zusammenlagerungsverbote zu beachten, und andererseits, einen effizienten, kostenoptimalen Materialfluss sicherzustellen. In den gesetzlichen Vorschriften (Chemikaliengesetz, Gefahrstoffverordnung, Gefahrgutverordnung Straße etc.) ist festgelegt, was unter Gefahrstoffen zu verstehen ist, wie sie zu kennzeichnen sind und welche Schutzvorrichtungen und Schutzvorkehrungen zu ergreifen sind, um Gefahren von Einzelnen oder der Allgemeinheit abzuwenden. Da im Lager Gefahren im Wesentlichen durch die unsachgemäße Zusammenlagerung und Behandlung von Gefahrstoffen auftreten können, zeigen wir Ihnen in diesem Abschnitt die Möglichkeiten der Gefahrstoffverwaltung in WM.

11.3.1 Betriebswirtschaftliche Grundlagen

Die Betreiber von Lager- und Umschlagsanlagen sind dafür verantwortlich, dass die notwendigen technischen und organisatorischen Maßnahmen gemäß dem Stand der Technik getroffen werden, um potenzielle Risiken durch Gefahrstoffe zu vermeiden.

Die Gefahrstoffmenge hat dabei einen wesentlichen Einfluss auf die Ausprägung und Struktur der Gefahrstoffverwaltung in einem Lager (siehe Tabelle 11.1).

Gefahrstoffmenge	Unternehmen	Auswirkungen auf die Lagerung
Gramm- bis Kilogrammbereich	z. B. Labore	▸ klassifizierungsunabhängige Lagerung in Schränken oder Räumen; Ausnahme: radioaktive Stoffe
Kilogramm- bis Tonnenbereich	z. B. kleinere bis mittlere Gefahrstofflager	▸ klassifizierungsabhängige Lagerung in separaten Schränken oder Brandabschnitten ▸ Beachtung der Zusammenlagerungsgebote ▸ Havarie- oder Löschwasserrückhalt

Tabelle 11.1 Mengenraster der Gefahrstoffmenge in einem Unternehmen und deren Auswirkungen auf die Lagerung

Gefahrstoffmenge	Unternehmen	Auswirkungen auf die Lagerung
Tonnenbereich	Läger in der chemischen Industrie sowie Logistikdienstleister für Chemie/Pharma	▸ klassifizierungsabhängige Lagerung in separaten Brandabschnitten ▸ Beachtung der Zusammenlagerungsgebote ▸ Beschränkung der Lagermengen und der Brandabschnittsgrößen ▸ Löschwasserrückhalt ▸ Kurzbericht oder Risikoermittlung gemäß Störfallverordnung (Feuerwehrliste etc.)

Tabelle 11.1 Mengenraster der Gefahrstoffmenge in einem Unternehmen und deren Auswirkungen auf die Lagerung (Forts.)

Zusammenlagerung

Verschiedene Gefahrstoffe können untereinander oder im Kontakt mit Normalstoffen zu gefährlichen Reaktionen führen. Daher müssen Gefahrstoffe in Abhängigkeit von ihren Eigenschaften separat gelagert werden.

Tabelle 11.2 zeigt, welche Gefahren durch bestimmte Stoffverbindungen entstehen. Darüber hinaus wird deutlich, dass es auch zu Gefahrensituationen kommen kann, wenn Gefahrstoffe mit eigentlich ungefährlichen Stoffen in Berührung kommen. Hieraus ergibt sich auch eine mögliche Trennung der Chemikalien. Allerdings ist es nicht zwingend, in jedem Fall für jedes Lagerkompartiment auch einen neuen Lagerraum zu wählen. Oft reicht es aus, sicherzustellen, dass Stoffe bei einer Havarie nicht miteinander in Berührung kommen. Ob ein neuer Lagerraum oder Lagerbereich gewählt werden soll, kann mithilfe von Lagerklassen bestimmt werden.

Stoff A + Stoff B = Gefahr
Säuren + Metalle = Selbstentzündung (Wasserstoff-Gas)
Oxidationsmittel + organische Stoffe = Brand, Explosion
Cyanide + Säuren = giftiges Cyanwasserstoff-Gas
Alkalimetalle + Wasser = Selbstentzündung (Wasserstoff-Gas)
Carbide + Wasser = leicht entzündbares Acetylen-Gas
Säuren + Laugen = exotherme Reaktion
Metallpulver + Luft = Selbstentzündung
Salpetersäure + organische Stoffe = giftige nitrose Gase

Tabelle 11.2 Reaktionen und Gefahren bei Stoffverbindungen

Lagermenge

Selbst Stoffe mit geringem Gefahrenpotenzial können in großen Mengen ein erhebliches Risiko darstellen. So sind z. B. Speiseöl, Kochsalz oder sogar Zuckerlösung in solch großen Mengen, wie sie im Lager vorkommen, für Gewässer problematisch. Aus diesem Grund muss gemäß *Störfallverordnung* (StFV) eine Risikoabschätzung durchgeführt werden, wenn die Lagermengen eine gewisse Größe übersteigen (Mengenschwellen nach StFV). Diese Angaben müssen in Form eines Kurzberichts, oder, wenn das mögliche Schadensausmaß eines Störfalls ein bestimmtes Maß überschreitet, in Form einer Risikoermittlung nach StFV der Vollzugsbehörde zusammengestellt werden. Diese beurteilt, ob die Sicherheit ausreicht oder ob weitere Maßnahmen notwendig sind. Tabelle 11.3 listet die Schwellenmenge auf und unterscheidet zwischen verschiedenen Stoff- und Gefahrenklassen sowie deren Unterausprägung.

Mengenschwelle/Giftklasse	200 kg	2.000 kg	20.000 kg	200.000 kg
	1*/1, T+	2	3, T	4, Xn
ätzend		C, VG I, II		Xi, VG III
brennbar		E1	E2, HF, AF, F1, F2, O1, O2	F3, F4, O4
explosionsgefährlich (inkl. Peroxide)		E		
umweltgefährdend		EC50/LC50 <= 10 mg/l		

Tabelle 11.3 Mengenschwellen nach Störfallverordnung

Einstufung in Lagerklassen

Um den Gefahreneigenschaften und der Anforderung an die Separatlagerung Rechnung zu tragen, werden die Güter entsprechend ihren Eigenschaften in *Lagerklassen* eingeteilt. Das nummerierte Einstufungsraster zeigt die Aufteilung von Stoffen in Lagerklassen und Kompartimente.

Die Lagerklassen sind in Anlehnung an das Konzept für die Zusammenlagerung von Chemikalien des deutschen *Verbands der chemischen Industrie e. V.* (VCI) gebildet worden. Die Einstufung eines Produkts in eine Lagerklasse erfolgt aufgrund verfügbarer Angaben. Bei den als nicht gefährlich zu kennzeichnenden Produkten können Produktinformationen des Lieferanten oder Erkenntnisse aufgrund praktischer Erfahrungen herangezogen werden. In einer Lagerklasse werden Produkte mit solchen Gefahrenmerkmalen zusammengefasst, die als gleichartig angesehen werden und folglich auch gleichartige Sicherheitsmaßnahmen erfordern.

11.3 Gefahrstoffverwaltung in WM

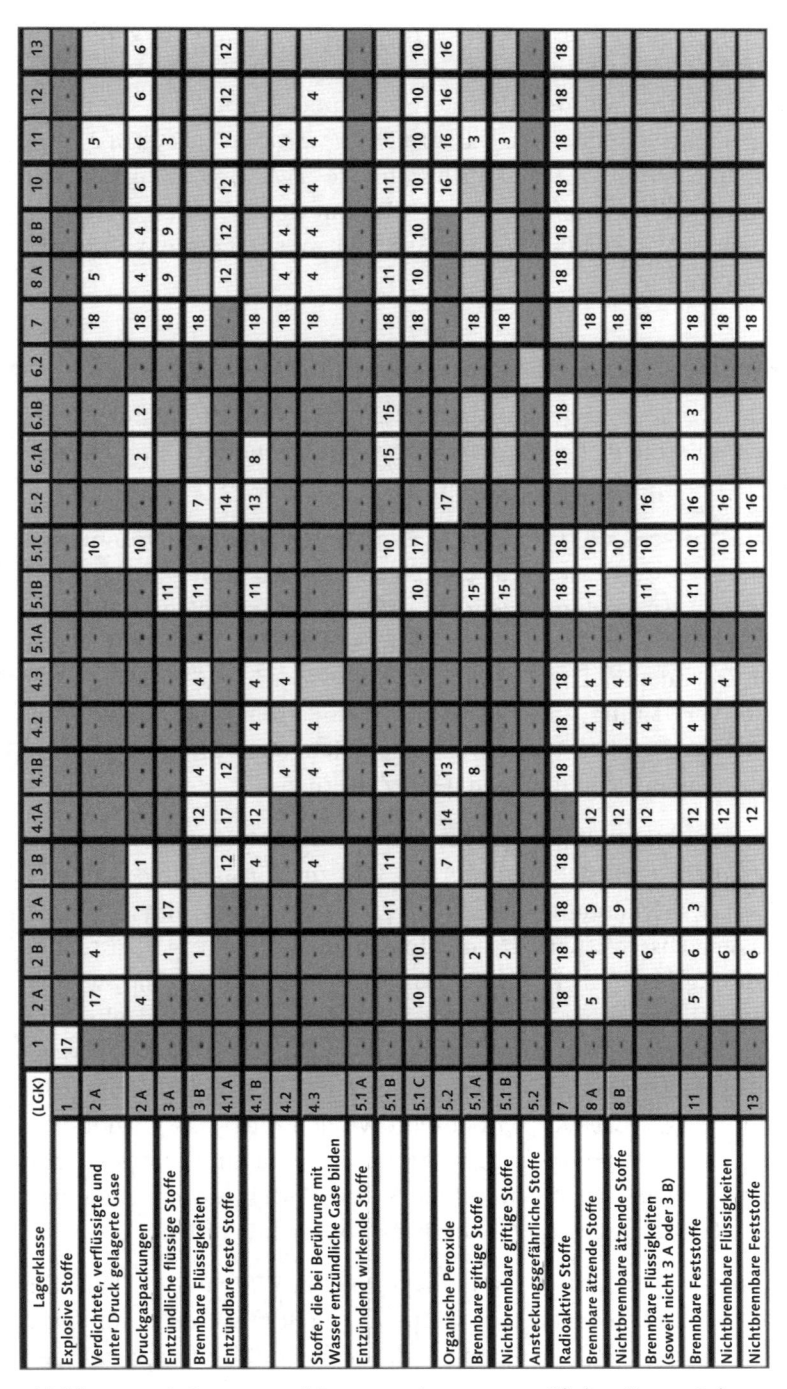

Lagerklasse	(LGK)	1	2A	2B	3A	3B	4.1A	4.1B	4.2	4.3	5.1A	5.1B	5.1C	5.2	6.1A	6.1B	6.2	7	8A	8B	10	11	12	13
Explosive Stoffe	1	17																						
Verdichtete, verflüssigte und unter Druck gelagerte Gase	2A		17	4															5					
Druckgaspackungen	2A		4		1	1									2	2		18	4	4	6	6	6	6
Entzündliche flüssige Stoffe	3A			1	17		12	4										18	9	9		3	3	
Brennbare Flüssigkeiten	3B						12	12		4		11	10		8			18						
Entzündbare feste Stoffe	4.1A				12	17		12		4		11	10	14					12	12	12	12	12	6
	4.1B					12	4		4	4				13				18	4	4	4	4	4	
	4.2					4	4	4	4	4								18	4	4	4	4	4	
Stoffe, die bei Berührung mit Wasser entzündliche Gase bilden	4.3																							
Entzündend wirkende Stoffe	5.1A				11	11		11					10	17	15	15		18	11	10	11	10	10	10
	5.1B					11		13					10		15			18	10	10	16	16	16	16
	5.1C					7	14	8														3	3	
Organische Peroxide	5.2			2														18						
Brennbare giftige Stoffe	5.1A			2								15	10					18		10	16	16	16	10
Nichtbrennbare giftige Stoffe	5.1B					11		8				15	10	16				18		10		3	3	
Ansteckungsgefährliche Stoffe	5.2													16										
Radioaktive Stoffe	7		18	18	18	18	18	18	18	18		18	18		18	18		18	18	18	18	18	18	18
Brennbare ätzende Stoffe	8A		5	4	9		12		4	4		11	10		3			18	11	11	11	18	18	18
Nichtbrennbare ätzende Stoffe	8B			4	9	12	12		4	4		10	10					18	10	10	10	16	16	18
Brennbare Flüssigkeiten (soweit nicht 3 A oder 3 B)	10			6		18	12	18	18	18		18	18	16	18	18		18	18	18		3	3	
Brennbare Feststoffe	11		5	6	3		12		4	4		11	10	16	3	3		18	11	11	11			
Nichtbrennbare Flüssigkeiten	12			6		12	12		4	4		10	10	16				18	10	10	10			
Nichtbrennbare Feststoffe	13			6		12	12			4		10	10	16				18						

Abbildung 11.38 Separat- und Zusammenlagerung gemäß dem Konzept des Verbands der chemischen Industrie e. V. (Quelle: VCI)

Abbildung 11.38 zeigt die Auswirkungen der Gefahrstoffeinteilung und -ausprägung auf die Lagerorganisation und -verwaltung. Diese haben zwangsläufig auch Auswirkungen auf die Anforderungen und Ausprägung des Warehouse-Management-Systems, da ab einer gewissen Lagergröße und Artikelanzahl eine betriebswirtschaftlich sinnvolle Lagerverwaltung nur noch mit WM sichergestellt werden kann. Wie WM mit Gefahrstoffen und Lagerklassen und auch Wassergefährdungsklassen umgeht, zeigen wir Ihnen im folgenden Abschnitt.

11.3.2 Grundlagen der Gefahrstoffverwaltung in WM

Wie Sie in den vorangegangenen Abschnitten erfahren haben, unterliegen Gefahrstoffe unterschiedlichen Einflussfaktoren und benötigen eine spezielle Behandlung in der operativen Lagerlogistik.

Ziel der Gefahrstoffverwaltung in WM ist es daher, Gefahrstoffe ordnungsgemäß aufgrund der gesetzlichen und betrieblichen Bestimmungen lagerlogistisch zu verwalten. Die ordnungsgemäße Verwaltung der Gefahrstoffe sollte dabei keinen Einfluss auf die operative Effizienz der Lagerprozesse haben oder diese in irgendeiner Form negativ beeinflussen. Alle Funktionalitäten der Gefahrstoffverwaltung sind Teil von WM und somit vollständig in die SAP-ERP-Systemlandschaft integriert. Funktionalitäten wie SAP RF oder TRM können somit ohne Einschränkungen genutzt werden.

Analog zu den gesetzlichen Vorgaben können in WM *Lagerklassen* sowie *Wassergefährdungsklassen* definiert werden, die zur Einlagerungssteuerung dienen und somit die Zusammenlagerung bestimmter Lager- und Wassergefährdungsklassen ausschließen. Da die Informationen zu Lagerklasse und Wassergefährdungsklasse nicht im Materialstamm vorhanden sind, werden diese in einem separaten *Gefahrstoffstammsatz* festgehalten und über den Materialstamm mit dem betroffenen Material verknüpft. In diesem Zusammenhang ist es wichtig zu erwähnen, dass jeder Gefahrstoffstammsatz für eine bestimmte *geografische Region* definiert werden muss. Die Region wiederum wird der Lagernummer zugeordnet. Um die Parameter des Gefahrstoffstammsatzes füllen zu können, sollten Sie im Vorfeld sicherstellen, dass alle benötigten Einstellungen im Customizing vollzogen wurden.

Die Aktivierung der Gefahrstoffverwaltung erfolgt in WM auf der Ebene des Lagertyps und kann für jeden Lagertyp separat gesteuert werden. Auf dieser Ebene muss auch entschieden werden, ob die Gefahrstoffprüfung pro Lagertyp oder Lagerbereich erfolgen soll. Beachten Sie, dass diese Einstellung Auswirkungen auf Ihre Lagerstruktur hat (siehe Abbildung 11.39).

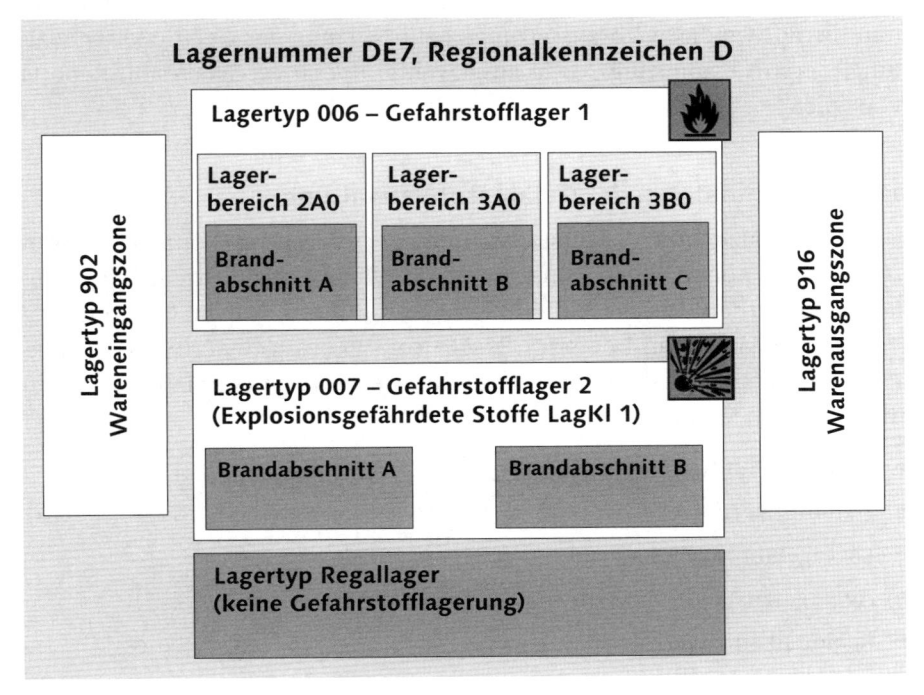

Abbildung 11.39 Lagerstruktur mit Gefahrstoffverwaltung

Hier sehen Sie die vereinfachte Darstellung eines Lagers mit aktivierter Gefahrstoffverwaltung (Lagernummer DE7). In der Lagernummer werden verschiedene Gefahrstoffe in Lagertyp 006 – Gefahrstofflager 1 – und Lagertyp 007 – Gefahrstofflager 2 – gelagert. Im Lagertyp 006 erfolgt die Gefahrstoffprüfung anhand des Lagerbereichs (Lagerbereich 2A0, 3A0 und 3B0). Das bedeutet, dass für jeden Lagerbereich separat geprüft wird, welche Lager- oder Wassergefährdungsklassen zulässig sind. Lagertechnisch hat dies den Vorteil, dass Sie verschiedene Lagergassen oder -plätze unter gefahrstoffpolitischen Gesichtspunkten gruppieren und einer Lagerklasse zuordnen können.

Im Gegensatz dazu erfolgt die Gefahrstoffprüfung im Lagertyp 007 – Gefahrstofflager 2 – auf Lagertypebene. Das heißt, dass die erlaubten Lager- und Wassergefährdungsklassen für den gesamten Lagertyp bestimmt werden.

Ein weiteres Organisationsstrukturelement der Gefahrstoffverwaltung ist der *Brandabschnitt*, der keine steuernde Funktionalität in Bezug auf die Zusammenlagerung einzelner Gefahrstoffe besitzt. Jedem Lagerplatz kann in WM ein Brandabschnitt zugeordnet werden, für den in WM separate Auswertungen erstellt werden können. In den folgenden Abschnitten werden wir Ihnen nun die notwendigen Voraussetzungen zur Nutzung der Gefahrstoffverwaltung, deren Customizing sowie ausgewählte operative Gefahrstoff-Reports vorstellen.

11.3.3 Stammdaten der Gefahrstoffverwaltung

Um Lagerplätze und Gefahrstoffstammsätze pflegen zu können, müssen zunächst die notwendigen Stammdateneinstellungen im Customizing vorgenommen werden. Um die Einstellungen auszuführen, wählen Sie im Customizing den Menüpfad LOGISTICS EXECUTION • LAGERVERWALTUNG • GEFAHRSTOFFE • STAMMDATEN. In chronologischer Reihenfolge definieren Sie dann die folgenden Stammdatenelemente:

- Brandabschnitte
- Gefahrenvermerke
- Lagergefahrenvermerke
- Aggregatzustände
- Regionalkennzeichen
- Lagerklassen

Alle Stammdatenelemente außer den Brandabschnitten werden unabhängig von einer bestimmten Organisationsstruktur erstellt und können somit übergreifend genutzt werden. Brandabschnitte können flexibel für jede Lagernummer separat definiert werden, da diese Einfluss auf die Lagerstruktur haben können.

Brandabschnitte

Laut Definition wird unter einem *Brandabschnitt* ein bestimmter Raum oder Bereich eines Lagers verstanden, der Bestände dieses Bereichs von anderen Lagerbeständen trennt. Brandabschnitte können in WM Lagerplätzen zugeordnet werden. Die benötigten Brandabschnitte müssen anhand Ihrer Anforderungen explizit ausgeprägt werden. Abbildung 11.40 zeigt die erforderlichen Customizing-Einstellungen.

Abbildung 11.40 Brandabschnitte definieren

Gefahrenvermerke

Unter einem *Gefahrenvermerk* kann ein spezifisches Kennzeichen (z. B. »Material ätzend« oder »Vorsicht, Säure!«) verstanden werden, das die von dem Gefahrstoff ausgehende Gefahr für denjenigen darstellt, der das Material in irgendeiner Form bewegen oder transportieren muss (siehe Abbildung 11.41).

Abbildung 11.41 Gefahrenvermerke definieren

Lagergefahrenvermerke

Ähnlich wie der Gefahrenvermerk wird unter dem *Lagergefahrenvermerk* ein Kennzeichen verstanden, das auf Gefahren hinweist, die sich aus der Lagerung und Handhabung von Materialien ergeben. Lagergefahrenvermerke beziehen sich aber im Speziellen auf Vermerke im Lager und können somit z. B. in der Störfallliste angezeigt werden (siehe Abbildung 11.42).

Aggregatzustände

Als *Aggregatzustände* bezeichnet man qualitativ verschiedene, temperatur- und druckabhängige physikalische Zustände von Stoffen (fest, flüssig, gasförmig). Sollten Sie weitere Aggregatzustände als die im Standard ausgelieferten benötigen, nehmen Sie die notwendigen Einstellungen im Customizing vor (siehe Abbildung 11.43).

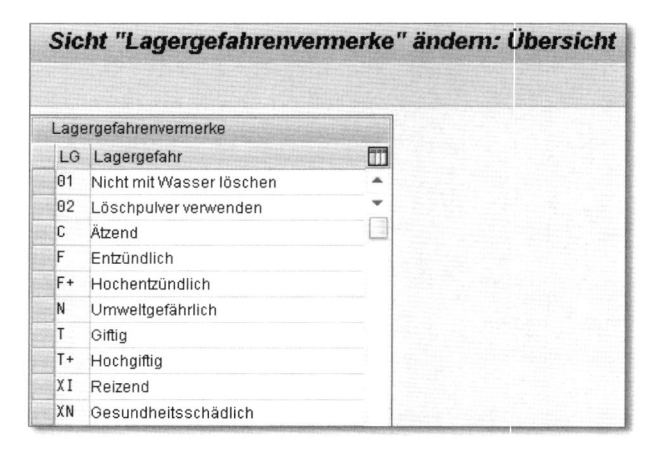

Abbildung 11.42 Lagergefahrenvermerke definieren

Abbildung 11.43 Aggregatzustände definieren

Regionalkennzeichen

Bei der Verwaltung von Gefahrstoffen gelten in der Regel regional unterschiedliche Auflagen. Einem Lager wird die Region (REG) zugeordnet, deren Auflagen berücksichtigt werden müssen. Das REGIONALKENNZEICHEN bildet zusammen mit der Stoffnummer den Gefahrstoff. Überprüfen Sie die Standardauslieferung, und definieren Sie gegebenenfalls Ihre Anforderungen in der folgenden Tabelle (siehe Abbildung 11.44).

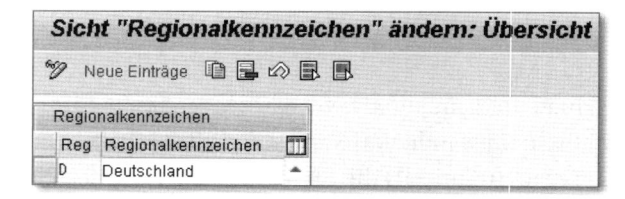

Abbildung 11.44 Regionalkennzeichen definieren

Lagerklasse

Unter einer *Lagerklasse* wird in WM eine Kategorisierung von Gefahrstoffen verstanden, die zur allgemeinen Steuerung der Gefahrstoffe in WM dient. Die Lagerklasse kann als Parameter bei der Einlagerung herangezogen werden und bestimmt, in welchen Lagertyp ein Gefahrstoff bevorzugt eingelagert wird, wenn die Lagerklasse in mehreren Lagertypen gelagert werden darf. In der Standardauslieferung sind bereits die in der Praxis häufig verwendeten Lagerklassen 1 bis 13 voreingestellt (siehe Abbildung 11.45).

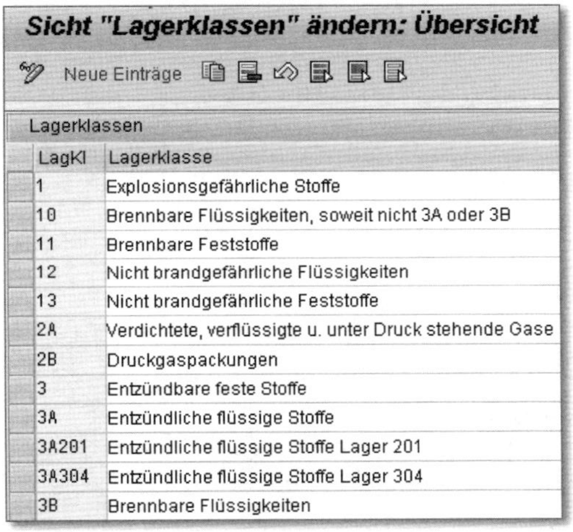

Sicht "Lagerklassen" ändern: Übersicht

LagKl	Lagerklasse
1	Explosionsgefährliche Stoffe
10	Brennbare Flüssigkeiten, soweit nicht 3A oder 3B
11	Brennbare Feststoffe
12	Nicht brandgefährliche Flüssigkeiten
13	Nicht brandgefährliche Feststoffe
2A	Verdichtete, verflüssigte u. unter Druck stehende Gase
2B	Druckgaspackungen
3	Entzündbare feste Stoffe
3A	Entzündliche flüssige Stoffe
3A201	Entzündliche flüssige Stoffe Lager 201
3A304	Entzündliche flüssige Stoffe Lager 304
3B	Brennbare Flüssigkeiten

Abbildung 11.45 Lagerklassen definieren

11.3.4 Gefahrstoffstammsatz

Da im Materialstammsatz keine direkten Gefahrstoffinformationen und Steuermerkmale hinterlegt werden können, bedient sich WM eines zusätzlichen *Gefahrstoffstammsatzes*, der mit dem Materialstammsatz des betroffenen Materials verknüpft wird. Zur Minimierung des Stammdatenpflegeaufwands können Sie einem Gefahrstoffstammsatz mehrere Materialien zuordnen. In der Praxis wird häufig ein Gefahrstoffstammsatz je Lagerklasse und Ausprägung definiert und den entsprechenden Materialstämmen zugeordnet.

Um einen neuen Gefahrstoffstammsatz anzulegen, wählen Sie im SAP-Menü LOGISTIK • LOGISTICS EXECUTION • STAMMDATEN • MATERIAL • GEFAHRSTOFF • ANLEGEN (Transaktion VM01) und erfassen anschließend die anzulegende GEFAHRSTOFFNUMMER und das REGIONALKENNZEICHEN. Nachdem Sie die Eingaben ausgeführt haben, verzweigen Sie in die Detaildaten des Gefahrstoffstammsatzes (siehe Abbildung 11.46).

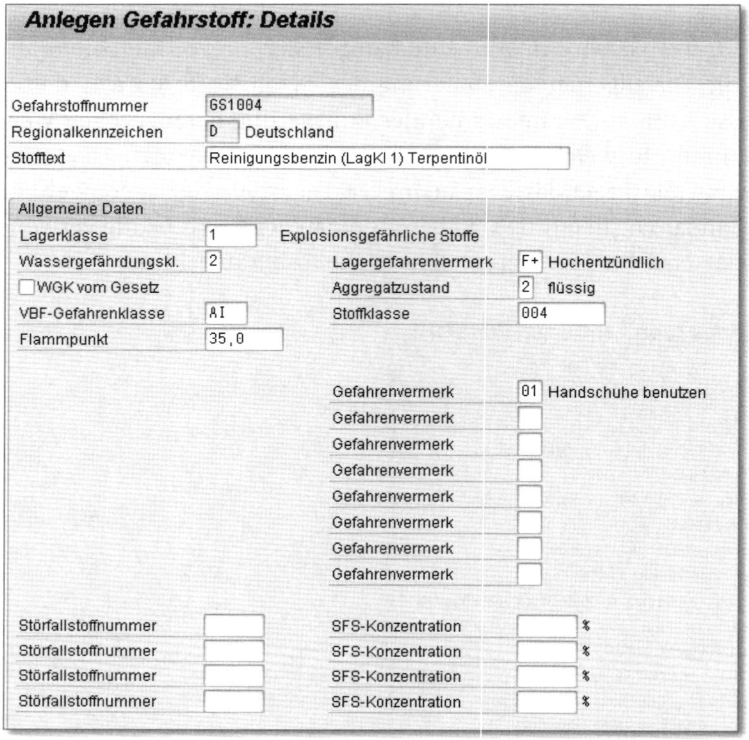

11 | Weitere Grundfunktionen in WM

Abbildung 11.46 Gefahrstoffstammsatz anlegen

Erfassen Sie zunächst einen STOFFTEXT für den Gefahrstoff. In den allgemeinen Daten definieren Sie dann die LAGERKLASSE sowie eine potenzielle WASSERGEFÄHRDUNGSKL. Wurde die Wassergefährdung des betrachteten Stoffs von einer Kommission zur Bewertung wassergefährdender Stoffe gesetzlich vorgegeben, kann dies im Feld WGK VOM GESETZ festgehalten werden.

Nach der *Verordnung über brennbare Flüssigkeiten* (VBF) können diese aufgrund ihres Flammpunkts in verschiedene Gefahrenklassen eingeteilt werden. Die Stammdatenpflege nehmen Sie im Feld VBF-GEFAHRENKLASSE vor.

Laut VBF unterscheiden wir die folgenden Gefahrenklassen:

- **Gefahrenklasse A**

  Flüssigkeiten, die einen Flammpunkt nicht über 100 °C haben und hinsichtlich der Wasserlöslichkeit nicht die Eigenschaften der Gefahrenklasse B aufweisen

- **Gefahrenklasse A I**

  Flüssigkeiten mit einem Flammpunkt unter 21 °C

- **Gefahrenklasse A II**
  Flüssigkeiten mit einem Flammpunkt von 21 °C bis 55 °C
- **Gefahrenklasse A III**
  Flüssigkeiten mit einem Flammpunkt über 55 °C bis 100 °C
- **Gefahrenklasse B**
  Flüssigkeiten mit einem Flammpunkt unter 21 °C, die sich bei 15 °C in Wasser lösen oder deren brennbare flüssige Bestandteile sich bei 15 °C in Wasser lösen

Ein weiterer Parameter des Gefahrstoffstammsatz ist der FLAMMPUNKT. Nach DIN ISO 2592 ist der Flammpunkt die niedrigste Temperatur bei 1.013 hPa, bei der sich aus einer Flüssigkeit Dämpfe in solchen Mengen entwickeln, dass sie mit der über der Flüssigkeit stehenden Luft ein durch Fremdzündung entflammbares Gemisch bilden. Der Flammpunkt darf nicht mit der Zündtemperatur verwechselt werden, bei der die Entzündung ohne Fremdzündung (= Selbstentzündung) eintritt.

Weitere Parameter des Gefahrstoffstammsatzes sind der LAGERGEFAHRENVERMERK, der AGGREGATZUSTAND des Stoffes, die STOFFKLASSE sowie die allgemeinen GEFAHRENVERMERKE. Diese Informationen können Sie in den Gefahrstoff-Reports von WM auswerten sowie auf Listen und Transportaufträgen mit andrucken, um die Mitarbeiter im Lager und Transport über mögliche Gefahren zu informieren. Sollte der betroffene Gefahrstoff *Störfallstoffe* enthalten, erfassen Sie diese mit ihrem prozentualen Anteil im Feld STÖRFALLSTOFFNUMMER.

Nachdem Sie nun den Gefahrstoffstammsatz definiert haben, erfolgt im nächsten Schritt die Verknüpfung mit dem entsprechenden Materialstammsatz. Die Verknüpfung kann im Materialstammsatz an zwei unterschiedlichen Stellen erfolgen. Zum einen in den WERKSDATEN/LAGERUNG und zum anderen in der Sicht LAGERVERWALTUNG 1. In beiden Fällen greift das System auf das Feld STOFF der Tabelle MARA zu. Um die Verknüpfung von Materialstamm und Gefahrstoffstamm auszuführen, wählen Sie im SAP-Menü LOGISTIK • LOGISTICS EXECUTION • STAMMDATEN • MATERIAL • ÄNDERN • SOFORT (Transaktion MM02) und öffnen die LAGERVERWALTUNGSSICHT 1 des entsprechenden Materialstamms (siehe Abbildung 11.47).

Im Feld GEFAHRSTOFFNUMMER der Sicht LAGERVERWALTUNG 1 erfassen Sie dann die entsprechende Gefahrstoffnummer und sichern Ihre Eingaben. Mit der Verknüpfung des Gefahrstoffstammsatzes mit dem Materialstamm haben Sie die notwendigen Voraussetzungen im Bereich der Stammdaten geschaffen, um die Gefahrstoffverwaltung operativ nutzen zu können.

11 | Weitere Grundfunktionen in WM

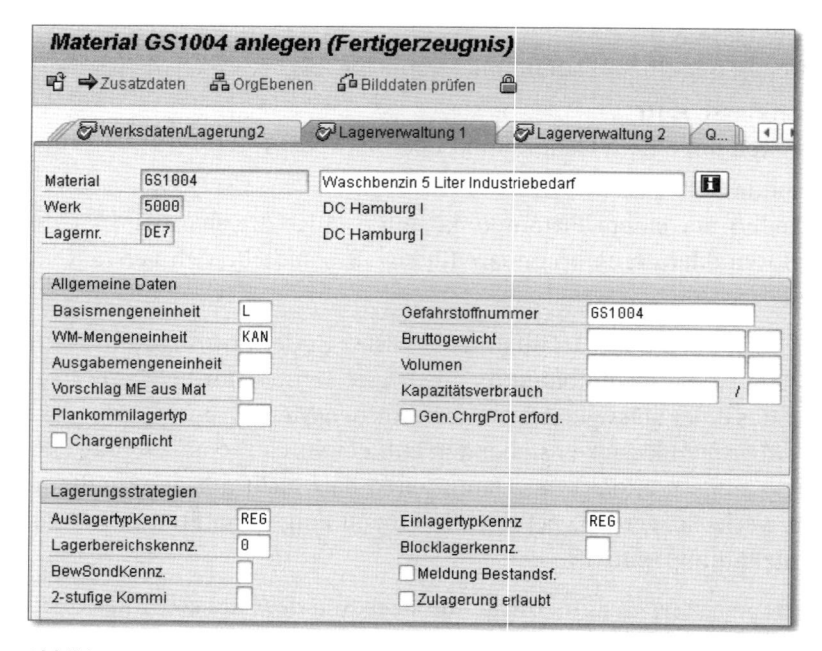

[Screenshot: Material GS1004 anlegen (Fertigerzeugnis) – Lagerverwaltung 1

Material: GS1004, Werk: 5000, Lagernr.: DE7 – Waschbenzin 5 Liter Industriebedarf / DC Hamburg I / DC Hamburg I

Allgemeine Daten:
- Basismengeneinheit: L
- WM-Mengeneinheit: KAN
- Ausgabemengeneinheit:
- Vorschlag ME aus Mat:
- Plankommilagertyp:
- Chargenpflicht: ☐
- Gefahrstoffnummer: GS1004
- Bruttogewicht:
- Volumen:
- Kapazitätsverbrauch: /
- Gen.ChrgProt erford.: ☐

Lagerungsstrategien:
- AuslagertypKennz: REG
- Lagerbereichskennz.: 0
- BewSondKennz.:
- 2-stufige Kommi:
- EinlagertypKennz: REG
- Blocklagerkennz.:
- Meldung Bestandsf.: ☐
- Zulagerung erlaubt: ☐]

Abbildung 11.47 Verknüpfung von Materialstammsatz und Gefahrstoffstammsatz

Zur produktiven Nutzung fehlt nun noch die Aktivierung der Gefahrstoffverwaltung im Customizing. Die unterschiedlichen Einstellungen und möglichen Aktivierungsparameter werden wir Ihnen im nächsten Abschnitt vorstellen.

11.3.5 Customizing

Die Aktivierung der Gefahrstofffunktionalität erfolgt im Customizing über LOGISTICS EXECUTION • LAGERVERWALTUNG • GEFAHRSTOFFE • STRATEGIEN • GEFAHRSTOFFLAGERUNG AKTIVIEREN. Nach dem Ausführen des Menüpunkts erhalten Sie zunächst folgende Customizing-Übersicht mit verschiedenen Customizing-Objekten (siehe Abbildung 11.48).

Wir empfehlen Ihnen, die angegebenen Objekte in der definierten Reihenfolge abzuarbeiten. Im ersten Schritt müssen Sie die allgemeine Gefahrstoffprüfung je physischen Lagertyp aktivieren (AKTIVIEREN). Soll eine rein lagertypbezogene Gefahrstoffprüfung erfolgen, erfassen Sie im Feld GEFAHRSTOFFVERWALTUNG eine 1 für den entsprechenden Lagertyp. Lagerbereiche werden in diesem Fall ignoriert.

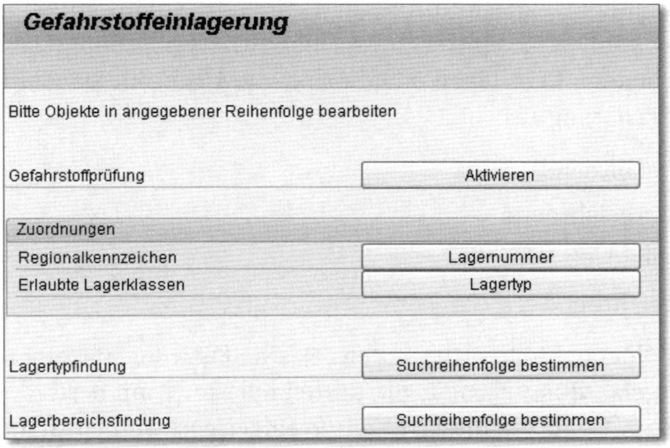

11.3 Gefahrstoffverwaltung in WM

Gefahrstoffeinlagerung

Bitte Objekte in angegebener Reihenfolge bearbeiten

Gefahrstoffprüfung	Aktivieren
Zuordnungen	
Regionalkennzeichen	Lagernummer
Erlaubte Lagerklassen	Lagertyp
Lagertypfindung	Suchreihenfolge bestimmen
Lagerbereichsfindung	Suchreihenfolge bestimmen

Abbildung 11.48 Customizing der Gefahrstoffverwaltung

Möchten Sie die Gefahrstoffprüfung auf der Lagerbereichsebene nutzen, da Sie z. B. verschiedene Lagerklassen in einem Lagertyp, aber nicht in einem Lagerbereich zulassen wollen, setzen Sie für den entsprechenden Lagertyp eine 2 im Feld GEFAHRSTOFFVERWALTUNG. Bei einer aktivierten Bereichsprüfung muss zusätzlich im Feld BEREICHSPRÜFUNG AKTIV die Lagertypfindung mit oder ohne Bereichsprüfung definiert werden (Kennzeichen X – MIT BEREICHSPRÜFUNG oder Kennzeichen Y – OHNE BEREICHSPRÜFUNG, siehe Abbildung 11.49).

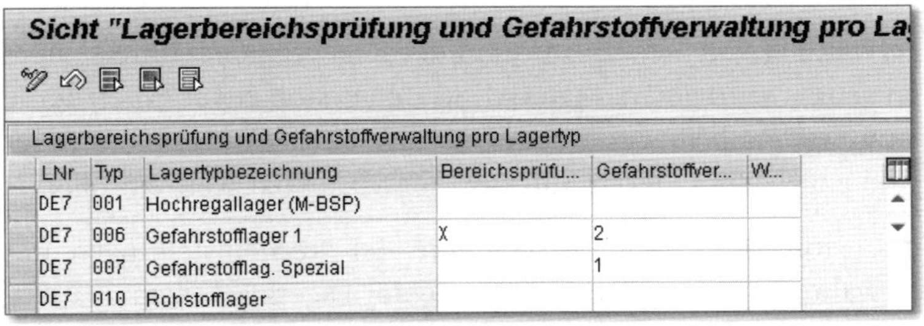

Sicht "Lagerbereichsprüfung und Gefahrstoffverwaltung pro La

Lagerbereichsprüfung und Gefahrstoffverwaltung pro Lagertyp

LNr	Typ	Lagertypbezeichnung	Bereichsprüfu...	Gefahrstoffver...	W...
DE7	001	Hochregallager (M-BSP)			
DE7	006	Gefahrstofflager 1	X	2	
DE7	007	Gefahrstofflag. Spezial		1	
DE7	010	Rohstofflager			

Abbildung 11.49 Lagerbereichsprüfung und Gefahrstoffverwaltung pro Lagertyp

Lagerbereichsprüfung und Gefahrstoffe

Möchten Sie die Gefahrstoffverwaltung auf Lagerbereichsebene nutzen, beachten Sie, dass Sie auch die notwendigen Lagerbereiche definieren und den entsprechenden Lagerplätzen im Lagerstamm zuordnen müssen.

Ein weiterer Parameter der Gefahrstoffprüfung ist die WASSERGEFÄHRDUNGS-KLASSE. Pro Lagertyp können Sie einstellen, welche Wassergefährdungsklassen in den entsprechenden Lagertypen erlaubt sind. WM geht im Standard von der folgenden Skalierung aus:

- 0   nicht wassergefährdend
- 1   schwach wassergefährdend
- 2   wassergefährdend
- 3   stark wassergefährdend

Diese Einstufung ist hierarchisch zu bewerten. Das heißt, wenn für einen Lagertyp die Wassergefährdungsklasse 2 gilt, dürfen nur Stoffe mit der Wassergefährdungsklasse 0, 1 und 2 in diesen Lagertyp eingelagert werden. Stark wassergefährdende Stoffe (3) sind somit nicht zulässig.

Im nächsten Customizing-Punkt müssen Sie nun Ihrer Lagernummer ein REGIONALKENNZEICHEN zuordnen (siehe Abbildung 11.50).

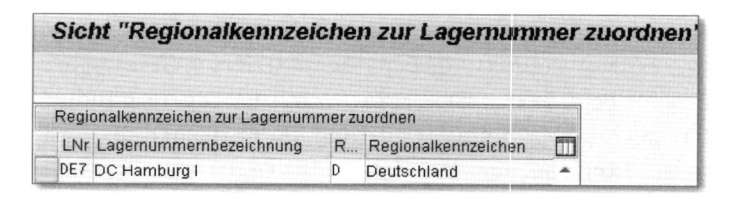

LNr	Lagernummernbezeichnung	R...	Regionalkennzeichen
DE7	DC Hamburg I	D	Deutschland

Abbildung 11.50 Regionalkennzeichen zuordnen

Da bei der Verwaltung von Gefahrstoffen in der Regel regional unterschiedliche Auflagen gelten, wird einem Material ein Gefahrstoff zugeordnet, der je nach Region unterschiedliche Ausprägungen aufweisen kann. Einem Lager wird die Region zugeordnet, deren Auflagen berücksichtigt werden sollen.

Im nächsten Customizing-Schritt erfolgt eine der Kerneinstellungen der Gefahrstoffverwaltung in WM. Die Zuordnung der Lagerklassen zu den entsprechenden Lagertypen entscheidet, welche Lagerklassen in einem Lagertyp geführt und gelagert werden dürfen. Die gesetzlichen Anforderungen spielen hierbei eine wesentliche Rolle und müssen unbedingt vom Projektteam beachtet werden. Definieren Sie für alle Lagertypen die entsprechend erlaubten Lagerklassen (siehe Abbildung 11.51).

Wie Sie sehen, wurde hier für den Lagertyp 001 ein Eintrag mit der Lagerklasse »blank« definiert. Prozesstechnischer Hintergrund ist, dass für den Lagertyp 001 die Gefahrstoffverwaltung aktiviert wurde, damit Gefahrstoffe nicht versehentlich, z. B. durch eine lagerinterne Umlagerung, in diesen Lagertyp eingelagert werden können. Dieser Tabelleneintrag hat zur Folge, dass in den Lagertyp 001 nur Materialien mit einer initialen Lagerklasse oder ohne Gefahrstoffstammsatz eingelagert werden dürfen.

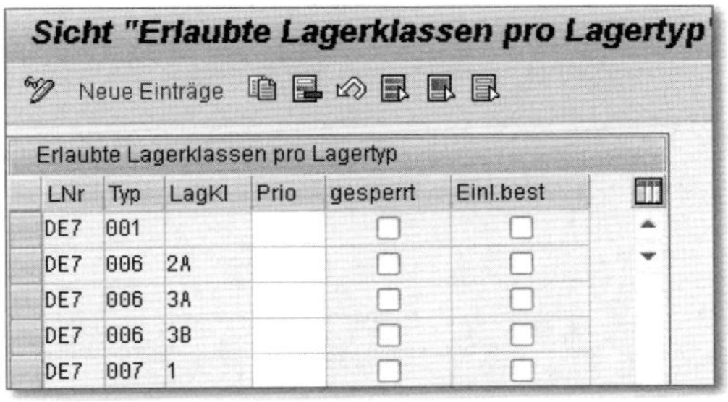

LNr	Typ	LagKl	Prio	gesperrt	Einl.best
DE7	001			☐	☐
DE7	006	2A		☐	☐
DE7	006	3A		☐	☐
DE7	006	3B		☐	☐
DE7	007	1		☐	☐

Abbildung 11.51 Erlaubte Lagerklassen pro Lagertyp

Aufgrund von Umbauten oder Veränderungen der Auflagen kann es vorkommen, dass Sie einen Lagertyp für eine spezifische Lagerklasse sperren möchten. Mit dem Eintrag GESPERRT wird der selektierte Lagertyp für die entsprechende Lagerklasse temporär gesperrt. Der Sperrzeitraum muss manuell festgelegt werden. Hier ist keine systemtechnische Unterstützung (z. B. Intervall) vorgesehen.

Wie Sie in den vorangegangenen Kapiteln gesehen haben, kann die Transportauftragserstellung in WM im Dunkelablauf ohne weitere manuelle Interaktion erfolgen. Bei Gefahrstoffen kann dies unter Umständen zu Gefahrenpotenzialen führen, da aktiv in die Transportauftragserstellung und das Gefahrstoffhandling eingegriffen werden soll. Mit einem Eintrag im Feld EINL. BEST. können Sie pro Lagernummer, Lagertyp und Lagerklasse festlegen, dass die Transportauftragserstellung für diese Konstellation immer im Hellablauf erfolgen muss.

Damit Ihnen bei der Einlagerung automatisch ein entsprechender Lagertyp vorgeschlagen wird, nehmen Sie im nächsten Schritt die Einstellungen zur *automatischen Lagertypsuchreihenfolge* vor. Anders als bei der bereits bekannten Lagertypsuchreihenfolge werden hier die Parameter des Gefahrstoffstammsatzes und des Materialstammsatzes beachtet. Zur Einlagerung ermittelt das System aus dem Materialstammsatz das *Einlagerungstypkennzeichen* und dann aus dem Gefahrstoffstammsatz die *Lagerklasse* und eine potenziell vorhandene *Wassergefährdungsklasse*, um final die gewünschten Lagertypen zu ermitteln (siehe Abbildung 11.52).

Möchten Sie erreichen, dass bestimmte Gefahrstoffe in bestimmten Lagerbereichen eingelagert werden sollen, müssen Sie die LAGERBEREICHSFINDUNG einstellen.

Sicht "Lagertypfindung" ändern: Übersicht

Neue Einträge

Lagertypsuchreihenfolge bestimmen

LNr	Vor...	Typk...	B	S	LagKl...	WGK Wassergef...	Ref...	L...	1....	2....
DE7	E	REG				0	0		001	
DE7	E	REG			1	0	0		007	
DE7	E	REG			1	1	0		007	
DE7	E	REG			1	2	0		007	
DE7	E	REG			1	3	0		007	
DE7	E	REG			2A	0	0		006	
DE7	E	REG			3A	0	0		006	
DE7	E	REG			3B	0	0		006	

Abbildung 11.52 Lagertypsuchreihenfolge bestimmen

Auch hier greift das System auf Parameter aus dem Materialstammsatz und dem Gefahrstoffstammsatz zurück. Aus dem Materialstammsatz wird das Lagerbereichskennzeichen (BERKZ) bestimmt. Aus dem Gefahrstoffstammsatz ermittelt das System die Lagerklasse sowie die Wassergefährdungsklasse und bestimmt somit die erlaubten Lagerbereiche.

Beachten Sie, dass die Lagerbereiche angelegt und den entsprechenden Lagerplätzen zugeordnet sein müssen. Darüber hinaus muss, wie aus Abbildung 11.53 ersichtlich wird, die Bereichsprüfung für den entsprechenden Lagertyp aktiv sein.

Neue Einträge: Übersicht Hinzugefügte

Lagerbereichsuchreihenfolge bestimmen

LNr	Typ	BerKz	LagKl	WGF	1....	2....	3....	4....	5....	6..
DE7	006	0	2A	0	2A0					
DE7	006	0	3A	0	3A0					
DE7	006	0	3B	0	3B0					

Abbildung 11.53 Lagerbereichsfindung definieren

11.3.6 Operative Gefahrstoff-Reports in WM

Aufgrund der Sensibilität und des Gefahrenpotenzials von Gefahrstoffen müssen Sie jederzeit über die aktuelle Stoffmenge in den verschiedenen Brandabschnitten sowie über die Mengenverteilung in Ihrem Lager informiert sein. Der SAP-Standard hält verschiedene operative Gefahrstoff-

11.3 Gefahrstoffverwaltung in WM

Reports bereit, von denen wir Ihnen nun die drei wesentlichen Reports vorstellen. Zu diesen Reports zählen:

- Feuerwehrliste
- Überprüfen der Lagerung
- Störfallliste

Feuerwehrliste

Die *Feuerwehrliste* bietet Ihnen die Möglichkeit, Gefahrstoffe nach ihrer Lagerklasse und Wassergefährdungsklasse im Lager zu identifizieren. Die Selektion kann über die Lagernummer, den Lagertyp sowie nach Brandabschnitt erfolgen. Es wird empfohlen, die Liste in regelmäßigen Abständen auszudrucken, um der Feuerwehr im Gefahrenfall ein referenzierendes Dokument übergeben zu können. In Abbildung 11.54 sehen Sie die Informationen der Feuerwehrliste.

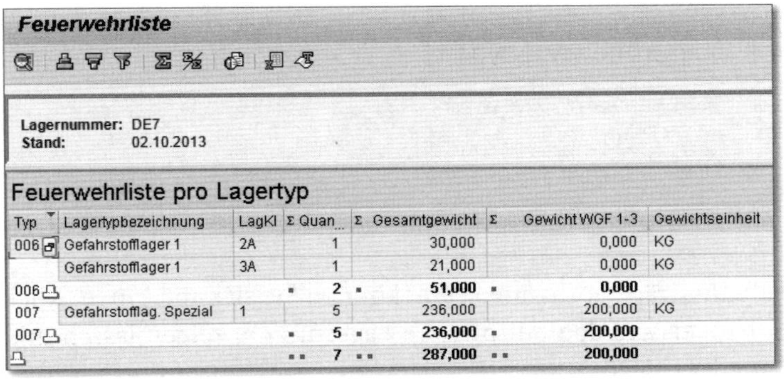

Typ	Lagertypbezeichnung	LagKl	Σ Quan	Σ Gesamtgewicht	Σ	Gewicht WGF 1-3	Gewichtseinheit
006	Gefahrstofflager 1	2A	1	30,000		0,000	KG
	Gefahrstofflager 1	3A	1	21,000		0,000	KG
006			2	51,000		0,000	
007	Gefahrstofflag. Spezial	1	5	236,000		200,000	KG
007			5	236,000		200,000	
			7	287,000		200,000	

Lagernummer: DE7
Stand: 02.10.2013

Abbildung 11.54 Feuerwehrliste

Wie Sie hier sehen, erfolgt die Sortierung zunächst nach Lagertyp und daran anschließend nach Lagerklasse, wenn diese Einstellung in den Selektionsparametern ausgewählt wurde. Um die Feuerwehrliste aufzurufen, navigieren Sie im SAP-Menü zum Menüpunkt LOGISTIK • LOGISTICS EXECUTION • INFOSYSTEM • LAGER • BESTAND • GEFAHRSTOFF • FEUERWEHRLISTE (Transaktion LX06).

Überprüfen der Lagerung

Zur Überprüfung der korrekten Lagerung der Gefahrstoffe je Lagertyp, Lagerbereich und Lagerplatz können Sie den Report ÜBERPRÜFEN DER LAGERUNG nutzen. Aufgerufen wird der Report wie die Feuerwehrliste im SAP-Menü über LOGISTIK • LOGISTICS EXECUTION • INFOSYSTEM • LAGER • BESTAND •

GEFAHRSTOFF • ÜBERPRÜFEN LAGERUNG (Transaktion LX07). Bei der Prüfung der korrekten Lagerung erkennt das System die folgenden Fehlersituationen:

- Ein als Gefahrstoff gekennzeichnetes Material ist in einem nicht gefahrstoffverwalteten Lagertyp gelagert.
- Die Wassergefährdungsklasse eines Materials sieht die Lagerung in dem entsprechenden Lagertyp nicht vor.
- Die Lagerklasse eines Materials sieht die Lagerung in dem entsprechenden Lagertyp nicht vor.
- Die definierte Lagerbereichsfindung sieht die Lagerung eines Materials einer bestimmten Wassergefährdungsklasse und Lagerklasse in dem entsprechenden Lagerbereich nicht vor.

Abbildung 11.55 zeigt die Informationen zur Überprüfung der Lagerung von Gefahrstoffen in WM.

ANALYSE: Korrekte Gefahrstoffe-Lagerung

Fehlerprotokoll: Überprüfte Lagertypen

Typ	Lagertypbezeichnung	Gpr Plätze	in Ordnung	fehlerhaft
006	Gefahrstofflager 1	2	2	
007	Gefahrstofflag. Spezial	5	5	

Abbildung 11.55 Überprüfung der Lagerung von Gefahrstoffen

Sollten fehlerhafte Einträge vorhanden sein, können Sie sich mit einem Klick auf den Button LAGERPLATZ den betroffenen Lagerplatz anzeigen lassen und dann gegebenenfalls reagieren.

Störfallliste

Die Störfallverordnung ist eine Verordnung, die den Schutz von Mensch und Umwelt vor den Folgen von Störfällen in Industrieanlagen gewährleisten soll. Die Störfallverordnung gilt für alle Betriebsbereiche, wie z. B. Produktionsstätten und Läger, in denen gefährliche Stoffe oberhalb einer sogenannten *Mengenschwelle* vorhanden sind. Die Betreiber der betroffenen Betriebsbereiche sind durch die Störfallverordnung verpflichtet, Sicherheitsvorkehrungen zu treffen, um Störfälle zu vermeiden bzw. deren Auswirkungen auf den Menschen und die Umwelt so weit wie möglich zu minimieren. Zu diesen Maßnahmen gehört auch das Ausweisen von Gefahrstoffmengen im Lager. In WM können Sie für diese gesetzliche Anforderung die *Störfallliste* nutzen. Navigieren Sie im SAP-Menü über LOGISTIK • LOGISTICS EXECUTION • INFOSYS-

TEM • LAGER • BESTAND • GEFAHRSTOFF zum Menüpunkt STÖRFALLLISTE (Transaktion LX08), und starten Sie die Transaktion. Sie gelangen somit zur Selektionsmaske der Störfallliste. Erfassen Sie Ihre Selektionsparameter wie LAGERNUMMER, LAGERTYP, LAGERPLATZ und BRANDABSCHNITT, und führen Sie den Report aus. Nach dem Ausführen werden Ihnen die Informationen nach Störfallverordnung für Ihr Lager angezeigt (siehe Abbildung 11.56).

```
Lagerverzeichnis nach Störfallverordnung
|◄ ◄ ►

Lagerverzeichnis nach Störfallverordnung

Lagernummer DE7

Typ Lagertypbezeichnung      Br Brand.bezichn.   Material          Materialkurztext
  LagKl W Lagergefahr            L                Gesamtbestand, BME Aggregatzustand
  Sfsnr  SFS-Ko Gefahr

006 Gefahrstofflager 1                            GS1001            Speziallack 5L Kanister
  2A     Entzündlich                               30 L              flüssig
                Handschuhe benutzen

006 Gefahrstofflager 1                            GS1002            Lack Rot 3L Kanister
  3A     Entzündlich                               30 L              flüssig
                Handschuhe benutzen
                Dämpfte nicht einatmen

007 Gefahrstofflag. Spezial                       GS1003            Waschbenzin 5 Liter Industriebedarf
  1      Entzündlich                               30 L              flüssig
                Handschuhe benutzen
                Dämpfte nicht einatmen

007 Gefahrstofflag. Spezial                       GS1004            Waschbenzin 5 Liter Industriebedarf
  1      2 Hochentzündlich                        300 L              flüssig
                Handschuhe benutzen

* S
                                                  390 L
```

Abbildung 11.56 Lagerverzeichnis nach Störfallverordnung

11.3.7 Systembeispiel zur Gefahrstoffverwaltung in WM

In unserem Beispiel erläutern wir ausgehend von einer Bestellung dreier unterschiedlicher Gefahrstoffe mit unterschiedlichen Lagerklassen den Einlagerungsprozess für Gefahrstoffe. Dabei stellen wir Ihnen sowohl die automatische Lagertypfindung als auch die automatische Lagerbereichsfindung vor. In diesem Beispiel verwenden wir die Customizing-Einstellungen, die wir zuvor in Abschnitt 11.3.5, »Customizing«, definiert haben. So erhalten Sie einen Eindruck, welche Auswirkungen die von uns vorgenommenen Einstellungen auf den Gesamtprozess haben.

Organisationsstruktur und Stammdaten

Als Referenzlagernummer in diesem Beispiel dient die Lagernummer DE7 mit den beiden Gefahrstofflagertypen 006 – Gefahrstofflager 1 – und 007 –

Gefahrstofflager 2. Aufgrund der gesetzlichen Vorgaben dürfen in der Lagernummer 006 verschiedene Lagerklassen gelagert werden. Im Lagertyp selbst wird jedoch jede Lagerklasse in einer separaten Regalreihe verwaltet, die als Lagerbereiche abgebildet wurden. In Lagertyp 007 können nur Gefahrstoffe mit der Lagerklasse 1 verwaltet werden. Alle anderen Lagerklassen sind nicht zulässig.

Zur differenzierten Darstellung der Lagertyp- und Lagerbereichsfindung werden wir die folgenden Materialien mit den entsprechenden Gefahrstoffstammsätzen nutzen:

- Material GS1001 mit dem Gefahrstoffstammsatz GS1001 (Lagerklasse 2A) kann nur im Lagertyp 006 im Lagerbereich 2A0 gelagert werden.
- Material GS1002 mit dem Gefahrstoffstammsatz GS1002 (Lagerklasse 3A) kann nur im Lagertyp 006 im Lagerbereich 3A0 gelagert werden.
- Material GS1003 mit dem Gefahrstoffstammsatz GS1003 (Lagerklasse 1) kann nur im Lagertyp 007 im Lagerbereich 001 gelagert werden.

In unserem Beispiel werden wir nun die folgenden Schritte durchlaufen:

1. Wareneingang zur Bestellung buchen
2. Transportaufträge anlegen
3. Transportaufträge quittieren

Nachdem die Gefahrstoffe das Lager DE7 erreicht haben, erfassen wir systemseitig den Wareneingang zur Bestellung mit der Bewegungsart 101 in den freien Lagerbestand. Die Bestellung vom Lieferanten L002 enthält die Gefahrstoffe GS1001, GS1002 und GS1003. Der Wareneingang erfolgt im Werk 5000 und am Lagerort DE70, der mit der Lagernummer DE7 verbunden ist (siehe Abbildung 11.57).

Nachdem Sie den Wareneingang gebucht haben, erstellt das System einen Materialbeleg in der Bestandsführung und einen Transportbedarf mit drei Positionen in WM. Direkt im Anschluss an die Wareneingangsbuchung erstellt das Wareneingangsbüro die Transportaufträge zur Einlagerung.

Aufgrund der direkten Buchungsfolge nutzen wir hierfür die Transaktion LT06 (Anlegen Transportauftrag zum Materialbeleg). Nachdem wir den Materialbeleg eingegeben haben, verzweigen wir in die Vorbereitungsdaten der Einlagerung (siehe Abbildung 11.58).

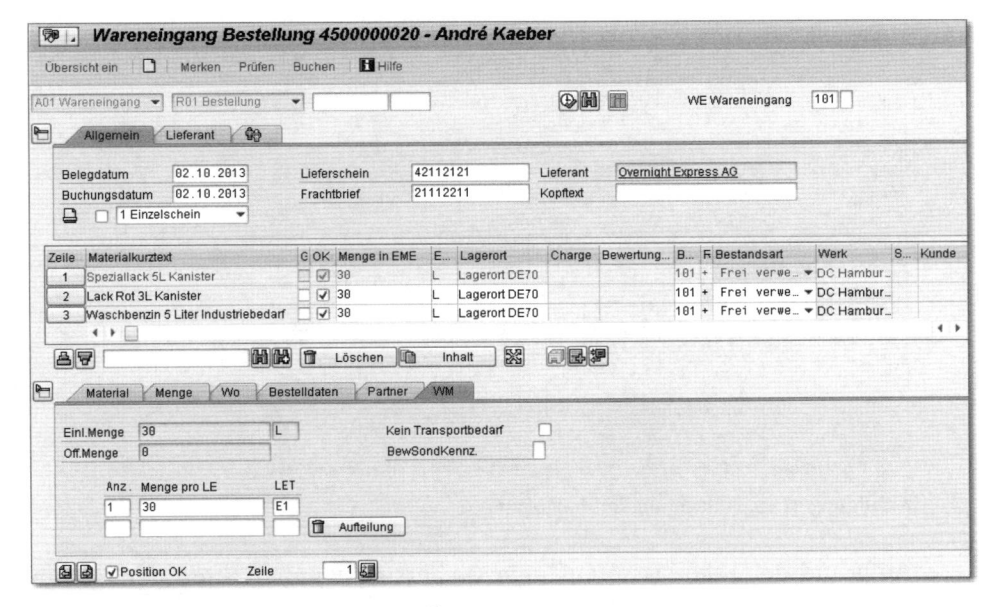

Abbildung 11.57 Wareneingang zur Bestellung

Abbildung 11.58 Transportauftrag anlegen (Positionsübersicht)

In der Positionsübersicht AKTIVER ARBEITSVORRAT sehen wir, dass bisher noch keine Einlagerung stattgefunden hat (OFFENE MENGE). Da wir den Einlagerungsprozess und im Speziellen die Lagerbereichs- und Lagertypfindung kontrollieren möchten, entscheiden wir uns für das manuelle PALETTIEREN, verzweigen in die Detaildaten der ersten Einlagerungsposition und wählen die Einlagerung im Hellablauf (Material GS1001, siehe Abbildung 11.59).

Abbildung 11.59 Einlagerung im Hellablauf

Aufgrund der Lagerklasse aus dem Gefahrstoffstammsatz und der aktiven Lagerbereichsfindung und -prüfung für den Lagertyp 006 schlägt das System den Lagerplatz 01-01-01 im Lagerbereich 2A0 vor. Da wir nur die Lagerklasse 2A für den Bereich 2A0 zugelassen haben, ist es nicht möglich, den Lagerbereich manuell zu überschreiben. Das System folgt somit den gesetzlichen Richtlinien zur Zusammenlagerung von verschiedenen Lagerklassen.

Möchten Sie die Einstellungen und Stammdaten der Lagertyp-, Bereichs- und Platzfindung überprüfen, navigieren Sie in den UMFELDDATEN DER EINLAGERUNG zum PROTOKOLL DER LAGERPLATZFINDUNG (siehe Abbildung 11.60).

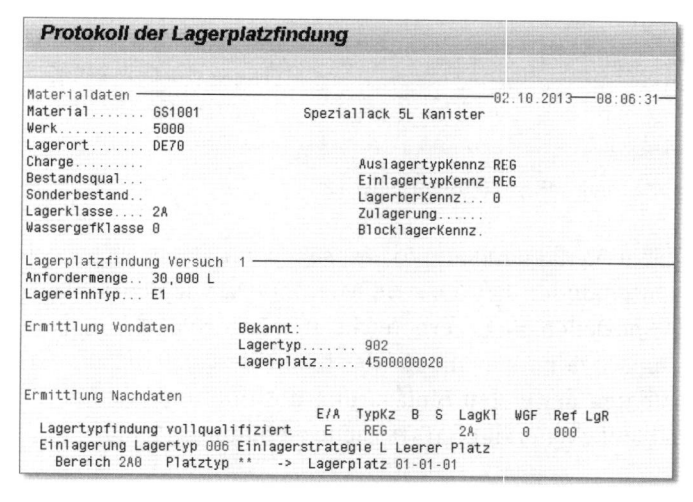

Abbildung 11.60 Protokoll der Lagerplatzfindung

Die Protokollanzeige gliedert sich in zwei Hauptabschnitte. Im ersten Abschnitt (MATERIALDATEN) werden alle materialabhängigen Parameter festgehalten, die zur Steuerung der Einlagerung herangezogen werden. Hierbei handelt es sich um Informationen aus dem Material- und Gefahrstoffstamm des Materials GS1001.

Im zweiten Abschnitt (LAGERPLATZFINDUNG) sehen wir dann die eigentliche Vorgehensweise des Systems bei der Einlagerung. Das System ermittelt zunächst die Vondaten der Einlagerung und anschließend die Nachdaten.

Wie Sie sehen, wird zunächst die Lagertypfindung anhand des Einlagerungstypkennzeichens (REG) und der Lagerklasse (2A) durchlaufen. Das System bestimmt den Lagertyp 006. Da im Lagertyp die Bereichsfindung aktiviert wurde, durchläuft das System auch die Tabelle zur Lagerbereichsfindung und bestimmt den Lagerbereich 2A0. Im letzten Schritt wird dann anhand der Einlagerungsstrategie der finale Lagerplatz 01-01-01 bestimmt.

Wir wiederholen diese Vorgehensweise für alle drei Einlagerungspositionen und sichern abschließend unsere Ausführungen. Da im Customizing der TA-Split pro Position definiert wurde, erstellt das System final fünf Transportaufträge, da die Einlagerungsmengen zweier Positionen einem Vielfachen einer Palette entsprechen.

Um die korrekte Transportauftragserstellung zu überprüfen, sehen wir uns die erstellten Transportaufträge in der Transportauftragsliste an (siehe Abbildung 11.61).

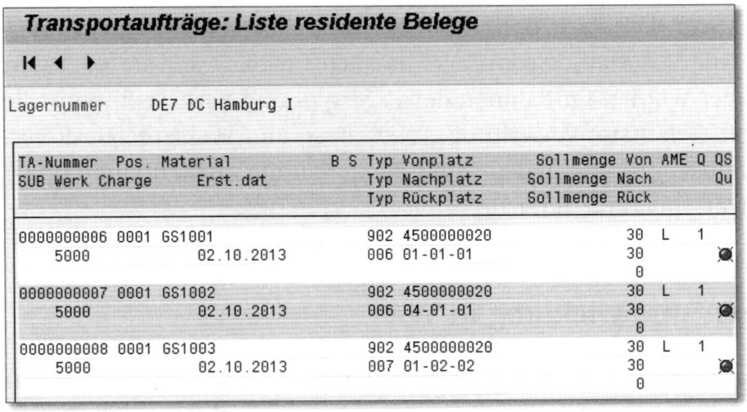

Transportaufträge: Liste residente Belege

Lagernummer DE7 DC Hamburg I

TA-Nummer / SUB	Pos. / Werk	Material / Charge	Erst.dat	B	S	Typ	Vonplatz / Nachplatz / Rückplatz	Sollmenge Von / Nach / Rück	AME	Q	QS / Qu
0000000006	0001	GS1001				902	4500000020	30	L	1	
	5000		02.10.2013			006	01-01-01	30			
								0			
0000000007	0001	GS1002				902	4500000020	30	L	1	
	5000		02.10.2013			006	04-01-01	30			
								0			
0000000008	0001	GS1003				902	4500000020	30	L	1	
	5000		02.10.2013			007	01-02-02	30			
								0			

Abbildung 11.61 Transportauftragsliste

Die Liste zeigt, dass die Materialien aufgrund ihrer Gefahrstoffausprägung in unterschiedlichen Lagertypen und Plätzen eingelagert werden sollen. Aufgrund der Lagertyp- und Bereichsfindung erfolgt die Einlagerung der Materialien GS1001 und GS1002 im Lagertyp 006 in getrennten Lagerbereichen. Die Einlagerung für das Material GS1003 mit der Lagerklasse 1 ist nur im Lagertyp 007 möglich. Wie Sie sehen, wird auch hier der korrekte Lagertyp vorgeschlagen.

Um den Prozess abzuschließen, müssen die erstellten Transportaufträge noch quittiert werden. Die Quittierung kann auch in diesem Fall jeweils für den gesamten Transportauftrag erfolgen.

In diesem Abschnitt haben wir Ihnen die Möglichkeiten der Gefahrstoffverwaltung in WM vorgestellt. Neben der Vermittlung der betriebswirtschaftlichen Grundlagen haben wir Ihnen das elementare Customizing erklärt und aufgezeigt, welche gefahrstoffspezifischen Informationen Sie im Gefahrstoffstammsatz pflegen können und müssen.

Da die Zusammenlagerung bestimmter Gefahrstoffe im Lager aus gesetzlichen und gefahrentechnischen Gesichtspunkten unbedingt vermieden werden muss, ist es wichtig, die einzelnen Parameter der Lager- und Wassergefährdungsklassenzuordnung im Customizing auszuprägen und zu überwachen. Zur Überwachung von Gefahrstoffen stellt WM verschiedene Gefahrstoff-Reports zur Verfügung, um jederzeit einen aktuellen Stand der Gefahrstoffe im Lager zu erhalten. Zu diesen Reports zählen u. a. die Feuerwehrliste sowie die gesetzlich vorgeschriebene Störfallliste.

Da ein Lager natürlich auch optimierungstechnischen Restriktionen unterliegt, müssen die Materialflüsse im Lager möglichst schlank und automatisiert ablaufen. Daher werden im Rahmen der Lagertyp- und Bereichsfindung die Parameter der Gefahrstoffverwaltung (Lagerklasse und Wassergefährdungsklasse) mit einbezogen und helfen somit bei der automatischen Findung der erlaubten Lagertypen und Bereiche.

11.4 Inventurabwicklung in WM

Für ein Unternehmen ist es von zentraler Bedeutung, die genaue Höhe der Bestandsmengen und -werte innerhalb seiner Lagerkomplexe zu kennen. In WM werden alle Bestandsabgänge sowie Bestandszugänge mengen- und wertmäßig erfasst. Trotzdem kann es durch Fehlbuchungen, Schwund und operative Fehler zu Bestandsdifferenzen kommen. Zur Aufdeckung dieser

Fehlmengen und Differenzen sowie zur Erfassung der physischen Lagerbestände wird in der Lagerverwaltung auf die Inventur zurückgegriffen.

In diesem Abschnitt stellen wir Ihnen zunächst die betriebswirtschaftlichen Grundlagen verschiedener Inventurverfahren vor. Daran anschließend werden wir Ihnen sukzessive die einzelnen Teilschritte des Inventurprozesses in WM erklären sowie die notwendigen Customizing-Schritte aufzeigen.

11.4.1 Betriebswirtschaftliche Grundlagen

Die Inventur dient dazu, den tatsächlichen Bestand aller Vermögensteile und Schulden eines Unternehmens für einen bestimmten Zeitpunkt mengen- und wertmäßig durch eine körperliche Bestandsaufnahme festzustellen. Der Kaufmann muss eine Inventur aus folgenden Gründen durchführen:

- Zu Beginn des Handelsgewerbes, am Schluss eines jeden Geschäftsjahres sowie bei Auflösung oder Veräußerung des Unternehmens hat jeder Kaufmann die Pflicht, das Vermögen und die Schulden seines Unternehmens festzustellen (§ 240 HGB sowie §§ 140, 141 AO).
- Interne Kontrollen und Entscheidungsunterstützung als Grundlage zur Optimierung von Lager-, Dispositions- und Beschaffungsprozessen. Darüber hinaus ist es wichtig, auch unternehmensintern die korrekten Bestandsmengen zu kennen, um angestrebte Servicegrade zu erreichen.

Stichtagsinventur

Bei der Stichtagsinventur handelt es sich um das klassische Inventurverfahren, mit dem die Vorstellungen von einer körperlichen Inventur, also einer Bestandsaufnahme durch Zählen, Messen oder Wiegen der Materialien zum Bilanzstichtag, in direkte Verbindung gebracht werden.

Allgemein ist zu sagen, dass die Inventur zu einem Inventurstichtag stattzufinden hat (§ 240 Abs. 1 und 2 HGB). Die Inventur muss aber nicht exakt am Inventurstichtag vorgenommen werden, weil dies oft schon praktisch aufgrund der Lagerdimensionen oder der Vielzahl der Artikel nicht durchführbar wäre. Sie muss aber zeitnah, in der Regel innerhalb einer Frist von zehn Tagen, vor oder nach dem Inventurstichtag durchgeführt werden. Dabei muss sichergestellt sein, dass die Bestandsveränderungen zwischen dem Bilanzstichtag und dem Tag der Bestandsaufnahme anhand von Belegen oder Aufzeichnungen ordnungsgemäß berücksichtigt werden.

Vor- und nachgelagerte Stichtagsinventur

Durch diese Form der Inventur ist es nicht mehr zwingend notwendig, dass das gesamte Vermögen art-, mengen- und wertmäßig für den Bilanzstichtag in einem Inventar nachgewiesen werden muss. Nach § 241 Abs. 3 HGB und Abschnitt 30 Abs. 3 und 4 EStR kann in dem Inventar für den Geschäftsjahresabschluss auf die Gegenstände verzichtet werden, die in einem besonderen Inventar innerhalb von drei Monaten vor oder zwei Monaten nach dem Ende des Geschäftsjahres erfasst worden sind. Als »besonderes Inventar« wird es deshalb bezeichnet, weil es für einen anderen Tag als für den Bilanzstichtag aufgestellt worden ist. Durch ein Fortschreibungs- und Rückrechnungsverfahren ist sicherzustellen, dass der am Schluss des Geschäftsjahres vorhandene Bestand für den Bilanzstichtag ordnungsgemäß bewertet werden kann.

Permanente Inventur

Die klassische Stichtagsinventur wird in der heutigen betrieblichen Praxis immer mehr von der *permanenten Inventur* verdrängt. Unter der permanenten Inventur wird ein Aufnahmeverfahren verstanden, bei dem sich die körperliche Aufnahme der Bestände über das ganze Jahr verteilt. Gesetzlich kann die Stichtagsinventur durch eine permanente Inventur ersetzt werden, wenn bestimmte Voraussetzungen geschaffen werden (§ 241 Abs. 2 HGB, Abschnitt 20 Abs. 2 EStR).

Stichprobeninventur

Die körperliche Bestandsaufnahme der klassischen Inventurverfahren wie Stichtagsinventur und permanente Inventur kann laut § 241 Abs. 1 HGB in *Stichproben* erfolgen.

Für die Anwendung des Stichprobeninventurverfahrens müssen verschiedene Voraussetzungen erfüllt sein:

- Es müssen anerkannte mathematisch-statistische Stichprobenverfahren verwendet werden.
- Das Verfahren muss der statistischen Methodenlehre entstammen und wahrscheinlichkeitstheoretisch fundiert sein.
- Die Entnahme der Stichprobenelemente muss nach einer statistischen Zufallsauswahl erfolgen. Das bedeutet, dass die Auswahl der Positionen nicht willkürlich vorgenommen werden darf.

- Das Stichprobenverfahren muss den Grundsätzen ordnungsgemäßer Buchführung entsprechen. Das bedeutet, dass die Grundsätze der Vollständigkeit, Richtigkeit und Nachhaltigkeit sinngemäß auf die Stichprobeninventur zu übertragen sind. Die Vollständigkeit ist dann gegeben, wenn die Stichprobe einen repräsentativen Teilbestand der Grundgesamtheit darstellt. Die Richtigkeit gilt als gegeben, wenn vom ermittelten Wert der Stichprobe mit ausreichender Genauigkeit auf den Wert des Gesamtbestands geschlossen werden kann.

- Der Aussagewert eines aus einer Stichprobeninventur resultierenden Inventars muss dem Aussagewert eines Inventars gleichkommen, das durch eine körperliche Gesamtaufnahme bestimmt wurde. Somit müssen die Schätzwerte einer Stichprobeninventur einen hohen Sicherheits- und Genauigkeitsgrad aufweisen.

Vorteile der Stichprobeninventur gegenüber einer vollständigen körperlichen Aufnahme ergeben sich vor allem durch die kürzere Erhebungs- und Auswertzeit, die geringeren Kosten und die verringerten Erhebungsfehler.

Die Stichprobeninventur kann grundsätzlich auf alle verschiedenen Läger angewendet werden. Eine Einschränkung besteht jedoch bei besonders wertvollen sowie leicht verderblichen, schlecht gelagerten Gütern. Diese müssen über die Vollaufnahme lückenlos aufgenommen werden.

Einlagerungsinventur

Der Einlagerungsinventurprozess stellt eine Sonderform der permanenten Inventur vor allem für Automatik- und nicht begehbare Läger dar. In den meisten Fällen handelt es sich um automatische Kleinteilläger oder Hochregalläger, in denen die Materialbestände nach *chaotischen Kriterien* verwaltet werden.

Das Wesen der Einlagerungsinventur besteht darin, dass die körperliche Bestandsaufnahme durch Zählen, Messen oder Wiegen bei der Einlagerung in das Lagersystem erfolgt. Dies kann also zu jedem beliebigen Zeitpunkt innerhalb eines Geschäftsjahres sein.

Jeder Zugang ist bei der Einlagerung mengenmäßig zu erfassen. Das Datum der Einlagerungsinventur ist in der Lagerbestandsführung je Lagerposition zu dokumentieren. Es muss sichergestellt werden, dass vor jeder Einlagerung der Lagerplatz daraufhin überprüft wird, dass er leer ist (Nullkontrolle).

Eine notwendige Anforderung der permanenten Inventur besteht darin, dass jeder Lagerplatz mindestens einmal pro Geschäftsjahr inventarisiert wird. Bei der Einlagerungsinventur geschieht dies bei der Einlagerung. Das bedeutet, dass alle Positionen, die sich bereits im Lager befinden, auch gezählt werden müssen. In Automatiklägern kann dies unter Umständen bedeuten, dass alle zu erfassenden Bestände zur Aufnahme ausgelagert werden müssen.

11.4.2 Inventurverfahren in WM

Durch die Aktivierung von WM für einen oder mehrere Lagerorte erfolgt die Inventur nicht mehr auf Ebene der Bestandsführung, sondern auf Ebene des Lagerplatzes in der Lagerverwaltung. Dabei werden Quants auf einzelnen Lagerplätzen inventurtechnisch durch Zählen, Messen oder Wiegen erfasst, um final das Inventar zu erstellen.

WM unterstützt eine Vielzahl von unterschiedlichen Inventurverfahren, die aufgrund von verschiedenen Restriktionen wie Lagergröße, Topografie, Automatisierungsgrad sowie Wert und Menge der Artikel unterschiedlich gewählt werden können. Gerade in größeren Lägern ist es aufgrund der Artikelvielfalt und Anzahl der Lagerplätze nicht möglich, eine klassische Stichtagsinventur zum Ende des Jahres durchzuführen. Hier kann z. B. auf die permanente Stichtagsinventur oder bei einem hohen Automatisierungsgrad auf die Einlagerungsinventur zurückgegriffen werden.

Folgende Inventurverfahren werden standardmäßig in WM unterstützt:

- Stichtagsinventur
- permanente Inventur
- Einlagerungsinventur
- Nullkontrolle
- Strichprobeninventur
- Cycle Counting

Neben der eigentlichen *permanenten Inventur* stehen in WM Sonderverfahren der Inventur zur Verfügung, die rechtlich alle der permanenten Inventur zuzuordnen sind:

Bei der *Einlagerungsinventur* fordert das System den Bearbeiter des Einlagerungstransportauftrags, mit dem ein Lagerplatz erstmalig im Geschäftsjahr befüllt wird, dazu auf, eine Inventur des Lagerplatzes durchzuführen. Dies geschieht entweder durch einen Zusatz auf dem Belegausdruck oder bei mobiler Datenerfassung durch einen entsprechenden Text im Display des RF-Terminals. Dabei gilt es zu prüfen, ob der Platz tatsächlich noch leer ist. Die Quittierung des Transportauftrags bestätigt diese Systemannahme. Wurden auf dem Einlagerungsplatz jedoch wider Erwarten Restbestände festgestellt, müssen diese über eine Differenzbuchung (ebenfalls beim Quittieren des Transportauftrags) erfasst werden.

Die *Nullkontrolle* entspricht auslagerungsseitig der Einlagerungsinventur. Wenn das System bei einer Auslagerung feststellt, dass der entsprechende Lagerplatz leer werden müsste, öffnet sich ein Bildschirmfenster zur Bestätigung der Platzmenge. Dabei wird sowohl die normale Bildschirmquittierung als auch die RF-Quittierung unterstützt. Bleibt Bestand auf dem Lagerplatz zurück, wird dieser beim Quittieren des Transportauftrags erfasst und später als Inventurdifferenz verbucht. Bei beiden Verfahren wird das Inventurergebnis auf Lagerplatzstammdaten- und auf Quantebene festgehalten.

Bei der *Stichprobeninventur* wird nur ein zufällig ausgewählter Teil der Materialbestände körperlich aufgenommen. Auf der Basis dieses Stichprobenwertes wird eine Hochrechnung erstellt, die den mutmaßlichen Gesamtwert der Lagerbestände ergibt. Im Customizing des Inventurverfahrens werden statistische Parameter festgelegt. Auf der Grundlage dieser Parameter (Sicherheitswahrscheinlichkeit, relativer statistischer Fehler und relative Abweichung von Buch- zu Istwert) wird entschieden, ob eine Stichprobeninventur erfolgreich war.

Bei der *Cycle-Counting-Inventur* muss im Vorfeld der Inventur eine ABC-Analyse der Materialbestände durchgeführt werden, wahlweise auf Verbrauchs- oder auf Bedarfsbasis, um die Materialien in verschiedene Klassen einzuordnen. Materialien (A-Teile), deren wertmäßiger Anteil am Gesamtverbrauch oder -bedarf einen bestimmten, zuvor im Customizing festgelegten Prozentsatz ausmacht, werden im Lauf des Geschäftsjahres häufiger inventarisiert als Materialien geringerwertiger Kategorien (B- und C-Teile). Diese Klassifizierung und deren wertmäßigen prozentualen Anteil am Gesamtverbrauch bzw. -bedarf legen Sie vorab im Customizing fest. Zugleich bestimmen Sie den Inventurrhythmus jeder Kategorie. Besonders wertvolle Materialien können auf diese Weise monatlich, weniger wertvolle Materialien viertel- oder halbjährlich und die übrigen Materialien den gesetzlichen Anforderungen gemäß einmal jährlich inventarisiert werden.

Eine Sonderform der Cycle-Counting-Inventur ist die *Cycle-Counting-Inventur auf Quantebene*. Bei dieser Inventurform wird nicht der gesamte Lagerplatz, sondern es werden nur einzelne zu inventarisierende Quants gesperrt.

> **Dynamisches Cycle Counting**
>
> Nutzen Sie in Ihrem Lager bereits die RF-unterstützte Inventuraufnahme, können Sie diese um die Möglichkeit des dynamischen Cycle Countings erweitern. Unter dynamischem Cycle Counting wird die Möglichkeit verstanden, Lagerplätze oder Quants trotz offener Transportaufträge inventurtechnisch zu erfassen. Das bedeutet, dass Sie Inventurbelege erfassen können, obwohl offene Transportaufträge für die entsprechenden Lagerplätze vorhanden sind.
>
> Somit können auch in Spitzenbelastungszeiten Inventuraufnahmen erfolgen. Inventurbelege können grundsätzlich mit der Transaktion LI01N oder direkt mit einem mobilen RF-Terminal angelegt werden. Wichtig ist, dass dem Inventurbeleg ein Bearbeiter zugeordnet wird, damit der Belegbezug mit RF hergestellt werden kann. Eine Aktivierung des Inventurbelegs ist in diesem Fall nicht erforderlich/möglich. Die eigentliche Inventurzählung erfolgt dann RF-gestützt unter Verwendung spezieller RF-Transaktionen für das dynamische Cycle Counting. Hierbei handelt es sich um die folgenden RF-Transaktionen:
>
> - LM58   Systemgeführtes dyn. Cycle Counting
> - LM59   Benutzerinitiierte dyn. Inventurzählung
> - LM60   Benutzergeführte dyn. Inventurzählung
>
> Nachdem Sie die Lagerplätze mit RF-Unterstützung gezählt haben, wird der Inventurstatus im Lagerplatzstamm festgehalten. Mit dem Quittieren des letzten offenen Transportauftrags für den Lagerplatz werden die entstandenen Differenzen automatisch ausgebucht. Abschließend müssen die Differenzen noch in der Bestandsführung ausgebucht werden.

11.4.3 Inventurprozess in WM

Grundlage der Inventur in WM ist der Inventuraufnahmebeleg, der ausgedruckt oder mit RF verarbeitet werden kann und später im System weiterbearbeitet wird. Zugleich dient der Beleg als physischer Nachweis der Inventur. Buchungstechnisch werden bei allen in WM unterstützten Inventurverfahren weitgehend die gleichen Prozessschritte ausgeführt. Eine Ausnahme bilden die Einlagerungsinventur und die Nullkontrolle. Hier werden die Lagerplätze nicht explizit selektiert und die Inventurbelege freigegeben. Die Inventur wird in diesem Fall nicht geplant, sondern ist direkt an die Ausführung der Ein- und Auslagerungstransportaufträge geknüpft. Abbildung 11.62 zeigt die wesentlichen Prozessschritte der Inventur in WM.

Der Inventuraufnahmebeleg wird abhängig vom Inventurverfahren auf unterschiedliche Art und Weise erzeugt (Schritt ❶ in Abbildung 11.62). Bei der permanenten Inventur erfolgt aufgrund des geringeren Datenvolumens die direkte Anlage des Inventurbelegs. Möchten Sie die Auswahl der zu inventierenden Plätze verfeinern, geben Sie weitere optionale Parameter für die Selektion vor, um den Inventuraufnahmebeleg anzulegen. Hierbei kann es sich z. B. um den Lagertyp oder einzelne Lagerplätze oder Gassen handeln.

Abbildung 11.62 Prozessablauf der Inventur in WM

Anders als bei der permanenten Inventur erstellt das System bei der Stichtags- und Stichprobeninventur aufgrund des großen Datenvolumens (alle Lagerplätze werden zur gleichen Zeit inventiert/geprüft) zunächst eine *Batch-Input-Mappe*. Beim Abspielen der Mappe wird dann ein Inventuraufnahmebeleg angelegt.

Generell geht das System in der Standardeinstellung stets davon aus, dass Sie nur die im Geschäftsjahr noch nicht inventarisierten Plätze berücksichtigen möchten. Nachdem Sie den Inventurbeleg angelegt haben, sind alle darin enthaltenen Lagerplätze zur Inventur vorgemerkt. Dies wir anhand einer gelben Ampel im Lagerplatzstamm signalisiert.

Im nächsten Schritt folgt die Aktivierung des Inventurbelegs (Schritt ❷). Das Aktivieren bewirkt eine Sperrung aller im Beleg enthaltenen Lagerplätze. Ein-

und Auslagerungen sind also während der Dauer der Inventur nicht möglich. Diese Inventursperre wird ebenfalls im Lagerplatzstammdatensatz anhand einer roten Ampel angezeigt. Anders als Ein- und Auslagerungssperren kann diese nicht manuell, sondern nur durch Ausbuchen des Platzes nach Abschluss der Inventur aufgehoben werden. Beachten Sie, dass vor dem Aktivieren alle offenen Transportaufträge abgeschlossen sein müssen.

Wenn Sie das Cycle Counting als Inventurverfahren nutzen, können Sie sich beim Anlegen des Inventuraufnahmebelegs entweder auf die Lagertypen beziehen, in denen das Verfahren zugelassen ist, oder Sie geben die Materialnummern der aufzunehmenden Materialien an. Wenn Sie keine Materialangabe machen, prüft das System alle Materialien in den Cycle-Counting-relevanten Lagertypen, sofern diese auf Stammdatenebene einer der Kategorien der ABC-Analyse zugeordnet wurden, die dem Inventurverfahren zugrunde liegt.

Um die Ergebnisse der physischen Aufnahme durch Zählen, Messen oder Wiegen zu erfassen, können Sie entweder die *Inventuraufnahmeliste* drucken oder die Zählung mit RF-Unterstützung durchführen (Schritt ❸). Im Customizing können Sie entscheiden, ob Materialien auf den entsprechenden zu zählenden Lagerplätzen mit angedruckt werden sollen.

Nach Abschluss der physischen Aufnahme werden die Inventurergebnisse im System erfasst (Schritt ❹). Wird Bestand auf vermeintlichen Leerplätzen zurückgemeldet, legt das System ein neues Quant für diesen Bestand an. Genauso wird mit Materialmengen auf Lagerplätzen verfahren, die eigentlich ein anderes Material enthalten sollten. Nach Erfassung der Inventurergebnisse besteht die Möglichkeit, eine oder mehrere Nachzählungen zu veranlassen. Bei einer Nachzählung wird eine Zählversion zum Ausgangsinventurbeleg angelegt. Daran anschließend müssen analog zur ersten Zählung die Zählergebnisse im System erfasst werden.

In Schritt ❺ erfolgt nach Abschluss der Inventuraufnahme das Ausbuchen der Inventurdifferenzen in WM. Bei diesem Prozessschritt werden die positiven bzw. negativen Differenzen auf einen Schnittstellenlagertyp für Differenzen gebucht. Dieser Vorgang muss auch bei einer Inventurzählung ohne Differenzen zwischen Buch- und Zählbestand ausgeführt werden, da somit die durch die Inventuraufnahme gesperrten Lagerplätze wieder entsperrt werden.

Abgeschlossen wird die Inventur durch die Korrektur der Lagerortbestände, bei der die Differenzenbestände des Schnittstellenlagertyps vollständig ausgebucht werden (Schritt ❻). Im Zuge der Buchung reduzieren sich die Lagerortbestände der Materialien, bei denen Fehlmengen erfasst wurden, und die Lagerortbestände der Materialien, bei denen Zunahmen zu verzeichnen waren, erhöhen sich. Mit der Differenzbuchung in WM erstellt das System einen Materialbeleg in der Bestandsführung, der neben der Mengendifferenz auch eine Wertdifferenz fortschreibt.

11.4.4 Inventurabschluss/Reorganisation

Um Lagerplätze und Quants auch nach Abschluss eines Geschäftsjahres inventurtechnisch erfassen zu können, ist es zwingend erforderlich, in WM nach der finalen Inventurzählung die Inventurdaten für Lagerplätze und Lagerquants für das aktuelle Geschäftsjahr zurückzusetzen. Dies geschieht mit dem Report RLREOLPQ.

Um diesen Report auszuführen, verwenden Sie die Transaktion SE38 (ABAP Editor), die über WERKZEUGE • ENTWICKLUNG aufgerufen werden kann. Erfassen Sie dann den Programmnamen RLREOLPQ, und starten Sie den Report. Nach dem Ausführen des Reports haben Sie die Möglichkeit, selektiv Ihre Lagernummer und Lagertypen auszuwählen, für die die Inventurwerte zurückgesetzt werden sollen. Im folgenden Beispiel selektieren wir die Lagernummer DE7, für die zunächst ein Testlauf, also eine Simulation der Funktionalität, ausgeführt werden soll (siehe Abbildung 11.63).

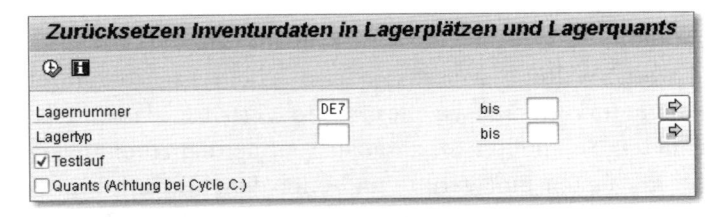

Abbildung 11.63 Eingabemaske der Inventur zurücksetzen

Nach dem Ausführen des Reports erzeugt WM eine Liste der Lagerplätze, die potenziell zurückgesetzt werden können (siehe Abbildung 11.64).

Diese Liste entspricht allen inventierten Lagerplätzen innerhalb eines Geschäftsjahres. Um nun die Lagerplätze zurückzusetzen, verzweigen wir zurück in den in Abbildung 11.63 dargestellten Eingabebildschirm. Entfernen Sie das Kennzeichen TESTLAUF, und führen Sie den Report erneut aus. Nach erfolgreicher Ausführung wurden alle Lagerplätze zurückgesetzt und werden nun im neuen Geschäftsjahr als zu inventierend vorgeschlagen.

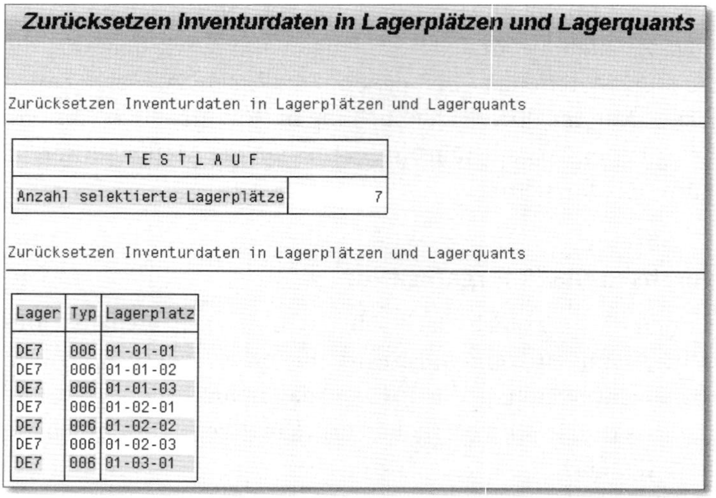

Zurücksetzen Inventurdaten in Lagerplätzen und Lagerquants
Zurücksetzen Inventurdaten in Lagerplätzen und Lagerquants

TESTLAUF	
Anzahl selektierte Lagerplätze	7

Zurücksetzen Inventurdaten in Lagerplätzen und Lagerquants

Lager	Typ	Lagerplatz
DE7	006	01-01-01
DE7	006	01-01-02
DE7	006	01-01-03
DE7	006	01-02-01
DE7	006	01-02-02
DE7	006	01-02-03
DE7	006	01-03-01

Abbildung 11.64 Inventurdaten zurücksetzen

11.4.5 Customizing

Inventurverfahren können auch innerhalb eines physischen Lagerkomplexes aufgrund der Lagerphysik, der Prozesse sowie der zu lagernden Materialien sehr unterschiedlich ausgeprägt sein. Die flexible Gestaltung der Inventurprozesse anhand der gegebenen Restriktionen ist daher eine wesentliche Grundvoraussetzung.

In WM erfolgt die Zuordnung der Inventurverfahren auf Lagertypebene. Im Customizing der Lagerverwaltung weisen Sie also jedem Lagertyp Ihrer Lagernummer ein Inventurverfahren zu. Bestimmte Verfahren lassen sich miteinander kombinieren. So könnten Sie zusätzlich zur permanenten Inventur die Inventur bei der ersten Einlagerung und/oder die Nullkontrolle als Inventurverfahren aktivieren. Grundsätzlich müssen zur Nutzung der Verfahren der permanenten Inventur und der Stichtagsinventur die in Abbildung 11.65 dargestellten Schritte durchlaufen werden.

Zunächst müssen wesentliche allgemeine Grundeinstellungen zur Differenzensteuerung vorgenommen werden. Sollen Inventurdifferenzen unabhängig von normalen Lagerdifferenzen in einem separaten Schnittstellenlagertyp ausgewiesen werden, ist es erforderlich, im ersten Schritt einen neuen Schnittstellenlagertyp anzulegen (Schritt ❶). Die Einstellungen hierfür nehmen Sie im Customizing der Lagerverwaltung vor (siehe Abbildung 11.66).

Inventurabwicklung in WM | **11.4**

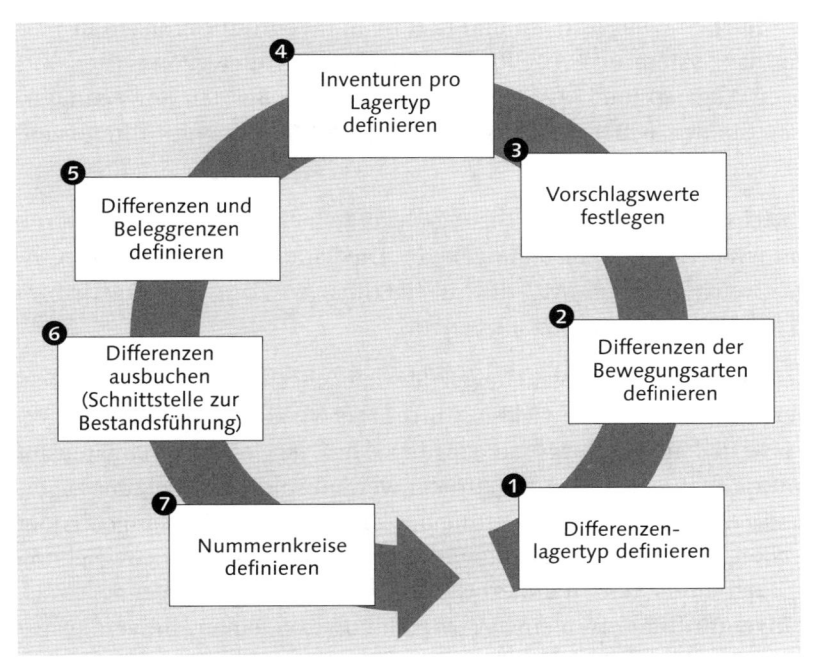

Abbildung 11.65 Customizing-Schritte der Inventur in WM

Abbildung 11.66 Lagertypdefinition für Inventurdifferenzenlagertyp

Für das Verbuchen von positiven und negativen Inventurdifferenzen in WM verwendet das System im SAP-ERP-Standard die WM-Bewegungsarten 711 (Differenzen Abgang) und 712 (Differenzen Zugang). Bei den Bewegungsarten müssen Sie den neuen Schnittstellenlagertyp 950 (Inventurdifferenzen) zuordnen (Schritt ❷).

Mit dem nächsten Customizing-Schritt (Schritt ❸) nehmen Sie die ersten reinen inventurspezifischen Einstellungen vor. Die Parameter des Inventur-Customizings erreichen Sie im IMG-Pfad über LOGISTIK • LOGISTICS EXECUTION • LAGERVERWALTUNG • VORGÄNGE • INVENTUR.

Mit diesem Customizing-Objekt legen Sie zunächst die allgemeinen Vorschlagswerte der Inventurabwicklung pro Lagertyp innerhalb einer Lagernummer fest. In den Vorschlagsdaten legen Sie u. a. fest, ob Materialdaten auf der Inventuraufnahmeliste mit angedruckt werden sollen oder ob der Lagerplatz und das Material bei der Erfassung der Zählergebnisse mit eingeblendet werden sollen. Darüber hinaus können Sie den Prozentsatz der Abweichung zwischen Buch- und Zählbestand erfassen, bei dem das System bei der Erfassung der Inventurdifferenzen eine Warnmeldung bzw. einen Hinweis ausgeben soll (siehe Abbildung 11.67).

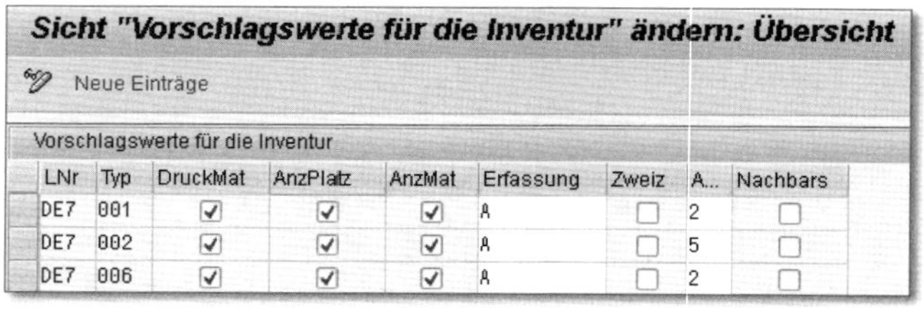
Sicht "Vorschlagswerte für die Inventur" ändern: Übersicht

Neue Einträge

Vorschlagswerte für die Inventur

LNr	Typ	DruckMat	AnzPlatz	AnzMat	Erfassung	Zweiz	A...	Nachbars
DE7	001	☑	☑	☑	A	☐	2	☐
DE7	002	☑	☑	☑	A	☐	5	☐
DE7	006	☑	☑	☑	A	☐	2	☐

Abbildung 11.67 Vorschlagswerte der Inventur

Nachdem Sie die anzeigespezifischen und visuellen Vorschlagswerte der Inventurabwicklung definiert haben, müssen Sie im nächsten Schritt (Schritt ❹) die eigentlichen Inventurverfahren/-arten je Lagertyp festlegen (siehe Abbildung 11.68). Im Feld INVENTUR stehen nur die klassischen Inventurverfahren der permanenten Inventur und der Stichtagsinventur zur Verfügung. Eine Kombination beider Verfahren je Lagertyp ist nicht möglich. Sie können jedoch mit der permanenten Inventur alle Lagerplätze zu einem von Ihnen festgelegten Stichtag zählen.

Neben den klassischen Inventurverfahren können weitere Verfahren der permanenten Inventur (Einlagerungsinventur und Nullkontrolle) sowie ein Sonderverfahren der Inventur, das sogenannte *Cycle Counting*, aktiviert werden.

Sicht "Inventur pro Lagertyp" ändern: Übersicht

Inventur pro Lagertyp

LNr	Typ	Inventur	Einlaginv	Nullkinv	Nullkontr	Cycle Co...	Lagertypbezeichnung
DE7	031	PZ	☐	☐	☑	☐	Einheitenlager K4712
DE7	032	PZ	☐	☐	☑	☐	Einheitenlager K4713
DE7	050	PZ	☐	☐	☐	☐	Fertigwarenlager
DE7	100	PZ	☐	☐	☑	☐	Kommissionierung KAR
DE7	101	PZ	☐	☐	☑	☐	Fixplatzregal
DE7	102	PZ	☐	☐	☑	☐	Regallager
DE7	103	PZ	☐	☐	☑	☐	Regallager
DE7	104	PZ	☐	☐	☑	☐	Hochregallager (Q-EL)
DE7	105	PZ	☐	☐	☑	☐	Regallager ELS P2
DE7	110	PZ	☐	☐	☐	☐	Regallager chaotisch
DE7	111	PZ	☐	☐	☐	☐	Nachschub Puffer 300
DE7	112	PZ	☐	☐	☑	☐	Fixplatzregal
DE7	120	PZ	☐	☐	☐	☑	Durchlaufregallager

Abbildung 11.68 Inventurarten je Lagertyp

Nullkontrolle im LE-Blocklager

Beachten Sie, dass die Nullkontrolle und die Inventur durch Nullkontrolle in LE-verwalteten Blocklagertypen nicht möglich sind.

Um positive und negative Inventurdifferenzen ausbuchen zu können, müssen Sie im Customizing-Schritt DIFFERENZEN UND BELEGGRENZEN DEFINIEREN (Schritt ❺) die entsprechenden WM-Bewegungsarten zuordnen (siehe Abbildung 11.69).

Sicht "Inventursteuerung Lagernummer" ändern: Übersicht

Inventursteuerung Lagernummer

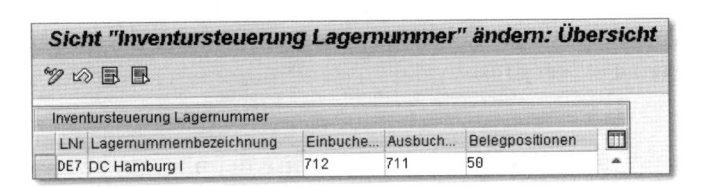

LNr	Lagernummernbezeichnung	Einbuche...	Ausbuch...	Belegpositionen	
DE7	DC Hamburg I	712	711	50	

Abbildung 11.69 Differenzen und Beleggrenzen definieren

Positive Differenzen (Zugänge) werden mit der WM-Bewegungsart 712 gebucht und negative Inventurdifferenzen (Abgänge) mit der WM-Bewegungsart 711. Möchten Sie die Aufnahmelast der physischen Inventuraufnahme durch Zählen, Messen oder Wiegen gleichmäßig auf mehrere Personen verteilen, können Sie dies mit dem Feld BELEGPOSITIONEN erreichen. Die Anzahl der Belegpositionen fungiert als automatisches Split-Kriterium für die Erstellung des Inventuraufnahmebelegs. Möchten Sie z. B. 100 Lagerplätze zur gleichen Zeit inventieren, erstellt das System zwei Inventuraufnahmebelege, da im Customizing maximal 50 Belegpositionen je Inventuraufnahmebeleg erlaubt sind.

Da die Inventurdifferenzen zunächst in WM festgestellt werden, muss im Anschluss an die WM-Differenzenbuchung der Bestand auch in der Bestandsführung ausgeglichen werden (Korrektur der Lagerortbestände). Dies geschieht anhand eines Materialbelegs mit einer spezifischen Bestandsführungsbewegungsart, die im Customizing unter DIFFERENZEN AUSBUCHEN (Schnittstelle zur Bestandsführung, Schritt ❻) festgelegt wird. Auch hier muss zwischen positiven und negativen Inventurdifferenzen unterschieden werden (siehe Abbildung 11.70).

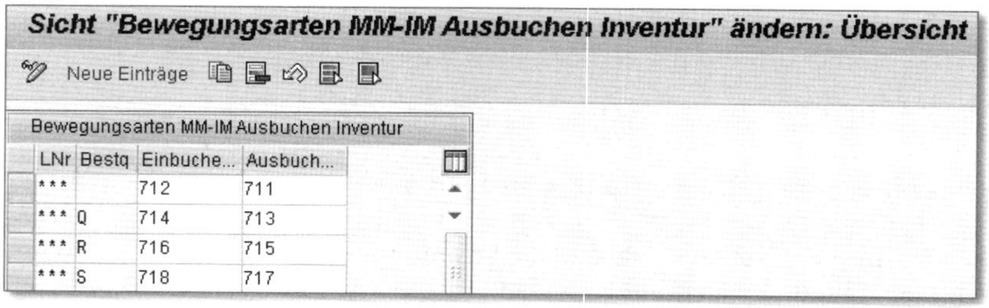

LNr	Bestq	Einbuche...	Ausbuch...
***		712	711
***	Q	714	713
***	R	716	715
***	S	718	717

Abbildung 11.70 Differenzen ausbuchen (Schnittstelle zur Bestandsführung)

Darüber hinaus werden im SAP-Standard je Bestandsqualifikation andere Bestandsführungsbewegungsarten gefunden und zur Materialbelegerstellung herangezogen. Im Zusammenhang mit dem Ausbuchen von Differenzen ist der Customizing-Punkt AUSBUCHEN VON LAGERTYPEN VERBIETEN zu beachten. In dieser Tabelle können Sie einzelne Lagertypen vom Zugriff durch die Transaktion AUSBUCHEN DIFFERENZEN in der Bestandsführung (Transaktion LI21) ausnehmen.

Abschließend müssen noch die Inventurnummernkreise definiert und zugeordnet werden (Schritt ❼). Die Zuordnung erfolgt je Lagernummer, wobei verschiedene Nummernkreise je Inventur, Quantinventur oder transportbegleitende Inventur vergeben werden können.

11.4.6 Systembeispiel zur permanenten Inventur

In unserem Systembeispiel stellen wir Ihnen den exemplarischen Ablauf der permanenten Inventur in WM vor. In unserem Beispiel betrachten wir die Lagernummer DE7 sowie den Lagertyp 006, der chaotisch verwaltet wird und als Gefahrstofflager mit unterschiedlichen Lagerbereichen dient. Für den Lagertyp 006 wurde im Customizing die permanente Inventur aktiviert. Das bedeutet, dass die Inventur der Lagerplätze verteilt über das Geschäftsjahr stattfindet. Da aufgrund saisonaler Schwankungen momentan freie Ressourcenkapazitäten im Lager zur Verfügung stehen, soll diese Zeit zur Inventur einiger Lagerplätze genutzt werden. Um die Inventur durchzuführen, werden wir folgende Prozessschritte durchlaufen:

1. Inventurbeleg anlegen und aktivieren
2. Inventurbeleg ausdrucken
3. Inventurzählung erfassen
4. Nachzählung erfassen
5. Differenzen in WM ausbuchen
6. Differenzen in der Bestandsführung ausbuchen

Abbildung 11.71 zeigt eine Listauswertung (Transaktion LX16) zu Lagerplätzen im Lagertyp 006 in der Lagernummer DE7, die im Rahmen der permanenten Inventur aufzunehmen sind. Aufgeführt sind alle Lagerplätze, die innerhalb des laufenden Geschäftsjahres noch nicht inventurtechnisch erfasst wurden. Neben den Lagerplatzinformationen werden auch Informationen zum Lagerbereich und zur Platzbelegung angezeigt.

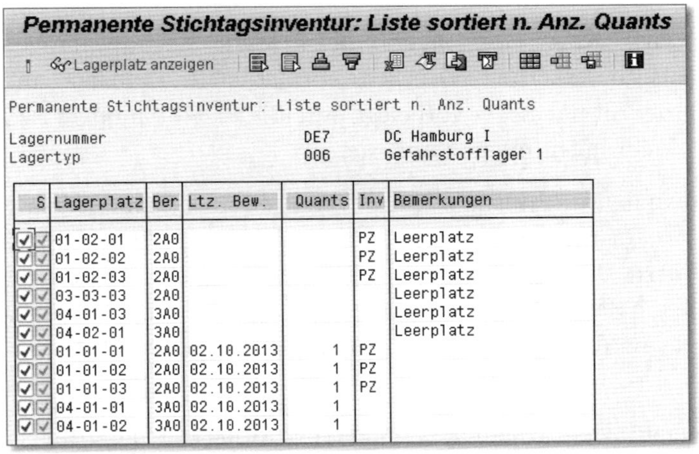

Permanente Stichtagsinventur: Liste sortiert n. Anz. Quants

Lagernummer DE7 DC Hamburg I
Lagertyp 006 Gefahrstofflager 1

S	Lagerplatz	Ber	Ltz. Bew.	Quants	Inv	Bemerkungen
☑	01-02-01	2A0			PZ	Leerplatz
☑	01-02-02	2A0			PZ	Leerplatz
☑	01-02-03	2A0			PZ	Leerplatz
☑	03-03-03	2A0				Leerplatz
☑	04-01-03	3A0				Leerplatz
☑	04-02-01	3A0				Leerplatz
☑	01-01-01	2A0	02.10.2013	1	PZ	
☑	01-01-02	2A0	02.10.2013	1	PZ	
☑	01-01-03	2A0	02.10.2013	1	PZ	
☑	04-01-01	3A0	02.10.2013	1		
☑	04-01-02	3A0	02.10.2013	1		

Abbildung 11.71 Auswahl der Lagerplätze zur permanenten Inventur

Die Lagerplätze 01-01-01 bis 04-01-02, die zusammen in einen Inventurbeleg aufgenommen werden sollen, werden markiert. Wir aktivieren die Selektion und erstellen somit einen Inventurbeleg. Gleichzeitig werden die selektierten Lagerplätze für weitere Ein- und Auslagerungen gesperrt.

11 | Weitere Grundfunktionen in WM

Die Aufnahme der Inventurergebnisse erfolgt in unserem Szenario papiergestützt. Das bedeutet, dass die Inventurergebnisse durch einen Lagermitarbeiter in einer *Inventuraufnahmeliste* erfasst werden. Zum Ausdruck der Inventuraufnahmeliste nutzen Sie die Transaktion LI04 (siehe Abbildung 11.72).

Drucken Inventurliste

Lagernummer	DE7
Inventurbeleg	2
Nachzählversion	

Ausgabesteuerung
- Drucker:
- Listname: RLLI0400
- Druckreport: RLLI0400
- ☑ Liste drucken
- ☑ Druck im Breitform
- ☐ Sofort ausgeben
- ☐ Löschen nach Ausgabe
- ☐ Neuer Spool-Auftrag

Senden an Subsystem
- Sendereport: RLLI0405
- Empfänger:
- ☐ Senden

Abbildung 11.72 Inventuraufnahmeliste drucken

Erfassen Sie den zu bearbeitenden Inventurbeleg sowie die notwendigen Parameter der Ausgabesteuerung (Drucker, Format etc.). Listname und Druck-Report werden in der Regel vorbelegt (RLLI0400). Abbildung 11.73 zeigt den Ausdruck der Inventuraufnahmeliste.

Die Inventuraufnahmeliste enthält alle notwendigen Informationen wie Lagerplatz, Material, Charge und Lagereinheit, um die physische Bestandsaufnahme durchzuführen. Darüber hinaus sehen Sie, dass es sich bei der von uns erstellten Liste um die Hauptzählung handelt. Sollten Sie einen Inventurbeleg nachzählen wollen, wird dies ebenfalls in der Inventuraufnahmeliste angezeigt.

Nach der physischen Inventurzählung müssen die Informationen der Inventuraufnahmeliste buchungstechnisch im SAP-ERP-System erfasst werden, um eventuelle Abweichungen zwischen Buch- und Zählbestand festzustellen. Zur Eingabe der Zählergebnisse nutzen Sie die Transaktion LI11N. Geben Sie dort die Inventurbelegnummer der Aufnahmeliste ein, verzweigen Sie dann in die Erfassungsmaske, und erfassen Sie die Zählergebnisse (siehe Abbildung 11.74).

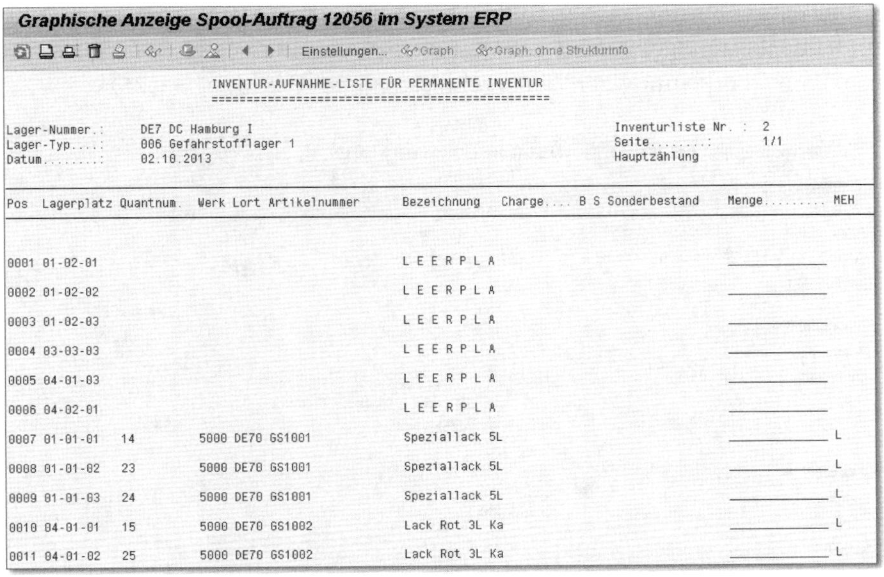

Inventurabwicklung in WM | 11.4

```
Graphische Anzeige Spool-Auftrag 12056 im System ERP

               INVENTUR-AUFNAHME-LISTE FÜR PERMANENTE INVENTUR
               ==================================================
Lager-Nummer.: DE7 DC Hamburg I                    Inventurliste Nr.: 2
Lager-Typ....: 006 Gefahrstofflager 1              Seite............: 1/1
Datum........: 02.10.2013                          Hauptzählung

Pos  Lagerplatz Quantnum.  Werk Lort Artikelnummer   Bezeichnung   Charge...  B S Sonderbestand   Menge........ MEH

0001 01-02-01                                        L E E R P L A
0002 01-02-02                                        L E E R P L A
0003 01-02-03                                        L E E R P L A
0004 03-03-03                                        L E E R P L A
0005 04-01-03                                        L E E R P L A
0006 04-02-01                                        L E E R P L A
0007 01-01-01   14         5000 DE70 GS1001          Speziallack 5L                                             L
0008 01-01-02   23         5000 DE70 GS1001          Speziallack 5L                                             L
0009 01-01-03   24         5000 DE70 GS1001          Speziallack 5L                                             L
0010 04-01-01   15         5000 DE70 GS1002          Lack Rot 3L Ka                                             L
0011 04-01-02   25         5000 DE70 GS1002          Lack Rot 3L Ka                                             L
```

Abbildung 11.73 Inventuraufnahmeliste

Zählergebnisse erfassen: Übersicht

Neue Position   Einzelerfassung

Lagernummer: DE7 DC Hamburg I   Inventurseite: 1
Lagertyp: 006 Gefahrstofflager 1 Zähldatum: 02.10.2013
Inventurbeleg: 2

Pos	Lagerplatz	Material	Charge	Werk	B	Zählmenge	A...	N.	Quant	Lagereinheit	L...	Name des Zählers
1	01-02-01							✓	0			DKX0KAA
2	01-02-02							✓	0			DKX0KAA
3	01-02-03							✓	0			DKX0KAA
4	03-03-03							✓	0			DKX0KAA
5	04-01-03							✓	0			DKX0KAA
6	04-02-01							✓	0			DKX0KAA
7	01-01-01	GS1001		5000		30	L	☐	14		E1	DKX0KAA
8	01-01-02	GS1001		5000		90	L	☐	23		E1	DKX0KAA
9	01-01-03	GS1001		5000		50	L	☐	24		E1	DKX0KAA
10	04-01-01	GS1002		5000		30	L	☐	15		E1	DKX0KAA
11	04-01-02	GS1002		5000		150	L	☐	25		E1	DKX0KAA

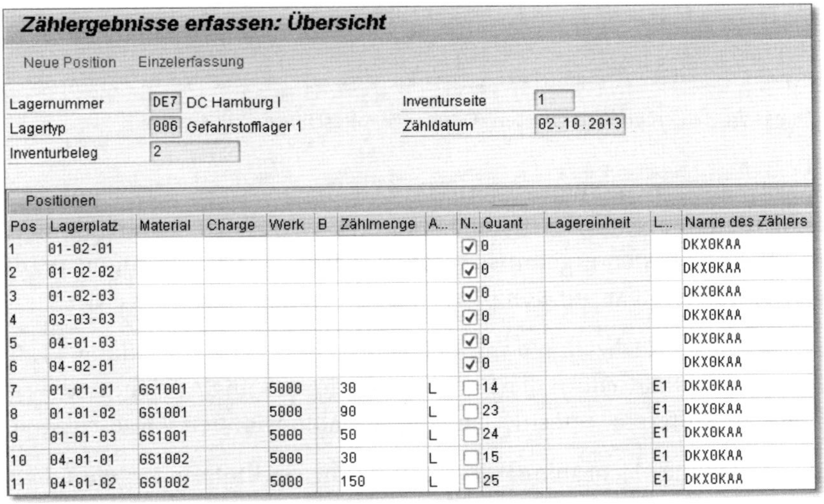

Abbildung 11.74 Zählergebnisse erfassen

Es wurden die Plätze mit Nullbestand (Lagerplätze ohne Materialzuordnung) und belegte Lagerplätze aufgenommen. Für Plätze mit Nullbestand markieren Sie einfach je Nullbestandszeile das Feld N. Für Lagerplätze mit Bestandszuordnung müssen Sie die Zählmenge erfassen und sichern. Das System erkennt dabei, dass es bei der Position 8 eine Abweichung von –10,00 % zwischen Zähl- und Buchbestand gibt, und öffnet automatisch einen Folgebildschirm zur erneuten Überprüfung der Zählergebnisse (siehe Abbildung 11.75).

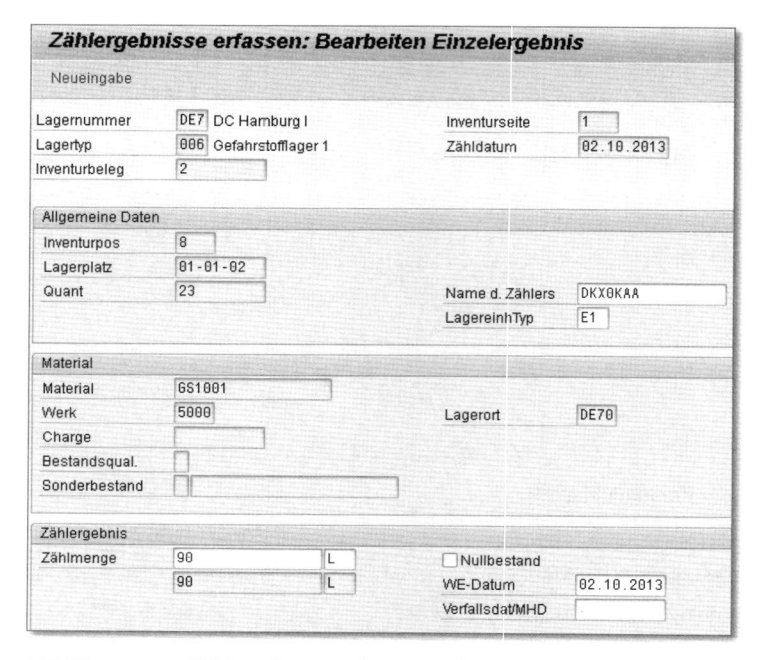

Abbildung 11.75 Zählergebnisse erfassen (Differenzenbildschirm)

Sie werden dort erneut aufgefordert, die Zählergebnisse zu verifizieren. Da Sie momentan die aktuelle Bestandssituation nicht final klären können, sichern Sie die erfassten Ergebnisse, ordnen jedoch eine Nachzählung an, da im Lagertyp 006 regulär nur komplette Lagereinheiten gelagert werden.

Aktiviert wird die Nachzählung mit der Transaktion LI14. Abbildung 11.76 zeigt den Auswahlbildschirm der Nachzählpositionen. Im SAP-Standard werden direkt die Differenzenpositionen als Nachzählpositionen vorgeschlagen.

Veranlassen Sie die Nachzählung für die Position, und führen Sie die Folgeaktivitäten wie Inventuraufnahmelistendruck und Nachzählung aus. Verwenden Sie hierfür dieselben Transaktionen, wie zuvor in der Hauptzählung beschrieben.

Die erneute Zählung hat ergeben, dass auf dem Lagerplatz 01-01-02 ein physischer Zählbestand von 90 L vorhanden ist. Das heißt, dass die Differenz von zehn Liter ausgebucht werden muss, um eine identische Bestandssituation in der Bestandsführung und in WM vorzufinden.

Inventurabwicklung in WM | 11.4

```
Veranlassen Nachzählung: Übersicht

Veranlassen Nachzählung: Übersicht
Lagernummer      DE7 DC Hamburg I
Lagertyp         006 Gefahrstofflager 1
Inventurnummer   2

Lagerplatz
Material    Charge   Werk  LOrt  B S Vorzeichen Abweichung [%]   wertmäßige Abweichung Währung Bemerkung
                                                     0,00                                       Leerplatz
☐ 01-02-03
                                                     0,00                                       Leerplatz
☐ 03-03-03
                                                     0,00                                       Leerplatz
☐ 04-01-03
                                                     0,00                                       Leerplatz
☐ 04-02-01
                                                     0,00                                       Leerplatz
☐ 01-01-01
  GS1001    5000 DE70                                0,00             0,00 EUR
☑ 01-01-02
  GS1001    5000 DE70                 -             10,00             0,00 EUR
```

Abbildung 11.76 Nachzählung veranlassen

Um Bestandsdifferenzen in WM auszubuchen, nutzen Sie die Transaktion LI20. Geben Sie dort die entsprechende Inventurbelegnummer ein, und lassen Sie sich die Positionsliste des Aufnahmebelegs anzeigen (ANZEIGEN LISTE, siehe Abbildung 11.77).

```
Ausbuchen Differenzen LVS: Differenzenliste

Ausbuchen Differenzen LVS: Differenzenliste
Lagernummer      DE7 DC Hamburg I
Lagertyp         006 Gefahrstofflager 1
Inventurnummer   2

Lagerplatz
Material    Charge   Werk  LOrt  B S Vorzeichen Abweichung [%]   wertmäßige Abweichung Währung Bemerkung
☑ 01-02-03
                                                     0,00                                       Leerplatz
☑ 03-03-03
                                                     0,00                                       Leerplatz
☑ 04-01-03
                                                     0,00                                       Leerplatz
☑ 04-02-01
                                                     0,00                                       Leerplatz
☑ 01-01-01
  GS1001    5000 DE70                                0,00             0,00 EUR
☐ 01-01-02
  GS1001    5000 DE70                 -             10,00             0,00 EUR
```

Abbildung 11.77 Ausbuchen der Inventurdifferenzen in WM

Beachten Sie, dass in diesem Prozessschritt alle Inventurpositionen ausgebucht werden müssen, auch wenn es keine Abweichungen auf den entsprechenden Lagerplätzen gab, da mit dem Ausbuchen der Differenzen die gesperrten Lagerplätze in WM wieder entsperrt werden.

Reale Differenzen wie die Abweichung von –10,00 % in der Position 8 werden direkt mit dem Ausbuchen auf den Differenzenlagertyp 950 umgebucht. Das System verwendet hier intern einen Transportauftrag mit der entsprechenden WM-Bewegungsart je Zugang oder Abgang (711 oder 712).

Abschließend müssen die Bestände auch in der Bestandsführung ausgebucht werden. Dies geschieht mit der Transaktion LI21 vom Lagertyp 950 (Inventurdifferenzen, siehe Abbildung 11.78).

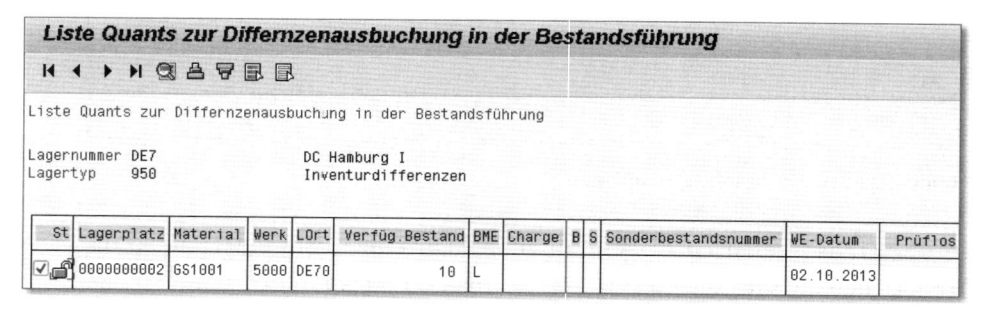

Abbildung 11.78 Inventurdifferenzen in der Bestandsführung ausbuchen

Mit dem Ausbuchen der Differenzen wird der Schnittstellenlagertyp 950 in WM bereinigt und gleichzeitig ein Materialbeleg mit der Differenzmenge in der Bestandsführung erstellt.

11.5 Operatives Lagercontrolling in WM

Um schnell sinnvolle Entscheidungen treffen zu können, ist es wichtig, relevante Aussagen aus der Informationsflut herauszufiltern. Aufgrund der Diversifikation und Vielschichtigkeit von Lagersystemen ist es in der Praxis kaum möglich, eine allgemeingültige Sammlung aller systembeschreibenden Größen in einem Lagercontrollingsystem zusammenzufassen. In diesem Abschnitt lernen Sie, wie WM Sie bei Ihrer Entscheidungsfindung mit operativen Lager-Reports unterstützt.

11.5.1 Betriebswirtschaftliche Grundlagen

Zur operativen und strategischen Entscheidungsfindung werden Basisdaten und Kennzahlen eingesetzt.

Basisdaten

Basisdaten sind Absolutzahlen; sie werden zur operativen Lagerungssteuerung in WM herangezogen. Sie ergeben sich unmittelbar aus der Messung, Zählung, Summation oder aus den Differenzen bestimmter Einheiten im Lager. In der Praxis werden Basisdaten häufig in weitere Unterklassen aufgeteilt, nämlich in Stammdaten, Bestandsdaten und Bewegungsdaten:

- **Stammdaten**
  Dies sind statische, d. h. über einen längeren Zeitraum unveränderte Informationen zu den grundlegenden Eigenschaften eines Materials oder eines bestimmten Ladehilfsmittels.

- **Bestandsdaten**
  Bestandsdaten geben Auskunft über die mengenmäßigen Bestände eines Artikels im Lager.

- **Bewegungsdaten**
  Bewegungsdaten sind dynamische Daten, die alle physischen Lagerprozesse widerspiegeln.

Tabelle 11.4 zeigt Beispiele für die verschiedenen Basisdaten.

Stammdaten	Bestandsdaten	Bewegungsdaten
Materialnummer	Artikelanzahl gesamt	Wareneingänge
Materialbezeichnung	Artikelanzahl je Lagerplatz	Warenausgänge
Materialgewicht	Artikelanzahl je Lagertyp	Einlagerungen
Materiallänge	Artikelanzahl je Lagernummer	Auslagerungen
Materialhöhe	Gesamtbestand WM	Umlagerungen Aufträge/d
Materialbreite	Gesamtbestand MM/IM	Auslieferungen/d
Palettierungsdaten	Anzahl Lagereinheiten	Transportaufträge/d
Palettierungsdaten WM	verfügbarer Bestand	Transportaufträge pro Lagertyp

Tabelle 11.4 Elementare Basisdaten in WM

Stammdaten	Bestandsdaten	Bewegungsdaten
Chargennummer	sonstige Bestände	Transportaufträge je Artikel
Gefahrstoffnummer	Fehlmengen	komplette Lagereinheiten
Restlaufzeit		Transportbedarfe
Verfallsdatum		Umbuchungsanweisungen
Mengeneinheiten		
Gewicht in alternativer Mengeneinheit		
WM-Mengeneinheit		

Tabelle 11.4 Elementare Basisdaten in WM (Forts.)

Kennzahlen

Kennzahlen erfassen quantitativ messbare Sachverhalte in konzentrierter Form. Als Hilfsmittel zur Entscheidungsfindung setzen sie verschiedene betriebliche Größen in ein sinnvolles Verhältnis zueinander. Sachverhalte und Zusammenhänge zwischen Variablen lassen sich präzise auf metrischen Skalen messen, sind also quantifizierbar. Kennzahlen ermöglichen es, komplizierte Prozesse und Strukturen auf einfache Weise darzustellen, und erlauben so schnell einen umfassenden Überblick. In der Praxis können Kennzahlen sowohl Absolut- als auch Relativzahlen sein. Somit gehören Basisdaten im weiteren Sinn ebenfalls zu den Kennzahlen. In WM sind diese Basisdaten von elementarer Bedeutung, da sie helfen, ein Lager optimal zu führen, und da sie frühzeitig auf kritische Bereiche hinweisen und die Arbeitslast eines Lagers widerspiegeln. Zur Darstellung der Basisdaten bedient sich WM verschiedener Standard-Reports, von denen wir Ihnen im Folgenden die wichtigsten vorstellen.

11.5.2 Lagerspiegel

Die Auflistung aller freien und belegten Lagerplätze, also das Abbild des Lagerzustands zu einem bestimmten Zeitpunkt, wird als *Lagerspiegel* bezeichnet. In WM können neben der Information, ob ein Lagerplatz belegt oder frei ist, weitere Informationen wie Material, Platzmenge oder Charge angezeigt werden. Ihre Anzeige ist frei definierbar und kann sowohl benutzerspezifisch als auch -übergreifend sein. Zum Lagerspiegel navigieren Sie über den Menüpfad LOGISTIK • LOGISTICS EXECUTION • INFOSYSTEM • LAGER • LAGERPLATZ ZUM LAGERSPIEGEL (Transaktion LX03).

Selektionsparameter

In den *Selektionsparametern* des Lagerspiegels können Sie den Anzeigeumfang der Lagerplätze begrenzen. So können Sie nach spezifischen Informationen suchen, z. B. wenn nur Lagerplätze eines bestimmten Lagertyps angezeigt werden sollen (siehe Abbildung 11.79).

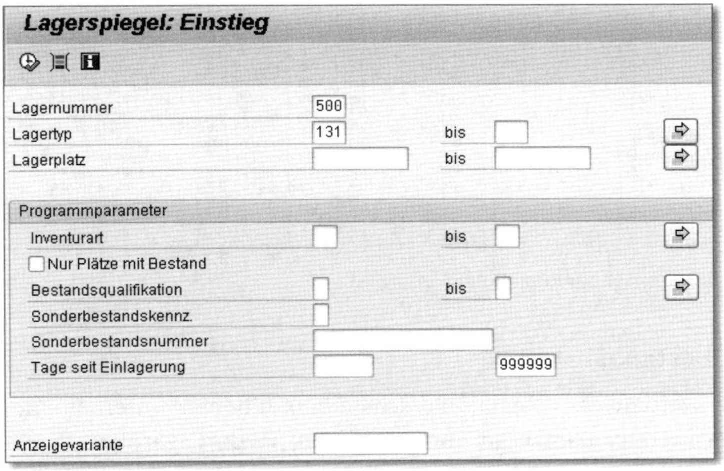

Abbildung 11.79 Selektionsparameter des Lagerspiegels

Die allgemeinen Selektionsparameter des Lagerspiegels können um zusätzliche *freie Abgrenzungen* ergänzt werden.

Informationsanzeige

Zentrale Elemente des Lagerspiegels sind der Lagerplatz und sein aktueller verwaltungstechnischer Zustand in Bezug auf alle Parameter, die den Lagerplatz direkt beeinflussen. Dazu zählen die allgemeine Lagerbestandssituation, offene Ein- und Auslagerungen oder Platzsperren aufgrund von Inventurzählungen. Die Anordnung dieser Informationen im Lagerspiegel ist frei definierbar und kann bei Bedarf vom Anwender angepasst werden (siehe Abbildung 11.80).

Aus der Übersicht können Sie direkt in die Detaildaten des Lagerplatzes, des Quants und der Charge verzweigen. Klicken Sie hierfür mit dem Cursor auf das jeweilige Objekt.

```
Lagerspiegel: Übersicht

Lagerspiegel: Übersicht
Lagernummer 500

| Typ | Lagerplatz | Material | Werk | Charge    | B | S | Verfüg.B | Einzulag.B | Auszulag.B | Gesamtb | Gewicht | Eh | Dauer | Lagereinheit       |
|-----|------------|----------|------|-----------|---|---|----------|------------|------------|---------|---------|----|-------|--------------------|
| 131 | B-001      | NF2020   | 5000 | 00000000E4|   |   | 20       | 0          | 0          | 20      | 1.780   | KG | 213   | 000000002000000005 |
| 131 | B-001      | NF2020   | 5000 | 00000000E4|   |   | 20       | 0          | 0          | 20      | 1.780   | KG | 213   | 000000002000000006 |
| 131 | B-001      | NF2020   | 5000 | 00000000E4|   |   | 20       | 0          | 0          | 20      | 1.780   | KG | 213   | 000000002000000007 |
| 131 | B-001      | NF2020   | 5000 | 00000000E4|   |   | 20       | 0          | 0          | 20      | 1.780   | KG | 213   | 000000002000000008 |
| 131 | B-001      | NF2020   | 5000 | 00000000E4|   |   | 20       | 0          | 0          | 20      | 1.780   | KG | 213   | 000000002000000009 |
| 131 | B-002      | NF2020   | 5000 | 00000000E4|   |   | 20       | 0          | 0          | 20      | 1.780   | KG | 213   | 000000002000000020 |
| 131 | B-002      | NF2020   | 5000 | 00000000E4|   |   | 20       | 0          | 0          | 20      | 1.780   | KG | 213   | 000000002000000021 |
| 131 | B-002      | NF2020   | 5000 | 00000000E4|   |   | 20       | 0          | 0          | 20      | 1.780   | KG | 213   | 000000002000000022 |
| 131 | B-002      | NF2020   | 5000 | 000000004 |   |   | 20       | 0          | 0          | 20      | 1.780   | KG | 213   | 000000002000000023 |
| 131 | B-002      | NF2020   | 5000 | 000000004 |   |   | 20       | 0          | 0          | 20      | 1.780   | KG | 213   | 000000002000000024 |
| 131 | B-002      | NF2020   | 5000 | 000000004 |   |   | 20       | 0          | 0          | 20      | 1.780   | KG | 213   | 000000002000000025 |
| 131 | B-002      | NF2020   | 5000 | 000000004 |   |   | 20       | 0          | 0          | 20      | 1.780   | KG | 213   | 000000002000000026 |
| 131 | B-002      | NF2020   | 5000 | 000000004 |   |   | 20       | 0          | 0          | 20      | 1.780   | KG | 213   | 000000002000000027 |
| 131 | B-002      | NF2020   | 5000 | 000000004 |   |   | 20       | 0          | 0          | 20      | 1.780   | KG | 213   | 000000002000000028 |
| 131 | B-002      | NF2020   | 5000 | 000000004 |   |   | 20       | 0          | 0          | 20      | 1.780   | KG | 213   | 000000002000000029 |
| 131 | B-003      | << leer >>|     |           |   |   |          |            |            |         |         |    |       |                    |
| 131 | B-004      | << leer >>|     |           |   |   |          |            |            |         |         |    |       |                    |
| 131 | B-005      | << leer >>|     |           |   |   |          |            |            |         |         |    |       |                    |
```

Abbildung 11.80 Lagerspiegel (Informationen anzeigen)

11.5.3 Lagerbestandslisten

Lagerbestände werden in WM auf verschiedenen Ebenen unterhalb des Lagerorts betrachtet, also auf Lagernummern-, Lagertyp-, Lagerplatz-, Lagereinheiten- und Lagerquantebene. Angezeigt werden sie in sogenannten *Lagerbestandslisten*. Zu diesen Bestandslisten gehören:

- Bestand pro Lagerplatz
- Bestand pro Lagereinheit
- Bestand übergreifend
- Bestand pro Material (platzbezogen)
- Bestand pro Material (verdichtet)

Die jeweilige Bestandsliste erreichen Sie über LOGISTIK • LOGISTICS EXECUTION • INFOSYSTEM • LAGER • BESTAND. Im Folgenden werden wir die wichtigsten Bestandslisten genauer beleuchten.

Bestand pro Lagerplatz

Die Transaktion LS25 (Bestand pro Lagerplatz) können Sie dann nutzen, wenn die Materialbestände eines spezifischen Lagerplatzes innerhalb einer Lagernummer und eines Lagertyps angezeigt werden sollen (siehe Abbildung 11.81). Aus diesem Report können weitere Informationen wie Lagerquant, Lagerplatz und Lagereinheit aufgerufen werden.

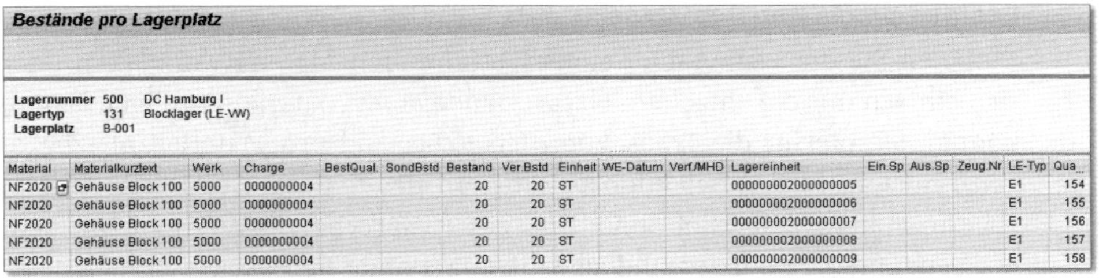

11.5 Operatives Lagercontrolling in WM

Bestände pro Lagerplatz

Lagernummer	500	DC Hamburg I
Lagertyp	131	Blocklager (LE-VW)
Lagerplatz	B-001	

Material	Materialkurztext	Werk	Charge	BestQual	SondBstd	Bestand	Ver.Bstd	Einheit	WE-Datum	Verf./MHD	Lagereinheit	Ein.Sp	Aus.Sp	Zeug.Nr	LE-Typ	Qua
NF2020	Gehäuse Block 100	5000	0000000004			20	20	ST			000000002000000005				E1	154
NF2020	Gehäuse Block 100	5000	0000000004			20	20	ST			000000002000000006				E1	155
NF2020	Gehäuse Block 100	5000	0000000004			20	20	ST			000000002000000007				E1	156
NF2020	Gehäuse Block 100	5000	0000000004			20	20	ST			000000002000000008				E1	157
NF2020	Gehäuse Block 100	5000	0000000004			20	20	ST			000000002000000009				E1	158

Abbildung 11.81 Bestände pro Lagerplatz anzeigen

Bestand pro Lagereinheit

Bestände einzelner Lagereinheiten können mit der Transaktion LS27 (Bestand pro Lagereinheit) überprüft und angezeigt werden, z. B. weil Sie eventuelle Fehlmengen erwarten.

Bestand übergreifend

Möchten Sie einen Gesamtüberblick über alle Bestände in Ihrem Lager erhalten, können Sie die Transaktion LX02 zur übergreifenden Bestandsanzeige nutzen (siehe Abbildung 11.82).

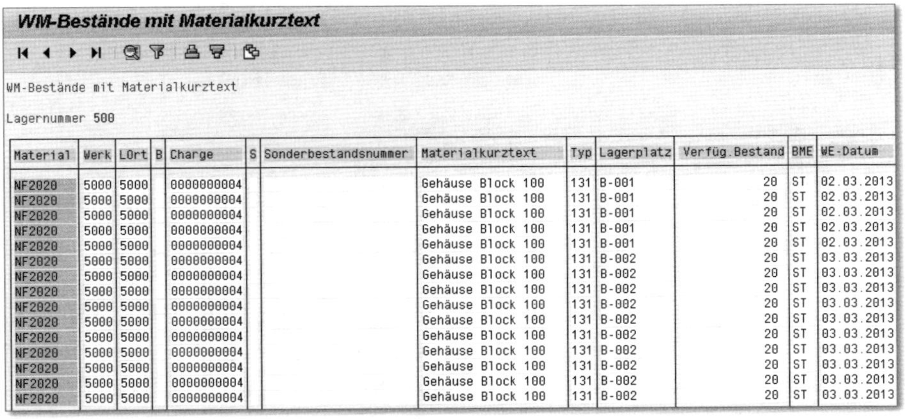

WM-Bestände mit Materialkurztext

Lagernummer 500

Material	Werk	LOrt	B	Charge	S	Sonderbestandsnummer	Materialkurztext	Typ	Lagerplatz	Verfüg.Bestand	BME	WE-Datum
NF2020	5000	5000		0000000004			Gehäuse Block 100	131	B-001	20	ST	02.03.2013
NF2020	5000	5000		0000000004			Gehäuse Block 100	131	B-001	20	ST	02.03.2013
NF2020	5000	5000		0000000004			Gehäuse Block 100	131	B-001	20	ST	02.03.2013
NF2020	5000	5000		0000000004			Gehäuse Block 100	131	B-001	20	ST	02.03.2013
NF2020	5000	5000		0000000004			Gehäuse Block 100	131	B-002	20	ST	03.03.2013
NF2020	5000	5000		0000000004			Gehäuse Block 100	131	B-002	20	ST	03.03.2013
NF2020	5000	5000		0000000004			Gehäuse Block 100	131	B-002	20	ST	03.03.2013
NF2020	5000	5000		0000000004			Gehäuse Block 100	131	B-002	20	ST	03.03.2013
NF2020	5000	5000		0000000004			Gehäuse Block 100	131	B-002	20	ST	03.03.2013
NF2020	5000	5000		0000000004			Gehäuse Block 100	131	B-002	20	ST	03.03.2013

Abbildung 11.82 WM-Bestände (übergreifend)

Hier sind die Bestände nach Materialnummern sortiert, was eine einfache Summierung und Zwischensummenbildung je Material ermöglicht. Jedes Lagerquant wird als separate Zeile dargestellt. Mit einem einfachen Klick auf ein Material können Sie wiederum in die Detaildaten des Quants verzweigen. Die übergreifende Bestandsanzeige kann angepasst und variiert und abschließend als Variante gesichert werden.

Bestand pro Material (platzbezogen)

Möchten Sie die Platzbestände eines bestimmten Materials umlagern oder sich einfach nur die einzelnen Platzbestände eines Materials anzeigen lassen, können Sie hierfür die Transaktion LS24 (Bestand pro Material (platzbezogen)) nutzen. In den Selektionsparametern des Reports ist es erforderlich, Lagernummer, Materialnummer und das entsprechende Werk vorzugeben. Die genannten Parameter sind als Pflichtparameter definiert.

Aufgabe und Ziel des Reports ist es, alle platzbezogenen Bestände und deren Detailinformationen eines spezifischen Materials anzuzeigen. Lagereinheiten und Chargen eines Materials werden dabei ebenso berücksichtigt wie Sonderbestände und sonstige Bestandsklassifikationen. Die Informationsanzeige ist wiederum variabel anpassbar und kann somit flexibel an Ihre Informationsbedürfnisse angeglichen werden. Abbildung 11.83 zeigt die Standardinformationen des Reports ohne spezifische Anpassungen des Layouts.

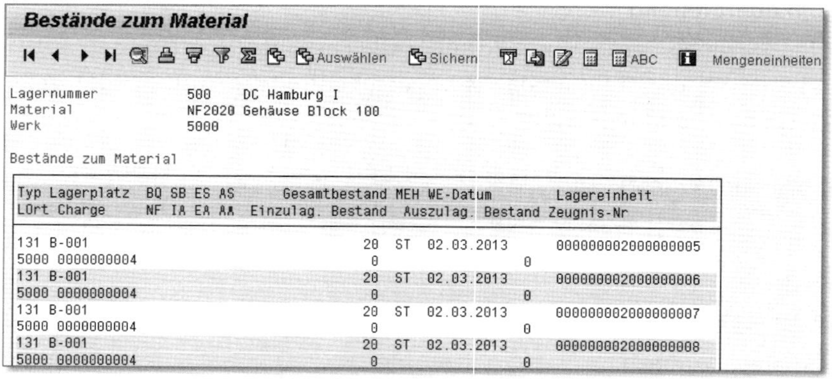

Abbildung 11.83 Bestände zum Material

Im Standardlayout werden z. B. Lagerplätze des Materials, Gesamtbestand sowie ein- und auszulagernder Bestand direkt angezeigt. Über den Button (AKTUELLE ANZEIGEVARIANTE) können Sie Anpassungen im Layout vornehmen und als separate Variante sichern.

Bestand pro Material (verdichtet)

Um den lagertypübergreifenden Gesamtbestand eines Materials in WM anzuzeigen, wählen Sie die *verdichtete Anzeige pro Material* (Transaktion LS26). Der Report entspricht der Bestandsanzeige eines Materials in der Bestandsführung (Transaktion MMBE). Dorthin können Sie auch mit einem Klick auf den Button MM-BESTÄNDE verzweigen.

Als Selektions- und Pflichteingabeparameter dienen Lager- und Materialnummer. Nachdem Sie diese eingegeben haben, verzweigen Sie direkt in die Bestandsanzeige zum Material (siehe Abbildung 11.84).

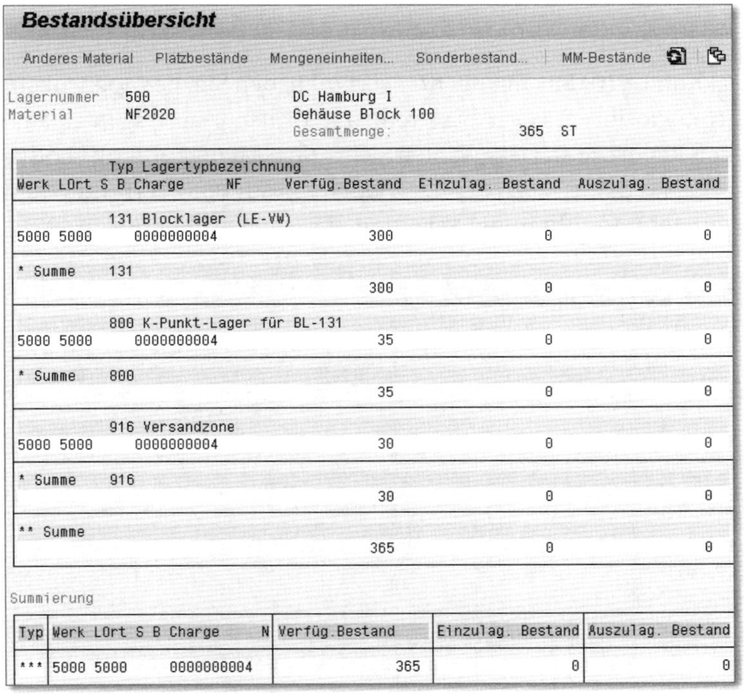

Bestandsübersicht						
Anderes Material	Platzbestände	Mengeneinheiten…	Sonderbestand…	MM-Bestände		
Lagernummer 500		DC Hamburg I				
Material NF2020		Gehäuse Block 100				
		Gesamtmenge:		365 ST		
Werk LOrt S B Charge	Typ Lagertypbezeichnung NF		Verfüg.Bestand	Einzulag. Bestand	Auszulag. Bestand	
5000 5000	131 Blocklager (LE-VW) 0000000004		300	0	0	
* Summe	131		300	0	0	
5000 5000	800 K-Punkt-Lager für BL-131 0000000004		35	0	0	
* Summe	800		35	0	0	
5000 5000	916 Versandzone 0000000004		30	0	0	
* Summe	916		30	0	0	
** Summe			365	0	0	
Summierung						
Typ	Werk LOrt S B Charge	N	Verfüg.Bestand	Einzulag. Bestand	Auszulag. Bestand	
***	5000 5000 0000000004		365	0	0	

Abbildung 11.84 Bestandsübersicht in WM

Die Informationsanzeige ist in zwei wesentliche Bereiche unterteilt: In der Bestandsübersicht (oben) erhalten Sie eine detaillierte Aufteilung der Bestände nach Lagertypen. Im Abschnitt SUMMIERUNG werden diese nach bestandstrennenden Segmenten über alle Lagertypen dargestellt. Bestandstrennend sind alle Parameter, die Materialbestände auch in der Bestandsführung als separaten Bestand ausweisen würden, z. B. verschiedene Bestandsarten, Sonderbestände sowie unterschiedliche Chargen eines Materials. Weitere Optionen bestehen in der Anzeige der Platzbestände sowie möglicher Sonderbestände.

11.5.4 Transportauftragslisten

Neben der Standardtransportauftragsanzeige (Transaktion LT23) stellt WM weitere Standard-Reports zur Verfügung, mit denen Sie verschiedene Basisdaten in WM analysieren und aufbereiten können. Zu diesen Reports gehört die Anzeige der *Bewegungen je Lagertyp* sowie der *Gängigkeitsanalyse*, die im Folgenden beschrieben werden.

Bewegungen je Lagertyp

Mit der Transaktion LX10 (Bewegungen/Lagertyp) haben Sie die Möglichkeit, die Mengenströme in Ihrem Lager basierend auf Transportaufträgen zu analysieren. Um den Report zu starten, wählen Sie im SAP-Menü LOGISTIK • LOGISTICS EXECUTION • INFOSYSTEM • LAGER • TRANSPORTAUFTRAG, erfassen Ihre Selektionsparameter und führen die Selektion aus (siehe Abbildung 11.85).

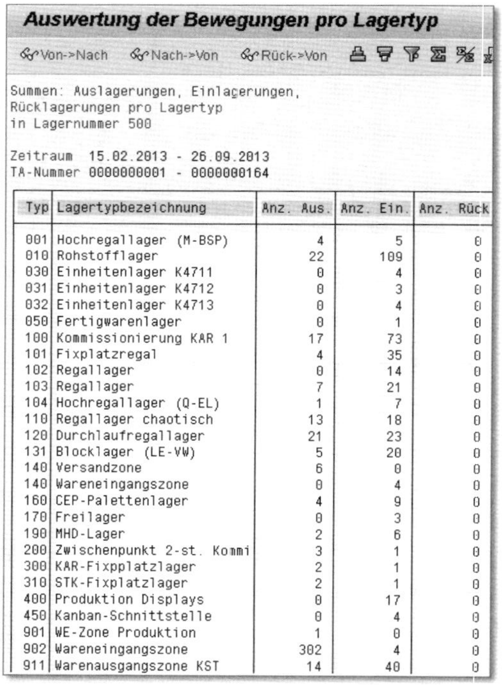
Auswertung der Bewegungen pro Lagertyp

Von->Nach   Nach->Von   Rück->Von

Summen: Auslagerungen, Einlagerungen,
Rücklagerungen pro Lagertyp
in Lagernummer 500

Zeitraum 15.02.2013 - 26.09.2013
TA-Nummer 0000000001 - 0000000164

Typ	Lagertypbezeichnung	Anz. Aus.	Anz. Ein.	Anz. Rück
001	Hochregallager (M-BSP)	4	5	0
010	Rohstofflager	22	109	0
030	Einheitenlager K4711	0	4	0
031	Einheitenlager K4712	0	3	0
032	Einheitenlager K4713	0	4	0
050	Fertigwarenlager	0	1	0
100	Kommissionierung KAR 1	17	73	0
101	Fixplatzregal	4	35	0
102	Regallager	0	14	0
103	Regallager	7	21	0
104	Hochregallager (Q-EL)	1	7	0
110	Regallager chaotisch	13	18	0
120	Durchlaufregallager	21	23	0
131	Blocklager (LE-VW)	5	20	0
140	Versandzone	6	0	0
140	Wareneingangszone	0	4	0
160	CEP-Palettenlager	4	9	0
170	Freilager	0	3	0
190	MHD-Lager	2	6	0
200	Zwischenpunkt 2-st. Kommi	3	1	0
300	KAR-Fixpplatzlager	2	1	0
310	STK-Fixplatzlager	2	1	0
400	Produktion Displays	0	17	0
450	Kanban-Schnittstelle	0	4	0
901	WE-Zone Produktion	1	0	0
902	Wareneingangszone	302	4	0
911	Warenausgangszone KST	14	40	0

Abbildung 11.85 Auswertung der Bewegungen pro Lagertyp

Sie erhalten einen Überblick über alle Bewegungen zwischen den Lagertypen eines Lagers. Das System ermittelt aus den Transportaufträgen der Lagernummer die entsprechenden Von- und Nachlagertypen sowie die Anzahl der jeweiligen Bewegungen. Außerdem erhalten Sie auch grundsätzlich einen Überblick über die Materialbewegungen in Ihrem Lager. Abschließend wird Ihnen eine Zusammenfassung der Ein- und Auslagerungen je Lagertyp angezeigt.

Gängigkeitsanalyse

Die *Gängigkeitsanalyse* wertet die Transportauftragsbewegungen je Material und Lagertyp aus und kann somit die Bereichsklassifizierung unterstützen, die die Einteilung der Materialien nach Schnell- und Langsamdrehern vornimmt.

Starten Sie die Transaktion LX14 (Gängigkeitsanalyse) im SAP-Menü über LOGISTIK • LOGISTICS EXECUTION • INFOSYSTEM • LAGER • TRANSPORTAUFTRAG • GÄNGIGKEITSANALYSE. Selektieren Sie gegebenenfalls die relevanten LVS-Bewegungsarten. Klicken Sie hierfür im Selektionsbildschirm auf den Button FREIE ABGRENZUNGEN, und wählen Sie dann im Ordner LVS-TRANSPORTAUFTRAGSKOPF den Parameter für die BEWEGUNGSART aus (z. B. 601). Fügen Sie Ihre auszuwertenden Bewegungsarten hinzu, und starten Sie den Report (siehe Abbildung 11.86).

```
Auswertung Bewegungen von Materialien pro Lagertyp

Anzahl Bewegungen pro Material im Zeitraum
15.02.2013 bis 26.09.2013

Typ Lagertypbezeichnung
Material        Materialkurztext                       Anz. Bew.

100 Kommissionierung KAR 1
M1052           Stifte                                        51
P-100           Pumpe                                          8
M1051           Bolzen                                         8
NF1030          Getriebezahnrad D90                            7
KF1010          Schleifmittel                                  7
M5050           Stahlwolle Güte 1                              6
M4502           ISO 4032 Sechskantmutter                       3

101 Fixplatzregal
M1053           Federn                                        15
M4502           ISO 4032 Sechskantmutter                      13
M5000           Keramik-Schleifkörper                          3
M902            Industrieklebstoff                             2
NF1030          Getriebezahnrad D90                            2
NF1020          Motorblock 1020                                2
M4503           ISO 7089 Unterlegscheibe                       1
M5002           Schleifscheibe CC-Grind 115mm                  1

102 Regallager
M1050           Spezialguss                                    6
M4501           Schrauben normal 45 mm                         4
M5001           Compound                                       3
NF1030          Getriebezahnrad D90                            1
```

Abbildung 11.86 Gängigkeitsanalyse

Die Auswertung zeigt, dass im Lagertyp 100 – Kommissionierung KAR 1 – das Material M1052 am häufigsten ausgelagert wurde (51 Auslagerungs-TAs). Die Anzeige bezieht sich lediglich auf das Häufigkeitsvolumen. Mengen- und Gewichtsvolumina werden hier nicht berücksichtigt. Diese können mit den SAP-ERP-Standardanalysen ausgewertet werden.

11.5.5 Lagerleitstand

Zur Überwachung, Identifizierung und Behebung von kritischen und fehlerhaften Lagerprozessen und -bewegungen können Sie in WM den *Lagerleitstand* nutzen. Die Grundidee des Lagerleitstands ist es, rechtzeitig auf unvollständige oder fehlerhaft verlaufene Prozesse hinzuweisen und gleichzeitig die Möglichkeit zu schaffen, fehlende Belege zu erstellen, zu korrigieren und die abschließenden Buchungen vorzunehmen. Der Lagerleitstand enthält sieben Überwachungsobjekte, die Gegenstand des Überwachungsprozesses sind:

- 01 – nicht quittierte Transportaufträge
- 02 – offene Transportbedarfe
- 03 – offene Umbuchungsanweisungen
- 04 – offene Lieferungen
- 05 – negative Bestände
- 06 – Bestände in Schnittstellenlagertypen
- 07 – kritische Bestände auf Produktionslagerplätzen

Für jedes dieser Überwachungsobjekte werden im Customizing kritische Zeitparameter festgelegt. Ein Objekt (z. B. Transportauftrag oder Umbuchungsanweisung) wird also nur dann im Lagerleitstand angezeigt, wenn diese kritischen Zeitfenster überschritten wurden.

Die allgemeine Aktivierung der Lagerleitstandsfunktionalität in WM erfolgt auf Lagernummernebene. Pro Lagernummer müssen Sie definieren, welche der Überwachungsobjekte Sie in Ihrem Lager operativ nutzen möchten. Den Objekten entsprechen eigene Reports, für die Sie Varianten anlegen und Batch-Jobs einplanen können, die dann in regelmäßigen Abständen die Überprüfung der kritischen Objekte gewährleisten und somit den Lagerleitstand mit den aktuellen Informationen versorgen.

> **Empfehlung bei reinem Versandlager ohne Produktionsversorgung**
> Sollte es sich bei Ihrem Lager um ein reines Versandlager ohne Produktionsversorgung handeln, empfehlen wir Ihnen, das Objekt für die kritischen Bestände auf Produktionslagerplätzen nicht zu aktivieren.

Funktionalitäten des Lagerleitstands

Der Lagerleitstand wird über LOGISTIK • LOGISTICS EXECUTION • INFOSYSTEM • LAGER • LAGERLEITSTAND (Transaktion LL01) aufgerufen. Geben Sie als Nächstes Ihre Lagernummer und eine mögliche Selektionsvariante an. Danach verzweigt das System in den Selektionsbildschirm, in dem Sie weitere Eingaben und Selektionsparameter vornehmen können. Bestätigen Sie auch diese Eingaben, und verzweigen Sie somit in die Anzeige des Lagerleitstands (siehe Abbildung 11.87).

```
Kritische Prozesse in Lagernummer 500
⊞ ⊟ ⊟ ⊟ ⊟ Zeile

Kritische Prozesse          Lagernummer 500 DC Hamburg I
  ├─ ⊞ ⊙⊙O      2 Nicht-quittierte Transportaufträge              02.10.2013 11:41:40
  │    └─ ⊙⊙O      2 Bewegungsart 101 Wareneingang Bestellung
  │         └─ ⊙⊙O      2 Von-Lagertyp 902 Wareneingangszone
  │                  ⊙⊙O      1 Nach-Lagertyp 102 Regallager
  │                  ⊙⊙O      1 Nach-Lagertyp 030 Einheitenlager K4711
  ├─ ⊞ ⊙⊙O     11 Offene Transportbedarfe                          02.10.2013 11:33:15
  │    ├─ ⊞ ⊙⊙O      1 Bewegungsart 103 WE Fertigungsauftrag
  │    ├─ ⊞ ⊙⊙O      3 Bewegungsart 102 Storno WE-Bestellung
  │    └─ ⊞ ⊙⊙O      7 Bewegungsart 101 Wareneingang Bestellung
  ├─ ⊞ ⊙⊙O      1 Offene Umbuchungsanweisungen                    02.10.2013 11:33:23
  ├─ ⊞ ⊙⊙O      1 Kritische Lieferungen                            02.10.2013 11:33:27
  ├─ ⊞ ⊙⊙O      6 Negative Bestände                                02.10.2013 11:33:32
  ├─ ⊞ ⊙⊙O     27 Schnittstellenbestände ohne Bewegung             02.10.2013 11:33:42
  └─ ⊞ ⊙⊙O      1 Kritische Bestände Produktionsversorgung         02.10.2013 11:33:46
```

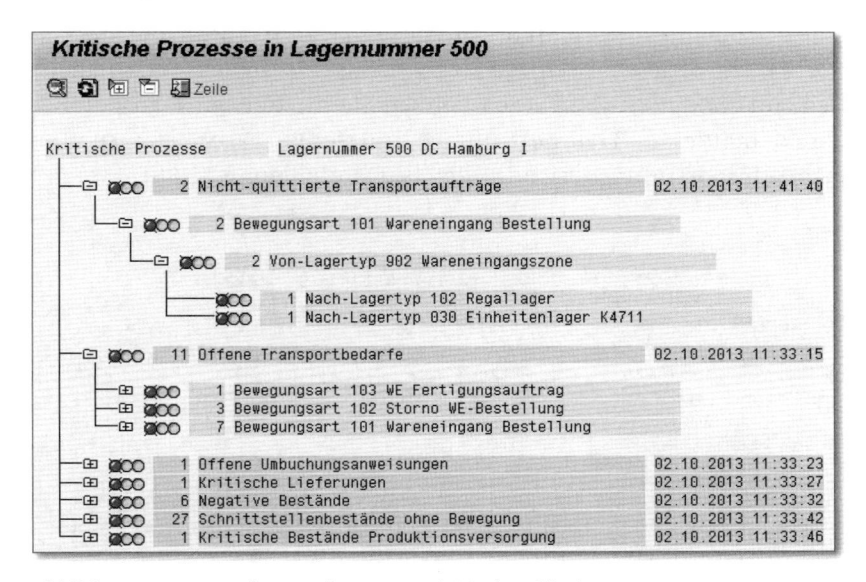

Abbildung 11.87 Lagerleitstand – Anzeige kritischer Objekte

Sie erhalten nach dem Ausführen eine Übersicht über alle kritischen Prozesse innerhalb Ihrer Lagernummer in Form einer Ampeldarstellung. Dabei wird Ihnen stets für jedes der selektierten Lagerleitstandsobjekte das Ergebnis der jeweils letzten Auswertung angezeigt. Aus Performancegründen führt das System nicht automatisch eine neue Prüfung der Objekte durch. Sie müssen diese Prüfung für jedes Objekt explizit neu ausführen. Wählen Sie dazu BEARBEITEN • DATEN NEU ERMITTELN. Wurde z. B. ein Transportauftrag entdeckt, der über den im Customizing des Lagerleitstands festgelegten kritischen Zeitraum hinaus unbearbeitet blieb, wird dieser mit einer roten Ampel als kritischer Prozess gekennzeichnet.

Wenn Sie die hierarchische Darstellung über BEARBEITEN • TEILBAUM EXPANDIEREN auffalten, erkennen Sie, welcher Transportauftrag unbearbeitet geblieben ist. Anschließend können Sie über DETAILANZEIGE den konkreten Beleg ermitteln und ihn in der Regel auch direkt aus der Listanzeige heraus bearbeiten. So kann z. B. zu einem offenen Transportbedarf ein Transportauftrag angelegt werden.

11 | Weitere Grundfunktionen in WM

Welche Möglichkeiten zur direkten Weiterverarbeitung von Belegen bietet der Lagerleitstand? Diese Frage kann am besten dadurch beantwortet werden, dass wir uns einige ausgewählte kritische Objekte einmal im Detail ansehen.

Sollte das System laut kritischem Zeitfenster offene Transportaufträge identifiziert haben, sollten wir zunächst organisatorisch klären, warum die Bearbeitung noch nicht abgeschlossen wurde. Systemseitig stehen verschiedene Optionen zur Verfügung. Zum einen können Sie die offenen Transportaufträge direkt quittieren, Transportaufträge stornieren, Lagerplätze sperren oder auch Transportaufträge nachdrucken (siehe Abbildung 11.88).

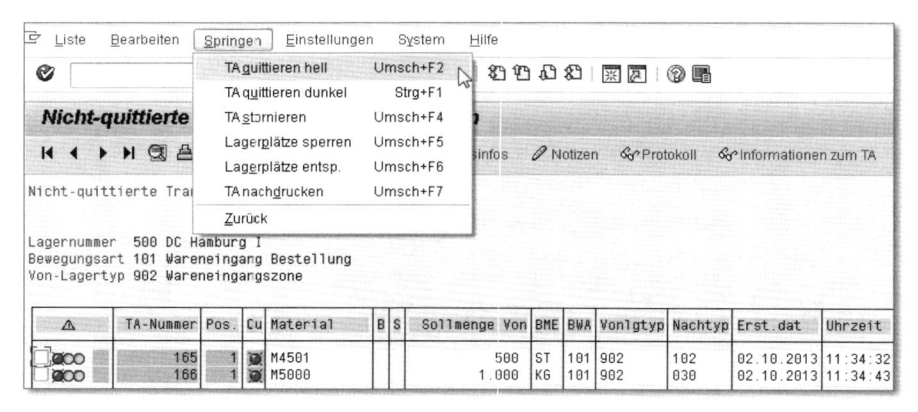

Abbildung 11.88 Anzeige nicht quittierter Transportaufträge

Massenweise Quittierung/Stornierung

Die Lagerleitstandsfunktionalität ermöglicht es, Transportaufträge massenweise zu quittieren und zu stornieren.

Offene Transportbedarfe können in unterschiedlichen Lagerprozessen als kritisch angesehen werden. Dies ist z. B. der Fall, wenn Sie mit einer manuellen Transportauftragserstellung arbeiten und beispielsweise Materialien aus einem Zentrallager von der Produktion abgerufen werden. Der Abruf erfolgt durch die Produktion mit einer MM-Buchung und bewirkt in WM die Erstellung eines Transportbedarfs. Die zügige Erstellung eines korrespondierenden Transportauftrags zur Befriedung der Produktionsbedarfe sollte in diesem Fall die dringende Konsequenz sein.

Aus dem Lagerleitstand heraus können Sie zunächst die kritischen Bedarfe erkennen und die notwendigen Aktionen anstoßen, wie z. B. die Transportauftragserstellung (siehe Abbildung 11.89).

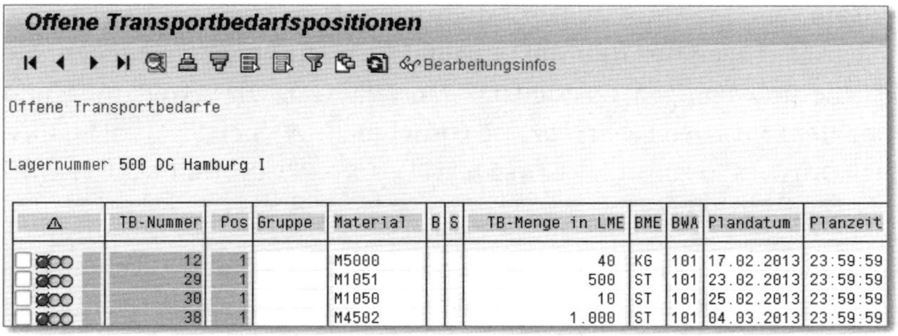

11.5 Operatives Lagercontrolling in WM

Offene Transportbedarfspositionen									
Offene Transportbedarfe									
Lagernummer 500 DC Hamburg I									
TB-Nummer	Pos	Gruppe	Material	B S	TB-Menge in LME	BME	BWA	Plandatum	Planzeit
12	1		M5000		40	KG	101	17.02.2013	23:59:59
29	1		M1051		500	ST	101	23.02.2013	23:59:59
30	1		M1050		10	ST	101	25.02.2013	23:59:59
38	1		M4502		1.000	ST	101	04.03.2013	23:59:59

Abbildung 11.89 Anzeige unbearbeiteter Transportbedarfe

Zur effektiven Bearbeitung kann auch hier die Belegverarbeitung für verschiedene Belege zur gleichen Zeit erfolgen.

Kritische Situationen können auch bei der Lieferbearbeitung entstehen, wenn Lieferbelege z. B. nicht fristgerecht bearbeitet werden und es daher zu Zeitverzögerungen im Lieferprozess kommt. Annahmeverweigerungen und verlorene Verkaufsumsätze könnten die Konsequenz daraus sein.

Wenn das System aufgrund der Customizing-Einstellungen kritische Lieferungen ermittelt, geht es organisatorisch zunächst darum, den aktuellen Bearbeitungsstatus zu klären. Sollten systemseitige Aktivitäten notwendig sein, können Sie diese direkt aus dem Lagerleitstand heraus ausführen (siehe Abbildung 11.90).

Offene Lieferungen										
Kritische Lieferungen										
Lagernummer 500 DC Hamburg I										
Lieferung	Gruppe	VSt1	LFArt	Warenempf.	Anzpk	Ladedatum	LadeZt	LiefTermin	Route	Gesamtgewicht	Eh
80000010		0001	LF	11		25.03.2013	180000	26.03.2013	DEN024	100	KG

Abbildung 11.90 Offene Lieferungen

Wurden noch keine Transportaufträge zur Lieferung angelegt, können diese direkt aus dem Leitstand heraus im Dunkel- oder Hellablauf erstellt werden. Um weitere Einzelheiten der Lieferung anzuzeigen, verzweigen Sie mit einem Doppelklick auf die entsprechende Liefernummer in die Lieferdetaildaten.

Customizing

Bevor Sie die Lagerleitstandsfunktionalität nutzen können, müssen Sie zunächst die notwendigen Customizing-Einstellungen zur Aktivierung und Definition der kritischen Lagerprozesse vornehmen. Wählen Sie dazu im Customizing LOGISTICS EXECUTION • LAGERVERWALTUNG • PLANUNG UND ÜBERWACHUNG • LAGERLEITSTAND.

Als Erstes aktivieren Sie die *Lagerleitstandsobjekte* über den Customizing-Punkt LAGERLEITSTANDSOBJEKTE AKTIVIEREN und erfassen die kritischen Objekte für Ihre Lagernummer (siehe Abbildung 11.91).

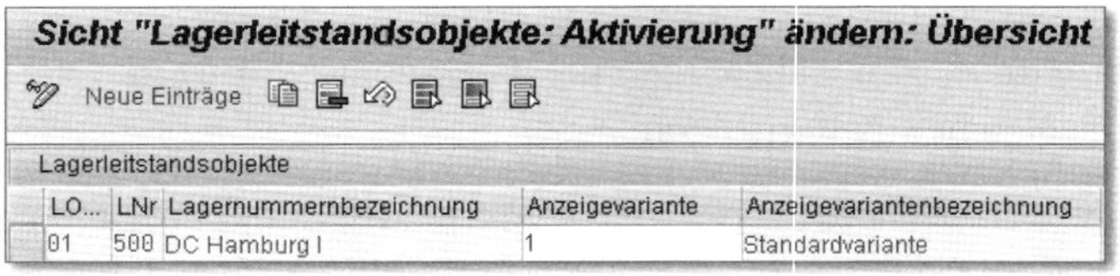

Abbildung 11.91 Lagerleitstandsobjekte aktivieren

Im Feld LOB (LAGERLEITSTANDSOBJEKT) werden alle zu überwachenden Objekte erfasst. Hier stehen die Eingabemöglichkeiten von 01 bis 07 zur Verfügung. Jedes Überwachungsobjekt muss pro Lagernummer aktiviert werden. Zur Darstellung der ermittelten Daten ist es abschließend noch erforderlich, für jede Objekt-Lagernummern-Kombination eine ANZEIGEVARIANTE zuzuordnen. Das Objekt NICHT-QUITTIERTE TRANSPORTAUFTRÄGE bildet hier eine Ausnahme, da neben der Standardvariante fünf weitere Selektionsvarianten zur Auswahl stehen, die sich jeweils nur geringfügig in der Bildaufbereitung von der Standarddarstellung des Auswertungsergebnisses unterscheiden. Für alle anderen Objekte (02 bis 07) steht nur eine Anzeigevariante zur Verfügung.

Im zweiten Schritt erfolgt die Definition der kritischen Zeitparameter je aktiviertem Lagerleitstandsobjekt. Wählen Sie hierfür den Customizing-Punkt KRITISCHE PARAMETER DEFINIEREN. Die Pflege der kritischen Parameter erfolgt je Lagerleitstandsobjekt. Wenn Sie z. B. in Ihrer Lagernummer regelmäßig die nicht quittierten Transportaufträge prüfen lassen möchten, selektieren Sie in der Dialogstruktur das Objekt NICHT-QUITTIERTE TRANSPORTAUFTRÄGE (01). Legen Sie neue Tabelleneinträge für Ihre Lagernummer und die in Ihren Prozessen genutzten Lagerverwaltungsbewegungsarten an. Bei Bedarf differenzieren Sie in dieser Tabelle zusätzlich nach abgebendem und/oder empfangendem Lagertyp und bestimmen dann die kritische Zeitdauer für jeden Lagervorgang.

Wenn Sie z. B. aufgrund Ihrer Erfahrung wissen, dass bei ordnungsgemäßem Ablauf eine Auslagerung zur Auslieferung aus dem Lagertyp 100 – Kommissionierlager – nach spätestens vier Stunden abgeschlossen sein muss, geben Sie diesen Wert als kritische Zeitdauer für Objekt 01, Lagertyp 100 und Bewegungsart 601 an. Dagegen benötigen Sie in der Regel nur eine Stunde für Auslieferungen aus dem Lagertyp 120, da es sich hier um einen Lagertyp handelt, aus dem nur homogene Vollpaletten ausgelagert werden (siehe Abbildung 11.92).

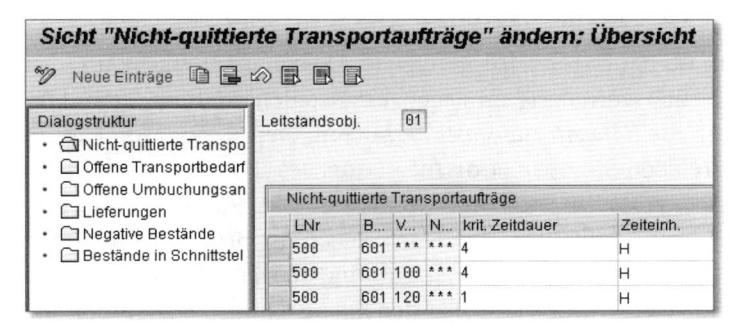

Abbildung 11.92 Kritische Parameter definieren

Findet das System beim nächsten Aufruf des Lagerleitstands einen nicht quittierten Auslagerungstransportauftrag für den Lagertyp 100, der älter als vier Stunden ist, erscheint dieser als kritischer Beleg in der Auswertung. Für den Lagertyp 120 wird der entsprechende Transportauftrag bereits nach einer Stunde angezeigt. Sie können nun gezielt prüfen, ob es sich nur um eine unproblematische Verspätung oder doch um einen Fehler bzw. ein Versäumnis handelt.

Da Sie die kritischen Objekte nur objektiv beurteilen können, wenn die Ergebnisse zeitnah zur Verfügung gestellt werden, ist es zu empfehlen, sogenannte *Batch-Jobs* in regelmäßigen Abständen einzuplanen. Für jedes Objekt kann ein eigener Job eingeplant werden. Bevor Sie jedoch die einzelnen Jobs einplanen, sollten Sie für jeden Report eine eigene Variante definieren, in der Sie Ihre entsprechende Lagernummer angeben. Die Report-Namen je Objekt lauten wie folgt:

- Var. Report RLLL01SE: Ermittlung nicht quittierter TAs (01)
- Var. Report RLLL02SE: TB-Positionen (02)
- Var. Report RLLL03SE: Kritische Umbuchungsbelege (03)
- Var. Report RLLL04SE: Kritische Lieferungen (04)

- Var. Report RLLL05SE: Negative Bestände auf Lagerplätzen (05)
- Var. Report RLLL06SE: Bestände in Schnittstellenlagertypen (06)
- Var. Report RLLL07SE: Kritische Bestände in der Produktion (07)

Möchten Sie die einzelnen Reports zur gleichen Zeit in einem Job ausführen, können Sie die einzelnen Reports als Steps in einem zentralen Lagerleitstand als Batch-Job einplanen.

11.5.6 Reports zur Lagerauslastung

Um festzustellen, ob ein Lager noch genügend Kapazität zur Verfügung hat bzw. um die Kapazitätsverteilung im Lager festzustellen, können Sie in SAP ERP einen Report zur *Kapazitätsauslastung* nutzen. Den Report zur Kapazitätsauslastung erreichen Sie über LOGISTIK • LOGISTICS EXECUTION • INFOSYSTEM • LAGER • LAGERPLATZ • KAPAZITÄTSAUSLASTUNG (Transaktion LX04) und verzweigen anschließend direkt in den Selektionsbildschirm der Kapazitätsauslastung. Geben Sie Ihre Lagernummer ein, und starten Sie die Selektion. Sie gelangen somit direkt in die Anzeige der Kapazitätsauslastung über alle Lagertypen in der entsprechenden Lagernummer (siehe Abbildung 11.93).

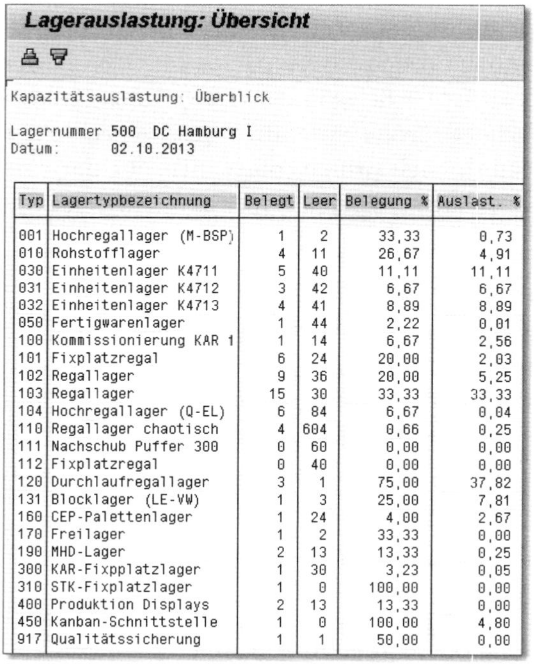
Lagerauslastung: Übersicht

Kapazitätsauslastung: Überblick

Lagernummer 500 DC Hamburg I
Datum: 02.10.2013

Typ	Lagertypbezeichnung	Belegt	Leer	Belegung %	Auslast. %
001	Hochregallager (M-BSP)	1	2	33,33	0,73
010	Rohstofflager	4	11	26,67	4,91
030	Einheitenlager K4711	5	40	11,11	11,11
031	Einheitenlager K4712	3	42	6,67	6,67
032	Einheitenlager K4713	4	41	8,89	8,89
050	Fertigwarenlager	1	44	2,22	0,01
100	Kommissionierung KAR 1	1	14	6,67	2,56
101	Fixplatzregal	6	24	20,00	2,03
102	Regallager	9	36	20,00	5,25
103	Regallager	15	30	33,33	33,33
104	Hochregallager (Q-EL)	6	84	6,67	0,04
110	Regallager chaotisch	4	604	0,66	0,25
111	Nachschub Puffer 300	0	60	0,00	0,00
112	Fixplatzregal	0	40	0,00	0,00
120	Durchlaufregallager	3	1	75,00	37,82
131	Blocklager (LE-VW)	1	3	25,00	7,81
160	CEP-Palettenlager	1	24	4,00	2,67
170	Freilager	1	2	33,33	0,00
190	MHD-Lager	2	13	13,33	0,25
300	KAR-Fixpplatzlager	1	30	3,23	0,05
310	STK-Fixplatzlager	1	0	100,00	0,00
400	Produktion Displays	2	13	13,33	0,00
450	Kanban-Schnittstelle	1	0	100,00	4,80
917	Qualitätssicherung	1	1	50,00	0,00

Abbildung 11.93 Anzeige der Kapazitätsauslastung

Für jeden Lagertyp sehen Sie die Anzahl der belegten und freien Lagerplätze sowie die jeweilige Belegung und Auslastung in Prozent. Die prozentuale Auslastung wird Ihnen nur angezeigt, wenn Sie für den entsprechenden Lagertyp eine Kapazitätsprüfung aktiviert haben oder wenn es sich um ein LE-verwaltetes Blocklager handelt, da hier die Kapazität direkt anhand der Blockstruktur vorgegeben wird.

11.5.7 MHD-Report

Das *Mindesthaltbarkeitsdatum* (MHD) gibt an, bis zu welchem Termin ein Produkt bei sachgerechter Aufbewahrung verwendbar ist. Die Differenz aus aktuellem Tagesdatum und Mindesthaltbarkeitsdatum wird als *Restlaufzeit* bezeichnet.

Wenn Sie in Ihrem Lager Materialien mit MHD verwalten, ist die Kontrolle bzw. Überwachung der Restlaufzeit eine elementare Grundfunktion in der operativen Lagerverwaltung. Dazu können Sie die Transaktion LX27 (Kontrollliste Mindesthaltbarkeitsdatum) nutzen. Wählen Sie den Menüpfad LOGISTIK • LOGISTICS EXECUTION • INFOSYSTEM • LAGER • BESTAND. Zunächst gelangen Sie in den Auswahlbildschirm des MHD-Kontroll-Reports. Erfassen Sie hier Ihre LAGERNUMMER sowie im Bereich SELEKTIONSKRITERIEN FÜR MHD die zu prüfende RESTLAUFZEIT (siehe Abbildung 11.94).

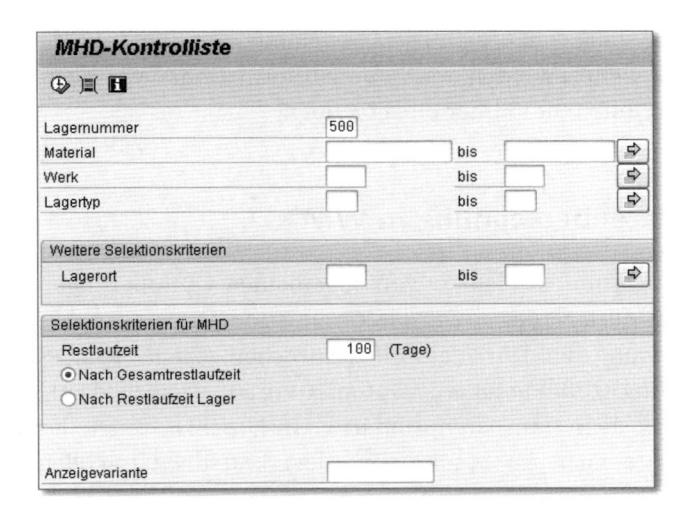

Abbildung 11.94 MHD-Kontrollliste (Selektionsbildschirm)

In diesem Beispiel lassen wir alle Materialbestände mit einer Restlaufzeit von weniger als 100 Tagen anzeigen. Die Selektion erfolgt nach der GESAMTREST-

LAUFZEIT, die den Zeitraum bis zum Verfallsdatum darstellt. Abbildung 11.95 zeigt die Selektionsergebnisse.

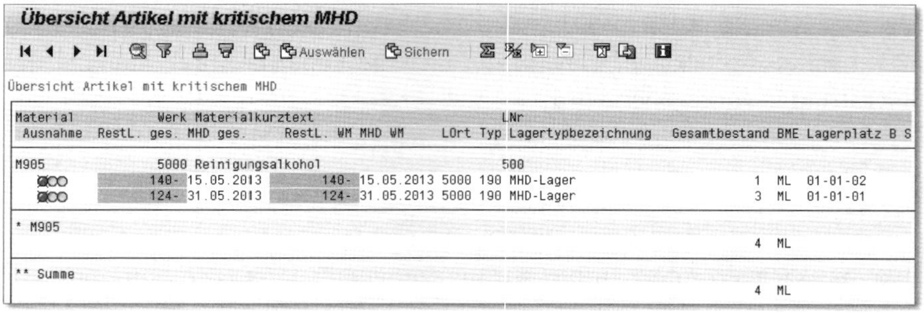

Abbildung 11.95 Artikel mit kritischem MHD anzeigen

Die Anzeigeergebnisse werden durch eine zusätzliche Statusampel visuell hervorgehoben, die folgende Ausprägungen hat:

- *Grün*: sowohl Gesamtrestlaufzeit als auch Restlaufzeit Lager > 0
- *Gelb*: Gesamtrestlaufzeit > 0, Restlaufzeit < 0
- *Rot*: sowohl Gesamtrestlaufzeit als auch Restlaufzeit Lager < 0

Aufgrund der nicht ausreichenden Restlaufzeit sehen wir in Abbildung 11.95 nur rote Ampeln. Neben der Restlaufzeit werden weitere Daten wie MHD, Gesamtbestand und Lagerplatz angezeigt. Die Darstellung kann kundenindividuell angepasst und erweitert werden, um weitere Informationen wie Chargennummer und Lagereinheitennummer einzublenden.

11.6 Leistungsdatenberechnung in WM

Sehr häufig wird im Lagerumfeld plakativ von allgemeinen Optimierungen im Bereich der Ein- und Auslagerung sowie der Kommissionierung oder aber auch von der Optimierung der Durchlaufzeit gesprochen. Vielfach ist es jedoch nicht möglich, Ansatzpunkte für eine Optimierung aufzuzeigen, da die einzelnen Prozessschritte nicht transparent sind bzw. die Durchlaufzeiten der einzelnen Prozessschritte nicht im System hinterlegt und die tatsächlich benötigten Zeiten nicht rückgemeldet werden.

In diesem Abschnitt zeigen wir Ihnen, wie WM Sie bei der Planung von Sollzeiten und der Rückmeldung von Istzeiten im Rahmen der Leistungsdatenberechnung unterstützt.

11.6.1 Grundlagen

Grundsätzlich kann die Berechnung der Leistungsdaten auf Basis kopf- und positionsbezogener Daten erfolgen. In WM wird dabei zwischen den Solldaten und den Istdaten unterschieden.

Unter den *Solldaten* werden die berechneten Zieldaten eines Transportauftrags verstanden, die auf Basis verschiedener Customizing- und Materialstammeinstellungen ermittelt werden. Die Sollzeit eines Transportauftrags ist die angenommene oder geplante Zeit für die vollständige Ausführung eines Transportauftrags. Dabei kann es sich sowohl um einen Transportauftrag mit einer als auch mit mehreren Positionen handeln.

Unter den *Istdaten* werden die tatsächlichen, auf Basis einer Interaktion eines Lagerarbeiters rückgemeldeten Daten eines Transportauftrags in Bezug auf dessen Ausarbeitungszustand verstanden. Diese Daten beinhalten den Bearbeiter (Personalnummer), die Dauer (Zeit, die effektiv für die Bearbeitung eines TAs benötigt wird), das Startdatum und den Startzeitpunkt, das Enddatum und den Endzeitpunkt sowie Bemerkungen zur TA-Ausführung. Wie in Abbildung 11.96 zu sehen ist, werden im Transportauftragskopf Solldaten und Istdaten zum Transportauftrag dargestellt.

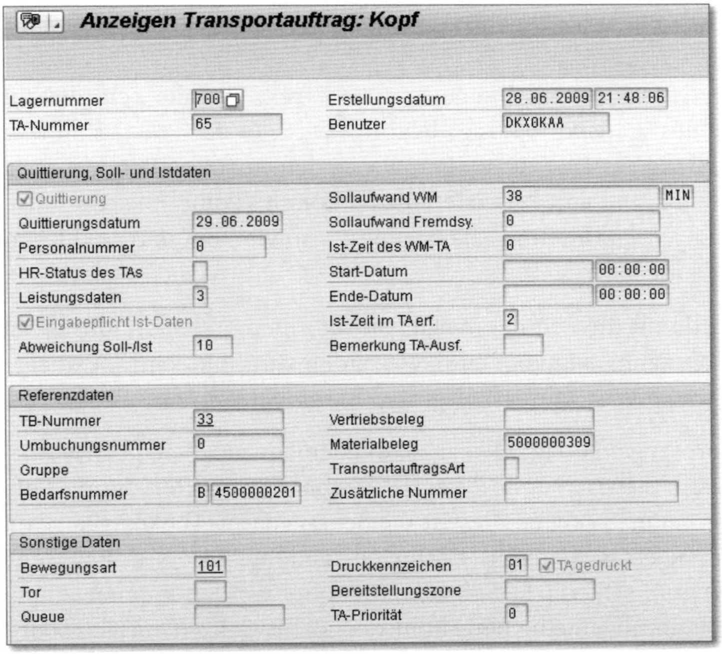

Abbildung 11.96 Anzeige des Transportauftragskopfs

11 | Weitere Grundfunktionen in WM

In den Transportauftragspositionsdaten werden lediglich die Solldaten je Position dargestellt. Die Berechnung der Solldaten erfolgt generell anhand kopf- und positionsbezogener Daten des Transportauftrags.

Die Berechnung der kopfbezogenen Parameter soll Ihnen in Abbildung 11.97 verdeutlicht werden.

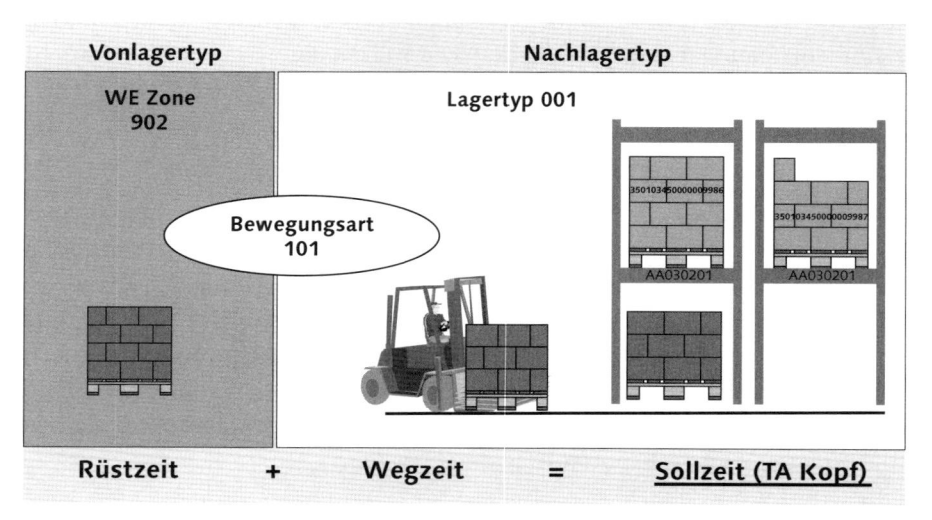

Abbildung 11.97 Sollzeitberechnung im Transportauftragskopf

Hierbei beachtet das System die sogenannte *Rüstzeit*, also die Zeit, die zur Vorbereitung eines Transportauftrags benötigt wird. In der Praxis sind dies Zeiten zur Erstellung des TAs, zur Weitergabe an den ausführenden Mitarbeiter sowie die Aufnahme von Leerpaletten zur Kommissionierung. Die Rüstzeit kann flexibel je Lagernummer, Bewegungsart sowie Von- und Nachlagertyp hinterlegt werden.

Die *Wegzeit* bestimmt die Zeit der Wegdauer für einen Transportauftrag auf Kopfebene, also unabhängig vom zu bewegenden Gut, und kann flexibel je Lagernummer sowie Von- und Nachlagertyp hinterlegt werden.

Neben den kopfbezogenen Parametern ist es ebenfalls möglich, positionsbezogene Zeiten, also material- und ladungsträgerabhängige Zeiten, für die Sollzeitberechnung heranzuziehen. Dies ist elementar, da in Abhängigkeit von den Eigenschaften eines Materials oder eines Ladungsträgers (z. B. Palette oder Gitterbox) unterschiedliche Sollzeiten benötigt werden können. Abbildung 11.98 stellt die allgemeine Berechnungslogik der Sollzeit auf Transportauftragspositionsebene dar.

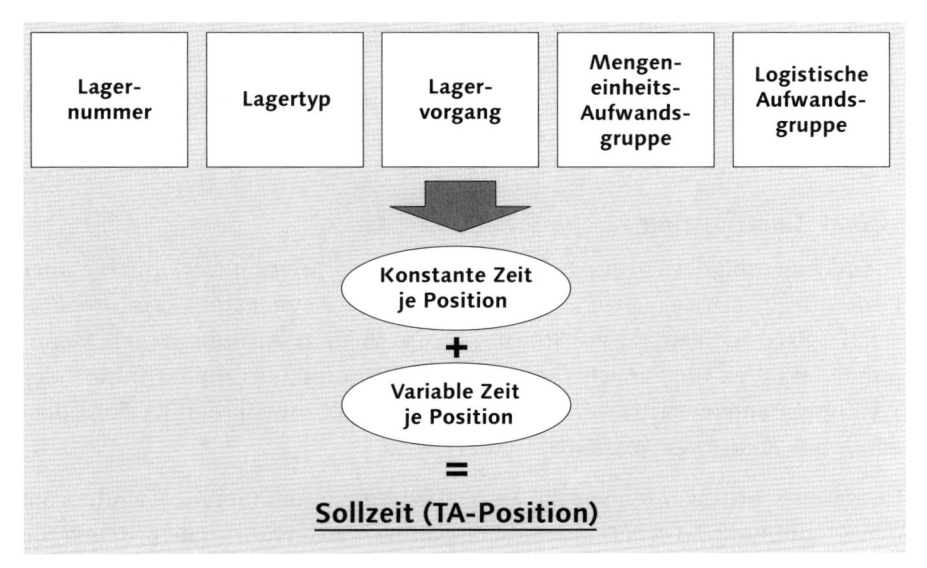

```
┌─────────┐ ┌─────────┐ ┌─────────┐ ┌──────────┐ ┌──────────┐
│ Lager-  │ │         │ │ Lager-  │ │ Mengen-  │ │Logistische│
│ nummer  │ │Lagertyp │ │ vorgang │ │ einheits-│ │Aufwands- │
│         │ │         │ │         │ │Aufwands- │ │ gruppe   │
│         │ │         │ │         │ │ gruppe   │ │          │
└─────────┘ └─────────┘ └─────────┘ └──────────┘ └──────────┘
                              ⬇
                    ╭───────────────╮
                    │ Konstante Zeit│
                    │  je Position  │
                    ╰───────────────╯
                              +
                    ╭───────────────╮
                    │ Variable Zeit │
                    │  je Position  │
                    ╰───────────────╯
                              =
                   Sollzeit (TA-Position)
```

Abbildung 11.98 Sollzeitberechnung in der Transportauftragsposition

Wie Sie in Abbildung 11.98 erkennen können, bedient sich WM bei der Sollzeitberechnung auf Positionsebene neben den klassischen Objekten wie Lagernummer und Lagertyp auch anderer Objekte wie des Lagervorgangs, der Mengeneinheitenaufwandsgruppe sowie der logistischen Aufwandsgruppe.

Lagervorgänge können frei im Customizing definiert werden und entsprechen beispielsweise Einlagerungen oder Auslagerungen. Mengeneinheitenaufwandsgruppen dienen der Gruppierung von Mengeneinheiten bzw. Lagereinheitentypen unter Aufwandsgesichtspunkten. Logistische Aufwandsgruppen dienen der Gruppierung von Materialien unter Lastgesichtspunkten. Die Zuordnung erfolgt im Materialstamm (Sicht WERKSDATEN/LAGERUNG 2, Feld MARC-LOGGR).

Im Gegensatz zu den Solldaten handelt es sich bei den Istdaten um die tatsächlichen Daten zur Bearbeitung eines Transportauftrags. Hierbei handelt es sich um den Bearbeiter (Personalnummer) sowie den Iststart und Istendzeitpunkt eines TAs. Diese Daten werden im Transportauftragskopf festgehalten und gelten somit für alle Positionen eines TAs.

Das Kennzeichen LEISTUNGSDATEN im Kopf des Transportauftrags steuert für die Leistungsdatenerfassung, ob die Eingabe der Istzeit für einen TA notwendig ist und in welchem Format sie erscheinen muss. Dieses Kennzeichen kontrolliert auch, welches Dialogfenster erscheint. Je nachdem, welche Ausprägung Sie wählen, zeigt das System die Felder an, die für die Dateneingabe erscheinen sollen. Möchten Sie die Daten eines Transportauftrags nach der Bearbeitung erneut korrigieren, können Sie hierfür die Transaktion LT1A (Verändern Transportauftragskopf) verwenden.

11.6.2 Customizing

Die Aktivierung der Leistungsdatenberechnung erfolgt im Customizing über Logistics Execution • Vorgänge • Transporte • Abwicklung Leistungsdaten/TA-Split • Ermittlung Solldaten. Nach dem Ausführen des Menüpunkts erhalten Sie zunächst zwei weitere Unterpunkte zur Definition der TA-Kopfparameter (TA-Kopfparameter ermitteln) sowie der TA-Positionsdaten (TA-Positionsparameter ermitteln).

Im ersten Schritt werden wir die TA-Kopfparameter definieren. Nachdem Sie den Menüpunkt TA-Kopfparameter ermitteln ausgeführt haben, sehen Sie die in Abbildung 11.99 gezeigte Customizing-Übersicht.

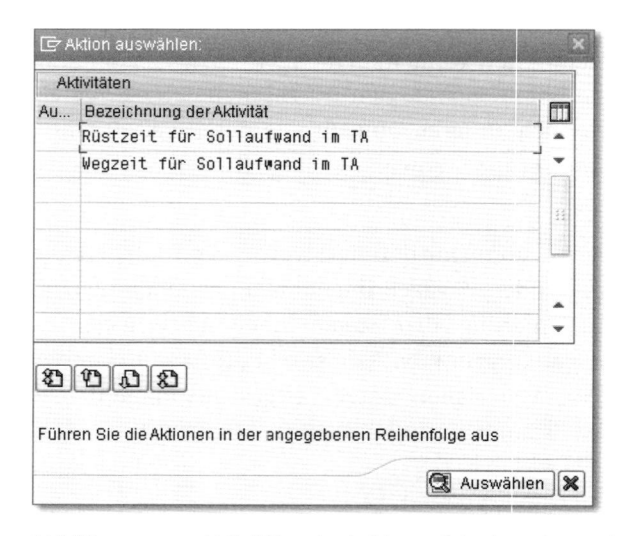

Abbildung 11.99 Aktivitäten der Leistungsdatenberechnung im TA-Kopf

Wir empfehlen Ihnen, die angegebenen Objekte in der dargestellten Reihenfolge zu bearbeiten. Zunächst pflegen Sie die Rüstzeit für Sollaufwand im TA. In diesem Szenario soll für die Lagernummer 700 für einen Wareneingang zur Bestellung (Bewegungsart 101) für den Vonlagertyp 902 zu allen Lagertypen des Lagers (Eintrag ***) eine Rüstzeit von zehn Minuten gelten (siehe Abbildung 11.100).

11.6 Leistungsdatenberechnung in WM

Abbildung 11.100 Rüstzeit je TA-Kopf

Im nächsten Schritt definieren Sie die WEGZEIT FÜR SOLLAUFWAND IM TRANSPORTAUFTRAG. Wie Sie in Abbildung 11.101 erkennen, sind pro Kombination aus Vonlagertyp und Nachlagertyp je Wegstrecke unterschiedliche Wegzeiten hinterlegt.

Abbildung 11.101 Pflege der Wegzeit im TA-Kopf

Nachdem Sie die allgemeinen Kopfparameter hinterlegt haben, werden wir im nächsten Schritt die positionsbezogenen TA-Leistungsdaten definieren. Diese generelle Customizing-Aktivität erfolgt in verschiedenen Unterschritten:

❶ Pflege der Mengeneinheitenaufwandsgruppe

❷ Mengeneinheiten zu Mengeneinheitenaufwandsgruppen zuordnen

❸ Mengeneinheitenaufwandsgruppe zu LET zuordnen

❹ ME-Aufwandsgruppenfindung definieren

❺ logistische Aufwandsgruppen definieren

❻ Pflege Lagervorgänge

❼ Pflege Lagerprozesse

❽ Pflege Lagerlast

In Schritt ❶ pflegen Sie zunächst die Mengeneinheitenaufwandsgruppen, charakterisieren also die Gruppierung der Mengeneinheiten oder Lagereinheiten unter dem Gesichtspunkt der Sollzeitberechnung. Wie Sie in Abbildung 11.102 erkennen, lassen sich unterschiedliche Charakteristika definieren.

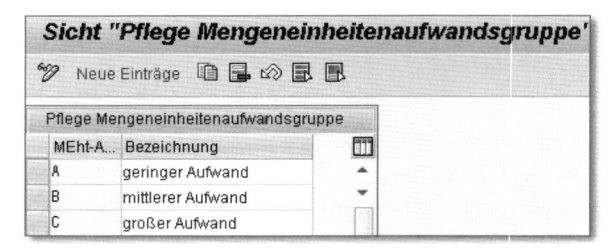

Abbildung 11.102 Pflege der Mengeneinheitenaufwandsgruppe

Diesem Schritt folgend, werden die zuvor angelegten Mengeneinheitenaufwandsgruppen entweder Mengeneinheiten (❷, siehe Abbildung 11.103) oder Lagereinheiten (❸, siehe Abbildung 11.104) zugeordnet.

Abbildung 11.103 Mengeneinheiten zu Mengeneinheitenaufwandsgruppen zuordnen

Abbildung 11.104 Mengeneinheitenaufwandsgruppen zu LET zuordnen

Da es sich hier um WM-Prozesse handelt, empfehlen wir Ihnen, eine Zuordnung zur Lagereinheit vorzunehmen, wie es Schritt ❸ beschreibt. Die Ermittlung der relevanten Mengeneinheitsaufwandsgruppe erfolgt, wie in Abbildung 11.105 beschrieben (Schritt ❹). Dabei kann generell zwischen

Einlagerungen und Auslagerungen je Lagertyp unterschieden werden. Somit schafft WM die Flexibilität, beispielsweise die Sollzeiten je Einlagerung auf Basis ganzer Mengeneinheiten (je LET) zu ermitteln und für Auslagerungen eine Ermittlung je Mengeneinheit (z. B. Karton) anzuwenden.

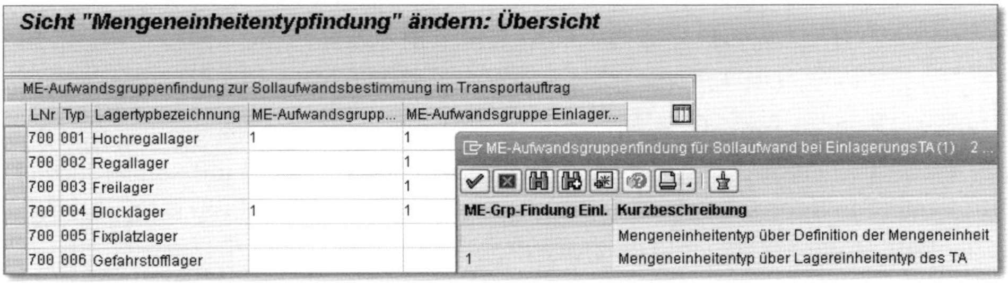

Abbildung 11.105 ME-Aufwandsgruppenfindung definieren

Um neben den ladungsträgerbezogenen Charakteristika auch materialbezogene Charakteristika in die Sollzeitberechnung mit einfließen zu lassen, müssen Sie in Schritt ❺ mindestens eine logistische Aufwandsgruppe definieren und diese dann später in den Stammdaten eines zu bewertenden Materials hinterlegen (siehe Abbildung 11.106).

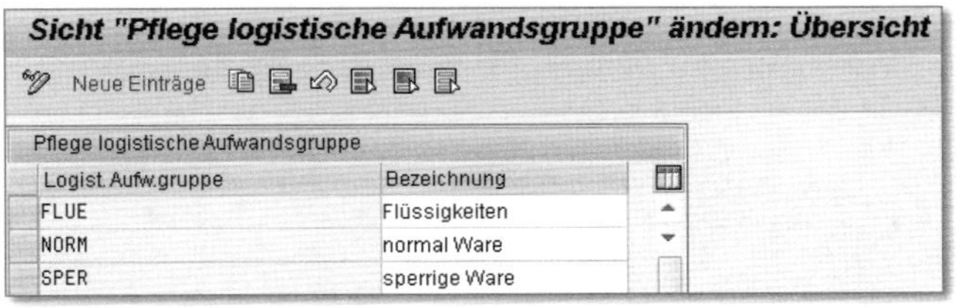

Abbildung 11.106 Logistische Aufwandsgruppe definieren

Im folgenden Customizing-Schritt ❻ definieren Sie Lagervorgänge (Einlagerungen, Auslagerungen etc.), die für die Lastberechnung in WM relevant sind. Auch diese werden bei der Berechnung herangezogen und unterstützen die Flexibilisierung der Berechnung (siehe Abbildung 11.107).

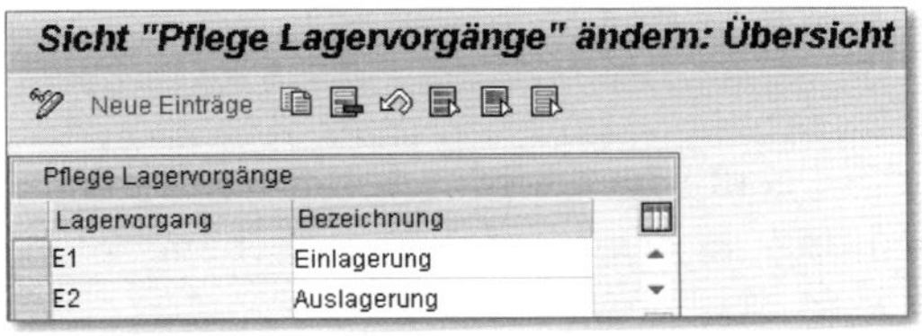

Abbildung 11.107 Pflege der Lagervorgänge

11 | Weitere Grundfunktionen in WM

Lagerprozesse (Schritt ❼) sind fest von WM vorgegeben. Bei der Ermittlung der Sollzeit der TA-Position teilt das System die TA-Position in die Teilsegmente VON, NACH und gegebenenfalls RÜCK auf. Pro Teilsegment wird versucht, die Sollzeit zu ermitteln. Dabei gelten folgende Zuordnungen:

VON	Lagerprozess »A« Auslagern (WM-Sollzeit)
NACH	Lagerprozess »E« Einlagern (WM-Sollzeit)
RÜCK	Lagerprozess »E« Einlagern (WM-Sollzeit)

Für die Teilsegmente werden die einzelnen Lagervorgänge pro Lagerprozess ermittelt, und es wird entsprechend pro Lagervorgang eine Sollzeit errechnet. Die Zuordnung von Lagervorgängen zu einem konkreten Lagerprozess wird grundsätzlich als *Lagerteilprozess* bezeichnet.

Die Flexibilisierung erfolgt hier anhand der zuvor definierten Lagervorgänge, die den Lagerprozessen zugeordnet werden müssen (siehe Abbildung 11.108).

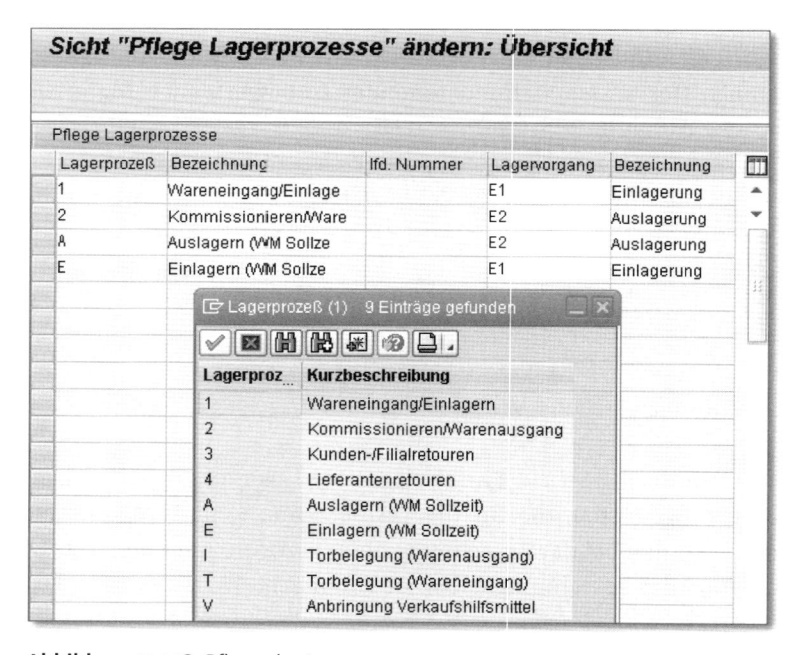

Abbildung 11.108 Pflege der Lagerprozesse

Abschließend (Schritt ❽) erfolgt die eigentliche Zuordnung der zuvor erstellten Systemparameter zur Berechnung der Last auf Positionsebene (siehe Abbildung 11.109).

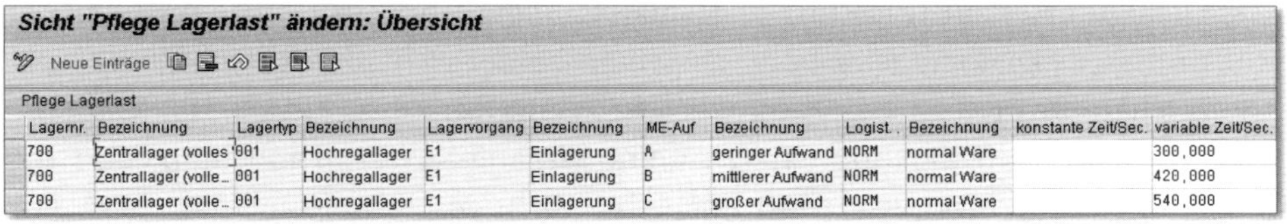

11.6 Leistungsdatenberechnung in WM

Lagernr.	Bezeichnung	Lagertyp	Bezeichnung	Lagervorgang	Bezeichnung	ME-Auf	Bezeichnung	Logist.	Bezeichnung	konstante Zeit/Sec.	variable Zeit/Sec.
700	Zentrallager (volles	001	Hochregallager	E1	Einlagerung	A	geringer Aufwand	NORM	normal Ware		300,000
700	Zentrallager (volle_	001	Hochregallager	E1	Einlagerung	B	mittlerer Aufwand	NORM	normal Ware		420,000
700	Zentrallager (volle_	001	Hochregallager	E1	Einlagerung	C	großer Aufwand	NORM	normal Ware		540,000

Abbildung 11.109 Pflege der Lagerlast

Um dann die Leistungsdatenberechnung zu aktivieren, müssen Sie ein Profil zur Datenberechnung erstellen und dieses einer Kombination aus Von- und Nachlagertyp zuordnen. Definieren Sie zunächst das Leistungsdatenprofil zur Lagernummer und die entsprechende Profilnummer. Die Profilnummer sollte in der Steuerungstabelle zur Leistungsdatenabwicklung zu Lagernummer, Bewegungsart, Vonlagertyp und Nachlagertyp gepflegt sein.

Folgende Ausprägungen in Bezug auf die Leistungsdaten sind möglich:

- Sie möchten keine Leistungsdaten erfassen.
- Nur die Solldaten sollen berechnet werden.
- Die Istdaten sollen erfasst werden.
- Solldaten sollen berechnet und Istdaten erfasst werden.
- Der Leistungslohn soll ermittelt werden.

Der Leistungslohn setzt die Ermittlung der Solldaten und bei den Istdaten zumindest die Erfassung des Bearbeiters (Personalnummer) voraus. Transportaufträge, für die der Leistungslohn zu ermitteln ist, werden vom Report RLT1HR00 (Übertragung der Leistungsdaten an HR) berücksichtigt und an das HCM-System weitergeleitet.

Die Istzeiten im Transportauftrag betreffend, sind weitere Parametrisierungen möglich:

- Die Istzeit soll nicht erfasst werden.
- Die Istzeit soll als Nettodauer erfasst werden.
- Start- und Endzeitpunkt sollen manuell erfasst werden.
- Start- und Endzeitpunkt sollen automatisch verbucht werden.

Startdatum und Uhrzeit werden bei der Zuordnung eines Transportauftrags zu einem Bearbeiter verbucht. Enddatum und Uhrzeit werden bei Ausführung der Transaktion QUITTIEREN TRANSPORTAUFTRAG verbucht.

Mit dem Kennzeichen EINGABEPFLICHT IST-DATEN können Sie steuern, ob bei Ausführung der Transaktion QUITTIEREN TRANSPORTAUFTRAG automatisch ein

Dialogfenster zur Erfassung der Istdaten eingeblendet wird. Die Auswahl der in diesem Dialogfenster bereitgestellten Felder richtet sich nach dem Kennzeichen Ist-Zeit im TA erforderlich. Wenn das Kennzeichen Leistungsdaten ausdrückt, dass Sie explizit keine Istdaten erfassen möchten, darf das Kennzeichen Eingabepflicht Ist-Daten nicht gesetzt sein.

> **Warnung bei fehlenden Parameterwerten**
> In den Steuerungsdaten der Lagernummer ist es möglich, fehlende Parameterwerte als Warnung oder Fehlermeldung auszugeben.

11.6.3 Systembeispiel: Lastberechnung bei der Einlagerung

Im Folgenden zeigen wir Ihnen exemplarisch die Lastberechnung am Beispiel einer Einlagerung mit zwei Materialpositionen in unterschiedlichen Lagertypen. Abbildung 11.110 verdeutlicht Ihnen die Ausgangssituation.

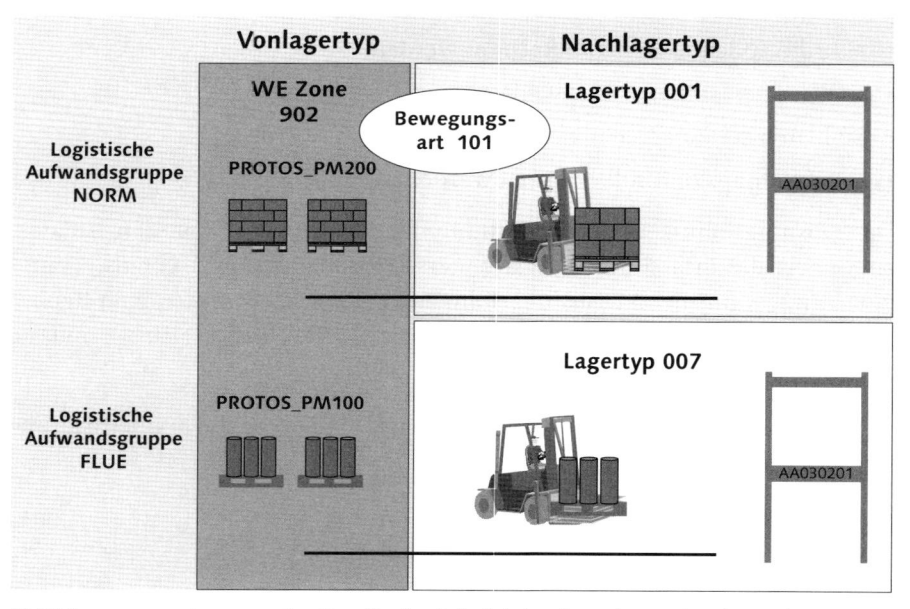

Abbildung 11.110 Ausgangssituation für das Beispiel »Lastberechnung bei der Einlagerung«

Wie Sie hier sehen, sollen je ein Stück des Materials PROTOS-PM100 sowie des Materials PROTOS-PM200 eingelagert werden. Beide Materialien besitzen den identischen Lagereinheitentyp LE1, jedoch unterscheiden sich die Materialien in ihrer logistischen Aufwandsgruppe.

PROTOS-PM200 ist der logistischen Aufwandsgruppe NORM zugeordnet, PROTOS-PM100 hingegen der logistischen Aufwandsgruppe FLUE. Im Hintergrund hat das System zwei Transportaufträge mit jeweils einer Position erstellt (TA 461 und 462).

Sollzeitberechnung TA 461

Die berechnete Sollzeit im TA 461 (siehe Abbildung 11.111) beträgt 29 Minuten.

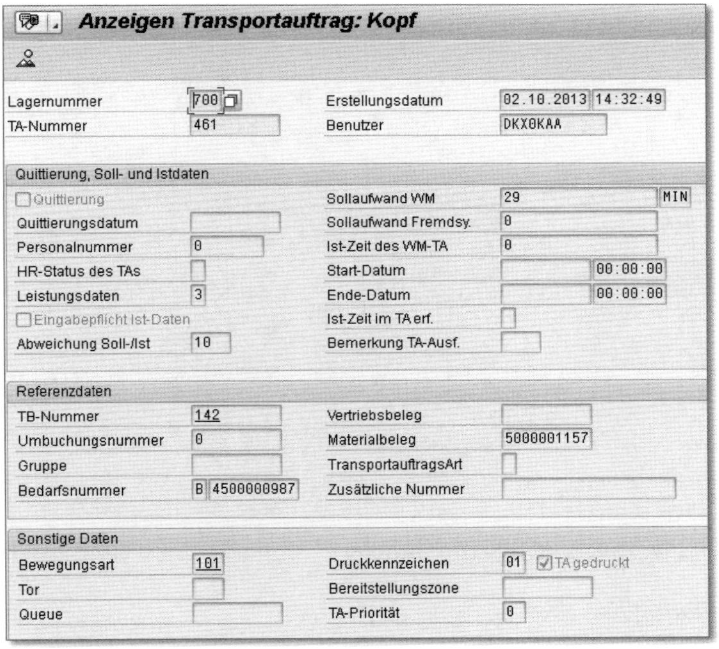

Abbildung 11.111 Transportauftrag 461

Die Berechnung setzt sich wie folgt zusammen:

Transportauftragskopf:
Rüstzeit: 10 Minuten
Wegzeit: 10 Minuten

Transportauftragsposition:
Position 1: 9 Minuten dynamische Berechnung

29 Minuten: 10 Minuten (Rüstzeit) + 10 Minuten (Wegzeit) + 9 Minuten (Position 1)

Sollzeitberechnung TA 462

Die berechnete Sollzeit im TA 462 (siehe Abbildung 11.112) beträgt 20 Minuten.

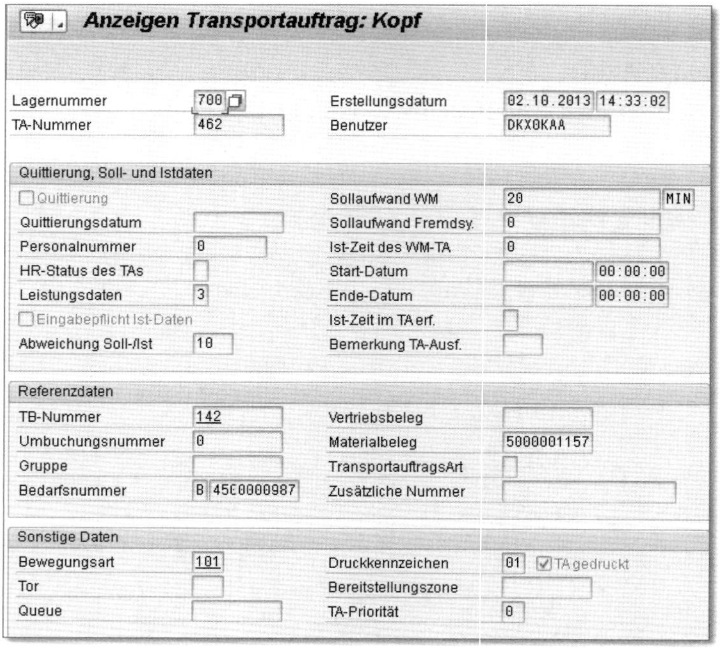

Abbildung 11.112 Transportauftrag 462

Die Berechnung setzt sich wie folgt zusammen:

Transportauftragskopf:
Rüstzeit: 5 Minuten
Wegzeit: 5 Minuten

Transportauftragsposition:
Position 1: 10 Minuten dynamische Berechnung

20 Minuten: 5 Minuten (Rüstzeit) + 5 Minuten (Wegzeit) + 10 Minuten (Position 1)

Wie aus diesem Beispiel ersichtlich, können aus der Lastberechnung in WM wichtige Messpunkte für ein lagerinternes Kennzahlensystem abgeleitet werden. Durch die Berechnung der Sollzeiten und der Möglichkeiten der realen Istzeitrückmeldung ermöglicht WM eine Transparenzsteigerung innerhalb aller zu betrachtenden Lagerprozesse.

Kostendruck und bedingungslose Kundenorientierung zwingen Unternehmen, ihre Prozesse fortlaufend zu optimieren. Wie WM Sie bei der Prozessoptimierung in der Lagerlogistik unterstützt, erfahren Sie in diesem Kapitel.

12 WM-Komponenten zur Lagerprozess- und Materialflussoptimierung

Die Lagerlogistik, auch innerbetriebliche bzw. Intralogistik genannt, nimmt eine wesentliche Stellung in den logistischen Aktivitäten eines Unternehmens ein, da sie als Puffer oder Mittler zwischen verschiedenen Partnern innerhalb der Supply Chain fungiert. In diesem Kapitel stellen wir Ihnen WM-Komponenten wie Radio Frequency, Task & Resource Management und Yard Management vor, mit denen Sie die bestehenden und auch zukünftigen Anforderungen in Ihrem Lager meistern können.

12.1 Mobile Datenerfassung mit SAP Radio Frequency

Im Folgenden möchten wir Ihnen die Grundlagen von *SAP Radio Frequency* (RF) vorstellen und Ihnen zeigen, wie es Ihre Lagerprozesse nachhaltig und effektiv unterstützen kann. Um Ihnen eine ganzheitliche Einführung in diese Thematik zu ermöglichen, werden wir zunächst auf grundlegende betriebswirtschaftliche und technologische Eigenschaften von RF eingehen. Daran anschließend stellen wir Ihnen RF-unterstützte Lagerprozesse vor, zeigen die wesentlichen Konfigurationsparameter auf und geben Ihnen einen kurzen Überblick über eine mögliche Implementierungsstrategie.

12.1.1 Betriebswirtschaftliche Grundlagen

Um einen reibungslosen Material- und Informationsfluss innerhalb eines Lagers und über Lagergrenzen hinweg zu ermöglichen, ist eine IT-technische Verknüpfung des physischen Materialflusses und des logischen Datenflusses zwingend erforderlich. RF unterstützt Sie bei dieser Verknüpfung, indem

Materialbewegungen durch Verifizieren und Scannen von Materialien, Paletten oder Lagerplätzen online in Echtzeitkommunikation in SAP ERP verbucht werden. Batch-Uploads oder manuelles Erfassen und Quittieren von Warenbewegungen im Anschluss an die physische Kommissionierung werden somit vermieden. Betriebswirtschaftlich ist der Einsatz von RF vor allem in Lägern zu empfehlen, in denen eine Vielzahl von Warenflüssen und -bewegungen und somit indirekt eine Vielzahl von Informationsflüssen anfällt. Betriebswirtschaftliche Vorteile lassen sich aber auch in kleineren Lagerkomplexen z. B. durch den Wegfall von Papierbelegen im Kommissionierprozess erzielen.

Technologische Grundlagen

Unter Datenfunk wird die drahtlose Übertragung von Daten mithilfe digitaler Funksignale auf einer dedizierten Frequenz verstanden. Datenfunk bildet eine zweiseitig gerichtete Online-Funkverbindung zwischen mobilen Terminals und dem Host-Computer. Das mobile Terminal wird für die Erfassung und Anzeige der prozessrelevanten Daten verwendet. Ein solches mobiles Terminal kann tragbar, aber auch auf einen Gabelstapler montiert sein. In SAP ERP muss zwischen RF (Radio Frequency) und RFID (Radio Frequency Identification) unterschieden werden, da es hier in der Praxis sehr häufig zu Verwechslungen kommt. Bei RF und RFID handelt es sich um zwei komplett unterschiedliche Technologien, die aus der Lagerverwaltungssicht potenziell gleiche Prozesse abbilden können, sich jedoch in ihrer Komplexität und ihrem Nutzungsgrad elementar unterscheiden.

Die in diesem Kapitel beschriebene RF-Technologie verwendet, anders als die RFID-Technologie, als Ausgangsobjekt Barcode-Informationen, die mithilfe von RF-Terminals/-Geräten gelesen werden. Im Gegensatz dazu werden bei der RFID-Technologie RFID-Tags/-Speicherchips als Datenträger verwendet, auf denen die Dateninformationen (z. B. Electronic Product Code = EPC) festgehalten werden. Dies nur als kleiner Exkurs.

Einer der wichtigsten Vorteile der RF-Technologie in der Lagerverwaltung besteht darin, dass sich durch den Einsatz von RF die *Prozessqualität* und die *Prozesssicherheit* signifikant und messbar verbessern lassen. Durch die Verifizierungspflicht wird der Lagerarbeiter dazu gezwungen, seine Bewegungen im Lager zurückzumelden und Objekte wie Paletten (SSCC-Nummern) oder Produktnummern (EAN-Code) eindeutig zu identifizieren.

Ein weiterer wichtiger Vorteil von RF ist die Ortsunabhängigkeit der Datenübertragung, wodurch eine bilaterale Kommunikation in der Lagerverwaltung ermöglicht wird. Lagerressourcen müssen keine weiten Wege mehr zurücklegen, um Arbeitsanweisungen wie Transportaufträge zu erhalten oder zu bestätigen. Arbeitseffizienz und Auslastungseffizienz werden somit deutlich erhöht. RF ermöglicht die *direkte Datenübermittlung* vom Scannen eines Objekts im Lager bis zum SAP-ERP-System und umgekehrt. Daten werden dabei *online in Echtzeit* ohne Einsatz einer zusätzlichen Middleware verarbeitet und direkt im SAP-ERP-System aktualisiert. Ein Vorteil von RF ist hier die hohe Performance auch bei Lägern mit sehr hohen Durchsätzen.

Die RF-Lösung eröffnet weitere betriebswirtschaftliche Nutzungsfelder vor allem im Bereich des Personal- und Ressourceneinsatzes, der Prozessbeschleunigung und einer effizienteren Informationsverarbeitung. Somit lassen sich messbare Produktivitätssteigerungen im Lagerbereich erzielen. Durch die Online-Kommunikation der RF-Terminals mit dem SAP-ERP-System werden Schreib- und Erfassungsfehler reduziert und Belege direkt in WM aktualisiert.

12.1.2 Integration mit SAP ERP

Die RF-Technologie unterstützt zwei Arten der Integration bzw. Anbindung von Datenfunkterminals an das SAP-ERP-System. Hier kann zwischen der SAP Console und der Web SAP Console unterschieden werden.

Die *SAP Console* dient zum Anbinden von zeichenorientierten Terminals an SAP ERP und weist folgende Merkmale auf:

- Transaktionen und Bildschirme von SAP GUI werden im zeichenorientierten Format dargestellt.
- Transaktionen werden direkt im SAP-ERP-System ausgeführt.
- Die Installation erfolgt nicht auf den Terminals, sondern auf einem Server.
- Die Kommunikation mit dem SAP-ERP-System erfolgt mithilfe eines Telnet-Protokolls.
- Die RF-Funktionalität kann ab SAP-Release 4.6 genutzt werden.

Mithilfe der *Web SAP Console* werden RF-Terminals mit einer grafischen Oberfläche an das SAP-ERP-System angebunden. Charakteristika der Web SAP Console sind:

- Darstellung der SAP-GUI-Transaktionen in grafischer Form
- Weiterentwicklung der SAP Console als Web-enabled SAP Console
- Kommunikation mit einem J2EE-Server

12 | WM-Komponenten zur Lagerprozess- und Materialflussoptimierung

- reines SAP-GUI-Werkzeug (unabhängig vom SAP-Releasestand)
- Anbindung von neuen Technologien wie Pick-by-Voice möglich

Die Darstellungsform zwischen SAP Console und Web SAP Console unterscheidet sich, wie in Abbildung 12.1 gezeigt.

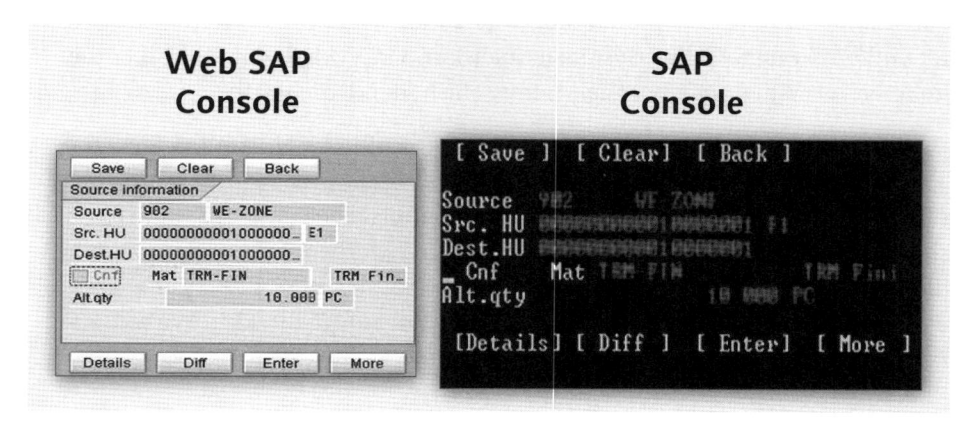

Abbildung 12.1 Web SAP Console vs. SAP Console

Die Gesamtarchitektur einer RF-Installation in einem Lagerkomplex kann wie in Abbildung 12.2 dargestellt werden.

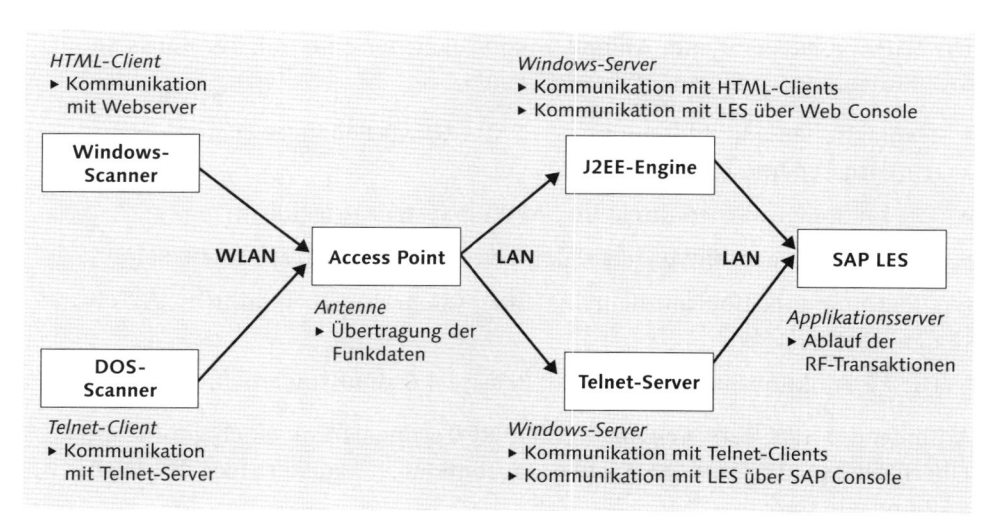

Abbildung 12.2 Systemarchitektur einer RF-Implementierung

12.1.3 Unterstützte Lagerprozesse

SAP RF ermöglicht einen fehlerfreien Materialfluss in allen Lagerprozessen durch den konsequenten Einsatz von Barcodes und Funkterminals, die direkt mit dem SAP-ERP-System kommunizieren. In der direkten Kommunikation werden durch den Lagerarbeiter mithilfe der mobilen RF-Geräte SAP-RF-Transaktionen aufgerufen und direkt ausgeführt. In der SAP-ERP-Grundauslieferung werden ca. 50 SAP-RF-Standardtransaktionen ausgeliefert.

Die SAP-RF-Lösung unterstützt die folgenden Hauptlagerprozesse:

- Wareneingangsprozess
- Einlagerungsprozess
- Warenausgangsprozess
- Auslagerung und Kommissionierung
- Pick & Pack
- Umlagerungen und Nachschub
- Umbuchungen
- Doppelspiele
- Inventur
- Verpacken und Auspacken
- Laden und Abladen
- Abfragen
- Erfassung von Serialnummern

In den folgenden Abschnitten stellen wir Ihnen nun die RF-Hauptprozesse wie Wareneingang, Einlagerung, Warenausgang und Auslagerung vor. Ziel ist es, Ihnen einen detaillierten Überblick über die Prozessschritte und die dazugehörende RF-Prozess- und -Screenlogik zu vermitteln. Darüber hinaus werden wir der Vollständigkeit halber weitere RF-unterstützte Prozesse aufzeigen, diese jedoch aufgrund der Vielzahl an Prozessen nicht im Einzelnen explizit vorstellen.

Wareneingangsprozess

Als Wareneingang wird der Geschäftsprozess bezeichnet, der sich mit der physischen Annahme der angelieferten Materialien und Waren, deren Kontrolle und Weitergabe sowie der informationstechnischen Erfassung aller Wareneingangsdaten beschäftigt. Zu diesen Wareneingangsdaten gehören

Informationen wie Anliefernummer, Frachtführer, Anliefermenge sowie Chargen- und Palettierungsinformationen. Sollen Wareneingänge im SAP-ERP-System unter Verwendung von RF erfasst werden, kann dies im SAP-Standard nur mithilfe von *Anlieferbelegen* geschehen. Unter einem Anlieferbeleg wird ein Lieferbeleg verstanden, der in SAP ERP automatisch oder manuell mit Referenz zur Bestellung erstellt wurde.

Prozesstechnisch werden beim Wareneingang in einer zentralen RF-Transaktion alle möglichen Teilschritte des Wareneingangsprozesses zusammengefasst. Zu diesen Aktivitäten zählen:

- Abladen
- Transportinformationen anzeigen und ändern
- Positionen der Lieferung packen/auspacken
- Differenzen erfassen und melden
- Transportaufträge generieren
- Transportaufträge quittieren
- Bestandsbuchung in der Bestandsführung

Beispiel zum Wareneingang mit RF

Im Folgenden stellen wir Ihnen nun einen exemplarischen Wareneingangsprozess mit RF vor, bei dem alle Prozessschritte ausschließlich mit RF ausgeführt werden. In unserem Beispiel werden wir folgende Prozessschritte durchlaufen:

1. Transportinformationen anzeigen
2. Abladen
3. Einlagerungstransportaufträge generieren
4. Einlagerungstransportaufträge quittieren
5. Anzeige Transport

In der Ausgangssituation wurde für unser Beispielmaterial 38 eine Bestellung von 2 Paletten (1 Stück) (1 Stück beim Lieferanten B1000 für das Werk 0010 angelegt. Wareneingänge erfolgen in diesem Szenario immer mit Bezug zur Anlieferung am Lagerort 0700 in der zugeordneten Lagernummer 700. Das heißt, dass zunächst die Einlagerung in WM ausgeführt werden muss, bevor die Wareneingangsbuchung in der Bestandsführung erfolgen kann. Um Transportkosten berechnen zu können, arbeitet unser Beispielunternehmen auch im Eingangsprozess mit SAP-Transporten (Eingangstransporten), die mit Bezug zur Anlieferung erstellt werden. Der Bezug im Wareneingang kann somit direkt über einen Transport sichergestellt werden.

Nach der Ankunft des Transports in unserem Lager lassen wir uns nun zunächst die relevanten Transportinformationen für den Transport 2650 mithilfe eines RF-Dialogs anzeigen. Im RF-Menü verwenden wir dafür die Transaktion LM73 und geben die Transportnummer 2650 ein (siehe Abbildung 12.3).

Abbildung 12.3 Transport zur Einlagerung auswählen

Nachdem wir die Transportnummer erfasst und die Selektion mit einem Klick auf den Button F4-WTR bestätigt haben, verzweigt das System zunächst in die Lieferkopfdaten des Transports (siehe Abbildung 12.4).

Abbildung 12.4 RF-Lieferkopf-Informationen

Ausgehend von den Lieferkopfdaten des Transports, können Sie zu den verschiedenen Teilschritten und Anzeigemöglichkeiten des Wareneingangs navigieren. Der Lieferkopfscreen ist somit der zentrale Startpunkt aller Wareneingangsaktivitäten mit RF. In unserem Beispiel ist dem Eingangstransport 2650 nur die Lieferung 180000592 zugeordnet. Die Anlieferung von zwei Paletten (Feld ANZ. PACK.) erfolgt vom Lieferanten B1000 (Huber KG) an die Warenannahmestelle 0010 (Feld VERSANDST).

In Schritt ❶ lassen wir uns nun die allgemeinen Transportinformationen des Transports 2650 anzeigen. Mit einem Klick auf den Button F5-TRSPT in Abbildung 12.4 verzweigen wir in die Anliefertransportdaten (siehe Abbildung 12.5).

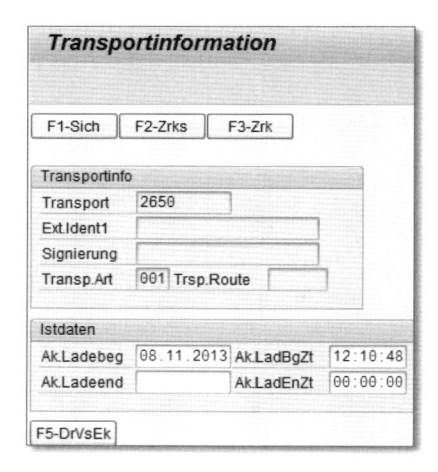

Abbildung 12.5 Anzeige der Transportinformationen

In den Transportdaten erhalten wir Informationen zur Transportart, zur Transportroute, zur Signierung und zur externen Identifizierung. Darüber hinaus können die aktuellen Istdaten zum Transport wie Entladebeginn und Entladeende manuell angepasst werden.

In Schritt ❷ werden wir nun die geladenen Handling Units (HU) abladen, in diesem Fall Paletten. Der Endladeprozess startet mit einem Klick auf den Button F7-LDNENT im Ausgangsscreen der Lieferkopf-Informationen. Nach der Auswahl verzweigt das System in den Erfassungsscreen zur Erfassung der zu entladenden HU-Objekte. Wir scannen die HU 1000003602 und bestätigen den Entladevorgang der HU mit einem Klick auf den Button F1-SICH (siehe Abbildung 12.6).

Dieser Vorgang wird für alle zu entladenden HUs wiederholt. Nach der gesamten Entnahme aller HUs erhalten Sie die Meldung, dass die Lieferung 180000592 vollständig abgeladen wurde, die Sie mit OK bestätigen.

In den HU-Detaildaten des Abladescreens werden nun fünf entladene HUs (Feld ENTLADHU) angezeigt. Das Gewicht der HUs (150 kg, Feld GEW) entspricht dem Plangewicht der HUs von 150 kg (Feld GG) (siehe Abbildung 12.7).

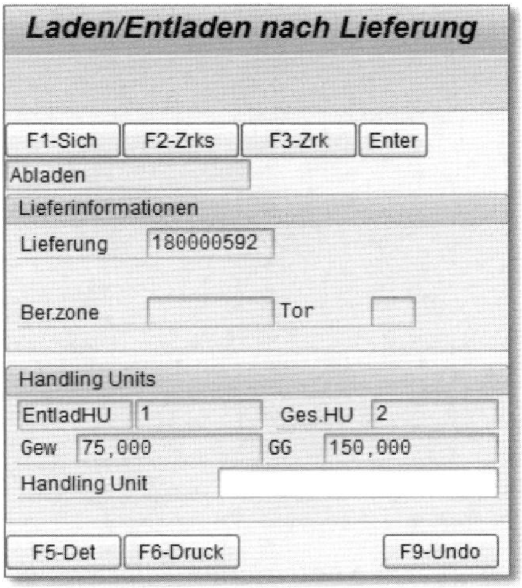

Abbildung 12.6 Entladen nach Lieferung

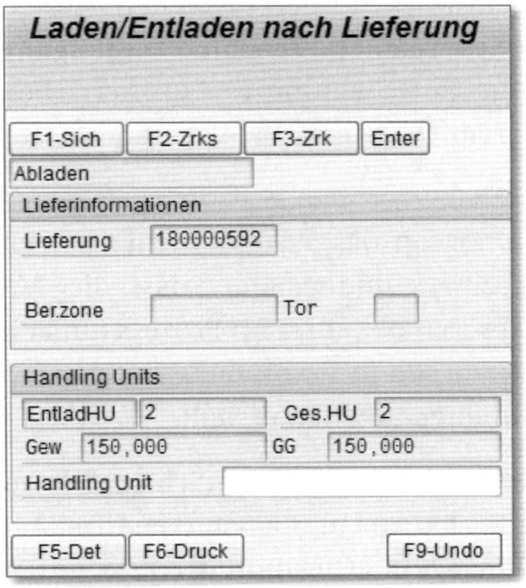

Abbildung 12.7 Statusanzeige »Entladen nach Lieferung«

Nach dem Abladen navigieren wir mit einem Klick auf den Button F3-Zrk zurück zum Überblicksscreen. Der LADESTATUS (Feld LD/ENT ST) des Transports hat sich geändert und zeigt nun ein X an. Dies bedeutet, dass der Transport vollständig entladen wurde (siehe Abbildung 12.8).

In den Ladedaten des Transports 2065 wurden mit dem Entladen der letzten HU der Ladestatus und die Ladezeiten aktualisiert. Hier erfolgt eine direkte Integration von RF mit der LES-Transportfunktionalität.

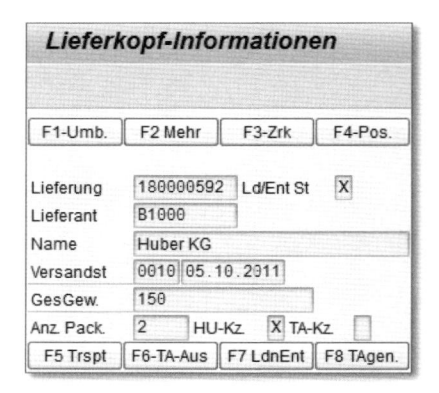

Abbildung 12.8 Lieferkopf-Informationen zum Entladestatus

In Schritt ❸ werden wir nun die Einlagerung für die entladenen Paletten veranlassen. Um Materialien in WM einlagern zu können, müssen im System zunächst Transportaufträge vorhanden sein, die wir mithilfe von RF erstellen werden. Die TA-Erstellung wird mit einem Klick auf den Button F8 TAGEN. angestoßen. Daraufhin erscheint ein Folgescreen zur erneuten Bestätigung der TA-Entscheidung. Sie akzeptieren die Entscheidung mit OK, erstellen einen Transportauftrag mit der Transportauftragsnummer 471 und bestätigen dies erneut mit OK.

Nach der erfolgreichen TA-Erstellung verzweigt das System wieder in den Ursprungsscreen des Wareneingangsprozesses und gibt an, dass die TA-Erstellung erfolgt ist (Feld TA-Kz. X). Da es sich bei unserem Prozess um keinen integrativen HU/LE-Prozess handelt, wurden in Verbindung mit der TA-Erstellung im Hintergrund neue Lagereinheitenetiketten erstellt.

Anschließend quittieren wir den erstellten Transportauftrag (Schritt ❹). Im Hauptscreen klicken wir auf den Button F6-TA-AUS und navigieren direkt in den Voninformationsscreen der ersten Einlagerungsposition der TA-Quittierung (siehe Abbildung 12.9).

Möchten Sie die erste Position nicht direkt einlagern, können Sie mit den Pfeiltasten die nächste Einlagerungsposition auswählen und auf diese Weise die Reihenfolge der Einlagerung selbst beeinflussen. Beachten Sie dabei, dass eine mögliche Wegeoptimierung nicht mehr gewährleistet ist, da Sie manuell in die Einlagerungsreihenfolge eingreifen. Durch die Kombination der Buttons F1-SICH und F4-WTR werden die Daten der Zielinformationen der Transportauftragsposition der Einlagerung angezeigt.

12.1 | Mobile Datenerfassung mit SAP Radio Frequency

Abbildung 12.9 Voninformationen der Einlagerungs-TA

Die Zielinformationen zeigen, auf welchem Lagerplatz eine Materialposition eingelagert werden soll. In unserem Beispiel erfolgt die Einlagerung im Lagertyp 007 auf dem Lagerplatz B-12-04 (siehe Abbildung 12.10).

Abbildung 12.10 Zielinformationen der Einlagerungs-TA

Lagertyp und -platz wurden anhand der Lagertypfindung und der Einlagerungsstrategie bei der Transportauftragserstellung gefunden. Durch das Scannen des Nachlagerplatzes B-12-04 wird die Einlagerung direkt auf dem Lagerplatz verifiziert. Die finale systemseitige Quittierung erfolgt mit einem Klick auf den Button F1-SICH, wodurch in diesem Szenario auch gleichzeitig der Wareneingang zur Anlieferung je Position gebucht wird.

> **Teilwareneingang**
>
> Im SAP-ERP-System ist es möglich, einen Teilwareneingang je Einlagerungsposition zu buchen. Dies ist zu empfehlen, wenn der Wareneingangsprozess einen längeren Zeitraum in Anspruch nimmt und es somit zu Verfügbarkeitsproblemen von Materialien kommt. Die Aktivierung der Funktionalität Teilwareneingang zur Anlieferung erfolgt im Customizing der Lagerverwaltung im Bereich SCHNITTSTELLEN ZUM VERSAND und kann pro Bewegungsart aktiviert werden.

Soll eine Differenzmenge erfasst werden (Button F6-DIFF) oder möchten Sie den Nachlagerplatz ändern (Button F7-NLP), muss dies vor der Quittierung der TA-Position erfolgen. Der zuvor beschriebene Schritt muss für alle TA-Positionen wiederholt werden. Nach der Quittierung der letzten TA-Position wird der Gesamtstatus WM in der Anlieferung auf C – WM-TA QUITTIERT – fortgeschrieben.

Um die Integration zwischen RF und der LES-Transportfunktionalität aufzuzeigen, soll nun in Schritt ❺ der Transport 2650 mithilfe der Transaktion VT03N (Transport anzeigen) angezeigt werden (siehe Abbildung 12.11).

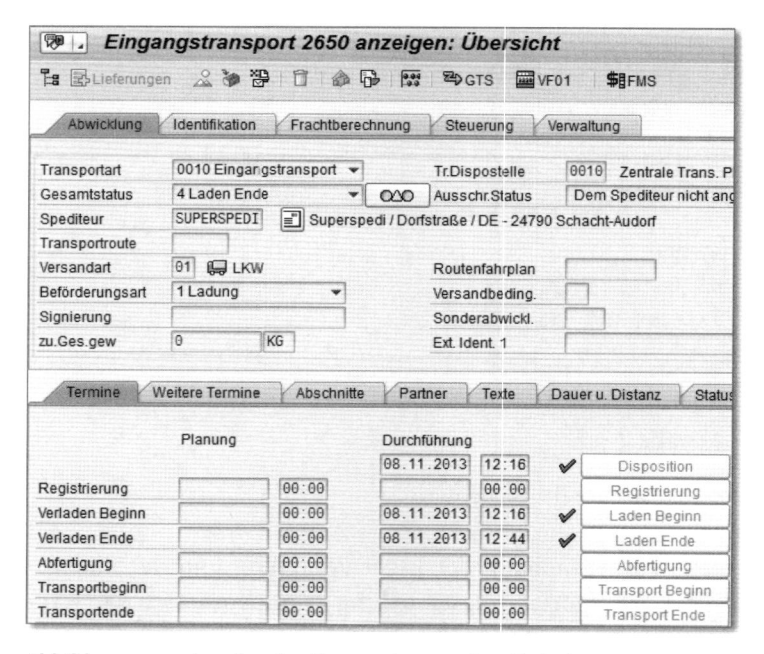

Abbildung 12.11 Anzeige des Eingangstransports – Entladestatus

Im Transportbeleg erkennen wir, dass VERLADEN BEGINN und VERLADEN ENDE durch das RF-gestützte Entladen aktualisiert wurden.

> **RF-Wareneingang**
>
> Alle relevanten Teilprozesse im Wareneingang können mithilfe einer zentralen RF-Transaktion ausgeführt werden. Der Bezug zur Einlagerung kann dabei flexibel ausgewählt werden. Die folgenden RF-Transaktionen bieten Ihnen weitere Möglichkeiten zur Wareneingangsbearbeitung mit RF:
> - Wareneingang zur Anlieferung (SAP-RF-Transaktion LM71)
> - Wareneingang zur Bereitstellzone (SAP-RF-Transaktion LM72)
> - Wareneingang nach verschiedenen Auswahlkriterien wie Material, Lieferant, Datum (SAP-RF-Transaktion LM74)
> - Wareneingang nach HU (SAP-RF-Transaktion LM76)

Einlagerungsprozess

Der Einlagerungsprozess mit RF basiert auf Transportaufträgen, die im Vorfeld der Einlagerung manuell oder automatisch erstellt werden müssen. Dabei kann mit RF aufgrund der Herkunft der Produkte (externer Wareneingang oder Wareneingang zum Fertigungsauftrag) zwischen verschiedenen Einlagerungsprozessen unterschieden werden. Somit kann sichergestellt werden, dass Einlagerungstransportaufträge für verschiedene Lagertypen auch verschiedenen Queues zugeordnet werden.

Beim Einlagerungsprozess mit RF lassen sich zwei Haupteinlagerungsarten unterscheiden. Zum einen die *systemgeführte Einlagerung*, bei der das System eine automatische Zuordnung von Transportaufträgen zu verfügbaren Bearbeitern einer Queue vornimmt. Die Zuordnung erfolgt dabei nach der Priorität der Transportaufträge, die im RF-Monitor verändert werden kann. Bei der systemgeführten Einlagerung nutzen Sie die SAP-RF-Transaktion LM04.

Die zweite Art der Einlagerung mit RF ist die *manuelle, objektbezogene Einlagerung*. Alle Einlagerungsaktivitäten erfolgen in diesem Fall mit Bezug zu einem Ausgangsobjekt. Hierbei kann es sich um eine Lagereinheit, eine Lieferung oder einen Transportauftrag handeln. Die Zuordnung der jeweiligen Einlagerungsaufgabe wird somit direkt durch den Bearbeiter anhand eines Scanvorgangs initiiert. In RF werden die folgenden RF-Standardtransaktionen für die manuelle, objektbezogene Einlagerung genutzt:

- Einlagerung nach Lagereinheitennummer (SAP-RF-Transaktion LM02)
- Einlagerung nach Transportauftragsnummer (SAP-RF-Transaktion LM03)
- Einlagerung nach Anlieferung (SAP-RF-Transaktion LM09)
- Einlagerung nach Lagereinheit geclustert (Sammeleinlagerung mehrerer LEs zur gleichen Zeit (SAP-RF-Transaktion LM13)). Diese Transaktion bie-

tet sich an, wenn mehrere Paletten zur gleichen Zeit von einer Lagerressource (z. B. Gabelstapler) eingelagert werden sollen. Diese Funktion ist sehr häufig in Branchen anzutreffen, bei denen eine große Menge gleicher Artikel (Material oder Chargen) eingelagert werden soll, wie z. B. in der Nahrungsmittel- oder Getränkeindustrie.

Warenausgangsprozess

Unter einem Warenausgang wird ein physischer und systemtechnischer Abgang von Waren oder Materialien aus dem Lager verstanden. Ein Warenausgangsprozess besteht in der Praxis häufig aus mehreren Prozessschritten, die von verschiedenen Beteiligten innerhalb des Prozesses ausgeführt werden. Typische Prozessschritte des Warenausgangs sind:

1. Transportinformationen anzeigen und ändern
2. Druck von Versandetiketten
3. Verpacken und Auspacken von Auslieferungen
4. Transportaufträge generieren
5. Transportaufträge quittieren
6. Lieferungen verladen
7. Lieferungen splitten
8. Warenausgänge in Bestandsführung buchen

Die verschiedenen Möglichkeiten der Kombination einzelner Prozessschritte sind dabei sehr variabel und hängen natürlich von den unternehmensspezifischen Anforderungen ab. Um das Zusammenspiel der einzelnen Prozessschritte des Wareneingangs mit RF zu erläutern, betrachten wir im Folgenden ein exemplarisches Beispiel eines komplexen Warenausgangsprozesses.

Beispiel zum Warenausgang mit RF

In unserem Praxisbeispiel gehen wir davon aus, dass alle Prozessschritte des Warenausgangs für einen sofort auszuführenden Expressauftrag von nur einem Lagerarbeiter ausgeführt werden. Dabei werden wir die folgenden Prozessschritte durchlaufen:

❶ Anzeigen der Auslieferung
❷ Transportauftragserstellung zur Auslieferung
❸ Quittierung der Transportaufträge
❹ Verpacken der Auslieferung

❺ Verladen

❻ Warenausgangsbuchung

Bevor wir die WM-Transportaufträge erstellen und die Warenausgangsaktivitäten ausführen, werfen wir in Schritt ❶ einen Blick auf die erstellte Auslieferung 80002451 (siehe Abbildung 12.12).

Auslieferung	80002451	Belegdatum	12.03.2013		
Warenempfänger	7		Kunath Fahrzeugbau GmbH / Hermann-Otto-Schmidt-Straße 13 / D-04720 Döbeln		

KommiTermin	19.03.2013 12:0...	GesStatKommiss.	A	zu kommissionieren
Lagernummer	700	Zentrallager (volles W...	Ges.Status WM	A	WM-TA erforderlich

Pos	Material	Werk	LOrt	Liefermenge	ME	Kommiss. Menge	ME	Charge	C..	K	V	Bereit.Dat
10	NF2020	0010	0700	1	ST	0	ST			A	A	11.11.2013
20	PROTOS-PM200	0010	0700	1	ST	0	ST			A	A	11.11.2013

Abbildung 12.12 Auslieferung anzeigen

Die Auslieferung der Materialien NF2020 und PROTOS-PM200 an den Warenempfänger 7 soll aus dem Werk 0010, dem Lagerort 0700 und dementsprechend der Lagernummer 700 erfolgen. Beginnen wir nun mit dem Warenausgangsprozess, indem wir zunächst den Warenausgangsdialog zur Auslieferung mit RF öffnen (SAP-RF-Transaktion LM61). Nachdem wir die Transaktion LM61 aufgerufen haben, erfassen wir die Liefernummer 80002451 und bestätigen unsere Eingabe mit einem Klick auf den Button F4-WTR.

Daraufhin verzweigt das System direkt in die Lieferkopf-Informationsdaten unserer Auslieferung 80002451 (siehe Abbildung 12.13). In den Lieferkopf-Informationsdaten sehen wir u. a., dass die Auslieferung für den Warenempfänger 7 (Kunath Fahrzeugbau GmbH) bestimmt ist und der Versand am 30.03.2013 von der Versandstelle 0010 erfolgen soll.

Da für unsere Auslieferung noch keine Transportaufträge erstellt wurden (TA-Kz. = blank), möchten wir nun in Schritt ❷ die Auslagerung anstoßen. Klicken Sie für die Transportauftragserstellung auf den Button F8 TAGEN., und bestätigen Sie die anschließende Nachricht zur TA-Erstellung mit einem Klick auf den Button F4-JA. Nach dem Bestätigen der Nachricht erfolgt im Hintergrund die Transportauftragserstellung zur Auslieferung.

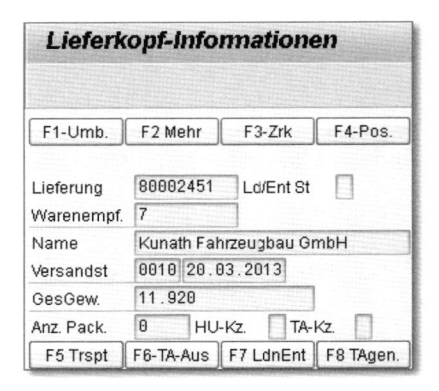

Abbildung 12.13 Lieferkopf-Informationen

Das System durchläuft dabei die gleiche Logik wie bei der nicht RF-gestützten Transportauftragserstellung im Dunkelablauf. Die erfolgreiche Transportauftragserstellung wird uns wiederum anhand einer RF-Nachricht angezeigt, die wir mit OK bestätigen. Der Transportauftrag 472 wurde angelegt, und das System navigiert automatisch zurück zum Lieferkopf-Informationsscreen.

Als Nächstes werden wir nun beide Lieferpositionen kommissionieren. Die Kommissionierung der Artikel erfolgt auf eine Kommissionierpalette, die wir im Anschluss an die physische und systemtechnische Kommissionierung verpacken möchten. Hierfür klicken wir auf den Button F6-TA-Aus und springen somit in die Voninformationen der ersten Position des Transportauftrags (siehe Abbildung 12.14).

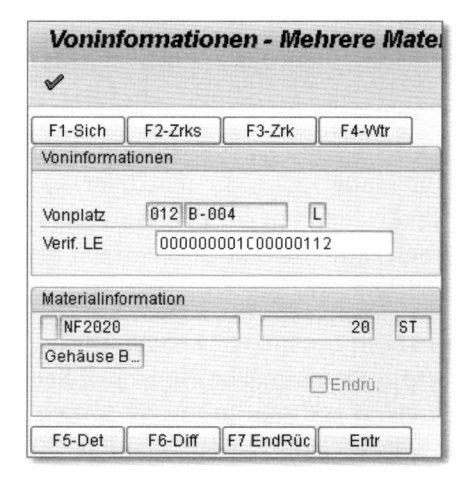

Abbildung 12.14 Voninformationen der TA-Positionsdaten – Position 1

Aufgrund der Lagertypfindung und der Auslagerungsstrategie wird die Kommissionierung für unser Material NF2020 aus dem Lagertyp 012 und dem Lagerplatz B-004 vorgeschlagen. Da das Material NF2020 im Lagertyp 012 LE verwaltet wird, muss eine entsprechende LE-Nummer im mobilen Dialog erfasst werden.

Die Anzeige der TA-Positionen erfolgt nach einer Wegeoptimierung, die die TA-Positionen in eine optimale Reihenfolge bringt. Möchten Sie die Reihenfolge manuell übersteuern und zunächst eine andere TA-Position auslagern, können Sie dies mithilfe des Buttons V erreichen.

Um die Kommissionierung der ersten Position abzuschließen, scannen wir den Lagerplatz B-004 und bestätigen die Entnahme mit einem Klick auf den Button F1-Sich (Schritt ❸). Wir wählen nun die zweite Auslagerungsposition aus (siehe Abbildung 12.15).

Abbildung 12.15 Voninformationen der TA-Positionsdaten – Position 2

Auch für die zweite Kommissionierposition, in der wir das Material PROTOS-PM200 kommissionieren, verifizieren wir den Vonlagereinheit durch einen Scanvorgang. In diesem Fall ist das der Lagereinheit 000000002000002344 im Lagertyp 001. Die Entnahme bestätigen wir auch in diesem Fall mit einem Klick auf den Button F1-Sich. Abgeschlossen wird der Kommissionierprozess durch den lagerinternen Transport der kommissionierten Materialien NF2020 und PROTOS-PM200 in die Warenausgangszone 916 (siehe Abbildung 12.16).

Abschließend bestätigen wir den lagerinternen Transport mit einem Klick auf den Button F1-Sich, woraufhin der Transportauftrag quittiert wird und wir erneut in den Lieferkopf-Informationsscreen verzweigen. Unsere Lieferung ist nun kommissioniert und steht in der Warenausgangszone bereit.

Abbildung 12.16 Nachinformationen

In Schritt ❹ werden wir die Lieferung verpacken. Um den Verpackungsdialog zu starten, klicken wir zunächst auf den Button F9-PACKEN und springen somit in den Verpackungsscreen. Zunächst erfassen wir im Feld PACKMITTEL das Packmittel LE_VERP001 und bestätigen die Eingabe mit einem Klick auf den Button ENTR (siehe Abbildung 12.17).

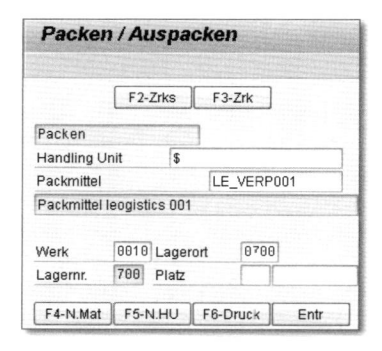

Abbildung 12.17 Verpackungsdialog

Nun müssen wir die zu verpackenden Materialien, Chargen und Materialmengen erfassen. Da unsere Materialien NF2020 und PROTOS-PM200 bereits auf eine Versandpalette kommissioniert wurden, soll die Verpackung auf eine Palette erfolgen. Wir klicken zunächst den Button F4-N.MAT an und verzweigen in den Erfassungsscreen der zu verpackenden Materialien. Im Eingabescreen erfassen wir nun unser Material KF1001 mit einer Menge von 1 Stk. sowie unser Material PROTOS-PM200 mit einer Menge von 1 Stk. (siehe Abbildung 12.18).

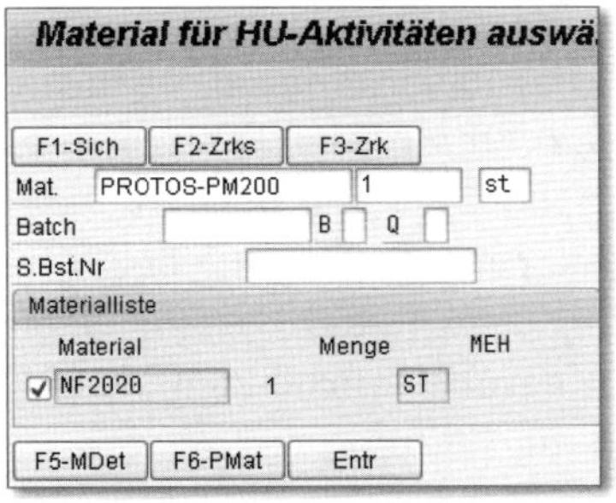

Mobile Datenerfassung mit SAP Radio Frequency | **12.1**

Abbildung 12.18 Eingabescreen der zu verpackenden Materialien

Wir bestätigen unsere Eingaben mit einem Klick auf den Button F1-Sich, erstellen somit im Hintergrund eine HU mit der Nummer 1000003604 und verpacken gleichzeitig die erfassten Materialien in der erzeugten HU. Abschließend navigieren wir mit dem Button F3-Zrk zum Ausgangsscreen des Warenausgangsprozesses.

In Schritt ❺ erfolgt nun das Verladen der erzeugten HU 1000003604. Im Ausgangsscreen klicken wir hierfür auf den Button F7 LdnEnt und öffnen somit den RF-Ladedialog. Wir scannen die erstellte HU 1000003604 und bestätigen den Ladevorgang mit einem Klick auf den Button F1-Sich (siehe Abbildung 12.19). Im Anschluss daran bestätigt das System den Ladevorgang für die Lieferung 80002451 erneut anhand einer RF-Nachricht. Die RF-Bildablauflogik ist so definiert, dass wir abschließend erneut zum Ausgangsscreen gelangen.

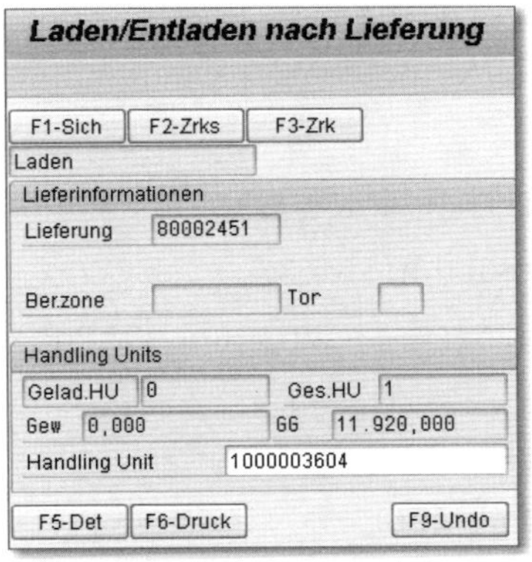

Abbildung 12.19 Laden der Handling Unit

Den Prozessabschluss bildet die eigentliche Warenausgangsbuchung, mit der die Komponenten das Unternehmen mengen- und wertmäßig verlassen. Aufgrund der Warenausgangsbuchung werden die Bestände in der Bestandsführung und Lagerverwaltung um die zu liefernde Menge reduziert. Um die *Warenausgangsbuchung* für unsere Lieferung auszuführen, klicken wir im RF-Screen der Lieferkopfdaten auf den Button F1-UMB. Um die Buchung vollständig abzuschließen, bestätigen wir im Folgescreen der Buchung den Vorgang mit OK. Mit der Warenausgangsbuchung erstellt das System einen Material- und Buchhaltungsbeleg und schreibt darüber hinaus den Warenausgangsstatus der Lieferung fort (siehe Abbildung 12.20).

Abbildung 12.20 Belegfluss der Auslieferung

Alle Teilprozesse des Warenausgangs von der Transportauftragserstellung bis hin zum eigentlichen Warenausgang werden von der SAP-RF-Funktionalität unterstützt. Die einzelnen Teilprozesse können dabei autark mithilfe einer eigenen RF-Transaktion ausgeführt werden. Neben der vorgestellten Selektion nach Transportnummern kann der Warenausgangsprozess wie folgt initiiert werden:

- Warenausgang nach Bereitstellzone (SAP-RF-Transaktion LM62)
- Warenausgabe nach Transport (SAP-RF-Transaktion LM63)
- Warenausgabe nach Material, Warenempfänger, Lieferdatum (SAP-RF-Transaktion LM64)
- Warenausgabe nach Gruppe (SAP-RF-Transaktion LM65)
- Warenausgabe nach HU (SAP-RF-Transaktion LM66)

Auslagerung und Kommissionierung

Unter den Begriffen *Auslagerung* und *Kommissionierung* werden alle Aktivitäten verstanden, die sich mit der Entnahme und Bereitstellung von Materialien aus dem Lager beschäftigen. Bei der *Kommissionierung* werden dabei Teilmengen eines oder mehrerer Materialien entnommen und bereitgestellt. Unter der *Auslagerung* verstehen wir hier die Entnahme voller Lagereinheiten und deren Bereitstellung. RF unterstützt beide Abläufe, sowohl die Kommissionierung großer Aufträge als auch die Entnahme voller Lagereinheiten und deren Verbringung in einen nachgelagerten Bereich.

SAP-systemtechnisch wird auch im Auslagerungsprozess zwischen der *systemgeführten, automatisierten Aufgabenzuordnung* und der *manuellen, objektbezogenen Zuordnung* unterschieden.

Die systemgeführte Zuordnung empfehlen wir, wenn Sie vollständig beleglos und systemgestützt auslagern möchten. WM schlägt Ihnen in diesem Prozess den Transportauftrag mit der höchsten Priorität innerhalb Ihrer Queue vor. Der Lagerarbeiter ist nicht mehr gezwungen, an eine zentrale Stelle im Lager zurückzukehren, um den nächsten Auftrag zu erhalten, sondern kann sich somit auf die reine Kommissioniertätigkeit konzentrieren.

Bei der *manuellen, objektbezogenen Kommissionierung* erfolgt die Kommissionierung mit Bezug zu einem WM- oder LES-Beleg. Dem Lagerarbeiter muss bei der Kommissionierung der Belegbezug in Form einer Kommissionierliste und eines Kommissionieretiketts oder einer einfachen Nummer (TA-Nummer bzw. Liefernummer) in Papierform bereitgestellt werden.

Neben der systemgeführten Auslagerung stellt RF weitere Auslagerungs-/Kommissioniertransaktionen zur Verfügung:

- Auslagerung systemgeführt (SAP-Standardtransaktion LM07)
- Auslagerung zum Transportauftrag (SAP-Standardtransaktion LM05)
- Auslagerung nach Liefernummer (SAP-Standardtransaktion LM06)

> **Pick & Pack RF**
>
> Der Pick & Pack-Kommissionierprozess stellt eine Sonderform der Kommissionierung mit RF dar. Logistisch kann hier von einer Kombination aus Kommissionier- und Verpackungsaktivitäten gesprochen werden. Dabei werden die zu entnehmenden Artikel direkt in einen Versandbehälter oder einen Kommissionierbehälter kommissioniert.
> Im Pick & Pack-Prozess können folgende Transaktionen genutzt werden:
> - Pick & Pack (SAP-Standardtransaktion LM45)
> - Kommissionieren & Packen nach Lieferung (SAP-Standardtransaktion LM46)

Weitere RF-unterstützte Lagerprozesse

Aufgrund der zunehmenden Kundenanforderungen, des stetigen Verbesserungszwangs und des steigenden Kostendrucks sind die Unternehmen gezwungen, auch im Lager Prozesse effizienter und kostengünstiger zu gestalten. RF unterstützt dabei verschiedenste Prozessbereiche und Funktionalitäten. Aufgrund der Vielzahl dieser Prozesse geben wir Ihnen in Tabelle 12.1 nur einen generellen Überblick über die im SAP-Standard verfügbaren Prozesse und zugehörigen Transaktionen.

Prozess	Beschreibung	SAP-RF-Transaktion
Umlagerung/ Nachschub	lagerinterne Umlagerung sowie Nachschub von fixen und chaotischen Lagerplätzen	LM03
Umbuchung	Umbuchungen (Bestandsqual., Mat. an Mat., Charge an Charge etc.)	LM11
Inventur	systemgeführte Inventurzählung	LM50
	Inventurzählung nach Benutzerselektion	LM51
	systemgeführtes dynamisches Cycle Counting	LM58
	benutzerinitiierte dynamische Inventurzählung	LM59
	benutzergeführte dynamische Inventurzählung	LM60
Laden	Laden nach Transport	LM30
	Laden nach Lieferung	LM31
	systemgeführtes Laden	LM32
Entladen	Entladen nach Transport	LM33
	Entladen nach Lieferung	LM34
Verpacken	Handling Unit – Packen	LM19
	Handling Unit packen nach Lieferung	LM24
Auspacken	Handling Unit – Auspacken	LM22
	Handling Unit auspacken nach Lieferung	LM25
Abfragen	Materialabfrage	LM12
	Abfrage Handling Unit	LM25
	Ladekontrolle – Details nach VE	LM35
	Ladekontrolle – Details nach Lieferung	LM36
	Ladekontrolle – Details nach Transport	LM37
Serialnummern	Erfassen von Serialnummern	LM80

Tabelle 12.1 Weitere RF-unterstützte Lagerprozesse sowie RF-Transaktionen

12.1.4 Radio-Frequency: Funktionsweise und Konfiguration

In diesem Abschnitt werden wir Ihnen nun die wesentliche Funktionsweise der SAP-RF-Funktionalität und ihre Konfiguration in SAP ERP zeigen.

Queue-Management

Die RF-Funktionalität ermöglicht es, die Arbeits- und Aktivitätsbereiche in einem Lagerkomplex weiter zu verfeinern und zu konkretisieren. Unter einer *Queue* wird ein dedizierter Arbeitsbereich in der Lagerverwaltung verstanden, der zur logischen Ablage der zu bearbeitenden WM-Transportaufträge dient. Queues können nach physischen Bereichen (Kommissionierung im Kommissionierbereich »Gasse 1«) und logischen Aktivitäten (gesamte Einlagerung in alle Lagertypen) definiert werden. Ist ein Benutzer einer Queue zugeordnet, kann er nicht gleichzeitig einer anderen Queue zugeordnet sein. Einer Queue wiederum können mehrere Benutzer zugeordnet sein.

Im Verlauf der Prozessanalyse und Prozessdefinition einer RF-Implementierung besteht eine der Hauptaktivitäten darin, die genaue Anzahl der Queues in Abhängigkeit von den Prozessen und Aktivitäten zu definieren. Um die RF-Queue-Verwaltung nutzen zu können, müssen Sie zunächst die folgenden Konfigurationsschritte im IMG sowie alternativ im Anwendungsmenü durchführen:

1. Queues definieren (IMG-Aktivität)
2. Bereiche und Aktivitäten zu Queues zuordnen (IMG-Aktivität)
3. Benutzer zu Queues zuordnen (IMG-Aktivität oder alternativ im Anwendungsmenü)

Queues definieren (IMG-Aktivität)

In Schritt 1 pflegen Sie zunächst die zu implementierenden Queues und Queue-Namen im IMG-Konfigurationspunkt LOGISTICS EXECUTION • MOBILE DATENERFASSUNG • RF-QUEUE-VERWALTUNG, Unterpunkt QUEUES DEFINIEREN. Der Queue-Schlüssel muss eindeutig und sprechend gewählt sein, da dieser in verschiedenen Anwendungen (z. B. RF-Monitor) erscheint. In unserem Beispiel haben wir die in Abbildung 12.21 aufgelisteten Queues in der Lagernummer 700 definiert.

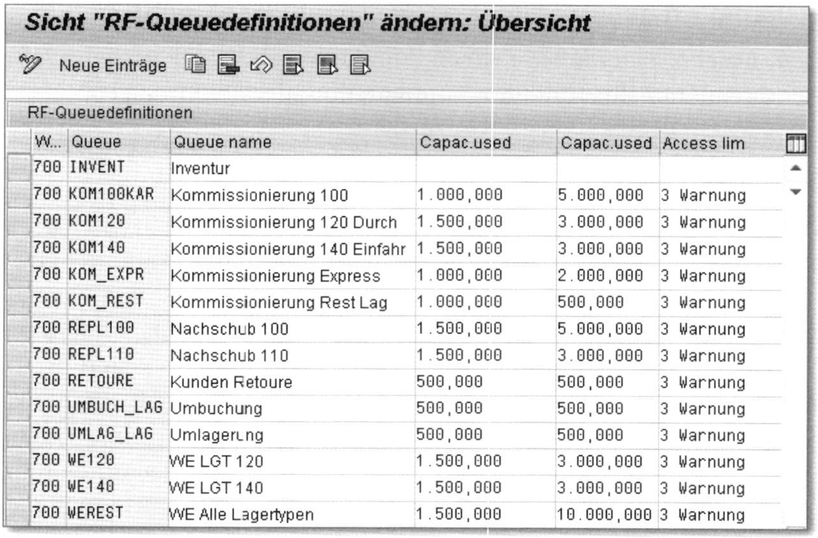

Sicht "RF-Queuedefinitionen" ändern: Übersicht

Neue Einträge

RF-Queuedefinitionen

W...	Queue	Queue name	Capac.used	Capac.used	Access lim
700	INVENT	Inventur			
700	KOM100KAR	Kommissionierung 100	1.000,000	5.000,000	3 Warnung
700	KOM120	Kommissionierung 120 Durch	1.500,000	3.000,000	3 Warnung
700	KOM140	Kommissionierung 140 Einfahr	1.500,000	3.000,000	3 Warnung
700	KOM_EXPR	Kommissionierung Express	1.000,000	2.000,000	3 Warnung
700	KOM_REST	Kommissionierung Rest Lag	1.000,000	500,000	3 Warnung
700	REPL100	Nachschub 100	1.500,000	5.000,000	3 Warnung
700	REPL110	Nachschub 110	1.500,000	3.000,000	3 Warnung
700	RETOURE	Kunden Retoure	500,000	500,000	3 Warnung
700	UMBUCH_LAG	Umbuchung	500,000	500,000	3 Warnung
700	UMLAG_LAG	Umlagerung	500,000	500,000	3 Warnung
700	WE120	WE LGT 120	1.500,000	3.000,000	3 Warnung
700	WE140	WE LGT 140	1.500,000	3.000,000	3 Warnung
700	WEREST	WE Alle Lagertypen	1.500,000	10.000,000	3 Warnung

Abbildung 12.21 RF-Queue-Definition

In einem Lagerkomplex können Sie sich die Queue-Aufteilung nach physischen Gesichtspunkten wie in Abbildung 12.22 vorstellen. Neben dem Queue-Schlüssel und der Queue-Beschreibung können Sie in der Queue-Verwaltung auch zwei Relationskennzahlen (Capac. Used) definieren, die Ihnen helfen, einen schnellen Überblick über die momentane Arbeitslast einer Queue zu erhalten (Schritt ❷). Das System setzt dabei die vorhandene Arbeitslast einer Queue in Relation zu den zugeordneten Bearbeitern der Queue.

Die Kennzahl ist dimensionslos und kann die Anzahl der Transportaufträge oder, bei Verwendung der Groblastvorschau, die Sollzeit angeben. Die Auswirkungen dieser Kennzahlen können Sie anhand einer Ampelsteuerung im RF-Monitor überwachen. Die erste Kennzahl definiert die Untergrenze der Last und die zweite Kennzahl den kritischen Parameter, ab dem die Ampel einen negativen Wert (rote Ampel) darstellen soll.

Als letzten Konfigurationsschritt (Schritt ❸) müssen Sie noch für jede Queue festlegen, ob nur Transportaufträge dieser Queue oder auch anderer Queues bearbeitet werden dürfen. Diese Einstellungen nehmen Sie im Feld Access limit. vor.

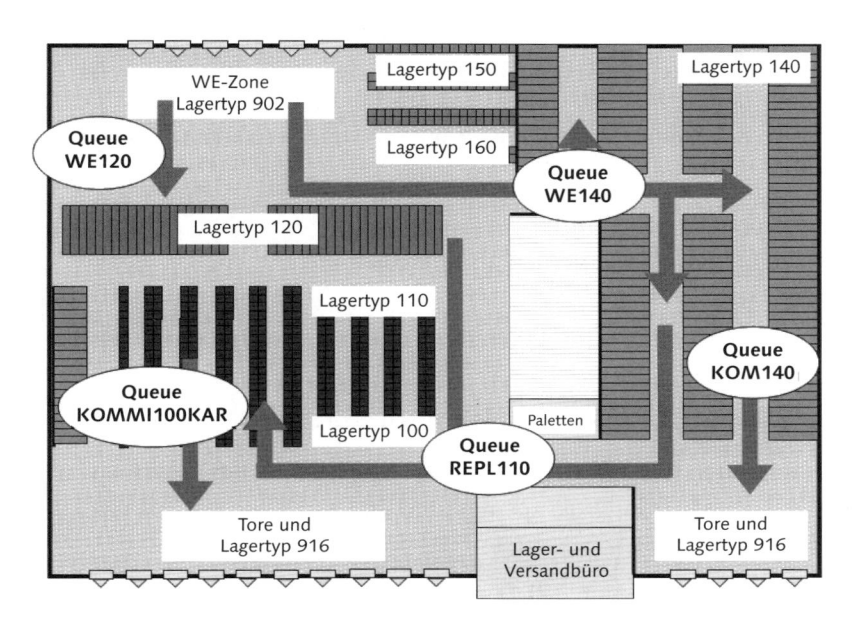

Abbildung 12.22 Einsatz von Queues zur Reflexion der physischen Lagerprozesse

Systemtechnisch kann das Feld wie folgt ausgeprägt sein:

- **Keine Einschränkung**
  Alle Transportaufträge dürfen bearbeitet werden. Keine Einschränkung aufgrund der Queue-Zuordnung.

- **Vollständige Einschränkung**
  Eine Fehlermeldung weist Sie darauf hin, dass Sie nur Transportaufträge Ihrer Queue bearbeiten dürfen.

- **Warnung**
  Eine Warnmeldung weist Sie darauf hin, dass Sie gerade einen Transportauftrag einer Queue bearbeiten, der Sie nicht zugeordnet sind. Wenn Sie die Warnung ignorieren, können Sie die Transportaufträge abarbeiten.

Beispiel zum Queue-Kapazitätsmanagement

In diesem Beispiel zeigen wir Ihnen den praktischen Einsatz des RF-Queue-Kapazitätsmanagements anhand der zuvor spezifizierten Parameter. In der Praxis hilft Ihnen das Kapazitätsmanagement, die kritische Lastverteilung in Ihrem Lager zu erkennen und gegebenenfalls gezielt gegenzusteuern.

In der Lagernummer 700 wurde ein Einlagerungstransportauftrag angelegt. Aufgrund der Systemeinstellungen der Leistungsdaten zur TA-Erstellung hat das System eine Arbeitslast von 3000 ermittelt. Weiter wurde automatisch die Queue WEREST ermittelt, der aktuell ein Benutzer zugeordnet ist. Die Darstellung der Arbeitslast einer entsprechenden Queue kann flexibel anhand von Parametern gesteuert werden. Beispielsweise kann die Arbeitslast wie folgt eingestellt werden:

- **Grüne Ampel im RF-Monitor**
  Werte kleiner als 1.500 werden als unkritisch angesehen.
- **Gelbe Ampel**
  Werte zwischen 1.500 und 3.000 werden als Warnwerte angesehen.
- **Rote Ampel**
  Werte größer als 3.000 werden als kritisch angesehen.

Die Werte können durch die Anzahl der Benutzer je Queue beeinflusst werden, da z. B. durch Erhöhung der Benutzerzahl je Queue die Arbeitslast je Benutzer verringert wird.

Im RF-Monitor (Transaktion LRF1) erkennen wir, dass der Queue WEREST zunächst nur ein Bearbeiter zugeordnet wurde. Daher entspricht das Verhältnis der Arbeitslast zum Bearbeiter einem Wert von 3000 (siehe Abbildung 12.23).

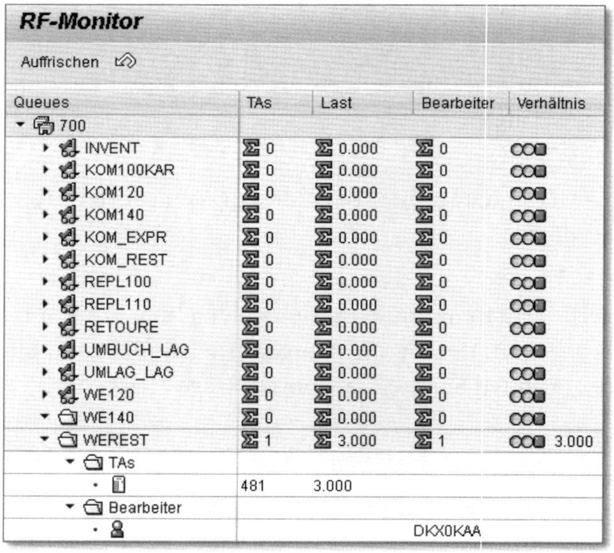

Abbildung 12.23 Lastverteilung einer Queue (1)

Aufgrund der Priorität entscheidet sich der Lagerleiter dafür, einen weiteren Bearbeiter (KAEBERA) der Queue WEREST zuzuordnen, der DKX0KAA unterstützt. Das Verhältnis der Lastverteilung ändert sich somit auf 1.500. (siehe Abbildung 12.24).

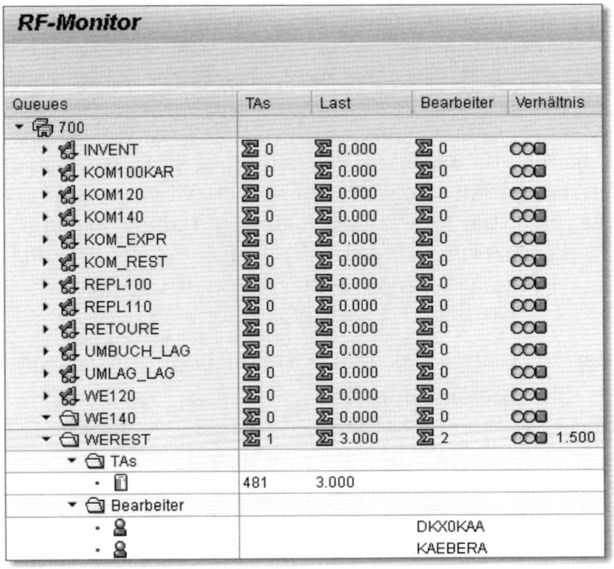

RF-Monitor

Queues	TAs	Last	Bearbeiter	Verhältnis
▼ 700				
▶ INVENT	Σ 0	Σ 0.000	Σ 0	
▶ KOM100KAR	Σ 0	Σ 0.000	Σ 0	
▶ KOM120	Σ 0	Σ 0.000	Σ 0	
▶ KOM140	Σ 0	Σ 0.000	Σ 0	
▶ KOM_EXPR	Σ 0	Σ 0.000	Σ 0	
▶ KOM_REST	Σ 0	Σ 0.000	Σ 0	
▶ REPL100	Σ 0	Σ 0.000	Σ 0	
▶ REPL110	Σ 0	Σ 0.000	Σ 0	
▶ RETOURE	Σ 0	Σ 0.000	Σ 0	
▶ UMBUCH_LAG	Σ 0	Σ 0.000	Σ 0	
▶ UMLAG_LAG	Σ 0	Σ 0.000	Σ 0	
▶ WE120	Σ 0	Σ 0.000	Σ 0	
▼ WE140	Σ 0	Σ 0.000	Σ 0	
▼ WEREST	Σ 1	Σ 3.000	Σ 2	1.500
▼ TAs				
·	481	3.000		
▼ Bearbeiter				
·			DKX0KAA	
·			KAEBERA	

Abbildung 12.24 Lastverteilung einer Queue (2)

Bereiche und Aktivitäten zu Queues zuordnen (IMG-Aktivität)

Nachdem Sie nun die Queues für Ihren Lagerkomplex festgelegt haben, müssen Sie entscheiden, welche Bereiche und Aktivitäten Ihren Queues zugeordnet werden sollen. Anhand dieser Zuordnung werden die auszuführenden Transportaufträge automatisch mit der jeweiligen Queue verknüpft.

Die Einstellungen definieren Sie im Customizing über EINFÜHRUNGSLEITFADEN • LOGISTICS EXECUTION • MOBILE DATENERFASSUNG • RF-QUEUE-VERWALTUNG, Unterpunkt BEREICHE UND AKTIVITÄTEN ZU QUEUES ZUORDNEN (siehe Abbildung 12.25).

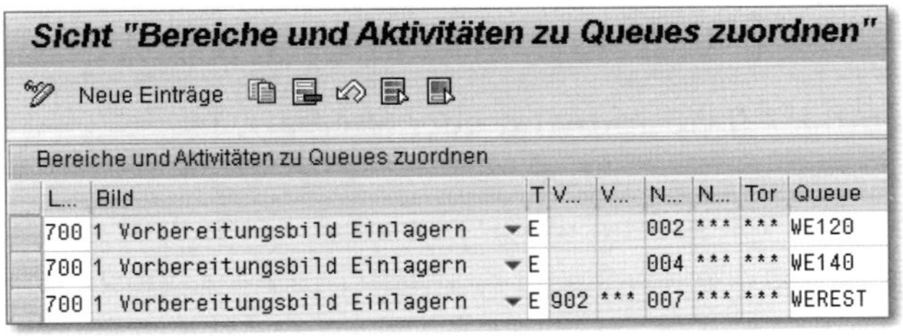

Sicht "Bereiche und Aktivitäten zu Queues zuordnen"

Neue Einträge

Bereiche und Aktivitäten zu Queues zuordnen

L...	Bild	T	V...	V...	N...	N...	Tor	Queue
700	1 Vorbereitungsbild Einlagern	E			002	***	***	WE120
700	1 Vorbereitungsbild Einlagern	E			004	***	***	WE140
700	1 Vorbereitungsbild Einlagern	E	002	***	007	***	***	WEREST

Abbildung 12.25 Bereiche und Aktivitäten zu Queues zuordnen

Im ersten Schritt definieren Sie, welche Transportauftragsaktivitäten (Bewegungsaktivitäten) Sie einer Queue zuordnen möchten. Die Transportart, die hierfür verwendet wird, ermittelt das System aus der jeweiligen Bewegungsart der Lagerverwaltung bei der Transportauftragserstellung.

> **RF-Prozesse**
>
> Die Praxis hat gezeigt, dass Sie hier in der Prozessanalyse prüfen müssen, ob Ihre bisherigen Transportarten die Anforderungen der RF-Verwaltung erfüllen. Definieren Sie gegebenenfalls neue Transportarten, und ordnen Sie diese Ihren Bewegungsarten zu. Die Transportarten sind in der Tabelle T333 hinterlegt. Darüber hinaus ist zu prüfen, ob auch Ihre bisherige Transportauftragsstruktur zukünftige RF-Anforderungen erfüllt, da eine Queue immer für einen gesamten Transportauftrag gilt.

Im zweiten Schritt definieren Sie nun, welche Lagerbereiche für die entsprechenden Queues relevant sind. Hierzu zählen:

- Vonlagertyp
- Vonkommissionierbereich
- Nachlagertyp
- Nachkommissionierbereich
- Tor

Um den Pflegeaufwand zu minimieren, können Sie mit Platzhaltern wie »blank« oder auch »***« arbeiten, wenn Sie z. B. alle Lagerbereiche selektieren möchten. Das System prüft bei der Transportauftragserstellung zunächst die Transportart der Bewegungsart und daran anschließend die Lagerbereiche (***) und ordnet somit die entsprechende Queue zu.

> **RF-Erweiterungen**
>
> In vielen Unternehmensszenarien ist es denkbar, dass Sie weitere Parameter benötigen, die zur Queue-Findung und -Steuerung herangezogen werden sollen. SAP stellt Ihnen aus diesem Grund das Business Add-in (BAdI) LE_WM_RF_QUEUE zur Verfügung, mit dem Sie die Queue-Findung beeinflussen können.

Benutzer zu Queues zuordnen (IMG-Aktivität oder alternativ im Anwendungsmenü)

Um RF-Applikationen und -Prozesse auszuführen, ordnen Sie nun abschließend im dritten Schritt Queues den jeweiligen Bearbeitern zu. Die Einstellungen können Sie im Customizing über LOGISTICS EXECUTION • MOBILE DATENERFASSUNG • RF-QUEUE-VERWALTUNG im Unterpunkt BENUTZER ZU QUEUES zuordnen vornehmen. Darüber hinaus kann der gleiche Pflegedialog im Anwendungsmenü über LOGISTICS EXECUTION • LAGERINTERNE PROZESSE • MOBILE DATENERFASSUNG • BENUTZERSTAMMDATEN FÜR MOBILE DATENERFASSUNG (Transaktion LRFMD) aufgerufen werden (siehe Abbildung 12.26).

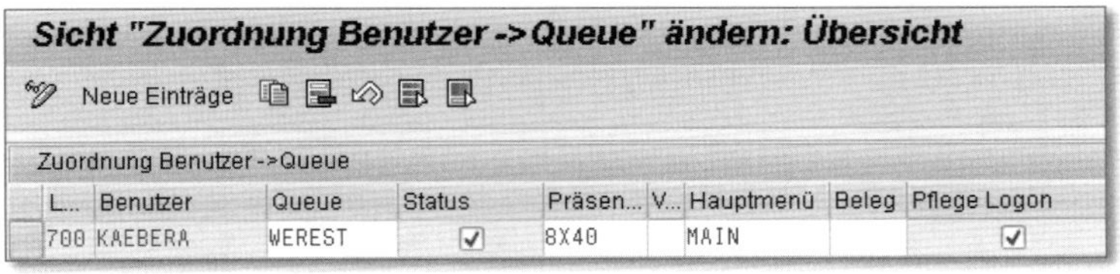

Abbildung 12.26 RF-Benutzer/-Queue zuordnen

Zunächst definieren Sie alle RF-Benutzer (Kommissionierer, allgemeines Lagerpersonal etc.), die für die Arbeit mit RF-Terminals vorgesehen sind. Sie müssen den Status aktivieren, damit der User als allgemein verfügbar angesehen wird. Das Feld STATUS steuert jedoch noch nicht, ob ein Benutzer auch einen Transportauftrag bearbeiten darf. Vielmehr ist es entscheidend, wenn z. B. ein Lagerarbeiter abwechselnd in zwei verschiedenen Lagernummern arbeitet. Der Status muss für die Lagernummer aktiviert sein, in der der Mitarbeiter momentan Aufgaben ausführt.

Präsentationsformat, Präsentationsvariante und Hauptmenü sind eng mit der Anzeige und Aufbereitung der Informationen auf den mobilen RF-Terminals verbunden.

Das Präsentationsformat steuert in Abhängigkeit von den mobilen Terminals, in welchem Format die RF-Screens angezeigt werden sollen – 16 × 20 (Schmalformat) oder 8 × 40 (Großformat), da Handhelds und Staplerterminals andere Größenanforderungen stellen. Die Anzeigeunterschiede zwischen beiden Formaten sind in Abbildung 12.27 dargestellt.

Die Präsentationsvariante nutzen Sie dann, wenn statt der SAP-Standardbildschirmbilder spezifische Bilder angezeigt werden sollen. RF-Screens können somit personifiziert werden.

Einfach definiert, versteht man unter einem RF-Menü eine geordnete Sammlung verschiedener RF-Transaktionen. Ein einfaches Beispiel hierfür ist die Kommissionierung zur Gruppe, zum TA oder zu einem Transport. Hierbei handelt es sich um drei verschiedene RF-Transaktionen, die in einem Menü KOMMISSIONIERUNG gesammelt werden.

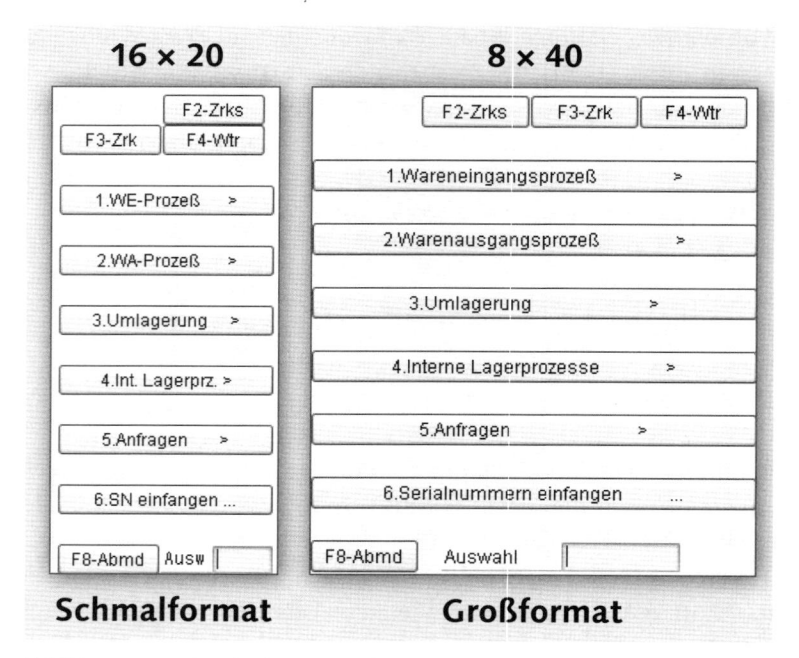

Abbildung 12.27 Anzeigeformate in RF

Verifizierungssteuerung

Die Verifizierungssteuerung ermöglicht es, prozessbezogen die Datenelemente festzulegen, die während der Prozessausführung verifiziert (gescannt oder manuell eingegeben) werden sollen.

Die Einstellungen zur Verifizierungssteuerung nehmen Sie im Customizing über EINFÜHRUNGSLEITFADEN • LOGISTICS EXECUTION • MOBILE DATENERFASSUNG • VERIFIZIERUNGSSTEUERUNG vor. Das Customizing der Verifizierungssteuerung gliedert sich in zwei Arbeitsschritte:

❶ Profile definieren

❷ Verifizierungsprofile zu Lagerbewegungen zuordnen

In Schritt ❶ legen Sie fest, welche Daten in welchem Prozess verifiziert werden sollen. Die Anzahl und Ausprägung der in diesem Abschnitt definierten Profile richten sich nach der Anzahl Ihrer Prozesse sowie Ihren spezifischen Anforderungen. Zu den SAP-Standardverifizierungsfeldern zählen:

▸ Vonplatz
▸ Nachplatz
▸ LE-Vonplatz

- LE-Nachplatz
- Menge Vonplatz
- Menge Nachplatz
- Material Vonplatz (EAN, Materialnummer, alte Materialnummer)
- Material Nachplatz (EAN, Materialnummer, alte Materialnummer)

In Schritt ❷ müssen Sie die zuvor definierten Profile den Lagerbewegungen zuordnen. Dabei können Sie zwischen Vonlagertyp, Nachlagertyp und Bewegungsart unterscheiden, wodurch eine zusätzliche Prozessflexibilität erreicht wird.

Wenn Sie in Ihrem Lagerkomplex die Lagereinheitenverwaltung nutzen, können Sie zusätzlich entscheiden, ob Sie bei der Einlagerung von Lagereinheiten die Vondaten der Bewegung überspringen möchten. Dies führt zu einer Prozessbeschleunigung, da durch das Scannen der Lagereinheit in der Wareneingangszone sofort der Nachplatz zur Einlagerung vorgeschlagen wird.

Verifikationsfeld im Lagerplatz

Zur Verifizierung des *Von- und Nachlagerplatzes* mit RF nutzt die SAP-Lagerverwaltung ein separates Verifizierungsfeld im Lagerplatzstamm (Feld LAGP-VERIF). Dies kann aufgrund historischer Gegebenheiten (andere Barcode-Verschlüsselung) oder prozesstechnischer Anforderungen abweichend von der Lagerplatzkoordinate definiert werden.

Da die SAP-Lagerverwaltung auch ohne RF genutzt wird, wird das Verifizierungsfeld nicht direkt bei der Lagerplatzanlage definiert. Die Definition erfolgt in einem separaten Schritt für jeden einzelnen Lagerplatz mithilfe der Transaktion LS02N (Lagerplatz ändern) oder im Sammelgang mit der Transaktion LX45 (Füllen des Verifikationsfeldes) im Lagerstamm. Der Vollständigkeit halber möchten wir erwähnen, dass die CATT-Funktionalität (*Computer Aided Test Tool*) eine weitere Möglichkeit bietet, Verifizierungsfelder massenweise auf dem Lagerplatz zu füllen.

Die Funktionalität zum Füllen des Verifikationsfeldes rufen Sie über den Menüpfad LOGISTIK • LOGISTICS EXECUTION • STAMMDATEN • LAGER • LAGERPLATZ • ÄNDERN (Transaktion LX45) auf. Nach Aufrufen der Transaktion können Sie aus drei verschiedenen Optionen der Lagerplatzanpassung auswählen (siehe Abbildung 12.28).

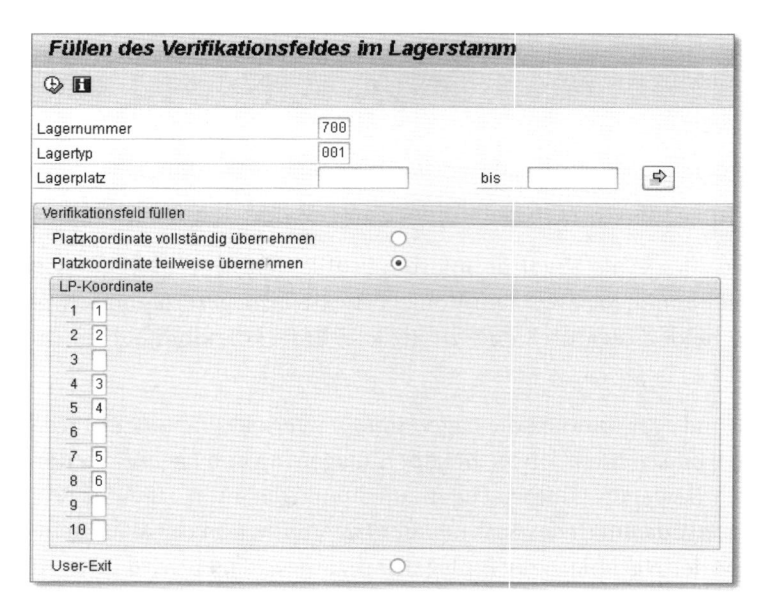

12 | WM-Komponenten zur Lagerprozess- und Materialflussoptimierung

Abbildung 12.28 Verifikationsfeld im Lagerstamm füllen

- **Platzkoordinate vollständig übernehmen**
  Das Verifikationsfeld entspricht der Lagerplatzkoordinate.

- **Platzkoordinate teilweise übernehmen**
  Das Verifikationsfeld wird nach Ihren Vorgaben teilweise in den Lagerstamm übernommen.

- **Nutzung des User-Exits MWMMOB01**
  Die Anpassung erfolgt nach Ihren Vorgaben.

Wir haben uns für die Option PLATZKOORDINATE TEILWEISE ÜBERNEHMEN entschieden, die bewirkt, dass alle Lagerplätze selektiv angepasst werden. Nach Ausführen der Transaktion zeigt das System eine Zwischenmaske an, in der die Änderungen dargestellt werden. Nach einem Klick auf den Button UPDATE werden die Verifizierungsfelder (VERIFFELD) der Lagerplätze im Lagertyp 001 angepasst (siehe Abbildung 12.29).

Menümanagement definieren

Unter einem *RF-Menü* wird eine Gruppierung verschiedener RF-Transaktionen bzw. dynamischer Untermenüs verstanden, die benutzerspezifisch auf den mobilen Terminals angezeigt werden. Im Folgenden stellen wir Ihnen die wesentlichen Konfigurationsschritte anhand eines Menübeispiels vor.

Ziel ist es, die Menüstruktur für den Wareneingangsprozess mit RF zu konfigurieren (siehe Abbildung 12.30).

F	Lagerplatz	KZLER	AS	ES	AA	EA	IA	Ber	Kob	PT	Br	Sort-E	Sort-K	Max. Gewicht	Eh	Gesamtkapaz.	L	VerifFeld
☐	01-01-01								001			E1	0101	1.000,000	KG	0,000		010101
☐	01-01-02								001			E1	0102	1.000,000	KG	0,000		010102
☐	01-01-03	X							001			E1	0103	1.000,000	KG	0,000		010103
☐	01-01-04	X							001			E1	0104	1.000,000	KG	0,000		010104
☐	01-01-05	X							001			E1	0105	1.000,000	KG	0,000		010105
☐	01-01-06	X							001			E1	0106	1.000,000	KG	0,000		010106
☐	01-01-07	X							001			E1	0107	1.000,000	KG	0,000		010107
☐	01-01-08	X							001			E1	0108	1.000,000	KG	0,000		010108
☐	01-01-09	X							001			E1	0109	1.000,000	KG	0,000		010109
☐	01-01-10	X							001			E1	0110	1.000,000	KG	0,000		010110
☐	01-02-01	X							001			E1	0201	1.000,000	KG	0,000		010201
☐	01-02-02	X							001			E1	0202	1.000,000	KG	0,000		010202
☐	01-02-03	X							001			E1	0203	1.000,000	KG	0,000		010203
☐	01-02-04	X							001			E1	0204	1.000,000	KG	0,000		010204

Abbildung 12.29 Verifikationsfelder nach Ausführen der Transaktion LX45

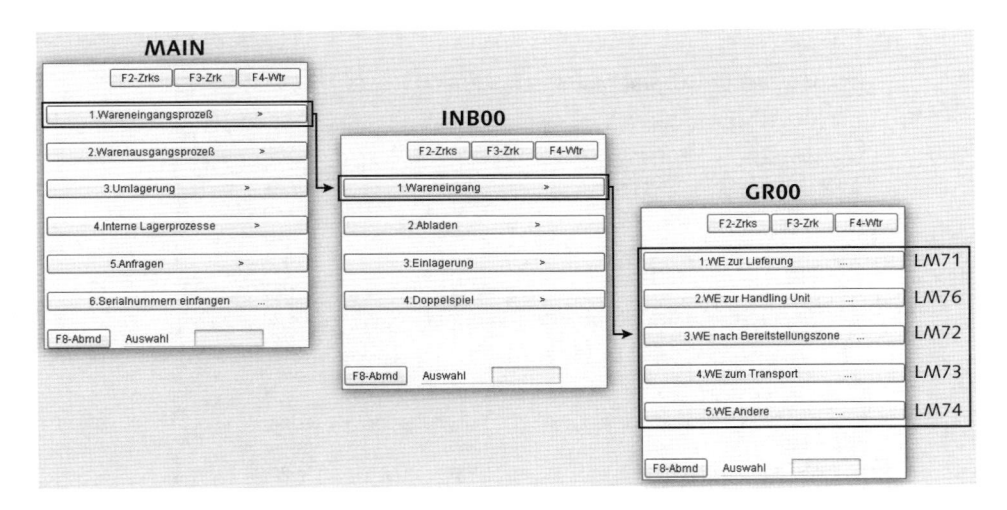

Abbildung 12.30 Anzeige der RF-Menüstruktur auf einem mobilen Endgerät

Die Menüstruktur ist hierarchisch aufgebaut. Im Hauptmenü MAIN ist der WARENEINGANGSPROZESS an erster Stelle gelistet. Mit dem Aufrufen des Menüpunkts WARENEINGANGSPROZESS im Hauptmenü verzweigt das System in das dynamische Untermenü INB00. Neben dem WARENEINGANG können in diesem Menü weitere Funktionalitäten wie Abladen oder Einlagerung aufgerufen werden.

12 | WM-Komponenten zur Lagerprozess- und Materialflussoptimierung

Nach Aufrufen des ersten Menüpunkts WARENEINGANG im dynamischen Menü INB00 verzweigt das System erneut in ein dynamisches Untermenü. In unserem Beispiel das dynamische Menü GR00. Im Menü GR00 können Sie final die auszuführenden Transaktionen zum Wareneingang aufrufen – in diesem Szenario die RF-Transaktionen LM71, LM76, LM72, LM73 sowie LM74. Um die Menüstruktur im System abzubilden, müssen Sie zunächst in das Customizing verzweigen und anschließend den Menüpfad IMG • LOGISTICS EXECUTION • MOBILE DATENERFASSUNG • MENÜ-MANAGEMENT DEFINIEREN aufrufen. Die Konfiguration dieser Menüstruktur erfolgt in drei Schritten (siehe Abbildung 12.31).

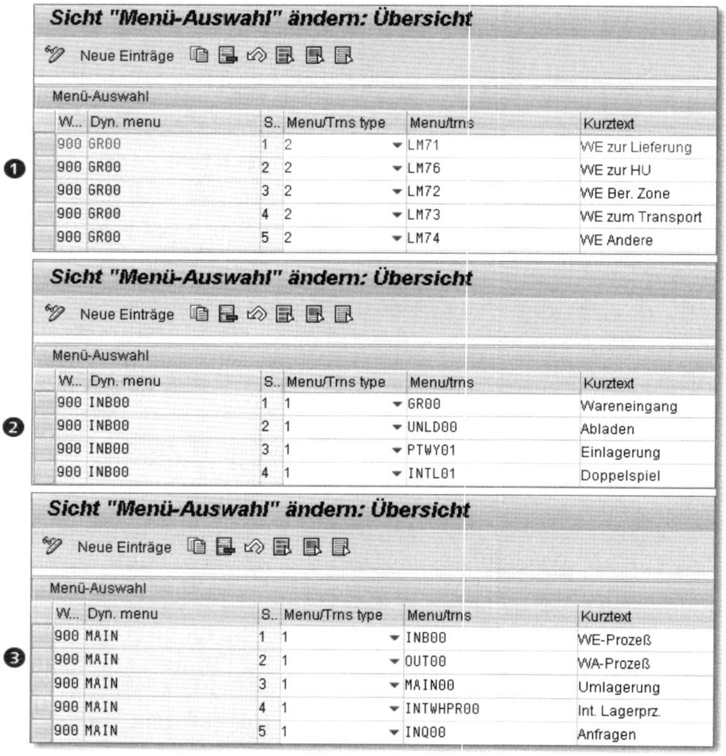

Sicht "Menü-Auswahl" ändern: Übersicht

Menü-Auswahl

W...	Dyn. menu	S..	Menu/Trns type	Menu/trns	Kurztext
900	GR00	1	2	LM71	WE zur Lieferung
900	GR00	2	2	LM76	WE zur HU
900	GR00	3	2	LM72	WE Ber. Zone
900	GR00	4	2	LM73	WE zum Transport
900	GR00	5	2	LM74	WE Andere

Sicht "Menü-Auswahl" ändern: Übersicht

Menü-Auswahl

W...	Dyn. menu	S..	Menu/Trns type	Menu/trns	Kurztext
900	INB00	1	1	GR00	Wareneingang
900	INB00	2	1	UNLD00	Abladen
900	INB00	3	1	PTWY01	Einlagerung
900	INB00	4	1	INTL01	Doppelspiel

Sicht "Menü-Auswahl" ändern: Übersicht

Menü-Auswahl

W...	Dyn. menu	S..	Menu/Trns type	Menu/trns	Kurztext
900	MAIN	1	1	INB00	WE-Prozeß
900	MAIN	2	1	OUT00	WA-Prozeß
900	MAIN	3	1	MAIN00	Umlagerung
900	MAIN	4	1	INTWHPR00	Int. Lagerprz.
900	MAIN	5	1	INQ00	Anfragen

Abbildung 12.31 RF-Menüstruktur konfigurieren

In Schritt ❶ definieren Sie zunächst den Menünamen für das dynamische Menü GR00 und einen Menütext für die jeweilige Menüzeile. Wichtig ist, dass Sie zunächst die untergeordneten Menüs definieren, bevor Sie diese den übergeordneten Menüs zuordnen. Nachdem Sie den Menünamen definiert haben, definieren Sie die *Sequenz* der Transaktion innerhalb des Menüs. Die

Sequenz spiegelt die Anzeigereihenfolge der Transaktionen oder Untermenüs auf den mobilen Geräten wider. In der Einstellung MENÜ-/TRANSAKTIONSTYP müssen Sie entscheiden, ob im Menü eine TRANSAKTION (Einstellung 2) oder ein DYNAMISCHES MENÜ (Einstellung 1) ausgewählt werden soll. Im ersten Konfigurationsschritt wählen wir Einstellung 2, da das Menü GR00 nur RF-Transaktionen (LM**) enthalten soll. Im Feld MENU/TRNS ordnen Sie nun die entsprechende RF-Transaktion zu.

In der ersten Zeile in Abbildung 12.31 (dort unter Punkt 1) ist dies Transaktion LM71. Abschließend definieren Sie einen KURZTEXT je Menüzeile. Diese Konfigurationsfolge wird für alle weiteren Menüzeilen wiederholt.

In Schritt ❷ definieren Sie ebenfalls zunächst den Menünamen und den Menütext für das dynamische Menü. In diesem Beispiel wird der Menüname INB00 gewählt. Daran anschließend definieren Sie die Sequenz der Transaktionen bzw. der dynamischen Menüs im Menü INB00. In unserem Beispiel werden im dynamischen Menü INB00 nur dynamische Untermenüs (Einstellung 1 MENU/TRNS TYPE) zusammengefasst. Abschließend müssen Sie erneut einen KURZTEXT für die entsprechende Menüzeile definieren.

In Schritt ❸ definieren Sie zunächst das Hauptmenü MAIN, das verschiedene Untermenüs zusammenfasst. Daran anschließend erfassen Sie für jede Menüzeile den jeweiligen Menütext. Danach ordnen Sie unter SEQUENZ 1 und MENU/TRNSTYPE dem Hauptmenü MAIN das Untermenü INB00 zu und fügen abschließend einen KURZTEXT hinzu.

Radio Frequency Monitor (LRF1 und LRF2)

Das zentrale Steuerinstrument zur Ausführung und Kontrolle aller RF-Aktivitäten in einem Lager ist der RF-Monitor (Transaktion LRF1), der einen zentralen Überblick über alle Queues innerhalb einer Lagernummer, die dazugehörenden Transportaufträge sowie die zugeordneten Benutzer zur Verfügung stellt.

Aufrufen können Sie den RF-Monitor über LOGISTIK • LOGISTICS EXECUTION • LAGERINTERNE PROZESSE • MOBILE DATENERFASSUNG (Transaktion LRF1, siehe Abbildung 12.32).

Die Anzeige gliedert sich in drei Hauptbereiche:

- Queue- und Transportauftragsanzeige
- Transportauftragsdetails und Prioritäten pro Lagernummer oder Queue
- Benutzerdetails

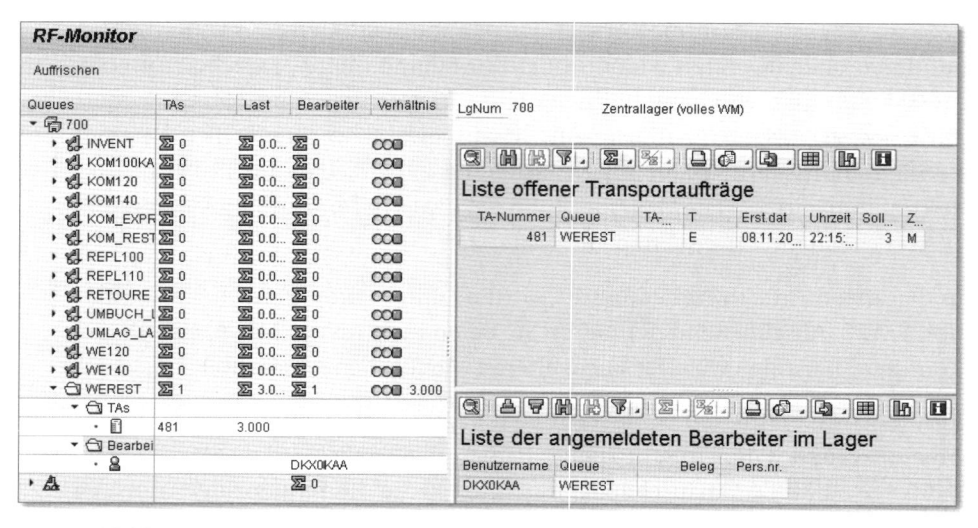

12 | WM-Komponenten zur Lagerprozess- und Materialflussoptimierung

Abbildung 12.32 RF-Monitor

In der Queue- und Transportauftragsanzeige (linke Monitorhälfte) werden alle Queues einer Lagernummer, die dazugehörenden Transportaufträge, deren Last, die Anzahl und der Name der Bearbeiter sowie das Lastverhältnis dargestellt. Per Drag & Drop können Sie hier Bearbeiter zu einer Queue zuordnen bzw. zwischen verschiedenen Queues bewegen. Zur Priorisierung von Aufgaben im Lager können Sie Transportaufträge ebenfalls per Drag & Drop von einer Queue in eine andere verschieben. Die Lastverteilung unterstützt Sie darüber hinaus dabei, eine optimale Ressourcenzuordnung vorzunehmen.

Im zweiten Abschnitt des RF-Monitors – Transportauftragsdetails und Prioritäten pro Lagernummer oder Queue – werden Ihnen informative und operative Funktionalitäten zur Verfügung gestellt.

Zu den informativen Funktionalitäten zählen die Anzeige aller Transportaufträge pro Lagernummer oder Queue nach ihrer Priorität. Angezeigt werden auch die dazugehörende Queue, das TA-Erstellungsdatum, die TA-Erstellungszeit sowie der Sollaufwand bei Nutzung der Groblastvorschau.

Zu den operativen Funktionalitäten zählen die TA-Detailanzeige sowie die Änderung der TA-Prioritäten. Mit einem *Doppelklick* auf eine TA-Nummer können Sie in die TA-Detaildaten zur Anzeige der Kopf- und Positionsdetails verzweigen. Hier werden Ihnen die gleichen Informationen angezeigt, wie Sie sie auch in der TA-Detailanzeige (Transaktion LT21) erhalten würden. Somit vermeiden Sie zeitaufwendiges Doppelnavigieren.

Bei der systemgeführten Kommissionierung wird der TA mit der höchsten Priorität dem RF-Bearbeiter immer an erster Stelle vorgeschlagen. Sie können die TA-Prioritäten per Drag & Drop ändern, indem Sie die jeweiligen Transportaufträge verschieben. Die TA-Priorität ändert sich automatisch nach dem Verschieben.

Im dritten Abschnitt des RF-Monitors – Benutzerdetails – werden Ihnen die Details zu den Bearbeitern einer Queue angezeigt. Weitere Informationen sind die Personalnummer sowie die momentane Belegnummer.

> **RF-Monitor**
>
> Der RF-Monitor (Transaktion LRF1) kann im SAP-Standard zur gleichen Zeit nur von einem User aufgerufen werden. Aus diesem Grund empfehlen wir, neben der Transaktion LRF1 auch die Transaktion LRF2 zu nutzen, die die gleichen Anzeigefunktionen wie die Transaktion LRF1 besitzt, jedoch ohne Änderungsrechte. Beachten Sie jedoch, dass ein Queue-Benutzer- oder Prioritätenwechsel nur mit der Transaktion LRF1 möglich ist.

12.1.5 Vorgehensweise zur Implementierung

Projekte sind in der Praxis generell durch ihre Einmaligkeit und zeitliche Begrenztheit charakterisiert, und daher ist es auch sehr schwierig, eine allgemein gültige Vorgehensweise für RF-Projekte aufzuzeigen. Unser Ziel ist es an dieser Stelle, Ihnen einen möglichen Projektansatz für eine RF-Implementierung vorzustellen, der sich aus unserer Erfahrung mehrfach bewährt hat. Dabei empfehlen wir Ihnen, auch bei kleineren oder mittleren RF-Projekten phasenorientiert vorzugehen und die Aufgabenpakete dementsprechend zu dimensionieren. Eine mögliche phasenorientierte Vorgehensweise zeigt Abbildung 12.33; im Folgenden stellen wir sie detailliert vor.

Identifikation, Analyse und Quick-Check

In dieser frühen Phase der Implementierung geht es darum, die Grundanforderungen zu spezifizieren und zu dokumentieren, die mit einer RF-Implementierung erfüllt werden sollen. Dies kann in Form von Workshops sowie in Einzelgesprächen mit dem für den Lagerbereich zuständigen Fachbereich geschehen. Wichtig ist, dass Vorgaben und Erwartungen der betroffenen Personenkreise klar und messbar spezifiziert sind, um eventuelle Aufwandstreiber so früh wie möglich zu erkennen. Unterstützend wirkt hier auch die Analyse der bestehenden Lagerprozesse sowie eine anschließende Potenzialanalyse der RF-Lösung. Abhängig von der Lagergröße und Komplexität, können Sie die Potenzial- und Prozessanalyse sehr schlank gestalten. Dies sollten Sie jedoch stets projektindividuell beurteilen.

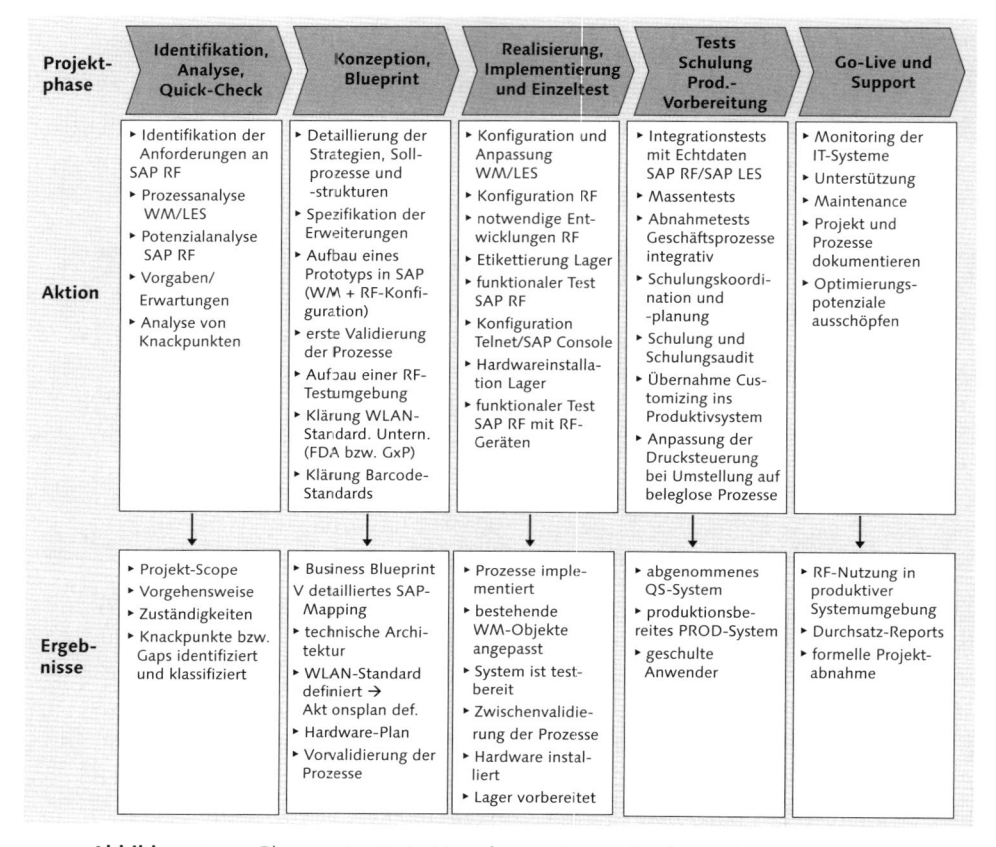

Projekt-phase	Identifikation, Analyse, Quick-Check	Konzeption, Blueprint	Realisierung, Implementierung und Einzeltest	Tests Schulung Prod.-Vorbereitung	Go-Live und Support
Aktion	▸ Identifikation der Anforderungen an SAP RF ▸ Prozessanalyse WM/LES ▸ Potenzialanalyse SAP RF ▸ Vorgaben/ Erwartungen ▸ Analyse von Knackpunkten	▸ Detaillierung der Strategien, Soll-prozesse und -strukturen ▸ Spezifikation der Erweiterungen ▸ Aufbau eines Prototyps in SAP (WM + RF-Konfi-guration) ▸ erste Validierung der Prozesse ▸ Aufbau einer RF-Testumgebung ▸ Klärung WLAN-Standard. Untern. (FDA bzw. GxP) ▸ Klärung Barcode-Standards	▸ Konfiguration und Anpassung WM/LES ▸ Konfiguration RF ▸ notwendige Ent-wicklungen RF ▸ Etikettierung Lager ▸ funktionaler Test SAP RF ▸ Konfiguration Telnet/SAP Console ▸ Hardwareinstalla-tion Lager ▸ funktionaler Test SAP RF mit RF-Geräten	▸ Integrationstests mit Echtdaten SAP RF/SAP LES ▸ Massentests ▸ Abnahmetests Geschäftsprozesse integrativ ▸ Schulungskoordi-nation und -planung ▸ Schulung und Schulungsaudit ▸ Übernahme Cus-tomizing ins Produktivsystem ▸ Anpassung der Drucksteuerung bei Umstellung auf beleglose Prozesse	▸ Monitoring der IT-Systeme ▸ Unterstützung ▸ Maintenance ▸ Projekt und Prozesse dokumentieren ▸ Optimierungs-potenziale ausschöpfen
Ergeb-nisse	▸ Projekt-Scope ▸ Vorgehensweise ▸ Zuständigkeiten ▸ Knackpunkte bzw. Gaps identifiziert und klassifiziert	▸ Business Blueprint V detailliertes SAP-Mapping ▸ technische Archi-tektur ▸ WLAN-Standard definiert → Aktionsplan def. ▸ Hardware-Plan ▸ Vorvalidierung der Prozesse	▸ Prozesse imple-mentiert ▸ bestehende WM-Objekte angepasst ▸ System ist test-bereit ▸ Zwischenvalidie-rung der Prozesse ▸ Hardware instal-liert ▸ Lager vorbereitet	▸ abgenommenes QS-System ▸ produktionsbe-reites PROD-System ▸ geschulte Anwender	▸ RF-Nutzung in produktiver Systemumgebung ▸ Durchsatz-Reports ▸ formelle Projekt-abnahme

Abbildung 12.33 Phasenorientierte Vorgehensweise zur Implementierung von RF

Statt einer detaillierten Prozessanalyse kann auch nur ein Quick-Check der Prozesse erfolgen. Dies ist z. B. der Fall, wenn die Lagerprozesse und Knackpunkte bereits bekannt sind.

Resultierend aus dem Abgleich der allgemeinen Erwartungen sowie der Lagerprozess- und Potenzialanalyse, sollten Sie den groben Projektinhalt (Scope) sowie die allgemeine Vorgehensweise innerhalb dieser Phase fixieren. Unter einem groben Projekt-Scope verstehen wir in diesem Zusammenhang z. B., ob Pick & Pack-Szenarien implementiert oder ob kundenspezifische Zusatzfelder auf den RF-Screens angezeigt werden sollen. Darüber hinaus müssen Sie die einzelnen Rollen im Projekt definieren.

Konzeption und Blueprint

In der Konzeptions- und Blueprint-Phase ist es wichtig, die groben Anforderungen weiter zu spezifizieren und zu detaillieren, um somit den Aufbau eines Prototyps zu ermöglichen. Der Aufbau eines RF-Prototyps gehört zu den elementaren Bestandteilen dieser Phase. Wichtig ist, dass Sie die notwendigen Änderungen in der Lagerverwaltung hier direkt mit einfließen lassen. Änderungen können z. B. in Ihrer Lagerstruktur notwendig sein, da Sie möglicherweise in WM bisher keine Kommissionierbereiche genutzt haben, mit RF aber einen Split nach Gassen (= unterschiedliche Kommissionierbereiche) erreichen möchten. Der Prototyp dient auch einer frühen Prozessvalidierung, da Sie die komplette RF-Prozessflusslogik auch ohne RF-Geräte in der SAP-GUI-Umgebung testen können. Sie sollten den Aufbau einer RF-Testumgebung direkt forcieren, um die RF-Funktionalitäten in einer produktivnahen Umgebung zu evaluieren. Die Testumgebung wird in der Regel kostenlos von den RF-Hardwarelieferanten zur Verfügung gestellt.

Ein wichtiger, nicht SAP-spezifischer Aktionspunkt in dieser Phase ist die Identifizierung von unternehmensinternen Sicherheitsanforderungen in Bezug auf mobile Datenfunkanwendungen *(DMZ, Dynamic Key Change* etc.). Hier gilt es zu klären, welche Datenfunksicherheitsstandards in Ihrem Unternehmen bestehen und wie diese erfüllt werden können.

Realisierungsphase

In der Realisierungsphase werden die Ergebnisse der Konzeptions- und Blueprint-Phase systemseitig umgesetzt, getestet und dokumentiert. In einem ersten Schritt sollten Sie zunächst notwendige Anpassungen der Warehouse-Management-Konfiguration vornehmen, vorausgesetzt, WM ist bereits implementiert. Der Aufwand kann hier von Projekt zu Projekt sehr unterschiedlich ausfallen. Mögliche Anpassungen sind:

- Implementierung neuer Lagerstrukturelemente (Kommissionierbereiche, Bereitstellzonen, Tore)
- Änderung von Lagerplätzen (Sortierreihenfolge)
- Sortierprofile für TA-Positionen R Wegeoptimierung
- TA-Split-Profile
- Anpassung Berechtigungsobjekte (neue Transaktionen)

Nach der Anpassung der WM-Konfigurationsobjekte müssen Sie die eigentlichen RF-Konfigurationsobjekte im System abbilden und anschließend funktional testen.

Weitere Aktivitäten dieser Phase sind, basierend auf den RF-Anforderungen, die mögliche Neuetikettierung der Lagerplätze sowie die Installation der RF-Hardware im Lager. Daneben müssen Sie die Konfiguration der SAP Console vornehmen.

Test- und Schulungsphase

Zu den wichtigsten Aktivitäten der Test- und Schulungsphase zählen die Vorbereitung und Durchführung eines Integrationstests inklusive der kompletten RF-Hardware. Ziel ist es, die WM-/LES- und die RF-Funktionalitäten integrativ mit Scannerunterstützung zu testen und zu validieren. Dabei sollten Sie nicht nur prozesstechnische Abläufe validieren, sondern auch sicherstellen, dass Berechtigungen und Menüzuordnungen benutzerspezifisch angepasst sind.

Die Komplexität der Schulungsplanung und -koordination wird in Ihrem Lager im Wesentlichen durch die Anzahl der RF-User beeinflusst. Darüber hinaus sollten Sie die Schichtsituation in Ihrem Lager mit in die Planung einbeziehen. Daher gilt wiederum, dass der zu erwartende Aufwand projektindividuell beurteilt werden muss.

Wenn Sie Ihre Lagerprozesse mit RF auf eine vollständig beleglose Arbeitsweise umstellen, müssen Sie im Vorfeld der Implementierung sicherstellen, dass die Drucksteuerung vor bzw. nach dem Go-Live deaktiviert wird. Als Backup-Szenario kann es jedoch durchaus sinnvoll sein, temporär weiterhin Formulare zu erstellen und nach einer Stabilisierungsphase zu deaktivieren.

Um in die nächste Phase wechseln zu können, sollten folgende Voraussetzungen erfüllt sein:

- Alle Prozesse sind abgenommen und validiert.
- Das Produktivsystem ist vorbereitet. Das heißt, alle Konfigurationseinstellungen sind bereits im Produktivsystem verfügbar und können dort im Vorfeld des Go-Lives überprüft werden (z. B. Queue-Findung).
- Anwender sind in allen Prozessen sowie in der Bearbeitung von Ausnahmesituationen (*Exception Handling*) geschult.

Go-Live und Post-Go-Live

RF wird produktiv in Ihrem Lager genutzt. Wichtig ist, dass das Projektteam auch bei der operativen Arbeit unterstützt wird, da trotz der Trainingsmaßnahmen nicht alle Arbeitsschritte sofort abrufbar und konditioniert sind.

Die Post-Go-Live-Phase dient auch einer erneuten kritischen Betrachtung der implementierten Prozesse. System- und prozesstechnische Verbesserungspotenziale sollten realisiert und in Ihrem System umgesetzt sein.

Zuletzt sollten Sie, wenn noch nicht im Vorfeld geschehen, alle Prozesse bzw. Projektmaßnahmen dokumentieren, um das Projekt final abzuschließen.

12.2 Dezentrale Lagerverwaltung mit WM

Aus integrativer, systemtechnischer Sicht ist ein wesentlicher Vorteil von WM die direkte Integration mit den anderen SAP-ERP-Komponenten wie Vertrieb, Materialwirtschaft, Produktion oder Qualitätsmanagement. Immer dann, wenn sich WM zusammen mit den anderen ERP-Komponenten in einem gemeinsamen System befindet, wird von einem *zentralen WM-System* gesprochen. Neben der zentralen Abwicklung können Sie WM als Teil von LES auch vom zentralen ERP-System entkoppelt in einem eigenständigen System als *dezentrales WM-System* betreiben.

Besonders in einem Lager mit hohem Durchsatz und einer Vielzahl von Warenbewegungen muss WM jederzeit kurze Antwortzeiten garantieren und eine hohe Performance gewährleisten. Arbeitet WM auf demselben Rechner wie das zentrale ERP-System, kann es jedoch zu konkurrierenden Situationen aus Sicht der Performance kommen. Darüber hinaus muss sichergestellt sein, dass ein WM-System 24 Stunden pro Tag – unabhängig von anderen Systemen – verfügbar ist. In diesem Abschnitt stellen wir Ihnen die Grundlagen sowie die Basisprozesse der dezentralen Lagerverwaltung mit WM vor. Darüber hinaus zeigen wir, wo die Stärken und Schwächen der jeweiligen Abwicklung liegen.

12.2.1 Grundlagen des dezentralen WM-Systems

Im dezentralen Logistics Execution System (LES) werden alle Funktionen der Lagerlogistik abgewickelt, während z. B. alle finanzbezogenen Vorgänge vom ERP-System bearbeitet werden. Mehrere zentrale ERP-Systeme können an ein oder mehrere dezentrale LES angebunden sein. Diese Struktur steigert die Systemperformance, da das hohe Belegaufkommen zwischen den Systemen aufgeteilt wird und so kurze Antwortzeiten erreicht werden. Außerdem ermöglicht ein dezentrales LES den 24-Stunden-Lagerbetrieb für sieben Tage in der Woche, unabhängig vom restlichen Unternehmen und von anderen Systemen. Zudem kann eine gemeinsame Verwaltung von Waren aus unterschiedlichen Systemen oder von verschiedenen Eigentümern für mehrere

Kunden oder Geschäftsbereiche in einem Lager realisiert werden. Abbildung 12.34 zeigt die allgemeine Aufgabenverteilung des zentralen ERP- und des dezentralen WM-Systems.

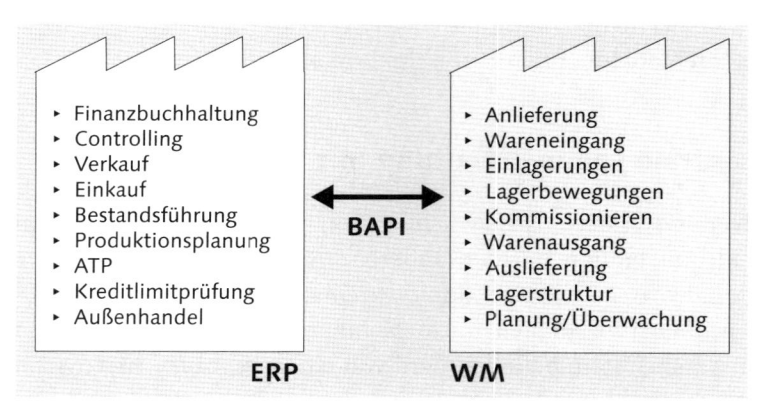

ERP
- Finanzbuchhaltung
- Controlling
- Verkauf
- Einkauf
- Bestandsführung
- Produktionsplanung
- ATP
- Kreditlimitprüfung
- Außenhandel

BAPI

WM
- Anlieferung
- Wareneingang
- Einlagerungen
- Lagerbewegungen
- Kommissionieren
- Warenausgang
- Auslieferung
- Lagerstruktur
- Planung/Überwachung

Abbildung 12.34 Funktionen im zentralen ERP- und dezentralen WM-System

Im zentralen ERP-System werden alle vertriebstechnischen, finanzpolitischen und beschaffungstechnischen Funktionalitäten ausgeführt. Im dezentralen WM-System hingegen werden die exekutiven Logistikprozesse wie Ein- und Auslagerung, Kommissionierung und Nachschub geplant und ausgeführt. Die Kommunikation beider Systeme erfolgt mithilfe von BAPIs (*Business Application Programming Interface*).

Möchten Sie mehrere ERP-Systeme an ein dezentrales WM-System anbinden, müssen verschiedene Voraussetzungen im Bereich der Stammdaten und der Organisationsstruktur erfüllt sein. Die verschiedenen Kundenstämme, Lieferantenstämme, Kreditorenstämme und Materialstämme aus den verschiedenen ERP-Systemen müssen eindeutige Nummern haben, sodass ein Stammsatz im dezentralen WM-System immer eindeutig gelesen werden kann. Analog zur Stammdateneindeutigkeit müssen auch die Organisationseinheiten wie Werke und Lagerorte im dezentralen WM-System eindeutig sein.

Eine weitere Anforderung der Eindeutigkeit besteht im Bereich der Liefernummern im dezentralen WM-System. Hier müssen die Lieferungen aus den verschiedenen ERP-Systemen eindeutig sein. Stellen Sie beim Replizieren der Lieferungen sicher, dass die Lieferungen im dezentralen WM-System eindeutig sind. Für den Fall, dass aus mehreren ERP-Systemen gleiche Lieferungsnummern kommen, können Sie über die Kundenerweiterung V50S0001 und den Funktionsbaustein `EXIT_SAPLV50S_001` eine Umschlüsselung der Nummer vornehmen. So können Sie sicherstellen, dass die Lieferungsnummern im dezentralen WM-System eindeutig sind.

Lieferung als zentraler Beleg im dezentralen Szenario

In einem dezentralen Szenario ist der Lieferbeleg das zentrale Medium zur Kommunikation zwischen zentralem ERP- und dezentralem WM-System.

Als zentrales Objekt des Wareneingangsprozesses unterstützt die Anlieferung alle Aktivitäten wie Verpacken, Einlagerung und Wareneingang. In der Anlieferung werden Informationen zur Planung hinterlegt, der Status wird überwacht, und die im Lauf der Anlieferabwicklung gewonnenen Daten werden festgehalten. Mit der Erstellung der Anlieferung werden die Aktivitäten wie Einlagerung oder Terminierung eingeleitet und Daten aufgenommen, die während der Anlieferabwicklung generiert werden.

Die Auslieferung als zentrales Objekt des Warenausgangsprozesses unterstützt alle Versandaktivitäten wie Kommissionierung, Verpacken und Warenausgang. In der Auslieferung werden Informationen zur Versandplanung hinterlegt, der Status der Versandaktivitäten wird überwacht und die im Lauf der Versandabwicklung gewonnenen Daten werden festgehalten. Mit der Erstellung der Auslieferung werden die Versandaktivitäten wie Kommissionierung oder Versandterminierung eingeleitet und Daten aufgenommen, die während der Versandabwicklung generiert werden.

Beim Anlegen der Lieferung stellt das System fest, ob diese verteilungsrelevant ist. Ist das der Fall, wird beim Sichern der Lieferung ein BAPI aufgerufen, das die Erstellung eines IDocs anstößt und die Lieferung an WM versendet. Dort wird die Replikation der Lieferung durchgeführt. Diese dient als Grundlage für die nachfolgenden Bearbeitungsschritte im Lager wie das Erstellen und Quittieren von Transportaufträgen, das Drucken der Versandpapiere, das Buchen der Warenbewegung etc. Beim Buchen des Warenausgangs (oder Wareneingangs) wird der Schnittstellenlagerplatz bereinigt und ein BAPI aufgerufen. Das BAPI meldet die Daten an das ERP-System zurück, die in WM angelegt oder geändert wurden (z. B. Mengen, Gewichte, Verpackungen, Chargen). Beim Einspielen der Rückmeldung im ERP-System wird in der Bestandsführung automatisch die Buchung der Warenbewegung vorgenommen.

Verteilungsrelevanz

Die Lieferung ist nur dann verteilungsrelevant, wenn bei allen Positionen der Lieferung Werk und Lagerort übereinstimmen und der Werk-Lagerort-Kombination eine Lagernummer zugewiesen ist. An der Lagernummer ist hinterlegt, ob ein dezentrales Warehouse-Management-System angeschlossen ist. Um diese Funktion nutzen zu können, ist der Liefer-Split nach Lagernummern zu verwenden, da eine Lieferung nur dann verteilt werden kann, wenn alle Positionen für dieses Lager bestimmt sind.

Um im ERP-System nachvollziehen zu können, in welchem Status sich die An- oder Auslieferung befindet, wurde der Verteilungsstatus eingeführt. Dieser Verteilungsstatus gibt Auskunft darüber, ob ein dezentrales Szenario vorliegt und, wenn ja, ob die Lieferung verteilungsrelevant ist, verteilt wurde oder die Rückmeldung aus dem WM-System schon stattgefunden hat.

Befindet sich die Lieferung im Status »relevant«, kann sie so lange geändert werden, bis im Kopf eine Werk-Lagerort-Kombination ermittelt wird, die an eine dezentrale Lagernummer gekoppelt ist. Beim Sichern der Lieferung erfolgt das Verteilen an das dezentrale WM-System. Eine ERP-Lieferung, die sich im Status »verteilt« befindet, kann nur noch eingeschränkt geändert werden, d. h., die Änderung kann jetzt nur noch in WM durchgeführt werden. Bei der Warenbewegungsbuchung zur Auslieferung im dezentralen WM-System erfolgt die automatische Rückmeldung an das zentrale ERP-System, in dem die Warenbewegung in der Bestandsführung vorgenommen wird. Im Anschluss daran kann z. B. die Faktura im ERP-System angestoßen werden.

Lieferungen im ERP-System werden normalerweise mit Bezug zu einer Bestellung (Anlieferung) oder einem Kundenauftrag (Auslieferung) angelegt. Dieser Bezug geht jedoch beim Versenden der Lieferungen an das dezentrale WM-System verloren, da der Vorgängerbeleg nicht verteilt wird. Um dennoch Informationen zum Vorgängerbeleg bereitstellen zu können, wird der Lieferungsposition eine Referenz mitgegeben, in der sich ausgewählte Daten der Bestellung oder des Kundenauftrags befinden, die in WM wichtig sind und benötigt werden.

Kommunikation zwischen ERP- und dezentralem WM-System

Die Kommunikation zwischen den beiden Systemen erfolgt *asynchron*. Lediglich für Szenarien wie Verteilungsmodellgenerierung oder Bestandsabgleich wird eine direkte Kommunikation aufgebaut.

Um diese Kommunikation zu ermöglichen, muss ein Verteilungsmodell generiert werden, das alle Objekte enthält, die für den Informationsfluss benötigt werden. Das Verteilungsmodell wird für eine bereits im System vorhandene Lagernummer generiert und schafft die Grundlage für den Informationsaustausch mit dem dezentralen WM-System. Die zu verteilenden Objekte setzen sich aus Stamm- und Bewegungsdaten zusammen.

Das Verteilungsmodell der Stammdaten kann in Abhängigkeit von den Szenarien unterschiedlich ausgeprägt sein, weshalb z. B. für Material-, Kunden- und Lieferantenstamm eigene Nachrichtentypen angelegt werden sollten. Sowohl Kunden- als auch Materialstamm müssen verteilt werden, während

Lieferantenstamm und Klassifizierung davon abhängen, ob die Daten im dezentralen System benötigt werden. Daten, die lokalen Charakter haben, werden in WM nachgepflegt (z. B. Lagersicht im Materialstamm, siehe Abbildung 12.35).

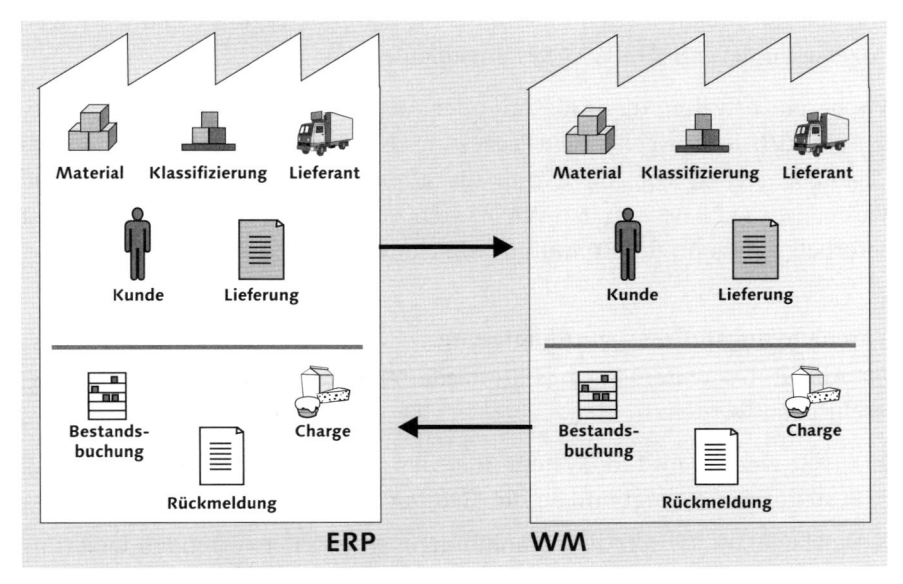

Abbildung 12.35 Verteilung der Stamm- und Bewegungsdaten

Die Verteilung der Stamm- und Bewegungsdaten erfolgt in Abhängigkeit vom jeweiligen Objekt aus beiden Systemen. Die Verteilung der Stamm- und Bewegungsdaten aus dem ERP-System an das dezentrale WM-System beinhaltet folgende Objekte:

- Materialstamm
- Kundenstamm
- Lieferantenstamm
- Klassifizierung
- Anlieferung
- Auslieferung

Die Verteilung der Stamm- und Bewegungsdaten aus dem dezentralen WM-System an das ERP-System beinhaltet hingegen diese Objekte:

- Chargenstämme
- Rückmeldungen von An- und Auslieferungen
- Bestandsbuchungen

12.2.2 Prozesse im dezentralen WM-System

Bei der Nutzung eines verteilten Systemszenarios mit zentralem ERP und dezentralem WM werden alle betriebswirtschaftlichen Vorgänge inklusive der mengenmäßigen Bestandsführung im ERP-System durchgeführt, während alle für die physischen und logischen Warenbewegungen notwendigen Prozesse im dezentralen WM-System ablaufen.

Wie bereits erwähnt, dient die An- oder Auslieferung sowohl bei eingehenden als auch bei ausgehenden Prozessen als Basis der Lageraktivitäten. Im Folgenden stellen wir Ihnen nun die Grundprozesse Wareneingang und Warenausgang im dezentralen WM-System vor und zeigen Ihnen auf, wie der Lieferbeleg als zentrales Kommunikationsmedium genutzt werden kann.

Wareneingangsprozess zur Anlieferung

Der Ablauf des Wareneingangs im dezentralen WM-System kann wie folgt beschrieben werden:

❶ Zuerst werden im ERP-System über den normalen Beschaffungsvorgang Bestellungen erzeugt und an die Lieferanten versendet.

❷ Der Lieferant avisiert als Vorankündigung der zu erwartenden Lieferung ein Lieferavis, das im ERP-System als Anlieferung erfasst wird. Sollten Sie ohne Avisierung vom Lieferanten arbeiten, kann das Lieferavis auch nach Ankunft der Waren im Lager im zentralen ERP-System erfasst werden. Hierfür muss eine organisatorische oder rollenspezifische Lösung vorgesehen werden.

❸ Im nächsten Schritt wird die Anlieferung mithilfe eines BAPIs (`InboundDelivery.SaveReplica`) an WM verteilt und stellt dort eine Anforderung an das Lager dar, Ware einzulagern.

❹ Zum Zeitpunkt der physischen Anlieferung durch den Lieferanten werden im Lager Transportaufträge erzeugt, mit deren Hilfe die Ware eingelagert wird. Die Einlagerungsprozesse können identisch mit den Prozessen in einem zentralen WM-System gestaltet und ausgeprägt werden.

❺ Nach der Quittierung des Transportauftrags wird die Anlieferung im Wareneingang gebucht, wodurch u. a. die Bereinigung des Schnittstellenlagerplatzes vorgenommen wird.

❻ Durch diese Aktivität wird die Rückmeldung an das ERP-System mithilfe des BAPIs `InboundDelivery.ConfirmDecentral` angestoßen.

❼ Die Wareneingangsbuchung zur Anlieferung im ERP-System (Buchung in der Bestandsführung) erfolgt automatisch bei der Rückmeldung des Wareneingangs.

Abbildung 12.36 stellt den gesamten Wareneingangsprozess grafisch dar.

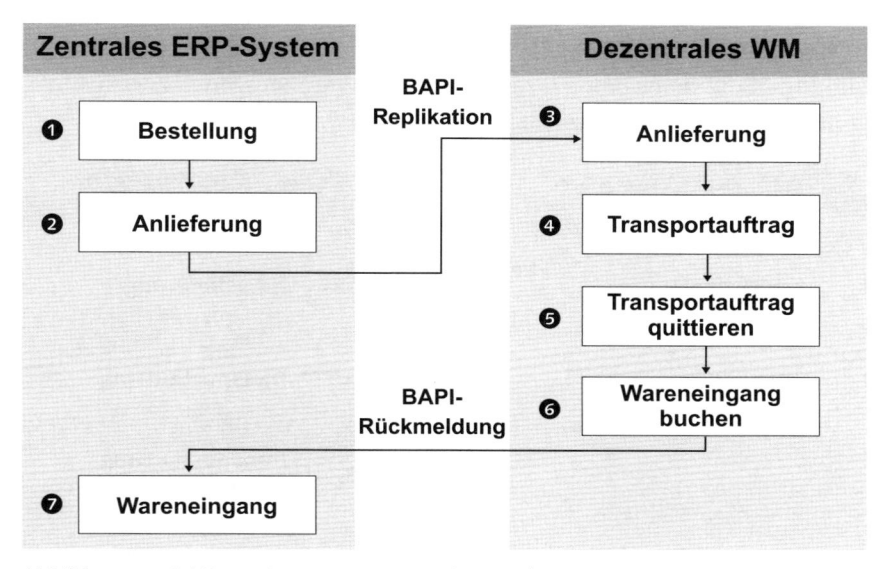

Abbildung 12.36 Wareneingangsprozess im dezentralen WM-System

Auch im dezentralen WM-System haben Sie die Möglichkeit, Teilwareneingänge zur Anlieferung zu buchen und an das ERP-System rückzumelden. Eingelagerte Teilmengen werden auf diese Weise zeitnah in der Bestandsführung des ERP-Systems erfasst und stehen somit direkt dem Vertrieb zur Verfügung. Ein Wareneingang lässt sich auch für bestehende Restmengen einer Anlieferung buchen. Der Wareneingang zu einer Anlieferung wird automatisch geschlossen, sobald der letzte Teilwareneingang rückgemeldet ist.

Buchungen von Teilwareneingängen sind beim Quittieren einzelner Transportaufträge und Transportauftragspositionen wie auch beim Quittieren ganzer HUs möglich.

Sofern die Teilwareneingänge keine HUs enthalten, können Sie bei deren Buchung auch mit dem Lieferungsmonitor arbeiten. Zudem haben Sie die Möglichkeit, die Buchung von Teilwareneingängen auch in der Abwicklung Ihrer Kundenretouren einzusetzen.

Wenn Sie Teilwareneingänge buchen möchten, wählen Sie im Feld EINLAGERMENGE ÜBERN. (GRUPPENRAHMEN STEUERUNG) den Wert 4 – EINLAGERMENGE

NICHT ALS LIEFERMENGE ÜBERNEHMEN, ABER WE BUCHEN. Dieses Kennzeichen stellt sicher, dass das System bei der Buchung der Teilwareneingänge die Liefermenge in der Anlieferung nicht der tatsächlichen Einlagerungsmenge anpasst.

Warenausgangsprozess zur Auslieferung

Abbildung 12.37 zeigt den Prozessablauf des Warenausgangs zur Auslieferung im dezentralen WM-System.

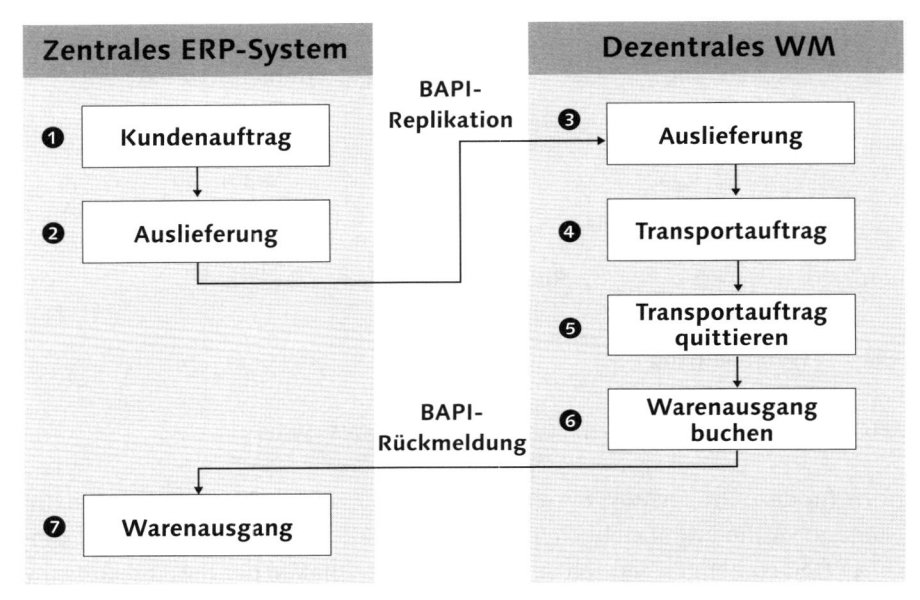

Abbildung 12.37 Warenausgangsprozess im dezentralen WM-System

❶ Der Prozess beginnt mit dem Erstellen eines Kundenauftrags im zentralen ERP-System. Die Verfügbarkeitsprüfung und eventuelle Kreditlimitprüfungen werden ebenfalls im zentralen System ausgeführt.

❷ Im zweiten Schritt wird dann im ERP-System aus dem Kundenauftrag eine Lieferung erzeugt.

❸ Die Lieferung wird mithilfe eines BAPIs (OutboundDelivery.SaveReplica) an WM verteilt und stellt dort eine Anforderung an das Lager dar, Ware auszulagern.

❹ Im dezentralen System wird anschließend ein Transportauftrag zur Auslieferung angelegt. Die Transportauftragserstellung kann mithilfe der Nachricht WMTA automatisiert werden.

❺ Nachdem Sie die Kommissionierung im Lager physisch durchgeführt haben, quittieren Sie den Transportauftrag mithilfe von RF oder direkt im System.

❻ Nach der Quittierung des Transportauftrags wird die Auslieferung im Warenausgang gebucht, wodurch u. a. die Bereinigung des Schnittstellenlagerplatzes vorgenommen wird. Durch diese Buchung wird die Rückmeldung an das ERP-System mithilfe des BAPIs `OutboundDelivery.ConfirmDecentral` angestoßen. Hierbei werden u. a. die Pick-Mengen an die Lieferung des ERP-Systems rückgemeldet.

❼ Die Warenausgangsbuchung zur Auslieferung im ERP-System (Buchung in der Bestandsführung) erfolgt automatisch beim Einspielen der Rückmeldung.

> **Nachträglicher Auslieferungs-Split**
>
> Mit dem nachträglichen Auslieferungs-Split steht Ihnen eine Funktion zur Verfügung, mit der Sie in einem Schritt eine Lieferung in mehrere neue Lieferungen splitten können. Das System übernimmt für Sie die Reduzierung der Liefermenge in der Originallieferung und das Aufteilen der abgesplitteten Positionen bzw. Mengen in die neuen Lieferungen, nachdem Sie die gewünschten Split-Kriterien eingegeben haben.
>
> Sie können diesen Liefer-Split auch in einem dezentral verwalteten Warehouse-Management-System durchführen und anschließend die Änderungen der Lieferung über ein BAPI (`OutboundDelivery.SplitDecentral`) in einem ERP-System nachziehen. Das BAPI wird direkt vor der Rückmeldung der Auslieferung aus dem WM-System ausgeführt. Dies ist immer dann sinnvoll, wenn Sie an der Laderampe feststellen, dass die Lieferung nicht vollständig in einen Transport (z. B. physischer Lkw) verladen werden kann. Überprüfen Sie jedoch, ob Teillieferungen in Ihrem Unternehmen oder aufgrund von Kundenanforderungen (1 Auftrag – 1 Lieferung – 1 Rechnung) zulässig sind.

12.2.3 Vergleich zentrales vs. dezentrales Warehouse-Management-System

Die Entscheidungsfindung für die Implementierung eines dezentralen WM-Szenarios kann nicht allgemeingültig festgelegt werden. Die Entscheidung für oder gegen ein dezentrales WM-Szenario muss in jedem Implementierungsprojekt separat getroffen und in Abhängigkeit von der Logistikstrategie eines Unternehmens festgelegt werden. Um die Entscheidungsfindung zu unterstützen, sollten Sie jedoch die Funktionalitäten unter den Gesichtspunkten Integration, funktionaler Abdeckungsgrad, Datenvolumen und zukünftige Logistikstrategie Ihres Unternehmens betrachten.

Tabelle 12.2 zeigt die wichtigsten Eigenschaften des zentralen und dezentralen WM-Systems.

Zentrales WM	Dezentrales WM

▸ geringere administrative Kosten (z. B. kein IDoc-Monitoring, ein System)
▸ vollständige, direkte Integration mit weiteren ERP-Komponenten:
  – Produktion
  – Bestandsführung
  – direkte Sichtbarkeit der Materialwerte
  – Einkauf
  – Qualitätsmanagement
  – Instandhaltung
  – Vertrieb
  – Handling Unit Management
  – Außenhandel
  – Transport
▸ schlanke Lösung für eigengeführte Lager (Verladersicht)
	▸ unabhängig vom zentralen ERP-System
	▸ unterschiedliche Releasestände möglich (z. B. ERP Rel. 4.6C, dez. WM Rel. ERP 6.0)
	▸ Fokussierung auf Mengenbasis
	▸ einfache Migration
	▸ Skalierbarkeit (unbegrenzte Lageranzahl)
	▸ Pufferung von Informationen bei ERP-Ausfällen
	▸ empfohlen beim Einsatz von TRM aufgrund des erhöhten Datenvolumens
	▸ Anbindung verschiedener anderer ERP-Systeme ist möglich.
	▸ Outsourcing an einen Logistikdienstleister ist einfacher als im zentralen Szenario.

Tabelle 12.2 Eigenschaften des zentralen und dezentralen WM-Systems

Ein dezentrales System bietet sich immer dann an, wenn das zu erwartende Datenvolumen so hoch ist, dass die Systemperformance des Lagers beeinträchtigt würde. Insbesondere gilt dies, wenn Sie in Ihrem Lager das *Task & Resource Management* nutzen möchten, bei dem die Anzahl der Systemzugriffe sowie das Datenvolumen nochmals erhöht werden, da Transportaufträge in einzelne Tasks untergliedert werden, die dann mithilfe RF ausgeführt werden. Weitere Gründe für den Einsatz des dezentralen WM-Systems bestehen in der Möglichkeit, mehrere ERP-Systeme anbinden (Mehr-Mandanten-Warehouse) sowie ERP-Systeme mit unterschiedlichen Releaseständen integrieren zu können.

Wichtig ist, dass Sie bei der Entscheidung zentral oder dezentral immer die erwarteten Ergebnisse bzw. auch die Stärken und Schwächen des zentralen und dezentralen Szenarios im Blick behalten. In Abbildung 12.38 haben wir die grundlegenden Stärken und Schwächen des dezentralen WM-Szenarios zusammengestellt.

Die Systemperformance, die Datensicherheit und die Möglichkeit zum schnelleren Outsourcing an einen Logistikdienstleister sind hier als Hauptstärken des dezentralen WM-Systems zu sehen.

Stärken des dezentralen WM	Schwächen des dezentralen WM

▸ Systemperformance
   – System muss nur Logistikaktivitäten und Transaktionen ausführen, was zu einer deutlichen Systementlastung führt
▸ Releasestrategie
   – Zentrales und dezentrales System können verschiedene Releasestände haben
▸ Verfügbarkeit
   – Auch wenn das zentrale ERP-System nicht zur Verfügung steht, können die logistischen Aktivitäten ausgeführt werden
   – Datenreplizierung erfolgt, nachdem das zentrale System wieder zur Verfügung steht
▸ Verschiedene ERP-Systeme können an das dezentrale WM angebunden werden
▸ Das zentrale ERP-System muss kein SAP-System sein
▸ Datensicherheit
   – Wenn das Lager outgesourct wurde, kann nicht auf sensible Daten zugegriffen werden
	▸ Zusätzliche Systemkompatibilität durch die Systemkommunikation
	   – Höhere Implementierungskosten
	   – Schnittstellen-Monitoring
	▸ User müssen eventuell in zwei Systemen arbeiten
	▸ Eventuell vorhandene kundeneigene Felder müssen in die Standard-Nachrichten typen aufgenommen werden
	   – Frachtkostenabrechnung inkl. Gutschriftverfahren
	   – Frachteinkauf
	▸ Customizinganpassungen und Stammdatenänderungen müssen zwischen beiden Systemen abgeglichen werden – zusätzlicher Aufwand

Abbildung 12.38 Stärken und Schwächen des dezentralen WM-Systems

Schwächen bestehen vor allem in der Prozessunterstützung, da nicht alle Funktionalitäten in der dezentralen WM-Abwicklung ausgeführt werden können. Als Beispiel kann hier die Frachtkostenabrechnung aufgeführt werden.

Transportbelege können im dezentralen WM-System (LES) angelegt werden, jedoch müssen aufgrund der Aufgabenverteilung der Einkauf der Frachten (Integration Service/Bestellung, Leistungserfassungsblatt) und die Abrechnung (Gutschrift bzw. Logistik Rechnungsprüfung) im zentralen System erfolgen. Eine Möglichkeit wäre, die Transporte an das zentrale System zu replizieren oder die Transporte direkt im zentralen ERP-System anzulegen.

12.3 Prozessoptimierung mit dem Task & Resource Management System (TRM)

Die Komplexität heutiger Lagerprozesse und der damit verbundenen Aufgaben nimmt stetig zu. Begründet wird diese Komplexität vor allem durch stetig steigende und sich kontinuierlich ändernde Kundenanforderungen, was zu einer signifikanten Veränderung der unternehmensübergreifenden, aber vor allem auch lagerinternen Materialflüsse führt. In diesem Abschnitt werden wir Ihnen die Optimierungsmöglichkeiten von TRM und dessen Integration in WM vorstellen.

12.3.1 Grundlagen von TRM

Das Ziel des *Task & Resource Management Systems* (TRM) besteht zum einen darin, die lagerinternen Materialflüsse zu optimieren und zum anderen eine optimale Ressourcenauslastung und -bestimmung vorzunehmen, um die richtige Lageraufgabe zum richtigen Zeitpunkt durchzuführen. Darüber hinaus ist es mit TRM möglich, auch sehr komplexe, voll automatisierte Lagerprozesse abzubilden, indem die in TRM erstellten Aufgaben direkt an die unterlagerte *speicherprogrammierbare Steuerung* (SPS) weitergegeben werden. TRM kann somit die Aufgaben eines Materialflussrechners übernehmen und diesen ersetzen. Der Einsatz der direkten Kommunikation sollte jedoch projektspezifisch eruiert werden. Darüber hinaus empfehlen wir Ihnen in solchen Projekten, den Materialfluss mit entsprechenden Simulations-Tools zu simulieren und die Erkenntnisse in das TRM-Mapping einzubeziehen.

Die TRM-Funktionalität steht seit SAP R/3 Enterprise Release 4.70 Extension Set 1.0 zur Verfügung. TRM kann nicht als eigenständiges System neben WM oder LES betrachtet werden. Vielmehr planen, optimieren und realisieren WM/LES und TRM zusammen die Aufgaben der innerbetrieblichen Logistik. Die Aufgabenteilung zwischen WM/LES und TRM ist klar definiert. WM bestimmt anhand eines Transportauftrags, welche Aktivitäten ausgeführt werden sollen. TRM bestimmt hingegen, wann, wie und mit welchen Ressourcen die Anforderungen (Tasks) ausgeführt werden sollen.

TRM dient also primär der exekutiven Optimierung der Aufgabenabfolge, der Anbindung von Automatisierungssystemen und der Minimierung der Wege im Lager. Die Integration von TRM in LES ermöglicht eine enge Verbindung mit WM. Die dort bereits existierende Lagerstruktur wird in TRM weiter verfeinert, indem zusätzliche Organisationseinheiten definiert werden, wie z. B. Übergabeflächen oder Arbeitsplätze. Auf Basis aller Organisationseinheiten entwickelt TRM einen dreidimensionalen Lagerplan als »Koordinatensystem« mit den Koordinaten X-Y-Z, in dem jedem Element eine geografische Koordinate zugeordnet wird. Darüber hinaus kennt TRM weitere logische und physische Gruppierungen (z. B. Gassen, Zonen) und Routen, die mit Informationen verknüpft werden, wie z. B. Länge, benötigte Zeitdauer oder Priorität. Im Rahmen eines ständigen Informationsaustauschs mit WM gelangen Lieferungen oder Transportaufträge als abzuarbeitende Vorgänge (z. B. Wareneinlagerung/-auslagerung) in den Bereich von TRM. TRM wiederum bestimmt, wann und wie diese Prozesse abgearbeitet werden, indem sie in mehrere Tasks unterteilt und als solche bestimmten Ressourcen, wie z. B. Kommissionierern, Gabelstaplern oder Regalbediengeräten, zugewiesen werden. Diese Ressourcen empfangen die ihnen zugewiesenen Aufgaben und führen sie aus. Abbildung 12.39 zeigt die schematische Abwicklung eines einfachen mehrstufigen Kommissionierprozesses mithilfe von TRM.

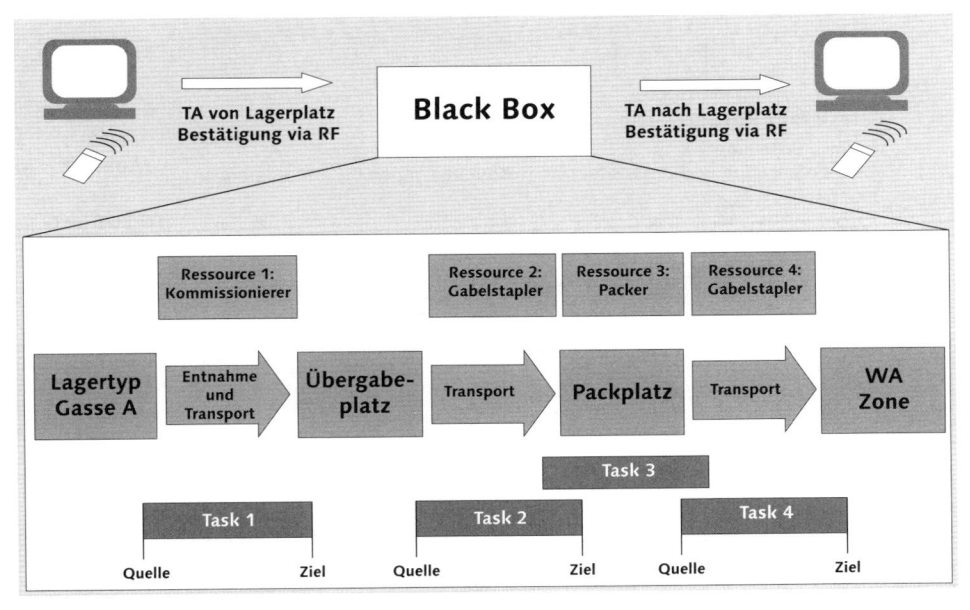

Abbildung 12.39 Warenausgangsprozess mit TRM

Ressource 1 wird vom System aufgefordert, ein Material aus dem Regallager Gasse A (Quelle) zu entnehmen und an den Übergabeplatz (Ziel) zu befördern. Dieser Vorgang wird als *Aufgabe* oder auch als *Task* (Task 1) bezeichnet.

Nachdem der erste Task mit RF quittiert wurde und der Kommissionierer die Ware am Übergabeplatz abgestellt hat, wird Ressource 2 aktiviert. Der Gabelstapler transportiert die Ware vom Übergabeplatz an den Packplatz (Task 2). Auch hier werden Beginn und Ende des Tasks bestätigt. Am Packplatz wird Task 3 ausgeführt. Ressource 3 (Verpacker) verpackt die Ware für den Versand. Nach Abschluss dieser Aufgabe transportiert ein weiterer Gabelstapler (Ressource 4) die verpackten Materialien in die Warenausgangszone. Mit der Bestätigung des Tasks mithilfe eines RF-Terminals ist die physische Auslieferung abgeschlossen, und der Transportauftrag aus WM wird quittiert.

Abbildung 12.40 stellt die Aufgabenteilung und -trennung zwischen WM/LES und TRM dar. Die vollständige Planung und Initiierung der übergeordneten Lageraktivitäten verbleiben weiterhin in WM. In TRM erfolgt jedoch die detaillierte Ausführung der Lageraufgaben mit entsprechenden Lagerressourcen.

Warehouse Management (WM)
- An- und Auslieferung
- Transportaufträge
- Inventur
- Lagerplatzkontrolle
- Materialkontrolle

SAP LES

Task and Resource Management (TRM)
- Task-Erstellung
- Task-Selektion und -Priorisierung
- Task-Bestätigung
- Ausnahmemanagement
- Ressourcenkontrolle
- Kommunikation der Anforderungen

TRM-Monitor

TRM-Alert-Monitor

Arbeiter und RF-Schnittstelle

RF-Terminal | RF-Terminal | RF-Terminal

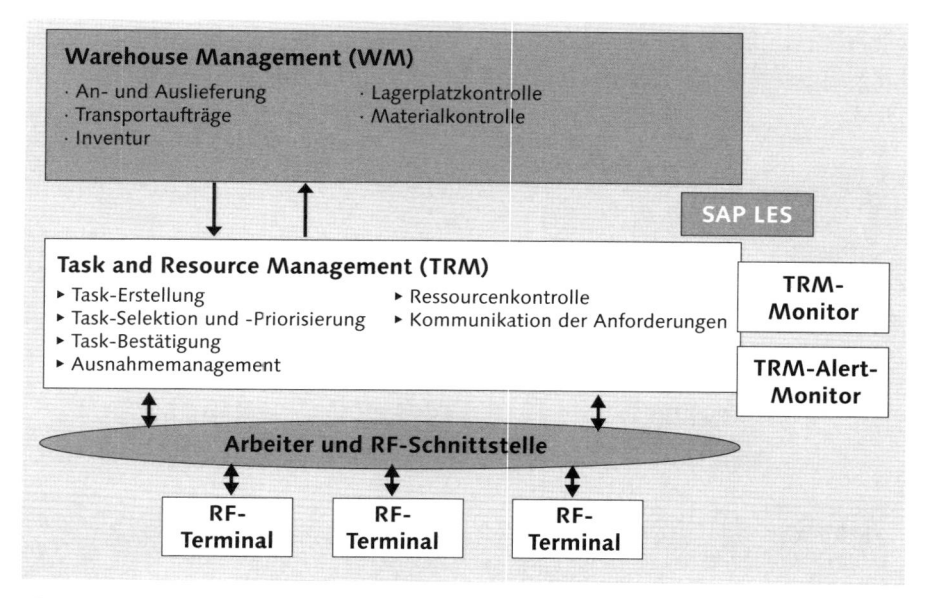

Abbildung 12.40 Systemarchitektur – TRM als Komponente von LES

Darüber hinaus besteht das TRM-System aus verschiedenen Kernpaketen, die im Zusammenspiel die TRM-Aktivitäten sowie die Optimierung ausführen. Zu den Standard-TRM-Kernpaketen gehören:

- Ressourcenmanagement
- Anforderungssteuerung
- Aufgabensteuerung
- Lagerplatzsteuerung
- Routensteuerung

Neben diesen Kernpaketen ist TRM zusätzlich mit den folgenden Paketen integriert:

- Ausgabesteuerung
- TRM-Monitor und Alert-Monitor
- Archivierung
- TRM-LES-Benutzeroberfläche

Ressourcenmanagement

Die Ressourcensteuerung verwaltet alle ressourcenrelevanten Stammdaten von TRM. Dies ist ein wesentlicher Unterschied zur Abwicklung mit einem reinen WM, in dem Ressourcen maximal als RF-User ohne jegliche Arbeitsbereichszuordnung angelegt werden können. Zu den Ressourcenstammdaten in TRM zählen Qualifikationen, theoretische und praktische Fähigkeiten einer Ressource, Präferenzen und weitere Merkmale wie Geschwindigkeit.

Laut Definition wird unter einer *Ressource* eine Entität im Lager verstanden, die Aufgaben (Tasks) empfangen und ausführen kann. Ressourcen bestehen aus *Ressourcenelementen*, die jeweils eigene *Ressourcenelementtypen* besitzen. Der *Ressourcentyp* einer Ressource legt fest, welche Ressourcenelementtypen erforderlich sind, um diese Ressource zu bilden. Nachdem sich die Ressourcenelemente der erforderlichen Typen im System angemeldet haben, wird eine Ressource aktiviert, der eine eindeutige ID zugewiesen wird. Die aktive Ressource übernimmt die Attribute, Qualifikationen und Präferenzen/Prioritäten der Qualifikationen von ihren Ressourcenelementen und ihrem Ressourcentyp. Abbildung 12.41 verdeutlicht den Zusammenhang zwischen Ressource, Ressourcentyp, Ressourcenelement und Ressourcenelementtypen anhand einer in der Praxis häufig vorkommenden Ressourcenkombination.

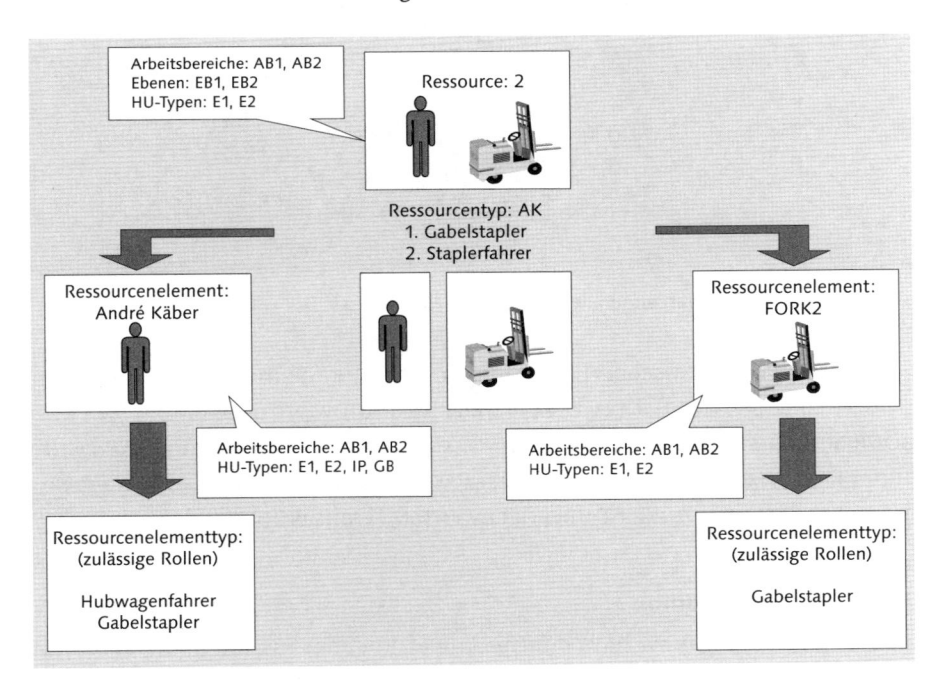

Abbildung 12.41 Ressourcenhierarchie in TRM

Nachdem sich das Ressourcenelement André Käber und der Gabelstapler_001 angemeldet haben, um die Ressource 2 zu bilden, setzen sich die Qualifikationen der Ressource aus dem kleinsten gemeinsamen Nenner von André Käbers Qualifikationen, den Qualifikationen von Gabelstapler_001 und den Qualifikationen des Ressourcentyps AK zusammen.

Jede Qualifikation der Ressource 2 verfügt über eine entsprechende Priorität, die die Faktoren Ebene, Arbeitsbereich oder HU-Typ festlegt, für die die Ressource bevorzugt eingesetzt wird. Die Eigenschaften der Ressourcen können Sie sich auch im TRM-Monitor anzeigen lassen (siehe Abbildung 12.42).

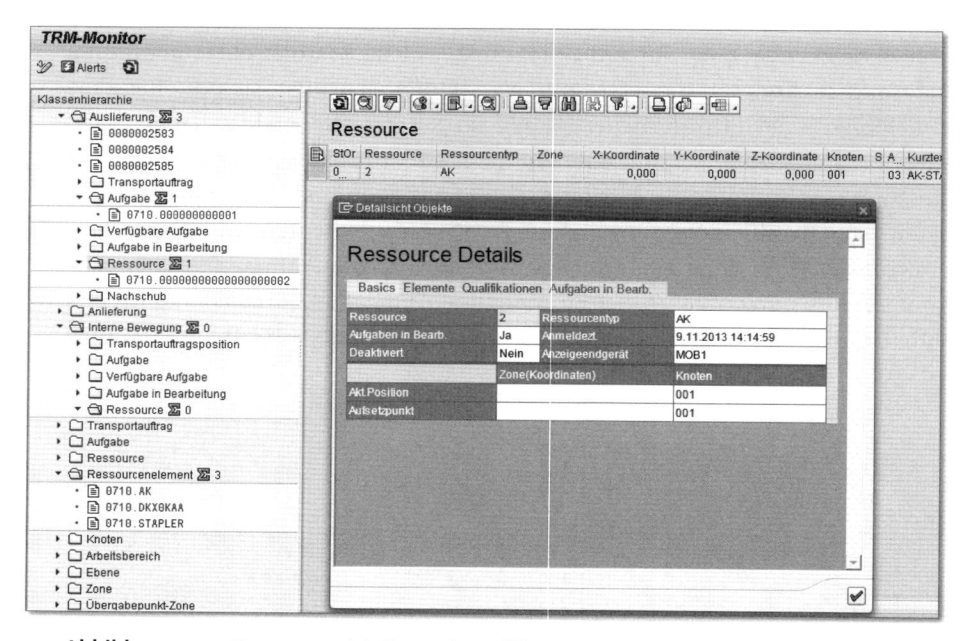

Abbildung 12.42 Ressourcendetails anzeigen (TRM-Monitor)

Die ressourcenspezifischen Einstellungen nehmen Sie im Customizing unter LOGISTICS EXECUTION • TASK & RESOURCE MANAGEMENT • STAMMDATEN • RESSOURCENSTEUERUNG vor. Die realen Ressourcen werden dann im SAP-Menü unter LOGISTIK • LOGISTICS EXECUTION • TASK & RESOURCE MANAGEMENT • ASSISTENT ZUR PFLEGE VON RESSOURCENELEMENTEN (Transaktion LRSW) gepflegt.

Anforderungssteuerung

Unter *Anforderungen* werden interne Anweisungen verstanden, die von TRM erstellt und anschließend in Aufgaben umgewandelt werden. Anforderungen basieren auf LES-Dokumenten wie Transportaufträgen und Gruppen.

Die TRM-Anforderungssteuerung verwaltet diese Anforderungen, die in den von LES weitergeleiteten Dokumenten aufgeführt sind. Die Anforderungssteuerung führt dabei folgende Funktionen aus:

- Freigabesteuerung von Anforderungen zur Ausführung
- Zusammenführung von Anforderungspositionen (bedarfsspezifisch)
- Weiterleitung von Anforderungen an die Aufgabensteuerung
- Bereitstellung der entsprechenden Methode, Zeitplanung von Aktualisierungen und Bestätigung zurück an das LES
- Verfolgung des Lebenszyklus der Anforderungen mithilfe des Netzwerks der Aufgabe
- Bereitstellung der Aufgabensteuerung mit relevanten Ausführungsdaten

Die Anforderungssteuerung leitet die Anforderungen an die *Aufgabensteuerung* weiter, die den Transport oder die in den Anforderungen enthaltenen Vorgangsinformationen in Aufgaben übersetzt. Die Aufgaben können daraufhin zur Ausführung an Ressourcen weitergeleitet werden.

Aufgabensteuerung

Die Aufgabensteuerung in TRM hat die Zielsetzung, Aufgaben zu erstellen, zu organisieren und die optimalen Aufgaben zur Ausführung zuzuweisen. Darüber hinaus erfüllt die Aufgabensteuerung folgende Funktionen:

- Sie empfängt Ausführungsdaten von der Anforderungssteuerung, um die Darstellungsanforderungen zu unterstützen.
- Sie verwaltet und steuert von Ressourcen abgesetzte Ausnahmen über die Ausgabesteuerung.
- Sie informiert über eventuelle Diskrepanzen zwischen der tatsächlichen und der geplanten Ausführung.
- Sie bestätigt die Ausführung der Aufgabe.

Unter *Aufgaben* werden elementare Vorgänge oder Transporte in TRM verstanden, die von Anforderungen erzeugt und von Ressourcen ausgeführt werden. Sie enthalten die Anforderungsinformationen für die physische Bewegung von einem Lagerbereich an den anderen. Aufgaben können ebenfalls im TRM-Monitor angezeigt werden (siehe Abbildung 12.43).

Eine Aufgabe beinhaltet die allgemeinen Informationen zum Aufgabentyp, zur Aktivität und zum Arbeitsbereich. Darüber hinaus enthält eine Aufgabe die Quell- und Zielinformationen der Bewegung, das zu bewegende Material sowie die Referenzen zum Transportauftrag und zum Ursprungsbeleg (Auslieferung).

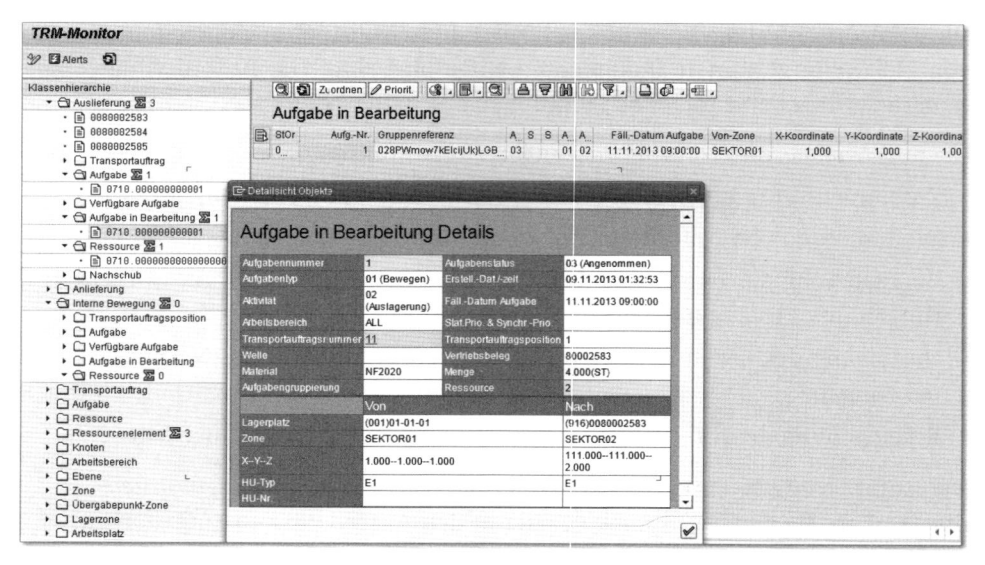

Abbildung 12.43 Aufgabendetails anzeigen (TRM-Monitor)

Nachdem einer Ressource eine Aufgabe zugewiesen wurde, kann eine Ressource folgende Aktivitäten ausführen:

- Aufgabe ausführen und anschließend bestätigen
- Aufgabenquittierung erzwingen
- Aufgabe überspringen

Zur Optimierung der Aufgabensteuerung können Aufgaben in TRM auch zu *Aufgabenbündeln* zusammengefasst werden. Ein Aufgabenbündel wird erstellt, wenn gebündelte Anforderungen von der Anforderungssteuerung für die Ausführung freigegeben werden.

Ein weiteres Instrument der Optimierung in TRM ist die Funktionalität der *Aufgabenverzahnung*, ein Prozess, bei dem einer Ressource, die eine Aufgabe soeben abgeschlossen und quittiert hat, eine neue Aufgabe zugewiesen wird, deren Ursprung sich in der Nähe dieser Ressource befindet (in der Praxis auch als »Doppelspiel« bekannt). Die Aufgabenverzahnung ermöglicht einen kontinuierlichen Arbeitsablauf und ersetzt Einweg-Arbeitszuweisungen in Arbeitszuweisungen mit Hin- und Rücktransport.

Sie minimiert somit das Problem von Leerfahrten, die vorkommen, wenn ein Gabelstapler z. B. in eine Richtung fährt, um eine Aufgabe auszuführen, und leer zurückfährt.

12.3.2 Lagerstruktur mit TRM

Aufgrund der veränderten Prozessstruktur und des erhöhten Detaillierungsgrads des lagerinternen Materialflusses werden in TRM zusätzlich zur WM-Struktur neue Lagerstrukturelemente verwendet. Diese werden in TRM unter dem Begriff *Standortlayoutsteuerung* zusammengefasst, die sich wiederum aus den Funktionen der *Lagerplatzsteuerung* und *Routensteuerung* zusammensetzt.

Das *Standortlayout* ist das anhand von 3-D-Koordinaten erstellte physische Layout eines Lagers, in dem die verschiedenen Lagerbestandteile abgebildet werden, wie z. B. Hindernisse, Übergabepunkte und physische Zonen. Das Standortlayout liefert die grundlegenden Informationen zur Ermittlung der effizientesten Routen bei der Ausführung von Aufgaben.

Grundsätzlich müssen Sie zunächst für jedes TRM-geführte Lager einen *Standort* definieren. Ein Standort ist die übergeordnete Organisationseinheit innerhalb von TRM und stellt die Verknüpfung von TRM zu WM dar, da jeder TRM-relevanten Lagernummer ein Standort zugewiesen werden muss. Diese Einstellungen nehmen Sie im Customizing der Lagerverwaltung vor. Ein Standort in TRM steuert u. a., welche Nummernkreise und welche Maßeinheiten innerhalb von TRM verwendet werden sollen. Alle weiteren Organisationseinheiten werden hierarchisch unterhalb des Standorts angelegt.

Um die Unterschiede der zusätzlichen Organisationselemente von TRM mit den bereits bestehenden Elementen von WM vergleichen zu können, verdeutlichen wir die Struktur beider Komponenten anhand eines fiktiven, stark vereinfachten Lagerlayouts. Abbildung 12.44 zeigt die bereits bekannte Organisationsstruktur von WM-geführten Lägern mit der Lagernummer als übergreifendem Element und den untergeordneten Organisationselementen wie Lagertypen, Schnittstellenlagertypen, Lagerbereichen, Kommissionierbereichen, Arbeitsplätzen (VAS) etc.

Wichtig ist zu erwähnen, dass auch mit der Einführung von TRM in einem Lagerkomplex die Lagerstrukturelemente von WM mit der gleichen Bedeutung und Wichtigkeit erhalten bleiben. Vielmehr wird die bestehende Organisationsstruktur um TRM sowie materialflusstechnische Strukturelemente erweitert, um den realen physischen Materialfluss abbilden zu können. Neben dem Standort als einem Strukturelement von TRM können hier weitere Organisationselemente genannt werden. Hierzu zählen:

- Zonen
- Zonengruppen
- Leerpalettenzonen
- Knoten
- Arbeitsbereiche
- Übergabepunkte
- Hindernisse
- Level

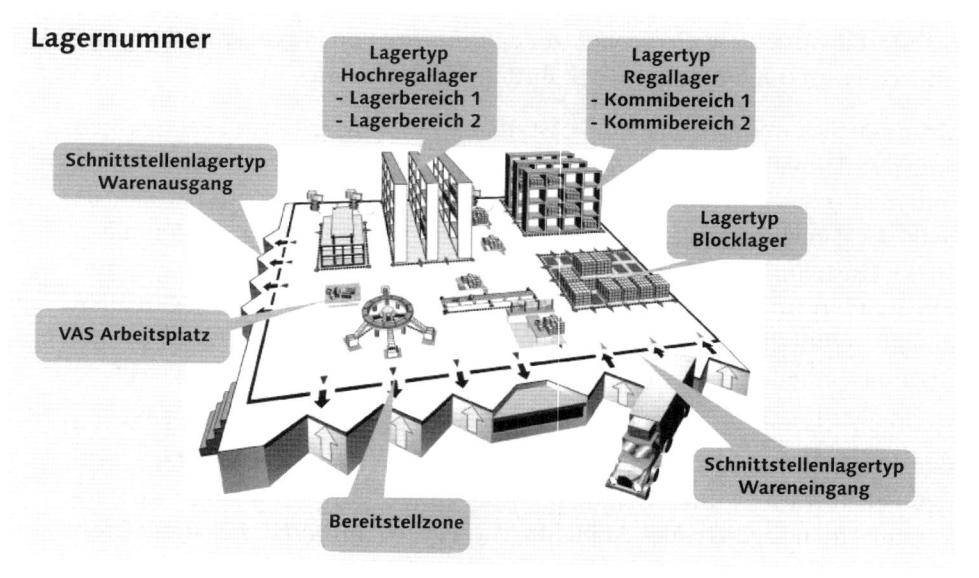

Abbildung 12.44 Organisationsstruktur mit WM

Abbildung 12.45 zeigt stark vereinfacht die Einordnung der TRM-Organisationsstrukturelemente. Die Komplexität der Organisationsstruktur nimmt bereits in diesem sehr einfachen, fiktiven Beispiel gegenüber dem reinen WM-System drastisch zu. Das Mapping der Lagerstruktur und der innerbetrieblichen Materialflüsse ist somit eine der Hauptaufgaben in einer TRM-Implementierung.

Unter einer *Zone* wird in TRM ein physischer Bereich eines Lagers verstanden, der Lagerplätze aus organisatorischen Gesichtspunkten gruppiert. Als Zone könnten z. B. einzelne Lagergassen oder auch ganze Lagertypen abgebildet sein. Ein spezieller Typ einer Zone ist die *Leerpalettenzone* in TRM.

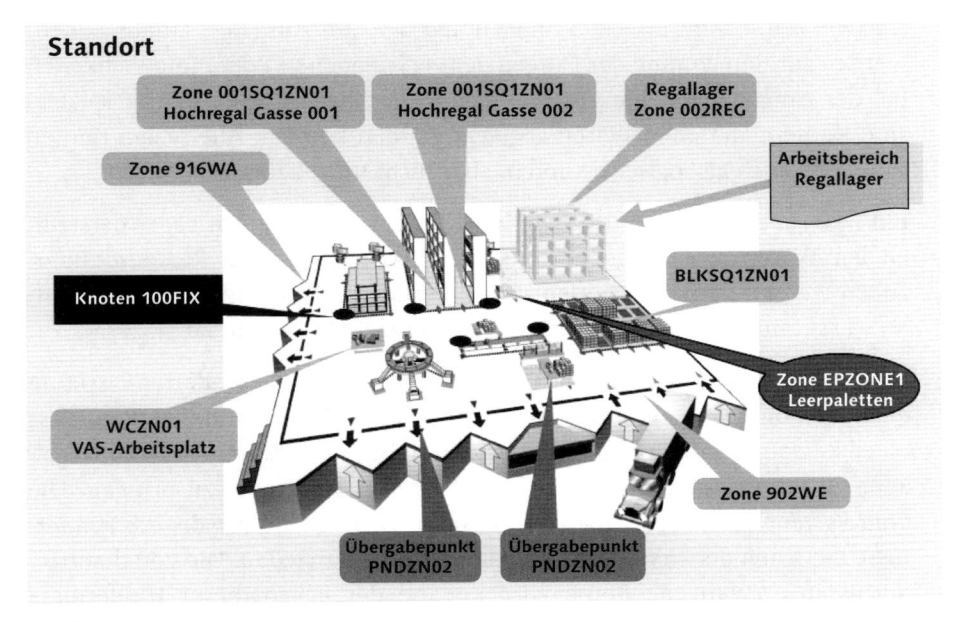

Abbildung 12.45 Organisationsstruktur mit TRM

Wenn Sie eine Leerpalettenzone definiert haben und einem Eingangsknoten zuweisen und ein Bündel Kommissionierungs- und Verpackungsaufgaben erstellt wurde, erzeugt das System eine zusätzliche Aufgabe mit Ressourcenanweisung:

- Aufnehmen einer leeren Palette in die Leerpalettenzone
- Hinwenden zum Ursprung der ersten Kommissionierungsaufgabe mitsamt der leeren Palette

Zu Optimierungs- und Bündelungszwecken sowie zur Anlage und Definition von Arbeitsbereichen können Zonen im Customizing zu *Zonengruppen* zusammengefasst werden. Eine Zonengruppe kann z. B. aus allen Zonen eines Regallagers und der Leerpalettenzone bestehen.

Arbeitsbereiche sind Bereiche zwischen zwei Zonen oder Zonengruppen eines Lagers, die die Organisation und Steuerung der Aufgaben der Ressourcen bestimmen. Wenn z. B. eine Aufgabe von der Zonengruppe 1 (Arbeitsbereich 1) an die Zone 2 (Arbeitsbereich 2) erfolgt und die entsprechende Ressource keine Berechtigung für den Arbeitsbereich hat, kann diese Ressource die Aufgabe nicht erfüllen.

Ein *Knoten* ist ein Ort im Lager, den Ressourcen passieren (logischer Knoten) oder an dem Waren abgestellt werden können (realer Knoten). *Logische Kno-*

ten (wie z. B. Hindernisecken und Knoten der Ein-/Ausgänge zu/aus Zonen) werden zur Berechnung der Längen der verschiedenen Routenmöglichkeiten bei der Aufgabenerstellung verwendet. *Reale Knoten* (wie z. B. Lagerplätze) sind Knoten, an denen Waren abgelegt werden können. Alle realen Knoten fungieren auch als logische Knoten, aber nicht umgekehrt.

Ein *Übergabepunkt* ist ein Knoten in TRM, der einen Ort im Lager darstellt, an dem Waren zwischengepuffert bzw. an eine nachfolgende Ressource übergeben werden können, um den kontinuierlichen Materialfluss zu unterstützen. Lagereinheiten oder HUs sind am Übergabepunkt sichtbar.

Hindernisse sind physische Objekte im Lager, die ein ungehindertes Passieren einer Ressource verhindern. Als Beispiel kann hier genannt werden, dass einer Ressource eine Aufgabe zugewiesen wird, eine HU aus der Hochregalzone zu kommissionieren und in die Warenausgangszone zu bringen. Die vom System vorausberechnete Route berücksichtigt die Regale, die Hindernisse zwischen der Ursprungs- und der Zielzone darstellen. Die von den Hindernissen erzwungene Route wird anhand der Ecken dieser Hindernisse berechnet.

Level bezeichnen die unterschiedlichen Höhenstufen eines Lagers. In TRM wird ein Level für die Ressourcensteuerung herangezogen, da eine bestimmte Ressource nur in einem spezifischen Höhenbereich Aufgaben ausführen kann. Typisches Beispiel ist der Niederhubwagen, der nur Aufgaben mit Level 0 ausführen kann. Im Gegensatz dazu kann ein Kommissionierstapler auch in einer zweiten Ebene (Level 1) kommissionieren.

12.3.3 Systembeispiel zum Auslagerungsprozess mit TRM

In unserem Systembeispiel werden wir nun einen exemplarischen Auslagerungsprozess mit TRM-Integration betrachten. Da die Transportauftragserstellung in unserem Beispiel bereits abgeschlossen ist, möchten wir uns zunächst den entsprechenden Transportauftrag zur Auslieferungsnummer 80002587 anzeigen lassen. Wählen Sie hierfür LOGISTIK • LOGISTICS EXECUTION • WARENAUSGANGSPROZESS • WARENAUSGANG ZUR AUSLIEFERUNG • AUSLIEFERUNG ANZEIGEN (Transaktion VL03N). Über den Belegfluss der Auslieferung gelangen Sie in die Detaildaten des Transportauftrags 16, der auf die Lagernummer 710 verzweigt, deren lagerinterne Materialflüsse in TRM ausgeführt werden. Der Transportauftrag dient somit als reiner Anforderungsbeleg aus WM, Bewegungen in TRM auszuführen (siehe Abbildung 12.46).

Abbildung 12.46 WM-Transportauftrag anzeigen – Kopfinformation

Da es sich um eine TRM-relevante Anforderung handelt, verzweigen wir nun in den TRM-Monitor. Sie erreichen den TRM-Monitor im SAP-Menü über LOGISTIK • LOGISTICS EXECUTION • TASK & RESOURCE MANAGEMENT • LTRMS-MONITORING. Die Lagernummer 710 ist mit dem Standort 0710 verknüpft, und daher wählen wir diesen in den allgemeinen Selektionskriterien des TRM-Monitors aus. Nach der Auswahl gelangen wir in den Übersichtsbildschirm des TRM-Monitors (siehe Abbildung 12.47).

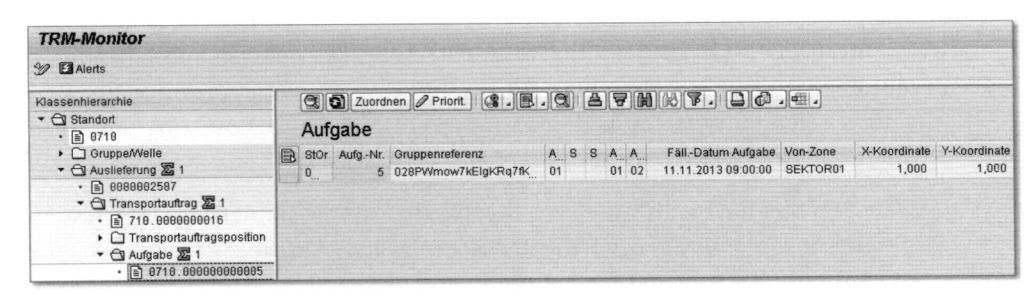

Abbildung 12.47 TRM-Monitor – Auslieferungen, Transportaufträge und Aufgaben anzeigen

Wie Sie sehen, steht der Transportauftrag 16 zur Bearbeitung in TRM zur Verfügung. Der TRM-Monitor ist der zentrale Überwachungs- und Steuerungsmonitor in der TRM-Funktionalität. Aus dem TRM-Monitor heraus haben Sie die Möglichkeit, Aufgaben anzulegen, Befehle an bestimmte Ressourcen zu versenden, Prioritäten von Aufgaben zu ändern und den gesamten Materialfluss im Lager zu steuern und zu überwachen. Mit einem Klick auf den Button ALERTS können Sie in einen ALERT-MONITOR verzweigen, der Ihnen die kritischen Objekte (z. B. Transportaufträge ohne Aufgabe) innerhalb von TRM anzeigt.

Als nächstes werden wir anschließend die zuvor angezeigte Aufgabe mit der Aufgabennummer 5 mit einem RF-Dialog abarbeiten. Wie in der RF-Funktionalität können Sie auch in TRM RF-Dialoge am Bildschirm simulieren.

Rufen Sie zunächst die Transaktion LP00 (Aufgabenausführung) über LOGISTIK • LOGISTICS EXECUTION • TASK & RESOURCE MANAGEMENT auf, und verzweigen Sie in den Anmeldebildschirm der RF-Funktionalität (siehe Abbildung 12.48).

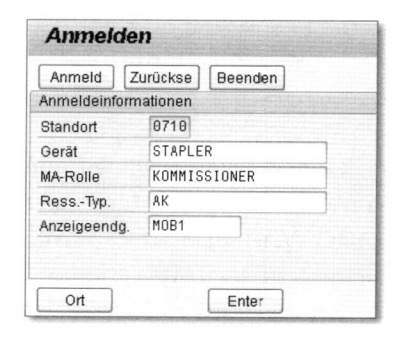

Abbildung 12.48 Anmeldebildschirm für die TRM-RF-Funktionalität

Sie erfassen den Gerätenamen STAPLER (verknüpft mit dem Ressourcenelementtyp FORK_2T) sowie die Mitarbeiterrolle KOMMISSIONER, wodurch automatisch der Ressourcentyp AK bestimmt wird. Die Zuordnung der Ressourcenelementtypen zum Ressourcentyp erfolgt im Customizing von TRM in der Ressourcensteuerung.

Wir entscheiden uns für die systemgeführte Kommissionierung. Das System bestimmt somit automatisch die nächste relevante Aufgabe. In diesem Szenario wird uns die Aufgabe 5 zugeordnet, und wir navigieren automatisch in die Quelldaten der Entnahme (siehe Abbildung 12.49).

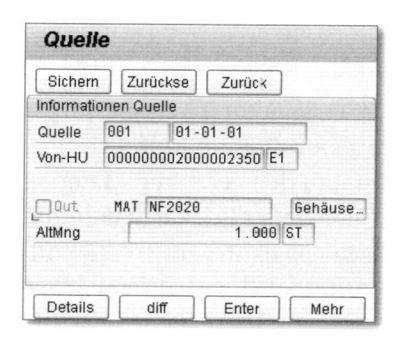

Abbildung 12.49 Quelldaten der Materialentnahme – Schritt 1

Die Entnahme soll aus dem Lagertyp 001 und dem Lagerplatz 01-01-01 erfolgen. Da es sich hier um einen LE-verwalteten Lagerort handelt, werden neben den Platzinformationen auch die entsprechenden Informationen zu den Informationen angezeigt. (siehe Abbildung 12.50). Die Aufgabe befindet sich momentan in Bearbeitung und wird als solche auch im TRM-Monitor ausgewiesen. Sie haben somit jederzeit die Möglichkeit, den aktuellen Bearbeitungsstatus der Aufgaben zu überwachen.

Abbildung 12.50 Zieldaten der Materialentnahme – Schritt 2

In den Zieldaten erkennen Sie, dass die Bereitstellung aufgrund des einstufigen Prozesses direkt in die Warenausgangszone 916 erfolgt. Im SAP-WM-System kann ebenfalls nachvollzogen werden, dass sich der Transportauftrag in Bearbeitung befindet. Wie Sie im TA erkennen können, wurde die Entnahme des TA quittiert (siehe Abbildung 12.51).

Abbildung 12.51 Transportauftrag anzeigen – Entnahme quittiert

Durch das Quittieren der ersten Schrittes wird nicht nur der TA sondern auch die Aufgabe angepasst. Die Aufgabe wechselt in den Status 04 (BEGONNEN) (siehe Abbildung 12.52).

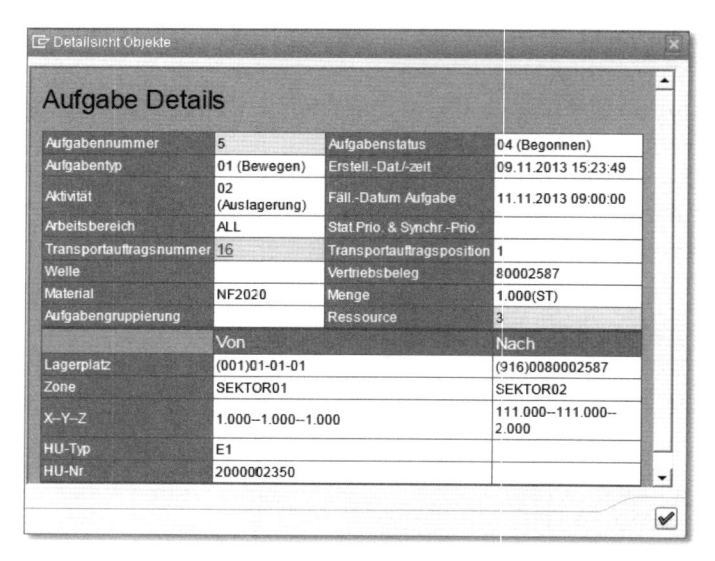

Abbildung 12.52 Aufgabenstatus

Mit dem Scannen der HU-Nummer zeigt Ihnen das System direkt die Nachlagerdaten der Aufgabe an. Ziel der Materialbewegung sind der Lagertyp 916 sowie der dynamische Nachlagerplatz 80002587, der der ursprünglichen Auslieferungsnummer entspricht. Mit dem Quittieren der Aufgabe ist die Aufgabenbearbeitung in TRM abgeschlossen, und es erfolgt die automatische Fortschreibung des WM-Transportauftrags 16 (siehe Abbildung 12.53).

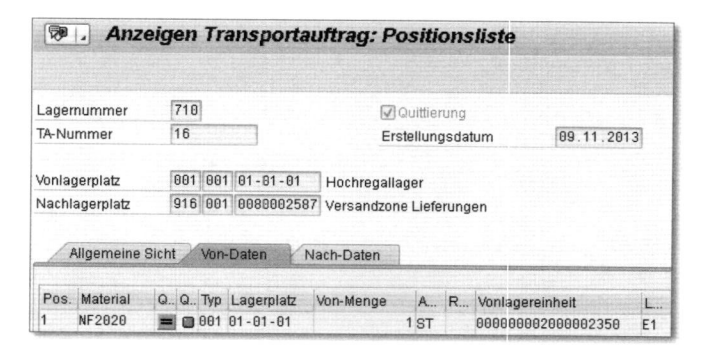

Abbildung 12.53 Anzeige des quittierten WM-Transportauftrags

12.4 Yard Management

In der logistischen Praxis lassen sich verschiedene Ansätze und Potenziale finden, die angestrebten unternehmerischen Ziele zu erreichen. Dies können sowohl unternehmensübergreifende Potenziale/Ansätze sein, wie z. B. das *Vendor Managed Inventory* (VMI), als auch Potenziale in der innerbetrieblichen Logistik (Lagerlogistik) aufgrund des ganzheitlichen Einsatzes von Barcodes oder RFID-Tags zur eindeutigen Identifizierung der Waren im Lager und über die Lagergrenzen hinweg. Ein weiterer Ansatzpunkt zur Optimierung der innerbetrieblichen Logistik besteht in der effektiven Planung und Verwaltung der ein- und ausgehenden Warenströme sowie der physischen Orte des Wareneingangs und Warenausgangs und der involvierten Transportmittel und Ressourcen.

Mit dem *Yard Management* kann WM über die »vier Wände« des Lagers hinaus erweitert werden. Es bildet eine Schnittstelle für die Übergabe der Waren aus und an den Transport. Durch die effektive Verwaltung aller ankommenden und abgehenden Lkws, Züge, Wechselbrücken und Container kann der Warenfluss im Lager optimiert und auf die ein- und ausgehenden Transporte abgestimmt werden. Darüber hinaus können die Daten und Zeiten des Yard Managements zur weiteren Optimierung der Umschlagsaktivitäten in Ihrem Lager genutzt werden.

12.4.1 Grundlagen des Yard Managements

Unter einem *Yard* wird ein physischer oder logischer, sich dem Lager anschließender Bereich eines Standorts verstanden. Ein *physischer Yard* reflektiert die physische Organisationsstruktur eines Standorts außerhalb der Lagergrenzen. In einem Yard können Parkplätze, Wiegestellen oder auch Registrierpunkte (Checkpoints) verwaltet werden. Tore und Bereitstellzonen des Lagers bilden die Schnittstelle zu den Yard-Prozessen als Be- und Entladepunkte bzw. als Ver- und Entsiegelungspunkte in der Prozesssteuerung. Grafisch kann die Integration zwischen dem Lager und einem Yard wie in Abbildung 12.54 dargestellt werden.

Der Yard-Management-Prozess beginnt mit der Ankunft der Waren am Standort oder auf dem Betriebsgelände (engl. *Yard*) und endet mit ihrem Verlassen des Standorts. Darüber hinaus unterstützt Sie dieser Prozess bei der Terminierung der Bereitstellungsbereiche, Tore und Laderampen sowie bei der Verwaltung von Lkws, Anhängern und Containern auf dem Lagergelände. Das Yard Management sorgt für Transparenz hinsichtlich des Bestands auf dem Gelände und der geplanten Lieferungen, damit die Lageraktivitäten vorbereitet und Informationen an externe Partner weitergeleitet werden können. Das Yard Management als Bestandteil von LES ist vollständig mit den weiteren LES-Komponenten wie Lagerverwaltung, Transport und Versand integriert.

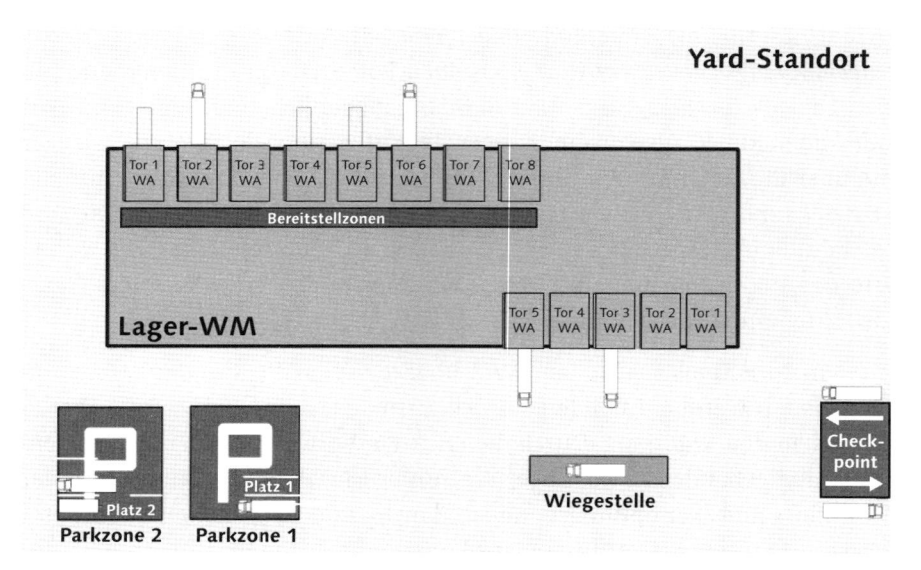

Abbildung 12.54 Standort mit Yard Management

Transport- und Versandintegration

Transporte und Lieferungen bilden einen wesentlichen Bestandteil des Yard Managements, da sie sich auf die Terminierung und Bestimmung von Orten im Yard auswirken. Transporte werden nach Beendigung der Aktivitäten Einfahrt, Ausfahrt, Beladung und Entladung fortgeschrieben, während Lieferungen durch Einfahrts- und Terminierungsaktivitäten fortgeschrieben werden.

Warehouse-Management- und Cross-Docking-Integration

Das Yard Management ist vollständig mit dem Warehouse Management und dessen Teilkomponente Cross-Docking integriert. Die Bereitstellzonenbelegung und die Steuerung im Lager können mithilfe der Yard-Terminierung ausgesteuert werden. Das Yard Management wird mit Informationen zu geplanten Cross-Docking-Entscheidungen bzw. -Relationen versorgt, die sich auf die Terminierung und Bestimmung von Orten auswirken. Darüber hinaus kann auf die Ortsterminierung von Cross-Docking aus zugegriffen werden. Die Verfügbarkeit von Toren und Bereitstellzonen bestimmt die Durchführbarkeit von Cross-Docking-Entscheidungen.

Transportmittel und Transporthilfsmittel

Grundsätzlich müssen zur Ausführung und Planung der Aktivitäten im Yard Management Fahrzeuge angelegt sein, d. h. Transportmittel oder Transporthilfsmittel. Transportmittel und Transporthilfsmittel werden als *Packmitteltypen* bezeichnet. Laut Definition ist ein Transportmittel eine Fahrzeugkategorie des Yard Managements, die für den Transport von Waren verwendet wird.

Transportmittel werden im System als Packmitteltypen definiert. Darüber hinaus müssen Sie für jedes Transportmittel einen eigenen Materialstammsatz anlegen, die entsprechende Packmittelart (entspricht der Packmittelart des Handling Unit Managements [HUM] in der Sicht VERTRIEB: ALLG. WERKSDATEN) zuordnen und die Charakteristika des Transportmittels ausprägen.

Wir empfehlen Ihnen, Transportmittel für folgende Fahrzeugtypen anzulegen:

- Fahrzeuge, die Materialien in einem nicht abkoppelbaren Container transportieren
- Fahrzeuge, die ein abkoppelbares Transporthilfsmittel ziehen, wie z. B. einen Anhänger, wenn Sie sowohl das Zugfahrzeug als auch das Transporthilfsmittel im Yard verfolgen möchten
- Sattelzug, wenn der Auflieger als nicht abkoppelbares Element angesehen wird (ganzer Sattelzug) und Sie nur den gesamten Sattelzug im Yard verfolgen möchten

Neben dem Transportmittel können Sie auch *Transporthilfsmittel* im Yard Management definieren. Das Transporthilfsmittel ist eine Fahrzeugkategorie, die ein bewegliches Hilfsmittel für den Transport von Ware darstellt. Ein Transporthilfsmittel wird von einem Transportmittel gezogen und kann von diesem abgekoppelt werden. Analog zum Transportmittel müssen Sie auch für Transporthilfsmittel einen Materialstammsatz mit der Zuordnung der Packmittelart für Transporte anlegen.

Das Yard Management bedient sich bei der Fahrzeugbestimmung und den Fahrzeugstammdaten der Funktionalitäten von HUM. Ein Fahrzeug im Yard Management wird als HU im System abgebildet. Zusätzlich legt das System für jede Lieferung, die einem Fahrzeug zugeordnet wird, automatisch eine »logische« HU an, die der HU »Fahrzeug« untergeordnet wird. Dies ist dadurch begründet, dass Fahrzeuge keine Lieferungen, sondern nur andere HUs oder Materialien enthalten können. Das System legt logische HUs mit der entsprechenden Lieferungsnummer im Kopf jeder HU an, um die Lieferungen verfolgen zu können, die einem Fahrzeug zugeordnet sind.

Neben den regulären HU-Attributen besteht eine HU im Yard Management aus den folgenden Attributen (im HU-Kopf):

- Yard
- Bestandsstatus des Transporthilfsmittels
- Versiegelungsnummer
- Sperrkennzeichen und Ursachencode
- Tor und Bereitstellzone
- Dringlichkeit (für Cross-Docking-Zwecke)
- Sollzeiten
- Referenzbeleginformationen für die Terminierung
- Ort und Ortsklasse
- Signierung
- Spediteur, Fahrzeughalter und Transponder

HUs können untergeordnete HUs einschließen.

Wie bereits erwähnt, bedient sich das Yard Management der Komponenten von HUM. Die HUM-Konzepte und -Begriffe werden im Yard Management wie in Tabelle 12.3 dargestellt.

HUM-Konzept	Yard-Management-Konzept
Handling Unit (HU)	Fahrzeug
Packmittel	Fahrzeugart
Packmittelart	Fahrzeugartgruppe
Packmitteltyp	Fahrzeugkategorie

Tabelle 12.3 HUM- und Yard-Komponenten

HU 22114
Typ: Standardcontainer
Packmitteltyp: Transportzubehör

HU 22115
Typ: 25 to Lkw
Packmitteltyp: Transportmittel

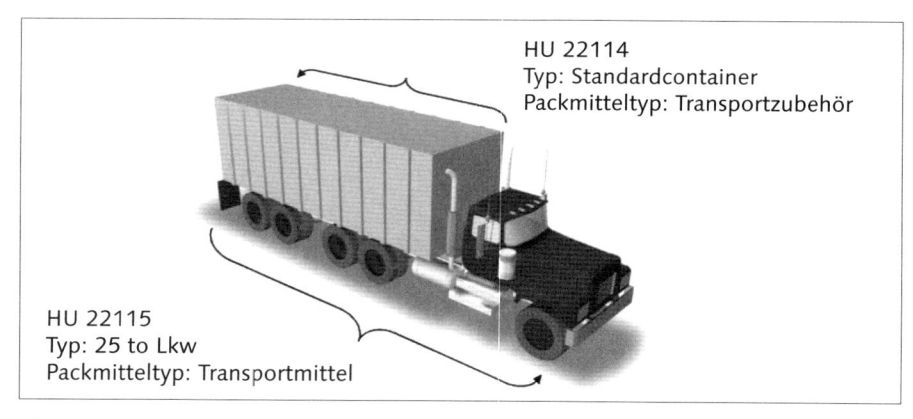

Abbildung 12.55 Transportmittel und -hilfsmittel als HU im Yard Management

> **Beispiel**
>
> HU 22115 ist eine HU des Packmitteltyps *Transportmittel* und der Packmittelart *TR00 – 25 to Lkw*. Sie enthält die untergeordnete HU 22114 des Packmitteltyps *Transporthilfsmittel/-zubehör* und der Packmittelart *TRCO – Standardcontainer* (siehe Abbildung 12.55).

12.4.2 Funktionalitäten und Prozesse im Yard Management

Das Yard Management unterstützt im Allgemeinen verschiedenste Aktivitäten und Prozesse im Rahmen der Prozess- und Fahrzeugsteuerung in einem Yard sowie im Speziellen bei Be- und Endladevorgängen an der Lagerschnittstelle (an den Toren). Zu den unterstützten Funktionalitäten und Prozessen zählen:

- Kontrolle und Erfassen von Einfahrten und Ausfahrten von Fahrzeugen (Transportmittel und -hilfsmittel)
- Terminierung von Toren und Bereitstellzonen für Fahrzeuge (manuell oder mit dem automatischen Terminierungsmechanismus des Systems)
- Erstellung und Ausführung von Bewegungen im Yard (manuell oder mit dem Ortsbestimmungsmechanismus des Systems)
- Erstellung und Ausführung von Aktivitäten im Yard, wie z. B. Wiegen sowie Versiegelung und Entsiegelung von Fahrzeugen
- Registrierung von Beginn und Ende der Be- und Entladung von Fahrzeugen (nach Lieferung oder für das gesamte Fahrzeug) mit direkter Transportintegration (Ladestatus)
- Bereitstellung von Informationen für Geschäftspartner, wie z. B. Spediteure (Informationen zu Fahrzeugen, Aufenthaltsdauer im Yard, aktueller Aufenthaltsort und Bearbeitungsstatus), Informationszugriff über Desktop- oder Webtransaktionen
- Überwachung der Yard-Aktivitäten mithilfe des Yard-Monitors
- Problem-Monitoring von potenziell problematischen Situationen im Yard unter Verwendung des Yard-Alert-Monitors
- Unterstützung des Disponenten mit einer grafischen Darstellung von Terminierungsaktivitäten für den Yard (Terminierungsaktivitäten anzeigen, manuell anlegen und pflegen)
- mobile Anzeige und Ausführen von Yard-Aktivitäten mithilfe von RF

Die Prozesse im Yard Management setzen sich aus verschiedenen Yard-Aktivitäten zusammen, die in einer bestimmten Reihenfolge von einem Fahrzeug im Yard durchlaufen werden. Dabei kann es sich sowohl um geplante als auch ausgeführte Vorgänge im Yard handeln.

Im Yard Management können Sie für Ihre Fahrzeuge folgende Arten von Yard-Aktivitäten anlegen:

- Einfahrt/Ausfahrt
- Terminierung
- Bewegungen
- Wiegen
- Beladung/Entladung (direkte Versand-/Transportintegration)
- Versiegelung/Entsiegelung (direkte Transportintegration)
- Sperren und Entsperren von Fahrzeugen

In Abhängigkeit vom Bearbeitungszustand der Aktivität kann diese verschiedene Status ausweisen. Generell können Yard-Aktivitäten folgende Status haben:

- Geplant – Aktivität ist angelegt und kann ausgeführt werden.
- Begonnen – Ausführung der Aktivität hat begonnen.
- Abgeschlossen – Ausführung der Aktivität wurde abgeschlossen.
- Abgebrochen – Aktivität wurde manuell abgebrochen (mit der Monitormethode ABBRECHEN oder mit dem Terminierungsdiagramm im Fall von Terminierungsaktivitäten).
- Fahrzeug abgefahren – Fahrzeug hat Yard verlassen.

Nachdem die Ausfahrt eines Fahrzeugs registriert wurde und dieses den Yard verlassen hat, haben alle mit dem Fahrzeug verbundenen Aktivitäten den Status 6, FAHRZEUG ABGEFAHREN. Das Fahrzeug und seine Aktivitäten werden im Yard-Monitor in der Objektklasse ABGEFAHRENE FAHRZEUGE angezeigt.

Auswahl unterstützter Yard-Prozesse

Grundsätzlich werden im Yard Management alle lieferbezogenen Ein- und Ausgangsprozesse mit den zuvor beschriebenen Aktivitäten unterstützt. Die Ausprägung der Prozesse kann aufgrund der unternehmensspezifischen Anforderungen variieren, da z. B. nicht in jedem Szenario Wiegeaktivitäten durchgeführt werden. In Tabelle 12.4 haben wir verschiedene Yard-Management-Prozesse zusammengefasst, die in der Praxis sehr häufig auftreten.

Yard-Management-Prozesse	Prozessschritte
Anlieferung durch ein Fahrzeug mit Referenzbeleg	1. Registrierung 2. Bewegung zum Yard-Parkplatz 3. Ortsterminierung (Entladetor) 4. Bewegung zum terminierten Tor nach Fälligkeit 5. Entladen
Anlieferung durch ein Fahrzeug ohne Referenzbeleg	1. Registrierung 2. Fahrzeug sperren 3. Beleganlage im System 4. Fahrzeug entsperren 5. Bewegung zum Yard-Parkplatz 6. Ortsterminierung 7. Bewegung zum terminierten Tor 8. Entladen der Waren und Quittieren des Entladevorgangs
Wiederverwendung des Eingangsfahrzeugs für den Ausgangsbeleg	1. Entladen Eingangsfahrzeug und Bewegung des Fahrzeugs zum Parkplatz 2. Zuordnen des Fahrzeugs zum Ausgangsbeleg 3. Ortsterminierung 4. Bewegung vom Parkplatz zum terminierten Tor 5. Fahrzeug beladen und quittieren 6. Fahrzeug versiegeln und Siegelinformationen festhalten 7. Bewegung vom Tor zum Kontrollpunkt anlegen und ausführen 8. Registrierung der Ausfahrt
Abholung eines Transporthilfsmittels für Ausgangstransport durch den Spediteur	1. Verfügbares Transporthilfsmittel (eines Spediteurs) wird einem Ausgangsbeleg zugeordnet. 2. Für das Transporthilfsmittel wird ein Ort terminiert. 3. Bewegung vom Parkplatz zum terminierten Tor wird angelegt und ausgeführt. 4. Waren werden in Transporthilfsmittel verladen, Ladebeginn und -ende werden quittiert. 5. Versiegelung Transporthilfsmittel 6. Bewegung vom Tor zum Parkplatz wird angelegt und quittiert.

Tabelle 12.4 Ausgewählte Standardprozesse im Yard Management

Yard-Management-Prozesse	Prozessschritte
	7. Das Transportmittel des Spediteurs trifft im Yard ein.
	8. Registrierung und Einfahrt des Transportmittels
	9. Bewegung zum Parkplatz, auf dem das Transporthilfsmittel abgestellt ist, wird angelegt und quittiert.
	10. Das Transporthilfsmittel wird an das Transportmittel angehängt.
	11. Bewegung vom Tor zum Kontrollpunkt wird angelegt.
	12. Bewegung wird ausgeführt und quittiert.
	13. Ausfahrt des Fahrzeugs aus dem Yard wird registriert.

Tabelle 12.4 Ausgewählte Standardprozesse im Yard Management (Forts.)

Praxisbeispiel zur Anlieferung durch ein Fahrzeug mit Referenzbeleg (mit Avisierung und Eingangstransport)

In diesem Praxisbeispiel stellen wir Ihnen exemplarisch einen Anlieferprozess im Yard Management vor. Darüber hinaus zeigen wir Ihnen die Yard-Aktivitäten auf, die in dieser Form auch in allen anderen Yard-Management-Prozessen vorkommen können. Als Planungsgrundlage im Yard Management dienen in diesem Prozess der Eingangstransport und die darin enthaltene Anlieferung. Eingangstransport und Anlieferung wurden automatisch im System angelegt. Im Anschluss daran werden im Yard Management die folgenden Schritte durchlaufen:

1. Fahrzeug am Check-in identifizieren und registrieren
2. Bewegung des Fahrzeugs zum Yard-Parkplatz anlegen und direkt quittieren
3. Terminierung eines freien Tors zum Abladen des Transports
4. Bewegung des Fahrzeugs zum terminierten Tor mit direkter Quittierung
5. Abladen der Ware bestätigen
6. Eingangstransport anzeigen

Nachdem der Transport den Check-in-Punkt des Lagers erreicht hat, erfolgt die Identifizierung des Transports anhand der mitgeführten Lieferpapiere. Aufgrund der Avisierung enthält der Beleg auch die Anlieferdaten des Lieferanten. Rufen Sie zunächst im SAP-Menü über LOGISTIK • LOGISTICS EXECUTION • YARD MANAGEMENT die Transaktion LYCHP (Kontrollpunkt) auf. Erfassen Sie dann die Anliefernummer, und führen Sie die Suche aus (siehe Abbildung 12.56).

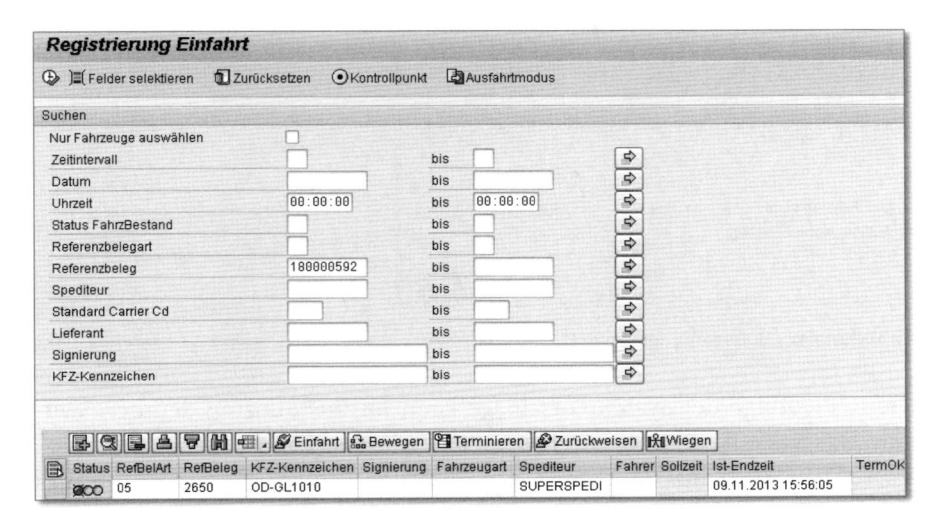

Abbildung 12.56 Registrierung der Fahrzeugeinfahrt

Mithilfe der Referenznummer der Anlieferung ermittelt das System den dazugehörenden Anliefertransport 2650. Zusätzlich zu den bereits vorhandenen Transportdaten erfassen Sie anschließend die Fahrzeugart (Transportmittel oder -hilfsmittel) sowie das Kfz-Kennzeichen oder die Signierungsdaten. Optional können Sie weitere Informationen wie Fahrername und Nationalität erfassen. Markieren Sie dann die Zeile mit dem selektierten Transport 2650, und wählen Sie die Funktion EINFAHRT. Dadurch ändert sich die Ampelsteuerung des Status von Rot auf Gelb (siehe Abbildung 12.57). Der Transport ist nun in Ihrem Yard registriert, und das Fahrzeug wird als Yard-Bestand ausgewiesen.

Abbildung 12.57 Fahrzeug ist im Yard registriert.

Da das Fahrzeug nicht direkt an ein Ladetor bewegt werden soll, weisen Sie ihm im nächsten Schritt einen Yard-Parkplatz zu, indem Sie das Fahrzeug vom Kontrollpunkt zum Parkplatz bewegen. Markieren Sie die Zeile erneut, und führen Sie die Bewegung mit dem Button BEWEGEN aus. Daraufhin öffnet sich ein Pop-up-Fenster mit dem vorbestimmten verfügbaren Parkplatz (siehe Abbildung 12.58).

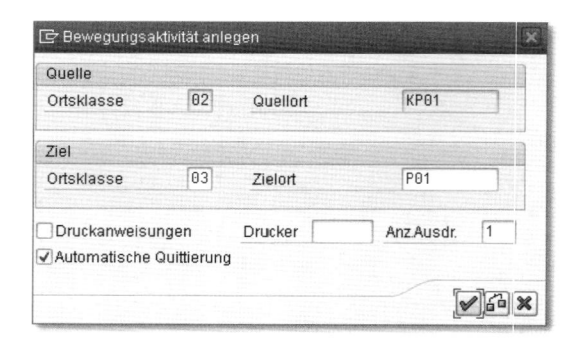

Abbildung 12.58 Bewegungsaktivität anlegen

Die Reihenfolge der Systemvorschläge kann im Customizing definiert werden. Das System bestimmt in diesem Szenario den Zielort PARK2 der Ortsklasse 03 – Parkplatz. Möchten Sie begleitende Papiere drucken, kann dies über die Druckfunktionalität ausgesteuert werden. Soll die Quittierung der Bewegungsaktivität manuell erfolgen, müssen Sie den Parameter AUTOMATISCHE QUITTIERUNG deaktivieren.

Mit dem Ausführen der Bewegung wurde die Bewegungsaktivität zum Parkplatz P01 abgeschlossen, was zusätzlich durch eine grüne Statusampel signalisiert wird.

Im nächsten Schritt soll nun die Terminierung eines freien Tors mit dem Yard-Monitor erfolgen. Den Yard-Monitor erreichen Sie im SAP-Menü über LOGISTIK • LOGISTICS EXECUTION • YARD MANAGEMENT • YARD-MONITOR (Transaktion LYRDM). Erfassen Sie daraufhin die zu bearbeitenden Belege im Auswahlbildschirm des Yard-Monitors. Möchten Sie die Auswahl nicht beschränken, müssen Sie lediglich die Yard-Nummer eingeben und die Auswahl bestätigen, wodurch Sie in den Planungsbildschirm des Yard-Monitors gelangen. Im Yard-Monitor erkennen Sie, dass das registrierte Fahrzeug im Yard als HU abgebildet wird (siehe Abbildung 12.59).

Markieren Sie nun in der rechten Bildschirmhälfte das Fahrzeug mit der Handling-Unit-Nummer 2957, und klicken Sie auf den Button METHODEN. Dadurch öffnet sich ein weiterer Screen, in dem Sie die Funktion TERMINIERUNGSAKTIVITÄT ANLEGEN auswählen (siehe Abbildung 12.60).

Abbildung 12.59 Yard-Monitor anzeigen

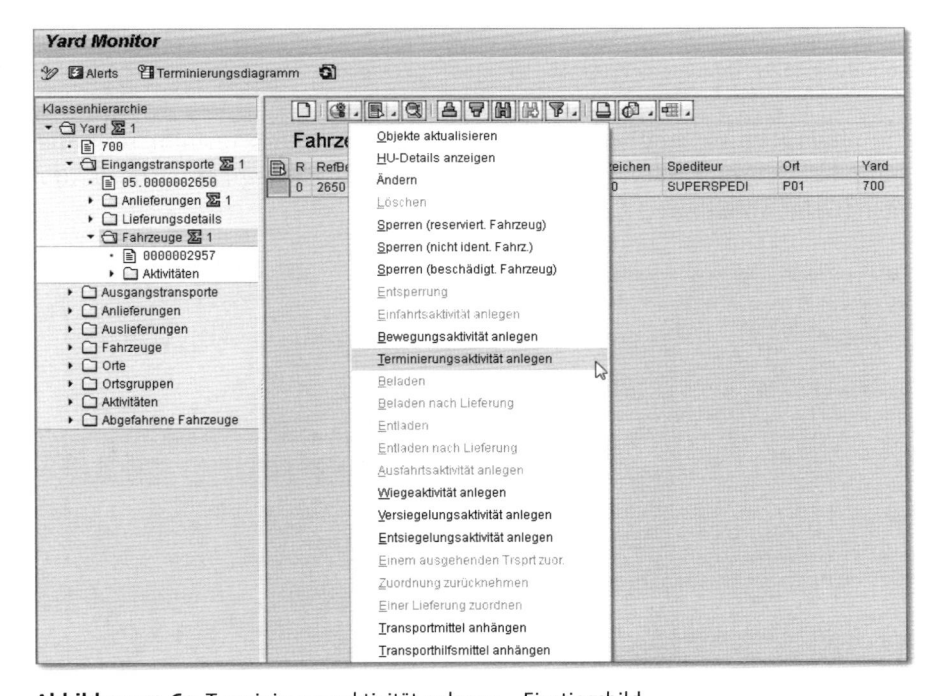

Abbildung 12.60 Terminierungsaktivität anlegen – Einstiegsbild

Nachdem Sie die Funktion ausgeführt haben, öffnet sich ein Pop-up-Fenster, mit dessen Hilfe Sie die Terminierungsdetails festlegen können, wie z. B. die Dauer der Aktivität oder eine spezielle Torauswahl. Das Festlegen der terminierten Dauer des Be-/Entladevorgangs kann unterschiedlich erfolgen:

- manuell bei der Terminierung
- feste Vorgabedauer je Tor (Customizing der Terminierungsprofile)
- variable Bestimmung über die Daten der Groblastvorschau (Customizing der Terminierungsprofile)

In unserem Szenario erfolgt die Zeitvorgabe manuell bei der Terminierung (siehe Abbildung 12.61). Die Dauer der Entladeaktivitäten haben wir mit 120 Minuten festgelegt.

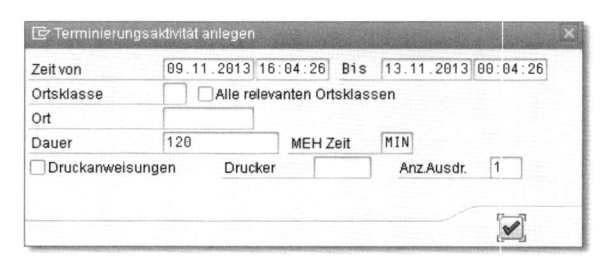

Abbildung 12.61 Terminierungsaktivität anlegen – Detailbild

Um die Ergebnisse zu überprüfen, verzweigen wir in das Terminierungsdiagramm des Yard-Monitors und wählen den Eingangsbeleg der nächsten fünf Tage (siehe Abbildung 12.62).

Abbildung 12.62 Terminierungsergebnisse anzeigen

Yard Management | 12.4

Das System hat als Entladevorschlag automatisch Tor 01 für Sonntag, den 10.11.2013, von 13:00 bis 15:00 Uhr terminiert. Der Startzeitpunkt der Terminierung wurde auf 13:00 Uhr festgelegt, da im Terminierungsprofil der Tore das Schichtprofil einen Schichtbeginn von 13:00 Uhr vorsieht. Die Ausprägungen der farblichen Informationen und der Anzeigeinformationen können individuell im Terminierungsdiagramm eingestellt werden.

Da es sich bei dem Transport 2650 um kritische, temperaturempfindliche Produkte handelt, wurde entschieden, den Entladevorgang vorzuziehen und den Lkw direkt zu entladen. Um den Entladevorgang ausführen zu können, muss das Fahrzeug zunächst einem Ladetor zugeordnet werden. Wenn freie Tore vorhanden sind, erfolgt die Zuordnung automatisch mit Anlegen der Bewegung. Wir markieren dazu erneut das Fahrzeug mit der Nummer 2957 (Referenzbeleg 2650), klicken dann auf den Button METHODEN sowie die Funktion BEWEGUNGSAKTIVITÄT ANLEGEN (siehe Abbildung 12.63).

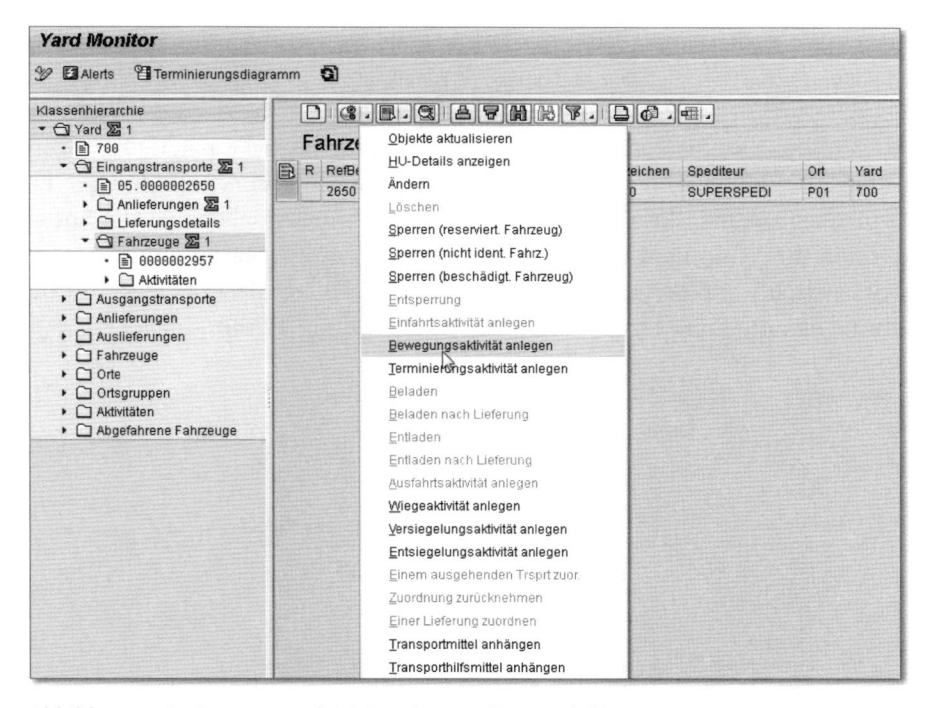

Abbildung 12.63 Bewegungsaktivität anlegen – Einstiegsbild

Daraufhin öffnet sich erneut ein Pop-up-Fenster zur Detaillierung der Bewegungsdaten. Als Zieldaten erfassen Sie ORTSKLASSE 05 Tore sowie einen Zielort. Mit der Eingabe des Zielorts werden Sie vom System darauf hingewiesen, dass Sie bereits einen Ort terminiert haben (siehe Abbildung 12.64). Sie führen die Auswahl fort und bestimmen das Tor der Entladeaktivität. Auch in diesem Fall entscheiden wir uns für das Tor 01.

Abbildung 12.64 Bewegungsaktivität anlegen – Detailbild

In der Praxis sollte das systemgestützte Entladen direkt palettenbezogen unter Einsatz von RF erfolgen, um eine direkte physische Vollständigkeitskontrolle durchzuführen. Sie haben jedoch auch die Möglichkeit, die Entladestatus direkt aus dem Yard-Monitor heraus zu setzen. Markieren Sie erneut das Fahrzeug mit der Referenznummer, und wählen Sie über den Button METHODEN die Funktion ENTLADEN (siehe Abbildung 12.65).

Abbildung 12.65 Entladen durchführen

Mit dem Entladen des Fahrzeugs ist der Yard-Management-Prozess abgeschlossen, und die Belege (Transportnummer und Fahrzeug) werden nicht mehr im aktiven Arbeitsvorrat des Yard-Monitors geführt. Durch die direkte Integration des Yard Managements mit dem Versand und Transport wurden auch diese Belege fortgeschrieben (siehe Abbildung 12.66).

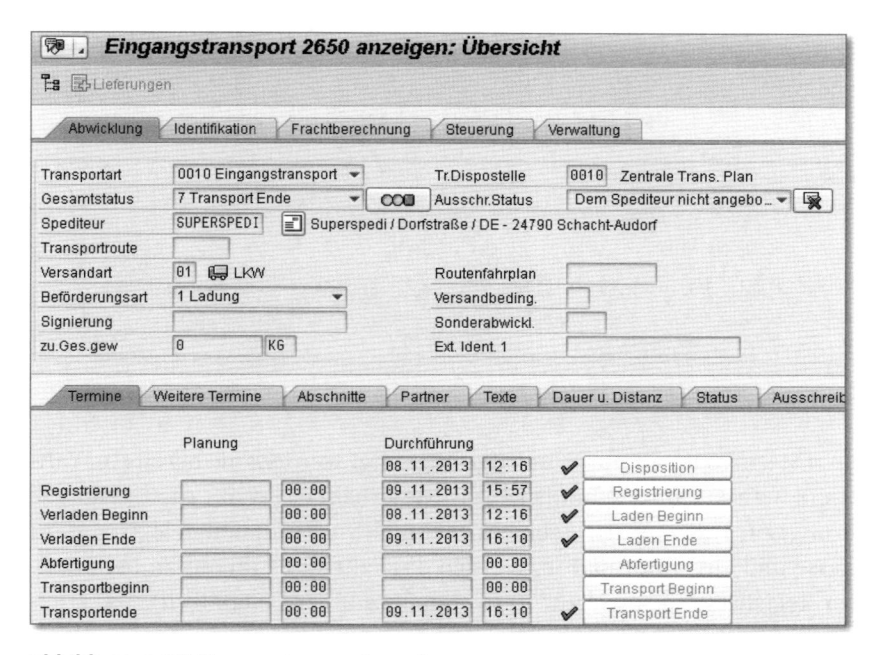

Abbildung 12.66 Eingangstransport anzeigen

Mit dem *Entladen* im Yard-Monitor wurde nicht nur der Laden-Ende-Status, sondern auch der Transport-Ende-Status gesetzt. Der Transport ist somit physisch und systemtechnisch abgeschlossen.

Yard-Bestand anzeigen (Fahrzeugbestand)

Um lange Standzeiten zu vermeiden und jederzeit auskunftsfähig gegenüber Kunden und Spediteuren bezüglich des aktuellen Bearbeitungsstatus der Fahrzeuge zu sein, haben Sie die Möglichkeit, Fahrzeugbestände im Yard anzuzeigen und auszuwerten. Zum Aufrufen der Bestandsübersicht navigieren Sie im SAP-Menü zu LOGISTIK • LOGISTICS EXECUTION • YARD MANAGEMENT • YARD-BESTAND (Transaktion LYVHC). Selektieren Sie die Ortsklassen, für die Sie sich die Bestände anzeigen lassen möchten, und starten Sie die Selektion (siehe Abbildung 12.67).

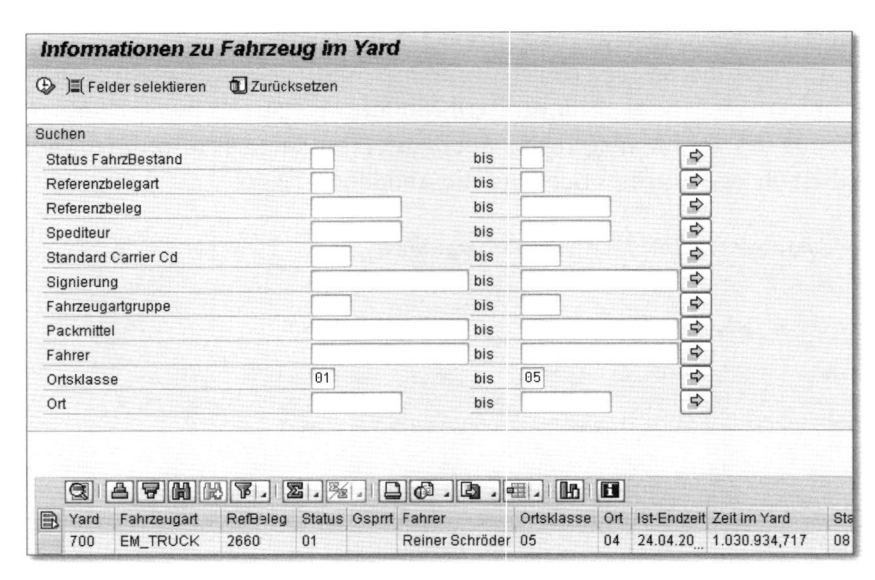

Abbildung 12.67 Fahrzeuge im Yard anzeigen

Beachten Sie, dass Ihnen nur Fahrzeuge angezeigt werden, die bereits im Yard registriert wurden. In der Informationsliste erhalten Sie Informationen zur Signierung, zur Fahrzeugart, zu einem eventuell vorhandenen Belegbezug, zu Ortsklasse und Ort (Information, wo sich das Fahrzeug momentan befindet), Zeit der Registrierung sowie zur Verweildauer im Yard (Standzeit).

Customizing

Bevor Sie die Yard-Management-Funktionalität nutzen können, müssen Sie zunächst verschiedene Einstellungen im Customizing und in den Stammdaten der Fahrzeuge vornehmen. Abbildung 12.68 zeigt Ihnen die notwendigen Basiseinstellungen des Yard Managements, die wir Ihnen nun im Detail vorstellen möchten.

Auch im Yard Management muss zunächst ein übergreifendes Strukturelement – der Yard – definiert werden, an dem wesentliche Steuerparameter des Yard Managements festgemacht werden (Schritt ❶). Die Einstellungen zur Definition des Yards nehmen Sie im Einführungsleitfaden unter LOGISTICS EXECUTION • YARD MANAGEMENT • ALLGEMEINE EINSTELLUNGEN • YARD DEFINIEREN vor (siehe Abbildung 12.69).

12.4 Yard Management

```
Allgemeine                    Yard-Karte
Einstellungen und         sowie Ortsbestimmung        Stammdaten
    Fahrzeuge                und Terminierung

❶ Yard definieren           ❽ Tore definieren         ❶ Fahrzeugstammsätze
                                                          anlegen
❷ Nummernkreise für         ❾ Bereitstellzonen
  Yard-Aktivitäten              definieren
  definieren
❸ Nummernkreise für         ❿ Yard-Orte definieren
  Fahrzeuge definieren
❹ Fahrzeugartgruppen        ⓫ Yard-Ortsgruppen
  definieren                    definieren
❺ Materialgruppen für       ⓬ Ortsgruppenbeziehungen
  Fahrzeugarten definieren      definieren
❻ Erlaubte Fahrzeugarten    ⓭ Beziehungen zwischen Orts-
  definieren                    arten und Fahrzeugarten-
                                gruppen definieren
❼ Fahrzeugarten von         ⓮ Terminierungsprofile
  Spediteuren definieren        definieren
                            ⓯ Ortsarten und Ortsgruppen
                                zu Toren zuordnen
```

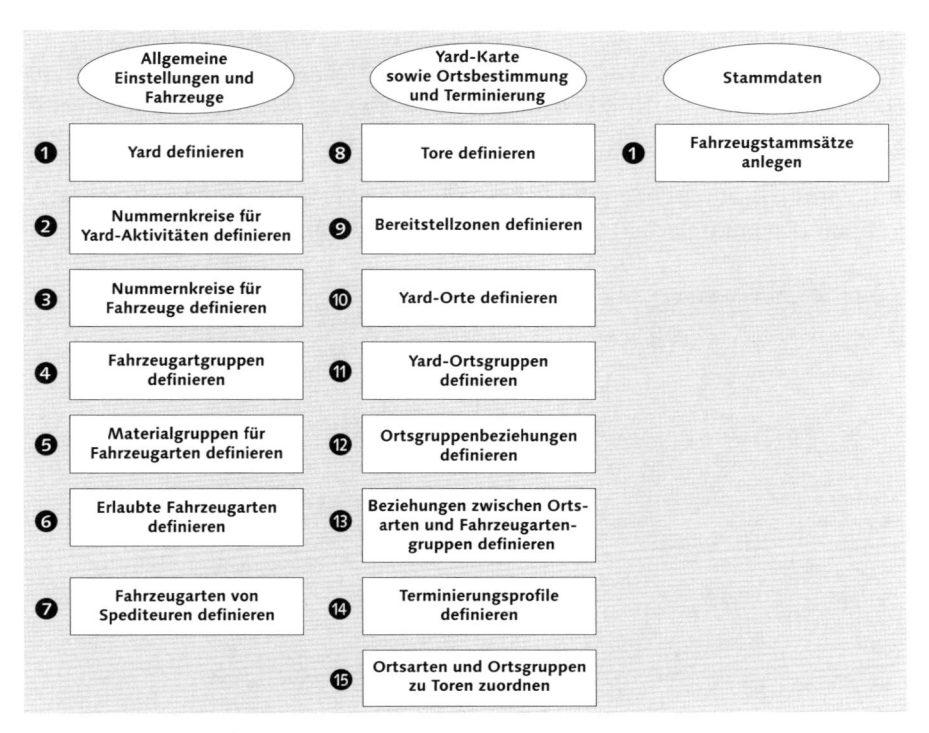

Abbildung 12.68 Yard Management – Basis-Customizing

Sicht "Yard definieren" ändern: Übersicht

Y...	NuKr. Akt.	MEH Zeit	L...	TerminHorizont	TermProfil	MEH Gew.	Fahrzeugart
700	01	MIN	700	4.800	01	KG	34

Abbildung 12.69 Yard definieren

In den Einstellungen des Yards legen Sie fest, in welcher Maß- und Mengeneinheit Zeiten und Gewichte im Yard angegeben werden, welche Nummernkreise verwendet werden sollen und mit welcher Lagernummer der entsprechende Yard verknüpft wird. Darüber hinaus ordnen Sie dem Yard ein Terminierungsprofil zur automatischen Terminierung, eine Fahrzeugart und ein Vorschlagspackmittel zu. Das Vorschlagspackmittel dient zur HU-Erstellung der Lieferung. Im zweiten Schritt legen Sie im selben Customizing-Pfad unter NUMMERNKREISE FÜR YARD-AKTIVITÄTEN DEFINIEREN die Nummernkreise der Yard-Aktivitäten an (Schritt ❷).

Diesem Schritt folgend, definieren Sie die Nummernkreise der Fahrzeuge in Ihrem Yard unter LOGISTICS EXECUTION • YARD MANAGEMENT • FAHRZEUGE (HANDLING UNITS) • NUMMERNKREISE FÜR FAHRZEUGE (HUS) DEFINIEREN (Schritt ❸).

Definieren Sie anschließend in Schritt ❹ die zu verwendenden Fahrzeugartgruppen (Packmittelarten) in Ihrem Yard (siehe Abbildung 12.70).

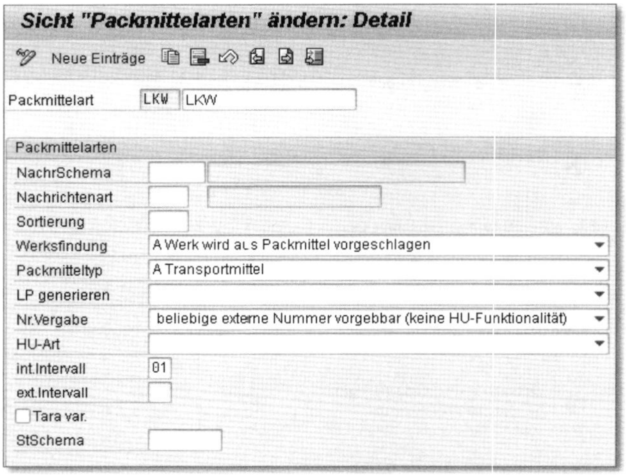

Abbildung 12.70 Fahrzeugartgruppen definieren

Fahrzeugartgruppen werden einem Fahrzeug im Materialstamm des Fahrzeugs zugeordnet.

Um Materialien oder Packmittel für den Transport und die Verpackung zu gruppieren, müssen Sie im nächsten Schritt Materialgruppen für Fahrzeugarten definieren (Schritt ❺). Materialgruppen werden den zu verpackenden Materialien oder auch Transporthilfsmitteln im jeweiligen Materialstamm im Feld MATERIALGRUPPE PACKMITTEL zugeordnet.

Da in der Praxis nur bestimmte Materialgruppen in bestimmte Fahrzeugarten verpackt oder verladen werden können, müssen Sie unter ERLAUBTE FAHRZEUGARTEN die erlaubten Materialgruppen mit den entsprechenden Fahrzeugarten kombinieren (Schritt ❻).

In der IMG-Aktivität FAHRZEUGARTEN VON SPEDITEUREN DEFINIEREN legen Sie fest, welche Fahrzeugarten je Spediteur vorgeschlagen werden sollen (Schritt ❼, siehe Abbildung 12.71).

Abbildung 12.71 Fahrzeugarten von Spediteuren definieren

Die als Vorschlagswert eingestellte Fahrzeugart eines Spediteurs wird vom System folgendermaßen verwendet:

- Wenn Sie ein Fahrzeug manuell anlegen und den Spediteur in das entsprechende Feld eingeben, füllt das System das Feld FAHRZEUGART automatisch mit dem Vorschlagswert.
- Wenn Sie eine Einfahrtsaktivität für einen Transport anlegen und dabei den Spediteur angeben, legt das System für diesen Transport automatisch ein Fahrzeug der vorgeschlagenen Fahrzeugart an und ordnet es dem Transport zu.

Wenn Sie versuchen, ein Fahrzeug mithilfe des Yard-Monitors einem Beleg zuzuordnen, zeigt das System alle möglichen Fahrzeuge in aufsteigender Reihenfolge an. Die Fahrzeuge sind entsprechend ihrer Aufenthaltsdauer geordnet, die mithilfe der Fahrzeugart bestimmt wird.

Zusätzlich können Sie für den Alert-Monitor Ihren eigenen Alert definieren. Der Alert basiert auf Aufenthaltszeiten des Fahrzeugs, die die in dieser Aktivität festgelegten Werte übersteigen.

Definieren Sie anschließend, wenn noch nicht im Lager-Mapping geschehen, die Tore und Bereitstellzonen als Schnittstelle des Yard Managements zu WM (Schritt ❽ und Schritt ❾). Die Einstellungen nehmen Sie unter LOGISTICS EXECUTION • YARD MANAGEMENT • YARD-KARTE TORE/BEREITSTELLUNGSZONEN DEFINIEREN vor.

In der nächsten IMG-Aktivität definieren Sie die Yard-Orte eines Yards (Schritt ❿). Unter Yard-Orten werden spezifische Orte verstanden, wie z. B. Kontrollpunkte, Wiegestellen, Parkplätze, Tore und externe Orte außerhalb eines Yards (siehe Abbildung 12.72).

Jedem Yard-Ort kann in dieser Customizing-Aktivität auch eine ORTSART zugeordnet werden. Mit dieser Ortsart kann anschließend bestimmt werden, welche Fahrzeugartgruppen (und in welchen Kombinationen und Mengen) sich gleichzeitig an einem Ort aufhalten können.

Sicht "Yard-Orte definieren" ändern: Übersicht

Neue Einträge

Yard-Orte definieren

Yard	Ortsklasse	Ort	Ortsart	GLN	Ortsgruppe
700	02 Kontrollp…	KP01			
700	03 Parkplatz	P01			P01
700	03 Parkplatz	WA1			P01
700	05 Tor	01			T01
700	05 Tor	02			T01
700	05 Tor	03			T01

Abbildung 12.72 Yard-Orte definieren

Definieren Sie nun unter LOGISTICS EXECUTION • YARD MANAGEMENT • ORTSBESTIMMUNG UND TERMINIERUNG die Einstellungen der Yard-Ortsgruppen (Schritt ⓫). Yard-Ortsgruppen fassen Orte derselben Ortsklasse oder Lagertypen im Lager zusammen (siehe Abbildung 12.73).

Sicht "Yard-Ortsgruppen" ändern: Übersicht

Neue Einträge

Yard-Ortsgruppen

Yard	Lager-Nr.	Ortsgruppe	Ortsklasse	Kurztext	Text
700	700	P01	03 Parkplatz	Parkplatz	Parkplatz
700	700	T01	05 Tor	Tor	Tor

Abbildung 12.73 Yard-Ortsgruppen definieren

Nachdem Sie die Ortsgruppen definiert haben, müssen Sie diese den entsprechenden Toren, Bereitstellzonen, Yard-Orten und Lagertypen zuordnen. Ortsgruppen werden vom System zur automatischen Ortsbestimmung und Terminierung herangezogen, wenn die entsprechenden Einträge im Customizing der Ortsgruppenbeziehungen (Schritt ⓬) gepflegt sind (siehe Abbildung 12.74).

Sicht "Ortsgruppenbeziehungen definieren" änd

Neue Einträge

Ortsgruppenbeziehungen definieren

Yard	OGrp. Tor	Zuge.OGrp.	Eingang	Ausgang	Reihenf.
700	T01	P01	☑	☑	
700	T01	T01	☑	☑	

Abbildung 12.74 Ortsgruppenbeziehungen definieren

In dieser IMG-Aktivität können Sie die Beziehungen zwischen folgenden Ortsgruppenarten definieren:

- Ortsgruppen TOR und Ortsgruppen LAGERTYP
- Ortsgruppen TOR und Ortsgruppen BEREITSTELLUNGSZONE
- Ortsgruppen TOR und Ortsgruppen PARKPLATZ

In Ortsgruppenbeziehungstabellen können Sie die Reihenfolge festlegen, in der das System nach einer Beziehung sucht, auf der die automatische Terminierung basiert.

Beziehung zwischen Ortsgruppe »Tor« und Ortsgruppe »Lagertyp«

Zwischen einer Ortsgruppe TOR und einer Ortsgruppe LAGERTYP können Sie eine Beziehung definieren, wenn Sie möchten, dass die Terminierung eines Tors für ein Fahrzeug von zugehörigen Lagertypen im Lager beeinflusst wird. Dies kann z. B. dann von Vorteil sein, wenn Sie nur Tore terminieren möchten, die sich in der Nähe der zugehörigen Lagertypen befinden. Wenn das System automatisch ein Tor für ein Fahrzeug terminiert, führt es folgende Schritte aus:

- Material ermitteln, das im Fahrzeug überwiegt und die Mehrzahl der Paletten einnimmt
- materialrelevanten Lagertyp ermitteln, der in der Lagertypfolge des Materials an erster Stelle steht
- Tor der Gruppe TOR terminieren, die mit der entsprechenden Gruppe LAGERTYP verbunden ist

Beziehung zwischen Ortsgruppe »Tor« und Ortsgruppe »Bereitstellungszone«

Sie können eine Beziehung zwischen einer Ortsgruppe TOR und einer Ortsgruppe BEREITSTELLUNGSZONE definieren, wenn Sie die Auswahl möglicher Bereitstellzonen beschränken möchten, die zusammen mit einem Tor terminiert werden. Wenn das System automatisch ein Tor für ein Fahrzeug terminiert, terminiert es nur folgende Bereitstellungszonen:

- Bereitstellungszonen, die dem Tor in den IMG-Aktivitäten TORE DEFINIEREN und BEREITSTELLUNGSZONEN DEFINIEREN zugeordnet wurden
- Bereitstellungszonen in der Ortsgruppe, die mit der Ortsgruppe TOR verbunden sind, wenn Bereitstellungszonen einem Tor nicht speziell zugeordnet sind

Beziehung zwischen Ortsgruppe »Tor« und Ortsgruppe »Parkplatz«

Sie können eine Beziehung zwischen einer Ortsgruppe TOR und einer Ortsgruppe PARKPLATZ definieren, wenn Sie den Pool möglicher Parkplätze beschränken möchten, die das System als Ziel einer Bewegungsaktivität für ein Fahrzeug empfehlen kann, wenn für das Fahrzeug ein Ort terminiert wurde, die Soll-Startzeit jedoch noch nicht eingetreten ist.

Wenn das System einen Zielort für die Bewegungsaktivität bestimmt, führt es folgende Schritte aus:

- für das Fahrzeug terminiertes Tor ermitteln
- aus der Ortsgruppe PARKPLATZ, die mit der entsprechenden Ortsgruppe TOR verbunden ist, einen der Parkplätze mit der geringsten Auslastung als Ziel bestimmen
- einen der für den Yard definierten Parkplätze mit der geringsten Auslastung als Ziel bestimmen, wenn keine Beziehung zwischen einer Ortsgruppe TOR und einer Ortsgruppe PARKPLATZ definiert wurde

In Schritt ⓭ des Customizings definieren Sie die Beziehung zwischen den Ortsarten und Fahrzeugartgruppen im Yard. Aufgabe dieses Eintrags ist es, eine Beziehung bzw. eine Kapazitätsbestimmung zwischen einer bestimmten Ortsart und verschiedenen Fahrzeugartgruppen zu definieren. Wenn Sie eine Yard-Aktivität für ein Fahrzeug einer Fahrzeugartgruppe manuell anlegen, lässt das System nicht zu, dass die Aktivität für einen Zielort angelegt wird, wenn die Kapazität des Ortes ausgeschöpft ist (z. B. Parkplatz mit zehn Plätzen ist vollständig belegt).

In der IMG-Aktivität TERMINIERUNGSPROFILE DEFINIEREN pflegen Sie die Terminierungsprofile für Ihren Yard (Schritt ⓮). Jedes Terminierungsprofil enthält Vorgabeparameter, die vom System verwendet werden, wenn es automatische Terminierungen für Yard-Orte durchführt (siehe Abbildung 12.75).

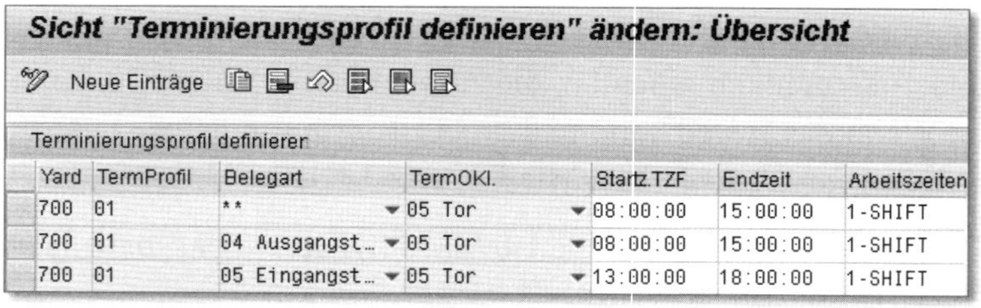

Yard	TermProfil	Belegart	TermOKl.	Startz.TZF	Endzeit	Arbeitszeiten
700	01	**	05 Tor	08:00:00	15:00:00	1-SHIFT
700	01	04 Ausgangst…	05 Tor	08:00:00	15:00:00	1-SHIFT
700	01	05 Eingangst…	05 Tor	13:00:00	18:00:00	1-SHIFT

Abbildung 12.75 Terminierungsprofile definieren

Soll das System die Vorgabedauer der Terminierungsaktivitäten nicht manuell oder fest vorgeben, sondern mithilfe der Groblastvorschau berechnen, definieren Sie die Berechnung im Customizing der Lagerverwaltung für Ihre Lagernummer und markieren anschließend den entsprechenden Eintrag im Terminierungsprofil (Feld LASTVORSCHREIBUNG).

Wenn die Tageszeiten für die Terminierungen auf vordefinierten Arbeitszeiten/Schichten und Kalendern basieren sollen, müssen Sie die Arbeitszeiten und die entsprechenden Kalender pflegen. Nachdem Sie die Kalender und Arbeitszeiten gepflegt und dem jeweiligen Terminierungsprofil zugeordnet haben, werden die Start- und Endzeiten der Terminierung ausschließlich aus den Arbeitszeiten bestimmt.

Möchten Sie die Start- und Endzeiten der Terminierung unabhängig von Kalendern und Arbeitszeiten definieren, können diese Parameter auch direkt im Terminierungsprofil gepflegt werden.

Abschließend müssen Sie die definierten Ortsarten und Ortsgruppen den entsprechenden Yard-Objekten wie Toren und Bereitstellzonen zuordnen (Schritt ⓯).

12.5 Cross-Docking

Die Nutzung des Cross-Docking-Ansatzes in einem Distributionssystem bedeutet die konsequente Anwendung einer flussbezogenen Logistik im Logistiknetzwerk. Welche Cross-Docking-Möglichkeiten WM bereitstellt, werden wir Ihnen in diesem Abschnitt vorstellen.

12.5.1 Grundlagen des Cross-Dockings

Cross-Docking ermöglicht es den Handelspartnern, die Prozesskosten zu senken und den Gesamtprozess der Warenversorgung des Handels mit Artikeln aller Sortimente zu beschleunigen. Wesentliche Vorteile dieser Methode sind die abverkaufssynchrone Belieferung der dezentralen Angebotspunkte aus zentral vorgehaltenen Beständen sowie die Reduzierung des Aufwands für unnötige Ein- und Auslagerungen im Lager. Cross-Docking sollte als ganzheitlicher Prozess innerhalb der logistischen Kette verstanden werden, bei dem die Anlieferung der Waren am Cross-Docking-Punkt und die Auslieferung an die Empfänger zeitlich und/oder mengenmäßig so koordiniert werden, dass Einlagerungsprozesse und die dazugehörenden Aktivitäten eines typischen Bestandslagers entfallen.

Besonders interessant ist diese Art der Distribution bei Artikeln, die durch ein limitiertes Haltbarkeitsdatum sowie besondere Temperaturanforderungen gekennzeichnet sind, da diese Artikel nur begrenzt in der Fläche vorgehalten werden können. In der Praxis kann zwischen zwei wesentlichen Cross-Docking-Arten unterschieden werden:

- **Einstufiges Cross-Docking**
  Der Absender kommissioniert endempfängerbezogen. In dieser Form werden die entstandenen logistischen Einheiten unverändert über einen oder mehrere Cross-Docking-Punkt(e) an den Endempfänger weitergeleitet.

- **Zweistufiges Cross-Docking**
  Der Absender kommissioniert Cross-Docking-Punkt-bezogen. In diesem Fall werden die entstandenen logistischen Einheiten unverändert bis zum Cross-Docking-Punkt geleitet, der die endempfängerbezogene Kommissionierung vornimmt. Es entstehen neue logistische Einheiten, die daraufhin unverändert direkt oder über einen oder mehrere Cross-Docking-Punkt(e) an den Endempfänger weitergeleitet werden.

In SAP ERP können zusammen mit APO weitere system- und prozessbedingte Untervarianten des Cross-Dockings abgebildet werden. Da in der Praxis häufig unterschiedliche Auffassungen und Grundhaltungen zu Cross-Docking-Möglichkeiten bestehen, möchten wir kurz die aus unserer Sicht systemseitig vorhandenen Cross-Docking-Möglichkeiten in Tabelle 12.5 aufzeigen.

Das Cross-Docking in WM ist analog zur Lager-Cross-Docking-Variante. In WM wird zwischen folgenden Cross-Docking-Möglichkeiten unterschieden:

- geplantes Cross-Docking
- opportunistisches Cross-Docking
- einstufiges Cross-Docking
- zweistufiges Cross-Docking

Das geplante und das opportunistische Cross-Docking werden aus einem vorwiegend funktionalen und das ein- sowie das zweistufige Cross-Docking aus einem prozesstechnischen Blickwinkel betrachtet. Im Folgenden stellen wir die verschiedenen Möglichkeiten eingehend vor.

	Lager-Cross-Docking	Hub-Cross-Docking	Push-Cross-Docking	Pull-Cross-Docking
Anwendbarkeit	▶ eigengeführtes, WM-verwaltetes Lager ▶ längere MHDs möglich ▶ auftragsbezogene Kommissionierung im Lager ▶ einstufiges oder zweistufiges Cross-Docking im Lager ▶ geplant oder opportunistisch	▶ Kopfstationen werden vom Logistikdienstleister betrieben. ▶ Lager wird selbst betrieben. ▶ auftragsbezogene Kommissionierung im DZ ▶ keine Umetikettierung in der Kopfstation	▶ Kopfstationen werden vom Verlader selbst betrieben. ▶ kurze MHDs von Artikeln ▶ auftragsbezogene Vorkommissionierung bereits im DZ ▶ Etikettierung bereits im DZ	▶ Kopfstationen werden vom Verlader selbst betrieben. ▶ längere MHDs möglich ▶ routenbezogene Vollpaletten-Kommiss. im DZ ▶ Verbleib von Artikelrestmengen auf der Kopfstation ▶ Etikettierung in der Kopfstation
Lieferwerk im Kundenauftrag	Distributionszentrum	Distributionszentrum	Kopfstation (eigenes Werk)	Kopfstation (eigenes Werk)
Mehrstufigkeit im Auslieferungsprozess	einstufig Auslieferung DZ Kunde	einstufig Auslieferung DZ Kunde	mehrstufig Umlagerungslieferung (DZ KS, Auslieferung KS Kunde)	mehrstufig Umlagerungslieferung (DZ KS, Auslieferung KS Kunde)
Cross-Docking-Punkt	WM-Lager	Umschlagpunkt der Route	eigenes Werk ungleich dem liefernden Lager	eigenes Werk ungleich dem liefernden Lager
System und Komponente	SAP ERP WM	SAP-ERP-WM- und LES-Transport	SAP ERP und APO LES, GATP, SNP	SAP ERP und APO LES, GATP, SNP

Tabelle 12.5 Cross-Docking-Möglichkeiten (APO – Advanced Planning and Optimization, DZ – Distributionszentrum, KS – Kopfstation (Transshipment Point), MHD – Mindesthaltbarkeitsdatum, GATP – Globale Verfügbarkeitsprüfung, SNP – Supply Network Planning)

Geplantes Cross-Docking

Mit dem geplanten Cross-Docking haben Sie die Möglichkeit, Cross-Docking-Entscheidungen im Lager mithilfe des Cross-Docking-Monitors vor der tatsächlichen Ankunft des Bestandszugangs und der Freigabe von Ausgangsbelegen (d. h. vor dem Anlegen des Transportauftrags) zu generieren.

Um diese Form des Cross-Dockings nutzen zu können, müssen Sie zunächst verschiedene Einstellungen im Customizing der Lagerverwaltung vornehmen. Zu diesen Einstellungen zählt die Definition der Cross-Docking-relevanten Einstellungen im Customizing der Lagerverwaltung unter CROSS DOCKING • ALLGEMEINE EINSTELLUNGEN • EINSTELLUNGEN AUF LAGEREBENE PFLEGEN. Möchten Sie das zweistufige Cross-Docking-Verfahren nutzen, müssen Sie insbesondere den Cross-Docking-Lagertyp eingeben und einen Zeitbezug, ein Planungszeitfenster und einen Vorschlagswert für den spätesten Freigabezeitpunkt sowie die entsprechenden Bewegungsarten definieren (siehe Abbildung 12.76).

Abbildung 12.76 Customizing der Lagerebene für Cross-Docking

Im Customizing der Lagerverwaltung unter CROSS DOCKING • ALLGEMEINE EINSTELLUNGEN • CROSS-DOCKING-RELEVANZ FÜR BEWEGUNGSARTEN DEFINIEREN haben Sie die Lagerbewegungsarten (z. B. 101 und 601) als Cross-Docking-relevant festgelegt (siehe Abbildung 12.77).

Abbildung 12.77 Cross-Docking-Relevanz pro Bewegungsart

Sie haben sichergestellt, dass im Customizing der Lagerverwaltung unter VORGÄNGE • TRANSPORTE • BEWEGUNGSARTEN DEFINIEREN das Kennzeichen FEHLTEILE BERÜCKSICHTIGEN nicht gesetzt ist.

Darüber hinaus müssen Sie sicherstellen, dass im Customizing der Lagerverwaltung unter STRATEGIEN • AUSLAGERUNGSSTRATEGIEN • STRATEGIE STRENGES

FIFO DEFINIEREN der Cross-Docking-Lagertyp von der strengen FIFO-Auslagerungsstrategie ausgeschlossen ist.

Sie haben zudem im Customizing der Lagerverwaltung unter VORGÄNGE • TRANSPORTE • BEWEGUNGSARTEN DEFINIEREN in das Feld TA-ERSTELLUNG (BILDSTEUERUNG) den Wert 1 (für Eingangsbelege) oder 2 (für Ausgangsbelege) für Ihr Lager eingegeben.

> **Zweistufiges Cross-Docking**
>
> Möchten Sie mit dem zweistufigen Cross-Docking, also einem separaten Cross-Docking-Lagertyp, arbeiten, empfehlen wir Ihnen, sicherzustellen, dass im Customizing der Lagerverwaltung unter STRATEGIEN • LAGERTYPFINDUNG AKTIVIEREN der Cross-Docking-Lagertyp von allen Lagertypsuchfolgen ausgeschlossen ist, um zu vermeiden, dass für Cross-Docking vorgesehener Bestand für andere Lieferungen kommissioniert wird.

Opportunistisches Cross-Docking

Beim opportunistischen Cross-Docking generiert das System eine Cross-Docking-Entscheidung während der Transportauftragserstellung (nach dem Eintreffen des Bestandszugangs oder der Freigabe des Ausgangsbelegs). Beachten Sie, dass die opportunistische Cross-Docking-Methode nur einstufig ausgeführt werden kann (siehe Abbildung 12.78).

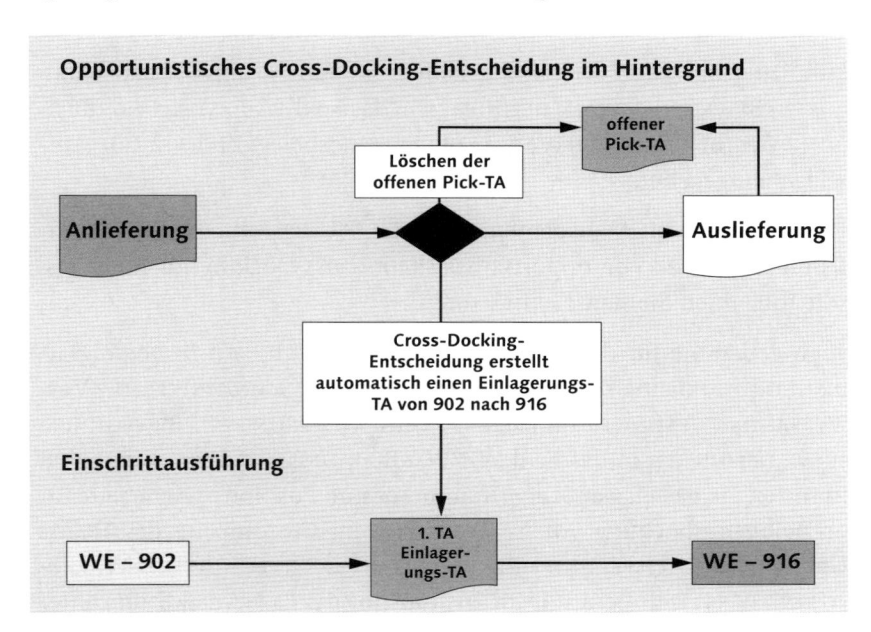

Abbildung 12.78 Ablauf des opportunistischen Cross-Dockings

Auch bei der opportunistischen Cross-Docking-Methode müssen gewisse Grundvoraussetzungen im Customizing der Lagerverwaltung erfüllt sein. Hier gilt es vor allem, folgende Punkte zu beachten:

Im Customizing der Lagerverwaltung müssen Sie unter CROSS DOCKING • ALLGEMEINE EINSTELLUNGEN • EINSTELLUNGEN AUF LAGEREBENE PFLEGEN zunächst die opportunistische Cross-Docking-Methode aktivieren (siehe Abbildung 12.79).

Sicht "Customizing auf Lagerebene für Cross-Docking" ändern: Üb
Neue Einträge ...

Customizing auf Lagerebene für Cross-Docking				
Lager-Nr.	Zweistufig	L...	Opport. CD	FIFO berück
700	☐	916	04 Opportunistisches Cross-Docking für E...	☑

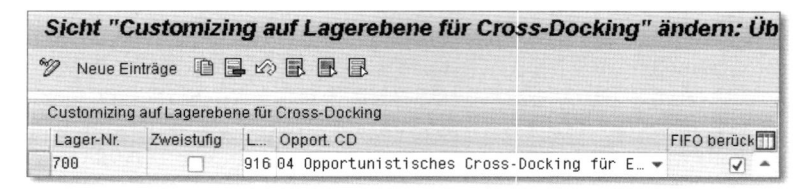

Abbildung 12.79 Customizing der Lagerebene für Cross-Docking

Im Anschluss daran definieren Sie im Customizing der Lagerverwaltung unter CROSS DOCKING • ALLGEMEINE EINSTELLUNGEN • CROSS-DOCKING-RELEVANZ FÜR BEWEGUNGSARTEN die Cross-Docking-relevanten Lagerbewegungsarten analog zum geplanten Cross-Docking.

Sie haben darüber hinaus sichergestellt, dass im Customizing der Lagerverwaltung unter VORGÄNGE • TRANSPORTE • BEWEGUNGSARTEN DEFINIEREN das Kennzeichen FEHLTEILE BERÜCKSICHTIGEN nicht gesetzt ist.

Im Customizing der Lagerverwaltung haben Sie zudem unter VORGÄNGE • TRANSPORTE • BEWEGUNGSARTEN DEFINIEREN in das Feld TA-ERSTELLUNG (BILDSTEUERUNG) für Ihr Lager den Wert 1 (für Eingangsbelege) oder 2 (für Ausgangsbelege) eingegeben.

In einem Handling-Unit-Management-Szenario (HU-verwalteter WM-Lagerort) müssen Sie im Fall von opportunistischem Cross-Docking für Eingangsbelege die folgenden Elemente aktivieren:

Zum einen geben Sie für die Teilwareneingangsbuchung auf Bewegungsartenebene im Customizing der Lagerverwaltung unter SCHNITTSTELLEN • VERSAND • VERSANDSTEUERUNG DEFINIEREN • VERSANDSTEUERUNG AUF BEWEGUNGSARTENEBENE DEFINIEREN in das Feld WE/WA-BUCHUNG den Wert 4 ein, zum anderen setzen Sie das Flag auf Lagernummern- und Positionstypenebene für die Wareneingangsbuchung vor TA-Erstellung im Customizing des HUMs unter GRUNDLAGEN • LIEFERUNG • REIHENFOLGE TRANSPORTAUFTRAG-WARENEINGANG FESTLEGEN. Definieren Sie im Customizing der Lagerverwaltung unter

STAMMDATEN • STEUERUNGSPARAMETER ZUR LAGERNUMMER DEFINIEREN im Feld METHODE (SPERRLOGIK) den Wert B für Ihre Lagernummer.

Sie haben sichergestellt, dass die automatische Quittierung nicht eingestellt ist (nur in HU-verwalteter Umgebung), indem Sie mindestens eine der folgenden Einstellungen im Customizing der Lagerverwaltung unter VORGÄNGE • QUITTIERUNG • LAGERTYP vorgenommen haben:

- Sie haben das Kennzeichen EINLAGER.QUITTIERUNG für den Warenausgangslagertyp (z. B. 916) gesetzt.
- Sie haben das Kennzeichen AUSLAGER.QUITTIERUNG für den Wareneingangslagertyp (z. B. 902) gesetzt.

Die opportunistische Cross-Docking-Methode geht anders als die geplante Cross-Docking-Methode immer davon aus, dass bereits ein Einlagerungsbzw. Auslagerungstransportauftrag angelegt wurde. In diesem Zusammenhang lassen sich zwei Szenarien unterscheiden:

- **Auslagerungstransportauftrag wurde bereits angelegt**
  Die opportunistische Cross-Docking-Entscheidung wird daraufhin bei der Erstellung eines Einlagerungstransportauftrags ausgeführt.
- **Einlagerungstransportauftrag wurde bereits angelegt**
  Die opportunistische Cross-Docking-Entscheidung wird daraufhin bei der Erstellung eines Auslagerungstransportauftrags ausgeführt.

Beispiel zum opportunistischen Cross-Docking bei einem bereits vorhandenen Auslagerungstransportauftrag (einstufig)

In Abbildung 12.80 sehen Sie, dass zum Auslieferbeleg 80002588 bereits ein Transportauftrag mit der TA-Nummer 483 angelegt, jedoch noch nicht quittiert wurde. Der Transportauftrag steht also weiterhin als Belegkandidat für das opportunistische Cross-Docking zur Verfügung.

Abbildung 12.80 Belegfluss der Auslieferung 80018493

Durch einen externen Lieferanten wurde uns die Ankunft einer Anlieferung avisiert. Hierbei handelt es sich um die Liefernummer 180000801. Nachdem die Anlieferung auch physisch das Lager erreicht hat, wird der entsprechende Einlagerungstransportauftrag zur Einlagerung angelegt. Dabei erkennt das System, dass bei einer Position eine opportunistische Cross-Docking-Möglichkeit besteht, und schlägt als Nachlagerplatz einer Einlagerungsposition den Nachlagertyp 916 sowie den dynamischen Nachlagerplatz der Auslieferung 80002588 vor (siehe Abbildung 12.81).

Abbildung 12.81 TA-Erstellung mit opportunistischem Cross-Docking

Durch die TA-Erstellung zur Einlagerung führt das System folgende Aktivitäten automatisch im Hintergrund aus:

- Das System storniert die TA-Position zur Kommissionierung (Auslieferung 80002588).
- Es legt eine TA-Position zur Einlagerung in den Warenausgangsbereich an.
- Es schreibt den Ausgangsbeleg fort, für den die TA-Position zur Kommissionierung storniert wurde. Dabei wird die neue TA-Position zur Einlagerung fortgeschrieben.

Durch das Quittieren des Einlagerungstransportauftrags und des auf diese Weise vollzogenen Cross-Dockings wird der Auslagerungsprozess der Auslieferung 80002588 automatisch abgeschlossen.

12.5.2 Cross-Docking-Verfahren

WM unterstützt grundsätzlich zwei Cross-Docking-Verfahren, und zwar zur ein- und zweistufigen Abwicklung im Lager. Beide Verfahren lernen Sie in diesem Abschnitt kennen.

Einstufiges Cross-Docking

Beim einstufigen Cross-Docking-Prozess werden die Waren automatisch ohne Zwischenlagerung von der Wareneingangszone (Schnittstellenlagertyp 902) in die Warenausgangszone (Schnittstellenlagertyp 916) bewegt. Das System unterstützt bei diesem Verfahren sowohl das geplante als auch das opportunistische Cross-Docking-Szenario.

Um diesen Prozess nutzen zu können, müssen die im Folgenden beschriebenen Systemvoraussetzungen erfüllt sein.

Zunächst müssen Sie sicherstellen, dass die automatische Quittierung je Lagertyp nicht aktiviert ist (nur bei HU-verwalteter Umgebung), indem Sie mindestens eine der folgenden Einstellungen im Customizing der Lagerverwaltung unter VORGÄNGE • QUITTIERUNG • LAGERTYP vorgenommen haben:

- Sie haben das Kennzeichen EINLAGER.QUITTIERUNG für den Warenausgangslagertyp (z. B. 916) gesetzt.
- Sie haben das Kennzeichen AUSLAGER.QUITTIERUNG für den Wareneingangslagertyp (z. B. 902) gesetzt.

Bei einer HU-verwalteten Umgebung haben Sie eine der folgenden Optionen aktiviert:

- Teilwareneingangsbuchung auf Bewegungsartenebene im Customizing der Lagerverwaltung unter SCHNITTSTELLEN • VERSAND • VERSANDSTEUERUNG DEFINIEREN • VERSANDSTEUERUNG AUF BEWEGUNGSARTENEBENE DEFINIEREN (erfassen Sie hier den Wert 4)
- oder Wareneingangsbuchung vor TA-Erstellung im Customizing von HUM unter GRUNDLAGEN • LIEFERUNG • REIHENFOLGE TRANSPORTAUFTRAG-WARENEINGANG FESTLEGEN

Zweistufiges Cross-Docking

Eine weitere Form des Cross-Dockings in WM ist das zweistufige Cross-Docking-Verfahren, bei dem die für Cross-Docking vorgesehene Ware zunächst von der Wareneingangszone zu einem Cross-Docking-Lagertyp bewegt wird. Die Ware wird anschließend nach der Freigabe des Ausgangsbelegs in die Warenausgangszone bewegt (siehe Abbildung 12.82).

Möchten Sie das zweistufige Verfahren nutzen, müssen Sie im Vorfeld Anpassungen im Customizing der Lagerverwaltung unter CROSS DOCKING • ALLGEMEINE EINSTELLUNGEN • EINSTELLUNGEN AUF LAGEREBENE PFLEGEN • ZWEISTUFIGES CROSS DOCKING vornehmen (siehe Abbildung 12.83).

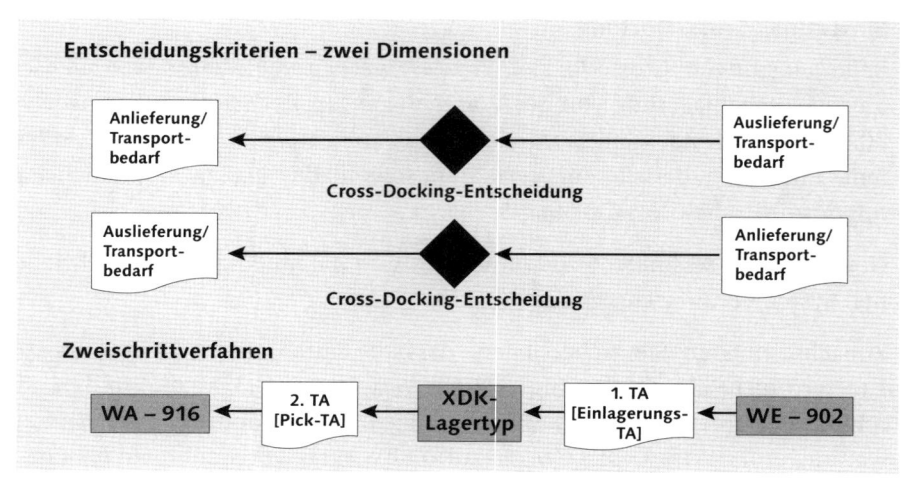

Abbildung 12.82 Ablauf des zweistufigen Cross-Dockings

Abbildung 12.83 Zweistufiges Cross-Docking aktivieren

Zweistufiges Cross-Docking

Wir empfehlen Ihnen, das zweistufige Verfahren grundsätzlich mit dem geplanten Cross-Docking-Szenario ohne opportunistische Cross-Docking-Vorschläge zu nutzen, da es in bestimmten Konstellationen zu unerwünschten Cross-Docking-Vorschlägen kommen kann.

12.6 Prozessoptimierung in Supply-Chain-Execution-Prozessen durch RFID und Event Management

Unternehmen suchen ständig nach Optimierungspotenzialen in ihren Geschäftsprozessen. Im Supply Chain Management lassen sich neben Optimierungspotenzialen in der Planung (Produktion, Netzwerkplanung, Ersatzteilplanung etc.) die Themen *Radio Frequency Identification* (RFID) und *Event Management* nennen, die sowohl in der gesamten Supply Chain als auch rein autark im Lagerumfeld betrachtet werden können.

In diesem Abschnitt zeigen wir Ihnen allgemeine Grundlagen und Ansatzpunkte zum Einsatz von RFID sowie von RFID in Verbindung mit SAP Event Management (SAP EM). Gerade in der Verbindung der RFID-Technologie mit SAP EM lässt sich eine signifikante Prozessoptimierung erzielen.

Die Möglichkeit der automatischen Identifizierung von Gegenständen und Objekten zur Verwaltung, Kontrolle und Steuerung von Abläufen innerhalb der logistischen Kette ist ein wesentlicher Bestandteil der heutigen, adaptiven Logistiksysteme. Fehlerfreie Identifizierung von Objekten in kürzester Zeit ist in vielen Bereichen elementare Voraussetzung für eine effiziente Prozessgestaltung, zu der die automatische Identifizierung die Grundlage darstellt. Zu denen in der Praxis eingesetzten automatischen Identifizierungssystemen gehören Barcode-Systeme, Optical Character Recognition (OCR), biometrische Verfahren sowie RFID-Systeme. Der Einsatz und die Auswahl eines jeweiligen Identifizierungssystems sind dabei von den spezifischen Anforderungen eines Unternehmens oder eines logistischen Prozesses abhängig. Entscheidende Anforderungen sind:

- die Gewährleistung der Lesesicherheit unter verschiedensten physischen Bedingungen
- eine ausreichende Lesegeschwindigkeit für vorhandene und geplante Fördertechniken
- einen an die gegebenen Bedingungen adaptierten Leseabstand
- Sicherstellung der Kompatibilität mit anderen Teilnehmern innerhalb der Supply Chain
- Kosteneffizienz für Identifikationssysteme und Betriebsmittel
- Erfüllung von Kundenanforderungen, die bestimmte Identifizierungsstandards vorgeben

Neben der Barcode-Technologie, die in über 70 % aller Applikationen im Bereich der automatischen Identifizierung zum Einsatz kommt, wird auch die RFID-Technologie als wesentliche Zukunftstechnologie im Bereich der automatischen Identifizierung angesehen. Diese Aussage wird nicht zuletzt dadurch unterstützt, dass Unternehmen wie Metro oder Wal-Mart ihre wichtigsten Zulieferer bereits heute dazu verpflichten, ihre Waren mit RFID-Funketiketten auszustatten. Darüber hinaus wurde mithilfe des *Elektronischen Produktcodes* (EPC), der auf der RFID-Technologie basiert, ein Medium geschaffen, das eine effiziente, weltweit einheitliche und einfache Identifizierung, Verfolgung und Steuerung von Objekten innerhalb der logistischen Kette ermöglicht.

12.6.1 Historische Entwicklung von RFID

Radio Frequency Identification ist keine neue Technologie. Bereits während des Zweiten Weltkriegs setzte die britische Armee einen Vorläufer der RFID-Technologie in Kampfflugzeugen ein. Die Funketiketten waren so groß wie Koffer und ermöglichten den Bodenstationen die Freund-/Feinderkennung. Die Technologie wurde später ebenfalls vom US-Verteidigungsministerium während der Konflikte in Afghanistan und im Irak eingesetzt, um sämtliche Aktivitäten innerhalb der Kampfzonen elektronisch zu erfassen.

In den 1960er-Jahren wurden die ersten kommerziellen Vorläufer der RFID-Technologie auf den Markt gebracht. Dabei handelte es sich um elektronische Warensicherungssysteme (engl. *Electronic Article Surveillance*, kurz EAS). Es war nur möglich, eine Ein-Bit-Information zu übertragen; es konnte also nur das Vorhandensein oder das Fehlen der Markierung geprüft werden. Die Systeme basierten auf Mikrowellen- und Induktionstechnik (Magnetfelder).

In den 1970er-Jahren wurde die RFID-Technologie kommerziell zur Identifizierung von Tieren eingesetzt. Neue Einsatzfelder in der Automatisierung sowie im Straßenverkehr wurden gesucht. Gefördert wurde die Technologie in den 1980er-Jahren vor allem durch die Entscheidung mehrerer amerikanischer Bundesstaaten sowie von Norwegen, RFID im Straßenverkehr für Mautsysteme einzusetzen. In den 1990er-Jahren setzte sich die RFID-Technik in den USA für Mautsysteme noch weiter durch. Es wurden neue Einsatzgebiete für RFID erschlossen, indem man beispielsweise Systeme für Zugangskontrollen, bargeldloses Zahlen, Skipässe und Tankkarten entwickelte.

Im Jahr 2000 kam es durch die aufkommende Massenproduktion zu einem starken Preisverfall der RFID-Technik, der den Einsatz von RFID-Transpondern auch in Verbrauchsgegenständen ermöglichte. Die Technologie hatte sich allerdings so schnell entwickelt, dass versäumt worden war, Industriestandards zu definieren.

Diese Aufgabe übernahm das Auto-ID Center, das 1999 vom Massachusetts Institute of Technology (MIT) gegründet wurde. Das Auto-ID Center hat mit fünf weiteren Universitäten einen Vorschlag für eine globale Infrastruktur – eine weitere Schicht oberhalb des Internets – erarbeitet, die eine automatische Identifizierung jedes einzelnen Artikels überall auf der Welt in Sekundenschnelle ermöglicht. Die Vision: »The Internet of Things«: eine Welt, in der jeder produzierte Gegenstand durch preiswerte RFID-Transponder gekennzeichnet werden kann und in der sich sein Aufenthaltsort mithilfe eines einzigen globalen Netzwerks über Unternehmens- und Ländergrenzen hinweg bestimmen lässt.

12.6.2 RFID-Technologie

Um die Funktionsweise von RFID zu verstehen, werden wir in diesem Abschnitt zunächst auf die allgemeine Funktionsweise der RFID-Technologie eingehen. Daran anschließend werden wir Ihnen verschiedene Ausprägungen der RFID-Technologie aufzeigen sowie die Grundlagen des Elektronischen Produktcodes erläutern.

Funktionsweise

Radio Frequency Identification ist eine Technologie, mit der Daten berührungslos und ohne direkten Sichtkontakt mithilfe von Radiofrequenzwellen von einem Transponder über einen als Lesegerät bezeichneten Empfänger an einen Rechner übertragen werden.

Der Transponder, auch *RFID-Tag/-Etikett* bzw. *Smart Item* genannt, besteht aus einem Mikrochip, auf dem Daten in elektronischer Form gespeichert werden, und aus einer Antenne, die die gespeicherten Daten überträgt. Eingebettet werden Antenne und Chip in eine Schutzhülle aus Glas oder Kunststoff, die auch bei schwierigen physischen Bedingungen und Einflüssen eine reibungslose Identifizierung ermöglicht (siehe Abbildung 12.84).

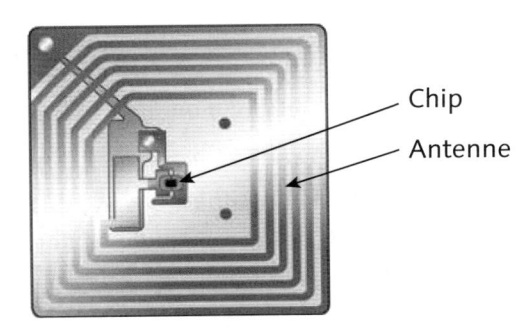

Abbildung 12.84 Aufbau eines RFID-Transponders

Der Begriff RFID bezeichnet dabei die komplette Infrastruktur, die es ermöglicht, Informationen drahtlos aus dem RFID-Tag auszulesen. Diese umfasst sowohl den RFID-Tag selbst, die Sende-/Empfangseinheit, mit der der RFID-Tag angesprochen wird, als auch die Integration mit Servern, Diensten und sonstigen Systemen, wie z. B. Lagerverwaltungs- und ERP-Systemen.

Die elektronischen Daten werden vom Transponder zum Lesegerät als elektromagnetische Wellen in unterschiedlichen Frequenzbereichen (von kHz bis GHz) übertragen. Die empfangenen Daten werden in einer Datenbank gespeichert und können gegebenenfalls durch weitere Daten ergänzt werden, die von Produktdatenbanken über das Internet abgerufen werden. Somit können durch Transponder- und Produktdaten spezifische Informationen bereitgestellt werden. In Abbildung 12.85 wird die grundlegende Funktionsweise der RFID-Technologie dargestellt.

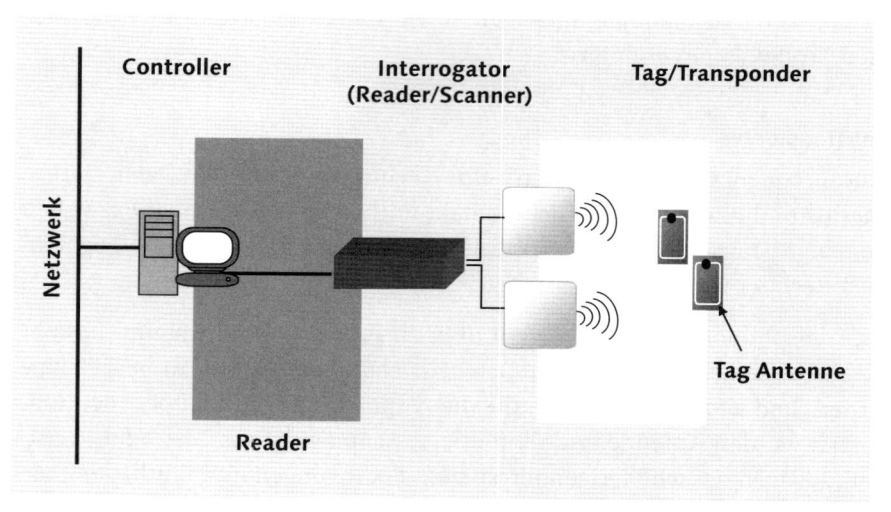

Abbildung 12.85 Grundlegende Funktionsweise der RFID-Technologie

Varianten der Technologie

Bezüglich ihrer Eigenschaften können RFID-Systeme wie folgt unterschieden werden:

▶ **Energieversorgung und Reichweite der Datenübertragung**
Passive Transponder, die ihre Energie aus dem elektromagnetischen Feld des Lesegeräts beziehen, haben eine Reichweite von weniger als 1 m. *Aktive* Transponder mit einer eigenen Energiequelle (Batterie) können Daten über Distanzen von bis zu 100 m übertragen.

▶ **Umhüllung und Größe der Transponder**
Transponder können entweder in einfache Klebefolien oder in Schutzmaterialien mit speziellen Eigenschaften eingebettet sein, wie z. B. Hitze-, Kälte- oder Säureresistenz. Die Größen von Transpondern variieren je nach Ummantelung von 1 mm² bis zu mehreren cm².

▶ **Frequenzbereiche der Datenübertragung**
Transponder und Empfangsgeräte werden für Frequenzen von 125 kHz bis 2,4 GHz angeboten. Die Übertragungsfrequenz eines Transponders wirkt sich auf den Energiebedarf, die Datenübertragungsrate und die Reichweite aus. Niedrige Frequenzen durchdringen wasserhaltige Produkte und nicht

metallische Verpackungen besser als hohe Frequenzen und eignen sich deshalb gut zur Kennzeichnung beispielsweise von Obst und Gemüse. Hochfrequente Transponder ermöglichen einen größeren Leseabstand und übermitteln Daten schneller. Grundsätzlich kann von vier entscheidenden Frequenzbereichen gesprochen werden:

- *Niedrigfrequenzbereich* (100–500 kHz): Anwendungen in diesem Bereich können durch eine geringe Reichweite und eine geringe Datenrate beschrieben werden. Typische Anwendungsbereiche sind die Tieridentifizierung und die Zugangskontrolle an Türen.
- *Hochfrequenzbereich* (10–30 MHz): mittlere Sendereichweite und Datenrate
- *Ultra-Hochfrequenzbereich* (850–950 MHz)
- *Mikrowellenbereich* (2,4–5,8 GHz): In diesem Bereich werden die schnellsten Lesegeschwindigkeiten und auch die größten Übertragungsentfernungen erreicht. Ein typischer Anwendungsbereich ist das Autobahnmautsystem.

Darüber hinaus unterliegen die verwendeten Frequenzbereiche staatlichen Restriktionen und Reglementierungen. Beispielsweise wird der Frequenzbereich von 950 bis 956 MHz nur in Japan eingesetzt. Andere Frequenzbereiche, wie z. B. der Bereich von 125 bis 136 kHz (LF/induktiv), kommen weltweit einheitlich zum Einsatz.

▶ **Speicherkapazität der Mikrochips**
Die Speicherkapazität handelsüblicher RFID-Transponder reicht von 64 Bit bis zu 32 KB. Speicherkapazitäten der Chips in passiven Transpondern liegen am unteren Ende des Kapazitätsbereichs. Sie sind ausreichend für das Speichern von Elektronischen Produktcodes, mit deren Hilfe die zum Produkt gehörenden Daten von einer zentralen Datenbank abgerufen werden können.

▶ **Bauart der Schreib- und Lesegeräte**
Lesegeräte dienen der Abfrage von Daten vom Transponder und können ebenfalls Daten auf die RFID-Tags übertragen. Die handelsüblichen Geräte vereinen beide Funktionalitäten und verwenden dabei nur einen Frequenzbereich. Schreib- und Lesegeräte mit multiplen Frequenzbereichen sind noch nicht handelsüblich. Bezüglich der Bauart der Geräte kann zwischen mobilen Handgeräten (ähnlich den Barcode-Scannern) und stationären Geräten unterschieden werden. Stationäre Geräte kommen häufig in Form eines Tors zum Einsatz, um beispielsweise Wareneingänge und Warenausgänge an Lagertoren zu erfassen.

▶ **Kosten eines RFID-Systems**
Die Kosten eines RFID-Systems bilden einen wesentlichen Faktor für die Investitionsentscheidung in eine RFID-Lösung. Das wesentliche Kriterium sind zurzeit die Kosten für die einzelnen Tags.

Elektronischer Produktcode (EPC)

Zur Sicherstellung eines weltweit einheitlichen RFID-Standards wurde im Jahr 2003 die internationale Standardisierungsorganisation EPCglobal Inc. als gemeinsame Tochter von EAN International und des amerikanischen Uniform Code Councils (UCC) gegründet. EPCglobal entwickelt seitdem auf Basis des Elektronischen Produktcodes (EPC) branchenübergreifende Standards und Dienstleitungen, die die Grundlagen für die Anwendung von RFID in unternehmensübergreifenden Anwendungen bilden.

Unter EPC versteht man eine definierte Zahlenfolge, die der unverwechselbaren Identifizierung von einzelnen bzw. spezifischen Objekten (Paletten, Kartons, Verkaufseinheiten) innerhalb der Supply Chain dient. Strukturell lässt sich EPC mit den bestehenden EAN/UCC-Barcodes vergleichen, die in der Logistik bereits sehr weit verbreitet sind.

EPC besteht in seiner Datenstruktur aus mehreren Elementen:

▶ **Datenkopf**
Klassifiziert, welche EPC-Version genutzt wird und welches EAN-Nummernident verschlüsselt ist.

▶ **EPC-Manager**
Dient zur Identifizierung des Unternehmens.

▶ **Objektklasse**
Bezeichnet die Objektnummer.

▶ **Seriennummer**
Dient der seriellen Identifizierung des Objekts.

Zusammengefügt ergibt sich eine eindeutige Nummer, die ein Objekt innerhalb der logistischen Kette eindeutig identifiziert (siehe Abbildung 12.86).

Datenkopf	EPC Manager	Objektklasse	Seriennummer
01.	0000A89.	00016F.	000169DC0

Abbildung 12.86 Mögliche Zusammensetzung des Elektronischen Produktcodes

Mithilfe des EPC-Tag-Data-Standards können u.a. folgende Identnummern auf einem Tag gespeichert werden:

- **EAN zuzüglich Seriennummer (bzw. Serialized Globe Trade Item Number – SGTIN)**
  für die Identifizierung von einzelnen Artikeln und Verkaufseinheiten
- **NVE (Nummer der Versandeinheit bzw. Serialized Shipping Container Code – SSCC)**
  für die Identifizierung von logistischen Einheiten, wie z.B. Paletten oder Kartons
- **ILN zuzüglich Seriennummer (bzw. Serialized Global Location Number – SGLN)**
  für die Identifizierung von Lokationen oder Warenträgern (Werke, Lagerorte, HUBs, Logistikdienstleister)
- **MTV-ID (bzw. Global Returnable Asset Identifier – GRAI)**
  zur Identifizierung von Mehrweg-Transportverpackungen

12.6.3 Vorteile, Visionen und Herausforderungen der RFID-Technologie

In Anbetracht der zunehmenden Vernetzung von Geschäftspartnern und der engeren Kooperation innerhalb von Logistiknetzwerken wird ein effizienter Fluss von Informationen und Gütern zu einer immer wichtigeren Komponente für den geschäftlichen Erfolg eines Unternehmens. Die RFID-Technologie bietet dabei Vorteile, Möglichkeiten und Visionen in verschiedenen Anwendungsbereichen der Logistik. Es darf dabei aber auch nicht verschwiegen werden, dass noch verschiedene Herausforderungen gemeistert werden müssen, um einem weltweiten Vormarsch dieser Technologie den Weg zu ebnen.

Vorteile der RFID-Technologie

Die Vorteile der RFID-Technologie sollten nicht primär in der reinen Ablösung des Barcodes innerhalb des Lagers gesehen werden. Vielmehr lassen sich Vorteile von RFID in der gesamten Supply Chain identifizieren. Hier sind vor allem die Beschleunigung von Prozessen, deren Qualitätsverbesserung und die erhöhte Transparenz zu nennen.

Beschleunigung der Prozesse innerhalb der Supply Chain

Ein wesentlicher Impuls von RFID betrifft die Prozessbeschleunigung innerhalb der Supply Chain. Im Folgenden zeigen wir Ihnen, wie RFID Supply-Chain-Prozesse beschleunigen kann:

- Mithilfe von RFID können Informationen schneller und effizienter gelesen werden. Somit werden eine Service-Level-Verbesserung und eine gleichzeitige Senkung der Prozesskosten bewirkt.
- Darüber hinaus ermöglicht die automatische Informationsverarbeitung ohne direkten Sichtkontakt, die Anzahl der manuellen Arbeitsschritte wie Scannen, Prüfen und Zählen bei gleichzeitiger Minimierung der Erfassungsfehler zu reduzieren. Das führt zu einer verbesserten Datenqualität. In Abhängigkeit von den eingesetzten Transpondern können so detaillierte Produktdaten gesichert werden.

Verbesserung der Visibilität und Qualität in Logistiknetzwerken

Prozesse können nur dann nachhaltig optimiert werden, wenn der genaue zeitliche und organisatorische Verlauf eines Prozesses transparent dargestellt werden kann. RFID kann helfen, die Transparenz von Prozessen folgendermaßen zu optimieren:

- Durch den Austausch von Informationen in Echtzeit können Planungsprozesse in Kombination mit SAP EM unmittelbar angepasst werden. Durch den konsequenten Einsatz von Standardtechnologien können Informationen von verschiedenen Geschäftspartnern direkt korrekt interpretiert werden.
- Steigerung der Prozessqualität und Reduzierung des Handlungsaufwands interner Prozesse durch eine automatisierte Identifizierung
- Steigerung der Kundenzufriedenheit durch Vermeiden von Stock-out-Situationen, da die Produkte innerhalb der Lieferkette bis auf Artikelebene geortet und überwacht werden können
- Dokumentation des Gefahren- und Besitzübergangs zwischen mehreren Beteiligten innerhalb der Supply Chain
- Minimierung von Transport- und Lieferrisiken wie Falschzustellung, Diebstahl und Schwund bei einer gleichzeitigen Verbesserung des Servicegrads
- Produktverfolgung auf der Ebene eines einzelnen Objekts, wodurch eine lückenlose Rückverfolgung nach der Verordnung zur Nachverfolgung von Lebensmitteln und deren Inhaltsstoffen nach der EU-Verordnung EU178 ermöglicht wird

Vorteile in der Produktion

RFID ermöglicht es, Produktionsabläufe von der Produktionsvorbereitung über die Materialbereitstellung bis hin zur Steuerung aller Produktionsschritte zu optimieren:

- Steuerung der Produktionsschritte anhand der direkt am Produktionsobjekt abgelegten Informationen
- Überwachung des Produktionsfortschritts und Alarmierung bei definierten Abweichungen
- Fortschreibung des Bearbeitungsstatus (Qualitätssicherung und Rückverfolgbarkeit)
- Prüfung der Vollständigkeit von transpondergekennzeichneten Teilen nach bestimmten Produktionsschritten möglich

Vorteile in Lifecycle-Anwendungen

Anlagen, technische Geräte und im Besonderen wartbare Materialien erfahren während ihres Lebenszyklus unterschiedlichste Veränderungen im Hinblick auf Wartungsintervalle, den Austausch von Verschleißteilen, Bewegung an einen anderen Ort etc. RFID kann helfen, Transparenz in diese Prozesse zu bringen:

- Nach Durchführung bestimmter Aktivitäten im Lebenszyklus einer Anlage oder eines Produkts, wie z. B. Wartungsarbeiten oder Reparaturen, können entsprechende Informationen direkt am Objekt gespeichert werden.
- Informationen sind immer direkt am Objekt verfügbar.
- Jedes Objekt hat seine eigene Historie/eigene Identifizierung.
- Aktive Kontrolle der Mindesthaltbarkeitsdaten (MHD) von chargengeführten Materialien ist durchführbar.

Vorteile in Mehrweg- bzw. Leih- und Leergutanwendungen

Leer- und Leihgüter sind dadurch charakterisiert, dass sie zwischen verschiedenen Partnern innerhalb der Supply Chain ausgetauscht werden, jedoch einem festen Partner gehören. In komplexen, aber auch einfachen Supply Chains kommt es häufig zum Verlust der Leih- und Leergüter (durch Verlust, Verwechslung, Diebstahl etc.). Hier lassen sich konkrete Ansatzpunkte für RFID-Anwendungen finden:

- Eigentumsverhältnisse (Originalität) von bestimmten Objekten können auf Transpondern gesichert werden.
- Informationen zu Mieter, Ausleihzeitpunkt, Eigentümer, Abnutzungsgrad/Zustand können gespeichert werden.
- Ausgabe-/Rücknahmetransaktionen werden durch Pulkerfassung effizienter und sicherer.
- Optimierte Inventur im Objekt-Pool ist möglich.

Vorteile in sicherheitsrelevanten Anwendungen

Gerade bei teuren, diebstahlanfälligen Produkten kann die RFID-Technologie helfen, Verluste zu vermeiden.

- Verschlüsselung von Informationen am Objekt, d. h., Transponderinformationen können nur von berechtigten Person ausgelesen oder verändert werden.
- Zutrittskontrolle/Zutrittszeitpunkte in Stadien, öffentlichen Orten wie Straßen-, S- und U-Bahnen sowie Bürogebäuden etc.

RFID-Visionen

Neben den bereits beschriebenen Vorteilen der RFID-Technologie verfolgen Unternehmen auch konkrete Visionen, wie RFID zukünftig zu einer signifikanten Leistungssteigerung in diversen Unternehmensbereichen und Anwendungen beitragen kann. Zurzeit werden zahlreiche RFID-Geschäftsanwendungen in Unternehmen auf ihre Tauglichkeit hin geprüft und in der Praxis erprobt. Die führenden Anwender und Innovationsträger der RFID-Technologie, Unternehmen wie Metro, Wal-Mart oder Tesco, haben ihre Anwendungsziele und Visionen in einem gemeinsamen Katalog festgehalten. Zu diesen Zielen und Visionen zählen:

- **Bestandsverlust in der Lieferkette verringern**
  Durch die RFID-Technologie wird eine übergreifende und einheitliche Verfolgung und Identifizierung von Paletten, Kartons und einzelnen Artikeln über Unternehmensgrenzen hinweg ermöglicht.
- **Warenpräsenz im Regal verbessern**
  Studien besagen, dass 30 % der Regalleerstände auftreten, obwohl Bestände im Lager verfügbar sind. Durch RFID wird eine verbesserte Transparenz der in Kartons verpackten Waren erwartet.

- **Vermeidung von Fehlern bei Versand und Wareneingang**
  Durch die Möglichkeit, jeden einzelnen Artikel mit einem Transponder zu versehen und ihn somit weltweit einheitlich zu kennzeichnen, soll es möglich sein, manuelle Interaktionen wie Zählen oder Etikettieren auf ein Minimum zu beschränken.
- **Produktivitäts- und Arbeitseffizienz**
  Verbesserungen im Bereich der Dateneingabe und Datenverarbeitung und somit Beschleunigung der Prozesse
- **Hochwertige Güter verfolgen**
  Konzentration auf hochwertige reparierbare Produkte
- **Mehrwegverpackungen verfolgen**
  Verringerung des Verlusts von Mehrwegverpackungen
- **Sonderbestellungen verfolgen**
  Verbesserung des Kundenservice, da Sonderbestellungen durch den Transponder besser verfolgt werden können
- **Verbesserung der Genauigkeit bei Heim- oder Direktlieferungen**
  Die Ladekontrolle kann auf Karton- oder Stückebene erfolgen. Ziel ist die Vermeidung von Fehl- oder Falschlieferungen.

Herausforderungen an die RFID-Technologie

Bevor sich RFID als globaler Standard durchsetzen und dauerhaft die bestehenden Prozesse verändern kann, müssen neben den beschriebenen Vorteilen und Visionen auch diverse Herausforderungen bestanden werden. Eine dieser Herausforderungen ist der schon heute sehr hohe Automatisierungsgrad in Lager- und Transportsystemen, der einen wirklichen skalierbaren Mehrwert von RFID minimiert. Dies ist vor allem in Westeuropa der Fall.

Eine weitere wesentliche Herausforderung oder auch Implementierungsbarriere besteht in den hohen Investitionskosten für Transponder und Lesegeräte. Die Kosten für Transponder bewegen sich, abhängig von deren Eigenschaften, aktuell im Bereich von 0,10 bis 2,00 € pro Stück. Das heißt, dass sich Anwendungen, wie z. B. das Tagging von einzelnen Artikeln in der Konsumgüterindustrie, zurzeit noch als unwirtschaftlich und zu kostenintensiv erweisen.

Um einen effizienten, globalen Datenaustausch in Logistiknetzwerken mit der Hilfe der RFID-Technologie zu ermöglichen, müssen globale Standards definiert werden. Wesentliche Voraussetzungen sind eine Vereinheitlichung und Harmonisierung der Funkfrequenzen über Kontinente und Ländergrenzen hinweg sowie die Implementierung von technologischen Standards in den unterschiedlichen Industriezweigen, wie z. B. der Automobil- und Konsumgüterindustrie.

Darüber hinaus muss ebenfalls über den verstärkten Einsatz und die Nutzung eines globalen Daten-Pools wie ONS (Object Name Service) nachgedacht werden, der die EPCs identifizieren und die Object Home Page jedes Artikels ermitteln kann. Die Object Home Page liegt auf einem PML-Server (Product Markup Language), auf dem alle Daten zu dem entsprechenden Produkt abgeholt und gelesen werden können. Dieses System kann über das Internet mit eigenen Metasprachen (wie z. B. PML) und eigenen Identifikationsservern (ONS-Servern) abgewickelt werden.

Um die Potenziale von RFID im Bereich detaillierter Informationsbereitstellung und -verarbeitung nutzen zu können, sind zwangsläufig größere Datenvolumina zu verarbeiten. Dies ist eine wesentliche Herausforderung für Unternehmen und die bestehende IT-Infrastruktur in Unternehmen. Zudem muss an dieser Stelle erwähnt werden, dass das zu erwartende Datenvolumen direkt abhängig von der angestrebten RFID-Lösung ist. Unternehmen, die eine Etikettierung bis auf Artikelebene vornehmen möchten, müssen mit einem größeren Datenvolumen rechnen als Unternehmen, die nur auf Karton- oder Palettenebene etikettieren.

Herausforderungen bestehen außerdem aus physikalischer Sicht, um eine reibungslose Schreib- und Leseabwicklung auch in technischer Hinsicht zu ermöglichen:

- Minimierung der Absorption und Reflexion durch Metalle, leitfähige Materialien und Flüssigkeiten
- Minimierung der Empfindlichkeit auf elektromagnetischen Feldern
- Schaffung einer Antikollisionsfunktion bei der Pulkerfassung von mehreren Tags, die sich in einem elektromagnetischen Feld befinden

RFID hat das Potenzial, mittel- bis langfristig logistische Prozesse in allen Bereichen der Supply Chain zu beeinflussen und signifikant zu verändern. Im Lagerumfeld muss jedoch genau geprüft werden, welche Prozesse nachhaltig mit RFID im Gegensatz zum Barcode optimiert werden können. Grundsätzlich kann diese Betrachtung nur ganzheitlich in Abhängigkeit der gelagerten Produkte und deren Eigenschaften sowie der bisher implementierten Prozesse erfolgen.

12.7 SAP Auto-ID Infrastructure

Die Nutzung der RFID-Technologie in unternehmensinternen bzw. -übergreifenden Anwendungen verlangt einen reibungslosen Austausch von Informationen über verschiedene Systeme und Komponenten hinweg. Die Daten eines RFID-Tags müssen mithilfe eines Datenerfassungsgeräts in einer sehr hohen Geschwindigkeit ausgelesen und dann über eine geeignete Schnittstelle in die Backend-Systeme transportiert werden, in denen die betriebswirtschaftlichen Anwendungen ablaufen. Um diese dezentralen RFID-Daten managen und verwalten zu können, hat SAP die Auto-ID Infrastructure (SAP AII) entwickelt, die als Transmitter zwischen den klassischen ERP-Prozessen und -Systemen und der RFID-Technologie fungiert. Diese Infrastruktur basiert auf der offenen Integrations- und Anwendungsplattform SAP NetWeaver, mit der es möglich ist, Fremdsysteme in bestehende SAP-Systemlandschaften zu integrieren. Im Folgenden werden wir zunächst auf die Systemarchitektur der RFID-Lösung von SAP und der Auto-ID Infrastructure eingehen. Anschließend werden wir Ihnen Kernfunktionalitäten sowie Integrationspunkte von SAP NetWeaver Process Integration mit Backend-Systemen aufzeigen.

12.7.1 Systemarchitektur von RFID und SAP Auto-ID Infrastructure

Zusätzlich zu SAP AII und ihren Komponenten können weitere Komponenten erforderlich sein, deren Zusammenspiel wir Ihnen in diesem Abschnitt erklären.

Die Systemarchitektur der RFID-Lösung von SAP beinhaltet verschiedene Komponenten, die als Ganzes die Systemarchitektur bilden. Zu diesen Komponenten gehören:

- Reader
- Device Controller
- Traffic Generator
- SAP Auto-ID Infrastructure/Auto-ID Cockpit
- SAP NetWeaver Exchange Infrastructure (XI) (Teil von *SAP NetWeaver Process Integration (PI)*)
- SAP-ERP-Backend

Abbildung 12.87 zeigt den typischen Aufbau der RFID-Systemlandschaft mit SAP.

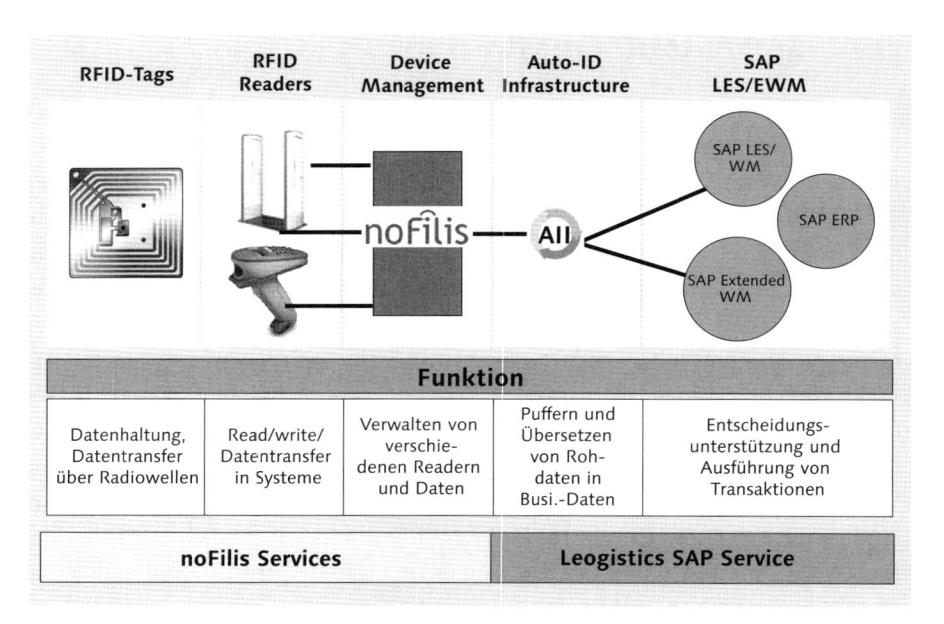

Abbildung 12.87 Typischer Aufbau der RFID-Systemlandschaft

Die Aufgaben und Kommunikationsmethoden der einzelnen Komponenten beschreiben wir im Folgenden.

Komponenten der Datenerfassung (Reader, Device Controller, Traffic Generator)

Der *Reader* (engl. für mobile oder fixe Datenerfassungsgeräte) liest die Daten des RFID-Tags. Der *Device Controller* formatiert die gelesenen EPC-Daten (RFID-Daten) in ein XML/PML-Format und sendet sie an SAP AII bzw. empfängt Daten von SAP AII. Darüber hinaus gibt er Schreib- und Lesebefehle an die Erfassungsgeräte weiter, registriert Tags, wenn diese in den Erfassungsbereich/Funkbereich gelangen, und konsolidiert Daten, wenn EPCs von zwei Lesegeräten erfasst werden. Zwischen den Komponenten der Datenerfassung existieren die folgenden Schnittstellen, die auf Java-Anwendungen basieren:

- Schnittstelle 1: LLI-Verbindung (Low Level Interface) zu Erfassungsgeräten
- Schnittstelle 2: XML-basierte PML, die die Verbindung zu AII ermöglicht

Der *Traffic Generator* ist eine Java-basierte Webapplikation, die nicht zur Kommunikation mit den physischen Lesegeräten dient, sondern Nachrichten/Aktionen aufzeichnen kann und auch für den Stresstest-Modus verfügbar ist (kann Skripte nach verschiedenen Zeitstempeln wiederholen).

Backend-Systemintegration

Die Backend-Systemintegration weist folgende Eigenschaften auf:

- Die Backend-Systemschnittstelle basiert auf der SAP-NetWeaver-Technologie Process Integration.
- SAP NetWeaver PI wird als Komponente der Auto-ID Infrastructure implementiert und ermöglicht den Datenaustausch mit heterogenen Backend-Systemen wie SAP ERP, SAP SCM oder ONS.
- Es besteht die Möglichkeit der PI-Verbindung zwischen SAP- und Nicht-SAP-Systemen.

Backend-Systeme

Die Backend-Systeme sollten folgende Eigenschaften aufweisen:

- Verwaltung verschiedener SAP- und Nicht-SAP-Backend-Systeme sowie Integration mit der Auto-ID Infrastructure
- Beschreibung der technischen Kommunikationsmethoden (SAP NetWeaver PI)
- Aggregation der Detail-Level-Anforderungen, z. B. Lieferung, Palette, Karton, EPC
- Definition der Daten-Scopes, d. h., welche Daten sind relevant für eine Rückmeldung z. B. nach Produktgruppen, von bestimmten Kunden, zwischen bestimmten Lokationen (z. B. nur Bewegungen zwischen Produktionswerk und Verteilzentrum)?
- Feedback Zeitpunkt/Auslöser, d. h., Daten sollen erst übertragen werden, wenn die komplette Lieferung oder eine Palette gelesen wurde bzw. nach jedem Lesen des EPCs.

12.7.2 Funktionen von SAP Auto-ID Infrastructure

Die SAP Auto-ID Infrastructure ist eine Middleware-Lösung, die RFID-Daten (die z. B. mithilfe von mobilen Datenerfassungsgeräten eingelesen wurden) direkt in die Backend-Systeme weiterleiten und integrieren kann. Die so gewonnenen Informationen können durch die Verbindung und Unterstützung von Schlüsselprozessen, Stammdaten und spezifischen RFID-Transaktionen so verarbeitet werden, dass sie in Geschäftsprozessen eingesetzt werden können.

Wie aus dieser Definition ersichtlich ist, übernimmt die Auto-ID Infrastructure die Sammlung, Filterung und Publizierung der gesamten gesendeten und empfangenen Transponderdaten. Darüber hinaus finden eine Aggregation, Integration, Modellierung, Assoziation und Speicherung der Informationen der einzelnen physischen Ladungsträger wie Paletten, Kartons oder SKUs und deren Historie statt. AII empfängt und speichert Informationen zu den physikalischen Beziehungen, zwischen einzelnen Artikeln und deren Verpackungseinheiten.

Die wichtigsten *Schlüsselfunktionalitäten* der Auto-ID Infrastructure lassen sich wie folgt zusammenfassen:

- Integration und Verarbeitung von RFID-Massendaten zur Initiierung von Geschäftsprozessen
- Auslesen und Beschreiben von RFID-Tags
- Filtern, Evaluieren und Verarbeiten logistischer Ereignisse
- Verbinden physischer Objektinformationen mit Business-Prozesslogik
- Unterstützung einer vielschichtigen RFID-Datenaggregation und -Filterung
- RFID-Datenerfassungsmanagement
- rollenbasierter Zugriff auf RFID-Daten
- synchrone und asynchrone Kommunikation mit Auto-ID-Datenerfassungsgeräten
- aktive Ausnahme und Alert-Überwachung
- vorkonfigurierte Backend-Prozesse

12.7.3 Kernintegrationsbereiche (Human Integration, Device Integration und Backend-Systemintegration)

Generell gehören drei Hauptintegrationsfelder zum Bestandteil der AII-Architektur. Das ist zuallererst die *Human Integration*, unter der das menschliche Eingreifen in Abläufe verstanden wird. Zu diesem Eingreifen gehört beispielsweise die Definition von Regeln oder Abläufen, nach denen das System vorgehen soll.

Als weiterer Integrationsbereich ist die *Device Integration* zu nennen. Dieser Bereich von AII bildet die Schnittstelle zwischen den Datenfunk-Readern/-Erfassungsgeräten und AII.

Den dritten Integrationspunkt bildet die *Backend-Systemintegration*. Dieser Bestandteil bildet die Verknüpfung/Schnittstelle zwischen AII und beispielsweise einem SAP-ERP- oder SAP-SCM-System. Darüber hinaus können durch SAP NetWeaver PI auch Systeme von Fremdanbietern oder auch ein Object Name Service (ONS) eingebunden werden.

12.7.4 Servicebereiche von SAP Auto-ID Infrastructure (Core Services)

Servicebereiche (engl. Core Services) beschreiben Grundfunktionen der AII, mit deren Hilfe Prozesse konfiguriert und somit nach vorgegebenen Regeln verarbeitetet werden können.

Action & Process Management

Mithilfe von Action & Process Management ist es möglich, spezifische Action Handler zu definieren, die die Interaktionen mit verschiedenen Schnittstellen wie Benutzern, Erfassungsgeräten und Backend-Systemen koordinieren. Informationen werden von den Tags aufgenommen und vordefinierten Prozessen zugeordnet. Darüber hinaus beinhaltet das Action & Process Management eine Rule Engine und eine Message-Dispatching-Funktionalität.

Configuration & Admin Management

Das Configuration & Admin Management verwaltet alle zur SAP-AII-Systemlandschaft gehörenden Komponenten wie RF-Erfassungsgeräte, Backend-Systeme sowie weitere Komponenten, wie z. B. IP-Adressen einzelner Rechner. Diese Verwaltungsfunktionalität ermöglicht ein effektives Tracking aller aktiven Geräte und Systeme, deren Benutzer und der aktuell unterstützten bzw. prozessierten Abläufe.

Association Data Management

Mithilfe der Funktionalität des Association Data Managements können Daten zwischengepuffert, gefiltert und redundante Datensätze vermieden werden, um somit eine signifikante Performanceverbesserung zu erzielen.

Association Data Management kontrolliert darüber hinaus den aktuellen Status der logistischen Objekte (z. B. Paletten, Kartons bzw. Verkaufseinheiten) in Anbetracht ihres aktuellen Standorts und der bereits prozessierten Aktivitäten.

Logging & Archiving

Logging & Archiving ermöglicht das Aufzeichnen und Archivieren aller ausgeführten Aktivitäten und Bewegungen im Rahmen von RFID. So kann beispielsweise die Historie einer Warenbewegung nachvollzogen und kontrolliert werden.

12.7.5 Unterstützte Prozesse in SAP LES

Die aktuell unterstützten Prozesse in SAP Logistics Execution (SAP LES) richten sich vornehmlich auf die Erfüllung der Grundanforderungen im Bereich RFID. Folgende LES-Prozesse werden unterstützt:

- Verpacken und Auspacken
- Anlegen von Handling Units (HU) mit RFID-Informationen
- Taggen von Handling Units in der Produktion oder im Versand
- Check des Inhalts einer HU durch Lesen der EPC-Informationen
- automatisches Anlegen von Verpackungsinformationen im ERP-System
- hierarchisches Verpacken (Karton auf Palette)
- Laden und Abladen von Paletten
- automatisches Lesen von Informationen
- Alert-Meldungen bei fehlenden oder falsch zugeordneten EPCs
- Buchen von Warenbewegungen
- automatisches Buchen von Wareneingängen und Warenausgängen
- Fehlermeldung, wenn falsche Paletten bewegt werden sollen

Momentan werden nicht alle WM-internen Prozesse im SAP-Standard unterstützt, können aber als Beratungslösung implementiert werden. In den folgenden Prozessbeispielen möchten wir Ihnen mögliche Prozesse mit RFID vorstellen, die Ihnen die Breite der Einsatzmöglichkeiten aufzeigen sollen.

Prozessbeispiel 1: Warenausgangsprozess mit RFID-Integration

In diesem Prozessbeispiel zeigen wir Ihnen exemplarisch alle Stufen eines integrierten Warenausgangsszenarios. Als weitere Prozesse sind neben der Warenausgangsbuchung das Verpacken (die HU-Erstellung) sowie die Ladekontrolle mithilfe von AII integriert. EM kann in diesem Prozess als optionale Komponente betrachtet werden.

SAP Auto-ID Infrastructure | **12.7**

Abbildung 12.88 gibt Ihnen zunächst einen allgemeinen Prozessüberblick mit allen involvierten physischen Komponenten sowie involvierten SAP-Systemkomponenten.

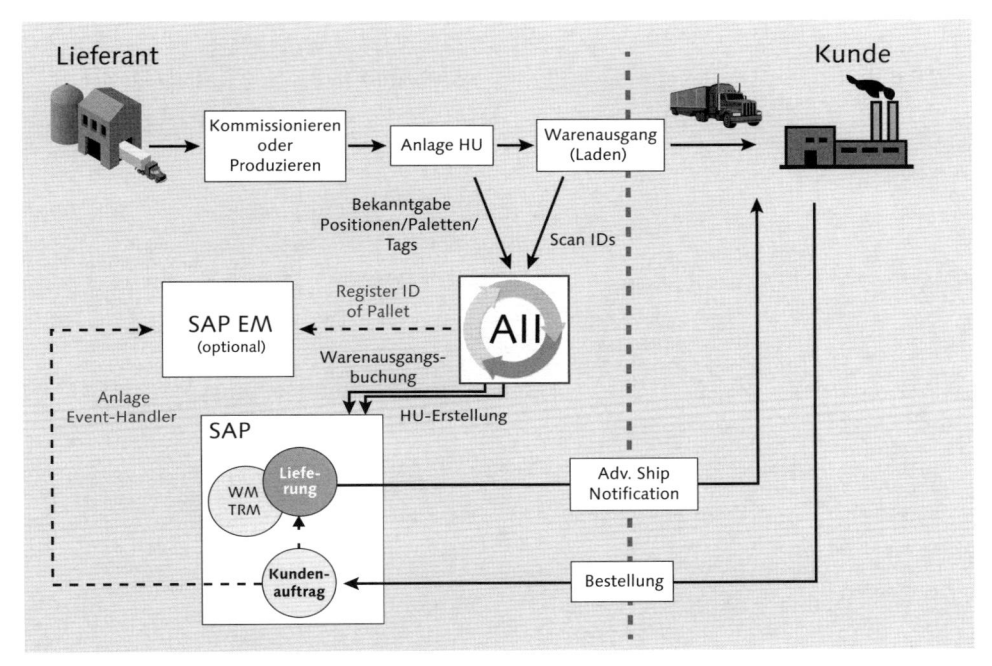

Abbildung 12.88 Warenausgangs- und Verpackungsprozess mit SAP-AII-Integration

Systemtechnisch kann dieser Prozess beschrieben werden, wie in Abbildung 12.89 gezeigt.

1. Der Prozess beginnt mit der Erstellung von Kundenaufträgen, entsprechenden Lieferungen und Transportaufträgen in SAP ERP.
2. Nachdem die Kommissionierung und Quittierung der Kommissionierung abgeschlossen sind (Lieferung mit Gesamtkommissionierstatus »C«), wird aus der Lieferung heraus ein IDoc erstellt (Output Type APL2) und via SAP NetWeaver PI an AII versendet. SAP NetWeaver PI wandelt das IDoc in eine XML-Nachricht um und sendet sie an AII.
3. Die Lieferdaten werden als Istdaten ohne EPC-Informationen in AII gesichert.
4. Der nächste Prozessschritt beinhaltet das Beschreiben der RFID-Tags mit EPC-Informationen für Packstücke und Paletten.

12 | WM-Komponenten zur Lagerprozess- und Materialflussoptimierung

5. Nachdem die EPCs erstellt wurden, können Palette und Packstücke (= Verkaufseinheiten mit GTIN/EAN) miteinander »verheiratet« werden. Physisch packt ein Lagerarbeiter zunächst alle getaggten Packstücke auf eine getaggte Palette.

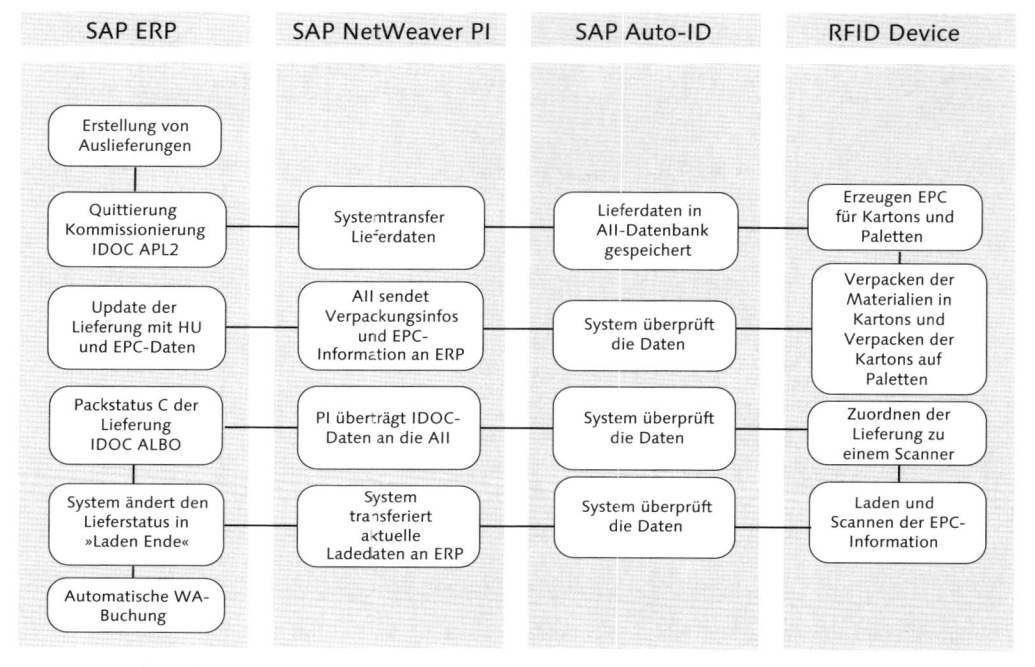

SAP ERP	SAP NetWeaver PI	SAP Auto-ID	RFID Device
Erstellung von Auslieferungen			
Quittierung Kommissionierung IDOC APL2	Systemtransfer Lieferdaten	Lieferdaten in AII-Datenbank gespeichert	Erzeugen EPC für Kartons und Paletten
Update der Lieferung mit HU und EPC-Daten	AII sendet Verpackungsinfos und EPC-Information an ERP	System überprüft die Daten	Verpacken der Materialien in Kartons und Verpacken der Kartons auf Paletten
Packstatus C der Lieferung IDOC ALBO	PI überträgt IDOC-Daten an die AII	System überprüft die Daten	Zuordnen der Lieferung zu einem Scanner
System ändert den Lieferstatus in »Laden Ende«	System transferiert aktuelle Ladedaten an ERP	System überprüft die Daten	Laden und Scannen der EPC-Information
Automatische WA-Buchung			

Abbildung 12.89 Informationsfluss im Warenausgangsprozess

Ein Beispiel zur EPC-/Tag-Hierarchie sehen Sie in Abbildung 12.90.

Stufe 1 | EPC Palette PAL
Stufe 2 | EPC Packstück 1
EPC Packstück 2
EPC Packstück 3
...

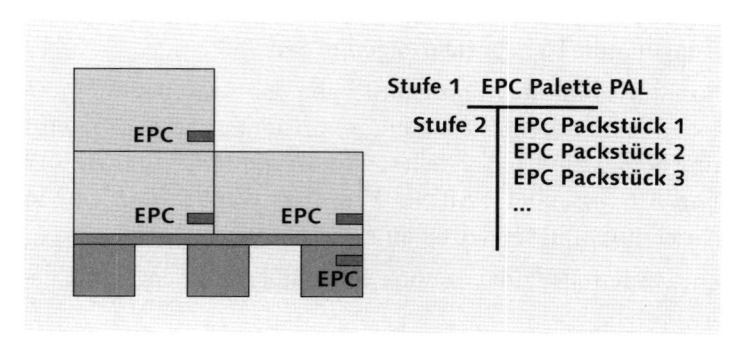

Abbildung 12.90 Verpackungshierarchie »Palette/Packstück« mit EPC

Nach dem Scannen der EPC-Packstück- und Paletteninformation werden die Daten vom Lesegerät an AII übergeben, und AII bildet eine Hierarchie der gescannten EPC-Objekte. Dadurch wird ein hierarchisches Packbild erstellt. AII gleicht die gescannten Daten mit den erwarteten Daten ab und transferiert die Daten bei Vollständigkeit an SAP NetWeaver PI. Dazu erstellt AII wiederum eine XML-Nachricht. Wenn die gescannten Informationen nicht mit den erwarteten Informationen übereinstimmen, wird eine Alert-Nachricht generiert.

SAP NetWeaver PI transferiert die XML-Information von AII- in ERP-IDoc-Informationen und sendet diese Daten inklusive der EPC-Informationen und Handling Units an ERP.

In SAP ERP wird die Lieferung durch die eingehende IDoc-Information aktualisiert. Im Einzelnen werden Handling Units (Packstücke) angelegt, und der Packstatus der Lieferung wird auf »Vollständig bearbeitet« gesetzt. Darüber hinaus wird die genaue Packhierarchie in der Lieferung abgelegt. Damit ist es möglich, die einzelnen EPCs auf einer Palette zu erfassen und zu identifizieren.

Der komplette Packstatus der Lieferung bewirkt, dass in SAP ERP automatisch ein IDoc erstellt wird (Output Type ALBO), das an SAP NetWeaver PI versendet wird. Dieses IDoc enthält Packstück-, Paletten- und EPC-Informationen. SAP NetWeaver PI transferiert wiederum diese IDoc-Informationen in XML-Informationen und sendet sie an AII. AII speichert die erwarteten Lieferdaten inklusive der Packstück-, Paletten- und EPC-Informationen.

Der nächste physische Prozessschritt beinhaltet des Laden der Paletten. Dazu werden die Paletten durch ein Tor bewegt, das mit einem RFID-Lesegerät ausgestattet ist. In dem Moment, in dem die Paletten das Ladetor verlassen, werden die Paletten und Kartons gescannt. Die eingelesenen Informationen werden vom RFID-Lesegerät an AII übertragen und mit den erwarteten Ergebnissen abgeglichen, die in AII gespeichert sind. Bei fehlerhaften Paletten, wenn sich z. B. ein Packstück auf einer anderen als der zugeordneten Palette befindet, wird eine Alert-Nachricht generiert.

Nachdem die Ladeaktivitäten abgeschlossen sind und alle Informationen gelesen wurden, wird eine XML-Nachricht erstellt und an SAP NetWeaver PI versendet. Diese XML-Nachricht enthält die EPC-Daten von Paletten und Packstücken sowie deren Ladestatus.

SAP NetWeaver PI transferiert die XML-Informationen von AII in ERP-IDoc-Informationen und sendet diese Daten inklusive der EPC-Informationen und des Ladestatus der Verpackungselemente an SAP ERP.

In SAP ERP wird die Lieferung durch dieses IDoc aktualisiert. Die Packstücke und Paletten der Lieferung erhalten den Status »Geladen«. Abschließend wird die Warenausgangsbuchung automatisch angestoßen.

Prozessbeispiel 2: SAP Event Management/RFID-Integration

Durch die komplexen und dynamischen Strukturen in der heutigen Geschäftswelt müssen sich Unternehmen auch in der Logistik viel schneller auf sich ändernde Gegebenheiten und Anforderungen einstellen. Um diese Herausforderungen zu bewältigen, sind die Unternehmen gezwungen, enger zu kooperieren und ihre logistischen Prozesse aufeinander abzustimmen. Dabei ist es entscheidend, unternehmensinterne sowie -übergreifende Geschäftsprozesse zu visualisieren und zu überwachen. SAP Event Management (EM) ermöglicht die Überwachung, Benachrichtigung, Simulation, Steuerung und Bewertung unternehmensinterner sowie -übergreifender Logistikaktivitäten. Die Funktionsweise von SAP EM basiert auf der Definition von Ereignissen (Events).

Diese Ereignisse können durch Personen oder automatische Aktivitäten, wie z. B. das Scannen eines RFID-Tags in AII, bestätigt und rückgemeldet werden. Die enge Verknüpfung von EM und AII ermöglicht eine signifikante Transparenz- und Effizienzsteigerung innerhalb der Supply Chain. Diese wird durch die zeitnahe Erfassung der RFID-Informationen in der Auto-ID Infrastructure auf der einen Seite und durch die Verarbeitung und Visualisierung der Informationen im Event Manager auf der anderen Seite erreicht. Abbildung 12.91 verdeutlicht die Integration von SAP-Backend-System, SAP EM und SAP AII in einem exemplarischen Prozessbeispiel.

Abbildung 12.92 zeigt Ihnen ein mögliches Szenario für einen Auslieferungsprozess mit SAP ERP, SAP EM und SAP-AII-Integration.

Der in diesem Szenario beschriebene Prozess beginnt mit der Erstellung einer Auslieferung in SAP ERP. Mit der Erstellung der Auslieferung wird im Event Manager (EM) ein Event Handler angelegt.

SAP Auto-ID Infrastructure | **12.7**

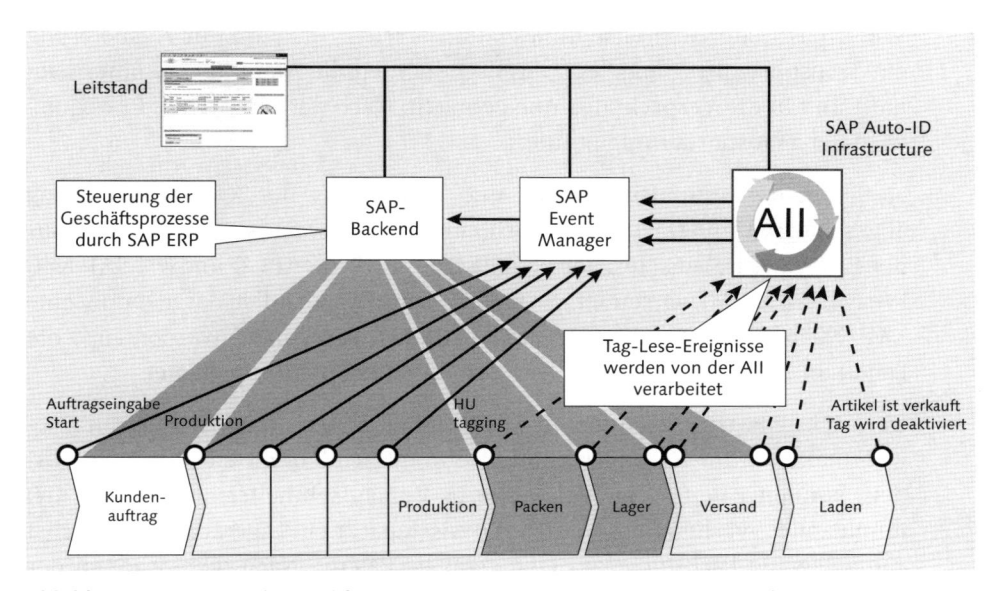

Abbildung 12.91 Prozessbeispiel für ein Integrationsszenario von SAP-Backend-System, SAP EM und SAP AII

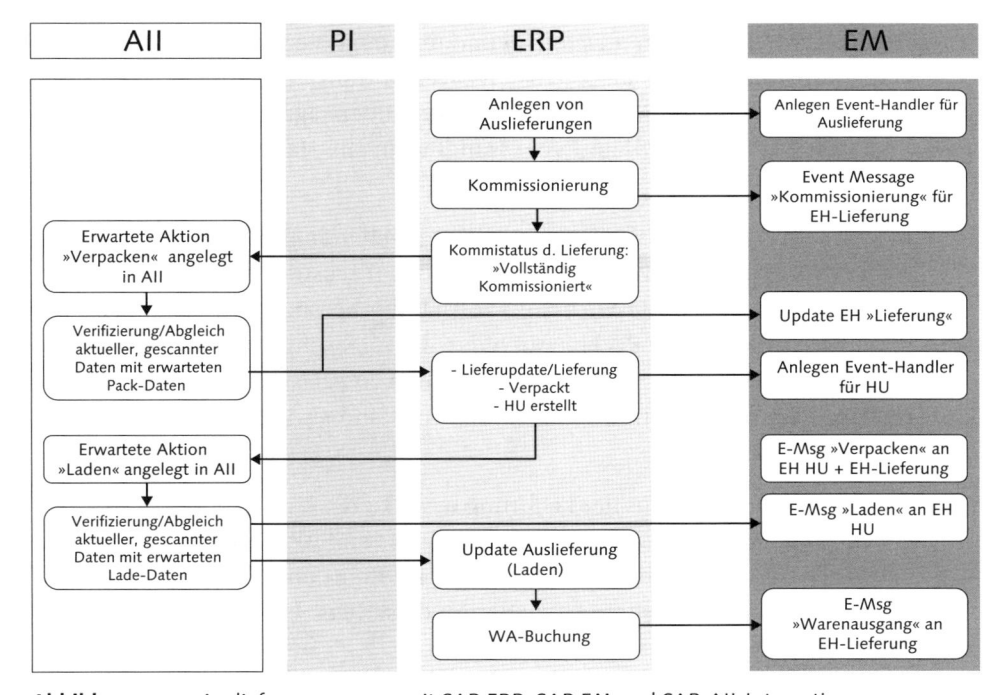

Abbildung 12.92 Auslieferungsprozess mit SAP ERP, SAP EM und SAP-AII-Integration

Wenn das Materialbereitstellungsdatum erreicht ist, wird zur Auslieferung ein Transportauftrag angelegt. Physisch werden die Materialien kommissioniert und in die Verpackungszone gebracht. Nach der physischen Bewegung wird der Transportauftrag quittiert.

Nachdem die Kommissionierung und Quittierung der Kommissionierung abgeschlossen sind (Lieferung mit Gesamtkommissionierstatus »C«), wird aus der Lieferung heraus ein IDoc erstellt (Output Type APL2) und via SAP NetWeaver PI an AII versendet. SAP NetWeaver PI wandelt das IDoc in eine XML-Nachricht um und sendet sie an AII. Darüber hinaus werden auch die Daten im Event Manager mit dem Kommissionierstatus upgedatet.

Der nächste Prozessschritt beinhaltet das Beschreiben der RFID-Tags mit EPC-Informationen für Packstücke und Paletten. Nachdem die EPCs erstellt wurden, können Palette und Packstücke (= Verkaufseinheiten mit GTIN/EAN) miteinander »verheiratet« werden. Physisch packt ein Lagerarbeiter zunächst alle getaggten Packstücke auf eine getaggte Palette. Nach dem Scannen der EPC-Packstück- und Paletteninformationen werden die Daten vom Lesegerät an AII übergeben. AII bildet eine Hierarchie der gescannten EPC-Objekte. Dadurch wird ein hierarchisches Packbild erstellt. AII gleicht die gescannten Daten mit den erwarteten Daten ab und überträgt die Daten bei Vollständigkeit an SAP NetWeaver PI. SAP NetWeaver PI transferiert die XML-Daten in für SAP ERP und SAP EM lesbare Daten und überträgt sie an beide Systeme. Im Event Manager wird ein Event Handler für die Handling Units (Packstücke) angelegt.

In SAP ERP wird die Lieferung durch die eingehende IDoc-Information aktualisiert. Im Einzelnen werden Handling Units (Packstücke) angelegt, und der Packstatus der Lieferung wird auf »vollständig bearbeitet« gesetzt. Darüber hinaus wird die genaue Packhierarchie in der Lieferung abgelegt. Damit ist es möglich, die einzelnen EPCs auf einer Palette zu erfassen und zu identifizieren. Im Event Manager wird durch das vollständige Verpacken eine Event-Nachricht erzeugt.

Der komplette Packstatus der Lieferung bewirkt, dass in SAP ERP automatisch ein IDoc erstellt wird (Output Type ALBO), das an SAP NetWeaver PI versendet wird. Dieses IDoc enthält Packstück-, Paletten- und EPC-Informationen. SAP NetWeaver PI transferiert wiederum diese IDoc-Informationen in XML-Informationen und sendet sie an AII.

AII speichert die erwarteten Lieferdaten inklusive der Packstück-, Paletten- und EPC-Informationen.

Der nächste physische Prozessschritt beinhaltet das Laden der Paletten. Dazu werden die Paletten durch ein Tor bewegt, das mit einem RFID-Lesegerät ausgestattet ist. In dem Moment, in dem die Paletten das Ladetor verlassen, werden die Paletten und Kartons gescannt. Die eingelesenen Informationen werden vom RFID-Lesegerät an AII übertragen und mit den erwarteten Ergebnissen abgeglichen, die in AII gespeichert sind.

Nachdem die Ladeaktivitäten abgeschlossen sind und alle Informationen gelesen wurden, wird eine XML-Nachricht erstellt und an SAP NetWeaver PI versendet. Diese XML-Nachricht enthält die EPC-Daten von Paletten und Packstücken sowie deren Ladestatus.

SAP NetWeaver PI transferiert die XML-Information von AII in ERP-IDoc-Informationen und sendet diese Daten inklusive der EPC-Informationen und des Ladestatus der Verpackungselemente an SAP ERP. Darüber hinaus wird der Event Manager informiert, dass die Ladeaktivitäten abgeschlossen sind. Diese Informationen werden ebenfalls via SAP NetWeaver PI an den Event Manager übertragen.

In SAP ERP wird durch dieses IDoc die Lieferung aktualisiert. Die Packstücke und Paletten der Lieferung erhalten den Status »Geladen«.

Abschließend wird die Warenausgangsbuchung automatisch angestoßen. Mit der Warenausgangsbuchung wird der Event Manager über die Warenbewegung aus ERP heraus informiert.

12.7.6 Zusammenfassung

Grundsätzlich ist festzustellen, dass die RFID-Technologie bereits zu Veränderungen in der logistischen Kette geführt hat und in der Zukunft zu weiteren signifikanten Veränderungen führen wird. Gerade in unternehmens- und standortübergreifenden Prozessen wie dem Lieferanten-Kanban, der mehrstufigen Warenverteilung oder aber auch im Bereich Leer- und Leihgut lässt sich bereits heute eine signifikante Prozessoptimierung erzielen. Im Bereich der klassischen Lagerprozesse wie Kommissionierung, Verpacken und Inventur gilt es abzuwarten, inwieweit RFID den Barcode verdrängen kann. Ein weiterer wichtiger Aspekt für die zukünftige Durchdringung von RFID wird es sein, inwieweit sich weltweite Standards durchsetzen lassen.

Für den Bereich Event Management lässt sich ebenfalls ein stärkerer zukünftiger Durchdringungsgrad prognostizieren. Diese These wird nicht zuletzt dadurch gestützt, dass die starren, rein unternehmensinternen Prozessketten sich weiter hin zu kollaborativen, system- und partnerübergreifenden Logistikketten verschieben bzw. bereits entwickelt haben. SAP Event Management unterstützt Unternehmen darin, deren starre transaktionale Logistiksysteme zu flexiblen, ereignisgesteuerten Logistiksystemen zu entwickeln.

Komplexe logistische Herausforderungen bedürfen besonderer, einfacher logistischer Lösungen und Funktionalitäten. Wie SAP EWM diesen Herausforderungen begegnet, zeigen wir Ihnen in diesem Kapitel.

13 SAP Extended Warehouse Management (EWM)

SAP Extended Warehouse Management (EWM) ist eine neue SAP-Lösung auf der Supply-Chain-Ausführungsebene zur Erweiterung und Ergänzung der Lagerprozesse in SAP ERP. Der wesentliche Unterschied zwischen LES und EWM besteht darin, dass WM innerhalb von LES sowohl in SAP ERP integriert als auch als dezentrale Lösung eingesetzt werden kann. EWM dagegen ist Bestandteil von SAP SCM. Dies bietet den Vorteil einer starken Integration in Supply-Chain-Planung, Collaboration sowie Visibility. EWM unterstützt alle Planungs- und Ausführungsprozesse (Execution) in SAP SCM.

EWM entstand in enger Zusammenarbeit mit dem Automobilkonzern Ford Motor Company und mit Caterpillar Logistics, Logistikdienstleister in der Ersatzteilindustrie, in einem mehrjährigen Entwicklungsprojekt. Für beide Unternehmen steht die schnelle Versorgung von Händlern und Kunden mit Ersatzteilen im Mittelpunkt – eine Kernaufgabe, zu der insbesondere eine effiziente Lagerverwaltung zählt. Die Ersatzteilindustrie ist darüber hinaus von komplexen Abläufen und Sonderprozessen geprägt. Seitdem wurde EWM jedoch stetig weiterentwickelt und ist inzwischen zu einer umfassenden Lagerwaltungssoftware gereift, mit der alle Anforderungen einer modernen Lagerlogistik erfüllt werden können.

EWM bildet folgende erweiterte Anforderungen an die Lagerhaltung ab:

- hohe Anzahl von Ladungsträgern und Lieferpositionen
- Lagerung von Schnelldrehern und Langsamdrehern
- breite Produktvielfalt (hinsichtlich Größe, Gewicht, Modelljahr, Seriennummer, Herkunftsland, Charge oder Bewertung)
- komplexe Cross-Docking-Prozesse zur Auftragserfüllung
- detaillierte Anforderungen an die Pack- und Versandlogistik

- Integration von Logistikdienstleistern (*Third Party Logistics*, kurz *3PL*) sowohl im Wareneingangs- als auch im Warenausgangsprozess
- 3PL- und Outsourcing-Support für die Abwicklung von Konsolidierung und Transport
- Ablauffristen (z. B. für die Verschrottungsabwicklung)

Mit EWM können Lagerprozesse flexibel in auszuführende Schritte unterteilt werden, sodass Wareneingang und Warenausgang angepasst und kombiniert werden können. Eine flexible Kommissionierwellenbildung trägt zur Optimierung des Warenausgangs bei (z. B. durch regelbasierte Kommissionierauftragserstellung). Die Bündelung einzelner Kommissionieraufträge senkt den Zeit- und Personalaufwand und hilft, die Kommissionierzeiten zu verkürzen.

EWM hat sich in den letzten Jahren auf dem Markt für Lagerverwaltungssoftware etabliert. Dies ist vor allem auf die hohe Leistungsfähigkeit und den großen Funktionsumfang von EWM zurückzuführen. Im aktuellen Release EWM 9.0 sind einige neue Funktionen wie Pick-by-Voice, das Zeitfenster-Management (Dock Appointment Scheduling) und die Integration mit dem SAP Transportation Management (TM) hinzugekommen. Neben den bestehenden Funktionen tragen all diese Möglichkeiten dazu bei, dass EWM auch sehr komplexe Lager- und Logistikstandorte in einer Lösung abbilden kann. In den folgenden Abschnitte gehen wir auf die zentralen Prozesse und Funktionen in EWM näher ein.

13.1 Lagermodellierung

Wie in WM ist die Lagermodellierung der erste Schritt, wenn Sie EWM einsetzen. Dabei müssen Sie die Struktur, d. h. den physischen Aufbau Ihres Lagers bzw. Lagerkomplexes, festlegen und im System abbilden. Dabei definieren Sie die einzelnen Läger (Hochregalläger, Blockläger, Kommissionierläger etc.) als Lagertypen innerhalb eines Lagerkomplexes und fassen sie unter einer Lagernummer zusammen.

Im Folgenden erhalten Sie eine Übersicht über die Elemente der Lagermodellierung in EWM:

- **Lagernummer**
  In EWM können Sie einen kompletten physischen Lagerkomplex unter einer einzigen Lagernummer verwalten.

- **Lagertyp**
  Um Ihre einzelnen Läger und Lagereinrichtungen zu unterscheiden, können Sie verschiedene Lagertypen definieren, die sich an den technischen, räumlichen und organisatorischen Merkmalen orientieren.

- **Lagerbereich**
  Jeder Lagertyp wird in Lagerbereiche unterteilt. In Lagerbereichen werden Lagerplätze zusammengefasst, die bestimmte Eigenschaften teilen. So gibt es etwa Lagerplätze für »Schnelldreher« in der Nähe der Warenausgangszone.

- **Lagerplatz**
  Als Lagerplätze werden in EWM die Lagerfächer bezeichnet, aus denen sich jeder Lagertyp und jeder Lagerbereich zusammensetzt. Über die Koordinaten der Lagerplätze werden die Stellen im Lager angegeben, an denen Sie Produkte lagern können.

- **Quant**
  Mithilfe der Quants wird der Bestand eines Materials an einem bestimmten Lagerplatz geführt.

- **Aktivitätsbereich**
  Mithilfe eines Aktivitätsbereichs können Sie Lagerplätze logisch gruppieren. Er kann sich auf einen Lagerplatz beziehen oder auch Plätze mehrerer Lagertypen gruppieren.

- **Bereitstellzone**
  Bereitstellzonen können ebenfalls als Lagerplätze modelliert werden. Sie stellen die Quellen für das Beladen von Transportmitteln und ebenso die Ziele für das Entladen von Transportmitteln dar.

- **Arbeitsplätze**
  Auch Arbeitsplätze werden in EWM als Lagerplätze modelliert. Diese werden verwendet, um auf einzelnen Arbeitsplätzen im Lager Materialien aufzusplitten oder zusammenzuführen.

- **Ressourcen**
  Ressourcen werden in EWM benötigt, um auf ihnen Lageraufträge auszuführen. Außerdem dienen sie der Bestandstransparenz während der Ausführung der Lagerbewegungen.

- **Lagerprodukt**
  Mithilfe des Lagerproduktes ist eine lagernummernabhängige Sicht auf die Produktstammdaten möglich. Dabei umfasst das Lagerprodukt alle Eigenschaften eines Produkts, die seine Lagerung in einem bestimmten Lager im Rahmen von EWM betreffen. Hierzu zählen z. B. Parameter wie das Einlagerungs- und Auslagerungssteuerkennzeichen.

- **Gefahrstoff**
  Gefahrstoff ist Material, von dem bei der Handhabung und Lagerung eine Gefahr für Mensch, Tier oder Umwelt ausgehen kann.

- **Packspezifikation**
  Mit der Packspezifikation werden alle Verpackungsebenen für ein Produkt definiert, die benötigt werden, um das Produkt z. B. einzulagern oder zu transportieren. Dabei wird vor allem beschrieben, in welchen Mengen, in welche Packmittel und in welcher Reihenfolge Sie das Produkt verpacken können. Die einzelnen Arbeitsschritte, die in der Packspezifikation dokumentiert werden, sind vor allem für den Mitarbeiter im Lager relevant. Dieser kann z. B. sehr leicht nachvollziehen, wo er ein Etikett auf dem Karton anbringen oder wie er ein Produkt auf eine Palette stapeln soll.

- **Route**
  Eine Route ist eine Folge von Strecken, die über Umladelokationen verbunden sind. Die Route stellt somit einen Rahmen oder Korridor dar, der eine Vielzahl von Touren, d. h. mögliche konkrete Transportwege, umfasst. Touren werden auf der Grundlage von Routen ermittelt.

- **Fahrzeug**
  Ein Fahrzeug dient der Spezialisierung eines bestimmten Transportmittels. Fahrzeuge können sowohl eine als auch mehrere Transporteinheiten umfassen und werden in den Stammdaten für den Transport definiert. Fahrzeuge werden in erster Linie für die Gruppierung von Lieferungen verwendet und dienen der Kommunikation mit der Fakturierung und dem Transportmanagement. Sobald Sie einem Fahrzeug eine Transporteinheit fix zugeordnet haben, können Sie diese Transporteinheit keinem anderen Fahrzeug mehr zuordnen. Alle Daten, die Sie für das Fahrzeug definieren, gelten immer auch für die zugeordneten Transporte.

- **Supply Chain Unit (SCU)**
  Dies bezeichnet die physische oder organisatorische Einheit, die innerhalb eines Logistikprozesses in einer oder mehreren betriebswirtschaftlichen Eigenschaften verwendet wird. Organisatorische Einheiten sind z. B. Wareneingangsbüro oder Versandbüro.

> **Bestandsspezifische Mengeneinheitenverwaltung**
>
> Mit dem Release 9.0 wurde EWM um die Funktionen zur bestandsspezifischen Mengeneinheitenverwaltung erweitert. Zur effizienten Steuerung von Prozessen kann es erforderlich sein, dass Bestände von Artikeln nicht in der Basismengeneinheit, sondern in einer bestandsspezifischen Mengeneinheit im Lager verwaltet werden.

> Die bestandsspezifischen Mengeneinheiten orientieren sich dabei enger an den realen physikalischen Gegebenheiten von An- und Auslieferungen. So können beispielsweise Artikel in der Basismengeneinheit Stück geführt werden, jedoch im Lager oder im Versand in Kartons oder Trays eingelagert bzw. ausgeliefert werden. Hier setzt die bestandsspezifische Mengeneinheit an. Ein kurzes Beispiel soll dies verdeutlichen: Ein Handelskonzern bestellt Frühstücksmüsli in der Basismengeneinheit Schachtel. Im Lager soll dieser Artikel jedoch in der bestandsspezifischen Mengeneinheit Karton, mit einer Menge von jeweils sechs Schachteln je Karton verwaltet werden.
>
> Mit dieser neuen Funktion in EWM 9.0 haben Sie die Möglichkeit, Ein- und Auslagerungsprozesse nach bestandsspezifischen Mengeneinheiten optimal zu steuern.

13.2 Prozesse in EWM

Im Folgenden sollen die Kernprozesse, die durch EWM abgedeckt werden können, kurz beschrieben werden.

13.2.1 Lieferabwicklung

Als wichtiger Bestandteil der logistischen Kette bietet die Lieferabwicklung Funktionen mit denen sich Wareneingangs- und Warenausgangsaktivitäten abbilden lassen. Analog zum Wareneingang und Warenausgang unterscheidet man in der Lieferabwicklung zwischen Anlieferungsprozess und Auslieferungsprozess.

Für den Anlieferungsprozess werden sowohl Lieferungen als auch Retouren unterstützt, die von einem beliebigen Lieferanten bzw. Kunden, Warensender oder einer beliebigen Auslieferlokation stammen können. Der Anlieferungsprozess umfasst ab der Bestellung die Avisierung, die Anlieferung, die nachfolgende Einlagerung sowie die Wareneingangsbuchung der bestellten Waren. Während des Anlieferungsprozesses werden planungsrelevante Informationen abgelegt, der Status wird überwacht und die Daten, die im Laufe der Anlieferabwicklung gewonnen werden, werden festgehalten. Mit der Erstellung der Anlieferung werden Aktivitäten wie Einlagerung oder Terminierung eingeleitet und Daten aufgenommen, die während der Anlieferabwicklung generiert werden.

Analog zum Anlieferungsprozess unterstützt der *Auslieferungsprozess* Lieferungen und Retouren, die an einen Kunden bzw. Lieferanten, an ein Lager oder an eine beliebige Anlieferlokation adressiert sein können. Der Auslieferungsprozess umfasst alle Versandaktivitäten wie Kommissionierung, Verpacken, Transport und Warenausgang. In der Auslieferung werden Informationen zur Versandplanung hinterlegt, der Status der Versandaktivitäten wird überwacht und die im Lauf der Versandabwicklung gewonnenen Daten werden festgehalten. Mit der Erstellung der Auslieferung werden die Versandaktivitäten wie Kommissionierung oder Versandterminierung eingeleitet und Daten aufgenommen, die während der Versandabwicklung generiert werden.

Zur Kommunikation zwischen EWM und SAP ERP werden Schnittstellen verwendet. Diese Schnittstellen ermöglichen die Verteilung, Änderung und Rückmeldung von lieferrelevanten Daten. Die Schnittstellen basieren im SAP-ERP-System auf Lieferungen. In EWM basieren sie auf Folgendem:

- **Anlieferungsprozess**
  Im Anlieferungsprozess basieren die Schnittstellen auf Anlieferungsbenachrichtigungen und Anlieferungen.

- **Auslieferungsprozess**
  Im Auslieferungsprozess basieren die Schnittstellen auf Auslieferungsaufträgen und Auslieferungen.

Die *Lageranforderung* ist ein Beleg, mit dem Sie bestimmte Produktmengen innerhalb eines Lagers für Ihre Wareneingangs- oder Warenausgangsprozesse bearbeiten können. Die Lageraktivitäten für das Produkt können sein:

- Kommissionierung
- Einlagerung
- Umbuchung
- Umlagerung (lagerintern)
- Verschrottung

Die Lageranforderung für eine Anlieferung oder einen Auslieferungsauftrag dient in EWM als Grundlage für die Durchführung der Ein- oder Auslagerungsaktivitäten. Ebenso führt EWM die Buchung der Warenbewegung für den Warenein- oder Warenausgang auf der Basis einer Lageranforderung durch. Wenn EWM zur Lageranforderung eine Lageraufgabe erzeugt, schreibt es den Belegfluss zur Lageranforderung für die Anlieferung fort. Wenn Sie in EWM eine Lageranforderung (An- wie Auslieferungsfall) erzeugen oder ändern, können Sie folgende Funktionen sowohl für die Anlieferung als auch für den Auslieferungsauftrag automatisch ablaufen lassen:

- **Automatisches Verpacken**
  EWM legt automatisch gemäß der Packvorschrift Handling Units an. Es verwendet dabei die Konditionstechnik.

- **Anschluss an SAP Business Information Warehouse**
  Sobald eine Lieferposition in EWM abgeschlossen ist, werden die aktuellen Daten von EWM an das SAP Business Information Warehouse gesendet. Damit dies funktioniert, müssen Sie die Fortschreibung von Lieferpositionen in SAP Business Information Warehouse aktiviert haben.

- **Bestimmung einer Zählung pro Lieferposition**
  Bei der Zählung im Wareneingangsprozess wird stichprobenartig überprüft, ob die im System erfassten Mengen mit den tatsächlichen Mengen übereinstimmen.

- **Überprüfung des Handling-Unit-Typs für avisierte Handling Units**
  Während der Erzeugung einer Anlieferung wird von der Lieferabwicklung überprüft, ob der Handling-Unit-Typ zulässig ist.

- **Erzeugen von Chargen**
  Sie müssen chargenpflichtigen Produkten im SAP-ERP-System eine Chargenklasse der Klassenart 023 zuordnen, bevor Sie Chargen anlegen. Außerdem müssen Sie der Chargenklasse die Objektmerkmale LOBM_HERKL (Ursprungsland) und LOBM_VFDAT (Verfallsdatum, Mindesthaltbarkeit) zuordnen, und es muss bereits eine Charge des Produkts in EWM existieren. Sofern die Charge im SAP-ERP-System bekannt ist, sendet das SAP-ERP-System diese Information an EWM und wird von EWM anschließend automatisch an die Lieferung weitergegeben. Wenn eine Charge in EWM nicht bekannt ist, können Sie diese manuell in der Anlieferung oder Auslieferung angeben.

- **Wareneingangsbuchung**
  Wenn eine Lieferung in EWM automatisch angelegt wird, weil eine Lageranforderung aus dem SAP-ERP-System vorliegt, haben Sie über die Lageraufgabenrückmeldung die Möglichkeit, Teilwareneingangsbuchungen vorzunehmen. Nachdem Sie eine Lageraufgabe bestätigt haben, wird automatisch eine entsprechende Teilwareneingangsbuchung in EWM durchgeführt und anschließend an das SAP-ERP-System gemeldet.

- **Wellenzuordnung**
  Positionen oder Split-Positionen von Lageranforderungen können zu Auslieferungen in Wellen zusammengefasst werden, und damit kann sichergestellt werden, dass diese Wellen etwa zur gleichen Zeit kommissioniert und bearbeitet werden. Eine Welle ist also eine Gruppierung von Lageran-

forderungspositionen zur Steuerung von Lageraktivitäten, z. B. Kommissionierung oder Umbuchung. Diese Gruppierungen werden in den Folgeabläufen zusammen bearbeitet, z. B. die Übergabe sämtlicher Lageranforderungspositionen einer Welle an die Lageraufgabenerstellung zu einem gemeinsamen Zeitpunkt. Anschließend erfolgt die Weitergabe der erstellten Lageraufgabenpositionen an die Lageraufgabenerstellung.

- **Grobe Findung des Kommissionierlagerorts**
Die Vonlagerplätze für eine Lieferung werden vom System abhängig von den Auslagerungsstrategien ermittelt. Mengenreservierungen für die Produkte werden jedoch nicht vorgenommen. Der Aktivitätsbereich, der dem Lagerplatz zugeordnet ist, kann als Auswahlkriterium verwendet werden.

- **Transportbündelung**
In der Transportbündelung wird bestimmt, welche Produkte zusammen für einen Transport verpackt werden dürfen.

- **Bestimmung der Bereitstellzone und Torzuordnung**
Die Bereitstellzonen- und Torfindung läuft automatisch im Hintergrund ab, wenn Sie eine Lieferung (Auslieferungsauftrag oder Anlieferung) in EWM anlegen oder ändern. Im Auslieferungsprozess läuft sie nach der Routenfindung ab, da die Route die Findung beeinflusst. Damit das System die Bereitstellzonen- und Torfindung im Hintergrund durchführen kann, müssen Sie Findungsregeln definieren. Dabei geben Sie zunächst an, welche Werte das System mit den Werten in der Lieferung vergleichen soll:

  - *Anlieferungsprozess*: Lagerprozessart und Bereitstellzonen-/Torfindungsgruppen
  - *Auslieferungsprozess*: Routen, Abfahrtskalender, Bereitstellzonen-/Torfindungsgruppen und Ziel-Reihenfolgenummern

Wenn das System die Bereitstellzonen- und Torfindung durchführt, prüft es nacheinander die Findungsregeln, bis es eine findet, deren Werte mit den Werten der betreffenden Lieferung übereinstimmen. Dann übernimmt es die für diese Findungsregel definierten Werte in die Lieferung.

13.2.2 Eingangsprozesse

Die *Einlagerung* bietet Ihnen die Möglichkeit, Ihre komplexen Einlagerungsprozessschritte wie z. B. Entladen, Zählen, Konsolidieren und Einlagern abzubilden. Sie benötigen dafür Handling Units (HU). Die Einlagerung berücksichtigt sowohl Ihre Lageranordnung (z. B. Einlagerung über Identifikationspunkte in ein Hochregallager) als auch die von Ihnen definierten prozessorientierten Regeln und Abläufe (z. B. Zählanforderung, Umpacken). Um die Suche nach geeigneten Lagerplätzen zu vereinfachen, stehen in EWM Einlagerungsstrategien zur Verfügung.

Sie können Ihre Produkte direkt oder über die Lagerungssteuerung einlagern. Sie können für Ihre Lagerungssteuerung sowohl die prozess- als auch die layoutorientierte Lagerungssteuerung verwenden. Ziel der Lagerungssteuerung ist die Abbildung Ihrer komplexen Ein- oder Auslagerungsprozessschritte in Abhängigkeit von Ihren Prozessen oder Ihren Layoutvorgaben. Dabei kann bei der Ein- oder Auslagerung ein einzelner Prozessschritt sowohl ein- als auch mehrstufig, d. h. über Zwischenlagertypen, auszuführen sein.

Sie können die prozess- mit der layoutorientierten Lagerungssteuerung kombinieren. Dabei führt EWM zunächst immer erst die prozessorientierte Lagerungssteuerung aus. Anschließend prüft die layoutorientierte Lagerungssteuerung, ob die ermittelte Lagerprozessschrittfolge aus Layoutsicht möglich ist, und ergänzt gegebenenfalls den Ablauf der Ein- oder Auslagerung.

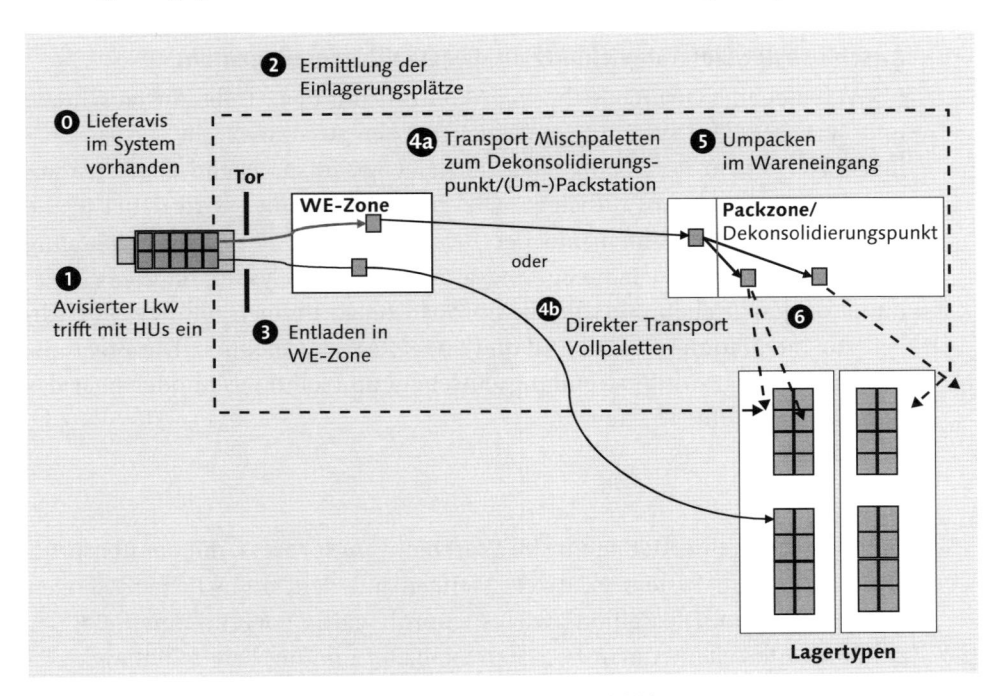

Abbildung 13.1 Beispiel für einen Wareneingangsprozess in EWM

Abbildung 13.1 zeigt in einzelnen Schritten, wie ein beispielhafter WE-Prozess in EWM abgebildet werden kann:

- Basis ist ein in EWM vorhandenes Lieferavis ❶.
- Der avisierte Lkw trifft am Tor mit den geladenen Handling Units ein ❷.
- Die Einlagerungsplätze werden durch EWM automatisch ermittelt ❸.
- Anschließend startet das Entladen in der WE-Zone des Lagers ❹.
- Dann findet der Transport von z. B. Mischpaletten zum Dekonsolidierungspunkt bzw. zur Umpackstation statt ❺a oder der direkte Transport mit Vollpaletten ❺b in den zuvor ermittelten Lagertyp.
- Im ersten Fall werden die Mischpaletten umgepackt ❻ und anschließend in den vorgesehenen Lagertyp eingelagert ❼.

All diese Aktivitäten können mit EWM detailliert gesteuert werden, z. B. auch das interne Routen zu einem Dekonsolidierungspunkt (Sortierplatz). Darüber hinaus können die Transportbehälter in einem wegeoptimierten Ablauf auf die Lagerplätze gebracht werden. Sie erhalten hierbei eine Bestandstransparenz für sämtliche Teilprozesse im Lager.

Anschluss der Lieferabwicklung an das Qualitätsmanagement

EWM bietet eine Qualitätssicherung/-kontrolle für neue Teile, Austauschteile und Retouren. Das System fasst dazu alle Daten zusammen, die für das Qualitätsmanagement notwendig sind, und erzeugt entsprechend dem Customizing im Hintergrund Prüfbelege. Die Prüfbelegnummer wird dabei in die Anlieferung übernommen und der Belegfluss, der Status der Prüfplanung und gegebenenfalls auch die Bestandsart werden vom System für die Prüfplanung fortgeschrieben. Bestandsstichproben für Prüfungen mit der Möglichkeit zur Integration mit SAP ERP und SAP CRM sind möglich. Die Ergebniserfassung erfolgt mit Verwendungsentscheid und kann mobil oder über das Internet ausgeführt werden.

Zählung

Die Zählung ist eine Maßnahme im Wareneingangsprozess, mit der überprüft wird, ob die im System erfassten Mengen mit den tatsächlichen Mengen übereinstimmen. Die Zählung wird stichprobenartig vorgenommen. Bei der Zählung unterscheidet man zwischen expliziter und impliziter Zählung:

- **Explizite Zählung**
  In der expliziten Zählung werden die Zählergebnisse für die Produkte an der Zählstation erfasst. Der Lagerplatz (Lagertyp) für diese Zählstation wird

auf der Grundlage der Einstellungen für die Lagerungssteuerung ermittelt. Die explizite Zählung ist nur für Handling Units verfügbar.

- **Implizite Zählung**
  Ist in den Lageraufgabedaten festgelegt, dass das Produkt gezählt werden muss, spricht man von einer impliziten Zählung. Wenn bei der Zählung eine Differenz ermittelt wurde, müssen Sie die Lageraufgabe mit Differenzen (Ausnahmecode) bestätigen, um die Transaktion zu beenden. Die implizite Zählung ist nur für unverpackte Produkte verfügbar.

Dekonsolidierung

Mit der Dekonsolidierung kann eine Dekonsolidierungs-Handling-Unit (Dekonsolidierungs-HU) auf mehrere Einlagerungs-HUs aufgeteilt werden. Diese Funktion ist vor allem hilfreich, wenn eine Dekonsolidierungs-HU verschiedene Produkte enthält, die in unterschiedlichen Lagerbereichen eingelagert werden sollen. Die Dekonsolidierung wird entweder über ein optimiertes RF-dialogfähiges Gerät durchgeführt oder über einen Desktop-Dialog. Ob eine Handling Unit für die Dekonsolidierung relevant ist, können Sie dynamisch ermitteln.

Bestimmung des Einlagerungswegs

Sie können pro Aktivität im Aktivitätsbereich einen Einlagerungsweg bestimmen. Wenn das EWM-System eine Lageraufgabe erzeugt, wird dieser Einlagerungsweg angegeben. Bei der Definition der Einlagerungswege können Sie sowohl einen Lagerplatz mehreren Einlagerungswegen zuordnen als auch Aktivitätsbereiche überlappen lassen; pro LB kann jedoch nur ein Einlagerungsweg aktiv sein.

Kombination von Lagerungsdisposition mit Re-Arrangement

EWM unterstützt die sogenannte Lagerungsdisposition: Über historische Daten und eine Vorausschau wird für jedes Teil ermittelt, wo und in welcher Menge es idealerweise eingelagert werden muss. Die historischen Daten entscheiden dabei über die Raumoptimierung zur Findung des besten Lagerplatztyps. Die Vorausschau (Bedarfe) ermittelt dann den geeigneten Lagerbereich, damit z. B. ein schneller Zugriff für Schnelldreher gewährleistet werden kann. Um den wechselnden Anforderungen Rechnung zu tragen, kann aus der Lagerungsdisposition heraus ein Re-Arrangement angestoßen werden. Macht die Lagerungsdisposition z. B. den Änderungsvorschlag, dass aus einem Schnelldreher ein Langsamdreher wurde, erstellt das Re-Arrangement wiederum Vorschläge, wie die Ersatzteile optimal umzulagern sind.

Optimierung des Wareneingangs

Die Optimierung des Wareneingangs kann an verschiedenen Punkten ansetzen:

- **Präventive Maßnahmen aufgrund der geplanten Arbeitslast im Wareneingang**
  Um auf eine hohe Arbeitslast zu reagieren, können z. B. mehr Tore für die Anlieferungen reserviert werden.

- **Vorbereitung des Wareneingangs**
  Um den Wareneingang vorzubereiten, stehen Ihnen im Wareneingangsbüro verschiedene Funktionen zur Verfügung. So können Sie z. B. die Ankunft am Kontrollpunkt und die Reservierung der Tore steuern. Sowohl der Wareneingang aus der Fremdbeschaffung als auch der Wareneingang aus der Fertigung werden unterstützt.

- **Ausführung des Wareneingangs**
  Der optimierte Wareneingang unterstützt Sie auch bei der Ausführung des physischen Wareneingangs. So können Sie sicherstellen, dass der Wareneingang effizient ausgeführt und die Lieferungen schnell überprüft werden.

Mit der Optimierung des Wareneingangs können Sie sowohl bestehende Anlieferungen in EWM überprüfen als auch aus erwarteten Wareneingängen neue Anlieferungen in EWM erzeugen. Dadurch ist keine zugehörige Anlieferung oder ein Lieferavis in SAP ERP notwendig, um den Wareneingang zu beginnen und optimiert auszuführen. Zur Überprüfung oder zum Anlegen der Anlieferung können Sie die Papiere verwenden, die der Fahrer mitbringt, und den Anlieferungen Transporteinheiten zuordnen.

13.2.3 Lagerinterne Prozesse

In EWM werden alle lagerinternen Prozesse unterstützt. Im Folgenden gehen wir auf die wichtigsten Punkte ein.

Nachschubsteuerung

Mit der Nachschubsteuerung werden Kommisionierbereiche gemäß dem Bedarf mit Produkten aufgefüllt, die in diesem Bereich kommissioniert werden. Dabei können diese Arten unterschieden werden:

- **Plan-Nachschub**

  Beim Plan-Nachschub berechnet das System den Nachschub gemäß den Minimal- und Maximalregeln, die zuvor definiert wurden. Die Nachschubsteuerung wird immer dann ausgelöst, wenn der Bestand kleiner ist als die Minimalmenge. Im Plan-Nachschub rundet das System die Nachschubmenge, d. h. die Menge der Lageraufgabe oder der Lageranforderung, auf ein Vielfaches der Mindestnachschubmenge ab. Den Plan-Nachschub können Sie interaktiv oder im Hintergrund starten.

- **Auftragsbezogener Nachschub**

  Beim auftragsbezogenen Nachschub berechnet das System den Nachschub gemäß der Menge der ausgewählten offenen Lageranforderungen. Die Nachschubsteuerung wird immer dann ausgelöst, wenn der Bestand kleiner ist als die erforderliche Menge. Beim auftragsbezogenen Nachschub rundet das System die Nachschubmenge auf ein Vielfaches der Mindestnachschubmenge auf, dabei kann die Maximalmenge überschritten werden. Den auftragsbezogenen Nachschub können Sie interaktiv oder im Hintergrund starten.

- **Automatischer Nachschub**

  Wenn Sie eine Lageraufgabe quittieren, wird der automatische Nachschub im Hintergrund gestartet. Dabei wird der Nachschub gemäß der Minimal- und der Maximalmenge berechnet. Die Nachschubsteuerung wird ausgelöst, wenn der Bestand kleiner ist als die Minimalmenge. Die Nachschubmenge im automatischen Nachschub wird auf ein Vielfaches der Mindestnachschubmenge abgerundet.

- **Direkter Nachschub**

  Diese Form des Nachschubs ist nur in Fixplatzszenarien möglich. Der Nachschub wird dabei während einer Platzzurückweisung gestartet, sobald ein Ausnahmecode auf den internen Prozesscode *Nachschub* hinweist. Beim direkten Nachschub berechnet das System den Nachschub gemäß der Minimal- und der Maximalmenge und geht dabei davon aus, dass die Menge am Lagerplatz null ist. Das System rundet die Nachschubmenge auf ein Vielfaches der Mindestnachschubmenge ab.

  In Radio-Frequency-Szenarien kann der direkte Nachschub vom Kommissionierer durchgeführt werden (Kommissionierer-Nachschub). In diesem Fall wird im Lagerauftrag des Kommissionierers die Lageraufgabe für den Nachschub als nächste zu bearbeitende Position angezeigt. Voraussetzung ist, dass das System in den zulässigen Lagertypen Bestand gefunden hat.

Verschrottungsabwicklung als lagerinterner Prozess

Wenn sich Produkte in Ihrem Lager befinden, die beschädigt wurden oder auf eine andere Art und Weise unbrauchbar geworden sind, müssen Sie diese meist verschrotten oder als Warenverlust verbuchen. Mit der Verschrottungsabwicklung können Sie Umbuchungsanweisungen für die Verschrottung erstellen. Anschließend können Sie die betroffenen Produkte dann wie gewohnt auslagern und im Warenausgang buchen. Sie können die Verschrottungsabwicklung in verschiedenen Szenarien verwenden.

- Die gesamte Menge eines Produkts soll verschrottet werden.
- Die gesamte Menge eines Produkts soll verschrottet werden, jedoch soll eine Restmenge überbehalten werden.
- Eine Teilmenge eines Produkts (unverkäufliche oder beschädigte Produkte im Lager) soll verschrottet werden.

Lager-Reorganisation

Um die Produkte in Ihrem Lager optimal anzuordnen und z. B. Schnelldreher an den bestmöglichen Lagerplatz zu bewegen, können Sie die Lager-Reorganisation verwenden. Dabei vergleicht das System den aktuellen Lagertyp, Lagerbereich und Lagerplatztyp mit den optimalen Parametern aus der Lagerungsdisposition. Ergibt der Vergleich, dass der aktuelle Lagertyp, Lagerbereich oder Lagerplatz eines Produkts nicht optimal ist, schlägt es den optimalen Lagerplatz vor.

Bei der Suche nach einem optimalen Nachlagerplatz (Nachlagerplatzfindung) greift das System auf Suchreihenfolgen für Lagertypen, Lagerbereiche und Lagerplatztypen zurück, in denen die Einträge nach den Lagerungsdispositionsindizes abnehmend geordnet sind. Das System versucht dann zunächst, einen optimalen Lagerplatz vorzuschlagen, der den Lagerungsdispositionsindex null hat. Ist dies nicht möglich, schlägt es einen alternativen Lagerplatz mit dem nächstniedrigeren Lagerungsdispositionsindex vor. Das System schlägt nur dann einen alternativen Lagerplatz vor, wenn sein Lagerungsdispositionsindex kleiner als der des aktuellen Lagerplatzes ist.

13.2.4 Inventur

Mit der Inventur können Sie in EWM eine körperliche Bestandsaufnahme von Produkten und HUs durchführen, um Bestände zu bilanzieren und zu kontrollieren. Sie können die Inventur sowohl lagerplatz- als auch produktbezogen durchführen:

- **Lagerplatzbezogene Inventur**
  Die Inventur bezieht sich auf einen Lagerplatz und somit auf alle Produkte und HUs auf diesem Lagerplatz.
- **Produktbezogene Inventur**
  Die Inventur bezieht sich auf ein spezifisches Produkt auf einem oder mehreren Lagerplätzen und/oder HUs.

Zur Durchführung der Inventur können Sie in EWM zwischen dem Stichtagsinventurverfahren, dem permanenten Inventurverfahren und dem Cycle Counting wählen. Sie können die Inventur für folgende Bestandsarten durchführen:

- frei verwendbarer Bestand in Einlagerung
- frei verwendbarer Bestand im Lager
- gesperrter Bestand in Einlagerung
- gesperrter Bestand im Lager
- Qualitätsprüfbestand in Einlagerung
- Qualitätsprüfbestand im Lager

Sie können alle diese Bestandsarten in einem Inventurvorgang bearbeiten. Im Inventurbeleg wird anschließend für jede der genannten Bestandsarten eine Position gebildet.

Bausatzerstellung

Mit dem Prozess *Kit-to-Stock* können Sie Bausätze auf Lager erstellen und anschließend in den Bestand überführen. Die Erstellung eines Bausatzes kann entweder im SAP-ERP-System auf Basis eines Fertigungsauftrags oder direkt im EWM-System durch einen Auftrag für logistische Zusatzleistung (LZL-Auftrag) manuell angestoßen werden. Außerdem können Sie einen Bausatz mit einer Bausatzzerlegung wieder in seine Komponenten zerlegen.

Sollte kein Bausatz auf Lager sein, können Sie Bausätze für den Auftrag automatisch vom System zusammenstellen lassen. Dabei müssen folgende Regeln beachtet werden:

- Ein Bausatz wird immer vollständig zum Kunden geliefert.
- Bausatzkopf und Bausatzkomponenten werden immer hinsichtlich desselben Datums terminiert.
- Alle Bestandteile eines Bausatzes müssen aus demselben Lager stammen. Um dies zu erreichen, kann auch eine interne Umlagerung zwischen den Lagern verwendet werden.

13 | SAP Extended Warehouse Management (EWM)

- Die Preise für Bausätze werden vom System immer auf der Ebene des Bausatzkopfes berechnet.
- Bausatzkopf und Bausatzkomponente stehen durch die Bausatzstruktur in einem definierten Mengenverhältnis zueinander. Dieses muss neu berechnet werden, sobald sich auf der Ebene des Bausatzkopfes oder der Bausatzkomponenten mengenmäßige Veränderungen ergeben.

13.2.5 Ausgangsprozesse

Der Vorgang der Auslagerung umfasst die Kommissionierung von Waren aus Lagerplätzen im Lager und deren Bereitstellung am Nachlagerplatz. Wenn Sie EWM für die Lagerverwaltung einsetzen, erstellen Sie für alle Lagerbewegungen eine Lageraufgabe. Auslagerungen führen Sie mit Auslagerungslageraufgaben durch. EWM gruppiert Auslagerungslageraufgaben zu Lageraufträgen. Der ausgedruckte Lagerauftrag dient Ihnen als Kommissionierliste für die Auslagerung. Abbildung 13.2 zeigt einen Warenausgangsprozess mit EWM.

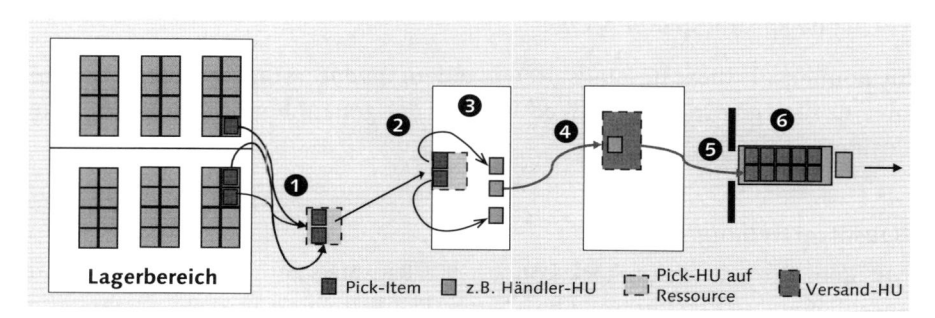

Abbildung 13.2 Beispiel für einen Warenausgangsprozess mit EWM

Ausgangspunkt für diesen Warenausgangsprozess sind die bereits angelegten Lieferungen. Zudem wurden bereits Transportaufträge zu diesen Lieferungen angelegt:

❶ Der erste Schritt in diesem Warenausgangsprozess ist das Kommissionieren der Pick-HUs (Handling Units) auf den Kommissionierwagen.

❷ Anschließend wird ein Transportauftrag für den Transport der Pick-HU zum Übergabeplatz angelegt.

❸ Nach dem Transport zum Übergabeplatz werden die Handling Units (HU) zu Versandpackstücken umgepackt.

❹ Die Versandpackstücke werden in der Händlerbox (einer Versand-HU) bereitgestellt. Dieser Schritt wird mit der Quittierung des Bereitstellungsauftrags der Händlerbox abgeschlossen.

❺ Die Händlerbox wird anschließend auf das Transportmittel (z. B. Lkw) verladen.

❻ Nachdem die Beladung des Transportmittels beendet ist, wird die WA-Buchung im SAP-System angestoßen.

Weitere Warenausgangsprozesse in EWM werden im Folgenden näher erläutert.

Kommissionierwellen für Kundenaufträge

Das EWM-System kann Lageranforderungs- und Split-Positionen aufgrund verschiedener Kriterien in Wellen zusammenfassen (z. B. Aktivitätsbereich, Route und Produkt). Diese Wellen müssen etwa zur gleichen Zeit kommissioniert und bearbeitet werden. Diese Gruppierungen werden in den Folgeabläufen zusammen bearbeitet, z. B. werden sämtliche Lageranforderungspositionen einer Welle an die Lageraufgabenerstellung zu einem gemeinsamen Zeitpunkt übergeben und anschließend werden die erstellten Lageraufgabenpositionen an die Lageraufgabenerstellung weitergegeben.

Abbildung 13.3 zeigt Ihnen, wie EWM Lageranforderungspositionen verschiedener Lageranforderungen mit unterschiedlichen Routen und Kommissionierbereichen zu Wellen zusammenfasst. EWM fasst die Lageranforderungspositionen LANF-Pos. 10 und LANF-Pos. 20 der Lageranforderung 100 und die Lageranforderungsposition LANF-Pos. 10 der Lageranforderung 200 auf der Basis der Route A zur Welle 1 zusammen.

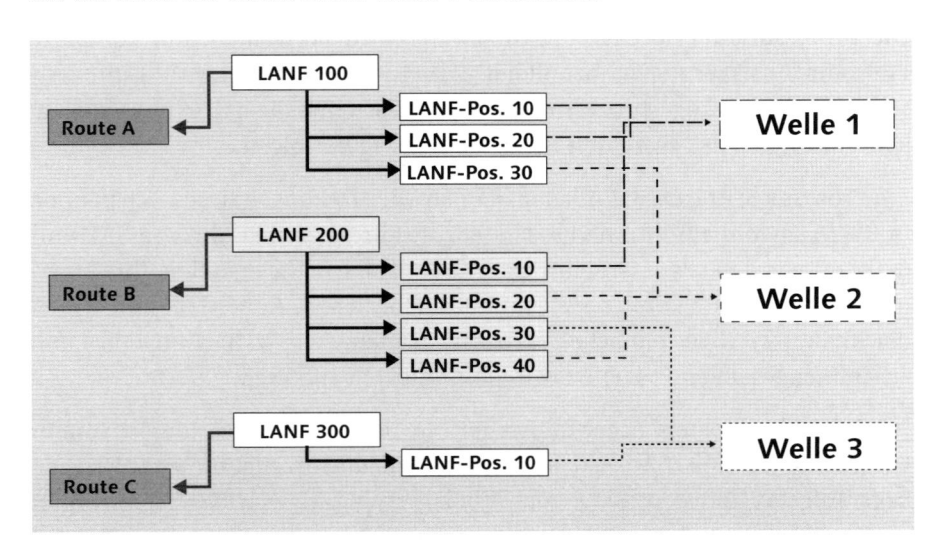

Abbildung 13.3 Kommissionierwellen in EWM (Quelle: SAP)

Grundsätzlich führt EWM eine automatische Wellenzuordnung durch. Wenn in EWM mehrere Lageranforderungspositionen vorliegen, wird für jede Lageranforderungsposition eine mit der Konditionstechnik gültige Wellenvorlage zur Lieferung ermittelt. Für jede Wellenvorlage ermittelt EWM darüber hinaus, ob die Welle, die erzeugt werden soll, innerhalb des Zeitraums zwischen dem Istzeitpunkt und dem Zeitpunkt der geplanten Endezeit für die Lageranforderungsposition liegt. Der Istzeitpunkt ist das aktuelle Systemdatum und die aktuelle Systemuhrzeit. Wenn bereits eine entsprechende Welle vorhanden und eventuell sogar schon freigegeben ist, verwendet EWM diese; anderenfalls legt EWM eine neue Welle an.

Prozessorientierte Lagerungssteuerung

In der Lagerungssteuerung werden die komplexen Ein- oder Auslagerungsprozessschritte in Abhängigkeit von Ihren Prozessen oder Ihren Layoutvorgaben abgebildet. Dabei kann es vorkommen, dass ein einzelner Prozessschritt sowohl ein- als auch mehrstufig, d. h. über Zwischenlagertypen, ausgeführt werden muss. Für die Lagerungssteuerung können Sie sowohl die prozess- als auch die layoutorientierte *Lagerungssteuerung* verwenden. Sie können jedoch auch die prozess- mit der layoutorientierten Lagerungssteuerung kombinieren. EWM führt dabei zunächst die prozessorientierte Lagerungssteuerung aus. Anschließend wird in der layoutorientierten Lagerungssteuerung geprüft, ob die ermittelte Lagerprozessschrittfolge möglich ist, und der Ablauf der Ein- oder Auslagerung wird gegebenenfalls ergänzt.

Die prozessorientierte Lagerungssteuerung wird verwendet, um komplexe Ein- oder Auslagerungen abzubilden. Dabei werden Ihre Lagerungsprozessschritte in einem Lagerprozess zusammengefasst, und Sie haben die Möglichkeit, den Status des einzelnen Prozessschritts zu verfolgen.

Ein Prozessschritt ist z. B. Entladen, Zählen oder Dekonsolidieren. Sie können in EWM sowohl auf interne Prozessschritte zurückgreifen, die von SAP vordefiniert wurden, als auch selbst externe Prozessschritte erstellen. Ihre externen Prozessschritte können sich auf interne beziehen. Außerdem unterscheidet man zwischen einfachen Prozessschritten, wie z. B. Entladen, und zusammengesetzten Prozessschritten wie Dekonsolidieren.

Im Fall der direkten Lagerungssteuerung für die Auslieferung bestimmt EWM, dass Sie eine HU direkt auslagern sollen, und erzeugt für diese HU eine Lageraufgabe, die den Weg vom Vonlagertyp zum Nachlagertyp vorgibt (siehe Abbildung 13.4). Die prozessorientierte Lagerungssteuerung wird hierfür noch nicht benötigt.

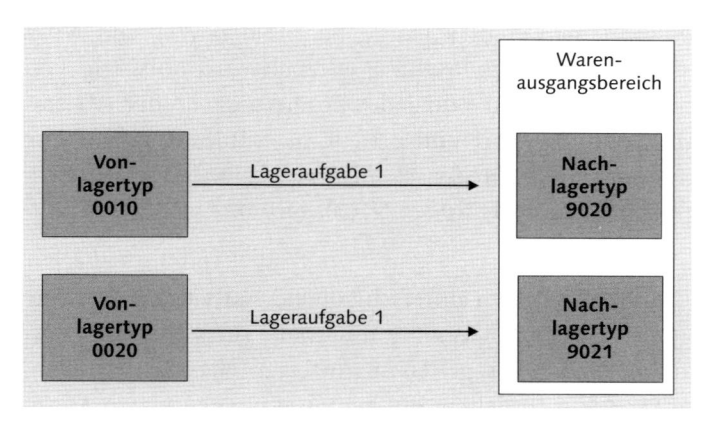

Abbildung 13.4 Direkte Lagerungssteuerung in EWM (Quelle: SAP)

Wenn Sie hingegen komplexe Auslagerungsprozesse definieren möchten, müssen Sie die zusammengesetzte prozessorientierte Lagerungssteuerung verwenden. EWM verwendet diese bei der Erzeugung einer Lageraufgabe, um die Zwischenlagertypen (z. B. Packtisch) zu bestimmen. Wenn Sie eine HU über einen oder mehrere Zwischenlagertypen auslagern möchten, erzeugt EWM für diese HU pro Wegabschnitt eine Lageraufgabe (siehe Abbildung 13.5).

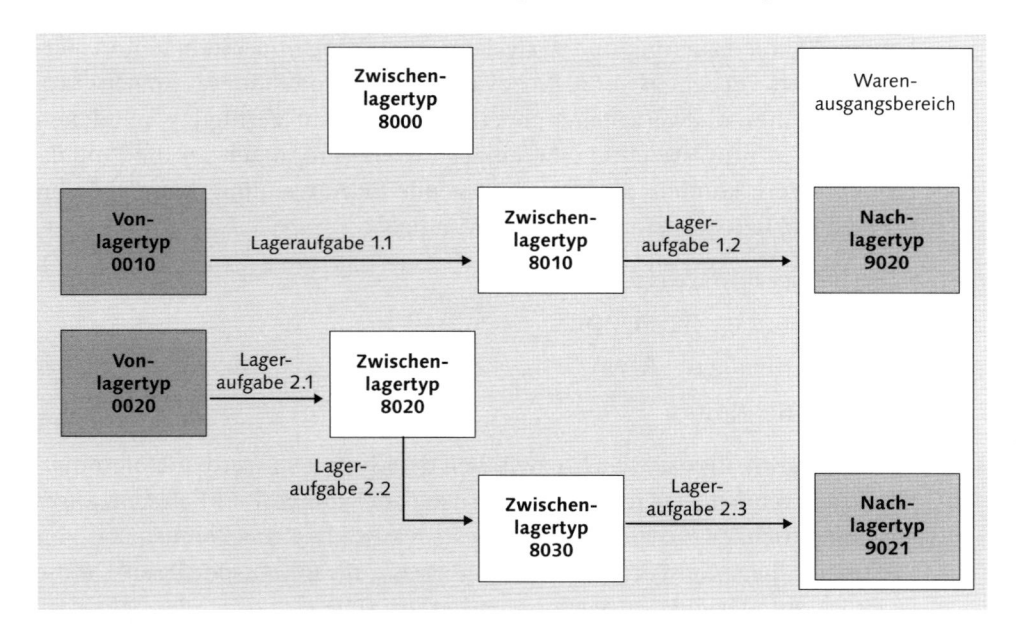

Abbildung 13.5 Prozessorientierte Lagerungssteuerung (Quelle: SAP)

EWM erzeugt dabei zum einen eine Lageraufgabe, die den Weg vom Von-lagertyp zum Zwischenlagertyp beschreibt. Zusätzlich wird abhängig von Ihrem Customizing eine Lageraufgabe für jedes Produkt, das in der HU enthalten ist erzeugt (Lageraufgaben 1.1 und 2.1). Je nach Ihrem Customizing wird dabei eine Lageraufgabe vom Zwischenlagertyp zum nächsten Zwischenlagertyp oder bereits zum endgültigen Nachlagertyp erzeugt (Lageraufgaben 1.2, 2.2 und 2.3).

An den Zwischenlagertypen können unterschiedliche Aktivitäten durchgeführt werden. So können Sie beispielsweise innerhalb eines Auslagerungsprozesses an einem Zwischenlagertyp HUs in Auslagerungs-HUs verteilen, die unterschiedliche Produkte enthalten. Bei der zusammengesetzten Auslagerung können Sie den endgültigen Nachlagertyp gleich zu Beginn Ihres Auslagerungsprozesses oder erst später bestimmen lassen. Die Zwischenlagertypen werden von EWM genau so verwaltet wie die Standardlagertypen. Zum Beispiel können Sie diese in Lagerbereiche und -plätze unterteilen.

Integration in die Produktionsversorgung

Die Integration der Produktionsversorgung ermöglicht Ihnen, das EWM-System zusammen mit einem SAP-ERP-System einzusetzen. Auf diese Weise können Sie die Lagerung und Materialbereitstellung von Produkten in Verbindung mit Fertigungs- und Prozessaufträgen (Produktionsaufträgen) verwalten. Zu diesem Zweck stehen Ihnen Werkzeuge zur Verfügung, mit denen Sie Ihre Lagerprozesse um die Bereitstellung von Produkten für die Produktion erweitern können. Sie können folgende PP-Anwendungskomponenten für die Produktionsversorgung in EWM nutzen:

- Fertigungsaufträge (PP-SFC)
- Prozessaufträge (PP-PI_POR)
- Serienfertigung (PP-REM)
- Kanban (PP-KAB)

Für den Informationsaustausch zwischen den Systemen werden Lieferdokumente verwendet. Die Lieferungen werden dabei vom SAP-ERP-System angelegt und anschließend an das EWM-System verteilt. Beim Bereitstellen von Produkten für einen Fertigungs- oder Prozessauftrag transportieren Sie die Produkte zum Produktionsversorgungsbereich (PVB).

Es gibt mehrere Arten, um die für einen Fertigungs- oder Prozessauftrag benötigten Produkte bereitzustellen:

- Für Einzelaufträge benötigen Sie Kommissionierteile, für Mehrfachaufträge hingegen Abrufteile. In beiden Fällen müssen die Produkte für die Produktionsversorgung rechtzeitig und in der erforderlichen Menge bereitgestellt werden.
- Produkte, die ständig benötigt werden, werden unabhängig von Aufträgen bereitgestellt. Zu diesem Zweck stehen im Lager Container zur Verfügung, die von der Produktion angefordert werden. Mit dem Kanban-Verfahren können solche Kistenteile verwaltet werden.

Wenn Produkte für weitere Produktions- oder Fertigungsaufträge nicht mehr benötigt werden, können diese in das Lager zurückgebracht werden. Anschließend wird der Warenausgang der Produkte aus dem PVB vom System gebucht. In der Regel erfolgt dies über eine retrograde Entnahme bei der Produktionsrückmeldung.

Es gibt unterschiedliche Möglichkeiten um die Bestände der Produktionsversorgungsbereiche (PVB) in EWM zu organisieren:

1. **Separate Lagerplätze im EWM-System**
   In diesem Fall verwaltet das System die Bestände im PVB getrennt von den anderen Beständen, wodurch die Transparenz auf Lagerplatzebene (EWM-System) und auf Lagerortebene (SAP-ERP-System) erhöht werden kann. Beim Bereitstellen im PVB wird im EWM-System eine Umbuchung durch Ändern der Bestandsart ausgeführt. Im SAP-ERP-System entspricht dies einer Umlagerung zwischen den Lagerorten.

2. **EWM-geführter Lagerort**
   In diesem Fall werden die PVB-Bestände nur in EWM verwaltet und sind daher auch nur im EWM-System transparent. Beim Bereitstellen im PVB wird vom System keine Umbuchung durchgeführt.

3. **MM-IM-geführter Lagerort**
   In diesem Fall werden die PVB-Bestände im ERP-System auf MM-IM-Lagerortebene geführt. Die Bereitstellung im PVB entspricht in EWM einer Auslieferung und im SAP-ERP-System einer Umbuchung auf einen Lagerort außerhalb des EWM-Systems.

4. **EWM-geführter Lagerort in einem anderen EWM-Lager**
   In diesem Fall werden die PVB-Bestände im EWM-System in einer anderen Lagernummer verwaltet. Die Bereitstellung erfolgt in einer zweistufigen Umbuchung:
   - Auslieferung aus dem sendenden EWM-Lager
   - Anlieferung an das empfangende EWM-Lager

Die Produktionsversorgung in EWM ist in die Schritte Bereitstellung und Verbrauch unterteilt. Bei der Bereitstellung wird der Bestand vom Lager an den PVB im SAP-ERP-System gebracht. Alternativ können Sie den Bestand durch eine Ad-hoc-Bewegung direkt in den PVB bringen. Beim Verbrauch werden Produkte aus dem PVB entnommen, und das System führt eine Verbrauchsbuchung aus.

13.2.6 Ein- und Auslagerungsstrategien

Zur Ermittlung der Lagerplätze und Bestände werden im EWM-System Ein- und Auslagerungsstrategien verwendet. Bei jeder Erstellung einer Lageraufgabe (LB) greift das EWM-System auf Ein- und Auslagerungsstrategien zurück:

- **Wareneingänge**
  Bei Wareneingängen greift das EWM-System auf Einlagerungsstrategien und im Produktstamm festgelegte Parameter zurück, um die verfügbare Lagerkapazität auszunutzen und automatisch passende Lagerplätze zu ermitteln.

- **Warenausgänge**
  Bei Warenausgängen verwendet das EWM-System Auslagerungsstrategien, um den optimalen Kommissionierplatz zu ermitteln. Sie können die automatisch vom System vorgeschlagenen Von- und Nachlagerplätze ändern, wenn Sie bestimmte Warenbewegungen manuell bearbeiten.

- **Interne Umlagerungen**
  Auch für interne Umlagerungen verwendet das EWM-System Ein- und Auslagerungsstrategien. Beispiele für solche internen Umlagerungen sind die Lager-Reorganisation, die Umbuchung und die Nachschubsteuerung.

Einlagerungsstrategien

Die folgende Auflistung nennt die möglichen Einlagerungsstrategien:

- **Manuelle Eingabe**
  Das System verwendet den Lagerplatz, den Sie eingegeben haben.

- **Fixlagerplatz**
  Das System sucht nach einem Fixlagerplatz.

- **Freilager**
  Das System sucht im Freilagerbereich.

- **Zulagerung**
  Das System sucht nach einem Lagerplatz, auf dem bereits Bestand gelagert ist.
- **Leerplatz**
  Das System sucht nach einem Leerplatz.
- **Nähe Kommissionierfixplatz**
  Das System sucht einen Lagerplatz im Reservelagertyp in der Nähe des Kommissionierfixplatzes des Kommissionierlagertyps.
- **Palettenlager (nach HU-Typ)**
  Das System ermittelt den Lagerplatz auf der Grundlage des HU-Typs.
- **Blocklager**
  Das System sucht im Blocklager nach einem Lagerplatz.

In der Kapazitätsprüfung prüft das System bei der Erstellung einer LB, ob der ausgewählte Lagerplatz die einzulagernde Menge aufnehmen kann.

Auslagerungsstrategien

Mithilfe von Auslagerungsstrategien können Sie festlegen, in welchen Lagertypen das System nach Bestand suchen, und wie es den ermittelten Bestand sortieren soll. Die Bestandsermittlung läuft in folgenden Fällen ab:

- Erstellung von Lageraufgaben
- Erstellung von Lageranforderungen
- Änderung von Lageranforderungspositionen

Im Folgenden sind die möglichen Auslagerungsstrategien aufgelistet:

- **FIFO (First-in, First-out)**
  Das System sucht mit FIFO nach dem ältesten Quant.
- **Strenges FIFO über alle Lagertypen**
  Das System sucht mit strengem FIFO über alle Lagertypen.
- **LIFO (Last-in, First-out)**
  Das System sucht mit LIFO nach dem jüngsten Quant.
- **Zuerst Anbruchsmengen**
  Das System sucht zuerst nach Anbruchsmengen, dann nach Standardmengen.
- **Auslagerungsvorschlag nach Menge**
  Das System ermittelt den Lagerplatz auf der Grundlage der Menge.

▸ **Mindesthaltbarkeitsdatum**
Das System sucht nach Produkten mit der kürzesten Restlaufzeit vor dem Mindesthaltbarkeitsdatum.

▸ **Fixlagerplatz**
Das System sucht nach einem Fixlagerplatz.

Dock Appointment Scheduling (DAS) – EWM-Zeitfenstermanagement

In einer Supply Chain können an den unterschiedlichsten Stellen Engstellen und Spannungsfelder entstehen. Sehr häufig kommt es zu diesen Situationen, wenn unterschiedliche Partner mit unterschiedlichen Systemen kommunizieren, oder an operativen Schnittstellen wie beispielsweise zwischen Lagerprozessen, in der Materialbereitstellung und in der Verladung. Sind an dieser Organisationskette noch weitere Teilnehmer wie Kunden, Spediteure oder Lieferanten beteiligt, gestaltet sich eine Planung oder Optimierung sehr schwierig.

Ein kritischer Punkt, an dem besonders häufig Engpässe auftreten, ist die Laderampe, da sie von allen Waren sowohl beim Lagereingang als auch beim Lagerausgang überquert werden muss. Um Probleme an dieser Stelle zu vermeiden, können Sie mit der neuen Funktion SAP Dock Appointment Scheduling (DAS) die Ankunft von Fahrzeugen zur Be- und Entladung im EWM koordinieren und planen. Dabei wird nicht nur die Lagersicht beachtet, sondern auch Spediteure und Frachtführer werden aktiv in den Prozess eingebunden. Über eine webbasierte Maske können Spediteure und Frachtführer das entsprechenden Angebot an freien Verladeslots in DAS einsehen und einen entsprechenden freien Ladeslot buchen. Grundsätzlich kann DAS als Standalone-Lösung oder integriert mit EWM betrieben werden. Im Folgenden gehen wir auf die integrierte Lösung näher ein.

Die Buchung eines Zeitfensters (der Ladetermine) erfolgt auf der Ebene einer Ladestelle. Jede Ladestelle hat eine definierte Zeitfensterlänge und einen definierten Nummernkreis für die Terminnummern. Das System verknüpft jede Ladestelle mit einer SCU, die den gleichen Namen hat. Die SCU enthält zusätzliche Informationen zur Ladestelle wie die Adresse und geografische Informationen. Das System verwendet SCUs, um im integrierten Szenario Verbindungen zu EWM anzulegen. Die finale Integration mit dem EWM erfolgt über die Zuordnung der angelegten Ladestellen zu EWM-Toren. Mit dieser Zeitfensterverwaltung können Zeitfenster für jede Ladestelle angelegt und deren Kapazität geändert werden. In den Stammdateneinstellungen wird eine fixe Dauer der Zeitfenster für jede Ladestelle definiert. Jedes Zeitfenster hat eine Kapazität, die die maximale Anzahl von Fahrzeugen angibt, die an dieser Ladestelle in dem Zeitfenster be- oder entladen werden können. Mit dieser Funktion können Sie auch zukünftige Zeitfenster in der textuellen Sicht löschen. Sie müssen Zeitfenster für eine Ladestelle einrichten, um einen Ladetermin für eine Ladestelle anlegen zu können. Wenn dann im nächsten Schritt ein Ladetermin für ein vorhandenes freies Zeitfenster angelegt werden soll, müssen Sie diesem Ladetermin einen Frachtführer zuordnen. Außerdem können Sie Zusatzdaten wie die Transportmittel-ID oder den Fahrernamen eingeben. Sie können den Termin aufrufen und die Daten gegebenenfalls ändern.

Das System legt automatisch eine Terminnummer für den Ladetermin an. Mit dieser Terminnummer kann sich dann später der Fahrer an der entsprechenden Ladestelle anmelden. Die Verschiebung von Terminen hängt von der jeweiligen ausführenden Partei ab. Als interner Mitarbeiter können Sie Ladetermine mit dem Status »Geplant« innerhalb der Ladestelle in verschiedene Zeitfenster verschieben. Als Terminplaner des Spediteurs oder Frachtführers können Sie Termine nur verschieben, wenn der eingeschränkte Planungszeitraum noch nicht begonnen hat.

Im Folgenden stellen wir Ihnen einen exemplarischen Eingangsprozess mit DAS vor (siehe Abbildung 13.6):

1. Zunächst legen Sie in DAS einen Ladetermin an.

2. Wenn das Fahrzeug ankommt, setzen Sie den Status in DAS auf »am Kontrollpunkt angekommen«. Das System erstellt automatisch eine Transporteinheitaktivität in EWM und setzt den Status dort auf »Ankunft am Kontrollpunkt«.

3. In EWM ordnen Sie die Lieferungen der Transporteinheit und die Transporteinheit wiederum einem Tor zu. Sie setzen den Status auf »Ankunft am Tor«. Das System aktualisiert den Status des Termin in DAS automatisch auf »am Tor angekommen«.

4. Als Nächstes be- oder entladen Sie die Transporteinheit.

5. Wenn das Fahrzeug zur Abfahrt bereit ist, setzen Sie den Status auf »Abfahrt vom Tor«, und das System aktualisiert den Status des Termins in DAS automatisch auf »vom Tor abgefahren«.

6. Schließlich setzen Sie den Status in EWM auf »Abfahrt vom Kontrollpunkt«. Das System aktualisiert den Status des Termins in DAS automatisch auf »vom Kontrollpunkt abgefahren«. Sie können den Status »vom Kontrollpunkt abgefahren« auch direkt in DAS setzen, und das System

aktualisiert den Status des Termins automatisch auf »Abfahrt vom Kontrollpunkt« in EWM.

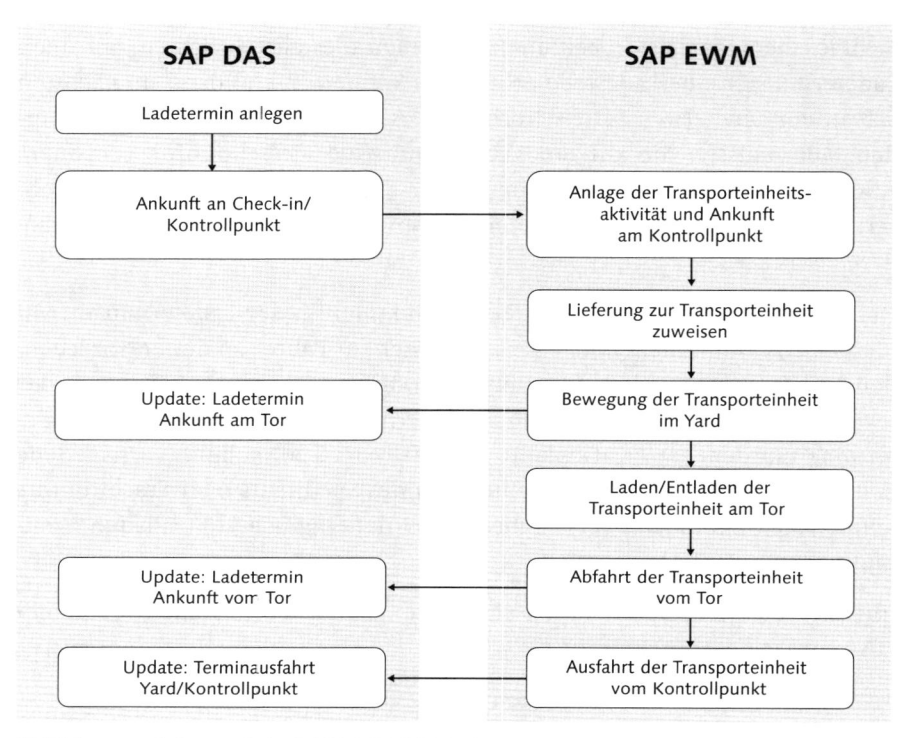

Abbildung 13.6 Prozessbeispiel SAP DAS/SAP EWM Integration

13.2.7 Übergreifende Prozesse

Im EWM-System gibt es noch einige übergreifende Prozesse, die wir Ihnen im Folgenden vorstellen möchten.

Ressourcenmanagement (RM)

Das Ressourcenmanagement in EWM maximiert die Effizienz von Lagerprozessen durch die Erleichterung und Verteilung von Arbeit mit Queues. Eine Queue ist eine logische Ablage, der zu bearbeitende Lageraufgaben (LB) zugeordnet werden. Queues definieren Bewegungen, mit denen Arbeit im Lager verwaltet und zugeordnet wird. Sie ermöglichen die Ausführung von Arbeit durch Ressourcen in einem Umfeld mit oder ohne Radio Frequency (RF). Sie optimieren die Selektion von Lageraufträgen für Ressourcen, die Arbeit anfordern, und deren effektive Überwachung und Steuerung. Eine Ressource ist eine Einheit, die einen Benutzer oder ein Equipment abbildet, der oder das

Arbeit im Lager ausführen kann. Die Lageraufträge (LA) können einer Ressource manuell vom Lagerleiter oder automatisch vom System zugeordnet werden. Bei der optimierten Lagerauftragsselektion werden die Ressourcen, die systemgeführte Arbeit anfordern, den LAs angeboten, die sich für diese am besten eignen. Dabei wird eine Reihe von Faktoren berücksichtigt, wie z. B. Modus, spätester Starttermin (SST), Ausführungsprioritäten, zugeordnete Queues, Qualifikationen des Ressourcentyps und LA-Status.

Cross-Docking (CD)

Wenn Sie Produkte oder HUs effizient bearbeiten und unnötige Umschlagsvorgänge im Lager vermeiden möchten, können Sie Cross-Docking in einem Distributionszentrum oder Lager verwenden. Durch die geringere Verweildauer im Lager können Sie Lagerhaltungskosten sparen, und wenn Sie *Transport-Cross-Docking* (TCD) verwenden, können Sie außerdem die Transportkosten optimieren. Im Cross-Docking werden die Produkte oder HUs vom Wareneingang zum Warenausgang transportiert, ohne dass zwischendurch eine Einlagerung stattfindet. Im Fall von TCD arbeiten Sie nur mit HUs. Mithilfe von Cross-Docking können Sie z. B. die Anzahl bearbeiteter HUs erhöhen und dringende Kundenaufträge erfüllen. Außerdem können Sie die Kosten für Bearbeitung und Lagerung reduzieren.

Sie können bestimmen, wie der Cross-Docking-Prozess ablaufen soll. Sie können den Cross-Docking-Prozess geplant durchführen oder aber auch zunächst mit einem regulären Wareneingangsprozess beginnen.

Im geplanten Cross-Docking wird im Customizing bestimmt, wie der Cross-Docking-Prozess ablaufen soll, sodass die Cross-Docking-Relevanz feststeht, bevor Bestand eintrifft und Sie den Wareneingang buchen oder die Auslieferung freigeben. Sie können z. B. ein Transport-Cross-Docking (TCD) oder eine Warenverteilung verwenden. Im TCD-Prozess wird mit Cross-Docking-Routen gearbeitet. Die Routenfindung entscheidet aufgrund der Cross-Docking-Route, ob ein TCD-Prozess Vorteile bietet. Das SAP-ERP-System erzeugt im TCD-Fall ein entsprechendes Lieferpaar, d. h. eine An- und Auslieferung, die beide jeweils die gleiche TCD-Vorgangsnummer enthalten. SAP ERP sendet dieses Lieferpaar an das EWM-System, das anschließend den weiteren TCD-Prozess ausführt.

Im opportunistischen Cross-Docking wird die Cross-Docking-Relevanz ermittelt, nachdem die Ware im Lager eingegangen ist oder bevor sie das Lager verlässt. Für die Ermittlung der Cross-Docking-Relevanz und der weiteren Prozessschritte sind folgende Prozessvarianten denkbar:

- Push-Deployment (PD)
- Kommissionieren des Wareneingangs (PFGR)
- opportunistisches Cross-Docking (vom EWM-System angestoßen)

Im Folgenden möchten wir einen TCD-Prozess anhand einer beispielhaften Anlieferung demonstrieren. Sie erhalten eine Anlieferung. Die Routenfindung entscheidet aufgrund der Route, ob ein TCD-Prozess notwendig ist. Ist dies der Fall, erzeugt das SAP-ERP-System ein entsprechendes Lieferpaar und sendet es an das EWM-System. In diesem einfachen Fall werden die Nachlagerplätze vom EWM-System direkt in der Auslieferung angegeben, z. B. die Warenausgangszone. Wenn das EWM-System eine Kommissionierlageraufgabe erzeugt, wird der Nachlagerplatz aus der Auslieferung erzeugt. Dabei verwendet es eine Lageraufgabe für das Cross-Docking, die sowohl die Anlieferung als auch den Auslieferungsauftrag fortschreibt.

Yard Management (YM)

Ein Yard bezeichnet einen abgeschlossenen Bereich außerhalb des Lagers, in dem Fahrzeuge und Transporteinheiten abgewickelt werden und zur Abwicklung oder Abholung durch einen externen Frachtführer bereitstehen. Mit den Yard-Management-Funktionen im EWM-System können Sie sämtliche Fahrzeuge auf Ihrem Lagergelände verwalten. Bewegungen innerhalb des Lagergeländes werden mithilfe von Lageraufgaben abgebildet. Mit dem Lagerverwaltungsmonitor können Sie den sogenannten Lagerhof überwachen. Der Lagerhof wird in der Lagerstruktur definiert und kann für ein oder mehrere Läger verwendet werden. Umgekehrt können Sie auch mehrere Lagerhöfe für ein Lager festlegen. Die Parkpositionen der Fahrzeuge werden als Standardlagerplätze abgebildet, die zu Lagerhofabschnitten zusammengefasst werden können. Kontrollpunkte dienen dazu, Fahrzeuge zu registrieren, die am Lagergelände ankommen oder das Gelände verlassen. Von dort werden sie entweder zu einer Parkposition oder direkt zu einem Tor geleitet, um sofort mit der Be- oder Entladung zu beginnen. Um Bewegungen auf dem Lagergelände anzustoßen, können Sie entweder Datenfunk- oder Desktop-Transaktionen verwenden.

Qualitätsmanagement (QM)

Das Qualitätsmanagement (QM) des EWM-Systems nutzt die *Quality Inspection Engine* (QIE), um Prüfprozesse in EWM abzubilden. QM ermöglicht Ihnen die manuelle oder automatische Überprüfung Ihrer Produkte. Folgende Prüfungen können Sie mit QM im Hinblick auf Produkte, Verpackungen oder Transporte durchführen:

- **Prüfungen für den Wareneingangsprozess**
  - komplette Anlieferung prüfen
  - gelieferte Handling Units (HU) prüfen
  - gelieferte Produkte zählen
  - gelieferte Produkte bei Lieferantenanlieferungen prüfen
  - gelieferte Produkte bei Kundenretouren prüfen
- **Prüfungen im Lager**
  Eine solche manuelle Qualitätsprüfung ist z. B. sinnvoll, wenn Sie feststellen, dass von einer eingelagerten Produktmenge ein Stück beschädigt ist.
- **Prüfungen von Retouren**
  Um den Wareneingang und die Qualität von Retouren zu überprüfen, können Sie in SAP Customer Relationship Management (SAP CRM) Parameter definieren. EWM schickt die Prüfbefunde nach der Qualitätsprüfung zur Auswertung an das SAP-CRM-System. Mithilfe der Auswertung können Sie logistische Folgeaktionen anstoßen wie z. B. Umlagern oder Verschrotten.

Arbeitsmanagement (AM)

Das Arbeitsmanagement kann Ihnen helfen, die Produktivität Ihres Lagers zu erhöhen, indem Sie die Arbeitszeiten und Ressourcen in Ihrem Lager besser planen. Es stellt Funktionen bereit, mit denen Sie die Aktivitäten in Ihrem Lager messen, planen, simulieren und visualisieren können. So können Sie z. B. die Leistung Ihrer Arbeiter mit Ihren Vorgaben vergleichen und anschließend über ein angeschlossenes HCM-System Leistungsanreize setzen.

Im Folgenden erhalten Sie einen Überblick über die Funktionen des Arbeitsmanagements:

- AM-spezifische Stammdaten wie Ausführende und Formel- und Bedingungseditor
- standardisierte Vorgabezeiten bestimmen
- geplante und ausgeführte Arbeitslast erzeugen
- Arbeitsmanagement im Lagerverwaltungsmonitor
- operative Planung durchführen
- Mitarbeiterleistung

Chargenverwaltung

Sie können sowohl im Chargenstamm als auch bei der Anlieferung Chargen anlegen, und das System berücksichtigt das Ursprungsland bei der Lagerauftragserstellung. Außerdem können Sie Chargen kommissionieren und Dokumentationschargen verwalten, basierend auf einer Chargenzustandsverwaltung im Warenausgangsprozess. Darüber hinaus haben Sie die Möglichkeit, im Wareneingangsprozess Chargen anzulegen, mit Dokumentationschargen zu arbeiten und Chargenbewertungen durchführen. Im Folgenden geben wir Ihnen einen Überblick über die Funktionen, die in der Chargenverwaltung zur Verfügung stehen:

- **Chargensuche im Kommissionierprozess**
  Sie können die Chargensuche im Kommissionierprozess über Merkmale bzw. Selektionskriterien ausführen, die in der Selektionsklasse gespeichert sind.

- **SAP-ERP-Integration**
  Das SAP-ERP-System sendet mit der Auslieferung die bewerteten Chargenselektionskriterien an das EWM-System.

- **Chargen in der Auslieferung**
  In der Auslieferungsanforderung und dem Auslieferungsauftrag können Sie sich die Selektionskriterien pro Lieferposition anzeigen lassen. Beim Anlegen einer Lageraufgabe werden nur die Chargen vom System selektiert, die den vorgegebenen Selektionskriterien entsprechen.

- **Chargensuche**
  Wenn Sie eine Lageraufgabe zur Auslieferung anlegen, berücksichtigt das System die Chargenselektionskriterien. Wenn Sie Chargen in der Auslieferung angeben, wird die von Ihnen vorgegebene Charge verwendet.

- **Chargen in der Anlieferung**
  Sie können die folgenden Daten von der Anlieferung in die Charge übernehmen: das Verfallsdatum, das Herkunftsland und das Produktionsdatum.

- **Chargenzustandsverwaltung**
  In vielen Industrien, beispielsweise der Lebensmittelindustrie, spielt die Chargenzustandsverwaltung eine elementare Rolle. In EWM können Chargen die Merkmale frei und nicht frei haben. Sie können so verhindern, dass Lageraufgaben zu Chargen mit dem Merkmal nicht frei angelegt werden dürfen und somit kommissioniert werden. Des Weiteren können Sie über ein Kennzeichen an den Lieferattributen steuern, dass nicht freie Chargen nicht als Warenausgang oder Wareneingang gebucht werden kön-

nen. Somit können unfreie Chargen beispielsweise im Lager bewegt, aber nicht ausgebucht werden.

- **Dokumentationscharge**
  Dokumentationschargen werden vom System nicht bestandsgeführt, können aber vom SAP-ERP-System nachverfolgt werden. Das System erfasst eine Dokumentationscharge vor dem Wareneingang als Zusatzinformation, die im Chargenfeld der An- oder Auslieferung steht.
- **Lagerverwaltungsmonitor**
  Der Lagerverwaltungsmonitor ermöglicht es Ihnen, Lagerbestände anhand von Chargenmerkmalen zu selektieren.

Serialnummernverwaltung

Die Serialnummer ist eine Zeichenfolge, die Ihnen ermöglicht, ein Einzelstück von allen anderen Stücken individuell zu unterscheiden. Sie besteht aus einer Ziffernfolge und wird dem Produkt zusätzlich zur Produktnummer vergeben. Die Kombination aus Produkt- und Serialnummer ist eindeutig. In folgenden Bereichen können Sie Serialnummern verwenden:

- in der Lieferung
- am Arbeitsplatz
- im EWM-Monitor
- in der Inventur
- im RF-Umfeld
- beim Quittieren einer Lageraufgabe

In EWM werden Serialnummern nur bis zur Warenausgangsbuchung (als Bewegungsdatum) geführt. Anschließend können Sie die Serialnummern als Information dem Lieferbeleg entnehmen, weitere Informationen werden daher nur durch das SAP-ERP-System gesichert.

Materialflusssystem (MFS)

Das Materialflusssystem (MFS) ermöglicht es Ihnen, ein automatisches Lager ohne zusätzlichen Lagersteuerrechner an EWM anzubinden. Wenn Sie das MFS entsprechend einrichten, können Sie Lageraufgaben in kleinere Aufgaben unterteilen und anschließend an die jeweils zuständige speicherprogrammierbare Steuerung (SPS) übergeben. Auf diese Weise kann die Ein- und Auslagerung von Handling Units (HU) ohne den Einsatz eines weiteren Softwaresystems vollautomatisch erfolgen.

Außerdem haben Sie die Möglichkeit, Kapazitätsgrenzen für Meldepunkte, Fördersegmente oder Ressourcen einzustellen. Das EWM-System hält dann Aufgaben für die SPS zurück, wenn diese Grenzen überschritten oder wenn die SPS eine Störung der einzelnen Fördermittel (Fahrzeuge, Strecken, Meldepunkte) meldet. Der mitgelieferte Lagerverwaltungsmonitor ermöglicht Ihnen, den Prozess zu überwachen und gegebenenfalls einzugreifen

Sie können die folgenden Funktionen nutzen, wenn Sie ein automatisches Lager in EWM verwenden:

- HUs automatisch mithilfe von Scannern auf der Fördertechnik identifizieren
- nicht lagerfähige HUs (Konturenfehler, Übergewicht, nicht identifiziert) automatisch ausschleusen
- HUs auf dem Lagerplatz vollautomatisch über beliebig viele Zwischenschritte einlagern (diese Zwischenschritte werden über Meldepunkte abgebildet)
- Störungen berücksichtigen, die die Steuerungen gemeldet haben
- Kapazitätsgrenzen für Meldepunkte, Fördersegmente und Fahrzeuge berücksichtigen
- Leerwegreduzierung für Regalbediengeräte über Doppelspiel
- Verwendung des Kommissionierprinzips Ware zum Mann
- auch während des Transports verfügbare Bestände auf der Anlage für Lieferungen
- stabile Telegrammkommunikation zwischen EWM und SPS über parallele, bidirektionale Kommunikationskanäle

Außerdem stehen Ihnen mit dem Lagerverwaltungsmonitor nützliche Funktionen zur Verfügung:

- den aktuellen Anlagenzustand überwachen
- Telegramme und Antwortzeiten auswerten
- den aktuellen Aufenthalt von HUs und die dazu vorliegenden Lageraufgaben einsehen
- den Telegrammverkehr zu einzelnen HUs oder Lageraufgaben ermitteln
- die Kommunikation mit einzelnen Steuerungen stoppen oder neu starten
- Meldepunkte, Segmente oder Ressourcen sperren
- Telegramme gegebenenfalls wiederholt senden
- Lageraufgaben manuell quittieren

Der Alert-Monitor ermöglicht Ihnen, Protokolle von Ausnahmen aufzurufen. Diese Protokolle werden z. B. erstellt, wenn die Kommunikation zu einer SPS gestört wurde und das EWM-System einen automatischen Neustart des Kommunikationskanals eingeleitet hat. Über Folgeaktionen kann z. B. direkt ein Leitstand benachrichtigt werden, sobald eine solche Ausnahme auftritt.

Schließlich hat auch der Systemadministrator die Möglichkeit, für Analysezwecke auf Systemprotokolle zuzugreifen. Hier wird z. B. ein Protokolleintrag angelegt, falls eine Lageraufgabe, die zum Transport ansteht, nicht an SPS gesendet wurde, weil beispielsweise keine Kapazität auf dem nächsten Meldepunkt verfügbar ist oder weil eine Störung vorliegt.

13.3 Radio-Frequency-Framework

EWM bietet Ihnen die Möglichkeit, mit dem Radio-Frequency-Framework eine Reihe von Vorteilen zu nutzen. Zum einen sorgt das Radio-Frequency-Framework für eine Entkopplung der Geschäftslogik von der physischen Darstellung der Anwendungsdaten auf einem bestimmten Endgerät. Zum anderen unterstützt es eine große Anzahl von Gerätegrößen sowie Geräte- und Datenerfassungsarten.

Radio Frequency (RF) bietet verschiedene Möglichkeiten zur Datendarstellung, abhängig von den Anwendungsdaten, Geräteeigenschaften und Benutzerpräferenzen. Außerdem ermöglicht es, Services entsprechend den Ressourceneingaben aufzurufen, wie z. B. Verifikations- oder Eingabedaten sowie Anmeldeanfragen. Nicht zuletzt bietet es personalisierte Menüs und Bilder sowie eine flexible und benutzerfreundliche Generierung und Änderung von Bildern und Ablauflogik.

Indem Sie mobile RF-Geräte verwenden, können Sie eine schnelle, fehlerfreie Datenkommunikation im Lager ermöglichen und die Effizienz erhöhen. Sowohl GUI- und zeichenorientierte Geräte als auch browserfähige Geräte werden vom Radio-Frequency-Framework unterstützt. GUI-Geräte sind wie jeder andere mandantenabhängige PC mit dem SAP-System verbunden. Die Bilder können entweder Touchscreens sein, die vordefinierte Buttons verwenden, oder sie können über eine Tastatur bedient werden. Zeichenorientierte Geräte sind über die SAP Console mit dem System verbunden. Die SAP Console läuft auf einer Windows-NT-/Windows-2000-Plattform und interagiert mit den angeschlossenen Radio-Frequency-Terminals. Die Web SAP Console wird verwendet, um browserfähige Geräte anzuschließen.

Im Folgenden geben wir Ihnen noch einen kurzen Überblick über die Funktionen, die vom Radio-Frequency-Framework unterstützt werden:

- **Barcode**
  Das Radio-Frequency-Framework unterstützt Barcodes für Identifikations- und Verifikationszwecke.

- **Bildaufbaupersonalisierung**
  Mit dem Radio-Frequency-Bildmanager können Sie die Anzeige anpassen, um sicherzugehen, dass diese mit den Attributen der verwendeten Endgeräte übereinstimmt.

- **Menüpersonalisierung**
  Mit dem Radio-Frequency-Menümanager können Sie für die Radio-Frequency-Transaktionen eigene Menüs und eine eigene Menühierarchie definieren.

- **Standard-Radio-Frequency-Transaktionen**
  Das Radio-Frequency-Framework von SAP enthält diverse Standard-Radio-Frequency-Transaktionen, die direkt auf mobilen Geräten genutzt werden können. So können z. B. die Transaktionen Anmeldung RF, Abmeldung RF und Wiederherstellung RF mobil genutzt werden.

- **Unterstützte Standardtransaktionen**
    - Kommissionierung
    - Einlagerung
    - Beladen
    - Entladen
    - Dekonsolidierung
    - Verpacken
    - Inventur
    - Nachschub

13.4 Integration mit SAP Transportation Management (TM)

Mit dem SAP Transportation Management (TM) hat SAP eine Lösung für das Transportmanagement geschaffen, die alle Facetten eines Transportprozesses sowohl auf der Seite der Verlader als auch aufseiten der Logistik-Dienstleister abdecken kann. TM wurde bereits 2007 eingeführt und in den vergangenen

Jahren kontinuierlich weiterentwickelt. Dabei agiert TM nicht nur als reines Transportabwicklungssystem, sondern versteht sich als integrierte Prozessplattform mit starkem Fokus auf kollaborative Transportprozesse. Neben der Transportplanung und -ausführung gehören auch Abrechnungsprozesse, das Frachtkostenmanagement sowie das Tracking & Tracing zu den Standardprozessen in TM.

Mit den Releases TM 9.0 und EWM 9.0 hat SAP eine sogenannte *Supply Chain Execution Platform* geschaffen, mit der aufeinander abgestimmte Prozesse einen optimierten Ablauf zwischen Lager- und Transportmanagement ermöglichen. In diesem Abschnitt geben wir Ihnen einen kurzen Einblick in die möglichen Geschäftsprozesse, die durch die Kombination zwischen TM 9.0 und EWM 9.0 ermöglicht werden. Folgende Prozesse stehen dabei im Fokus:

- Warenausgangsprozess mit lieferungsbasierter Transportplanung in TM
- Warenausgangsprozess mit auftragsbasierter Transportplanung in TM

Grundsätzlich sind je nach prozessualer Anforderung und der eingesetzten Systeme in Ihrer Systemlandschaft unterschiedlichste Prozessausprägungen denkbar.

Warenausgangsprozess mit lieferungsbasierter Transportplanung in SAP TM

Abbildung 13.7 stellt vereinfacht alle Prozessschritte der lieferungsbasierten Transportplanung in TM mit der exekutiven Lagerabwicklung in EWM dar.

1. Im ersten Schritt wird im SAP-ERP-System ein Kundenauftrag angelegt.
2. Im nächsten Schritt erfolgt die Liefererstellung mit Bezug zum Kundenauftrag. Aufgrund der Integration mit TM und EWM erfolgt die Verteilung der Auslieferung sowohl nach TM als auch nach EWM.
    - In EWM wird eine Auslieferungsanforderung erzeugt. Diese wird dann in einen Auslieferungsauftrag in EWM umgesetzt. Aufgrund der Einstellungen im System ist dieser so lange gesperrt, bis die Transportplanung in TM stattgefunden hat. Erst danach wird der Auslieferungsauftrag zur weiteren Bearbeitung in EWM freigegeben.
    - In TM wird ein lieferungsbasierter Transportbedarf erstellt. Die Verteilung der Lieferung an das TM-System erfolgt über die SAP-ERP-Nachrichtensteuerung. Nachdem in TM der lieferungsbasierte Transportbedarf angelegt wurde, wird auf dessen Basis eine Frachteinheit zur weite-

ren Planung in TM angelegt. Frachteinheiten dienen grundsätzlich der Planung von Transporten (Frachtaufträge in SAP TM). Im Rahmen der Planung wird dann der Frachtauftrag einem Transportmittel zugeordnet und in einen Frachtauftrag aufgenommen. Der TM-Frachtauftrag entspricht somit einem SAP-ERP-Transportbeleg und einer EWM-Transporteinheit. Neben der Zuordnung des Transportmittels können auch Informationen zum Container oder Spediteur zugeordnet werden. Außerdem ist es möglich, den Beleg für eine Spot-Ausschreibung vorzusehen, die ebenfalls von TM unterstützt wird.

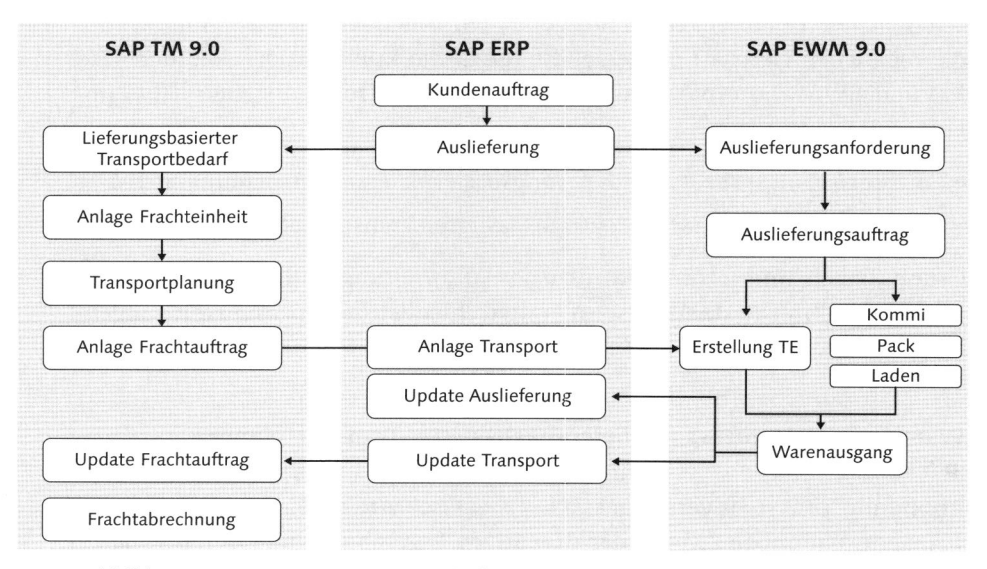

Abbildung 13.7 EWM-Integration mit lieferungsbasierter Transportplanung in SAP TM

3. Nachdem die Transportplanung in TM abgeschlossen wurde, wird der SAP-ERP-Transport aus dem TM heraus angelegt.

4. Aus dem SAP-ERP-Transport heraus erfolgt dann die Anlage der Transporteinheit in EWM. Darüber hinaus wird ebenfalls ein Fahrzeug mit identischer Nummer in EWM angelegt. Der Transporteinheit wird der entsprechende Auslieferungsauftrag zugeordnet, der nun zur weiteren Bearbeitung freigegeben wird. Im Anschluss daran können die weiteren Lageraktivitäten wie Kommissionierung, Verpacken, Verladen ausgeführt werden.

5. Als Nächstes wird die Warenausgangsbuchung in EWM ausgeführt. Mit dem Buchen des Warenausgangs in EWM werden zwei Folgeaktionen in SAP ERP ausgelöst.

▶ Die Auslieferung wird auf erledigt gesetzt.

▶ Der Transportbeleg mit den Ausführungsterminen (Registrierung, Beladebeginn, Transportbeginn etc.) wird aus EWM ergänzt.

6. Durch den Abschluss der Auslieferung in SAP ERP wird der lieferbasierte Transportbedarf in TM aktualisiert. Nach dem Abschluss des Transports in SAP ERP wird der Frachtauftrag in SAP ERP aktualisiert.

Warenausgangsprozess mit auftragsbasierter Transportplanung in SAP TM

Mit TM können Sie auch direkt Kundenaufträge in die Transportplanung einbeziehen. Die Liefererstellung erfolgt dabei ebenfalls aus TM heraus. Der Prozessablauf kann vereinfacht wie in Abbildung 13.8 dargestellt werden.

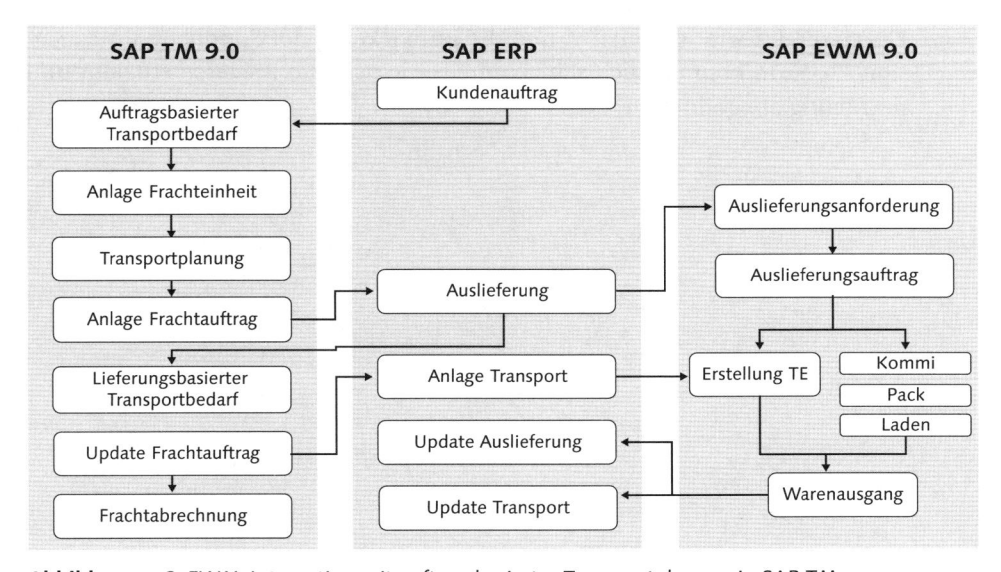

Abbildung 13.8 EWM-Integration mit auftragsbasierter Transportplanung in SAP TM

Mit der Anlage des Kundenauftrags wird direkt ein auftragsbasierter Transportbedarf in TM angelegt. Für diesen Bedarf wird ebenfalls eine Frachteinheit angelegt, die in der Transportplanung des TMS verplant werden kann. In der Transportplanung werden aus den Frachteinheiten Frachtaufträge angelegt. Nach der Planung werden dann auf Basis des Frachtauftrags Lieferungsvorschläge an das SAP-ERP-System übertragen. Auf dieser Basis erfolgt dann die Lieferanlage im SAP-ERP-System. Mit der Anlage der Lieferungen erfolgt dann auch der Trigger für das EWM-System. Die Lieferungen werden nach ihrer Anlage direkt an das EWM-System verteilt. Darüber hinaus wird auch die Erstellung der lieferbasierten Transportbedarfe in TM angestoßen. Anschließend laufen die Prozesse genauso ab, wie zuvor für die lieferungsbasierte Transportplanung beschrieben wurde.

13.5 Zusammenfassung

Der Überblick in diesem Kapitel macht deutlich, dass Sie mit EWM in der Lage sind, Ihr gesamtes Lager detailliert bis auf Lagerplatzebene mit flexiblen und automatisierten Prozessen im System abzubilden. Damit ist im Unterschied zur Lagerverwaltung im SAP-ERP-System eine echte Optimierung sowie eine Echtzeit-Transparenz und Steuerung Ihrer Lagerprozesse möglich. EWM wurde in den letzten Jahren konsequent weiterentwickelt und stellt heute eine hervorragende Lösung für die Lagerverwaltung mit SAP dar. Durch die Integration mit TM und die Entwicklung der Supply Chain Execution Platform können auch sehr komplexe logistische Prozesse effizient und nachhaltig abgebildet werden.

Anhang

A **Literaturverzeichnis** 659
B **Glossar** 661
C **Der Autor** 673

A   Literaturverzeichnis

- Arnolds, H.; Heege, F.; Röh, C.; Tussing, W.: *Materialwirtschaft und Einkauf*, 11. Auflage, Gabler 2010.
- Balla, J.; Layer, F.: *Produktionsplanung mit SAP APO*, 2. Auflage, SAP PRESS 2010.
- Ballou, R.: *Business Logistics Management*, 3. Auflage, Prentice-Hall 1992.
- Bliesener, M.: *Logistik-Controlling*, Verlag Vahlen 2002.
- Dittrich, M.: *Lagerlogistik*, 2. Auflage, Carl Hanser Verlag 2002.
- Engelhardt, C.: *Balanced Scorecard in der Beschaffung*, Carl Hanser Verlag 2000.
- Fieten, R.: *Integrierte Materialwirtschaft – Stand und Entwicklungstendenzen*, 3. Auflage, Konradin 1994.
- Gudehus, T.: *Logistik 1: Grundlagen, Verfahren und Strategien*, 4. Auflage, Springer Verlag 2012.
- Gudehus, T.: *Logistik 2: Netzwerke, Systeme und Lieferketten*, 4. Auflage, Springer Verlag 2012.
- Gulyássy, F.: Hoppe, M.; Isermann, M.; Köhler, O.: *Disposition mit SAP*, SAP PRESS 2009.
- Günther, H.-O.; Tempelmeier, H.: *Produktion und Logistik*, 9. Auflage, Springer Verlag 2011.
- Hartmann, H.: *Bestandsmanagement und -controlling*, 2. Auflage, DBV 2011.
- Hirsch, T.: *Auslieferungstouren in der strategischen Distributionsplanung*, Gabler 1998.
- Hoppe, M.: *Absatz- und Bestandsplanung mit SAP APO*, SAP PRESS 2007.
- Hoppe, M.: *Bestandsoptimierung mit SAP*, SAP PRESS 2008.
- Ihde, G. B.: *Transport, Verkehr, Logistik*, Verlag Vahlen 2001.
- Klaus, P; Krieger, W.; Krupp, M.: *Gabler Lexikon Logistik*, 5. Auflage, Gabler 2012.
- Knollmayer, G.; Mertens, P.; Zeier, A.: *Supply Chain Management auf Basis von SAP-Systemen*, Springer Verlag 2000.
- Verband der chemischen Industrie e. V. (VCI): *Leitfaden Sicherheitsdatenblatt*.

- Martin, A. J.: *Distribution Resource Planning*, Wiley 1995.
- Martin, H.: *Transport- und Lagerlogistik*, 8. Auflage, Vieweg 2011.
- Nave, M.: Seminar *Das optimale Kommissionierkonzept*, 2006-11-17.
- Pfohl, H.-C.: *Logistiksysteme: Betriebswirtschaftliche Grundlagen*, 8. Auflage, Springer Verlag 2009.
- Raschke, E.: *Bestandsaufnahme und -bewertung*, 2. Auflage, Gabler 1992.
- SAP-Online-Dokumentation SAP ERP 6.0.
- SAP-Online-Dokumentation SAP SCM 7.0.
- SAP White Paper: *SAP Warehouse Management, Funktionen im Detail*, Ausgabe 2005.
- Scheibler, J.; Schuberth, W.: *Praxishandbuch Vertrieb mit SAP*, SAP PRESS 2013.
- Schulte, C.: *Logistik – Wege zur Optimierung des Material- und Informationsflusses*, 4. Auflage, Verlag Vahlen 1999.
- Schulte, G.: *Material- und Logistikmanagement*, 2. Auflage, Oldenbourg 2001.
- Stölzle, W.; Gaiser, C.: *Logistik-Kennzahlensysteme. Kennzahlen als Instrument für den Leistungsvergleich von Distributionslagerhäusern*. In: *Controlling* 8 (1996), S. 40–48.
- Takeda, H.: *Das synchrone Produktionssystem*, 7. Auflage, Verlag Moderne Industrie 2012.
- Tempelmeier, H.: *Materiallogistik*, 7. Auflage, Springer Verlag 2008.
- ten Hompel, M.; Jünemann, R.; Schmidt, T.; Nagel, L.: *Materialflusssysteme*, 3. Auflage, Springer Verlag 2007.
- ten Hompel, M.; Schmidt, T.: *Warehouse Management*, 4. Auflage, Springer Verlag 2010.
- Thaler, K.: *Supply Chain Management*, 5. Auflage, Fortis Verlag 2007.
- Vahrenkamp, R., Kotzab: *Produktions- und Logistikmanagement*, Oldenbourg 1996.
- Wannenwetsch, H.: *Vernetztes Supply Chain Management*, Springer Verlag 2005.
- Weber, J.: *Logistikkostenrechnung*, 3. Auflage, Springer Verlag 2012.
- *www.meb.unibonn.de/giftzentrale/slexikon/flammpun.html*

B Glossar

ABC-Analyse In der Materialwirtschaft wird die ABC-Analyse häufig zur Klassifizierung von Lagerartikeln verwendet. In SAP ERP gibt diese explizit an, wie oft ein Material aufgrund des ABC-Indikators und dessen Stammdatenzuordnung innerhalb eines Kalenderjahres inventurtechnisch erfasst werden muss.

Anbruchsmengen Bezeichnet ein Mengenvolumen eines Artikels kleiner als eine vollständige Lagereinheit, das bei einer Teilentnahme entstanden ist.

Anbruchsverwaltung Auslagerungsstrategie in WM. Diese Strategie versucht aufgrund der Anfordermenge, Anbrüche im Lager zu reduzieren.

Anlieferung Beleg in SAP, der auf Basis eines Lieferavises oder einer Bestellung angelegt werden kann. Bildet die Basis für die Eingangstransporterstellung in SAP-LES-Transport (SAP LES-TRA).

Avisierung Ankündigung der Lieferung eines Lieferanten zur Vorplanung von Wareneingangsaktivitäten. Kann unterschiedlichste Informationen wie Anliefermenge, Zeitpunkt und zu erwartende Packstücke enthalten.

Arbeitsbereich Bezeichnet einen Bereich zwischen zwei Zonen oder Zonengruppen eines Lagers, der die Organisation und Steuerung der Aufgaben der Ressourcen in TRM (→ Task & Resource Management) bestimmt.

Arbeitsplatz Organisationsstrukturelement in der SAP-Produktionsplanung (PP), das mit Produktionsversorgungsbereichen gekoppelt werden kann.

Archivierung Steht für die unveränderbare, langzeitige Aufbewahrung elektronischer Daten.

Auslagerungsstrategien Hierunter werden alle Strategien verstanden, die zur Auslagerung eines Materials in WM dienen. Auslagerungsstrategien werden in WM je Lagertyp festgelegt und im Customizing zugeordnet.

Auslagerungstypkennzeichen Wird im Materialstamm eines Materials in der Lagerverwaltungssicht 1 festgehalten und dient zur Lagertypfindung in WM. Dieses Kennzeichen muss vor seiner Verwendung zunächst im WM-Customizing gepflegt werden.

Auslagerung Umfasst alle Tätigkeiten innerhalb eines Lagers, beginnend bei der Planung der Auslagerung über die physische Entnahme vom Lagerplatz bis zur Bereitstellung an einer nachgelagerten Stelle im Lager oder in einer Versandzone.

Auslieferung Beleg in SAP. Dient als Basis zur Kommissionierung und Transportabwicklung in SAP-ERP-LES. Die Anlage kann automatisch oder manuell auf Basis eines Kundenauftrags oder einer Umlagerungsbestellung entstehen.

BAdI Die Abkürzung steht für *Business Add-in*. Darunter werden die objektorientierten Nachfolger von User-Exits verstanden.

BAPI Begriff steht für *Business Application Programming Interface* und stellt eine standardisierte Programmierschnittstelle der SAP-Business-Objekte dar. Diese ermöglichen es externen Programmen, auf Daten und Geschäftsprozesse von SAP ERP zuzugreifen.

Bedarfstyp Stellt die Verbindung zum verursachenden Beleg (Bestellung, Fertigungsauftrag etc.) einer Warenbewegung in WM dar und wird im Customizing festgelegt. Bedarfstypen können WM-Bewegungsarten zugeordnet werden und den Aufbau einer Lagerplatzkoordinate beeinflussen.

Bereitstellung Bezeichnet die Art und Weise, wie Materialien in einem Lager zur Kommissionierung bereitgestellt werden (Kanban, Kistenteil etc.). Hierbei kann zwischen der statischen und dynamischen sowie zentralen und dezentralen Bereitstellung unterschieden werden.

Bereitstellungskennzeichen Materialien können aufgrund ihrer Eigenschaften und Charakteristika dem Produktionsprozess auf unterschiedliche Art und Weise zugeführt werden. Dieses Kennzeichen wird im Regelkreis je Material festgelegt und steuert die Art der Materialbereitstellung in einem Produktionsversorgungsbereich.

Bestandsarten Bestandsarten dienen zur Klassifizierung von Beständen in der Bestandsführung. In SAP ERP werden grundsätzlich drei Hauptbestandsarten unterschieden. Hierzu zählen der freie Lagerbestand, der Qualitätsprüfbestand und der gesperrte Bestand.

Bestandsführung Im Rahmen der Bestandsführung werden alle Warenbewegungen der einzelnen Materialien wie Wareneingänge, Warenausgänge, Umbuchungen und Umlagerungen systematisch registriert. Dabei kann in SAP ERP zwischen der Bestandsführung auf MM/IM-Ebene und der Lagerplatzbestandsführung in WM unterschieden werden.

Bestandsfindungsgruppe Hierbei handelt es sich um einen Materialstammparameter in SAP ERP, mit dessen Hilfe eine bestimmte Bestandsfindungsstrategie in SAP ERP ermittelt werden kann. Dies ermöglicht beispielsweise, dass zunächst der eigene Bestand verbraucht werden soll, bevor Lieferantenkonsignationsbestände genutzt werden sollen.

Bestellanforderung Unter diesem Begriff wird in SAP ERP die Aufforderung an den Einkauf verstanden, ein Material oder eine Dienstleistung in einer bestimmten Menge zu einem bestimmten Termin zu beschaffen. Bestellanforderungen können unterschiedliche Beschaffungsarten wie Normal, Konsignation, Umlagerung etc. unterstützen.

Bewegungsart Bewegungsarten dienen zur Steuerung der werksinternen und -übergreifenden Materialflüsse innerhalb des SAP-ERP-Systems. Grundsätzlich kann zwischen den Bewegungsarten in der Bestandsführung (MM/IM) und der Lagerverwaltung in WM unterschieden werden.

Bewegungssonderkennzeichen Mit diesem Kennzeichen können Lagerbewegungen in SAP abweichend von erwarteten Lagerbewegung ausgesteuert werden. Dies kann beispielsweise beim Wareneingang oder einer Umlagerung geschehen. Somit kann mithilfe dieses Kennzeichens die Bewegungsartenfindung in WM beeinflusst werden.

Blocklager In einem Blocklager werden die Lagergüter ohne oder mit Lagerhilfsmittel direkt auf dem Boden gelagert. Die Lagerkapazität (Anzahl der Lagereinheiten) in einem Blocklagerplatz wird im Wesentlichen von der Anzahl der Säulen und Stapelhöhe je Zeile bestimmt.

Blocklagerkennzeichen Dieses Kennzeichen wird im Customizing definiert und kann im Materialstamm artikelspezifisch zugeordnet werden. Es bestimmt indirekt den Stapelbarkeitsfaktor eines Materials in einem Blocklager und dient der Ermittlung der maximalen Anzahl von Lagereinheiten in einem Block.

Brandabschnitt Unter einem Brandabschnitt wird ein bestimmter Raum oder Bereich innerhalb eines WM-verwalteten Lagers verstanden, der Bestände dieses Bereichs von anderen trennt. Brandabschnitte werden im Rahmen der Gefahrstoffverwaltung in WM verwendet.

Chaotische Lagerführung Bei der chaotischen Lagerführung ist im Unterschied zur festen Lagerplatzvergabe keine Ortsgebundenheit der Artikel an einen Lagerplatz vorhanden. Die Platzzuordnung erfolgt in der Regel nach dem Prinzip nächster freier Platz unter Beachtung physischer Restriktionen wie Palettentyp oder Gewicht.

Charge Chargen bezeichnen Teilmengen eines Materials, die getrennt von anderen Teilmengen des gleichen Materials in einem Produktionsprozess gefertigt wurden und separat im Bestand geführt werden. Chargen sind dadurch charakterisiert, dass es sich hierbei um nicht reproduzierbare, homogene Einheiten mit eindeutigen Eigenschaften handelt.

Chargenfindung Bezeichnet eine Funktion in SAP ERP, die zur Findung einer eindeutigen Charge mit spezifischen Merkmalen, in einem spezifischen Geschäftsprozess dient. Die Chargenfindung kann u. a. bei der Kundenauftragsabwicklung, der Lieferabwicklung sowie in WM auf Basis des Transportauftrags erfolgen.

Chargenmerkmale Dienen zur Bewertung einer Charge in einer bestimmten Chargenklasse. Hierbei kann es sich beispielsweise um Parameter wie Viskosität, Säuregrad oder Farbe handeln.

Cross-Docking Unter diesem Begriff werden alle Aktivitäten verstanden, die den Prozess des direkten Weiterleitens und Versendens eingehender Ware unterstützen (direkte Weiterleitung von Wareneingang zum Warenausgang). Cross-Docking kann geplant oder ungeplant sowie ein- oder auch zweistufig ausgeführt werden.

DESADV Darunter wird eine Nachricht zur Liefermeldung verstanden. Diese beschreibt Einzelheiten über Waren, die unter vereinbarten Bedingungen geliefert worden sind oder zur Lieferung bereitstehen. Diese Nachricht kann aus dem SAP-ERP-System heraus erzeugt werden.

Dezentrales WM Darunter wird eine besondere system- und prozesstechnische Form der Lagerverwaltung mit WM verstanden. Alle Lagerfunktionalitäten werden in diesem Szenario in einem vom zentralen ERP entkoppelten System vorgehalten. Die Integration erfolgt über SAP-Standardkomponenten (BAPI).

EAN-Code Bezeichnet einen Barcode, der sich aus der Länderkennzeichnung, der Teilnehmernummer und der Artikelnummer zusammensetzt.

EANCOM Ist ein von der Vereinigung EAN in Brüssel international beschlossener EDIFACT-Substandard, der für die Konsumgüterwirtschaft entwickelt wurde.

Einlagerung Unter einer Einlagerung werden alle Tätigkeiten verstanden, die die physische Verbringung eines Materials von der Wareneingangszone bis zum finalen Lagerplatz beinhalten. Hierzu zählen Aktivitäten wie Palettierung, Etikettierung, Transport und Übergabe zwischen verschiedenen Lastaufnahmemitteln.

Einlagerungsstrategie Einlagerungsstrategien werden je Lagertyp festgelegt und bestimmen die finale Platzfindung während eines Einlagerungsprozesses in WM. Zu den SAP-Standard-WM-Einlagerungsstrategien zählen u. a. Blocklager, Festplatz, Zulagerung und Nähe Kommissionierfestplatz.

Elektronischer Produktcode Unter dem Elektronischen Produktcode (EPC) versteht man eine definierte Zahlenfolge, die der unverwechselbaren Identifikation von einzelnen bzw. spezifischen Objekten (Paletten, Kartons, Verkaufseinheiten) innerhalb der Supply Chain dient. Strukturell lässt sich EPC mit den bestehenden EAN/UCC-Barcodes vergleichen, die bereits eine starke Durchdringung innerhalb der logistischen Kette vollzogen haben.

Event Management Bezeichnet eine SAP-Komponente zur Prozessoptimierung und ereignisgesteuerten Reaktion auf Ereignisse innerhalb einer Supply Chain. SAP EM kann als Komponente sowohl von SAP ERP als auch von SAP SCM eingesetzt werden. Es ermöglicht den Wandel von der reinen transaktionsbasierten Struktur hin zu einer ereignisgesteuerten Logistik und IT-Prozessstruktur.

Extended Warehouse Management Abkürzung SAP EWM. Bezeichnet eine neue SAP-Lösung zur Optimierung exekutiver Lagerprozesse auf Basis von SAP SCM. EWM stellt neue Funktionen zur Verfügung, die u. a. eine einfachere Integration von Materialflussrechnern ermöglichen.

Fehlteil Unter einem Fehlteil wird ein Materialbestand verstanden, der zum Zeitpunkt des Wareneingangs im Lager bereits einem Bedarf zugeteilt ist oder in WM auf einem speziellen Lagerplatz benötigt wird.

Fertigungsauftrag Unter einem Fertigungsauftrag wird ein SAP-Beleg verstanden, mit dem alle produktionstechnischen Prozesse organisiert und abgewickelt werden können. Fertigungsaufträge können direkt oder indirekt Material aus WM anfordern und nach der Fertigung direkt oder indirekt dem WM-System wieder zuführen.

Festlagerplatz Einlagerungsstrategie in WM. Darüber hinaus wird darunter ein Lagerplatz verstanden, der einem oder mehreren Materialien fest in deren Materialstamm zugeordnet wird. Einlagerungen und Auslagerungen sollen somit immer von diesem Platz erfolgen.

FIFO Steht für *First-in*, *First-out* und ist eine Auslagerungsstrategie in WM. Mit dieser Strategie soll erreicht werden, dass die ältesten Materialbestände zuerst das Lager verlassen, um somit einen reibungslosen Umschlag des Lagers zu ermöglichen.

Gängigkeitsanalyse Analyse der Bewegungsaktivitäten in WM. Explizit wertet die Gängigkeitsanalyse Transportauftragsbewegungen je Material und Lagertyp aus und unterstützt somit die Bereichs- und Materialklassifizierung in WM.

Gefahrstoffe Als Gefahrstoffe können alle Stoffe angesehen werden, die aufgrund ihrer Eigenschaften giftig, ätzend, brennbar, explosiv oder umweltgefährdend und daher speziell zu produzieren, zu transportieren oder zu lagern sind, da sie eine Gefahr für Mensch und Umwelt darstellen können.

Gefahrstoffprüfung Die Gefahrstoffprüfung in WM kann auf Lagerbereichs- oder Lagertypebene aktiviert werden. Sie prüft, ob Gefahrstoffe mit spezifischen Kriterien (Lagerklassen und Wassergefährdungsklassen) in den einzelnen Lagerbereichen gelagert werden dürfen.

Gefahrstoffverwaltung Unter der Gefahrstoffverwaltung wird die nach gesetzlichen und betrieblichen Vorgaben ordnungsgemäße Verwaltung von Gefahrstoffen verstanden.

Groß-/Kleinmengen Hierbei handelt es sich um eine mengenbasierte Auslagerungsstrategie in WM. WM lagert bei Unter- bzw. Überschreitung einer Manipulationsmenge, die im Materialstamm zu definieren ist, aus unterschiedlichen Lagertypen aus.

Handling Unit Handling Units bezeichnen logistische Einheiten, bestehend aus Verpackung und Material, die mit einer eindeutigen Identifikation der Handling-Unit-Nummer versehen sind. Handling Units entstehen auf Basis eines Verpackungsprozesses in SAP und können hierarchisch aufgebaut sein.

Handling Unit Management Unter dem Handling Unit Management werden alle Aktivitäten, Funktionen und Prozesse zusammengefasst, die sich mit dem Management von Handling Units befassen.

Inventur Nach § 240 HGB ist jeder Kaufmann zum Abschluss eines jeden Geschäftsjahres dazu verpflichtet, ein Inventar aufzustellen. Dies geschieht durch eine Inventur. In SAP kann die Inventur in der Bestandsführung oder beim Einsatz von WM platzbezogen erfolgen.

Inventurverfahren Inventurverfahren unterstützen unterschiedlichste Anforderungen zur Umsetzung einer systemgestützten Inventur. Im SAP-Standard werden unterschiedlichste Inventurverfahren wie Stichtagsinventur, permanente Stichtagsinventur, Nullkontrolle, Cycle Counting etc. unterstützt.

Job Mithilfe des Jobs können im SAP-System Transaktionen gezielt und wiederkehrend zu einem bestimmten Stichtag/Zeitpunkt ausgeführt werden (z. B. täglicher Nachschub von Ware in einen Kommissionierbereich).

Kanban Kanban bezeichnet ein Verfahren der Produktionsablaufsteuerung nach dem Pull-Prinzip und orientiert sich ausschließlich am Bedarf einer verbrauchenden Stelle im Produktionsprozess.

Kanban-Tafel Transaktion in SAP, mit deren Hilfe alle Kanban-Aktivitäten überwacht werden können.

Kaskadierende Auslagerung Hierunter wird eine Form der Auslagerungsoptimierung verstanden, bei der die Auslagerungsreihenfolge im Wesentlichen von der Auslagerungsmenge abhängt. Dabei versucht das System, Anbrüche konsequent zu vermeiden.

Kistenteile Charakterisierung eines Materials bei der Materialbereitstellung. Kistenteile werden in der Regel manuell angefordert.

Kitting Funktion in SAP EWM. Kitting ist das auftragsbezogene Zusammenstellen von Teilen zu Bausätzen.

Knoten Organisationsstrukturelement von TRM. Ein Knoten ist ein Ort im Lager, den Ressourcen passieren oder in dem Waren abgestellt werden können. In TRM wird zwischen realen und logischen Knoten unterschieden.

Kommissionierbereich Organisationseinheit in WM, die einem Lagerplatz zugeordnet werden kann. Der Kommissionierbereich dient zur Optimierung der Kommissionieraktivitäten und kann als Split- und Sortierparameter bei der Transportauftragserstellung herangezogen werden.

Kommissionierlagerortfindung Die Funktion der Kommissionierlagerortfindung wird automatisch auf Basis der Auslieferungserstellung angestoßen. Die Kommissionierlagerortfindung wird im Wesentlichen von den Parametern Werk, Versandstelle und Raumbedingung geprägt, die im Customizing hinterlegt werden.

Kommissionierteile Charakteristika von Materialien für die Materialbereitstellung. Kommissionierteile werden dem Fertigungsauftrag nur in der Höhe der erforderlichen Bedarfsmenge bereitgestellt.

Kommissionierung In der Kommissionierung werden bestellte Waren empfängerspezifisch zu einer Kommission zusammengestellt.

Kommissionierwelle Unter einer Kommissionierwelle wird eine Lageraktivität verstanden, bei der Lieferungen mit ähnlichen Eigenschaften (Bereitstellzeit, Kommissionierbereich etc.) zu einer Aufgabengruppe (Welle) für die gemeinsame Kommissionierung zusammengefasst werden.

Konsignationsbestand Hierbei handelt es sich um eine Bestandsart in SAP ERP, die in den Lieferanten- und Kundenkonsignationsbestand unterteilt werden kann. Solange sich die Ware im Konsignationsbestand befindet, gehört diese nicht zum Buchbestand des lagernden Unternehmens. Dies gilt sowohl für den Lieferanten- als auch für den Kundenkonsignationsbestand.

Kundenauftrag Ein Kundenauftrag bezeichnet einen Beleg in SAP ERP, der unterschiedlichste Informationen wie Versand, Transport, Terminierung, Preisfindung und Partnerdaten beinhaltet. Zwischen dem Kundenauftrag und WM besteht keine direkte Verbindung. Die Integration übernimmt an dieser Stelle der Lieferbeleg, der auf Basis des Kundenauftrags erstellt werden kann.

Lagerbereich Ein Lagerbereich ist eine organisatorische Einheit innerhalb eines Lagertyps, der Lagerplätze mit gemeinsamen Eigenschaften zum Zweck der Einlagerung zusammenfasst.

Lagerbereichsfindung Die Lagerbereichsfindung ermöglicht es, gezielte Bereiche (Lagerbereiche) eines Lagertyps für die Einlagerung zu ermitteln. Die Lagerbereichsfindung muss im Customizing auf Basis des Lagertyps aktiviert werden. Darüber hinaus muss eine Bereichsfindungsreihenfolge gepflegt sein.

Lagereinheit Unter einer Lagereinheit wird eine zusammenhängende Bestandseinheit innerhalb eines WM-geführten Lagers verstanden. Lagereinheiten besitzen eine eindeutige Nummer und können sowohl aus einem als auch aus mehreren Materialien bestehen.

Lagereinheitentyp Das Kennzeichen Lagereinheitentyp ermöglicht es, Paletten oder sonstige Behältnisse zu unterscheiden, auf bzw. in denen ein Material gelagert bzw. transportiert wird.

Lagerklasse Dieses Kennzeichen klassifiziert Gefahrstoffe bezüglich ihrer Lagerbedingungen in WM. Gefahrstoffe gleicher oder ähnlicher Gefahrenmerkmale lassen sich systemtechnisch zusammenfassen. Die Lagerklasse kann von den Einlagerungsstrategien berücksichtigt werden.

Lagerleitstand Der Lagerleitstand bezeichnet eine WM-Transaktion, mit deren Hilfe kritische Situationen, wie z. B. nicht quittierte Transportaufträge oder offene Transportbedarfe, erkannt werden können. Die Lagerleitstandsfunktionen, wie beispielsweise Bewegungsarten, Relevanzen oder Zeitfenster, können im Customizing hinterlegt werden.

Lagerortreferenzkennzeichen Mithilfe dieses Kennzeichens ist es möglich, abhängig vom Lagerort sowohl die Lagertypfindung innerhalb des Transportauftrags als auch die Schnittstellenfindung innerhalb der IM-Buchung zu beeinflussen.

Lagerplatz Unter einem Lagerplatz wird die kleinste Raumeinheit verstanden, die in einem Lager angesprochen werden kann. Der Lagerplatz bezeichnet somit die genaue Stelle im Lager, an der eine Ware liegt bzw. gelagert werden kann. Lagerplätze werden als Lagerstammsatz definiert.

Lagerspiegel Transaktion in WM, mit der alle Lagerplätze und deren Artikel angezeigt werden können. Von hier kann in weitere WM-Detailansichten (Quant, Charge, Bestand etc.) verzweigt werden.

Lagertyp Lagertypen bilden die elementaren Organisationselemente zur Steuerung der Lagerprozesse und Abbildung der Organisationsstruktur eines Lagers mit WM. Lagertypen werden im Customizing festgelegt und einer Lagernummer zugeordnet. Lagertypen steuern u. a., ob eine Mischbelegung erlaubt ist, ob eine Kapazitätsprüfung ausgeführt werden soll oder welche Ein- und Auslagerungsstrategien in einem Lagertyp zum Einsatz kommen sollen.

Lean-WM Subfunktion von SAP ERP zur Verwendung von Transportaufträgen für die Einlagerung und Kommissionierung, die keine Nutzungsmöglichkeit weiterer WM-spezifischer Funktionalitäten bietet.

Level Organisationsstrukturelement von SAP TRM. Dieses Element bezeichnet die unterschiedlichen Höhenstufen eines Lagers. Level haben Einfluss auf die Ressourcensteuerung in SAP TRM.

Lieferart Lieferarten werden in SAP ERP für die Lieferabwicklung sowohl ein- bzw. ausgangsseitig als auch in Verbindung mit dem SAP Handling Unit Management und dem dezentralen LES-System benötigt. Lieferarten steuern u. a., ob ein Auftragsbezug bestehen muss, ob ein Liefer-Split nach Partner oder Lagernummer ausgeführt werden oder wie die Nummernkreisvergabe einer Lieferung erfolgen soll.

Lieferavis In der Logistik wird unter einem Lieferavis die Ankündigung eines Lieferanten zur Lieferung einer bestimmten Ware verstanden. Die Übermittlung erfolgt effektiv auf elektronischem Weg.

Liefermonitor Transaktionen in SAP ERP, die verschiedene Statusanzeigen (Einlagerung, Kommissionierung, Wareneingang etc.) ermöglichen. Der Liefermonitor kann sowohl zur An- als auch zur Auslieferung genutzt werden.

Liefer-Split Bei der Belieferung eines Kunden oder Werks können unterschiedliche Kriterien dazu führen, dass deren Positionen nicht in einer Lieferung angelegt werden können. Standardmäßig wird beispielsweise nach Warenempfänger, Route etc. gesplittet, d. h., die Positionen der Vorgängerbelege werden auf unterschiedliche Lieferungen aufgeteilt. Darüber hinaus kann es auch zum manuellen Liefer-Split kommen, nachdem eine Lieferung angelegt wurde. Dies ist der beispielsweise der Fall, wenn nicht alle Packstücke einer Lieferung in einen Transport verladen werden können.

LIFO Steht für *Last-in, First-out* und ist eine Auslagerungsstrategie in WM. Diese Strategie ermöglicht es, Materialien zur Auslagerung vorzuschlagen, die zuletzt in WM eingelagert wurden.

Manipulationsmenge Grenzwert, anhand dessen das System bei mengenabhängiger Auslagerungsstrategie oder Groß- und Kleinmengenkommissionierung entscheidet, ob es eine Auslagerung aus diesem Lagertyp vorschlägt oder nicht. Diese Menge wird in Basismengeneinheiten geführt.

Nachschub Die Funktion des Nachschubs ermöglicht die automatische Wiederauffüllung bestimmter Lagerbereiche auf eine maximale Menge nach einem rhythmischen, mengenbasierten Verfahren. Die Nachschubfunktion kann sowohl für Festplatz- auch für chaotische Lagerbereiche angewendet werden.

Packmittelart Die Packmittelart fasst Packmittel zu Gruppen zusammen und enthält wesentliche Steuerungsmerkmale, die für die entsprechenden Packmittel gelten. Durch die Angabe einer Packmittelart im Materialstammsatz wird jedes Packmittel einer Packmittelart zugeordnet und somit klassifiziert.

Packvorschriften Werden als Stammdatenelemente in SAP ERP angelegt und können sowohl in ein- als auch ausgehenden Prozessen verwendet werden. In einer Packvorschrift wird festgehalten, wie ein entsprechendes Material verpackt werden soll. Darüber hinaus ist es möglich, Texte, weitere Prüfinformationen sowie Dokumente in eine Packvorschrift zu integrieren. Die Findung kann automatisch erfolgen.

Pick & Pack Kommissionierverfahren, bei dem die kommissionierte Ware in einen vorher bestimmten Versandbehälter bzw. eine Versandverpackung kommissioniert wird.

Pick-HU Kommissionierbehälter oder Packstück zum Weitertransport oder Versand der kommissionierten Ware. Pick-HUs können Transportaufträgen automatisch oder manuell via RF oder Terminaltransaktion zugeordnet werden.

Produktionsversorgungsbereiche Hierbei handelt es sich um eine nicht bestandsführende Organisationseinheit in SAP, die sowohl in WM als auch in der PP-Kanban-Abwicklung genutzt werden kann. Der Produktionsversorgungsbereich (PVB) dient sowohl als Zwischenlager in der Fertigung, um Material direkt für die Produktion bereitzustellen, als auch zur logischen und physischen Gliederung/Zusammenfassung von fertigungsnahen Bereitstellzonen.

Quant Begriff in WM, unter dem ein Bestand eines Artikels auf einem Lagerplatz verstanden werden kann. Quants können ausschließlich durch Lagerbewegungen entstehen und aufgelöst werden. Beispielsweise gelten verschiedene Chargen eines Materials als unterschiedliche Quants.

Quereinlagerung Mithilfe der Quereinlagerungsfunktionalität kann die Lagerplatzfindung und somit die Füllung eines Lagers in SAP verändert werden. Dabei erhält der Leerplatzindex eine neue Sortierung. Um dies zu erreichen, werden Teile des Lagerplatzes ausgesucht, nach denen der Leerplatzindex sortiert werden soll. Dies geschieht mithilfe einer Variablen.

Queue Eine Queue bezeichnet eine Funktion aus dem Bereich SAP Radio Frequency, die Transportaufträge mit vordefinierten Charakteristika in einem Arbeitsvorrat zusammenfasst. Die Reihenfolge der Aufträge einer Queue kann manuell mithilfe des RF-Monitors geändert werden.

Radio Frequency (RF) Der Begriff Radio Frequency fast alle Funktionen und Prozesse der mobilen Datenverarbeitung in WM zusammen. Mithilfe dieser Lösung können Lageraktivitäten direkt online im SAP-System bestätigt werden.

Radio Frequency Identification (RFID) RFID ermöglicht die automatische Identifizierung und Lokalisierung von Gegenständen und Lebewesen und erleichtert damit die Erfassung und Speicherung von Daten erheblich. Im Lager lassen sich mit RFID Prozesse automatisieren, optimieren und absichern.

Regelkreise Regelkreise steuern die Art der Materialstellung je Produktionsversorgungsbereich. Hier wird beispielsweise festgelegt, wie die Bereitstellung an welchem Ort in der Fertigung erfolgen soll.

Ressourcen Begriff aus dem Bereich SAP TRM. Unter einer Ressource wird eine Entität im Lager verstanden, die Aufgaben empfangen und ausführen kann. Ressourcen können unterschiedliche Eigenschaften besitzen.

Retrograd Jede Materialkomponente wird im Fertigungsauftrag einem Vorgang zugeordnet. Wird eine Materialkomponente retrograd entnommen, bucht das System die Entnahme erst bei der Rückmeldung des Vorgangs. Die Entnahmebuchung erfolgt dabei automatisch. Die Kennzeichnung eines Materials mit dem Kennzeichen retrograd hat somit Einfluss auf die Art und Weise der Materialbereitstellung mit WM.

Route Routen werden als elementare Parameter in der Versand- und Transportabwicklung in SAP ERP benötigt. Unter anderem steuern Routen die Versand- und Lieferterminierung sowie die Transportrelevanz von Lieferbelegen. Routen können automatisch oder manuell ermittelt werden. Darüber hinaus können Routen auch lagerintern in der Komponente TRM verwendet werden.

Slotting Verfahren in SAP EWM zur Ermittlung eines optimalen Lagerplatzes für einen spezifischen Artikel. Dies geschieht anhand historischer und prognostizierter Daten.

Stichtagsinventur Inventurverfahren in WM, das zu einem bestimmten Stichtag (z. B. zum Jahresende) zur Anwendung kommt.

Strenges FIFO Im Unterschied zur Strategie FIFO kann mit der Strategie strenges FIFO über die gesamte Lagernummer (d. h. über alle Lagertypen hinweg) das älteste Quant eines Materials ausgelagert werden. Auf die Auslagerungsstrategien der Lagertypen, die durchsucht werden, nimmt das System bei der Strategie strenges FIFO keine Rücksicht.

Transportauftrag In WM wird unter Transportauftrag eine Anweisung verstanden, Materialien zu einem bestimmten Zeitpunkt von einem Vonlagerplatz zu einem Nachlagerplatz innerhalb einer Lagernummer zu transportieren. Ein Transportauftrag kann aus mehreren Positionen bestehen, die die Menge des zu transportierenden Materials enthalten und in denen Von- und Nachlagerplatz angegeben sind. Ein Transportauftrag kann entweder zu einer Lieferung, einem Transportbedarf oder einer Umbuchungsanweisung erzeugt werden.

Transportbedarf Aufforderung, zu einem bestimmten Zeitpunkt Materialien von einem Vonlagerplatz zu einem Nachlagerplatz innerhalb von WM zu transportieren.

Task & Resource Management Subfunktion des WM-Systems sowohl zur Optimierung der Aufgabenerstellung und -bearbeitung als auch zum optimalen Ressourceneinsatz in einem WM-verwalteten Lager. Mithilfe von TRM ist es möglich, ein WM-verwaltetes Lager detailliert unter Berücksichtigung der Anforderungen eines Staplerleitsystems abzubilden.

Tor Unter einem Tor wird ein Organisationselement in SAP LES verstanden, das zur Planung und Ausführung von Wareneingangs- und Warenausgangsaktivitäten genutzt werden kann. Darüber hinaus können Tore in Verbindung mit dem Yard Management genutzt werden.

Umlagerungsbestellung Unter einer Umlagerungsbestellung wird ein Beleg in SAP ERP verstanden, der systemtechnisch auf einer Bestellung basiert. Umlagerungsbestellungen werden dann genutzt, wenn Bestände zwischen zwei Werken oder Lagerorten mithilfe von Lieferungen oder aus planerischen Gründen bewegt werden sollen.

Versandstelle Elementare Organisationseinheit aller Versandaktivitäten in SAP ERP. Sie beeinflusst Funktionalitäten wie Versand und Transportterminierung, Routenfindung, Kommissionierlagerortfindung, Liefererstellung etc.

Vollentnahmepflicht Die Vollentnahmepflicht bewirkt, dass bei einer Auslagerung das ganze Quant unabhängig von der Anfordermenge ausgelagert werden soll. Diese Vorgehensweise kann häufig bei Automatiklägern mit der Strategie »Ware zum Mann« angetroffen werden.

Wareneingang Unter Wareneingang werden alle Aktivitäten und Prozessschritte der Vereinnahmung und systemtechnischen Erfassung von Warenzugängen in einem Lager verstanden. Dazu zählen u. a. die Zugangsprüfung, Sichtkontrolle, Vereinzelung, Palettierung und finale Bereitstellung zur Einlagerung. Systemtechnisch erfolgt mit dem Wareneingang die Fortschreibung der entsprechenden Bestandskonten.

Wareneingangssperrbestand Anlieferungen zu einer Bestellung, die unter Vorbehalt angenommen werden, können in den sogenannten Wareneingangssperrbestand gebucht werden. Die in den WE-Sperrbestand gebuchte Menge wird noch nicht im Bestand geführt, sondern lediglich in der Bestellentwicklung festgehalten.

Wassergefährdungsklasse Bezeichnet die Klassifizierung von Gefahrstoffen bezüglich ihrer Wassergefährdung. Die Klassifizierung ist hierarchisch zu verstehen, d. h., was für Wassergefährdungsklasse (WGK) 3 erlaubt ist, ist auch für WGK 0 bis 2 erlaubt.

Yard Unter einem Yard wird ein physischer oder logischer, sich einem Lager anschließender Bereich eines Standorts verstanden.

Yard Management Funktion in WM, die alle Organisationsstrukturen, Aktivitäten und Prozesse zur Steuerung, Planung und Ausführung von Yard-Aktivitäten in SAP ERP einschließt.

Zweistufige Kommissionierung Mithilfe der zweistufigen Kommissionierung kann der gesamte Kommissioniervorgang in Entnahme einer kumulativen Menge und deren Aufteilung auf die einzelnen Bedarfe (Referenzbelege) unterteilt werden. Durch die Entnahme der kumulativen Mengen kann die Auslagerung entscheidend optimiert werden.

Zweistufiges Cross-Docking Bei diesem Cross-Docking-Verfahren wird die eingehende Ware zunächst in einem Cross-Docking-Lagertyp zwischengelagert und dann mit Freigabe des Ausgangsbelegs direkt aus dem Zwischenlagertyp entnommen.

C   Der Autor

André Käber arbeitete nach seinem Diplom-Abschluss des Studiums der Betriebswirtschaftslehre (Fachhochschule Wismar) bei der CBS Corporate Business Solutions GmbH, Heidelberg, als SAP-Berater im Bereich Materialwirtschaft und Logistics Execution System (LES) mit Schwerpunkt auf der Implementierung von SAP Warehouse Management in nationalen und internationalen SAP-Projekten. Von 2004 bis 2007 war André Käber als Senior Consultant im Bereich Supply Chain Management bei der SAP SI AG beschäftigt. Darüber hinaus kümmerte er sich von 2006 bis 2007 als Business Development Manager um die Entwicklung des Geschäftsfelds Logistics Execution System bei der SAP Consulting. Zu seinen Aufgaben zählten die betriebswirtschaftliche und die systemseitige Einführung und Optimierung von Supply-Chain-Management-Prozessen mit besonderem Fokus auf integrierte Lager- und Distributionsprozesse. In großen Reorganisations- und Implementierungsprojekten im Lager-, Distributions- und Transportbereich beriet André Käber Unternehmen aus verschiedenen Branchen wie Nestlé, Beiersdorf, Roche Diagnostics, Heidelberger Druckmaschinen, J. Eberspächer GmbH & Co. KG sowie Saudi Aramco sowohl als Supply-Chain-Management-Berater als auch als Projekt- und Teilprojektleiter.

Seit Januar 2008 steht André Käber der leogistics GmbH als geschäftsführender Gesellschafter vor. Der Fokus der leogistics GmbH liegt auf einem ganzheitlichen Beratungsansatz im Bereich SAP Supply Chain Execution, der u. a. Funktionalitäten für die Lagerverwaltung, das Transportmanagement, die Distributionsabwicklung sowie die Transparenzsteigerung innerhalb der Supply Chain (SAP Event Management) zur Verfügung stellt.

Sollten Sie Fragen zu den Themen Warehouse Management, Logistics Execution oder allgemein zur Distributionslogistik und Servicegradoptimierung haben oder möchten Sie Feedback zu diesem Buch geben, steht Ihnen der Autor gern unter der E-Mail-Adresse *andre.kaeber@leogistics.com* oder unter der Fax-Nummer (0 40) 2 98 12 68 99 zur Verfügung.

Index

3-D-Koordinate 553
3PL 620

A

ABC-Analyse 452
Abrufteil 242, 253
Abschreibung 26
adaptives Logistiksystem 387
Aggregatzustand 426, 427
Alert-Monitor 548, 557
Alterung 27
Anbruchsmenge 220
Anbruchsmengenbevorzugung 38
Anbruchsvermeidung 189
Anbruchsverwaltung 217, 219
Anforderung 550
Anforderungssteuerung 548, 550
Anlieferbeleg 173
Anlieferbezug 173
Anlieferung 173, 399, 411
   anlegen 176
   Belegfluss 178
Anlieferungsprozess 623
Arbeitsbereich 554, 555
Arbeitsmanagement (AM) 647
Arbeitsplatz 249
Arbeitszeit 583
Archivierung 548
Aufgabe 547, 551
Aufgabenbündel 552
Aufgabensteuerung 548, 551
Aufgabenverzahnung 552
Ausgabensteuerung 548
Ausgangslager 31
Auslagerung 357, 358
   im LE-verwalteten Blocklager ohne Anbruchsverwaltung 189
Auslagerungsprozess 211
Auslagerungsreihenfolgeoptimierung 213
Auslagerungssteuerung 70, 211
Auslagerungsstrategie 38, 70, 212, 216
   Anbruchsverwaltung (A) 217
   Festlagerplatz (P) 217

Auslagerungsstrategie (Forts.)
   First-in, First-out (F) 216
   Groß-/Kleinmengen (M) 217
   in EWM 640, 641
   Last-in, First-out (L) 217
   Mindesthaltbarkeitsdatum (H) 217
   strenges FIFO (***) 216
Auslagerungstypkennzeichen 213, 215
Auslieferung 508, 514, 542
   gruppieren 380
Auslieferungslager 32
Auslieferungsmonitor 375
Auslieferungsprozess 623
Avisierung 41

B

BAdI 522
BAPI 537
   InboundDelivery.ConfirmDecentral 540
   InboundDelivery.SaveReplica 540
   OutboundDelivery.ConfirmDecentral 543
   OutboundDelivery.SaveReplica 542
Barcode-System 593
Barcode-Unterstützung 652
Basisdaten 465
Batch-Input-Mappe 451
Bedarfs-/Bestandsliste 313
Bedarfstyp 123
Bereitstellung 43
Bereitstellungs- und Handlager 30
Bereitstellungsart 43
   dezentrale 43
   zentrale 43
Bereitstellungskennzeichen 250
Bereitstellzone 78, 561, 579
Beschädigung 27
Beschaffungskosten 27
Beschaffungslogistik 23
Beschaffungsvorgangskosten 27
Bestand pro Lagereinheit 469
Bestand pro Lagerplatz 468
Bestand pro Material 470
Bestand, übergreifender 469

Bestandsart 38, 104
  Buchbestand 38
  Fehlmenge 38
  gesperrter Bestand 38
  physischer Bestand 38
  Qualitätsbestand 38
  reservierter Bestand 38
  verfügbarer Bestand 38
Bestandsfindungsgruppe 94
Bestandsführung 37
Bestandsqualifikation 105, 214
bestandsspezifische Mengeneinheitenverwaltung 622
Bestandsübersicht 290, 297
Bestandsverwaltung 103
Bestellanforderung 307
Bestellung anzeigen 163
Betriebsbereitstellung 27
Bewegung je Lagertyp 472
Bewegungsaktivität 573
Bewegungsart 113
  Bestandsführung 113, 119, 120
  Bildsteuerung 126
  definieren 587
  Druck 126
  Hintergrundverarbeitung 126
  kopieren 331
  Quittierung 127
  Referenzbewegungsart 118, 120
  Steuerparameter 124
  Steuerung 125
  Transportbedarf 125
  Verknüpfung 120
  WM 117, 119
Bewegungsarten- und Lagertypfindung 142
Bewegungskennzeichen 114
Bewegungssonderkennzeichen 142, 215, 216
  Customizing 146
  setzen 145
Bildaufbaupersonalisierung 652
biometrisches Verfahren 593
Blocklager 184
  LE-verwaltetes 187
  nicht LE-verwaltetes 186
Blocklagerkennzeichen 188
Blocklagersteuerung abrunden 187
Blocklagerung 219

Blockstruktur 189
Bodenlagerung 184
Brandabschnitt 425, 426
Buch- und Zählbestand 452

C

chaotische Lagerhaltung 36, 50
Charge 413
  Chargenzustand 416
  Löschvormerkung 416
  Merkmal 415
  Quantdaten 416
  Verfallsdatum/MHD 416
  Verfügbarkeitsdatum 416
Chargenfindung 227, 416, 417
  Chargensuchschema 419
  Konditionssatz 419
  Stammdaten 419
  Strategieart 418
Chargenklassifizierung 415
Chargenmerkmal 417
Chargennummer 414
Chargenstammdaten 101
Chargenstammsatz 414
Chargenverwaltung 413, 414, 648
  Chargenpflicht 414
Chargenzustand 415
Computer Aided Test Tool (CATT) 234
Cross Docking (CD) 93, 562, 583, 645
  einstufiges 584, 591
  geplantes 584, 586
  Lagertyp 587
  opportunistisches 584, 587
  Relevanz 586
  zweistufiges 584, 591

D

Debitorenstamm 325
Deckungsbeitragsverlust 28
Dekonsolidierung 629
DESADV 390
  Dispatch Advice 389
dezentrale Lagerverwaltung 535
dezentrales WM 535, 536
  Auslieferung 537
  Kommunikation 538
  Lieferbeleg 537

dezentrales WM (Forts.)
  Replikation 537
  Verteilungsstatus 538
  Warenausgangsprozess zur Auslieferung 542
  Wareneingangsprozess zur Anlieferung 540
Differenzenabwicklung 140
Differenzenbuchung 453
Differenzenkennzeichen 141
direkte Einlagerung
  mit Bewegungssonderkennzeichen 146
  ohne Zwischenlagerung 146
direkte Kosten 28
Dispositionsvorlaufzeit 359
Distributionslogistik 23
Distributionszentrum 64
Dunkelablauf 315
Durchlaufzeit 22
dynamischer Split 230
  Gewicht oder Volumen 230
  nach Kommissionierbereichen 230
  nach Sollzeiten im TA 230
  nach Transportauftragsposition 230
dynamisches Menü 528

E

EAN International 598
EAN-Code 496
EDI/EANCOM 389
Eingangslager 30
Eingangsprozess 626
Einheitenlager 401
Einlagerung 180, 626
  ohne Sortiervariable 207
  Vorbereitung 161
Einlagerungsinventur 447
Einlagerungsprozess 157
Einlagerungssteuerung 169, 180
Einlagerungsstrategie 38, 67, 157, 184
  EWM 640, 642
Einlagerungsweg bestimmen 629
Einschritt-Lagerortumlagerung 296
Einschrittverfahren 296
Einzelauftragsbearbeitung 367
Einzelkosten 27
Electronic Article Surveillance (EAS) 594

Electronic Product Code (EPC) 496, 593, 598
elektronisches Warensicherungssystem 594
Energiekosten 26
Entladepunkt 561
Entnahmeart
  dezentrale 43
  dynamische 43
  statische 43
  zentrale 44
Entnahmetransportauftrag anzeigen 385
Entsiegelungspunkt 561
EPCglobal Inc. 598
Erfassungssteuerung 116, 117

F

Fahrzeug 564
Fahrzeugart 564
Fahrzeugartgruppe 564, 578, 579, 582
Fahrzeugkategorie 564
Fehlmengenkosten 28
Fehlteil 169
Fehlteilabwicklung
  Bestandsführung 169
  Customizing 170
  WM 171
Fehlteilliste 172
Fehlteilmanagement 169
Fehlteilmeldung 173
Fertigungsart 240
Fertigungsauftrag 42, 245
fertigungsauftragsbezogene Produktionsversorgung 244
Fertigungsinsel 244
feste Lagerplatzanordnung 35
Festlagerplatz (P) 227
Festplatz 194
Festplatzverwaltung 194
Festplatzzuordnung 195
First-in, First-out (FIFO) 38, 70, 214, 217
Fixplatzlager 50, 51, 52, 68
Fortschreibungssteuerung 116, 118
Freilager 198
Funktionsbaustein EXIT_SAPLV50S_001 536

677

G

Gängigkeitsanalyse 473
Gassenwechselminimierung 39
Gebäudekosten 26
Gefahrenvermerk 426, 427
Gefahrstoff 420, 424
   Zusammenlagerung 421
Gefahrstofflager 425
Gefahrstoffmenge 420
Gefahrstoffnummer 92, 431
Gefahrstoffprüfung 424, 425
   Lagerbereich 425
   Lagertyp 425
Gefahrstoff-Report 436
   Feuerwehrliste 437
   Störfallliste 437, 438
   Überprüfen der Lagerung 437
Gefahrstoffstammdaten 99
Gefahrstoffstammsatz 424, 429
   Aggregatzustand 431
   Flammpunkt 431
   Gefahrenklasse 430
   Gefahrenvermerk 431
   Lagergefahrenvermerk 431
   Stoffklasse 431
   Störfallstoff 431
   VBF-Gefahrenklasse 430
   Verordnung über brennbare Flüssigkeiten 430
   WGK-Gesetz 430
Gefahrstoffverwaltung 99, 214, 420, 424, 439
   Customizing 432
   Lagerbereichsfindung 436
   Lagertypsuchreihenfolge 435
Gemeinkosten 27, 28
geografische Region 424
Gesamtkommissionierstatus 410
Gewichtseinheit 60
Groß-/Kleinmengen (M) 220
Gruppe
   anlegen 380
   Sicht 385, 386

H

Handling Unit (HU) 387, 564
Handling Unit Management (HUM) 387, 389
   Auslieferungsprozess 400
   Bestandsführung 390
   freie HU 403
   HU-Pflicht 391
   HU-verwalteter Lagerort 391
   Umlagerungsprozess 404
   Warenbewegung 392
   Wareneingang 399
Handlingkosten 27
Heizungs- und Beleuchtungskosten 26
Hellablauf 327
Herstelldatum 415
Hindernis 554, 556
Hochfrequenzbereich 597
HU-Inhalt 396
HUM-Konzept 564

I

indirekte Kosten 28
Instandhaltungskosten 26
Integration
   in die Produktionsversorgung 638
   vertikale 196
Inventur 39
   betriebswirtschaftliche Grundlagen 444
   EWM 632
   Nachzählung 452
   permanente 40, 446
   Stichproben 40
   Stichprobeninventur 446
   Stichtagsinventur 40
   verlegte 40
   vor- und nachgelagerte Stichtagsinventur 446
Inventurabschluss 453
Inventuraufnahme
   Abschluss 452
Inventuraufnahmeliste 452
Inventurdifferenz
   ausbuchen 452
   Schnittstellenlagertyp 454
Inventurprozess 450

Inventurverfahren 448
  Cycle Counting 448, 449
  Cycle-Counting-Inventur auf Quantebene 449
  Einlagerungsinventur 448
  festlegen 456
  Nullkontrolle 448, 449
  permanente Inventur 448, 458
  Stichprobeninventur 448, 449
  Stichtagsinventur 448

J

J2EE-Server 497
Job definieren 345
Job-Step 345

K

Kalender 583
Kanban 57, 59, 240, 266
  Behälter 269
  Einkartensystem 270
  Holprinzip 266
  Karte 270, 271
  Lagerort 277
  manueller 246
  Nachschubstrategie 274
  Produktionsversorgungsbereich 272
  Quelle 269
  Regelkreis 267, 273
  Senke 270
  System 267, 269
  Transport-Kanban 270
  Verfahren 267
  Zurufprinzip 266
  Zweikartensystem 270
Kanban-Status 277
Kanban-Tafel 275
Kapazitätsauslastung 20
Kapazitätsbestimmung 582
Kapazitätsprüfmethode 205
Kapazitätsprüfung 204
  neutrale Kennzahl 206
Kapitalbindung 23, 33
Kapitalbindungskosten 27
kaskadierende Auslagerung 221
Kennzahl 466
Kistenteil 242, 252

Kitting 59
Kit-to-Stock 633
Klassifizierung 415, 539
Knoten 554, 555
Kommissionierbereich 75, 214
Kommissionierbereichsfindung 213
Kommissionierlager 401
Kommissionierlagerortfindung 362
Kommissionierpunkt 189
Kommissionierteil 242, 252
Kommissionierung 42
  Auslieferung 368
  lieferbezogene 367
  zweistufige 382
Kommissionierwelle 635
Kommissionierwellenmonitor 379
Konditionssatz anlegen 371
Konsignationsbestand 104
Konventionalstrafe 28
Koordinatensystem 546
Kostensenkungsfunktion 24
K-Punkt-Lagertyp 189
Kundenauftrag 42, 357, 359
Kundenauftragsbestand 104
Kundenerweiterung V50S0001 536
kürzester Fahrweg 39

L

Lager 20
  dezentrales 33
  zentrales 33
Lageranforderung 624
Lagerbereich 73
Lagerbereichsfindung 182, 183
Lagerbereichsprüfung 182
Lagerbestand sperren 335
Lagerbestandsliste 468
Lagereinheit 397, 398
Lagereinheit sperren 335, 338, 339
Lagereinheitenetikett 293
Lagereinheitenprüfung 203
Lagereinheitenselektion 286
Lagereinheitentyp definieren 202
Lagereinheitenverwaltung (LE-Verwaltung) 109, 397
Lagergefahrenvermerk 426, 427
Lagerhaltung 19
  Akquisitionsfunktion 25

Lagerhaltung (Forts.)
　Ausgleichsfunktion　24
　dezentrale　31
　Flexibilisierungsfunktion　25
　Funktion　23
　Kostensenkungsfunktion　24
　Sicherungsfunktion　24
　Sortimentsfunktion　25
　Substitutionsfunktion　25
　Veredelungsfunktion　25
　zentrale　31, 34
Lagerhaltungskosten　27
lagerinterne Prozesse　630
Lagerklasse　214, 422, 426, 429, 435, 443
Lagerkosten　21, 26
Lagerleitstand　474
　Transportauftrag　476
Lagerleitstandsobjekt　478
Lagerlogistik　19
Lagermodellierung　620
Lagerorganisation　37
Lagerort　148
　anlegen　150
Lagerortreferenz　152, 214
　Einlagerung　153
Lagerortreferenzkennzeichen definieren　155
Lagerortreferenzsteuerung　154
Lagerortsteuerung　147
Lagerplatz
　dynamischer　123
　entsperren　338
　gesperrter　337
　massenweise ändern　208
　massenweise sperren/entsperren　337
　Reservelager　198
　sperren　335
Lagerplatzaufteilung　200
Lagerplatzfindung　183, 212, 213, 214, 216, 443
Lagerplatzkoordinate　234
Lagerplatzstammdaten　83
Lagerplatzsteuerung　548, 553
Lagerplatzverwaltung　35
Lagerpolitik　33
Lagerprozess　29, 30
Lagerraum　27
Lager-Reorganisation　632

Lagerspiegel　466
Lagerstufe　32
Lagertyp　32
Lagertypfindung　180, 212, 213
　Customizing　181
　mit Lagerortreferenz　156
　Nachschub　349
Lagertypsteuerung
　Blocklager　186
　Nähe Kommissionierfestplatz　197
Lagerungsdisposition　629
Lagerungssteuerung
　direkt　637
　EWM　636
　prozessorientiert　637
Lagerverwaltung　31
Lagerverwaltungssystem　40
Lastberechnung bei der Einlagerung　492
Last-in, First-out (LIFO)　38, 70, 214, 219
Lastvorschreibung　583
Lean-WM　51, 52, 92
Leerpalettenzone　554
Leistungsdaten　233
Leistungsdatenabwicklung　233
Leistungsdatenberechnung　482
　Customizing　486
　Istdaten　483
　Solldaten　483
Leistungsdatentabelle　232
Leistungserfassungsblatt　545
Level　554, 556
Lieferabwicklung　357, 623
Lieferart　408
Lieferavis　41, 173, 390, 399
Lieferbearbeitung　360
Liefererstellung　314
Lieferfortschreibung, verzögerte　382
Liefergruppierung, Sammelgang　374
Liefermonitor　315, 316
Lieferpositionstyp　176
Lieferschein　41
Liefer-Split　308
logischer Knoten　556
Logistics Execution System (LES)　535
Logistik　19
Logistikdienstleister　544
Logistikkosten　22

M

Mängel 41
Manipulationsmenge 215, 216, 221, 224, 225
manuelle Bereitstellung 254
Markttrend 20
Materialbedarf 20
Materialbereitstellung 241
Materialbereitstellungsverfahren 243
Materialflusssystem (MFS) 649
Materialstamm 88, 326, 341
   anzeigen 353
Mehr-Mandanten-Warehouse 544
Mehrwerttransportverpackung von Lieferanten 105
Mengenabrundung 222
Mengenanpassung 38
Mengeneinheiten 107
Mengenverwaltung 37
Menümanagement 526
Menüpersonalisierung 652
MHD-Gesamtrestlaufzeit 482
MHD-Report 481
MHD-Verwaltung 219
Mikrowellenbereich 597
Mindesthaltbarkeitsdatum (MHD) 102, 226, 481
   Kontrollliste 481

N

Nachricht WMTA 400
Nachrichtenart 370
Nachrichtenkonditionssatz 371
Nachschub, Fixplatz 351
Nachschubbedarf anlegen 354
Nachschubbewegungsart 264, 348
Nachschubmenge 342
Nachschubprozess 340
   Customizing 340
Nachschubsteuerung 349, 630
   auftragsbezogener Nachschub 631
   automatischer Nachschub 631
   Customizing 347, 351
   direkter Nachschub 631
   Plan-Nachschub 631
Nachschubstrategie 277
Nachschubvorgang 350

nächster Leerplatz 199
nachträglicher Auslieferungs-Split 543
Nähe Kommissionierfestplatz 195
Niedrigfrequenzbereich 597
Nullbestand 460, 461
Nullkontrolle 447
Nummer der Versandeinheit (NVE) 389

O

Object Name Service (ONS) 604
operativer Lagerprozess 281
operatives Lagercontrolling 464
Optical Character Recognition (OCR) 593
Organisationseinheit 47, 48
   Bereitstellzone 79
   Buchungskreis 48, 54
   Kommissionierbereich 49, 75, 92
   Kommissionierlager 69
   Lagerbereich 49, 73
   Lagereinheit 49
   Lagernummer 49, 52, 53, 54, 55, 58, 59, 61, 83, 94
   Lagerort 48, 50, 51, 53, 54, 57, 59, 91
   Lagerplatz 49, 50, 51, 84, 85
   Lagertyp 49, 52, 55, 63, 66, 73, 83, 97
   Quant 49, 54, 86
   Schnittstellenlagertyp 64
   Tor 77
   Transportdispositionsstelle 48, 80
   Versandstelle 48, 79
   Werk 48, 50, 53
Ort 564, 574
Ortsart 579, 582
Ortsgruppe 580
Ortsgruppenbeziehung 580
Ortsklasse 564, 573, 580
Ortsterminierung 562

P

Packmittel 564
Packmittelart 564
Packmitteltyp 563, 564
Packvorschlag 396
Packvorschrift 396, 402
Palette 199
   Customizing 201

Palettenlager 202
Parkplatz 561, 581
Partnerlagerort 391
Personalkosten 26
Pick & Pack 515
 Prozess 403
 Szenario 372
Pick-by-Voice 498
Pick-HU 390, 401
PI-PCS-Schnittstelle 242
Platzaufteilung
 Lagereinheitentyp 203
 Lagerplatztyp 203
Positionstyp 408
PP-Anwendungskomponenten in SAP EWM nutzen 638
PPS-System 267
Präsentationsformat 523
Präsentationsvariante 523
Product Markup Language (PML) 604
Produktionskosten 27
Produktionslagerplatz 251, 263
Produktionslogistik 23, 239
Produktionsversorgung 239
Produktionsversorgungsbereich (PVB) 248, 249, 252
 EWM 638, 639
Produktionsversorgungsstrategie 239
Produktivlager 31
Profil für Leistungsdaten 232
Profil für Transportauftrags-Split 231
Projektbestand 105
Prozessauftrag 240, 242
Prozesssteuerung 113
Pufferlagerort 406
Puffern 24

Q

QM-Schnittstellenfindung 169
Qualitätskontrolle 28
Qualitätsmanagement (QM) 164, 165, 628, 646
Qualitätsprüfung 164
Quant 49, 217
Quantanzeige 298
Quantverschmelzung 218
Quereinlagerung 206
Queue 517

Queue-Management 517
 Benutzer zu Queues zuordnen 522
 Bereiche und Aktivitäten 521
 Queue-Kapazitätsmanagement 519
 Queues definieren 517

R

Radio Frequency (RF) 50, 287, 495, 496
 Auslagerung und Kommissionierung 514
 Benutzer 523
 Einlagerungsprozess 507
 manuell, objektbezogen 507, 515
 systemgeführt, automatisch 507, 515
 Warenausgangsprozess 508
 Wareneingangsprozess 499
Radio-Frequency-Framework 651
Re-Arrangement 629, 630
Referenz Lagertypfindung 214
Referenzbewegungsart 328
Regelkreis 248, 250
Regelkreisstammdaten 250
 allgemeine Daten zum Regelkreis 250
 Nachlagerplatz 250
 Regelkreisdaten 250
Regionalkennzeichen 426, 428
Regionallager 32
Registrierpunkt 561
Reorganisation 453
Report
 RLREOLPQ 453
 RLT1HR00 491
Report zur Lagerauslastung 480
Ressource 547, 549
Ressourcenelementtyp 549, 558
Ressourcenmanagement (RM) 548, 549, 644
 Ressource 549
 Ressourcentyp 549
Retrograd 248
RF → Radio Frequency (RF)
RFID 496, 592, 593
 Herausforderung 603
 Tag 595
 Transponder 595, 596
 Vision 602
 Vorteil 599
RF-Menü 526

RF-Monitor 520, 529, 531
RF-Queue-Verwaltung 517
RF-Terminal 497
RF-Transaktion 507
 Einlagerung nach Anlieferung 507
 Einlagerung nach Lagereinheit geclustert 507
 Einlagerung nach Lagereinheitennummer 507
 Einlagerung nach Transportauftragsnummer 507
 Kommissionieren & Packen nach Lieferung 515
 Pick & Pack 515
 Warenausgabe nach Gruppe 514
 Warenausgabe nach Handling Unit 514
 Warenausgabe nach Material 514
 Warenausgabe nach Transport 514
 Warenausgang nach Bereitstellzone 514
 Wareneingang nach Handling Unit (HU) 507
 Wareneingang nach verschiedenen Auswahlkriterien 507
 Wareneingang zur Anlieferung 507
 Wareneingang zur Bereitstellzone 507
Route 359
 ändern 360
Routensteuerung 548, 553
Rücklagern
 zur Anlieferung 179
Rücklagerung 178, 227
Rundungsmenge 221, 223, 225
Rüstzeit 484

S

Sachkosten 26
Sammelgang, Gruppe anlegen 376
Sammelgangsbearbeitung 373
SAP APO 584
SAP Auto-ID Infrastructure (AII) 605
SAP Console 497
SAP Event Management 592
SAP Extended Warehouse Management (EWM) 619
SAP GUI 497
SAP Logistics Execution System (LES) 47
SAP Supply Chain Management (SCM) 619

SAP Transportation Management (TM) 652
Schnittstelle 48
Schnittstellenlagertyp 122
Schwund 26
Selektionsmerkmal 417
Serial Shipping Container Code (SSCC) 388, 496
Serialnummernverwaltung 649
Serienfertigung 240, 243
Smart Item 595
Sonderbestandskennzeichen 214
sonstiger Warenausgang 244
Sortierfeld 233
 definieren 208
Sortierprofil 231, 381
Sortiervariable 234, 235
Sortimentsstruktur 33
Spediteur 564
Sperrbestand 41
Sperren 335
Sperrkennzeichen 564
Split-Parameter 360
Split-Profil 232
SSCC 388, 496
Stamm- und Bewegungsdaten 538
Standardpalettierung 220
Standard-RF-Funktion 652
Standort 553
Standortlayout 553
Standortlayoutsteuerung 553
Startterminwert erfassen 347
Stauen 24
Steplistenüberblick 346
Stichprobe 165
 Restmenge 167
 separater Prüfplatz 166
 Wareneingangszone 166
Stichprobenbehandlung 165
Stichprobenmenge 167
Stichtagsinventur 445
Störfallverordnung 422
strenges FIFO 587
 über alle Lagertypen (***) 218
Suchbreite pro Ebene 198
Supply Chain Execution Platform 653

T

TA-Erstellung
   automatische 344
   Dunkelablauf 315
   gruppieren 380
Tageslast 369
   Route 376
TA-Position generieren 292
TA-Quittierung 287
   Blocklager 317
Task 546, 547
Task & Resource Management System
   → TRM
teilchaotische Lagerorganisation 36
Teillieferung 543
Teilmengenumlagerung 290
Teilwareneingang 506
   Customizing 178
   zur Anlieferung 177
Telnet 497
Terminauftrag 359
terminierte Ein- und Auslagerung 39
Terminierung 573
Terminierungsaktivität 562, 570
Terminierungsprofil definieren 582
Third Party Logistics 620
Tor 78, 561, 579
tourenbezogene Ein- und Aus-
   lagerung 39
Transaktion SE38 453
Transitbestand 318
Transitzeit 359
Transponder 595
Transport 390, 561
Transport-/Versandpapier 45
Transportart 522
Transportauftrag 132, 212, 229
   anlegen 381
   anzeigen 133, 154
   direkte Erstellung 161
   lieferübergreifender 379
   manuelle Erstellung 162
   quittieren 300
   quittierter 178
   Sammelgang 377
   zur Umlagerung 288
Transportauftrag zur Umlagerung
   anlegen 291

Transportauftragsbearbeitung 363
Transportauftragsdifferenz 139
Transportauftragserstellung 132, 287
   automatische 137
   automatische (zur Auslieferung) 369
   Customizing 136
   direkte 135
   Mail-Steuerung 137
   manuelle 367
   Prozessfluss 137, 138
   Quantauswahlliste 300
   Sammelgang 374
Transportauftragskopf 134
Transportauftragsliste 471
Transportauftragsposition 135
   sortieren 381
Transportauftrags-Split 213, 228, 401
   Split-Kriterium 401
Transportbearbeitung 366
Transportbedarf 122, 127, 212
   anzeigen 128, 153
   Kopfdaten 128
   mit bearbeiteten Mengen 130
   offener 476
   Positionsdaten 129
Transportbedarfsliste 354
Transportbedarfsposition 168
Transportdienstleister 44
Transporthilfsmittel 562, 565
Transportkette 366
Transportmittel 562, 563
Transportnachricht 389
Transportroute 44
TRM 545, 546
   Lagerstruktur 553
TRM-LES-Benutzeroberfläche 548
TRM-Monitor 548, 550

U

Übergabepunkt 554, 556
Übergabezone 559
Ultra-Hochfrequenzbereich 597
Umbuchung 326
   Bestandsführung 326
   Customizing 328, 330
   direkte 331
   Einstieg 333
   frei an Qualität 327

Umbuchung (Forts.)
  in der Lagerverwaltung 329
  Lagerort an Lagerort 152
Umbuchungsanweisung 122, 130, 299, 327
  anzeigen 131
Umbuchungsprozess 332
Umlagekosten 26
Umlagerung 281
  Bestandsführung 298
  Customizing 321
  Einstieg 285
  lagerinterne 283
  Lagerort an Lagerort 294, 295, 301
  mit Umlagerungsbestellung 304, 310
  Teilmenge eines Quants 288
  Vorbereitung 292
  Zweischrittverfahren 302
  zwischen Lagerorten 294
  zwischen Lagerplätzen 283
Umlagerungsbestellung zwischen Lagerorten 306
Umlagerungsdaten 323
Umlagerungsverfahren 282
Umschlagshäufigkeit 74
Uniform Code Council (UCC) 598
User-Exit 526

V

Variante anlegen 343
Variantenpflege 343
Verarbeitungsroutine 371
Verbuchungssteuerung 117
Verfallsdatum/MHD 415
Verifikationsfeld 525
Verifizierungssteuerung 524
Verlust der Ware 27
Verpacken 365, 394, 395
  erlaubte Packmittel festlegen 395
  manuelles Verpacken 395
  Materialgruppe Packmittel 394
  Packmittelart 394
Verpackungsfunktionalität 394
Verpackungsprozess 44
Versand 561
Versandbedingung 321, 359
Versanddaten 323
Versandelement 390, 404

Versandnachricht 412
Versandparameter 325
Versandprozess 44
Versandstelle 359
Versandstellenfindung, lagerortabhängige 324
Versandsteuerung pro Lagernummer 373
Versandterminierung 359, 537
Verschrottungsabwicklung 632
Versicherungskosten 26, 27
Versiegelungsnummer 564
Verteilungsmodell 538
Vollentnahmepflicht 227
Volumeneinheit 61
Vorholung 39
Vorschlagsmengeneinheit 62

W

Warehouse-Management-System 40
Warenannahme 41
Warenausgangsprozess 42
  EWM 634
Warenauslieferung 33
Warenbewegung 281
  stornieren 179
Wareneingang 41, 157
  Anlieferbezug 173
  geplant 157
  mit Bewegungssonderkennzeichen 144
  mit Bezug 158
  mit separatem Wareneingangslagerort 149
  ohne Bewegungssonderkennzeichen 143
  Qualitätsprüfung 164
  sonstiger 157
  stornieren 179
  WE-Sperrbestand 162
  zur Anlieferung 174
  zur Auslieferung 319
  zur Bestellung 159
Wareneingangsabwicklung, WE-Sperrbestand 163
Wareneingangslagerort
  Customizing 150
  mit automatischer Bestandsumbuchung 148

685

Wareneingangsprozess 41, 157
   EWM 627
   Fehlteilabwicklung 169
Wareneingangsprüfung 41
Wareneingangssteuerung 119
Warenverteilzentrum 59
Wartungskosten 26
Wassergefährdungsklasse 214, 424, 434
Web SAP Console 497, 498
Wegeoptimierung 233, 381
Wegzeit 484
Werk 359
Werkslager 31
Wiegestelle 561
WM/QM-Schnittstelle 166
   Customizing 168
   Stichprobenbehandlung 168
WM-Bereitstellung 240, 247, 257, 258
WM-Bewegungsart 329
WM-PP-Schnittstelle 247
Workflow 406, 411

Y

Yard 561
Yard Management 50, 560, 561, 564, 565, 646
   Aufenthaltsort 565
   Ausfahrt 565, 566
   Einfahrt 565, 566
   Entsiegelung 565
   Ortsbestimmungsmechanismus 565
   Radio Frequency (RF) 565
   Terminierung 565
   Terminierungsaktivität 565
   Transportintegration 565

Yard Management (Forts.)
   Versiegelung 565
   Yard-Aktivität 565
Yard-Bestand 575
Yard-Management-Konzept 564
Yard-Monitor 570, 574
Yard-Ort 579
Yard-Prozess 566

Z

Zählung 628
zentrales vs. dezentrales Warehouse-Management-System 543
Zentrallager 31
Zins 26
Zone 554
Zonengruppe 554, 555
Zulagerung 199
Zuordnung von Werk/Lagerort/Lagernummer 151, 155
Zwangs-Split 229
   Bereitstellzone 230
   Entnahmeschritt und Transportschritt 230
   Handling-Unit-Position 230
   Leistungsdatenprofil 229
   Mischpalette 230
   Radio-Frequency-Queue 230
   Solldatenerfassung erforderlich 229
   Split-Profil 229
Zweischrittverfahren 302
zweistufige Kommissionierung 215
zweistufige manuelle Umlagerung 246
Zweistufigkeit, Gruppe 384
Zwischenlager 31

- Fundiertes Customizing-Wissen für MM

- Einkauf, Beschaffung, Bestandsführung, Bewertung und Rechnungsprüfung

- Neuimplementierung und Optimierung

Ernst Greiner

SAP-Materialwirtschaft – Customizing

Erfahren Sie alles zum Customizing von Materials Management! Neben Themen wie Organisationsstruktur und Stammdaten werden vor allem die Einstellungen aller relevanten Bereiche der SAP-Materialwirtschaft detailliert beschrieben: Beschaffung, Bestandsführung, Kontierung und Logistik-Rechnungsprüfung. Der Autor geht auf Transaktionen, Tabellen und Reports ausführlich ein und hilft Ihnen, MM zu implementieren oder zu optimieren.

638 S., 2. Auflage 2014, 69,90 Euro
ISBN 978-3-8362-2261-7
www.sap-press.de/3332

- Langfristige und kurzfristige Kapazitätsplanung implementieren

- Prozesse und Funktionen anhand zahlreicher Beispiele erläutert

- SAP ERP und SAP APO

Ferenc Gulyássy, Binoy Vithayathil

Kapazitätsplanung mit SAP

Dieses umfassende Buch beantwortet alle Ihre Fragen rund um die Kapazitätsplanung mit SAP. Die Autoren erläutern Ihnen die Kapazitätsplanung als integrierten Gesamtprozess und zeigen Ihnen, welche Besonderheiten Sie bei den verschiedenen Funktionsbereichen, Branchen und Prozessen berücksichtigen müssen. So lernen Sie nicht nur die einzelnen Funktionen für die lang- und kurzfristige Kapazitätsplanung in SAP ERP und SAP APO kennen, sondern erfahren auch, wie Sie sie kombinieren, implementieren und anwenden. Mit diesem Buch meistern Sie die Kapazitätsplanung in SAP!

ca. 640 S., 69,90 Euro
ISBN 978-3-8362-1975-4, Januar 2014
www.sap-press.de/3207

Versandkostenfrei bestellen: www.sap-press.de

MITMACHEN & GEWINNEN!

SAP PRESS

Sagen Sie uns Ihre Meinung und gewinnen Sie einen von 5 SAP PRESS-Buchgutscheinen, die wir jeden Monat unter allen Einsendern verlosen. Zusätzlich haben Sie mit dieser Karte die Möglichkeit, unseren aktuellen Katalog und/oder Newsletter zu bestellen. Einfach ausfüllen und abschicken. Die Gewinner der Buchgutscheine werden persönlich von uns benachrichtigt. Viel Glück!

▶ **Wie lautet der Titel des Buches, das Sie bewerten möchten?**

▶ **Wegen welcher Inhalte haben Sie das Buch gekauft?**

▶ **Haben Sie in diesem Buch die Informationen gefunden, die Sie gesucht haben? Wenn nein, was haben Sie vermisst?**
- ☐ Ja, ich habe die gewünschten Informationen gefunden.
- ☐ Teilweise, ich habe nicht alle Informationen gefunden.
- ☐ Nein, ich habe die gewünschten Informationen nicht gefunden. Vermisst habe ich:

▶ **Welche Aussagen treffen am ehesten zu?** (Mehrfachantworten möglich)
- ☐ Ich habe das Buch von vorne nach hinten gelesen.
- ☐ Ich habe nur einzelne Abschnitte gelesen.
- ☐ Ich verwende das Buch als Nachschlagewerk.
- ☐ Ich lese immer mal wieder in dem Buch.

▶ **Wie suchen Sie Informationen in diesem Buch?** (Mehrfachantworten möglich)
- ☐ Inhaltsverzeichnis
- ☐ Marginalien (Stichwörter am Seitenrand)
- ☐ Index/Stichwortverzeichnis
- ☐ Buchscanner (Volltextsuche auf der Galileo-Website)
- ☐ Durchblättern

▶ **Wie beurteilen Sie die Qualität der Fachinformationen nach Schulnoten von 1 (sehr gut) bis 6 (ungenügend)?**
☐ 1 ☐ 2 ☐ 3 ☐ 4 ☐ 5 ☐ 6

▶ **Was hat Ihnen an diesem Buch gefallen?**

▶ **Was hat Ihnen nicht gefallen?**

▶ **Würden Sie das Buch weiterempfehlen?**
☐ Ja ☐ Nein
Falls nein, warum nicht?

▶ **Was ist Ihre Haupttätigkeit im Unternehmen?**
(z.B. Management, Berater, Entwickler, Key-User etc.)

▶ **Welche Berufsbezeichnung steht auf Ihrer Visitenkarte?**

▶ **Haben Sie dieses Buch selbst gekauft?**
- ☐ Ich habe das Buch selbst gekauft.
- ☐ Das Unternehmen hat das Buch gekauft.

KATALOG & NEWSLETTER

Ja, bitte senden Sie mir kostenlos den neuen Katalog. Für folgende SAP-Themen interessiere ich mich besonders: (Bitte Entsprechendes ankreuzen)

- ■ Programmierung
- ■ Administration
- ■ IT-Management
- ■ Business Intelligence
- ■ Logistik
- ■ Marketing und Vertrieb
- ■ Finanzen und Controlling
- ■ Personalwesen
- ■ Branchen und Mittelstand
- ■ Management und Strategie

▶ **Ja, ich möchte den SAP PRESS-Newsletter abonnieren.** Meine E-Mail-Adresse lautet:

www.sap-press.de

Teilnahmebedingungen und Datenschutz:
Die Gewinner werden jeweils am Ende jeden Monats ermittelt und schriftlich benachrichtigt. Mitarbeiter der Galileo Press GmbH und deren Angehörige sind von der Teilnahme ausgeschlossen. Eine Barablösung der Gewinne ist nicht möglich. Der Rechtsweg ist ausgeschlossen. Ihre freiwilligen Angaben dienen dazu, Sie über weitere Titel aus unserem Programm zu informieren. Falls sie diesen Service nicht nutzen wollen, genügt eine E-Mail an **service@galileo-press.de**. Eine Weitergabe Ihrer persönlichen Daten an Dritte erfolgt nicht.

Absender

Firma _____

Abteilung _____

Position _____

Anrede   Frau ☐   Herr ☐

Vorname _____

Name _____

Straße, Nr. _____

PLZ, Ort _____

Telefon _____

E-Mail _____

Datum, Unterschrift _____

Antwort

SAP PRESS
c/o Galileo Press
Rheinwerkallee 4
53227 Bonn

Bitte freimachen!

SAP PRESS

In unserem Webshop finden Sie das aktuelle Programm zu allen SAP-Themen, kostenlose Leseproben und dazu die Möglichkeit der Volltextsuche in allen Büchern.

Gerne informieren wir Sie auch mit unserem monatlichen Newsletter über alle Neuerscheinungen.

www.sap-press.de

SAP PRESS

SAP-Wissen aus erster Hand.